平成30年版

消費税法基本通達
逐条解説

濱田 正義 編

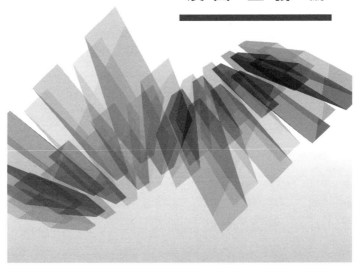

一般財団法人 大蔵財務協会

は し が き

　「消費税法基本通達」は、平成7年12月25日に、消費税法施行からそれまでの法令解釈の指針であった「消費税法取扱通達」及び「消費税関係法令の一部改正に伴う消費税の取扱いについて」を整理、統合して制定され、その後の消費税率の改正や地方消費税の導入、事業者免税点制度の改正など消費税法令や関係法令の改正に合わせて逐次改正が行われてきました。

　本書は、この消費税法基本通達の趣旨及び内容をできる限りわかりやすく解説したものです。

　また、平成31年10月1日の消費税率の引き上げと同時に消費税の軽減税率制度が実施されます。本書では、消費税率の引き上げ時に適用される経過措置に関する取扱通達並びに「消費税の軽減税率制度に関する取扱通達」の解説も併せて掲載しています。

　なお、本書はそれぞれ個人的な見解に基づくものであることをあらかじめお断りいたします。

　本書が、税理士、公認会計士等の職業会計人をはじめ、会社の経理担当者の方はもとより多くの納税者の方々が消費税法に対する理解を深め、消費税の適正な申告と納税に寄与することができれば幸いです。

　平成30年3月

　　　　　　　　　　　　　　　　　　　濱　田　　正　義

はしがき

〔総　目　次〕

消費税法基本通達逐条解説 ………………………………… 1
　○事業者が消費者に対して価格を表示する場合の取扱
　　い及び課税標準額に対する消費税額の計算に関する
　　経過措置の取扱いについて（法令解釈通達）解説 ……… 965
　○平成26年4月1日以後に行われる資産の譲渡等に
　　適用される消費税率等に関する経過措置の取扱い
　　について（法令解釈通達）解説 ……………………………… 993
　〈参考〉
　　平成31年10月1日以後に行われる資産の譲渡等に
　　適用される消費税率等に関する経過措置の取扱い
　　について（法令解釈通達） …………………………………… 1030
　○消費税の軽減税率制度に関する取扱通達の制定に
　　ついて（法令解釈通達）解説 ………………………………… 1045
〈参考通達〉
　1　消費税関係申告書等の様式の制定について ………… 1103
　2　消費税の軽減税率制度に関する申告書等の様式の
　　　制定について（法令解釈通達） …………………………… 1194
　3　消費税法等の施行に伴う所得税の取扱いについて … 1219
　4　消費税法等の施行に伴う法人税の取扱いについて … 1227
　5　消費税法等の施行に伴う源泉所得税の取扱いに
　　　ついて（法令解釈通達） ……………………………………… 1239
　6　消費税法の改正等に伴う印紙税の取扱いについて … 1242
　7　外国公館等に対する課税資産の譲渡等に係る
　　　消費税の免除の取扱いについて ………………………… 1245

8　輸入品に対する内国消費税の徴収等に関する
　　　　法律の取扱通達の全部改正について ……………1265
〈付　録〉
　　1　仕入税額控除の要件における「帳簿」の記載内容
　　　　について ……………………………………………1283
　　2　仕入税額控除の要件における「帳簿」・「請求書等」の
　　　　記載内容に関する見解 ……………………………1292

```
                                        課消  2―25（例規）
                                        課所  6―13
                                        課法  3―17
                                        徴管  2―70
                                        査調  4― 3
```

平成 7 年12月25日

〔改正〕　平成 9.3.24　　課消 2 ― 5（例規）ほか　　平成18. 4.28　　課消 1 ―16ほか
　　　　平成10.3.31　　課消 2 ― 9（例規）ほか　　平成18. 9.29　　課消 1 ―43ほか
　　　　平成11.3. 5　　課消 2 ― 5 ほか　　　　　　平成19. 6.22　　課消 1 ―18ほか
　　　　平成11.4.12　　課消 2 ― 8 ほか　　　　　　平成20. 2.19　　課消 1 ― 2 ほか
　　　　平成12.5.12　　課消 2 ―10ほか　　　　　　平成20. 3.28　　課消 1 ― 8 ほか
　　　　平成13.5. 7　　課消 1 ― 5 ほか　　　　　　平成21. 3.30　　課消 1 ―10ほか
　　　　平成14.6.17　　課消 1 ―12ほか　　　　　　平成22. 4. 1　　課消 1 ― 9 ほか
　　　　平成14.9.25　　課消 1 ―40ほか　　　　　　平成23. 9.30　　課消 1 ―35ほか
　　　　平成14.12.2　　課消 1 ―48ほか　　　　　　平成24. 4. 5　　課消 1 ― 7 ほか
　　　　平成15.4.30　　課消 1 ―13ほか　　　　　　平成25. 7. 1　　課消 1 ―34ほか
　　　　平成15.6.30　　課消 1 ―37ほか　　　　　　平成26. 5.29　　課消 1 ― 8 ほか
　　　　平成16.6. 7　　課消 1 ―25ほか　　　　　　平成27. 4. 1　　課消 1 ― 9 ほか
　　　　平成17.4.14　　課消 1 ―22ほか　　　　　　平成27. 5.26　　課消 1 ―17ほか
　　　　平成17.9.29　　課消 1 ―60ほか　　　　　　平成28. 4.12　　課消 1 ―57ほか
　　　　平成18.3. 1　　課消 1 ― 1 ほか　　　　　　平成29. 3.31　　課消 2 ― 5 ほか
　　　　平成18.4. 4　　課消 1 ―11ほか

国　税　局　長
沖縄国税事務所長　　殿
税　　関　　長
沖縄地区税関長

　　　　　　　　　　　　　　　　　　　　　　　国　税　庁　長　官

消費税法基本通達の制定について

　消費税法基本通達を別冊のとおり定めたから、平成 8 年 4 月 1 日以降これにより取り扱われたい。
　なお、昭和63年12月30日付間消 1 ―63「消費税法取扱通達の制定について」及び平成 3 年 6 月24日付間消 2 ―29「消費税関係法令の一部改正に伴う消費税の取扱いについて」通達は平成 8 年 3 月31日限り廃止する。

(理由)
　「消費税法取扱通達の制定について」及び「消費税関係法令の一部改正に伴う消費税の取扱いについて」通達を整理、統合するとともに、その後の質疑応答事例等を踏まえて消費税法基本通達を制定するものである。

別　冊

消費税法基本通達

用　語　の　意　義

　消費税法基本通達において次に掲げる用語の意義は、別に定める場合を除き、それぞれ次に定めるところによる。

法	消費税法をいう。
令	消費税法施行令をいう。
規則	消費税法施行規則をいう。
所法	所得税法をいう。
所法令	所得税法施行令をいう。
所基通	所得税基本通達をいう。
法法	法人税法をいう。
法法令	法人税法施行令をいう。
法基通	法人税基本通達をいう。
租特法	租税特別措置法をいう。
租特法令	租税特別措置法施行令をいう。
租特法規則	租税特別措置法施行規則をいう。
輸徴法	輸入品に対する内国消費税の徴収等に関する法律をいう。
通則法	国税通則法をいう。
通則法令	国税通則法施行令をいう。
消費税等	消費税及び地方消費税をいう。
消費税額等	課税資産の譲渡等につき課されるべき消費税額及び当該消費税額を課税標準として課されるべき地方消費税額に相当する額をいう。
国内	法第2条第1項第1号《定義》に規定する国内をいう。
国外	国内以外の地域をいう。
保税地域	法第2条第1項第2号《定義》に規定する保税地域をいう。
個人事業者	法第2条第1項第3号《定義》に規定する個人事業者をいう。
人格のない社団等	法第2条第1項第7号《定義》に規定する人格のない社団等をいう。
内国法人	法法第2条第3号《定義》に規定する内国法人をいう。
外国法人	法法第2条第4号《定義》に規定する外国法人をいう。
国外事業者	法第2条第1項第4号の2《定義》に規定する国外事業者をいう。
連結子法人	法法第2条第12の7の3号《定義》に規定する連結子法人をいう。
資産の譲渡等	法第2条第1項第8号《定義》に規定する資産の譲渡等をいう。
特定資産の譲渡等	法第2条第1項第8号の2《定義》に規定する特定資産の譲渡等をいう。

電気通信利用役務の提供	法第2条第1項第8号の3《定義》に規定する電気通信利用役務の提供をいう。
事業者向け電気通信利用役務の提供	法第2条第1項第8号の4《定義》に規定する事業者向け電気通信利用役務の提供をいう。
特定役務の提供	法第2条第1項第8号の5《定義》に規定する特定役務の提供をいう。
課税資産の譲渡等	法第2条第1項第9号《定義》に規定する課税資産の譲渡等をいう。 (注) 1―4―1において、「課税資産の譲渡等(特定資産の譲渡等に該当するものを除く。11―2―12から11―2―20、11―5―7及び12―4―1を除き、以下同じ)」
外国貨物	法第2条第1項第10号《定義》に規定する外国貨物をいう。
課税貨物	法第2条第1項第11号《定義》に規定する課税貨物をいう。
課税仕入れ	法第2条第1項第12号《定義》に規定する課税仕入れをいう。
特定仕入れ	法第4条第1項《課税の対象》に規定する特定仕入れをいう。
特定課税仕入れ	法第5条第1項《納税義務者》に規定する特定課税仕入れをいう。
課税仕入れ等	国内において行う課税仕入れ及び保税地域からの課税貨物の引取りをいう。
事業年度	法第2条第1項第13号《定義》に規定する事業年度をいう。
基準期間	法第2条第1項第14号《定義》に規定する基準期間をいう。
特定期間	法第9条の2第4項《前年又は前事業年度等における課税売上高による納税義務の免除の特例》に規定する特定期間をいう。
棚卸資産	法第2条第1項第15号《定義》に規定する棚卸資産をいう。
調整対象固定資産	法第2条第1項第16号《定義》に規定する調整対象固定資産をいう。
高額特定資産	法第12条の4第1項《高額特定資産を取得した場合の納税義務の免除の特例》に規定する高額特定資産をいう。
自己建設資産	令第25条の5第1項第2号《高額特定資産の範囲等》に規定する自己建設資産をいう。
課税事業者	事業者のうち法第9条第1項本文《小規模事業者に係る納税義務の免除》の規定により消費税を納める義務が免除される事業者以外の事業者をいう。
免税事業者	事業者のうち法第9条第1項本文《小規模事業者に係る納税義務の免除》の規定により消費税を納める義務が免除される事業者をいう。
基準期間における課税売上高	法第9条第2項《基準期間における課税売上高の意義》に規定する基準期間における課税売上高をいう。

特定期間における課税売上高	法第9条の2第2項《前年又は前事業年度等における課税売上高による納税義務の免除の特例》に規定する特定期間における課税売上高をいう。
資産等取引	法第14条第1項《信託財産に係る資産の譲渡等の帰属》に規定する資産等取引をいう。
信託資産等	法第15条第1項《法人課税信託の受託者に関するこの法律の適用》に規定する信託資産等をいう。
固有資産等	法第15条第1項《法人課税信託の受託者に関するこの法律の適用》に規定する固有資産等をいう。
受託事業者	法第15条第3項《法人課税信託の受託者に関するこの法律の適用》に規定する受託事業者をいう。
固有事業者	法第15条第4項《法人課税信託の受託者に関するこの法律の適用》に規定する固有事業者をいう。
課税期間	法第19条第1項《課税期間》に規定する課税期間をいう。
対価の額	法第28条第1項《課税標準》に規定する対価の額をいう。
仕入控除税額	法第32条第1項第1号《仕入れに係る消費税額の控除》に規定する仕入れに係る消費税額をいう。
課税仕入れ等の税額	法第30条第2項《仕入れに係る消費税額の控除》に規定する課税仕入れ等の税額をいう。
仕入税額控除	法第45条第1項第2号《課税資産の譲渡等及び特定課税仕入れについての確定申告》に掲げる課税標準額に対する消費税額から仕入控除税額を控除することをいう。
課税売上割合	法第30条第6項後段《課税売上割合》に規定する課税売上割合をいう。
個別対応方式	法第30条第2項第1号《個別対応方式による仕入税額控除》に規定する仕入税額控除の方法をいう。
一括比例配分方式	法第30条第2項第2号《一括比例配分方式による仕入税額控除》に規定する仕入税額控除の方法をいう。
課税仕入れに係る支払対価の額	法第30条第1項《仕入れに係る消費税額の控除》に規定する課税仕入れに係る支払対価の額をいう。
非課税資産の譲渡等	法第31条第1項《非課税資産の輸出等を行った場合の仕入れに係る消費税額の控除の特例》に規定する非課税資産の譲渡等をいう。
仕入れに係る対価の返還等	法第32条第1項《仕入れに係る対価の返還等を受けた場合の仕入れに係る消費税額の控除の特例》に規定する仕入れに係る対価の返還等をいう。
簡易課税制度	法第37条第1項《中小事業者の仕入れに係る消費税額の控除の特例》の規定を適用して法第45条第1項第2号《課税資産の譲渡等についての確定申告》に掲げる課税標準額に対する消費税額から控除することができる仕入控除税額を算出する方法をいう。

売上げに係る対価の返還等	法第38条第1項《売上げに係る対価の返還等をした場合の消費税額の控除》に規定する売上げに係る対価の返還等をいう。
特定非常災害	租特法第86条の5第1項《納税義務の免除の規定の適用を受けない旨の届出等に関する特例》に規定する特定非常災害をいう。
被災事業者	租特法第86条の5第1項《納税義務の免除の規定の適用を受けない旨の届出等に関する特例》に規定する被災事業者をいう。

（注） 消費税法基本通達解説において使用した次の省略用語は、それぞれ次に定めるところによる。

基通
基本通達 ｝………消費税法基本通達をいう。

様式通達…………「消費税関係申告書等の様式の制定について」通達をいう。

租特通……………「租税特別措置法の取扱いについて」通達をいう。

輸徴法……………輸入品に対する内国内消費税の徴収等に関する法律をいう。

所得臨特法………日本国とアメリカ合衆国との間の相互協力及び安全保障条約第6条に基づく施設及び区域並びに日本国における合衆国軍隊の地位に関する協定の実施に伴う所得税法等の臨時特例に関する法律をいう。

〔目　　次〕

第1章　納税義務者

第1節　個人事業者の納税義務

1－1－1　個人事業者と給与所得者の区分……………………………51

第2節　法人の納税義務

1－2－1　法人でない社団の範囲…………………………………………54
1－2－2　法人でない財団の範囲…………………………………………55
1－2－3　人格のない社団等についての代表者又は管理人の定め………56
1－2－4　福利厚生等を目的として組織された従業員団体に係る資産
　　　　　の譲渡等……………………………………………………………57
1－2－5　従業員負担がある場合の従業員団体の資産の譲渡等の
　　　　　帰属…………………………………………………………………59

第3節　共同事業に係る納税義務

1－3－1　共同事業に係る消費税の納税義務……………………………59
1－3－2　匿名組合に係る消費税の納税義務……………………………61

第4節　納税義務の免除

1－4－1　納税義務が免除される課税期間………………………………63
1－4－2　基準期間における課税売上高等に含まれる範囲………………65
1－4－3　原材料等の支給による加工等の場合の課税売上高の計算……70

1―4―4　基準期間における課税売上高の算定単位……………………71
1―4―5　基準期間が免税事業者であった場合の課税売上高…………72
1―4―6　新規開業等した場合の納税義務の免除………………………73
1―4―7　法人における課税資産の譲渡等に係る事業を開始した課税
　　　　　期間の範囲……………………………………………………76
1―4―8　過去2年以上課税資産の譲渡等がない場合の令第20条第1
　　　　　号の適用………………………………………………………78
1―4―9　個人事業者の基準期間における課税売上高の判定…………80
1―4―10　課税事業者選択届出書を提出できる事業者…………………81
1―4―11　課税事業者選択届出書の効力…………………………………82
1―4―12　相続があった場合の課税事業者選択届出書の効力等………84
1―4―13　合併があった場合の課税事業者選択届出書の効力等………86
1―4―13の2　分割があった場合の課税事業者選択届出書の効力等……87
1―4―14　事業を開始した課税期間の翌課税期間からの課税事業者
　　　　　の選択…………………………………………………………88
1―4―15　事業を廃止した場合の届出書の取扱い………………………90
1―4―15の2　調整対象固定資産を売却等した場合の法第9条第7
　　　　　項の適用関係…………………………………………………92
1―4―16　「やむを得ない事情」の範囲…………………………………93
1―4―17　「事情がやんだ後相当の期間内」の意義……………………95

第5節　納税義務の免除の特例

1―5―1　納税義務が免除されない相続人の範囲………………………103
1―5―2　包括遺贈…………………………………………………………105
1―5―3　被相続人の事業を承継したとき………………………………105
1―5―4　相続があった場合の納税義務…………………………………107

第5章　課税範囲

第1節　通　　則

5－1－1　事業としての意義 ………………………………………199
5－1－2　対価を得て行われるの意義 ………………………………201
5－1－3　資産の意義 …………………………………………………202
5－1－4　代物弁済の意義 ……………………………………………203
5－1－5　負担付き贈与の意義 ………………………………………203
5－1－6　金銭以外の資産の出資の範囲 ……………………………205
5－1－7　付随行為 ……………………………………………………207
5－1－8　事業に関して行う家事用資産の譲渡 ……………………208
5－1－9　リース取引の実質判定 ……………………………………209
5－1－10　親族間の取引 ………………………………………………211
5－1－11　非居住者が行う取引 ………………………………………211

第2節　資産の譲渡の範囲

5－2－1　資産の譲渡の意義 …………………………………………212
5－2－2　保証債務等を履行するために行う資産の譲渡 …………213
5－2－3　会報、機関紙（誌）の発行 ………………………………214
5－2－4　保険金、共済金等 …………………………………………216
5－2－5　損害賠償金 …………………………………………………217
5－2－6　容器保証金等の取扱い ……………………………………219
5－2－7　建物賃貸借契約の解除等に伴う立退料の取扱い ………220
5－2－8　剰余金の配当等 ……………………………………………221

5－2－9　自己株式の取扱い ……………………………………222
5－2－10　対価補償金等 ………………………………………224
5－2－11　譲渡担保等 …………………………………………226
5－2－12　自社使用等 …………………………………………227
5－2－13　資産の廃棄、盗難、滅失 …………………………228
5－2－14　寄附金、祝金、見舞金等 …………………………228
5－2－15　補助金、奨励金、助成金等 ………………………229
5－2－16　下請先に対する原材料等の支給 …………………231

第3節　みなし譲渡

第1款　個人事業者の家事消費等

5－3－1　家事消費等の意義 …………………………………233
5－3－2　使用の意義 …………………………………………233

第2款　役員に対するみなし譲渡

5－3－3　役員の範囲 …………………………………………235
5－3－4　同順位の株主グループ ……………………………237
5－3－5　役員に対する無償譲渡等 …………………………239

第4節　資産の貸付け

5－4－1　資産に係る権利の設定の意義 ……………………240
5－4－2　資産を使用させる一切の行為の意義 ……………241
5－4－3　借家保証金、権利金等 ……………………………242
5－4－4　福利厚生施設の利用 ………………………………243
5－4－5　資産の無償貸付け …………………………………243

第5節　役務の提供

5－5－1　役務の提供の意義 …………………………………244
5－5－2　解約手数料、払戻手数料等 …………………………245
5－5－3　会費、組合費等 ………………………………………247
5－5－4　入会金 …………………………………………………249
5－5－5　ゴルフクラブ等の入会金 ……………………………251
5－5－6　公共施設の負担金等 …………………………………252
5－5－7　共同行事に係る負担金等 ……………………………254
5－5－8　賞金等 …………………………………………………255
5－5－9　滞船料 …………………………………………………257
5－5－10　出向先事業者が支出する給与負担金 ………………258
5－5－11　労働者派遣に係る派遣料 ……………………………259
5－5－12　電気通信役務に係る回線使用料等 …………………261

第6節　保税地域からの引取り

5－6－1　保税地域から引き取られる外国貨物の範囲 ………262
5－6－2　無償による貨物の輸入等 ……………………………263
5－6－3　無体財産権の伴う外国貨物に係る課税標準 ………264
5－6－4　保税地域において外国貨物が亡失又は滅失した場合 ………269
5－6－5　保税作業により製造された貨物 ……………………270
5－6－6　輸入外航機等の課税関係 ……………………………271

第7節　国内取引の判定

5－7－1　国外と国外との間における取引の取扱い …………272
5－7－2　船舶の登録をした機関の所在地等 …………………273

5−7−3　航空機の登録をした機関の所在地 …………………………275

5−7−4　鉱業権等の範囲 …………………………………………276

5−7−5　特許権等の範囲 …………………………………………277

5−7−6　著作権等の範囲 …………………………………………278

5−7−7　特別の技術による生産方式の範囲 ……………………280

5−7−8　営業権の範囲 ……………………………………………280

5−7−9　漁業権等の範囲 …………………………………………281

5−7−10　資産の所在場所が国外である場合の取扱い ………………282

5−7−11　船荷証券の譲渡に係る内外判定 …………………………283

5−7−12　貸付けに係る資産の所在場所が変わった場合の内外判定 …285

5−7−13　国内及び国外にわたって行われる旅客又は貨物の輸送等 …287

5−7−14　事務所の意義 ……………………………………………288

5−7−15　役務の提供に係る内外判定 ………………………………289

5−7−15の2　電気通信利用役務の提供に係る内外判定 ………………291

5−7−15の3　国外事業者の恒久的施設で行う特定仕入れに係る
　　　　　　内外判定 …………………………………………292

5−7−15の4　国内事業者の国外事業所等で行う特定仕入れに係る
　　　　　　内外判定 …………………………………………293

第8節　特定資産の譲渡等

5−8−1　特定資産の譲渡等に係る納税義務 ……………………295

5−8−2　特定資産の譲渡等の表示義務 …………………………296

5−8−3　電気通信利用役務の提供 ………………………………297

5−8−4　事業者向け電気通信利用役務の提供 …………………300

5−8−5　事業運動家の範囲 ………………………………………302

5−8−6　特定役務の提供から除かれるもの ……………………303

5－8－7　特定役務の提供を行う者の仲介等 ……………………304

第6章　非課税範囲

第1節　土地等の譲渡及び貸付け関係

6－1－1　土地の範囲 ………………………………………306
6－1－2　土地の上に存する権利の意義 …………………307
6－1－3　借地権に係る更新料、名義書換料 ……………309
6－1－4　土地の貸付期間の判定 …………………………310
6－1－5　土地付建物等の貸付け …………………………311
6－1－6　土地等の譲渡又は貸付けに係る仲介手数料 …312
6－1－7　公有水面使用料、道路占用料、河川占用料 …313

第2節　有価証券等及び支払手段の譲渡等関係

6－2－1　非課税の対象となる有価証券等の範囲 ………314
6－2－2　船荷証券等 ………………………………………323
6－2－3　支払手段の範囲 …………………………………323

第3節　利子を対価とする貸付金等関係

6－3－1　金融取引及び保険料を対価とする役務の提供等 ……325
6－3－2　保険代理店報酬等 ………………………………328
6－3－2の2　償還有価証券に係る償還差益 ……………329
6－3－3　保険料に類する共済掛金の範囲 ………………330
6－3－4　売上割引又は仕入割引 …………………………333
6－3－5　前渡金等の利子 …………………………………334

第4節　郵便切手類等及び物品切手等の譲渡関係

6－4－1　郵便切手類の譲渡 ……………………………………339
6－4－2　郵便切手類の範囲 ……………………………………339
6－4－3　請求権を表彰する証書の意義 ………………………340
6－4－4　物品切手等に該当するかどうかの判定 ……………341
6－4－5　物品切手等の発行 ……………………………………343
6－4－6　物品切手等の取扱手数料 ……………………………344

第5節　国等の手数料及び外国為替業務等関係

6－5－1　非課税となる行政手数料等の範囲等 ………………345
6－5－2　非課税とならない行政手数料等 ……………………348
6－5－3　非課税とされる外国為替業務に係る役務の提供の範囲 ……350

第6節　医療の給付等関係

6－6－1　医療関係の非課税範囲 ………………………………352
6－6－2　医療品、医療用具の販売 ……………………………354
6－6－3　保険外併用療養費、療養費等の支給に係る療養 ……355

第7節　社会福祉事業等関係

6－7－1　介護保険関係の非課税の範囲 ………………………360
6－7－2　「居宅介護サービス費の支給に係る居宅サービス」等の範囲 …375
6－7－3　福祉用具の取扱い ……………………………………380
6－7－4　介護サービスの委託に係る取扱い …………………381
6－7－5　社会福祉関係の非課税範囲 …………………………383

6－3－6　賦払金の支払回数 ……………………………………335

6－7－6　生産活動等の意義 …………………………………388

6－7－7　児童福祉施設の取扱い ……………………………389

6－7－7の2　保育所を経営する事業に類する事業として行われる
　　　　　　資産の譲渡等 ……………………………………390

6－7－8　独立行政法人国立重度知的障害者総合施設のぞみの園が設
　　　　　置する施設において行う施設障害福祉サービス等の範囲 ……395

6－7－9　社会福祉事業の委託に係る取扱い ……………………396

6－7－10　包括的支援事業の委託に係る取扱い …………………398

第8節　助産に係る資産の譲渡等関係

6－8－1　助産に係る資産の譲渡等の範囲 ………………………401

6－8－2　妊娠中及び出産後の入院の取扱い ……………………402

6－8－3　妊娠中及び出産後の入院に係る差額ベッド料等の取扱い …403

第9節　埋葬料又は火葬料を対価とする役務の提供関係

6－9－1　埋葬、火葬の意義 ………………………………………404

6－9－2　改葬の取扱い ……………………………………………404

第10節　身体障害者用物品の譲渡等関係

6－10－1　身体障害者用物品の範囲 ………………………………405

6－10－2　部分品の取扱い …………………………………………406

6－10－3　改造の取扱い ……………………………………………406

6－10－4　身体障害者用物品に該当する自動車の修理の取扱い ………407

第11節　学校教育関係

6－11－1　学校教育関係の非課税範囲 ……………………………409

6―11―2　施設設備費の意義 …………………………………411
6―11―3　在学証明等に係る手数料の範囲 …………………412
6―11―4　学校等が行う役務の提供で課税されるもの ……413
6―11―5　幼稚園の範囲 ………………………………………414
6―11―6　公開模擬学力試験に係る検定料 …………………415

第12節　教科用図書の譲渡関係

6―12―1　教科用図書の範囲 …………………………………416
6―12―2　教科用図書の供給手数料の取扱い ………………417
6―12―3　補助教材の取扱い …………………………………418

第13節　住宅の貸付け関係

6―13―1　住宅の貸付けの範囲 ………………………………419
6―13―2　プール、アスレチック施設等付き住宅の貸付け ……420
6―13―3　駐車場付き住宅の貸付け …………………………421
6―13―4　旅館業に該当するものの範囲 ……………………422
6―13―5　店舗等併設住宅の取扱い …………………………423
6―13―6　住宅の貸付けと役務の提供が混合した契約の取扱い ………424
6―13―7　転貸する場合の取扱い ……………………………425
6―13―8　用途変更の場合の取扱い …………………………426
6―13―9　家賃の範囲 …………………………………………427

第 7 章　輸出免税等

第 1 節　通　　則

7 — 1 — 1　輸出免税の適用範囲 ……………………………430

第 2 節　輸出免税等の範囲

7 — 2 — 1　輸出免税等の具体的範囲 …………………………432
7 — 2 — 2　輸出物品の下請加工等 ……………………………434
7 — 2 — 3　国外で購入した貨物を国内の保税地域を経由して国外へ
　　　　　譲渡した場合の取扱い ……………………………437
7 — 2 — 4　旅客輸送に係る国際輸送の範囲 …………………438
7 — 2 — 5　貨物輸送に係る国際輸送の範囲 …………………439
7 — 2 — 6　旅行業者が主催する海外パック旅行の取扱い …………440
7 — 2 — 7　国外の港等を経由して目的港等に到着する場合の輸出免税
　　　　　の取扱い ………………………………………442
7 — 2 — 8　船舶運航事業を営む者等の意義 …………………444
7 — 2 — 9　船舶の貸付けの意義 ……………………………445
7 — 2 —10　船舶運航事業者等の求めに応じて行われる修理の意義 ……446
7 — 2 —11　水先等の役務の提供に類するもの ………………447
7 — 2 —12　外国貨物の荷役等に類する役務の提供 …………454
7 — 2 —13　指定保税地域等における役務の提供の範囲等 …………455
7 — 2 —13の 2　特例輸出貨物に対する役務の提供 ……………457
7 — 2 —14　その他これらに類する役務の提供 ……………458
7 — 2 —15　非居住者の範囲 ……………………………460

7－2－16　非居住者に対する役務の提供で免税とならないものの
　　　　　範囲 …………………………………………………………462
7－2－17　国内に支店等を有する非居住者に対する役務の提供 ………463
7－2－18　外航船等への積込物品に係る輸出免税 ……………………465
7－2－19　合衆国軍隊の調達機関を通じて輸出される物品の
　　　　　輸出免税 ……………………………………………………466
7－2－20　海外旅行者が出国に際して携帯する物品の輸出免税 ………467
7－2－21　保税蔵置場の許可を受けた者が海外旅行者に課税資産の
　　　　　譲渡を行う場合の輸出免税 ………………………………469
7－2－22　加工又は修繕のため輸出された課税物品に係る
　　　　　消費税の軽減 ………………………………………………470
7－2－23　輸出証明書等 ……………………………………………471

第3節　租税特別措置法関係

7－3－1　外航船等に積み込む物品の範囲 ……………………………473
7－3－2　外航船等の範囲 ………………………………………………474
7－3－3　外航船等に積み込む物品の譲渡等に係る免税の手続 ………475
7－3－4　外航船等について資格の変更があった場合の取扱い ………476

第8章　輸出物品販売場における輸出物品の譲渡に係る免税

第1節　適用範囲等

8－1－1　輸出物品販売場における輸出免税の特例の適用範囲 ………478
8－1－2　「対価の額の合計額」の意義 …………………………………480
8－1－2の2　一般物品と消耗品とが一の資産を構成している場合 …482

8－1－3　災害その他やむを得ない事情の範囲 ……………………483

8－1－3の2　免税購入した消耗品等を国内において生活の用に
　　　　　　供した場合 ………………………………………………484

8－1－4　輸出免税物品につき国内で譲渡等があった場合の消費税の
　　　　　即時徴収 …………………………………………………485

8－1－5　即時徴収する場合の法定納期限及び延滞税の起算日 ………486

8－1－6　輸出物品販売場免税の不適用の規定を適用しない場合等 …487

8－1－7　購入記録票の旅券等への貼付方法 ……………………489

8－1－7の2　購入記録票等の記載を省略する場合の明細書等への
　　　　　　貼付方法 ………………………………………………490

8－1－7の3　一般物品と消耗品等を譲渡する場合の購入記録票等
　　　　　　の作成方法 ……………………………………………491

8－1－7の4　手続委託型輸出物品販売場における免税販売手続 ……492

8－1－7の5　承認免税手続事業者が設置する免税手続カウンター
　　　　　　における購入記録票の作成 ………………………494

8－1－7の6　承認免税手続事業者が設置する免税手続カウンター
　　　　　　における合算の取扱い ………………………………496

8－1－8　輸出自動車に対する輸出物品販売場免税 ……………498

第2節　輸出物品販売場の許可等

8－2－1　輸出物品販売場の許可 …………………………………500

8－2－1の2　輸出物品販売場を移転した場合 …………………502

8－2－1の3　承認免税手続事業者の承認 ………………………504

8－2－1の4　事前承認港湾施設の承認 …………………………505

8－2－2　輸出物品販売場の許可を取り消すことができる場合 ………507

8－2－2の2　承認免税手続事業者の承認を取り消すことができる場合 ……………………………………………………………507

8－2－2の3　事前承認港湾施設の承認を取り消すことができる場合 ……………………………………………………………508

第9章　資産の譲渡等の時期

第1節　通　則

第1款　棚卸資産の譲渡の時期

9－1－1　棚卸資産の譲渡の時期 …………………………………511
9－1－2　棚卸資産の引渡しの日の判定 ……………………………511
9－1－3　委託販売による資産の譲渡の時期 ………………………514
9－1－4　船荷証券等の譲渡の時期 …………………………………514

第2款　請負による譲渡等の時期

9－1－5　請負による資産の譲渡等の時期 …………………………515
9－1－6　建設工事等の引渡しの日の判定 …………………………516
9－1－7　値増金に係る資産の譲渡等の時期 ………………………517
9－1－8　部分完成基準による資産の譲渡等の時期の特例 ………518
9－1－9　機械設備の販売に伴う据付工事による資産の譲渡等の時期の特例 ……………………………………………520
9－1－10　不動産の仲介あっせんに係る譲渡等の時期 ……………521
9－1－11　技術役務の提供に係る資産の譲渡等の時期 ……………523
9－1－12　運送収入に係る資産の譲渡等の時期 ……………………526

第3款　固定資産の譲渡の時期

9—1—13　固定資産の譲渡の時期 …………………………………530
9—1—14　農地の譲渡の時期の特例 ………………………………531
9—1—15　工業所有権等の譲渡等の時期 …………………………533
9—1—16　ノウハウの頭金等に係る資産の譲渡等の時期 ………535

第4款　有価証券の譲渡の時期

9—1—17　有価証券等の譲渡の時期 ………………………………537
9—1—17の2　株券の発行がない株式等の譲渡の時期 ……………538
9—1—17の3　登録国債の譲渡の時期 ………………………………539
9—1—17の4　持分会社の社員の持分等の譲渡の時期 ……………540
9—1—18　株式の信用取引等をした場合の譲渡の時期 …………541

第5款　利子、使用料等を対価とする資産の譲渡等の時期

9—1—19　貸付金利子等を対価とする資産の譲渡等の時期 ……542
9—1—19の2　償還差益を対価とする資産の譲渡等の時期 ………545
9—1—20　賃貸借契約に基づく使用料等を対価とする資産の譲渡等の
　　　　　時期 ……………………………………………………547
9—1—21　工業所有権等の使用料を対価とする資産の譲渡等の時期 …549

第6款　その他の資産の譲渡等の時期

9—1—22　物品切手等と引換給付する場合の譲渡等の時期 ……551
9—1—23　保証金等のうち返還しないものの額を対価とする資産の
　　　　　譲渡等の時期 ……………………………………………553
9—1—24　先物取引に係る資産の譲渡等の時期 …………………554

9－1－25　削除

9－1－26　強制換価手続による換価による資産の譲渡等の時期 ……… 556

9－1－27　前受金、仮受金に係る資産の譲渡等の時期 …………… 557

9－1－28　共同事業の計算期間が構成員の課税期間と異なる場合の
　　　　　資産の譲渡等の時期 …………………………………… 558

9－1－29　受益者等課税信託の資産の譲渡等の時期 …………… 559

9－1－30　集団投資信託等の資産の譲渡等の時期 ……………… 561

第2節　削除

9－2－1　削除

9－2－2　削除

9－2－3　削除

9－2－4　削除

9－2－5　削除

第3節　長期割賦販売等に係る資産の譲渡等の時期の特例

9－3－1　長期割賦販売等に係る特例の適用関係 ……………… 563

9－3－2　法人が行う長期割賦販売等の範囲 …………………… 565

9－3－3　長期割賦販売等の要件 ………………………………… 567

9－3－4　契約の変更があった場合の取扱い …………………… 569

9－3－5　対価の額に異動があった場合の調整 ………………… 571

9－3－6　資産を下取りした場合の対価の額 …………………… 573

9－3－6の2　履行期日前に受領した手形 ……………………… 574

9－3－6の3　債務不履行に伴う長期割賦販売等に係る資産の
　　　　　　取戻し ………………………………………………… 574

9－3－6の4　リース期間の終了に伴い返還を受けた資産 ……… 576

9―3―7　個人事業者が行う延払条件付譲渡の範囲 ……………………577

第4節　工事の請負に係る資産の譲渡等の時期の特例

9―4―1　工事の請負に係る特例の適用関係 …………………………578
9―4―2　損失が見込まれる場合の工事進行基準の適用 ……………579

第5節　小規模事業者に係る資産の譲渡等の時期の特例

9―5―1　小規模事業者に係る資産の譲渡等の時期等の特例の適用
　　　　関係 ……………………………………………………………581
9―5―2　手形又は小切手取引に係る資産の譲渡等及び課税仕入れの
　　　　時期 ……………………………………………………………582

第6節　そ の 他

9―6―1　法人の設立期間中の資産の譲渡等及び課税仕入れの帰属 …584
9―6―2　資産の譲渡等の時期の別段の定め ……………………………586

第10章　課税標準及び税率

第1節　課税資産の譲渡等

10―1―1　譲渡等の対価の額 ………………………………………………591
10―1―2　著しく低い価額 …………………………………………………592
10―1―3　経済的利益 ………………………………………………………594
10―1―4　印紙税等に充てられるため受け取る金銭等 …………………595
10―1―5　建物と土地等とを同一の者に対し同時に譲渡した場合の
　　　　　取扱い …………………………………………………………596

10−1−6 未経過固定資産税等の取扱い ……………………………598
10−1−7 外貨建取引に係る対価 ………………………………600
10−1−8 交換資産の時価 ………………………………………603
10−1−9 物品切手等の評価 ……………………………………603
10−1−10 他の事業者の資産の専属的利用による経済的利益の額 ……604
10−1−11 個別消費税の取扱い …………………………………605
10−1−12 委託販売等に係る手数料 ……………………………607
10−1−13 源泉所得税がある場合の課税標準 …………………609
10−1−14 資産の貸付けに伴う共益費 …………………………610
10−1−15 返品、値引等の処理 …………………………………610
10−1−16 別途収受する配送料等 ………………………………612
10−1−17 下取り …………………………………………………612
10−1−18 自家消費等における対価 ……………………………613
10−1−19 家事共用資産の譲渡 …………………………………615
10−1−20 譲渡等に係る対価が確定していない場合の見積り …………616
10−1−21 別払運賃がある場合における課税標準に算入すべき運賃の計算の特例 ……………………………………617

第2節 特定課税仕入れ

10−2−1 特定課税仕入れに係る支払対価の額 ……………………619
10−2−2 外貨建取引に係る支払対価の額 …………………………621
10−2−3 国外事業者のために負担する旅費等 ……………………621
10−2−4 芸能人の役務の提供の対価に含まれないもの ……………623

第11章　仕入れに係る消費税額の控除

第1節　通　則

11－1－1　課税仕入れ ………………………………………………630
11－1－2　給与等を対価とする役務の提供 ……………………………632
11－1－3　課税仕入れの相手方の範囲 …………………………………634
11－1－4　家事共用資産の取得 …………………………………………637
11－1－5　水道光熱費等の取扱い ………………………………………638
11－1－6　実質的な輸入者と輸入申告名義人が異なる場合の取扱い …639
11－1－7　新規に開業をした事業者の仕入税額控除 …………………643
11－1－8　相続等により課税事業者となった場合の仕入税額控除 ……644

第2節　課税仕入れの範囲

11－2－1　出張旅費、宿泊費、日当等 …………………………………646
11－2－2　通勤手当 ………………………………………………………648
11－2－3　現物給付する資産の取得 ……………………………………650
11－2－4　使用人等の発明等に係る報償金等の支給 …………………651
11－2－5　外交員等の報酬 ………………………………………………653
11－2－6　会費、組合費等 ………………………………………………654
11－2－7　ゴルフクラブ等の入会金 ……………………………………656
11－2－8　公共的施設の負担金等 ………………………………………657
11－2－9　共同行事等に係る負担金 ……………………………………658
11－2－10　保険金等による資産の譲受け等 ……………………………660
11－2－11　滅失等した資産に係る仕入税額控除 ………………………661

11—2—12　課税資産の譲渡等にのみ要するものの意義 …………………662

11—2—13　国外取引に係る仕入税額控除 …………………………………664

11—2—13の2　国内事業者の国外支店が受けた電気通信利用役務の
　　　　　　　提供 …………………………………………………………665

11—2—13の3　国外事業者が行う特定資産の譲渡等のための仕入れ
　　　　　　　税額控除 ……………………………………………………667

11—2—14　試供品、試作品等に係る仕入税額控除 ……………………668

11—2—15　課税資産の譲渡等以外の資産の譲渡等にのみ要するもの
　　　　　の意義 …………………………………………………………669

11—2—16　不課税取引のために要する課税仕入れの取扱い ……………671

11—2—17　金銭以外の資産の贈与 ………………………………………673

11—2—18　個別対応方式の適用方法 ……………………………………674

11—2—19　共通用の課税仕入れ等を合理的な基準により区分した
　　　　　場合 ……………………………………………………………676

11—2—20　課税仕入れ等の用途区分の判定時期 ………………………677

11—2—21　一括比例配分方式から個別対応方式への変更 ……………679

11—2—22　災害その他やむを得ない事情の意義 ………………………681

11—2—23　費途不明の交際費等 …………………………………………682

第3節　課税仕入れ等の時期

11—3—1　課税仕入れを行った日の意義 …………………………………684

11—3—2　割賦購入の方法等による課税仕入れを行った日 ……………684

11—3—3　減価償却資産に係る仕入税額控除 ……………………………686

11—3—4　繰延資産に係る課税仕入れ等の仕入税額控除 ………………687

11—3—5　未成工事支出金 …………………………………………………688

11—3—6　建設仮勘定 ………………………………………………………690

11—3—7　郵便切手類又は物品切手等の引換給付に係る課税仕入れ
　　　　　の時期 …………………………………………………………691
11—3—8　短期前払費用 …………………………………………………692
11—3—9　課税貨物を引き取った日の意義 ………………………………694
11—3—10　許可前引取りに係る見積消費税額の調整 ……………………696
11—3—11　電子申告の場合の輸入の許可があったことを証する書類 …697

第4節　課税仕入れに係る支払対価の額

11—4—1　現物出資に係る資産の取得 ……………………………………699
11—4—2　建物と土地等とを同一の者から同時に譲り受けた場合の
　　　　　取扱い …………………………………………………………700
11—4—3　郵便切手類又は物品切手等の引換給付を受けた場合の課税
　　　　　仕入れに係る支払対価の額 ……………………………………702
11—4—4　課税資産の譲渡等に係る為替差損益の取扱い ………………703
11—4—5　課税仕入れに係る支払対価の額が確定していない場合の
　　　　　見積り …………………………………………………………705
11—4—6　特定課税仕入れに係る消費税額 ………………………………707

第5節　課税売上割合の計算等

11—5—1　課税売上割合の計算単位 ………………………………………709
11—5—2　免税事業者であった課税期間において行った資産の譲渡等
　　　　　に係る対価の返還等 …………………………………………709
11—5—3　相続等により課税事業者となった場合の課税売上割合の計算…711
11—5—4　国内において行った資産の譲渡等の対価の額 ………………713
11—5—5　輸出取引に係る対価の返還等があった場合の取扱い ………714
11—5—6　課税売上割合の端数計算 ………………………………………715

11―5―7　課税売上割合に準ずる割合 ……………………………………716
11―5―8　課税売上割合に準ずる割合の適用範囲 ……………………722
11―5―9　課税売上割合が95%未満であるかどうかの判定 …………723
11―5―10　課税期間における課税売上高が5億円を超えるかどうか
　　　　　の判定 ………………………………………………………724

第6節　仕入税額の控除に係る帳簿及び請求書等の記載事項の特例

11―6―1　仕入税額控除に係る帳簿及び請求書等の記載事項の特例 …728
11―6―2　支払対価の額の合計額が3万円未満の判定単位 …………731
11―6―3　請求書等の交付を受けなかったことにつきやむを得ない
　　　　　理由があるときの範囲 ………………………………………732
11―6―4　課税仕入れの相手方の住所又は所在地を記載しなくても
　　　　　よいものとして国税庁長官が指定する者の範囲 ……………733
11―6―5　課税仕入れの相手方の確認を受ける方法 …………………735
11―6―6　元請業者が作成する出来高検収書の取扱い ………………736
11―6―7　帳簿及び請求書等の保存期間 ………………………………738

第7節　非課税資産の輸出等を行った場合の仕入れに係る消費税額の控除の特例

11―7―1　国内以外の地域における自己の使用のための資産の
　　　　　輸出等 ………………………………………………………739

第12章　仕入れに係る消費税額の調整

第1節　仕入れに係る対価の返還等を受けた場合の控除の特例

第1款　対価の返還等の範囲

12―1―1　事業者が収受する早出料 …………………………………744

12―1―2　事業者が収受する販売奨励金等 ……………………………744

12―1―3　事業者が収受する事業分量配当金 …………………………745

12―1―4　仕入割引 ………………………………………………………746

12―1―5　輸入品に係る仕入割戻し ……………………………………746

12―1―6　課税仕入れとそれ以外の取引を一括して対象とする仕入
　　　　　割戻し …………………………………………………………748

12―1―7　債務免除 ………………………………………………………748

12―1―8　免税事業者であった課税期間において行った課税仕入れ
　　　　　について対価の返還等を受けた場合 ……………………749

12―1―9　免税事業者等となった後の仕入れに係る対価の返還等 ……751

第2款　対価の返還等の時期

12―1―10　仕入割戻しを受けた日 ………………………………………752

12―1―11　一定期間支払を受けない仕入割戻しに係る仕入割戻しを
　　　　　受けた日 ……………………………………………………753

12―1―12　仕入れに係る対価の返還等の処理 …………………………755

第3款　課税貨物に係る消費税額の還付

12—1—13　他の法律の規定により、還付を受ける場合の意義 ……………757
12—1—14　還付を受ける日の意義 ……………………………………………758

第2節　調整対象固定資産の範囲

12—2—1　調整対象固定資産に含まれるものの範囲 ………………………759
12—2—2　調整対象固定資産の支払対価 ……………………………………760
12—2—3　一の取引の判定単位 ………………………………………………761
12—2—4　共有に係る調整対象固定資産 ……………………………………763
12—2—5　資本的支出 …………………………………………………………764

第3節　課税売上割合が著しく変動した場合の調整

12—3—1　通算課税売上割合の計算 …………………………………………768
12—3—2　課税売上割合が著しく増加した場合 ……………………………770
12—3—3　調整対象固定資産を中途で売却した場合等の不適用 …………772

第4節　課税業務用から非課税業務用に転用した場合の調整

12—4—1　調整対象固定資産を一部非課税業務用に転用した場合等
　　　　　の調整 ……………………………………………………………773
12—4—2　免税事業者となった課税期間等が含まれている場合 …………776

第5節　非課税業務用から課税業務用に転用した場合の調整

12—5—1　調整対象固定資産を一部課税業務用に転用した場合等
　　　　　の調整 ……………………………………………………………777
12—5—2　免税事業者となった課税期間等が含まれている場合 …………778

第6節　納税義務の免除を受けないこととなった場合等の調整

12―6―1　課税事業者となった場合の棚卸資産の取得価額 ……………781
12―6―2　課税仕入れ等により取得した棚卸資産の取得価額 …………783
12―6―3　製作等に係る棚卸資産の取得価額 …………………………785
12―6―4　免税事業者となる場合の棚卸資産に係る消費税額の調整
　　　　　規定の不適用の場合 ……………………………………786
12―6―5　金銭出資により設立した法人が課税事業者となる場合の棚
　　　　　卸資産に係る消費税額の調整 ……………………………787

第13章　簡易課税制度による仕入れに係る消費税額の控除

第1節　通　　則

13―1―1　削除
13―1―2　合併法人等が簡易課税制度を選択する場合の基準期間の
　　　　　課税売上高の判定 ………………………………………792
13―1―3　簡易課税制度選択届出書の効力 ……………………………793
13―1―3の2　相続があった場合の簡易課税制度選択届出書の効力等…795
13―1―3の3　合併があった場合の簡易課税制度選択届出書の効力等…797
13―1―3の4　分割があった場合の簡易課税制度選択届出書の効力等…798
13―1―4　簡易課税制度選択届出書を提出することができる事業者…800
13―1―4の2　簡易課税制度選択届出書提出後に法第37条第3項各号
　　　　　　に規定する場合に該当する場合の当該届出書の取扱い ………801
13―1―4の3　調整対象固定資産又は高額特定資産を売却等した場
　　　　　　合の法第37条第3項の適用関係 ………………………802

13－1－5　事業を開始した課税期間の翌課税期間からの簡易課税制度
　　　　　の選択 ……………………………………………………………804
13－1－5の2　「やむを得ない事情」の範囲等 ………………………805
13－1－6　貸倒れがあった場合の適用関係 …………………………807
13－1－7　災害その他やむを得ない理由の範囲 ……………………808
13－1－8　災害等特例申請書の提出期限 ……………………………809
13－1－9　簡易課税制度の不適用の特例申請ができる課税期間 ……811

第2節　事業区分の判定

13－2－1　事業者が行う事業の区分 …………………………………813
13－2－2　性質及び形状を変更しないことの意義 …………………814
13－2－3　食料品小売店舗において行う販売商品の加工等の取扱い …816
13－2－4　第三種事業、第五種事業及び第六種事業の範囲 ………817
13－2－5　製造業等に含まれる範囲 …………………………………820
13－2－6　製造小売業の取扱い ………………………………………821
13－2－7　加工賃その他これに類する料金を対価とする役務の提供
　　　　　の意義 ……………………………………………………………822
13－2－8　廃材（品）、加工くず等の売却収入の事業区分 …………825
13－2－8の2　旅館等における飲食物の提供 …………………………826
13－2－8の3　第四種事業に該当する事業 ……………………………828
13－2－9　固定資産等の売却収入の事業区分 ………………………829
13－2－10　売上げに係る対価の返還等を行った場合の事業区分 ………830

第3節　事業の区分及び区分記載の方法

13－3－1　事業の種類が区分されているかどうかの判定 ……………831
13－3－2　事業の種類の判定方法 ……………………………………832

第4節　二以上の事業を営む場合のみなし仕入率の適用関係

13−4−1　二以上の種類の事業がある場合の令第57条第2項及び第3項の適用関係 ……………………………………………833

13−4−2　三以上の種類の事業がある場合の令第57条第3項の適用関係 ……………………………………………………835

第14章　課税標準額に対する消費税額の調整

第1節　売上げに係る対価の返還等をした場合の消費税額の控除

第1款　対価の返還等の範囲

14−1−1　海上運送事業者が支払う船舶の早出料 ……………………837

14−1−2　事業者が支払う販売奨励金等 ………………………………837

14−1−3　協同組合等が支払う事業分量配当金 ………………………838

14−1−4　売上割引 …………………………………………………………838

14−1−5　課税売上げと非課税売上げを一括して対象とする売上割戻し ……………………………………………………………839

14−1−6　免税事業者であった課税期間において行った課税資産の譲渡等について対価の返還等をした場合 ……………840

14−1−7　免税事業者等となった後の売上げに係る対価の返還等 …841

14−1−8　売上げに係る対価の返還等の処理 …………………………842

14−1−8の2　特定資産の譲渡等に係る対価の返還等 ………………843

第 2 款　対価の返還等を行った時期

14―1― 9　売上割戻しを行った日 …………………………………………844

14―1―10　一定期間支払わない売上割戻しに係る売上割戻しを
　　　　　　行った日 ………………………………………………………846

14―1―11　取引が無効又は取消しとなった場合の資産の譲渡等
　　　　　　の取扱い ………………………………………………………848

第 3 款　特定課税仕入れに係る対価の返還等の範囲

14―1―12　免税事業者であった課税期間において行った特定課税
　　　　　　仕入れに係る対価の返還等 …………………………………849

14―1―13　免税事業者等となった後の特定課税仕入れに係る対価の
　　　　　　返還等 …………………………………………………………851

14―1―14　特定課税仕入れに係る対価の返還等の処理 ………………852

第 2 節　貸倒れに係る消費税額の控除

14―2― 1　取引を停止した時の意義 …………………………………………855

14―2― 2　削除

14―2― 3　貸倒額の区分計算 …………………………………………………856

14―2― 4　免税事業者であった課税期間における売掛金等の貸倒れ …857

14―2― 5　免税事業者等となった後における売掛金等の貸倒れ ………858

第15章　申告、納付、還付等

第1節　中間申告

15—1—1　相続等があった場合の中間申告 …………………………862

15—1—1の2　前課税期間の確定消費税額がない場合の任意の中間
　　　　　　申告 ………………………………………………………863

15—1—1の3　任意の中間申告書を提出する旨の届出書の効力 ………865

15—1—1の4　相続、合併又は分割があった場合の任意の中間申告
　　　　　　書を提出する旨の届出書の効力 ……………………867

15—1—2　中間申告における法第42条と第43条の併用 ……………869

15—1—3　中間申告における簡易課税制度の適用 …………………870

15—1—4　仮決算による申告額が400万円、100万円又は24万円以下で
　　　　　ある場合の中間申告の要否 …………………………871

15—1—4の2　申告期限が同一の日となる一月中間申告書の取扱い …872

15—1—5　仮決算において控除不足額（還付額）が生じた場合 ………874

15—1—6　中間申告書の提出がない場合の特例 ……………………874

15—1—7　中間申告書を提出した者の意義 …………………………876

15—1—8　中間納付額の意義 …………………………………………878

15—1—9　中間申告書の提出義務 ……………………………………879

15—1—10　災害等による期限の延長により中間申告書の提出を
　　　　　要しない場合の法第42条第11項の適用関係 ……………886

15—1—11　中間申告書の提出期限のみが同一となった場合の取扱い …887

第2節　確定申告

15－2－1　その他の法律等により消費税が免除されるものの範囲 ……890
15－2－2　削除
15－2－3　削除
15－2－4　削除
15－2－5　納付すべき税額がない場合の確定申告の要否 ……………892
15－2－6　残余財産の確定 ………………………………………………893
15－2－7　個別対応方式と一括比例配分方式の適用関係 ……………894

第3節　還付を受けるための申告

15－3－1　還付を受けるための申告書に係る更正の請求 ……………896

第4節　引取りに係る課税貨物についての申告及び納期限

15－4－1　引取りに係る課税貨物についての申告 ……………………897
15－4－2　引取りに係る課税貨物についての課税標準額及び税額の
　　　　　申告等の特例 ……………………………………………………900
15－4－3　郵便により外国貨物を受け取る場合の課税標準額等 ……900
15－4－4　引取りに係る課税貨物についての納期限の延長 …………901
15－4－5　特定月において引き取る課税貨物の納期限の延長 ………902
15－4－6　特例申告書を提出した場合の引取りに係る課税貨物につい
　　　　　ての納期限の延長 ………………………………………………903

第5節　仕入控除不足額の還付

15－5－1　相続があった場合の還付申告に係る還付加算金 …………905

第16章　国、地方公共団体等に対する特例

第1節　通　　則

16—1—1　一般会計とみなされる特別会計の範囲 ……………………917
16—1—2　令第72条第2項に規定する用語の意義等 …………………918
16—1—2の2　「国又は地方公共団体の会計の処理に準ずるもの」
　　　　　　の範囲 …………………………………………………921
16—1—3　特別の法律により設立された法人の範囲 …………………923

第2節　特定収入の取扱い

16—2—1　特定収入の意義 …………………………………………925
16—2—2　国又は地方公共団体の特別会計が受け入れる補助金等の
　　　　　使途の特定方法 …………………………………………926
16—2—3　課税仕入れ等に係る特定収入の意義 ………………………932
16—2—4　地方公営企業の減価償却費に充てるための補助金の使途
　　　　　の特定 …………………………………………………932
16—2—5　基金に係る金銭の受入れ ………………………………934

第3節　申告関係

16—3—1　国、地方公共団体の中間申告 …………………………935
16—3—2　国等に準ずる法人の中間申告 …………………………937
16—3—2の2　「その他特別な事情があるもの」の範囲……………938
16—3—3　削除
16—3—4　国、地方公共団体等の申告期限の特例の承認が取り消さ

　　　　れた場合の中間申告の取扱い ……………………………940
16—3—5　申告期限の特例を受けている事業者が仮決算による中間
　　　　申告を行う場合の中間申告対象期間 ……………………941

第17章　雑　　則

第1節　納税義務の免除が適用されなくなった場合等の届出

17—1—1　課税事業者選択届出書を提出している場合 ………………944
17—1—2　事業を廃止した場合 …………………………………………945

第2節　申告義務の承継

17—2—1　相続人の申告義務 ……………………………………………946
17—2—2　提出期限後に死亡した場合の相続人の申告 ………………947
17—2—3　被相続人又は被合併法人に係る還付を受けるための申告 …948

第3節　帳簿等

17—3—1　保存すべき帳簿 ………………………………………………949

第18章　消費税と地方消費税との関係

18—1—1　消費税と地方消費税の申告の取扱い ………………………953
18—1—2　消費税と地方消費税の申告に係る税額の更正等の取扱い …954

第19章　特定非常災害の被災事業者からの届出等に関する特例

19―1―1　被災事業者の意義 …………………………………958

19―1―2　指定日の意義 …………………………………………959

19―1―3　通則法第11条の規定の適用を受けない新設法人等に対する
　　　　　租特法第86条の5第4項及び第5項の適用 ……………959

19―1―4　調整対象固定資産の仕入れ等を行った新設法人等である
　　　　　被災事業者の納税義務の判定 ………………………961

19―1―5　届出書の記載事項等 …………………………………963

第1章　納税義務者

消費税の納税義務者は、その取引が国内取引であるか輸入取引であるかの区分に応じて次のように定められている（法5）。

① 国内取引……国内において課税資産の譲渡等及び特定課税仕入れを行った事業者

② 輸入取引……外国貨物を保税地域から引き取る者

この場合の事業者とは、法人及び事業を行う個人をいい（法2①三、四）、人格のない社団等は、法人とみなして消費税法が適用されることとされている（法3）。

また、輸入取引について納税義務者となる「外国貨物を保税地域から引き取る者」は、事業者であるかどうかを問わないこととされている（法5①）。

なお、国内取引の場合にあっては、その課税期間の基準期間における課税売上高が1,000万円以下の事業者は、課税事業者となることを選択した場合、あるいは、特定期間における課税売上高が1,000万円を超える場合又は相続、合併、分割があった場合の特例規定又は新設法人、特定新規設立法人に係る特例規定に該当する場合を除き、納税義務が免除されることになっている（法9①）。

第1節　個人事業者の納税義務

（個人事業者と給与所得者の区分）

1—1—1　事業者とは自己の計算において独立して事業を行う者をいうから、個人が雇用契約又はこれに準ずる契約に基づき他の者に従属

し、かつ、当該他の者の計算により行われる事業に役務を提供する場合は、事業に該当しないのであるから留意する。したがって、出来高払の給与を対価とする役務の提供は事業に該当せず、また、請負による報酬を対価とする役務の提供は事業に該当するが、支払を受けた役務の提供の対価が出来高払の給与であるか請負による報酬であるかの区分については、雇用契約又はこれに準ずる契約に基づく対価であるかどうかによるのであるから留意する。この場合において、その区分が明らかでないときは、例えば、次の事項を総合勘案して判定するものとする。

(1) その契約に係る役務の提供の内容が他人の代替を容れるかどうか。

(2) 役務の提供に当たり事業者の指揮監督を受けるかどうか。

(3) まだ引渡しを了しない完成品が不可抗力のため滅失した場合等においても、当該個人が権利として既に提供した役務に係る報酬の請求をなすことができるかどうか。

(4) 役務の提供に係る材料又は用具等を供与されているかどうか。

解説

(1) 国内取引に係る消費税の納税義務者は法人及び個人事業者であり、この場合の個人事業者とは、事業を行う個人をいうこととされている(法2①三、四)。したがって、個人が役務の提供をした場合には、その役務の提供が事業として行われたものであるかどうかがポイントとなるのである。

この点、事業とは、一般に資産の譲渡、資産の貸付け及び役務の提供が反復、継続、独立して行われることをいうこととされている。換言すれば、事業者とは自己の計算において独立して事業を行うものであるということができるのである。したがって、個人が雇用契約又はこれに準ずる契約に基づき雇用者等に従属し、かつ、当該雇用者等の計算により

行われる事業に役務を提供する場合には、その役務の提供の多寡に応じて対価を得るときであっても、この役務の提供は、一般にいう出来高払の給与であり、事業に該当しないのである。一方、請負による報酬を対価とする役務の提供は、これに該当せず、事業に該当するのである。本通達においては、まずこのことを念のため明らかにしたものである。

(2) ただ、役務の提供には種々の形態が存するところであり、出来高払の給与であるか請負による報酬であるかは、一義的には、雇用契約又はこれに準ずる契約に基づいて行う役務の提供であるかどうかによって判定することになるが、このような契約の有無が明らかでない場合には、例えば、次の事項を総合勘案して判定することになるのである。

① その契約に係る役務の提供の内容が他人の代替を容れるかどうか。
② 役務の提供に当たり事業者の指揮監督を受けるかどうか。
③ まだ引渡しを了しない完成品が不可抗力のため滅失した場合等においても、当該個人が権利として既に提供した役務に係る報酬の請求をなすことができるかどうか。
④ 役務の提供に係る材料又は用具等を供与されているかどうか。

したがって、その個人の役務の提供について、例えば他人の代替が許容されること、事業者の指揮監督を受けないこと、引渡未了物件が不可抗力のために滅失した場合等には、既に提供した役務に係る報酬について請求することができないこと及び役務の提供に係る材料又は用具等を当該個人が持ち込んでいること等の事情がある場合には、その役務の提供は、請負に係るものと判定することとなる。

なお、所得税法第204条《源泉徴収義務》においては、一定の報酬料金等の支払の際には、所得税の源泉徴収をすることとされているが、そのような報酬料金等の支払を継続、反復して受ける者は、原則として事業者に該当することになる。

第2節　法人の納税義務

（法人でない社団の範囲）

1—2—1　法第2条第1項第7号《人格のない社団等の意義》に規定する「法人でない社団」とは、多数の者が一定の目的を達成するために結合した団体のうち法人格を有しないもので、単なる個人の集合体でなく、団体としての組織を有して統一された意志の下にその構成員の個性を超越して活動を行うものをいい、次に掲げるようなものは、これに含まれない。

(1)　民法第667条《組合契約》の規定による組合
(2)　商法第535条《匿名組合契約》の規定による匿名組合（以下1—3—1及び1—3—2において「匿名組合」という。）

解説

(1)　法人でない社団又は財団で代表者又は管理人の定めのあるものを、消費税法上「人格のない社団等」といい（法2①七）、法人とみなして同法の規定が適用されることになっている（法3）。

　　私法上のいわゆる権利能力のない社団・財団がこれに該当するが、権利能力のない社団・財団がその構成員又は出えん者から独立した社団又は財団として活動を行う場合には、単に法人格を有していないだけでその実体は法人である社団・財団と異ならないところから、私法上も社会的に独立した存在としてその法主体性が認められていることに伴い、消費税法においてもこれを法人とみなし、その構成員又は出えん者から独立した納税の主体としての地位を認めているものである。このことは、

第1章 納税義務者 55

所得税法及び法人税法においても同様である。

(2) ところで、私法上にいう人格のない社団（いわゆる権利能力なき社団）とは、①共同の目的のために結集した人的結合体であって、②団体としての組織を備え、③そこには多数決の原理が採られ、④構成員の変更にかかわらず団体そのものが存続し、⑤その組織によって代表の方法、総会の運営、財産の管理その他団体としての主要な点が確定しているものをいうこととされているが（昭39．10．15最高判）、税法上の考え方も同じことであるので、本通達はそのことのほか、民法上の組合（いわゆる任意組合）や商法上の匿名組合は、一種の契約関係であって団体としての性格はないから、人格のない社団には当たらないことを明らかにしているのである。このことは、所得税及び法人税の取扱いにおいても同様である（所基通2―5、法基通1―1―1）。

(3) また、人格のない社団は、法人税法においては収益事業を営む場合に限って納税義務があり、その収益事業から生じた所得についてのみ法人税が課されることとされているが、消費税法上は、課税資産の譲渡等が行われる限り、それが収益事業に該当するかどうかにかかわらず、納税義務があることになる。

（法人でない財団の範囲）

1―2―2　法第2条第1項第7号《人格のない社団等の意義》に規定する「法人でない財団」とは、一定の目的を達成するために出えんされた財産の集合体で、特定の個人又は法人の所有に属さないで一定の組織による統一された意志の下にその出えん者の意図を実現すべく独立して活動を行うもののうち、法人格を有しないものをいう。

解説 法人でない財団は、法人でない社団が人の集合体であるのに対し、一定の目的のために出えんされた財産の集合体である。したがって、ある財産の集合体が法人でない財団であるかどうかは、その財産がどの程度その出えん者の所有から離れ、独立した存在として財産的活動を行っているかが判定に当たってのポイントである。

このように、人格のない財団というためには、一定の目的のために存在する財産の集合体であってそれが独立した活動体であることを要するから、その収益が実質的に特定の法人又は個人に帰属することとなっているようなものは、法人でない財団に該当しないこととなる。

なお、この取扱いは、所得税及び法人税の取扱いと同様である（所基通2－6、法基通1－1－2）。

また、人格のない財団についても、人格のない社団と同様に、課税資産の譲渡を行っているときは、それが収益事業に該当するかどうかにかかわらず、消費税の納税義務がある。

（人格のない社団等についての代表者又は管理人の定め）

1－2－3　法第2条第1項第7号《人格のない社団等の意義》に規定する「代表者又は管理人の定めがあるもの」とは、社団又は財団の定款、寄附行為、規則、規約等によって代表者又は管理人が定められている場合のほか、当該社団又は財団の業務に係る契約を締結し、その金銭、物品等を管理する等の業務を主宰する者が事実上あることをいうものとする。したがって、法人でない社団又は財団で資産の譲渡等を行うものには、代表者又は管理人の定めのないものは通常あり得ないことに留意する。

解説　法人でない社団又は財団のうち、法人とみなされるのは「代表者又は管理人の定めのあるもの」とされている（法2①七）。

　ところで、法人でない社団又は財団といい得るためには、少なくとも団体としての組織を備え、代表の方法が定められていること、又は財産を運営する組織を有することなどが必要であるところから、法人でない社団又は財団であって、現に資産の譲渡等を行っているものには、代表者又は管理人の定めのないものは通常あり得ないので、本通達はこのことを念のため明らかにしたものである。

　なお、この取扱いは、所得税及び法人税の取扱いと同様である（所基通2－7、法基通1－1－3）。

（福利厚生等を目的として組織された従業員団体に係る資産の譲渡等）

1－2－4　事業者の役員又は使用人をもって組織した団体（以下1－2－5において「従業員団体」という。）が、これらの者の親睦、福利厚生に関する事業を主として行っている場合において、その事業経費の相当部分を当該事業者が負担しており、かつ、次に掲げる事実のいずれか一の事実があるときは、原則として、当該事業の全部を当該事業者が行ったものとする。

(1)　事業者の役員又は使用人で一定の資格を有する者が、その資格において当然に当該団体の役員に選出されることになっていること。

(2)　当該団体の事業計画又は事業の運営に関する重要案件の決定について、当該事業者の許諾を要する等当該事業者がその事業の運営に参画していること。

(3)　当該団体の事業に必要な施設の全部又は大部分を当該事業者が提

供していること。

解説 事業者の役員又は使用人をもって組織された団体が、これらの者の親睦、福利厚生に関する事業を主として行う事例は少なくない。この場合、この従業員の組織する団体は、事業者と別個の存在とみられるものであるかどうかということが問題となる。すなわち、その団体が別個の存在とみられる場合には、事業者が団体に支出した金銭は事業者の外部への支出ということになるが、その団体が別個の存在とみられない場合には、事業者が団体に支出する金銭は事業者の外部への支出とならず、団体が外部に支出した時に事業者としても外部への支出があったことになる。

　この問題は、所得税や法人税の場合にあっては、所得の計算に関することであるから、所得計算に関連のないものを法人の事業の一部として取り扱っても実益がないといえるのであり、また消費税においても、実質的に事業者と同体にあると認められる団体に対して金銭を支出した場合に、その形式により、事業者とは別個独立した団体に対する金銭の支出をしたとして対価性のない取引とみることは実情にそぐわないと考えられる。そこで、本通達は、その合理的な運営を図るため、従業員の親睦、福利厚生等を目的として組織された従業員団体（文化同好会や運動クラブ等）につき、その事業を法人の事業の一部と認めるものの判定要件として、その事業経費の相当部分を法人が負担していることを必須の要件とし、それに他の三つの要件のうちの一の事実に該当する場合には、その団体の事業は法人の事業の一部として取り扱うものとしているのである。従業員の属する法人の事業の一部と判定された場合には、その事業はその事業者が行ったこととされる結果、この従業員団体については、人格のない社団等としての課税の問題は生じないこととなる。

　なお、この取扱いは、所得税及び法人税の取扱いと同様である（所基通2―8、法基通14―1―4）。

> **(従業員負担がある場合の従業員団体の資産の譲渡等の帰属)**
> 1—2—5　従業員団体について、例えば、その団体の課税仕入れ等が、当該事業者から拠出された部分と構成員から収入した会費等の部分とであん分する等の方法により適正に区分されている場合には、1—2—4にかかわらず、その団体が行った事業のうちその区分されたところにより当該構成員から収入した会費等の部分に対応する資産の譲渡等又は課税仕入れ等については、当該事業者が行ったものとすることはできないものとする。

解説　基本通達1—2—4により、従業員団体の行う事業がその法人の事業の一部と判定された場合には、原則として、その団体の損益はその全額が事業者の損益として認識されるのである。しかし、従来、所得税及び法人税の取扱いにおいて従業員負担分を預り金等として経理することが認められていることから、その取扱いとの調整を図る意味で本通達を定め、従業員負担分が明確に区分されている場合の当該負担分に係る資産の譲渡等又は課税仕入れ等については、当該事業者が行ったものとすることはできないこととしているのである。

第3節　共同事業に係る納税義務

> **(共同事業に係る消費税の納税義務)**
> 1—3—1　共同事業（人格のない社団等又は匿名組合が行う事業を除く。以下1—3—1及び9—1—28において同じ。）に属する資産の譲渡等又は課税仕入れ等については、当該共同事業の構成員が、当該共同事業

> の持分の割合又は利益の分配割合に対応する部分につき、それぞれ資産の譲渡等又は課税仕入れ等を行ったことになるのであるから留意する。

解説 国内取引に係る消費税の納税義務者は、国内において課税資産の譲渡等及び特定課税仕入れを行った事業者である（法５）。この場合の事業者とは、法人又は事業を営む個人であり、人格のない社団等は法人とみなして消費税法が適用されるから、これらの者が単独で課税資産の譲渡等及び特定課税仕入れを行った場合には、それぞれが納税義務者となる。

ところで、個人又は法人等が組合契約又は民法第674条《組合員の損益分配の割合》の規定により損益分配割合を定め、金銭又は役務等を出資して共同して事業を行う場合に、消費税法上、その事業主体は共同事業体そのものであるとしてその共同事業体そのものが納税義務者に該当するとみるのか、あるいは共同事業体は単なる契約関係であって、その共同事業への参加者が共同事業に係る損益分配割合に応じて課税資産の譲渡等を行ったものとみるのかという疑問が生ずる。本通達においては、その事業から生ずる損益の分配割合を定めて共同して事業を行う場合には、その共同事業への参加者が損益分配割合に応じてその共同事業に係る資産の譲渡等又は課税仕入れ等を行ったものとみて、各参加者が納税義務者となることを明らかにしている。

なお、その事業主体が人格のない社団等又は匿名組合によるものである場合には、人格のない社団等又は匿名組合の営業者はそれ自体納税義務者に該当することとなるから、これらの者については、本通達は適用されない。

事例 共同企業体における内部取引

共同企業体を組んで行う建設工事等は共同事業であり、共同企業体が行う資産の譲渡等及び課税仕入れ等は各構成員が出資金等の割合に応じて行ったものとなる。

ただし、各構成員の持分比率を超えて機械等を供出した場合や役務の提供を行ったような場合には、中間において、持分比率に応じた調整を構成員間で行う場合があり、このような場合、各構成員の持分比率を超えてその費用等を負担した構成員が他の構成員から徴求する費用等の相当額は、原則として、他の構成員に対して行った資産の譲渡等の対価であるから課税の対象となる。

また、発注者から共同企業体が中間金等の名目で金銭を受領した場合、出資金等の割合に応じて各構成員に配賦金として分配することがあるが、この配賦金は、工事の目的物の引渡しがあるまでは単なる預り金であるから、消費税の課税関係は生じないこととなる。

（匿名組合に係る消費税の納税義務）
1―3―2　匿名組合の事業に属する資産の譲渡等又は課税仕入れ等については、商法第535条《匿名組合契約》に規定する営業者が単独で行ったことになるのであるから留意する。

解説　匿名組合契約とは、当事者の一方が相手方の営業のために出資をなし、その営業より生ずる利益を分配すべきことを約する組合契約であり（商法535）、匿名組合員の出資は営業者の財産に帰属し、匿名組合員は営業者の行為につき第三者に対して権利義務を有しない（商法536）。

このように、匿名組合契約においては、匿名組合員は匿名組合に係る事業から生ずる損益の分配を受けるにすぎず、匿名組合に属する財産及び匿名組合の行為は営業者に帰属することとなることから、匿名組合に係る消費税の納税義務者は、匿名組合員ではなく、営業者となるのである。本通達は、このことを念のため明らかにしたものである。

なお、匿名組合員が営業者から受ける損益の分配は不課税となる。

第4節　納税義務の免除

(1)　消費一般に幅広く負担を求めるという消費税の課税の趣旨や産業経済に対する中立性の確保という観点からすれば、いわゆる免税事業者は極力設けないことが望ましいところではあるが、小規模零細事業者の納税事務負担に配慮する等の観点から、一定の事業規模以下の小規模事業者については、納税義務を免除することとしている。

　すなわち、その課税期間の基準期間における課税売上高が1,000万円以下の事業者については、その課税期間中に国内において行った課税資産の譲渡等及び特定課税仕入れにつき納税義務が免除されることになっている（法9①）。この納税義務が免除される事業者は、通常、免税事業者といわれている。

　この納税義務が免除される課税売上高の上限については、消費税創設当初から3,000万円で長期間据え置かれていたが、消費税に対する国民の信頼性、制度の透明性を向上させる観点から、平成15年度の税制改正により平成16年4月1日以後開始する課税期間から1,000万円に引き下げられた。

　なお、課税期間の基準期間における課税売上高が1,000万円以下である場合であっても、課税事業者となることを選択した場合、あるいは、特定期間における課税売上高が1,000万円を超える場合、相続、合併、分割があった場合の特例規定、新設法人、特定新規設立法人に係る特例規定又は高額特定資産を取得した場合の特例規定に該当する場合には、納税義務が免除されないこととされている。

(2)　免税事業者については、課税資産の譲渡等及び特定課税仕入れに係る消費税の納税義務が免除される（法9①）が、仕入税額控除は認められない（法30①）ので、例えば、その免税事業者が課税事業者だとした場合に、

その行った課税資産の譲渡等及び特定課税仕入れについて課されることとなる消費税額より仕入控除税額の方が多い場合でも、還付を受けられないこととなる。

このようなことから、免税事業者となる事業者であっても、輸出業者のように経常的に還付が生ずる事業者や事業を開始した後実際の営業開始まで売上よりも設備投資が先行する事業者等については、消費税課税事業者選択届出書（様式通達第1号様式）を所轄税務署長に提出し、課税事業者となることを選択した場合には、これにより、還付を受けることができる。

なお、消費税課税事業者選択届出書を提出した事業者は、事業廃止の場合を除き、当該届出書の提出によって課税事業者となった初めての課税期間の初日から2年を経過する日の属する課税期間(注)の初日以後でなければ、その適用を取り止めようとする旨の届出書（消費税課税事業者選択不適用届出書）を提出することができないこととされている。すなわち、課税事業者となることを選択した場合には、少なくとも2年間は納税義務者となるのである（法9⑥）。

(注) 当該2年を経過する日までの間に開始した各課税期間中に調整対象固定資産の課税仕入れを行い、かつ、その仕入れた日の属する課税期間の消費税の確定申告を一般課税で行った場合には、調整対象固定資産の仕入れ等の日の属する課税期間の初日から3年を経過する日の属する課税期間

（納税義務が免除される課税期間）

1—4—1 法第9条第1項本文《小規模事業者に係る納税義務の免除》の規定は、基準期間における課税売上高が1,000万円以下の場合に、当該課税期間について消費税の納税義務を免除するものであるから、当該課税期間における課税売上高が1,000万円以下の場合であっ

ても、その基準期間における課税売上高が1,000万円を超えているときは、当該課税期間について同項本文の規定は適用されないことに留意する。

（注）　当該課税期間について消費税の納税義務が免除されない事業者であっても、当該課税期間において、国内における課税資産の譲渡等（特定資産の譲渡等に該当するものを除く。11―2―12から11―2―20、11―5―7及び12―4―1を除き、以下同じ。）及び特定課税仕入れがなく、かつ、納付すべき消費税額がない場合には、法第45条第1項《課税資産の譲渡等及び特定課税仕入れについての確定申告》の規定により、確定申告書の提出は要しない。

【平15課消1―37、平27課消1―17　改正】

解説　事業者について納税義務が免除されるかどうかは、その課税期間の基準期間における課税売上高が1,000万円以下であるかどうかによって判定するのであり、その課税期間における課税売上高が1,000万円以下であるかどうかによって判定するものではない（法9①）。したがって、例えば、その課税期間における課税売上高が1,000万円以下の場合であっても、その課税期間の基準期間における課税売上高が1,000万円を超えているときは、その課税期間については納税義務者となるのである。

　また、消費税法においては、その課税期間の基準期間における課税売上高が1,000万円を超えているため、その課税期間において納税義務者になる場合であっても、その課税期間において、国内における課税資産の譲渡等及び特定課税仕入れがなく、かつ、納付すべき消費税額がないときは、確定申告書の提出を要しないこととされている（法45①ただし書）。

　本通達は、このような点を念のため明らかにしたものである。

(基準期間における課税売上高等に含まれる範囲)

1—4—2 基準期間における課税売上高及び特定期間における課税売上高には、法第4条第5項《資産のみなし譲渡》の規定により資産の譲渡とみなされる場合及び第7条《輸出免税等》、第8条《輸出物品販売場における輸出物品の譲渡に係る免税》若しくは租特法第85条《外航船等に積み込む物品の譲渡等に係る免税》から第86条の2《海軍販売所等に対する物品の譲渡に係る免税》まで又はその他の法律又は条約の規定により消費税が免除される場合の課税資産の譲渡等に係る対価の額を含み、消費税額等、特定資産の譲渡等の対価の額、法第31条《非課税資産の輸出等を行った場合の仕入れに係る消費税額の控除の特例》の規定により課税資産の譲渡等とみなされるものの対価の額及び法第38条第1項《売上げに係る対価の返還等をした場合の消費税額の控除》に規定する売上げに係る対価の返還等の金額（当該売上げに係る対価の返還等の金額に係る消費税額に63分の80を乗じて算出した金額を除く。）は含まないのであるから留意する。

(注)1　特定期間における課税売上高は、法第9条の2第3項《前年又は前事業年度等における課税売上高による納税義務の免除の特例》の規定により、1—5—23における給与等の金額の合計額とすることができることに留意する。

　　2　法第39条第1項《貸倒れに係る消費税額の控除等》に規定する事実が生じたため領収することができなくなった課税資産の譲渡等の対価の額は、当該基準期間及び当該特定期間に国内において行った課税資産の譲渡等の対価の額の合計額から控除しない。

　　3　法第5条第1項括弧書《納税義務者》により、法第9条第2項《基準期間における課税売上高の意義》における課税資産の譲渡等には

特定資産の譲渡等は含まれないことから、基準期間における課税売上高及び特定期間における課税売上高には特定資産の譲渡等の対価の額は含まれないことに留意する。
4　消費税の課税標準とされる特定課税仕入れに係る支払対価の額は、当該特定課税仕入れの提供を受けた事業者における課税資産の譲渡等の対価の額ではないことから、当該特定課税仕入れを行った事業者の基準期間における課税売上高及び特定期間における課税売上高には含まれないことに留意する。

【平9課消2―5、平23課消1―35、平24課消1―7、平25課消1―34、平27課消1―17　改正】

解説

(1)　事業者について納税義務が免除されるかどうか、すなわち、事業者が免税事業者に該当するかどうかは、その課税期間の基準期間における課税売上高が1,000万円以下であるかどうかによって判定することとされている（法9①）。

　また、その課税期間の基準期間における課税売上高が1,000万円以下の場合であっても、その課税期間の前年の1月1日（法人の場合は前事業年度開始の日）から6か月間（以下「特定期間」という。）の課税売上高が1,000万円を超えた場合、その課税期間は課税事業者に該当することとされている（法9の2①）。

　この場合の基準期間における課税売上高及び特定期間における課税売上高は、特定資産の譲渡等に該当するものを除いた課税資産の譲渡等の対価の額（消費税及び地方消費税に相当する額を除く。）の合計額から売上げに係る対価の返還等の金額（売上げに係る対価の返還等の金額に係る消費税額に63分の80を乗じて算出した金額を除く。）の合計額を控除して計算

することとされており（法9②、9の2②）、非課税資産の譲渡等に係る対価の額は、課税売上高に含まれない。

(注) 売上げに係る対価の返還等の金額に係る消費税額（6.3％相当額）に63分の80を乗ずることにより、売上げに係る対価の返還等の金額に係る消費税及び地方消費税相当額（8％相当額）が算出される。

　ところで、事業者の会計処理において、資産の譲渡等による収入金額は、その譲渡等の態様に応じて売上げ又は雑収入等として経理されるのであるが、このような売上げ又は雑収入等として経理されるものには、通常、課税資産の譲渡等に係るものと非課税資産の譲渡等に係るものがあるほか、課税資産の譲渡等に係る収入金額には消費税及び地方消費税に相当する金額が含まれ、また、消費税及び地方消費税が免除される輸出取引に係る売上げ等もあることから、これらの売上げ又は雑収入が課税売上高に含まれるかどうかがポイントとなる。

(2)　本通達においては、課税売上高に含まれるものと含まれないものの範囲について疑問の生じやすいものにつき、念のためその区分を明らかにしたものである。

　イ　課税売上高に含まれるもの

　　(イ)　個人事業者が棚卸資産又は棚卸資産以外の事業用資産を家事のために消費し、又は使用した場合のそれらの資産の時価に相当する金額（法4⑤一、28③一）

　　(ロ)　法人が資産をその役員に対して贈与した場合のその資産の時価に相当する金額（法4⑤二、28③二）

　　(ハ)　消費税法第7条《輸出免税等》の規定の適用を受ける取引に係る課税資産の譲渡等の対価の額

　　(ニ)　消費税法第8条《輸出物品販売場における輸出物品の譲渡に係る免税》に規定する輸出物品販売場を経営する事業者が非居住者に対

して譲渡した輸出物品に係る対価の額

(ホ) 租税特別措置法第85条《外航船等に積み込む物品の譲渡等に係る免税》の規定の適用を受ける指定物品の譲渡に係る対価の額

(ヘ) 租税特別措置法第86条《外国公館等に対する課税資産の譲渡等に係る免税》に規定する大使館等に対し一定の方法により、課税資産の譲渡等をした場合のその譲渡等に係る対価の額

(ト) 租税特別措置法第86条の2《海軍販売所等に対する物品の譲渡に係る免税》に規定する海軍販売所又はピー・エックスに対して課税資産の譲渡をした場合のその譲渡に係る対価の額

(チ) その他の法律又は条約の規定により消費税が免除される場合の課税資産の譲渡等の対価の額

なお、法人がその役員に対して資産を著しく低い価格で譲渡した場合には、その資産の時価と譲渡対価の差額は、課税売上高に含まれることとなる（法28①ただし書）。

ロ 課税売上高に含まれないもの

(イ) 課税資産の譲渡等につき課されるべき消費税及び地方消費税に相当する額

(ロ) 特定資産の譲渡等の対価の額

(ハ) 消費税法第31条《非課税資産の輸出等を行った場合の仕入れに係る消費税額の控除の特例》の規定により、課税資産の譲渡等とみなされるものに係る対価の額又は資産の価額に相当する金額

(ニ) 消費税法第38条第1項《売上げに係る対価の返還等をした場合の消費税額の控除》に規定する売上げに係る対価の返還等の金額から、売上げに係る対価の返還等の金額の中に含まれる消費税額に63分の80を乗じて算出した金額を控除した残額

(3) これは、消費税法第7条《輸出免税等》等の規定により免税とされる

取引に係る対価の額は、もともと課税取引に係る対価の額であるが、一定の要件に該当することを条件として免税とされているものであるから、課税売上高に含まれるということである。また、同法第31条《非課税資産の輸出等を行った場合の仕入れに係る消費税額の控除の特例》の規定により課税資産の譲渡等に係る輸出取引等に該当するものとみなされた取引に係る対価の額は、同法第30条《仕入れに係る消費税額の控除》の規定を適用する場合には、同条第2項に規定する課税売上割合を計算する際の課税売上高には含めることになるが、免税事業者に該当するかどうかの判定上は、課税売上高に含めないということである。

　本通達の注書においては、以下の点について念のため明らかにしている。

イ　特定期間における課税売上高に代えて、事業者がその特定期間中に支払った給与等の金額の合計額により、納税義務の有無の判定を行うことができることとされている（法9の2③）。

　（注）　特定期間が含まれる課税期間において免税事業者であった事業者の場合、当該特定期間における課税売上高は、基本通達1―4―5の基準期間における課税売上高と同様に、当該事業者が国内において行った課税資産の譲渡等に伴って収受し、又は収受すべき金銭等の全額が特定期間における課税売上高となる。

ロ　課税資産の譲渡等に係る売掛金等につき貸倒れが生じた場合には、その貸倒れが生じた日を含む課税期間における課税標準額に対する消費税額からその売掛金等の金額に含まれている消費税額を控除することとされているが（法39①）、このことをもって、貸倒れに係る売掛金等の金額を課税売上高から控除することにはならない。

ハ　特定資産の譲渡等である事業者向け電気通信利用役務の提供（法2①八の四）及び特定役務の提供（法2①八の五）に係る対価の額は、基

準期間における課税売上高及び特定期間における課税売上高のいずれにも含まれない（法5①）。

ニ　消費税の課税標準とされる特定課税仕入れに係る支払対価の額は、当該特定課税仕入れを行った事業者における課税資産の譲渡等の対価の額ではないことから、基準期間である課税期間又は特定期間を含む課税期間の課税標準に特定課税仕入れに係る支払対価の額を含めて申告を行っていたとしても、基準期間における課税売上高及び特定期間における課税売上高のいずれにも含まれない。

（原材料等の支給による加工等の場合の課税売上高の計算）

1—4—3　事業者が原材料等の支給を受けて加工等を行った場合の基準期間における課税売上高に算入される国内において行った課税資産の譲渡等の対価の額は、原則として、次に掲げる場合の区分に応じ、それぞれ次に掲げる対価の額となることに留意する。

(1) 製造販売契約の方式により原材料等の有償支給を受けている場合
　　加工等を行った製品の譲渡の対価の額

(2) 賃加工契約の方式により原材料等の無償支給を受けている場合
　　加工等に係る役務の提供の対価の額

【解説】

(1)　事業者が他の事業者から原材料の支給を受けて加工等を行い、その加工等による完成品等を当該他の事業者に引き渡す場合の契約には、大別すると、製造販売方式によるものと賃加工方式によるものとがある。経理方法も、それに対応して、製造販売方式の場合には、支給を受けた原材料については当事者間で売買されていることから、原材料購入費を必

要経費又は損金の額に算入するとともに、完成品等の販売代金をその原材料費込みで収入又は収益に計上し、一方、賃加工方式の場合には、原材料については無償支給されていることから、賃加工料収入のみを収入又は収益に計上することとなる。

(2) 本通達は、製品等の加工の場合には、上記のような契約方式があり、また、それに対応した経理方法が採られているのが一般的であることから、製造販売契約の方式により原材料等の有償支給を受けている場合には、加工等を行った製品の譲渡の対価の額が、また、賃加工契約の方法により原材料等の無償支給を受けている場合には、加工等に係る役務の提供の対価の額が、それぞれ課税資産の譲渡等の対価の額となることを念のため明らかにしている。

(基準期間における課税売上高の算定単位)

1—4—4　基準期間における課税売上高は事業者単位で算定するのであるから、例えば、事業として食料品の販売を行っている事業者がその有する建物を事務所用として賃貸する場合のように、一の事業者が異なる種類の事業を行う場合又は2以上の事業所を有している場合であっても、それらの事業又は事業所における課税資産の譲渡等の対価の額の合計額により基準期間における課税売上高を算定することに留意する。

解説　事業者が免税事業者に該当するかどうかは、その課税期間の基準期間における課税売上高が1,000万円以下であるかどうかによって判定することとされている（法9①）。

ところで、個人の場合には、所得税法上、その年分の収入金額をその収入

の源泉等により事業所得、不動産所得等の所得分類に区分した上で所得金額を計算することとされており、また、法人の場合には、事業部別あるいは事業所別に独立採算制を採用している例が見受けられる。

しかしながら、その課税期間の基準期間における課税売上高が1,000万円以下であるかどうかは、事業者単位の課税売上高に基づいて判定するのであるから、事業者が異なる種類の事業を行っている場合又は2以上の事業所を有している場合であっても、それらの事業又は事業所における課税資産の譲渡等の対価の額の合計額に基づいて課税売上高を算定することになるのである。本通達は、このことを念のため明らかにしたものである。

（基準期間が免税事業者であった場合の課税売上高）

1—4—5　基準期間である課税期間において免税事業者であった事業者が、当該基準期間である課税期間中に国内において行った課税資産の譲渡等については消費税等が課されていない。したがって、その事業者の基準期間における課税売上高の算定に当たっては、免税事業者であった基準期間である課税期間中に当該事業者が国内において行った課税資産の譲渡等に伴って収受し、又は収受すべき金銭等の全額が当該事業者のその基準期間における課税売上高となることに留意する。

【平9課消2—5　改正】

解説　事業者が免税事業者に該当するかどうかは、その課税期間の基準期間における課税売上高が1,000万円以下であるかどうかによって判定することとされ、この場合の基準期間における課税売上高には消費税及び地方消費税に相当する額を含まない（法9①、②）。

この「消費税及び地方消費税に相当する額を含まない」ところの基準期間

における課税売上高は、その課税期間の基準期間において課税事業者であったか免税事業者であったかによって、その算出方法が異なることとなる。

　すなわち、その課税期間の基準期間において課税事業者であるときは、当該基準期間における課税資産の譲渡等に伴って収受し、又は収受すべき金銭等には、その課税資産の譲渡等について課されることとなる消費税及び地方消費税に相当する金額が含まれているわけであるから、その課税期間の基準期間における課税売上高は、当該基準期間における課税資産の譲渡等に伴って収受し、又は収受すべき金銭等の合計額に108分の100を乗じた金額となる。

　一方、その課税期間の基準期間において免税事業者であるときは、当該事業者は課税資産の譲渡等について消費税及び地方消費税を納める義務が免除されていたのであるから、課税資産の譲渡等に伴って収受し、又は収受すべき金銭等のうちには、課税資産の譲渡等につき課されるべき消費税及び地方消費税に相当する額は含まれていない。したがって、その課税期間の基準期間において免税事業者であるときの基準期間における課税売上高は、課税資産の譲渡等に伴って収受し、又は収受すべき金銭等の全額となる。

　本通達は、このことを念のため明らかにしたものである。

（新規開業等した場合の納税義務の免除）

1―4―6　法第9条第1項本文《小規模事業者に係る納税義務の免除》の規定の適用があるかどうかは、事業者の基準期間における課税売上高が1,000万円以下であるかどうかによって判定するのであるから、例えば、新たに開業した個人事業者又は新たに設立された法人のように、当該課税期間について基準期間における課税売上高がない場合又は基準期間がない場合には、納税義務が免除される。

　ただし、新たに開業した個人事業者又は新たに設立された法人が次

のいずれかの規定の適用を受ける場合には、当該課税期間における納税義務は免除されないことに留意する。
(1) 個人事業者
　イ　法第9条第4項《課税事業者の選択》の規定の適用を受ける者
　ロ　法第9条の2第1項《前年又は前事業年度等における課税売上高による納税義務の免除の特例》の規定の適用を受ける者
　ハ　法第10条《相続があった場合の納税義務の免除の特例》の規定の適用を受ける者
　ニ　法第12条の4第1項《高額特定資産を取得した場合の納税義務の免除の特例》の規定の適用を受ける者
(2) 法人
　イ　法第9条第4項の規定の適用を受ける法人
　ロ　法第9条の2第1項の規定の適用を受ける法人
　ハ　法第11条第3項又は第4項《合併があった場合の納税義務の免除の特例》の規定の適用を受ける法人
　ニ　法第12条第1項又は第2項《分割等があった場合の納税義務の免除の特例》の規定の適用を受ける法人
　ホ　法第12条の2第1項《新設法人の納税義務の免除の特例》の規定の適用を受ける法人
　ヘ　法第12条の3第1項《特定新規設立法人の納税義務の免除の特例》の規定の適用を受ける法人
　ト　法第12条の4第1項の規定の適用を受ける法人
(注)　個人事業者のいわゆる法人成りにより新たに設立された法人であっても、当該個人事業者の基準期間における課税売上高又は特定期間における課税売上高は、当該法人の基準期間における課税売上高又は特定期間における課税売上高とはならないのであるから留意する。

【平9課消2—5、平13課消1—5、平15課消1—37、平22課消1—9、平23課消1—35、平25課消1—34、平28課消1—57　改正】

解説

(1)　消費税法上、小規模事業者に係る納税義務の免除に関し、「事業者のうち、その課税期間に係る基準期間における課税売上高が1,000万円以下である者」については、相続、合併又は分割等があった場合の特例措置に該当する場合を除き、消費税の納税義務を免除することとされている（法9①）。そして、この場合の基準期間とは、個人事業者についてはその年の前々年をいい、法人については、原則としてその事業年度の前々事業年度をいうものとされている（法2①十四）。

(2)　したがって、事業者につきその課税期間に係る基準期間がある場合には、まず、その基準期間における課税売上高が1,000万円以下であるかどうかによってその事業者が免税事業者に該当するかどうかを判定することになるのである。

　この点、個人事業者の場合には、一般に、前々年に事業を行っていたかどうかはともかくとして、前々年という年そのものがあるのであるから、その年における課税売上高が1,000万円以下であるかどうかによって、当該個人事業者が免税事業者に該当するかどうかを判定することとなる。

　一方、新たに設立された法人の場合には、その設立後2年目までの課税期間については、基準期間そのものがないこととなるため、当該課税期間について、果たして「その課税期間に係る基準期間における課税売上高が1,000万円以下」であった、といえるのかどうか疑問が生ずるところである。

　この点、事業者免税点制度においては、その課税期間の2年前の事業規模によって免税事業者に該当するかどうかを判定するということであ

るから、新たに設立された法人の設立後2年目までの課税期間のように基準期間そのものがない課税期間については、新設法人に係る事業者免税点制度の特例の規定（法12の2①）に該当する場合、特定新規設立法人に係る事業者免税点制度の特例の規定（法12の3①）に該当する場合又は高額特定資産を取得した場合の事業者免税点制度の特例の規定（法12の4①）に該当する場合等を除き、納税義務が免除されることになるのである。

　なお、当然のことながら、新たに事業を開始する場合には、開業準備等のための課税仕入れ等が生じ、当該課税仕入れ等に係る消費税額の還付を受けることができる状況となることもあるが、このような場合には、課税事業者となることを選択し、確定申告書等を提出することにより、消費税額の還付を受けることができる。

　また、法人の基準期間が1年に満たない場合には、その基準期間における課税売上高を1年分に換算した上で1,000万円以下となるかどうかを判定することとされているのであるが（法9②二）、個人事業者がいわゆる法人成りをした場合に、その個人事業者の事業実態と法人の事業実態との間に事業上継続性があるとしても、別々の事業者であるから、その個人事業者の基準期間における課税売上高は、その法人の基準期間における課税売上高とはならないのである。

（法人における課税資産の譲渡等に係る事業を開始した課税期間の範囲）

1―4―7　その事業者が法人である場合の令第20条第1号《事業を開始した日の属する課税期間等の範囲》に規定する「国内において課税資産の譲渡等に係る事業を開始した日の属する課税期間」とは、原則

として、当該法人の設立の日の属する課税期間をいうのであるが、例えば、非課税資産の譲渡等に該当する社会福祉事業のみを行っていた法人又は国外取引のみを行っていた法人が新たに国内において課税資産の譲渡等に係る事業を開始した課税期間もこれに含まれるのであるから留意する。

　なお、設立の日の属する課税期間においては設立登記を行ったのみで事業活動を行っていない法人が、その翌課税期間等において実質的に事業活動を開始した場合には、当該課税期間等もこれに含むものとして取り扱う。

解説　その課税期間の基準期間における課税売上高が1,000万円以下の事業者は、その課税期間中に国内において行った課税資産の譲渡等及び特定課税仕入れにつき消費税の納税義務を免除することとされている（法9①）。

　しかし、課税事業者となることを選択する場合には、消費税課税事業者選択届出書（様式通達第1号様式）を納税地の所轄税務署長に提出することにより、その基準期間における課税売上高が1,000万円以下である課税期間についても、課税事業者となることができることになっている（法9④）。

　この場合、その届出書の効力は、原則として、その届出書を提出した日の属する課税期間の翌課税期間以後の課税期間から生ずることとなるが、事業者が国内において課税資産の譲渡等に係る事業を開始した日の属する課税期間に提出した場合には、その課税期間から効力が生ずることとなる（法9④、令20一）。

　本通達は、その届出書を提出した事業者が法人である場合の「国内において課税資産の譲渡等に係る事業を開始した日の属する課税期間」について明確にしたものである。

　すなわち、法人についての「国内において課税資産の譲渡等に係る事業を

開始した日の属する課税期間」とは、原則として、当該法人の設立の日の属する課税期間をいうのであるが、例えば、非課税資産の譲渡等に該当する社会福祉事業のみを行っていた法人や国外取引のみを行っていた法人のように消費税の課税関係の外にあった法人が新たに国内において課税資産の譲渡等に係る事業を開始した場合には、その課税期間が「国内において課税資産の譲渡等に係る事業を開始した日の属する課税期間」に該当するのである。また、設立事業年度においては設立登記を行ったのみで事業活動を行っていない場合には、原則に照らせば、その設立事業年度が該当することとなるが、実質的に事業活動を開始した事業年度を国内において課税資産の譲渡等に係る事業を開始した日の属する課税期間として取り扱うことを明らかにしたものである。

また、「課税資産の譲渡等に係る事業を開始した日」についてであるが、この規定が「課税資産の譲渡等を開始した日」との規定振りとなっていないことに留意する必要がある。すなわち、課税資産の譲渡等に係る事業を開始した日とは、事業者が、課税資産の譲渡等を開始した日のみを意味するのではなく、当該事業を行うために必要な事務所、店舗等の賃貸借契約の締結、資材等の課税仕入れ等の準備行為を行った日も該当することとなるのである。

なお、本通達の考え方は、消費税法施行令第41条第1項第1号《事業を開始した日の属する期間等の範囲》又は第56条第1項第1号《事業を開始した日の属する課税期間等の範囲》に規定する国内において課税資産の譲渡等に係る事業を開始した日の属する課税期間等についても同様である。

（過去2年以上課税資産の譲渡等がない場合の令第20条第1号の適用）

1－4－8　令第20条第1号《事業を開始した日の属する課税期間等の

範囲）に規定する「課税資産の譲渡等に係る事業を開始した日の属する課税期間」には、その課税期間開始の日の前日まで2年以上にわたって国内において行った課税資産の譲渡等又は課税仕入れ及び保税地域からの課税貨物の引取りがなかった事業者が課税資産の譲渡等に係る事業を再び開始した課税期間も該当するものとして取り扱う。

解説 その課税期間の基準期間における課税売上高が1,000万円以下の事業者は、その課税期間については免税事業者となるのであるが、消費税課税事業者選択届出書（様式通達第1号様式）を納税地の所轄税務署長に提出した場合には、課税事業者となることができる（法9④）。

　この届出書の効力は、原則として、その届出書を提出した日の属する課税期間の翌課税期間以後の課税期間から生ずることとなるが、事業者が国内において課税資産の譲渡等に係る事業を開始した日の属する課税期間に提出した場合には、その課税期間から効力が生ずることとなる（法9④、令20一）。

　この場合の「国内において課税資産の譲渡等に係る事業を開始した日の属する課税期間」の取扱いは、基本通達1―4―7において、法人については原則として、当該法人の設立の日の属する課税期間をいい、例えば、非課税資産の譲渡等に該当する社会福祉事業のみを行っていた法人又は国外取引のみを行っていた法人が新たに国内において課税資産の譲渡等に係る事業を開始した課税期間など、実質的に国内において課税資産の譲渡等に係る事業を開始した課税期間については、その課税期間が該当することを明らかにしているところである。

　ところで、例えば、休眠会社が事業を再開した場合や個人事業者が長期間休業した後改めて事業を再開した場合などについては、事業を再開する課税期間の開始前に消費税課税事業者選択届出書を提出することが困難な場合も少なくない。このような実態からみて、これらの場合には事業を再開した日

の属する課税期間開始の日の前日まで2年以上にわたって課税資産の譲渡等又は課税資産の譲渡等に係る課税仕入れ等がなかった場合には、新設法人や新規に開業した個人事業者と同様に取り扱うこととし、事業を再開した課税期間を国内において課税資産の譲渡等に係る事業を開始した日の属する課税期間に含めて取り扱うこととしたものである。

これにより、2年以上休眠状態にあった法人や休業していた個人事業者が事業を再開した場合には、その再開した事業年度又は年中に消費税課税事業者選択届出書を提出すれば、その課税期間から課税事業者となることができることとなる。

（個人事業者の基準期間における課税売上高の判定）

1—4—9　個人事業者の基準期間における課税売上高については、次に掲げる場合のように当該基準期間において事業を行っていた期間が1年に満たないときであっても、当該基準期間における課税売上高によって法第9条第2項第1号《個人事業者に係る課税売上高》の規定を適用するのであるから留意する。

(1)　基準期間の中途で新たに事業を開始した場合

(2)　基準期間の中途で事業を廃止した場合

(3)　基準期間の中途で事業を廃止し、その後当該基準期間中に廃止前と同一又は異なる種類の事業を開始した場合において、これらの事業を行った期間が通算して1年に満たないとき

解説　法人の基準期間が1年に満たない場合には、その基準期間における課税売上高は1年分に換算した上で1,000万円以下となるかどうかを判定することとされているが（法9②二）、個人事業者の場合には、あくまでも基

準期間における課税売上高そのものが1,000万円以下となるかどうかにより判定することとされている（法9③一）。

　したがって、個人事業者にあっては、年の中途において事業を開始した場合や事業を廃止した場合等その基準期間において事業を行った期間が１年に満たないときであっても、その基準期間における課税売上高そのもので1,000万円以下であるかどうかを判定することとなるのである。本通達は、このことを念のため明らかにしたものである。

（課税事業者選択届出書を提出できる事業者）

1 — 4 — 10　法第9条第4項《課税事業者の選択》に規定する届出書（以下この章、4 — 4 — 1 及び17 — 1 — 1 において「課税事業者選択届出書」という。）は、基準期間における課税売上高が1,000万円以下となる課税期間について課税事業者を選択することを届け出るものであるから、当該届出書を提出しようとする課税期間において免税事業者である事業者に限らず、課税事業者である事業者も提出できるのであるから留意する。

【平15課消1 — 37、平19課消1 — 18　改正】

解説　事業者のうち、その課税期間の基準期間における課税売上高が1,000万円以下である者については、その課税期間中に国内において行った課税資産の譲渡等及び特定課税仕入れにつき消費税の納税義務を免除することとされている（法9①）。

　しかしながら、消費税を納める義務が免除されることとなる事業者であっても、その基準期間における課税売上高が1,000万円以下である課税期間につき、課税事業者となることを選択することができることになっている（法

9④)。

　ところで、この課税事業者の選択制度においては、過去の課税期間における課税売上高が1,000万円以下であり、その課税期間を基準期間とする課税期間が到来し、実際に、免税事業者に該当することとなる事業者のみが課税事業者となることを選択することができるのではなく、将来的に、その課税期間における課税売上高が1,000万円以下となり、その課税期間を基準期間とする課税期間において課税事業者となることをあらかじめ選択することもできるのである。

　したがって、消費税法第9条第4項《課税事業者の選択》に規定する「消費税を納める義務が免除されることとなる事業者」、すなわち、課税事業者となることを選択することができる事業者とは、実際に過去の課税期間における課税売上高が1,000万円以下であったかどうかにかかわらず、およそ基準期間における課税売上高が1,000万円以下となり免税事業者に該当することとなっても、課税事業者になることを選択しようとする者をいうのであり、消費税課税事業者選択届出書（様式通達第1号様式）を提出しようとする課税期間において、免税事業者であるか課税事業者であるかは問わないのである。本通達は、このことを念のため明らかにしたものである。

（課税事業者選択届出書の効力）

1―4―11　課税事業者選択届出書は、その基準期間における課税売上高が1,000万円以下である課税期間について課税事業者となることを選択するものであるから、当該届出書を提出したことにより課税事業者となった後において基準期間における課税売上高が1,000万円を超えた場合であっても、法第9条第5項《課税事業者の選択不適用》に規定する届出書（以下この章において「課税事業者選択不適用届出書」と

いう。）を提出しない限り課税事業者選択届出書の効力は存続し、基準期間における課税売上高が1,000万円以下の課税期間については、同条第1項本文《小規模事業者に係る納税義務の免除》の規定にかかわらず課税事業者となるのであるから留意する。

(注) 課税事業者選択不適用届出書を提出した事業者が、当該届出書の提出日以後、当該届出書を提出した日の属する課税期間中に法第9条第7項《調整対象固定資産の仕入れ等を行った場合の課税事業者選択不適用の制限》に規定する調整対象固定資産の仕入れ等（以下この章、13―1―4の2及び13―1―4の3において「調整対象固定資産の仕入れ等」という。）を行ったことにより同項の規定の適用を受けることとなった場合には、同項後段の規定により、当該届出書の提出がなかったものとみなされ、引き続き課税事業者選択届出書は、その効力が存続することに留意する。

【平15課消1―37、平19課消1―18、平22課消1―9　改正】

解説　その課税期間の基準期間における課税売上高が1,000万円以下の事業者は、その課税期間については免税事業者となるのであるが、消費税課税事業者選択届出書（様式通達第1号様式）を納税地の所轄税務署長に提出した場合には、課税事業者となることができる（法9④）。

この場合、この届出書の効力は、この届出書を提出した日の属する課税期間の翌課税期間（その届出書を提出した日の属する課税期間が課税資産の譲渡等に係る事業を開始した課税期間等である場合には、その課税期間）以後の課税期間でその基準期間における課税売上高が1,000万円以下である課税期間について生ずるのであり、その課税期間の基準期間における課税売上高が1,000万円を超えた場合のその課税期間についてはその効力が生じないこととなる。

このため、この届出書の効力がいったん生じた課税期間の後の課税期間に

おいて、基準期間における課税売上高が1,000万円超となったため、本来の課税事業者となった場合には、その後の課税期間においては、この届出書の効力が消滅しているから再度課税事業者を選択する場合には改めて届出書の提出が必要ではないか、あるいは、再び基準期間の課税売上高が1,000万円以下となる課税期間については課税事業者となることはなく申告も必要ないのではないかとの疑問を抱く向きもあった。本通達では、この様な場合であっても、消費税課税事業者選択不適用届出書（様式通達第2号様式）を提出していない限り消費税課税事業者選択届出書の効力は存続し、基準期間における課税売上高が1,000万円以下である課税期間についても課税事業者となることを念のため明らかにしたものである。

なお、消費税課税事業者選択不適用届出書を提出した事業者が、その提出した日を含む課税期間と同一の課税期間中に調整対象固定資産の仕入れ等を行ったことにより、消費税課税事業者選択不適用届出の制限規定（法9⑦）の適用を受けることとなったときは、当該消費税課税事業者選択不適用届出書の提出がなかったものとみなされ（法9⑦後段）、引き続き消費税課税事業者選択届出書の効力が存続することを注書きで念のため明らかにしている。

（相続があった場合の課税事業者選択届出書の効力等）

1―4―12　相続（法第2条第4項《相続等の意義》に規定する相続をいう。以下同じ。）があった場合における法第9条第4項《課税事業者の選択》の規定の適用は、次のようになるのであるから留意する。

(1)　被相続人が提出した課税事業者選択届出書の効力は、相続により当該被相続人の事業を承継した相続人には及ばない。したがって、当該相続人が法第9条第4項の規定の適用を受けようとするときは、新たに課税事業者選択届出書を提出しなければならない。

(2) 事業を営んでいない相続人が相続により被相続人の事業を承継した場合又は個人事業者である相続人が相続により法第9条第4項の規定の適用を受けていた被相続人の事業を承継した場合において、当該相続人が相続があった日の属する課税期間中に課税事業者選択届出書を提出したときは、当該課税期間は、令第20条第1号《事業を開始した日の属する課税期間》又は第2号《相続があった日の属する課税期間》に規定する課税期間に該当する。

【平13課消1―5　改正】

解説　個人が相続により被相続人の事業を承継した場合に、当該被相続人が提出した届出書の効力は、当該個人に及ばないから、相続人が課税事業者となることを選択しようとするときは、新たに消費税課税事業者選択届出書（様式通達第1号様式）を提出しなければならない。また、消費税課税事業者選択届出書の効力は、届出書を提出した日の属する課税期間の翌課税期間以後生ずることになるが、新たに事業を開始した場合及び相続又は合併により事業を承継した場合の届出書の効力は、事業を開始した日、相続があった日及び合併があった日の属する課税期間から生ずることとされている（法9④、令20）。

したがって、事業を営んでいない個人が相続により被相続人の事業を承継して新たに事業を開始した場合又は現に事業を営む個人が消費税法第9条第4項《課税事業者の選択》の規定の適用を受けていた被相続人の事業を相続により承継した場合において、その事業を開始した日又は相続があった日を含む課税期間から課税事業者となることを選択しようとするときは、当該課税期間中に、所轄税務署長に消費税課税事業者選択届出書を提出することとなる。本通達は、このことを念のため明らかにしたものである。

なお、これらの点は、消費税課税期間特例選択・変更届出書（様式通達第13号様式）及び消費税簡易課税制度選択届出書（様式通達第24号様式）について

も同様である。

(合併があった場合の課税事業者選択届出書の効力等)

1―4―13　合併があった場合における法第9条第4項《課税事業者の選択》の規定の適用は、次のようになるのであるから留意する。

(1)　被合併法人が提出した課税事業者選択届出書の効力は、吸収合併（法第11条第1項《吸収合併があった場合の納税義務の免除の特例》に規定する合併をいう。以下同じ。）又は新設合併（法第11条第3項《新設合併があった場合の納税義務の免除の特例》に規定する合併をいう。以下同じ。）により当該被合併法人の事業を承継した合併法人には及ばない。したがって、当該合併法人が法第9条第4項の規定の適用を受けようとするときは、新たに課税事業者選択届出書を提出しなければならない。

(2)　法人が、新設合併によりその事業を承継した場合又は吸収合併により法第9条第4項の規定の適用を受けていた被合併法人の事業を承継した場合において、当該法人が合併があった日の属する課税期間中に課税事業者選択届出書を提出したときは、当該課税期間は、令第20条第1号《事業を開始した日の属する課税期間》又は第3号《合併があった日の属する課税期間》に規定する課税期間に該当する。

【平13課消1―5、平15課消1―37　改正】

解説　法人が合併により消費税法第9条第4項《課税事業者の選択》の規定の適用を受けていた被合併法人の事業を承継した場合の当該被合併法人が提出した届出書の効力及びその合併があった日を含む課税期間から課税事業者となることを選択しようとするときの取扱いは、個人事業者が相続により

事業を承継した場合と同様であることから、これらの取扱いを本通達において念のため明らかにしたものである。

(分割があった場合の課税事業者選択届出書の効力等)

1－4－13の2　分割があった場合における法第9条第4項《課税事業者の選択》の規定の適用は、次のようになるのであるから留意する。

(1)　分割法人が提出した課税事業者選択届出書の効力は、分割により当該分割法人の事業を承継した分割承継法人には及ばない。したがって、当該分割承継法人が法第9条第4項の規定の適用を受けようとするときは、新たに課税事業者選択届出書を提出しなければならない。

(注)　法第12条第7項第2号又は第3号《分割等の意義》に該当する分割等により新設分割親法人の事業を引き継いだ新設分割子法人についても同様である。

(2)　法人が、新設分割によりその事業を承継した場合又は吸収分割により法第9条第4項の規定の適用を受けていた分割法人の事業を承継した場合において、当該法人が新設分割又は吸収分割があった日の属する課税期間中に課税事業者選択届出書を提出したときは、当該課税期間は、令第20条第1号《事業を開始した日の属する課税期間》又は第4号《吸収分割があった日の属する課税期間》に規定する課税期間に該当する。

【平13課消1－5　追加】

解説　法人が新設分割又は吸収分割により消費税法第9条第4項《課税事業者の選択》の規定の適用を受けていた分割法人の事業を承継した場合の当

該分割法人が提出した届出書の効力及びその分割があった日を含む課税期間から課税事業者となることを選択しようとするときの取扱いは、法人が合併により事業を承継した場合と同様であることから、

イ 分割法人が提出した消費税課税事業者選択届出書（様式通達第1号様式）の効力は、分割承継法人に及ばないこと。
ロ 新設分割に係る新設分割子法人又は吸収分割に係る分割承継法人は、分割があった日の属する課税期間中に当該届出書を提出すれば、当該課税期間から課税事業者を選択できること。

を本通達において念のため明らかにしたものである。

なお、消費税法第12条第7項第2号又は第3号《分割等の意義》に該当する分割等により新設分割親法人の事業を引き継いだ新設分割子法人が、設立の登記をした日の属する課税期間中に当該届出書を提出したときは、当該課税期間は、消費税法施行令第20条第1号《事業を開始した日の属する課税期間》に規定する課税期間に該当することは言うまでもない。

（事業を開始した課税期間の翌課税期間からの課税事業者の選択）

1—4—14 事業者が課税事業者選択届出書を提出した場合には、当該課税事業者選択届出書を提出した日の属する課税期間の翌課税期間以後の課税期間（その基準期間における課税売上高が1,000万円を超える課税期間を除く。）について、課税事業者を選択できるのであるから、当該課税事業者選択届出書を提出した日の属する課税期間が令第20条各号《事業を開始した日の属する課税期間等の範囲》に規定する課税期間に該当する場合であっても、当該課税期間の翌課税期間から課税事業者を選択することもできることに留意する。

（注） この場合、事業者は、当該課税事業者選択届出書において適用開始

課税期間の初日の年月日を明確にしなければならない。

【平15課消1―37　改正】

解説　消費税課税事業者選択届出書（様式通達第1号様式）の効力は、原則として、当該届出書を提出した日の属する課税期間の翌課税期間以後の課税期間から生ずることとなるが、当該届出書を提出した課税期間が課税資産の譲渡等に係る事業を開始した課税期間等である場合には、その課税期間から効力が生ずることとされている（法9④、令20一）。

このため、課税資産の譲渡等に係る事業を開始した課税期間等に当該届出書を提出した事業者については、当該届出書を提出した日の属する課税期間の翌課税期間から適用を受けることができないのではないかとの疑念を抱く向きもあった。

しかし、課税資産の譲渡等に係る事業を開始した課税期間の翌課税期間から課税事業者選択の特例の適用を受けようとする事業者は、消費税法第9条第4項《課税事業者の選択》の規定からすると、その課税資産の譲渡等に係る事業を開始した課税期間の末日までに当該届出書を提出すれば適用を受けられると解釈すべきものである。

したがって、課税資産の譲渡等に係る事業を開始した課税期間等に当該届出書を提出した事業者については、消費税課税事業者選択届出書の効力発生時期、すなわち当該届出書により事業者となろうとする課税期間を、その課税期間からとするか翌課税期間からとするかを選択すべきことは法のあらかじめ予定するところなのである。本通達は、このことを念のため明らかにしたものである。

なお、事業者がいずれの課税期間から課税事業者となろうとするのかについての明確な意思を確認できるよう本通達は、当該届出書において課税事業者となろうとする課税期間の初日を明示すべきこととしたものである。

（事業を廃止した場合の届出書の取扱い）

1－4－15　課税事業者選択届出書を提出している事業者で、法第19条第１項第３号から第４号の２まで《課税期間の特例》、第37条第１項《中小事業者の仕入れに係る消費税額の控除の特例》又は第42条第８項《任意の中間申告》の規定の適用を受けている者が事業を廃止した場合における届出書の取扱いについては、次による。

(1)　法第９条第５項《課税事業者の選択不適用》、第19条第３項《課税期間の特例の選択不適用》、第37条第４項《中小事業者の仕入れに係る消費税額の控除の特例の選択不適用》又は第42条第９項《任意の中間申告書の提出の取りやめ》のいずれかに規定する事業を廃止した旨の届出書の提出があったときは、他の規定による事業を廃止した旨の届出書の提出があったものとして取り扱う。

(2)　法第57条第１項第３号《事業を廃止した場合の届出》に規定する事業を廃止した旨の届出書の提出があったときは、法第９条第５項、第19条第３項、第37条第４項又は第42条第９項に規定する事業を廃止した旨の届出書の提出があったものとして取り扱う。

【平９課消２－５、平15課消１－37、平23課消１－35、平25課消１－34　改正】

解説

1　消費税法上、事業者は、所轄税務署長に対して次の届出書を提出することにより、それぞれ次に掲げる内容の取扱いの適用を受けることができることになっている（法９④、19①三～四の二、37①、42⑧）。

(1)　消費税課税事業者選択届出書（様式通達第１号様式）　その課税期間の基準期間における課税売上高が1,000万円以下となる当該課税期間において、課税事業者を選択する（法９④）。

(2) 消費税課税期間特例選択・変更届出書（様式通達第13号様式）

　① 3月ごとの課税期間特例　個人事業者にあっては、1月1日から3月31日まで、4月1日から6月30日まで、7月1日から9月30日まで及び10月1日から12月31日までの各期間、法人にあっては、その事業年度をその開始の日以後3月ごとに区分した各期間（最後に3月未満の期間が生じたときは、その3月未満の期間）とする（法19①三、四）。

　② 1月ごとの課税期間特例　個人事業者にあっては、1月1日以後1月ごとに区分した各期間、法人にあっては、その事業年度を開始の日以後1月ごとに区分した各期間（最後に1月未満の期間が生じたときは、その1月未満の期間）とする（法19①三の二、四の二）。

(3) 消費税簡易課税制度選択届出書（様式通達第24号様式）　仕入れに係る消費税額を、実額により計算した金額に代えて、売上げに係る消費税額にみなし仕入率を掛けた金額とする（法37①）。

(4) 任意の中間申告書を提出する旨の届出書（様式通達第26—(2)号様式）

　中間申告書を提出する義務のない事業者が、任意に六月中間申告書を提出する（法42⑧）。

2　ところで、これらの制度の適用を受けることを選択した事業者は、これらの制度の適用を受けることを取り止めようとするとき又は事業を廃止したときは、その旨を記載した届出書を所轄税務署長に対して提出しなければならないことになっている（法9⑤、19③、37④、42⑨）。この場合、事業者がこれらの制度のうち2以上の制度の適用を受けているときは、その制度の適用を取り止めるかどうかは、事業者がそれぞれの制度ごとに個別に選択して意思決定すればよいのであるが、事業を廃止したときには、それぞれの制度ごとに事業を廃止した旨の届出をしなければならないのかという疑問が生じる。

　この点、消費税法の構成上は、事業を廃止した場合には、制度ごとにそ

の旨の届出をしなければならないこととされているが、「事業の廃止」というのは事実であり、それについて選択的意思決定を要するというものではない。

したがって本通達の(1)においては、事業者がこれらの制度のうち2以上の制度の適用を受けている場合に、いずれかの制度につき事業を廃止した旨の届出をしたときは、他の制度においても共通して同様の届出があったものとして取り扱うこととしたものであり、これによって、それぞれの制度ごとに事業を廃止する旨の届出書を提出することは要しないこととなる。

また、消費税法第57条第1項第3号《事業を廃止した場合の届出》においては、これらの制度上の事業を廃止した旨の届出をした場合を除き、事業を廃止した場合には、事業廃止届出書(様式通達第6号様式)を所轄税務署長に対して提出することとされているが、この場合の事業廃止届出書は、事業者の事業そのものを廃止した旨の届出であるから、本通達の(2)においては、その届出書は前述の制度における届出書の提出があったものとして取り扱うこととしたものである。

(調整対象固定資産を売却等した場合の法第9条第7項の適用関係)

1—4—15の2 法第9条第7項《調整対象固定資産の仕入れ等を行った場合の課税事業者選択不適用届出の制限》の規定は、課税事業者選択届出書を提出した事業者が、同項に規定する各課税期間(法第37条第1項《中小事業者の仕入れに係る消費税額の控除の特例》の適用を受ける課税期間を除く。)中に調整対象固定資産の仕入れ等を行った場合に適用されるのであるから、その後に当該調整対象固定資産を廃棄、売却等により処分したとしても、法第9条第7項の規定は継続して適用されることに留意する。

【平22課消1―9　追加】

解説　消費税課税事業者選択届出書（様式通達第1号様式）を提出した事業者が、課税事業者の選択をやめようとする場合には、消費税課税事業者選択不適用届出書（様式通達第2号様式）を提出しなければならないのであるが、当該事業者が消費税課税事業者選択届出書を提出後、一定の期間内に調整対象固定資産の仕入れ等を行ったときは、消費税課税事業者選択不適用届出書の提出が制限されることとされている（法9⑦）。

　ところで、消費税法第33条第1項《課税売上割合が著しく変動した場合の調整対象固定資産に関する仕入れに係る消費税額の調整》の規定は、調整対象固定資産を同項に規定する第三年度の課税期間の末日において有している場合に適用される。このため、調整対象固定資産の仕入れ等の後にこれを売却等により処分した場合には、同項の適用対象外となるが、この場合には、消費税法第9条第7項の規定についても適用対象外となるのではないかとの疑義が生じる。

　しかしながら、同項は、調整対象固定資産の仕入れ等を行った事実があれば適用されるのであるから、事業者が売却等により当該調整対象固定資産を処分したかどうかは、同項の適用関係に何ら影響を及ぼすものではない。

　本通達は、このことを明らかにしたものである。

（「やむを得ない事情」の範囲）

1―4―16　法第9条第9項《届出書の提出時期に係る特例》に規定する「やむを得ない事情」とは、次に掲げるところによる。

(1)　震災、風水害、雪害、凍害、落雷、雪崩、がけ崩れ、地滑り、火山の噴火等の天災又は火災その他の人的災害で自己の責任によらないものに基因する災害が発生したことにより、法第9条第4項及び

第５項《課税事業者の選択及び選択不適用》の届出書（以下１－４－16において「届出書」という。）の提出ができない状態になったと認められる場合

(2)　(1)に規定する災害に準ずるような状況又は当該事業者の責めに帰することができない状態にあることにより、届出書の提出ができない状態になったと認められる場合

(3)　その課税期間の末日前おおむね１月以内に相続があったことにより、当該相続に係る相続人が新たに法第９条第４項の届出書を提出できる個人事業者となった場合

　　　この場合には、その課税期間の末日にやむを得ない事情がやんだものとして取り扱う。

(4)　(1)から(3)までに準ずる事情がある場合で、税務署長がやむを得ないと認めた場合

【平10課消２－９　追加、平22課消１－９　改正】

解説　消費税課税事業者選択届出書（様式通達第１号様式）又は消費税課税事業者選択不適用届出書（様式通達第２号様式）は、原則として、適用を受けようとする課税期間の前課税期間の末日までに提出する必要があるが、「やむを得ない事情」があるためこれらの届出書を適用を受け又は適用を受けることをやめようとする課税期間の末日までに提出できなかった場合には特例規定が設けられている（法９⑨）。

　本通達は、ここでいう「やむを得ない事情」の範囲を示しているものである。

　通達でも明らかなように、ここで言う「やむを得ない事情」には、届出書の提出の失念、税法の不知等は該当しないので注意する必要がある。

> （「事情がやんだ後相当の期間内」の意義）
> 1—4—17　令第20条の２第３項《納税義務の免除の規定の適用を受けない旨の届出等に関する特例》に規定する「当該事情がやんだ後相当の期間内」とは、法第９条第９項《届出書の提出時期に係る特例》に規定する「やむを得ない事情」がやんだ日から２月以内の期間とする。

【平10課消２—９　追加、平22課消１—９　改正】

解説　やむを得ない事情がある場合であっても、手続の安定性を図る上では承認申請書の提出期限を具体的に示す必要があることから、本通達において、承認申請書の提出をすべき「相当の期間内」とは、やむを得ない事情がやんだ日から２月以内の期限であることを明らかにしている。

なお、この場合の２月以内の期間は、国税通則法施行令第３条第３項《災害等による期限の延長》の解釈に準じているものである。

第５節　納税義務の免除の特例

その課税期間の基準期間における課税売上高が1,000万円以下の事業者については、その課税期間中に国内において行った課税資産の譲渡等及び特定課税仕入れにつき消費税の納税義務を免除することとされているが（法９①）、特定期間における課税売上高が1,000万円を超える場合、相続、合併又は分割があった場合、一定の新設法人及び高額特定資産を取得した場合については、次によることとされている（法９の２、10、11、12、12の２、12の３、12の４）。

(1)　前年又は前事業年度等特定期間における課税売上高による納税義務の免除の特例（法９の２）

　　個人事業者のその年又は法人のその事業年度の「基準期間における課

税売上高」が1,000万円以下である場合において、当該個人事業者又は法人（課税事業者を選択している場合を除く。）のうち、個人事業者のその年又は法人のその事業年度に係る特定期間における課税売上高が1,000万円を超えるときは、当該個人事業者のその年又は法人のその事業年度については、納税義務は免除されない。

　なお、特定期間における1,000万円の判定は、課税売上高に代えて、事業者がその特定期間中に支払った給与等の金額の合計額により判定することができることとされている（法9の2③）。

(2)　相続があった場合の納税義務の免除の特例（法10、令21）
　①　相続により事業を承継した相続人の納税義務
　　イ　その年において相続があった場合における当該相続のあった日の翌日からその年の12月31日までの間の相続人の納税義務
　　　　相続人のその年の基準期間における課税売上高が1,000万円以下であっても、被相続人の当該基準期間における課税売上高が1,000万円を超えている場合には、相続人について納税義務は免除されない。
　　ロ　その年の前年又は前々年において相続があった場合におけるその年の相続人の納税義務
　　　　相続人のその年の基準期間における課税売上高が1,000万円以下であっても、相続人の当該基準期間における課税売上高と被相続人の当該基準期間における課税売上高との合計額が1,000万円を超える場合には、相続人について納税義務は免除されない。
　②　相続により2以上の事業場を有していた被相続人の事業を2以上の相続人が各事業場ごとに分割して承継した場合には、被相続人の基準期間の課税売上高は、相続人が相続した事業場に係る被相続人の基準期間の課税売上高を基礎として、上記①による。

(3) 合併があった場合の納税義務の免除の特例（法11、令22）
　① 吸収合併により事業を承継した合併法人の納税義務
　　イ　合併事業年度（合併のあった日の属する事業年度をいう。）の合併の日から当該合併事業年度終了の日までの間の合併法人の納税義務
　　　　合併法人の合併事業年度の基準期間における課税売上高が1,000万円以下であっても、被合併法人の当該合併事業年度の基準期間における課税売上高が1,000万円を超える場合には、合併法人について納税義務は免除されない。
　　ロ　その事業年度の基準期間の初日の翌日から当該事業年度開始の日の前日までの間に合併があった場合における当該事業年度の合併法人の納税義務
　　　　合併法人の当該事業年度の基準期間における課税売上高が1,000万円以下であっても、合併法人の当該事業年度の基準期間における課税売上高と当該基準期間に対応する期間における被合併法人の課税売上高との合計額が1,000万円を超える場合には、合併法人について納税義務は免除されない。
　② 新設合併により事業を承継した合併法人の納税義務
　　イ　新設合併による設立の日の属する事業年度の合併法人の納税義務
　　　　被合併法人のうちいずれかの被合併法人の当該合併のあった日の属する事業年度の基準期間における課税売上高が1,000万円を超える場合には、合併法人について納税義務は免除されない。
　　ロ　その事業年度開始の日の2年前の日から当該事業年度開始の日の前日までの間に合併があった場合における当該事業年度の合併法人の納税義務
　　　　合併法人の当該事業年度の基準期間における課税売上高が1,000万円以下であっても、合併法人の当該事業年度の基準期間における

課税売上高に、当該基準期間に対応する期間における各被合併法人の課税売上高を加算した金額が1,000万円を超える場合には、合併法人について納税義務は免除されない。

(4) 分割があった場合の納税義務の免除の特例（法12、令23、24）

消費税においては、中小事業者の納税事務負担等に配慮して、事業者免税点制度や簡易課税制度が設けられているが、これらの制度の適用を目的として会社分割が行われることに対しては、何らかの対応策を講ずる必要がある。他方、会社分割については、会社法の規定に基づく新設分割や吸収分割のほか、現物出資や事後設立の手法を用いて行うことができ、また、会社分割についての相当の理由がある場合まで、納税義務を免除しないこととするのは問題であると考えられる。

このようなことから、法人の分割に係る納税義務の免除の特例措置を講ずる会社分割を、分割（新設分割・吸収分割）のほか、現物出資や事後設立の場合については、分割親法人が分割子法人を実質的に支配していると認められる場合に限ることとされている。

なお、本特例措置の対象については、新たに設立する法人に事業を承継する場合を「分割等」と定義し、既存の法人に事業を承継する形態である「吸収分割」と区分して、それぞれの形態に応じてこの特例が適用される。

① 本特例が適用される「分割等」及び「吸収分割」とは、次のものをいう。

　イ　分割等

　　(イ)　会社法の規定に基づき行われる新設分割

　　(ロ)　法人が出資割合100％の現物出資をし、その出資により新たに設立する法人に事業の全部又は一部を引き継ぐ場合の新たな法人の設立

(ハ)　出資割合100％の金銭出資により新たに設立した法人と会社法第467条第1項第5号《事業譲渡等の承認等》に掲げる行為に係る契約を締結した場合における当該契約に基づく金銭以外の資産の譲渡のうち、一定の要件に該当することとなる金銭以外の資産の譲渡
　　　　(注)　分割等により新たに法人を設立する場合の形態としては、一の法人により行われる単独型と複数の法人により行われる共同型があるが、現物出資による法人の設立（(ロ)に該当）と事後設立による資産の譲渡（(ハ)に該当）については、持分割合が100％のものに限られているので、単独型のみがこの特例措置の対象となる。
　ロ　吸収分割
　　　会社法の規定に基づき行われる吸収分割
② 分割等があった場合の新設分割子法人の納税義務
　イ　新設分割子法人の分割等があった日の属する事業年度
　　　新設分割子法人のその事業年度の基準期間に対応する期間における新設分割親法人の課税売上高（新設分割親法人が2以上ある場合には、いずれかの新設分割親法人の課税売上高）が1,000万円を超えるときは、納税義務は免除されない（法12①、令23①）。
　ロ　その事業年度開始の日の1年前の日の前日から当該事業年度開始の日の前日までの間に分割等があった場合における当該事業年度
　　　新設分割子法人のその事業年度の基準期間に対応する期間における新設分割親法人の課税売上高（新設分割親法人が2以上ある場合には、いずれかの新設分割親法人の課税売上高）が1,000万円を超えるときは、納税義務は免除されない（法12②、令23②）。
　ハ　その事業年度開始の日の1年前の日の前々日以前に分割等（新設分割親法人が2以上あるものを除く。）があった場合における当該事

業年度

その事業年度の基準期間における課税売上高が1,000万円以下であっても、当該基準期間の末日において新設分割子法人が特定要件に該当し、かつ、新設分割子法人のその事業年度の基準期間における課税売上高と当該基準期間に対応する期間における新設分割親法人の課税売上高との合計額が1,000万円を超えるときは、納税義務は免除されない（法12③、令23③、④）。

この場合の「特定要件」とは、新設分割子法人の発行済株式又は出資の総数又は総額の100分の50超が新設分割親法人及び新設分割親法人と特殊な関係にある者の所有に属する場合をいう（法12③、令24）。

③ 分割等があった場合の新設分割親法人の納税義務

その事業年度開始の日の1年前の日の前々日以前に分割等があった場合

その事業年度の基準期間における課税売上高が1,000万円以下であっても、当該基準期間の末日において新設分割子法人が特定要件に該当し、かつ、新設分割親法人のその事業年度の基準期間における課税売上高と当該基準期間に対応する期間における新設分割子法人の課税売上高との合計額が1,000万円を超えるときは、納税義務は免除されない（法12④、令23⑤）。

この場合の分割等についても、単独型の場合に限られている。

④ 吸収分割があった場合の分割承継法人の納税義務

イ 吸収分割があった日の属する事業年度

分割承継法人の吸収分割があった日を含む事業年度における基準期間における課税売上高が1,000万円以下であっても、当該基準期間に対応する期間における分割法人の課税売上高（分割法人が2以

上ある場合には、いずれかの分割法人の課税売上高）が1,000万円を超える場合には、分割承継法人の吸収分割があった日からその事業年度終了の日までの間の納税義務は免除されない（法12⑤、令23⑥）。

ロ　その事業年度開始の日の１年前の日の前日から当該事業年度開始の日の前日までの間に吸収分割があった場合における当該事業年度　その事業年度の基準期間における課税売上高が1,000万円以下であっても、当該基準期間に対応する期間における分割法人の課税売上高（分割法人が２以上ある場合には、いずれかの分割法人の課税売上高）が1,000万円を超えるときは、納税義務は免除されない（法12⑥、令23⑦）。

(5)　新設法人又は特定新規設立法人に係る納税義務の免除の特例（法12の２、12の３）

　消費税においては、小規模事業者の納税事務負担等に配慮して、その課税期間の基準期間における課税売上高が1,000万円以下の事業者については、納税義務を免除する事業者免税点制度が設けられているが（法９①）、新設法人については基準期間が存在しないことから、その規模のいかんにかかわらず、前述の合併又は分割の特例の適用を受ける場合を除き、原則として、設立当初の２年間は免税事業者となる。

　このような仕組みを踏まえ、その事業年度の基準期間がない法人（社会福祉法第22条に規定する社会福祉法人を除く。）のうち、当該事業年度開始の日における資本金の額又は出資の金額が1,000万円以上である法人（新設法人）については、当該新設法人の基準期間がない事業年度における課税資産の譲渡等について納税義務を免除しないこととされている（法12の２、令24の２）。

(注)　新設法人が、基準期間のない事業年度に含まれる課税期間中に調整対象固定資産の課税仕入れを行い、かつ、その仕入れた日の属する課税期

間の消費税の確定申告を一般課税で行う場合には、3期目の課税期間（当該仕入れ等の属する課税期間の初日から3年を経過する日の属する課税期間）までの各課税期間については、引き続き事業者免税点制度を適用しないこととされている（法12の2②）。

　また、その事業年度の基準期間がない法人で、その事業年度開始の日における資本金の額又は出資の金額が1,000万円未満の法人（新規設立法人）のうち、次の①及び②のいずれにも該当するもの（特定新規設立法人）については、当該特定新規設立法人の基準期間のない事業年度に含まれる各課税期間における課税資産の譲渡等について、納税義務を免除しないこととされている（法12の3①）。

① その基準期間がない事業年度開始の日において、他の者により当該新規設立法人の株式等の50％超を直接又は間接に保有される場合など、他の者により当該新規設立法人が支配される一定の場合（特定要件）に該当すること。

② 上記①の特定要件に該当するかどうかの判定の基礎となった他の者及び当該他の者と一定の特殊な関係にある法人のうちいずれかの者（判定対象者）の当該新規設立法人の当該事業年度の基準期間に相当する期間（基準期間相当期間）における課税売上高が5億円を超えていること。

　（注）　特定新規設立法人が、基準期間のない事業年度に含まれる課税期間中に調整対象固定資産の課税仕入れを行い、かつ、その仕入れた日の属する課税期間の消費税の確定申告を一般課税で行う場合には、3期目の課税期間（当該仕入れ等の属する課税期間の初日から3年を経過する日の属する課税期間）までの各課税期間については、引き続き事業者免税点制度を適用しないこととされている（法12の3③）。

(6)　高額特定資産を取得した場合の納税義務の免除の特例（法12の4）

事業者が事業者免税点制度及び簡易課税制度の適用を受けない課税期間において、①高額特定資産（購入価額から消費税等に相当する金額を除いた金額が1,000万円以上の棚卸資産又は調整対象固定資産）の仕入れ等を行った場合、又は、②自己建設高額特定資産（他の者との契約に基づき、又はその事業者の棚卸資産若しくは調整対象固定資産として、自ら建設等をした高額特定資産）の仕入れ等を行った場合は、それぞれ次の①又は②の各課税期間については納税義務を免除しないこととされている。

① 高額特定資産を取得した場合

　高額特定資産の仕入れ等を行った課税期間の翌課税期間から、当該高額特定資産の仕入れ等を行った課税期間の初日以後3年を経過する日の属する課税期間までの各課税期間

② 自己建設高額特定資産の仕入れ等を行った場合（当該自己建設高額特定資産の建設等に要した原材料費及び経費の額（消費税等に相当する金額を除く。）が1,000万円以上となった場合）

　自己建設高額特定資産の仕入れ等を行った場合に該当することとなった課税期間の翌課税期間から、当該自己建設高額特定資産の建設等が完了した課税期間の初日以後3年を経過する日の属する課税期間までの各課税期間

（納税義務が免除されない相続人の範囲）

1—5—1　法第10条第1項《相続があった場合の納税義務の免除の特例》に規定する「その年の基準期間における課税売上高が1,000万円以下である相続人」には、相続のあった日において現に事業を行っている相続人で当該相続のあった日の属する年の基準期間における課税売上高が1,000万円以下である者及び相続があった日の属する年の基

> 準期間において事業を行っていない相続人が該当するのであるから留意する。

【平15課消1—37 改正】

解説 個人事業者のその年の基準期間における課税売上高が1,000万円以下である場合には、課税事業者となることを選択しているとき又はその年の特定期間における課税売上高が1,000万円以下であるときを除き、原則として、その年の納税義務が免除されることになっている（法9①）。

ところで、相続人（課税事業者となることを選択した者又はその年の特定期間における課税売上高が1,000万円を超える者を除く。）が相続により事業を承継した場合において、その事業の承継がその年の基準期間における課税売上高が1,000万円を超える被相続人の事業の承継であったときは、当該相続人については、当該相続のあった日の翌日からその年の12月31日までの国内における課税資産の譲渡等について納税義務は免除されないこととされている（法10①）。

この場合の相続人とは、その年（相続のあった年）の基準期間における課税売上高が1,000万円以下で、本来免税事業者に該当する相続人であるから、当該相続人が当該基準期間において事業を行っていたかどうかは問わないのである。本通達は、このことを念のため明らかにしたものである。

なお、相続人が事業を行っており、もともとその年（相続のあった年）の基準期間における課税売上高が1,000万円を超えている場合には、相続によりどのような規模の事業を承継したかにかかわらず、その年においては1月1日から課税事業者に該当することに変わりはないのである。

（包括遺贈）

1 ― 5 ― 2　法第 2 条第 4 項《相続等の範囲》に規定する「包括遺贈」とは、遺贈する財産を特定しないで、財産の全部又は財産の一定の割合として他人に遺贈することをいう。

解説　消費税法上、「相続」には包括遺贈を、「相続人」には包括受遺者を、「被相続人」には包括遺贈者を含むものとされている（法2④）。この場合「包括遺贈」とは、遺贈する財産を特定しないで、財産の全部又は財産の一定の割合をもって他人に遺贈することをいうのである。本通達は、このことを念のため明らかにしたものである。

（被相続人の事業を承継したとき）

1 ― 5 ― 3　法第10条第 1 項《相続があった場合の納税義務の免除の特例》に規定する「被相続人の事業を承継したとき」とは、相続により被相続人の行っていた事業の全部又は一部を継続して行うため財産の全部又は一部を承継した場合をいう。

（注）　特定遺贈又は死因贈与により受遺者又は受贈者が遺贈者又は贈与者の事業を承継したときは、法第10条第 1 項又は第 2 項の規定は適用されないから、当該受遺者又は受贈者のその課税期間について法第 9 条第 1 項本文《小規模事業者に係る納税義務の免除》の規定の適用があるかどうかは、当該受遺者又は受贈者のその課税期間に係る基準期間における課税売上高のみによって判定するのであるから留意する。

解説

(1) 相続人が被相続人の事業を承継したときには、小規模事業者に係る納税義務の免除については、所要の特例措置が設けられている（法10）。この場合の「被相続人の事業を承継したとき」とは、相続により被相続人の行っていた事業の全部を承継して事業を継続した場合のほか、事業の一部を承継して事業を継続した場合が含まれる。したがって、実体的には、事業継続のため、被相続人の財産の全部又は一部を承継した場合をいうのである。本通達の本文は、このことを念のため明らかにしたものである。

なお、相続により、2以上の事業場を有する被相続人の事業を2以上の相続人が事業場ごとに分割して承継した場合（相続人が被相続人の事業の一部を承継した場合）には、その相続した事業場に係る被相続人の基準期間における課税売上高を当該相続人の基準期間における課税売上高に合算したところで当該相続人が免税事業者に該当するかどうかを判定することになる（令21①）。

(2) ところで、消費税法第10条《相続があった場合の納税義務の免除の特例》においては、相続（包括遺贈を含む。）があった場合には、単に当該相続人（包括受遺者を含む。）の基準期間における課税売上高が1,000万円以下であったかどうかのみによって免税事業者に該当するかどうかを判定するのではなく、被相続人（包括遺贈者を含む。）の基準期間における課税売上高と合算したところで当該相続人が免税事業者に該当するかどうかを判定することとされている。この場合の相続には包括遺贈を含むこととされているが、遺贈者の特定の物、権利又は金銭を贈与する特定遺贈は相続に含まれず、したがって、特定遺贈があった場合には同条の規定は適用されないこととなる。

このため、特定遺贈により受遺者が遺贈者の事業を承継した場合にお

いて、当該受遺者が免税事業者に該当するかどうかは、当該受遺者のその課税期間に係る基準期間における課税売上高のみによって判定することとなり、死因贈与の場合も同様である。本通達の注書は、このことを念のため明らかにしたものである。

(相続があった場合の納税義務)

1―5―4　法第10条各項《相続があった場合の納税義務の免除の特例》の規定は、相続により被相続人の事業を承継した相続人について、次に掲げる場合に該当するときには、納税義務を免除しないとする趣旨であることに留意する。

(1)　相続があった年においては、相続人又は被相続人の基準期間における課税売上高のうちいずれかが1,000万円を超える場合

(注)　相続人の基準期間における課税売上高が1,000万円以下であっても被相続人の基準期間における課税売上高が1,000万円を超える場合には、当該相続人の当該相続のあった日の翌日からその年の12月31日までの間における課税資産の譲渡等及び特定課税仕入れについて納税義務が免除されない。

(2)　相続のあった年の翌年及び翌々年においては、相続人の基準期間における課税売上高と被相続人のそれとの合計額が1,000万円を超える場合

【平15課消1―37、平27課消1―17　改正】

解説

1　消費税法第10条《相続があった場合の納税義務の免除の特例》においては、相続（包括遺贈を含む。）があった場合には、単に当該相続人（包括受

遺者を含む。）の基準期間における課税売上高が1,000万円以下であったかどうかのみによって免税事業者に該当するかどうかを判定するのではなく、被相続人（包括遺贈者を含む。）の基準期間における課税売上高と合算したところで当該相続人が免税事業者に該当するかどうかを判定することとされている。

2　本通達は同条各項の規定を簡明にしたものであるが、設例を示すと次のようになる。

```
                        7/31〔相続〕
           X1/1 a X2/1 b X3/1 c X4/1 d X5/1   X6/1   X7/1   X8/1
(相続人)    | 500 | 600 | 800 |1,100|1,200|1,150|1,300|
                            (A)   (B)   (C)   (D)   (E)
           X1/1 a' X2/1 b' X3/1 c'
(被相続人)  | 700 | 600 | 400|
```

【判定】

課税期間(A)……１．被相続人の基準期間（a'）　700≦1,000（法10①）
　(X3年)　　　２．相続人の基準期間（a）　　500≦1,000（法9①）
　　　　　　　⇒納税義務なし

課税期間(B)……１．法10②による基準期間における課税売上高
　(X4年)　　　　　（b）600＋(b')600＝1,200＞1,000（法10②）
　　　　　　　２．相続人の基準期間（b）　600≦1,000（法9①）
　　　　　　　⇒納税義務あり

課税期間(C)……１．法10②による基準期間における課税売上高
　(X5年)　　　　　（c）800＋(c')400＝1,200＞1,000（法10②）
　　　　　　　２．相続人の基準期間（c）　800≦1,000（法9①）
　　　　　　　⇒納税義務あり

（共同相続の場合の納税義務）

1－5－5　法第10条第1項又は第2項《相続があった場合の納税義務の免除の特例》の規定を適用する場合において、2以上の相続人があるときには、相続財産の分割が実行されるまでの間は被相続人の事業を承継する相続人は確定しないことから、各相続人が共同して被相続人の事業を承継したものとして取り扱う。この場合において、各相続人のその課税期間に係る基準期間における課税売上高は、当該被相続人の基準期間における課税売上高に各相続人の民法第900条各号《法定相続分》（同法第901条《代襲相続人の相続分》から第903条《特別受益者の相続分》までの規定の適用を受ける場合には、これらの各条）に規定する相続分に応じた割合を乗じた金額とする。

【平17課消1－22　改正】

解説　事業を行う個人が死亡した場合に2以上の相続人があり、そのうちの1人が事実上事業を承継したとしても、当該被相続人の相続財産が未分割のときにおいては、その事実上の事業承継者を消費税の納税義務者とするのかどうかという疑問が生ずる。

　ところで、いうまでもなく、相続財産が未分割の間は財産相続が相続人別に確定せず、しかも、相続人が数人あるときの相続財産は、その共有に属することとされているから（民法898）、承継に係る事業についても各相続人が共同して承継したものとすることが実情に合うということができる。

　このため、本通達においては、被相続人の事業を相続人のうちの1人が事実上承継したとしても、相続財産の分割が実行されるまでの間は、各相続人が共同してその事業を承継したものとして取り扱うこととしたものである。したがって、各相続人が共同事業を行う者ということになるのである。

なお、この場合の各相続人の被相続人に係る課税期間の基準期間における課税売上高は、当該被相続人に係る課税期間の基準期間における課税売上高に各相続人の民法上の相続分に応じた割合を乗じて計算した金額によることとし、その基準期間における課税売上高と各相続人本来の基準期間における課税売上高を基礎として、各相続人が免税事業者に該当するかどうかを判定することになるのである。

（合併があった場合の納税義務）

1—5—6　法第11条各項《合併があった場合の納税義務の免除の特例》の規定は、合併により被合併法人の事業を承継した合併法人について、次に掲げる場合に該当するときは、納税義務を免除しないとする趣旨であることに留意する。

(1)　合併があった日の属する事業年度においては、合併法人の基準期間における課税売上高又は各被合併法人の当該基準期間に対応する期間における課税売上高のうちいずれかが1,000万円を超える場合

　（注）　合併法人の基準期間における課税売上高が1,000万円以下であっても被合併法人の当該基準期間に対応する期間における課税売上高が1,000万円を超える場合には、当該合併法人の当該合併があった日から当該合併があった日の属する事業年度終了の日までの間における課税資産の譲渡等及び特定課税仕入れについて納税義務が免除されない。

(2)　合併があった日の属する事業年度の翌事業年度及び翌々事業年度においては、合併法人の基準期間における課税売上高と各被合併法人の当該基準期間に対応する期間における課税売上高との合計額が1,000万円を超える場合

【平13課消 1 — 5、平15課消 1 —37、平27課消 1 —17　改正】

解説

1　消費税法第11条《合併があった場合の納税義務の免除の特例》においては、合併があった場合には、単に当該合併法人の基準期間における課税売上高が1,000万円以下であったかどうかのみによって免税事業者に該当するかどうかを判定するのではなく、被合併法人の当該基準期間に対応する期間における課税売上高と合算したところで当該合併法人が免税事業者に該当するかどうかを判定することとされている。

2　本通達は、同条各項の規定を簡明にしたものであるが、設例を示すと次のようになる。

　（注）　特定期間における課税売上高が1,000万円超の場合は、各設例における判定により、納税義務なしとなった場合であっても納税義務は免税されない。

　　　なお、特定期間の1,000万円の判定は、課税売上高に代えて、給与等支払額の合計額により判定することができることとされている。

(1)　吸収合併があった場合

```
                          6/30〔合併〕
合併法人   X1/10  X2/10  X3/10 X4/10  X5/10  X6/10  X7/10  X8/10
             a     b     c     d
            500   600   800  1,600  1,700  1,650  1,800
                              (A)   (B)    (C)    (D)   (E)

被合併法人        X2/4   X3/4   X4/4
             a′    b′    c′   d′
            600   600   600  300
```

【判定】

課税期間(A)………1．被合併法人の基準期間(a′)　600≦1,000（法11①）
(X3年10月
～X4年9月)　2．合併法人の基準期間(a)　500≦1,000（法9①）

　　　　　⇒　納税義務なし

課税期間(B)‥‥‥‥ 1．法11②・令22②による基準期間における課税売上高
(X4年10月
～X5年9月)　　　(b)$600+\dfrac{(b')600}{(b')12}\times 12=1,200>1,000$

　　　　　　　　2．合併法人の基準期間(b)　$600\leqq 1,000$　(法9①)

　　　⇒　納税義務あり

課税期間(C)‥‥‥‥ 1．法11②・令22②かっこ書による基準期間における
(X5年10月　　　　課税売上高
～X6年9月)
　　　　　　　(c)$800+\dfrac{(c')600+(d')300}{(c')12+(d')3}\times 9=1,340>1,000$

　　　⇒　納税義務あり

(2)　新設合併があった場合

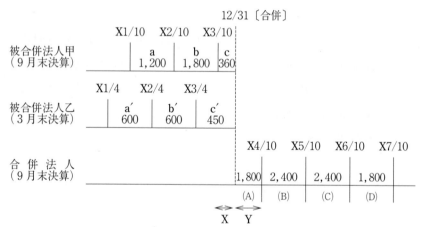

【判定】

課税期間(A)‥‥‥‥法11③による基準期間における課税売上高
(X4年1月
～X4年9月)　　1．被合併法人甲の基準期間(a)
　　　　　　　　$\dfrac{(a)1,200}{(a)12}\times 12=1,200>1,000$

　　　　　　　2．被合併法人乙の基準期間(a')
　　　　　　　　$\dfrac{(a')600}{(a')12}\times 12=600\leqq 1,000$

　　　⇒　納税義務あり

　　　　　なお、合併法人が法12の2に規定する新設法人又は法12

の３に規定する特定新規設立法人に該当する場合には、法11③により計算した課税売上高が1,000万円以下であっても納税義務は免除されない。

課税期間(B)･･･････法11④・令22⑥一による基準期間における課税売上高
(X４年10月
～X５年９月)
$$(x)0 + \frac{(b)1,800}{(b)12} \times 12 + \frac{(b')600}{(b')12} \times 12$$
$$= 2,400 > 1,000$$

⇒ 納税義務あり

なお、合併法人が法12の２に規定する新設法人又は法12の３に規定する特定新規設立法人に該当する場合には、法11④により計算した課税売上高が1,000万円以下であっても納税義務は免除されない。

課税期間(C)･･･････１．法11④・令22④による基準期間における課税売上高
(X５年10月
～X６年９月)
$$(Y)1,800 + \frac{(c)360}{(c)3} \times 3 + \frac{(c')450}{(c')9} \times 3$$
$$= 2,310 > 1,000$$

２．合併法人の基準期間
$$\frac{(A)1,800}{(A)9} \times 12 = 2,400 > 1,000 \quad (法９①)$$

⇒ 納税義務あり

（分割等があった場合の納税義務）

１－５－６の２ 法第12条第１項から第６項まで《分割等があった場合の納税義務の免除の特例》の規定の趣旨は、次のとおりであるから留意する。

(1) 分割等があった日の属する事業年度及び当該事業年度の翌事業年度

イ 新設分割子法人の納税義務

　　　　　新設分割子法人の基準期間に対応する期間における各新設分割親法人の課税売上高のうちいずれかが1,000万円を超える場合は、納税義務が免除されない。
　　　ロ　新設分割親法人の納税義務
　　　　　新設分割親法人の基準期間における課税売上高によって判定する。
(2)　分割等（新設分割親法人が一の場合に限る。）があった日の属する事業年度の翌々事業年度以後
　　イ　新設分割子法人の納税義務
　　　　新設分割子法人が特定要件（法第12条第3項《特定要件の意義》に規定する特定要件をいう。以下1－5－6の2及び1－5－13において同じ。）に該当し、かつ、新設分割子法人の基準期間における課税売上高と当該新設分割子法人の基準期間に対応する期間における新設分割親法人の課税売上高との合計額が1,000万円を超える場合は、納税義務が免除されない。
　　ロ　新設分割親法人の納税義務
　　　　新設分割子法人が特定要件に該当し、かつ、新設分割親法人の基準期間における課税売上高と当該新設分割親法人の基準期間に対応する期間における新設分割子法人の課税売上高との合計額が1,000万円を超える場合は、納税義務が免除されない。
(3)　吸収分割があった日の属する事業年度及び当該事業年度の翌事業年度
　　イ　分割承継法人
　　　　分割承継法人の基準期間における課税売上高又は当該分割承継法人の基準期間に対応する期間における各分割法人の課税売上高のうちいずれかが1,000万円を超える場合は、納税義務が免除されない。

ロ　分割法人

　　　分割法人の基準期間における課税売上高によって判定する。

(4)　吸収分割があった日の属する事業年度の翌々事業年度以後

　　イ　分割承継法人

　　　分割承継法人の基準期間における課税売上高によって判定する。

　　ロ　分割法人

　　　分割法人の基準期間における課税売上高によって判定する。

【平13課消1―5　追加、平15課消1―37、平25課消1―34　改正】

解説

1　消費税法第12条《分割等があった場合の納税義務の免除の特例》においては、分割等又は吸収分割があった場合には、単に新設分割子法人、新設分割親法人又は分割承継法人の基準期間における課税売上高が1,000万円以下であったかどうかのみによって免税事業者に該当するかどうかを判定するのではなく、新設分割親法人、新設分割子法人又は分割法人の基準期間における課税売上高と合算したところで当該新設分割子法人、新設分割親法人又は分割承継法人が免税事業者に該当するかどうかを判定することとされている。

2　本通達は、同条各項の規定を簡明にしたものであるが、設例を示すと次のようになる。

　(注)　特定期間における課税売上高が1,000万円超の場合は、各設例における判定により、納税義務なしとなった場合であっても納税義務は免税されない。

　　　なお、特定期間の1,000万円の判定は、課税売上高に代えて、給与等支払額の合計額により判定することができることとされている。

(1) 新設分割

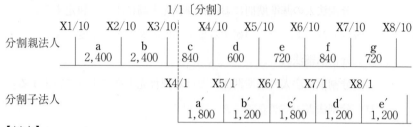

【判定】

《分割子法人》

課税期間(a′)……法12①・令23①による基準期間における課税売上高
(X4年1月
〜X4年12月)　　$\dfrac{(a)2,400}{(a)12}\times 12=2,400>1,000$

　　　　　⇒　納税義務あり

　　　　　　なお、分割子法人が法12の2に規定する新設法人又は法12の3に規定する特定新規設立法人に該当する場合には、法12①により計算した課税売上高が1,000万円以下であっても納税義務は免除されない。

課税期間(b′)……法12②・令23②による基準期間における課税売上高
(X5年1月
〜X5年12月)　　$\dfrac{(b)2,400}{(b)12}\times 12=2,400>1,000$

　　　　　⇒　納税義務あり

　　　　　　なお、分割子法人が法12の2に規定する新設法人又は法12の3に規定する特定新規設立法人に該当する場合には、法12②により計算した課税売上高が1,000万円以下であっても納税義務は免除されない。

課税期間(c′)……1．法12③・令23③④による基準期間における課税売
(X6年1月　　　　　上高
〜X6年12月)　　　$\dfrac{(a′)1,800}{(a′)12}\times 12+\dfrac{(d)600}{(d)12}\times 12$
　　　　　　　　$=2,400>1,000$

2．分割子法人の基準期間(a′)1,800＞1,000（法9①）

⇒ 納税義務あり

課税期間(d′)……1．法12③・令23③④による基準期間における課税売
(X7年1月
～X7年12月) 上高

$$\frac{(b')1,200}{(b')12}\times 12 + \frac{(e)720}{12}\times 12$$

2．分割子法人の基準期間(b′)1,200＞1,000（法9①）

⇒ 納税義務あり

《分割親法人》

課税期間(c)………分割親法人の基準期間(a)2,400＞1,000（法9①）
(X3年10月
～X4年9月)　⇒ 納税義務あり

課税期間(d)………分割親法人の基準期間(b)2,400＞1,000（法9①）
(X4年10月
～X5年9月)　⇒ 納税義務あり

課税期間(e)………1．法12④・令23⑤による基準期間における課税売上高
(X5年10月
～X6年9月)　$(c)840 + \frac{(a')1,800}{(a')12}\times 12 \times \frac{9}{12} = 2,190 > 1,000$

2．分割親法人の基準期間840≦1,000（法9①）

⇒ 納税義務あり

(2) 吸収分割

1/1〔吸収分割〕

	X1/10	X2/10	X3/10	X4/10	X5/10	X6/10	X7/10
分割承継法人	a 1,200	b 1,200	c 2,400	d 1,800	e 1,200	f 1,800	

	X1/1	X2/1	X3/1	X4/1	X5/1	X6/1	X7/1	X8/1
分割法人	a′ 1,800	b′ 1,200	c′ 840	d′ 600	e′ 720	f′ 840	g′ 720	

【判定】

《分割承継法人》

課税期間(c)……… １．法12⑤・令23⑥による基準期間における課税売上高
(X3年10月
～X4年9月)　　　　分割法人の基準期間(a′)　　1,800＞1,000

　　　　　　２．法9①による基準期間における課税売上高

　　　　　　　　分割承継法人の基準期間(a)　1,200＞1,000

　　　　⇒　納税義務あり

課税期間(d)……… １．法12⑥・令23⑦による基準期間における課税売上高
(X4年10月
～X5年9月)　　　　分割法人の基準期間（b′）　1,200＞1,000

　　　　　　２．法9①による基準期間における課税売上高

　　　　　　　　分割承継法人の基準期間(b)　1,200＞1,000

　　　　⇒　納税義務あり

課税期間(e)………法9①による基準期間における課税売上高
(X5年10月
～X6年9月)　　　　分割承継法人の基準期間(c)　2,400＞1,000

　　　　⇒　納税義務あり

課税期間(f)………法9①による基準期間における課税売上高
(X6年10月
～X7年9月)　　　　分割承継法人の基準期間(d)　1,800＞1,000

　　　　⇒　納税義務あり

《分割法人》

課税期間(d′)……法9①による基準期間における課税売上高
(X4年1月
～X4年12月)　　　分割法人の基準期間(b′)　1,200＞1,000

　　　　⇒　納税義務あり

課税期間(e′)……法9①による基準期間における課税売上高
(X5年1月
～X5年12月)　　　分割法人の基準期間(c′)　840≦1,000

　　　　⇒　納税義務なし

課税期間(f')……法9①による基準期間における課税売上高
(X6年1月
~X6年12月)　　　分割法人の基準期間(d')　600≦1,000

　　　　　⇒　納税義務なし

課税期間(g')……法9①による基準期間における課税売上高
(X7年1月
~X7年12月)　　　分割法人の基準期間(e')　720≦1,000

　　　　　⇒　納税義務なし

（合併があった日）

1－5－7　法第11条第1項《吸収合併があった場合の納税義務の免除の特例》に規定する「合併があった日」とは、合併の効力を生ずる日をいい、同条第3項《新設合併があった場合の納税義務の免除の特例》に規定する「合併があった日」とは、法人の設立の登記をした日をいう。

【平13課消1－5、平14課消1－12、平19課消1－18　改正】

解説　吸収合併により事業を承継した合併法人の合併事業年度の納税義務については、「合併法人の合併があった日の属する事業年度開始の日の二年前の日の前日から一年を経過する日までの間に終了した被合併法人の各事業年度における課税売上高の合計額の年換算額」により判定することとされている。本通達は、当該判定に当たり、合併の日がいつであるかということについて明らかにしている。

　法人が事業年度の中途において合併により解散した場合には、「その事業年度の開始の日から合併の日の前日までの期間」を一の事業年度とみなすこととされている（法法14二）。このため、この「合併の日」が具体的にいつになるのかが問題となる。

この点、旧商法において、合併の効力は合併の登記をもって生じることとされていたが（旧商法102）、合併に伴う消滅会社の権利義務の承継日がいつになるかという点については法令上具体的には明記されていなかったところである。他方、合併の実務としては、合併期日において被合併法人のすべての資産、負債は合併法人に実体的に承継され、また、被合併法人の損益取引その他の取引も合併期日以後はすべて合併法人に吸収されるとともに、被合併法人の会計帳簿の一切はその時点で閉鎖され、以後、合併法人の会計帳簿に合算されることになるので、経済実態としては、被合併法人は合併登記を待たずして、合併期日においてその実体を失い、消滅すると考えられる。

　そこで、改正前の本通達においては、消費税法上の「合併の日」とは、実質的な効力発生日である「合併契約において合併期日として定めた日」をいうものとしていた。

　会社法においては、合併の効力発生日について、吸収合併の場合と新設合併の場合とでは異なる定めが置かれている。

　すなわち、吸収合併を行う場合は、合併契約書に効力発生日を定めることとされ、吸収合併存続株式会社は、その効力発生日に、吸収合併消滅会社の権利義務を承継することとされている（会社法750）。

　また、新設合併を行う場合は、その効力の発生は新設法人の成立の日（登記の日）とされるとともに、新会社はその成立の日において、新設合併消滅会社の権利義務を承継することとされている（会社法754）。

　このような会社法の規定を前提とすれば、消費税法上の「合併の日」についても、会社法との整合性を図ることが相当であると考えられる。そこで、本通達の改正により、「合併の日」とは、吸収合併にあっては効力発生日とし、新設合併にあっては新設合併設立法人の設立登記の日とすることとしている。

　なお、この取扱いは、法人税における取扱いと同様である（法基通1―2

第1章 納税義務者 121

—4）。

1―5―8 削除（平13課消1―5）

（分割等があった日）

1―5―9 法第12条第1項《分割等があった場合の納税義務の免除の特例》に規定する「分割等があった日」とは、次に掲げる場合の区分に応じ、それぞれ次の日とする。

(1) 当該分割等が法第12条第7項第1号又は第2号《分割等の意義》に該当する場合　同条第1項に規定する新設分割子法人の設立の登記の日

(2) 当該分割等が法第12条第7項第3号《分割等の意義》に該当する場合　同号の契約に基づく金銭以外の資産の譲渡が行われた日

【平13課消1―5、平14課消1―12　改正】

解説　法人が分割等（新設分割、現物出資又は事後設立）した場合において、新設分割親法人及び新設分割子法人が免税事業者に該当するかどうかは、単に新設分割親法人及び新設分割子法人についての基準期間における課税売上高のみによって判定するのではなく、一定の要件を満たす場合には、新設分割親法人及び新設分割子法人相互の基準期間における課税売上高相当額に基づいて判定することとされている（法12）。

ところで、消費税法第12条第1項《分割等があった場合の納税義務の免除の特例》においては、新設分割子法人の分割等があった日の属する事業年度の基準期間に対応する期間における新設分割親法人の課税売上高が1,000万円を超えるときは、当該分割等があった日からその事業年度終了の日までに

おいて当該新設分割子法人が行う課税資産の譲渡等については、納税義務が免除されないこととされている。

　この場合の「分割等があった日」とは、会社法の規定に基づく新設分割（新たに設立した法人に営業の全部又は一部を承継する方法）や現物出資（新たに法人を設立するために金銭以外の資産を出資する方法）の手法を用いて行う場合には、当該新設分割子法人の設立の登記の日としている。これは、新設分割や現物出資の手法を用いて新設分割子法人を設立した場合には、その設立時の状況によって免税事業者に該当するかどうかを判定することとしているからである。

(注)　現物出資により法人が設立された場合においては、次に掲げる要件に該当するものについて消費税法第12条が適用される。

①　法人（新設分割親法人）が新たな法人（新設分割子法人）を設立するためその有する金銭以外の資産を出資するもの。

②　新設分割子法人の設立の時において当該資産の出資その他当該設立のための出資により発行済株式又は出資の全部を新設分割親法人が有することとなるもの。

③　その出資により新設分割子法人に事業の全部又は一部を引き継ぐものであること。

　一方、事後設立（金銭出資により設立された法人に資産の譲渡等を行う方法）の手法を用いて行う場合には、次に掲げる要件に該当するものについて、消費税法第12条第１項が適用されることとされている。この場合には、金銭以外の資産の譲渡等が行われた日以後の課税資産の譲渡等について消費税が免除されないこととなるのであるが、当該金銭以外の資産の譲渡は、必ずしも設立の登記の日に行われるものではなく、また、その設立の時から６月以内に行われたかどうかによって、同条の適用の有無が異なってくるのである。このため、事後設立の手法を用いて行う場合の「分割等があった日」とは、

金銭以外の資産の譲渡が行われた日としているのである。

①　新設分割親法人が新設分割子法人を設立するため金銭の出資をするものであること。

②　新設分割子法人と会社法第467条第1項第5号《事業譲渡等の承認等》に掲げる行為に係る契約を締結し、その契約に基づく金銭以外の資産の譲渡であること。

③　新設分割子法人の設立の時において発行済株式又は出資の全部を新設分割親法人が有している場合であること。

④　その金銭以外の資産の譲渡が、新設分割子法人の設立の時において予定されており、かつ、その設立の時から6月以内に行われたものであること（令23⑨）。

（吸収分割があった日）

1－5－10　法第12条第5項《吸収分割があった場合の納税義務の免除の特例》に規定する「吸収分割があった日」とは、分割の効力を生ずる日をいう。

【平13課消1－5　追加、平14課消1－12、平19課消1－18　改正】

解説　法人が吸収分割をした場合において、分割承継法人が免税事業者に該当するかどうかは、単に分割承継法人の基準期間における課税売上高のみによって判定するのではなく、分割承継法人のその事業年度の基準期間に対応する分割法人の課税売上高相当額に基づいて判定することとされている（法12⑤、⑥）。

ところで、消費税法第12条第5項及び第6項《吸収分割があった場合の納税義務の免除の特例》においては、分割承継法人の分割した日の属する事業

年度の基準期間における分割法人の課税売上高が1,000万円を超えるときは、分割承継法人については、納税義務が免除されないこととされている。

　会社法の下では、吸収分割の場合は吸収分割承継会社は分割契約書に定めた効力発生日に吸収分割会社の権利義務を承継することとされている（会社法759）。このため、消費税法上、吸収分割が行われた場合の分割の日とは、分割の効力を生ずる日とし、会社法との整合性を図ることとした。

　本通達では、このことを明らかにしている。

１－５－11　削除（平13課消１－５）

１－５－12　削除（平13課消１－５）

（株式等の所有割合に異動があった場合の適用関係）
１－５－13　法第12条第１項《分割等があった場合の納税義務の免除の特例》に規定する新設分割子法人又は新設分割親法人のその課税期間について同条第３項又は第４項《分割等があった場合の納税義務の免除の不適用》の規定の適用があるかどうかを判定する場合において、特定要件に該当するかどうかは、当該課税期間の基準期間の末日の現況による。したがって、例えば、新設分割親法人が新設分割子法人の株式を譲渡し、いったん特定要件に該当しないこととなった場合であっても、その後再び株式を取得することにより、その課税期間の基準期間の末日において特定要件に該当することとなったときは、同条第３項又は第４項の規定の適用があるのであるから留意する。

【平13課消１－５　改正】

解 説

(1) 法人が分割等(新設分割、現物出資又は事後設立)した場合に、新設分割子法人が当該課税期間の基準期間の末日において消費税法第12条第3項《分割等があった場合の納税義務の免除の不適用》に規定する特定要件(当該新設分割子法人の発行済株式又は出資の総数又は総額の50％超の数又は金額の株式又は出資を新設分割親法人及び新設分割親法人と特殊な関係にある者が所有していること。以下1－5－13において同じ。)に該当するときは、単に新設分割親法人及び新設分割子法人についての基準期間における課税売上高のみによって判定するのではなく、相互の基準期間における課税売上高相当額に基づいて免税事業者に該当するかどうかを判定することとされている(法12③、④)。

(2) ところで、特定要件に該当するかどうかは、前述のように、当該課税期間の基準期間の末日の現況において判定することとされている。このため、例えば、新設分割親法人が新設分割子法人の株式を基準期間の中途で譲渡したため、株式の所有割合が50％以下となり、いったん特定要件に該当しないこととなった場合においても、その後再び株式を取得することにより、その課税期間の基準期間の末日において、株式の所有割合が50％超となったときは、特定要件に該当することに変りはないのであるから、当該新設分割親法人及び新設分割子法人については、分割等があった場合の納税義務の免除の特例(法12③、④)の規定の適用を受けることになるのである。本通達は、このことを念のため明らかにしたものである。

1－5－14 削除(平13課消1－5)

(「新設法人」の意義)

1―5―15 法第12条の2第1項《新設法人の納税義務の免除の特例》に規定する「新設法人」には、基準期間がない事業年度の開始の日における資本金の額又は出資の金額が1,000万円以上である法人が該当するのであるから、法人を新規に設立した事業年度に限らず当該設立した事業年度の翌事業年度以後の事業年度であっても、基準期間がない事業年度の開始の日における資本金の額又は出資の金額が1,000万円以上である場合には、新設法人に該当することとなるのであるから留意する。

【平10課消2―9　追加、平18課消1―16、平22課消1―9、平25課消1―34改正】

解説　消費税法においては、中小事業者に対する特例措置の一つとして、基準期間の課税売上高が1,000万円以下の事業者については納税義務を免除する、いわゆる事業者免税点制度を設けている（法9①）。

しかし、この事業者免税点制度の特例として資本金の額又は出資の金額が1,000万円以上の新設法人については、消費税法第9条第1項《小規模事業者に係る納税義務の免除》の規定は適用しない旨の規定が設けられているところである（法12の2①）。ここでいう「新設法人」は、一般的な新設法人の概念からすると、法人の設立初年度だけと誤解しがちであるが、消費税法第12条の2第1項《新設法人の納税義務の免除の特例》において新設法人の定義をしており、それによると、事業年度開始の日における資本金の額又は出資の金額が1,000万円以上の法人であれば設立事業年度に限らず設立2年目であっても基準期間がない事業年度については新設法人に該当することとなる。

（法第12条の３第１項に規定する特定要件の判定時期）

１－５－15の２　法第12条の３第１項《特定新規設立法人の納税義務の免除の特例》の規定の適用があるかどうかを判定する場合において、同項に規定する新規設立法人が特定要件（同項に規定する特定要件をいう。）に該当するかどうかは、その基準期間がない事業年度開始の日の現況による。

（注）　同項の規定の適用があるかどうかの判定は、法人を新規に設立した事業年度に限らず、当該設立した事業年度の翌事業年度以後の事業年度であっても、基準期間がない事業年度について行う必要があることに留意する。

【平25課消１－34　追加】

解説

(1)　その事業年度の基準期間がない法人で、その事業年度開始の日における資本金の額又は出資の金額が1,000万円未満の法人（新規設立法人）のうち、次の①及び②のいずれにも該当するもの（特定新規設立法人）については、当該特定新規設立法人の基準期間のない事業年度に含まれる各課税期間における課税資産の譲渡等について、納税義務が免除されないこととなる（法12の３①）。

①　その基準期間がない事業年度開始の日において、他の者により当該新規設立法人の株式等の50％超を直接又は間接に保有される場合など、他の者により当該新規設立法人が支配される一定の場合（特定要件）に該当すること。

②　上記①の特定要件に該当するかどうかの判定の基礎となった他の者及び当該他の者と一定の特殊な関係にある法人のうちいずれかの者

(判定対象者)の当該新規設立法人の当該事業年度の基準期間に相当する期間(基準期間相当期間)における課税売上高が5億円を超えていること。

(2) ところで、特定要件を満たすかどうかは、その事業年度開始の日の現況において判定することとなるため、例えば、設立第1事業年度開始の日において特定要件に該当していた新規設立法人が第1事業年度の途中で特定要件に該当しないこととなった場合であっても、第1事業年度開始の日において特定要件に該当することに変わりないのであるから、当該新規設立法人については、特定新規設立法人の納税義務の免除の特例(法12の3①)の規定の適用を受けることになるのである。

本通達は、このことを念のため明らかにしたものである。

(3) また、特定新規設立法人の納税義務の免除の特例(法12の3①)の規定の適用を受けるかどうかは、法人を新規に設立した事業年度に限らず、当該設立した事業年度の翌事業年度以後の事業年度であっても、基準期間がない事業年度について行う必要がある。

本通達の注書は、このことを念のため明らかにしたものである。

(出資の金額の範囲)

1－5－16 法第12条の2第1項《新設法人の納税義務の免除の特例》に規定する「出資の金額」には、営利法人である合名会社、合資会社又は合同会社に係る出資の金額に限らず、農業協同組合及び漁業協同組合等の協同組合に係る出資の金額、特別の法律により設立された法人で出資を受け入れることとしている当該法人に係る出資の金額、地方公営企業法第18条《出資》に規定する地方公共団体が経営する企業に係る出資の金額及びその他の法人で出資を受け入れることとしてい

る場合の当該法人に係る出資の金額が該当するのであるから留意する。

【平10課消2―9　追加、平18課消1―16、平21課消1―10、平22課消1―9、平25課消1―34　改正】

解説　基準期間がない法人のうち、資本金の額又は出資の金額が1,000万円以上のものについて消費税法第12条の2第1項《新設法人の納税義務の免除の特例》の規定が適用されるのであるが、この場合の資本金の額については、会社法や法人税法の解釈からしても一般的に明らかにされているところである。

ところで、出資の金額については、種々の法人に出資を受け入れる旨の規定が置かれているところであるが、同項に規定する出資の金額には合名会社、合資会社又は合同会社の出資金に限らず、出資を受け入れることとしている種々の法人に係る出資の金額も該当する。本通達は、このことを念のため明らかにしたものである。

（合併又は分割等により設立された法人における基準期間がない課税期間の納税義務の判定）

1―5―17　合併又は分割等により設立された法人については、法第11条《合併があった場合の納税義務の免除の特例》又は第12条《分割等があった場合の納税義務の免除の特例》の規定が適用されない場合であっても、基準期間がない課税期間については、法第12条の2第1項《新設法人の納税義務の免除の特例》、第12条の3第1項《特定新規設立法人の納税義務の免除の特例》又は第12条の4第1項《高額特定資産を取得した場合の納税義務の免除の特例》の規定により納税義務の有無を判定する必要があることに留意する。

【平10課消2―9　追加、平13課消1―5、平22課消1―9、平25課消1―34、

平28課消1―57　改正】

解説　合併により法人が設立された場合又は分割等により法人が設立された場合には、消費税法第11条第3項若しくは第4項《合併があった場合の納税義務の免除の特例》又は第12条第1項若しくは第2項《分割等があった場合の納税義務の免除の特例》の規定により、当該設立された法人が免税事業者に該当するかどうかを判定することとされている。

　ところで、新たに設立された法人の基準期間のない課税期間に係る納税義務の免除の特例について規定した同法第12条の2第1項《新設法人の納税義務の免除の特例》及び第12条の3第1項《特定新規設立法人の納税義務の免除の特例》においては、納税義務の判定対象となる課税期間からそれぞれ同法第11条第3項又は第4項及び第12条第1項又は第2項の規定により消費税を納める義務が免除されないこととなる課税期間が除かれている。また、同法第12条の4第1項《高額特定資産を取得した場合の納税義務の免除の特例》においても、同法第11条第4項及び第12条第2項の規定により消費税を納める義務が免除されないこととなる課税期間は対象とされていない。

　このことから、同法第11条第3項又は第4項及び第12条第1項又は第2項の規定が適用されないこととなる課税期間については、同法第12条の2第1項、第12条の3第1項又は第12条の4第1項の規定により、再度納税義務の有無を判定する必要があるのである。

　そこで、本通達において、合併又は分割等により設立された法人が同法第11条及び第12条の規定により基準期間のない課税期間について納税義務の有無を判定した結果、課税事業者に該当しない場合であっても、更に同法第12条の2第1項、第12条の3第1項又は第12条の4第1項の規定により納税義務の有無の判定を行う必要があることを念のため規定したものである。

（新設法人の3年目以後の取扱い）

1―5―18　法第12条の2第1項《新設法人の納税義務の免除の特例》又は第12条の3第1項《特定新規設立法人の納税義務の免除の特例》の規定は、基準期間がない法人について適用されるのであるから、資本金の額又は出資の金額が1,000万円以上である法人であっても、基準期間ができた以後の課税期間（法第12条の2第2項《基準期間がない課税期間中に調整対象固定資産を取得した新設法人の納税義務の免除の特例》、第12条の3第3項《基準期間がない課税期間中に調整対象固定資産を取得した特定新規設立法人の納税義務の免除の特例》又は第12条の4第1項《高額特定資産を取得した場合の納税義務の免除の特例》の規定により法第9条第1項《小規模事業者に係る納税義務の免除》の規定が適用されないこととなる課税期間を除く。）における納税義務の有無の判定は、法第9条第1項の規定によることとなるのであるから留意する。

(注) 1　当該法人が、法第9条第1項の規定により納税義務が免除されることとなる場合であっても、特定期間ができた以後の課税期間における納税義務の有無の判定は、法第9条の2第1項《前年又は前事業年度等における課税売上高による納税義務の免除の特例》の規定の適用があることに留意する。

　　　2　当該法人が、合併又は分割等により設立された法人である場合には、基準期間ができた以後の課税期間における納税義務の有無の判定は、法第9条第1項又は法第9条の2第1項の規定によるほか、法第11条《合併があった場合の納税義務の免除の特例》又は第12条《分割等があった場合の納税義務の免除の特例》の規定によることとなるのであるから留意する。

【平10課消2—9　追加、平13課消1—5、平18課消1—16、平22課消1—9、平23課消1—35、平25課消1—34、平28課消1—57　改正】

解説　消費税法第12条の2第1項《新設法人の納税義務の免除の特例》の規定は、基準期間がない課税期間について適用されるのであるから、基準期間ができる設立後3年目以降の課税期間については、同条の規定の適用はなく、まずは、同法第9条第1項《小規模事業者に係る納税義務の免除》の規定を適用して課税事業者となるかどうかを判定することとなる。

このことは、同法第12条の3第1項《特定新規設立法人の納税義務の免除の特例》の規定の適用についても同様である。

なお、同法第12条の2第1項に規定する新設法人又は同法第12条の3第1項に規定する特定新規設立法人が、基準期間がない課税期間中に調整対象固定資産を取得した場合又は高額特定資産を取得した場合には、同法第12条の2第2項《基準期間がない課税期間中に調整対象固定資産を取得した新設法人の納税義務の免除の特例》、第12条の3第3項《基準期間がない課税期間中に調整対象固定資産を取得した特定新規設立法人の納税義務の免除の特例》又は同法第12条の4第1項《高額特定資産を取得した場合の納税義務の免除の特例》の規定により同法第9条第1項の規定は適用されないため、この場合には、基準期間の課税売上高にかかわらず納税義務は免除されない。

本通達は、このことを念のため明らかにしたものである。

(注)　当該法人に消費税法第9条の2第4項《前年又は前事業年度等における課税売上高による納税義務の免除の特例》に規定する特定期間ができた以後の課税期間においては、同法第9条第1項の規定によるほか、同法第9条の2第1項の規定により納税義務を判定する必要があり、また、当該法人が合併又は分割等により設立された法人である場合には、同法第9条第1項の規定によるほか、同法第11条第4項《合併があった場合の納税義務の免除の特例》又は第12条第3項《分割等があった場合の納税義務の免除の特例》の規定に

より納税義務を判定する必要がある。

（新設法人又は特定新規設立法人の簡易課税制度の適用）

1－5－19 法第12条の2第1項《新設法人の納税義務の免除の特例》の規定が適用される新設法人又は第12条の3第1項《特定新規設立法人の納税義務の免除の特例》の規定が適用される特定新規設立法人であっても、法第37条第3項第2号《調整対象固定資産の仕入れ等を行った場合の簡易課税制度選択届出書の提出制限》に該当する場合、同項第3号《高額特定資産の仕入れ等を行った場合の簡易課税制度選択届出書の提出制限》に該当する場合又は同条第4項が適用される場合を除き、法第37条第1項《中小事業者の仕入れに係る消費税額の控除の特例》に規定する中小事業者の仕入れに係る消費税額の控除の特例（簡易課税制度）の選択はできるのであるから留意する。

【平10課消2－9　追加、平22課消1－9、平25課消1－34、平28課消1－57改正】

解説　消費税法第12条の2第1項《新設法人の納税義務の免除の特例》の規定は、資本金の額又は出資の金額が1,000万円以上の法人の基準期間がない課税期間については、同法第9条第1項《小規模事業者に係る納税義務の免除》の規定を適用しないとするものであり、同法第37条《中小事業者の仕入れに係る消費税額の控除の特例》の適用関係に影響を与えるものではない。

このことは、同法第12条の3第1項《特定新規設立法人の納税義務の免除の特例》の規定の適用についても同様である。したがって、基準期間がない新設法人又は特定新規設立法人は、簡易課税制度を選択すれば原則として簡易課税制度の適用ができることとなる。ただし、新設法人又は特定新規設立

法人が、基準期間のない課税期間中に調整対象固定資産を取得した場合又は高額特定資産を取得した場合において、当該調整対象固定資産を取得した日又は当該高額特定資産を取得した日の属する課税期間の初日から同日以後3年を経過する日の属する課税期間の初日の前日までの期間は、簡易課税制度選択届出書を提出することができないこととされている（法37③）。

したがって、例えば、新設法人が設立第1期目の課税期間中に調整対象固定資産を取得した場合又は高額特定資産を取得した場合には、設立第2期目の課税期間について簡易課税制度選択届出書を提出することはできないことから、設立第2期目から簡易課税制度を適用することはできないこととなる。

また、当該新設法人が設立第1期目の課税期間の初日から調整対象固定資産を取得した日又は高額特定資産を取得した日までの間に簡易課税制度選択届出書を提出している場合には、当該届出書の提出はなかったものとみなされることとされているから（法37④）、この場合においても当該新設法人は設立第2期目の課税期間から簡易課税制度を適用することはできないこととなる。

（法人設立届出書の提出があったときの取扱い）

1－5－20　法法第148条《内国普通法人等の設立の届出》の規定による届出書の提出があった場合において、当該届出書に法第12条の2第1項《新設法人の納税義務の免除の特例》の規定の適用がある新設法人に該当する旨及び規則第26条第5項各号《新設法人に該当する旨の届出書の記載事項》に規定する事項の記載がある場合には、「消費税の新設法人に該当する旨の届出書」の提出があったものとして取り扱う。

【平10課消2－9　追加、平22課消1－9、平25課消1－34　改正】

解説　消費税法第12条の2第1項《新設法人の納税義務の免除の特例》に規定する新設法人に該当することとなった事業者は、同法第57条第2項《新設法人等に該当することとなった旨の届出》の規定により、新設法人に該当する旨の届出書を提出することとされているが、納税者の事務負担等を考慮して、法人税法第148条《内国普通法人等の設立の届出》の規定による届出書の提出があった場合には、消費税に関する事項の記載がされていることを要件として、改めて消費税の届出書の提出は必要ないこととしたものである。

参考　法人税法（抄）

（内国普通法人等の設立の届出）

第148条　新たに設立された内国法人である普通法人又は協同組合等は、その設立の日以後2月以内に、次に掲げる事項を記載した届出書にその設立の時における貸借対照表その他の財務省令で定める書類を添付し、これを納税地（連結子法人にあっては、その本店又は主たる事務所の所在地。第1号において同じ。）の所轄税務署長に提出しなければならない。

一　その納税地

二　その事業の目的

三　その設立の日

【法人設立届出書の様式】

法人設立届出書

※整理番号

税務署受付印	本店又は主たる事務所の所在地	〒 電話（　）　―
平成　年　月　日	納税地	〒
	（フリガナ）	
	法人名	
税務署長殿	法人番号	
	（フリガナ）	
新たに内国法人を設立したので届け出ます。	代表者氏名	㊞
	代表者住所	〒 電話（　）　―

設立年月日	平成　年　月　日	事業年度	（自）　月　日（至）　月　日
設立時の資本金又は出資金の額	円	消費税の新設法人に該当することとなった事業年度開始の日	平成　年　月　日

事業の目的	（定款等に記載しているもの） （現に営んでいる又は営む予定のもの）	支店・出張所・工場等	名称	所在地

設立の形態	1　個人企業を法人組織とした法人である場合 2　合併により設立した法人である場合 3　新設分割により設立した法人である場合（□分割型・□分社型・□その他） 4　現物出資により設立した法人である場合 5　その他（　　　　　）

設立の形態が1～4である場合の設立前の個人企業、合併により消滅した法人、分割法人又は出資者の状況	事業主の氏名、合併により消滅した法人の名称、分割法人の名称又は出資者の氏名、名称	納税地	事業内容等

設立の形態が2～4である場合の適格区分	適格・その他	添付書類等	1　定款等の写し 2　株主等の名簿 3　設立趣意書 4　設立時の貸借対照表 5　合併契約書の写し 6　分割計画書の写し 7　その他（　　　）
事業開始（見込み）年月日	平成　年　月　日		
「給与支払事務所等の開設届出書」提出の有無	有・無		

関与税理士	氏名	
	事務所所在地	
		電話（　）　―

設立した法人が連結子法人である場合	連結親法人名		所轄税務署
	連結親法人の納税地	〒 電話（　）　―	
	「完全支配関係を有することとなった旨等を記載した書類」の提出年月日	連結親法人　年　月　日	連結子法人　年　月　日

税理士署名押印　　　　　　　　　　㊞

※税務署処理欄	部門	決算期	業種番号	番号	入力	名簿	通信日付印　年　月　日	確認印

（規格A4）

29.06改正

（法第12条の２第２項の規定が適用される新設法人）

1－5－21　法第12条の２第２項《基準期間がない課税期間中に調整対象固定資産を取得した新設法人の納税義務の免除の特例》の規定が適用される新設法人は、その基準期間がない事業年度開始の日における資本金の額又は出資の金額が1,000万円以上である同条第１項《新設法人の納税義務の免除の特例》に規定する新設法人をいうのであるから、同項の規定により法第９条第１項本文《小規模事業者に係る納税義務の免除》の規定が適用されない新設法人に限られないことに留意する。

【平22課消１－９　追加、平25課消１－34　改正】

解説　消費税法第12条の２第２項《基準期間がない課税期間中に調整対象固定資産を取得した新設法人の納税義務の免除の特例》の規定は、同条第１項に規定する新設法人に適用されるのであるから、資本金の額又は出資の金額が1,000万円以上である全ての法人がその適用対象とされる。

このため、同条第１項の規定により基準期間がない課税期間について同法第９条第１項《小規模事業者に係る納税義務の免除》の規定を適用されない法人のみならず、同法第11条《合併があった場合の納税義務の免除の特例》又は第12条《分割等があった場合の納税義務の免除の特例》の規定により当該法人の納税義務が免除されない場合においても、資本金の額又は出資の金額が1,000万円以上であれば、同法第12条の２第２項の規定が適用される。

本通達は、このことを念のため明らかにしたものである。

（法第12条の３第３項の規定が適用される特定新規設立法人）

１－５－21の２　法第12条の３第３項《基準期間がない課税期間中に調整対象固定資産を取得した特定新規設立法人の納税義務の免除の特例》の規定が適用される特定新規設立法人は、同条第１項《特定新規設立法人の納税義務の免除の特例》に規定する特定新規設立法人をいうのであるから、同項の規定により法第９条第１項本文《小規模事業者に係る納税義務の免除》の規定が適用されない特定新規設立法人に限られないことに留意する。

【平25課消１－34　追加】

解説　消費税法第12条の３第３項《基準期間がない課税期間中に調整対象固定資産を取得した特定新規設立法人の納税義務の免除の特例》の規定は、同条第１項に規定する特定新規設立法人に適用される。

この場合の特定新規設立法人とは、同法第12条の２第１項《新設法人の納税義務の免除の特例》に規定する新設法人及び社会福祉法人を除く、その基準期間がない事業年度開始の日において同法第12条の３第１項《特定新規設立法人の納税義務の免除の特例》に規定する特定要件に該当し、かつ、新規設立法人が当該特定要件に該当する旨の判定の基礎となった他の者及び当該他の者と一定の特殊な関係にある法人のうちいずれかの者の当該新規設立法人の当該新設開始日の属する事業年度の基準期間相当期間における課税売上高が５億円を超えるものをいう（法12の３①）。

このため、同項の規定により、基準期間がない課税期間について同法第９条第１項《小規模事業者に係る納税義務の免除》の規定を適用されない法人に限られず、同法第11条《合併があった場合の納税義務の免除の特例》又は第12条《分割等があった場合の納税義務の免除の特例》の規定により当該法

人の納税義務が免除されない場合においても、特定新規設立法人に該当する場合には、同法第12条の3第3項の規定が適用される。

本通達は、このことを念のため明らかにしたものである。

（調整対象固定資産を売却等した場合の法第12条の2第2項及び第12条の3第3項の適用関係）

1—5—22　法第12条の2第2項《基準期間がない課税期間中に調整対象固定資産を取得した新設法人の納税義務の免除の特例》の規定は、同条第1項《新設法人の納税義務の免除の特例》に規定する新設法人が、同条第2項に規定する各課税期間（法第37条第1項《中小事業者の仕入れに係る消費税額の控除の特例》の適用を受ける課税期間を除く。）中に調整対象固定資産の仕入れ等を行った場合に適用されるのであるから、その後に当該調整対象固定資産を廃棄、売却等により処分したとしても、法第12条の2第2項の規定は継続して適用されることに留意する。

（注）　法第12条の2第2項の規定を準用することとしている法第12条の3第3項《基準期間がない課税期間中に調整対象固定資産を取得した特定新規設立法人の納税義務の免除の特例》の規定についても同様である。

【平22課消1—9　追加、平25課消1—34　改正】

解説　消費税法第12条の2第1項《新設法人の納税義務の免除の特例》に規定する新設法人の基準期間ができた以後の課税期間については、同法第9条第1項《小規模事業者に係る納税義務の免除》の規定により納税義務を判定することとなるが、当該新設法人が基準期間のない事業年度に含まれる各

課税期間中に調整対象固定資産の仕入れ等を行ったときは、当該調整対象固定資産の仕入れ等の日の属する課税期間の初日から3年を経過する日の属する課税期間までの各課税期間は、同項の規定は適用されないこととされている（法12の2②）。

ところで、同法第33条第1項《課税売上割合が著しく変動した場合の調整対象固定資産に関する仕入れに係る消費税額の調整》の規定は、調整対象固定資産を同項に規定する第三年度の課税期間の末日において有している場合に適用される。このため、調整対象固定資産の仕入れ等の後にこれを売却等により処分した場合には、同項の適用対象外となるが、この場合には、同法第12条の2第2項の規定についても適用対象外となるのではないかとの疑義が生じる。

しかしながら、同項は、調整対象固定資産の仕入れ等を行った事実があれば適用されるのであるから、事業者が売却等により当該調整対象固定資産を処分したかどうかは、同項の適用関係に何ら影響を及ぼすものではない。

なお、このことは、同項の規定を準用することとしている法第12条の3第3項《基準期間がない課税期間中に調整対象固定資産を取得した特定新規設立法人の納税義務の免除の特例》の規定についても同様である。

本通達は、このことを明らかにしたものである。

（高額特定資産を売却等した場合の法第12条の4第1項の適用関係）

1－5－22の2　法第12条の4第1項《高額特定資産を取得した場合の納税義務の免除の特例》の規定は、法第9条第1項本文《小規模事業者に係る納税義務の免除》の規定が適用されない事業者が、法第37条第1項《中小事業者の仕入れに係る消費税額の控除の特例》の規定の適用を受けない課税期間中に法第12条の4第1項に規定する高額特定

資産の仕入れ等を行った場合に適用されるのであるから、その後に当該高額特定資産を廃棄、売却等により処分したとしても、同項の規定は継続して適用されることに留意する。

【平28課消 1 ─57　追加】

解説　消費税法第12条の 4 第 1 項《高額特定資産を取得した場合の納税義務の免除の特例》の規定により、課税事業者が高額特定資産の仕入れ等を行った場合には、当該高額特定資産の仕入れ等の日の属する課税期間の翌課税期間から、当該高額特定資産の仕入れ等の日の属する課税期間の初日から 3 年を経過する日の属する課税期間までの各課税期間について、同法第 9 条第 1 項《小規模事業者に係る納税義務の免除》の規定は適用されないこととされている（法12の 4 ①）。

　また、高額特定資産が自己建設高額特定資産に該当するものである場合には、当該自己建設高額特定資産の建設等に要した費用の累計額が1,000万円以上となった日の属する課税期間の翌課税期間から、当該自己建設高額特定資産の建設等が完了した日の属する課税期間の初日から 3 年を経過する日の属する課税期間までの各課税期間について、上記同様に同法第 9 条第 1 項の規定は適用されない。

　このように、同法第12条の 4 第 1 項の規定は、高額特定資産の仕入れ等を行った事実があれば適用されるのであるから、事業者が高額特定資産の仕入れ等を行った後、売却等により当該高額特定資産を処分したかどうかは、同項の適用関係に何ら影響を及ぼすものではない。

　本通達は、このことを明らかにしたものである。

(特定期間における課税売上高とすることができる給与等の金額)

1-5-23 特定期間における課税売上高が1,000万円を超えるかどうかの判定は、特定期間における課税売上高又は法第9条の2第1項《前年又は前事業年度等における課税売上高による納税義務の免除の特例》の個人事業者若しくは法人が特定期間中に支払った所法第231条第1項《給与等、退職手当等又は公的年金等の支払明細書》に規定する支払明細書に記載すべき同項の給与等の金額に相当するものとして財務省令で定めるものの合計額のいずれかによることができる。

この場合の、給与等の金額に相当するものとして財務省令で定めるものとは、所得税法施行規則(昭和40年大蔵省令第11号)第100条第1項第1号に規定する給与等の金額をいうことから、当該給与等の金額とは、所得税の課税対象とされる給与、賞与等が該当し、所得税が非課税とされる通勤手当、旅費等は該当しないことに留意する。

(注) 特定期間中において支払った給与等の金額には、未払額は含まれないことに留意する。

【平23課消1-35 追加】

解説 特定期間における課税売上高が1,000万円を超えるかどうかの判定は、特定期間における課税売上高に代えて、事業者がその特定期間中に支払った給与等の金額の合計額(以下「給与等支払額」という。)により行うことができることとされている(法9の2③)。

この場合の給与等支払額とは、特定期間中に支払った所得税の課税対象とされる給与、賞与等の合計額をいい、退職手当は含まないのである(法9の2③、規則11の2)。

また、給与等支払額は給与支払明細書に記載すべき所得税の課税対象とさ

れる給与、賞与等であるから、給与所得とされた経済的利益の額を含み、所得税が非課税とされる通勤手当や旅費等は含まない。

　なお、特定期間中に支払った給与、賞与等の額が給与等支払額となるのであるから、未払の給与、賞与等の額は含まない。

　本通達は、このことを念のため明らかにしたものである。

（法第12条の４第１項に規定する高額特定資産の支払対価）

１―５―24　資産が高額特定資産に該当するかどうかを判定する場合における令第25条の５第１項第１号《高額特定資産の範囲等》に規定する「課税仕入れに係る支払対価の額」とは当該資産に係る支払対価の額をいい、当該資産の購入のために要する引取運賃、荷役費等又は当該資産を事業の用に供するために必要な課税仕入れに係る支払対価の額は含まれないのであるから留意する。

【平28課消１―57　追加】

解説　高額特定資産とは、棚卸資産及び調整対象固定資産（消費税法施行令第５条第１号から第11号まで《調整対象固定資産の範囲》に掲げる資産（棚卸資産に該当するものを除く。））（以下「対象資産」という。）で、当該対象資産に係る課税仕入れに係る支払対価の額の税抜金額、特定課税仕入れに係る支払対価の額又は保税地域から引き取られる当該対象資産の課税標準が一の取引単位につき、1,000万円以上のものとされている（法12の４①、令25の５①一）。

　ところで、その対象資産が自己建設資産以外の資産である場合において、高額特定資産に該当するかどうかの判定における「課税仕入れに係る支払対価の額」には、所得税法又は法人税法における棚卸資産の取得価額の取扱い（所法令103①、法法令32①）及び減価償却資産の取得価額についての取扱い

(所法令126①、法法令54①)がそうであるように、その対象資産の購入に付随する運送、荷役等の課税仕入れがある場合には、当該対象資産そのものについての支払対価の額のほかに、これらの引取運賃、荷役費等の課税仕入れに係る支払対価の額が含まれるのかという疑問が生ずる。

　この点、消費税法においては資産の譲受け、資産の借受け又は役務の提供を受けたごとに、それぞれ課税仕入れに該当するかどうかを判定することとなり、課税仕入れに該当する場合には、それぞれについて支払う金額がその課税仕入れに係る支払対価の額となる。

　したがって、運送、荷役等の課税仕入れが対象資産の購入に付随するものであっても、これらの費用が購入する対象資産の対価の額と区分して支払われる場合には、引取運賃、荷役費等のそれぞれが課税仕入れに係る支払対価の額となり、運送又は荷役等の目的となった対象資産に係る「課税仕入れに係る支払対価の額」には含まれない。

　本通達は、このことを念のため明らかにしたものである。

（共有に係る高額特定資産）

1－5－25　事業者が他の者と共同で購入した資産（以下1－5－25及び12－2－4において「共有物」という。）が高額特定資産に該当するかどうかを判定する場合において、令第25条の5第1項《高額特定資産の範囲等》に規定する金額が1,000万円以上であるかどうかは、当該事業者の共有物に係る持分割合に応じて判定する。

【平28課消1－57　追加】

解説　高額特定資産の仕入れ等を行った場合における納税義務の免除の特例は、事業者ごとに行うこととなるから、共同購入した資産が高額特定資産

に該当するかどうかの判定も共同所有に係る事業者ごとに判定することになる。

ところで、この場合の判定基準としては、もともと単独で資産を購入した場合において、消費税法施行令第25条の5第1項《高額特定資産の範囲等》に規定する金額が1,000万円以上であるかどうかは、その資産の課税仕入れに係る支払対価の額を判定の基礎としていることから、本通達においては、共同で購入した場合にあっても、各共同購入者における支払対価の額、すなわち、当該資産に係る持分割合によって判定することを明らかにしている。

（自己建設資産が調整対象固定資産である場合の高額特定資産の判定）

1—5—26　高額特定資産に該当するかどうかは、自己建設資産が調整対象固定資産である場合には、令第5条各号《調整対象固定資産の範囲》に掲げる資産について、その資産ごとに、その建設等に要した仕入れ等に係る支払対価の額（令第25条の5第1項第2号《高額特定資産の範囲等》に規定する「仕入れ等に係る支払対価の額」をいう。以下1—5—28までにおいて同じ。）の合計額を基礎として判定することに留意する。

【平28課消1—57　追加】

解説　自己建設資産とは、他の者との契約に基づき、又は事業者の棚卸資産若しくは調整対象固定資産として自ら建設等をしたものをいい、また、調整対象固定資産とは、棚卸資産以外の資産で、当該資産に係る課税仕入れ等に係る支払対価の額が、一の取引単位につき100万円以上のもので、消費税法施行令第5条各号に掲げる資産をいう。

ところで、同条各号に掲げる資産に係る課税仕入れ等に係る支払対価の額が100万円以上となり、当該資産が調整対象固定資産に該当するかどうかの

判定は、「一の取引の単位（通常一組又は一式をもって取引の単位とされるものにあっては一組又は一式とする。）」ごとに行うのであるが、例えば、機械及び装置にあっては一台又は一基、工具、器具及び備品にあっては一個、一組、一そろい、構築物のうち例えば枕木、電柱等単体では機能を発揮できないものにあっては社会通念上一の効果を有すると認められる単位ごとに判定することとされている（基通12—2—3）。

したがって、例えば、ある装置を仕入れた場合に、その装置の課税仕入れに係る支払対価の額が100万円以上であれば、当該装置はそれ自体が調整対象固定資産に該当することから、自己建設資産として自社で使用する建物を自社で建設するような場合において、当該建物の一部を構成する装置の仕入れに係る支払対価の額が1,000万円以上であれば、この装置自体が高額特定資産に該当することとなる。

この場合、自己建設資産である建物の建設等に要した仕入れに係る支払対価の額の合計額が1,000万円以上かどうかは、その装置の仕入れに係る支払対価を除いたところで判定することとなる。

本通達は、このことを念のため明らかにしたものである。

（自己建設資産が棚卸資産である場合の高額特定資産の判定）

1—5—27　令第5条各号《調整対象固定資産の範囲》に掲げる資産であっても、棚卸資産の原材料として仕入れるものは、調整対象固定資産に該当しないのであるから、当該原材料を自ら建設等する棚卸資産の原材料として使用した場合には、その原材料の仕入れに係る支払対価の額についても、当該棚卸資産の建設等に要した仕入れ等に係る支払対価の額の合計額に含まれることに留意する。

【平28課消1—57　追加】

解説　自己建設資産とは、他の者との契約に基づき、又は事業者の棚卸資産若しくは調整対象固定資産として自ら建設等をしたものをいい、また、棚卸資産とは、棚卸をすべき資産で消費税法施行令第4条各号に掲げる資産をいうこととされている（法2①十五、令4）。

　また、調整対象固定資産とは、同令第5条各号に掲げる資産のうち、棚卸資産以外の資産で、当該資産に係る課税仕入れ等に係る支払対価の額が、一の取引単位につき100万円以上のものをいうこととされている（法2①十六、令5）。

　したがって、例えば、棚卸資産に該当する販売用の大型機械装置を製作するような場合において、その原材料に同条各号に掲げる資産である装置が含まれているような場合であっても、当該装置は一の棚卸資産に係る原材料であるから、調整対象固定資産には該当せず、当該原材料の仕入れに係る支払対価の額は、高額特定資産の判定において、当該棚卸資産の建設等に要した仕入れ等に係る支払対価の額の合計額に含まれることとなる。

　本通達は、このことを念のため明らかにしたものである。

（保有する棚卸資産を自己建設資産の原材料として使用した場合）

1—5—28　自己が保有する建設資材等の棚卸資産を自己建設資産の原材料として使用した場合には、当該棚卸資産の仕入れに係る支払対価の額は、当該自己建設資産の建設等に要した仕入れ等に係る支払対価の額に含まれることに留意する。

【平28課消1—57　追加】

解説　自己建設資産が高額特定資産に該当するかどうかは、その自己建設

資産の建設等に要した原材料費及び経費の累計額で判定することから、自己が保有する建設資材等の棚卸資産を自己建設資材の原材料とした場合は、当該棚卸資産の仕入れに係る支払対価の額が自己建設資産の建設等に要した仕入れ等に係る支払対価の額に含まれる。

本通達は、このことを念のため明らかにしたものである。

第6節　国外事業者

（国外事業者の範囲）

1－6－1　国外事業者とは、所法第2条第1項第5号《定義》に規定する非居住者である個人事業者及び法法第2条第4号《定義》に規定する外国法人をいうのであるから、例えば、これらの事業者が、国内に電気通信利用役務の提供を行う事務所等を有していたとしても国外事業者に該当することに留意する。

【平27課消1－17　追加】

解説　消費税法第2条第1項第4号の2《定義》に規定する国外事業者とは、同法第2条第1項第4号に規定する事業者のうち、所得税法第2条第1項第5号《定義》に規定する非居住者である個人事業者及び法人税法第2条第4号《定義》に規定する外国法人をいうのであるから、これらの事業者が、国内の事業者や消費者等へ電気通信利用役務の提供を行うための事務所等を国内に有していたとしても国外事業者に該当する。

本通達は、このことを念のため明らかにしたものである。

第2章 納税地

1 国内取引に係る納税地

　納税地とは、納税義務者の申告、請求、届出、納付等の手続及び税務署長の処分に関する所轄官庁を定める基準となる場所をいうのである。消費税法における事業者の国内取引に係る納税地は、それぞれ次に掲げる場所となる。
　これらは、所得税、法人税の納税地と原則的に同じである。

(1) 個人事業者の納税地

　　イ　原　則

　　　個人事業者の納税地は、次のようになる（法20）。
　　　① 国内に住所を有する場合は、その住所地
　　　② 国内に住所を有せず、居所を有する場合は、その居所地
　　　③ 国内に住所及び居所を有しないで事務所等を有している場合は、その事務所等の所在地

　　ロ　特　例

　　　所得税法第16条第3項又は第4項《納税地の特例》に定める納税地の特例に関する書類を提出して、居所地又は事務所等の所在地を納税地としているときは、消費税においてもその居所地等が納税地となる（法21①、②）。
　　　なお、相続があった場合には、被相続人の資産の譲渡等に係る納税地は、相続人の納税地ではなく、被相続人の納税地となる（法21④）。

(2) 法人の納税地

　法人の納税地は、次のようになる。
　① 国内に本店又は主たる事務所を有する法人（内国法人）の場合は、その本店又は主たる事務所の所在地
　② 内国法人以外の法人で国内に事務所等を有する法人の場合は、その事

務所等の所在地（2以上ある場合には主たるものの所在地）

(3) 納税地の指定

　納税義務者の行う資産の譲渡等の状況からみて、法律上の納税地が納税地として不適当であると認められる場合には、その納税地の所轄国税局長又は国税庁長官は他の適当とする場所を納税地として指定することができる（法23）。

(4) 納税地の異動

　納税地に異動があった場合には、消費税異動届出書（様式通達第11号様式）により、異動前の納税地の所轄税務署長に対して納税地の異動があった旨を届け出なければならない（法25）。

2　保税地域から引き取られる外国貨物に係る納税地

　保税地域から引き取られる外国貨物に係る納税地は、その保税地域の所在地である（法26）。

(注)1　外国貨物の引取りに係る納税地を国内取引に係る納税地と同一の地とすることはできない。

　　2　関税法第67条の19《輸入申告の特例》の規定の適用を受けて輸入申告をする課税物品に係る納税地は、当該輸入申告に係る税関長の所属する税関の所在地とされている（輸徴法21①）。

第1節　個人事業者の納税地

（住所）

2—1—1　法第20条《個人事業者の納税地》に規定する「住所」とは、各人の生活の本拠をいい、生活の本拠であるかどうかは客観的事実に

よって判定する。

解説 消費税法上、国内に住所を有する個人事業者の納税地は、所得税法と同様に（所法15一）、その住所地とされている（法20一）。

ところで、消費税法上、個人の「住所」の意義については、所得税法の場合と同様に、特に定義規定が置かれていないが、一般に、「租税法規が、一般私法において使用されていると同一の用語を使用している場合は、特に租税法規が明文をもって他の法規と異なる意義をもって使用することを明らかにしている場合又は法規の体系上他の法規と異なる意義をもって使用されていると解すべき実質的理由がない限り、私法上使用されていると同一の意義を有する概念として使用されているものと解するのが相当である」（昭34．2．11東京地裁32（行）38）とされているところから、本通達においては、消費税法上の「住所」の概念は、所得税法の場合と同様に、民法上の住所の概念（「各人の生活の本拠をその者の住所とする」民法22）と同一のものであることを明らかにしたものである。

ただし、「民法上どこが生活の本拠であるか」については、定住の意思を必要とするいわゆる「意思主義」と客観的事実によって決定されるとするいわゆる「客観主義」との2説があるとされているが、意思主義による場合には、本人の意思によって住所が左右されることになるばかりでなく、定住の意思は、通常外部から認め得ない場合が多いことから、本通達においては、所得税法の場合と同様に、客観主義によるものであることを明らかにしたものである。

（事業所その他これらに準ずるもの）

2—1—2　法第20条第3号《個人事業者の納税地》に規定する「そ

他これらに準ずるもの」とは、事務所、事業所に準ずるものをいい、工場、農園、養殖場、植林地、展示即売場、貸ビル、貸倉庫又は事業活動の拠点となっているホテルの一室等名称のいかんを問わず、資産の譲渡等に係る事業を行う一定の場所をいう。

解説

(1) 消費税法上、国内に住所及び居所を有しない者で、国内にその行う事業に係る事務所、事業所その他これらに準ずるもの（事務所等）を有する者である場合には、その事務所等の所在地（その事務所等が2以上ある場合には、主たるものの所在地）を納税地とすることとされている（法20三）。

(2) ところで、「事務所、事業所その他これらに準ずるもの」とはいかなる場所をいうのかについて疑問が生ずる。この場合の「事務所、事業所」というのは、消費税法第20条第1号又は第2号《国内に住所又は居所を有する場合の納税地》に規定する住所又は居所と同様に、事業活動上の「拠点」となる場所をいうべきものであるから、本通達は、このような規定の趣旨を踏まえて、「その他これらに準ずるもの」について具体的に例示をし、その範囲を明らかにしたものである。

すなわち、個人事業者が国内において住所及び居所を有しない場合は、当該個人事業者が国内において有する事務所、事業所のほか通常事務所、事業所とはいわないまでもこれらに準ずる工場、農園、養殖場、植林地、展示即売場、貸ビル、貸倉庫又は事業活動の拠点となるホテルの一室、その他名称のいかんを問わず、資産の譲渡等に係る事業を行う一定の場所が納税地となるということである。この場合、その事務所等が国内に2以上あるときには、主たるものの所在地が納税地となる。

なお、個人事業者が国内に住所若しくは居所又は事務所等を有しない

場合は、消費税法施行令第42条第1項《特殊な場合の個人事業者の納税地》の規定により納税地を定めることとなる。

第2節　法人の納税地

（人格のない社団等の本店又は主たる事務所の所在地）

2－2－1　人格のない社団等の本店又は主たる事務所の所在地は、次に掲げる場合の区分に応じ、次による。

(1) 定款、寄附行為、規則、規約等（以下2－2－1において「定款等」という。）に本店又は主たる事務所の所在地の定めがある場合
その定款等に定められている所在地

(2) (1)以外の場合　その事業の本拠として代表者又は管理人が駐在し、当該人格のない社団等の行う業務が企画されている場所（当該場所が転々と移転する場合には、代表者又は管理人の住所）

【解説】

(1) 消費税法上、人格のない社団等については、法人とみなして消費税法を適用することとされており（法3）、法人についての消費税の納税地は、その本店又は主たる事務所の所在地とすることになっている（法22）。

ところで、民法では、法人は登記するものとされており（民法36）、会社法では、株式会社はその本店の所在地において、設立時取締役等による調査が終了した日又は発起人が定めた日のいずれか遅い日から2週間以内に設立の登記をすることによって成立するものとされている（会社法49、911①）。また、税法上の「本店又は主たる事務所の所在地」の意義については、登記上の本店所在地を指すというのが、税務上の一般

的な解釈であり、これによれば登記のある法人の場合には、おのずからその納税地は明らかとなる。

(2) これに対し、人格のない社団等は、税法上は法人とみなされるが（法3）、一般の法人とは異なり、登記がないので、登記上の本店所在地を基準として納税地を定めることはできない。そこで、本通達において人格のない社団等の納税地を明らかにしているのであるが、(1)では、定款等で本店又は主たる事務所の所在地が定められている場合には、その定款等の定めによることとしている。これは一般の法人の場合も、定款上の本店所在地がすなわち登記上の本店所在地となるのが普通であるから、その意味では一種の形式基準であり、両者に本質的な違いはないといえる。

これに対し、(2)では、定款等に本店又は主たる事務所の所在地に関する定めがない場合には、いわゆる管理統括機能を有する場所、すなわち事業上の本拠地をもって本店所在地とすることとしており、いわゆる管理支配地基準が導入されているのである。

なお、この取扱いは、法人税における取扱いと同様である（法基通1―1―4）。

（被合併法人の消費税に係る納税地）

2―2―2　法人が合併した場合において、当該合併に係る被合併法人のその合併の日後における消費税の納税地は、当該合併に係る合併法人の納税地によるのであるから留意する。

解説　法人が合併により消滅した場合には、被合併法人に係る消費税の納税義務は、その合併に係る合併法人がおよそ包括的にこれを承継することに

なっている（通則法6、法59）。したがって、合併に伴う被合併法人の最後の課税期間の消費税の確定申告書等は、合併法人がこれを提出し、かつ、納税を行うことになる。

　しかし、この申告書等の提出は、合併の効果として、いずれも合併法人の固有の義務の履行として行われることになるので、その納税地も合併法人の納税地ということになる。

　すなわち、消費税の確定申告書等は、被合併法人の納税地がいずれであったかにかかわらず、合併法人の納税地を所轄する税務署長に提出されることになるわけである（法22）。このことは、単に申告書等の提出先にとどまらず、例えば被合併法人の合併前の各課税期間の消費税について合併後に行われる税務調査はもとよりのこと、これに基づく更正又は決定などの処分はいずれも合併法人の納税地を所轄する税務署長がその所轄行政庁となり、また、これらの処分に対する異議申立てなどもすべて合併法人の納税地を所轄する税務署長に対してその手続を行うこととなるのである。

　なお、この取扱いは、法人税の取扱いと同様である（法基通1－1－5）。

第3章 課税期間

1 個人事業者の課税期間

個人事業者の課税期間は、1月1日からその年の12月31日までの期間である（法19①一）。

2 法人の課税期間

法人の課税期間は、その法人の事業年度の期間である（法19①二）。

この場合の事業年度とは、法人税法第1編第5章《事業年度等》に規定する事業年度をいうのであるから、同法第14条《みなし事業年度》についても同様に適用されることとなる（法2①十三）。

3 課税期間の特例

輸出業者のように経常的に還付が生ずる事業者については、所轄税務署長に対し消費税課税期間特例選択・変更届出書（様式通達第13号様式）を提出することにより、次のように課税期間を1月若しくは3月に短縮することができる。

(1) 課税期間を3月ごとに短縮又は変更する場合

① 個人事業者の場合には、1～3月、4～6月、7～9月、10～12月までの各期間（法19①三）

② その事業年度が3月を超える法人の場合には、その事業年度をその開始の日以後3月ごとに区分した各期間（最後に3月未満の期間が生じたときは、その期間）（法19①四）

(2) 課税期間を1月ごとに短縮又は変更する場合

① 個人事業者の場合には、1月1日以後1月ごとに区分した各期間（法

19①三の二）

②　その事業年度が1月を超える法人の場合には、その事業年度をその開始の日以後1月ごとに区分した各期間（最後に1月未満の期間が生じたときは、その期間）（法19①四の二）

（注）1　年又は事業年度の途中でこの適用を受けた場合には、課税期間の初日から適用開始の日の前日までの期間については、これを一課税期間とみなして確定申告等を行うことになる。

　　　2　3月ごとの課税期間特例を適用している事業者が1月ごとの特例へ変更する場合は、課税期間の初日から変更後の課税期間の前日までの期間については、これを一課税期間とみなして確定申告等を行うことになる。

なお、課税期間の特例は、届出書を提出した日の翌期間（例えば、個人事業者が6月に、3月に短縮する消費税課税期間特例選択届出書を提出した場合は7月1日から9月30日までの期間）から適用できる。

ただし、その届出書を提出する日の属する課税期間が次のいずれかに該当する場合には、その課税期間から特例の適用を開始することができる（令41）。

①　事業者が国内において課税資産の譲渡等に係る事業を開始した日の属する課税期間

②　個人事業者が相続により課税期間の特例を受けていた被相続人の事業を承継した場合におけるその相続があった日の属する期間

③　法人が合併（新設合併を除く。）により課税期間の特例の適用を受けていた被合併法人の事業を承継した場合におけるその合併があった日の属する期間

④　法人が吸収分割により課税期間の特例の適用を受けていた分割法人の事業を承継した場合におけるその吸収分割があった日の属する期間

　　また、この課税期間の特例の適用を受けた事業者は、事業廃止の場合を

除き、消費税課税期間特例選択変更届出書を提出して、特例を適用若しくは変更した日から２年を経過する日の属する課税期間の初日以後でなければ、消費税課税期間特例変更届出書、若しくは消費税課税期間特例選択不適用届出書（様式通達第14号様式）を提出することはできない（法19⑤）。

第１節　個人事業者の課税期間

（個人事業者の開業に係る課税期間の開始の日）
３―１―１　個人が新たに事業を開始した場合における最初の課税期間の開始の日は、その事業を開始した日がいつであるかにかかわらず、その年の１月１日となることに留意する。

【平９課消２―５、平13課消１―５　改正】

解説　個人事業者の場合には、課税期間の特例（法19①三、三の二）の適用を受ける場合を除き、その課税期間は、その年の１月１日から12月31日までの期間とされている（法19①一）。この原則的な課税期間（その年の１月１日から12月31日までの期間）は、たとえ、個人がその年の中途から新たに事業を開始した場合であっても、その課税期間の開始の日は、その年の１月１日となるのである。本通達の本文は、このことを念のために明らかにしたものである。

　ところで、免税事業者であった個人事業者が相続により、その年の基準期間における課税売上高が1,000万円を超える被相続人の事業を承継したときは、当該相続人の当該相続のあった日の翌日からその年の12月31日までの間における課税資産の譲渡等及び特定課税仕入れについては納税義務が免除されない（法10①）。このため、当該相続人の実質的な課税期間は、当該相続

のあった日の翌日から、すなわち、課税事業者に該当することとなった日からその年の12月31日までの期間であるといえるのであり、当然のことながら、課税事業者に該当することとなった日からその年の12月31日までの期間の課税資産の譲渡等及び特定課税仕入れを課税の対象とすることになるが、他方、この期間内の課税仕入れに限って仕入税額控除（法30）の対象とし、したがって、その課税仕入れに係る対価の返還等に限って仕入れに係る消費税額の控除の特例（法32）を適用することになる。

（事業を廃止した場合の課税期間）

3―1―2　個人事業者が年の中途で事業を廃止した場合の課税期間は、その事業を廃止した日の属する年の1月1日から12月31日までの期間（当該個人事業者が法第19条第1項第3号又は第3号の2《課税期間の特例》の規定の適用を受けている場合には、その事業を廃止した日を含むこれらの規定に規定する課税期間の開始の日からその末日までの期間）となることに留意する。

【平15課消1―37　改正】

解説　個人事業者の原則的な課税期間は、その年の1月1日から12月31日までとされており（法19①一）、たとえ、個人がその年の中途において事業を廃止した場合であっても、その課税期間の末日は、12月31日となるのであり、その事業を廃止した日となるのではない。同様に、課税期間の特例（法19①三、三の二）の適用を受けている場合には、その課税期間の中途において事業を廃止した場合であっても、その課税期間の末日は、あくまでもその特例に係る課税期間の末日であり、その事業を廃止した日となるのではない。

　本通達は、このことを念のため明らかにしたものである。

第2節　法人の課税期間

（新たに設立された法人の最初の課税期間開始の日）
3─2─1　新たに設立された法人の最初の課税期間の開始の日は、法人の設立の日となることに留意する。この場合において、設立の日は、設立の登記により成立する法人にあっては設立の登記をした日、行政官庁の認可又は許可によって成立する法人にあってはその認可又は許可の日をいう。

【平9課消2─5、平13課消1─5、平14課消1─12　改正】

解説　消費税は、法人の場合には、事業年度をその課税期間とし（法19①二）、課税期間ごとに独立して税額の確定が行われることになっているが、新たに設立された法人の最初の課税期間開始の日は、いうまでもなくその設立の日ということになる。

ところで、法人の設立のためには、定款等の作成→定款等の認証→株主の募集→資本の払込み→設立総会の開催→役員の選任→登記といった手続が必要であり、そのためにかなりの日時を要することとなるが、その途中で事実上事業活動ないしはその準備活動が開始されることも珍しくないから、ここでいう「設立の日」なるものをどの時点とみるかにより、事業者免税点制度（法9）及び簡易課税制度（法37）などの課税関係にいろいろの影響を生ずることとなる。

そこで、課税期間の特例（法19①四、四の二）の適用を受ける場合を除き、その課税期間は事業年度とされている（法19①二）。本通達は、設立後最初の課税期間の開始の日、すなわち、設立後の最初の事業年度の開始の日を法

人の設立の日とすることを明らかにしたものであり、法人税における取扱い（法基通1—2—1）と同様である。

　なお、この場合の「設立の日」について法的基準により判断することも明らかにしたものである。

　すなわち、一般の会社の場合には、設立の登記により会社が成立し、その時点から法人格を取得するので（会社法49）、その登記の日が新たに設立された法人の最初の課税期間開始の日となるのである。

　また、特別法に基づく特殊法人のように、主務官庁の認可又は許可があって初めて法人格を取得するものもあるので、このようなものについては、その認可又は許可があった日が新たに設立された法人の最初の課税期間開始の日となるのである。

　なお、このように法的基準で法人の設立の日を判定することとした場合、法人の設立期間中に生じた資産の譲渡等及び課税仕入れをどのように取り扱うかという問題が残るが、これについては、別途、基本通達9—6—1により、実質的な解決が図られている。

　また、この取扱いは、法人税における取扱い（法基通1—2—1）と同様である。

（組織変更等の場合の課税期間）

3—2—2　法人が会社法その他の法令の規定によりその組織又は種類の変更（以下「組織変更等」という。）をして他の組織又は種類の法人となった場合には、組織変更等前の法人の解散の登記、組織変更等後の法人の設立の登記にかかわらず、当該法人の課税期間は、その組織変更等によって区分されず継続することに留意する。

　（注）　基準期間ができた以後の課税期間において組織変更等した法人につ

いては、法第12条の２第１項《新設法人の納税義務の免除の特例》又は法第12条の３第１項《特定新規設立法人の納税義務の免除の特例》の規定の適用を受けないのであるから留意する。

【平10課消２－９、平18課消１－16、平19課消１－18、平22課消１－９、平25課消１－34　改正】

解説

(1) 組織変更とは、会社の組織を変更して他の種類の会社としながら、会社の同一性をそのまま保持させることをいうが、形式上は、組織変更前の会社については解散の登記を、組織変更後の会社は設立の登記を行うことになる（会社法919、920）。

　しかし、税法上は、組織変更をした場合の会社の同一性に着目し、その解散又は設立はなかったものとして取り扱うのである。したがって、事業年度についても組織変更によって区分されないこととなる。本通達は、このことを明らかにしたものである。

　組織変更は、会社法による会社だけでなく、会社以外の法人についても法令において特別に認められることがあるが、組織変更である限り、同じように取り扱われる。

(2) ただし、本通達における組織変更とは、法令の規定に基づくものだけをいうから、たとえ実質的には組織変更のようなものであっても、法律上の組織変更の手続によらないものについては、本通達の適用はないことに留意する必要がある。

　すなわち、会社の場合の組織変更は、持分会社の種類の変更（合名会社、合資会社及び合同会社の人的会社間相互）（会社法638）及び持分会社と株式会社の人的・物的会社間相互（会社法743～747、775～781）の組織変更をいう。なお、この取扱いは、法人税における取扱いと同様である（法

基通1―2―2)。
(3) 本通達の注書においては、法令の規定による組織変更に基づき設立された法人には、消費税法第12条の2第1項に規定する新設法人の事業者免税点制度の特例又は同法第12条の3第1項に規定する特定新規設立法人の事業者免税点制度の特例の適用がないことを明らかにしている。

　すなわち、これらの規定は、新たに設立された法人のうち、基準期間がない事業年度について事業者免税点制度を適用しないこととしているが、組織変更の場合には、その法人の解散又設立はなかったものとして取り扱われることから、その法人には基準期間が存在し、これらの規定の適用は受けないこととなるのである。

(課税期間の特例適用法人等が解散した場合の課税期間)

3―2―3　内国法人(連結子法人を除く。以下3―2―3において同じ。)が課税期間の中途において解散した場合には、当該解散した内国法人の課税期間は、その事業年度開始の日から法法第14条第1項第1号《解散の場合のみなし事業年度》に規定する解散の日までの期間となり、当該課税期間の翌課税期間は、当該解散の日の翌日からその事業年度終了の日(同日までに残余財産が確定した場合は、その確定した日)までの期間となることに留意する。この場合において、当該解散した内国法人が法第19条第1項第4号又は第4号の2《課税期間の特例》の規定の適用を受けているときの課税期間は、次に掲げる場合の区分に応じ、それぞれ次の期間となることに留意する。

(1) 法第19条第1項第4号の規定の適用を受けている場合　その期間が3月を超える場合は3月ごとに区分した各期間(最後に3月未満の期間を生じたときは、その3月未満の期間)

(2)　法第19条第１項第４号の２の規定の適用を受けている場合　その期間が１月を超える場合は１月ごとに区分した各期間（最後に１月未満の期間を生じたときは、その１月未満の期間）

(注)１　内国法人が法法第14条第１項第22号《継続》に掲げる場合又は外国法人が同項第23号、第24号若しくは第25号《みなし事業年度》に掲げる場合に該当し、当該各号に掲げる期間をそれぞれ当該法人の事業年度とみなされた場合においても同様である。

　　２　「解散の日」又は「継続の日」とは、株主総会その他これに準ずる総会等において解散又は継続の日を定めたときはその定めた日、解散又は継続の日を定めなかったときは解散又は継続の決議の日、解散事由の発生により解散した場合には当該事由発生の日をいうものとする。

【平13課消１―５、平15課消１―37、平23課消１―35　改正】

解説　法人の原則的な課税期間は、その法人の事業年度であり（法19①二）、この場合の事業年度とは、法人税法第１編第５章《事業年度等》に規定する事業年度をいうのであるから、定款等に定める通常の事業年度（法法13）のほか、解散等があった場合のみなし事業年度（法法14）も消費税法上の課税期間となるのである（法２①十三）。

　ところで、事業年度の中途で法人が解散をした場合には、当該法人の課税期間の末日は、当該解散をした日となるのであり（法法14①一）、例えば、年１回３月末決算法人が11月15日に解散した場合には、その年の４月１日から11月15日までの期間及び11月16日から翌年の11月15日までの期間がそれぞれ課税期間となるのである。

　また、その事業年度が１月又は３月を超える法人は、選択により、その事業年度をその開始の日以後１月ごと又は３月ごとに区分した各期間（最後に

1月又は3月未満の期間が生じたときは、その1月未満又は3月未満の期間）とすることができることになっている（法19①四、四の二）。

　この場合、例えば課税期間の特例の適用を受けている法人が解散した場合には、その本来の事業年度開始の日から当該解散した日までの期間が一の事業年度となり、当該解散した日の翌日からその本来の事業年度の末日までの期間が一の事業年度となるのであるから、それぞれの事業年度について課税期間の特例を適用して、その開始の日以後1月又は3月ごとに区分した期間（最後に1月未満又は3月未満の期間が生じたときは、その1月未満又は3月未満の期間）を課税期間とすることになるのである。

　このことを課税期間の特例を受けている3月末決算法人（1年決算）が11月15日に解散した場合を例にとって示すと、課税期間は、次のようになる。

【1月課税期間特例の場合】

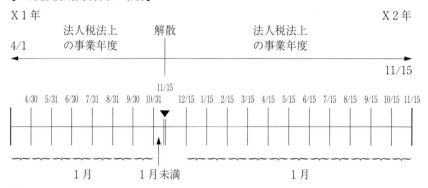

【3月課税期間特例の場合】

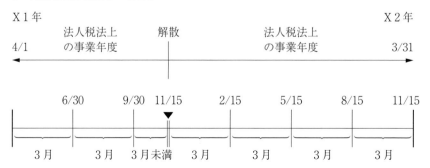

本通達の本文は、法人税法第14条《みなし事業年度》の規定の適用を受ける事業年度に係る課税期間について、上記のことを念のため明らかにしたものである。

なお、本通達の注書(2)において、解散の日又は継続の日の意義を明らかにしているが、この取扱いは、法人税における取扱いと同様である（法基通1－2－4）。

（更生会社等の課税期間）

3－2－4　更生会社等（会社更生法又は金融機関等の更生手続の特例等に関する法律（以下3－2－4において「更生特例法」という。）の適用を受けている法人をいう。以下3－2－4において同じ。）の事業年度は、会社更生法第232条第2項《事業年度の特例》又は更生特例法第148条の2第2項若しくは第321条の2第2項《事業年度の特例》の規定により、更生計画認可の時（その時までに更生手続が終了したときは、その終了の日。以下3－2－4において同じ。）に終了するのであるから、法第19条《課税期間》に規定する課税期間の末日は、当該更生計画認可の時となることに留意する。

なお、更生手続が終了したときの、その終了の日とは、次に掲げる日をいうものとする。

(1)　会社更生法第44条第3項《抗告》（更生特例法第31条又は第196条《更生手続開始の決定》の規定において準用する場合を含む。）の規定による更生手続開始決定の取消しの決定があった日

(2)　会社更生法第199条第4項《更生計画認可の要件等》（更生特例法第120条第2項又は第290条第2項《更生計画認可の要件等》の規定において準用する場合を含む。）の規定による更生計画の不認可の決定が

あった日

(3) 会社更生法第236条又は第237条《更生が困難な場合の更生手続廃止等》(更生特例法第152条第1項又は第325条第1項《更生が困難な場合の更生手続廃止等》の規定において準用する場合を含む。)の規定による更生手続の廃止の決定があった日

(注) 更生計画の認可決定後における更生会社等の事業年度は、会社更生法第239条《更生手続終結の決定》(更生特例法第153条若しくは第326条《更生手続終結の決定》の規定において準用する場合を含む。)の規定による更生手続の終結の決定又は会社更生法第241条《更生計画認可後の更生手続の廃止》(更生特例法第155条若しくは第328条《更生計画認可後の更生手続の廃止》の規定において準用する場合を含む。)の規定による更生手続の廃止の決定とは関係なく、当該更生会社等の定款に定める事業年度の終了の日において終了することに留意する。

【平16課消1—25、平21課消1—10 改正】

解説 更生会社等にあっては、会社更生法第232条第2項《事業年度の特例》又は更生特例法第148条の2第2項若しくは第321条の2第2項《事業年度の特例》の規定により、その事業年度は、更生手続の開始の時に終了し、これに続く事業年度は、更生計画の計画認可の時(その時までに更生手続が終了したときは、その終了の日)に終了することとされている。ただし、その期間が1年を超える場合には、法人税法第13条第1項ただし書《事業年度の意義》の規定を適用し、その期間の開始の日以後1年ごとに区分した各期間が事業年度となる。

なお、ここでいう「更生手続の終了の日」として事業年度が終了するのは、更生手続が挫折する場合であり、①開始決定取消しの決定(会社更生法44③、

更生特例法31、196)、②計画の不認可の決定（会社更生法199④、更生特例法120②、290②)、③計画認可前の更生手続の廃止の決定（会社更生法236又は237、更生特例法152①、325①）が該当することとなる。

ところで、会社更生法等で更生手続の終了として考えられるのは、上記①～③のほかに、④計画認可決定後の更生手続の廃止の決定（会社更生法241①、更生特例法155①、328①)、⑤更生手続の終結の決定（会社更生法239①、更生特例法153、326）であるが、更生計画の認可決定後に④の廃止の決定や認可決定があった更生計画が順調に遂行された結果の⑤の更生手続の終結の決定があった場合は、更生手続の認可決定で区分された事業年度を再び区分することとなるのかどうかという問題がある。

しかし、会社更生法等で事業年度を認可決定又は終了の日までとするのは、会社再建の可能性の可否を判定した上でのものであることから、いったん更生計画の認可決定があった後において更に事業年度の特例をおく必要はない。

そこで、本通達の注書きでは、更生計画の認可決定後は、このような廃止の決定又は終結の決定とは関係なく、その更生会社等の定款に定める事業年度終了の日において終了するものであることを明らかにしたものであり、この取扱いは、法人税における取扱いと同様である（法基通14―3―1)。

（設立無効等の判決を受けた場合の清算）

3―2―5 法人が設立無効又は設立取消しの判決により会社法の規定に従って清算をする場合には、当該判決の確定の日において解散したものとする。

【平18課消1―16　改正】

解説 法律行為が判決により無効とされた場合には、一般的にはその無効

判決の効力は当該法律行為のされた時点にまで遡及し、その法律行為は当初からなかったものとされるのが通常である（民法119）。

これによれば、仮に法人の設立が判決で無効とされたり、設立取消しの判決があった場合には、当初に遡って法人が存在しなかったことになるが、これでは、過去においてその法人の存在を信じて取引をしたり、出資をした善意の第三者に対する影響が大きすぎ、社会生活が極めて不安定なものとなる。

そこで、会社法では、会社の設立無効又は設立取消しの判決が確定した場合でも、その判決の効果は当然には遡及せず、当該会社は解散の場合に準じて清算を行うものとされている（会社法644、839）。すなわち、判決確定以前に会社との間でなされた取引等は、そのまま有効なものとされる一方、会社自体はその時点で解散したものとみなされ、将来に向かって清算手続に入ることとして、無効判決による社会生活に対する悪影響を最小限にとどめることとしているのである。

そこで、本通達において、このような場合には、会社法に準じて、無効判決確定の日に法人が解散したものとみなして取り扱うこととしたものである。

なお、この取扱いは、法人税における取扱いと同様である（法基通1－2－7）。

（人格のない社団等が財産の全部を分配した場合の課税期間の末日）

3－2－6　人格のない社団等が課税期間の中途においてその事業を行わないこととしてその有する財産の全部を分配した場合には、当該人格のない社団等については、その分配をした日に解散し、残余財産の確定があったものとする。したがって、分配をした日がその分配をした日を含む課税期間の末日となることに留意する。

解説 人格のない社団等が解散をした場合には、残余財産が確定するまでは各事業年度の所得（収益事業から生じた所得に限られる。）について法人税が課税されるが、残余財産が事業年度の中途において確定した場合には、その事業年度開始の日から残余財産の確定の日までの期間が一事業年度とみなされる（法法14①二十一）。

これが消費税法においても本則となるのであるが、人格のない社団等の場合には、一般の法人のようにその解散や清算手続に関する法令その他の明文の定めもないし、解散の事実そのものについても、果たして解散したのかどうか外形的に判然としないことが少なくない。時には、自然消滅的に事業を廃止し、財産も分配して事実上解体してしまうという例もある。

このように、人格のない社団等が取り立てて解散手続をしないまま自然消滅してしまったような場合に、その課税関係をどうするかという問題が残る。

そこで、本通達においては、人格のない社団等が、事業年度の中途において、その事業を行わないこととしてその有する財産の全部を分配した場合には、その分配をした日に解散し、同時に残余財産の確定があったものとして事業年度を区分するとともに、その課税関係を確定させることを定めたものである。

なお、この取扱いは、法人税における取扱いと同様である（法基通1―2―8）。

第3節　課税期間の特例

（課税期間特例選択等届出書の効力）

3―3―1　法第19条第1項第3号から第4号の2まで《課税期間の特例》に規定する届出書（以下3―3―4までにおいて「課税期間特例選

択等届出書」という。）を提出して課税期間の特例制度を適用している事業者は、その課税期間の基準期間における課税売上高が1,000万円以下となったことにより、免税事業者となった場合においても、同条第3項《課税期間の特例の選択不適用》に規定する届出書を提出した場合を除き、課税期間特例選択等届出書の効力は失われないのであるから留意する。

【平13課消1―5、平15課消1―37　改正】

解説　消費税の課税期間は、原則として、個人事業者の場合1月1日からその年の12月31日までであり、法人の場合はその法人の事業年度であるが、消費税課税期間特例選択・変更届出書（様式通達第13号様式）を提出することにより、その課税期間を3月ごと又は1月ごとの期間に短縮することができる（法19①三～四の二）。

　ところで、消費税課税期間特例選択・変更届出書を提出し、課税期間の特例の適用を受けている事業者が、その課税期間の基準期間における課税売上高が1,000万円以下となり、免税事業者となった場合に当該届出書の効力が消滅するかどうかであるが、この点については、消費税法第19条第1項第3号から第4号の2まで《課税期間の特例》の規定が免税事業者による当該届出書の提出を制限していないことからも明らかなように、消費税課税期間特例選択不適用届出書（様式通達第14号様式）を提出しない限りその効力は失われないのである。したがって、その後の課税期間（短縮された課税期間）の基準期間における課税売上高が1,000万円を超えることとなった場合には、その短縮された課税期間ごとに確定申告等を行うこととなるのである。

　本通達は、このことを念のため明らかにしたものである。

(相続があった場合の課税期間特例選択等届出書の効力等)

3—3—2 相続があった場合における法第19条第1項第3号又は第3号の2《課税期間の特例》の規定の適用は、次のようになるのであるから留意する。

(1) 被相続人が提出した課税期間特例選択等届出書の効力は、相続により当該被相続人の事業を承継した相続人には及ばない。したがって、当該相続人が法第19条第1項第3号又は第3号の2の規定の適用を受けようとするときは、新たに課税期間特例選択等届出書を提出しなければならない。

(2) 事業を営んでいない相続人が相続により被相続人の事業を承継した場合又は個人事業者である相続人が相続により法第19条第1項第3号又は第3号の2の規定の適用を受けていた被相続人の事業を承継した場合において、当該相続人が相続があった日の属する期間(法第19条第1項第3号又は第3号の2に定める期間をいう。以下3—3—2において同じ。)中に課税期間特例選択等届出書を提出したときは、当該期間は、令第41条第1項第1号《事業を開始した日の属する期間》又は第2号《相続があった日の属する期間》に規定する期間に該当する。

【平13課消1—5　追加、平15課消1—37　改正】

解説　個人が相続により被相続人の事業を承継した場合に、当該被相続人が提出した届出書の効力は、当該個人に及ばないから、相続人が課税期間の特例を選択しようとするときは、新たに消費税課税期間特例選択・変更届出書(様式通達第13号様式)を提出しなければならない。また、消費税課税期間特例選択・変更届出書の効力は、届出書を提出した日の翌期間(例えば、

個人事業者が6月に消費税課税期間特例選択・変更届出書を提出して3月ごとの課税期間特例を選択した場合は7月1日から9月30日までの期間）から生ずることになるが、新たに事業を開始した場合及び相続、合併又は分割により事業を承継した場合の届出書の効力は、事業を開始した日、相続があった日、合併があった日及び分割があった日の属する課税期間から生ずることとされている（法19②、令41①）。

したがって、事業を営んでいない個人が相続により被相続人の事業を承継して新たに事業を開始した場合又は現に事業を営む個人が消費税法第19条第1項第3号又は第3号の2《課税期間の特例》の規定の適用を受けていた被相続人の事業を相続により承継した場合において、その事業を開始した日又は相続があった日を含む期間（消費税法第19条第1項第3号又は第3号の2に定める期間をいう。以下同じ。）から課税期間の特例を選択しようとするときは、当該期間中に、所轄税務署長に消費税課税期間特例選択・変更届出書を提出することとなる。

本通達は、このことを念のため明らかにしたものである。

（合併があった場合の課税期間特例選択等届出書の効力等）

3―3―3 合併があった場合における法第19条第1項第4号又は第4号の2《課税期間の特例》の規定の適用は、次のようになるのであるから留意する。

(1) 被合併法人が提出した課税期間特例選択等届出書の効力は、吸収合併又は新設合併により当該被合併法人の事業を承継した合併法人には及ばない。したがって、当該合併法人が法第19条第1項第4号又は第4号の2の規定の適用を受けようとするときは、新たに課税期間特例選択等届出書を提出しなければならない。

(2) 法人が、新設合併によりその事業を承継した場合又は吸収合併により法第19条第1項第4号又は第4号の2の規定の適用を受けていた被合併法人の事業を承継した場合において、当該法人が合併があった日の属する期間（法第19条第1項第4号又は第4号の2に定める期間をいう。以下3―3―4までにおいて同じ。）中に課税期間特例選択等届出書を提出したときは、当該期間は、令第41条第1項第1号《事業を開始した日の属する期間》又は第3号《合併があった日の属する期間》に規定する期間に該当する。

【平13課消1―5　追加、平15課消1―37　改正】

解説　法人が合併により消費税法第19条第1項第4号又は第4号の2《課税期間の特例》の規定の適用を受けていた被合併法人の事業を承継した場合の当該被合併法人が提出した届出書の効力及びその合併があった日を含む期間（同法第19条第1項第4号に定める期間をいう。以下同じ。）から課税期間の特例を選択しようとするときの取扱いは、個人事業者が相続により事業を承継した場合と同様であることから、これらの取扱いを本通達において念のため明らかにしたものである。

（分割があった場合の課税期間特例選択等届出書の効力等）

3―3―4　分割があった場合における法第19条第1項第4号又は第4号の2《課税期間の特例》の規定の適用は、次のようになるのであるから留意する。

(1) 分割法人が提出した課税期間特例選択等届出書の効力は、分割により当該分割法人の事業を承継した分割承継法人には及ばない。したがって、当該分割承継法人が法第19条第1項第4号又は第4号の

2の規定の適用を受けようとするときは、新たに課税期間特例選択等届出書を提出しなければならない。

　(注)　法第12条第7項第2号又は第3号《分割等の意義》に該当する分割等により新設分割親法人の事業を引き継いだ新設分割子法人についても同様である。

(2)　法人が、新設分割によりその事業を承継した場合又は吸収分割により法第19条第1項第4号又は第4号の2の規定の適用を受けていた分割法人の事業を承継した場合において、当該法人が新設分割又は吸収分割があった日の属する期間中に課税期間特例選択等届出書を提出したときは、当該期間は、令第41条第1項第1号《事業を開始した日の属する期間》又は第4号《吸収分割があった日の属する期間》に規定する期間に該当する。

【平13課消1―5　追加、平15課消1―37　改正】

解説　法人が分割等（新設分割、吸収分割、現物出資又は事後設立）により消費税法第19条第1項第4号又は第4号の2《課税期間の特例》の規定の適用を受けていた分割法人の事業を承継した場合の当該分割法人が提出した消費税課税期間特例選択・変更届出書（様式通達第13号様式）の効力及び新設分割又は吸収分割があった日を含む期間から課税期間の特例を選択しようとするときの取扱いは、法人が合併により事業を承継した場合と同様であることから、これらの取扱いを本通達において念のため明らかにしたものである。

　なお、同法第12条第7項第2号又は第3号《分割等の意義》に該当する現物出資又は事後設立により新設分割親法人の事業を引き継いだ新設分割子法人が、設立の登記をした日の属する期間中に当該届出書を提出したときは、当該期間は、消費税法施行令第41条第1項第1号《事業を開始した日の属する期間》に規定する期間に該当することはいうまでもない。

第4章　実質主義、信託財産に係る譲渡等の帰属

第1節　実質主義

　資産の譲渡等を行ったとみられる者が単なる名義人であり、実際にその対価を享受していない場合には、実際にその対価を享受する者が、資産の譲渡等を行ったものとみなして、消費税法の規定を適用することとされている（法13①）。

　これは、所得税法第12条及び法人税法第11条の実質所得者課税の原則の規定と同じ趣旨の下に、消費税においてもいわゆる実質課税の原則を適用するというものである。

> （資産の譲渡等に係る対価を享受する者の判定）
> 4—1—1　事業に係る事業者がだれであるかは、資産の譲渡等に係る対価を実質的に享受している者がだれであるかにより判定する。

解説　消費税法上、資産の譲渡等を行った者が単なる名義人であり、実際にその対価を享受していない場合には、実際にその対価を享受する者が資産の譲渡等を行ったものとみなして消費税法の規定を適用することとされている（法13①）。すなわち、資産の譲渡等の対価の帰属について、その名義又は形式等と実質とが異なる場合には、これを経済的実態等により観察して実質的に対価を享受している者がだれであるかを判定し、その実質的に対価を享受している者が資産の譲渡等を行ったものとするのである。

通常の経済取引においては、財産関係の保有名義人又は事業遂行上の名義人が、その財産の運用処分又は事業遂行の成果である対価を享受することとなり、資産の譲渡等を行った名義人と対価を享受する者とは一致するのが一般的である。しかし、信用制度の発達等により複雑化した現代の経済社会においては、その資産の譲渡等の名義人とその対価を享受する者とが必ずしも一致しない場合がある。このような場合に消費税法では、法律上の名義等にとらわれることなく、その経済的実質により対価を享受する者をもって資産の譲渡等を行った者とみなすこととしたものである。

本通達は、このことを念のため明らかにしたものである。

（親子間、親族間における事業主の判定）
4－1－2　生計を一にしている親族間における事業に係る事業者がだれであるかの判定をする場合には、その事業の経営方針の決定につき支配的影響力を有すると認められる者が当該事業の事業主に該当するものと推定する。

解説　消費税法上、事業者が誰であるかは、資産の譲渡等に係る名義にとらわれることなく、実際にその対価を享受する者が誰であるかによって判定することとされている（法13①）。

ところで、生計を一にしている親族間における事業に係る事業者が誰であるかについても同様に判定するのであるが、本通達においては、特段の事情のない限り、その事業の経営方針の決定につき支配的影響力を有する者をその事業に係る事業主として推定することとしたものであり、当該事業主が消費税法上の事業者として取り扱われることとなる。

本通達は、このことを明らかにしたものである。

(委託販売等の場合の納税義務者の判定)
4—1—3　資産の譲渡等が委託販売の方法その他業務代行契約に基づいて行われるのであるかどうかの判定は、当該委託者等と受託者等との間の契約の内容、価格の決定経緯、当該資産の譲渡等に係る代金の最終的な帰属者がだれであるか等を総合判断して行う。

解説　事業者が自ら資産の譲渡等を行った場合には、当然のことながら、その譲渡対価の全額が当該事業者の売上高となるのに対し、事業者が委託販売又はその他の業務代行の方法により資産の譲渡、貸付け又は役務の提供を行った場合には、その譲渡対価の全額が、当該委託販売又は当該業務代行契約における委託者の売上高となり、当該委託販売又は当該業務代行契約における受託者においては、一般に委託者より収受することとなる手数料が売上高となる。

したがって、事業者が行った資産の譲渡、貸付け又は役務の提供が当該事業者自身の資産の譲渡等に係るものであるか委託販売等によるものであるかどうかは、売上高の多寡に直接影響し、ひいては、事業者免税点制度及び簡易課税制度の適用の可否の判定上のポイントとなる。

このようなことから、資産の譲渡等が委託販売の方法その他業務代行契約に基づいて行われるものであるかどうかは、①当該委託者等と受託者との間の契約の内容、②販売価格の決定についての経緯及び③譲渡代金の最終的な帰属者が誰であるか等について総合的に判断して判定するべきものである。

本通達は、このことを念のため明らかにしたものである。

第2節　信託財産に係る譲渡等の帰属

(1)　信託の受益者（受益者としての権利を現に有するものに限る。）は当該信託の信託財産に属する資産を有するものとみなし、かつ、当該信託財産に係る資産の譲渡等、課税仕入れ及び課税貨物の保税地域からの引取り（以下「資産等取引」という。）は当該受益者の資産等取引とみなして、消費税法の規定が適用される（法14①本文）。

　　ただし、集団投資信託（法法2二十九）、法人課税信託（法法2二十九の二）、退職年金等信託（法法12④一）又は特定公益信託等（法法12④二）については、その信託財産の実質的な帰属者である受益者等ではなく、現実に信託財産を所有し、その運用等を行っている取引行為者である受託者が、現実の取引のままに、当該信託財産に属する資産を有し、当該信託財産に係る資産等取引を行ったものとし、課税資産の譲渡等が行われた場合には、当該受託者が納税義務を負うこととされている（法14①ただし書）。

(2)　法人課税信託の受託者は、各法人課税信託の信託資産等（信託財産に属する資産及び当該信託財産に係る資産等取引）及び固有資産等（法人課税信託の信託資産等以外の資産及び資産等取引）ごとに、それぞれ別の者とみなして、消費税法の規定を適用することとされている（法15①）。

　　また、各法人課税信託の信託資産等及び固有資産等は、こうしてみなされた各別の者にそれぞれ帰属するものとされている（法15②）。

　　例えば、信託銀行が受託者である場合には、銀行業務や信託報酬を対価とする事業等を行う固有事業に係る分（固有資産等）と各法人課税信託の運用等に係るそれぞれの信託事業分（信託資産等）ごとに、それぞれ別の者が行ったものとして納税申告、納付を行うこととなる。

(信託契約に基づき財産を受託者に移転する行為等)

4—2—1 受益者等課税信託(法第14条第1項《信託財産に係る資産の譲渡等の帰属》に規定する受益者(同条第2項の規定により同条第1項に規定する受益者とみなされる者を含む。)がその信託財産に属する資産を有するものとみなされる信託をいう。以下第3節及び9—1—29において同じ。)においては、次に掲げる移転は資産の譲渡等には該当しないことに留意する。

(1) 信託行為に基づき、その信託の委託者から受託者へ信託する資産の移転

(2) 信託の終了に伴う、その信託の受託者から受益者又は委託者への残余財産の給付としての移転

(注) 事業者が事業として行う令第2条第1項第3号《資産の譲渡等の範囲》に定める行為は、資産の譲渡等に該当する。

【平12課消2—10、平13課消1—5、平19課消1—18 改正】

解 説

1 信託法(平成18年法律第108号)上、信託とは、契約、遺言、一定の意思表示等により、特定の者(受託者)が一定の目的に従い財産の管理又は処分及びその他のその目的の達成のために必要な行為をすべきものとすることとされており(信託法2①)、法形式上は、信託を行うことによって、信託財産に属する資産の所有権は受託者へ移転するものと解されている。したがって、受益者等課税信託において、信託行為に基づき、委託者が信託財産の管理、運用、処分のために信託財産を受託者に移転する場合又は受託者が信託終了等により当該委託者に移転する場合には、法律上、その信託財産の所有権は一応、委託者から受託者に、又は受託者から委託者に移

転するが、その所有権の移転は形式的なものであり、当該信託財産に係る資産の譲渡等は、受託者の運用又は処分によって実現するものである。このようなことから、信託の開始又は信託の終了等に伴う信託財産の委託者及び受託者の間の移転は、原則として資産の譲渡等に該当しないことを明らかにしたものである。

2　また、上記のとおり、信託設定時の委託者から受託者への信託財産の移転は、信託法上、資産の所有権が移転したものとみることとなる。法第14条第1項ただし書に規定する集団投資信託、法人課税信託、退職年金等信託、特定公益信託等については、その信託財産の実質的な帰属者である受益者等がその信託財産を有するものとはみなされないことから、信託法上の取引をそのままとらえて譲渡とみることができる。

　このことから、法人税法等においては特に譲渡に該当する旨の規定は置かれていないが、消費税法においては、確認的に、次のものを資産の譲渡等に類する行為として政令で規定している（令2①三）。

①　特定受益証券発行信託又は法人課税信託の委託者がその有する資産（金銭以外の資産に限る。）の信託をした場合における当該資産の移転

②　受益者等課税信託が法人課税信託に該当することとなった場合につき法人税法第4条の7第9号の規定により出資があったものとみなされるもの（金銭以外の資産につき出資があったものとみなされるものに限る。）

　本通達の注書は、このことを念のため明らかにしたものである。

（集団投資信託等の信託財産に係る取扱い）

4−2−2　法第14条第1項ただし書《信託財産に係る資産の譲渡等》に規定する集団投資信託、法人課税信託、退職年金等信託又は特定公益信託等（以下9−1−30において「集団投資信託等」という。）の信託

> 財産に属する資産及び当該信託財産に係る資産等取引については、受託者が当該信託財産に属する資産を有し、かつ、資産等取引を行ったものとなるのであるから留意する。

【平19課消1―18　改正】

解説　信託の受益者（受益者としての権利を現に有するものに限る。）は、その有する権利の内容に応じて、当該信託の信託財産に属する資産を有するものとみなし、かつ、当該信託財産に係る資産等取引（資産の譲渡等、課税仕入れ及び課税貨物の保税地域からの引取りをいう。以下同じ。）は、当該受益者の資産等取引とみなして、消費税が課税されることとなる（法14①本文）が、次の信託財産に属する資産の資産等取引について、課税資産の譲渡等である場合には、受託者を納税義務者として消費税が課税されることとなる（法14①ただし書）。

①　法人税法第2条第29号《定義》に規定する集団投資信託
②　法人税法第2条第29号の2に規定する法人課税信託
③　法人税法第12条第4項第1号《信託財産に属する資産及び負債並びに信託財産に帰せられる収益及び費用の帰属》に規定する退職年金等信託
④　法人税法第12条第4項第2号に規定する特定公益信託等

本通達は、このことを念のために明らかにしたものである。

第3節　受益者等課税信託に関する取扱い

> **（信託財産に属する資産及び資産等取引の帰属）**
> 4―3―1　受益者等課税信託における受益者は、受益者としての権利を現に有するものに限られるのであるから、例えば、一の受益者が有

する受益者としての権利がその信託財産に係る受益者としての権利の一部にとどまる場合であっても、その余の権利を有する者が存しない又は特定されていないときには、当該受益者がその信託財産に属する資産の全部を有するものとみなされ、かつ、資産等取引の全部が帰せられるものとみなされることに留意する。

【平19課消1—18 追加】

解 説

1 平成19年度の税制改正後の消費税法においては、信託のうち集団投資信託、退職年金等信託、特定公益信託等又は法人課税信託のいずれにも該当しないものは、受益者等課税信託として、その信託の受益者(受益者としての権利を現に有するものに限る。)は当該信託の信託財産に属する資産を有するものとみなし、かつ、当該信託財産に係る資産等取引(資産の譲渡等、課税仕入れ及び課税貨物の保税地域からの引取りをいう。以下同じ。)は当該受益者の資産等取引とみなして、同法の規定を適用することとされている(法14①本文)。また、信託の変更をする権限を現に有し、かつ、当該信託の信託財産の給付を受けることとされている者(受益者を除く。)は、受益者とみなすこととされている(法14②)。

2 信託法における受益者とは受益権を有する者をいい(信託法2⑥)、受益権とは受益債権及びこれを確保するために同法の規定に基づき受託者その他の者に対し一定の行為を求めることができる権利をいうこととされている(信託法2⑦)。したがって、信託行為にこれらの権利につき停止条件が定められているような場合は、上記の「受益者としての権利を現に有するもの」には含まれないこととなるのである。

また、信託行為における受益者の定め方にはさまざまなものがあり、受益者を「○○年後に生まれてくる子供」や「将来設立される法人」などと

する受益者が未だ存在していない場合や受益者を「将来の××大会の優勝者」などとする受益者が特定されていない場合もあり得る。このような場合にも、受益者等課税信託の受益者にはなり得ないのである。

3　ところで、このような信託行為における受益者の定め方からすれば、受益者等課税信託の受益者に該当する一の受益者が有する受益者としての権利がその信託財産に係る受益者としての権利の一部にとどまり、その余の権利を有する者が存しない又は特定されていない場合も生じ得る。例えば、一の受益者が有する受益者としての権利が全体の権利のうち70％にとどまり、残余の30％の権利については受益者不存在又は不特定の場合があり得るのである。

　このような場合において、当該信託の信託財産に属する資産を有するものとみなされ、かつ、当該信託財産に係る資産等取引の全部が帰せられるものとみなされるのは、受益者としての権利を現に有するものに限られるのであるから、権利の一部（70％）を有する者がその余の権利を含めて受益者としての権利の全部（100％）を有するものとして、信託財産に属する資産の全部を有する者とみなし、かつ、当該信託財産に係る資産等取引の全部が帰せられるものとされるのである。

　本通達はこのことを留意的に明らかにしている。

4　更に、受益者としての権利を現に有する受益者の数が二である場合において、これらの者が有する受益者としての権利が全体の権利のうち70％（各35％）にとどまり、その余の権利（30％）は受益者不存在又は不特定であるようなケースも考えられる。

　法令上、受益者の数が二以上である場合、受益者等課税信託の信託財産に属する資産の全部をそれぞれの受益者がその有する権利の内容に応じて有するものとし、当該信託財産に係る資産等取引の全部がそれぞれの受益者にその有する権利の内容に応じて帰せられるものとされている（令26④）。

したがって、この場合、各受益者の権利の内容（各35％）に応じて信託財産に属する資産及び信託財産に係る資産等取引の帰属が決められるのであるから、各受益者は均等の権利を有することとなるため、当該信託財産に属する資産の50％をそれぞれ有し、信託財産に係る資産と取引の50％がそれぞれに帰せられるものとして課税関係が生ずることとなる。

5 　また、以上のことについては受益者について言及しているところであるが、一定の信託の変更をする権限を現に有し、かつ、その信託の信託財産の給付を受けることとされていることにより受益者とみなされる者（法14②）についても、受益者と同様に取り扱われることとなる。

なお、この取扱いは、法人税の取扱いと同様である（法基通14―4―1）。

（権利の内容に応ずることの例示）

4―3―2　令第26条第4項《信託財産に係る資産の譲渡等の帰属》の規定の適用に当たっては、例えば、その信託財産に属する資産が、その構造上区分された数個の部分を独立して住居、店舗、事務所又は倉庫その他建物としての用途に供することができるものである場合において、その各部分の全部又は一部が2以上の受益者の有する受益権の目的となっているときは、当該目的となっている部分（以下4―3―2において「受益者共有独立部分」という。）については、受益者共有独立部分ごとに、当該受益者共有独立部分につき受益権を有する各受益者（法第14条第2項《信託財産に係る資産の譲渡等の帰属》の規定により、同条第1項に規定する受益者とみなされる者を含む。以下4―3―3及び9―1―29において「受益者等」という。）が、各自の有する受益権の割合に応じて有しているものとして同項の規定を適用する。

【平19課消1―18　追加】

解説

1　消費税法上、受益者等課税信託においては、その信託の受益者等は、当該信託の信託財産に属する資産を有するものとみなし、かつ、当該信託財産に係る資産等取引は当該受益者等の資産等取引とみなして、消費税法の規定を適用することとされている（法14①本文）。また、当該受益者等課税信託の受益者等が二以上ある場合には、受益者等課税信託の信託財産に属する資産の全部をそれぞれの受益者等がその有する権利の内容に応じて有するものとし、当該信託財産に係る資産等取引の全部がそれぞれの受益者等にその有する権利の内容に応じて行ったものとされている（令26④）。

2　この「権利の内容に応じて」の意義について、例えば、土地の区分所有のごとく、受益者等の有する権利に応じてその信託財産が特定され、当該信託財産に係る資産等取引も明確に区分され得るものであれば特段の疑義も生じないが、信託財産に属する資産が、マンションやオフィスビルなど、その構造上区分された数個の部分を独立して住居、店舗、事務所又は倉庫その他建物としての用途に供することができるものであって、その受益者等の権利が共同所有のように、区分されずに特定されていない部分がある場合には、若干の整理が必要であろう。

　この場合においては、まず、その構造上区分された独立した部分のうち一の受益者等に帰せられるものについてはその受益者等に帰属するものとした上で、共有物である建物の独立部分（受益者等共有独立部分）について、上述の受益者等が二以上ある場合の規定に従い、各受益者等がそれぞれの有する権利の割合に応じて信託財産に属する資産の受益者等共有独立部分を有しているものとし、その信託財産に係る資産等取引は各受益者等のそれぞれの有する権利の割合に応じて行ったこととされるのである。

　なお、この取扱いは、法人税の取扱いと同様である（法基通14―4―4）。

（信託の受益者としての権利の譲渡）

4－3－3　受益者等課税信託の受益者等が有する権利の譲渡が行われた場合には、その権利の目的となる信託財産の譲渡が行われたこととなるのであるから留意する。

【平19課消1－18　追加】

解説　受益者等課税信託においては、その信託の受益者等は、当該信託の信託財産に属する資産を有するものとみなし、かつ、当該信託財産に係る資産等取引は当該受益者等の資産等取引とみなして、消費税法の規定を適用することとされている（法14本文）。このため、受益者等がその有する権利の譲渡をした場合には、その権利の目的となっている信託財産に属する資産を譲渡したこととなるのである。本通達は、このことを明らかにしている。

なお、この取扱いは、法人税の取扱いと同様である（法基通14－4－6）。

（受益者等課税信託に係る受益者の範囲）

4－3－4　法第14条第1項《信託財産に係る資産の譲渡等の帰属》に規定する「信託の受益者（受益者としての権利を現に有するものに限る。）」には、原則として、例えば、信託法第182条第1項第1号《残余財産の帰属》に規定する残余財産受益者は含まれるが、次に掲げる者は含まれないことに留意する。

(1)　その信託が終了するまでの間における同法第182条第1項第2号《残余財産の帰属》に規定する帰属権利者（以下4－3－5までにおいて「帰属権利者」という。）

(2)　委託者が生存している間において、委託者の死亡の時に受益権を

取得する信託法第90条第1項第1号《委託者の死亡の時に受益権を取得する旨の定めのある信託等の特例》に掲げる受益者となるべき者として指定された者
　(3)　委託者が生存している間において、委託者の死亡の時以後に信託財産に係る給付を受ける同項第2号に掲げる受益者

【平19課消1―18　追加】

解　説

1　信託法においては、受益権とは信託行為に基づいて受託者が受益者に対して負う債務であって、信託財産に属する財産の引渡しその他の信託財産に係る給付をすべきものに係る債権及びこれを確保するために新信託法に基づいて受託者その他の者に対し一定の行為を求めることができる権利をいい（信託法2⑦）、これらの権利から成る受益権を有する者を受益者としている（信託法2⑥）。

　他方、消費税法においては、受益者等課税信託に該当する信託の信託財産に属する資産及び負債を有するものとみなされる受益者は、原則として、受益者としての権利を現に有するものに限られている（法14①本文）。

2　ところで、信託法においては、受益者をはじめ信託財産の給付を受ける者に関する規定がいくつか設けられており、これらの者が消費税法上の受益者等課税信託における受益者に該当するかどうかについて整理しておく必要がある。

3　信託法においては、信託の残余財産の帰属について、同法第182条《残余財産の帰属》に残余財産受益者と帰属権利者とを定めている。信託は、その信託が終了した場合には、清算することとされており（信託法175）、その信託を清算する際に、その残余財産の給付を受けることとされている者が残余財産受益者と帰属権利者である。

残余財産受益者とは、信託行為において残余財産の給付を内容とする受益債権に係る受益者として指定された者をいうことから、信託行為に別段の定めがない場合には、受益者としての権利を現に有する者に該当するため、消費税法上の受益者に該当することとなる。

　一方、帰属権利者とは、信託行為における受益者ではなく、残余財産の帰属すべき者として指定された者にすぎない。帰属権利者は、当然に残余財産の給付をすべき債務に係る債権を取得し（信託法183①）、信託の清算中は受益者とみなすこととされている（信託法183⑥）。これらの規定から、帰属権利者は、信託の終了事由が発生する前は信託法において受益者ではなく、信託行為に別段の定めがない場合、受益者としての権利義務を有しない。

　したがって、原則として、残余財産受益者は消費税法上の受益者等課税信託における受益者となるが、その信託の終了前の期間における帰属権利者は受益者とはならない。本通達の(1)では、このことを明らかにしている。

4　また、信託においては、受託者に財産を信託して、委託者自身を自己生存中の受益者とし、自己の子、配偶者等を委託者死亡後の受益者（委託者の死亡を始期として信託から給付を受ける権利を取得する受益者）とすることによって委託者自身の死亡後における財産分配を信託によって達成しようとするようなものがある。

　このようなものは、一般的に遺言代用の信託というようであるが、信託法第90条第1項《委託者の死亡の時に受益権を取得する旨の定めのある信託等の特例》においては、この遺言代用の信託に係る受益者等に関する特則が設けられ、次の①及び②に掲げるものはこれに該当することとされている。

① 　委託者の死亡の時に受益者となるべき者として指定された者が受益権を取得する旨の定めのある信託

②　委託者の死亡の時以後に受益者が信託財産に係る給付を受ける旨の定めのある信託（当該受益者は、信託行為に別段の定めがない場合、その委託者が死亡するまでは、受益者としての権利を有しない。）

①の「委託者の死亡の時に受益者となるべき者として指定された者」とは、信託法上受益者ではなく、あくまで委託者の死亡事由を起因として受益権を取得することとされている者に過ぎない。したがって、この指定された者は委託者の死亡前においては消費税法上の受益者等課税信託における受益者に該当しない。

次に、②の「受益者」とされる者は、信託法上「受益者」と称されてはいるが、信託法第90条第2項において、この場合の受益者は信託行為に別段の定めがない場合、その委託者が死亡するまで受益者としての権利を有しないこととされていることから、消費税法上も、当該受益者は委託者の死亡前において受益者等課税信託における受益者には該当しないこととなる。本通達の(2)及び(3)では、このことを明らかにしている。

なお、この取扱いは、法人税の取扱いと同様である（法基通14―4―7）。

（受益者とみなされる委託者）

4―3―5　法第14条第2項《信託財産に係る資産の譲渡等の帰属》の規定により受益者とみなされる者には、同項に掲げる信託の変更をする権限を有している委託者が次に掲げる場合であるものが含まれることに留意する。

(1)　当該委託者が信託行為の定めにより帰属権利者として指定されている場合

(2)　信託法第182条第2項に掲げる信託行為に残余財産受益者又は帰属権利者（以下4―3―5において「残余財産受益者等」という。）の

指定に関する定めがない場合又は信託行為の定めにより残余財産受益者等として指定を受けた者の全てがその権利を放棄した場合

【平19課消1―18　追加、平成23課消1―35　改正】

解説

1　受益者等課税信託においては、受益者でなくても、実質的に受益者と同等の地位を有する者をみなし受益者として、受益者等課税信託における受益者と同一に取り扱うこととされている。具体的には、信託の変更をする権限（軽微な変更をする権限を除く。）を現に有し、かつ、信託財産の給付を受けることとされている者を受益者等課税信託における受益者とみなすこととされている（法14②）。

2　そこで、まず、信託の変更をする権限を有している者についてであるが、信託法においては、信託の変更は、委託者、受託者及び受益者の合意によってすることができることとされている（信託法149①）。したがって、信託の変更をする権限は、信託行為に別段の定めがない限り、委託者、受託者及び受益者が現に有することとなる。

3　次に、これらの者のうち、信託財産の給付を受けることとされている者であるかどうかが問題となる。信託法において、残余財産の帰属すべき者となるべき者として指定された帰属権利者は、信託の清算中は受益者とみなされ、その信託の清算に当たって当然に残余財産の給付をすべき債務に係る債権を取得する（信託法182①二、183①、⑥）。このことから、帰属権利者は信託法上の受益者ではないが、上述の「信託財産の給付を受けることとされている者」に該当することとなる。したがって、変更権限を現に有する委託者で信託行為の定めにより帰属権利者として指定されている場合には、当然に受益者等課税信託におけるみなし受益者に該当することとなる。

また、信託行為に残余財産受益者若しくは帰属権利者の指定に関する定めがない場合又は残余財産受益者若しくは帰属権利者の指定を受けた者のすべてがその権利を放棄した場合には、信託法上、信託行為に委託者又はその相続人その他の一般承継人を帰属権利者として指定する旨の定めがあったものとみなすこととされている（信託法182②）。したがって、これらの場合には、委託者は、帰属権利者として信託財産の給付を受けることとされている者に該当することとなるので、みなし受益者に該当することとなるのである。

4　すなわち、変更権限を現に有する委託者で、
① 　当該委託者が信託行為の定めにより帰属権利者として指定されている場合
② 　信託行為に残余財産受益者若しくは帰属権利者の指定に関する定めがない場合又は信託行為の定めに残余財産受益者若しくは帰属権利者として指定を受けた者のすべてがその権利を放棄した場合
のいずれかに該当する場合には、その委託者はみなし受益者に該当することとなる。本通達では、このことを明らかにしている。

なお、この取扱いは、法人税の取扱いと同様である（法基通14―4―8）。

第4節　法人課税信託に関する取扱い

（法人課税信託の受託者の納税義務）

4―4―1　法人課税信託（法人税法第2条第29号の2《定義》に規定する法人課税信託をいう。以下この節において同じ。）の受託者は、各法人課税信託の信託資産等及び固有資産等ごとに、それぞれ別の者とみなして消費税法が適用されるのであるが、受託事業者における法第9条

第1項本文《小規模事業者に係る納税義務の免除》の規定の適用については、その課税期間の初日の属する固有事業者の課税期間の基準期間における課税売上高により判定する。

　ただし、当該初日の属する固有事業者の課税期間の基準期間における課税売上高が1,000万円以下である場合であっても、当該固有事業者が課税事業者選択届出書を提出する等により、当該課税期間につき同項本文の規定の適用を受けない場合には、当該受託事業者にも同項本文の規定の適用がないことに留意する。

【平19課消1―18　追加】

解説　法人課税信託の受託者は、当該受託者の固有資産等及びその法人課税信託の信託資産等ごとにそれぞれ別の者（固有資産等が帰属する受託者を「固有事業者」、信託資産等が帰属する受託者を「受託事業者」という。以下同じ。）とみなして消費税法が適用される（法15①）ことから、固有事業者及び受託事業者の納税義務の有無の判定は、それぞれの課税期間ごとに判定することとされている。

　ただし、受託事業者の「基準期間における課税売上高」は当該受託事業者のその課税期間の初日において、当該初日の属する固有事業者の課税期間の基準期間における課税売上高とされている（法15⑥）ことから、当該初日の属する固有事業者の課税期間において、当該固有事業者が課税事業者であれば、当該受託事業者の納税義務も免除されないこととなる。

　また、当該固有事業者が「課税事業者選択届出書」を提出したことにより、又は法第10条《相続があった場合の納税義務の特例》から法第12条の4《高額特定資産を取得した場合の納税義務の免除の特例》までの規定により納税義務が免除されない場合も同様である。

　本通達は、固有事業者及び受託事業者の納税義務に関する取扱いを明らか

にしたものである。

(受託事業者の簡易課税制度の適用関係)

4―4―2　受託事業者のその課税期間における簡易課税制度の適用の有無は、当該課税期間の初日において固有事業者の同制度の適用の有無により判定するから、当該初日において、当該固有事業者が同制度の適用を受ける事業者である場合に限り、当該受託事業者のその課税期間についても適用される。

(注)　固有事業者が法第37条の2第1項又は第6項《災害等があった場合の中小事業者の仕入れに係る消費税額の控除の特例の届出に関する特例》の承認を受けたことにより、受託事業者のその課税期間の初日における固有事業者の簡易課税制度の適用の有無に変動が生じた場合には、次のとおりとなる。

　なお、固有事業者が令第57条の2第1項又は第2項《中小事業者の仕入れに係る消費税額の控除の特例の適用を受ける旨の届出等に関する特例》の承認を受けた場合も同様である。

(1)　当該固有事業者が法第37条の2第1項の承認を受けた場合
　　当該受託事業者のその課税期間につき簡易課税制度が適用される。

(2)　当該固有事業者が法第37条の2第6項の承認を受けた場合
　　当該受託事業者のその課税期間につき簡易課税制度が適用されない。

【平19課消1―18　追加】

解説　受託事業者のその課税期間の初日において、当該初日の属する固有事業者の課税期間につき、当該固有事業者が簡易課税制度の適用を受ける事業者である場合に限り、受託事業者は簡易課税制度を適用することとされて

いる（法15⑧）。

本通達は、受託事業者の簡易課税制度の適用関係について明らかにしたものである。

（法人課税信託の受託者が提出する届出書等）

4―4―3　法第9条第4項又は第5項《小規模事業者に係る納税義務の免除》、法第37条第1項又は第4項《中小事業者の仕入れに係る消費税額の控除の特例》、法第37条の2第1項又は第6項《災害等があった場合の中小事業者の仕入れに係る消費税額の控除の特例の届出に関する特例》、法第57条《小規模事業者の納税義務の免除が適用されなくなった場合等の届出》、令第20条の2第1項又は第2項《納税義務の免除の規定の適用を受けない旨の届出等に関する特例》及び令第57条の2第1項又は第2項《中小事業者の仕入れに係る消費税額の控除の特例の適用を受ける旨の届出等に関する特例》の届出又は申請に関する規定が適用されるのは固有事業者に限られるから、受託事業者はこれらの規定に関する届出書又は申請書は提出できない。

ただし、法第19条第1項第3号から第4号の2《課税期間》及び法第30条第3項《仕入れに係る消費税額の控除》の規定は、固有事業者における適用の有無にかかわらず、受託事業者においても適用されるので、受託事業者がこれらの規定の適用を受ける場合には、受託事業者ごとにこれらの規定に関する届出書又は申請書を提出する必要がある。

【平19課消1―18　追加、平22課消1―9　改正】

解説　受託事業者は、消費税法第37条第1項及び第2項《中小事業者の仕

入れに係る消費税額の控除の特例》の規定を除き、同条の規定は適用されないこととされている（法15⑪）。これは、固有事業者が簡易課税制度の適用を受ける事業者である場合は、受託事業者も同制度の適用を受けることとなるためである。

このように、同条第12項及び第2項が同法第15条第11項において、適用除外から外されていることにより、消費税簡易課税制度選択届出書を受託事業者は提出することができるのではないか、という疑義が生じるところである。

本通達は、簡易課税制度の適用を受ける旨の届出書をはじめ、受託事業者として独自で提出することができない又は提出する必要がない届出書等を明らかにするとともに、受託事業者は同法第19条第1項や第30条第3項の規定の適用を受けることができることから、これらの規定の適用を受ける旨の届出書又は申請書（「消費税課税期間特例選択届出書」や「消費税課税売上割合に準ずる割合の適用承認申請書」等）は、受託事業者としても独自で提出することができることを明らかにしたものである。

（信託事務を主宰する受託者の意義）

4－4－4　法第15条第12項《法人課税信託の受託者に関するこの法律の適用》に規定する「信託事務を主宰する受託者」とは、中心となって信託事務の全体を取りまとめる受託者をいう。

　この場合、全体を取りまとめているかは、信託契約に基づき、信託財産の受入れ事務、信託財産の管理又は処分に関する事務、収益計算の報告事務等の処理の実態を総合的に判定する。

【平19課消1―18　追加】

解説　一の法人課税信託の受託者が二以上ある場合には、各受託者の当該

法人課税信託に係る信託資産等は、当該法人課税信託の信託事務を主宰する受託者の信託資産等とみなして消費税法の規定を適用することとされている（法15⑫）。

　ここでいう「主宰」とは、一般に中心となって全体を取りまとめるという意味であることから、一の法人課税信託の受託者が二以上ある場合の納税義務者は、当該信託の受託者のうちで中心となって信託事務の全体を取りまとめる者をいうことになるのであるが、その判定に当たっては、信託契約に基づき、信託財産の受入れ事務、信託財産の管理又は処分に関する事務、収益計算の報告事務等の処理の実態を総合的に勘案することとなる。本通達ではこのことを明らかにしている。

　なお、この取扱いは、法人税の取扱いと同様である（法基通12の6―1―8）。

第5章 課税範囲

(1) 消費税は、国内において事業者が行う資産の譲渡等及び特定仕入れ（いわゆる国内取引）並びに保税地域から引き取られる外国貨物（いわゆる輸入取引）を課税の対象としている。

　国内において事業者が行う資産の譲渡等とは、事業として対価を得て行われる資産の譲渡、資産の貸付け（資産に係る権利の設定その他他の者に資産を使用させる一切の行為を含む。）及び役務の提供をいい、このうち消費税法第6条第1項《非課税》の規定により非課税とされるもの以外のものが課税される取引とされている（法2①八、九、2②、4①）。

　したがって、次のいずれをも満たす取引が消費税の課税の対象となる。

① 国内において行うものであること。
② 事業者が事業として行うものであること。
③ 対価を得て行われるものであること。
④ 資産の譲渡、資産の貸付け及び役務の提供であること。

　また、特定仕入れとは、事業として他の者から受けた特定資産の譲渡等（事業者向け電気通信利用役務の提供及び特定役務の提供）をいい、当該特定資産の譲渡等について、課税仕入れを行った事業者に対して納税義務が課されることとされている（法2①八の二、八の三、八の四、八の五、4①、5①）。

　輸入取引については、保税地域から引き取られる外国貨物のうち消費税法第6条第2項《外国貨物の非課税》の規定により非課税とされるもの以外のもの（課税貨物）が課税される取引となる（法4②）。

(2) このように、消費税は国内で消費される財貨やサービスに対して負担を求めるものであることから、国内において行われる取引のみが課税の対象とされ、国外で行われる取引は、そもそも消費税の課税の対象外である。

第5章 課税範囲 199

このような消費税の課税の対象外である取引を一般的には不課税取引と呼んでいる。

また、国内取引であっても、他の3つの要件のうちいずれかの要件を欠くものは消費税の課税の対象外（不課税取引）である。

なお、輸出取引については、国内取引に該当するが、別途輸出免税として負担を求めないこととされている（法7等）。

したがって、事業者が行う取引の課税関係を図示すると、次のようになる（特定仕入れを除く。）。

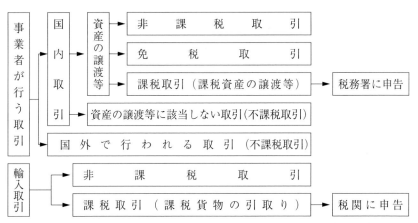

（注）輸入取引のうち課税取引に該当する取引（課税貨物の引取り）を行う者は、事業者であるかどうかにかかわらず、その引取りの際に消費税が課される。
（※）特定資産の譲渡等については第8節を参照。

第1節 通　　則

（事業としての意義）

5－1－1　法第2条第1項第8号《資産の譲渡等の意義》に規定する

「事業として」とは、対価を得て行われる資産の譲渡及び貸付け並びに役務の提供が反復、継続、独立して行われることをいう。

(注) 1 個人事業者が生活の用に供している資産を譲渡する場合の当該譲渡は「事業として」には該当しない。

2 法人が行う資産の譲渡及び貸付け並びに役務の提供は、その全てが「事業として」に該当する。

【平23課消1―35 改正】

解説 消費税は、①国内において、②事業者が事業として、③対価を得て行う、④資産の譲渡及び貸付け並びに役務の提供、特定仕入れを課税の対象としている。この場合の「事業として」とは、対価を得て行われる資産の譲渡及び貸付け並びに役務の提供が反復、継続、独立して行われるものをいうのであり、本通達ではこのことを念のため明らかにしたものである。

したがって、例えば、所得税においては山林所得に区分される山林の伐採又は譲渡のように毎年継続して行われるものでないものであっても、山林についての育林、伐採、譲渡等が反復、継続、独立して行われることの蓋然性が認められれば、当該山林の伐採又は譲渡は「事業として」行われるものに該当することとなる。

また、所得税では建物の貸付けが事業として行われているかどうかの判定（所基通26―9）、競走馬の保有に係る所得が事業所得に該当するかどうかの判定（所基通27―7）の目安として一定の規模あるいは収支の状況等を勘案する旨の規定を設けているが、消費税においては、建物の貸付けや競走馬に係る譲渡、出走等が反復、継続、独立して行われるものであれば、規模の大小を問うものではないのである。

なお、注書では、「事業として」の取引の対極にある個人事業者の生活用資産の譲渡については、いかに事業者が行うものであっても「事業として」

の取引に該当しないこと、また、法人については、その法人自体が事業を行う目的で設立されていることから、全ての資産の譲渡及び貸付け並びに役務の提供が「事業として」の取引に該当することを明らかにしている。

（対価を得て行われるの意義）

5―1―2　法第2条第1項第8号《資産の譲渡等の意義》に規定する「対価を得て行われる資産の譲渡及び貸付け並びに役務の提供」とは、資産の譲渡及び貸付け並びに役務の提供に対して反対給付を受けることをいうから、無償による資産の譲渡及び貸付け並びに役務の提供は、資産の譲渡等に該当しないことに留意する。

（注）　個人事業者が棚卸資産若しくは棚卸資産以外の資産で事業の用に供していたものを家事のために消費し、若しくは使用した場合における当該消費若しくは使用又は法人が資産をその役員に対して贈与した場合における当該贈与は、法第4条第5項《資産のみなし譲渡》の規定により、事業として対価を得て行われた資産の譲渡とみなされることに留意する。

【平27課消1―7　改正】

解説　国内取引の消費税の課税の対象は、国内において事業者が行った資産の譲渡等である。この場合の資産の譲渡等は、対価を得て行われる資産の譲渡、資産の貸付け及び役務の提供をいうのであり、「対価を得て」というのは、資産の譲渡、資産の貸付け及び役務の提供に対し反対給付を受けることをいうのである。したがって、無償でこれらが行われた場合には、消費税の課税の対象とならないのであり、この点は、製造段階課税において製造場からの移出という事実をとらえ、無償、有償を問わず、消費者の消費に対し

て負担を求めるという個別消費税（酒税、たばこ税、揮発油税等）や無償による資産の譲渡、資産の貸付け及び役務の提供であっても課税の対象とするという法人税等の考え方と基本的に異なるのである。

ただ、消費税法第4条第5項《資産のみなし譲渡》の規定により、①個人事業者が棚卸資産又は棚卸資産以外の資産で事業の用に供していたものを家事のために消費し、又は使用した場合における当該消費又は使用及び②法人が資産をその役員に対して贈与した場合における当該贈与に限って、資産の譲渡とみなされ、課税の対象となるのである。

本通達は、このことを念のため明らかにしたものである。

（資産の意義）

5―1―3　法第2条第1項第8号及び第12号《資産の譲渡等の意義等》に規定する「資産」とは、取引の対象となる一切の資産をいうから、棚卸資産又は固定資産のような有形資産のほか、権利その他の無形資産が含まれることに留意する。

解説　国内において事業者が行った資産の譲渡等は、消費税の課税の対象となるのであるが、このうち資産の譲渡及び貸付けにおける「資産」とは、消費税法施行令第6条《資産の譲渡等が国内において行われたかどうかの判定》にも掲げられているように、取引の対象となる一切の資産をいうから、棚卸資産又は固定資産のような有形資産のほか、権利その他の無形資産が含まれるのであり、本通達はこのことを念のため明らかにしたものである。

（代物弁済の意義）

5－1－4　法第2条第1項第8号《資産の譲渡等の意義》に規定する「代物弁済による資産の譲渡」とは、債務者が債権者の承諾を得て、約定されていた弁済の手段に代えて他の給付をもって弁済する場合の資産の譲渡をいうのであるから、例えば、いわゆる現物給与とされる現物による給付であっても、その現物の給付が給与の支払に代えて行われるものではなく、単に現物を給付することとする場合のその現物の給付は、代物弁済に該当しないことに留意する。

解説　消費税法上、資産の譲渡等には代物弁済による資産の譲渡が含まれることになっている（法2①八かっこ書）。この場合の「代物弁済による資産の譲渡」とは、債務者が債権者の承諾を得て、約定されていた弁済の手段に代えて他の給付をもって弁済する場合の資産の譲渡をいうのである（民法482）。

ところで、代物弁済と似て非なるものとしていわゆる現物給与がある。当然のことながら、現物の給付が既存の給与の支払債務の弁済に代えてなされる場合は、その現物の給付は代物弁済に該当するが、単に現物を給付することとする場合のその現物の給付は代物弁済に該当しない。

本通達は、このことを念のため明らかにしたものである。

（負担付き贈与の意義）

5－1－5　令第2条第1項第1号《負担付き贈与による資産の譲渡》に規定する「負担付き贈与」とは、その贈与に係る受贈者に一定の給付をする義務を負担させる資産の贈与をいうのであるから留意する。

なお、事業者が他の事業者に対して行った広告宣伝用の資産の贈与は、同号に規定する負担付き贈与には該当しない。
（注）　事業者が資産を贈与（法人のその役員に対する贈与を除く。）した場合において、当該資産の贈与が負担付き贈与に該当しない限り、当該資産の贈与は、資産の譲渡等に該当しない。

解説　消費税法上、資産の譲渡等には負担付き贈与による資産の譲渡が含まれることになっている（令2①一）。この場合の「負担付き贈与」とは、その贈与に係る受贈者に一定の給付をする義務を負担させる資産の贈与をいうのである。

　なお、事業者が他の事業者に対して行った広告宣伝用資産（贈与者の広告宣伝を目的とする自動車、看板、ネオンサイン、どん帳、陳列棚、陳列ケース等）の贈与は、広告宣伝を目的とする資産を贈与したのであり、それにより受贈者に対して贈与者のためにする広告宣伝を行うという義務を負担させるものではないから、負担付き贈与には該当しない。本通達の本文は、このことを念のため明らかにしたものである。

　また、消費税は、法人がその役員に対して資産を贈与する場合を除き、単なる資産の贈与については課税の対象とならない。本通達の注書は、このことを念のため明らかにしたものである。

事例　広告宣伝用資産の取得費用の助成金

　取引先が購入する看板や陳列棚等の資産に事業者が自己のブランド名を表示してもらうことを条件として交付する広告宣伝用資産の取得費用の助成金は、当該取引先における広告宣伝の役務の提供に係る対価に該当し、消費税の課税の対象となる。したがって、当該事業者においては、その助成金の支出は課税仕入れに該当し、それについて仕入税額控除の対象とすることができる。

なお、このような助成金を支出する方法によらずに、ブランド名を表示した広告宣伝用の看板や陳列棚を取引先に対して贈与するような場合には、取引先に広告宣伝について新たな負担を課するものではないので、負担付き贈与には該当せず、単なる贈与として課税の対象とならない。しかし、この場合においても、その広告宣伝用資産の購入は、当該事業者において仕入税額控除の対象となる。

（金銭以外の資産の出資の範囲）

5－1－6 令第2条第1項第2号《金銭以外の資産の出資》に規定する「金銭以外の資産の出資」には、法第12条第7項第3号《分割等の意義》に該当する金銭出資により設立した法人に同号の契約に基づく金銭以外の資産を譲渡する形態により行われるものは含まれないのであるから留意する。

したがって、この場合における当該金銭以外の資産の譲渡に係る対価の額は、当該譲渡について現実に対価として収受し、又は収受すべき金額となる。

【平13課消1－5　改正】

解説　消費税法第2条第1項第8号かっこ書《資産の譲渡等の意義》に規定する対価を得て行われる資産の譲渡若しくは貸付け又は役務の提供に類する行為として、消費税法施行令第2条第1項第2号《金銭以外の資産の出資》に規定する金銭以外の資産の出資とは、会社法の規定に基づく現物出資により法人を設立する場合の当該現物出資をいうのであるが、これに似て非なるものとして、金銭出資により一旦設立した法人に対して、当該設立した法人と会社法に規定する契約に基づき金銭以外の資産を譲渡する方法で、い

わゆる事後設立による法人の設立形態がある。

　ところで、法人が子会社を設立し、その子会社に当該法人の事業の全部又は一部を引き継ぐという場合には、現物出資によるも事後設立によるもその実質的効果においては違いがないことから、消費税法第12条《分割等があった場合の納税義務の免除の特例》の適用においては同条第7項において現物出資及び事後設立を分割等と定義して同様に取り扱っている。

　しかしながら、現物出資及び事後設立を資産の譲渡という観点からみると、現物出資が金銭以外の資産そのものを出資の目的物としているのに対し、事後設立では金銭の出資により法人を設立した後に行われる金銭以外の資産の引継ぎが売買として行われるものであることから、本質的に性格を異にするものである。そこで、事後設立に係る金銭以外の資産の譲渡は消費税法施行令第2条第1項第2号に規定する金銭以外の資産の出資に含まれないこと、したがって、その資産の譲渡価額も売買契約に基づき現実に授受される金額となることを本通達において明らかにしたものである。

　なお、個人事業者が法人成りして、その法人に事業の全部又は一部を引き継ぐに当たって、金銭出資によりまず法人を設立し、当該法人に金銭以外の事業用資産で個人事業者が有するものを法人に移転した場合の資産の譲渡価額が、その資産の売買契約に基づく譲渡価額として現実に授受される金額によることとなるのは、法人における事後設立の場合と同様である。

(注)　なお、特別の法律に基づく承継に係るものについては、当該金銭以外の資産の出資から除かれるため、例えば、独立行政法人や特殊法人改革に伴い設立される法人への金銭以外の資産の出資は、資産の譲渡等に該当しないこととなる。

(付随行為)

5―1―7　令第2条第3項《付随行為》に規定する「その性質上事業に付随して対価を得て行われる資産の譲渡及び貸付け並びに役務の提供」には、例えば、事業活動の一環として、又はこれに関連して行われる次に掲げるようなものが該当することに留意する。

(1)　職業運動家、作家、映画・演劇等の出演者等で事業者に該当するものが対価を得て行う他の事業者の広告宣伝のための役務の提供

(2)　職業運動家、作家等で事業者に該当するものが対価を得て行う催物への参加又はラジオ放送若しくはテレビ放送等に係る出演その他これらに類するもののための役務の提供

(3)　事業の用に供している建物、機械等の売却

(4)　利子を対価とする事業資金の預入れ

(5)　事業の遂行のための取引先又は使用人に対する利子を対価とする金銭等の貸付け

(6)　新聞販売店における折込広告

(7)　浴場業、飲食業等における広告の掲示

解説　消費税の課税の対象となる資産の譲渡等には、その性質上事業に付随して対価を得て行われる資産の譲渡及び貸付け並びに役務の提供(いわゆる付随行為)を含むこととされている(令2③)。

この場合の「その性質上事業に付随して」とは、事業活動の一環として、又は事業に関連して行うものをいうのであり、本通達は、例えば、次のようなものがいわゆる付随行為に該当することを念のため例示したものである。

①　職業運動家、作家、映画・演劇等の出演者等で事業者に該当するものが対価を得て行う他の事業者の広告宣伝のための役務の提供

② 職業運動家、作家等で事業者に該当するものが対価を得て行う催物への参加又はラジオ放送若しくはテレビ放送等に係る出演その他これらに類するもののための役務の提供

③ 事業の用に供している建物、機械等の売却

④ 利子を対価とする事業資金の預入れ

⑤ 事業の遂行のための取引先又は使用人に対する利子を対価とする金銭等の貸付け

⑥ 新聞販売店における折込広告

⑦ 浴場業、飲食業等における広告の掲示

（事業に関して行う家事用資産の譲渡）
5－1－8　個人事業者が行う資産の譲渡のうち、例えば、次に掲げるものは、事業のために行うものであっても、令第2条第3項《付随行為》に規定する「その性質上事業に付随して対価を得て行われる資産の譲渡」には含まれないのであるから留意する。
(1)　事業用資金の取得のために行う家事用資産の譲渡
(2)　事業用資産の仕入代金に係る債務又は事業用に借り入れた資金の代物弁済として行われる家事用資産の譲渡

解説　消費税法上、課税の対象となる資産の譲渡等には、その性質上事業に付随して対価を得て行われる資産の譲渡、資産の貸付け及び役務の提供（いわゆる付随行為）を含むこととされている（令2③）。

ところで、特に個人事業者の場合には、例えば、居住用の土地、家屋等の家事用資産を譲渡してその対価を事業用資金に充てる場合又は事業用資産の仕入れや事業用資金の借入れに際し、居住用の土地、家屋等を担保の用に供

することを余儀なくされ、最終的にそれらが代物弁済の目的物とされる場合がある。このような場合であっても、その譲渡者は当該個人事業者であり、その譲渡が事業のために行われることから、これをもってその譲渡がいわゆる付随行為に該当するのではないかとする疑問が生ずることとなる。

しかしながら、これらの譲渡は、事業のために行われるとしても、事業として行われるものではなく、また、もともと家事用資産であることから、いわゆる付随行為にも該当しない。

本通達は、いわゆる付随行為に該当しない場合を例示したものである。

（リース取引の実質判定）

5―1―9 事業者が行うリース取引が、当該リース取引の目的となる資産の譲渡若しくは貸付け又は金銭の貸付けのいずれに該当するかは、所得税又は法人税の課税所得の計算における取扱いの例により判定するものとし、この場合には、次のことに留意する。

(1) 所法第67条の2第1項《売買とされるリース取引》又は法法第64条の2第1項《売買とされるリース取引》の規定により売買があったものとされるリース取引については、当該リース取引の目的となる資産の引渡しの時に資産の譲渡があったこととなる。

　(注) この場合の資産の譲渡の対価の額は、当該リース取引に係る契約において定められたリース資産の賃貸借期間（以下9―3―6の3及び9―3―6の4において「リース期間」という。）中に収受すべきリース料の額の合計額となる。

(2) 所法第67条の2第2項《金銭の貸借とされるリース取引》又は法法第64条の2第2項《金銭の貸借とされるリース取引》の規定により金銭の貸借があったものとされるリース取引については、当該リ

ース取引の目的となる資産に係る譲渡代金の支払の時に金銭の貸付けがあったこととなる。

【平10課消2－9、平11課消2－5、平20課消1－8　改正】

解説　リース取引については、所得税又は法人税の取扱いにおいて、税法における実質主義の原則に基づき、その取引の実質に着目して、賃貸借取引、売買取引又は金融取引のいずれに該当するかを判定することとされているところであり、消費税においても、事業者が行うリース取引が資産の譲渡又は資産の貸付けのいずれに該当するかは、その実質によって判定することとし、所得税又は法人税の課税所得計算における取扱いの例により判定することとなる。結果としてファイナンス・リース取引（金銭の貸付けとされるセール・アンド・リースバック取引を除く。）は、リース資産の引渡しの日において賃貸人は資産の譲渡を行い、賃借人は課税仕入れを行ったこととなる。この場合の資産の譲渡等の対価の額は、そのリース期間中に収受すべきリース料の合計額となる。本通達は、このことを明らかにしたものである。

　なお、リース契約において、リース期間終了時に、リース物件の処分価額が契約上取り決めた保証価額に満たない場合は、借手に対して、その不足額を貸手に支払う義務が課せられることがある（以下「残価保証」という。）。会計上、リース契約上に残価保証の取決めがある場合は、リース料総額に含めることとされている。また、貸手においては、借手以外の第三者による保証がなされた場合についても、当該保証額をリース料総額に含めることとされている。

　しかしながら、消費税法上、資産の譲渡等の対価の額は、その譲渡等に係る当事者間で授受することとした対価の額をいうのであるから、残価保証の定めが付されたファイナンス・リース取引であっても、リース資産の引渡し時にリース契約書等で当事者間で授受することとしたリース料総額を対価と

してリース資産の譲渡が行われたものとされる。

つまり、当該保証額は、リース資産の引渡し時に当事者間で授受することとした対価の額とは認められないことから、リース料総額には含めないこととなる。

同様の趣旨から、所有権移転ファイナンス・リース取引において、割安購入選択権がある場合にも、その行使価額は、リース資産の引渡し時に当事者間で授受することとした対価の額とは認められないことから、リース料総額には含めないこととなる。

（親族間の取引）

5－1－10　個人事業者が生計を一にする親族との間で行った資産の譲渡及び貸付け並に役務の提供であっても、それが事業として対価を得て行われるものであるときは、これらの行為は、資産の譲渡等に該当することに留意する。

解説　消費税は、事業として対価を得て行われる資産の譲渡、資産の貸付け及び役務の提供を課税の対象としている（法2①八、九）。したがって、その個人事業者が対価を得て行う資産の譲渡、資産の貸付け及び役務の提供が生計を一にする親族に対するものであっても消費税の課税の対象となるのである。本通達は、このことを念のため明らかにしたものであり、このことは、当然のことながら、親子会社間で行う取引の場合も同様である。

（非居住者が行う取引）

5－1－11　非居住者（外国為替及び外国貿易法第6条第1項第6号《定

義）に規定する非居住者をいう。以下同じ。）が行う資産の譲渡及び貸付け並びに役務の提供であっても、それが事業として対価を得て行われるものであるときは、これらの行為は、資産の譲渡等に該当することに留意する。

【平10課消2－9　改正】

解説　消費税は国内で消費される財貨やサービスに対して負担を求めるものであるので、国内取引を課税の対象としている。したがって、国外において行われる取引は消費税の課税の対象外であり、課税の対象とならないのである。また、輸出取引等は、国境税調整の観点から、免税として取り扱われている。このように、国外において行う資産の譲渡等や非居住者に対する資産の譲渡等のうち輸出取引等に該当するものは消費税の課税の対象にはならないのであるが、非居住者が国内において行う資産の譲渡等が課税の対象にならないということではない。本通達は、このことを念のため明らかにしたものである。

なお、非居住者が事業者に該当する限り、当該事業者について事業者免税点制度（法9）及び簡易課税制度（法37）の適用のあることはいうまでもない。

第2節　資産の譲渡の範囲

（資産の譲渡の意義）

5－2－1　法第2条第1項第8号《資産の譲渡等の意義》に規定する「資産の譲渡」とは、資産につきその同一性を保持しつつ、他人に移転させることをいう。

（注）　資産の交換は、資産の譲渡に該当する。

解説 消費税は、事業として対価を得て行われる資産の譲渡を課税の対象のひとつとしている。この場合の「資産の譲渡」とは、資産につきその同一性を保持しつつ、他人に移転させることをいうのであり、経済的にみた場合には、資産の譲渡の対価を収受したと同様の実態にあるときであっても、その同一性を保持しつつ、他人に移転するという事実がないときは、譲渡があったことにはならず、したがって消費税の課税の対象にもならないのである。すなわち、収用等による補償金や損害賠償金と称するものが資産の譲渡に係る対価に該当するかどうかという点が実務上問題となるのであるが、その補償金や損害賠償金の金額がその支払の対象となった資産を譲渡したとした場合の金額（時価）と同額であったとしても、その補償金又は損害賠償金が支払われることとなった行為が「譲渡」に該当しない以上、消費税の課税の対象とはならないということである。

　本通達は、このような点を踏まえて譲渡の意義及び交換が譲渡に該当すること（令45②四参照）を念のため明らかにしたものである。

（保証債務等を履行するために行う資産の譲渡）

5－2－2　法第2条第1項第8号《資産の譲渡等の意義》に規定する事業として対価を得て行われる資産の譲渡は、その原因を問わないのであるから、例えば、他の者の債務の保証を履行するために行う資産の譲渡又は強制換価手続により換価された場合の資産の譲渡は、同号に規定する事業として対価を得て行われる資産の譲渡に該当することに留意する。

解説　消費税法上、事業として行う資産の譲渡は、原則としてその全てが課税の対象となるのであるが、消費税の性格、社会政策的見地等から特定の

取引についてのみ非課税又は免税（輸出免税）としている。したがって、非課税取引又は免税とされるもの以外のものは、それが事業として又はその付随行為として対価を得て行われる資産の譲渡である限り、その原因を問わず消費税の課税の対象となるのである。

　この点は、例えば、所得税法において、保証債務を履行するために資産を譲渡した場合に、その履行に伴う求償権の全部又は一部を行使することができないときの所得計算の特例（所法64）や強制換価手続による資産の譲渡による所得を非課税としている（所法9①十）のとは異なるのである。本通達は、このことを念のため明らかにしたものである。

（会報、機関紙（誌）の発行）

5―2―3　同業者団体、組合等が対価を得て行う会報又は機関紙（誌）（以下5―2―3において「会報等」という。）の発行（会報等の発行の対価が会費又は組合費等の名目で徴収されていると認められる場合の当該会報等の発行を含む。）は、資産の譲渡等に該当するのであるが、会報等が同業者団体、組合等の通常の業務運営の一環として発行され、その構成員に配布される場合には、当該会報等の発行費用がその構成員からの会費、組合費等によって賄われているときであっても、その構成員に対する当該会報等の配布は、資産の譲渡等に該当しない。

　（注）　同業者団体、組合等が、その構成員から会費、組合費等を受け、その構成員に会報等を配布した場合に、当該会報等が書店等において販売されているときであっても、当該会報等が当該同業者団体、組合等の業務運営の一環として発行されるものであるときは、その構成員に対する配布は、資産の譲渡等に該当しないものとして取り扱う。

解説

(1) 同業者団体、組合等が対価を得て会報又は機関紙（誌）を発行する場合には、その発行が、消費税の課税の対象になることはいうまでもない。したがって、その会報等の発行費用がその構成員の会費によって賄われている場合にも、その会報等の発行と収受する会費との間に対価関係があり課税の対象となるのではないかという疑問が生ずる。しかしながら、同業者団体等が構成員から会費を徴収するとともに、会報等は当該同業者団体等の通常の業務運営の一環として発行することとし、その構成員に配布している場合の、その会費は、会報等の発行の対価として徴収するというよりも、同業者団体等の通常の業務運営のために経常的に要する費用に充てるために徴収するものであるとするのが実情にかなっていると考えられる。

このようなことから、本通達は、①会報等の発行費用が、会員、組合員等の構成員から通常の業務運営のために経常的に要する費用に充てるため徴収する通常会費によって賄われ、会報等の配布を受ける者から会報等の対価を別途受領しない場合には、その会報等の発行は対価性がないものとしている。一方、②会報等の配布を受ける者から、購読料、特別会費等の名目で対価を受領する場合には、その受領する金額が対価の額として課税の対象となることを明らかにしたものである。また、注書においては同業者団体等がその業務運営のために構成員から会費を収受し、その業務運営の一環として発行する会報等が上記①に該当するものであれば、当該会報等が書店等において販売されている場合であっても、会員等に対する配布は資産の譲渡等に該当しないものとして取り扱うことを明らかにしている。

なお、同業者団体等が対価を得て行う会報等の書店等への譲渡及び書店等が対価を得て行うその会報等の譲渡は消費税の課税の対象となるこ

とはいうまでもない。
(2) 以上のことをまとめると次のようになる。
　イ　会報等が会員等にのみ配布される場合
　　(イ)　すべて無償で配布（その発行費用を通常の業務運営のために経常的に要する費用に充てるため徴収する通常会費により賄われている場合を含む。以下同じ。）されるとき……不課税（対価性なし）
　　(ロ)　購読料、特別会費等（以下「購読料等」という。）として対価を受領するとき……購読料等の額を対価の額として課税（対価の総額が会報等の発行費用の全部を賄うものであるか否かは問わない。）
　ロ　会員等及び会員等以外の者に配布される場合
　　(イ)　会員等には無償で配布し、会員等以外の者からは購読料等を受領するとき
　　　①　会員等に配布するもの……不課税
　　　②　会員等以外の者に配布するもの……購読料等の額を対価の額として課税
　　(ロ)　すべての配布先から購読料等の対価を受領するとき……購読料等の額を対価の額として課税
　ハ　会員等に無償で配布するほか、書店等を通じて販売する場合
　　(イ)　会員等に無償で配布するもの……不課税
　　(ロ)　書店等を通じて販売するもの……販売価額を対価の額として課税

（保険金、共済金等）

5－2－4　保険金又は共済金（これらに準ずるものを含む。）は、保険事故の発生に伴い受けるものであるから、資産の譲渡等の対価に該当しないことに留意する。

解説 消費税は、事業として対価を得て行われる資産の譲渡、資産の貸付け及び役務の提供を課税の対象としている。したがって、保険又は共済に係る契約に基づき、保険事故の発生に伴い受ける保険金又は共済金（これらに準ずるものを含む。）は、資産の譲渡等に係る対価に該当しないのである。

本通達は、このことを念のため明らかにしたものである。

なお、その保険金又は共済金は棚卸資産に係るものであるかどうか及びその保険金又は共済金に係る保険差益について圧縮記帳の適用を受けるかどうかは問わないのである。

（損害賠償金）

5−2−5　損害賠償金のうち、心身又は資産につき加えられた損害の発生に伴い受けるものは、資産の譲渡等の対価に該当しないが、例えば、次に掲げる損害賠償金のように、その実質が資産の譲渡等の対価に該当すると認められるものは資産の譲渡等の対価に該当することに留意する。

(1)　損害を受けた棚卸資産等が加害者（加害者に代って損害賠償金を支払う者を含む。以下5−2−5において同じ。）に引き渡される場合で、当該棚卸資産等がそのまま又は軽微な修理を加えることにより使用できるときに当該加害者から当該棚卸資産等を所有する者が収受する損害賠償金

(2)　無体財産権の侵害を受けた場合に加害者から当該無体財産権の権利者が収受する損害賠償金

(3)　不動産等の明渡しの遅滞により加害者から賃貸人が収受する損害賠償金

解説 損害賠償金については、心身又は資産につき加えられた損害の発生に伴い、その損害を補てんするものとして受けるものは、一般に、資産の譲渡等に係る対価に該当しないが、資産の譲渡等の対価に該当するかどうかは、その名称のいかんにかかわらず、その実質によって判定すべきものである。このようなことから、本通達は、次のような損害賠償金は、その実質からみて、資産の譲渡又は資産の貸付けに係る対価に該当することを念のため明らかにしたものである。

(1) 損害を受けた棚卸資産等が加害者（加害者に代わって損害賠償金を支払う者を含む。以下本解説において同じ。）に引き渡される場合でその棚卸資産等がそのまま又は軽微な修理を加えることにより使用できるときに当該加害者から当該棚卸資産を所有する事業者が収受する損害賠償金

(2) 無体財産権の侵害を受けた場合に当該加害者から当該無体財産権の権利者である事業者が収受する損害賠償金

(3) 不動産等の明渡しの遅滞により当該加害者から当該賃貸人である事業者が収受する損害賠償金

また、それが実質的な損害賠償金である限り、例えば、棚卸資産に係るものについて法人税法上の益金とされ、若しくは、所得税法上の収入金額に算入されるものであるかどうか、又はその損害賠償金について法人税法に規定する圧縮記帳の適用を受けるかどうかを問わず消費税の課税の対象とならないのである（該当法令は、(注) のとおり。）。

なお、上記(2)及び(3)に該当する場合に資産の譲渡等の対価の額とされる損害賠償金の額については、その損害賠償金の算定方法等を総合勘案して決定することになる。

(注) 法人税法第22条第2項《各事業年度の所得の金額の計算》

所得税法施行令第94条第1項《事業所得の収入金額とされる保険金等》

法人税法第47条《保険金等で取得した固定資産等の圧縮額の損金算入》

（容器保証金等の取扱い）

5―2―6　びん・缶又は収納ケース等（以下5―2―6において「容器等」という。）込みで資産を譲渡する場合に、容器等込みで資産を引き渡す際に収受し、当該資産を消費等した後に空の容器等を返却したときは返還することとされている保証金等は、資産の譲渡等の対価に該当しない。

なお、当該容器等が返却されないことにより返還しないこととなった保証金等の取扱いについては、次による。

(1)　当事者間において当該容器等の譲渡の対価として処理することとしている場合　資産の譲渡等の対価に該当する。

(2)　当事者間において損害賠償金として処理することとしている場合　当該損害賠償金は資産の譲渡等の対価に該当しない。

(注)　(1)又は(2)のいずれによるかは、当事者間で授受する請求書、領収書その他の書類で明らかにするものとする。

解説　消費税は、事業として対価を得て行われる資産の譲渡、資産の貸付け及び役務の提供を課税の対象としている。したがって、資産の譲渡の際に、びん・缶又は収納ケース等の容器等と一体で資産を譲渡するに当たって、当該容器等の保証金等として当該資産を引き渡す際に収受され、当該資産を消費等した後に空になった容器等を返却したときは返還することとされている場合の当該保証金等は、容器等の返却を担保するために受領する預り金としての性格のものであって、資産の譲渡等の対価に該当しないのであり、本通達はこのことを念のため明らかにしたものである。

ただ、実務においては、当該容器等が何らかの原因により返却されないこととなったために返還しないこととなった部分の保証金等について、以下の

区分にしたがって処理されているのが通例であることから、消費税の対価関係の判定においても、その取扱いによることを明らかにしたものである。
(1) 当事者間において当該容器等の譲渡の対価として処理することとしている場合　当該容器等の資産の譲渡の対価に該当する。
(2) 当事者間において損害賠償金として処理することとしている場合
　　当該損害賠償金は資産の譲渡等の対価に該当しない。

なお、当事者間において1又は2のいずれにより処理したかを明確にするとともに、処理の統一を図る見地から、本通達の注書において、当事者間で授受する請求書、領収書その他の書類で1又は2のいずれにより処理したものかを明らかにすべきものとしている。

（建物賃貸借契約の解除等に伴う立退料の取扱い）

5－2－7　建物等の賃借人が賃貸借の目的とされている建物等の契約の解除に伴い賃貸人から収受する立退料（不動産業者等の仲介を行う者を経由して収受する場合を含む。）は、賃貸借の権利が消滅することに対する補償、営業上の損失又は移転等に要する実費補償などに伴い授受されるものであり、資産の譲渡等の対価に該当しない。

(注)　建物等の賃借人たる地位を賃貸人以外の第三者に譲渡し、その対価を立退料等として収受したとしても、これらは建物等の賃借権の譲渡に係る対価として受領されるものであり、資産の譲渡等の対価に該当することになるのであるから留意する。

解説　借家又は借地の立退きに際し、その賃借人が受け取る立退料には一般的に次のような種々の性格がある。
①　賃借権の消滅に対する補償としての性格……賃借人が家屋等を明け渡

すことによって消滅する権利の対価としての補償金

② 収益補償としての性格……立退きに伴う営業の休止等により事実上生じる収益の補償や給与の支払などの損失の補償金

③ 移転費用の補償としての性格……賃借人が家屋等を明渡すための移転費用として直接支払わなければならない費用の実費補償金

本通達では、このような性格を有する立退料等で賃借人に対し賃貸人から支払われるものについては、いずれの場合にも資産の譲渡等の対価に該当しないことを明らかにしている。なお、これは当該立退料等が、不動産業者等の取引の仲介を行う者を経由して支払われる場合も同様である。

ただし、同様に立退料等と称していたとしても、賃貸借契約を解除することなく当該賃借人の有する賃借人たる地位を賃貸人以外の第三者に譲渡し、その対価として立退料等を収受した場合については、建物賃借権の譲渡に係る対価として受領されるものであるから、資産の譲渡等の対価に該当することを注書において念のため明らかにしている。

（剰余金の配当等）

5－2－8　剰余金の配当若しくは利益の配当又は剰余金の分配（出資に係るものに限る。）は、株主又は出資者たる地位に基づき、出資に対する配当又は分配として受けるものであるから、資産の譲渡等の対価に該当しないことに留意する。

（注）　事業者が、法法第60条の2第1項第1号《協同組合等の事業分量配当等の損金算入》に掲げる事業分量配当（当該事業者が協同組合等から行った課税仕入れに係るものに限る。）を受けた場合には、法第32条《仕入れに係る対価の返還等を受けた場合の仕入れに係る消費税額の控除の特例》の規定が適用されることになる。

【平18課消1—16　改正】

解説　消費税は、事業として対価を得て行われる資産の譲渡、資産の貸付け及び役務の提供を課税の対象としている。したがって、剰余金の配当若しくは利益の配当又は剰余金の分配（出資に係るものに限る。）は、株主又は出資者たる地位に基づき、出資に対する配当又は分配として受けるものであるから、資産の譲渡等の対価に該当しないのである。

　なお、資産の譲渡等に該当しない剰余金の配当若しくは利益の配当又は剰余金の分配と似て非なるものとして、協同組合等がする法人税法第60条の2第1項第1号《協同組合等の事業分量配当》に掲げる事業分量配当（課税資産の譲渡等に係るものに限る。）があるが、これは割戻しに該当するから、それを支払った場合には、消費税法第38条《売上げに係る対価の返還等をした場合の消費税額の控除》に規定する売上げに係る対価の返還等に該当し、事業者がその事業分量配当の支払を受けた場合には、消費税法第32条《仕入れに係る対価の返還等を受けた場合の仕入れに係る消費税額の控除の特例》に規定する仕入れに係る対価の返還等に該当することとなるのである。

　本通達は、このようなことを念のため明らかにしたものである。

（自己株式の取扱い）

5—2—9　法人が自己株式を取得する場合（証券市場での買入れによる取得を除く。）における株主から当該法人への株式の引渡し及び法人が自己株式を処分する場合における他の者への株式の引渡しは、いずれも資産の譲渡等に該当しない。

【平18課消1—16　改正】

解説　会社が資金調達のために発行した自社の株式を取得するという行為

は、かつて当該株式の発行によって調達した資金を払い戻す行為であると考えられる。すなわち、自己株式の取得は、過去に発行した株式の払戻しと実質的に同様であるといえることから、法人が自己株式を取得する場合における株主から当該法人への株式の引渡しが、資産の譲渡に該当するのか疑義が生ずるところである。

　ところで、株式とは株主が株主として会社に対して持つ法律上の地位であり、株主はこのような地位に基づき会社に対して議決権、利益配当請求権及び残余財産分配請求権等の権利を有することとなる。

　他方、消費税法上の「資産の譲渡」とは、資産につきその同一性を保持しつつ他人に移転させることをいう（基通5－2－1）のであるが、会社が自己株式を取得すると株主の権利である議決権、利益配当請求権及び残余財産分配請求権等は消滅する（会社法308②、453、504③）ことから、自己株式の取得は資産につきその同一性を保持しつつ他人に移転させたとはいえない。

　このようなことから、この場合の株式の引渡しは資産の譲渡に該当しないことを念のために明らかにしたものである。

　なお、企業会計上、自己株式を取得した場合には純資産の部に自己株式として計上し、資本の減少項目として取り扱われるとともに、法人税法上も自己株式の取得は資本等取引に該当することとされていることから、その有償取得は出資の払戻しに該当するものである。

　ただし、法人が自己株式を取得する場合であっても、証券市場を通じて取得する場合における株主からの株式の引渡しについては、当該株式を譲渡する者は、通常の株式の売却として証券会社等に引き渡すものであるから、非課税とされる有価証券の譲渡（法別表第1二）に該当することとなるため、かっこ書でこれを除いているのである。

(注)　法人税法上、自己株式を証券市場を通じて取得する場合については、みなし配当課税の対象から除かれている。

また、自己株式を取得した法人が当該自己株式を処分する場合における当該株式の引渡しは、所有する株式の譲渡ではなく、新株の発行として行われるものであることから、当該株式の引渡しは、資産の譲渡には該当しないこととなる。

(注)　自己株式を処分する場合には、会社法上、新株発行の場合と同様の手続となる（会社法199①）。

（対価補償金等）

5—2—10　令第2条第2項《資産の譲渡等の範囲》に規定する「補償金」とは、同項の規定により譲渡があったものとみなされる収用の目的となった所有権その他の権利の対価たる補償金（以下5—2—10において「対価補償金」という。）をいうのであり、当該補償金の収受により権利者の権利が消滅し、かつ、当該権利を取得する者から支払われるものに限られるから、次に掲げる補償金は、対価補償金に該当しないことに留意する。

(1)　事業について減少することとなる収益又は生ずることとなる損失の補塡に充てるものとして交付を受ける補償金

(2)　休廃業等により生ずる事業上の費用の補塡又は収用等による譲渡の目的となった資産以外の資産について実現した損失の補塡に充てるものとして交付を受ける補償金

(3)　資産の移転に要する費用の補塡に充てるものとして交付を受ける補償金

(4)　その他対価補償金たる実質を有しない補償金

(注)　公有水面埋立法の規定に基づく公有水面の埋立てによる漁業権又は入漁権の消滅若しくはこれらの価値の減少に伴う補償金は、補償金を

> 支払う者はこれらの権利を取得せず、資産の移転がないことから、資産の譲渡の対価に該当しない。

【平23課消1―35　改正】

解説　事業者が、土地収用法その他の法律の規定に基づいてその所有権その他の権利を収用され、かつ、その権利を取得する者からその権利の消滅に係る補償金を取得した場合には、対価を得て資産の譲渡を行ったものとみなされ、その補償金は課税の対象となる（令2②）。

ところで、この場合の「補償金」とは、譲渡があったものとみなされる収用の目的となった所有権その他の権利の対価たる補償金（対価補償金）をいうのであるから、次に掲げる補償金は、対価補償金に該当しない。

(1) 事業について減少することとなる収益又は生ずることとなる損失の補てんに充てるものとして交付を受ける補償金（いわゆる収益補償金）

(2) 休廃業等により生ずる事業上の費用の補塡又は収用等による譲渡の目的となった資産以外の資産について実現した損失の補塡に充てるものとして交付を受ける補償金（いわゆる経費補償金）

(3) 資産の移転に要する費用の補塡に充てるものとして交付を受ける補償金（いわゆる移転補償金）

(4) その他対価補償金たる実質を有しない補償金

また、公有水面埋立法の規定に基づく公有水面の埋立てによる漁業権又は入漁権の消滅若しくはこれらの価値の減少に伴う対価補償金は、一般的に、漁業権又は入漁権を取得する者から支払われるものでないので、資産の譲渡に係る対価に該当しない。

本通達は、このようなことを念のため明らかにしたものである。

なお、資産の移設に伴い支払われる移転補償金であっても、当該資産を取り壊した場合には、租税特別措置法の取扱いにおいて、租特通（法人税編）

64(2)―1以降又は租特通（山林所得・譲渡所得関係）33―8以降では課税の特例の適用を受ける「対価補償金」とされることがある。これは、施設等を移転させて再度これを使用することが事実上困難な場合には、被収用者は、収用等に伴い代替資産の取得を余儀なくされることから、対価補償金の交付を受けた場合と同様に、代替資産の帳簿価額の圧縮記帳等の特例を認めることとされているものである。しかし、消費税法上、課税の対象とされる「対価補償金」は、資産の収用等に際して、その資産の所有権等の権利を取得する者から、原権利者の権利が消滅することの対価として支払われる補償金に限られるから、当該資産の移転又は取壊しに係る費用を補塡するために支払われる補償金は、消費税の課税の対象とはならないのである。

（譲渡担保等）

5―2―11 事業者が債務の弁済の担保としてその有する資産を譲渡した場合において、その譲渡につき所基通33―2《譲渡担保に係る資産の移転》又は法基通2―1―18《固定資産を譲渡担保に供した場合》の取扱いの適用を受けているときは、その取扱いの例によるものとする。

解説 事業者が債務の弁済の担保としてその有する資産を譲渡した場合において、その契約書に次のすべての事項を明らかにしている等のときは、所得税又は法人税の取扱いでは、その譲渡はなかったものとして取り扱われているが（所基通33―2、法基通2―1―18）、消費税の場合もその実質において同様に取り扱うことを本通達において明らかにしたものである。

(1) 担保に係る資産をその事業者が従来どおり使用収益すること。

(2) 通常支払うと認められるその債務に係る利子又はこれに相当する使用

料の支払に関する定めがあること。

また、形式上買戻条件付譲渡又は再売買の予約とされているものであっても、上記のような条件を具備しているものは、譲渡担保に該当するのであり、(2)の利子又は使用料は、消費税法別表第一第3号《利子を対価とする貸付金等》に掲げる利子を対価とする貸付金に係る対価に該当することになる。

なお、所得税又は法人税の取扱いでは、その後その要件のいずれかを欠くに至ったとき又は債務不履行のためその弁済に充てられたときは、これらの事実の生じたときにおいて譲渡があったものとして取り扱うことになっているが、これについても所得税又は法人税の場合と同様に取り扱うことになる。

（自社使用等）
5－2－12 事業者が自己の広告宣伝又は試験研究等のために商品、原材料等の資産を消費し、又は使用した場合の当該消費又は使用は、資産の譲渡に該当しないことに留意する。

解説 消費税は、事業として対価を得て行われる資産の譲渡、資産の貸付け及び役務の提供について課税の対象とすることを原則としている。また、対価を得て行われないもののうち、個人事業者の自家消費又は自家使用及び法人のその役員に対する贈与については、資産の譲渡とみなして消費税の課税の対象とすることになっている。したがって、事業者が自己の広告宣伝、試験研究等のために課税仕入れに係る手持ちの商品、原材料等の資産を消費し、又は使用したとしても、その消費又は使用は消費税の課税の対象とはならないのである。また、事業者が個人の場合であっても、消費税法第4条第4項第1号《個人事業者の家事消費等》の規定により資産の譲渡とみなすのは、家事のための消費又は使用であるから、広告宣伝又は試験研究等の事業

のための消費又は使用は、同号の規定によっても消費税の課税の対象とはならない。

本通達は、このことを念のため明らかにしたものである。

(資産の廃棄、盗難、滅失)

5―2―13　棚卸資産又は棚卸資産以外の資産で事業の用に供していた若しくは供すべき資産について廃棄をし、又は盗難若しくは滅失があった場合のこれらの廃棄、盗難又は滅失は、資産の譲渡等に該当しないことに留意する。

解説　消費税の課税の対象となるのは、事業として対価を得て行われる資産の譲渡、資産の貸付け及び役務の提供であるから、資産につき廃棄をし、又は盗難若しくは滅失があった場合のこれらの廃棄、盗難又は滅失は、資産の譲渡等に該当しない。本通達は、このことを念のため明らかにしたものである。

なお、その課税期間中に課税仕入れを行った資産が滅失等した場合であっても、その課税仕入れに係る消費税額は、仕入税額控除の対象とされている(基通11―2―11参照)。

(寄附金、祝金、見舞金等)

5―2―14　寄附金、祝金、見舞金等は原則として資産の譲渡等に係る対価に該当しないのであるが、例えば、資産の譲渡等を行った事業者がその譲渡等に係る対価を受領するとともに別途寄附金等の名目で金銭を受領している場合において、当該寄附金等として受領した金銭が

実質的に当該資産の譲渡等の対価を構成すべきものと認められるときは、その受領した金銭はその資産の譲渡等の対価に該当する。

解説　一般的な寄附金、祝金、見舞金等は、企業会計上費用として認識されるが、反対給付の対価として支出されるものではないから、資産の譲渡等に係る対価に該当しない。しかしながら、寄附金等と称されるものであっても、名目のいかんにかかわらず、その実質によって対価性の有無を判定する必要があることはいうまでもないのである。

　すなわち、資産の譲渡等を行った事業者が、その譲渡等に係る対価を受領するとともに、別途寄附金等として受領した金銭がある場合の当該寄附金で、その実質が当該資産の譲渡等の対価を構成すべきものと認められる場合には、寄附金と称していたとしても、資産の譲渡等の対価となるのである。

　本通達は、このことを念のため明らかにしたものである。

事例　地方公共団体等が受領する寄附金等で課税の対象となるもの

　都道府県又は市町村が工場誘致等により土地その他の資産を譲渡した場合には、その譲渡に係る対価のほかに、その譲渡に関連してその都道府県若しくは市町村又はこれらの指定する公共団体等が寄附金又は負担金の名目で金銭を受領することがあるが、その受領した金銭が実質的にみて資産の譲渡等の対価を構成すべきものと認められるときは、その受領した金銭はその資産の譲渡の対価に該当する。

（補助金、奨励金、助成金等）

5－2－15　事業者が国又は地方公共団体等から受ける奨励金若しくは助成金等又は補助金等に係る予算の執行の適正化に関する法律第2条第1項《定義》に掲げる補助金等のように、特定の政策目的の実現を

図るための給付金は、資産の譲渡等の対価に該当しないことに留意する。
　(注)　雇用保険法の規定による雇用調整助成金、雇用対策法の規定による職業転換給付金又は障害者の雇用の促進等に関する法律の規定による身体障害者等能力開発助成金のように、その給付原因となる休業手当、賃金、職業訓練費等の経費の支出に当たり、あらかじめこれらの雇用調整助成金等による補塡を前提として所定の手続をとり、その手続のもとにこれらの経費の支出がされることになるものであっても、これらの雇用調整助成金等は、資産の譲渡等の対価に該当しない。

【平23課消1―35　改正】

解説　事業者は、国又は地方公共団体等から特定の政策目的の実現を図るための奨励金、助成金又は補助金等を受けることがあるが、これらの給付金は、事業者が国等に対して資産の譲渡、資産の貸付け及び役務の提供を行うことの反対給付として受けるものではないのであり、消費税の課税の対象とはならない。

　また、所得税又は法人税の取扱いにおいては、雇用保険法の規定による雇用調整助成金、雇用対策法の規定による職業転換給付金又は身体障害者雇用促進法の規定による身体障害者等能力開発助成金のように、その給付原因となる休業手当、賃金、職業訓練費等の経費の支出に当たり、あらかじめ給付金による補塡を前提として所定の手続をとり、その手続のもとにこれらの経費の支出がされることになるものは、その支出する経費との見合いで見積って総収入金額又は益金の額に算入することとされているものがある（所基通36・37共―49、法基通2―1―42）。このような取扱いの対象となるものであっても、これらの雇用調整助成金等は、国等における雇用の促進等という特定の政策の実現を図るためのものであることに変りはないから、資産の譲渡

等の対価に該当せず、したがって、消費税の課税の対象にはならないのである。

本通達は、このことを念のため明らかにしたものである。

（下請先に対する原材料等の支給）

5―2―16　事業者が外注先等に対して外注加工に係る原材料等を支給する場合において、その支給に係る対価を収受することとしているとき（以下5―2―16において「有償支給」という。）は、その原材料等の支給は、対価を得て行う資産の譲渡に該当するのであるが、有償支給の場合であっても事業者がその支給に係る原材料等を自己の資産として管理しているときは、その原材料等の支給は、資産の譲渡に該当しないことに留意する。

（注）　有償支給に係る原材料等について、その支給をした事業者が自己の資産として管理しているときには、支給を受ける外注先等では、当該原材料等の有償支給は課税仕入れに該当せず、また、当該支給をした事業者から収受すべき金銭等のうち原材料等の有償支給に係る金額を除いた金額が資産の譲渡等の対価に該当する。

解説　事業者が外注先等に対して外注加工に係る原材料を支給する場合において、事業者と外注先等との間でその支給した原材料に係る対価を授受し、その外注先等のその原材料の利用（処分）について一切関知しないこととしているときは、その原材料の支給は資産の譲渡に該当することはいうまでもない。ただ、事業者が、原材料を外注先等に払い出した時に仮払金又は未収金に計上し、その原材料を使用等した製品又は半製品が納入される都度その使用等に見合う原材料部分の仮払金又は未収金を消却するという経理処理そ

の他を通じて支給原材料の受払い、数量管理等を行い、最終的な未使用分の材料について、返還を受けるか又はその分の対価を授受している場合又は支給原材料の品質管理や効率的使用等の観点から、形式的に有償支給の形態を採るものの、原価による支給であり、当該支給原材料の受払い、数量管理等を行っている場合に、その原材料の払出し等をもって資産の譲渡があったものとして取り扱うかどうかについて疑問が生じるところである。この点、このような場合に資産の譲渡が行われたかどうかは、その実態により判定すべきものであるから、事業者が、当事者間で譲渡があったものとして認識している場合は別として、仮払金又は未収金とする経理その他を通じてその支給に係る原材料を支給する事業者が自己の資産としての受払い、数量管理等をしているときは、その原材料の有償支給は、資産の譲渡に該当せず、したがって、消費税の課税の対象にはならないのである。本通達は、このことを念のため明らかにしたものである。

　また注書では、このような取引の場合には、有償で原材料等の支給を受けた外注先等においては、課税仕入れとはならず、原材料等の支給を受ける事業者から収受する役務の提供の対価としての加工賃等が課税の対象となることを明らかにしたものである。

　なお、企業の経理処理は、取引の実態を示すものでなければならないのであり、原材料等の支給取引について売上げ、仕入れ等の損益科目で処理している場合に、その実態が上記のような預け在庫、預り在庫であるというのであれば、その実態に即した経理処理とすることが望ましいことはいうまでもない。

第3節　みなし譲渡

　消費税は、事業として対価を得て行われる資産の譲渡、資産の貸付け及び役務の提供について課税の対象とすることを原則としているが、対価を得て

行われないものであっても、個人事業者の自家消費又は自家使用及び法人のその役員に対する贈与については、資産の譲渡とみなし、時価をその対価として消費税の課税の対象としている（法4⑤一、二）。

第1款　個人事業者の家事消費等

（家事消費等の意義）

5—3—1　法第4条第5項第1号《個人事業者の家事消費等》に規定する「棚卸資産又は棚卸資産以外の資産で事業の用に供していたものを家事のために消費し、又は使用した場合」とは、同号に規定する資産を個人事業者又は当該個人事業者と生計を一にする親族の用に消費し、又は使用した場合をいう。

【平27課消1—17　改正】

解説　消費税法上、個人事業者が棚卸資産又は事業用資産を家事のために消費し、又は使用した場合、即ち自家消費又は自家使用した場合には、資産の譲渡とみなし、時価をその対価として消費税の課税の対象とすることになっている（法4⑤一、28③一）。

本通達は、この場合の自家消費又は自家使用の範囲について、棚卸資産又は事業用資産を個人事業者又は当該個人事業者と生計を一にする親族の用に消費し、又は使用した場合をいうものであることを明らかにしたものである。

（使用の意義）

5—3—2　法第4条第5項第1号《個人事業者の家事消費等》に規定する「使用」とは、同号に規定する資産の全部又は一部を家事のため

にのみ使用することをいうのであるから、例えば、事業の用に供している自動車を家事のためにも利用する場合のように、家事のためにのみ使用する部分を明確に区分できない資産に係る利用は、同号に規定する「使用」に該当しないことに留意する。

【平27課消1—17　改正】

解説　消費税法上、個人事業者が棚卸資産又は事業用資産を家事のために消費し、又は使用した場合には、時価による資産の譲渡があったものとみなして消費税の課税の対象とすることとされている（法4⑤一、28③一）。

ところで、棚卸資産又は事業用資産の使用の形態には種々のものがあるが、ここでいう「使用」とは、そのことをもって、個人事業者の「店」から「奥」への譲渡があったものとみなすのであるから、その資産につき譲渡があったと同視し得る場合の使用に限定すると解するのがその趣旨に適うものであると考えられる。

そこで、本通達においては、消費税法上、資産の譲渡とみなすこととなる「使用」とは、棚卸資産又は事業用資産の全部又は一部を家事のためにのみ使用することをいうことを明らかにするとともに、これに該当しない事例として、事業用の自動車をたまたま家事のためにも利用する場合のように、家事のためにのみ使用する部分を明確に区分できない資産の利用は、消費税の課税の対象とする「使用」に該当しないものであることを念のため明らかにしたものである。

第2款　役員に対するみなし譲渡

（役員の範囲）

5―3―3　法第4条第5項第2号《役員に対するみなし譲渡》に規定する役員（法法第2条第15号《定義》に規定する役員をいう。以下5―3―5までにおいて同じ。）の範囲につき法法令第7条第1号《役員の範囲》の規定を適用する場合において、同号に規定する「使用人以外の者でその法人の経営に従事しているもの」には、相談役、顧問その他これらに類する者でその法人内における地位、その行う職務等からみて他の役員と同様に実質的に法人の経営に従事していると認められるものが含まれることに留意する。

【平27課消1―17　改正】

解説

(1)　消費税法上、法人がその役員に対して資産を贈与した場合には、時価による資産の譲渡があったものとみなして消費税の課税の対象とすることとされている（法4⑤二、28③二）。そして、この場合の「役員」とは、法人税法第2条第15号《定義》に規定する役員をいい、具体的には次の者をいうものとされている（法法②十五、法法令7）。

　イ　法人の取締役、執行役、会計参与、監査役、理事、監事及び清算人
　ロ　法人の使用人（職制上使用人としての地位のみを有する者に限る。以下ハにおいて同じ。）以外の者でその法人の経営に従事しているもの
　ハ　同族会社の使用人のうち、次に掲げる要件のすべてを満たしている者で、その会社の経営に従事しているもの
　　(ｲ)　当該会社の株主グループにつきその所有割合が最も大きいものか

ら順次その順位を付し、その第1順位の株主グループ（同順位の株主グループが2以上ある場合には、そのすべての株主グループ。以下(イ)において同じ。）の所有割合を算定し、又はこれに順次第2順位及び第3順位の株主グループの所有割合を加算した場合において、当該使用人が次に掲げる株主グループのいずれかに属していること。

 A　第1順位の株主グループの所有割合が100分の50を超える場合における当該株主グループ

 B　第1順位及び第2順位の株主グループの所有割合を合計した場合にその所有割合が初めて100分の50を超えるときにおけるこれらの株主グループ

 C　第1順位から第3順位までの株主グループの所有割合を合計した場合にその所有割合が初めて100分の50を超えるときにおけるこれらの株主グループ

(ロ)　当該使用人の属する株主グループの当該会社に係る所有割合が100分の10を超えていること。

(ハ)　当該使用人（その配偶者及びこれらの者の所有割合が100分の50を超える場合における他の会社を含む。）の当該会社に係る所有割合が100分の5を超えていること。

(2)　ところで、法人の使用人以外の者でその法人の経営に従事しているものは、たとえその法人の取締役、執行役、会計参与、監査役、理事、監事又は清算人としての地位にない者であっても、税法上は役員として取り扱われ（法法令7一）、みなし譲渡の規定が適用されることとなる。

そして、この場合の「使用人以外の者でその法人の経営に従事しているもの」とは、例えば、①取締役又は理事等となっていない総裁、副総裁、会長、副会長、理事長、副理事長、組合長等の表見的な役員、②持分会社の業務執行社員、③人格のない社団等における代表者若しくは管

第5章　課税範囲　237

理人又は、④法定役員ではないが、法人が定款等において役員として定めている者のほか、⑤相談役、顧問その他これらに類する者で、その法人内における地位、職務等からみて実質的にその法人の経営に従事していると認められるものも含まれるのである。

　この役員として取り扱われる者のうち、①から④までに掲げるものについては、その判定についてさほど疑義も生じないものと認められるので、本通達は、⑤の実質判定をする場合だけについて定めたものであり、これは、法人税の取扱いと同様である（法基通9―2―1）。

（同順位の株主グループ）

5―3―4　法第4条第5項第2号《役員に対するみなし譲渡》に規定する役員の範囲につき法法令第71条第1項第5号イからハまで《使用人兼務役員とされない役員》の規定を適用する場合において、第1順位の株主グループと同順位の株主グループがあるときは当該同順位の株主グループを含めたものが第1順位の株主グループに該当し、これに続く株主グループが第2順位の株主グループに該当することに留意する。

（注）　例えば、A株主グループ及びB株主グループの所有割合（法法令第71条第3項に規定する所有割合をいう。以下同じ。）がそれぞれ20％、C株主グループ及びD株主グループの所有割合がそれぞれ15％の場合には、A株主グループ及びB株主グループが第1順位の株主グループに該当してその割合は40％となり、C株主グループ及びD株主グループが第2順位の株主グループに該当してその所有割合は30％となる。

【平18課消1―16、平27課消1―17　改正】

解説　法人税の取扱いにおいては、同族会社の使用人のうち次に掲げる要

件のすべてを満たしている者で、その会社の経営に従事しているものは、役員に該当することとされている（法法2十五、法法令7二、71①五）。

(1) その使用人が次に掲げる株主グループのいずれかに属していること。

　イ　第1順位の株主グループの所有割合が50％を超える場合におけるその株主グループ

　ロ　第1順位及び第2順位の株主グループの所有割合を合計した場合にその所有割合がはじめて50％を超えるときにおけるこれらの株主グループ

　ハ　第1順位から第3順位までの株主グループの所有割合を合計した場合にその所有割合がはじめて50％を超えるときにおけるこれらの株主グループ

(2) その使用人の属する株主グループの所有割合が10％を超えていること。

(3) その使用人（その配偶者及びこれらの者の所有割合が50％以上である場合における他の会社を含む。）の所有割合が5％を超えていること。

　この場合、(1)の要件の判定に当り、同順位の株主グループが2以上あるときは、そのすべての株主グループを同順位のものとすることとされている（同号イかっこ書）。

　本通達は、消費税においても、この点に関しては法人税の取扱い（法基通9－2－8）と同様であることを念のため明らかにしたものであり、その注書の場合についていうと、その使用人が、A、B、C、Dの各株主グループのいずれかに属していれば、たとえ使用人であっても役員に該当することになる。もっとも、その使用人（配偶者及びこれらの者の所有割合が50％を超える他の会社を含む。）の所有割合が5％以下である場合には、上述の(3)の基準に該当しないので、役員に該当しなくなる。

　なお、例えば、本通達の注書の場合に、A、Bの各株主グループでそれぞれ26％ずつの株式を有しているときは、第1順位の株主グループ（A、B）

で既に所有割合が50％超となるため、C、Dの各株主グループに属する使用人は、他の要件を待つまでもなく、役員に該当しなくなるのである。

（役員に対する無償譲渡等）

5—3—5　法第4条第5項第2号《役員に対するみなし譲渡》又は第28条第1項ただし書《課税標準》の規定により、法人がその役員に対し、資産を無償で譲渡した場合又は資産の譲渡の時における当該資産の価額に比し著しく低い対価の額で譲渡した場合には、当該譲渡の時における価額に相当する金額がその対価の額とされるのであるが、法人がその役員に対し無償で行った資産の貸付け又は役務の提供については、これらの規定が適用されないことに留意する。

（注）　所基通36—21《課税しない経済的利益……永年勤続者の記念品等》又は36—22《課税しない経済的利益……創業記念品等》において給与として課税しなくて差し支えないものとされている記念品等については、役員に対して無償支給する場合であっても、法第4条第5項第2号に該当しないものとして取り扱って差し支えない。

【平27課消1—17　改正】

解説　消費税の課税の対象は、事業者が事業として対価を得て行う資産の譲渡等であり、無償で行う資産の譲渡等は、原則として課税の対象とされていない。また、課税資産の譲渡等に係る課税標準は、原則として取引当事者間で授受することとした対価の額である（法28①）。この特例として、法人の役員に対する資産の贈与又は資産の低額譲渡の場合には、時価による資産の譲渡があったものとみなして消費税の課税の対象とすることとされている（棚卸資産の低額譲渡については基通10—1—2参照。）。

しかしながら、法人の役員に対する資産の無償貸付け又は無償による役務の提供については、原則どおり消費税の課税の対象とはならないのである。

 本通達は、このことを念のため明らかにしたものである。

 また、本通達の注書では、法人の役員に対する資産の贈与であっても、それが役員に限らず、例えば、所得税基本通達36―21《課税しない経済的利益……永年勤続者の記念品等》、同36―22《課税しない経済的利益……創業記念品等》のように、従業員に対しても同様に行われている場合には、役員に対する贈与分についてもみなし譲渡として課税の対象とする必要がないことを明らかにしている。

第4節　資産の貸付け

> **(資産に係る権利の設定の意義)**
> 5―4―1　法第2条第2項《資産の貸付けの意義》に規定する「資産に係る権利の設定」とは、例えば、土地に係る地上権若しくは地役権、特許権等の工業所有権に係る実施権若しくは使用権又は著作物に係る出版権の設定をいう。

解説　消費税の課税の対象の一つとして、事業者が事業として対価を得て行う資産の貸付けがあり、この資産の貸付けには、「資産に係る権利の設定」が含まれる（法2②）。

 本通達は、資産に係る権利の設定について、その具体例を示したものである。すなわち、「資産に係る権利の設定」には、例えば、次のような場合が該当するのである。

　①　土地に係る地上権又は地役権の設定

② 特許権、実用新案権、意匠権、商標権等の工業所有権等に係る実施権又は使用権の設定

③ 著作物に係る出版権の設定

（資産を使用させる一切の行為の意義）

5―4―2　法第2条第2項《資産の貸付けの意義》に規定する「資産を使用させる一切の行為（当該行為のうち、電気通信利用役務の提供に該当するものを除く。）」とは、例えば、次のものをいう。

(1) 工業所有権等（特許権等の工業所有権並びにこれらの権利に係る出願権及び実施権をいう。）の使用、提供又は伝授

(2) 著作物の複製、上演、放送、展示、上映、翻訳、編曲、脚色、映画化その他著作物を利用させる行為

(3) 工業所有権等の目的になっていないが、生産その他業務に関し繰り返し使用し得るまでに形成された創作（特別の原料、処方、機械、器具、工程によるなど独自の考案又は方法についての方式、これに準ずる秘けつ、秘伝その他特別に技術的価値を有する知識及び意匠等をいう。）の使用、提供又は伝授

【平27課消1―17　改正】

解説　消費税の課税の対象の一つとして事業者が事業として対価を得て行う資産の貸付けがあり、この資産の貸付けには、「資産を使用させる一切の行為（当該行為のうち、電気通信利用役務の提供に該当するものを除く。）」が含まれる（法2②）。

本通達は、資産を使用させる一切の行為について、その具体例を示したものである。すなわち、「資産を使用させる一切の行為」とは、電気通信利用

役務の提供に該当しないものであって、例えば、次のものをいうのである。

(1) 工業所有権等（特許権等の工業所有権並びにこれらの権利に係る出願権及び実施権をいう。）の使用、提供又は伝授

(2) 著作物の複製、上演、放送、展示、上映、翻訳、編曲、脚色、映画化その他著作物を利用させる行為

　　（注）　著作物を利用させる行為は、例えば、著作物の二次利用を前提とした貸付けが該当することから、消費者等に対しても広く行われるインターネットを介した電子書籍の配信や音楽、映像等を視聴させるサービスなどの電気通信利用役務の提供（一般的にその著作物の利用は私的利用に限られるもの）は、これに該当しない。

(3) 工業所有権等の目的になっていないが、生産その他業務に関し繰り返し使用し得るまでに形成された創作（特別の原料、処方、機械、器具、工程によるなど独自の考案又は方法についての方式、これに準ずる秘けつ、秘伝その他特別に技術的価値を有する知識及び意匠等をいう。）の使用、提供又は伝授

（借家保証金、権利金等）

5－4－3　建物又は土地等の賃貸借契約等の締結又は更改に当たって受ける保証金、権利金、敷金又は更改料（更新料を含む。）のうち賃貸借期間の経過その他当該賃貸借契約等の終了前における一定の事由の発生により返還しないこととなるものは、権利の設定の対価であるから資産の譲渡等の対価に該当するが、当該賃貸借契約の終了等に伴って返還することとされているものは、資産の譲渡等の対価に該当しないことに留意する。

解説 建物又は土地等（土地又は土地の上に存する権利をいう。）の賃貸借契約等の締結又は更改に当たって通常、保証金、権利金、敷金又は更改料（更新料を含む。）が授受されるが、これらのうち、期間の経過その他その賃貸借契約等の終了前における一定の事由の発生により返還しないこととなるものは、権利の設定の対価であるから、資産の譲渡等の対価に該当することとなる。しかし、その賃貸借契約等の終了又は一定期間の経過等に伴って返還することとされているものは、そもそも預り金又は仮受金であり、資産の譲渡等の対価に該当しないのである。

本通達は、このことを念のため明らかにしたものである。

（福利厚生施設の利用）

5—4—4　事業者が、その有する宿舎、宿泊所、集会所、体育館、食堂その他の施設を、対価を得て役員又は使用人等に利用させる行為は、資産の譲渡等に該当することに留意する。

解説 事業者が、その有する宿舎、宿泊所、集会所、体育館、食堂その他の福利厚生施設を、対価を得て役員又は使用人等に利用させる行為は、その対価の額が実費相当額である場合又は通常の利用料金等に比して低額である場合であっても、対価を得て行う限り、それにより利益を生ずることとなるかどうかにかかわらず、資産の譲渡等に該当することとなるのである。

本通達は、このことを念のため明らかにしたものである。

（資産の無償貸付け）

5—4—5　個人事業者又は法人が、資産の貸付けを行った場合におい

> て、その資産の貸付けに係る対価を収受しないこととしているときは、当該資産の貸付けを受けた者が当該個人事業者の家族又は当該法人の役員であっても、資産の譲渡等に該当しないことに留意する。

解説 消費税の課税の対象となる資産の貸付けは、対価を得て行われるものに限られている（法２①八）。したがって、事業者が、その家族、役員、使用人又は得意先等当該事業者と何らかの関係のある他の者に資産の貸付けを行った場合においても、その資産の貸付けに係る対価を収受しないこととしているときは、その貸付けは対価を得て行われる資産の譲渡等には該当せず、消費税の課税の対象とはならないのである。

本通達は、このことを念のため明らかにしたものである。

第５節　役務の提供

> **（役務の提供の意義）**
> ５―５―１　法第２条第１項第８号《資産の譲渡等の意義》に規定する「役務の提供」とは、例えば、土木工事、修繕、運送、保管、印刷、広告、仲介、興行、宿泊、飲食、技術援助、情報の提供、便益、出演、著述その他のサービスを提供することをいい、弁護士、公認会計士、税理士、作家、スポーツ選手、映画監督、棋士等によるその専門的知識、技能等に基づく役務の提供もこれに含まれる。

解説 消費税は、酒税、たばこ税、揮発油税、石油石炭税、石油ガス税等の個別消費税とは異なり、国内における財貨やサービスの提供に対して広く税負担を求めるもので、事業として対価を得て行われる資産の譲渡、資産の

貸付け及び役務の提供を課税の対象としている。本通達は、そのうちの役務の提供について、具体的に例示したものである。すなわち、役務の提供には、請負契約に代表される土木工事、修繕、運送、保管、印刷、広告、仲介等のほか、興行、宿泊、飲食、技術援助、情報の提供、便益、著述その他種々のサービスを提供することをいい、弁護士、公認会計士、作家、スポーツ選手、映画監督、棋士等によるその専門的知識、技能等に基づく役務の提供もこれに含まれるのである。

（解約手数料、払戻手数料等）

5—5—2　予約の取消し、変更等に伴って予約を受けていた事業者が収受するキャンセル料、解約損害金等は、逸失利益等に対する損害賠償金であり、資産の譲渡等の対価に該当しないが、解約手数料、取消手数料又は払戻手数料等を対価とする役務の提供のように、資産の譲渡等に係る契約等の解約又は取消し等の請求に応じ、対価を得て行われる役務の提供は、資産の譲渡等に該当することに留意する。

　例えば、約款、契約等において解約等の時期にかかわらず、一定額を手数料等として授受することとしている場合の当該手数料等は、解約等の請求に応じて行う役務の提供の対価に該当する。

　なお、解約等に際し授受することとされている金銭のうちに役務の提供の対価である解約手数料等に相当する部分と逸失利益等に対する損害賠償金に相当する部分とが含まれている場合には、その解約手数料等に相当する部分が役務の提供の対価に該当するのであるが、これらの対価の額を区分することなく、一括して授受することとしているときは、その全体を資産の譲渡等の対価に該当しないものとして取り扱う。

解説 消費税の課税の対象となるのは、事業者が国内において事業として対価を得て行う資産の譲渡等及び特定仕入れであり（法4①）、例えば、不動産売買契約の解約に伴い授受される手付金流しといわれる解約の損害金は、解約に伴う逸失利益の補てん等であり、消費税の課税の対象となる資産の譲渡等の対価に該当せず、不課税となるのである。

一方、契約の解除又は変更等に伴い授受されるものとして解約手数料、取消手数料又は払戻手数料等といわれるものがあるが、これらは、解約損害金が解約に伴う逸失利益の補てんという性格のものであるのとは異なり、解約の請求に応じて行う役務の提供に係る対価であることから、消費税の課税の対象となるのである。例えば、約款、契約等において解約等の時期にかかわらず、一定額を手数料等として授受することとしている場合の当該手数料等は、解約等の請求に応じて行う役務の提供の対価に該当することとなる。航空機の搭乗券の払戻しを行う際に授受される定額の払戻手数料は、通常この例に該当し、課税の対象となるが、取消時期、搭乗区間等に応じて金額の異なる取消手数料と称するものはこれに該当せず、不課税となる。

また、解約等に伴い授受する金銭のうちに、逸失利益等に対する損害賠償金に相当する部分と役務の提供の対価である解約手数料等に相当する部分とが含まれている場合には、その解約手数料等に相当する部分が役務の提供の対価として課税の対象となることとなる。

しかし、現実の取引において解約等に際して授受される金銭については、損害賠償金としての性格を有する部分と手数料的性格を有する部分とが渾然となっている場合も多く、それぞれについて判然と区分できない場合もあることから、これらの対価の額を区分することなく、一括して授受することとしているときは、その全体を資産の譲渡等に該当しないものとして取り扱うものとし、実務上の処理の簡便化を図ったものである。旅館の宿泊の予約、ゴルフ場のプレー予約等を取り消す場合に授受されるキャンセル料は、一般

的にはこのような性格の金銭に該当するものと考えられる。

（会費、組合費等）

5―5―3　同業者団体、組合等がその構成員から受ける会費、組合費等については、当該同業者団体、組合等がその構成員に対して行う役務の提供等との間に明白な対価関係があるかどうかによって資産の譲渡等の対価であるかどうかを判定するのであるが、その判定が困難なものについて、継続して、同業者団体、組合等が資産の譲渡等の対価に該当しないものとし、かつ、その会費等を支払う事業者側がその支払を課税仕入れに該当しないこととしている場合には、これを認める。

(注)1　同業者団体、組合等がその団体としての通常の業務運営のために経常的に要する費用をその構成員に分担させ、その団体の存立を図るというようないわゆる通常会費については、資産の譲渡等の対価に該当しないものとして取り扱って差し支えない。

　　2　名目が会費等とされている場合であっても、それが実質的に出版物の購読料、映画・演劇等の入場料、職員研修の受講料又は施設の利用料等と認められるときは、その会費等は、資産の譲渡等に係る対価に該当する。

　　3　資産の譲渡等の対価に該当するかどうかの判定が困難な会費、組合費等について、この通達を適用して資産の譲渡等の対価に該当しないものとする場合には、同業者団体、組合等は、その旨をその構成員に通知するものとする。

解説

(1)　消費税は、事業者が事業として対価を得て行う資産の譲渡、資産の貸

付け及び役務の提供を課税の対象としているが、このうち役務の提供については、対価関係の有無の判定に疑義の生ずるものがある。特に、同業者団体、組合等がその構成員から受ける会費、組合費等と同業者団体等がその構成員に対して行う役務（サービス）の提供との間に対価性があるかどうかについては、同業者団体等の設立目的、入会資格、活動等には種々の態様があり、また、同一の同業者団体等の構成員であっても、正会員、賛助会員、特別会員等の種類があることなどから、一律に論ずることはできないものであり、結局、個々の具体的事例ごとに判定することになるのである。

　また、個々の具体的事例ごとに判定するとはいっても、事柄の性質上、その対価性に濃淡のあることも否定できない。

(2)　このようなことから、本通達においては、まず、同業者団体、組合等がその構成員から受ける会費、組合費等と当該同業者団体、組合等がその構成員に対して行う役務の提供等との間に明白な対価関係があるかどうかによって、その役務の提供等が消費税の課税の対象となるものであるかどうかを判定することを明らかにしたものである。

　次に、その対価関係が明白なものであると判定することが困難な場合には、同業者団体、組合等における内部自治として、その同業者団体、組合等においてその収受する会費等につき対価性がないもの（不課税）とするとともに、その会費等の支払者側においても、そのこととの見合いで課税仕入れに該当しないこととしているときは、その処理を認めることを明らかにしている。

　なお、この取扱いにより、その会費等につき資産の譲渡等の対価に該当しないものとする場合には、同業者団体、組合等はその旨をその構成員に通知するものとし、収受する側と支払う側の処理の整合性を担保することとしている（注3）。ただし、この通知は、対価性の判定の困難

な会費等について資産の譲渡等の対価に該当しないものとして取り扱うための必須要件ではないから、当該通知がないことをもって資産の譲渡等の対価とするものではない。したがって、当該通知がなく、両当事者の取扱いが異なる場合には、本通達本文前段の取扱いに従ってその会費等の実質により対価関係の判定を行うこととなるのである。

　また、この取扱いは同業者団体、組合等が行う役務の提供の内容に着目したものであるから、その同業者団体、組合等における上記の対価性がないとする処理はその同業者団体、組合等が行う役務の提供に変化がない限り、継続しなければならないこととなる。

(3)　更に、同業者団体、組合等における会費等のうち同業者団体、組合等としての通常の業務運営のために経常的に要する費用を分担させ、その団体の存立を図るというような、いわゆる通常会費や一般会費については、同業者団体、組合等の存立そのものを図るためのものであり、そのこと自体には対価性がないと認められることから、役務の提供に係る対価に該当しないものとして取り扱って差し支えないことを本通達の注書1において明らかにしている。この場合には、支払者側は当然に、その会費等については課税仕入れとすることはできないことになる。

　なお、名目が会費等とされている場合であっても、それが実質的に出版物の購読料、映画・演劇等の入場料、職員研修の受講料、施設の利用料又は情報等の提供料等と認められるときは、その会費等は、資産の譲渡等に係る対価に該当することとなる。本通達の注書2は、このことを念のため明らかにしたものである。

(入会金)

5−5−4　同業者団体、組合等がその構成員から収受する入会金（返

還しないものに限る。）については、当該同業者団体、組合等がその構成員に対して行う役務の提供等との間に明白な対価関係があるかどうかによって資産の譲渡等の対価であるかどうかを判定するのであるが、その判定が困難なものにつき、当該同業者団体、組合等が資産の譲渡等の対価に該当しないものとし、かつ、その入会金を支払う事業者側がその支払を課税仕入れに該当しないこととしている場合には、これを認める。

(注) 資産の譲渡等の対価に該当するかどうかの判定が困難な入会金について、この通達を適用して資産の譲渡等の対価に該当しないものとする場合には、同業者団体、組合等は、その旨をその構成員に通知するものとする。

解説

(1) 事業者が事業として対価を得て行う役務の提供は、消費税の課税の対象となるのであるが、同業者団体、組合等がその構成員から受ける入会金については、会費、組合費等における対価性の有無の判定と同様に、その同業者団体、組合等がその構成員に対して行う役務の提供等との間に明白な対価関係があるかどうかによって消費税の課税の対象となるかどうかを判定することとなる。

(2) しかし、同業者団体、組合等が受ける入会金についても、会費、組合費等の場合と同様に、対価性の有無の判定が困難なものがあることから、その判定が困難なものにつき、その同業者団体、組合等が資産の譲渡等の対価に該当しないものとし、かつ、その入会金の支払者側がその支払を課税仕入れに該当しないこととしている場合には、この処理を認めることを明らかにしている。

なお、注書においては、この取扱いを適用する場合には同業者団体、

組合等は、その旨をその構成員に通知するものとし、収受する側と支払う側の処理の整合性を担保することとしているのである。ただし、この通知は、対価性の判定の困難な入会金について資産の譲渡等の対価に該当しないものとして取り扱うための必須要件ではないから、当該通知がないことをもって資産の譲渡等の対価とするものではない。したがって、当該通知がなく、両当事者の取扱いが異なる場合には、本通達本文前段の取扱いに従って、その入会金の実質により対価関係の判定を行うこととなるのである。

（ゴルフクラブ等の入会金）

5－5－5 ゴルフクラブ、宿泊施設その他レジャー施設の利用又は一定の割引率で商品等を販売するなど会員に対する役務の提供を目的とする事業者が会員等の資格を付与することと引換えに収受する入会金（返還しないものに限る。）は、資産の譲渡等の対価に該当することに留意する。

解説 同業者団体等に限らず、会員制の団体又は会員制組織を主宰する事業者がその会員から受ける入会金については、その団体等がその会員に対して行う役務の提供等との間に明白な対価関係があるかどうかにより消費税の課税の対象となるかどうかを判定することとなる。本通達では、会員制の団体等が収受する入会金のうち明白な対価関係があり、資産の譲渡等の対価に該当する具体的な事例を示している。すなわち、ゴルフクラブ、宿泊施設その他のレジャー施設を会員に利用させることを目的とする団体等又は会員に対して一定の割引率で商品等を販売するなどの役務の提供を目的とする団体等が、その会員資格を付与することと引換えに収受する入会金は、資産の譲

渡等に係る対価に該当することになるのである。

ただし、当然ではあるが、このような団体等が収受する入会金であっても退会等に当たって返還することとされているものは、そもそも預り金であり、資産の譲渡等の対価ではないから、これについて課税関係は生じないこととなる。

本通達のかっこ書は、このことを念のため明確にしたものである。

（公共施設の負担金等）

5－5－6 特定の事業を実施する者が当該事業への参加者又は当該事業に係る受益者から受ける負担金、賦課金等については、当該事業の実施に伴う役務の提供との間に明白な対価関係があるかどうかによって資産の譲渡等の対価であるかどうかを判定するのであるが、例えば、その判定が困難な国若しくは地方公共団体の有する公共的施設又は同業者団体等の有する共同的施設の設置又は改良のための負担金について、国、地方公共団体又は同業者団体等が資産の譲渡等の対価に該当しないものとし、かつ、その負担金を支払う事業者がその支払を課税仕入れに該当しないこととしている場合には、これを認める。

(注)1 公共的施設の負担金等であっても、例えば、専用側線利用権、電気ガス供給施設利用権、水道施設利用権、電気通信施設利用権等の権利の設定に係る対価と認められる場合等の、その負担金等は、資産の譲渡等の対価に該当する。

2 資産の譲渡等の対価に該当するかどうかの判定が困難な公共的施設の負担金等について、この通達を適用して資産の譲渡等の対価に該当しないものとする場合には、国、地方公共団体又は同業者団体等は、その旨をその構成員に通知するものとする。

解説　国又は地方公共団体等が道路、堤防、護岸、その他の施設又は工作物等の公共的施設の設置若しくは改良のための事業を行う場合又は同業者団体等が会館等を建設する場合その他事業者等が特定の事業を実施する場合には、これらの公共的施設の設置又は改良等のための事業への参加者又は当該事業に係る受益者から負担金又は賦課金等を収受することがある。このような負担金、賦課金等については、会費又は入会金等と同様にその対価性に濃淡のあることを否定できないことなどから、当該事業の実施に伴う役務の提供との間に明白な対価関係があるかどうかによって消費税の課税の対象となるかどうかを判定することになる。本通達の前段は、このことを明らかにしたものである。

　また、本通達の後段は、例えば、明白な対価関係があるかどうかの判定が困難な国若しくは地方公共団体の有する公共的施設又は同業者団体等の有する共同的施設の設置又は改良のための負担金については、会費、入会金等の場合と同様に、国、地方公共団体又は同業者団体等が資産の譲渡等の対価に該当しないとし、かつ、その負担金を支払う事業者側において、その支払を課税仕入れに該当しないこととしている場合には、この処理を認めることとしている。なお、その場合には、国、地方公共団体又は同業者団体等はその旨を負担金等を支払う者に通知し、収受する側の事業者と支払う側の事業者の処理の整合性を担保することとしているが、この通知が必須要件ではないことは、会費及び入会金等の場合と同様である。

　なお、一口に公共的施設の負担金等といわれるものであっても、例えば、専用側線利用権、電気ガス供給施設利用権、水道施設利用権、電気通信施設利用権等の権利の設定に係る対価と認められる場合等の、その負担金等は、いうまでもなく資産の譲渡等の対価に該当するのであり、本通達の注書1は、このことを念のため明らかにしたものである。

（共同行事に係る負担金等）

5―5―7　同業者団体等の構成員が共同して行う宣伝、販売促進、会議等（以下5―5―7において「共同行事」という。）に要した費用を賄うために当該共同行事の主宰者がその参加者から収受する負担金、賦課金等については、当該主宰者において資産の譲渡等の対価に該当する。ただし、当該共同行事のために要した費用の全額について、その共同行事への参加者ごとの負担割合が予め定められている場合において、当該共同行事の主宰者が収受した負担金、賦課金等について資産の譲渡等の対価とせず、その負担割合に応じて各参加者ごとにその共同行事を実施したものとして、当該負担金、賦課金等につき仮勘定として経理したときは、これを認める。

（注）　この取扱いによる場合において、当該負担金、賦課金等により賄われた費用のうちに課税仕入れ等に該当するものがあるときは、各参加者がその負担割合に応じて当該課税仕入れ等について法第30条《仕入れに係る消費税額の控除》の規定を適用することになる。

解説　同業者団体又は企業グループ等の構成員が共同して宣伝、販売促進、会議等の共同行事を行う場合には、その共同行事の主宰者は、その共同行事のために要する費用を賄うために、その構成員から負担金、賦課金等を収受するのが一般的である。このような場合の負担金、賦課金等については、その主宰者が構成員のために自己の名において宣伝、販売促進等を行い、その対価として負担金等を収受する場合には、その負担金等は役務の提供の対価として課税の対象となるのである。しかしながら、例えば、その宣伝活動等は主宰者が自己の名において構成員のために行うというよりも、共同して宣伝活動等を行うものである場合には、その宣伝活動等は当該主宰者を含むそ

の構成員の共同事業であり、各構成員が実施したものとするのが実態にかなっていると考えられる。このようなことから、その共同行事のために要した費用の全額について、その共同行事への参加者ごとの負担割合が予め定められている場合に、その共同行事の主宰者が、その負担割合に応じて各構成員がその共同行事を実施したものとし、その構成員から収受した負担金、賦課金等につき仮勘定として経理したときは、この処理を認めることとし、本通達は、このことを明らかにしたものである。

なお、この場合には、その共同行事への参加者は、その負担した負担金、賦課金等について課税仕入れに該当するかどうかを判定し、課税仕入れに該当する部分について仕入税額控除の対象とすることになるのであり、本通達の注書は、このことを念のため明らかにしたものである。

ただし、共同行事の主宰者が、その収受した負担金、賦課金等につき生じた剰余金を取得する場合には、原則として自らその行事を構成員のために実施し、その対価を収受したものと認められるから、この取扱いが適用されないこととなる。

（賞金等）

5−5−8 他の者から賞金又は賞品（以下5−5−8において「賞金等」という。）の給付を受けた場合において、その賞金等が資産の譲渡等の対価に該当するかどうかは、当該賞金等の給付と当該賞金等の対象となる役務の提供との間の関連性の程度により個々に判定するのであるが、例えば、次のいずれの要件をも満たす場合の賞金等は、資産の譲渡等の対価に該当する。

(1) 受賞者が、その受賞に係る役務の提供を業とする者であること。
(2) 賞金等の給付が予定されている催物等に参加し、その結果として

賞金等の給付を受けるものであること。
　(注)　当該資産の譲渡等が特定役務の提供である場合には、当該役務の提供を受けた事業者の特定課税仕入れとなることに留意する。

【平27課消1─17　改正】

解説　催物等に参加して賞金又は賞品等（賞金等）の給付を受けた場合において、その賞金等が資産の譲渡等の対価に該当するかどうかは、その賞金等の給付と賞金等の対象となる役務の提供の関連性の程度により個々に判定することとなるのであるが、例えば、次のいずれの要件をも満たす場合の賞金等は、資産の譲渡等の対価に該当することになる。

①　受賞者が、その受賞に係る役務の提供を業とする者であること。
②　賞金等の給付が予定されている催物等に参加し、その結果として賞金等の給付を受けるものであること。

本通達は、このことを念のため明らかにしたものである。

なお、催物がいわゆる冠大会である場合において見受けられるように、スポーツ大会等に係る協賛者がその催物の主催者に対し協賛金等として金品を交付する場合の当該金品は、協賛者の広告宣伝のために交付されるものであることから、その主催者が行う広告宣伝は、資産の譲渡等に該当することとなる。

また、その役務の提供が、国外事業者である職業運動家等が国内において行う特定役務の提供に該当する場合には、当該役務の提供を受けた事業者の特定課税仕入れとなり、当該役務の提供を受けた事業者が、当該特定課税仕入れについて納税義務者としていわゆるリバースチャージ方式による申告・納税を行うこととなる（法4①、5①）。

本通達の注書においては、特定役務の提供に該当する場合の取扱いを念のため明らかにしている。

（滞船料）

5―5―9 海上運送業を営む事業者が船舶による運送に関連して受ける滞船料（貨物の積卸期間が当初契約で予定した期間を超過して運送期間が長期にわたることとなった場合に徴収する割増運賃をいう。）は、資産の譲渡等の対価に該当することに留意する。

(注) 当該事業者が船舶による運送に関連して支払う早出料（貨物の積卸期間が短縮され運送期間が短縮したために運賃の割戻しを行う場合の割戻運賃をいう。以下14―1―1において同じ。）は、法第38条第1項《売上げに係る対価の返還等をした場合の消費税額の控除》に規定する売上げに係る対価の返還等の金額に該当する。

解説 本通達においては、海上運送業を営む事業者が船舶による運送に関連して授受する滞船料又は早出料の課税関係について定めている。「滞船料」というのは、貨物の積卸期間が当初契約で予定した積卸期間を超過して運送期間がそれだけ長期にわたることになったため、割増しの運賃を徴収する場合のその割増運賃のことであり、「早出料」とは、逆に積卸期間が短縮されて、全体として航海日数が短縮されたために運賃の割戻しを行う場合のその割戻運賃のことである。

このようなことから、本通達は、海上運送業を含む事業者が受ける滞船料は、運送に係る対価に該当し、早出料は運送に係る対価の返還に該当することを念のため明らかにしたものである。

なお、その海上運送が国際輸送（法7①三）である場合には、その運送に係る対価は、輸出免税の対象となる。

(出向先事業者が支出する給与負担金)

5―5―10　事業者の使用人が他の事業者に出向した場合において、その出向した使用人（以下5―5―10において「出向者」という。）に対する給与を出向元事業者（出向者を出向させている事業者をいう。以下5―5―10において同じ。）が支給することとしているため、出向先事業者（出向元事業者から出向者の出向を受けている事業者をいう。以下5―5―10において同じ。）が自己の負担すべき給与に相当する金額（以下5―5―10において「給与負担金」という。）を出向元事業者に支出したときは、当該給与負担金の額は、当該出向先事業者におけるその出向者に対する給与として取り扱う。

(注)　この取扱いは、出向先事業者が実質的に給与負担金の性質を有する金額を経営指導料等の名義で支出する場合にも適用する。

解説

(1)　事業者の使用人が他の事業者へ出向した場合のその出向者に対する給与は、出向元事業者から支給される場合と、出向先事業者から支給される場合とがある。

　まず、出向元事業者から支給される場合には、その出向者は出向元事業者との間において雇用関係が維持されていても、現実にはその労務は出向先事業者に対して提供されているので、出向元事業者において支給する出向者に対する給与相当額は、負担金等の名目で出向先事業者から出向元事業者に支出されている事例が多い。

　この場合の出向先事業者から出向元事業者に対して支出される出向者の給与相当額は、たとえ負担金等の名目で支出されていても、出向先事業者においては、その出向者の労務の提供に対する実質的な対価とみる

べきものであるから、出向先事業者がその出向者に対して給与を支給したものとすべきものであろうと考えられる。このことは、出向先事業者において負担する給与相当額が賃金、給料、手当等の定期的なものか、又は賞与のような臨時的なものであるかを問わないのである。

このように、出向先事業者が出向者の給与相当額を負担金等の名目で出向元事業者に対して支出している場合であっても、その支出した金額は、出向先事業者においてその出向者に対して給与を支給したものとして取り扱われるべきである。本通達においては、この点を明らかにしたものである。

また、出向者に対する給与が出向先事業者から直接支給される場合には、その出向者は出向先事業者との間の雇用関係に基づきその労務の提供の対価として支給されているのであるから、何ら疑問の余地のないところである。

(2) ところで、出向者の給与を出向元事業者が支給することとしている場合の出向先事業者が出向元事業者に支出する金額は、必ずしも実費精算という形で行われているとは限らず、例えば売上高の何％という基準で計算され、経営指導料等の名目で負担金が授受されている事例もあるが、このような場合には、その経営指導料等の内容を給与相当部分、福利厚生部分等に区分したうえで本通達の取扱いを適用することになる。

(労働者派遣に係る派遣料)

5-5-11 労働者の派遣(自己の雇用する労働者を、当該雇用関係の下に、かつ、他の者の指揮命令を受けて、当該他の者のために労働に従事させるもので、当該他の者と当該労働者との間に雇用関係のない場合をいう。)を行った事業者が当該他の者から収受する派遣料等の金銭は、

資産の譲渡等の対価に該当する。

解説
(1)　事業者が事業として対価を得て行う役務の提供は、消費税の課税の対象となるのであり、その役務の提供にはいわゆる人材を派遣して行う役務の提供（労働者派遣）が含まれるのである。

　労働者の派遣契約に基づいて行うその雇用する従業員等の派遣は、基本通達5―5―10に規定する使用人の出向とは異なり、派遣を受ける事業者と派遣される労働者との間に雇用関係がないことから、労働者の派遣を行った事業者が派遣を受けた事業者から収受する派遣料は、自己の使用人を出向させたことにより支払を受ける給与負担金ではなく、労働者の派遣を行った事業者がその派遣を受けた事業者に対して行った役務の提供の対価となるのであり、たとえその派遣料の計算根拠が給与計算と同様に行われるとしても給与等には該当しない。

(2)　事業者が支出する金銭が、「出向」に係る「給与等」に該当するか、「労働者の派遣」に係る「派遣料等」に該当するかは、その派遣される労働者とその派遣を受ける事業者との間の雇用関係の有無（事実関係）により判定することとなるが、この場合の「出向」と「労働者の派遣」との関係は次のようになる。

①　「出向」とは、派遣される使用人等が出向元事業者と雇用関係を維持しながら、出向先事業者との間においても雇用関係に基づき勤務する形態をいう。

②　「労働者の派遣」とは、自己の雇用する労働者を雇用関係の下に、かつ、他の者の指揮命令を受けて、当該他の者のために労働に従事させることのうち、当該他の者と当該労働者との間に雇用関係がある場合以外をいう。

（電気通信役務に係る回線使用料等）

5―5―12　電気通信事業法第2条第5号《定義》に規定する電気通信事業者が同条第3号に規定する電気通信役務の提供に伴って収受する対価は「回線使用料」等と称している場合であっても、役務の提供の対価に該当する。

　したがって、電気通信設備を使用させることが電気通信役務に該当する場合において、当該電気通信設備が国内と国内以外にわたって敷設等されているものであるときは、法第7条第1項第3号《国際輸送等に対する輸出免税》に規定する国内及び国内以外の地域にわたって行われる通信に該当することとなる。

【平14課消1―12、平16課消1―25　改正】

解説　本通達においては、電気通信事業法第2条第3号《定義》に規定する電気通信役務すなわち電気通信設備を用いて他人の通信を媒介し、その他電気通信設備を他人の通信の用に供することにより収受する対価は、「回線使用料」等と称して収受する場合であっても電気通信設備という資産の貸付けの対価ではなく、電気通信という役務の提供の対価に該当することを明らかにしている。

　したがって、電気通信設備を使用させることが電気通信役務に該当する場合において、当該使用に係る電気通信設備が国内と国外にわたって敷設等されているものであるときは、その電気通信設備の使用は消費税法第7条第1項第3号《国際通信等に対する輸出免税》に規定する国内及び国内以外の地域にわたって行われる通信に該当することとなり、所定の要件を満たしている場合には免税となるのである。

第6節　保税地域からの引取り

　保税地域から引き取られる外国貨物には、消費税が課税される（法4②）。
　保税地域から引き取られる外国貨物については、国内において事業者が行った資産の譲渡等の場合のように、「事業として対価を得て行われる……」ものに限られないから、保税地域から引き取られる外国貨物に係る対価が無償であっても、また、保税地域からの外国貨物の引取りが事業として行われないものであっても、いずれも課税の対象となることになる。

（保税地域から引き取られる外国貨物の範囲）
5—6—1　法第4条第2項《課税の対象》に規定する「保税地域から引き取られる外国貨物」には、輸徴法第5条《保税地域からの引取り等とみなす場合》の規定により保税地域からの引取りとみなされる貨物も含まれることに留意する。

解説　消費税は保税地域から引き取られる外国貨物を課税の対象としているが（法4②）、輸入取引として消費税の課税の対象となるものは、保税地域から引き取られる外国貨物だけでなく、関税法第2条第1項第1号《定義》に規定する「輸入」をした貨物のすべてをいうものであり、このことは輸徴法第5条《保税地域からの引取りとみなす場合》において規定されている。本通達はこのことを明らかにしたものである。
　関税法第2条第1項第1号《定義》において「輸入」とは、「外国から本邦に到着した貨物（外国の船舶により公海で採捕された水産物を含む。）又は輸出の許可を受けた貨物を本邦に（保税地域を経由するものについては、保税地

域を経て本邦に）引き取ることをいう。」と定義していることから判断しても、輸入品に対して消費税を課すのであれば、課税の対象を保税地域から引き取られる外国貨物に限定するものではないこととなる。

なお、保税地域以外の場所から輸入する例としては、国際郵便物の引取り、海外旅行者の携帯品の持込み及び関税法第67条の２第２項第１号《輸入申告の時期》に規定する本船扱いによる輸入等がある。

（無償による貨物の輸入等）
5－6－2　保税地域から引き取られる外国貨物については、国内において事業者が行った資産の譲渡等の場合のように、「事業として対価を得て行われる」ものには限られないのであるから、保税地域から引き取られる外国貨物に係る対価が無償の場合又は保税地域からの外国貨物の引取りが事業として行われるものではない場合のいずれについても法第４条第２項《外国貨物に対する消費税の課税》の規定が適用されるのであるから留意する。

解説　消費税の課税の対象は、消費税法第４条第１項及び第２項《課税の対象》において「国内において事業者が行った資産の譲渡等及び特定仕入れ」並びに「保税地域から引き取られる外国貨物」とされている。

この場合、国内取引については、対価性があること、事業者が事業として行ったものであること等の要件が満たされている必要があるが、輸入取引については、単に「保税地域から引き取られる外国貨物」ということで、行為に着目した規定となっており、対価性のない取引であっても、事業者が事業として行うものでないものであっても、輸徴法第13条《免税等》の規定等により特に消費税を免除されるものでない限り消費税の課税の対象となるのである。

これは、関税の課税の対象とも一致するものであり、無償で輸入した貨物に係る課税標準は、関税定率法第4条から第4条の9まで《課税価格の計算方法》の規定により計算した金額となる。

（無体財産権の伴う外国貨物に係る課税標準）

5－6－3　特許権等の無体財産権の使用の対価を支払う外国貨物を保税地域から引き取る場合には、その外国貨物のみが課税の対象となり、この場合の課税標準は、当該外国貨物に対する関税の課税価格に消費税以外の消費税等（通則法第2条第3号《定義》に規定する消費税等をいう。）の額（通則法第2条第4号《定義》に規定する附帯税に相当する額を除く。）及び関税額（関税法第2条第1項第4号の2《定義》に規定する附帯税の額に相当する額を除く。）を加算した金額となる。この場合において、当該特許権等の無体財産権（複製権を除く。）の使用に伴う対価の支払が当該外国貨物の輸入取引の条件となっているときは、当該対価は、関税の課税価格に含めることに留意する。

（注）　保税地域から引き取られる外国貨物が消費税の課税の対象となり、外国から特許権等の無体財産権の譲受け又は貸付けを併せて受ける場合であっても、輸入取引の条件となっていないときは、その無体財産権は、保税地域から引き取る外国貨物には該当しないことから、消費税の課税の対象とはならない。

【平11課消2－5　改正】

解説　保税地域から引き取られる外国貨物の課税標準は、消費税法第28条第4項《保税地域から引き取られる課税貨物に係る課税標準》の規定により、関税定率法第4条から第4条の9まで《課税価格の計算方法》の規定により

計算した関税の課税価格（CIF 価格）に消費税以外の個別消費税（附帯税の額に相当する額を除く。）と関税額（関税法第2条第1項第4号の2に規定する附帯税の額に相当する額を除く。）を加算した金額とされている。

　この場合における関税の課税価格は、通常の場合は輸入貨物の引取価格に当該輸入貨物が輸入港に到着するまでの運送に要する運賃、保険料その他当該運送に関連する費用を加算した金額となるのであるが、無体財産権の使用に伴う対価の額の支払が輸入取引の条件となっているときは、関税定率法第4条第1項第4号《課税価格の決定の原則》において「輸入貨物に係る特許権、意匠権、商標権その他これらに類するもの（輸入貨物を本邦において複製する権利を除く。）の使用に伴う対価で、当該輸入取引の条件として買手により直接又は間接により支払われるもの」も加算することとされている。

　この規定に関する具体的な取扱いは次のとおりとなる。

(1)　特許権、意匠権、商標権その他これらに類するもの（以下「特許権等」という。）には、特許権、実用新案権、意匠権、商標権、著作権及び著作隣接権並びに特別の技術による生産方式その他のロイヤリティ又はライセンス料の支払の対象となるものが該当する。

　　なお、特別の技術による生産方式その他のロイヤリティ又はライセンス料の支払の対象となるものには、特許権その他の工業所有権には至らないが、生産その他の事業等に関して繰り返して使用される程度に確立された技術上の創作、独自の考案、秘けつその他経済的価値を有するもの（例えば、ノウハウ、登録されていない意匠等）が該当する。

(2)　特許権等の使用に伴う対価は、「輸入貨物に係る」ものであり、かつ、「輸入取引の条件として、買手により直接又は間接に支払われるもの」である場合には、当該輸入貨物の課税価格に算入することとなる。

(3)　「輸入貨物に係る」特許権等の使用に伴う対価とは、輸入貨物に関連のあるもので、例えば、次のような場合における特許権等の対価をいう

こととなる。
　イ　特許権（実用新案権についても同じ。）については、輸入貨物が特許発明である物品（特許発明である物品の生産に専ら使用される部品、材料等を含む。）である場合、特許製法による生産物である場合、方法特許を実施するための物品である場合
　ロ　意匠権については、輸入貨物が意匠（模様、形状等）を有している場合
　ハ　商標権については、輸入貨物が商標を付したものである場合又は加工後に商標が付されるものである場合
　ニ　著作権（著作隣接権についても同じ。）については、輸入貨物が著作権の対象を含んでいるものである場合（例えば、録音したテープに著作権の具体的内容である歌詞、旋律等が記録されている場合）
　なお、特許等のうち、上記に掲げるもの以外のものについては、上記に準じて取り扱うものとされている。
(4)　「輸入貨物の輸入取引の条件として、買手により支払われるもの」とは、買手が当該輸入貨物を売手から購入（輸入取引）するために支払うことを要する対価をいい、例えば、次のような対価がこれに該当することとなる。
　イ　輸入貨物に係る特許権者等（特許権者、実用新案権者、意匠権者、商標権者、著作権者及び著作隣接権者並びに特別の技術による生産方式その他のロイヤルティ又はライセンス料の支払の対象となるものを有する者をいう。以下この項において同じ。）が当該輸入貨物の売手である場合において、買手が当該売手に対して支払う当該特許権者の使用に伴う対価
　ロ　輸入貨物に係る特許権者等が売手及び買手以外の第三者である場合において、当該売手と当該買手との取決めにより当該買手が当該特許権者等に対して支払う当該特許権者等の使用に伴う対価
　ハ　輸入貨物に係る特許権者等が売手と特殊関係にある場合において、

買手が当該特許権者等に対して支払う当該特許権等の使用に伴う対価
　ニ　売手が輸入貨物に係る特許権者等の下請会社である場合において、買手が当該特許権者等に対して支払う当該特許権等の使用に伴う対価
　ホ　売手が輸入貨物に係る特許権者からその特許権についての専用実施権の許諾を受けている場合において、当該売手が買手に対して当該特許権についての通常実施権を許諾したときに、当該買手が当該売手に対して支払う当該特許権の使用に伴う対価
　ヘ　買手が輸入貨物に係る特許権者からその特許権についての専用実施権の許諾を受けている場合において、当該買手が売手に対して当該特許権についての通常実施権を許諾したときに、当該買手が当該特許権者に対して支払う当該特許権の使用に伴う対価
(5)　「輸入貨物を本邦において複製する権利」とは、輸入貨物に化体され又は表現されている考案、創作等を本邦において複製する権利をいうこととされ、例えば、次に掲げる権利がこれに該当することになる。
　イ　特許発明が実施されている機械が輸入された場合において、これと同じものを本邦において製造する権利
　ロ　特許発明が実施されている遺伝子操作により生み出された昆虫種が輸入された場合において、当該昆虫種を本邦において繁殖させる権利
　ハ　特許発明が実施されている細菌株であってワクチン製造に使用するものが輸入された場合において、当該細菌株を本邦において純粋培養する権利
　ニ　意匠が実施されているおもちゃの原型が輸入された場合において、当該原型を使用して、同じものを本邦において製造する権利
　ホ　著作権の対象である写真が輸入された場合において、当該写真を使用した写真集を作成するため、当該写真を本邦において印刷する権利
　ヘ　著作権の対象である音楽が編集された録音テープが輸入された場合

において、当該録音テープを本邦においてダビングする権利

ト　回路基盤を効率的に利用するため開発された、回路配置利用権の対象である回路図が輸入された場合において、当該回路図を利用して、回路基盤を本邦において作成する権利

チ　意匠が実施されている新型自動車の縮小モデルが輸入された場合において、当該縮小モデルを使用して、当該意匠が実施されている自動車を本邦において製造する権利

リ　意匠が実施されている彫像の原型が輸入された場合において、当該原型を使用して、当該意匠が実施されている小売販売用の彫像ミニチュアを本邦において製造する権利

ヌ　意匠（衣服デザイン）が実施されている型紙又はトワルが輸入された場合において、当該型紙又はトワルを使用して、当該意匠が実施されている衣類を本邦において製造する権利

ル　著作権の対象である漫画キャラクタが描かれたセル画が輸入された場合において、当該セル画を使用して、漫画キャラクタを本邦においてポストカードに付す権利

ヲ　著作権の対象である小説の原稿が輸入された場合において、当該原稿を使用して、当該小説を本邦において書籍化する権利

ワ　著作権の対象である映画が収録されたフィルムが輸入された場合において、当該フィルムを使用して、当該映画を本邦において上映する権利

(6)　輸入貨物を本邦において頒布し又は再販売するための権利を取得するための対価は、当該輸入貨物の輸入取引の条件となっていないときは、当該輸入貨物の課税価格に算入しないこととなる。

(7)　輸入貨物に係る特許権等の使用に伴う対価を課税価格に算入する場合の具体的な計算は、次によることとなる。

イ　当該対価が一括して支払われる場合には、当該支払われる総額を算入する。

ロ　当該対価が分割して支払われる場合において、各分割支払額が確定しているときは、その総額を算入する。

ハ　当該対価が当該輸入貨物を使用して生産される製品の出来高に応じて支払われる場合において、支払われることとなる総額（支払の最低額について取決めがあり、当該総額が当該最低額を超えるときは、当該総額）を計算することができるときは、当該総額を算入する。この場合における使用年数については、輸入貨物の耐用年数、技術革新による陳腐化等を考慮し、出来高については、当該輸入貨物の生産能力、生産される製品の需要状況等を考慮するものとする。なお、これにより計算された総額と実際に支払われた額とがかい離することとなったときは、必要に応じ、調整を行うこととされている。

（保税地域において外国貨物が亡失又は滅失した場合）

5－6－4　保税地域にある外国貨物が災害等により亡失し、又は滅失した場合には、法第4条第6項《保税地域における外国貨物の消費等》の規定は適用されないのであるから留意する。

【平27課消1－17　改正】

解説　保税地域において外国貨物が消費され、又は使用された場合には、その消費又は使用した者がその消費又は使用の時に当該外国貨物をその保税地域から引き取るものとみなすこととされている（法4⑥本文）。

この場合の消費又は使用とは、外国貨物の性質等に応じ本来の目的に沿って消費又は使用することをいうと解される。したがって、外国貨物が災害等

により亡失し、又は減失した場合には、消費税法第4条第6項《保税地域における外国貨物の消費等》に規定する消費又は使用には当たらず、消費税の課税の対象にもならないのであり、本通達はこのことを念のため明らかにしたものである。

（保税作業により製造された貨物）

5－6－5　保税地域における保税作業（外国貨物についての加工若しくはこれを原料とする製造（混合を含む。）又は外国貨物に係る改装、仕分その他の手入れをいう。）により、内国貨物が課税貨物に該当する貨物の材料又は原料として使用され、又は消費された場合には、法第4条第6項本文《保税地域における外国貨物の消費等》の規定は適用されないのであるが、これにより製造された貨物は、関税法第59条第1項《内国貨物の使用等》の規定により外国貨物とみなされることとなり、当該製造された貨物を保税地域から引き取る時には、法第4条第2項《課税の対象》の規定の適用を受けることに留意する。

なお、関税法第59条第2項の規定により税関長の承認を受けて、外国貨物と内国貨物を混じて使用したときは、前段の規定にかかわらず、これによりできた製品のうち、当該外国貨物の数量に対応するものを外国貨物とみなすこととなるのであるから留意する。

【平27課消1－17　改正】

解説　消費税法第4条第6項本文《保税地域における外国貨物の消費等》の規定は、保税地域内にある外国貨物がその性質等に応じた本来の目的に沿って消費又は使用される場合には、保税地域からの引取りとみなして課税しようとするものであり、外国貨物を課税貨物の原料又は材料として消費又は

使用する場合には本来課税の対象となるのである。

　しかし、保税工場における保税作業において、外国貨物のみを原料又は材料として課税貨物を製造した場合には、当該課税貨物は当然のことながら外国貨物となり、また、外国貨物と内国貨物を使用したときもこれによってできた課税貨物は外国貨物とみなされることとなる。保税工場における保税作業によってできた課税貨物が外国貨物である限り、当該課税貨物を保税地域から引き取る時に消費税法第4条第2項《課税の対象》の規定により消費税が課税されることになり、このことが、消費税法第4条第6項ただし書において外国貨物が課税貨物の原料又は材料として消費され、又は使用された場合を除くこととしている趣旨である。本通達の前段は、このことを明らかにしたものである。

　このようなものとしては、例えば、外国産の原油を保税工場に搬入して石油製品とする場合とか、外国から搬入した乗用自動車に国産の部品を取り付ける場合等がある。

　また、税関長の承認を受けて保税工場において、外国貨物と同種の内国貨物を混合して製造した製品については、外国貨物である原料の数量に対応する部分だけ外国貨物とみなされることとなり、この部分を保税地域から引き取る場合に引取りに係る消費税が課税されることとなる。本通達の後段は、このことを明らかにしたものである。

　このようなものとしては、例えば、外国貨物である原料糖と内国貨物である原料糖を混合して使用し、精製糖、氷砂糖、角砂糖等を製造する場合等がある。

（輸入外航機等の課税関係）

5－6－6　船舶運航事業を営む者（海上運送法第2条第2項《船舶運航事業の意義》に規定する船舶運航事業を営む者をいう。）若しくは船舶貸

渡業を営む者（同条第7項《船舶貸渡業の意義》に規定する船舶貸渡事業を営む者をいう。）又は航空運送事業を営む者（航空法第2条第18項《航空運送事業の意義》に規定する航空運送事業を営む者をいう。）が、専ら国内と国内以外の地域又は国内以外の地域間において行われる旅客若しくは貨物の輸送の用に供される船舶又は航空機を保税地域から引き取る場合には、輸徴法第13条第2項《免税等》の規定により、その引取りに係る消費税は免除されることに留意する。

【平18課消1－1、平21課消1－10　改正】

解説　専ら国内と国内以外の地域又は国内以外の地域間で行われる旅客若しくは貨物の輸送の用に供される船舶又は航空機（以下この項において「外航船舶等」という。）の譲渡、貸付け及び修理については、消費税法第7条第1項第4号《輸出免税等》及び消費税法施行令第17条第1項、第2項第1号《輸出取引等の範囲》の規定により免税とされているが、外航船舶等を保税地域から引き取る場合の取扱いは消費税法上では規定されておらず、輸徴法で規定されている。

本通達は、外航船舶等を保税地域から引き取る場合においても、譲渡、貸付け及び修理と同様に輸徴法第13条第2項《免税等》において消費税が免除されることを念のため明らかにしたものである。

第7節　国内取引の判定

（国外と国外との間における取引の取扱い）
5－7－1　事業者が国外において購入した資産を国内に搬入することなく他へ譲渡した場合には、その経理処理のいかんを問わず、その譲

渡は、法第4条第1項《課税の対象》に規定する「国内において事業者が行った資産の譲渡等」に該当しないのであるから留意する。

解説 消費税は、国内において事業者が行った資産の譲渡等及び特定仕入れを課税の対象としている（法4①）。

したがって、いわゆる国外取引については課税の対象とはならないこととなる。

資産の譲渡等が国内で行われたか否かの判定については、資産の譲渡又は貸付けの場合は、船舶、航空機等、消費税法施行令第6条第1項《国内取引の判定》に規定する資産を除いて、譲渡又は貸付けの時における資産の所在場所で判定することとされている（法4③一）。

この規定に照らして、国外で製造又は購入した資産を国内に搬入することなく他の事業者等に譲渡する取引を判定すると、譲渡の時における当該資産の所在場所が国外であることは明らかであるから、経理処理のいかんを問わず国外取引に該当するのであり、本通達はこのことを明らかにしたものである。

なお、このような取引の例を図で示すと次のとおりである。

（船舶の登録をした機関の所在地等）

5―7―2　令第6条第1項第1号《船舶の所在地》に規定する「船舶

274

の登録をした機関の所在地」とは、同号に規定する日本船舶にあっては、船舶法第5条第1項《登録、船舶国籍証書》に規定する船籍港を管轄する管海官庁の所在地、小型船舶登録規則第5条《登録の申請》に規定する小型船舶の所在地を管轄する地方運輸局の所在地又は漁船法第10条第1項《漁船の登録》に規定する主たる根拠地を管轄する都道府県知事が統轄する都道府県庁の所在地をいい、令第6条第1項第1号に規定する日本船舶以外の船舶にあっては、外国における船舶の登録に類する事務を行う機関の所在地をいう。

(注)1 小型船舶の登録に関する法律第2条第1項第2号《定義》並びに漁船法第10条第1項かっこ書《漁船原簿への登録を必要としない漁船》に規定する総トン数1トン未満の無動力漁船は登録が行われないので、令第6条第1項第1号に規定する船舶に該当せず、また、日本船舶にも当たらないことに留意する。

2 外国で登録された船舶であっても、小型船舶の登録等に関する法律第2条《定義》に規定する船舶に該当する場合には、同法第6条第2項の規定による登録が行われることから、日本船舶に当たることに留意する。

【平14課消1—12 改正】

解説 資産の譲渡等が国内で行われたかどうかは、資産の譲渡又は貸付けの場合には、原則として譲渡又は貸付けの時における資産の所在場所が国内かどうかで判定するのである（法4③一）が、船舶の譲渡又は貸付けの場合には、登録又は船籍票の交付を受けた船舶については、船舶の登録又は船籍票の交付をした機関の所在場所が国内かどうかで判定することとされている（令6①一）。

日本船舶の登録又は船籍票の交付については、船舶の総トン数又は種類に

応じて船舶法第５条第１項《登録、船舶国籍証書》、小型船舶登録規則第５条《登録の申請》及び漁船法第10条第１項《漁船の登録》に規定しているところから、日本船舶の譲渡又は貸付けについては、原則としてすべて国内取引に該当することとなる。

(注) 非居住者が行う日本船舶の譲渡又は貸付け及び居住者が行う日本船舶以外の船舶の貸付けについては、船舶の登録又は船籍票の交付をした機関の所在地により判定するのではなく、譲渡又は貸付けを行う者の住所又は本店若しくは主たる事務所の所在地（以下基本通達５－７－９の解説までにおいて「住所地」という。）により判定することとなる（令６①一）。

なお、日本船舶以外の船舶については、登録又は船籍票の交付に類するものを行った機関の所在場所が国外にある場合には国外取引となり、船舶の登録又は船籍票の交付（外国のこれらに類するものを含む。）を受けていない船舶については、譲渡又は貸付けを行う者の当該譲渡又は貸付けに係る事務所、事業所その他これらに準ずるものの所在地（以下基本通達５－７－12までの解説において「事務所等」という。）が国内である場合には国内取引に該当することとなる（令６①二）。

（航空機の登録をした機関の所在地）

５－７－３　令第６条第１項第３号《航空機の所在地》に規定する「航空機の登録をした機関の所在地」とは、我が国の航空機については航空法第３条《登録》に規定する登録機関の所在地をいい、外国の航空機については、当該航空機の国籍の所在地をいう。

解説　資産の譲渡又は貸付けが国内で行われたかどうかは、原則として譲渡又は貸付けの時における資産の所在場所が国内かどうかで判定するのであ

る（法４③一）が、航空機の譲渡又は貸付けの場合には、登録をした機関の所在場所が国内かどうかで判定することとされている（令６①三）。

　国内の航空機の登録に関する法令として航空法があり、同法第３条《登録》において国土交通大臣が航空機登録原簿に登録をすることとされていることから、同条の規定による登録を受けている航空機の譲渡又は貸付けはすべて国内取引に該当することとなる。これとは逆に国外で登録されている航空機の譲渡又は貸付けが行われた場合には、取引の当事者が仮に居住者であっても国外取引に該当することとなる。

　なお、登録を受けていない航空機の譲渡又は貸付けについては、当該譲渡又は貸付けを行う者の譲渡又は貸付けに係る事務所等の所在地が国内である場合には国内取引に該当することとなる。

（鉱業権等の範囲）

5―7―4　令第６条第１項第４号《鉱業権等の所在地》に規定する「鉱業権」、「租鉱権」又は「採石権」とは、次のものをいう（外国におけるこれらの権利を含む。）。

(1)　鉱業権　　鉱業法第５条《鉱業権》に規定する鉱業権をいう。

(2)　租鉱権　　鉱業法第６条《租鉱権》に規定する租鉱権をいう。

(3)　採石権　　採石法第４条《採石権の内容及び性質》に規定する採石権をいう。

解説　資産の譲渡又は貸付けが国内で行われたかどうかは、原則として譲渡又は貸付けの時における資産の所在場所が国内かどうかで判定するのである（法４③一）が、鉱業権、租鉱権又は採石権等の譲渡又は貸付けについては、鉱業権にあっては鉱区、租鉱権にあっては租鉱区、採石権等にあっては採石

場の所在場所が国内であるものが国内取引に該当することとなる（令6①四）。

　鉱業権等のうち、鉱業権及び租鉱権については鉱業法第5条《鉱業権》及び第6条《租鉱権》で、採石権については採石法第4条《採石権の内容及び性質》で定義され、また、鉱区及び租鉱区については鉱業法第5条《鉱業権》及び第73条《租鉱区》で定義されている。

　なお、採石権等については、採石権に限らず砂利採取法等により認められている権利も含まれることとなり、採石場については、採石権が地上権に関する規定を準用することから、土石等を採掘できる場所となる。

（特許権等の範囲）

5−7−5　令第6条第1項第5号《特許権等の所在地》に規定する「特許権」、「実用新案権」、「意匠権」、「商標権」、「回路配置利用権」又は「育成者権」とは、次のものをいう（外国に登録されているこれらの権利を含む。）。

(1)　特許権　　特許法第66条《特許権の設定の登録》に規定する特許権をいう。

(2)　実用新案権　　実用新案法第14条《実用新案権の設定の登録》に規定する実用新案権をいう。

(3)　意匠権　　意匠法第20条《意匠権の設定の登録》に規定する意匠権をいう。

(4)　商標権　　商標法第18条《商標権の設定の登録》に規定する商標権をいう。

(5)　回路配置利用権　　半導体集積回路の回路配置に関する法律第10条《回路配置利用権の発生及び存続期間》に規定する回路配置利用権をいう。

(6) 育成者権　　種苗法第19条《育成者権の発生及び存続期間》に規定する育成者権をいう。

【平11課消2－5　改正】

解説　資産の譲渡又は貸付けが国内で行われたかどうかは、原則として譲渡又は貸付けの時における資産の所在場所が国内であるかどうかで判定するのであるが、特許権、実用新案権、意匠権、商標権、回路配置利用権又は育成者権（以下この項において「特許権等」という。）については、いずれも登録することにより権利が発生するものであることから、これらの権利の登録をした機関の所在場所が国内である場合には国内取引に該当することとされている（令6①五）。

　特許権等の定義については、特許法第66条《特許権の設定の登録》、実用新案法第14条《実用新案権の設定の登録》、意匠法第20条《意匠権の設定の登録》、商標法第18条《商標権の設定の登録》、半導体集積回路の回路配置に関する法律第10条《回路配置利用権の発生及び存続期間》及び種苗法第19条《育成者権の発生及び存続期間》に規定されているところである。

　なお、消費税法施行令第6条第1項第5号《特許権等の所在地》に規定する特許権等は限定列挙されているものであり、また、登録されているものに限られることから、ここに規定しているもの以外の権利及び登録されていない権利については、消費税法施行令第6条第1項第5号《特許権等の所在地》の規定により国内取引かどうかを判定するのではなく、その資産の実態に応じ、他の条項の規定によって判定することとなる。

（著作権等の範囲）

5－7－6　令第6条第1項第7号《著作権等の所在地》に規定する

「著作権」、「出版権」又は「著作隣接権」とは、次のものをいう(外国におけるこれらの権利を含む。)。

(1) 著作権　著作権法の規定に基づき著作者が著作物に対して有する権利をいう。

(2) 出版権　著作権法第3章《出版権》に規定する出版権をいう。

(3) 著作隣接権　著作権法第89条《著作隣接権》に規定する著作隣接権をいう。

【平23課消1―35　改正】

解説　資産の譲渡等が国内で行われたかどうかは、資産の譲渡又は貸付けの場合には、原則として譲渡又は貸付けの時における資産の所在場所が国内かどうかによって判定するのである(法4③一)が、著作権、出版権又は著作隣接権の譲渡又は貸付けについては、消費税法第4条第3項第1号《国内取引の判定》の規定にかかわらず、これらの権利の譲渡又は貸付けを行う者の住所地が国内である場合には国内取引に該当することとされている(令6①七)。

これらの権利については、法令に基づいて保護されることにおいては特許権等と同じであるが、資産の所在場所が客観的に明らかとなる性質のものではなく、また、特許権等のように登録されるものでもないことから、譲渡又は貸付けを行う者の住所地により国内取引に該当するかどうかを判定することによって客観的な判断が可能となっているのである。

本通達は、著作権、出版権及び著作隣接権の定義については、それぞれ著作権法において定められているものが該当することを念のため明らかにしている。

なお、電気通信回線を介して行われる著作物の提供で、消費税法第2条第1項第8号の3《定義》に規定する電気通信利用役務の提供に該当するもの

は、同法第4条第3項第3号《国内取引の判定》により、その役務の提供を受ける者の住所若しくは居所(現在まで引き続いて1年以上居住する場所をいう。)又は本店若しくは主たる事務所の所在地により国内取引に該当するかどうかの判定を行うこととなる。

> (特別の技術による生産方式の範囲)
> 5—7—7　令第6条第1項第7号《著作権の所在地》に規定する「特別の技術による生産方式」とは、特許に至らない技術、技術に関する附帯情報等をいい、いわゆるノウハウと称されるものがこれに該当する。

【平23課消1—35　改正】

解説　消費税法施行令第6条第1項第7号《著作権の所在地》において、「特別の技術による生産方式及びこれに準ずるもの」に係る譲渡又は貸付けが国内において行われたかどうかは、譲渡又は貸付けを行う者の住所地が国内に所在するかどうかで判定することとされている。

本通達では「特別の技術による生産方式」とは、いわゆるノウハウをいうことを明らかにしているのであるが、消費税法施行令第6条第1項第7号においては、特別の技術による生産方式及びこれに準ずるものと規定していることから、いわゆるノウハウに限らず、種苗法に基づく登録品種に係る権利など特許権等以外の権利で登録されているもの及び特許出願中の権利等もこれに含まれることとなる。

> (営業権の範囲)
> 5—7—8　令第6条第1項第8号《営業権等の所在地》に規定する営

業権には、例えば、繊維工業における織機の登録権利、許可漁業の出漁権、タクシー業のいわゆるナンバー権のように、法令の規定、行政官庁の指導等による規制に基づく登録、認可、許可、割当て等に基づく権利（外国におけるこれらの権利を含む。）が該当する。

【平12課消2—10、平23課消1—35　改正】

解説　資産の譲渡等が国内で行われたかどうかは、資産の譲渡又は貸付けの場合には、原則として譲渡又は貸付けの時における資産の所在場所が国内かどうかによって判定するのであるが（法4③一）が、営業権の譲渡又は貸付けについては、消費税法第4条第3項第1号《国内取引の判定》の規定にかかわらず、営業権に係る事業を行う者の住所地が国内である場合には、国内取引に該当することとされている（令6①八）。

本通達は、営業権には、例えば繊維工業における繊織機の登録権利、許可漁業の出漁権、タクシー業のナンバー権その他法令の規定、行政官庁の指導等による規制に基づく登録、認可、許可、割当て等の事実上の権利が該当することを明らかにしたものである。

このような営業権については、資産の所在場所が客観的に明らかとなる性質のものではなく、また、特許権等のように登録されるものでもないことから、譲渡又は貸付けを行う者の住所地により国内取引に該当するかどうかを判定することによって客観的に判定することが可能となっているものである。

（漁業権等の範囲）

5—7—9　令第6条第1項第8号《漁業権等の所在地》に規定する「漁業権」又は「入漁権」とは、次のものをいう（外国におけるこれらの権利を含む。）。

(1)　漁業権　　漁業法第6条第1項《漁業権の定義》に規定する定置漁業権、区画漁業権及び共同漁業権をいう。
　(2)　入漁権　　漁業法第7条《入漁権の定義》に規定する入漁権をいう。

【平23課消1―35　改正】

解説　資産の譲渡等が国内で行われたかどうかは、資産の譲渡又は貸付けの場合には、原則として譲渡又は貸付けの時における資産の所在場所が国内かどうかによって判定するのである（法4③一）が、漁業権又は入漁権の譲渡又は貸付けについては、消費税法第4条第3項第1号《国内取引の判定》の規定にかかわらず、これらの権利に係る事業を行う者の住所地が国内である場合には、国内取引に該当することとされている（令6①八）。

　ここでは、漁業権又は入漁権については、それぞれ漁業法第6条第1項《漁業権の定義》又は同法第7条《入漁権の定義》に規定するものが該当することを示している。

　なお、漁業権又は入漁権については、その地域が広範に及ぶこともあり、権利の所在場所によって国内取引に該当するかどうかを判定することは適当でない場合も生ずることから、漁業権又は入漁権に係る事業を行う者の住所地により判定することによって客観的に判定することが可能となっているものである。

（資産の所在場所が国外である場合の取扱い）

5―7―10　国内の事業者が、国内の他の事業者に対し、対価を得て法第4条第3項第1号又は令第6条第1項《資産の譲渡等が国内において行われたかどうかの判定》の規定により国外に所在するものとされ

る資産の譲渡又は貸付けをした場合には、当該譲渡又は貸付けは国外において行われたこととなり、消費税の課税の対象とはならないのであるから留意する。

解説　消費税は、国内において事業者が行った資産の譲渡等を課税の対象としている（法4①）。

　したがって、譲渡又は貸付けに係る資産の当該譲渡又は貸付けの時における所在場所が国外である場合には国外取引となり、当然に課税の対象とはならないのであるが、消費税の課税の対象を所得税又は法人税の収入金又は収益の生ずる取引と誤解する向きも多いことから、本通達は、国外取引については消費税の課税の対象とならない取引であることを念のため明らかにしているものである。

（船荷証券の譲渡に係る内外判定）

5―7―11　船荷証券の譲渡は、当該船荷証券に表彰されている貨物の譲渡であるから、原則として当該船荷証券の譲渡が行われる時において当該貨物が現実に所在している場所により国内取引に該当するかどうかを判定するのであるが、その船荷証券に表示されている「荷揚地」（PORT OF DISCHARGE）が国内である場合の当該船荷証券の譲渡については、その写しの保存を要件として国内取引に該当するものとして取り扱って差し支えない。

　なお、本邦からの輸出貨物に係る船荷証券の譲渡は、当該貨物の荷揚地が国外であることから、国外取引に該当する。

解説　船荷証券は、海上運送事業者が運送する貨物を受け取ったことを認

証し、これを荷揚地において証券の正当な所持人に引き渡すことを約した有価証券であるが、単なる証拠証券ではなく、運送契約上の運送に係る貨物の引渡請求権を表彰するものであるところから、船荷証券の譲渡は一般にその船荷証券に表彰されている貨物の譲渡と認識されており、消費税における取扱いもこれによっている。

(注) 消費税法上、有価証券及び物品切手の譲渡は証券そのものの譲渡として取り扱われているが、この場合の有価証券とは金融商品取引法第2条《定義》に規定するものに限定されており、また、物品切手は券面に表示された物品と同種同等の物品又は券面金額に相当する物品の給付請求権を表彰するものであり、船荷証券はこれらに該当しない。

したがって、船荷証券の譲渡が国内取引に該当するかどうかは、当該船荷証券の譲渡を行う時に当該船荷証券に表彰された貨物が現実に所在している場所により判定することが原則である（法4③一）。

しかしながら、船荷証券に表彰された貨物が、当該船荷証券の譲渡の時にどこに所在しているかを個々に確認することは困難な場合が多く、また、船荷証券は海上運送事業者が運送する貨物を荷揚地においてその船荷証券の正当な所持人に引き渡すことを約したものであるから、当該船荷証券が輸入貨物に係るものである場合、その譲受人は国内の荷揚地において当該貨物の引渡しを受けることとなる。そこで、実務上輸入貨物に係る船荷証券の譲渡については、これを譲渡した事業者がその写しを保存していることを要件として国内取引に該当するものとして取り扱って差し支えないこととしてきたところであり、本通達はこの取扱いを明らかにしたものである。

これにより、輸入貨物に係る船荷証券を譲渡した事業者は、当該輸入貨物が国内に荷揚げされる前に当該船荷証券を譲渡した場合であっても、その譲渡について外国貨物の譲渡として輸出免税の規定の適用を受けることができることとなる（法7①二）。

なお、その船荷証券が輸出貨物に係るものである場合は、当該貨物の荷揚地が国外となることから、本通達本文後段の考え方によれば、当該船荷証券の譲渡は国外取引に該当するのであり、なお書はこのことを念のため付言したものである。

　ただし、この場合でも、当該船荷証券の譲渡の時において当該貨物が現実に所在していた場所により国内取引に該当するかどうか判定することが原則であることはいうまでもない。

（貸付けに係る資産の所在場所が変わった場合の内外判定）

5－7－12　資産の貸付けが国内取引に該当するかどうかについては、当該貸付けの時において当該資産が所在していた場所で判定するのであるが、賃貸借に関する契約において貸付けに係る資産（特許権等の無形資産を除く。以下5－7－12において同じ。）の使用場所が特定されている場合で、当該契約に係る当事者間の合意に基づき、当該資産の使用場所を変更した場合には、変更後の当該資産の使用場所が国内にあるかどうかにより当該資産の貸付けが国内において行われたかどうかを改めて判定することとなるのであるから留意する。

解説　資産の貸付けが国内取引に該当するかどうかは、その貸付けの時に貸付けに係る資産が所在していた場所により判定するのであるが（法4③一）、資産の貸付けは、資産の譲渡とは異なり、貸付けという行為が継続する性質のものであることから、貸付けの目的物の使用場所が移動することがままあり、特にリース物件等の場合には、賃貸人、賃借人双方の合意の下にその物件の使用場所を国外の支店等に変更する場合も多い。

　このような現状のもと、資産の貸付けが国内取引に該当するかどうかの判

定は、貸付け当初の資産の所在場所によってのみ決定され、その取扱いが賃貸借期間中継続するということになると貸付けの実態にそぐわない場合も生ずることから、本通達においてその取扱いを明確にすることとしたものである。

すなわち、賃貸借契約においてその使用場所が特定されている資産の貸付けについて、賃貸人、賃借人双方が合意の下に貸付けの目的物の使用場所を変更した場合には、その合意により賃貸借が新たな契約関係に入ったと考えられることから、消費税についてもその変更後の使用場所により国内取引に該当するかどうかの判定を行い、課税関係を決定すべきこととしたものである。

なお、賃貸人の合意を受けて当該目的物の移動を賃借人が行ったときは、貸付けの時における資産の所在場所が明確でない部分もあるが、賃貸人が当該目的物を移動し、新たな使用場所において当該目的物を引き渡す場合と効果の点において違いがないことから、当該目的物の移動が賃貸人、賃借人いずれによってなされたかを問わず、変更後の使用場所によって判定を行うこととしたものである。

(注)1　賃借人が賃貸人の合意を得ずに賃借物件の使用場所を変更した場合には、賃借人の意思のみによって課税関係が変更されてしまうこととなることから、本通達の適用のないことはいうまでもない。

　　2　例えば、賃貸借契約において、その目的物の使用場所が特定されていないものについては、もともと使用場所の変更という考え方になじまないことから、貸付け当初におけるその目的物の所在場所によって、貸付期間中の課税関係を決定することとなる。

なお、所得税法第67条の2第1項又は法人税法第64条の2第1項の規定により売買があったものとされるリース取引については、賃貸人はリース資産の引渡し時にリース資産を譲渡したことになるため、当該資産の使用場所を変更したとしても改めてこのような判定を行う必要はないのであるから留意する。

(国内及び国外にわたって行われる旅客又は貨物の輸送等)

5―7―13　事業者が対価を得て行う令第6条第2項第1号から第3号まで《資産の譲渡等が国内において行われたかどうかの判定》に規定する国内及び国外にわたって行われる旅客若しくは貨物の輸送、通信又は郵便若しくは信書便(民間事業者による信書の送達に関する法律第2条第2項《定義》に規定する「信書便」をいう。以下7―2―23までにおいて同じ。)については、国内を出発地若しくは発送地、発信地又は差出地とするもの及び国内を到着地、受信地又は配達地とするものの全てが国内において行われた課税資産の譲渡等に該当し、法第7条第1項第3号《国際輸送等に係る輸出免税等》又は令第17条第2項第5号若しくは第7号《国際郵便等に係る輸出免税》の規定の適用を受けることになるのであるから留意する。

【平15課消1―13、平23課消1―35　改正】

解説　役務の提供が国内で行われたかどうかについては、原則として役務の提供が行われた場所が国内かどうかで判定するのである(法4③二)が、役務の内容が国際輸送、国際通信、国際郵便又は国際信書便である場合には、いずれも国内と国外にわたって役務の提供が行われるものであり、役務の提供場所が国内であるかどうかを客観的に判定することはできない。

そこで、これらの役務の提供について、国際輸送にあっては旅客又は貨物の出発地若しくは発送地又は到着地、国際通信にあっては発信地又は受信地、国際郵便又は国際信書便にあっては差出地又は配達地のいずれかが国内である場合には全て国内取引に該当することとされている(令6②一〜三)。

したがって、本通達では、これらの役務の提供については、国内取引を前提としている輸出免税規定も当然に適用されるものであることを念のため明

らかにしたものである。

（事務所の意義）

5―7―14 令第6条第1項第2号《船籍のない船舶の所在地》に規定する「譲渡又は貸付けを行う者の当該譲渡又は貸付けに係る事務所、事業所その他これらに準ずるもの」とは、当該譲渡又は貸付けを行う者に係る事務所等で、当該譲渡又は貸付けに係る契約の締結、資産の引渡し、代金の回収等の事業活動を行う施設をいい、自らの資産を保管するためにのみ使用する一定の場所又は自己のために契約を締結する権限のある者その他これに準ずる者に係る事務所等は、これに含まれない。

解説 資産の譲渡等が国内で行われたものかどうかの判定については、原則として資産の譲渡又は貸付けの場合には、譲渡又は貸付けの時における資産の所在場所、役務の提供である場合には、役務の提供が行われた場所が国内であるかどうかによって判定することとされている（法4③一、二）。

しかし、その所在場所が常に移動することが前提となる船舶若しくは航空機等の譲渡又は貸付けや役務の提供場所を特定することが困難な情報の提供若しくは設計等に係る役務の提供については、譲渡若しくは貸付け又は役務の提供に係る事務所等の所在地が国内であれば国内取引に該当することとされている（令6①二、三、九二、十、②四、六、③）。

ここでいう事務所等とは、資産の譲渡又は貸付けに係る事務所等が前提となることから、資産の譲渡等に直接関連する事業活動を行う施設、すなわち譲渡又は貸付けに係る契約の締結、資産の引渡し、代金の回収等を行う施設が該当することを明らかにしており、役務の提供に係る事務所等も同様に解

される。

　なお、事務所等に該当するものとしては、支店、出張所、工場、建設現場等があり、事務所等に該当しないものとしては、代理人事務所、事業活動を行っていない単なる駐在員事務所等がある。

（役務の提供に係る内外判定）

5―7―15　法第4条第3項第2号《課税の対象》に規定する役務の提供が行われた場所とは、現実に役務の提供があった場所として具体的な場所を特定できる場合にはその場所をいうのであり、具体的な場所を特定できない場合であっても役務の提供に係る契約において明らかにされている役務の提供場所があるときは、その場所をいうものとする。

　したがって、法第4条第3項第2号、令第6条第2項第1号から第5号まで《資産の譲渡等が国内において行われたかどうかの判定》の規定に該当する場合又は役務の提供に係る契約において明らかにされている役務の提供場所がある場合には、これらに定められた場所により国内取引に該当するかどうかを判定することとなり、役務の提供の場所が明らかにされていないもののほか、役務の提供が国内と国外の間において連続して行われるもの及び同一の者に対して行われる役務の提供で役務の提供場所が国内と国外の双方で行われるもののうち、その対価の額が合理的に区分されていないものについて、令第6条第2項第6号《役務の提供が国内、国外にわたるものの内外判定》の規定により判定することに留意する。

【平27課消1―17　改正】

解説 役務の提供が国内取引に該当するかどうかは、その役務の提供が行われた場所により判定することを原則としている（法4③二）。また、運輸、通信等のように役務の提供場所を一点に特定できない特殊なものについては、消費税法施行令第6条第2項第1号から第5号まで《役務の提供に係る内外判定》において役務の提供の内容に応じた場所により判定することとし、更にこれらの規定により判定が困難な場合には、同項第7号《役務の提供が行われた場所が明らかでないものの内外判定》によって役務の提供者の役務の提供に係る事務所等の所在地により判定することとしている。このような役務の提供が国内取引に該当するかどうかの判定基準はやや複雑なところがあるため、実務面において、具体的な事例にどのように適用していくかを本通達により明確にしたものである。

本通達の前段は、その役務の提供が国内取引に該当するかどうかの判定の基準となる「役務の提供が行われた場所」について、現実に役務の提供があった場所として具体的な場所を特定できる場合にはその場所をいい、具体的な場所を特定できない場合であってもその役務の提供に係る契約において現実の役務の提供場所が国内であるか国内以外の地域であるかを判別できる程度に明らかにされているものであるときは、その場所をいうものであることを明確にした。

また、これを受けて、後段では消費税法施行令第6条第2項第6号の規定により国内取引かどうかを判定する場合として、役務の提供に係る契約においてその提供場所が明確にされていないもののほか、例えば、次に掲げる役務の提供が該当することを例示した。

(1) 役務の提供が国内と国外の間において連続して行われるもの
(2) 同一の者に対して行われる役務の提供で役務の提供場所が国内と国外の双方で行われるもののうち、その対価の額が国内対応分と国外対応分とに合理的に区分されていないもの

なお、(1)に該当するものには、通信用海底ケーブルの敷設工事があり、(2)に該当するものとしては、例えば、同一の広告主から国外で行う広告とその広告の国内での制作を同時に請け負ったものでその対価の額が一括して取り決められている場合がある。

(電気通信利用役務の提供に係る内外判定)

5－7－15の2　電気通信利用役務の提供が国内において行われたかどうかの判定は、電気通信利用役務の提供を受ける者の住所若しくは居住（現在まで引き続いて1年以上居住する場所をいう。）又は本店若しくは主たる事務所の所在地（以下5－7－15の2において「住所等」という。）が国内にあるかどうかにより判定するのであるから、事業者が行う次のような電気通信利用役務の提供であっても、国内取引に該当する。

なお、電気通信利用役務の提供を受ける者の住所等が国内にあるかどうかについては、電気通信利用役務の提供を行う事業者が、客観的かつ合理的な基準に基づいて判定している場合にはこれを認める。

(1) 国内に住所を有する者に対して、その者が国外に滞在している間に行うもの

(2) 内国法人の国外に有する事務所に対して行うもの

【平27課消1－17　追加】

解説　消費税法第2条第1項第8号の3《定義》に規定する電気通信利用役務の提供が国内において行われたかどうかは、当該役務の提供を受ける者の住所等により判定することから、例えば、国内に住所を有する個人が海外に滞在している間に電子書籍をダウンロードした場合や国内法人の海外支店が当該支店内で使用するための電子書籍をダウンロードした場合であっても、

そのような取引は国内取引に該当することとなる。

なお、この場合に電気通信利用役務の提供を受ける者の住所等が国内にあるかどうかの判定に当たっては、例えば、インターネットを介して電子書籍、音楽、ゲーム等をダウンロードさせる取引などにおいては、顧客がインターネットを介して申し出た住所地と顧客が決済で利用するクレジットカードの発行国情報等とを照合して確認するなど、各取引の性質等に応じて客観的かつ合理的に判断できる方法により行うこととなる。

(※) 国内事業者の国外事業所等（所得税法第95条第4項第1号又は法人税法第69条第4項第1号に規定する国外事業所等をいう。）で行う特定仕入れ（他の者から受けた事業者向け電気通信利用役務の提供に係るものに限る。）のうち、国外において行う資産の譲渡等にのみ要するものは、国外取引に該当することとされている（法4④ただし書）。

（国外事業者の恒久的施設で行う特定仕入れに係る内外判定）

5—7—15の3　国外事業者の恒久的施設（法第4条第4項ただし書《課税の対象》に規定する恒久的施設をいう。）で行う特定仕入れ（他の者から受けた事業者向け電気通信利用役務の提供に該当するものに限る。以下5—7—15の4までにおいて同じ。）について、当該特定仕入れが国内において行う資産の譲渡等及び国内以外の地域において行う資産の譲渡等に共通して要するものである場合には、国内において行われたものに該当するのであるから留意する。

【平28課消1—57　追加】

解説　特定仕入れが国内で行われたかどうかについては、特定仕入れを行った事業者が、当該特定仕入れとして他の者から受けた役務の提供につき、

消費税法第4条第3項第2号又は第3号《課税の対象》に定める場所により判定することを原則としている（法4④）。

ただし、特定仕入れのうち他の者から受けた事業者向け電気通信利用役務の提供に該当するものは、国外事業者が恒久的施設（所得税法第2条第1項第8号の4又は法人税法第2条第12条の18に規定する恒久的施設をいう。）で行うものにあっては、当該特定仕入れが国内において行う資産の譲渡等に要するものについて国内で行われたものとし、国内事業者が国外事業所等（所得税法第95条第4項第1号又は法人税法第69条第4項第1号に規定する国外事業所等をいう。）で行うものにあっては、当該特定仕入れが国外において行う資産の譲渡等にのみ要するものについて国外で行われたものとすることとされている（法4④ただし書）。

なお、消費税法第4条第4項ただし書に規定する国外事業者の恒久的施設で行う他の者から受けた事業者向け電気通信利用役務の提供に係る特定仕入れは、当該特定仕入れが国内において行う資産の譲渡等に要するものである場合には、同規定により国内取引に該当することとされていることから、当該特定仕入れが国外において行う資産の譲渡等にも要するものであったとしても、当該特定仕入れは国内取引に該当することとなる。

本通達は、このことを念のため明らかにしたものである。

（国内事業者の国外事業所等で行う特定仕入れに係る内外判定）

5—7—15の4　事業者（国外事業者を除く。以下5—7—15の4において同じ。）の国外事業所等（法第4条第4項ただし書《課税の対象》に規定する国外事業所等をいう。以下11—2—13の2において同じ。）で行う特定仕入れが国内において行われたかどうかの判定は、当該特定仕入れを行った日の状況により行うのであるから、当該特定仕入れを行っ

た日において、国内以外の地域において行う資産の譲渡等にのみ要するものであることが明らかなもののみが国外取引に該当することに留意する。

【平28課消1―57　追加】

解説　国内事業者の国外事業所等（所得税法第95条第4項第1号又は法人税法第69条第4項第1号に規定する国外事業所等をいう。）で行う特定仕入れ（他の者から受けた事業者向け電気通信利用役務の提供に係るものに限る。）のうち、国外において行う資産の譲渡等にのみ要するものは、国外取引に該当することとされている（法4④ただし書）。

そもそも、消費税法は事業者が国内で行う商品の販売やサービスの提供などを課税対象としており、また、同法は国内の最終消費に負担を求める性格のものであるところ、ある取引が行われた際に、それが消費税の課税対象であるか否かは、その取引が行われた時において明らかにされていることが必要である。

したがって、その特定仕入れが国内で行われたものに該当するか否かの判定は、当該特定仕入れを行った時に行うこととなる。

本通達は、このことを念のため明らかにしたものである。

なお、消費税法第4条第4項ただし書の適用に当たって、特定仕入れを行った日後、その用途が変更されるような場合であっても、当該特定仕入れの内外判定は当該特定仕入れを行った時に判定するのであるから、改めて判定を行う必要はない。

第8節　特定資産の譲渡等

「特定資産の譲渡等」とは、「事業者向け電気通信利用役務の提供」及び「特

定役務の提供」をいい、それぞれ次のとおりである（法２①八の二）。

① 事業者向け電気通信利用役務の提供（法２①八の四）

　　国外事業者が行う電気通信利用役務の提供のうち、その役務の性質又は取引条件等から、その役務の提供を受ける者が通常事業者に限られるものをいう。

② 特定役務の提供（法２①八の五、令２の２）

　　資産の譲渡等のうち、国外事業者が行う映画若しくは演劇の俳優、音楽家その他の芸能人又は職業運動家の役務の提供を主たる内容とする事業として行う役務の提供のうち、国外事業者が他の事業者に対して行う役務の提供（不特定かつ多数の者に対して行う役務の提供を除く。）をいう。

（特定資産の譲渡等に係る納税義務）

5－8－1　特定資産の譲渡等については、当該特定資産の譲渡等を行う国外事業者が課税事業者であるかどうかにかかわらず、当該特定資産の譲渡等を受けた事業者が、当該特定資産の譲渡等に係る特定課税仕入れについて納税義務者となることに留意する。

(注)　所得税法等の一部を改正する法律（平成27年法律第９号）附則第42条《特定課税仕入れに関する経過措置》及び第44条第２項《中小事業者の仕入れに係る消費税額の控除の特例に関する経過措置》により、当分の間、課税売上割合が100分の95以上の課税期間（簡易課税制度が適用されない課税期間に限る。）及び簡易課税制度が適用される課税期間については、その課税期間に行った特定課税仕入れはなかったものとして消費税法の規定が適用されるのであるから留意する。

【平27課消1－17　追加】

解説 消費税法第4条第1項《課税の対象》及び第5条第1項《納税義務者》の規定により、特定資産の譲渡等である事業者向け電気通信利用役務の提供及び特定役務の提供は、いわゆるリバースチャージ方式により、当該役務の提供を行った国外事業者ではなく、当該役務の提供を受けた、すなわち特定課税仕入れを行った事業者が納税義務者となる。

なお、特定資産の譲渡等は、同法第2条第1項第4号の2に規定する国外事業者が行うものに限られるのであるが、この国外事業者は、課税事業者に限定されていない。したがって、事業者向け電気通信利用役務の提供及び特定役務の提供には、免税事業者である国外事業者が行うものも含まれることとなる。

本通達は、このことを念のため明らかにしたものである。

なお、所得税法等の一部を改正する法律（平成27年法律第9号）附則第42条及び第44条第2項《特定課税仕入れに関する経過措置等》に規定する経過措置により、当分の間、簡易課税制度が適用されない課税期間で当該課税期間の課税売上割合が95％以上の課税期間である場合又は簡易課税制度が適用される課税期間である場合には、その課税期間中に行った特定課税仕入れはなかったものとされる。本通達の注書は、このことを念のため明らかにしたものである。

換言すれば、この経過措置により、当分の間は、特定課税仕入れに係る課税標準の消費税額について確定申告が必要な事業者は、その課税期間について簡易課税制度の適用がない事業者のうち課税売上割合が95％未満で、かつ、当該課税期間について特定課税仕入れを行った事業者に限られることとなる。

（特定資産の譲渡等の表示義務）

5－8－2　特定資産の譲渡等を行う国外事業者は、当該国外事業者が

課税事業者であるかどうかにかかわらず、当該特定資産の譲渡等に係る特定課税仕入れを行う事業者が法第5条第1項《納税義務者》の規定により消費税を納める義務がある旨を表示しなければならないことに留意する。

(注) 当該表示義務の履行の有無は、当該特定資産の譲渡等を受ける事業者の納税義務には影響しない。

【平27課消1—27 追加】

解説 国内において行った特定資産の譲渡等については、当該特定資産の譲渡等を受けた事業者が、当該特定資産の譲渡等に係る特定課税仕入れについて納税義務者となることとされている（法4①、5①）。

このため、国内において特定資産の譲渡等を行う国外事業者には、消費税法第62条《特定資産の譲渡等を行う事業者の義務》の規定により、当該特定資産の譲渡等に際して、あらかじめ、当該特定資産の譲渡等に係る特定課税仕入れを行う事業者において当該特定課税仕入れについて消費税を納める義務がある旨の表示を行う義務が課されている。本通達は、このことを念のため明らかにしたものである。

なお、この表示義務は、特定資産の譲渡等を行う事業者に課される義務であるから、その履行と特定課税仕入れを行った事業者の納税義務の成立とは、別個の関係にある。このため、当該表示義務の履行の有無は、当該特定資産の譲渡等を受ける事業者の納税義務には影響しない。

本通達の注書は、このことを念のため明らかにしたものである。

（電気通信利用役務の提供）

5—8—3 電気通信利用役務の提供とは、電気通信回線を介して行わ

れる著作物の提供その他の電気通信回線を介して行われる役務の提供であって、他の資産の譲渡等の結果の通知その他の他の資産の譲渡等に付随して行われる役務の提供以外のものをいうのであるから、例えば、次に掲げるようなものが該当する。

(1) インターネットを介した電子書籍の配信
(2) インターネットを介して音楽・映像を視聴させる役務の提供
(3) インターネットを介してソフトウエアを利用させる役務の提供
(4) インターネットのウエブサイト上に他の事業者等の商品販売の場所を提供する役務の提供
(5) インターネットのウエブサイト上に広告を掲載する役務の提供
(6) 電話、電子メールによる継続的なコンサルティング

（注） 電気通信利用役務の提供に該当しない他の資産の譲渡等の結果の通知その他の他の資産の譲渡等に付随して行われる役務の提供には、例えば、次に掲げるようなものが該当する。

1 国外に所在する資産の管理・運用等について依頼を受けた事業者が、その管理等の状況をインターネットや電子メール（以下5－8－3において「インターネット等」という。）を利用して依頼者に報告するもの
2 ソフトウエア開発の依頼を受けた事業者が、国外においてソフトウエアの開発を行い、完成したソフトウエアについてインターネット等を利用して依頼者に送信するもの

【平27課消1―17 追加】

解説 電気通信利用役務の提供について、その役務の提供が国内で行われたかどうかは、消費税法第4条第3項第3号《国内取引の判定》の規定により、その役務の提供を受ける者の住所若しくは居所又は本店若しくは主たる

事務所の所在地により判定することとされている。

　本通達は、この判定基準が適用される電気通信利用役務の提供の具体的な範囲について例示して明らかにしたものである。

　また、電気通信利用役務の提供には、他の資産の譲渡等の結果の通知その他の他の資産の譲渡等に付随して行われる役務の提供は含まれないこととされている。例えば、著作物等の製作を依頼してその成果物をインターネットや電子メール（以下「インターネット等」という。）で受領することとしている取引や、著作物の複製、上映、放送等を行う事業者に対して、著作権の所有者が、当該著作物を貸し付けるに当たって、インターネット等で当該著作物を送信する取引は、これらの取引過程等においてインターネット等の電気通信回線の利用が含まれているが、その電気通信回線の利用は、ソフトウエアの製作などの役務の提供に付随して行われるものであるから、取引の過程等において電気通信回線の利用があったことのみをもって同法第2条第1項第8号の3《定義》に規定する電気通信利用役務の提供に該当するものではない。

　本通達の注書は、このような電気通信利用役務の提供から除かれる役務の提供の具体的な範囲について、以下を例示して念のため明らかにしたものである。

　イ　国外に所在する資産の管理・運用

　　　国外に所在する株式や金銭等の管理・運用を国外事業者に委託し、インターネット等により、運用の指図を行うとともに、その管理・運用状況の報告等を受けるもの。

　（※）　資産の管理・運用等という他の資産の譲渡等に付随してインターネット等が利用されているものであり、電気通信利用役務の提供には該当しない。

　ロ　国外に所在する事業者が国外で行う著作物等の製作

国外に所在する事業者が、国内の事業者から国外でのソフトウエアの製作や工業デザイン等を行うことを請け負った場合に、その成果物の引渡しをインターネット等で行うもの。
(※)　ソフトウエアの開発等という他の資産の譲渡等に付随してインターネット等が利用されているものであり、成果物の引渡しが、郵送や直接持参する方法でなく、インターネット等によって行われたとしても、電気通信利用役務の提供には該当しない。
　　　なお、国外に所在する事業者にソフトウエアの開発を委託する場合、その役務の提供は、国外において行われるものとなる。

（事業者向け電気通信利用役務の提供）

5—8—4　事業者向け電気通信利用役務の提供とは、国外事業者が行う電気通信利用役務の提供で、その役務の性質又は当該役務の提供に係る取引条件等から当該役務の提供を受ける者が通常事業者に限られるものをいうのであるから、例えば、次に掲げるようなものが該当する。
(1)　インターネットのウエブサイト上への広告の掲載のようにその役務の性質から通常事業者向けであることが客観的に明らかなもの
(2)　役務の提供を受ける事業者に応じて、各事業者との間で個別に取引内容を取り決めて締結した契約に基づき行われる電気通信利用役務の提供で、契約において役務の提供を受ける事業者が事業として利用することが明らかなもの
　　(注)　消費者に対しても広く提供されるような、インターネットを介して行う電子書籍・音楽の配信又は各種ソフトウエアやゲームを利用させるなどの役務の提供は、インターネットのウエブサイト上に掲

載した規約等で事業者のみを対象とするものであることを明示していたとしても、消費者からの申込みが行われ、その申込みを事実上制限できないものについては、その取引条件等からは事業者向け電気通信利用役務の提供に該当しないのであるから留意する。

【平27課消1—17 追加】

解説 事業者向け電気通信利用役務の提供については、消費税法第5条第1項《納税義務者》の規定により、当該役務の提供に係る特定課税仕入れを行った国内事業者が納税義務者となるが、事業者向け電気通信利用役務の提供に該当するかどうかは、その役務の性質又は個別の契約内容等によって判断することとされている。本通達は、その判断の基準について、どのような役務の提供が事業者向け電気通信利用役務の提供に該当するか具体例を示して明らかにしたものである。

なお、その役務の性質から事業者向け電気通信利用役務の提供に該当するものとしては、インターネットのウエブサイト上への広告の掲載や、インターネットのウエブサイト上で他の事業者に対して行う当該地の事業者等が製作したゲームや各種アプリケーションソフトのようなデジタルコンテンツを販売する場所の提供などの電気通信利用役務の提供が該当することとなる。

また、インターネットを介した電子書籍の配信などにおいて、ウエブサイト上に規約等を掲載し、当該規約等において事業者向け電気通信利用役務の提供である旨を明示していた場合であっても、ウエブサイトを通じて消費者からも申込みが行われ、その申込みを事実上制限できないようなものは、その取引条件等からは、事業者向け電気通信利用役務の提供の要件である「通常事業者向けであることが明らかなもの」には該当しない。

本通達の注書は、この点について念のため明らかにしたものである。

おって、ゲームや各種アプリケーションソフト等を販売しようとする行為

（そのゲーム等の利用許諾）は、個人の生活用資産の販売等ではなく、また、その行為自体が反復、継続して行おうとするものであるから、消費税法上の事業に該当する。

（事業運動家の範囲）

5－8－5　令第2条の2《特定役務の提供の範囲》に規定する「職業運動家」には、運動家のうち、いわゆるアマチュア、ノンプロ等と称される者であっても、競技等の役務の提供を行うことにより報酬・賞金を受ける場合には、これに含まれることに留意する。

（注）　運動家には、陸上競技などの選手に限られず、騎手、レーサーのほか、大会などで競技する囲碁、チェス等の競技者等が含まれることに留意する。

【平27課消1－17　追加】

解説　消費税法施行令第2条の2《特定役務の提供の範囲》に規定する者には、競技等の役務の提供を行うことにより報酬・賞金を受ける場合には、アマチュア等と称される者も含まれる。本通達は、このことを念のため明らかにしている。

同様に、同条に規定する「映画若しくは演劇の俳優、音楽家その他の芸能人」には、他の職業を本業としている者であっても、これら役務の提供を行うために来日して報酬等を受領する場合には、これに含まれることとなる。

したがって、例えば、職業運動家が映画に演者として出演した場合であっても、その映画への出演により報酬を受領する行為は、映画若しくは演劇の俳優、音楽家その他の芸能人の役務の提供に該当することとなる。

ただし、例えば、法務専門家が法律等の解説を行うための講演は、法務専

門家としての役務の提供であることから、同条に規定する「映画若しくは演劇の俳優、音楽家その他の芸能人又は職業運動家の役務の提供」に該当しないことはいうまでもない。

（特定役務の提供から除かれるもの）

5－8－6　特定役務の提供は、国外事業者が他の事業者に対して行う役務の提供であっても不特定かつ多数の者に対して行うものは除かれるのであるから、例えば、国外事業者である音楽家自身が国内で演奏会等を主催し、不特定かつ多数の者に役務の提供を行う場合において、それらの者の中に事業者が含まれていたとしても、当該役務の提供は特定役務の提供には該当しないことに留意する。

【平27課消1－17　追加】

解説　国内において特定役務の提供を受けた事業者は、当該役務の提供に係る特定課税仕入れについて納税義務者となるのであるが（法5①）、消費税法施行令第2条の2《特定役務の提供の範囲》かっこ書において、国外事業者が他の事業者に対して行う役務の提供であっても、不特定かつ多数の者に対して行うものは除くこととされている。

したがって、例えば、国外事業者である音楽家自身が国内で演奏会等を主催し、不特定かつ多数の者に実演等の役務の提供を行う場合において、当該演奏会等の観客に事業として入場料を支出して来場した事業者が含まれていたとしても、この役務の提供は特定役務の提供には該当しない。この場合、当該入場料を支出した事業者にはリバースチャージ方式による納税義務は生じないこととなる。

> **（特定役務の提供を行う者の仲介等）**
>
> 5－8－7　特定役務の提供は、令第2条の2《特定役務の提供の範囲》に規定する役務の提供が該当するのであるから、例えば、次に掲げるものは特定役務の提供には該当しないことに留意する。
>
> (1)　特定役務の提供を受ける者が、特定役務の提供を行う者との契約の締結等のために、特定役務の提供を行う者以外の者に依頼する仲介等
>
> (2)　特定役務の提供を受ける者が、特定役務の提供を行う者の所属していた法人その他の者に支払う移籍料等と称するものを対価とする取引で、権利の譲渡又は貸付けに該当するもの

【平27課消1―17　追加】

解説　特定役務の提供は、消費税法施行令第2条の2《特定役務の提供の範囲》に規定する映画若しくは演劇の俳優、音楽家その他の芸能人又は職業運動家の役務の提供を主たる内容とする事業として行う役務の提供をいうのであるから、特定役務の提供を受ける者が、特定役務の提供を行う事業者と契約を締結するために、他の事業者に仲介等を依頼した場合の仲介手数料等を対価とする役務の提供は、特定役務の提供に該当しない。

　また、特定役務の提供を受ける者が、特定役務の提供を行う者が所属していた法人等から、何らかの権利の譲渡、貸付けを受けるために支払う移籍料等を対価とする取引は、そもそも役務の提供に該当しない。

　したがって、これら特定役務の提供に該当しない取引が国内における課税資産の譲渡等に該当するときは、当該課税資産の譲渡等を行った事業者に納税義務が生じることとなる。

　本通達は、このことを念のため明らかにしたものである。

第6章　非課税範囲

　消費税は、生産流通過程を経て事業者から消費者（家計）に提供されるという財貨・サービスの流れに着目して、事業者の売上げを課税の対象とすることにより、間接的に消費に税負担を求めるものである。消費税が課税される取引は、原則として国内におけるすべての財貨・サービスの販売・提供及び貨物の輸入であるが、これらの財貨・サービスの中には消費に対して負担を求める税としての性格上、本来課税の対象とすることになじまないものや社会政策上課税することが適当でないものがあり、消費税法別表第一に掲げる資産の譲渡等及び同法別表第二に掲げる外国貨物で保税地域から引き取られるものについては、同法第6条《非課税》の規定により、消費税を課さないこととされている。

　なお、非課税取引は、消費全般に広く負担を求めるというこの税の性格上、極めて限定されている。

　非課税取引について整理すれば次のとおりである。

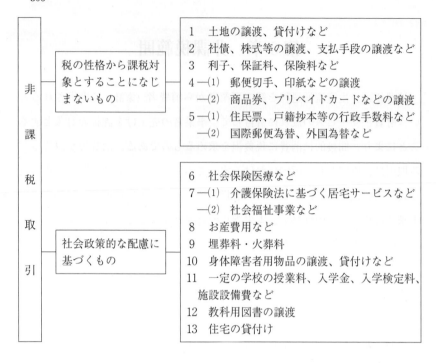

第1節　土地等の譲渡及び貸付け関係

（土地の範囲）

6－1－1　「土地」には、立木その他独立して取引の対象となる土地の定着物は含まれないのであるが、その土地が宅地である場合には、庭木、石垣、庭園（庭園に附属する亭、庭内神し（祠）その他これらに類する附属設備を含む。）その他これらに類するもののうち宅地と一体として譲渡するもの（建物及びその附属施設を除く。）は含まれる。

解説　消費税法上、土地の譲渡及び貸付けが非課税とされているところで

あるが、本通達は、その土地の範囲を明らかにしたものである。

　土地の定着物は、不動産とされるが（民法86）、土地に附着し、又は土地に附着させて継続的に使用することがその物の取引上の性質として認められているものであり、土地とは独立した不動産をいうことから、このようなものは土地には含まれない。したがって、立木その他独立して取引の対象となるものは、土地に含まれないこととなる。ここにいう立木とは、一義的には、「立木ニ関スル法律」にいう立木を指すこととなるが、登記されていない立木であっても、当事者間において立木だけを独立して取引の対象とする意思を持つときに、明認方法を施してその生立する土地と分離することにより独立して取引の対象となるものであることから、「立木ニ関スル法律」にいう立木と同様に取り扱われる。立木以外で独立して取引の対象となるものとしては建物及びその附属設備等がある。また、土地の中に存する鉱物資源や地表の土砂等は、土地とは区別され独立して取引の対象となるものであるから、これらの譲渡は非課税とされる土地の譲渡に該当しない。

　ところで、その土地が宅地である場合には、庭木、石垣等を宅地と一体として売買されることがあるが、本通達においては、このように宅地と一体として譲渡するものは土地に含まれるとして取り扱うことを明らかにしている。これは、宅地と一体として譲渡しているものについて土地に含まれるとされている点に留意する必要がある。すなわち、庭木、石垣等は常に宅地と一体として譲渡されるとは限らないのであり、当事者がこれらを宅地とは別に取引の対象とする場合には、消費税の課税の対象となるのである。

（土地の上に存する権利の意義）

6―1―2　「土地の上に存する権利」とは、地上権、土地の賃借権、地役権、永小作権等の土地の使用収益に関する権利をいうのであり、

例えば、鉱業権、土石採取権、温泉利用権及び土地を目的物とした抵当権は、これに含まれない。

　なお、土地の賃貸借の形態により行われる土石、砂利等の採取が、採石法第33条《採取計画の認可》、砂利採取法第16条《採取計画の認可》等の規定により認可を受けて行われるべきものである場合には、その対価は、土石、砂利等の採取の対価であり、非課税とされる土地の貸付けの対価には該当しないことに留意する。

解説　土地の譲渡及び貸付けについては、原則として非課税とされるが、その土地には土地の上に存する権利を含むこととされている。本通達は、その「土地の上に存する権利」の意義を明らかにしたものである。

　ここにいう「土地の上に存する権利」とは、地上権、土地の賃借権、地役権、永小作権（耕作権を含む。）等の土地そのものを使用収益することを目的とした権利をいうのであり、この点からみて鉱業権、土石採取権、温泉利用権及び土地を目的物とした抵当権は土地の上に存する権利に含まれないこととなる。すなわち、鉱業権は鉱産物を採取する権利、土石採取権は土石を採取する権利、温泉利用権は温泉をくみ上げる権利であり、また土地を目的物とした抵当権は被担保債権の弁済に関する権利であって、いずれも土地そのものを使用収益することを目的とした権利ではない。

　また、土石採取権の設定に係る対価は土石採取権が土地の上に存する権利に該当しないことから非課税とされる土地の貸付けの対価には該当しないこととなるのであるが、土石採取権を設定せずに土地の賃貸借の形態により土石、砂利等の採取をする場合があり、この場合の土地の賃貸料は非課税とされる土地の貸付けの対価に該当するのかという疑問が生ずる。この点について、土地の賃貸借の形態により行われる土石、砂利等の採取が採石法第33条《採取計画の認可》、砂利採取法第16条《採取計画の認可》等の規定により認

可を受けて行われるべきものである場合には、当該対価は、それを土地の賃貸料等と称していたとしても実質的には土地の賃借権の設定に係る対価ではなく土石採取権の設定に係る対価と認められることから、非課税とされる土地の貸付けの対価には該当しないのであり、このことを本通達のなお書において明らかにしている。なお、事業者が土石、砂利等の採取をする場合には採石法第33条、砂利採取法第16条等の規定により認可を受けなければならないこととなっていることから、この取扱いは、土地の賃貸借の形態により行われる土石、砂利等の採取について当該認可を受けているかどうかにかかわらず当該認可を受ける必要があるもの全てについて該当することとなる。

（借地権に係る更新料、名義書換料）

6—1—3　借地権に係る更新料（更改料を含む。）又は名義書換料は、土地の上に存する権利の設定若しくは譲渡又は土地の貸付けの対価に該当する。

解説　消費税法上、資産の貸付けには資産に係る権利の設定その他他の者に資産を使用させる一切の行為を含むものとされている（法2②）。

このことから、非課税とされる土地の貸付けには、土地に係る権利の設定その他他の者に土地を使用させる一切の行為を含むこととなり、地上権、土地の賃借権等の土地の上に存する権利の設定等は、土地の貸付けに含まれることとなる。

本通達においては、地上権、土地の賃借権の設定に伴い授受される更新料や名義書換料について、更新料は借地権等の契約更新に際し授受されるもので前払又は後払の賃借料等としての性格を有するものとされ、また、名義書換料は借地権等の譲渡転貸の承諾料の性質等をもつとされていることから、

これらは、いずれも土地の上に存する権利の設定、譲渡又は土地の貸付けに係る対価に該当することを明らかにしたものである。

> **（土地の貸付期間の判定）**
> 6―1―4　令第8条《土地の貸付けから除外される場合》に規定する「土地の貸付けに係る期間が1月に満たない場合」に該当するかどうかは、当該土地の貸付けに係る契約において定められた貸付期間によって判定するものとする。

解説　消費税法上、土地の貸付けであっても、土地の貸付けに係る期間が1月に満たない場合及び駐車場その他の施設の利用に伴って土地が使用される場合は、課税の対象となる（法別表第1一、令8）。

本通達は、このうちの土地の貸付けに係る期間が1月に満たない場合に該当するかどうかの判定基準を定めたものであり、その判定は当該土地の貸付けに係る契約において定められた貸付期間によることとしている。

土地の貸付期間の判定については、実際の貸付期間によるべきか、あるいはあらかじめ定められた貸付期間によるべきか、という問題があるが、消費税の性格からみて、土地の貸付けが行われる時において非課税となる土地の貸付けか、非課税となる土地の貸付けから除かれて、消費税の課税の対象となる土地の貸付けかを明らかにしておくことが望ましく、また、実務面においてもその簡素化の観点等からできるだけ形式的に判定することとしたものである。

したがって、あらかじめ定められた貸付期間が1月以上であったものが、その後の事情によりその貸付期間が結果的に1月未満となったとしてもその土地の貸付けは非課税である。また、これとは反対にあらかじめ定められた

貸付期間が1月未満であったものがその後の事情によりその貸付期間が結果的に1月以上となったとしてもその土地の貸付けは課税ということになる。

ところで、土地の貸付期間は、契約において定められた期間とし、できるだけ形式的に判定するといっても、その貸付期間は契約当事者の本意に基づくものをいうのであり、例えば、契約書上虚偽記載されたものまでを含めるものではないことは当然のことである。

（土地付建物等の貸付け）

6—1—5 令第8条《土地の貸付けから除外される場合》の規定により、施設の利用に伴って土地が使用される場合のその土地を使用させる行為は土地の貸付けから除かれるから、例えば、建物、野球場、プール又はテニスコート等の施設の利用が土地の使用を伴うことになるとしても、その土地の使用は、土地の貸付けに含まれないことに留意する。

（注）1　事業者が駐車場又は駐輪場として土地を利用させた場合において、その土地につき駐車場又は駐輪場としての用途に応じる地面の整備又はフェンス、区画、建物の設置等をしていないとき（駐車又は駐輪に係る車両又は自転車の管理をしている場合を除く。）は、その土地の使用は、土地の貸付けに含まれる。

　　　2　建物その他の施設の貸付け又は役務の提供（以下6—1—5において「建物の貸付け等」という。）に伴って土地を使用させた場合において、建物の貸付け等に係る対価と土地の貸付けに係る対価とに区分しているときであっても、その対価の額の合計額が当該建物の貸付け等に係る対価の額となることに留意する。

解説 消費税法上、非課税とされる土地の貸付けの範囲から、土地の貸付けに係る期間が1月に満たない場合及び駐車場その他の施設の利用に伴って土地が使用される場合は除かれており（法別表第1一、令8）、これらの貸付け及び使用は、消費税の課税の対象となる。

本通達はこのうちの駐車場その他の施設の利用に伴って土地が使用される場合について例示的に明らかにしたものである。

すなわち、建物、野球場、プール又はテニスコート等の施設の利用が土地の使用を伴うことになるとしても、その貸付けはもともと施設の貸付けであって土地の貸付けでないということは当然のことであることから、本通達の本文においてこのことを念のため明らかにしたものである。

また、本通達の注書の1は、駐車場又は駐輪場として土地を利用させる場合、それが土地の貸付けに該当するのか施設の利用として土地が使用されるのかの判断基準を示したものであり、駐車場又は駐輪場としての用途に応じた地面の整備等をしていないとき、すなわち、土地に施設としての何らの手が加えられていないときのその土地の使用は、土地の貸付けに含まれることとしている。

また、本通達の注書の2は、建物その他の施設の貸付け等に伴って土地を使用させる場合において、建物の貸付け等に係る対価と土地の貸付けに係る対価を区分しているときであっても、その貸付けは建物等の貸付けであって、建物の貸付け等に係る対価を便宜的に区分しているにすぎないと認められることから、その対価の額の合計額が当該建物の貸付け等に係る対価の額となることを念のため明らかにしたものである。

（土地等の譲渡又は貸付けに係る仲介手数料）

6－1－6 土地又は土地の上に存する権利の譲渡又は貸付け（令第8

条《土地の貸付けから除外される場合》の規定に該当する貸付けを除く。）に係る対価は非課税であるが、土地等の譲渡又は貸付けに係る仲介料を対価とする役務の提供は、課税資産の譲渡等に該当することに留意する。

解説 消費税法上、課税とされるのはあくまでも土地又は土地の上に存する権利の譲渡又は貸付けであり（法別表第1一）、土地等の譲渡又は貸付けに係る仲介料を対価とする役務の提供は非課税とはならないこととなる。本通達は、このことを念のため明らかにしたものである。

（公有水面使用料、道路占用料、河川占用料）
6−1−7　国又は地方公共団体等がその有する海浜地、道路又は河川敷地（地上及び地下を含む。）の使用許可に基づき収受する公有水面使用料、道路占用料又は河川占用料は、いずれも土地の貸付けに係る対価に該当するものとして取り扱う。

解説 本通達は、国又は地方公共団体等がその有する海浜地、道路又は河川敷地を許可に基づき使用させることは、非課税とされる土地の貸付けに該当することを明らかにしたものである。

なお、本通達において、道路の使用について土地の貸付けに該当するとしているが、これは、道路を土地として使用する場合をいうのであり、道路を施設として使用する場合には土地の貸付けにならないのであるから留意する必要がある。

第2節　有価証券等及び支払手段の譲渡等関係

(非課税の対象となる有価証券等の範囲)

6－2－1　法別表第一第2号《有価証券等の譲渡》の規定によりその譲渡が非課税となる有価証券等には、おおむね次のものが該当するのであるから留意する。

(1) 金融商品取引法第2条第1項《定義》に規定する有価証券

　　イ　国債証券

　　ロ　地方債証券

　　ハ　農林中央金庫の発行する農林債券その他の特別の法律により法人の発行する債券（ニ及びルに掲げるものを除く。）

　　ニ　資産の流動化に関する法律（以下6－2－1において「資産流動化法」という。）に規定する特定社債券

　　ホ　社債券（相互会社の社債券を含む。）

　　ヘ　日本銀行その他の特別の法律により設立された法人の発行する出資証券（ト、チ及びルに掲げるものを除く。）

　　ト　協同組織金融機関の優先出資に関する法律（以下6－2－1において「優先出資法」という。）に規定する優先出資証券

　　チ　資産流動化法に規定する優先出資証券又は新優先出資引受権を表示する証券

　　リ　株券又は新株予約権証券

　　ヌ　投資信託及び投資法人に関する法律（以下6－2－1において「投資信託法」という。）に規定する投資信託又は外国投資信託の受益証券

ル　投資信託法に規定する投資証券、新投資口予約権証券若しくは投資法人債券又は外国投資証券

ヲ　貸付信託の受益証券

ワ　資産流動化法に規定する特定目的信託の受益証券

カ　信託法に規定する受益証券発行信託の受益証券

ヨ　コマーシャル・ペーパー（金融商品取引法第2条に規定する定義に関する内閣府令第2条《コマーシャル・ペーパー》に規定するコマーシャル・ペーパー（以下「CP」という。））

タ　抵当証券法に規定する抵当証券

レ　外国債、海外CPなど外国又は外国の者の発行する証券又は証書でイからリまで又はヲからタまでの性質を有するもの

ソ　外国の者の発行する証券又は証書で銀行業を営む者その他の金銭の貸付けを業として行う者の貸付債権を信託する信託の受益権又はこれに類する権利を表示するもの

ツ　オプションを表示する証券又は証書

ネ　預託証券

ナ　譲渡性預金（払戻しについて期限の定めがある預金で、指名債権でないもの）の預金証書のうち外国法人が発行するもの

(2)　(1)に類するもの

イ　(1)イからヨまで及びレ（タに掲げる有価証券の性質を有するものを除く。）に掲げる有価証券に表示されるべき権利で有価証券が発行されていないもの

ロ　合名会社、合資会社又は合同会社の社員の持分、協同組合等の組合員又は会員の持分その他法人（人格のない社団等、匿名組合及び民法上の組合を含む。）の出資者の持分

ハ　株主又は投資主（投資信託法第2条第16項に規定する投資主をい

う。）となる権利、優先出資者（優先出資法第13条第1項の優先出資者をいう。）となる権利、特定社員（資産流動化法第2条第5項に規定する特定社員をいう。）又は優先出資社員（同法第26条に規定する優先出資社員をいう。）となる権利その他法人の出資者となる権利

ニ　貸付金、預金、売掛金その他の金銭債権

　(注)1　居住者が発行する譲渡性預金証書は預金に該当する。

　　　2　(2)イには、例えば、令第1条第2項第3号《登録国債》に規定する登録国債、社債、株式等の振替に関する法律（以下6－3－1において「社債等振替法」という。）の規定による振替口座簿の記載又は記録により定まるものとされるもの、株券の発行がない株式、新株予約権、優先出資法又は資産流動化法に規定する優先出資証券の発行がない優先出資及び投資信託法に規定する投資証券の発行がない投資口が該当する。

【平11課消2－8、平13課消1－5、平14課消1－12、平15課消1－13、平18課消1－16、平19課消1－18、平20課消1－8、平21課消1－10、平27課消1－9、平29課消2－5　改正】

　解説　消費税法上、金融商品取引法第2条第1項に規定する有価証券その他これに類するものとして消費税法施行令第9条第1項に定めるものの譲渡が非課税とされている（法別表第1二）が、本通達は、その有価証券等の範囲をまとめたものである。

　本通達の(1)は、金融商品取引法第2条第1項に規定する有価証券の範囲について整理して掲げたものであり、その具体的な内容は次のとおりである。

イ　国債証券（金融商品取引法2①一）

　　国が財政支出のために負担する金銭債務のうち、原則として証券の発行を伴うものを国債といい、国債に係る権利を表彰する証券を国債証券とい

う。

　なお、登録国債（国債ニ関スル法律第2条第2項により日本銀行に登録した場合）及び振替国債（社債、株式等の振替に関する法律（以下「社債等振替法」という。）の規定を受けるものとして財務大臣が指定した国債）のように証券の発行されないものは、これに含まれない。

ロ　地方債証券（金融商品取引法2①二）

　地方公共団体が公営企業に要する経費その他特定の財政支出に充てるため、地方自治法第230条《地方債》ほかに定めるところにより起債するもののうち、原則として証券の発行の伴うものを地方債といい、地方債に係る権利を表彰する証券を地方債証券という。

　なお、社債等振替法によりその権利の帰属が振替口座簿の記載又は記録により定まるものとされている地方債のように証券の発行されないものは、これに含まれない。

ハ　農林中央金庫の発行する農林債券その他の特別の法律により法人の発行する債券（ニ及びルに掲げるものを除く。）（金融商品取引法2①三）

　発行根拠法が会社法以外の特別法で規定されている債券である。特殊法人の発行する債券であっても、発行根拠が会社法に基づくもの（日本電信電話㈱債（NTT債）、日本たばこ産業㈱債（JT債）等）はこれに該当せず、ホの社債券に該当する。

　具体的には、農林中央金庫が発行する農林債券、商工組合中央金庫が発行する商工債券、日本放送協会（NHK）が発行する放送債券等がある。

　なお、社債等振替法によりその権利の帰属が振替口座簿の記載又は記録により定まるものとされる特別法人債のように証券の発行されないものは、これに含まれない。

ニ　資産の流動化に関する法律（以下6―2―1において「資産流動化法」という。）に規定する特定社債券（金融商品取引法2①四）

資産流動化法に基づく特定社債券であり、株式会社の普通社債に相当するものである。

なお、社債等振替法によりその権利の帰属が振替口座簿の記載又は記録により定まるものとされる特定社債のように証券の発行されないものは、これに含まれない。

ホ　社債券（相互会社の社債券を含む。）（金融商品取引法２①五）

普通社債、新株予約権付社債、転換社債型新株予約権付社債（CB）がある。

ヘ　日本銀行その他の特別の法律により設立された法人の発行する出資証券（金融商品取引法２①六）

民法・会社法以外の、個別特定の法人の設立を定める法律により設立された特殊法人が発行する出資者の持分を表彰する証券であり、株式会社の株券に相当するものである。

具体的には、日本銀行、国立研究開発法人新エネルギー・産業技術総合開発機構（NEDO）などが発行する出資証券がある。

ト　協同組織金融機関の優先出資に関する法律（以下６－２－１において「優先出資法」という。）に規定する優先出資証券（金融商品取引法２①七）

協同組織金融機関の優先出資に関する法律の規定により、農林中央金庫、商工組合中央金庫、信金中央金庫等の発行する優先出資証券であり、株式会社の優先株に相当するものである。

チ　資産流動化法に規定する優先出資証券又は新優先出資引受権を表示する証券（金融商品取引法２①八）

資産流動化法に基づき発行される優先出資証券又は新優先出資引受権を表示する証券であり、株式会社の優先株に相当するものである。

リ　株券又は新株予約権証券（金融商品取引法２①九）

新株予約権証券（ワラント）とは、行使期間内であれば、発行会社の株

式を一定の価格で取得できる権利を表彰した証券である。

ヌ　投資信託及び投資法人に関する法律（以下6─2─1において「投資信託法」という。）に規定する投資信託又は外国投資信託の受益証券（金融商品取引法2①十）

　投資信託法に基づく投資信託の受益者たる地位を表彰する証券又はこれに類する外国投資信託に係る証券である。

　なお、社債等振替法によりその権利の帰属が振替口座簿の記載又は記録により定まるものとされる受益証券のように証券の発行されないものは、これに含まれない。

ル　投資信託法に規定する投資証券、新投資口予約権証券若しくは投資法人債券又は外国投資証券（金融商品取引法2①十一）

　投資証券とは、投資信託法に基づき設立された投資法人の投資口を表彰する証券（株式会社の株券に相当するもの）をいい、新投資口予約権証券とは、同法に基づき投資法人が新投資口予約権無償割当てとして発行する新投資口予約権（株式会社の新株予約権に相当するもの）を表彰する証券をいい、投資法人債券とは、同法に基づき投資法人が発行する投資法人債を表示する証券をいう。

　また、外国の法令に準拠して設立された法人たる社団又は権利能力のない社団で、投資証券又は投資法人債券に類する証券を発行するものを外国投資法人といい、その投資口を表彰する証券を外国投資証券という。

　なお、社債等振替法によりその権利の帰属が振替口座簿の記載又は記録により定まるものとされる投資証券又は投資法人債券のように証券の発行されないものは、これに含まれない。

ヲ　貸付信託の受益証券（金融商品取引法2①十二）

　合同運用指定金銭信託の一種で、信託財産の運用方法が貸付けに指定されている貸付信託の受益者たる地位を表彰する証券である。具体的には、

クレジットカード債権の保有者が当該債権を信託会社に譲渡し、信託会社は受益証券を発行して、これを証券会社が投資家に販売している場合などがある。

なお、社債等振替法によりその権利の帰属が振替口座簿の記載又は記録により定まるものとされる受益証券のように証券の発行されないものは、これに含まれない。

ワ 資産流動化法に規定する特定目的信託の受益証券（金融商品取引法2①十三）

資産の流動化を行うことを目的とし、かつ、信託契約の締結時において委託者が有する信託の受益権を分割することにより複数の者に取得させることを目的とした特定目的信託の受益権を表示する証券をいう。

なお、社債等振替法によりその権利の帰属が振替口座簿の記載又は記録により定まるものとされる受益証券のように証券の発行されないものは、これに含まれない。

カ 信託法に規定する受益証券発行信託の受益証券（金融商品取引法2①十四）

一又は二以上の受益権を表示する証券（受益証券）を発行する旨の定めのある信託（受益証券発行信託）の受益権を表彰する証券をいう。

ヨ コマーシャル・ペーパー（金融商品取引法第2条に規定する定義に関する内閣府令第2条《コマーシャル・ペーパー》に規定するコマーシャル・ペーパー（以下「CP」という。））（金融商品取引法2①十五）

CPは、格付機関から発行適格の格付を受けた企業が、機関投資家等から無担保で短期の資金調達を行うための手段として国内で発行する約束手形であり、金融機関から専用の手形用紙の交付を受けて発行するものである。

タ 抵当証券法に規定する抵当証券（金融商品取引法2①十六）

抵当証券は、債務者の同意を得た抵当権者の申請により、抵当権の登記

レ　外国債、海外 CP など外国又は外国法人の発行する証券又は証書でイからリまで又はヲからタの性質を有するもの（金融商品取引法２①十七）

　　外国、国際機関、外国企業等が発行する証券又は証書で、実質的にイからリまで又はヲからタの証券又は証書と同じ法的性質を有するものである。

　　具体的には、次のようなものがある。

　①　イの性質を有するもの……米国債

　②　ハの性質を有するもの……GNMA（連邦政府抵当金庫）債、FNMA（連邦住宅抵当公庫）債、FHLMC（連邦住宅金融抵当公庫）債

　③　ホの性質を有するもの……非居住者ユーロ円債

　④　ヨの性質を有するもの……海外 CP

ソ　外国の者の発行する証券又は証書で銀行業を営む者その他の金銭の貸付けを業として行う者の貸付債権を信託する信託の受益権又はこれに類する権利を表示するもの（金融商品取引法２①十八）

　　具体的には、CARDs に代表される外国の貸付債権を流動化した外国貸付債権信託受益証券がこれに該当する。

ツ　オプションを表示する証券又は証書（金融商品取引法２①十九）

　　具体的には、カバード・ワラントがこれに該当する。

　　カバード・ワラントとは、有価証券オプションを表彰する証券で、具体的には個別株式や株式バスケットを一定の価格で購入できる権利や株価指数の変動に伴う差額を受ける権利等を表彰した証券である。

　　新株予約権証券（ワラント）と類似する点もあるが、カバード・ワラントは、その発行者である金融機関等が投資家にリスクヘッジや投資の機会を提供する目的で、自己又は第三者の保有する既に発行されている株式等を裏付けとして発行する点で異なる。

　　（例）①　一定の価格で株式バスケットを購入できる権利を表彰したカバー

ド・ワラント

② アメリカの企業の発行するドル建ての株券等を裏付けに円建てで発行されるカバード・ワラント

③ 一枚100ドルの新株予約権証券（ワラント）を裏付けに一枚10ドルで発行されるカバード・ワラント

ネ　預託証券（金融商品取引法２①二十）

　預託証券（DR・Depositary Receipts）とは、有価証券（大半は株券）を原券のまま国外で流通することにより生ずる諸問題（言語、法制度の相違、輸送コスト等）を回避するため、原券は本国に残したままで、本国の外で預託機関から投資家に対して発行される代替証券で、原券の保管や原券の表彰する権利の行使、DR保有者への配当金支払等を預託機関が代行する等の預託契約を表彰するものである。

ナ　譲渡性預金（払戻しについて期限の定めがある預金で、指名債権でないもの）の預金証書のうち外国法人が発行するもの（金融商品取引法２①二十一）

　具体的には、海外CDがこれに該当する。

　海外CDとは、短期の資金調達のために外国金融機関が発行する証書であり、その法的性格は預金であるが、一般の預金と異なる点は、譲渡が自由に認められるところにある。

　次に、(2)は、有価証券に類するものの範囲について、消費税法施行令第９条第１項に定めるものを掲げたものである。

（船荷証券等）

6―2―2 法別表第一第2号《有価証券等の譲渡》に規定する有価証券等には、船荷証券、貨物引換証、倉庫証券又は株式、出資若しくは預託の形態によるゴルフ会員権等は含まれないことに留意する。

解説 消費税法上、有価証券等の譲渡は非課税とされており（法別表第1二）、その有価証券等の範囲は法令において掲名され、また一部の有価証券等は非課税とされるものから除かれている。

本通達では、船荷証券、貨物引換証、倉庫証券はいずれも有価証券ではあるが非課税とされる有価証券等の範囲には含まれていないこと（法別表第1二、令9）、また、株式、出資若しくは預託の形態によるゴルフ会員権等は、その譲渡が非課税とされる有価証券に類するものから除外されていること（法別表第1二、令9②）から、それぞれその譲渡は非課税とならないことを念のため明らかにしたものである。

なお、船荷証券、貨物引換証、倉庫証券の譲渡が行われた場合には、その船荷証券等に表彰された資産の譲渡が行われたことになるのであるから留意する必要がある。

（支払手段の範囲）

6―2―3 法別表第一第2号《有価証券等の譲渡》に規定する「外国為替及び外国貿易法第6条第1項第7号《定義》に規定する支払手段」とは、次のものをいうのであるから留意する。

(1) 銀行券、政府紙幣、小額紙幣及び硬貨
(2) 小切手（旅行小切手を含む。)、為替手形、郵便為替及び信用状

(3)　約束手形

　(4)　(1)〜(3)に掲げるもののいずれかに類するもので、支払のために使用することができるもの

　(5)　証票、電子機器その他の物に電磁的方法（電子的方法、磁気的方法その他の人の知覚によって認識することができない方法をいう。）により入力されている財産的価値であって、不特定又は多数の者相互間でその支払のために使用することができるもの（その使用の状況が通貨のそれと近似しているものに限る。）

(注)1　これらの支払手段であっても、収集品及び販売用のものは、課税の対象となる。

　　2　(5)の具体的範囲については、外国為替令において定めることとされている。

【平10課消2－9、平22課消1－9　改正】

解説　消費税法上、外国為替及び外国貿易法第6条第1項第7号《定義》に規定する支払手段の譲渡が非課税とされている（法別表第1二）が、本通達では、その支払手段の範囲をまとめたものである。

その内容は、外国為替及び外国貿易法第6条第1項第7号及びこの規定に基づく外国為替令第2条第1項《定義》に掲げられている支払手段を掲げたものである。

なお、収集品及び販売用の支払手段（本通達(5)に掲げるものを除く。）の譲渡は課税の対象となる（法別表第1二かっこ書）。

ところで、外国為替及び外国貿易法第6条第1項第7号ハにおいて、「証票、電子機器その他の物に電磁的方法（電子的方法、磁気的方法その他の人の知覚によって認識することができない方法をいう。）により入力されている財産的価値であって、不特定又は多数の者相互間での支払のために使用すること

ができるもの（その使用の状況が通貨のそれと近似しているものとして政令で定めるものに限る。）」が支払手段として規定されている。

しかしながら、現状では外国為替令に「その使用の状況が通貨のそれと近似しているものとして政令に定めるもの」が規定されておらず、その譲渡が非課税となるものは存在していない。

また、法別表第二第１号に規定する保税地域からの引取りが非課税とされる「有価証券等」に含むこととされる「外国為替及び外国貿易法第６条第１項第７号に規定する支払手段のうち同号ハに掲げるものが入力されている財務省令で定める媒体」についても、同様に現段階では消費税法施行規則に規定されていない。

第３節　利子を対価とする貸付金等関係

（金融取引及び保険料を対価とする役務の提供等）

６－３－１　法別表第一第３号《利子を対価とする貸付金等》の規定においては、おおむね次のものを対価とする資産の貸付け又は役務の提供が非課税となるのであるから留意する。

⑴　国債、地方債、社債、新株予約権付社債、投資法人債券、貸付金、預金、貯金又は令第９条第４項《支払手段に類するもの》に規定する特別引出権の利子

⑵　信用の保証料

⑶　所法第２条第１項第11号《定義》に規定する合同運用信託、同項第15号に規定する公社債投資信託又は同項第15号の２に規定する公社債等運用投資信託の信託報酬

⑷　保険料（厚生年金基金契約等に係る事務費用部分を除く。）

(5)　法法第2条第29号《定義》に規定する集団投資信託、同条第29号の2に規定する法人課税信託又は同法第12条第4項第1号《信託財産に属する資産及び負債並びに信託財産に帰せられる収益及び費用の帰属》に規定する退職年金信託若しくは同項第2号に規定する特定公益信託等の収益の分配金

(6)　相互掛金又は定期積金の給付補塡金及び無尽契約の掛金差益

(7)　抵当証券（これに類する外国の証券を含む。）の利息

(8)　割引債（利付債を含む。）の償還差益

(9)　手形の割引料

(10)　金銭債権の買取又は立替払に係る差益

(11)　割賦販売法第2条第1項《割賦販売の定義》に規定する割賦販売、同法第2条第2項《ローン提携販売の定義》に規定するローン提携販売、同条第3項《包括信用購入あっせんの定義》に規定する包括信用購入あっせん又は同条第4項《個別信用購入あっせん》に規定する個別信用購入あっせんの手数料（契約においてその額が明示されているものに限る。）

(12)　割賦販売等に準ずる方法により資産の譲渡等を行う場合の利子又は保証料相当額（その額が契約において明示されている部分に限る。）

(13)　有価証券（その権利の帰属が社債等振替法の規定による振替口座簿の記載又は記録により定まるものとされるもの及び令第1条第2項第3号《登録国債》に規定する登録国債等を含み、ゴルフ場利用株式等を除く。）の賃貸料

(14)　物上保証料

(15)　共済掛金

(16)　動産又は不動産の貸付けを行う信託で、貸付期間の終了時に未償却残額で譲渡する旨の特約が付けられたものの利子又は保険料相当

⒄　所法第67条の２第３項《リース取引の範囲》又は法法第64条の２第３項《リース取引の範囲》に規定するリース取引でその契約に係るリース料のうち、利子又は保険料相当額（契約において利子又は保険料の額として明示されている部分に限る。）

【平11課消２―８、平13課消１―５、平14課消１―12、平15課消１―13、平19課消１―18、平20課消１―８、平22課消１―９　改正】

解説　消費税法では、次の金融取引等が非課税取引として掲げられている（法別表第１三）。

　イ　利子を対価とする貸付金その他の政令で定める資産の貸付け
　ロ　信用の保証としての役務の提供
　ハ　所得税法第２条第１項第11号《定義》に規定する合同運用信託、同項第15号に規定する公社債投資信託又は同項第15号の２に規定する公社債等運用投資信託に係る信託報酬を対価とする役務の提供
　ニ　保険料を対価とする役務の提供
　ホ　その他これらに類するものとして政令で定めるもの

　この法律の規定を受けて、消費税法施行令第10条《利子を対価とする貸付金等》において具体的な非課税取引が定められている。

　すなわち、その第１項では、利子を対価とする貸付金その他の資産の貸付けとして、利子を対価とする金銭の貸付けのほか、利子を対価とする国債等の取得及び特別引出権の保有に伴うものを含む旨が定められ、また、第３項では、前記イからニに類する非課税取引を第１号から第15号までに列挙している。

　本通達は、これらの法令に規定されている非課税取引を整理して列記したものである。

> 事例

1　積立割戻金の利息

　取引高に応じ支払う割戻金について、契約に基づき一定期間支払わず積み立てておき、当該積立額に応じて利息を支払うこととした場合、当該利息は、貸付金に係る利子に類するものとして非課税となる。

2　運送業者が荷主から受領する保険料

　運送業者が自己の運送保険契約に係る保険料相当額を荷主から運送料と区分して領収している場合であっても、当該保険料相当額は運送料の一部を構成するものであり、非課税とはならない。

（保険代理店報酬等）

6－3－2　保険料（令第10条第2項《事務費相当額を課税の対象とする保険契約等》に規定する契約に係る保険料のうち法別表第一第3号《利子を対価とする貸付金等》に規定する事務に要する費用の額に相当する部分を除く。）を対価とする役務の提供は非課税となるのであるが、保険代理店が収受する役務の提供に係る代理店手数料又は保険会社等の委託を受けて行う損害調査又は鑑定等の役務の提供に係る手数料は、課税資産の譲渡等の対価に該当することに留意する。

解説　保険料を対価とする役務の提供は、消費税法別表第一第3号《利子を対価とする貸付金等》の規定により非課税とされているが、これは、保険取引、具体的には保険契約に基づく保険料が非課税とされているものである。

　一方、保険代理店が保険会社に対して保険契約の締結の代理又は契約締結の媒介等として行う役務の提供は、保険に関して行われるものではあるが、「保険料を対価とする役務の提供」に該当するものではない。したがって、

保険代理店が収受する代理店手数料等は消費税の課税の対象となるのである。

本通達は、このことを念のため明らかにしたものである。

（償還有価証券に係る償還差益）

6－3－2の2　令第10条第3項第6号《償還差益を対価とする資産の貸付け》に規定する償還差益を対価とする国債等の取得は非課税となるのであるが、当該国債等が法法令第139条の2第1項《償還有価証券の調整差益又は調整差損の益金又は損金算入》に規定する償還有価証券に該当する場合の償還差益には、当該償還有価証券の取得した日の属する事業年度から償還の日の属する事業年度の前事業年度までの各事業年度における法人の所得の金額の計算において、益金の額に算入した同項の調整差益の全てが含まれるのであるから留意する。

【平12課消2－10　追加、平23課消1－35　改正】

解説　商法及び企業会計における金融商品の評価について時価法が導入されたことに伴い、平成12年度税制改正において、法人税における有価証券の評価方法について、売買目的の有価証券については時価により評価を行うとともに、売買目的以外の有価証券のうち、償還期限及び償還金額の定めのあるもの（以下「償還有価証券」という。）については、いわゆるアキュムレーション又はアモチゼーションによる処理が強制されることとなった。

ところで、消費税法においては、消費税法施行令第10条第3項第6号《償還差益を対価とする資産の貸付け》の規定により国債等の償還差益は非課税とされているが、この場合の償還差益とは、国債等について現実に償還が行われる場合のその国債等の償還金額が取得価額を超える場合における差益とされており、具体的には、償還時の帳簿価額と償還金額との差額とされてい

る。そこで、消費税法においても、国債等のうち、法人税法施行令第139条の２第１項《償還有価証券の調整差益又は調整差損の益金又は損金算入》に規定する償還有価証券に該当するものに係る償還差益は、帳簿価額と償還金額との差額に加え、アキュムレーションによる調整差益を含むこととする改正が行われた。

このアキュムレーションによる調整差益については、法人税法施行令第139条の２第１項の規定を引用しているが、消費税法上、必ずしも償還差益に含める調整差益の範囲が明らかとはいえない。これについては、そもそも償還差益は、償還金額が取得価額を超える場合の差益であることから、当然に取得時から償還時までに益金に算入した調整差益が全て含まれることとなる。本通達は、このことを念のため明らかにしたものである。

（保険料に類する共済掛金の範囲）

6－3－3　令第10条第３項第13号《保険料に類するものを対価とする役務の提供》に規定する「保険料に類する共済掛金」には、法令等により組織されている団体が法令等の規定に基づき、当該団体の構成員のために行う共済制度（人の生死若しくは傷害又は資産の損失その他偶発的事由の発生を共済金の保険事故とする共済制度に限る。以下6－3－3において同じ。）に基づいて当該構成員が負担する共済掛金のほか、任意の互助組織による団体が当該団体の構成員のために行う任意の共済制度に基づいて当該構成員が負担する共済掛金が含まれる。

（注）　所法令第167条の２《特定の損失等に充てるための負担金の必要経費算入》若しくは法法令第136条《特定の損失等に充てるための負担金の損金算入》に規定する負担金又は租特法第28条第１項各号《特定の基金に対する負担金等の必要経費算入の特例》若しくは第66条の11第１

項各号《特定の基金に対する負担金等の損金算入の特例》に掲げる負担金又は掛金（これらの負担金又は掛金のうち令第10条第3項第13号以外の各号《利子を対価とする貸付金等》に該当するものを除く。）は、令第10条第3項第13号に規定する保険料に類する共済掛金その他の保険料に類するものに含まれる。

【平15課消1—13　改正】

解説　消費税法施行令第10条第3項第13号《保険料に類するものを対価とする役務の提供》で「保険料に類する共済掛金その他の保険料に類するものを対価とする役務の提供」は非課税とされているが、これは、保険制度に類似する共済制度に係る共済掛金についても保険料と同様に非課税とするものである。

　ところで、保険については保険法第2条《定義》によりその定義が定められ、また、保険事業を行う場合には免許を受ける必要がある（保険業法3）ことから、その範囲は明確になっている。しかし、共済制度については、国家公務員共済組合法、地方公務員等共済組合法、農業災害補償法等の各法律の規定により実施され、更に任意の互助組織においても実施されていることから、消費税法施行令においては、「保険料に類する共済掛金その他の保険料に類するもの」と規定することにより、法令の規定に基づき実施される共済制度に係る共済掛金に限らず、保険料と同様の性格を有する掛金等についても非課税の対象としているものである。

　本通達は、このことを明らかにするとともに、生命保険又は損害保険と同様に「人の生死若しくは傷害又は資産の損失その他偶発的事由の発生」を保険事故とする共済制度に係る共済掛金がこれに該当し、例えば、資産の使用又は利用等を目的とする共済制度に係る共済掛金はこれに該当しないことを明らかにしている。

なお、所得税法施行令第167条の2《特定の損失等に充てるための負担金の必要経費算入》若しくは法人税法施行令第136条《特定の損失等に充てるための負担金の損金算入》に規定する負担金又は租税特別措置法第28条第1項各号《特定の基金に対する負担金等の必要経費算入の特例》若しくは第66条の11第1項各号《特定の基金に対する負担金等の損金算入の特例》に掲げる負担金又は掛金のように、その名称が「共済掛金」となっていないものであっても、その性質が保険料に類するものであればこれに該当することとなる。本通達の注書は、このことを念のため明らかにしたものである。

参考

各法令に定める負担金又は掛金は次のとおりである。

1　所得税法施行令第167条の2及び法人税法施行令第136条に規定するもの

　　農畜産物の価格の変動による損失、漁船が遭難した場合の救済の費用その他の特定の損失又は費用を補てんするための業務を主たる目的とする法人税法第2条第6号《定義》に規定する公益法人等又は一般社団法人若しくは一般財団法人の当該業務に係る資金のうち短期間に使用されるもので一定の要件に該当するものとして国税庁長官が指定したものに充てるための負担金

2　租税特別措置法第28条及び第66条の11に規定するもの

　　長期間にわたって使用され、又は運用される基金に係る負担金又は掛金で次に掲げるもの

　(1)　中小企業者又は農林漁業者（農林漁業者の組織する団体を含む。）に対する信用の保証をするための業務を法令の規定に基づいて行うことを主たる目的とする法人で政令で定めるものに対する当該信用の保証をするための業務に係る基金に充てるための負担金

　(2)　独立行政法人中小企業基盤整備機構が行う中小企業倒産防止共済法（昭和52年法律第84号）の規定による中小企業倒産防止共済事業に係る基

金に充てるための同法第2条第2項に規定する共済契約に係る掛金

(3) 独立行政法人石油天然ガス・金属鉱物資源機構に設けられた金属鉱業等鉱害対策特別措置法第12条の規定による鉱害防止事業基金に充てるための負担金

(4) 公害の発生による損失を補てんするための業務、商品の価格の安定に資するための業務その他の特定の業務で一定のものを行うことを主たる目的とする法人税法第2条第6号に規定する公益法人等若しくは一般社団法人若しくは一般財団法人で、当該特定の業務が国若しくは地方公共団体の施策の実施に著しく寄与し、かつ、公的に運営されていることにつき一定の要件を満たすもの又は当該特定の業務を行う同条第5号に規定する公益法人で一定のものに対する当該特定の業務に係る基金に充てるための負担金

（売上割引又は仕入割引）

6—3—4 資産の譲渡等の相手先に対する売掛金その他の債権（以下6—3—4において「売掛金等」という。）の支払期日前に当該売掛金等の支払を受けた場合に当該相手先に支払う売上割引又は資産の譲受け等の相手先に対する買掛金その他の債務（以下6—3—4において「買掛金等」という。）の支払期日前に当該買掛金等を支払った場合に当該相手先から受ける仕入割引については、法第38条《売上げに係る対価の返還等をした場合の消費税額の控除》に規定する売上げに係る対価の返還等又は法第32条《仕入れに係る対価の返還等を受けた場合の仕入れに係る消費税額の控除の特例》に規定する仕入れに係る対価の返還等に該当するものとして取り扱う。

解説　売掛金等をその支払期日前に支払を受けた場合に相手先に支払う売上割引又は買掛金等をその支払期日前に支払った場合に相手先から支払を受ける仕入割引は、原則として企業会計上は支払利息又は受取利息と同様に営業外損益として処理されることになる。このため、売上割引又は仕入割引の消費税法における取扱いについて、利子を対価とする貸付金等に類するものとして非課税に該当するとする考え方がある。

　しかし、このような売上割引は、たとえその計算方法が利息計算に類似しているとはいっても、もともとその支払をする事業者が負債を有していて、これについて利息として支払うものではなく、単に期限前に支払われたことに対する報奨金的なものとして支払うものであって、法的にも貸付金等に対する利子に類似するということはできない。また、消費税法では、「買掛金その他の債務の額の全部又は一部の減額」(仕入れに係る対価の返還等)は課税仕入れ等の税額の控除項目とされており(法32①)、一方、「売掛金その他の債権の額の全部又は一部の減額」(売上げに係る対価の返還等)は課税標準額に対する消費税額からの控除項目とされている(法30①)ところであり、売上割引又は仕入割引も利息計算に類似するものの、売掛金又は買掛金を減額させるものでもある。このようなことから、本通達は、売上割引については、消費税法第38条《売上げに係る対価の返還等をした場合の消費税額の控除》に規定する売上げに係る対価の返還等に、仕入割引は同法第32条《仕入れに係る対価の返還等を受けた場合の仕入れに係る消費税額の控除の特例》に規定する仕入れに係る対価の返還等に該当するものとして取り扱うことを明らかにしたものである。

（前渡金等の利子）

6－3－5　前渡金等に係る利子のようにその経済的実質が貸付金であ

るものに係る利子は、法別表第一第3号《利子を対価とする貸付金等》に規定する利子を対価とする資産の貸付けに該当するものとして取り扱う。

解説 資産の取得の対価、役務の提供の対価又は製造若しくは加工委託等に伴う製品代又は加工料等の支払は、製品等の納入後に行われるのであるが、資産の販売者、役務の提供者又は受託者の製造又は加工等に必要な資金をあらかじめ購入者又は委託者が支払うことがある。このような、いわゆる前渡金又は仮払金等について、その前渡期間に対して利子が付されることがある。この利子相当額は、前渡金又は仮払金等が貸付契約に基づくものではないことから「利子を対価とする貸付金」そのものではないが、経済的には貸付金と同様の性質を持つものである。このようなことから、本通達は、前渡金等に係る利子については、その経済的実質にかんがみ、消費税法別表第一第3号《利子を対価とする貸付金等》に規定する「利子を対価とする資産の貸付け」に該当するものとして取り扱うことを明らかにしたものである。

(賦払金の支払回数)

6―3―6 令第10条第3項第10号《割賦販売等に準ずる方法により資産の譲渡等を行う場合の金利又は保証料相当額》の規定により非課税となる役務の提供は、賦払金を2月以上の期間にわたり、かつ、3回以上に分割して受領することを要件とするのであるが、契約時に申込金又は頭金等（以下6―3―6において「申込金等」という。）を受領し、残金を2回払とする場合も3回以上に分割して受領するものに該当するものとして取り扱う。

申込金等の受領者と残金の受領者が異なることとなるローン提携販

売及び割賦購入あっせんについても申込金等の支払を除いた賦払回数が２回以上の場合は、この取扱いにより、３回以上の分割払に該当することとなり、同号の他の要件に該当するものは非課税の対象となる。

解説 割賦販売法に規定する割賦販売、ローン提携販売、包括信用購入あっせん又は個別信用購入あっせんに係る手数料でこれらの取引に係る契約においてその額が明示されているものは消費税法施行令第10条第３項第９号《割賦販売等に係る手数料》の規定により非課税とされている。

この割賦販売法に規定する割賦販売とは、次の要件を満たすものでなければならないこととされている。

(1) 指定商品若しくは指定権利の販売又は指定役務の提供に係るものであること。

(2) 代金を２月以上の期間にわたり、かつ、３回以上に分割して受領すること。

しかしながら、現実には指定商品等以外のものが割賦販売されることも多いことから、指定商品以外等のものの割賦販売に係る手数料についても同様に非課税とする趣旨のもとに同項第10号《割賦販売等に準ずる方法により資産の譲渡等を行う場合の金利又は保証料相当額》の規定は設けられている。

本通達は、消費税法施行令第10条第３項第10号の要件とされる賦払が３回以上かどうかは、商品を販売した事業者に対する頭金の支払も１回と数え賦払回数が満たないため割賦販売法上の割賦販売に該当しない場合の手数料についても非課税として取り扱うこととしたものである。

これにより、指定商品以外の商品に係る割賦販売手数料で頭金を除く残金の賦払回数が２回のものも非課税となる。

なお、ローン提携販売に係る手数料についても同様である。

第6章　非課税範囲　337

|参　考|　割賦販売等の取引形態

(1)　割賦販売（自社割賦販売）

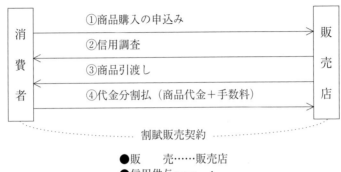

- ●販　　売……販売店
- ●信用供与…… 〃

(2)　ローン提携販売

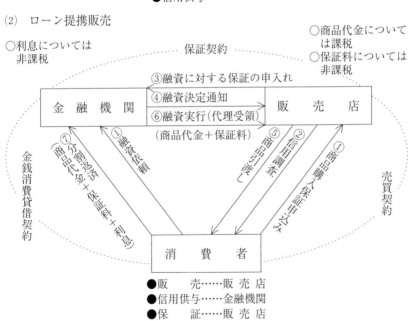

- ●販　　売……販売店
- ●信用供与……金融機関
- ●保　　証……販売店

(3) 包括信用購入あっせん

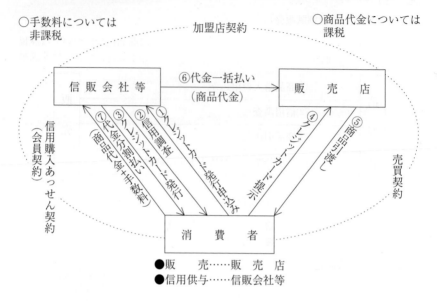

(4) 個別信用購入あっせん

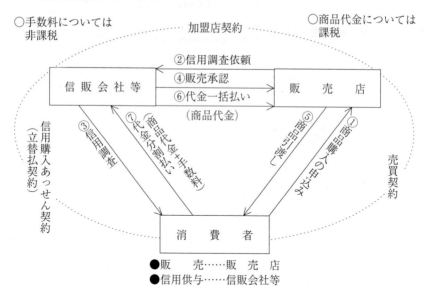

第4節 郵便切手類等及び物品切手等の譲渡関係

(郵便切手類の譲渡)

6-4-1 法別表第一第4号イ《郵便切手類等の譲渡》の規定により非課税とされる郵便切手類又は印紙の譲渡は、日本郵便株式会社が行う譲渡及び簡易郵便局法第7条第1項《簡易郵便局の設置及び受託者の呼称》に規定する委託業務を行う施設又は郵便切手類販売所等一定の場所における譲渡に限られるから、これら以外の場所における郵便切手類又は印紙の譲渡については、同号の規定が適用されないのであるから留意する。

【平15官総1―34、平15課消1―31、平20課消1―8、平成25課消1―34 改正】

解説 消費税法別表第一第4号イ《郵便切手類等の譲渡》では、①日本郵便株式会社が行う郵便切手類の譲渡、②簡易郵便局法第7条第1項《簡易郵便局の設置及び受託者の呼称》に規定する委託業務を行う施設又は郵便切手類販売所における郵便切手類の譲渡、③印紙をもってする歳入金納付に関する法律第3条第1項各号《印紙の売渡し場所》に定める所若しくは同法第4条第1項《自動車検査登録印紙の売渡し場所》に規定する所における同法第3条第1項各号に掲げる印紙若しくは同法第4条第1項に規定する自動車検査登録印紙の譲渡が非課税とされている。

(郵便切手類の範囲)

6-4-2 法別表第一第4号イ《郵便切手類等の譲渡》の規定により

非課税となる「郵便切手類」とは次のものをいい、郵便切手類販売所等に関する法律第1条《定義》に規定する郵便切手を保存用の冊子に収めたものその他郵便に関する料金を示す証票に関し周知し、又は啓発を図るための物は、これに含まれないのであるから留意する。
(1) 郵便切手
(2) 郵便葉書
(3) 郵便書簡

【平15課消1—13、平20課消1—8　改正】

解説　消費税法別表第一第4号イ《郵便切手類等の譲渡》では、日本郵便株式会社が行う郵便切手類販売所等に関する法律第1条《定義》に規定する郵便切手その他郵便に関する料金を表する証票の譲渡が非課税とされている。

したがって、日本郵便株式会社が行う譲渡等で郵便に関する料金を表す郵便切手、郵便葉書や郵便書簡の譲渡は非課税となるのであるが、同条に規定する郵便切手を保存用の冊子に収めた物その他切手類に関し周知し、又は啓発を図るための物（郵便切手帳）や封筒その他郵便の利用上必要な物（現金封筒、小包郵便物包装物品等）の譲渡等は課税となるのである。

本通達は、このことを念のため明らかにしたものである。

（請求権を表彰する証書の意義）

6—4—3　法別表第一第4号ハ《物品切手等の譲渡》及び令第11条《物品切手に類するものの範囲》に規定する「請求権を表彰する証書」とは、証書の所持人に対してその作成者又は給付義務者がこれと引換えに一定の物品の給付若しくは貸付け又は特定の役務の提供をすることを約する証書をいい、記名式であるかどうか、又は当該証書の作成

者と給付義務者とが同一であるかどうかを問わない。
　（注）　資産の寄託者が倉庫業者あてに作成する出荷依頼書等又はこれらに類する文書は、物品切手等に該当しない。

解説　その譲渡が非課税となる物品切手等は、「商品券その他名称のいかんを問わず、物品の給付請求権を表彰する証書」（法別表第一第4号ハ：いわゆる物品切手）及び「役務の提供又は物品の貸付けに係る請求権を表彰する証書」並びに「資金決済に関する法律第3条第1項に規定する前払式支払手段に該当する同項各号に規定する番号、記号その他の符号」（令第11条：物品切手に類するもの）とされている。ここでいう「請求権を表彰する証書」とは、その証書に請求権が化体されたものであり、その証書を提出又は提示することにより正当な権利者として請求権を行使しうるものである。換言すれば、証書の所持人に対してその作成者又は給付義務者がこれと引換えに一定の物品の給付若しくは貸付け又は特定の役務の提供をすることを約する証書であり、その作成者又は給付義務者は証書の所持人が正当な権利者であるかどうかを確認することなく物品の給付等を行うことにより免責されるものである。

　なお、資産の寄託者が倉庫業者あてに作成する出荷依頼書等は、寄託契約に基づく寄託物の引渡請求権を有する寄託者が、その権利の行使として受寄者に対して出荷を指示するための連絡文書であり、物品の給付請求権が化体された文書ではないことから、物品切手には該当しない。

　本通達は、このことを念のため明らかにしたものである。

（物品切手等に該当するかどうかの判定）

6―4―4　法別表第一第4号ハ《物品切手等の譲渡》に規定する「物

品切手等」とは、次のいずれにも該当する証書及び資金決済に関する法律（平成21年法律第59号）第3条第1項《定義》に規定する前払式支払手段に該当する同項各号に規定する番号、記号その他の符号（以下6―4―4において「証書等」という。）をいうものとして取り扱う。

(1) 当該証書と引換えに一定の物品の給付若しくは貸付け又は特定の役務の提供（以下6―4―4において「給付等」という。）を約するものであること。

(2) 給付等を受けようとする者が当該証書等と引換えに給付等を受けたことによって、その対価の全部又は一部の支払債務を負担しないものであること。

(注) いわゆるプリペイドカードは、物品切手等に該当する。

【平15課消1―13、平20課消1―8、平22課消1―9　改正】

解説　その譲渡が非課税とされる物品切手等は、物品の給付請求権を表彰する証書及び役務の提供又は物品の貸付けに係る請求権を表彰する証書並びに「資金決済に関する法律第3条第1項に規定する前払式支払手段に該当する同項各号に規定する番号、記号、その他の符号」（以下「証書等」という。）とされている（法別表第1四ハ、令11）。

したがって、給付請求権利者が当該証書等と引換えに一定の物品の給付若しくは貸付け又は特定の役務の提供を受けたことによって、その対価の全部又は一部の支払債務を負担しないものがこれに該当するのであり、物品の給付等を受けたことによって対価の支払債務を負担することとなる文書はこれに該当しないのである。本通達の本文は、このことを明らかにしたものである。

また、いわゆるプリペイドカードは、あらかじめ一定の金額を支払い、その金額の範囲内で物品の給付等を受けることができるものであり、その使用

によって対価の支払債務を負担するものではないことから、紙製等の証書と同様に物品切手等に該当するのである。本通達の注書は、このことを念のため明らかにしたものである。

なお、「資金決済に関する法律第３条第１項に規定する前払式支払手段に該当する同項各号に規定する番号、記号その他の符号」とは、金銭と引換えに発行されるもので、カード等に金額情報が直接に記録されているプリペイドカードと異なり、番号等を手掛かりに、パソコン等の端末を利用して金額又は物品等の数量を管理するサーバにアクセスして物品等の代金決済等を行うもの（いわゆるサーバ型前払式支払手段）をいうから、当該番号等が記載又は記録された有体物（紙片、カード、携帯電話等）自体は物品切手等に該当しない。

（物品切手等の発行）

6―4―5 事業者が、法別表第一第４号ハ《物品切手等の譲渡》に規定する物品切手等を発行し、交付した場合において、その交付に係る相手先から収受する金品は、資産の譲渡等の対価に該当しない。

解説 対価を得て行われる資産の譲渡等は消費税の課税の対象となるのであるが、物品切手等の発行は、物品の給付請求権等を表彰する証書の発行行為であり、「資産の譲渡」とは法的性格が異なるものである。したがって、物品切手等を発行し、交付した相手先から収受する金品は資産の譲渡に係る対価に該当しないこととなる。本通達は念のためこのことを明らかにしたものである。

（物品切手等の取扱手数料）

6―4―6 事業者が法別表第一第4号ハ《物品切手等の譲渡》に規定する物品切手等を譲渡した場合において、当該譲渡が他の者からの委託によるものであるときは、当該事業者における物品切手等の譲渡は法第2条第1項第8号《資産の譲渡等の意義》に規定する資産の譲渡に該当しないが、当該譲渡に関して受ける取扱手数料は、課税資産の譲渡等の対価に該当することに留意する。

解説 他の者から委託を受けて資産の譲渡を行う場合には、当該譲渡は実質的に委託者がその効果を享受するものであることから委託者が行ったものとなり、受託者が譲渡を行ったことにはならない（基通4―1―3）。

したがって、物品切手等の譲渡の委託を受けた者がその譲渡を行った場合には、委託者が非課税に該当する譲渡を行ったことになるのであり、受託者が譲渡を行ったことにはならない。

このような委託販売においては、通常、取扱手数料が支払われることになるが、消費税法別表第一第4号ハ《物品切手等の譲渡》の規定により非課税となるのは、物品切手等の譲渡に係る取引そのものであり、委託販売に係る取扱手数料は、それが非課税とされる物品切手等の譲渡に基因するものであってもこの規定には該当しない。したがって、その取扱手数料は消費税法第2条第1項第9号《課税資産の譲渡等の意義》に規定する課税資産の譲渡等に該当し、消費税の課税の対象となるのである。

本通達は、このことを念のため明らかにしたものである。

第5節　国等の手数料及び外国為替業務等関係

（非課税となる行政手数料等の範囲等）

6－5－1　国、地方公共団体、法別表第三に掲げる法人その他法令に基づき国若しくは地方公共団体の委託又は指定を受けた者が徴収する手数料等で法別表第一第5号イ及びロ《国、地方公共団体等が行う役務の提供》の規定により非課税となるのは、次のものであるから留意する。

(1)　法令（法律、政令、省令又は大臣告示のほか条例及び規則を含み、業務方法書又は定款等は含まない。以下6－5－2までにおいて同じ。）に基づいて行われる次に掲げる事務の手数料、特許料、申立料その他の料金（以下6－5－1において「手数料等」という。）で、その徴収について法令に根拠となる規定があるもの

　　イ　登記、登録、特許、免許、許可、認可、承認、認定、確認及び指定

　　ロ　検査、検定、試験、審査及び講習（令第12条第1項第1号イからニまで《非課税となる国、地方公共団体等の役務の提供》に掲げる事務のいずれにも該当しないものを除く。）

　　ハ　証明（令第12条第1項第2号《非課税となる国、地方公共団体等の役務の提供》に掲げるものを除く。）

　　ニ　公文書の交付（再交付及び書換交付を含む。）、更新、訂正、閲覧及び謄写（令第12条第1項第2号に掲げるものを除く。）

　　ホ　裁判その他の紛争の処理

　　ヘ　旅券の発給（旅券法第20条第1項《手数料》に掲げる渡航先の追

加、記載事項の訂正、再発給、旅券の合冊又は査証欄の増補及び渡航書の発給を含む。）

ト　裁定、裁決、判定及び決定

チ　公文書に類するもの（記章、標識その他これらに類するものを含む。以下同じ。）の交付（再交付及び書換交付を含む。）、更新、訂正、閲覧及び謄写（令第12条第1項第1号に掲げる事務に係るものを除く。）

リ　審査請求その他これに類するものの処理

(2) 法令に基づいて行われる登録、認定、確認、指定、検査、検定、試験、審査及び講習（以下6—5—1において「登録等」という。）で法令に手数料等の徴収の根拠となる規定がないもののうち、次に掲げる登録等の手数料等

　イ　法令において、弁護士その他の法令に基づく資格を取得し、若しくは維持し、又は当該資格に係る業務若しくは行為を行うための要件とされている登録等

　　（注）1　「資格」とは、法令において、その資格を有しない者はその資格に係る業務若しくは行為を行うこと若しくはその資格に係る名称を使用することができないこととされていること又は一定の場合にはその資格を有する者を使用すること若しくはその資格を有する者にその資格に係る行為を依頼することが義務付けられている場合のその資格をいう。

　　　　2　「要件とされている」とは、登録等に係る役務の提供を受けない場合には、その資格が取得できない若しくは維持できない又はその資格に係る業務若しくは行為を行うことができない場合をいう。

　ロ　法令において、輸出その他の行為を行う場合にはその対象とな

る資産又は使用する資産について登録等を受けることが要件とされている登録等

　ハ　法令において、登録等により一定の規格に該当するものとされた資産でなければ一定の規格についての表示を付し、又は一定の名称を使用することができないこととされている登録等

　ニ　法令において、登録等を受けることが義務付けられている登録等

　ホ　証明、公文書及び公文書に類するものの交付（再交付及び書換交付を含む。）、更新、訂正、閲覧及び謄写（イからニまでに該当しない登録等に係るものを除く。）

(3)　国又は地方公共団体が、法令に基づき行う他の者の徴収すべき料金、賦課金その他これらに類するものの滞納処分について、法令に基づき他の者から徴収する手数料等

(4)　独立行政法人等の保有する情報の公開に関する法律（以下6―5―1において「独法等情報公開法」という。）第2条第1項《定義》に規定する独立行政法人等又は独立行政法人等の保有する個人情報の保護に関する法律（以下6―5―1において「独法等個人情報保護法」という。）第2条第1項《定義》に規定する独立行政法人等のうち法別表第三に掲げる法人以外の法人が独法等情報公開法第17条第1項《手数料》又は独法等個人情報保護法第26条第1項《手数料》に基づき徴収する手数料

　（注）　法別表第三に掲げる法人が独法等情報公開法第17条第1項《手数料》又は独法等個人情報保護法第26条第1項《手数料》に基づき徴収する手数料は(1)ニ又はチに該当する。

【平14課消1―12、平17課消1―22、平28課消1―57　改正】

解説 国、地方公共団体、消費税法別表第三に掲げる法人その他法令に基づき国若しくは地方公共団体の委託若しくは指定を受けた者が行う役務の提供で、それが法令の規定に基づくものであり、かつ、その料金の徴収が法令の規定に基づくものである場合には、これらの要件を満たす役務の提供に係る行政手数料については、消費税法別表第一第5号イからハまで《国、地方公共団体等が行う役務の提供》及び同法施行令第12条《非課税となる国、地方公共団体等の役務の提供》により非課税とされている。

本通達は、これらの規定により非課税とされる役務の提供を整理し、列記したものである。

事例

1 自動車保管場所証明書等の交付手数料

自動車の保管場所の確保等に関する法律第4条《保管場所の確保を証する書面の提出等》及び第6条《保管場所標章》の規定に基づき交付する「自動車保管場所証明書」及び「保管場所標章」の交付手数料は、いずれも公文書の交付であり、これらの交付手数料が条例により定められていることから、消費税法別表第一第5号イ(3)に該当し、非課税となる。

2 情報公開条例に基づく公文書の写しの交付手数料

地方公共団体が情報公開条例に基づき公文書の写しを交付する場合の手数料は、公文書の謄写であり、手数料の徴収が条例において定められているから、消費税法別表第一第5号イ(3)に該当し、非課税となる。

（非課税とならない行政手数料等）

6—5—2 国、地方公共団体、法別表第三に掲げる法人その他法令に基づき国若しくは地方公共団体の委託又は指定を受けた者が行う事務で、次に掲げる手数料等（手数料、その他の料金をいう。以下6—5—

2において同じ。）を対価とするものは、法別表第一第5号イ又はロ《国、地方公共団体等が行う役務の提供》に掲げる役務の提供に該当しないのであるから留意する。

(1) 法令にその事務が定められていない手数料等

(2) 法令にその事務が定められている手数料等で、法令にその徴収の根拠となる規定がないもののうち、令第12条第2項第2号《国、地方公共団体等の役務の提供》に規定する役務の提供の対価のいずれにも該当しないもの

　(注)　「その徴収の根拠となる規定」とは、「手数料を徴収することができる」又は「手数料を支払わなければならない」等の規定をいい、「別途手数料に関する事項を定める」又は「手数料の額は○○○円とする」との規定は含まれない。

(3) 法令に定められている検査、検定、試験、審査及び講習の手数料等で、法令にその徴収の根拠となる規定があるもののうち、令第12条第1項第1号イからニまで《非課税となる国、地方公共団体等の役務の提供》に掲げる事務のいずれにも該当しないものの手数料等及びその該当しない事務に係る証明並びに公文書の交付（再交付及び書換交付を含む。）、更新、訂正、閲覧及び謄写の手数料等

(4) 法別表第一第5号イの(1)から(4)まで及び令第12条第2項第1号、第3号又は第4号に掲げる事務以外の事務に係る役務の提供の手数料等

【平14課消1-12　改正】

解説　国、地方公共団体、消費税法別表第三に掲げる法人その他法令に基づき国若しくは地方公共団体の委託又は指定を受けた者が行う役務の提供で、消費税法別表第一第5号イからハまで《国、地方公共団体等が行う役務の提

供）及び同法施行令第12条《非課税となる国、地方公共団体等の役務の提供》に規定するものは非課税とされるが、これらの規定に該当しないものは、国、地方公共団体等が行うものであっても非課税とはならない。

　本通達は、基本通達６－５－１《非課税となる行政手数料等の範囲等》と対比する形で非課税とならない行政手数料等を整理し、列記したものである。

　なお、非課税となるかどうかの判断基準として「料金の徴収が法令に基づくもの」かどうかということがあるが、これは、料金を徴収すること又は料金を徴収することができることが法令に定められていることをいうものであり、「別途手数料に関する事項を定める」、「手数料の額は○○○円とする」との規定はこれに含まれない。本通達の(2)の注書は、このことを念のため明らかにしたものである。

（非課税とされる外国為替業務に係る役務の提供の範囲）

６－５－３　法別表第一第５号ニ《外国為替業務等》の規定により非課税とされる外国為替業務に係る役務の提供は、次に掲げる業務に係るもの（当該業務の周辺業務として行われる役務の提供を除く。）が該当するのであるから留意する。

(1)　外国為替取引

(2)　対外支払手段の発行

(3)　対外支払手段の売買又は債権の売買（本邦通貨をもって支払われる債権の居住者間の売買を除く。）

　なお、居住者による非居住者からの証券（外国為替及び外国貿易法第６条第１項第11号に規定する「証券」をいう。以下６－５－３において同じ。）の取得又は居住者による非居住者に対する証券の譲渡に係る媒介、取次ぎ又は代理については、非課税とされる外国為替業務に係る

役務の提供から除かれていることに留意する。

【平10課消2－9、平20課消1－8　改正】

解説　消費税法上、外国為替及び外国貿易法第55条の7第1項《外国為替業務に関する事項の報告》に規定する外国為替業務に係る役務の提供は非課税とされている（法別表第1五ニ）が、本通達は外国為替業務をまとめたものである。

また、銀行法第10条第2項第5号《業務の範囲》に規定する譲渡性預金証書の非居住者からの取得に係る媒介、取次ぎ又は代理に係る業務その他の政令で定める業務は外国為替業務から除くこととされている。そして、これを受けた消費税法施行令第13条《外国為替業務から除かれる業務》では、「（証券の）居住者による非居住者からの取得又は居住者による非居住者に対する譲渡に係る媒介、取次ぎ又は代理に係る業務」を規定している。

したがって、国債証券等、譲渡性預金証書（いわゆるCD）、コマーシャル・ペーパー（いわゆるCP）及び抵当証券等の居住者による非居住者からの若しくは非居住者による居住者からの取得に係る媒介、取次ぎ若しくは代理が消費税の課税の対象となるのである。

ところで、外国為替令第18条の7第1項《外国為替業務に関する事項の報告》では、両替業務に該当する役務の提供について、「対外支払手段の売買」に包含するものとして規定されている。この両替業務については、消費税法別表第一第5号ニにおいて、外国為替及び外国貿易法第55条の7《外国為替業務に関する事項の報告》に財務大臣が報告を求めることのできるものとして規定された外国為替業務を引用して非課税として規定している。

したがって、外国為替業務に関する非課税取引の範囲については、平成10年の外国為替及び外国貿易法改正の前後において差異はないこととなる。

（注）　外国為替令第18条の7第1項に外国為替業務として規定されていない「金

融先物取引及び海外金融先物市場において行われる金融先物取引と類似の取引又は金融先物取引等及び外国金融先物市場において行われる証券先物取引等と類似の取引又は金融指標等先物取引契約に基づく債権の発生等に係る取引の媒介、取次ぎ又は代理」及び「有価証券、貴金属その他の物品の保護預り（居住者間において行う本邦通貨を対価とするものを除く。）」の業務については、課税となる。

　なお、本通達のかっこ書で非課税とされる外国為替業務に係る役務の提供から「当該業務の周辺業務に係る役務の提供」を除いている。この周辺業務に係る役務の提供とは、外国為替業務自体を行う上で直接的に関連しないその外国為替業務の周辺で行われる役務の提供をいい、例としては、コール市場等における外為ブローカーの仲介手数料、非居住者円預金又は居住者外貨預金に係る残高証明手数料又は口座維持管理手数料を対価とする役務の提供などがある。

第6節　医療の給付等関係

（医療関係の非課税範囲）

6－6－1　法別表第一第6号《医療等の給付》の規定による医療関係の非課税範囲は、次のようになるのであるから留意する。

(1)　健康保険法、国民健康保険法等の規定に基づく療養の給付及び入院時食事療養費、入院時生活療養費、保険外併用療養費、療養費、家族療養費又は特別療養費の支給に係る療養並びに訪問看護療養費又は家族訪問看護療養費の支給に係る指定訪問看護

(2)　高齢者の医療の確保に関する法律の規定に基づく療養の給付及び入院時食事療養費、入院時生活療養費、保険外併用療養費、療養費

又は特別療養費の支給に係る療養並びに訪問看護療養費の支給に係る指定訪問看護

(3) 精神保健及び精神障害者福祉に関する法律の規定に基づく医療、生活保護法の規定に基づく医療扶助のための医療の給付及び医療扶助のための金銭給付に係る医療、原子爆弾被爆者に対する援護に関する法律の規定に基づく医療の給付及び医療費又は一般疾病医療費の支給に係る医療並びに障害者の日常生活及び社会生活を総合的に支援するための法律の規定に基づく自立支援医療費、療養介護医療費又は基準該当療養介護医療費の支給に係る医療

(4) 公害健康被害の補償等に関する法律の規定に基づく療養の給付及び療養費の支給に係る療養

(5) 労働者災害補償保険法の規定に基づく療養の給付及び療養の費用の支給に係る療養並びに同法の規定による社会復帰促進等事業として行われる医療の措置及び医療に要する費用の支給に係る医療

(6) 自動車損害賠償保障法の規定による損害賠償額の支払(同法第72条第1項《業務》の規定による損害を填補するための支払を含む。)を受けるべき被害者に対する当該支払に係る療養

(7) その他これらに類するものとして、例えば、学校保健安全法の規定に基づく医療に要する費用の援助に係る医療、母子保健法の規定に基づく養育医療の給付又は養育医療に要する費用の支給に係る医療等、国又は地方公共団体の施策に基づきその要する費用の全部又は一部を国又は地方公共団体により負担される医療及び療養(いわゆる公費負担医療)

【平12課消2―10、平18課消1―11、平18課消1―43、平19課消1―18、平20課消1―8、平22課消1―9、平25課消1―34 改正】

解説 健康保険法等の規定に基づく療養、医療若しくは施設療養等としての資産の譲渡等については、社会政策的な見地から非課税とされ、消費税法別表第一第6号《医療等の給付》及び同法施行令第14条《療養、医療等の範囲》にその具体的な範囲が規定されている。

本通達は、これらの規定により非課税とされる療養、医療若しくは施設療養等としての役務の提供について整理し、列記したものである。

なお、健康保険法等の規定に基づかない、例えば次の医療等は消費税の課税の対象とされている。

①美容整形、②人工妊娠中絶、③健康診断（人間ドック）、④医療相談料、⑤診断書作成料、⑥生命保険会社からの審査料、⑦歯科自由診療（メタルボンド・金属床義歯・アタッチメント義歯・ダミー3歯以上のブリッジ・一般的な歯科矯正等）、⑧地方公共団体等から委託を受けて行われる老人保健法の健康診査及び母子保健法の妊婦・乳児の健康診査（法別表第一第8号《助産に係る資産の譲渡等》の規定により非課税となるものを除く。）、⑨その他自由診療

（医療品、医療用具の販売）

6－6－2　医療品又は医療用具の給付で、健康保険法、国民健康保険法等の規定に基づく療養、医療若しくは施設療養又はこれらに類するものとしての資産の譲渡等は非課税となるが、これらの療養等に該当しない医薬品の販売又は医療用具の販売等（法別表第一第10号《身体障害者用物品の譲渡等》に規定する身体障害者用物品に係る資産の譲渡等に該当するものを除く。）は課税資産の譲渡等に該当する。

解説 健康保険法等の規定に基づく療養、医療若しくは施設療養又はこれらに類するものとしての資産の譲渡等は、消費税法別表第一第6号《医療等

の給付》及び同法施行令第14条《療養、医療等の範囲》の規定により非課税とされ、これらの療養、医療等の一環として行われる医薬品又は医療用具の給付も非課税となる。しかし、療養、医療等のために行われる資産の譲渡等であっても、例えば、薬局等において行う医薬品又は医療用具の販売は、これに含まれず、したがって消費税の課税の対象となることとなる。

本通達は、このことを念のため明らかにしたものである。

| 事　例 | 医師の指示に従って納品する酸素の代金 |

医師の指示に従って、保険医療の対象となる酸素を在宅患者に配達し、その代金の支払を医師から受ける場合の酸素代金は、医療品販売業者が医師に医薬品を販売する場合と同様に、課税の対象となる。

（保険外併用療養費、療養費等の支給に係る療養）

6－6－3　健康保険法等の規定に基づく保険外併用療養費、医療費等の支給に係る療養は非課税となるが、これには、被保険者又は被保険者の家族の療養に際し、被保険者が負担する一部負担金に係る療養も含まれるのであるから留意する。

（注）　平成元年大蔵省告示第7号「消費税法別表第一第6号に規定する財務大臣の定める資産の譲渡等及び金額を定める件」の規定により定められた金額を超える部分の金額については、非課税とされる療養の対価に該当しないことに留意する。

【平12官総8－3、平18課消1－43　改正】

解説　消費税法別表第一第6号《医療等の給付》及び同法施行令第14条《療養、医療等の範囲》の規定に該当する療養、医療等は非課税とされるが、

これらの規定により非課税とされるのは療養、医療等としての資産の譲渡等であり、その対価が社会保険診療報酬支払基金その他の報酬支払機関から支払われる部分に限定されるものではない。したがって、保険診療等に際し被保険者又は被保険者の家族から支払を受ける一部負担金も非課税となる。本通達は、このことを念のため明らかにしたものである。

ただし、平成元年大蔵省告示第7号「消費税法別表第一第6号に規定する財務大臣の定める資産の譲渡等及び金額を定める件」に定められているものについては、その定められた金額を超える部分の金額については、非課税とされる療養の対価に該当しないこととされており（法別表第1六かっこ書）、本通達の注書でこのことを念のため明らかにしている。

すなわち、次の(1)から(10)に揚げるものについては課税の対象となるが、それぞれの費用（又は料金）全体の中での課税関係は、(1)から(10)の図のとおりである。

(1) 入院時食事療養（健康保険法63②一）に係る入院給食の提供における保険算定額を超える金額に係る部分（特別メニュー料金等）

	保　険　給　付　額	(定額負担額)	自己選択負担額
入院時食事療養費	非課税（保険算定額）		課　　税

患者負担額：(定額負担額) + 自己選択負担額

(2) 入院時生活療養（健康保険法63②二）に係る生活療養の提供における保険算定額を超える金額に係る部分（特別な料金部分）

	保　険　給　付　額	(定額負担額)	自己選択負担額
入院時生活療養費	非課税（保険算定額）		課　　税

患者負担額：(定額負担額) + 自己選択負担額

(3) 特別の療養環境（特別の病室）の提供における保険算定額を超える金額に係る部分（いわゆる差額ベッド代）

| 入院費 | 保険給付額 | （一部負担額） | 特別室料等 |

患者負担額：（一部負担額）＋特別室料等
非課税（保険算定額） ／ 課税

(4) 予約診療又は時間外診察における保険算定額を超える金額に係る部分（予約診療代、時間外診療代）

| 予約又は時間外の際の診察料 | 保険給付額 | （一部負担額） | 予約又は時間外診察料 |

患者負担額：（一部負担額）＋予約又は時間外診察料
非課税（保険算定額：診察料） ／ 課税

(5) 病床数が200以上の病院での初診（紹介があった場合及び緊急その他やむを得ない事情がある場合におけるものを除く。）又は再診（紹介を行う申出を行っていない場合及び緊急その他やむを得ない事情がある場合におけるものを除く。）における保険算定額を超える金額に係る部分（初診又は再診に係る特別の料金）

| 初診時又は再診時の診察料 | 保険給付額 | （一部負担額） | 初診又は再診に係る特別の料金 |

患者負担額：（一部負担額）＋初診又は再診に係る特別の料金
非課税（保険算定額：初診料、再診料及び診察料） ／ 課税

(6) 診療報酬の算定方法（平成18年厚生労働省告示第92号）に規定する回数を超えて受けた診療に係る部分（腫瘍マーカー検査等）

診　療　料	保　険　給　付　額	(一部負担額)	保険給付の対象となる診療回数を超えて受けた検査実費等部分
	非課税（保険算定額）		課　税

患者負担額は(一部負担額)と右側部分

(7)　入院期間が180日を超えた日以後の入院療養における保険給付の対象部分を超える金額に係る部分（180日を超える入院の保険給付対象額は180日以内の入院の場合の85％とされている。）

　　なお、別に保険外併用療養費に係る厚生労働大臣が定める医薬品等（平成18年厚生労働省告示第498号）第9号に定める場合（180日を超える入院が必要な場合など）の180日を超える入院は全体が非課税となる。

180日超の入院の場合	保　険　給　付　額	(一部負担額)	限 度 超 過 額（特別の料金）
	非課税（保険算定額）〔85／100〕		課税〔15／100〕

(8)　前歯の金合金又は白金加金の支給における保険算定額を超える金額に係る部分（歯科差額部分）

材　料　代	保　険　給　付　額	(一部負担額)	選 択 材 料 代
	非課税（保険算定額）		課　税

第6章　非課税範囲　359

(9) 金属床による総義歯の提供における保険算定額を超える金額に係る部分（金属床総義歯の保険外併用療養費）

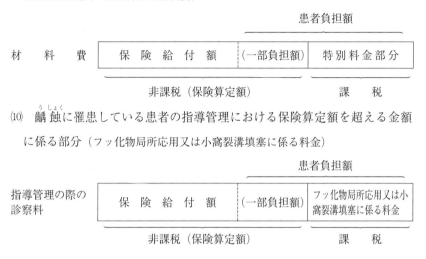

(10) 齲蝕に罹患している患者の指導管理における保険算定額を超える金額に係る部分（フッ化物局所応用又は小窩裂溝填塞に係る料金）

なお、薬事法第2条第15項《定義》に規定する治験に係る診療は、「評価療養」の対象であり、保険外の診療についても非課税とされているが、これはあくまでも被保険者が負担する療養費部分であり、治験依頼者の依頼による治験に係る診療の場合における製薬会社等の治験スポンサーが負担する療養費部分は、治験スポンサーと医療機関の契約に基づくものであることから、課税の対象となる。

第7節　社会福祉事業等関係

(介護保険関係の非課税の範囲)

6―7―1　法別表第一第7号イ《非課税となる介護保険に係る資産の譲渡等》の規定による介護保険関係の非課税範囲は次のようになるのであるから留意する。

(1)　介護保険法の規定に基づく居宅介護サービス費の支給に係る居宅サービス

　　イ　居宅要介護者の居宅において介護福祉士等が行う訪問介護（居宅要介護者の選定による交通費を対価とする資産の譲渡等を除く。）

　　ロ　居宅要介護者の居宅を訪問し、浴槽を提供して行われる訪問入浴介護（居宅要介護者の選定による交通費を対価とする資産の譲渡等及び特別な浴槽水等の提供を除く。）

　　ハ　居宅要介護者（主治の医師がその治療の必要の程度につき厚生労働省令で定める基準に適合していると認めたものに限る。）の居宅において看護師等が行う訪問看護（居宅要介護者の選定による交通費を対価とする資産の譲渡等を除く。）

　　ニ　居宅要介護者（主治の医師がその治療の必要の程度につき厚生労働省令で定める基準に適合していると認めたものに限る。）の居宅において行う訪問リハビリテーション（居宅要介護者の選定による交通費を対価とする資産の譲渡等を除く。）

　　ホ　居宅要介護者について病院、診療所又は薬局の医師、歯科医師、薬剤師、歯科衛生士、管理栄養士等が行う居宅療養管理指導

　　ヘ　居宅要介護者について特別養護老人ホーム、養護老人ホーム、

老人福祉センター、老人デイサービスセンター等の施設に通わせて行う通所介護（居宅要介護者の選定による送迎を除く。）

ト　居宅要介護者（主治の医師がその治療の必要の程度につき厚生労働省令で定める基準に適合していると認めたものに限る。）について介護老人保健施設、病院、診療所等に通わせて行う通所リハビリテーション（居宅要介護者の選定による送迎を除く。）

チ　居宅要介護者について特別養護老人ホーム、養護老人ホーム、老人短期入所施設等に短期間入所させて行う短期入所生活介護（居宅要介護者の選定による特別な居室の提供、特別な食事の提供及び送迎を除く。）

リ　居宅要介護者（その治療の必要の程度につき厚生労働省令で定めるものに限る。）について介護老人保健施設及び療養病床を有する病院等に短期間入所させて行う短期入所療養介護（居宅要介護者の選定による特別な療養室等の提供、特別な食事の提供及び送迎を除く。）

ヌ　有料老人ホーム、養護老人ホーム及び軽費老人ホーム（(4)トに該当するものを除く。）に入居している要介護者について行う特定施設入居者生活介護（要介護者の選定により提供される介護その他の日常生活上の便宜に要する費用を対価とする資産の譲渡等を除く。）

(2)　介護保険法の規定に基づく施設介護サービス費の支給に係る施設サービス

イ　特別養護老人ホーム（(4)チに該当するものを除く。）に入所する要介護者について行われる介護福祉施設サービス（要介護者の選定による特別な居室の提供及び特別な食事の提供を除く。）

ロ　介護保険法の規定により都道府県知事の許可を受けた介護老人

　　　　保健施設に入所する要介護者について行われる介護保健施設サー
　　　　ビス（要介護者の選定による特別な療養室の提供及び特別な食事の提
　　　　供を除く。）
(3)　介護保険法の規定に基づく特例居宅介護サービス費の支給に係る
　　訪問介護等（令第14条の２第１項《居宅サービスの範囲等》に規定する
　　訪問介護等をいう。）又はこれに相当するサービス（要介護者の選定
　　による交通費を対価とする資産の譲渡等、特別な浴槽水等の提供、送迎、
　　特別な居室の提供、特別な療養室等の提供、特別な食事の提供又は介護
　　その他の日常生活上の便宜に要する費用を対価とする資産の譲渡等を除
　　く。）
(4)　介護保険法の規定に基づく地域密着型介護サービス費の支給に係
　　る地域密着型サービス
　　イ　居宅要介護者の居宅において介護福祉士、看護師等が行う定期
　　　巡回・随時対応型訪問介護看護（居宅要介護者の選定による交通費
　　　を対価とする資産の譲渡等を除く。）
　　ロ　居宅要介護者の居宅において介護福祉士等が行う夜間対応型訪
　　　問介護（(4)イに該当するもの及び居宅要介護者の選定による交通費
　　　を対価とする資産の譲渡等を除く。）
　　ハ　居宅要介護者について特別養護老人ホーム、養護老人ホーム、老人
　　　福祉センター、老人デイサービスセンター等の施設に通わせて行う地
　　　域密着型通所介護（(4)ニに該当するもの及び居宅要介護者の選定によ
　　　る送迎を除く。）
　　ニ　居宅要介護者であって、脳血管疾患、アルツハイマー病その他
　　　の要因に基づく脳の器質的な変化により日常生活に支障が生じる
　　　程度にまで記憶機能及びその他の認知機能が低下した状態（以下
　　　６―７―１において「認知症」という。）であるものについて、特

別養護老人ホーム、養護老人ホーム、老人福祉センター、老人デイサービスセンター等の施設に通わせて行う認知症対応型通所介護（居宅要介護者の選定による送迎を除く。）

ホ　居宅要介護者の居宅において、又は機能訓練等を行うサービスの拠点に通わせ若しくは短期間宿泊させて行う小規模多機能型居宅介護（居宅要介護者の選定による送迎及び交通費を対価とする資産の譲渡等を除く。）

ヘ　要介護者であって認知症であるもの（その者の認知症の原因となる疾患が急性の状態にある者を除く。）について、その共同生活を営む住居において行う認知症対応型共同生活介護

ト　有料老人ホーム、養護老人ホーム及び軽費老人ホーム（その入居定員が29人以下のものに限る。）に入居している要介護者について行う地域密着型特定施設入居者生活介護（要介護者の選定により提供される介護その他の日常生活上の便宜に要する費用を対価とする資産の譲渡等を除く。）

チ　特別養護老人ホーム（その入所定員が29人以下のものに限る。）に入所する要介護者について行う地域密着型介護老人福祉施設入所者生活介護（要介護者の選定による特別な居室の提供及び特別な食事の提供を除く。）

リ　居宅要介護者について(1)イからリまでに該当するもの及び(4)イからホまでに該当するものを2種類以上組み合わせて行う複合型サービス（居宅要介護者の選定による送迎及び交通費を対価とする資産の譲渡等を除く。）

(5) 介護保険法の規定に基づく特例地域密着型介護サービス費の支給に係る定期巡回・随時対応型訪問介護看護等（令第14条の2第3項第2号《居宅サービスの範囲等》に規定する定期巡回・随時対応型訪問

介護看護等をいう。)又はこれに相当するサービス(要介護者の選定による交通費を対価とする資産の譲渡等、送迎、特別な居室の提供、特別な食事の提供又は介護その他の日常生活上の便宜に要する費用を対価とする資産の譲渡等を除く。)

(6) 介護保険法の規定に基づく特例施設介護サービス費の支給に係る施設サービス及び健康保険法等の一部を改正する法律(平成18年法律第83号)附則第130条の2第1項《健康保険法等の一部改正に伴う経過措置》の規定によりなおその効力を有するものとされる同法第26条の規定による改正前の介護保険法の規定に基づく施設介護サービス費又は特例施設介護サービス費の支給に係る介護療養施設サービス(要介護者の選定による特別な居室の提供、特別な療養室の提供、特別な病室の提供又は特別な食事の提供を除く。)

(7) 介護保険法の規定に基づく介護予防サービス費の支給に係る介護予防訪問入浴介護、介護予防訪問看護、介護予防訪問リハビリテーション、介護予防居宅療養管理指導、介護予防通所リハビリテーション、介護予防短期入所生活介護、介護予防短期入所療養介護及び介護予防特定施設入居者生活介護(以下6-7-1において「介護予防訪問入浴介護等」といい、要支援者の選定による交通費を対価とする資産の譲渡等、特別な浴槽水等の提供、送迎、特別な居室の提供、特別な療養室等の提供、特別な食事の提供又は介護その他の日常生活上の便宜に要する費用を対価とする資産の譲渡等を除く。)並びに地域における医療及び介護の総合的な確保を推進するための関係法律の整備等に関する法律(平成26年法律第83号。以下6-7-1において「医療介護総合確保推進法」という。)附則第11条《介護予防サービスに係る保険給付に関する経過措置》の規定によりなおその効力を有するものとされる同法第5条の規定による改正前の介護保険法(以下6-

7―1において「旧介護保険法」という。)の規定に基づく介護予防サービス費の支給に係る介護予防訪問介護及び介護予防通所介護(要支援者の選定による交通費を対価とする資産の譲渡等又は送迎を除く。)

(8) 介護保険法の規定に基づく特例介護予防サービス費の支給に係る介護予防訪問入浴介護等又はこれに相当するサービス並びに医療介護総合確保推進法附則第11条の規定によりなおその効力を有するものとされる旧介護保険法の規定に基づく特例介護予防サービス費の支給に係る介護予防訪問介護及び介護予防通所介護又はこれらに相当するサービス(要支援者の選定による交通費を対価とする資産の譲渡等、特別な浴槽水等の提供、送迎、特別な居室の提供、特別な療養室等の提供、特別な食事の提供又は介護その他の日常生活上の便宜に要する費用を対価とする資産の譲渡等を除く。)

(9) 介護保険法の規定に基づく地域密着型介護予防サービス費の支給に係る介護予防認知症対応型通所介護、介護予防小規模多機能型居宅介護及び介護予防認知症対応型共同生活介護(以下6―7―1において「介護予防認知症対応型通所介護等」といい、居宅要支援者の選定による送迎及び交通費を対価とする資産の譲渡等を除く。)

(10) 介護保険法の規定に基づく特例地域密着型介護予防サービス費の支給に係る介護予防認知症対応型通所介護等又はこれに相当するサービス(居宅要支援者の選定による送迎及び交通費を対価とする資産の譲渡等を除く。)

(11) 介護保険法の規定に基づく居宅介護サービス計画費の支給に係る居宅介護支援及び同法の規定に基づく介護予防サービス計画費の支給に係る介護予防支援

(12) 介護保険法の規定に基づく特例居宅介護サービス計画費の支給に係る居宅介護支援又はこれに相当するサービス及び同法の規定に基

づく特例介護予防サービス計画費の支給に係る介護予防支援又はこれに相当するサービス

(13) 介護保険法の規定に基づく市町村特別給付として要介護者又は居宅要支援者に対して行う食事の提供

　(注)　食事の提供とは、平成12年厚生省告示第126号「消費税法施行令第14条の2第3項第11号の規定に基づき厚生労働大臣が指定する資産の譲渡等」に規定するものをいう。

(14) 介護保険法の規定に基づく地域支援事業として居宅要支援被保険者等に対して行う介護予防・日常生活支援総合事業に係る資産の譲渡等

　(注)　介護予防・日常生活支援総合事業に係る資産の譲渡等とは、平成24年厚生労働省告示第307号「消費税法施行令第14条の2第3項第12号の規定に基づき厚生労働大臣が指定する資産の譲渡等」に規定する資産の譲渡等に限られる。

(15) 生活保護法又は中国残留邦人等の円滑な帰国の促進並びに永住帰国した中国残留邦人等及び特定配偶者の自立の支援に関する法律若しくは中国残留邦人等の円滑な帰国の促進及び永住帰国後の自立の支援に関する法律の一部を改正する法律（平成25年法律第106号）附則第2条第1項若しくは第2項《支援給付の実施に関する経過措置》の規定によりなお従前の例によることとされる同法による改正前の中国残留邦人等の円滑な帰国の促進及び永住帰国後の自立の支援に関する法律の規定に基づく介護扶助又は介護支援給付のための次に掲げる介護

　イ　居宅介護（生活保護法第15条の2第2項《介護扶助》に規定する訪問介護、訪問入浴介護、訪問看護、訪問リハビリテーション、居宅療養管理指導、通所介護、通所リハビリテーション、短期入所生活介護、

短期入所療養介護、特定施設入居者生活介護、定期巡回・随時対応型訪問介護看護、夜間対応型訪問介護、認知症対応型通所介護、小規模多機能型居宅介護、認知症対応型共同生活介護、地域密着型特定施設入居者生活介護及び複合型サービス並びにこれらに相当するサービスに限る。)

ロ 施設介護(生活保護法第15条の2第4項に規定する地域密着型介護老人福祉施設入所者生活介護、介護福祉施設サービス及び介護保健施設サービス並びに健康保険法等の一部を改正する法律附則第130条の2第1項の規定によりなおその効力を有するものとされる同法附則第91条《生活保護法の一部改正》の規定による改正前の生活保護法の規定に基づく介護扶助のための介護(同条の規定による改正前の生活保護法第15条の2第1項第4号《介護扶助》に掲げる施設介護のうち同条第4項に規定する介護療養施設サービスに限る。)をいう。)

ハ 介護予防(生活保護法第15条の2第5項に規定する介護予防訪問入浴介護、介護予防訪問看護、介護予防訪問リハビリテーション、介護予防居宅療養管理指導、介護予防通所リハビリテーション、介護予防短期入所生活介護、介護予防短期入所療養介護、介護予防特定施設入居者生活介護、介護予防認知症対応型通所介護、介護予防小規模多機能型居宅介護及び介護予防認知症対応型共同生活介護並びにこれらに相当するサービスに限る。)

ニ 介護予防・日常生活支援(生活保護法第15条の2第7項《介護扶助》に規定する第一号訪問事業、第一号通所事業及び第一号生活支援事業による支援に相当する支援に限る。)

(注) イ及びハのこれらに相当するサービス並びにニの相当する支援とは、平成12年厚生省告示第190号「消費税法施行令第14条の2第3項第13号の規定に基づき厚生労働大臣が指定するサービス」

> に規定するものに限られる。

【平12課消 2 ─10　追加、平12官総 8 ─ 3 、平14課消 1 ─12、平17課消 1 ─60、平18課消 1 ─11、平18課消 1 ─43、平21課消 1 ─10、平24課消 1 ─ 7 　改正】

解説　消費税法別表第一第 7 号イでは、介護保険法に基づく次の介護サービスが非課税取引として掲げられている。

① 　居宅介護サービス費の支給に係る居宅サービス
② 　施設介護サービス費の支給に係る施設サービス
③ 　その他これらに類するものとして政令で定めるもの

　この規定を受けて、消費税法施行令第14条の 2 《居宅サービス等の範囲等》において、具体的な非課税の範囲が定められている。

　すなわち、同条第 1 項では、居宅介護サービス費の支給に係る居宅サービスの範囲を介護保険法第 8 条第 2 項から第11項《定義》までに規定する居宅サービスとし、また、消費税法施行令第14条の 2 第 3 項では、居宅介護サービス費の支給に係る居宅サービス及び施設介護サービス費の支給に係る施設サービスに類する非課税取引が第 1 号から第13号までに掲げるサービスとして列挙されている。

　なお、介護保険法に基づく介護サービスは、その大部分が非課税となるが、利用者の選択により、保健・医療・福祉にわたる介護サービスを総合的に利用できる制度であることから、医療における室料差額（いわゆる差額ベッド料）や、特別食の料金などと同様に介護サービスの一貫として提供される様々なサービスのうち、利用者（要介護者等）の自己選択に基づく一部のサービスについては、非課税の対象から除くこととされている（令14の 2 ①、②、③、平成12年大蔵省告示第27号）。

　本通達は、これらの法令に規定されている非課税となる介護保険関係の具体的なサービスについて、整理して列記したものである。

| 参　考 | 介護サービス別消費税の課税関係 |

1　居宅介護(予防)サービス費の支給に係る居宅サービス(介護保険法41、42、53、54)

※　網掛け部分が非課税から除かれ、課税の対象となる(平成12年大蔵省告示第27号1、3)。

①　訪問介護(介護保険法8②)

←――居宅介護サービス費の支給に係る居宅サービス――→		
居宅介護サービス費	本人負担額 (1割)	自己選定による交通費 (基準省令20③)

※　基準省令……指定居宅サービス等の事業の人員、設備及び運営に関する基準(平成11年厚生省令第37号)(以下1において同じ。)

②　訪問入浴介護(介護保険法8③、8の2②)

←――居宅介護(予防)サービス費の支給に係る居宅サービス――→			
居宅介護(予防)サービス費	本人負担額 (1割)	自己選定による交通費 (基準省令48③一、介護予防基準省令50③一)	特別な浴槽水等の提供 (基準省令48③二、介護予防基準省令50③二)

※　介護予防基準省令……指定介護予防サービス等の事業の人員、設備及び運営並びに指定介護予防サービス等に係る介護予防のための効果的な支援の方法に関する基準(平成18年厚生労働省令第35号)(以下1において同じ。)

③　訪問看護(介護保険法8④、8の2③)

←――居宅介護(予防)サービス費の支給に係る居宅サービス――→		
居宅介護(予防)サービス費	本人負担額 (1割)	自己選定による交通費 (基準省令66③、介護予防基準省令69③)

④ 訪問リハビリテーション（介護保険法8⑤、8の2④）

居宅介護(予防)サービス費	本人負担額（1割）	自己選定による交通費（基準省令78③、介護予防基準省令81③）

←居宅介護(予防)サービス費の支給に係る居宅サービス→

⑤ 居宅療養管理指導（介護保険法8⑥、8の2⑤）

居宅介護(予防)サービス費	本人負担額（1割）	交通費（基準省令87③、介護予防基準省令90③）

←居宅介護(予防)サービス費の支給に係る居宅サービス→

> 利用者が病院等に通ってサービスを受けることが想定されていることから、医師等が利用者の居宅に赴いてサービスを提供する場合の出張サービス部分は、居宅介護（予防）サービス費の支給に係る居宅サービスには該当しない。

⑥ 通所介護（介護保険法8⑦）

居宅介護サービス費	本人負担額（1割）	自己負担による延長（基準省令96③二）	日常生活費 食材料費、おむつ代他（基準省令96③三〜五）	自己選定による送迎費（基準省令96③一）

←————居宅介護サービス費の支給に係る居宅サービス————→

⑦ 通所リハビリテーション（介護保険法8⑧、8の2⑥）

居宅介護(予防)サービス費の支給に係る居宅サービス			
居宅介護(予防)サービス費	本人負担額（1割）	自己負担による延長（基準省令96③二）	日常生活費 食材料費、おむつ代他（基準省令96③三～五※、介護予防基準省令118の2③二～四）

（右端欄）自己選定による送迎費（基準省令96③一※、介護予防基準省令118の2③一）

※ 利用料等の受領については、基準省令96を準用している（基準省令119）。

⑧ 短期入所生活介護（介護保険法8⑨、8の2⑦）

居宅介護(予防)サービス費の支給に係る居宅サービス				
居宅介護(予防)サービス費	本人負担額（1割）	日常生活費 通常の食事代、滞在費用、理美容代他（基準省令127③一、二、六、七、140の6③一、二、六、七、介護予防基準省令135③一、二、六、七、155③一、二、六、七）	自己選定による特別な居室費（基準省令127③三、140の6③三、介護予防基準省令135③三、155③三）	自己選定による特別な食事費（基準省令127③四、140の6③四、介護予防基準省令135③四、155③四）

（右端欄）自己選定による送迎費（基準省令127③五、140の6③五、介護予防基準省令135③五、155③五）

⑨ 短期入所療養介護（介護保険法8⑩、8の2⑧）

居宅介護(予防)サービス費の支給に係る居宅サービス				
居宅介護(予防)サービス費	本人負担額（1割）	日常生活費 通常の食事代、滞在費用、理美容代他（基準省令145③一、二、六、七、155の5③一、二、六、七、介護予防基準省令190③一、二、六、七、206③一、二、六、七）	自己選定による特別な療養室費（基準省令145③三、155の5③三、介護予防基準省令190③三、206③三）	自己選定による特別な食事費（基準省令145③四、155の5③四、介護予防基準省令190③四、206③四）

（右端欄）自己選定による送迎費（基準省令145③五、155の5③五、介護予防基準省令190③五、206③五）

⑩　特定施設入居者生活介護（介護保険法8⑪、8の2⑨）

居宅介護(予防)サービス費	本人負担額（1割）	日常生活費 おむつ代他（基準省令182③二、三、介護予防基準省令238③二、三）	自己選定による便宜に要する費用（基準省令182③一、介護予防基準省令238③一）

上記は居宅介護(予防)サービス費の支給に係る居宅サービス

2　施設介護サービス費の支給に係る施設サービス（介護保険法48①、49①）

※　網掛け部分が非課税から除かれ、課税の対象となる（平成12年大蔵省告示第27号2、3）。

①　介護福祉施設サービス（介護保険法8㉗）

施設介護サービス費	本人負担額（1割）	日常生活費 通常の居室費、食事費、居住費用、理美容代他（基準省令9③一、二、五、六、41③一、二、五、六）	自己選定による特別な居室費（基準省令9③三、41③三）	自己選定による特別な食事費（基準省令9③四、41③四）

上記は施設介護サービス費の支給に係る施設サービス

※　基準省令……指定介護老人福祉施設の人員、設備及び運営に関する基準（平成11年厚生省令第39号）

②　介護保険施設サービス（介護保険法8㉘）

施設介護サービス費	本人負担額（1割）	日常生活費 通常の居室費、食事費、居住費用、理美容代他（基準省令11③一、二、五、六、42③一、二、五、六）	自己選定による特別な療養室費（基準省令11③三、42③三）	自己選定による特別な食事費（基準省令11③四、42③四）

上記は施設介護サービス費の支給に係る施設サービス

※　基準省令……介護老人保健施設の人員、施設及び設備並びに運営に関する基準（平成11年厚生省令第40号）

③ 健康保険法等の一部を改正する法律(平成18年法律第83号)附則第130条の２第１項の規定によりなおその効力を有するものとされる同法第26条の規定による改正前の介護保険法の規定に基づく介護療養施設サービス

←――――施設介護サービス費の支給に係る施設サービス――――→

施設介護サービス費	本人負担額（１割）	日常生活費		
		通常の居室費、食事費、居住費用、理美容代他(基準省令12③一、二、五、六、42③一、二、五、六)	自己選定による特別な病室費（基準省令12③三、42③三）	自己選定による特別な食事費（基準省令12③四、42③四）

※ 基準省令……健康保険法等の一部を改正する法律附則第130条の２第１項の規定によりなおその効力を有するものとされた指定介護療養型医療施設の人員、設備及び運営に関する基準（平成11年厚生省令第41号）

3 地域密着型介護（予防）サービス費の支給に係る地域密着型サービス（介護保険法42の２、42の３、54の２、54の３）

※ 網掛け部分が非課税から除かれ、課税の対象となる（平成12年大蔵省告示第27号３）。

> 定期巡回・随時対応型訪問介護看護、夜間対応型訪問介護、地域密着型通所介護、認知症対応型通所介護、地域密着型特定施設入居者生活介護、地域密着型介護老人福祉施設入所者生活介護及び複合型サービスについては省略

① 小規模多機能型居宅介護（介護保険法8⑲、8の2⑭）

|←―――地域密着型介護（予防）サービス費の支給に係る地域密着型サービス―――→|

地域密着型介護（予防）サービス費	本人負担額（1割）	日常生活費		
^	^	食事費、居住費用、おむつ代他（地域密着型基準省令71③三、四、五、六、地域密着型介護予防基準省令52③三、四、五、六）	自己選定による送迎費（地域密着型基準省令71③一、地域密着型介護予防基準省令52③一）	自己選定による交通費（地域密着型基準省令71③二、地域密着型介護予防基準省令52③二）

※　地域密着型基準省令……指定地域密着型サービスの事業の人員、設備及び運営に関する基準（平成18年厚生労働省令第34号）（以下3において同じ。）
　　地域密着型介護予防基準省令……指定地域密着型介護予防サービスの事業の人員、設備及び運営並びに指定地域密着型介護予防サービスに係る介護予防のための効果的な支援の方法に関する基準（平成18年厚生労働省令第36号）（以下3において同じ。）

② 認知症対応型共同生活介護（介護保険法8⑳、8の2⑮）

|←―――地域密着型介護（予防）サービス費の支給に係る地域密着型サービス―――→|

地域密着型介護（予防）サービス費	本人負担額（1割）	日常生活費
^	^	食材料費、理美容代、おむつ代他（地域密着型基準省令96③、地域密着型介護予防基準省令76③）

第6章　非課税範囲　375

4　居宅介護サービス計画費の支給に係る居宅介護支援及び介護予防サービス計画費の支給に係る介護予防支援（介護保険法46、47、58、59）

※　網掛け部分は課税の対象となる。

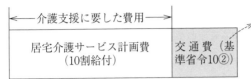

※　基準省令……指定居宅介護支援等の事業の人員及び運営に関する基準（平成11年厚生労働省令第38号）

（「居宅介護サービス費の支給に係る居宅サービス」等の範囲）

6－7－2　法別表第一第7号イ《非課税となる介護保険に係る資産の譲渡等》に規定する「居宅介護サービス費の支給に係る居宅サービス」及び「施設介護サービス費の支給に係る施設サービス」には、介護保険法の規定により要介護被保険者に対して支給されるこれらの介護サービス費に対応する部分の居宅サービス及び施設サービスのみが該当するのではなく、同法に規定する居宅サービス及び施設サービスとして提供されるサービスの全部が該当するのであるから留意する。

したがって、例えば、次のサービスも非課税となる。

(1)　介護保険法第43条《居宅介護サービス費等に係る支給限度額》に規定する居宅介護サービス費等に係る支給限度額を超えて同法第41条《居宅介護サービス費の支給》に規定する指定居宅サービス事業者が提供する指定居宅サービス

(2)　介護保険法第41条第1項《居宅介護サービス費の支給》又は同法第48条第1項《施設介護サービス費の支給》の規定において介護保険給付の対象から除かれる日常生活に要する費用として、介護保険

> 法施行規則第61条《日常生活に要する費用》又は同規則第79条《日常生活に要する費用》に定める費用に係る資産の譲渡等
> (注)　平成12年大蔵省告示第27号「消費税法施行令第14条の2第1項、第2項及び第3項の規定に基づき財務大臣が指定する資産の譲渡等を定める件」に規定する資産の譲渡等については、非課税となる介護保険サービスから除かれることに留意する。

【平12課消2—10　追加、平12官総8—3　改正】

解説　介護保険制度においては、保険給付の種類として、要介護者に対する介護給付、要支援者に対する予防給付及び市町村が条例で定め独自に実施する市町村特別給付が掲げられている。

　保険給付の種類としては、次の14種類の介護給付と12種類の予防給付が掲げられている。

【介護給付】（介護保険法40）
　① 　居宅介護サービス費の支給
　② 　特例居宅介護サービス費の支給
　③ 　地域密着型介護サービス費の支給
　④ 　特例地域密着型介護サービス費の支給
　⑤ 　居宅介護福祉用具購入費の支給
　⑥ 　居宅介護住宅改修費の支給
　⑦ 　居宅介護サービス計画費の支給
　⑧ 　特例居宅介護サービス計画費の支給
　⑨ 　施設介護サービス費の支給
　⑩ 　特例施設介護サービス費の支給
　⑪ 　高額介護サービス費の支給
　⑫ 　高額医療合算介護サービス費の支給

⑬　特定入所者介護サービス費の支給

⑭　特例特定入所者介護サービス費の支給

【予防給付】（介護保険法52）

①　介護予防サービス費の支給

②　特例介護予防サービス費の支給

③　地域密着型介護予防サービス費の支給

④　特例地域密着型介護予防サービス費の支給

⑤　介護予防福祉用具購入費の支給

⑥　介護予防住宅改修費の支給

⑦　介護予防サービス計画費の支給

⑧　特例介護予防サービス計画費の支給

⑨　高額介護予防サービス費の支給

⑩　高額医療合算介護予防サービス費の支給

⑪　特定入所者介護予防サービス費の支給

⑫　特例特定入所者介護予防サービス費の支給

　これらの保険給付のうち、例えば、居宅介護サービス費の支給については、要介護者が、指定居宅サービス事業者から指定居宅サービス（訪問介護、訪問入浴介護、訪問看護、訪問リハビリテーション、居宅療養管理指導、通所介護、通所リハビリテーション、短期入所生活介護、短期入所療養介護、特定施設入居者生活介護、福祉用具貸与及び特定福祉用具販売）を受けたときは、当該指定居宅サービスに要した費用（一部の介護サービスにおける日常生活に要する費用を除く。）について、複数のサービス単位で厚生労働大臣が指定する限度基準額（区分支給限度基準額）又は一定の個別サービスについて市町村が設定する限度基準額（種類支給限度基準額）（以下これらを併せて「支給限度額」という。）の範囲内で、原則として、費用の９割に相当する金額が居宅介護サービス費として支給されることとされている。

したがって、要介護者及び要支援者（以下「要介護者等」という。）が介護サービスを受けた場合、支給限度額の範囲のサービスを受けた場合は、当該指定居宅サービスに要した費用の１割が要介護者等の自己負担となり、また、要介護者等の希望により支給限度額を超えるサービスを受けた場合は、その超えた部分の全額が要介護者等の自己負担となる。

ところで、消費税法上、介護保険の保険給付に係る資産の譲渡等については、消費税法別表第一第７号イ《非課税となる介護保険に係る資産の譲渡等》において、非課税となる範囲を「居宅介護サービス費の支給に係る居宅サービス」及び「施設介護サービス費の支給に係る施設サービス」等と規定されている。このため、介護保険法の規定に基づき保険者である市区町村から実際に支給（保険給付）される部分のサービス以外は、非課税の対象とならないのではないかとの疑問も生ずるところである。

しかしながら、介護保険制度の導入に当たり、消費税については、要介護者等の自己負担により、ケアプランに定めた種類の居宅サービスについて、時間延長や回数の増加等が行われた場合までを一連の介護サービスとして非課税とすることとされた。

すなわち、消費税法で規定されている「居宅介護サービス費の支給に係る居宅サービス」とは、介護保険法の規定に基づき居宅介護サービス費という費用が支給されるものを非課税範囲として示しているのではなく、同法の規定に基づき保険給付の対象となる訪問介護等種々の居宅サービスの種類（福祉用具貸与及び特定福祉用具販売を除く。）を特定するものということになる。

したがって、要介護者等の自己負担となる費用の１割相当部分はもちろんのこと、居宅介護サービス費に係る支給限度額を超えて指定居宅サービス事業者が提供する指定居宅サービスのように、介護保険法の規定に基づき保険者（市区町村）から居宅介護サービス費という費用が支給されないサービスであっても、非課税となる。

また、通所又は入所系サービスに係る日常生活に要する費用は、介護保険法第41条第１項《居宅介護サービス費の支給》の規定において、保険給付の対象から除かれているが、当該費用は、通所先又は入所先において、看護・介護サービスの提供と同時にそれらのサービスの一部として事業者側から提供されることが一般に想定されるサービスであって、要介護者等もそのサービスを日常的に受けることを期待していると一般に考えられるものに係る費用であり、当該費用に係るサービスは、「居宅介護サービス費の支給に係る居宅サービス」等の一貫として行われるものであることから、当然に非課税範囲に含まれることになる。具体的には、当該費用が、介護保険法施行規則第61条《日常生活に要する費用》又は同規則第65条の３《日常生活に要する費用》又は同規則第79条《日常生活に要する費用》等に定める費用に係るサービス（財務大臣が指定する資産の譲渡等を除く。）に該当するときは、非課税となる介護保険に係る資産の譲渡等に含まれる。

　本通達は、このことを念のため明らかにしたものである。

| 参　考 | 介護サービスに係る消費税の課税関係 |

１　居宅介護サービス費の支給に係る居宅サービスの場合（例：訪問介護）

　（注）　介護サービスとして行われるサービス等であっても、要介護者の求めに応じて提供される自己選定による交通費（要介護者の居宅地以外の地域を事業実施地域とする介護サービス事業者を利用した場合に要する交通費）については、課税対象となる。

2　施設介護サービス費の支給に係る施設サービスの場合（例：指定介護老人福祉施設）

←施設介護サービス費の支給に係る施設サービス→				
施設介護サービス費	本人負担額（１割）	日常生活費 || 自己選定による特別な居室費	自己選定による特別な食事費
^	^	通常の居室費、食事費、居住費用、理美容代	^	^

（注）　要介護者の求めに応じて提供される特別な居室や特別な食事に係る費用については、課税対象となる。

（福祉用具の取扱い）

6－7－3　介護保険法の規定により居宅要介護者又は居宅要支援者が福祉用具の貸与を受け又は購入した場合に、その貸与又は購入に要した費用の一部が介護保険により支給される場合であっても、当該福祉用具の貸付け又は譲渡は、法別表第一第７号イ《非課税となる介護保険に係る資産の譲渡等》に規定する資産の譲渡等に該当しないが、当該福祉用具が法別表第一第10号《身体障害者用物品の譲渡等》に規定する身体障害者用物品に該当するときは、同号の規定により非課税となるのであるから留意する。

（注）　当該福祉用具を保税地域から引き取った場合において、当該福祉用具が法別表第二第６号《身体障害者用物品の保税地域からの引取り》に規定する身体障害者用物品に該当するときには、同号の規定により非課税となる。

【平12課消２－10　追加】

解説　介護保険制度においては、心身の機能が低下し、日常生活を営むのに支障のある居宅要介護者及び要支援者（以下「居宅要介護者等」という。）

の日常生活の便宜を図るための福祉用具や、機能訓練のための福祉用具の貸付けを行うこととされ、また、居宅要介護者等が、入浴又は排泄の用に供する福祉用具その他一定の福祉用具を購入したときは、保険給付を行うこととされている。

　福祉用具の範囲については、「厚生労働大臣が定める福祉用具貸与に係る福祉用具の種類（平成11年厚生省告示第93号）」及び「厚生労働大臣が定める居宅介護福祉用具購入費等の支給に係る特定福祉用具の種目（平成11年厚生省令告示第94号）」において定められているが、第93号告示に定める福祉用具の貸与及び第94号告示に定める福祉用具の譲渡は、現行の日常生活用具給付等事業において給付又は貸与されているものであり、要介護状態等でない一般の者が使用するものも含まれていることから、消費税法別表第一第7号イ《非課税となる介護保険に係る資産の譲渡》に規定する資産の譲渡等とされていない。

　しかしながら、介護保険の給付の対象となっている福祉用具の中には、身体障害者用物品としての特殊な性状、構造又は機能を有するものもあり、当該福祉用具の譲渡又は貸付けが法別表第一第10号《身体障害者用物品の譲渡等》に規定する資産の譲渡及び貸付けに該当するときには非課税となる。

　本通達は、このことを念のため明らかにしたものある。

（介護サービスの委託に係る取扱い）

6―7―4　介護保険法に規定する居宅サービス事業者、居宅介護支援事業者又は介護保険施設等（以下6―7―4において「居宅サービス事業者等」という。）からの委託により、他の事業者が、法別表第一第7号イ《非課税となる介護保険に係る資産の譲渡等》に規定する資産の譲渡等に係る業務の一部（以下6―7―4において「委託業務」とい

う。)を行う場合における当該委託業務は、居宅サービス事業者等に対して行われるものであるから、同号に規定する資産の譲渡等に該当しないことに留意する。

【平12課消2―10　追加】

解説　消費税法別表第一第七号イ《非課税となる介護保険に係る資産の譲渡等》の規定により居宅介護サービス費の支給に係る居宅サービス及び施設介護サービス費の支給に係る施設サービス等は非課税とされている。

同号の規定により介護サービスとして非課税となるのは、介護保険法の規定に基づき居宅サービス事業者、居宅介護支援事業者又は介護保険施設等(以下「居宅サービス事業者等」という。)が要介護者又は要支援者に対して提供するサービスが該当する。

したがって、他の事業者が、居宅サービス事業者等から、法別表第一第7号イ《非課税となる介護保険に係る資産の譲渡等》に規定する居宅介護サービス費の支給に係る居宅サービス及び施設介護サービス費の支給に係る施設サービス等に係る業務の一部を委託された場合、例えば、施設介護サービスを行う介護保険施設からの委託により他の事業者が調理、清掃等の業務を行う場合には、当該委託業務は、居宅サービス事業者等に対して行われるサービスであることから、同号に規定する非課税となる介護保険に係る資産の譲渡等には該当しないことになる。

本通達は、このことを念のため明らかにしたものである。

参考 介護サービスの委託に係る課税関係

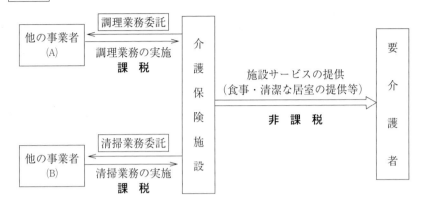

(社会福祉関係の非課税範囲)

6―7―5 法別表第一第7号ロ《社会福祉事業等に係る資産の譲渡等》に規定する非課税範囲は、次のようになるのであるから留意する。
(注) 同号イ《非課税となる介護保険に係る資産の譲渡等》の規定に該当する資産の譲渡等は除かれることに留意する。
(1) 第一種社会福祉事業
　イ 生活保護法に規定する救護施設、更生施設その他生計困難者を無料又は低額な料金で入所させて生活の扶助を行うことを目的とする施設を経営する事業及び生計困難者に対して助葬を行う事業
　ロ 児童福祉法に規定する乳児院、母子生活支援施設、児童養護施設、障害児入所施設、情緒障害児短期治療施設又は児童自立支援施設を経営する事業
　ハ 老人福祉法に規定する養護老人ホーム、特別養護老人ホーム又は軽費老人ホームを経営する事業
　ニ 障害者の日常生活及び社会生活を総合的に支援するための法律

に規定する障害者支援施設を経営する事業（障害者支援施設を経営する事業において生産活動としての作業に基づき行われる資産の譲渡等を除く。）

　　ホ　売春防止法に規定する婦人保護施設を経営する事業

　　ヘ　授産施設を経営する事業及び生計困難者に対して無利子又は低利で資金を融通する事業（授産施設を経営する事業において生産活動としての作業に基づき行われる資産の譲渡等を除く。）

(2) 第二種社会福祉事業

　　イ　生計困難者に対して、その住居で衣食その他日常の生活必需品若しくはこれに要する金銭を与え、又は生活に関する相談に応ずる事業

　　ロ　生活困窮者自立支援法に規定する認定生活困窮者就労訓練事業（認定生活困窮者就労訓練事業において生産活動としての作業に基づき行われる資産の譲渡等を除く。）

　　ハ　児童福祉法に規定する障害児通所支援事業、障害児相談支援事業、児童自立生活援助事業、放課後児童健全育成事業、子育て短期支援事業、乳児家庭全戸訪問事業、養育支援訪問事業、地域子育て支援拠点事業、一時預かり事業、小規模住居型児童養育事業、小規模保育事業、病児保育事業又は子育て援助活動支援事業、同法に規定する助産施設、保育所、児童厚生施設又は児童家庭支援センターを経営する事業及び児童の福祉の増進について相談に応ずる事業

　　ニ　就学前の子どもに関する教育、保育等の総合的な提供の推進に関する法律（平成18年法律第77号）に規定する幼保連携型認定こども園を経営する事業

　　ホ　母子及び父子並びに寡婦福祉法に規定する母子家庭等日常生活

支援事業、父子家庭日常生活支援事業又は寡婦日常生活支援事業及び同法に規定する母子・父子福祉施設を経営する事業

ヘ　老人福祉法に規定する老人居宅介護等事業、老人デイサービス事業、老人短期入所事業、小規模多機能型居宅介護事業、認知症対応型老人共同生活援助事業又は複合型サービス福祉事業及び同法に規定する老人デイサービスセンター、老人短期入所施設、老人福祉センター又は老人介護支援センターを経営する事業

ト　障害者の日常生活及び社会生活を総合的に支援するための法律に規定する障害福祉サービス事業、一般相談支援事業、特定相談支援事業又は移動支援事業及び同法に規定する地域活動支援センター又は福祉ホームを経営する事業（障害福祉サービス事業（同法第5条第7項、第13項又は第14項に規定する生活介護、就労移行支援又は就労継続支援を行う事業に限る。）又は地域活動支援センターを経営する事業において生産活動としての作業に基づき行われる資産の譲渡等を除く。）

チ　身体障害者福祉法に規定する身体障害者生活訓練等事業、手話通訳事業又は介助犬訓練事業若しくは聴導犬訓練事業、同法に規定する身体障害者福祉センター、補装具製作施設、盲導犬訓練施設又は視聴覚障害者情報提供施設を経営する事業及び身体障害者の更生相談に応ずる事業

リ　知的障害者福祉法に規定する知的障害者の更生相談に応ずる事業

ヌ　生計困難者のために、無料又は低額な料金で、簡易住宅を貸し付け、又は宿泊所その他の施設を利用させる事業

ル　生計困難者のために、無料又は低額な料金で診療を行う事業

ヲ　生計困難者に対して、無料又は低額な費用で介護保険法に規定

する介護老人保健施設を利用させる事業

ワ　隣保事業（隣保館等の施設を設け、無料又は低額な料金でこれを利用させることその他その近隣地域における住民の生活の改善及び向上を図るための各種の事業を行うものをいう。）

カ　福祉サービス利用援助事業（精神上の理由により日常生活を営むのに支障がある者に対して、無料又は低額な料金で、福祉サービス（第一種社会福祉事業及びイ～ワの事業において提供されるものに限る。）の利用に関し相談に応じ、及び助言を行い、並びに福祉サービスの提供を受けるために必要な手続又は福祉サービスの利用に要する費用の支払に関する便宜を供与することその他の福祉サービスの適切な利用のための一連の援助を一体的に行う事業をいう。）

ヨ　(1)及び(2)の事業に関する連絡又は助成を行う事業

(3)　更生保護事業法第2条第1項《定義》に規定する更生保護事業

【平10課消2―9、平11課消2―8、平12課消2―10、平13課消1―5、平14課消1―12、平15課消1―13、平17課消1―60、平18課消1―11、平18課消1―43、平22課消1―9、平24課消1―7、平25課消1―34、平27課消1―9、平28課消1―57　改正】

解説　消費税法別表第一第7号《社会福祉事業として行われる資産の譲渡等》により第一種社会福祉事業、第二種社会福祉事業、更生保護を行う事業として行われる資産の譲渡等は非課税とされている。

本通達は、非課税となる具体的な事業について整理し、列記したものである。

なお、次に掲げる施設等において生産活動としての作業に基づき行われる資産の譲渡等は非課税の範囲から除かれており、課税となる。

(1)　第一種社会福祉事業

① 障害者の日常生活及び社会生活を総合的に支援するための法律第5条第11項に規定する「障害者支援施設」
　② 社会福祉法に規定する「授産施設」
(2) 第二種社会福祉事業
　① 障害者の日常生活及び社会生活を総合的に支援するための法律第5条第1項に規定する「障害福祉サービス事業」(同法第5条第7項、第13項又は第14項に規定する生活介護、就労移行支援又は就労継続支援を行う事業に限る。)
　② 障害者の日常生活及び社会生活を総合的に支援するための法律第5条第25項に規定する「地域活動支援センター」

　ところで、第一種社会福祉事業又は第二種社会福祉事業と同様の事業を行っている場合であっても、その事業規模から社会福祉法第2条第4項《社会福祉事業に含まれないものの範囲》の規定により、第一種社会福祉事業又は第二種社会福祉事業に該当しないことがある。
　これらの事業に係る資産の譲渡等は法別表第一第7号ロに該当しないのであるが、同号ハの規定を受けた消費税法施行令第14条の3各号《社会福祉事業等として行われる資産の譲渡等に類するものの範囲》に該当する場合には、非課税となるのであるから留意する必要がある。

事　例 社会福祉法人が行う収益事業

　社会福祉法人は、収益を社会福祉事業の経営に充てるために収益を目的とする事業を行うことができることとなっている(社会福祉法26)が、社会福祉法人がこのような社会福祉事業に該当しない事業を併せて行っている場合には、社会福祉事業として行われる資産の譲渡等のみが非課税となり、社会福祉事業に該当しない事業は課税の対象となる。

（生産活動等の意義）

6―7―6 法別表第一第7号ロかっこ書《社会福祉事業等に係る資産の譲渡等》に規定する「生産活動」及び当該「生産活動」が行われる事業の意義は次のとおりである。

(1) 生産活動とは、(2)に掲げる事業において行われる身体上若しくは精神上又は世帯の事情等により、就業能力の限られている者（以下6―7―6において「要援護者」という。）の「自立」、「自活」及び「社会復帰」のための訓練、職業供与等の活動において行われる物品の販売、サービスの提供その他の資産の譲渡等をいう。

　なお、(2)に掲げる事業では、このような生産活動のほか、要援護者に対する養護又は援護及び要援護者に対する給食又は入浴等の便宜供与等も行われているが、当該便宜供与等は生産活動には該当しないのであるから留意する。

(2) 「生産活動」が行われる事業とは、要援護者に対して、就労又は技能の習得のために必要な訓練の提供や職業の供与等を行い、要援護者の自立を助長し、自活させることを目的とする次に掲げる事業及び障害者の日常生活及び社会生活を総合的に支援するための法律第5条第7項、第13項又は第14項《定義》に規定する生活介護、就労移行支援又は就労継続支援を行う事業をいう。

　イ　社会福祉法第2条第2項第4号又は第7号《定義》に規定する障害者支援施設又は授産施設を経営する事業

　ロ　社会福祉法第2条第3項第1号の2《定義》に規定する認定生活困窮者就労訓練事業

　ハ　社会福祉法第2条第3項第4号の2《定義》に規定する地域活動支援センターを経営する事業

(注) 上記事業において行われる就労又は技能の習得のために必要な訓練等の過程において製作等される物品の販売その他の資産の譲渡等は、法別表第一第7号ロかっこ書の規定により課税されることとなる。

【平12課消2―10、平18課消1―43、平24課消1―7、平25課消1―34、平27課消1―9　改正】

解説　消費税法別表第一第7号ロ《社会福祉事業等に係る資産の譲渡等の範囲》では、社会福祉法第2条《定義》に規定する社会福祉事業として行われる資産の譲渡等が非課税とされているが、このうち同条第2項第4号に規定する障害者支援施設等を経営する事業において生産活動としての作業に基づき行われる資産の譲渡等は非課税とはならず課税となる。

本通達は、「生産活動」及び「生産活動」が行われる事業の意義について明らかにしたものである。

（児童福祉施設の取扱い）

6―7―7　児童福祉法第7条第1項《児童福祉施設》に規定する児童福祉施設を経営する事業のうち、社会福祉法第2条第2項第2号及び第3項第2号《定義》の規定に該当するものについては、法別表第一第7号ロ《社会福祉事業等に係る資産の譲渡等》の規定に該当し、また、社会福祉法第2条第4項第4号《社会福祉事業から除かれるものの範囲》の規定により社会福祉事業に含まれないものについては、令第14条の3第1号《社会福祉事業等として行われる資産の譲渡等に類するものの範囲》の規定に該当することとなるのであるから留意する。

【平12課消2―10、平13課消1―5、平24課消1―7　改正】

解説 児童福祉法第7条《児童福祉施設》に規定する助産施設又は保育所を経営する事業として行われる資産の譲渡等については、消費税法別表第一第7号《社会福祉事業等に係る資産の譲渡等の範囲》の規定により非課税となるのであるが、助産施設又は保育所には社会福祉事業に該当するものとそうでないものとがあり、そのいずれもが非課税になるかどうか疑問をもつ向きもある。

そこで、本通達は、その事業が、社会福祉法第2条《定義》に規定する社会福祉事業に該当する場合は消費税法別表第一第7号ロ《社会福祉事業等に係る資産の譲渡等》の規定に該当し、社会福祉法第2条第4項第4号《社会福祉事業から除かれるものの範囲》の規定により社会福祉法第2条《定義》に規定する社会福祉事業に該当しない場合には消費税法施行令第14条の3第1号《社会福祉事業等として行われる資産の譲渡等に類するものの範囲》の規定に該当し、非課税となることを念のため明らかにしたものである。

（保育所を経営する事業に類する事業として行われる資産の譲渡等）

6—7—7の2　令第14条の3第1号《社会福祉事業等として行われる資産の譲渡等に類するものの範囲》に規定する「児童福祉法第7条第1項に規定する保育所を経営する事業に類する事業として行われる資産の譲渡等として厚生労働大臣が財務大臣と協議して指定するもの」に該当する資産の譲渡等とは、次に掲げるものをいうのであり、同法に規定する保育所において行われる乳児又は幼児を保育する業務と同様の業務として行われる資産の譲渡等に限られることに留意する。

(1)　児童福祉法第59条の2第1項《認可外保育施設の届出》の規定による届出を行っている施設が、平成17年厚生労働省告示第128号「消費税法施行令第14条の3第1号の規定に基づき厚生労働大臣が指定

する保育所を経営する事業に類する事業として行われる資産の譲渡等」の第１から第９までに掲げる事項の全てを満たし、都道府県知事等から当該事項を満たしている旨の証明書の交付を受けている場合に、当該施設において乳児又は幼児を保育する業務として行われる資産の譲渡等

(注)1　都道府県知事等とは、都道府県知事又は地方自治法第252条の19第１項の指定都市若しくは同法第252条の22第１項の中核市の長をいう。

2　当該施設が都道府県知事等から当該証明書を返還することを求められた日以後の乳児又は幼児を保育する業務として行われる資産の譲渡等は、非課税とされる資産の譲渡等に該当しない。

(2)　児童福祉法施行規則第49条の２第３号《厚生労働省令で定める施設》に規定する施設であって、就学前の子どもに関する教育、保育等の総合的な提供の推進に関する法律第３条第３項《教育、保育等を総合的に提供する施設の認定等》の認定を受けているもの又は同条第９項の規定による公示がされているもの（同条第１項の条例で定める要件に適合していると認められるものを除く。）において、乳児又は幼児を保育する業務として行われる資産の譲渡等

【平17課消１―22　追加、平24課消１―７、平25課消１―34、平27課消１―９改正】

解説　保育所は、都道府県知事等以外の者が設置する場合には、都道府県知事の認可を受けることが必要とされており、このような認可を受けた保育所（以下「認可保育所」という。）を経営する事業は、社会福祉事業に該当することから、認可保育所を経営する事業として行われる資産の譲渡等は、消費税法別表第一第７号ロ《社会福祉事業として行われる資産の譲渡等》の規

定により非課税となる。

　一方、認可を受けていない保育施設（以下「認可外保育施設」という。）を経営する事業は、社会福祉事業に該当しないことから、同号ロの規定によっては非課税とはならない。

　ただし、認可外保育施設であっても一定の要件を満たすものについては、消費税法施行令第14条の3第1号《社会福祉事業等として行われる資産の譲渡等に類するものの範囲》の規定により、認可保育所と同様に、その利用料が非課税とされている。

　本通達は、認可外保育施設において行われる資産の譲渡等のうち、非課税となるものの範囲を明らかにしたものである。

(1)　認可外保育施設については、一定の質を確保し、児童の安全を確保する観点から、「認可外保育施設指導監督基準」（注1。以下「指導監督基準」という。）を満たす施設に対して都道府県知事等（注2）がその旨を証明する証明書を交付するとともに、一般に公表する仕組みが実施されている。

　　当該証明書の交付を受けている認可外保育施設については、認可保育所に準じた一定の保育サービスを提供する施設として、福祉政策上の位置付けが明確であることから、児童福祉法第59条の2第1項《認可外保育施設の都道府県知事に対する届出》の規定による届出が行われた認可外保育施設であって、同法の規定に基づく都道府県知事等の立入調査を受け、平成17年厚生労働省告示第128号「消費税法施行令第14条の3第1号の規定に基づき厚生労働大臣が指定する保育所を経営する事業に類する事業として行われる資産の譲渡等」に定める第一から第九までに掲げる事項（注3）のすべてを満たし、当該満たしていることにつき都道府県知事等から証明書の交付を受けている施設において乳児又は幼児を保育する業務として行われる資産の譲渡等については、非課税の対象となる。

　　なお、非課税となるのは、厚生労働省告示に定める要件を満たしている

ことにつき都道府県知事等から証明書の交付を受けている施設において行われる資産の譲渡等であるから、当該要件を満たしていないことなどから証明書を返還することを求められた場合には、当該求められた日以後は非課税とならない。

(注) 1 「指導監督基準」

　　　　昭和56年の児童福祉法の改正に際して策定され、平成14年7月の最終改正を経て現在に至っている。認可外保育施設を利用せざるを得ない児童が多数存在する現状を踏まえ、保育所に対する「児童福祉施設最低基準」（昭和23年厚生省令第63号）に準拠し、児童の安全や衛生確保等の観点から、劣悪な施設を排除するために設けられた基準が定められている。

　　2 児童福祉法においては、都道府県が処理することとされている事務のうち一定のものについては、地方自治法に定める指定都市及び中核市において処理することができることとされている。したがって、認可外保育施設に対する指導監督の事務は、指定都市及び中核市においては、これらが処理することとされており、証明書の交付事務についてもこれらの市の長が行うことになっている。

　　3 厚生労働省告示に定める第一から第九までの事項は指導監督基準と同じ内容であり、以下の項目につき、児童の安全や衛生確保等の観点から必要最低限の基準として定められている。

　　　　第一　保育に従事する者の数及び資格

　　　　第二　保育室等の構造、設備及び面積

　　　　第三　非常災害に対する措置

　　　　第四　保育室を2階以上に設ける場合の設備等

　　　　第五　保育の内容等

　　　　第六　給食

　　　　第七　健康管理及び安全確保

第八　利用者への情報提供

第九　帳簿の備付け

(2)　学校教育法に規定する幼稚園を設置する者が当該幼稚園と併せて設置している認可外保育施設（幼稚園併設型認可外保育施設）は、届出や立入検査等を行わなくとも、幼稚園所管部局が幼稚園に対する指導監督の一環として、当該幼稚園に併設する認可外保育施設も含めて指導監督をしており、一定の質が担保されているという理由から、届出の対象外とされている（児童福祉法59の2①、児童福祉法施行規則49の2四）。

　また、幼稚園型認定こども園（就学前の子どもに関する教育、保育等の総合的な提供の推進に関する法律第3条第3項《教育、保育等を総合的に提供する施設の認定等》の認定を受けている施設又は同条第5項の規定による公示がされている施設（同条第1項の条例で定める要件に適合していると認められるものを除く。）をいう。以下同じ。）を構成する幼稚園併設型認可外保育施設については、認定こども園の認定基準（文部科学大臣・厚生労働大臣が協議して定める基準を参酌して都道府県の条例で定めるもの）を満たすことが求められており、認定に当たっての審査の際に一定の質を担保していることが確認される。

　このように、幼稚園型認定こども園を構成する幼稚園併設型認可外保育施設については、証明を受けた認可外保育施設と同様に一定の質が担保され、認可保育所と同等の「保育」が提供されていることから、幼稚園併設型認可外施設で認定こども園の認定を受けた施設において乳児又は幼児を保育する業務として行われる資産の譲渡等については、非課税の対象となる。

(3)　非課税の対象となる資産の譲渡等の範囲は、上記(1)又は(2)の施設において、乳児又は幼児を保育する業務として行われる資産の譲渡等、すなわち、児童福祉法に規定する保育所における保育サービスと同様のサービスであ

り、具体的には次に掲げる料金等（利用料）を対価とする資産の譲渡等が該当する。

① 保育料（延長保育、一時保育、病後児保育に係るものを含む。）

② 保育を受けるために必要な予約料、年会費、入園料（入会金・登録料）、送迎料

(注) 給食費、おやつ代、施設に備え付ける教材を購入するために徴収する教材費、傷害・賠償保険料の負担金、施設費（暖房費、光熱水費）等のように通常保育料として領収される料金等については、これらが保育料とは別の名目で領収される場合であっても、保育に必要不可欠なものである場合に限り、上記①②と同様に取り扱われる。

他方、例えば、当該施設において施設利用者に対して販売する教材等の販売代金のほか次に掲げるような料金等を対価とする資産の譲渡等は、これに該当しない。

① 施設利用者の選択により付加的にサービスを受けるためのクリーニング代、オムツサービス代、スイミングスクール等の習い事の講習料等

② バザー収入

（独立行政法人国立重度知的障害者総合施設のぞみの園が設置する施設において行う施設障害福祉サービス等の範囲）

6－7－8　令第14条の3第4号《社会福祉事業等として行われる資産の譲渡等に類するものの範囲》に規定する独立行政法人国立重度知的障害者総合施設のぞみの園が設置する施設において行う障害者の日常生活及び社会生活を総合的に支援するための法律第5条第1項《定義》に規定する施設障害福祉サービス及び知的障害者福祉法第16条第

１項第２号《障害者支援施設等への入所等の措置》に規定する更生援護には、生産活動として行われる資産の譲渡等は含まれないのであるから留意する。

【平12課消２―10、平15課消１―37、平18課消１―43、平25課消１―34　改正】

解説　独立行政法人国立重度知的障害者総合施設のぞみの園の福祉施設は、いわゆる「コロニー」と称されるもので、当該独立行政法人が当該コロニーにおいて行う障害者の日常生活及び社会生活を総合的に支援するための法律第５条第１項《定義》に規定する施設障害福祉サービス及び知的障害者福祉法第16条第１項第２号《障害者支援施設等への入所等の措置》に規定する更生援護は非課税となるのであるが、これらには、生産活動に基づき行われる資産の譲渡等は含まれないのである。したがって、当該施設において生産活動を行った場合における、当該生産活動としての資産の譲渡等は課税となる。

本通達は、このことを念のため明らかにしたものである。

（社会福祉事業の委託に係る取扱い）

６―７―９　社会福祉法人等が地方公共団体等から当該地方公共団体等が設置した社会福祉施設の経営を委託された場合に、当該社会福祉法人等が行う当該社会福祉施設の経営は、法別表第一第７号ロ《社会福祉事業等に係る資産の譲渡等》に規定する社会福祉事業として行われる資産の譲渡等に該当し、非課税となる。

（注）　事業者が社会福祉施設に係る業務の一部を当該社会福祉施設を設置した地方公共団体等又は設置者である地方公共団体等から当該社会福祉施設の経営を委託された社会福祉法人等の委託により行う場合（当該業務の一部を行うことが社会福祉事業に該当する場合を除く。）、当

該事業者が行う業務は、同号に規定する社会福祉事業として行われる資産の譲渡等には該当しないことに留意する。

【平12課消2―10　追加】

解説　地方公共団体が設置した社会福祉施設の経営を社会福祉事業団等に委託する場合において、地方公共団体から当該社会福祉事業団等に支払われる委託料は、法別表第一第7号ロ《社会福祉事業等に係る資産の譲渡等》に規定する社会福祉事業として行われる資産の譲渡等に該当することから、非課税とされている。

しかしながら、同号の規定により非課税となる社会福祉施設を経営する国、地方公共団体又は社会福祉法人等が、当該施設に係る業務の一部（例えば、送迎サービス、給食サービス、洗濯サービス、清掃サービス等）を他の事業者に委託する場合、当該委託に係る業務が社会福祉事業として行われる資産の譲渡等に該当する場合を除き、当該業務にかかる委託料は、非課税とならない。

本通達は、このことを念のために明らかにしたものである。

参考　社会福祉事業の委託に係る課税関係

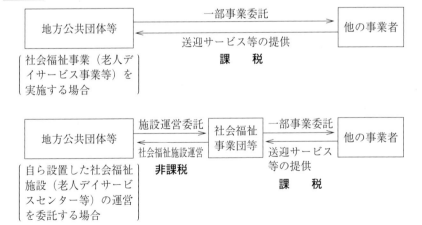

```
地方公共団体等 ──社会福祉事業委託→ 社会福祉 ←一部事業委託── 他の事業者
              ←社会福祉事業実施──  法 人 等 ──送迎サービス→
社会福祉事業（老人デ      非課税              等の提供
イサービス事業等）を                          課　　税
委託する場合
```

（包括的支援事業の委託に係る取扱い）

6－7－10 市町村が包括的支援事業（介護保険法第115条の46第1項《地域包括支援センター》に規定する包括的支援事業をいう。以下6－7－10において同じ。）を委託した場合の取扱いは、次のとおりとなる。

(1) 老人介護支援センターの設置者である法人に委託した場合

老人介護支援センター（老人福祉法第20条の7の2第1項《老人介護支援センター》に規定する老人介護支援センターをいう。以下6－7－10において同じ。）の設置者である法人が包括的支援事業として行う資産の譲渡等は、老人介護支援センターを経営する事業として行う資産の譲渡等として法別表第一第7号ロ《社会福祉事業等に係る資産の譲渡等》に規定する社会福祉事業として行われる資産の譲渡等に該当し、非課税となる。

(2) (1)以外の法人に委託した場合

(1)以外の法人が包括的支援事業として行う資産の譲渡等が、平成18年厚生労働省告示第311号「消費税法施行令第14条の3第5号の規定に基づき厚生労働大臣が指定する資産の譲渡等」に規定する事業として行われる資産の譲渡等に該当するときは、令第14条の3第5号《社会福祉事業等として行われる資産の譲渡等に類するものの範囲》の規定により、非課税となる。

【平18課消1—11　追加、平22課消1—9、平24課消1—7　改正】

解説　被保険者が要介護状態又は要支援状態となることを予防するとともに、要介護状態等となった場合においても可能な限り、地域において自立した日常生活を営むことができるよう支援することを目的に、介護保険法において、市町村が実施する「地域支援事業」が創設され、その一環として、これまで老人福祉法第20条の7の2《老人介護支援センター》に規定する老人介護支援センターにおいて行われていた事業のうち、以下の4事業が「包括的支援事業」として位置付けられた。

① 被保険者が要介護状態等となることを予防するため、その心身の状況、その置かれている環境その他の状況に応じて、その選択に基づき、前号に掲げる事業その他の適切な事業が包括的かつ効率的に提供されるよう必要な援助を行う事業（介護保険法115の45①二）

　（注）　前号に掲げる事業とは、被保険者の要介護状態等となることの予防又は要介護状態等の軽減若しくは悪化の防止のため必要な事業（介護予防サービス事業及び地域密着型介護予防サービス事業を除く。）をいう（介護保険法115の45①一）。

② 被保険者の心身の状況、その居宅における生活の実態その他の必要な実情の把握、保健医療、公衆衛生、社会福祉その他の関連施策に関する総合的な情報の提供、関係機関との連絡調整その他の被保険者の保健医療の向上及び福祉の増進を図るための総合的な支援を行う事業（介護保険法115の45①三）

③ 被保険者に対する虐待の防止及びその早期発見のための事業その他の被保険者の権利擁護のため必要な援助を行う事業（介護保険法115の45①四）

④ 保健医療及び福祉に関する専門的知識を有する者による被保険者の居宅サービス計画及び施設サービス計画の検証、その心身の状況、介護給

付等対象サービスの利用状況その他の状況に関する定期的な協議その他の取組を通じ、当該被保険者が地域において自立した日常生活を営むことができるよう、包括的かつ継続的な支援を行う事業（介護保険法115の45①五）

　この包括的支援事業は、市町村が自ら実施するほか、老人介護支援センターの設置者である法人に委託するか、又は地域の実情に応じて、それ以外の法人にも委託することができることとされている。

　市町村からの委託により、この包括的支援事業を老人介護支援センターの設置者である法人が行う場合には、当該事業は老人介護支援センターを経営する事業の一環として行われることから第二種社会福祉事業に該当し、老人介護支援センターを経営する事業として行われる資産の譲渡等は、消費税法別表第一第7号ロ《社会福祉事業として行われる資産の譲渡等》の規定により非課税となる。

　一方、老人介護支援センターの設置者である法人以外の法人が行う場合には、当該事業は第二種社会福祉事業に該当しないこととなるが、老人介護支援センターが行う場合に消費税が非課税であることとの関係から、同様の事業を行う範囲内で社会福祉事業に類するものとして非課税の対象とされている。

　なお、この包括的支援事業として行われる資産の譲渡等のうち社会福祉事業に類するものとして非課税とされる範囲については、平成18年厚生労働省告示第311号「消費税法施行令第14条の3第5号の規定に基づき厚生労働大臣が指定する資産の譲渡等を定める件」においてその具体的な内容が定められている。

第8節　助産に係る資産の譲渡等関係

（助産に係る資産の譲渡等の範囲）

6−8−1　法別表第一第8号《助産に係る資産の譲渡等》に規定する「助産に係る資産の譲渡等」には、次のものが該当する。

(1) 妊娠しているか否かの検査
(2) 妊娠していることが判明した時以降の検診、入院
(3) 分娩の介助
(4) 出産の日以後2月以内に行われる母体の回復検診
(5) 新生児に係る検診及び入院

解説　本通達は、助産に係る資産の譲渡等としての非課税の範囲を明らかにしたものである。

これにより、妊娠しているか否かの検査（検査の結果妊娠していないことが判明した場合であっても非課税となる。）から出産後2月以内に行われる母体の回復検診までに医師、助産婦等が行う資産の譲渡等が非課税となることを明らかにしている。

なお、新生児に係る検診及び入院は出産後1月以内に限って助産に係る資産の譲渡等として非課税となるが、この期間を超えて入院を要する場合には通常保険診療に該当して消費税法別表第一第6号《医療等の給付》の規定により非課税となり、それ以外の場合は課税となる。

(妊娠中及び出産後の入院の取扱い)

6－8－2　妊娠中及び出産後の入院については、次のとおりとなるのであるから留意する。

(1)　妊娠中の入院については、産婦人科医が必要と認めた入院(妊娠中毒症、切迫流産等)及び他の疾病(骨折等)による入院のうち産婦人科医が共同して管理する間の入院は、助産に係る資産の譲渡等に該当する。

(2)　出産後の入院のうち、産婦人科医が必要と認めた入院及び他の疾病による入院のうち産婦人科医が共同して管理する間については、出産の日から1月を限度として助産に係る資産の譲渡等に該当する。

(3)　新生児については、(2)の取扱いに準ずる。

解説　助産に関する診療等は、原則として保険診療の対象とならないのであるが、助産に伴う入院としては、助産のために本来必要な入院のほかに他の疾病に伴い入院が必要となることがある。

この場合、助産に係る資産の譲渡等として非課税となるのか、保険診療として非課税となるのかにより差額ベッド料等の取扱いが異なることから、いずれの非課税規定に該当するのかを明らかにする必要がある。本通達では助産に係る資産の譲渡等として非課税となる入院の範囲を明確にしたものである。

なお、助産に係る資産の譲渡等に該当しない入院であっても、その入院が保険診療の対象となるものである場合には消費税法別表第一第6号《医療等の給付》の規定により非課税となることは当然である。

（妊娠中及び出産後の入院に係る差額ベッド料等の取扱い）

6―8―3　助産に係る資産の譲渡等については、平成元年1月26日付大蔵省告示第7号「消費税法別表第一第6号に規定する財務大臣の定める資産の譲渡等及び金額を定める件」の規定により定められた金額を超える場合であっても非課税となるのであるから留意する。

　したがって、妊娠中の入院及び出産後の入院（6―8―2に掲げる入院に限るものとし、異常分娩に伴う入院を含む。）における差額ベッド料及び特別給食費並びに大学病院等の初診料についても全額が非課税となる。

【平12官総8―3　改正】

解説　消費税法別表第一第6号《医療等の給付》に規定する保険診療等においては、医療等としての資産の譲渡等に該当するものであっても、差額ベッド料等については財務大臣の定めるものについてその定める金額の範囲内において非課税とされているのであるが、消費税法別表第一第8号《助産に係る資産の譲渡等》に規定する助産に係る資産の譲渡等については、このような定めがないことから差額ベッド料等であっても助産に係る資産の譲渡等としてのものであれば金額の多寡を問わず非課税とされる資産の譲渡等の対価となるのである。

　本通達は、このことを明らかにしたものである。

第9節　埋葬料又は火葬料を対価とする役務の提供関係

（埋葬、火葬の意義）

6－9－1　埋葬とは、墓地、埋葬等に関する法律第2条第1項《定義》に規定する埋葬をいい、火葬とは、同条第2項に規定する火葬をいう。

解説　消費税法別表第一第9号《埋葬料又は火葬料を対価とする役務の提供》に規定する埋葬又は火葬とは墓地、埋葬等に関する法律第2条第1項及び第2項《定義》に規定する埋葬、火葬をいい、埋葬とは死体（妊娠4か月以上の死胎を含む。以下同じ。）を土中に葬ること、火葬とは死体を葬るために、これを焼くことをいう。

したがって、死体を土中に葬るための埋葬料、死体を葬るために焼く場合の火葬料を対価とする役務の提供が非課税となる。

なお、埋葬料又は火葬料以外のもので火葬の際の待合室の使用料や火葬した遺骨を墳墓・納骨堂に納める費用及び葬儀屋等に支払ういわゆる葬儀費用を対価とする役務の提供は課税となる。

（改葬の取扱い）

6－9－2　埋葬又は火葬には、墓地、埋葬等に関する法律第2条第3項《定義》に規定する改葬の際に行われる埋葬又は火葬を含むのであるから留意する。

解説 改葬とは、墓地、埋葬等に関する法律第2条第3項《定義》において「埋葬した死体を他の墳墓に移し、又は埋蔵し、若しくは収蔵した焼骨を、他の墳墓又は納骨堂に移すことをいう」こととされているが、この際に行われる埋葬、火葬も同条第1項及び第2項《定義》に規定する埋葬又は火葬に該当することになるから非課税となる。

本通達は、このことを念のため明らかにしたものである。

第10節　身体障害者用物品の譲渡等関係

（身体障害者用物品の範囲）

6―10―1　法別表第一第10号《身体障害者用物品の譲渡等》に規定する身体障害者用物品（以下この節において「身体障害者用物品」という。）に該当するのは、身体障害者の使用に供するための特殊な性状、構造又は機能を有する物品として、令第14条の4第1項《身体障害者用物品の範囲等》の規定により厚生労働大臣が財務大臣と協議して指定するものに限られる。したがって、これ以外の物品については、身体障害者が購入する場合であっても非課税とならないのであるから留意する。

【平12課消2―10、平12官総8―3　改正】

解説 消費税法別表第一第10号《身体障害者用物品の譲渡等》の規定により非課税となる物品の範囲は、身体障害者の使用に供するための特殊な性状、構造又は機能を有する物品として厚生労働大臣が財務大臣と協議して指定したものとされており、具体的には平成3年6月7日厚生省告示第130号「消費税法施行令第14条の4の規定に基づき、厚生労働大臣が指定する身体障害

者用物品及びその修理を定める件」において定められているが、これ以外の物品については身体障害者が購入するものであっても非課税とはならない。

本通達は、このことを念のため明らかにしたものである。

なお、身体障害者の使用に供するための特殊な性状、構造又は機能を有する物品であれば、それを購入する者が、例えば、身体障害者の家族、地方公共団体等であっても非課税となることはいうまでもない。

（部分品の取扱い）

6－10－2　身体障害者用物品の一部を構成する部分品については、身体障害者用物品には該当しないのであるから留意する。

解説　消費税法別表第一第10号《身体障害者用物品の譲渡等》の規定により非課税となる物品は、身体障害者の使用に供するための特殊な性状、構造又は機能を有する物品として厚生労働大臣が財務大臣と協議して指定したものとされており、具体的には平成3年6月7日厚生省告示第130号「消費税法施行令第14条の4の規定に基づき、厚生労働大臣が指定する身体障害者用物品及びその修理を定める件」において定められているが、これらの物品の一部を構成する部分品については指定された物品に該当しないことから、非課税となる身体障害者用物品の修理用等として譲渡する場合であっても非課税とはならないこととなる。

本通達は、このことを念のため明らかにしたものである。

（改造の取扱い）

6－10－3　他の者から委託を受けて身体障害者用物品以外の物品を身

体障害者用物品に改造する行為は、令第14条の４第２項《身体障害者用物品の範囲等》に規定する製作の請負に該当するのであるから留意する。

【平12課消２－10　改正】

解説　消費税法別表第一第10号《身体障害者用物品の譲渡等》の規定により非課税となるのは、身体障害者の使用に供するための特殊な性状、構造又は機能を有する物品として厚生労働大臣が財務大臣と協議して指定したものの譲渡、貸付け及び製作の請負並びに身体障害者用物品の修理のうち厚生労働大臣が財務大臣と協議し、指定したものとされている。

本通達では、この製作の請負には身体障害者用物品を部分品等を用いて製造する場合のほか特殊な性状、構造又は機能を有しない物品を身体障害者の使用に供するための特殊な性状、構造又は機能を有する物品とするいわゆる改造も含まれることを明らかにしたものである。したがって、例えば、一般の自動車を身体に障害を有する者による運転に支障がないように一定の補助手段を講じる改造行為等も製作の請負に該当し、非課税となる。

(注)　この場合は、改造に要する費用だけが非課税となる。

なお、販売店が顧客の注文により販売前の一般の自動車を身体障害者用自動車に改造した上で引き渡す場合は、その全体が非課税となる。

(身体障害者用物品に該当する自動車の修理の取扱い)

6―10―4　身体障害者用物品に該当する自動車の修理で令第14条の４第２項《身体障害者用物品の範囲等》に規定する身体障害者用物品の修理に該当するものは、平成３年厚生省告示第130号「消費税法施行令第14条の４の規定に基づき、厚生労働大臣が指定する身体障害者用

物品及びその修理を定める件」第2項《身体障害者用物品の修理》の規定により同告示第1項《身体障害者用物品》第37号に定める補助手段に係る修理及び第38号に定める車椅子等昇降装置及び必要な手段に係る修理に限られる。

　したがって、補助手段等の修理と他の部分の修理とを併せて行った場合には、補助手段等の修理のみが身体障害者用物品の修理に該当することに留意する。

【平12課消2—10、平12官総8—3、平23課消1—35　改正】

解説　消費税法別表第一第10号《身体障害者用物品の譲渡等》の規定により非課税となるのは、身体障害者の使用に供するための特殊な性状、構造又は機能を有する物品として厚生労働大臣が財務大臣と協議して指定したものの譲渡、貸付け及び製作の請負並びに身体障害者用物品の修理のうち厚生労働大臣が財務大臣と協議し、指定したものとされている。具体的には平成3年6月7日厚生省告示第130号「消費税法施行令第14条の4の規定に基づき、厚生労働大臣が指定する身体障害者用物品及びその修理を定める件」において定められており、そのうち、身体障害者用物品に該当する自動車とは、同告示第1項第37号又は第38号《身体障害者用物品》に掲げる補助手段等が施された自動車をいうこととなる。

　ところで、身体障害者用物品の修理については、同告示第2項《身体障害者用物品の修理》に定められているが、身体障害者用物品に該当する自動車の修理のうち非課税となるのは、同告示第1項第37号に定める補助手段に係る修理及び第38号に定める車いす等昇降装置及び必要な手段に係る修理に限られている。したがって、補助手段に係る修理等と他の部分の修理とを併せて行った場合には、その対価の額を非課税となる補助手段の修理等の部分と課税となるその他の部分の修理の部分とに区分しなければならないこととする。

第11節　学校教育関係

(学校教育関係の非課税範囲)

6―11―1　教育関係の非課税範囲は、次に掲げる役務の提供のうち授業料、入学金及び入園料、施設設備費、入学又は入園のための試験に係る検定料及び在学証明、成績証明その他学生、生徒、児童又は幼児の記録に係る証明に係る手数料及びこれに類する手数料を対価とするものであることに留意する。

(1) 学校教育法第１条《学校の範囲》に規定する学校を設置する者が当該学校における教育として行う役務の提供

(2) 学校教育法第124条《専修学校》に規定する専修学校を設置する者が当該専修学校の高等課程、専門課程又は一般課程における教育として行う役務の提供

(3) 学校教育法第134条第１項《各種学校》に規定する各種学校を設置する者が当該各種学校における教育として行う役務の提供で、次の要件に該当するもの

　イ　修業年限が１年以上であること。

　ロ　その１年間の授業時間数（普通科、専攻科その他これらに準ずる区別がある場合には、それぞれの授業時間数）が680時間以上であること。

　ハ　その施設（教員数を含む。）が同時に授業を受ける生徒数に比し十分であること。

　ニ　その授業が年２回を超えない一定の時期に開始され、かつ、その終期が明確に定められていること。

ホ　その生徒について学年又は学期ごとにその成績の評価が行われ、その結果が成績考査に関する表簿その他の書類に登載されていること。

　　ヘ　その生徒について所定の技術等を習得したかどうかの成績の評価が行われ、その評価に基づいて卒業証書又は修了証書が授与されていること。

　　（注）　各種学校には、外国学校法人も含まれている。

(4)　次に掲げる施設を設置する者が当該施設における教育（職業訓練を含む。）として行う役務の提供で、(3)のイからヘまでの要件に該当するもの

　　イ　国立研究開発法人水産研究・教育機構法に規定する国立研究開発法人水産研究・教育機構の施設、独立行政法人海技教育機構法に規定する独立行政法人海技教育機構の施設、独立行政法人航空大学校法に規定する独立行政法人航空大学校及び高度専門医療に関する研究等を行う国立研究開発法人に関する法律に規定する国立研究開発法人国立国際医療研究センターの施設

　　ロ　職業能力開発促進法に規定する職業能力開発総合大学校、職業能力開発大学校、職業能力開発短期大学校及び職業能力開発校（職業能力開発大学校、職業能力開発短期大学校及び職業能力開発校にあっては、国若しくは地方公共団体又は職業訓練法人が設置するものに限る。）

　　（注）　イに掲げる施設にあっては、(3)のニの「年2回」は「年4回」とされている。

【平11課消2－8、平12官総8－3、平13課消1－5、平18課消1－11、平21課消1－10、平23課消1－35、平27課消1－9、平28課消1－57　改正】

解説 学校教育法第1条《学校の範囲》に規定する学校等、消費税法別表第一第11号《教育に関する役務の提供》及び消費税法施行令第16条《教育に関する役務の提供に類するものの範囲》に掲げる国立研究開発法人水産研究・教育機構の施設等又は職業能力開発総合大学校における教育として行われる役務の提供で、授業料、入学金及び入園料、施設設備費、入学又は入園のための試験に係る検定料及び在学証明、成績証明その他学生、生徒、児童又は幼児の記録に係る証明に係る手数料等を対価として行われるものは非課税とされるが、これらの学校等における教育として行われる役務の提供であっても、それ以外のものは消費税の課税の対象となる。

本通達は念のためこのことを明らかにするとともに、非課税となる教育として行われる役務の提供の範囲及び要件等を整理し、列記したものである。

（施設設備費の意義）

6―11―2　令第14条の5第3号《教育に係る役務の提供の範囲》に規定する施設設備費とは、学校等の施設設備の整備・維持を目的として学生等から徴収するものをいい、例えば、次の名称で徴収するものが該当する。

　施設設備費（料）、施設設備資金、施設費、設備費、施設拡充費、設備更新費、拡充設備費、図書館整備費、施設充実費、設備充実費、維持整備資金、施設維持費、維持費、図書費、図書拡充費、図書室整備費、暖房費

【平12課消2―10　改正】

解説 消費税法別表第一第11号《学校教育としての役務の提供》の規定により非課税となる施設設備費とは、学校等の施設設備の整備・維持を目的と

して学生等から徴収するものをいうのであるが、具体的には次の料金がこれに該当することになる。

施設設備費（料）、施設設備資金、施設設備整備費、施設費、特別施設費、施設拡充費、学園施設拡充費、特別施設拡充費、教育施設臨時拡充費、学園施設設備拡充費、施設充実費、施設維持費、施設設備維持費、施設設備維持拡充資金、施設諸費、教育設備費、入学設備金、校舎改善費、園舎改築費、建設施設費、校舎建築資金、臨時施設費、林間学校施設費、図書館整備費、図書館費、図書室整備費、学生読書室充実費、設備費、教育設備費、設備更新費、施設充実費、教育施設充実費、設備維持費、特別設備費、設備拡充費、設備負担金、図書充実費、図書費、図書徴収金、図書資金、図書購入料、図書負担金、学生図書費、学生図書室図書費、図書視聴覚費、視聴覚費、教材図書等資金、図書教材費、楽器整備費、研究資料費、実験文献費、諸道具費、教育器具備品費、整備費、拡充整備費、特別整備費、建設整備資金、維持整備資金、維持費、学校維持費、学園維持費、教育拡充費、教育振興維持費、教育維持費、運営維持費、大学維持費、プール維持費、維持協力金、維持拡充資金、拡張整備費、特別維持費、維持運営費、音楽科維持費、音楽科充実費、楽器・器具維持費、暖房費、暖房等諸費、冷暖房費、暖房衛生費、衛生暖房費、冬期費、清掃衛生費、光熱暖房費、光熱費、光熱衛生費、燃料費

（在学証明等に係る手数料の範囲）

6―11―3　令第14条の5第5号《教育に係る役務の提供の範囲》に規定する「在学証明、成績証明その他学生、生徒、児童又は幼児の記録に係る証明に係る手数料及びこれに類する手数料」とは、指導要録、健康診断票等に記録されている学生、生徒、児童又は幼児の記録に係る証明書の発行手数料及びこれに類する手数料をいい、例えば、次の

発行手数料等が該当する。

　在学証明書、卒業証明書、卒業見込証明書、成績証明書、健康診断書、転学部・転学科に係る検定手数料、推薦手数料

【平12課消2－10　改正】

解説　消費税法施行令第14条の5第5号《教育に係る役務の提供の範囲》に規定する「在学証明、成績証明その他学生、生徒、児童又は幼児の記録に係る証明に係る手数料及びこれに類する手数料」とは、指導要録、健康診断票等に記録されている学生、生徒、児童又は幼児の記録に係る証明書の発行手数料等学生等からの請求に基づき学校が証明書等を発行した場合の手数料が該当することとなるが、具体的には、在学証明書、卒業証明書、卒業見込証明書、修了証明書、修了見込証明書、成績証明書、単位取得証明書、調査書、健康診断書、学生証等再発行手数料、免許状単位取得証明書、転学部・転学科に係る検定手数料、推薦手数料がこれに該当する。

（学校等が行う役務の提供で課税されるもの）

6－11－4　学校等が行う役務の提供で非課税とされるのは、法別表第一第11号《教育に係る役務の提供の範囲》に規定する教育に関する役務の提供に限られるから、例えば、学校給食又は他の者からの委託による調査・研究等の役務の提供は、非課税とはならないのであるから留意する。

解説　学校が徴収する料金には、教育に係る役務の提供の対価としての授業料等、在学証明書、卒業証明書等の証明書発行手数料等のほかに学校給食の提供に係る給食費、生徒等に複写機を使用させる場合の複写機使用料、他

の者から研究の委託を受けた場合の受託研究手数料等があるが、消費税法別表第一第11号《教育に係る役務の提供の範囲》の規定により非課税とされるのは、具体的には、消費税法施行令第14条の5《教育に係る役務の提供の範囲》に規定する料金を対価とする役務の提供に限られている。したがって、給食費、複写機使用料、受託研究手数料等を対価とする役務の提供は非課税とはならないのである。

本通達は、このことを念のため明らかにしたものである。

なお、幼稚園における給食及びスクールバスの運営については、食育・安全確保等の観点から幼児教育の一環として行われるものと位置付けられており、①給食に係る経費を「授業料（保育料）」として徴収している場合、また、②スクールバスの維持・運営に要する費用を「施設設備費」として徴収している場合には、消費税法施行令第14条の5に規定する料金を対価とする役務の提供に該当するものとして非課税となる。

(注) 給食及びスクールバスに要する費用を「給食代」、「スクールバス代」として別途徴収している場合には非課税とはならない。

（幼稚園の範囲）

6―11―5　幼稚園には、学校教育法第2条《学校の設置者、国立・公立・私立学校》に規定する者が設置するもののほか、同法附則第6条《学校法人の経過措置》に規定する者が設置するものも含まれる。

【平21課消1―10　改正】

解説　幼稚園は学校教育法第2条《学校の設置者、国立・公立・私立学校》の規定により、原則として国、地方公共団体及び私立学校法第3条《学校法人の定義》に規定する学校法人のみが設置することができることとされ

ているが、学校教育法附則第6条《学校法人の経過措置》の規定により、幼稚園については当分の間、学校法人以外の者も設置することができることとされている。したがって、例えば、個人、宗教法人等が設置する幼稚園も学校教育法第1条《学校の範囲》に規定する幼稚園に該当することとなる。

　本通達は、このことを念のため明らかにし、個人、宗教法人等の学校法人以外の者が設置する幼稚園において教育として行われる役務の提供も、消費税法別表第一第11号イ《教育に係る役務の提供の範囲》に該当することを明確にしたものである。

（公開模擬学力試験に係る検定料）

6―11―6　入学者（入園者）を選抜するための学力試験に備えるため広く一般に参加者を募集し、その学力試験にその内容及び方法を擬して行われる、いわゆる公開模擬学力試験に係る検定料を対価とする役務の提供は、課税資産の譲渡等に該当する。

解説　教育に係る役務の提供のうち、消費税法別表第一第11号《教育に係る役務の提供の範囲》のイからニまでに掲げられた者が教育として行う役務の提供が非課税となるのであるが、学習塾、予備校等が行う公開模擬学力試験はこれらのいずれにも該当しないことから非課税とはならない。

　本通達は、このことを念のため明らかにしたものである。

第12節　教科用図書の譲渡関係

(教科用図書の範囲)

6—12—1　法別表第一第12号《教科用図書の譲渡》に規定する教科用図書は、学校教育法第34条《小学校の教科用図書》(同法第49条《中学校》、第49条の8《義務教育学校》、第62条《高等学校》、第70条第1項《中等教育学校》及び第82条《特別支援学校》において準用する場合を含む。以下6—12—1において同じ。)に規定する文部科学大臣の検定を経た教科用図書(いわゆる検定済教科書)及び同法第34条に規定する文部科学省が著作の名義を有する教科用図書に限られるのであるから留意する。

したがって、同法附則第9条《教科用図書の経過措置》の規定により当分の間使用することができることとされている教科用図書は、法別表第一第12号に規定する教科用図書には該当しないのであるから留意する。

【平11課消2—8、平12官総8—3、平19課消1—18、平21課消1—10、平28課消1—57　改正】

解説　消費税法別表第一第12号《教科用図書の譲渡》の規定により非課税となるのは学校教育法第34条《小学校の教科用図書》(同法第49条《中学校》、第49条の8《義務教育学校》、第62条《高等学校》、第70条第1項《中等教育学校》及び第82条《特殊教育》において準用する場合を含む。)に規定する文部科学大臣の検定を経た教科用図書(いわゆる検定済教科書)及び同法第34条《小学校の教科用図書》に規定する文部科学省が著作の名義を有する教科用図書に

限られることから、同法附則第9条《教科用図書の経過措置》の規定により当分の間使用することができることとされている教科用図書は、消費税法別表第一第12号《教科用図書の譲渡》に規定する教科用図書には含まれず、非課税とはならないこととなる。

本通達は、このことを念のため明らかにしたものである。

参　考　学校教育法附則
（教科用図書使用の特例）
第9条　高等学校、中等教育学校の後期課程及び特別支援学校並びに特別支援学級においては、当分の間、第34条第1項（第49条、第62条、第70条第1項及び第82条において準用する場合を含む。）の規定にかかわらず、文部科学大臣の定めるところにより、第34条第1項に規定する教科用図書以外の教科用図書を使用することができる。

（教科用図書の供給手数料の取扱い）
6—12—2　教科用図書の供給業者等が教科用図書の配送等の対価として収受する手数料については、非課税とはならないのであるから留意する。

解説　消費税法別表第一第12号《教科用図書の譲渡》の規定により非課税となるのは、教科用図書の譲渡に限られているのであるから、教科用図書の配送等の対価として収受する手数料は、教科用図書の譲渡に付随する役務の提供であっても非課税とならないことを明らかにしたものである。

なお、教科用図書の流通段階における取引関係は次図のとおりである。

参 考　教科用図書の流通段階における取引関係

1　義務教育教科書の場合

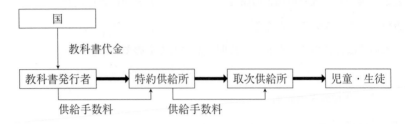

2　高等学校教科書の場合

（補助教材の取扱い）

6－12－3　参考書又は問題集等で学校における教育を補助するためのいわゆる補助教材の譲渡については、当該補助教材を学校が指定した場合であっても非課税とはならないのであるから留意する。

解説　学校においては、いわゆる教科書のほかにドリル、問題集、参考書等を学校が指定して生徒等が購入している実態にあるが、消費税法別表第一第12号《教科用図書の譲渡》に規定する教科用図書とは、学校教育法上の検定済教科用図書又は文部科学省が著作の名義を有する教科用図書に限られることから、これらのドリル、問題集等は教科用図書には該当せず、これらの譲渡は非課税とはならない。

本通達は、このことを念のため明らかにしたものである。

第13節　住宅の貸付け関係

(住宅の貸付けの範囲)

6―13―1　法別表第一第13号《住宅の貸付け》に規定する「住宅の貸付け」には、庭、塀その他これらに類するもので、通常、住宅に付随して貸し付けられると認められるもの及び家具、じゅうたん、照明設備、冷暖房設備その他これらに類するもので住宅の附属設備として、住宅と一体となって貸し付けられると認められるものは含まれる。

　なお、住宅の附属設備又は通常住宅に付随する施設等と認められるものであっても、当事者間において住宅とは別の賃貸借の目的物として、住宅の貸付けの対価とは別に使用料等を収受している場合には、当該設備又は施設の使用料等は非課税とはならない。

解説　消費税法においては、住宅の貸付けが非課税とされているところであるが、本通達では住宅の貸付けとして非課税となる範囲を明らかにしているものであり、その内容は次のとおりである。

(1)　通常、住宅に付随して貸し付けられると認められるもの

　これには、おおむね住宅に付随して貸し付けられる庭、塀、給排水施設等住宅の一部として認められるものが該当し、これらの貸付けを含めた全体を住宅の貸付けとして非課税とすることとしている。

(2)　家具、じゅうたん、照明設備、冷暖房設備等の住宅の附属設備で住宅と一体となって貸し付けられると認められるもの

　単身赴任者用住宅、外国人向マンション等においては、家具、じゅうたん、照明設備、冷暖房設備等の住宅の附属設備をあらかじめ備え付けた上

で賃貸借契約を締結し、家賃もこれらの設備を含めた全体として決定している実態にあるものがある。

このような実態を有する場合には、これらの住宅の附属設備を含めた全体の貸付けを住宅の貸付けとして非課税とするものである。

なお、この場合においても、住宅の附属設備を住宅とは別の賃貸借の目的物として対価を別に定めている場合には、当該附属設備の貸付けは課税されることとなる。

> **（プール、アスレチック施設等付き住宅の貸付け）**
> 6―13―2　プール、アスレチック施設等を備えた住宅の貸付けにおいて、例えば、当該施設等を居住者以外の者も利用でき、かつ、当該居住者以外の者が利用する場合に利用料（月決め又は年決めの会費等を含む。）を徴収している場合等には、居住者について家賃の一部としてその利用料に相当する額が収受されていても、当該施設等の貸付けは住宅の貸付けには含まれないのであるから留意する。

解説　消費税法においては、住宅の貸付けが非課税とされているところであるが、住宅の中には、プール、アスレチック施設等を備えたものが見受けられる。このような住宅を賃貸した場合にこれらの施設等の貸付けを住宅本体の貸付けと区分して課税する必要があるのかどうかが問題となるところである。これについては、これらの施設等を居住者以外の者も利用でき、当該居住者以外の者が利用する場合には利用料を徴収している場合には、居住者に対しても住宅とは別途にこれらの施設等を貸付け又は利用させていると認められることから、居住者からは別途これらの施設の利用料を徴収せず、住宅家賃の一部として収受している場合であっても、当該住宅家賃の額を非課

税となる住宅の貸付け部分と課税となる施設等の貸付け部分とに区分する必要があるのである。

本通達は、このことを明らかにしたものである。

（駐車場付き住宅の貸付け）

6―13―3　駐車場付き住宅としてその全体が住宅の貸付けとされる駐車場には、一戸建住宅に係る駐車場のほか、集合住宅に係る駐車場で入居者について1戸当たり1台分以上の駐車スペースが確保されており、かつ、自動車の保有の有無にかかわらず割り当てられる等の場合で、住宅の貸付けの対価とは別に駐車場使用料等を収受していないものが該当する。

解説　駐車場のように独立して賃貸借の目的となる施設の貸付けは、原則として、住宅の貸付けには含まれず課税の対象となるのであるが、その駐車場が非課税とされる一戸建住宅の貸付けに伴う当該住宅の敷地の一部である場合には、その全体が住宅の貸付けに該当することとなる。これと同様に、マンション等の集合住宅においてすべての入居者について一戸当たり1台分以上の駐車スペースが確保されており、かつ、自動車の保有の有無にかかわらず割り当てられる等、駐車場が住宅の貸付けに含まれていると認められる実態にある場合については、その駐車場部分を含めた全体が住宅の貸付けに該当することとなる。

なお、住宅の貸付けに付随すると認められる駐車場の貸付けであっても駐車場使用料金を別途徴収している場合には、当然のことながら課税の対象となる。

（旅館業に該当するものの範囲）

6—13—4 　令第16条の2《住宅の貸付けから除外される場合》に規定する旅館業法第2条第1項《定義》に規定する旅館業には、ホテル営業、旅館営業、簡易宿泊所営業及び下宿営業が該当するのであるから留意する。

　したがって、ホテル、旅館のほか同法の適用を受けるリゾートマンション、貸別荘等は、たとえこれらの施設の利用期間が1月以上となる場合であっても非課税とはならない。なお、貸家業及び貸間業（学生等に部屋等を提供して生活させるいわゆる「下宿」と称するものを含む。）については、同法第2条第1項に規定する旅館業には該当しないのであるから留意する。

解説　消費税法施行令第16条の2《住宅の貸付けから除外される場合》においては、旅館業法第2条第1項《定義》に規定する旅館業に係る施設の貸付けは、消費税が非課税とされる住宅の貸付けから除くこととされている。

　本通達は、旅館業法第2条第1項に規定する旅館業の範囲を明らかにするとともに、同項に規定する施設の貸付けである以上、住宅の貸付けに該当するためのもう一つの要件である貸付期間が1か月以上となったとしても非課税とはならないことを念のため明らかにしたものである。

　なお、この場合の旅館業法第2条第1項に規定する旅館業に係る施設とは、旅館業法第3条第1項《経営の許可》に規定する都道府県知事の許可を受けた施設に限らず、許可を受けるべき施設をいうのであるから、リゾートマンション、貸別荘等で本来同項の許可を受けるべきものについて許可を受けていないものも含まれることとなる。

　また、本通達では、旅館業法第2条第1項の旅館業に「下宿営業」が含ま

れることとされているが、これには、宿泊期間の単位を1か月以上として宿泊料を定めて宿泊させる営業が該当するのであり、学生等を相手としたいわゆる「下宿」と称する貸家業及び貸間業は旅館業法上の下宿営業には該当しないことを念のため明らかにしたものである。

（店舗等併設住宅の取扱い）

6—13—5　住宅と店舗又は事務所等の事業用施設が併設されている建物を一括して貸し付ける場合には、住宅として貸し付けた部分のみが非課税となるのであるから留意する。

（注）　この場合は、建物の貸付けに係る対価の額を住宅の貸付けに係る対価の額と事業用の施設の貸付けに係る対価の額とに合理的に区分することとなる。

解説　消費税法においては、住宅の貸付けを非課税としているが、建物全体を一括して貸し付けるものの中には、住宅と店舗又は事務所等の事業用施設が併設されているものがある。

このような建物の貸付けの場合に、消費税の課税関係がどのようになるのか疑問の生じるところであるが、本通達では店舗等併設住宅の貸付けの場合には、住宅の部分の貸付けのみが非課税となり、店舗等事業用施設の部分の貸付けは課税となることを明らかにしているものである。

また、本通達の注書において、このような建物の貸付けの場合には、貸付けの対価の額を非課税部分（住宅の貸付け部分）と課税部分（店舗等事業用施設の貸付け部分）とに合理的に区分することとしているが、合理的な区分の方法としては、非課税部分と課税部分の貸付面積の比により按分する方法、近隣の建物の貸付けに係る相場による方法等が考えられる。

なお、一の建物を住宅と事業用に兼用する場合があるが、借家人が生活の本拠として使用するものを一定の時間は事業用に使用する場合（例えば、建物の一部を昼間は作家の仕事場とする場合や内職の仕事場とする場合等）には、貸付けに係る契約において人の居住用に供するものとして契約している以上、非課税となる。

（住宅の貸付けと役務の提供が混合した契約の取扱い）
6—13—6　一の契約で非課税となる住宅の貸付けと課税となる役務の提供を約している場合には、この契約に係る対価の額を住宅の貸付けに係る対価の額と役務の提供に係る対価の額に合理的に区分するものとする。
　（注）　この契約に該当するものとして、例えば、有料老人ホーム、ケア付住宅、食事付の貸間、食事付の寄宿舎等がある。

解説　消費税法においては、住宅の貸付けを非課税としているが、有料老人ホーム、ケア付住宅や食事付の貸間・寄宿舎等のように住宅の貸付けに付随して役務の提供を約しているものがある。

本通達ではこのような場合には、対価の額を住宅の貸付け部分と役務の提供部分とに区分せず一括して定めているとしても、住宅の貸付けに対応する部分のみが非課税となり、役務の提供に対応する部分は課税となることを明らかにするとともに、対価の額を合理的に区分する必要があることを明らかにしたものである。

なお、合理的な区分の方法としては、食事の提供の場合には一食当たりの単価を見積もった上で計算する方法等があり、その他の役務の提供の場合には原価計算の方法等により役務の提供の対価の額を見積もる方法が考えられる。

(注) 有料老人ホームやケア付住宅における役務の提供が、消費税法別表第一第7号に該当する場合には当該役務の提供も非課税となる。

> **（転貸する場合の取扱い）**
> 6―13―7　住宅用の建物を賃貸する場合において、賃借人が自ら使用しない場合であっても、当該賃貸借に係る契約において、賃借人が住宅として転貸することが契約書その他において明らかな場合には、当該住宅用の建物の貸付けは、住宅の貸付けに含まれるのであるから留意する。
> （注）　この場合において、賃借人が行う住宅の転貸も住宅の貸付けに該当する。

解説　消費税法において非課税とされる住宅の貸付けは、賃借人が自ら住宅として使用する場合に限るのか、あるいは賃借人は自ら住宅として使用しないが住宅として他の者に転貸する場合の当該賃借人に対する貸付けも含むのか疑義の生ずるところである。

　本通達では、非課税となる住宅の貸付けには、賃借人が自ら住宅として使用する場合に限らず賃借人が住宅用として転貸することが明らかな場合の当該賃借人への貸付けも含まれることを明らかにしたものである。

　これにより、事業者が従業員に貸し付けるために賃借する借上住宅の当該事業者への貸付けやマンション等の所有者が不動産業者等に居住用のマンション等を一括して貸し付けて実質的に業務を委託する場合のいわゆる丸貸しマンション等も非課税となる。

(用途変更の場合の取扱い)

6―13―8　貸付けに係る契約において住宅として貸し付けられた建物について、契約当事者間で住宅以外の用途に変更することについて契約変更した場合には、契約変更後の当該建物の貸付けは、課税資産の譲渡等に該当することとなる。

(注)　貸付けに係る契約において住宅として借り受けている建物を賃借人が賃貸人との契約変更を行わずに、当該賃借人において事業の用に供したとしても、当該建物の借受けは、当該賃借人の課税仕入れに該当しないのであるから留意する。

解説　消費税法において住宅の貸付けが非課税となるのは、契約において人の居住の用に使用することが明らかにされている場合に限られるのであるから、それ以外の場合にはたとえ結果的に賃借人が契約目的以外の居住用に使用したとしても非課税とはならない。

逆に契約当事者間においては居住用に使用するものとして契約した建物について、賃借人が賃貸人の承諾を得ないで事務所等の居住用以外の用途に使用した場合には賃借人は事業用に使用していることから、課税仕入れに該当し、仕入税額控除の対象になるのではないかとの疑問も生ずるが、当事者間の契約においては居住用に使用することとしている以上、契約を変更しない限り当初の契約により非課税となり、賃借人は仕入税額控除の対象とすることはできないこととなる。

ただし、当事者間において事務所等として事業用に使用することについて契約変更をした場合には、それ以後は当該契約に係る賃貸借は課税となり、賃借人においては仕入税額控除の対象とすることができる。

本通達は、このことを明らかにしたものである。

(家賃の範囲)

6―13―9 家賃には、月決め等の家賃のほか、敷金、保証金、一時金等のうち返還しない部分及び共同住宅における共用部分に係る費用を入居者が応分に負担するいわゆる共益費（6―13―1、6―13―2又は6―13―3の規定により住宅の貸付けに含まれないこととされる施設等に係る費用部分を除く。）も含まれることに留意する。

解説 消費税法においては、住宅の貸付けを非課税としているが、現実の住宅の貸付けに当たっては、各種の金銭の授受が行われることから、どこまでが住宅の貸付けの対価として非課税となるか、すなわち非課税となる家賃の範囲はどこまでかについて明確にする必要がある。

住宅の家賃は、通常の場合月決めの家賃を定めており、これが非課税の家賃であることには疑問の余地はないところである。

しかし、住宅の賃貸借においては、通常の場合、月決めの家賃のほか敷金、保証金、権利金等種々の名目の金銭の授受が行われており、これらの金銭が課税なのか非課税なのかが問題となるが、消費税法上の資産の貸付けの対価の額には、賃貸借に伴い収受する一切の金銭を含むこととされていることから、敷金、保証金、権利金等の名目で収受する金銭も住宅の賃貸借に伴う対価の額となり、非課税となるのである。

なお、これらの金銭のうち敷金、保証金については、賃借人へ返還される部分があることが一般的であるが、当該返還部分は預り金にすぎないことから消費税の課税関係が生じることはなく、返還しない部分だけが住宅の貸付けすなわち非課税資産の譲渡等の対価となり、その譲渡等の時期は、返還しないことが確定した時となる。

また、集合住宅の場合には、本来の家賃のほか共益費等と称して徴収する

金銭があるが、これは、当該住宅を共同で利用する上で居住者が共通に使用すると認められる部分の費用、例えば、エレベーター運行費用や廊下等の光熱費、集会所等の維持費等をその居住者に応分に負担させる性格のものであるから、非課税とされる住宅の貸付けの対価に含まれることを明らかにするとともに、住宅の貸付けの対価から除外されるプール、アスレチック施設、駐車場等の使用の対価については、たとえ共益費等として徴収していたとしても課税となることを念のため付言したものである。

第7章　輸出免税等

　事業者が国内において行う課税資産の譲渡等のうち、輸出取引又は輸出類似取引に該当するものについては、消費税を免除することとされている（法7①）。
　輸出免税の適用を受けるためには、課税資産の譲渡等が輸出取引又は輸出類似取引に該当するものであることについての証明書を輸出取引を行った課税期間の末日から2月を経過した日から7年間保存する必要がある（法7②、規則5①）。
　消費税法において、輸出免税制度を採用しているのは、消費税が内国消費税であり、国内において消費される物品やサービスについて負担を求める性格の税であることによるものである。
　輸出免税と非課税とでは、資産の譲渡等について消費税を課さないという点については同じであるが、次の点が異なる。
　輸出免税については、その売上げについて消費税が課されない一方、その仕入れに係る消費税額は控除できる。また、輸出取引額は課税売上高に含まれるので、課税売上割合の計算に当たっては、分母、分子に算入されることとなる。
　これに対して非課税は、その売上げについて消費税が課されないが、仕入れに係る税額控除ができない。
　また、非課税取引額は、課税売上割合の計算にあたって、分母にのみ算入されることとなる。

第1節　通　則

（輸出免税の適用範囲）

7−1−1　資産の譲渡等のうち法第7条第1項《輸出免税等の範囲》の規定により消費税が免除されるのは、次の要件を満たしているものに限られるのであるから留意する。

(1) その資産の譲渡等は、課税事業者によって行われるものであること。

(2) その資産の譲渡等は、国内において行われるものであること。

(3) その資産の譲渡等は、法第31条第1項及び第2項《非課税資産の輸出等を行った場合の仕入れに係る消費税額の控除の特例》の適用がある場合を除き、課税資産の譲渡等に該当するものであること。

(4) その資産の譲渡等は、法第7条第1項各号に掲げるものに該当するものであること。

(5) その資産の譲渡等は、法第7条第1項各号に掲げるものであることにつき、証明がなされたものであること。

解説　消費税法においては、輸出取引及び輸出類似取引について輸出免税の規定を適用することとされている（法7①）。

本通達では、輸出免税の適用を受けるためには、(1)から(5)までの要件のいずれをも満たす必要があることを明示したものである。

すなわち、(1)については、消費税法第7条第1項かっこ書《輸出免税等》で明示されているところである。なお、免税事業者が行う輸出取引については、輸出免税が適用されなくても当該輸出取引について消費税の納税義務が

生ずることはないのであるが、同時に仕入税額控除もできないこととなる。

したがって、免税事業者が輸出免税の適用を受けて輸出取引についての仕入税額の控除又は還付を受けるためには、あらかじめ消費税法第9条第4項《課税事業者の選択》の規定により課税事業者を選択する必要があることとなる。

(2)についても、消費税法第7条第1項本文において明示されているところであるが、消費税は国内取引を課税の対象とするものであり、輸出免税は本来課税の対象となる取引について消費税を免除するものであるから、そもそも課税の対象とならない国外取引については、輸出免税の対象となる余地はないこととなる。

(3)については、非課税資産の譲渡を行った場合には消費税が課されず、また、自己使用等のために資産を輸出する場合には、対価を得る取引ではないことから消費税の課税対象とはならないこととなる。したがって、これらの場合には輸出免税の適用をするまでもなく消費税が課されることはないのであるが、輸出免税の適用がない場合には、輸出取引を行うために国内取引として行った仕入れに係る消費税額の控除ができないことから、消費税法第31条第1項又は第2項《非課税資産の輸出等を行った場合の仕入れに係る消費税額の控除の特例》において、非課税資産の輸出又は自己使用等のために資産を輸出した場合には、課税資産の譲渡等に係る輸出取引等とみなして仕入税額控除ができることとされているのである。

なお、消費税法第31条第1項又は第2項に該当する場合には、当該取引等は、課税資産の譲渡等に係る輸出取引等とみなされるのであるから、これらの取引に係る輸出価額は課税売上割合の計算をする場合の分母、分子のいずれにも算入されることとなる。

(4)については、消費税法第7条第1項各号及び同法施行令第17条《輸出取引等の範囲》に列挙している取引に限って輸出免税の適用があることを明ら

かにしたものである。

　なお、消費税法第7条第1項に規定する輸出免税以外の免税制度として、租税特別措置法第85条《外航船等に積み込む物品の譲渡等に係る免税》、同法第86条《外国公館等に対する課税資産の譲渡等に係る免税》、同法第86条の2《海軍販売所等に対する物品の譲渡に係る免税》、所得臨特法第7条《消費税法の特例》等の規定によるものがあるが、これらの免税についても消費税の課税関係は輸出免税の取扱いと同様となる。

　(5)については、輸出免税の適用を受けるためには、その資産の譲渡等が消費税法第7条第1項各号に掲げる取引に該当することにつき、証明がなされたものである必要があり、その証明に係る書類等を輸出取引を行った課税期間の末日から2月を経過した日から7年間保存する必要があることとされている（法7②、規則5）。

第2節　輸出免税等の範囲

（輸出免税等の具体的範囲）

7－2－1　法第7条第1項及び令第17条各項《輸出免税等の範囲》の規定により輸出免税とされるものの範囲は、おおむね次のようになるのであるから留意する。

(1)　本邦からの輸出（原則として関税法第2条第1項第2号《定義》に規定する輸出をいう。）として行われる資産の譲渡又は貸付け

(2)　外国貨物の譲渡又は貸付け

(3)　国内及び国外にわたって行われる旅客又は貨物の輸送（国際輸送の一環として行われる国内輸送区間における輸送を含む。）

(4)　外航船舶等（専ら国内及び国外にわたって又は国外と国外との間で行

われる旅客又は貨物の輸送の用に供される船舶又は航空機をいう。以下同じ。）の譲渡又は貸付けで船舶運航事業者等（令第17条第2項第2号《輸出免税等の範囲》に規定する船舶運航事業者等をいう。以下同じ。）に対するもの

(注) 外航船舶等には、日本国籍の船舶又は航空機も含まれる。

(5) 外航船舶等の修理で船舶運航事業者等の求めに応じて行われるもの

(6) 専ら国内と国外又は国外と国外との間の貨物の輸送の用に供されるコンテナーの譲渡、貸付けで船舶運航事業者等に対するもの又は当該コンテナーの修理で船舶運航事業者等の求めに応じて行われるもの

(7) 外航船舶等の水先、誘導、その他入出港若しくは離着陸の補助又は入出港、離着陸、停泊若しくは駐機のための施設の提供に係る役務の提供等で船舶運航事業者等に対するもの

(8) 外国貨物の荷役、運送、保管、検数又は鑑定等の役務の提供

(注) 特例輸出貨物（関税法第30条第1項第5号《外国貨物を置く場所の制限》に規定する特例輸出貨物をいう。以下7－2－13の2において同じ。）に係るこれらの役務の提供にあっては、次のものに限られる。

(1) 指定保税地域等（関税法第29条《保税地域の種類》に規定する指定保税地域、保税蔵置場、保税展示場及び総合保税地域をいう。以下7－2－1及び7－2－13において同じ。）及び当該特例輸出貨物の輸出のための船舶又は航空機への積込みの場所におけるもの

(2) 指定保税地域等相互間の運送

(9) 国内と国外との間の通信又は郵便若しくは信書便

(10) 非居住者に対する令第6条第1項第4号から第8号まで《無形固

定資産等の所在場所》に掲げる無形固定資産等の譲渡又は貸付け
　⑾　非居住者に対する役務の提供で次に掲げるもの以外のもの
　　イ　国内に所在する資産に係る運送又は保管
　　ロ　国内における飲食又は宿泊
　　ハ　イ又はロに準ずるもので国内において直接便益を享受するもの

【平15課消1—13、平18課消1—1、平22課消1—9、平23課消1—35、平25課消1—34　改正】

解説　輸出免税の対象となる取引については、消費税法第7条第1項及び同法施行令第17条において列挙されているのであるが、本通達は、その内容を整理して掲げたものである。

　（輸出物品の下請加工等）
　7—2—2　法第7条第1項《輸出免税等》の規定による輸出免税の適用が受けられるのは、同項各号に掲げる取引及び令第17条各項《輸出取引等の範囲》に掲げる取引に限られるのであるから、例えば、次の取引については法第7条第1項の規定の適用はないことに留意する。
　⑴　輸出する物品の製造のための下請加工
　⑵　輸出取引を行う事業者に対して行う国内での資産の譲渡等

解説　消費税法第7条第1項第1号において、本邦からの輸出として行われる資産の譲渡又は貸付けについて輸出免税を適用することとしている。
　この場合、輸出免税の適用が受けられるのは実際の輸出者すなわち輸出申告の名義人に限られるのであるから、最終的に輸出する物品であることが明らかなものであっても、当該物品に係る国内での譲渡等は課税の対象となる

こととなる。

　例えば、輸出するための物品の下請加工賃、商社を通じて輸出する物品について商社が輸出名義人となる場合における商社への譲渡代金等については、国内における資産の譲渡等の対価として課税の対象となるのである。

　なお、商社等が介在する輸出取引で輸出申告書の名義人である当該商社等が単に名義貸しを行っている場合には、当該商社等を輸出申告者として記載するものの、輸出申告書の原本は実際に輸出取引を行った者（実際の輸出者）が保管していることから、輸出申告書に輸出者として掲名された者が形式的な輸出者であり、実際の輸出者は別にあることとなるが、このような場合には、次の措置を講ずることを条件に実際の輸出者が輸出免税の適用を受けることができることとされている。

1　実際の輸出者が講ずる措置

　実際の輸出者は、輸出申告書等の原本を保存するとともに、名義貸しに係る事業者に対して「消費税輸出免税不適用連絡一覧表」を交付する。

　なお、実際の輸出者は、名義貸しに係る事業者に対して、名義貸しに係る輸出取引にあっては、当該事業者の経理処理の如何にかかわらず、税法上、売上げ及び仕入れとして認識されないものであることを指導することとする。

（注）　名義貸しに係る手数料は、実際の輸出者に対する課税資産の譲渡等に係る対価であり、これについて輸出免税の対象とすることはできないこととなる。

2　名義貸しに係る事業者が講ずる措置

　名義貸しに係る商社等の事業者は、確定申告書の提出時に、所轄税務署長に対して、実際の輸出者から交付を受けた「消費税輸出免税不適用連絡一覧表」の写しを提出する。ただし、当該確定申告書等の提出に係る課税期間において全く輸出免税制度の適用を受けていない場合には、この限りでない。

[参 考]

消費税輸出免税不適用連絡一覧表

日付：＿＿＿＿＿＿＿＿＿＿

（宛　先）

＿＿＿＿＿＿＿＿＿＿＿＿＿＿＿＿＿

　下記の輸出取引については当社が消費税法第7条（輸出免税等）の適用を受けることとなるので、貴社にはその適用がないことを連絡します。

輸出免税適用者名

（取引責任者名　　　　　　　㊞）

記

No.	海外客先	取引年月日	輸出金額	Invoice No.
1				
2				
3				
4				
5				
6				

(国外で購入した貨物を国内の保税地域を経由して国外へ譲渡した場合の取扱い)

7―2―3　国外で購入した貨物を国内の保税地域に陸揚げし、輸入手続を経ないで再び国外へ譲渡する場合には、関税法第75条《外国貨物の積戻し》の規定により内国貨物を輸出する場合の手続規定が準用されることから、当該貨物の譲渡は、法第7条第1項第1号《輸出免税》の規定により輸出免税の対象となる。

解説　貨物に係る輸出免税としては、本邦からの輸出として行われる資産の譲渡又は貸付け（法7①一）及び外国貨物の譲渡又は貸付け（法7①二）がある。

ところで、国外で購入した貨物を国内の保税地域に陸揚げし、輸入手続を経ないで再び国外へ譲渡する場合には、本邦からの輸出として行われる資産の譲渡に該当するのか又は外国貨物の譲渡に該当するのか疑問のあるところである。

そこで、本通達では、外国貨物を国外へ譲渡する場合には、関税法第75条《外国貨物の積戻し》の規定により内国貨物を輸出する場合の手続規定が準用されることから、消費税法第7条第1項第1号《輸出免税》の規定により消費税が免除されることとなることを明らかにしている。

なお、保税工場における保税作業によりできた製品は、外国貨物のみを原材料として使用した場合及び外国貨物と内国貨物を使用した場合のいずれも外国貨物に該当する（関税法59①）こととなるので、保税作業によりできた製品を国外へ譲渡する場合においても消費税法第7条第1項第1号の規定により輸出免税が適用されることとなる。

また、外国貨物を国外へ譲渡する場合の税関での手続は、関税法第75条

《外国貨物の積戻し》の規定により行うこととなり、積戻し許可書が免税を受けるための証明書となる。

> **(旅客輸送に係る国際輸送の範囲)**
> 7－2－4　法第7条第1項第3号《国際輸送等に対する輸出免税》に規定する国内及び国内以外の地域にわたって行われる旅客又は貨物の輸送は、国内から国外への旅客若しくは貨物の輸送又は国外から国内への旅客若しくは貨物の輸送(以下「国際輸送」という。)をいうのであるが、国際輸送として行う旅客輸送の一部に国内における輸送(以下「国内輸送」という。)が含まれている場合であっても、次の全ての要件を満たす場合の国内輸送は、国際輸送に該当するものとして取り扱う。
> (1)　当該国際輸送に係る契約において国際輸送の一環としてのものであることが明らかにされていること。
> (2)　国内間の移動のための輸送と国内と国外との間の移動のための国内乗継地又は寄港地における到着から出発までの時間が定期路線時刻表上で24時間以内である場合の国内輸送であること。

【平23課消1－35　改正】

解説　国内及び国内以外の地域にわたって行われる旅客又は貨物の輸送(以下「国際輸送」という。)については、輸出免税の対象とされている(法7①三)。

この輸出免税の規定を適用するに当たっては、国際輸送の範囲を明確にする必要があるのであるが、旅客輸送に係る輸送約款等においては、国際空港から国外の空港までの区間のみでなく、国内の空港間の移動も国際輸送とし

て取り扱っている実態にある。

　そこで、本通達においては、輸送契約の実態及び国内線の旅客が国際線の飛行機に乗り替える場合の実態等を考慮して、⑴及び⑵の要件を満たす国内輸送部分についても国際輸送として輸出免税が適用されることを明らかにしたものである。

　したがって、例えば、国際運送約款に基づき、国内の空港を出発して羽田空港を経由して成田空港から国外に出発する場合において、羽田空港への到着時刻から成田空港からの出発時刻までの時間が24時間以内であれば、国内輸送に係る部分についても輸出免税の規定が適用されることとなる。

（貨物輸送に係る国際輸送の範囲）

7－2－5　国際輸送として行う貨物の輸送の一部に国内輸送が含まれている場合であっても、当該国内輸送が国際輸送の一環としてのものであることが国際輸送に係る契約において明らかにされているときは、当該国内輸送は国際輸送に該当するものとして取り扱う。

解説　国際輸送については、旅客に限らず貨物についても輸出免税の規定が適用される（法7①三）。

　そこで、本通達において、貨物の国際輸送を行う場合において、出発地から到着地までの間を一体として輸送契約を締結している場合には、その全体が輸出免税の対象となることを明らかにしたものである。

　したがって、輸出する商品について、発地を国内の工場とし、着地を国外の取引先の工場としている運送状を発行して一貫輸送契約を締結している場合や海外への引越荷物について国内の自宅から海外の自宅まで一貫輸送する契約を締結している場合等については、その全体が輸出免税の対象となる。

なお、貨物の一貫輸送契約を締結した場合において、その対価の中に梱包料金、荷役作業料金、書類作成料金等の附帯料金が含まれているとしても、その全体を国際輸送に係る料金として収受している場合には、その全体が国際輸送としての役務の提供に該当するものとして輸出免税の対象となる。

また、貨物の一貫輸送契約を締結した場合において、受託者が国内輸送、梱包作業及び荷役作業等を他の事業者に再委託した場合には、これらの役務の提供は国内における役務の提供に該当することから、課税の対象となることとなる。この場合には、荷主と受託者（一貫輸送業者）の一貫輸送についてはその全体が輸出免税の対象となり、受託者（一貫輸送業者）が再受託者（国内輸送業者、梱包、荷役作業者）から受ける国内での役務の提供については、課税仕入れに該当することになる。

（旅行業者が主催する海外パック旅行の取扱い）

7－2－6　旅行業者が主催する海外パック旅行に係る役務の提供は、当該旅行業者と旅行者との間の包括的な役務の提供契約に基づくものであり、国内における役務の提供及び国外において行う役務の提供に区分されるから、次の区分に応じ、それぞれ次のように取り扱うものとする。

(1) 国内における役務の提供　国内輸送又はパスポート交付申請等の事務代行に係る役務の提供については、国内において行う課税資産の譲渡等に該当するが、法第7条第1項《輸出免税等》の規定の適用を受けることができない。

(2) 国外における役務の提供　国内から国外、国外から国外及び国外から国内への移動に伴う輸送、国外におけるホテルでの宿泊並びに国外での旅行案内等の役務の提供については、国内において行う

資産の譲渡等に該当しない。

解説　旅行業者が主催するパック旅行は、手続代行、輸送、宿泊、観光案内等を包括的に請負う性格のものとされている。

　パック旅行のうち海外パック旅行については、国内で行うパスポート交付申請の事務代行、国内における輸送、宿泊サービス、国際輸送サービス及び国外における輸送、宿泊、観光案内等のサービスを包括したものとなっている。

　そこで、本通達においては、海外パック旅行に対する消費税の取扱いについて、役務の提供の内容に応じて消費税法の規定を適用することを基本として、海外パック旅行に係る役務の提供をパスポート交付申請等の事務代行、国内における輸送、宿泊サービス等を国内取引として課税の対象とし、国内から国外への輸送、国外における輸送、宿泊、観光案内サービス等を一括して国外取引に該当するものとして課税対象外とすることを明らかにしたものである。

　したがって、海外パック旅行の場合には、旅行業者の国内における役務の提供部分が旅行業者の課税売上げとなり、課税売上割合の計算をする場合の分母、分子に算入されることとなる。一方、国外取引部分については、課税の対象とはならないとともに課税売上割合の分母、分子のいずれにも算入されないこととなる。

　なお、旅行業者が海外パック旅行に際して、居住者である航空会社等から受ける事務代行手数料については、国際輸送に伴う手数料収入であっても、国内取引であり課税の対象となるので、注意が必要である。

(国外の港等を経由して目的港等に到着する場合の輸出免税の取扱い)

7―2―7　日本を出発地又は到着地とする国際輸送のうち、国外の港又は空港（以下7―2―7において「港等」という。）を経由する場合の取扱いは、次による。

(1)　国内の港等を出発地とし、国外の港等を経由して国外の港等を最終到着地（以下7―2―7において「到着地」という。）とする場合

　イ　国内の港等を出発し、経由する国外の港等で入国手続をすることなく国外の到着地まで乗船又は搭乗（以下7―2―7において「乗船等」という。）する旅客の輸送　　国内取引に該当し、輸出免税の対象となる。

　ロ　国内の港等から経由する国外の港等まで乗船等する旅客の輸送　　国内取引に該当し、輸出免税の対象となる。

　ハ　経由する国外の港等から国外の到着地まで乗船等する旅客の輸送　　国外取引に該当し、輸出免税の対象とはならない。

(2)　国外の港等を出発地とし、国外の港等を経由して国内の港等を到着地とする場合

　イ　国外の港等を出発し、経由する国外の港等で入国手続をすることなく国内の到着地まで乗船等する旅客の輸送　　国内取引に該当し、輸出免税の対象となる。

　ロ　国外の港等から経由する国外の港等まで乗船等する旅客の輸送　　国外取引に該当し、輸出免税の対象とはならない。

　ハ　経由する国外の港等から国内の到着地まで乗船等する旅客の輸送　　国内取引に該当し、輸出免税の対象となる。

解説 国際輸送については、輸出免税の対象とされている（法7①三）のであるが、国際輸送といわれるものであっても出発地から最終目的地まで到着する間に他の港等を経由する場合がある。

このような場合には、その連続する輸送については、それが国内取引と国外取引とのいずれに該当するかによって輸出免税の対象となる部分と消費税の課税の対象とならない国外取引に係る部分が生ずることとなる。

そこで本通達において、このような輸送形態を採るものについて消費税の適用関係を明らかにしたものである。

これを図で示すと次のとおりとなる。

1　国内の港等を出発地とし、国外の港等を最終到着地とする場合

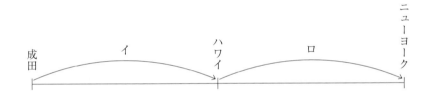

イ　成田からハワイまでの旅客輸送については、すべて輸出免税の規定が適用されることとなる。

ロ　ハワイからニューヨークまでの旅客輸送については、ハワイから新たに搭乗した旅客に係る輸送については国外取引に該当するが、ハワイで入国手続をすることなく成田から引き続いてニューヨークまで搭乗する者に係る輸送は、国内取引に該当して輸出免税の規定が適用されることとなる。

2　国外の港等を出発地とし、国外の港等を経由して国内の港等を到着地とする場合

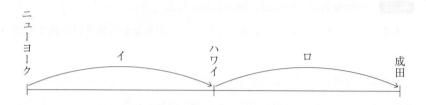

イ　ニューヨークからハワイまでの輸送については、ハワイで入国手続をする者に係る輸送は国外取引に該当するが、入国手続をすることなく引き続いて成田まで搭乗する者に係る輸送は、国内取引に該当して輸出免税の規定が適用されることとなる。

ロ　ハワイから成田までの輸送については、すべて輸出免税の規定が適用されることとなる。

なお、国際輸送において、国内の港等を出発した後に他の国内の港等に寄港して国外の港等へ旅客を輸送する場合には、その寄港する国内の港等で旅客の下船等ができないこととなっているものについては、国内輸送に係る部分についても国際輸送に該当することとなる。

（船舶運航事業を営む者等の意義）

7－2－8　令第17条第1項及び第2項《輸出取引等の範囲》に規定する「船舶運航事業を営む者」、「船舶貸渡業を営む者」又は「航空運送事業を営む者」は、海上運送法又は航空法において規定する「船舶運航事業」若しくは「船舶貸渡事業」又は「航空運送事業」を営む者をいい、我が国において支店等を設けてこれらの事業を営む外国の事業者を含むほか、我が国に支店等を有していない外国の事業者で我が国との間で国際間輸送を行う者も含まれることに留意する。

解説 消費税法施行令第17条第１項及び第２項《輸出取引等の範囲》においては、外航船舶等（専ら国内及び国外の地域にわたって又は国外の地域の間に行われる旅客又は貨物の輸送の用に供される船舶又は航空機をいう。）の譲渡等のうち、船舶運航事業、船舶貸渡業又は航空運送事業を営む者（以下「船舶運航事業者等」という。）に対するものが輸出免税の対象とされている。

これらの事業を営む者の意義については消費税法施行令第17条第１項第１号及び第２号において規定されており、それぞれ、海上運送法第２条第２項《定義》に規定する船舶運航事業若しくは同条第７項に規定する船舶貸渡業を営む者又は航空法第２条第18項《定義》に規定する航空運送事業を営む者をいうものとされている。

これは、それぞれの事業の内容を定義し、それらの事業を営む者とすることにより、国内の事業者に限らず、国外の事業者に対して資産の譲渡等を行った場合にも輸出免税の対象になることを明らかにしたものである。

したがって、国外の船会社又は航空会社の外航船舶等の修理でこれらの者の求めに応じて行われるもの又は外航船舶等に対する水先等の役務の提供若しくは入出港等の施設の提供等でこれらの者に対して行われるものは輸出免税の対象となるのである。

本通達は、このことを念のため明らかにしたものである。

（船舶の貸付けの意義）

7－2－9　令第17条第１項第１号《国際輸送用船舶等の貸付け》に規定する「船舶の貸付け」には、裸用船契約に基づく用船のほか定期用船契約に基づく用船が含まれる。

解説 船舶運航事業者等に対する外航船舶（国際輸送用船舶等）の貸付け

については、輸出免税の規定が適用されることとなっている（法７①四、令17①一、二、②一）。

　この場合の外航船舶の貸付けについては、船舶の本体のみを貸し付ける裸用船に限られるのか、船舶の本体とともに乗員も乗り込ませる定期用船も含まれるのかが疑問となるところである。

　裸用船契約は船舶だけの賃貸借契約であり、輸出免税の対象となることは明らかである。一方、定期用船契約は、広義では、船舶の所有者等が相手方（定期用船者）に対して一定の期間を限って船舶の利用をさせる契約であるが、狭義では、船舶の所有者等が相手方に対して一定の期間を限って船長及び乗組員付で船舶を利用させる契約と解されている。このように定期用船契約（広義及び狭義とも）の場合も、船舶を相手方に使用させることを内容としているものであるから、本通達は、定期用船契約についても輸出免税の対象となることを明らかにしたものである。

（船舶運航事業者等の求めに応じて行われる修理の意義）

7―2―10　令第17条第１項第３号又は第２項第１号ハ《外航船舶等の修理》の規定の適用に当たって、「船舶運航事業者等」の求めに応じて行われる修理は、船舶運航事業者等からの直接の求めに応じて行う修理に限られるのであるから、船舶運航事業者等から修理の委託を受けた事業者の求めに応じて行う修理は、これに含まれないことに留意する。

（注）　船舶運航事業者等から修理の委託を受けた事業者の求めに応じて修理として行う役務の提供は、課税資産の譲渡等に該当し、当該修理の委託をした事業者にとっては課税仕入れとなる。

解説 外航船舶等（国際輸送用船舶等）の修理で、船舶運航事業者等の求めに応じて行われるものについては輸出免税の対象とされている（令17①三、②一）。

　船舶又は航空機の修理については、船舶運航事業者等から修理の委託を受けた事業者が他の事業者に再委託する場合があり、また、外国の船会社の船舶については、国内の船舶代理人を通じて船舶の修理を委託する場合もある。

　本通達では、外航船舶（国際輸送用船舶）の修理の輸出免税の適用関係を明らかにしたものであり、輸出免税の対象となる修理は船舶運航事業者等からの直接の求めに応じて行うものに限られ、船舶運航事業者等から修理の委託を受けた事業者から再委託を受けた場合や外国の船会社の船舶代理人から修理の委託を受けた場合は輸出免税の対象とならないこととなる。

　ただし、船舶代理人を通じて外航船舶（国際輸送用船舶）の修理を委託する場合において、修理委託契約書その他の書類に船舶代理人が船舶運航事業者等の代理人として契約していることを明示している場合には、輸出免税の対象とすることとしている。

（水先等の役務の提供に類するもの）
7－2－11　令第17条第2項第3号《輸出取引等の範囲》に規定する「その他これらに類する役務の提供」には、例えば、外航船舶等の清掃、廃油の回収、汚水処理等が含まれる。

解説 本通達は、消費税法施行令第17条第2項第3号《輸出取引等の範囲》の規定により輸出免税の対象となる役務の範囲を示したものである。

　同号の規定では、国際輸送に必要な輸送手段そのもの（外航船舶等）を物理的に移動させるサービス、移動に伴って輸送手段そのものに加えられるサ

ービス及び移動に伴って必然的に提供されるサービス又は施設の提供・貸付けで船舶運航事業者等に対して行われるものに限り、輸出免税の対象としているから、船舶運航事業者等の依頼を受けた事業者からの下請業務については、輸出免税の適用はないこととなる（ただし、船舶代理人を通じて委託する場合の取扱いは外航船舶等の修理と同様の取扱いとなる。）。

　具体的には、次のものが輸出免税の対象となる。

(1)　入港料　　港湾に入港する外航船舶から当該港湾の利用に対して港湾管理者が徴収する料金である。

(2)　水先料　　水先人が行う水先に対して船舶の所有者等に請求する料金である。

(3)　曳船料　　外航船舶の離着岸を補助する曳船料金（タグ料金）である。

　　(注)１　離着岸を補助するための曳船料金が輸出免税の対象となるのであるから、タンカー等の原油等の積卸し等の際に行う警戒曳船等については免税とはならず、また、同時に行われるオイルフェンス展張料についても免税とはならない。

　　　　２　沖合の外航船舶と岸壁との間で乗組員等を輸送する場合の通船料は、免税とはならない。

(4)　綱取放料　　外航船舶が岸壁又は沖のけい船浮標（ヴイ）に着岸する際に、船舶のロープを繋船柱に固定するサービス、及び離岸時にロープを繋船柱から解き放つサービスの料金である。

(5)　港湾施設利用料のうち次に掲げるもの

　○外貿埠頭貸付料　　岸壁、その前面の泊地及び貨物の荷捌施設（コンテナ・バース）を一体として船舶運航事業者に貸し付ける料金である。

　　(注)　港湾運送事業者に貸し付ける外貿埠頭（ライナー・バース）の貸付料金については、免税とはならない。

　○水域施設利用料　　泊地の利用料金である。

○けい留施設利用料　岸壁、けい船浮標（ヴイ）、さん橋、荷揚場等外航船舶をけい留させるための施設の利用料金である。

　○廃油回収料、廃棄物処理料及び給油補助料　外航船舶の廃油の引取り、汚物等廃棄物の処理及び外航船舶に対する給油の補助料金である。

(6)　空港使用料　空港への着陸及び離陸、空港における駐機（停留及び格納庫への格納）などの空港又は空港の施設の利用料金である。

(7)　航行援助施設利用料　無線施設、通信施設、管制施設等によるサービスの対価としての料金である。

(8)　空港ハンドリング料のうち次に掲げるもの

　○機体への給水、給油の補助、機体からの排水及び汚水処理並びに機内清掃料　外航機に対する給水、給油の補助、機体からの排水及び汚水処理並びに機内清掃サービスの料金である。

　○機体の誘導・車輪止めの取り外し・プッシュバックのサービス料　外航機の機体の誘導、車輪止めの取り外し及びプッシュバックのサービスに係る料金である。

　　(注)　空港ハンドリング料のうち、貨物、郵便、手荷物関係の料金については、目的物が外国貨物の場合には、外国貨物の荷役及びこれに類する役務の提供として輸出免税となる。

　なお、これらの役務の提供等が輸出免税の対象となるかどうかを判定する場合において、役務の提供等の対象となる船舶等が外航船舶等（国際輸送用船舶等）に該当するか否かが問題となるが、これについては次のとおり取り扱うこととしている。

Ⅰ　「専ら国際航海に従事する船舶」に該当する旅客船

1　海上運送法第19条の4に規定する対外旅客定期航路事業に使用される船舶

輸出免税の適用を受けようとする事業者が「専ら国際航海（本邦の港と本邦以外の地域の港との間又は本邦以外の地域の各港間における航海をいう。以下同じ。）に従事する船舶」であることを税務当局に対して証明する方法は、免税仕入れを行おうとする事業者において、当該船舶が、海上運送法第19条の4に規定する対外旅客定期航路事業に使用される船舶である旨を所管官庁に届け出た届出書の写しによる。

2　海上運送法第2条第6項《定義》に規定する不定期航路事業に使用される船舶であって、本邦の各港間における旅客の輸送の用に供されないもの

　　証明方法は、免税仕入れを行おうとする事業者において、当該船舶が、海上運送法第2条第6項に規定する不定期航路事業に使用される船舶であって、本邦の各港間における旅客の輸送の用に供されない旨を記載した書類

3　不定期航路事業に使用される船舶で、2に該当する船舶以外の船舶については、次の区分に応じ、次に掲げるもの

(1)　譲渡の場合

　　　次のア〜ウのすべてに該当するもの。

　　ア　当該船舶が船舶救命設備規則第1条の2《定義》に規定する第一種船（国際航海に従事する旅客船）であり、かつ、遠洋区域又は近海区域を航行区域とするもの（外国船舶にあっては、これに相当する規格を有する船舶）であること。

　　イ　アに掲げる事項が譲渡の契約上も明らかにされているものであること。

　　ウ　譲渡後における就航開始後1年間又は3年間の就航日数の80％以上が国際航海に使用されるものであること。

　　　証明方法は、次の文書による。

　　　a　ア及びイについては、アに掲げる事項が明らかにされた譲渡契約書

b　ウについては、免税仕入れを行おうとする事業者において、当該船舶がウに該当する船舶であることを明らかにした運航計画書の写し
(2)　貸付けの場合
　ア　貸付期間における就航日数の80％以上が国際航海に使用されるものであること（当該期間が輸出免税の適用を受けようとする事業者の２以上の課税期間に及ぶ場合にあっては、当該各課税期間毎に区分して判定することもできる。）
　イ　証明方法は、免税仕入れを行おうとする事業者において、当該船舶が上記の要件に該当する船舶であることを明らかにした運航計画書の写しによる。
(3)　修理の場合
　ア　修理する船舶が(1)ア又は(2)アのいずれかの要件を満たしていること。
　イ　証明方法は、免税仕入れを行おうとする事業において、当該船舶が(1)ア又は(2)アのいずれかに該当する船舶であることを明らかにした書類による。
(注)　航空機についても、船舶と同様の基準で判定することとなる。

Ⅱ　「専ら国際航海に従事する船舶」に該当する貨物船

1　海上運送法第19条の５に規定する貨物定期航路事業（本邦の港と本邦以外の地域の港との間又は本邦以外の地域の各港間に航路を定めて行う定期航路事業に限る。以下同じ。）に使用される船舶
　輸出免税の適用を受けようとする事業者が「専ら国際航海に従事する船舶」であることを税務当局に対して証明する方法は、免税仕入れを行おうとする事業者において、当該船舶が、海上運送法第19条の５に規定する貨物定期航路事業に使用される船舶である旨を所管官庁に届け出た届出書の写しによる。

2　海上運送法第２条第６項に規定する不定期航路事業に使用される船舶であって、本邦の各港間における貨物の輸送の用に供されないもの。

　　証明方法は、免税仕入れを行おうとする事業者において、当該船舶が、海上運送法第２条第６項に規定する不定期航路事業に使用される船舶であって、本邦の各港間における貨物の輸送の用に供されない旨を記載した書類による。

3　不定期航路事業に使用される船舶で、２に該当する船舶以外の船舶
 (1)　譲渡の場合

　　　次のア～ウのすべてに該当するもの。

　　ア　当該船舶が船舶救命設備規則第１条の２に規定する第三種又は第四種船であり、かつ、遠洋区域又は近海区域を航行区域とするもの（外国船舶にあっては、これに相当する規格を有する船舶）であること。

　　イ　アに掲げる事項が譲渡の契約上も明らかにされているものであること。

　　ウ　譲渡後における就航開始後１年間又は３年間の就航日数の80％以上が国際航海に使用されるものであること。

　　　証明方法は、次による。

　　　a　ア及びイについては、アに掲げる事項が明らかにされた譲渡契約書

　　　b　ウについては、免税仕入れを行おうとする事業者において、当該船舶がウに該当する船舶であることを明らかにした運航計画書の写し

 (2)　貸付けの場合

　　ア　貸付期間における就航日数の80％以上が国際航海に使用されるものであること（当該期間が輸出免税の適用を受けようとする事業者の２以上の課税期間に及ぶ場合にあっては、当該各課税期間毎に区分して判定することもできる。)。

イ　証明方法は、免税仕入れを行おうとする事業者において、当該船舶が上記の要件に該当する船舶であることを明らかにした運航計画書の写しによる。
(3) 修理の場合
　ア　修理する船舶が(1)ア又は(2)アのいずれかの要件を満たしていること。
　イ　証明方法は、免税仕入れを行おうとする事業者において、当該船舶が(1)ア又は(2)アのいずれかに該当する船舶であることを明らかにした書類による。

また、船舶又は航空機に対する役務の提供が輸出免税に該当するかどうかは、次の基準により判定することとなる。
(1) 消費税法施行令第17条第1項及び同条第2項第1号《輸出取引等の範囲》の規定の適用に当たっては、当該船舶又は航空機の属性（①専ら国内及び国内以外の地域にわたって行われる旅客若しくは貨物の輸送の用に供される船舶若しくは航空機又は②専ら国内以外の地域間で行われる旅客若しくは貨物の輸送の用に供される船舶若しくは航空機であるかどうか）によって輸出免税の対象になるかどうかを判定する。
(2) 消費税法施行令第17条第2項第3号《輸出取引等の範囲》の規定の適用に当たっては、当該船舶又は航空機の入出港又は離着陸の度毎に行われる役務の提供等（当該施設の貸付けを含む。）に係るもの（別記1）について当該船舶又は航空機が外航の航路若しくは国際路線又は内航の航路若しくは国内路線のいずれに就航しているかによってその都度輸出免税の対象となるかどうかを判定するものとし、それ以外の役務の提供等に係るもの（別記2）については、上記(1)と同様、当該船舶又は航空機の属性に従って判定する。
　別記1　入港料、水先料、水域施設（泊地）利用料、岸壁等けい留施設利用料、綱取放料、着陸料、格納庫使用料、夜間照明料、停留料、

航行援助施設利用料、いわゆる空港ハンドリング料（機体の誘導、機体への給水、機体からの排水等の料金）等

別記2　外貿埠頭貸付料、船舶等の廃油処理料、船舶等の汚水処理料、船舶等の廃棄物処理料、船舶等の清掃料、曳船料等

（外国貨物の荷役等に類する役務の提供）

7－2－12　令第17条第2項第4号《輸出取引等の範囲》に規定する「その他これらに類する外国貨物に係る役務の提供」には、例えば、外国貨物に係る検量若しくは港湾運送関連事業に係る業務又は輸入貨物に係る通関手続若しくは青果物に係るくんじょう等の役務の提供が含まれる。

解説　本通達は、消費税法施行令第17条第2項第4号《輸出取引等の範囲》に規定する輸出免税の対象となる範囲を明らかにしたものである。

消費税法施行令第17条第2項第4号の規定は、港湾運送事業者が行う港湾運送事業法第3条《事業の種類》に規定する事業で外国貨物に係るもの、港湾運送関連事業者が行う港湾運送事業法第2条第3項《定義》に規定する事業で外国貨物に係るもの及び倉庫業者が行う外国貨物の保管その他外国貨物に対する役務の提供について輸出免税とするものである。

ところで、消費税法施行令第17条第2項第4号の規定により輸出免税の対象とされるのは、外国貨物の荷役、運送、保管等に係る役務の提供であるから、これらの役務の提供である限り誰に対する役務の提供かは問わない。したがって、同令第17条第2項第3号の輸出免税とは異なり下請けが行うこれらの役務の提供であっても輸出免税の適用があることとなる。

また、輸出入に関する書類作成代行等について輸出免税の適用があるのは、

通関手続に限られるのであるから、例えば、運送状の作成代行や通関手続以外の届出代行等は輸出免税の適用はないこととなる。

(注) 通関手続として輸出免税の対象となるのは、通関業法第2条第1号イ(1)《定義》に掲げる通関手続（同法第7条《関連業務》の規定により通関手続に関連する業務として行うものを含む。）に係る役務の提供に限られる。

（指定保税地域等における役務の提供の範囲等）

7−2−13 令第17条第2項第4号《輸出取引等の範囲》に規定する「指定保税地域…における輸出しようとする貨物及び輸入の許可を受けた貨物に係るこれらの役務の提供」には、指定保税地域等にある輸出しようとする貨物又は輸入の許可を受けた貨物に係る荷役、運送、保管、検数、鑑定、検量又は通関手続等の役務の提供が含まれる。

(注) 指定保税地域等には、関税法第30条第1項第2号《外国貨物を置く場所の制限》の規定により税関長が指定した場所を含むものとして取り扱う。

【平18課消1−1　改正】

解説

(1) 本通達は、消費税法施行令第17条第2項第4号かっこ書《輸出取引等の範囲》に規定する輸出免税の範囲を明らかにしたものである。

消費税法施行令第17条第2項第4号本文においては、外国貨物に係る役務の提供について輸出免税の対象としている。しかし、保税地域においては、外国貨物に限らず内国貨物も存在し、役務の提供が外国貨物に対するものなのか内国貨物に対するものなのかを一々区分することは非常に困難である。そこで、同号かっこ書において、指定保税地域等にお

ける役務の提供のうち、輸出しようとする貨物に対する役務の提供及び輸入の許可を受けた貨物に対する役務の提供については、輸出免税の対象とするものである。

　ここで輸出免税の対象となるのは、輸出入に係る通関が行われた指定保税地域等と同一の指定保税地域等で行われる役務の提供に限られるから、例えば、ある指定保税地域等で輸入通関した貨物を他の指定保税地域等で保管するような場合には当該保管は免税の対象とはならないこととなる。

　したがって、関税法第67条の2第2項及び第3項ただし書《輸出申告又は輸入申告の手続》の規定により認められる本船扱い、ふ中扱い又は搬入前申告扱いの承認を受けた貨物の保税地域での保管やこれらの貨物に係る荷役等については輸出免税の適用はないこととなり、また、本船扱い等により輸入の許可を受けた貨物は内国貨物となることから、本船からの船卸等の役務の提供についても輸出免税の適用はないこととなる。

　なお、消費税法施行令第17条第2項第4号かっこ書に規定する指定保税地域等とは、次の施設等をいうこととなる。

　イ　指定保税地域については、関税法第37条第1項《指定保税地域の指定》により財務大臣が指定した施設
　ロ　保税蔵置場、保税展示場及び総合保税地域については、関税法第42条《保税蔵置場の許可》、第62条の2《保税展示場の許可》又は第62条の8《総合保税地域の許可》により税関長が許可した場所

(2)　外国貨物を置くことのできる場所は、原則として保税地域に限られる(関税法30本文)のであるが、保税地域に置くことが困難な貨物等については、保税地域以外の場所に置くこともできることとされている(関税法30ただし書)。

　そこで、関税法第30条第1項第2号《外国貨物を置く場所の制限》に定

める税関長が指定した場所については、関税法上の保税地域には該当しないものの、実質的には保税地域と何ら異なることはないことから、本通達の注書は、税関長が指定した場所については、消費税法施行令第17条第2項第4号の適用においては指定保税地域等と同じ取扱いをすることを明らかにしたものである。

（特例輸出貨物に対する役務の提供）

7－2－13の2 令第17条第2項第4号《輸出取引等の範囲》に規定する「特例輸出貨物の輸出のための船舶又は航空機への積込みの場所におけるもの」とは、特例輸出貨物を輸出するための船舶又は航空機へ積み込む場所及び当該特例輸出貨物を積み込んだ船舶又は航空機における当該特例輸出貨物の荷役、検数、鑑定又は検量等の役務の提供をいう。

【平18課消1－1　追加、平23課消1－35　改正】

解説　輸出申告は、その申告に係る貨物を保税地域等に搬入した後にしなければならないのであるが（関税法67の2③）、あらかじめ税関長の承認を受けた場合には、保税地域等に搬入することなく、輸出申告をすることができることとされている（関税法67の3①）。

この場合の輸出申告を特定輸出申告といい、当該特定輸出申告を行って税関長の輸出の許可を受けた貨物を「特例輸出貨物」という（関税法30①五）。

特例輸出貨物については、一般の輸出貨物とは異なり、指定保税地域等に搬入することなく、税関長の輸出許可を受け、外国貨物となる。このため、当該特例輸出貨物に係る役務の提供として輸出免税の対象とされるのは、消費税法施行令第17条第2項第4号かっこ書後段の規定により、指定保税地域等における荷役、検数、鑑定又は検量等の役務の提供、当該貨物を輸出するた

めの船舶又は航空機へ積み込む場所及び当該貨物を積み込んだ船舶又は航空機における当該貨物の荷役、検数、鑑定又は検量等の役務の提供並びに指定保税地域等相互間の運送に限られる。

　本通達は、消費税法施行令第17条第 2 項第 4 号かっこ書後段《輸出取引等の範囲》に規定する特例輸出貨物に係る役務の提供で「特例輸出貨物の輸出のための船舶又は航空機への積込みの場所におけるもの」の範囲を明らかにしたものである。

　したがって、指定保税地域等及び「特例輸出貨物を輸出するための船舶又は航空機へ積み込む場所及び当該特例輸出貨物を積み込んだ船舶又は航空機」以外の場所（例えば、輸出の許可を受けた場所や当該場所と指定保税地域等の間）における特例輸出貨物の荷役、検数、鑑定又は検量等の役務の提供は輸出免税の対象とはならないこととなる。

（その他これらに類する役務の提供）
7 ― 2 ― 14　関税法第40条《貨物の取扱い》の規定により指定保税地域において行うことができる行為として関税法基本通達40― 1 (1)～(4)に定めるものについては、令第17条第 2 項第 4 号《輸出取引等の範囲》に規定するその他これらに類する役務の提供に含まれる。

【平22課消 1 ― 9 　改正】

解説　外国貨物に係る荷役、運送、保管、検数、鑑定等の役務の提供は消費税法施行令第17条第 2 項第 4 号《輸出取引等の範囲》の規定により輸出免税の対象とされているが、これには、関税法第29条《保税地域の種類》に規定する指定保税地域における輸出しようとする貨物及び輸入の許可を受けた貨物に係るものを含むこととされている。

しかしながら、本来内国貨物である輸出しようとする貨物や輸入の許可を受けた貨物までを対象としていることから、消費税法施行令第17条第2項第4号に規定する「その他これらに類する役務の提供」が輸出免税の対象となるとしても指定保税地域における役務の提供の範囲は自ずと軽微な作業に限られることになる。

すなわち、関税法第40条《貨物の取扱い》において指定保税地域で行うことができる行為を定めているが、消費税法上、輸出免税の対象となる行為は、同条第1項に定める行為に限られ、具体的には、関税法基本通達40―1(1)～(4)に定めるものが該当することを本通達で明確にしたものである。

参考 関税法基本通達

（指定保税地域における貨物の取扱いの範囲）

40―1 法第40条の規定により指定保税地域において行うことができる行為の範囲については、次によるものとする。

(1) 同条第1項にいう「内容の点検」とは、貨物を開披してその内容品の品質若しくは数量を点検し、又はその機能について簡単な点検を行うことをいう。

(2) 同条第1項にいう「改装」とは、包装を改める行為をいい、一部積戻しのための分割包装等を含む。

(3) 同条第1項にいう「仕分け」とは、貨物を記号、番号別、荷主、仕向地別又はその名称等級別等に分類、選別することをいう。

(4) 同条第1項にいう「その他の手入れ」とは、貨物の記号、番号の刷換えその他貨物の現状を維持するために行うさびみがき、油さし、虫ぼし、風入れ、洗浄及びワックスかけ等をいう。なお、法第71条第1項《原産地を偽った表示等がされている貨物の輸入》に該当する原産地を偽った表示又は誤認させる表示がされている貨物について、その表示をまっ消し、取りはずし

又は訂正するための行為及び法第69条の11第１項第９号《輸入してはならない貨物》に該当する物品について、商標をまっ消するための行為を含む。

（非居住者の範囲）

7－2－15 法第８条第１項《輸出物品販売場における輸出免税の特例》及び令第１条第２項第２号《定義》に規定する「非居住者」には、本邦内に住所又は居所を有しない自然人及び本邦内に主たる事務所を有しない法人がこれに該当し、非居住者の本邦内の支店、出張所その他の事務所は、法律上の代理権があるかどうかにかかわらず、その主たる事務所が外国にある場合においても居住者とみなされるのであるから留意する。

解説 消費税法及び同法施行令においては、輸出物品販売場における非居住者への資産の譲渡に係る免税（法８①）、非居住者に対する役務の提供に係る輸出免税（令17②七）等非居住者に係る課税資産の譲渡等について特例制度を設けている。

非居住者については、消費税法第８条第１項《輸出物品販売場における輸出免税の特例》及び同法施行令第１条第２項第２号《定義》において外国為替及び外国貿易法第６条第１項第６号《定義》に規定する非居住者をいうこととしており、本通達は非居住者の範囲を念のため明らかにしたものである。

このように、自然人又は法人等が居住者に該当するのか非居住者に該当するのかは、外国為替及び外国貿易法上の定めを引用しているのであり、具体的には「外国為替法令の解釈及び運用について」（昭和55年11月29日付蔵国第4672号）通達により判定することになるが、その内容は次頁のとおりとなる。

自然人 (居住者又は非居住者と同居し、かつ、その生計費が専らその居住者又は非居住者に負担されている家族の居住性はその居住者又は非居住者の居住性に従う。)	本邦人	居住者	① 本邦人は原則として居住者として取り扱われる。 ② 本邦の在外公館に勤務する目的で出国し外国に滞在する者は居住者として取り扱われる。
		非居住者	① 外国にある事務所（本邦法人の海外支店等及び現地法人並びに国際機関を含む。）に勤務する目的で出国し外国に滞在する者。 ② 2年以上外国に滞在する目的で出国し外国に滞在する者。 ③ ①②に掲げる者のほか、本邦出国後外国に2年以上滞在するに至った者。 ④ ①又は③までに掲げる者で事務連絡、休暇等のため、一時帰国し、その滞在期間が6か月未満のもの。
	外国人	非居住者	① 外国人は原則として非居住者として取り扱われる。 ② 外国政府又は国際機関の公務を帯びる者。 ③ 外交官又は領事官及びこれらの随員又は使用人。ただし、外国において任命又は雇用された者に限られる。 ④ アメリカ合衆国軍隊、合衆国軍隊の構成員、軍属、これらの者の家族、軍人用販売機関等、軍用銀行施設又は契約者等。 ⑤ 国際連合の軍隊、国際連合の軍隊の構成員、軍属、家族、軍人用販売機関等及び軍事郵便局等。
		居住者	① 本邦内にある事務所に勤務する者。 ② 本邦に入国後6か月以上経過するに至った者。
法人等 (法人、団体機関その他これに準ずるものをいう。)	本邦法人等	居住者	法人は本邦内にその主たる事務所を有するか否かにより判定することとされる。 本邦の在外公館は、居住者として取り扱われる。
		非居住者	本邦法人の外国にある支店、出張所その他の事務所は非居住者として取り扱われる。
	外国法人等	非居住者	本邦にある外国政府の公館（使節団を含む。）及び本邦にある国際機関は非居住者として取り扱われる。
		居住者	外国法人の本邦にある支店、出張所その他の事務所はすべて居住者となる。

(非居住者に対する役務の提供で免税とならないものの範囲)

7—2—16 令第17条第2項第7号《非居住者に対する役務の提供のうち免税となるものの範囲》において輸出免税の対象となるものから除かれる非居住者に対する役務の提供には、例えば、次のものが該当する。

(1) 国内に所在する資産に係る運送や保管

(2) 国内に所在する不動産の管理や修理

(3) 建物の建築請負

(4) 電車、バス、タクシー等による旅客の輸送

(5) 国内における飲食又は宿泊

(6) 理容又は美容

(7) 医療又は療養

(8) 劇場、映画館等の興行場における観劇等の役務の提供

(9) 国内間の電話、郵便又は信書便

(10) 日本語学校等における語学教育等に係る役務の提供

【平15課消1—13 改正】

解説 国内において行われる役務の提供であっても、非居住者に対するものは消費税法施行令第17条第2項第7号《非居住者に対する役務の提供のうち免税となるものの範囲》の規定により、原則として、輸出免税の対象となるのであるが、非居住者に対する役務の提供であっても国内に所在する資産に係る運送や保管あるいは国内における飲食や宿泊のように当該非居住者が国内において直接便益を享受するものは、輸出免税の対象から除外されている。

本通達は、非居住者に対する役務の提供のうち、輸出免税の対象から除外されるものを具体的に例示したものであり、(1)から(3)までの役務の提供は国

内に所在する資産に係る運送又は保管及びこれらに準ずるものであり、(4)から(10)までの役務の提供は国内における飲食又は宿泊及びこれらに準ずるものである。

なお、例えば、国内に事務所等を有しない外国企業からの依頼を受けて①国内の事業者が国内代理店として行う事務、②新聞社、雑誌社等が行う広告の掲載、③弁護士が行う国内における特許権等に関する訴訟事務等は、国内において行われる非居住者に対する役務の提供として輸出免税の対象となる。

(国内に支店等を有する非居住者に対する役務の提供)

7—2—17　事業者が非居住者に対して役務の提供を行った場合に、当該非居住者が支店又は出張所等を国内に有するときは、当該役務の提供は当該支店又は出張所等を経由して役務の提供を行ったものとして、令第17条第2項第7号《非居住者に対する役務の提供》の規定の適用はないものとして取り扱う。

ただし、国内に支店又は出張所等を有する非居住者に対する役務の提供であっても、次の要件の全てを満たす場合には、令第17条第2項第7号に規定する役務の提供に該当するものとして取り扱って差し支えない。

(1)　役務の提供が非居住者の国外の本店等との直接取引であり、当該非居住者の国内の支店又は出張所等はこの役務の提供に直接的にも間接的にもかかわっていないこと。

(2)　役務の提供を受ける非居住者の国内の支店又は出張所等の業務は、当該役務の提供に係る業務と同種、あるいは関連する業務でないこと。

解説 非居住者に対して行われる役務の提供で、次のもの以外のものについては、輸出免税の対象とされている（令17②七）。

① 国内に所在する資産に係る運送又は保管
② 国内における飲食又は宿泊
③ ①及び②に掲げるものに準ずるもので、国内において直接便益を享受するもの

非居住者である外国法人又は個人事業者に対する役務の提供に関し、当該外国法人等が国内に支店、出張所等の施設を有する場合に、当該役務の提供が輸出免税の対象となるかどうかが問題となる。

この点については、当該外国法人等の国内の支店、出張所等が外国為替及び外国貿易法上居住者とされ、また、当該外国法人等に対する役務の提供が通常は当該法人等の国内の支店、出張所等を通じて行われる実態にあると考えられることから、消費税の取扱いにおいては、国外に本店又は主たる事務所がある外国法人等に対する役務の提供であっても、当該外国法人等が国内に支店、出張所等の施設を有する場合には、当該役務の提供は居住者たる国内の支店、出張所等を経由して役務の提供を行ったものとして課税の対象とするものとして取り扱っているところであり、本通達の前段でこのことを明らかにしている。

しかし、その役務の提供が当該外国法人等の国外の本店等に対して直接行われるものであり、国内の支店、出張所等がその役務の提供に係る取引に関与していない場合については、消費地課税主義に沿って国境税調整をするという輸出免税の趣旨に鑑み、課税することは適当ではないことから、一定の要件に該当する場合には輸出免税の対象として取り扱うこととし、本通達の後段でこのことを明らかにしている。なお、要件の(1)の「この役務の提供に直接的にも間接的にもかかわっていないこと」とは、外国の本店等に対して直接役務の提供が行われ、国内の支店、出張所等は、当該役務の提供に関し

て、契約締結交渉、事務の取次ぎ、代金の支払等一切の事務にかかわっていない実態にある場合をいうものである。

　また、非居住者である外国法人又は個人事業者に対する役務の提供が課税となる場合は、当然に当該役務の提供は当該外国法人等の課税仕入れに該当することとなる。

（外航船等への積込物品に係る輸出免税）

7―2―18 本邦と外国との間を往来する船舶又は航空機に内国貨物を積み込む場合において、当該積込みが外国籍の船舶又は航空機（外国籍の船舶又は航空機で、日本人が船主との契約によって船体だけを賃借（いわゆる裸用船）し、日本人の船長又は乗組員を使用している場合等実質的に日本国籍を有する船舶又は航空機と同様に使用されていると認められる場合における船舶又は航空機を除く。以下7―3―2において同じ。）へのものであるときは、法第7条第1項《輸出免税等》の規定が適用され、輸出免税の対象となる内国貨物に限定がないのに対し、本邦の船舶又は航空機への積込みであるときは、租特法第85条第1項《外航船等に積み込む物品の免税》の規定が適用され、同項に規定する指定物品のみが免税の対象となるのであるから留意する。

解説　外航船舶等（遠洋漁業船等を含む。）への貨物の積込みに係る免税については、外国籍の外航船舶等に内国貨物を積み込む場合には消費税法第7条第1項《輸出免税等》の規定が、外航船舶等に積み込むために外国貨物を保税地域から引き取る場合には輸徴法第12条第1項《船用品又は機用品の積込み等の場合の免税》の規定が、日本国籍の外航船舶等に内国貨物を積み込む場合には租税特別措置法第85条第1項《外航船等に積み込む物品の譲渡等

に係る免税》の規定がそれぞれ適用され、いずれも消費税が免除されることとなる。

これらの外航船舶等に対して免税で貨物を積み込む場合には、それぞれの根拠法により積み込める物品が定められており、租税特別措置法第85条第1項の規定により免税の対象となる貨物は租税特別措置法施行令第45条第1項各号に掲げる酒類及び製造たばこ又は船用品及び機用品に限られている。

本通達は、このことを念のため明らかにしたものである。

（合衆国軍隊の調達機関を通じて輸出される物品の輸出免税）

7−2−19 本邦にあるアメリカ合衆国軍隊の公認調達機関に納入する物品で、当該公認調達機関により、本法施行地外にあるアメリカ合衆国が公認し、かつ、規制する海軍販売所及びピー・エックスに輸出されるものについては、当該物品を納入する事業者が、当該物品を当該公認調達機関に納入した時に輸出したものとして、法第7条《輸出免税等》の規定を適用するものとする。

（注） 本法施行地内にある海軍販売所及びピー・エックスに対する物品の譲渡については、租特法第86条の2《海軍販売所等に対する物品の譲渡に係る免税》の規定が適用されることに留意する。

解説 本通達は、法施行地外、すなわち外国にある海軍販売所及びピー・エックスに輸出するために、本邦にあるアメリカ合衆国軍隊の公認調達機関が購入する物品は、当該物品の製造者が輸出する目的で製造場から移出するものではないが、最終的にはアメリカ合衆国軍隊の公認調達機関により輸出されるものであることから、輸出免税の規定（法7①）を適用することを明らかにしたものである。

なお、この場合の輸出証明書は、通常は軍事郵便局が証明したものによることになるが、直接軍用船に積み込まれ、軍事郵便局が関与しないような場合には、当該事実につき、極東軍司令部又は米国海軍陸上物品販売所が証明したものでも差し支えないこととしている。

（海外旅行者が出国に際して携帯する物品の輸出免税）

7－2－20　出入国管理及び難民認定法第25条《出国の手続》又は同法第60条《日本人の出国》の規定により海外旅行等のため出国する者（非居住者を除く。）が渡航先において贈答用に供するものとして出国に際して携帯する物品（その物品の1個当たりの対価の額が1万円を超えるものに限る。）で、帰国若しくは再入国に際して携帯しないことの明らかなもの又は渡航先において使用若しくは消費をするものについては、当該物品を当該出国する者に譲渡した事業者（法第8条第6項《輸出物品販売場の定義》の規定による輸出物品販売場の許可を受けている者に限る。）が輸出するものとして法第7条第1項《輸出免税等》の規定を適用する。ただし、当該海外旅行等のため出国する者が、渡航先において贈答用に供し帰国若しくは再入国に際して携帯しないものであること又は渡航先において2年以上使用し、若しくは消費するものであることを誓約した書類を当該事業者に提出した場合及び当該出国する者が出国時に税関長（沖縄地区税関長を含む。以下同じ。）に申請して輸出証明書の交付を受け、これを事業者が保存する場合に限り適用するものとする。

(注)　消費税が免除された物品を携帯して出国した者が、当該免除された物品を携帯して帰国又は再入国した場合（当該物品を携帯して出国した時から2年を経過したものであるときを除く。）には、当該物品につ

いて、他の法律により特に消費税を免除することとされているときを除き、消費税が課税される。

解説 物品の輸出免税については、消費税法上は事業者が行う本邦からの輸出としての資産の譲渡又は貸付けに限られている（法7①一）が、非居住者に対する国内での資産の譲渡については、一定の要件を満たすことにより消費税を免除する、いわゆる「輸出物品販売場免税制度」が設けられている（法8）。

本通達では、事業者自らが輸出者となるものではないものの実質的には輸出と同じ結果となるものについて、一定の要件を満たすことを条件として輸出物品販売場において、非居住者に対して物品を譲渡する場合に準じて輸出免税の規定を適用することとしたものである。

この取扱いにより輸出免税の適用を受けるためには次の要件を満たす必要があることとなる。

イ 譲渡に係る販売場が、消費税法第8条第6項《輸出物品販売場の許可》の許可を受けた販売場であること。

ロ 譲渡に係る物品が渡航先における贈答用又は渡航先において自ら使用若しくは消費するものとして出国に際して携帯する物品であること。

ハ 譲渡に係る物品の1個当たりの対価の額が1万円を超えるものであること。

ニ ロの要件を満たすものであることに付き譲渡を受ける者が作成した「海外旅行者が出国に際して携帯する物品の購入者誓約書」（様式通達第16号様式）を事業者において保存すること。

ホ 譲渡を受けた者が輸出したことにつき税関長が証明した「輸出証明書」（様式通達第17号様式）を事業者において保存すること。

なお、本通達の適用を受けて消費税が免除された物品を携帯して帰国した

場合には、例えば輸徴法第13条第1項《免税等》に該当するとき等、他の法律により特に消費税を免除することとしているときを除き、免除に係る消費税相当額が課税されるのである（注書）が、これを輸出免税の条件不履行として海外旅行者にその物品を販売した事業者について免税の取消しを行い、当該事業者から追徴することになる。

（保税蔵置場の許可を受けた者が海外旅行者に課税資産の譲渡を行う場合の輸出免税）

7―2―21　関税法第42条《保税蔵置場の許可》の規定により保税蔵置場の許可を受けた者が、その経営する保税地域に該当する店舗で、出入国管理及び難民認定法第25条《出国の手続》又は第60条《日本人の出国》の規定により出国の確認を受けた者（以下7―2―21及び7―2―23において「出国者」という。）に対して課税資産の譲渡を行った場合において、当該出国者が帰国若しくは再入国に際して当該課税資産を携帯しないことが明らかなとき又は渡航先において当該課税資産を使用若しくは消費をすることが明らかなときは、当該課税資産を当該保税蔵置場の許可を受けた者が輸出するものとして法第7条第1項《輸出免税等》の規定を適用する。

解説　本通達も基本通達7―2―20と同様、物品の譲渡をした事業者が自ら輸出するものではないものの、譲渡を受けた者が国外に携帯することが明らかなものについて消費税法第7条第1項《輸出免税》の規定を適用して消費税を免除することとしているものである。

本通達の適用を受けるのは、関税法第42条《保税蔵置場の許可》の規定により保税蔵置場の許可を受けた者が経営する保税地域に該当する店舗で、出

国の確認を受けた者が利用する店舗であるから、国際空港における免税売店等に限られることとなる。ただし、国際空港の国際線の航空機に搭乗する直前の乗客が利用する、いわゆる「サテライトショップ」については、保税地域には該当しないものの、当該場所で購入した物品については、旅行者によって海外へ持ち出されることが明らかな実態を踏まえて、本通達を適用することとしている。

なお、本取扱いは、輸出物品販売場における免税制度とは異なり、購入した者が国外に携帯することが客観的に明らかなものを対象としているので、購入者において国外へ携帯する旨の誓約書等は必要なく、消費税法施行規則第5条第1項第1号《輸出取引の輸出証明》に規定する税関長が証明した書類を保存することで足りることとしている。

（加工又は修繕のため輸出された課税物品に係る消費税の軽減）
7—2—22 輸徴法第15条の2《加工又は修繕のため輸出された課税物品に係る消費税の軽減》の規定の取扱いについては、関税定率法基本通達の11—1から11—6《加工又は修繕のため輸出された貨物の減税等》の規定を準用するものとする。

解説 加工又は修繕のために輸出された課税物品で輸出の許可の日から1年以内に輸入されるものについては、当該課税物品が輸出の許可の際の性質及び形状により輸入されるとした場合の消費税の範囲内において、消費税を軽減することができることとされている（輸徴法15の2）。

これは、同一物品に対する二重課税を防止するために設けられた制度であり、加工又は修繕のために輸出した物品を再輸入した場合には、当該加工又は修繕により価値が上昇した部分についてのみ課税しようとするものである。

また、その規定の内容は関税定率法第11条《加工又は修繕のため輸出された貨物の減税》と同様となっていることから、取扱いについても関税定率法の取扱いに準ずることを明らかにしたものである。

(輸出証明書等)

7−2−23　法第7条第2項《輸出証明》に規定する「その課税資産の譲渡等が……、財務省令で定めるところにより証明されたもの」又は租特法規則第36条第1項《外航船等に積み込む物品の譲渡等に係る免税》に規定する「承認を受けた事実を証明する書類」は、次に掲げる場合の区分に応じ、それぞれ次の帳簿又は書類となるのであるから留意する。

(1) 法第7条第1項第1号《輸出免税》に掲げる輸出として行われる資産の譲渡又は貸付けである場合

　イ　関税法第67条《輸出又は輸入の許可》の規定により輸出の許可を受ける貨物である場合（船舶又は航空機の貸付けである場合を除く。）　輸出許可書

　（注）電子情報処理組織による輸出入等関連業務の処理等に関する法律第3条《情報通信技術利用法の適用》の規定に基づき、電子情報処理組織を使用して輸出申告し、輸出の許可があったものにあっては、「輸出許可通知書（輸出申告控）」又は「輸出申告控」及び「輸出許可通知書」が輸出許可書に該当するものとする。

　ロ　郵便物として当該資産を輸出（以下7−2−23において「郵便による輸出」という。）した場合において、当該輸出の時における当該資産の価額が20万円を超えるとき　規則第5条第1項第1号《輸出取引の輸出証明》に規定する税関長が証明した書類

(注) 輸出の時における当該資産の価額が20万円を超えるかどうかの判定は、原則として郵便物一個当たりの価額によるが、郵便物を同一受取人に2個以上に分けて差し出す場合には、それらの郵便物の価額の合計額による。

　ハ　郵便による輸出のうち当該輸出の時における輸出される資産の価額が20万円以下の場合　　規則第5条第1項第2号《郵便物を輸出した場合の輸出証明》に規定する帳簿又は書類

　ニ　出国者が出国に際し携帯輸出する物品を、関税法第42条《保税蔵置場の許可》の規定により保税蔵置場の許可を受けた者が当該出国者に譲渡する場合　　規則第5条第1項第1号に規定する税関長が証明した書類

　ホ　7—2—20の規定の適用がある場合　　規則第5条第1項第1号に規定する税関長が証明した書類

　ヘ　外国籍の船舶又は航空機に内国貨物を積み込むために資産を譲渡する場合　　船（機）用品積込承認書

　ト　船舶又は航空機の貸付けである場合　　規則第5条第1項第4号《輸出免税等の輸出証明》に規定する書類

(2) 法第7条第1項第3号《輸出免税等》に掲げる輸送若しくは通信又は令第17条第2項第5号《輸出取引等の範囲》に掲げる郵便又は信書便である場合　　規則第5条第1項第3号《国際輸送等の輸出証明》に規定する帳簿又は書類

(3) 法第7条第1項各号《輸出免税等》に掲げる資産の譲渡等のうち、(1)及び(2)に掲げる資産の譲渡等以外の資産の譲渡等である場合　　規則第5条第1項第4号に規定する書類

(4) 租特法第85条第1項《外航船等に積み込む物品の譲渡等に係る免税》に掲げる外航船等に船用品又は機用品として積み込むために指

定物品を譲渡する場合　　　船（機）用品積込承認書

【平12官総8－3、平15課消1－13、平23課消1－35　改正】

解説　本通達は、輸出免税取引の類型別に輸出証明の方法を整理し、列記したものである。

　なお、消費税法施行令第17条第1項第4号に規定する特例輸出貨物に係る指定保税地域等相互間の運送の場合、関税法基本通達67の3－1－9により、取引事業者において当該運送に係る運送指図書、請求書等の書類を保存することとされており、これらの書類に消費税法施行規則第5条第1項第4号に掲げる事項が記載されていれば、消費税法第7条第2項に規定する証明がなされることとなる。

第3節　租税特別措置法関係

　消費税の免除に係る規定として、消費税法で定めているものの外に、租税特別措置法第85条《外航船等に積み込む物品の譲渡等に係る免税》、同法第86条《外国公館等に対する課税資産の譲渡等に係る免税》及び同法第86条の2《海軍販売所等に対する物品の譲渡に係る免税》の規定がある。

　これらの租税特別措置法の規定は、本来は課税の対象となる国内における資産の譲渡等について、外国との相互主義等一定の政策的配慮等に基づいて消費税を免除しようとするものである。

　なお、租税特別措置法上の規定以外にも、例えば、所得臨特法第7条《消費税法の特例》等が設けられている。

（外航船等に積み込む物品の範囲）

7－3－1　租特法第85条第1項《外航船等に積み込む物品の譲渡等に

係る免税》の規定により消費税が免除される指定物品は、消費税の課税の対象となる物品で関税法第２条第１項第９号及び第10号《定義》に規定する船用品又は機用品に該当する物品と同じ範囲のものであるから留意する。

解説 日本国籍の外航船等（本邦と外国との間を往来する船舶（遠洋漁業船等を含む。））に船用品又は機用品を積み込む場合には、消費税を免除することとされている（租特法85①）。この場合において、免除を受けられる物品は「指定物品」に限られることとなっているが、租税特別措置法施行令第45条第１項において指定物品の範囲を「酒類及び製造たばこ」並びに「関税法第２条第１項第９号及び第10号に規定する船用品及び機用品（前号に掲げる物品を除く。）」と規定されている。このことから、本通達は、日本国籍の外航船等に対しても外国籍の外航船等と同じ範囲の物品が免税で積み込めることを明らかにしたものである。

（外航船等の範囲）

７－３－２　租特法第85条第１項《外航船等に積み込む物品等に係る免税》の規定が適用される外航船等は、本邦と外国との間を往来する本邦の船舶（これに準ずる租特法令第45条第２項《外航船等に準ずる船舶の範囲》及び租特法規則第32条《遠洋漁業船等の範囲》に規定する遠洋漁業船等を含む。）又は航空機（７－２－18において、外国籍の船舶又は航空機から除かれるものを含む。）に限られるのであるから留意する。

（注）　外国籍の船舶又は航空機に内国貨物を積み込む場合には、法第７条第１項《輸出免税等》の規定が適用され、当該外国籍の船舶又は航空機に船用品又は機用品として積み込むために外国貨物を保税地域から

引き取る場合には、輸徴法第12条第1項《船用品又は機用品の積込み等の場合の免税》の規定が適用される。

解説 本通達では、船用品又は機用品の積込みが免税となる船舶又は航空機の範囲が限定されているものであることを明らかにするとともに、船舶又は航空機の種類ごとの法令の適用関係を明らかにしたものである。

（外航船等に積み込む物品の譲渡等に係る免税の手続）

7－3－3　租特法第85条第1項《外航船等に積み込む物品等に係る免税》に規定する消費税の免除の手続等については、関税法基本通達23－1－1から23－17まで《船用品又は機用品の積込みの手続き等》の規定を準用するものとする。

（注）　この場合の輸出証明については、7－2－23に規定するところにより行うこととなるのであるが、外航船等に積み込む指定物品が酒類又は製造たばこである場合において、酒税法又はたばこ税法の証明手続によって積込承認書を製造場の所轄税務署長に提出しているときは、消費税の証明要件も満たしているものとして取り扱う。

【平18課消1－1　改正】

解説　本通達では、租税特別措置法第85条第1項《外航船等に積み込む物品等に係る免税》に規定する消費税の免除の手続等について、関税法における船用品又は機用品の積込みの手続き等に準じて行うことを明らかにしたものである。

なお、外航船等に積み込む物品が酒類又は製造たばこである場合には、酒税又はたばこ税の免税を受けるための証明書を酒税又はたばこ税の納税申告

書に添付することとなっていることから、酒税又はたばこ税の免税の手続等に従って酒税又はたばこ税の免税のための証明書を納税申告書に添付して所轄税務署長に提出している場合には、消費税の免税のための証明書も同じ証明書によることとなることから、事業者において保存する必要はないことを明らかにしているものである。

また、船用品又は機用品を積み込む場合において、実際に積み込む者と船用品又は機用品を船舶運航事業者等に販売する者が異なることが多いが、このような場合には、船用品又は機用品の積込承認申告書の申告者住所氏名欄に実際の積込者と譲渡者について二段書することにより、船用品又は機用品の譲渡に係る免税が可能となる取扱いをすることとしている。

（外航船等について資格の変更があった場合の取扱い）

7－3－4　租特法第85条第1項《外航船等に積み込む物品の譲渡等に係る免税》に規定する外航船等について、関税法第25条《船舶又は航空機の資格の変更》の規定による資格の変更があった場合における船用品又は機用品の取扱いについては、関税法基本通達25－4《船舶の資格内変の際における残存船用品の取扱い》の規定を準用するものとする。

解説　租税特別措置法第85条第1項《外航船等に積み込む物品の譲渡等に係る免税》の規定により、船用品又は機用品の積込みについて消費税を免除された船舶又は航空機について、関税法第25条《船舶又は航空機の資格の変更》の規定による届出をした結果、租税特別措置法第85条第2項第2号《外航船等の資格変更の場合の消費税の徴収》の規定に該当することとなった場合には、資格変更の時に現存する指定物品に係る消費税を徴収することとな

るのであるが、この場合の取扱いについては、関税法基本通達25—4《船舶の資格内変の際における残存船用品の取扱い》に準ずることを明らかにしたものである。

第8章　輸出物品販売場における輸出物品の譲渡に係る免税

　輸出物品販売場を経営する事業者（免税事業者を除く。）が、非居住者に対し通常生活の用に供する物品で、輸出するため所定の方法により購入されるものの譲渡を行った場合には消費税が免除される（法8①）。
　この場合の「輸出物品販売場」とは、事業者（免税事業者を除く。）が経営する販売場で、納税地の所轄税務署長の許可を受けた販売場をいう（法8⑥）。

第1節　適用範囲等

（輸出物品販売場における輸出免税の特例の適用範囲）

8—1—1　法第8条第1項《輸出物品販売場における輸出免税の特例》の規定は、輸出物品販売場を経営する事業者が、同項に規定する非居住者に対し、令第18条第1項《輸出物品販売場で譲渡する物品の範囲》に規定する免税対象物品で、輸出するため同条第2項《購入手続》に規定する方法により購入されるものの譲渡を行った場合に適用されるのであるから、一般物品（同項第1号に規定する一般物品をいう。以下8—1—7の3までにおいて同じ。）の譲渡については、非居住者が、国内において生活の用に供した後に、輸出するため購入する場合であっても法第8条第1項の規定により消費税が免除されることに留意する。

　（注）　非居住者が、国内において生活の用に供するために購入する消耗品等（令第18条第1項第2号に規定する消耗品並びに同条第5項《一般

物品と消耗品とが一の資産を構成している場合》の規定により消耗品として同条第１項第２号及び第２項の規定が適用される資産をいう。以下８―１―７の３までにおいて同じ。）の譲渡については、法第８条第１項の規定の適用はない。

【平26課消１―８、平28課消１―57　改正】

解説　輸出物品販売場において非居住者に対して行う物品の譲渡を免税とする趣旨は、非居住者が国内で購入した物品を土産品等として日本国外へ持ち帰る場合には、その非居住者に対する譲渡は実質的な輸出と同じであることから、その譲渡を免税の対象とするというものである。したがって、非居住者が購入することのみならず、その物品が最終的に国外へ持ち出されることが条件となる。本通達は、非居住者に対する物品の譲渡について、どのような場合に実質的な輸出として免税の対象とすることができるか、その適用範囲を明らかにしたものである。

　輸出物品販売場における免税の適用範囲の具体的な取扱いは、次のとおりとなる。

(1)　輸出物品販売場における免税対象物品は、次に掲げる物品以外の物品とされている（令18①）。

　①　金又は白金の地金その他通常生活の用に供しない物品

　②　通常生活の用に供する物品のうち消耗品（消費税法施行令第18条第１項第２号に規定する消耗品）に該当するものであって、その非居住者に対して、同一の輸出物品販売場において同一の日に譲渡する当該消耗品の譲渡に係る対価の額の合計額が50万円を超える物品

　したがって、非居住者が事業用又は販売用として購入することが明らかな物品は免税対象物品には含まれない。例えば、事業用の機械器具や販売用として多量に購入されるような物品の譲渡は免税とならないこと

となる。

(2) この免税制度は、非居住者が国内で購入した物品を土産品等として日本国外へ持ち帰る場合は、実質的な輸出と同じであることから設けられているものである。したがって、最終的に国外へ持ち出される物品であれば、一般物品（消費税法施行令第18条第2項第1号に規定する一般物品）については、例えば、輸出物品販売場で購入したカメラを用いて国内で撮影する場合のように購入者たる非居住者が出国するまでの間、国内で使用していたとしても免税されることになる。

一方で、消耗品等（消耗品並びに同条第5項の規定により消耗品として同条第1項第2号及び第2項の規定が適用される資産）については、指定された方法により包装を行い、出国時までに消費又は使用しないことを条件として免税とされているのであって、非居住者が国内において消費又は使用するために購入する消耗品等については、免税とならない。

本通達は、このことを念のため明らかにしたものである。

（「対価の額の合計額」の意義）

8―1―2　法第8条第1項《輸出物品販売場における輸出免税の特例》並びに令第18条第1項第2号《輸出物品販売場で譲渡する物品の範囲》及び第2項第1号ハ《購入手続》に規定する「対価の額の合計額」は、同一の輸出物品販売場において、同一の日に、同一の非居住者に対して複数の一般物品又は消耗品等を譲渡した場合は、一般物品又は消耗品等の区分に応じたそれぞれの「対価の額の合計額」をいうことに留意する。

なお、同一の輸出物品販売場において、同一の日に、同一の非居住者に対して時間又は売場を異にして、複数の一般物品又は消耗品等を

譲渡した場合も同様である。

【平26課消1-8、平28課消1-57改正】

解説 輸出物品販売場における免税対象物品は、輸出するために購入される物品のうち金又は白金の地金その他通常生活の用に供しない物品以外の物品で、その対価の額の合計額が一定金額以上の物品（消耗品等については50万円までの範囲内）とされている（法8①、令18①、⑧）。

本通達は、同一の市中輸出物品販売場（消費税法施行令第18条第2項第1号に規定する市中輸出物品販売場）において、同一の日に、同一の非居住者に対して、複数の一般物品と消耗品等を譲渡する場合、一般物品と消耗品等のそれぞれの対価の額の合計額が、一般物品については5千円以上かどうか、消耗品等については5千円以上50万円までの範囲内であるかどうかをそれぞれ判定することを明らかにしている。

また、同一の市中輸出物品販売場において、同一の日に、同一の非居住者に対して、時間又は売場を異にして複数の一般物品又は消耗品等を譲渡した場合に、これらの対価の額をまとめたところで免税の手続をとることができるが、この場合、一般物品と消耗品等のそれぞれの「対価の額の合計額」についても、同様に判定することとなる。

なお、基地内輸出物品販売場（同条第2項第4号に規定する基地内輸出物品販売場）においては、一般物品の譲渡の場合には、その対価の額の合計額が5千円以上の物品が免税対象物品となるという金額基準の定めはないが、消耗品等の譲渡の場合には、その対価の額の合計額が5千円以上50万円までの範囲内とされている（法8①、令18①、⑦、⑧三）。

(一般物品と消耗品とが一の資産を構成している場合)

8－1－2の2　令第18条第5項《一般物品と消耗品とが一の資産を構成している場合》に規定する「一般物品と消耗品とが一の資産を構成している場合」とは、一般物品と消耗品（同条第1項第2号《輸出物品販売場で譲渡する物品の範囲》に規定する消耗品をいう。）を組み合わせて一の商品としている場合をいう。

　なお、一般物品の機能を発揮するために通常必要な消耗品が当該一般物品に付属されている場合は、「一般物品と消耗品とが一の資産を構成している場合」に該当せず、一の一般物品に該当することに留意する。

【平26課消1－8　追加、平28課消1－57改正】

解説　本通達は、輸出物品販売場において譲渡される物品が、消耗品として消費税法施行令第18条第1項第2号及び第2項の規定が適用される「一般物品と消耗品とが一の資産を構成している場合」について、一般物品と消耗品とを組み合わせて一の商品としている場合であることを明らかにしている（【参考1】参照）。

　また、一般物品の機能を発揮するために通常必要な消耗品が当該一般物品に付属されている場合は、「一般物品と消耗品とが一の資産を構成している場合」に該当せず、当該一般物品と付属された消耗品とをそれぞれ別の物品と捉えるのではなく、一の一般物品に該当することを念のため明らかにしたものである（【参考2】参照）。

【参考1】消耗品とされる例（一般物品と消耗品とを組み合わせて一の商品としている場合）

　・おもちゃ付き菓子

・ポーチ付き化粧品
・グラス付き飲料類

【参考2】一般物品とされる例（一般物品の機能を発揮するために通常必要な消耗品が当該一般物品に付属されている場合）

・必要最小限の乾電池が付属された電化製品
・インクカートリッジが装着された状態のプリンタ

（災害その他やむを得ない事情の範囲）

8－1－3　法第8条第2項ただし書《輸出物品販売場免税の不適用の規定を適用しない場合等》に規定する「災害その他やむを得ない事情」の意義は、次の各号に掲げるところによる。

(1)　「災害」とは、震災、風水害、雪害、凍害、落雷、雪崩、がけ崩れ、地滑り、火山の噴火等の天災又は火災その他の人為的災害で自己の責任によらないものに基因する災害をいう。

(2)　「やむを得ない事情」とは、前号に規定する災害に準ずるような状況又は当該事業者の責めに帰することができない状況にある事態をいう。

解説　輸出物品販売場を経営する事業者は、「購入者誓約書」（消費税法施行令第18条第2項第1号ロ及び第4号に規定する購入後において輸出する旨を誓約する書類並びに同項第2号イ及び第5号に規定する購入した日から30日以内に輸出する旨を誓約する書類をいう。）を免税で販売した日の属する課税期間の末日の翌日から2月を経過した日から7年間保存しなければならず（規則7①）、当該「購入者誓約書」を保存しない場合には輸出免税の適用を受けることができないこととされている（法8②）。

ただし、災害その他やむを得ない事情により保存することができなかったことを当該事業者が証明した場合はこの限りではないこととされている。

そこで、本通達は「災害」及び「やむを得ない事情」の範囲について明らかにしたものである。したがって、天災や人為的災害で自己の責任によらない災害の場合や、このような災害に準ずるような状況又はその事業者の責めに帰することができないような状況にある場合に、当該書類を保存できなかったことをその事業者が証明したときには、輸出免税の適用を受けることができることとなる。

（免税購入した消耗品等を国内において生活の用に供した場合）

8－1－3の2　輸出物品販売場において、令第18条第2項《購入手続》に規定する方法により消耗品等を購入した非居住者が、当該消耗品等を国内において生活の用に供した場合には、法第8条第3項《輸出免税物品を輸出しない場合の消費税の即時徴収》に規定する「当該物品を輸出しないとき」に該当することに留意する。

【平26課消1－8　追加】

解説　非居住者が輸出物品販売場において購入した消耗品等を国内においてその全部又は一部を消費又は使用した場合、購入時の消耗品等が、そのまま国外に持ち出されることにならないことから、消費税法第8条第3項に規定する「当該物品を輸出しないとき」に該当する。

本通達は、このことを明らかにしている。

（輸出免税物品につき国内で譲渡等があった場合の消費税の即時徴収）

8―1―4　法第8条第5項《輸出免税物品の譲渡等があった場合の消費税の即時徴収》の規定は、同条第1項《輸出物品販売場における輸出免税の特例》に規定する物品で非居住者が輸出物品販売場において同項に規定する方法により購入したもの（以下8―1―4及び8―1―5において「輸出免税物品」という。）を、当該非居住者が国内において譲り渡した場合（譲渡の委託を受けた者又は媒介をする者に所持させた場合を含む。）、当該輸出免税物品を当該非居住者から譲り受けた場合及び当該輸出免税物品を当該非居住者から引渡しを受けて所持した場合（譲渡若しくは譲受けの委託を受け、又は媒介のための当該輸出免税物品の引渡しを受けて所持した場合をいう。）に適用される。この場合において、同項に規定する当該輸出免税物品を譲渡した者（輸出免税物品を所持をさせた者を含む。）が判明せず、かつ、当該輸出免税物品を譲り受けた者と当該譲渡に関して所持した者とがあるときは、当該所持した者から同条第5項の規定により消費税を徴収するのであるから留意する。

【平28課消1―57　改正】

解説　輸出物品販売場における輸出免税の特例は、輸出物品販売場で販売された特定物品が非居住者によって日本国外に持ち出されることを前提として設けられた制度であることから、これらの特定物品の購入者は、日本国内において処分することが禁止されている（法8④）。具体的には、購入者である非居住者の譲渡行為、当該非居住者からの譲受行為のほか、これらの譲渡行為や譲受行為が第三者を介して行われる場合において、仲介者に所持さ

せる行為、又は仲介者が他の者に引き渡すために所持する行為が禁止されている（法8④）。

ただし、当該物品の譲渡又は譲受けをすることにつきやむを得ない事情がある場合において、当該物品の所在場所を所轄する税務署長の承認を受けたときは、当該物品の譲渡又は譲受けを行うことができることとされている（法8③ただし書）。

ところで、このような免税物品の譲渡又は譲受けが行われたときは、その物品についての消費税を直ちに徴収することとされている。この場合、税務署長の承認を受けて譲渡又は譲受けが行われたときは、当該承認を受けた者から徴収することとなる。また、その承認を受けないで譲渡又は譲受けが行われたときは、譲り渡した者又は媒介等のために所持させた者が判明している場合にはそれらの者から、また、それらの者が判明していない場合には、譲り受けた者又は当該所持をした者から徴収することとされている（法8⑤）。

なお、この場合において当該物品を譲渡した者が判明しないが、当該物品について譲り受けた者と媒介等のためにこれを所持した者がいるときは、その所持をした者から消費税を徴収することとなる。本通達はこのことを念のため明らかにしたものである。

（即時徴収する場合の法定納期限及び延滞税の起算日）

8―1―5　法第8条第3項《輸出免税物品を輸出しない場合の消費税の即時徴収》及び同条第5項《輸出免税物品の譲渡等があった場合の消費税の即時徴収》の規定により直ちにその消費税を徴収する場合の法定納期限は、次に掲げる日であり、延滞税の計算は当該法定納期限の翌日から起算することとなるのであるから留意する。

(1)　法第8条第3項の規定によるもの（(2)に掲げるものを除く。）

同項に規定する非居住者が本邦から出国する日（その者が居住者となる場合には当該居住者となる日）

(2) 令第18条第12項《国際第二種貨物利用運送事業者が輸出免税物品を輸出しない場合の消費税の即時徴収》の規定により読み替えて適用する法第8条第3項の規定によるもの　令第18条第2項第3号《購入手続》に規定する国際第二種貨物利用運送事業者が同号の規定に基づき非居住者から引渡しを受けた輸出免税物品を輸出しないこととなった日（当該輸出しないこととなった日が明らかでないときは、当該輸出免税物品の輸出に係る運送契約を締結した日）

(3) 法第8条第5項の規定によるもの　同項に規定する譲渡若しくは所持させた日又は譲受け若しくは所持をした日

【平28課消1―57　改正】

解説　非居住者が輸出物品販売場において購入した輸出免税物品を輸出しない場合や非居住者が居住者となった場合、国際第二種貨物利用運送事業者（消費税法施行令第18条第2項第3号に規定する国際第二種貨物利用運送事業者）が非居住者から引渡しを受けた輸出免税物品を輸送途中の事故等により紛失するなどして輸出しないこととなった場合及び輸出免税物品について譲渡又は譲受けがあった場合には、直ちにその消費税を徴収することとされている（法8③、⑤、令18⑫）。

　本通達は、これらの場合における法定納期限及び延滞税の起算日について明らかにしたものである。

（輸出物品販売場免税の不適用の規定を適用しない場合等）

8―1―6　法第8条第2項ただし書《輸出物品販売場免税の不適用の

規定を適用しない場合等》に規定する「既に次項本文若しくは第5項本文の規定の適用があった場合」とは、既に同条第3項本文《輸出免税物品を輸出しない場合等》又は第5項本文《輸出免税物品の譲渡等があった場合》の規定を適用して賦課決定が行われた場合をいう。

同条第3項ただし書又は第5項ただし書《輸出物品販売場免税の不適用の規定を適用しない場合等》に該当する場合も同様とする。

解説 輸出物品販売場における輸出免税の特例を受けるためには、輸出物品販売場を経営する事業者が「購入者誓約書」を免税で販売した日の属する課税期間の末日の翌日から2月を経過した日から7年間保存しなければならないが、当該「購入者誓約書」を保存しない場合には、原則として、輸出免税の適用を受けることができないこととされている（法8②）。この場合において、非居住者が輸出物品販売場において購入した物品を輸出しなかった場合や非居住者が居住者となった場合、又は輸出免税物品について譲渡又は譲受けがあった場合で、既に消費税法第8条第3項本文《輸出免税物品を輸出しない場合等》又は第5項本文《輸出免税物品の譲渡等があった場合》により賦課決定を受けているときには、同法第8条第2項《輸出物品販売場免税の不適用》の規定によって重ねて消費税を課せられることはない。本通達の前段は、このことを念のため明らかにしたものである。

また、同様に同法第8条第3項ただし書又は第5項ただし書《輸出物品販売場免税の不適用の規定を適用しない場合等》に該当する場合にも、それぞれの規定の重複適用を排除することとしている。本通達の後段は、このことを併せて明らかにしたものである。

（購入記録票の旅券等への貼付方法）

8 — 1 — 7　令第18条第2項第1号又は第2号《購入手続》の規定により、同項に規定する市中輸出物品販売場を経営する事業者又は承認免税手続事業者（令第18条の2第7項《承認免税手続事業者の定義》に規定する承認免税手続事業者をいう。以下8—2—2の2までにおいて同じ。）が旅券等（令第18条第2項第1号イに規定する旅券等をいう。以下8—1—8までにおいて同じ。）に購入記録票（同号イに規定する購入の事実を記載した書類をいう。以下8—1—8までにおいて同じ。）を貼付ける場合は、最初に貼付ける購入記録票は、当該旅券等と割印できるようにのり付け等の方法により貼付けた上、次の形式の印をもって割印し、以後に貼付ける購入記録票は、その直前に貼付けた購入記録票と割印できるようにのり付け等の方法により貼付け、割印する。

　なお、購入記録票は、出入国記録（E／Dカード）に貼付けるのではないことに留意する。

輸
免　　規格　おおむね横6mm、縦8mm

【平26課消1—8、平27課消1—9、平28課消1—57　改正】

解説　市中輸出物品販売場における一般物品又は消耗品等の非居住者に対する譲渡について輸出免税の特例を受けるための要件の一つとして、購入記録票（消費税法施行令第18条第2項第1号イに規定する購入の事実を記載した書類）を旅券等に貼り付けることとされているが（令18②一、二）、本通達は、購入者が国内において数次にわたり購入する場合には、順次、旅券等と購入

記録票、購入記録票と購入記録票との割印をし、連続性をもたせる方法で貼付けを行うことを明らかにしたものである。

> **(購入記録票等の記載を省略する場合の明細書等の貼付方法)**
> 8―1―7の2　規則第6条第9項《購入記録票等の記載事項の省略》の規定により、購入記録票、購入者誓約書（令第18条第2項第1号ロ及び第4号《購入手続》に規定する購入後において輸出する旨を誓約する書類並びに同項第2号イ及び第5号に規定する購入した日から30日以内に輸出する旨を誓約する書類をいう。以下8―1―7の5までにおいて同じ。）又は運送契約書の写し（同項第3号ロ及び第6号に規定する書類をいう。以下8―1―7の2及び8―1―7の4において同じ。）に明細書等（規則第6条第9項に規定する明細書等をいう。以下8―1―7の2において同じ。）を貼付ける場合は、最初に貼付ける明細書等は、当該購入記録票、購入者誓約書又は運送契約書の写しと割印できるようにのり付け等の方法により貼付けた上で割印し、以後に貼付ける明細書等は、その直前に貼付けた明細書等と割印できるようにのり付け等の方法により貼付け、割印する。
>
> なお、この場合の印の形式は8―1―7に定める形式による。

【平26課消1―8　追加、平27課消1―9、平28課消1―57　改正】

解説　購入記録票、購入者誓約書（消費税法施行令第18条第2項第1号ロ及び第4号に規定する購入後において輸出する旨を誓約する書類並びに同項第2号イ及び第5号に規定する購入した日から30日以内に輸出する旨を誓約する書類）又は運送契約書の写し（同項第3号ロ及び第6号に規定する書類に記載すべき事項の全部又は一部が記載された明細書等（規則第6条第9項に規定する明細書

等))を購入記録票等(購入記録票、購入者誓約書又は運送契約書の写しをいう。以下同じ。)に貼り付け、かつ、当該明細書等と当該購入記録票等とを割印した場合には、当該明細書等に記載された事項については、当該購入記録票等への記載を省略できることとされている(規則6⑨)。

　本通達は、購入記録票等に明細書等を貼り付ける場合について、購入記録票等と明細書等、明細書等と明細書等との間に割印をし、連続性をもたせる方法で貼付けを行うことを明らかにしている。

　なお、印の形式については、8―1―7に定める形式と同様である。

(一般物品と消耗品等を譲渡する場合の購入記録票等の作成方法)

8―1―7の3　同一の輸出物品販売場において、同一の日に、同一の非居住者に対して一般物品と消耗品等を譲渡する場合に作成することとなる購入記録票は、一の書類として作成することができる。

　この場合において、その記載事項のうち、例えば、購入者の氏名、国籍、生年月日など、同一の記載内容については、重複して記載することを要しないが、同一の記載内容でない「一般物品の品名、品名ごとの数量及び価額並びに当該一般物品の価額の合計額」及び「消耗品の品名、品名ごとの数量及び価額並びに当該消耗品の価額の合計額」については、それぞれ区分して記載する必要があることに留意する。

(注)　同一の輸出物品販売場において、同一の日に、同一の非居住者に対して一般物品と消耗品等を譲渡する場合に作成することとなる購入者誓約書についても同様である。

【平26課消1―8　追加】

解説　同一の輸出物品販売場において、同一の日に、同一の非居住者に対

して一般物品と消耗品等を譲渡する場合に作成することとなる購入記録票は、一般物品に係る購入記録票と消耗品等に係る購入記録票をそれぞれ作成する必要はなく、一の書類として作成することができる。

この場合、その記載事項のうち、例えば、購入者の氏名、国籍、生年月日など、一般物品に係る購入記録票の記載事項と消耗品等に係る購入記録票の記載事項の記載内容が同一となる事項については、重複して記載する必要はない。

ただし、例えば、同一の市中輸出物品販売場において、同一の非居住者に対して、一般物品と消耗品等を譲渡する場合、それぞれの対価の額の合計額が、一般物品については1万円を超えるかどうか、消耗品等については5千円を超え50万円までの範囲内であるかどうかをそれぞれ判定する必要があることから（法8①、令18①、⑦一、二）、一の書類として作成する場合であっても、「一般物品の品名、品名ごとの数量及び価額並びに当該一般物品の価額の合計額」と「消耗品の品名、品名ごとの数量及び価額並びに当該消耗品の価額の合計額」については、それぞれ区分して記載する必要がある。

なお、同一の輸出物品販売場において、一般物品と消耗品等を譲渡する場合に作成することとなる一般物品及び消耗品等に係る購入者誓約書についても同様である。

本通達はこのことを明らかにしたものである。

（手続委託型輸出物品販売場における免税販売手続）

8―1―7の4　手続委託型輸出物品販売場（令第18条の2第2項第2号《手続委託型輸出物品販売場の定義》に規定する手続委託型輸出物品販売場をいう。以下8―2―1の2までにおいて同じ。）における法第8条第1項《輸出物品販売場における輸出免税の特例》の適用を受けるための

手続(以下8－2－2までにおいて「免税販売手続」という。)は、令第18条の2第2項第2号イに規定する免税販売手続の代理に関する契約に基づき、承認免税手続事業者が当該販売場を経営する事業者に代わって行うこととなるから、令第18条第2項第1号及び第2号《購入手続》の規定により非居住者が輸出物品販売場を経営する事業者に対して行うこととされている旅券等の提示及び購入者誓約書の提出並びに同項第3号の規定により非居住者が輸出物品販売場を経営する事業者に対して行うこととされている旅券等の提示及び運送契約書の写しの提出は、承認免税手続事業者に対して行うこととなることに留意する。

【平27課消1－9　追加、平28課消1－57　改正】

解説　消費税法第8条第1項《輸出物品販売場における輸出免税の特例》の規定は、消費税法施行令第18条第1項《輸出物品販売場で譲渡する物品の範囲、手続等》に規定する免税対象物品で、同条第2項《購入手続》に定める方法により購入される物品の譲渡を行った場合に適用されることとされている。

同項第1号及び第2号では、非居住者は輸出物品販売場を経営する事業者に旅券等を提示して、旅券等に購入記録票の貼付け、割印を受けるとともに、購入者誓約書(同項第1号ロに規定する購入後において輸出する旨を誓約する書類並びに同項第2号イに規定する購入した日から30日以内に輸出する旨を誓約する書類をいう。以下同じ。)を当該輸出物品販売場を経営する事業者に提出することとされている。

また、同項第3号では、非居住者は輸出物品販売場を経営する事業者に旅券等を提示するとともに、運送契約書の写し(同項第3号ロに規定する書類をいう。以下同じ。)を当該輸出物品販売場を経営する事業者に提出することとされている。

ところで、手続委託型輸出物品販売場においては、同法第8条第1項の規定の適用を受けるための手続（以下「免税販売手続」という。）は、同令第18条の2第2項第2号《手続委託型輸出物品販売場の定義》に規定する免税手続カウンターにおいてのみ行われることとなるから、非居住者は当該免税手続カウンターを設置する承認免税手続事業者に対して旅券等の提示及び購入者誓約書又は運送契約書の写し（以下「購入者誓約書等」という。）の提出を行うこととなる。

このため、非居住者は手続委託型輸出物品販売場を経営する事業者に対して旅券等の提示及び購入者誓約書等の提出を行わないこととなるから、同法第8条第1項の規定が適用されないのではないかとの疑義が生じる。

この点、手続委託型輸出物品販売場における免税販売手続は、同令第18条の2第2項第2号イに規定する免税販売手続の代理に関する契約に基づき、承認免税手続事業者（代理人）が当該販売場を経営する事業者（本人）に代わって行うこととされていることから、旅券等の提示及び購入者誓約書等の提出は、当該承認免税手続事業者に対して行われれば足りることとなる。

本通達は、このことを念のため明らかにしたものである。

なお、輸出物品販売場を経営する事業者は、購入者誓約書等を免税で販売した日の属する課税期間の末日の翌日から2月を経過した日から7年間、納税地又は販売場に保存しなければならないこととされていることから（規則7①）、承認免税手続事業者は、非居住者から提出を受けた購入者誓約書等を、手続委託型輸出物品販売場を経営する事業者に対し回付することとなる。

（承認免税手続事業者が設置する免税手続カウンターにおける購入記録票の作成）

8—1—7の5　複数の手続委託型輸出物品販売場の免税販売手続の代

理を行う承認免税手続事業者は、当該販売場ごとに購入記録票を作成する必要があることに留意する。

なお、非居住者が提出することとなる購入者誓約書についても同様である。

【平27課消1-9　追加】

解説　消費税法第8条第1項の規定の適用を受けるためには、輸出物品販売場を経営する事業者は「購入記録票」を作成して非居住者の旅券等に貼り付けて割印することとされており、非居住者は「購入者誓約書」と当該事業者に提出することとされている（令18②一、二）。

手続委託型輸出物品販売場の場合、当該販売場の免税販売手続の代理を行う承認免税手続事業者が「購入記録票」を作成することとなるが、承認免税手続事業者が一の特定商業施設内に設置する免税手続カウンターにおいて複数の手続委託型輸出物品販売場の免税販売手続の代理を行う場合には、承認免税手続事業者は当該代理を行う販売場ごとに購入記録票を作成する必要がある。また、同様に非居住者が提出することとなる購入者誓約書についても販売場ごとに作成する必要がある。

本通達はこのことを念のため明らかにしたものである。

なお、非居住者が手続委託型輸出物品販売場において消費税法施行令第18条第2項第3号に規定する方法により免税対象物品を購入する場合には、当該非居住者は免税手続カウンターに対して、国際第二種貨物利用運送事業者との間で締結した当該免税対象物品の輸出に係る運送契約書の写しを提出することとされている（令18②三ロ）。また、当該運送契約書の写しは、当該手続委託型輸出物品販売場を経営する事業者が保存することとされている（規則7①）。

この場合において、複数の手続委託型輸出物品販売場において購入した免

税対象物品を一の運送契約により輸出する場合、当該運送契約に係る一の運送契約書の写しが免税手続カウンターに提出されることとなるから、承認免税手続事業者は、当該一の運送契約書の写しを、当該物品を販売した各販売場を経営する事業者にそれぞれ回付することとなる。

なお、当該一の運送契約書の写しには、これらの販売場ごとに、経営する事業者の氏名又は名称及び販売場の所在地、免税購入物品の品名、品名ごとの数量及び価額並びに免税購入物品の価額の合計額を記載する必要がある。

（承認免税手続事業者が設置する免税手続カウンターにおける合算の取扱い）

8―1―7の6　令第18条の3第1項《免税手続カウンターにおける手続等の特例》の規定は、令第18条第8項《輸出物品販売場における輸出免税の最低限度額》に定める金額以上となるかどうかの判定にのみ適用されるものであることに留意する。

（注）　令第18条第1項第2号《輸出物品販売場で譲渡する物品の範囲》に規定する消耗品の譲渡に係る対価の額の合計額が50万円を超えるかどうかの判定及び同条第2項第1号ハ《購入手続》に規定する一般物品に係る対価の額の合計額が100万円を超えるかどうかの判定は、販売場ごとに行うこととなることに留意する。

【平27課消1―9　追加、平28課消1―57　改正】

解説　一の承認免税手続事業者が免税販売手続を行う一の特定商業施設内に所在する複数の手続委託型輸出物品販売場（免税手続カウンターを設置する承認免税手続事業者が経営する一般型輸出物品販売場のうち、当該免税手続カウンターが設置されている一般型輸出物品販売場を含む。以下同じ。）において、

第8章　輸出物品販売場における輸出物品の譲渡に係る免税　497

同一の日に同一の非居住者に対して譲渡する一般物品の対価の額と消耗品の対価の額（消費税法施行令第18条第2項各号に定める方法により消費税法第8条第1項の規定の適用を受けた物品に係る対価の額を除く。）をそれぞれ合計している場合には、当該複数の手続委託型輸出物品販売場を一の販売場とみなして、同令第18条第8項の規定を適用することとされている（令18の3①）。

　これにより、承認免税手続事業者が免税販売手続の代理を行う個々の手続委託型輸出物品販売場における同一の日に同一の非居住者に対する販売額（税抜き）が同令第18条第8項に規定する金額（一般物品又は消耗品それぞれ5千円）未満の場合であっても、当該複数の手続委託型輸出物品販売場における一般物品の販売額（税抜き）の合計又は消耗品の販売額（税抜き）の合計がそれぞれ同項に規定する金額以上となる場合には、個々の手続委託型輸出物品販売場で販売された物品について免税対象となる。

　一方、輸出物品販売場における消耗品の販売が免税対象となるのは、同一の非居住者に対する同一店舗における1日の販売額（税抜き）の合計が50万円までの範囲内のものに限られ（令18①二）、また、一般物品（消費税法施行令第18条第2項第3号、第4号又は第6号に定める方法により購入するものを除く。）については、同一の非居住者に対する同一店舗における1日の販売額（税抜き）の合計が100万円を超える場合には、旅券等の写しを保存しなければならないこととされていることから（令18②一ハ、⑨）、これらの金額についても、複数の手続委託型輸出物品販売場における販売額の合計で判定することとなるのかとの疑義が生じる。

　この点、同令第18条の3第1項では、同令第18条第8項の規定の適用、すなわち、輸出物品販売場における免税の最低限度額を超えているかどうかの判定についてのみ複数の手続委託型輸出物品販売場を一の販売場とみなして判定することとしていることから、消耗品の販売額（税抜き）の合計が50万円までの範囲内であるかどうか及び一般物品（同条第2項第3号、第4号又は

第6号に定める方法により購入するものを除く。）の販売額（税抜き）の合計が100万円を超えるかどうかについては、手続委託型輸出物品販売場ごとに判定することとなる。

したがって、例えば、承認免税手続事業者が免税販売手続の代理を行う複数の手続委託型輸出物品販売場における消耗品の販売額（税抜き）の合計が50万円を超えた場合であっても、個々の手続委託型輸出物品販売場における販売額（税抜き）が50万円までの範囲内であれば、免税対象となる。

本通達は、このことを念のため明らかにしたものである。

なお、複数の手続委託型輸出物品販売場における一般物品の販売額（税抜き）の合計及び消耗品の販売額（税抜き）の合計により、同令第18条第8項に規定する金額（一般物品又は消耗品それぞれ5千円）以上となるかどうか判定した場合であっても、基本通達8―1―7の5のとおり、承認免税手続事業者が販売場ごとに購入記録票を作成し、また、購入者誓約書の提出を受ける必要がある。

（輸出自動車に対する輸出物品販売場免税）

8―1―8　自動車に対する法第8条《輸出物品販売場における輸出物品の譲渡に係る免税》の規定の適用については、次による。

(1)　同条第1項の規定の適用を受ける自動車は、同項に規定する購入者たる非居住者が出国するまでの間は国内で使用しても差し支えないが、当該非居住者が最終的に輸出するため購入するものでなければならないことに留意する。

(2)　自動車に係る記録票及び誓約書（規則別表第1から第3まで《輸出物品販売場免税を受けるための書類の様式》に規定する最終的に輸出となる物品の消費税免税購入についての購入者誓約書をいう。）には、当

該自動車の車台番号、自動車登録番号（軽自動車にあっては車両番号）及び使用の本拠地を併せて記載するものとする。
(3) 法第8条第1項の規定により免税で購入した自動車を輸出する場合には、次によるものとする。
　イ　当該非居住者は、輸出地の所轄税関に対して、関税法第67条《輸出又は輸入の許可》の規定による当該自動車の輸出申告をする際に、旅券等に貼付けた当該自動車に係る記録票を提示する。
　ロ　イの輸出申告を受けた税関は、当該自動車について、当該記録票に輸出を証する確認印を押なつする。
　ハ　当該非居住者の出国地の所轄税関は、イの輸出申告に係る輸出許可書及びロの確認印により当該自動車が輸出されたことを確認する。

【平18課消1－1、平23課消1－35　改正】

解説　本通達は、輸出物品販売場において外国人旅行者等の非居住者が輸出するために購入する自動車について、道路運送車両法の規定による登録等が必要であること等を踏まえ、免税を受けるための手続等を定めたものである。

（注）　自動車を輸出する場合は、運輸支局等において輸出抹消仮登録証明書又は輸出予定届出証明書の交付を受け（道路運送車両法15の2、16）、税関への輸出申告の際にこの輸出抹消仮登録証明書等の提示が必要となり、輸出申告をする者と輸出抹消仮登録証明書等に記載された所有者が同一でない場合には、当該自動車を輸出することができない。

　　なお、輸出物品販売場においては、輸出のため自動車を購入する非居住者が印鑑証明書等の書類を取得し、輸出抹消仮登録等の手続が可能かどうかを確認することとされている。

第2節　輸出物品販売場の許可等

（輸出物品販売場の許可）

8—2—1　法第8条第6項《輸出物品販売場の定義》に規定する輸出物品販売場に係る許可は、一般型輸出物品販売場（令第18条の2第2項第1号《一般型輸出物品販売場の許可要件》に規定する一般型輸出物品販売場をいう。以下8—2—1の4までにおいて同じ。）又は手続委託型輸出物品販売場の区分に応じ、原則として、次に掲げる要件の全てを満たしている場合に限り与えるものとする。ただし、令第18条第2項第4号《購入手続》に規定する基地内輸出物品販売場の許可は、(1)ロ又は(2)ロに掲げる要件を満たす必要はない。

(1)　一般型輸出物品販売場

　イ　次に掲げる要件の全てを満たす事業者（課税事業者に限る。）が経営する販売場であること。

　　(イ)　現に国税の滞納（その滞納額の徴収が著しく困難であるものに限る。）がないこと。

　　(ロ)　法第8条第7項《輸出物品販売場の許可の取消し》の規定により輸出物品販売場の許可を取り消され、その取消しの日から3年を経過しない者でないことその他輸出物品販売場を経営する事業者として特に不適当と認められる事情がないこと。

　ロ　現に非居住者が利用する場所又は非居住者の利用が見込まれる場所に所在する販売場であること。

　ハ　免税販売手続に必要な人員を配置し、かつ、免税販売手続を行うための設備を有する販売場であること。

(2) 手続委託型輸出物品販売場

イ 次に掲げる要件の全てを満たす事業者（課税事業者に限る。）が経営する販売場であること。

(イ) 現に国税の滞納（その滞納額の徴収が著しく困難であるものに限る。）がないこと。

(ロ) 法第8条第7項の規定により輸出物品販売場の許可を取り消され、その取消しの日から3年を経過しない者でないことその他輸出物品販売場を経営する事業者として特に不適当と認められる事情がないこと。

ロ 現に非居住者が利用する場所又は非居住者の利用が見込まれる場所に所在する販売場であること。

ハ 当該販売場を経営する事業者と当該販売場の所在する特定商業施設内に免税手続カウンター（令第18条の2第2項第2号《手続委託型輸出物品販売場の許可要件》に規定する免税手続カウンターをいう。以下8－2－2の3までにおいて同じ。）を設置する一の承認免税手続事業者との間において、次に掲げる要件の全てを満たす関係があること。

(イ) 当該販売場において譲渡する物品に係る免税販売手続につき、代理に関する契約が締結されていること。

(ロ) 当該販売場において譲渡した物品と当該免税手続カウンターにおいて免税販売手続を行う物品とが同一であることを確認するための措置が講じられていること。

(ハ) 当該販売場において譲渡した物品に係る免税販売手続につき、必要な情報を共有するための措置が講じられていること。

【平23課消1－35、平26課消1－8、平27課消1－9、平28課消1－57　改正】

解説 輸出物品販売場は、非居住者によって輸出される物品を免税で販売するものであることから、非居住者に販売するための場所的要件及び物的要件を満たす必要があるほか、免税の趣旨を理解し、消費税法所定の手続等を適正に履行できることが要件となる。このようなことから、法令上、輸出物品販売場の許可要件が定められているが、本通達は、法令に定められている許可要件について、一般型輸出物品販売場と手続委託型輸出物品販売場の類型ごとに整理し、列記したものである。

許可要件のうち、(1)ハの「免税販売手続に必要な人員の配置」とは、免税販売の際に必要となる手続を非居住者に対して説明できる人員の配置を求めているものである

なお、外国語については、母国語のように流ちょうに話せることまでを必要としているものではなく、パンフレット等の補助材料を活用しながら、非居住者に免税販売に係る手続を理解させることができる程度で差し支えない。

また、「免税販売手続を行うための設備を有する」とは、免税販売の際に必要となる手続を行うためのカウンター等の設備があることを求めているものであり、免税販売のための特別なカウンターを設けることまでを必要としているものではない。

(注) 被相続人又は被合併法人に対する輸出物品販売場の許可の効力は、相続人又は合併法人に引き継がれないことから、相続人又は合併法人において引き続き免税販売を行うためには、改めて輸出物品販売場の許可を受ける必要がある。

(輸出物品販売場を移転した場合)

8—2—1の2　輸出物品販売場を移転した場合には、移転前の当該販売場についての許可の効力は移転後の販売場に及ばないことから、移

転後の販売場につき改めて輸出物品販売場の許可を受ける必要があることに留意する。

　なお、手続委託型輸出物品販売場の所在する特定商業施設内でその販売場を移転する場合には、改めて手続委託型輸出物品販売場の許可を受ける必要はないが、その移転する日の前日までに、令第18条の2第3項《特定商業施設内における手続委託型輸出物品販売場移転の届出》の規定による届出書を提出する必要があることに留意する。

（注）　手続委託型輸出物品販売場に係る免税販売手続の代理を行う承認免税手続事業者が他の承認免税手続事業者に変更となる場合には、改めて手続委託型輸出物品販売場の許可を受ける必要があることに留意する。

【平27課消1－9　追加】

解説　輸出物品販売場の許可は、場所的要件、物的要件、人的要件を総合して判断し、特定の場所に対して与えるものであるから、輸出物品販売場を移転した場合には、移転前の場所についての許可の効力は移転後の場所に及ばないため、移転後の場所については改めて許可を受ける必要がある。

　ただし、手続委託型輸出物品販売場について、当該販売場の所在する特定商業施設内でその販売場を移転する場合には、改めて輸出物品販売場の許可を受ける必要はなく、その移転する日の前日までに、消費税法施行令第18条の2第3項《特定商業施設内における手続委託型輸出物品販売場移転の届出》の規定による届出書を提出することとなる。

　本通達は、このことを念のため明らかにしたものである。

　また、手続委託型輸出物品販売場において、当該販売場に係る免税販売手続の代理を行う承認免税手続事業者を他の承認免税手続事業者に変更しようとする場合には、改めて手続委託型輸出物品販売場の許可を受ける必要があ

る。

本通達の注書は、このことを念のため明らかにしたものである。

(承認免税手続事業者の承認)

8—2—1の3　承認免税手続事業者に係る承認は、次に掲げる要件の全てを満たす事業者(課税事業者に限る。)に与えるものとする。

なお、承認免税手続事業者がその承認に係る特定商業施設内において免税手続カウンターを移転するとき若しくは新たに設置するとき、又は当該特定商業施設内に設置する免税手続カウンターを一部廃止するときは、その移転する日、設置する日、又は一部廃止する日の前日までに、令第18条の2第14項《特定商業施設内における免税手続カウンター設置場所変更の届出》の規定による届出書を提出する必要があることに留意する。

(1) 現に国税の滞納(その滞納額の徴収が著しく困難であるものに限る。)がないこと。

(2) 免税手続カウンターに免税販売手続に必要な人員を配置すること。

(3) 法第8条第7項《輸出物品販売場の許可の取消し》の規定により輸出物品販売場の許可を取り消され、又は令第18条の2第10項《承認免税手続事業者の承認の取消し》の規定により承認免税手続事業者の承認を取り消され、かつ、その取消しの日から3年を経過しない者でないことその他免税手続カウンターを設置する承認免税手続事業者として特に不適当と認められる事情がないこと。

【平27課消1—9　追加、平28課消1—57　改正】

解説　手続委託型輸出物品販売場においては、承認免税手続事業者に免税

販売手続を代理させることから、承認免税手続事業者の承認に当たっては、免税の趣旨を理解し、消費税法所定の手続等を適正に履行できることが要件となる。本通達は、法令に定められている承認免税手続事業者の承認要件について整理し、列記したものである。

なお、承認免税手続事業者が、その承認に係る特定商業施設内において免税手続カウンターを移転若しくは新たに設置するとき又は当該特定商業施設内に設置する免税手続カウンターを一部廃止するときは、その移転する日、新たに設置する日又は一部廃止する日の前日までに、消費税法施行令第18条の2第14項《特定商業施設内における免税手続カウンター設置場所変更の届出》の規定による届出書を提出する必要がある。

（事前承認港湾施設の承認）

8－2－1の4　事前承認港湾施設（法第8条第9項《事前承認港湾施設の定義》に規定する事前承認港湾施設をいう。以下8－2－2の3までにおいて同じ。）に係る承認は、次に掲げる要件の全てを満たす事業者（輸出物品販売場を経営する事業者に限る。）に与えるものとする。

(1) 港湾施設（港湾法第2条第5項《定義》に規定する港湾施設（同条第6項の規定により港湾施設とみなされるものを含む。）をいう。以下8－2－1の4において同じ。）に臨時販売場（法第8条第8項《事前承認港湾施設に係る臨時販売場設置の届出》に規定する臨時販売場をいう。以下8－2－2の3までにおいて同じ。）を設置する見込みがあること。

(2) 承認を受けようとする港湾施設が、臨時販売場を設置する場所として不適当と認められる場所でないこと。

　（注）　事前承認港湾施設に係る承認は、事前承認港湾施設に臨時販売場

を設置しようとする事業者の経営する他の輸出物品販売場の許可の区分にかかわらず与えることができるが、法第8条第8項の規定により輸出物品販売場とみなされる臨時販売場については、一般型輸出物品販売場として同条第1項《輸出物品販売場における輸出免税の特例》の規定が適用されることから、当該臨時販売場において当該事業者が免税販売手続を行うこととなることに留意する。

【平27課消1－9　追加】

解説　事前承認港湾施設内に臨時販売場（国内及び国内以外の地域にわたって行われる旅客の輸送の用に供される船舶に乗船する旅客に対し、物品を譲渡するために期間を定めて設置する販売場をいう。以下同じ。）を設置する事業者が、当該臨時販売場を設置する日の前日までに、その納税地の所轄税務署長に届出書を提出した場合には、当該臨時販売場を輸出物品販売場とみなして免税販売を行うことができることとされている（法8⑧）。

　本通達は、臨時販売場を設置する「事前承認港湾施設」の承認要件について整理し、列記したものである。

　なお、事前承認港湾施設に係る承認は、事前承認港湾施設に臨時販売場を設置しようとする事業者の経営する他の輸出物品販売場の許可の区分にかかわらず与えることができるが、消費税法第8条第8項《事前承認港湾施設に係る臨時販売場設置の届出》の規定により輸出物品販売場とみなされる臨時販売場については、一般型輸出物品販売場として同条第1項の規定が適用されることから（令18の4⑥）、手続委託型輸出物品販売場を経営する事業者であっても、当該臨時販売場においては当該事業者が自ら免税販売手続を行わなければならないこととなる。本通達の注書は、このことを念のため明らかにしたものである。

（輸出物品販売場の許可を取り消すことができる場合）

8−2−2　法第8条第7項《輸出物品販売場の許可の取消し》の規定により輸出物品販売場の許可を取り消すことができる場合の取扱いは、次による。

(1)　「消費税に関する法令の規定に違反した場合」とは、法第64条《罰則》の規定に該当して告発を受けた場合をいう。

(2)　「輸出物品販売場として施設その他の状況が特に不適当と認められる場合」とは、非居住者に対する販売場としての施設等が十分なものでなくなった場合、経営者の資力及び信用が薄弱となった場合等、輸出物品販売場として物的、人的、資金的要素に相当な欠陥が生じた場合をいう。

解説　輸出物品販売場の許可を与えた後に、消費税に関する法令の規定に違反した場合又は輸出物品販売場として施設その他の状況が特に不適当と認められる場合には、その許可を取り消すことができることとされている（法8⑦）。

本通達は、この規定を踏まえ、消費税に関して告発を受けたり、場所的要件、物的要件、人的要件に相当な欠陥が生じたような場合には、その許可を取り消すこととなることを明らかにしたものである。

（承認免税手続事業者の承認を取り消すことができる場合）

8−2−2の2　令第18条の2第10項《承認免税手続事業者の承認の取消し》の規定により承認免税手続事業者の承認を取り消すことができる場合の取扱いは、次による。

(1) 「消費税に関する法令の規定に違反した場合」とは、法第64条《罰則》の規定に該当して告発を受けた場合をいう。

(2) 「免税手続カウンターにおける免税販売手続その他の状況が特に不適当と認められる場合」とは、免税手続カウンターの施設等が十分なものでなくなった場合、承認免税手続事業者の資力及び信用が薄弱となった場合等、承認免税手続事業者として物的、人的、資金的要素に相当な欠陥が生じた場合をいう。

【平27課消1－9　追加、平28課消1－57　改正】

解説　承認免税手続事業者の承認後に、消費税に関する法令の規定に違反した場合又は免税手続カウンターにおける免税販売手続その他の状況が特に不適当と認められる場合には、その承認を取り消すことができることとされている（令18の2⑩）。

本通達は、この規定を踏まえ、消費税に関して告発を受けたり、物的要件、人的要件に相当な欠陥が生じたような場合には、その承認を取り消すこととなることを明らかにしたものである。

（事前承認港湾施設の承認を取り消すことができる場合）

8－2－2の3　令第18条の4第3項《事前承認港湾施設の承認の取消し》の規定により事前承認港湾施設の承認を取り消すことができる場合の取扱いは、次による。

(1) 「消費税に関する法令の規定に違反した場合」とは、法第64条《罰則》の規定に該当して告発を受けた場合をいう。

(2) 「臨時販売場を設置する場所その他の状況が特に不適当と認められる場合」とは、臨時販売場を設置する事前承認港湾施設が十分な

ものでなくなった場合、事前承認港湾施設に臨時販売場を設置する事業者の資力及び信用が薄弱となった場合等、事前承認港湾施設に臨時販売場を設置する事業者として物的、人的、資金的要素に相当な欠陥が生じた場合をいう。

【平27課消1－9　追加】

解説　事前承認港湾施設の承認後に、消費税に関する法令の規定に違反した場合又は臨時販売場を設置する場所その他の状況が特に不適当と認められる場合には、その承認を取り消すことができることとされている（令18の4③）。

本通達は、この規定を踏まえ、消費税に関して告発を受けたり、物的要件、人的要件に相当な欠陥が生じたような場合には、その承認を取り消すこととなることを明らかにしたものである。

第9章　資産の譲渡等の時期

　消費税の納税義務は、課税資産の譲渡等をした時に成立することとなる（通則法15②七）が、消費税法においてはこの「譲渡等をした時」についての定めはない。

　このため、本章では、消費税における資産の譲渡等の時期について、所得税及び法人税の課税所得金額の計算における取扱いと同様に、発生主義に基づき、①資産の譲渡については引渡しのあった日、②役務の提供については目的物の全部を完成して引渡した日又は役務の全部を完了した日、③資産の貸付けについては使用料等の支払を受けるべき日を資産の譲渡等の時期とすることを原則としつつ、取引の実態に応じて現実的な判断基準を示している。

　なお、所得税又は法人税において総収入金額又は益金の額に算入すべき時期に関して、別に定めがある場合にはそれによることができることとしている。

　また、消費税法においては、その第16条から第18条まで《長期割賦販売等に係る資産の譲渡等の時期の特例》等及び第60条《国、地方公共団体等に対する特例》において資産の譲渡等の時期に関する特例の規定が設けられている。

(注)　消費税の納税義務の成立時期は、次のとおりである。
　　イ　国内取引については、課税資産の譲渡等若しくは特定課税仕入れを行った時（通則法15②七）
　　ロ　輸入貨物については、保税地域からの引取りの時（通則法15②七）
　　ハ　中間申告書の提出（その修正申告書の提出及び更正を含む。）により納付すべきものについては、中間申告対象期間の末日を経過する時（通則法施行令5八）
　　ニ　一定の事実が生じた場合に直ちに徴収するものとされているものについては、その事実が生じた時（通則法施行令5九）

第1節　通　　則

第1款　棚卸資産の譲渡の時期

（棚卸資産の譲渡の時期）

9―1―1　棚卸資産の譲渡を行った日は、その引渡しのあった日とする。

解説　商品等の販売による収益の計上については、企業会計原則においてはいわゆる販売基準によることとされているところであり、消費税においてもこれに合わせた取扱いとしたものである。

　なお、この取扱いは、所得税及び法人税における総収入金額又は益金の額に算入すべき時期（収益計上時期）と同様の取扱いとなっている（所基通36―8、法基通2―1―1）。

（棚卸資産の引渡しの日の判定）

9―1―2　棚卸資産の引渡しの日がいつであるかについては、例えば、出荷した日、相手方が検収した日、相手方において使用収益ができることとなった日、検針等により販売数量を確認した日等、当該棚卸資産の種類及び性質、その販売に係る契約の内容等に応じてその引渡しの日として合理的であると認められる日のうち、事業者が継続して棚卸資産の譲渡を行ったこととしている日によるものとする。この場合において、当該棚卸資産が土地又は土地の上に存する権利であり、そ

の引渡しの日がいつであるかが明らかでないときは、次に掲げる日のうちいずれか早い日にその引渡しがあったものとすることができる。

(1) 代金の相当部分（おおむね50％以上）を収受するに至った日
(2) 所有権移転登記の申請（その登記の申請に必要な書類の相手方への交付を含む。）をした日

解説

(1) 基本通達9―1―1において、棚卸資産の譲渡の時期はその引渡しのあった日とすることを明らかにしているが、本通達においては、「引渡しの日」がいつであるかについて、より具体的な基準を明らかにしている。

すなわち、棚卸資産の引渡しの日がいつであるかについては、出荷基準、検収基準、検針日基準などを例示し、事業者は、その棚卸資産の種類、性質、販売契約の内容などに応じて合理的な基準を選択し、これを継続適用すべきことを明らかにしているのである。

この場合、出荷基準又は検収基準は、一般的には通常の動産である棚卸資産についてとられる基準であるが、土地、建物等の不動産の販売の場合を想定して、相手方の使用収益開始を基準とする引渡しの日の判定基準を例示している。また、検針日基準は電気、ガス、水道水等の供給の場合に用いられる基準である。

なお、本通達においては、棚卸資産であっても、その種類、性質、販売契約の内容などに応じて二以上の異なる引渡基準が採用されることがあり得ることも想定されている。

(2) ところで、本通達の後段において、土地の引渡しの日の判定に関して特別の取扱いを明らかにしている。すなわち、棚卸資産たる土地、建物の販売にあっては、一般的には代金の支払が完了し、所有権移転登記の

申請をした日に引渡しがあったものとするのが通常であり、このことは上記の「使用収益開始基準」でも同様のことが予定されているといってよい。もちろん、代金が分割払であるため、完済まで担保的に所有権移転登記が留保される場合でも、相手方の使用収益開始をもって引渡しがあったとみることに変わりはない。

しかしながら、土地のうちでも特に山林、原野等の土地の販売の場合にあっては、その性質上、相手方の使用収益などを基準として引渡しの日を判断することが適当でない場合が多い。

そこで、本通達の後段では、山林、原野のような土地の販売で、その引渡しの日が上記の一般の引渡しの日の判定基準によっては明らかにできない特殊な場合には、一種の形式基準として、代金の相当部分（おおむね50％以上）を収受するに至った日と所有権移転登記の申請をした日とのいずれか早い日に引渡しがあったものとすることができる旨を明らかにしている。

ただし、この後段部分の取扱いは、通常の不動産の販売についてまで一般的に適用することは考えられていないことに留意すべきである。あくまでも山林、原野のように一般の例によっては引渡しの日の判定が困難な場合で、しかも実態的にはすでに引渡しが行われ、収益も実現しているにもかかわらず、収受した代金が長期にわたって仮受経理とされ、課税上も適当ではないというようなケースについて、特殊な引渡しの判断基準として適用することが考えられているということである。

なお、この取扱いは、所得税及び法人税の取扱いと基本的に同様である（所基通36—8の2、法基通2—1—2）。

（委託販売による資産の譲渡の時期）

9―1―3　棚卸資産の委託販売に係る委託者における資産の譲渡をした日は、その委託品について受託者が譲渡した日とする。ただし、当該委託品についての売上計算書が売上げの都度作成されている場合において、事業者が継続して当該売上計算書の到着した日を棚卸資産の譲渡をした日としているときは、これを認める。

（注）　受託者が週、旬、月を単位として一括して売上計算書を作成しているときは、「売上げの都度作成されている場合」に該当する。

解説　棚卸資産の委託販売による資産の譲渡の時期は、その受託者がその委託品を販売した日とするのが原則である。ただし、委託品についての売上計算書が売上げの都度作成され、送付されている場合において、事業者が継続してその譲渡の時期を当該売上計算書の到達した日としているときは、これを認めることとしている。この場合、受託者が売上げの都度売上計算書を作成しなくても、受託者が週、旬、月を単位として一括して売上計算書を作成している場合にも、それが継続して行われているときは、「売上げの都度作成され送付されている場合」に該当するものとして取り扱われる。

本通達は、このことを明らかにしているのであり、所得税及び法人税の取扱いで定める収益計上時期と同様である（所基通36―8、法基通2―1―3）。

（船荷証券等の譲渡の時期）

9―1―4　荷送人が運送品の譲渡について為替手形を振出し、その為替手形を金融機関において割引をする際に船荷証券又は貨物引換証（以下9―1―4において「船荷証券等」という。）を提供する場合の当

該提供は、資産の譲渡等には該当しないが、荷受人が船荷証券等を他に譲渡した場合には、その引渡しの日に当該船荷証券等に係る資産の譲渡が行われたことになることに留意する。

（注）　寄託者の行う倉庫証券の譲渡は、当該倉庫証券に係る資産の譲渡に該当する。

解説　船荷証券、貨物引換証（以下「船荷証券等」という。）又は倉庫証券は、運送中の貨物又は寄託中の貨物の引渡請求権を表彰する有価証券であり、引渡請求権の移転又は行使には証券の占有が必要となる。また、これらの証券の引渡しは当該証券に記載されている運送品又は寄託品の引渡しと同一の効力を有するものである。

したがって、これらの証券を譲渡した場合には、当該証券に記載されている資産を譲渡したことになる。

しかし、運送品等の譲渡について為替手形を振出し、その為替手形を金融機関において割引をする際に船荷証券等又は倉庫証券を金融機関に提供する場合の当該提供は、為替手形の割引を受けるための担保として提供するものであることから、資産の譲渡等には該当しないこととなる。

本通達は、このことを念のため明らかにしたものである。

第2款　請負による譲渡等の時期

（請負による資産の譲渡等の時期）

9－1－5　請負による資産の譲渡等の時期は、別に定めるものを除き、物の引渡しを要する請負契約にあってはその目的物の全部を完成して相手方に引き渡した日、物の引渡しを要しない請負契約にあってはその約した役務の全部を完了した日とする。

解説

(1) 請負とは、当事者の一方がある仕事を完成することを約し、相手方がその仕事の結果に対してこれに報酬を与えることを約することによってその効力を生ずる契約をいい（民法632）、その報酬請求権は、仕事の目的物の引渡しを要する請負にあってはその引渡しのとき、目的物の引渡しを要しないときは仕事の完了のときに発生する（民法633）こととされている。

(2) 本通達は、このような請負の性格に合わせて請負による資産の譲渡等の時期を定めたものである。この場合、目的物の引渡しを要する請負の典型的なものとしては、建設、造船等があり、また、目的物の引渡しを要しない請負には、運送、設計、測量等がある。

なお、請負の内容が建物の建設である場合の当該建設に要する資材等の課税仕入れ等の時期については、基本通達11―3―5《未成工事支出金》参照。

また、この取扱いは所得税及び法人税の取扱いで定める収益計上時期と同様である（所基通36―8、法基通2―1―5）が、請負による資産の譲渡等には種々の形態があることから、別途基本通達9―1―6以下にその取引形態ごとの譲渡等の時期についての取扱いを定めている。

（建設工事等の引渡しの日の判定）

9―1―6 請負契約の内容が建設、造船その他これらに類する工事（以下「建設工事等」という。）を行うことを目的とするものであるときは、その引渡しの日がいつであるかについては、例えば、作業を結了した日、相手方の受入場所へ搬入した日、相手方が検収を完了した日、相手方において使用収益ができることとなった日等、当該建設工

事等の種類及び性質、契約の内容等に応じてその引渡しの日として合理的であると認められる日のうち、事業者が継続して資産の譲渡等を行ったこととしている日によるものとする。

解説 基本通達9－1－5においては、請負による資産の譲渡等の時期について定めており、その請負契約の内容が建設、造船その他これらに類する工事（建設工事等）であるときは、完成引渡基準によりその資産の譲渡等を行った日とすることになるのであるが、建設工事等の引渡しの日がいつであるかについて、具体的にどのようにして判断するのかという問題がある。

この点については、建設工事等の引渡しの日の判定基準として、一般に、いわゆる作業結了基準、受入場所搬入基準、検収完了基準、管理権移転基準などがあることから、本通達においては、これらの基準を例示し、事業者は、その建設工事等の種類、性質、契約の内容に応じて合理的と認められる基準を定め、継続的にその基準により資産の譲渡等の時期とすべきことを明らかにしている。

なお、この取扱いは、所得税及び法人税における収益計上時期の取扱いと同様である（所基通36－8の3、法基通2－1－6）。

（値増金に係る資産の譲渡等の時期）

9－1－7 事業者が請負った建設工事等に係る工事代金につき資材の値上り等に応じて一定の値増金を収入することが契約において定められている場合には、その収入すべき値増金の額はその建設工事等の引渡しの日の属する課税期間の課税標準額に算入するのであるが、相手方との協議によりその収入すべきことが確定する値増金については、その収入すべき金額が確定した日の属する課税期間の課税標準額に算

入する。

解説 建設工事等の請負契約に伴い収受する値増金は、当該建設工事等の対価の一部を構成するものであるが、その金額の確定時期はまちまちであり、必ずしも建設工事等の引渡しの時までに確定するとは限らない。そこで、本通達においては、値増金の確定時期に着目して値増金に係る資産の譲渡等の時期を明らかにしている。

まず、契約で資材の値上り等に応じて値増金を授受することが定められている場合には、その建設工事等の引渡しの段階ですでに契約に基づき収受すべき値増金が計算可能となり、確定するので、この場合には金銭の授受が行われていないときであってもその収入すべき金額を引渡しの日の属する課税期間の課税標準額に算入しなければならない。

しかし、契約で収入すべき値増金の額の定めをしていない場合には、収入する値増金は、相手方との交渉の結果その額が確定することになろうから、このようなものについては、その額が確定した日の属する課税期間の課税標準額に算入すればよいこととしているのである。

なお、この取扱いは、所得税及び法人税における収益計上時期の取扱いと同様である（所基通36・37共―5、法基通2―1―8）。

（部分完成基準による資産の譲渡等の時期の特例）

9―1―8 事業者が請負った建設工事等（法第17条第1項若しくは第2項《工事の請負に係る資産の譲渡等の時期の特例》の規定の適用を受けるものを除く。以下9―1―8において同じ。）について次に掲げるような事実がある場合には、その建設工事等の全部が完成しないときにおいても、その課税期間において引き渡した建設工事等の量又は完成した

部分に対応する工事代金に係る資産の譲渡等の時期については、その引渡しを行った日とする。

(1) 一の契約により同種の建設工事等を多量に請負ったような場合で、その引渡量に従い工事代金を収入する旨の特約又は慣習がある場合

(2) １個の建設工事等であっても、その建設工事等の一部が完成し、その完成した部分を引渡した都度その割合に応じて工事代金を収入する旨の特約又は慣習がある場合

【平11課消２－５　改正】

解説　建設工事等の請負に係る資産の譲渡等の時期は完成引渡基準によることとなるが、本通達においては、この場合の完成引渡しの「単位」を定めたものである。

　すなわち、請負契約に係る建設工事等の全部が完成しない場合でも、部分的に完成して引渡しを了したと認められるときは、その引渡しをした部分ごとに完成引渡基準を適用するということである。

　本通達の(1)は、例えば、100戸の建売住宅の建設を請負ったような場合に、１戸を引渡す都度工事代金を収入する旨の特約又は慣習がある場合である。

　また、(2)は、例えば1,000メートルの護岸工事を請負い、そのうち100メートルごとに完成した都度引渡しをし、その部分の工事代金を収入する特約又は慣習がある場合である。

　ところで、この部分完成基準は、資産の譲渡等の時期に関する特例として、工事完成前に先行的に譲渡等を行ったとすることを認める「工事進行基準」（法17）とは異なり、選択的に適用できるというものではないことに留意すべきである。

　なお、この取扱いは、所得税及び法人税における収益計上時期の取扱いと同様である（所基通36－8、法基通２－１－９）。

(機械設備の販売に伴う据付工事による資産の譲渡等の時期の特例)

9—1—9　事業者が機械設備等の販売(法第17条第1項若しくは第2項《工事の請負に係る資産の譲渡等の時期の特例》の規定の適用を受けるものを除く。以下9—1—9において同じ。)をしたことに伴いその据付工事を行った場合において、その据付工事が相当の規模のものであり、その据付工事に係る対価の額を契約その他に基づいて合理的に区分することができるときは、機械設備等に係る販売代金の額と据付工事に係る対価の額とを区分して、それぞれにつき資産の譲渡等を行ったものとすることができるものとする。

(注)　事業者がこの取扱いによらない場合には、据付工事に係る対価の額を含む全体の販売代金の額を対価とする資産の譲渡となり、その資産の譲渡等の時期は9—1—1による。

【平11課消2—5　改正】

解説　機械設備等の納入においては、単に機械設備を販売するだけでなく、現地におけるその機械設備の据付工事までも一括して請負い、据付けを行い、直ちに稼動できるような状態にしたところで相手方に引渡すことを内容とする契約となっているものがある。このような場合、その機械設備等本体の販売とその据付工事とを一体不可分の取引として処理するか、それともそれぞれ別個のものとして扱うかによって、その資産の譲渡等の時期について違いが生ずる。

　すなわち、仮に据付工事を機械設備等の販売に伴う単なる附帯サービスとして理解するならば、全体を1個の販売行為とみて、機械設備等の販売の場合の引渡基準に基づいて一括して資産の譲渡等を行ったことになるが、機械設備等本体の販売取引とその据付工事に係る請負取引とが一つの契約の中に

併存していて、両者を区分することの方がむしろ合理的であるというのであれば、機械設備等の販売については基本通達9－1－1に基づく通常の引渡基準（例えば、出荷基準等）により資産の譲渡等の時期を判断し、据付工事については別途、基本通達9－1－5に基づく完成引渡基準により資産の譲渡等の時期を判断するというように、両者を区分して別々の資産の譲渡等の計上時期とする余地が出てくる。

　本通達は、このようなことを想定して、たとえ1個の契約で機械設備等の販売とその据付工事とを一括して契約した場合であっても、その据付工事が相当の規模のものであり、また、その据付工事に係る部分の対価の額を契約その他合理的な方法（例えば、見積書等に基づいて区分することもよい。）に基づいて区分することができるときは、それぞれごとに引渡基準又は完成引渡基準に基づいて別々に資産の譲渡等の時期を判断することができることとしたものである。

　ただ、本通達は、事業者が区分経理を選択する場合に適用することとしており、税務官庁側から区分経理が強制されるものではない。事業者がこの取扱いを適用しない場合には、据付工事に係る対価の額を含む全体の販売代金について一般の引渡基準により資産の譲渡等を行ったものとすることになる。本通達の注書は、このことを明らかにしたものである。

　なお、この取扱いは、所得税及び法人税における収益計上時期の取扱いと同様である（所基通36－8の4、法基通2－1－10）。

（不動産の仲介あっせんに係る譲渡等の時期）

9－1－10　土地、建物等の売買、交換又は賃貸借（以下9－1－10において「売買等」という。）の仲介又はあっせんに係る資産の譲渡等の時期は、原則としてその売買等に係る契約の効力が発生した日とする。

> ただし、事業者が売買又は交換の仲介又はあっせんに係る資産の譲渡等の時期を継続して当該契約に係る取引の完了した日（同日前に実際に収受した金額があるときは、当該金額を収受した日）としているときは、これを認める。

解説 不動産業者等が土地、建物等の売買、交換又は賃貸借の仲介・あっせんによって収受する手数料等の報酬は、一種の請負の報酬であるから、その仲介・あっせんに係る役務の提供が完了し、報酬請求権が確定した時点が資産の譲渡等の時期であると解すべきものである。したがって、一般論としては、その仲介・あっせんに係る売買等の取引当事者間で契約が成立すれば、それによりその仲介・あっせんに係る役務提供が完了し、手数料等の請求権も確定するといえるから、その時点を資産の譲渡等の時期とすることが原則ということになる。

ただ、現実には、たとえ土地、建物の売買等について取引当事者間で契約が成立したとしても、その時点で直ちに仲介・あっせん報酬を授受するというような事例はまれのようであり、現実の報酬の受払いは、取引当事者間における代金授受が完了し、所有権移転登記が行われる時点、すなわち取引の完了時点で行われるというのが実情である。

さらに、宅地建物取引業法を所管する国土交通省当局でも、これら不動産の売買等に係る仲介・あっせんの役務は、単に当事者間の契約成立のみをもって終わるのではなく、仲介業者としては取引完了まで責任を負うべきものとし、その報酬については、契約成立時点では2分の1以下の収受にとどめ、残額は取引完了まで収受しないように指導されてきたところである（昭和27．6．27住発第298号建設省住宅局長通達）。

このような事情を総合勘案して、本通達では、売買等の仲介・あっせんに係る役務の提供は、原則として売買等の取引当事者間の契約の効力が発生し

た課税期間を資産の譲渡等の時期とし、事業者が継続してその売買契約等に係る取引の完了時点を資産の譲渡等の時期としているときは、税務上もこれを認めることとしているのである。もっとも、取引完了日前に現実に収受した報酬があるときは、その収受した金額に係る役務の提供についてはその収受した時点を資産の譲渡等の時期とすべきことになる。

なお、この取扱いは、法人税における収益計上時期の取扱いと同様である（法基通2―1―11）。

（技術役務の提供に係る資産の譲渡等の時期）

9―1―11　設計、作業の指揮監督、技術指導その他の技術に係る役務の提供に係る資産の譲渡等の時期は、原則として、その約した役務の全部の提供を完了した日であるが、その技術に係る役務の提供について次に掲げるような事実がある場合には、その支払を受けるべき報酬の額が確定した日にその確定した金額に係る役務の提供を行ったものとする。ただし、その支払を受けることが確定した金額のうち役務の全部の提供が完了するまで又は1年を超える相当の期間が経過するまで支払を受けることができないこととされている部分については、その完了する日とその支払を受ける日とのいずれか早い日を資産の譲渡等の時期とすることができる。

⑴　報酬の額が現地に派遣する技術者等の数及び滞在期間の日数等により算定され、かつ、一定の期間ごとにその金額を確定させて支払を受けることとなっている場合

⑵　例えば、基本設計に係る報酬の額と部分設計に係る報酬の額が区分されている場合のように、報酬の額が作業の段階ごとに区分され、かつ、それぞれの段階の作業が完了する都度その金額を確定させて

支払を受けることとなっている場合
(注) 技術に係る役務の提供についての契約に関連してその着手費用に充当する目的で相手方から収受する仕度金、着手金等の額は、後日清算して剰余金があれば返還することとなっているものを除き、その収受した日の属する課税期間において行った役務の提供に係るものとすることができる。

解説

(1) 設計、作業の指揮・監督等のいわゆるスーパーバイジング、技術指導その他のいわゆる技術コンサルティングなどにより収受する報酬に係る役務の提供については、その約した役務の全部の提供が完了した時点を資産の譲渡等の時期とするのが原則である。ただ、現実にはこのような報酬に係る人的役務の提供については、常に原則どおりに役務の全部の提供を完了した時点を資産の譲渡等の時期とするというだけでは実体に即さない面がある。

例えば、その報酬の額が現地に派遣する技術者等の数及び滞在期間の日数などを基準としたいわゆる人月計算、人日計算などにより算定され、しかも一定の期間ごとにその額を確定させて支払を受けることとなっているような事例も少なくない。また、設計の請負などについても、基本設計に係る報酬と部分設計や実施設計に係る報酬とがそれぞれ独立して計算され、その都度支払を受けるというようなケースが見受けられる。このような人的役務の提供に係る報酬の額が、作業の段階ごとに区分され、しかもそれぞれの段階の作業が完了する都度その部分の報酬の額を確定させて支払を受けることとなっているような場合には、いわば部分完成的にその役務の提供が完了し、報酬の授受もその部分については完結的に行われるのであるから、全体の役務提供の完了まで資産の譲渡等

が行われていないとすることは合理的ではない。

　そこで、本通達においては、このような役務の提供につき、その提供が部分的に完了した都度その部分について報酬の支払を受けるような事実関係にある場合には、全体の役務提供の完了を待たずに、その部分的に支払が確定した報酬に係る役務の提供につき、その都度資産の譲渡等を行ったものとすべきものとしている。

　ただし、このような場合でも、その支払を受けることが確定した金額の一部について、全体の役務の提供が完了するまで又は1年を超える長期間にわたり、担保的にその支払が留保されるような場合には、その現実に支払を受けることができない部分については、全体の役務の提供が完了する日（その前に現実に支払を受ける場合には、その支払を受ける日）まではその資産の譲渡等を行っていないものとすることができることとしている。

(2)　ところで、このような技術役務の提供の場合には、その契約に関連して、着手費用に充当する目的で、相手方から仕度金、着手金等の名目で金銭の支払いを受けることがある。このような仕度金、着手金等については、それが全体の技術役務の提供に係る対価の一部なのか、それとも着手費用に直接充当するために支払を受けるいわば仮受金的な性格のものなのか必ずしも明らかでないことが多い。しかしながら、法人税の取扱いにおいて、このような技術役務の提供に係る対価については、上記のようにいわば収入ベースで完結的に収益計上することが実際的であること等から、その使途があらかじめ明らかにされている仕度金、着手金等については、特に後日精算して剰余金があれば返還することとなっているようなものでない限り、その収受した日の属する事業年度の益金の額に算入すべきこととされている。

　そこで、本通達においては、法人税における収益計上時期に関する取

扱いを踏まえ、その収受した日の属する課税期間において行った役務の提供の対価として処理することができることとしたものである。

なお、以上の取扱いは、法人税における収益計上時期の取扱いと同様である（法基通2－1－12）。

(運送収入に係る資産の譲渡等の時期)

9－1－12 運送業における運送収入に係る資産の譲渡等の時期は、原則として、その運送に係る役務の提供を完了した日とする。ただし、事業者が運送契約の種類、性質、内容等に応じ、例えば、次に掲げるような方法のうちその運送収入に係る資産の譲渡等の時期として合理的であると認められるものにより継続してその資産の譲渡等を行ったものとしている場合には、これを認める。

(1) 乗車券、乗船券、搭乗券等を発売した日（自動販売機によるものについては、その集金をした時）にその発売に係る運送収入を対価とする資産の譲渡等を行ったものとする方法

(2) 船舶、航空機等が積地を出発した日に当該船舶、航空機等に積載した貨物又は乗客に係る運送収入を対価とする資産の譲渡等を行ったものとする方法

(3) 一航海（船舶が発港地を出発してから帰港地に到着するまでの航海をいう。以下9－1－12において同じ。）に通常要する期間がおおむね4月以内である場合において当該一航海を完了した日に当該一航海に係る運送収入を対価とする資産の譲渡等を行ったものとする方法

(4) 一の運送に通常要する期間又は運送を約した期間の経過に応じて日割又は月割等により一定の日にその運送収入を対価とする資産の譲渡等を行ったものとする方法

(注)1　運送業を営む2以上の事業者が運賃の交互計算又は共同計算を行っている場合における当該交互計算又は共同計算により当該2以上の事業者が配分を受けるべき収益の額を対価とする資産の譲渡等については、その配分額が確定した日に資産の譲渡等を行ったものとすることができる。

2　海上運送事業を営む事業者が船舶による運送に関連して受払する滞船料又は早出料を対価とする資産の譲渡等については、その額が確定した日に資産の譲渡等又は売上げに係る対価の返還等を行ったものとすることができる。

解説

(1)　運送収入（運賃）については、その運送に係る役務の提供が完了した時点を資産の譲渡等の時期とするのが原則である。

　しかしながら、運送業においては、その業務の内容に応じた各種の料金の取決めがなされており、企業会計上もそれぞれに応じた収益の計上方法が認められている。

　そこで、本通達においては、資産の譲渡等の時期の判定基準として、企業会計上も一般に承認されている幾つかの基準を例示し、事業者が、その運送契約の種類、性質、内容などに応じて、合理的と認められる基準を選択して継続適用する場合には、税法上もこれを認めることを明らかにしている。

(2)　具体的な例示の第1は、乗車券、乗船券、搭乗券等を発売した日を発売金額に係る資産の譲渡等の時期とする方法で、一般に「発売日基準」といわれるものである。この方法では、実際に運送サービスを提供する前に資産の譲渡等の対価の額が先行計上されることになるのであるが、会計実務上の簡便さという面からみてメリットがあるため、鉄道、バス

会社等において広く採用されている基準である。

 なお、発売日基準といっても、自動販売機によるものについては、その集金時点で発売があったものとして、その集金した金額に係る資産の譲渡等があったものとすることになる。

 第2が、いわゆる「積切出帆基準」といわれるもので、船舶や航空機による運送について、船舶、航空機等が出発した時点でこれに積載した貨物又は乗客に係る運送収入を対価とする資産の譲渡等を行ったものとする方法である。

 第3が、いわゆる「航海完了基準」といわれるものである。すなわち、船舶による運送について、当該船舶が発港地を出発してから最終帰港地に帰着するまでの航海(一の航海)に係る全体の運送収入を一括してその一の航海の完了した時点で資産の譲渡等を行ったものとして計上する方法であり、たとえ航海途中で荷卸しを完了した貨物があったとしても、その航海途中では資産の譲渡等を行ったこととはせず、航海完了時点までその資産の譲渡等の時期を繰り延べることになるのである。ただし、これについては、航海期間が余りにも長期にわたるものに適用することは課税上も適当ではないし、企業会計上も妥当ではないと考えられるので、本通達においては、おおむね4月以内に完了する航海について、航海完了基準により資産の譲渡等を行ったものとすることを認めることとしている。

 第4は、いわゆる「発生日割基準」又は「月割基準」等といわれているもので、一種の進行基準的な計上方法である。すなわち、運送期間の経過に応じて、日割又は月割等によって運送収入を分割計上していく方法であって、海上運送業のほか、鉄道の定期乗車券などに係る資産の譲渡等の計上時期としてこの方法が使われる例が多いようである。

 以上が本通達において運送収入に係る資産の譲渡等の時期の判定基準

として例示された四つの方法であり、運送業を営む事業者は、これらの方法の中から、当該事業者の営む運送の内容に応じて合理的基準を採用し、継続して適用することになる。

(注) 航海完了基準の適用のある一の航海に係る航海期間が「おおむね４月以内」とされているのは、実例に照らして、ほとんどの外航航路における一の航海が通常この程度の期間内に完了すると認められるからである。

(3) ところで、本通達においては、以上のほか、これに関連して注書で次の２つのことを定めている。

　その第一は、運賃の交互計算又は共同計算を行っている場合の資産の譲渡等の時期である。運賃の交互計算や共同計算は、例えば、鉄道の相互乗入れの場合や海上運送業における運賃同盟などの場合に、２以上の運送業者間で行われている。このような交互計算又は共同計算が行われる場合には、その計算期間が終了して計算が確定しない限り、それぞれの事業者が配分を受けるべき金額が明らかにならないという事情がある。そこで、本通達の注書の１において、このような場合には、その配分が確定した時点でその配分されるべき金額を資産の譲渡等の対価として計上すればよいことを明らかにしている。

　第二として、注書の２においては、同じく海上運送業を営む事業者が船舶による運送に関連して授受する滞船料又は早出料の計上時期について定めている。「滞船料」というのは、貨物の積卸期間が当初契約で予定した積卸期間を経過して運送期間がそれだけ長期にわたることになったため、割増しの運賃を徴収する場合のその割増運賃のことであり、「早出料」とは、逆に積卸期間が短縮されて、全体として航海日数が短縮されたために運賃の割戻しを行う場合のその割戻運賃（売上げに係る対価の返還等に該当する。）のことである。

　滞船料又は早出料は、いずれも荷主その他運賃の支払者との間で協議

をし、原因となる事実関係を相互に確認した上で、その金額が確定することとなる。そこで、本通達の注書の2では、このような事情を考慮して、滞船料又は早出料については、当事者間の協議が整い、その受払いをすべき金額が確定した時点で資産の譲渡等又は売上げに係る対価の返還等があったものとして処理すれば足りることとされている。

なお、この取扱いは、法人税における収益計上時期の取扱いと同様である（法基通2―1―13）。

(注) 海上運送業を営む事業者が受ける滞船料が資産の譲渡等の対価に該当することについては、基本通達5―5―9において、また、海上運送業を営む事業者が支払う早出料が売上げに係る対価の返還等に該当することについては、基本通達14―1―1において規定している。

なお、荷主その他運賃の支払者が受ける早出料が仕入れに係る対価の返還等に該当することについては、基本通達12―1―1で規定している。

第3款　固定資産の譲渡の時期

（固定資産の譲渡の時期）

9―1―13　固定資産の譲渡の時期は、別に定めるものを除き、その引渡しがあった日とする。ただし、その固定資産が土地、建物その他これらに類する資産である場合において、事業者が当該固定資産の譲渡に関する契約の効力発生の日を資産の譲渡の時期としているときは、これを認める。

(注) 本文の取扱いによる場合において、固定資産の引渡しの日がいつであるかについては、9―1―2の例による。

解説　本通達においては、固定資産の譲渡の時期についても、原則として

引渡基準によることを明らかにしている。また、この場合の「引渡しの日」の判断についても、棚卸資産の販売の場合における引渡しの日の判断基準を定めた基本通達9－1－2の取扱いが引用されている。すなわち、本則どおり引渡基準を適用する場合に、その引渡しの日がいつか明らかでないときは、基本通達9－1－2のただし書を援用して、例えば、譲渡代金の相当部分（おおむね50パーセント以上）の支払を受けるに至った日を譲渡の時期とすることになる。

ただ、固定資産のうち、土地、建物、構築物等については、一般的にその引渡しの事実関係が外形上明らかでないことが多いので、事業者がその譲渡契約の効力の発生の日（一般には、特約のない限り、契約締結の日）を譲渡の時期とすることとしている場合にはこれを認めることとして、いわゆる「契約基準」を導入しているのである。

なお、この取扱いは、法人税における収益計上時期の取扱いと同様である（法基通2－1－14）。

（農地の譲渡の時期の特例）

9－1－14 農地の譲渡があった場合において、当該農地の譲渡に関する契約が農地法上の許可を受けなければその効力を生じないものであるため、事業者がその譲渡の時期をその許可のあった日としているときは、これを認める。

(注) 事業者が農地の取得に関する契約を締結した場合において、農地法上の許可を受ける前に当該契約に基づく契約上の権利を他に譲渡したときにおけるその譲渡の時期については、9－1－13による。この場合において、当該権利の譲渡に関する契約において農地法上の許可を受けることを当該契約の効力発生の条件とする旨の定めがあったとし

> ても、当該定めは、当該許可を受けることができないことを契約解除の条件とする旨の定めであるものとして9―1―13のただし書を適用する。

解説

(1) 農地については、農地法上、その譲渡に関する契約は、農地転用に関する許可又は譲渡に関する許可がなければ、その効力が生じないものとされている（農地法3、5）。このため、農地の譲渡に関する契約は、農地法上の許可を受けることを停止条件とする契約であると解されているから、その停止条件が成就した時（農地法上の許可があった時）に契約の効力の発生があったということになる。もちろん農地の譲渡といえども引渡基準により資産の譲渡等を行ったものとすることを否定するものではないが、仮に事業者が契約基準により農地法上の許可のあった日に譲渡があったものとした場合には、農地法との関係上、税務上もこれを認めざるを得ないであろう。本通達は、このような趣旨から定められたものである。

(2) ところで、農地の譲渡に似て非なるものとして、いわゆる「転用未許可農地に係る権利」の譲渡がある。

転用未許可農地というのは、農地の売買契約をして農地を取得することとしたが、いまだ農地法上の許可を受けていない状態にあるものをいう。すなわち、農地法上は、売買契約の効力が発生せず、したがって、いまだ農地の所有権を取得していないということになるのであるが、現実にはこのような転用未許可の状態のまま農地を転々と売買する事例が往々にして存する。このような場合には、農地そのものの譲渡ではないのであるから、税務上はその転用未許可農地に係る権利すなわち農地の売買契約上の権利（所有権移転請求権であり、消費税法上は土地の上に存す

る権利に該当する。）を他に譲渡したものとして、一般の例により引渡基準に基づいて資産の譲渡等の時期の判定を行うべきことを本通達の注書において明らかにしている。

もっとも契約当事者としては、農地法上の許可がなければ最終的に所有権を取得することができないので、この種の転用未許可農地の売買契約においては、しばしば一定期間内に農地法上の許可があることを当該売買契約の効力発生の停止条件とする旨の特約が付されることがある。しかし、このような場合におけるこの種の特約は、条件というよりは、むしろ一定期間内に農地法上の許可がなければ契約を解除することができるといういわば解除条件付の契約であると解することがより経済的な実態に合致するものと考えられる。

そこで、本通達の注書の後段においては、このことを明確にし、仮に当事者が契約基準によって資産の譲渡等の時期を判定する場合に、停止条件が成就していないため契約の効力が発生していないとして資産の譲渡等を行ったとせず、長期にわたって資産の譲渡等の対価の計上を繰り延べるというようなことは認めない旨を明らかにしている。

なお、この取扱いは、所得税及び法人税における収益計上時期の取扱いと同様である（所基通36—12、法基通2—1—15）。

（工業所有権等の譲渡等の時期）

9—1—15　工業所有権等（特許権、実用新案権、意匠権、商標権又は回路配置利用権並びにこれらの権利に係る出願権及び実施権をいう。以下9—1—21において同じ。）の譲渡又は実施権の設定については、その譲渡又は設定に関する契約の効力発生日に行われたものとする。ただし、その譲渡又は設定に関する契約の効力が登録により生ずることとなっ

ている場合で、事業者がその登録日によっているときは、これを認める。

（注）　実施権の設定による資産の譲渡等に関して受ける対価の額は、それが使用料等に充当されることとされている場合であっても、前受金等として繰り延べることはできないことに留意する。

解説

(1)　工業所有権等の譲渡又は実施権の設定によって受ける対価については、原則として、その譲渡又は設定に関する契約の効力の発生の日が資産の譲渡等を行ったものとすべきことになるのであるが、工業所有権の移転又は専用実施権の設定等については一般に登録がその効力発生の要件とされている（特許法98①、実用新案法26等）ことから、その譲渡又は設定の効力が登録によって生ずることになっている場合には、登録基準により資産の譲渡等の時期を判定することも妨げないこととしたものである。

(2)　ところで、工業所有権等に係る実施権の設定契約等に際しては、その設定の対価として授受した一時金の額がその後一定期間内に生産高ベース等により支払を受けるべき使用料（running－royalty）の額に充当される旨の定めが置かれることがある。このような定めは、最低使用料条項（minimum－royalty－item）と称されるが、当初に授受する一時金の額を使用料の最低額にしようというものであって、仮に当該一時金の額がその一定期間内に支払を受けるべき使用料の額に充当しきれずに残額が生じた場合であっても、返還しないのが普通である。したがって、その一時金の額は実施権の設定の対価であり、その後の使用料の計算に合わせて前受金等として繰り延べることは認められない。本通達の注書はこのことを留意的に明らかにしている。

なお、この取扱いは、法人税における収益計上時期の取扱いと同様で

ある（法基通2―1―16）。

（ノウハウの頭金等に係る資産の譲渡等の時期）

9―1―16 ノウハウの設定契約に際して支払を受ける一時金又は頭金を対価とする資産の譲渡等の時期は、当該ノウハウの開示を完了した日とする。ただし、ノウハウの開示が2回以上にわたって分割して行われ、かつ、その一時金又は頭金の支払がほぼこれに見合って分割して行われることとなっている場合には、その開示をした日に資産の譲渡等があったものとする。

(注)1　その一時金又は頭金の額がノウハウの開示のために現地に派遣する技術者等の数及び滞在期間の日数等により算定され、かつ、一定の期間ごとにその金額を確定させて支払を受けることとなっている場合には、その支払を受けるべき金額が確定する都度資産の譲渡等が行われたものとする。

　　2　9―1―15の(注)は、ノウハウの設定契約に際して支払を受ける一時金又は頭金について準用する。

解説

(1)　「ノウハウ」(know-how)とは、工業所有権のように登録によって権利の保護を受けるに至っていない生産技術に関する事実上の権利であるが、その性質上、一般に工業所有権と同じように、若しくはしばしば工業所有権と一体のものとして、いわば物権的な権利として取引の対象にされている。

　このようなノウハウの設定は、その性質上、相手方にノウハウの内容を開示した上でその利用を許諾するという経過になるので、その設定契

約に際して支払を受ける一時金又は頭金の額は、ノウハウの開示を完了した時点で対価の額として確定することになるから、その開示完了日の属する課税期間における資産の譲渡等の対価の額として処理すべきことになる。ただし、ノウハウの開示が2回以上にわたって分割して行われ、しかもその一時金又は頭金の支払がほぼこれに見合って分割して支払われるというような場合には、いわば部分的に対価が確定することになるので、その開示をした都度、これに見合って支払を受けるべき金額を資産の譲渡等の対価の額に計上すれば足りる。

(注) 開示を完了したノウハウについて、その設定の対価の額の支払が長期に分割される場合には、別途、法人である事業者に限って延払基準の適用が認められることになっている（基通9—3—2参照）。

(2) ところで、ノウハウの設定対価の授受方法に関する一形態として、その開示伝達等のために現地に派遣する技術者等の数及び滞在期間の日数などによってその支払を受けるべき設定の対価の額を算定し、かつ、一定の期間ごとに支払金額を確定させて支払を受けることになっているようなケースがあるが、このような場合には、その支払を受けるべき金額が確定する都度、その金額を資産の譲渡等の対価として計上することが合理的である。本通達の注書の1はその旨を明らかにしている。

なお、本通達の注書の2においては、ノウハウの設定契約に伴って支払を受けた一時金又は頭金についていわゆる最低使用料条項が付されている場合にも、基本通達9—1—15の注書で明らかにされているように、当該一時金又は頭金の額は、確定収入としてその支払を受けた時点で資産の譲渡等の対価として計上すべきことを明らかにしている。

なお、この取扱いは、原則として法人税における取扱いと同様である（法基通2—1—17）。

また、ノウハウの設定契約の締結に先立って、しばしば「オプション

フィー」(option-fee) の名目で一定の金銭が授受されることがある。オプションフィーとは、相手方に契約締結の選択権を付与するために支払を受けるものであって、契約の締結に至ったときには一時金又は頭金の一部に充当され、契約の締結に至らなかったときはそのまま没収する性質のものである。このようなオプションフィーはいずれも資産の譲渡等の対価に該当せず、消費税の課税の対象とはならない。

第4款　有価証券の譲渡の時期

（有価証券等の譲渡の時期）

9－1－17　有価証券（金融商品取引法第2条第1項《定義》に規定する有価証券をいう。）及び令第9条第1項第2号及び第4号《有価証券に類するものの範囲等》に規定する有価証券に類するもののうち証券又は証書が発行されているものの譲渡の時期は、別に定めるものを除き、その引渡しがあった日とする。

（注）　法人が有価証券（法法第2条第21号《定義》に規定する有価証券をいう。）を譲渡した場合の資産の譲渡の時期について、法法第61条の2第1項《有価証券の譲渡損益の益金算入等》に規定する「その譲渡に係る契約をした日」としている場合には、これを認める。

【平11課消2－8、平13課消1－5、平14課消1－12、平18課消1－16、平19課消1－18　改正】

解説　消費税では、棚卸資産の販売や固定資産の譲渡について、すべて統一的に「引渡基準」により資産の譲渡等の時期を判定することとしているところであり、株式や公社債等の有価証券の譲渡についてこれと異なる取扱いとする理由はない。そこで、本通達では、株式や公社債等の有価証券の譲渡

の時期について、棚卸資産の販売や固定資産の譲渡と同様に、引渡基準によることを明らかにしている。

　なお、平成12年度の税制改正において、法人が有価証券を譲渡した場合の譲渡損益は、その譲渡に係る契約をした日の属する事業年度に計上すべきことが明定された（法法61の2）。基本通達9－6－2において、消費税の資産の譲渡等の時期について、個人事業者にあっては、所得税の法令、通達等に定める総収入金額に算入すべき時期によることができ、また、法人にあっては、法人税の法令、通達等に定める益金の額に算入すべき時期によることができることとしていることから、法人が有価証券の譲渡の時期について法人税法第61条の2第1項《有価証券の譲渡損益に益金算入等》に規定する「その譲渡に係る契約をした日」としている場合には、当然これによることができるのであり、本通達の注書は、確認的にこのことを明らかにしたものである。
(注)　有価証券の譲渡は非課税資産の譲渡等に該当し、課税売上割合の計算上、その譲渡の対価の額の5％相当額を分母に含めることとされている。

（株券の発行がない株式等の譲渡の時期）

9－1－17の2　令第9条第1項第1号及び第3号《有価証券に類するものの範囲等》に規定する有価証券に類するものの譲渡の時期は、証券の代用物が発行されている場合はその引渡しがあった日、証券の代用物が発行されていない場合は譲渡の意思表示があった日とする。

【平11課消2－8　追加、平14課消1－12、平18課消1－16　改正】

解説　本通達は、株券の発行がない株式、新株予約権、社債券の発行がない社債、優先出資法又は資産流動化法に規定する優先出資証券の発行がない優先出資及び投資信託法に規定する投資証券の発行がない投資口等の譲渡の

時期は、証券の代用物が発行されている場合はその引渡しがあった日、証券の代用物が発行されていない場合は譲渡の意思表示があった日（契約等に定められた譲渡の日）とすることを明らかにしたものである。

> **（登録国債の譲渡の時期）**
> **9―1―17の3**　令第1条第2項第3号《登録国債》に規定する登録国債の譲渡の時期は、名義変更の登録に必要な書類の引渡し等があった日とする。

【平11課消2―8　追加、平20課消1―8　改正】

解説　有価証券の譲渡の時期は、基本通達9―1―17において「引渡基準」によることが明らかにされているが、証券が発行されない登録国債の場合には証券の引渡しが行われないことから、その資産の譲渡等の時期はどの時点かという疑問が生ずる。

　この点、登録国債の譲渡に伴い移転の登録を受けようとするときは、①書面による方法と②オンラインによる方法の2つが行われている。

①　書面による移転登録請求

　　登録国債の譲渡に伴い移転の登録を受けようとするときは、国債にあってはその譲渡人又は譲受人が、国債登録変更請求書、相手方の国債登録変更請求承諾書などの書類を登録機関（日本銀行）に提出する必要がある。

　　このようなことから、書面により移転登録を行う登録国債等の譲渡の時期は、当事者間において名義変更の登録に必要な書類の引渡しがあった日としている。

②　オンラインによる移転登録請求

　　上記の書面による移転登録請求のほかに、オンラインによる移転登録

請求もできることとなっている。

　登録国債の場合にあっては、日銀ネットを利用したオンラインによる移転登録請求が行われており、取引当事者間で約定が成立すると、譲受人が移転登録入力に必要な「国債MAC」（暗号コード）を作成の上これを譲渡人に伝達し、譲渡人は移転登録請求データと当該国債MACを日銀ネットに入力することとなっている。一方、譲渡人が入力するのが原則であるが、譲受人が入力する場合には、譲渡人が国債MACを作成の上これを譲受人に伝達することとなっている。

（注）　国債MAC（Message Authentication Code）とは、日本銀行があらかじめ配布した暗号キー（国債MACキー）と数値化した請求内容（譲渡人、譲受人、銘柄、金額等）をもとに、特定の暗号技術を用いて算出した6桁の数値であり、譲受人（譲渡人）の記名・捺印に代わる請求意思確認手段として用いられている。

　このようなことから、オンラインにより移転登録を行う登録国債等の譲渡の時期は、当事者間において名義変更の登録に必要な暗号コードの伝達があった日としている。

（持分会社の社員の持分等の譲渡の時期）

9―1―17の4　合名会社、合資会社又は合同会社の社員の持分、協同組合等の組合員又は会員の持分その他これらに類する法人（人格のない社団等、匿名組合及び民法上の組合を含む。）の出資者の持分（証券が発行されていないものに限る。）の譲渡の時期は、譲渡の意志表示があった日とする。

【平11課消2―8　追加、平18課消1―16　改正】

解説 基本通達9―1―17において、有価証券の譲渡の時期は、「引渡基準」によることが明らかにされているが、これと関連して、合名会社の社員の持分等で証券が発行されていない場合にはその引渡しが行われないことから、その資産の譲渡等の時期はどの時点かという疑問が生ずる。

そこで、本通達では、合名会社、合資会社又は合同会社の社員の持分、協同組合等組合員又は会員の持分その他これらに類する法人（人格のない社団等、匿名組合及び民法上の組合を含む。）の出資者の持分（証券が発行されていないものに限る。）の譲渡の時期は、譲渡の意思表示があった日、すなわち契約等に定められた譲渡の日とすることを明らかにしたものである。

（株式の信用取引等をした場合の譲渡の時期）

9―1―18　事業者が金融商品取引法第161条の2第1項《信用取引等における金銭の預託》の規定による信用取引又は発行日取引の方法により株式の売付けを行った場合におけるその売付けに係る株式の譲渡の時期は、当該売付けに係る取引の決済を行った日とする。

【平11課消2―5、平19課消1―18　改正】

解説 基本通達9―1―17において、有価証券の譲渡の時期は、「引渡基準」によることが明らかにされているが、これと関連して、いわゆる信用取引又は発行日取引の方法によって株式の売付けを行った場合の資産の譲渡等の時期はどの時点かという疑問が生ずる。

現行の株式の信用取引又は発行日取引は、旧証券取引法時代のいわゆる清算取引やマージン取引とは異なり、証券会社から株式を借り受けて売り付けるというシステムになっているから、形式的には常に現物による売買取引という建前が貫かれている。このことからすれば、基本通達9―1―17に定め

るところにより、その売付けを行った時点（4日後の受渡時点）が、資産の譲渡等の時期ではないかという考え方が生じ得るわけである。

　しかしながら、この場合の売付けを行った株式については、6月以内に限り、その借株の決済を自動的に延長できることになっており、通常は6月以内の適宜の時期に反対売買を行って株式の買付けを行い、これにより借株の決済を行うことになる。このため、実質的には、反対売買による借株の決済を行うまでは、譲渡原価も確定せず、取引が完結していないことになるので、一般の会計慣行としても、反対売買による借株の決済が行われるまでは、売付けによる譲渡収益を計上しないのが通常の処理方法となっている。

　もちろん、信用取引による売付けといっても、いわゆる「保険ツナギ」と称して、現に同一銘柄の株式を保有していながら、借株による売付けを行うケースも存在する。このような場合には、現に保有している株式を引き渡すことにより決済することも可能なのであるから、原則どおりに、売付時に引渡基準により課税するという考え方があってもよいのかもしれない。しかしながら、この場合でも必ず現物の引渡しによる決済が行われるという保証はないし、信用取引等の特殊性からすれば、保険ツナギの場合だけ特別な取扱いをするというのも実情に即さない。

　このようなことから、信用取引等による株式の売付けを行った場合には、その売付株について反対売買等により決済を行った日の属する事業年度においてその収益を計上すべきものとし、本通達において、この旨を明らかにしたものである。

第5款　利子、使用料等を対価とする資産の譲渡等の時期

（貸付金利子等を対価とする資産の譲渡等の時期）

　9－1－19　貸付金、預金、貯金又は有価証券（以下9－1－19におい

て「貸付金等」という。）から生ずる利子の額は、その利子の計算期間の経過に応じ当該課税期間に係る金額を当該課税期間の資産の譲渡等の対価の額とする。ただし、主として金融及び保険業を営む事業者以外の事業者が、その有する貸付金等（当該事業者が金融及び保険業を兼業する場合には、当該金融及び保険業に係るものを除く。）から生ずる利子で、その支払期日が１年以内の一定の期間ごとに到来するものの額につき、継続してその支払期日の属する課税期間の資産の譲渡等の対価の額としている場合には、これを認める。

解説　本通達は、貸付金、預貯金又は有価証券から生ずる利子を対価とする資産の譲渡等の時期を定めている。

　すなわち、貸付金等から生ずる利子を対価とする資産の譲渡等については、その利子の計算期間の経過に応じて資産の譲渡等があったこととする、いわゆる発生主義によることを原則とする旨がまず明らかにされている。ただ、この発生主義による処理については、金融・保険業を営む事業者のように利子を対価とする資産の貸付けを主たる事業とする場合は格別、副次的なものとして行うにすぎない一般の事業者の場合にまでこの原則を一律に適用することは必ずしも妥当ではない。

　そこで、本通達のただし書においては、主として金融・保険業を営む事業者以外の一般の事業者が行う利子を対価とする貸付けについては、厳密な発生主義による期間対応計算ではなく、いわゆる「利払期基準」により、利払期の到来する都度資産の譲渡等があったものとすることができることを明らかにしている。

　もっとも、ひとくちに「利払期基準」といっても、例えば、利払期が２年ごととか、３年ごとというように極めて長期にわたるものについてまで利払期基準を認めることは課税上も適当ではないので、ここでは、利払期基準を

採るためには、利払期が「1年以内の一定の期間ごとに」到来するものでなければならないことを明らかにしている。

(注) 本通達のただし書の適用がない「主として金融及び保険業を営む事業者」の範囲については、原則として日本標準産業分類（総務省）の分類を基準として判定することになるが、同ただし書の趣旨にかんがみ、次に掲げるような事業者についてはこれに該当しないものとして（一般の事業者並みに）取り扱われることになる。

　イ　証券業を営む事業者のうち、主として他の証券業者に対して有価証券の売買に係る注文の取次ぎ（いわゆるツナギ取引）を行っている事業者

　ロ　主として商品取引業を営んでいる事業者

　ハ　主として保険代理業を営んでいる事業者

なお、この取扱いは、法人税における収益計上時期の取扱いと基本的に同様である（法基通2―1―24）。

また、個人事業者については、本通達に代えて、基本通達9―6―2に基づき、所基通36―2に定める収益計上時期と同様の時期とすることも認められる。

(注) 貸付金利子等を対価とする資産の譲渡等は、非課税資産の譲渡等に該当する。

| 参　考 | 所得税基本通達（抄）

（利子所得の収入金額の収入すべき時期）

36―2　利子所得の収入金額の収入すべき時期は、法第36条第3項に規定するものを除き、それぞれ次に掲げる日によるものとする。

(1)　定期預金（貯金及び令第2条第1号《預貯金の範囲》に掲げる貯蓄金でこれに類するものを含む。）の利子については、次に掲げる日

　イ　その契約により定められた預入期間（以下この項において「契約期間」という。）満了後に支払を受ける利子で、その契約期間が満了するまでの期

間に係るものについてはその満了の日、その契約期間が満了した後の期間に係るものについてはその支払を受けた日

　ロ　契約期間の満了前に既経過期間に対応して支払い又は元本に繰り入れる旨の特約のある利子については、その特約により支払を受けることとなり又は元本に繰り入れられる日

　ハ　契約期間の満了前に解約された預金の利子については、その解約の日

(2)　普通預金又は貯蓄預金（貯金及び令第2条第1号に掲げる貯蓄金でこれらに類するものを含む。）の利子については、その約定により支払を受けることとなり又は元本に繰り入れられる日。ただし、その利子計算期間の中途で解約された預金の利子については、その解約の日

(3)　通知預金（貯金及び令第2条第1号に掲げる貯蓄金でこれに類するものを含む。）の利子については、その払出しの日

(4)　合同運用信託、公社債投資信託又は公募公社債等運用投資信託の収益の分配のうち、信託期間中のものについては収益計算期間の満了の日、信託の終了又は解約（一部の解約を含む。）によるものについてはその終了又は解約の日

(5)　公社債の利子については、その利子につき支払開始日と定められた日

（償還差益を対価とする資産の譲渡等の時期）

9－1－19の2　令第10条第3項第6号《償還差益を対価とする資産の貸付け》に規定する償還差益を対価とする国債等の取得に係る資産の譲渡等の時期は、同号に規定する国債等の償還が行われた日とする。ただし、当該国債等が、法法令第139条の2第1項《償還有価証券の調整差益又は調整差損の益金又は損金算入》に規定する償還有価証券に該当する場合において、法人が消費税の計算上も同項の調整差益の額を各事業年度の償還差益の額としているときには、これを認める。

【平12課消2―10　追加】

解説　消費税法施行令第10条第3項第6号《償還差益を対価とする資産の貸付け》に規定する償還差益は、消費税としての性格から、その全額が当該有価証券の償還を受けた課税期間における資産の譲渡等の対価となるのが原則である。

本通達の前段は、この点を念のため明らかにしたものである。

一方、法人税法上、アキュムレーションを行うこととされている償還有価証券については、消費税においても、当該償還有価証券に係る調整差益を、法人の所得金額の計算上、益金の額に算入した事業年度における資産の譲渡等の対価としたとしても、継続してこのような経理処理がなされる限り、消費税額に大きな影響を与えるものではないから、納税者の税額計算の便宜に配慮し、これを認めることとしている。

本通達の後段は、このことを明らかにしたものである。

(注)　平成12年度税制改正において、法人税における有価証券の評価方法について、償還有価証券については、いわゆるアキュムレーション又はアモチゼーションによる処理が強制されることとなった。

なお、この取扱いは、適切な期間損益の計算が要請される法人税においては、改正前から認められていたもので、消費税においても、法人が当該処理を行っている場合には、これを認めていたものであることから、法人税の改正に際して念のため規定したものである。

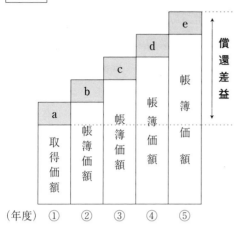

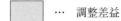

○ 原則
　償還差益（a＋b＋c＋d＋e）を⑤年度に非課税売上げとして計上
○ 例外的な取扱い
　各年度において各調整差益（a、b、c、d、e）を非課税売上げとして計上

（賃貸借契約に基づく使用料等を対価とする資産の譲渡等の時期）

9―1―20　資産の賃貸借契約に基づいて支払を受ける使用料等の額（前受けに係る額を除く。）を対価とする資産の譲渡等の時期は、当該契約又は慣習によりその支払を受けるべき日とする。ただし、当該契約について係争（使用料等の額の増減に関するものを除く。）があるためその支払を受けるべき使用料等の額が確定せず、当該課税期間においてその支払を受けていないときは、相手方が供託したかどうかにかかわらず、その係争が解決して当該使用料等の額が確定しその支払を受けることとなる日とすることができるものとする。

（注）　使用料等の額の増減に関して係争がある場合には本文の取扱いによるのであるが、この場合には、契約の内容、相手方が供託をした金額等を勘案してその使用料等の額を合理的に見積るものとする。

解説

(1) 本通達においては、資産の賃貸借契約に基づいて支払を受ける使用料等の額については、前受金部分を除き、契約又は慣習によってその支払を受けるべき日、すなわち「支払期日」において資産の譲渡等があったものとすることを原則とする旨定めている。

 もっとも、この取扱いは、一般に資産の賃貸借契約に基づく使用料等については、月ごと等年以下の期間を単位としておおむね規則的に支払われることが取引上の慣習になっていると認められることを前提としているから、例えば、関係会社間等における資産の賃貸借について、特段の理由もなくその使用料の支払期日が一年を超えて定められているような場合には、本通達本文の取扱いの適用はなく、月ごとその他年以下の合理的な期間ごとにその資産の譲渡等を行ったとする必要がある。

(2) ところで問題は、当該賃貸借契約について当事者間に紛争があり、支払期日に使用料等の支払を受けることができない場合である。これについて、本通達ただし書以下では、その支払を受けることができないことの原因がどのようなものかに応じて、問題を2つのカテゴリーに整理して取扱いを定めている。

まず最初は、その紛争が契約の存否そのものについての争いの場合である。

 この場合には、賃貸人である事業者にとって、そもそも使用料等を収入すること自体が不確定な状態におかれていることになるので、その紛争が解決して使用料等の支払を受けること及びその額が確定して具体的にその支払を受けることができるようになるまで、資産の譲渡等の対価の計上を見合わせることができることを明らかにしている。このことは、相手方がその使用料等について供託をしているかどうかには関係がない。

 これに対し、その紛争が使用料等の額の増減に関するものである場合

には、少なくとも使用料等を収入すること自体が不確定であるとはいえない。単にその収入すべき額に未確定要素があるだけである。そこで、このような使用料等の額の増減に関する紛争に基因して現実に使用料等が未収となっている場合には、契約の内容や相手方が供託をしているとすればその供託している金額などを勘案して、その収入すべき使用料等の額を合理的に見積もり、本則に基づいて資産の譲渡等を行ったものとすべきことを明らかにしている。

(注) 使用料等の額の増減に関する紛争がある場合において、相手方が使用料等の額を供託しているときは、その供託している金額は相手方が自ら主張する金額であり、その性質上いつでも合意に達し得る最低金額ということになるので、その金額がここでいう資産の譲渡等の対価の額として計上すべき見積額として採用されることが多いと考えられる。

なお、この取扱いは、所得税及び法人税における収益計上時期の取扱いと同様である（所基通36―5、法基通2―1―29）。

（工業所有権等の使用料を対価とする資産の譲渡等の時期）
9―1―21 工業所有権等又はノウハウを他の者に使用させたことにより支払を受ける使用料の額を対価とする資産の譲渡等の時期は、その額が確定した日とする。ただし、事業者が継続して契約により当該使用料の額の支払を受けることとなっている日としている場合には、これを認める。

解 説

(1) 本通達においては、工業所有権又はノウハウを他の者に提供し、これについて支払を受ける使用料に係る資産の譲渡等の時期について定めて

いる。
　一般に工業所有権等又はノウハウの使用料については、一定期間ごとに定額の使用料の支払を受けることになっている場合と、一定期間内における生産高等に応じて使用料の額を算定することとしている場合とがある。
　前者については、その使用料の支払の基礎となる一定期間経過ごとにその収入すべき額が自動的に確定し、また後者については、その一定期間内における生産高等が明らかになった時点でその都度その収入すべき額が確定するということになるのであるが、税務上は、いずれの場合もその収入すべき額が確定した時点で、資産の譲渡等を行ったものとすることが原則である。

(2)　しかしながら、特に後者の一定期間内における生産高等に応じて使用料の額が算定されることとなっている場合については、その一定期間経過時点で自動的にその使用料の額が明確になるということではない。すなわち、使用料の算定基礎となる生産高等を明確に知り得るのは先方のみであり、当方はそのことを自動的に知り得る立場にないのであるから、通常は、先方からその生産高等について報告があり、これについて当方が適当な手段で確認を与えた段階で、初めてその使用料の額が確定するという手順になるのではないかと思われる。
　本通達においては、このような実態を踏まえて、そのただし書において、このような使用料の額については、事業者が継続的にその使用料の額の支払を受けるべき日（支払期日）に資産の譲渡等を行ったものとすることとしている場合にはこれを認めることを明らかにしている。
　なお、この取扱いは、法人税における収益計上時期の取扱いと同様である（法基通2－1－30）。

第6款　その他の資産の譲渡等の時期

（物品切手等と引換給付する場合の譲渡等の時期）

9―1―22　物品切手等と引換えに物品の給付若しくは貸付け又は役務の提供（以下9―1―22において「物品の給付等」という。）を行う場合には、当該物品切手等が自ら発行したものであるか他の者が発行したものであるかにかかわらず、当該物品の給付等を行う時に当該物品の給付等に係る資産の譲渡等を行ったこととなるのであるから留意する。

解説　物品切手等と引換えに物品の給付若しくは貸付け又は役務の提供を行うことは、物品切手等を対価として資産の譲渡等を行ったこととなり、その引換えをした時が、当該引換えに係る資産の譲渡等の時期となるのである。

本通達は、このことを念のため明らかにしたものである。

なお、物品切手等の発行時における取扱いは、次のようになる。

(1)　法人税及び所得税では、事業者が商品券、ビール券、お仕立て券その他いわゆる「商品引換券等（物品切手等）」を発行した場合のその発行代金の収益計上については、原則としてその発行をした時点で行うこととされている（法基通2―1―39、所基通36・37共―13の2）。そしてこの場合には、期末の未引換券に係る商品等の引換えに要する費用の見積計上をすることが認められている（法基通2―2―11、所基通36・37共―13の3）。

しかしながら、従来の会計慣行を考慮して、比較的短期間にその商品の引換え等が行われる場合など、税務上、弊害のない限り例外も認められている。

すなわち、事業者が商品引換券等をその発行年度ごとに区分して管理

する場合には、発行時の収益計上を必ずしも強制せず、所轄税務署長又は国税局長の確認を受けることを条件として、実際に商品の引換え等があるまで預り金等として処理することが認められている。もっとも、これはその発行事業年度の翌期首から3年を経過した日の属する事業年度終了の時、すなわち足掛け5年目の事業年度末における未引換券についてその時点で収益計上することが条件となっている。

(2) 一方、消費税は対価を得て行われる資産の譲渡等を課税の対象としているのであるが、物品切手等の発行は、物品の給付請求権等を表彰する証書の発行行為であり、「資産の譲渡」とは法的性格が異なるものである。したがって、物品切手等を発行し、交付した相手先から収受する金品は資産の譲渡に係る対価には該当しないこととなるのである（基通6－4－5）。

(注) トレーディングスタンプの取扱い

① スタンプ等の発行業者等が他の事業者の求めに応じてスタンプ等を発行し、消費者等が当該他の事業者から無償で交付を受けた当該スタンプ等を、一定の枚数取りまとめて呈示した場合に一定の商品の引渡し又は役務の提供を行うという一連の行為は、当該他の事業者のために行う一種の販売促進活動であり、当該他の事業者に対する役務の提供に該当する。したがって、これらの行為をなすことを約する契約に基づいて、スタンプ等の発行事業者等が当該他の事業者に対してスタンプ等を発行した場合に当該他の事業者から収受する金銭は、資産の譲渡等の対価に該当する。

② トレーディングスタンプに係る資産の譲渡等の時期は、当該他の事業者においては、当該スタンプ等の発行を受けた時にトレーディングスタンプに係る役務の提供を受けたものとして課税仕入れとしている実態にあることから、原則として、当該スタンプ等を発行した時である。

（保証金等のうち返還しないものの額を対価とする資産の譲渡等の時期）

9−1−23　資産の賃貸借契約等に基づいて保証金、敷金等として受け入れた金額であっても、当該金額のうち期間の経過その他当該賃貸借契約等の終了前における一定の事由の発生により返還しないこととなる部分の金額は、その返還しないこととなった日の属する課税期間において行った資産の譲渡等に係る対価となるのであるから留意する。

解説　事業者が資産の賃貸借契約等に基づいて保証金や敷金を受け入れた場合に、その保証金、敷金等が単なる預り金であるならば、もちろんその収入は資産の譲渡等の対価に該当しない。

　ところが、しばしば見受けられる事例として、例えば、保証金、敷金等について、一定期間経過するごとにその一定部分を返還しないこととする特約の付されているものがある。なかには、貸主側の都合によるものでない限り、その解約時期及び解約事由のいかんにかかわらず、常にその保証金、敷金等の一定部分を返還しない旨の定めがある場合すら見受けられる。

　いずれにせよ、このような特約がある場合には、貸主にとっては、一定期間経過ごとに、又は賃貸借契約締結当初において、その保証金、敷金等の一部が返還しないこととなるのであるから、これらについては、その返還しないことが確定した時点で、その確定した金額につき、その都度資産の譲渡等を行ったものとすべきことになる。本通達は、このことを念のため明らかにしたものである。

　なお、この取扱いは、所得税及び法人税における収益計上時期の取扱いと同様である（所基通36−7、法基通2−1−41）。

(先物取引に係る資産の譲渡等の時期)

9-1-24　商品先物取引法の規定により商品の先物取引を行った場合で、一定の期日までに反対売買することにより差金の授受によって決済したときは、当該先物取引は資産の引渡しを伴わない取引であるから資産の譲渡等には該当しないのであるが、現物の引渡しを行う場合には、当該引渡しを行う日に資産の譲渡等が行われたことになるのであるから留意する。

【平23課消1-35　改正】

解説　取引所における売買取引は現物取引と先物取引とに大別されるが、商品取引所の場合、先物取引が主たる取引であり、現物取引は付随的存在でしかない。両者の区別の基準は、差金の授受による決済をなし得るか否かにある。すなわち、現物取引は受渡期日において売方は必ず約定物件を、買方は必ず約定代金を相互に提供して決済しなければならない取引である。一方、先物取引はこうした決済もできるが、一度成立した売買契約を転売又は買戻しによって結了させ、当初の売買契約の代金と転売又は買戻しによる代金との差額（差金）だけを授受して決済をすることもできる取引である（商品先物取引法2③一）。

　消費税は、対価を得て行われる資産の譲渡、資産の貸付け及び役務の提供を課税の対象としているのであるが、先物取引において差金の授受によって決済したときは、資産の引渡しを伴わない取引となり、資産の譲渡等に該当しないこととなる。ただし、受渡期限が到来し、現物の引渡しを行う場合には、その引渡しを行う日に資産の譲渡等が行われることとなる。本通達は、このことを念のため明らかにしたものである。

|参　考| 商品先物取引法第2条第3項第一号

　この法律において「先物取引」とは、商品取引所の定める基準及び方法に従って、商品市場において行われる次に掲げる取引をいう。
一　当事者が将来の一定の時期において商品及びその対価の授受を約する売買取引であって、当該売買の目的物となっている商品の転売又は買戻しをしたときは差金の授受によって決済することができる取引

|事　例|

　有価証券又は有価証券指数等に係る次の先物取引において、転売又は買戻しを行って差金決済をした場合、当該転売又は当初の売付けは有価証券の譲渡に該当するのか。

(1)　国債先物
(2)　日経平均株価指数先物　　（日経225）
(3)　東証株価指数先物　　（TOPIX）
(4)　日経株価指数300先物　　（日経300）

（回答）

　(1)の受渡日以後に行う現物の引渡しは、商品先物取引と同様に資産の譲渡等に該当するが、受渡日前に反対売買し、差金の授受によって決済したときは、資産の引渡しを伴わない取引であり、資産の譲渡等に該当しないこととなる。
　(注)　国債先物取引は、標準物により取引が行われていることから、現物の引渡しにおいては、標準物に交換比率を乗じて求めた数の国債証券によって決済される。
　(2)、(3)及び(4)は、有価証券等の現物を対象とする取引ではないことから、資産の譲渡等に該当しないこととなる。

9―1―25　削除（平10課消2―9）

（強制換価手続による換価による資産の譲渡等の時期）

9－1－26 事業者が所有する資産が強制換価手続により換価された場合には、当該換価により買受代金が納入された時に当該事業者が資産の譲渡等を行ったものとする。

解説 強制換価手続とは、執行機関が差押え等により債務者から取得した売却権を行使し、債務者の意思に反して強制的に競落人に所有権を移転させるものであるが、同時に、その処分権はあくまで債務者に由来する処分権に基づくものであることから、処分の効果の帰属する債務者と競落人との間で強制換価に係る資産の譲渡が行われることになる。

したがって、事業者が所有する資産が強制換価手続により換価された場合も、当該事業者の資産の譲渡等に該当することとなる。

ところで、強制換価手続の対象となる資産の譲渡等の時期は、本来その目的となる資産の競落人への引渡しの日となるのであるが、本通達は、強制換価手続の特殊性にかんがみ、その資産の譲渡等の時期をその換価により買受代金が納入された時とする旨を明らかにしたものである。

なお、本通達の適用される強制換価手続には、次のようなものがある。

① 民事執行法による競売手続
② 国税徴収法による滞納処分
③ 民事訴訟法による強制執行手続
④ 破産法による破産手続
⑤ 民事再生法による再生手続
⑥ 会社更生法による更生手続
⑦ 会社法による特別清算

> **(前受金、仮受金に係る資産の譲渡等の時期)**
>
> 9―1―27　資産の譲渡等に係る前受金、仮受金に係る資産の譲渡等の時期は、法第18条《小規模事業者に係る資産の譲渡等の時期等の特例》の規定の適用を受ける事業者を除き、現実に資産の譲渡等を行った時となることに留意する。

解説　消費税は、事業として対価を得て行われる資産の譲渡、資産の貸付け及び役務の提供を課税の対象としており、その資産の譲渡等が行われた時に納税義務が成立することになる。

したがって、事業者が行う取引に関し、前受金、仮受金を収受したとしても、それらの金銭の収受の段階ではまだ資産の譲渡等が行われているとはいえないのであって、あくまでも、契約に基づく資産の譲渡等が完了した時が資産の譲渡等の時期として、これに係る対価の額を課税標準額に算入すべきことになる。そして、前受金、仮受金は現実に資産の譲渡等が行われた時に事業者の収入、あるいは収益に係る債権に充当されることになるのである。

ただし、個人事業者で、所得税法第67条《小規模事業者の収入及び費用の帰属時期》の規定により、現金主義による所得計算の特例の適用が認められている事業者（小規模事業者）は、資産の譲渡等及び課税仕入れの時期について現金主義によりその対価の額を収入した日及び課税仕入れに係る費用の額の支払をした日とすることができることとされている（法18）。

本通達は、このことを念のため明らかにしたものである。

(共同事業の計算期間が構成員の課税期間と異なる場合の資産の譲渡等の時期)

9—1—28 共同事業において、1—3—1により各構成員が行ったこととされる資産の譲渡等については、原則として、当該共同事業として資産の譲渡等を行った時に各構成員が資産の譲渡等を行ったこととなる。

ただし、各構成員が、当該資産の譲渡等の時期を、当該共同事業の計算期間(1年以内のものに限る。)の終了する日の属する自己の課税期間において行ったものとして取り扱っている場合には、これを認める。

解説 複数の事業者が、民法第667条《組合契約》の組合契約等に基づく共同事業(人格のない社団等及び匿名組合が行う事業を除く。)を営んでいる場合における、その共同事業としての資産の譲渡等は、その共同事業に係る持分の割合又は利益の分配割合に対応する部分について、それぞれの構成員が行ったこととなる(基通1—3—1)。この構成員が資産の譲渡等を行ったこととなる部分についての資産の譲渡等の時期は、現実にその資産の譲渡等が行われた時、すなわち、共同事業として資産の譲渡等を行った時が原則であり、本通達本文ではこのことを念のため明らかにしたものである。したがって、具体的には、共同事業として行った資産の譲渡等の内容に応じ、この通達の第9章の規定を適用していくことになる。

しかし、現実には、共同事業として行った資産の譲渡等の内容が、逐次各構成員に対して報告されることはまれであり、共同事業の計算期間に応じて一定の期間分をまとめて報告されるのが一般的である。このため、構成員が、共同事業に係る資産の譲渡等について報告を受けた時は、その資産の譲渡等の時期の属する自己の課税期間に係る確定申告期限を過ぎていたというケー

スも生ずることとなる。

そこで、本通達のただし書では、共同事業の計算期間とその共同事業の構成員の課税期間が異なる場合には、共同事業として行った資産の譲渡等はその共同事業の計算期間の終了する日の属する各構成員の課税期間中に行われたものとして取り扱うことを認めたものである。

また、消費税の課税期間は最長１年とされていることから、この特例を認める共同事業の計算期間も１年以内の場合に限ることとしたものである。

なお、本通達は資産の譲渡等について規定したものであるが、共同事業として行った課税仕入れの時期についても同様に取り扱うことが認められることはいうまでもない。

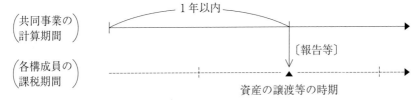

（受益者等課税信託の資産の譲渡等の時期）

9 — 1 — 29　受益者等課税信託において、受益者等が行ったとみなされる資産等取引については、当該受益者の課税期間に対応させて消費税額を計算することとなるのであるから留意する。

【平19課消１—18　追加】

解説　本通達において、受益者等課税信託の受益者等における資産の譲渡等の時期を明らかにしている。

受益者等課税信託では、その信託の受益者段階で消費税の課税関係が生じ

ることとなり、当該受益者等課税信託の信託財産に係る資産等取引は、当該信託の受益者（受益者とみなされる者を含む。以下「受益者等」という。）の資産等取引とみなされる。ところで、実際の課税場面では、個人事業者又は法人が受益者等課税信託の受益者等であって、当該個人事業者又は法人の課税期間開始の日から終了の日までの期間と信託行為に定められた計算期間が一致しない場合もあり得る。このような場合に、当該個人事業者又は法人の各課税期間の課税標準額の計算上、当該信託財産に係る資産等取引は、当該個人事業者又は法人の課税期間開始の日から終了の日までの期間に対応する資産等取引となるのか、あるいは、当該信託行為に定められた信託の計算期間中の資産等取引をまとめたところで、例えば当該計算期間の終了の日の属する当該法人の課税期間の資産等取引となるのかとの疑義を抱く向きもあるようである。

　この点、受益者等課税信託の受益者等は、当該信託の信託財産に属する資産を有するものとみなし、かつ、当該信託財産に係る資産等取引は当該受益者等の資産等取引とみなして消費税法の規定を適用することとされていることから（法14①本文）、当該受益者等に係る信託財産の資産等取引は、受益者である個人事業者又は法人の各課税期間に対応する信託財産に係る資産等取引に係る対価の額を計算して、当該課税期間の消費税額を計算することとなる。

　したがって、その信託行為に定める信託の計算期間の始期及び終期と受益者等である個人事業者又は法人の課税期間の開始の日及び終了の日が一致しない場合には、当該個人事業者又は法人の各課税期間の期間に対応する信託財産に係る資産等取引に基づき、受益者等である個人事業者又は法人の各課税期間の資産の譲渡等の対価の額を計算することとなるのである。

第9章　資産の譲渡等の時期　561

(集団投資信託等の資産の譲渡等の時期)

9―1―30　集団投資信託等については、委託者から信託を受けた受託者が資産等取引を行ったこととなるから、当該受託者の資産等取引については、当該受託者の課税期間に対応させて消費税額を計算することとなる。

ただし、法人課税信託を除き、当該受託者の課税期間と当該受託者における個々の信託の計算期間とが異なる場合において、当該課税期間中にその計算期間の末日が到来した信託についてその計算期間中に行われた資産等取引の全てを当該課税期間における資産等取引としているときは、継続適用を条件としてこれを認める。

【平13課消1―5、平19課消1―18、平23課消1―35　改正】

解説　集団投資信託、法人課税信託、退職年金等信託又は特定公益信託のような消費税法第14条第1項ただし書《信託財産に係る資産の譲渡等の帰属》に規定する集団投資信託等に属する資産の譲渡等については、同項ただし書の規定により、受託者である信託会社が行ったものとされている。

【信託の概要図】

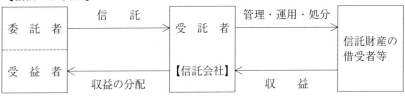

したがって、信託会社は委託を受けている信託の信託財産に係る資産の譲渡等の時期を、自己の課税期間に対応させ、消費税額を計算することとなる。本通達の本文はこのことを念のため明らかにしたものである。

しかしながら、受託者となる信託会社では、自社の事業全体についての計算期間としての事業年度（＝課税期間）とは別に、委託を受けている信託に

ついては、その信託の設定期間によって開始時期、終了時期が異なる計算期間が複数存在する。このような信託会社に対して自己の課税期間と異なる計算期間の信託に係る資産の譲渡等についていちいち自己の課税期間に対応させて消費税額の計算を求めることは現実的ではない。また、集団投資信託等の信託財産に係る資産の譲渡等は信託会社が行ったとされるとしても、その譲渡等に係る経済的利益は最終的には委託者（受益者）に帰属するものであり、信託会社固有の資産の譲渡等とは異なることから、明確に区分管理されている。

そこで、本通達のただし書では、自己の課税期間と異なる計算期間の信託に係る資産の譲渡等について、その計算期間中に行われたすべてをその計算期間の末日の属する課税期間中に行われたものとして継続的に処理しているときは、その取扱いを認めることとしたものである。

なお、この取扱いを適用している場合には、当然のことながら計算期間が自己の課税期間と異なる課税仕入れの時期についても同様の取扱いをすべきこととなる。

> **参　考**
>
> 法人課税信託は、その法人課税信託の受託者の信託資産等及び固有資産等ごとに、それぞれ別の者とみなして消費税法が適用される（基通4－4－1）。

【資産の譲渡等の時期】

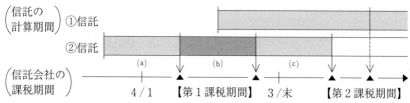

第2節　削除（平10課消2－9）

9－2－1　削除（平10課消2－9）
9－2－2　削除（平10課消2－9）
9－2－3　削除（平10課消2－9）
9－2－4　削除（平10課消2－9）
9－2－5　削除（平10課消2－9）

第3節　長期割賦販売等に係る資産の譲渡等の時期の特例

（長期割賦販売等に係る特例の適用関係）

9－3－1　法第16条《長期割賦販売等に係る資産の譲渡等の時期の特例》の規定は、長期割賦販売等に係る資産の譲渡等につき所法第65条第1項若しくは第2項《延払条件付販売等に係る収入及び費用の帰属時期》若しくは第132条第1項《延払条件付譲渡に係る所得税額の延納》又は法法第63条第1項若しくは第2項《長期割賦販売等に係る収益及び費用の帰属事業年度》の規定の適用を受ける場合に限って適用することができるのであるが、これらの規定の適用を受ける場合であっても、長期割賦販売等に係る資産の譲渡等の時期をその引渡し等のあった日によることとすることは差し支えないことに留意する。

【平10課消2－9、平13課消1－5、平20課消1－8　改正】

解説　長期割賦販売等により行った資産の譲渡等について、所得税法又は法人税法上の延払基準の方法により経理することとしているときは、それぞ

れの課税期間において、その支払期日が到来しない賦払金部分（その課税期間において支払を受けたものを除く。）については、その課税期間において、資産の譲渡等を行わなかったものとみなして、その部分に係る対価の額をその課税期間における資産の譲渡等の対価の額から控除することができることとされている（法16①）。

これにより、その課税期間において資産の譲渡等を行わなかったものとみなされた部分は、賦払金の支払の期日の属する各課税期間まで課税が繰り延べられることとなる（法16②）。

なお、平成19年度の税制改正において、売買があったものとされるリース資産の引渡し（リース譲渡）についても所得税又は法人税において長期割賦販売等に係る特例が認められたことから、消費税においてもこれまでと同様の趣旨から、リース譲渡についても資産の譲渡等の時期の特例を認めることとされた（法16、令32の2、36の2）。

したがって、消費税法第16条の長期割賦販売等に係る資産の譲渡等の時期の特例を受けるためには、所得税又は法人税の所得金額の計算において延払基準の方法により経理していること、又は所得税法65条第2項又は法人税法第63条第2項に規定する制度の適用を受けることが前提条件となるのである。

ただし、所得税又は法人税の所得金額の計算は延払基準等の方法により経理をしている場合であっても、消費税の資産の譲渡等の時期については、長期割賦販売等に係る資産の引渡し等のあった日によることとして差し支えないのである。本通達は、このことを念のため明らかにしたものである。

(注) 長期割賦販売等とは、次に掲げる要件に適合する条件を定めた契約に基づき当該条件により行われる資産の販売等及びリース譲渡をいう（法法63⑥、法法令127）。

① 月賦、年賦その他の賦払の方法により3回以上に分割して対価の支払を受けること。

② その資産の販売等に係る目的物又は役務の引渡し又は提供の期日の翌日から最後の賦払金の支払の期日までの期間が２年以上であること。

③ 当該契約において定められているその資産の販売等の目的物の引渡しの期日までに支払の期日の到来する賦払金の額の合計額がその資産の販売等の対価の額の３分の２以下となっていることとする。

（法人が行う長期割賦販売等の範囲）

９－３－２ 法第16条第１項《長期割賦販売等に係る資産の譲渡等の時期の特例》に規定する長期割賦販売等には、法人である事業者が行う次に掲げる金額の受領に係る取引で法法第63条第６項《長期割賦販売等に係る収益及び費用の帰属事業年度》に定める長期割賦販売等の要件に該当するものが含まれるものとする。

(1) 借地権又は地役権の設定の対価として支払を受ける権利金その他の一時金の額で法法令第138条第１項《借地権の設定等により地価が著しく低下する場合の土地等の帳簿価額の一部の損金算入》の規定の適用があるもの

(2) 建物の賃貸借契約に際して支払を受ける権利金その他の一時金の額

(3) ノウハウの設定契約に際して支払を受ける一時金又は頭金の額

【平10課消２－９、平13課消１－５、平18課消１－43、平20課消１－８　改正】

解　説

(1) 法人税法上の延払基準は、法令の規定上「資産の長期割賦販売等」について適用されることになっているが、本通達の(1)から(3)までに掲げる一時金等は、いずれも厳密には法人税法第63条第１項にいう資産の販売

若しくは譲渡、工事（製造を含む。）の請負又は役務の提供（以下「資産の販売等」という。）の対価ではなく、権利設定の対価に該当するものであり、文理上からみる限りは、これらについて延払基準を適用し得るかどうかについては疑義があるともいえよう。しかしながら、元来、税法上、長期割賦販売等による利益について延払基準の適用を認める趣旨が、資産の販売等による収益が長期にわたって分割される場合の納税資金に対する考慮を背景にして定められたものであることからすれば、その分割払の対象となる収益が厳密な意味における資産の販売等によるものであるかどうかでその取扱いを区別する必要はないというべきであろう。

本通達は、このような前提に立って定められたものである。

(2)　本通達の(3)のノウハウの設定契約に際して支払を受ける一時金又は頭金の額に対する延払基準の適用については、基本通達9―1―16の取扱いとの関係が若干問題になると思われる。

　すなわち、基本通達9―1―16においては、ノウハウの頭金等に係る資産の譲渡等の時期に関し、ノウハウの開示が2回以上に分割して行われ、頭金等の額がこれにほぼ見合って分割して行われることになっている場合には、ノウハウの開示の都度、これに見合ってその支払を受けるべき金額をその課税期間の資産の譲渡等の対価の額に算入すれば足りることとしている。したがって、この取扱いと基本通達9―1―16による延払基準の適用との関係は、いずれが優先関係にあるのかという疑問が生じよう。

　しかしながら、基本通達9―1―16は、もともとノウハウの全体が一括して開示されないで分割して開示される場合を前提とした取扱いであり、一方、本通達は、ノウハウ全体が一括して開示され、その一時金又は頭金が分割して支払われることになっている場合を前提とした取扱いであるから、基本通達9―1―16と本通達による延払基準の適用との関

係はおのずから別の問題と理解すべきである。両者には、その結果において資産の譲渡等の計上基準としての実質的な差異はないことになるが、開示の状態が異なるという点からみれば、依然としてそれぞれ固有の機能を持つ取扱いということになろう。

(注) 個人事業者の行う本通達の(1)については、基本通達9―3―7を参照のこと。

(長期割賦販売等の要件)

9―3―3 法第16条第1項《長期割賦販売等に係る資産の譲渡等の時期の特例》に規定する長期割賦販売等（所法第65条第2項又は法法第63条第2項に規定するリース譲渡を除く。）は、その対価の額の支払が月賦、年賦その他の賦払の方法により3回以上に分割して行われるものであることを要し、この「月賦、年賦その他の賦払の方法」とは、対価の額につき支払を受けるべき金額の支払期日（以下この節において「履行期日」という。）が頭金の履行期日を除き、月、年等年以下の期間を単位としておおむね規則的に到来し、かつ、それぞれの履行期日において支払を受けるべき金額が相手方との当初の契約において具体的に確定している場合におけるその賦払の方法をいうのであるが、各履行期における賦払金の額は必ずしも均等又は逓減若しくは逓増するものであることを要しないことに留意する。

【平10課消2―9、平20課消1―8　改正】

解説

(1) 延払基準を適用することができる長期割賦販売等については、その要件の一つとして、その対価の支払が月賦、年賦その他の方法により3回

以上に分割して行われるものであることが要求されている（所法65③一、法法63⑥一）。

　この場合の「賦払の方法」とは、所定の金額を計画的に支払うための方法であるから、その履行期日が月、年等を単位として規則的に到来し、各履行期日における支払金額が具体的に確定していることは条理上当然のことであり、履行期日が定まっていないとか、各履行期日における支払金額が具体的に確定せず任意とされているような場合の支払方法は、延払基準を適用する場合の賦払の方法には該当しないものである。

　なお、賦払金の履行期日は、月、年等「年以下の期間」を単位としておおむね規則的に到来するものでなければならないことに注意する必要がある。

(2)　また、延払基準の適用に関する賦払金の支払方法については、長期割賦販売等の場合には、定型的な約款に基づく譲渡等という条件は付されていないことから、各履行期における賦払金の額が必ずしもおおむね均等、逓減又は逓増することになることは要しない。

　本通達は、このような理解の上に立って、延払基準の適用のある長期割賦販売等というためには、賦払金の履行期は3回以上にわたっておおむね規則的に到来することを要するが、各履行期における賦払金の額は必ずしも均等、逓減又は逓増するものであることを要しない旨を明らかにしているのである。

　なお、当然のことながら、各履行期における賦払金の額が均等、逓減又は逓増するものであっても、賦払期間が2年以上であるものについては、長期割賦販売等に該当し、延払基準の適用があることに留意する。

（契約の変更があった場合の取扱い）

9―3―4　法第16条第1項《長期割賦販売等に係る資産の譲渡等の時期の特例》の規定によりその賦払金の額に係る資産の譲渡等の時期につき特例を適用している長期割賦販売等についてその後契約の変更があり、賦払金の履行期日又は各履行期日ごとの賦払金の額が異動した場合における同項の規定の適用については、次による。

(1)　その契約の変更後においてなおその資産の譲渡等が同項に規定する長期割賦販売等に該当するものである場合には、その変更後の履行期日及び各履行期日ごとの賦払金の額に基づいて同項に規定するその賦払金の額に係る資産の譲渡等の時期の特例の計算を行う。ただし、その変更前に既に履行期日の到来した賦払金の額については、この限りでない。

(2)　その契約の変更によりその資産の譲渡等が長期割賦販売等に該当しないこととなった場合には、その資産の譲渡等に係る長期割賦販売等の額（当該課税期間前の各課税期間において資産の譲渡等を行ったものとみなされた部分を除く。）は、その該当しないこととなった日の属する課税期間において資産の譲渡等を行ったものとする。

(注)　令第36条の2第1項又は第2項《リース譲渡に係る資産の譲渡等の時期の特例》の規定の適用についても同様とする。

【平10課消2―9、平20課消1―8　改正】

解説　本通達は、延払基準を適用している長期割賦販売等について、その後、契約の変更があり、賦払金の履行期日又は各履行期日ごとの賦払金の額に異動が生じた場合の取扱いを定めている。

まず、本通達の(1)においては、契約の変更後においてなおその譲渡等が長

期割賦販売等の要件を満たすものである場合には、その変更後の履行期日及び各履行期日ごとの賦払金の額に基づいて、その後の長期割賦販売等に係る資産の譲渡等の対価の額の計算を行うことを明らかにしている。この場合でも、既にその変更前に履行期日の到来した賦払金の額に係る計算には影響を生じさせないこととなる。

次に、本通達の(2)においては、仮に契約の変更によりその譲渡等が長期割賦販売等に該当しないこととなった場合、例えば、これにより賦払金の支払期日が規則的に到来しなくなるとか、あるいは全体として延払期間が2年未満になってしまったというような場合の取扱いについて定めている。すなわち、このような場合には、その変更後はもはや税法に定める長期割賦販売等に該当しないこととなるので、その後は延払基準を適用することはできないこととなる。

この場合、その現に繰り延べている資産の譲渡等の対価の額については、その変更により長期割賦販売等の要件に該当しないこととなった課税期間において一括して資産の譲渡等があったものとしなければならない。

なお、リース譲渡（所有権移転外ファイナンス・リースによる資産の引渡しをいう。以下同じ。）を行った場合においてもこれと同様に取り扱うのであるが、リース譲渡をした事業者は、リース譲渡に係る延払基準の方法（所得税法施行令第188条第1項第2号又は法人税法施行令第124条第1項第2号に掲げる方法をいう。）により経理することにより、長期割賦販売等に係る資産の譲渡等の時期の特例を受ける場合以外に、所得税法第65条第2項又は法人税法第63条第2項に規定する制度の適用を受ける場合にも資産の譲渡等の時期の特例が認められる。

所得税法又は法人税法のこれらの規定による制度では、リース譲渡に係る契約において利息相当額が明らかでない場合等もあるため、リース料総額から原価を控除した金額（リース利益額）のうち、受取利息と認められる部分

の金額（当該リース利益額の100分の20相当額）を利息法により収益計上し、それ以外の部分の金額をリース期間にわたって均等額により収益計上する方法（以下「簡便法」という。）により、収益及び費用等を繰り延べることができる（所法65②、法法63②、所法令188②③、法法令124③④）。

　したがって、消費税においても、リース譲渡について所得税法又は法人税法におけるこれらの規定の適用を受ける場合には、これらの規定により、各年の総収入金額に算入される収入金額又は各事業年度の益金の額に算入される収益の額（リース譲渡した日の属する課税期間に係るものを除く。以下「リース譲渡収益額」という。）に係る部分については、事業者は、当該リース譲渡した日の属する課税期間では資産の譲渡等を行わなかったものとみなされ、当該リース譲渡収益額に係る部分に係る対価の額を当該課税期間における当該リース譲渡に係る対価の額から控除することができる（令36の2①）。

　本通達の注書は、この簡便法の適用を受ける場合も同様に取り扱うことを念のため明らかにしている。

（対価の額に異動があった場合の調整）

9－3－5　法第16条第1項《長期割賦販売等に係る資産の譲渡等の時期の特例》の規定によりその賦払金の額に係る資産の譲渡等の時期につき特例を適用している長期割賦販売等に係る対価の額につきその後値増し、値引き等があったため当該長期割賦販売等に係る賦払金の額に異動が生じた場合には、その異動を生じた日の属する課税期間（以下9－3－5において「異動課税期間」という。）以後の各課税期間における当該賦払金の額に係る延払基準の方法の適用については、その異動後の賦払金の額（異動課税期間前の各課税期間において資産の譲渡等が行われた部分の金額を除く。）及び異動課税期間開始の日以後に受け

るべき賦払金の額の合計額を基礎として9―3―4によりその計算を行うものとする。ただし、事業者がその値増し、値引き等に係る金額をこれらの事実の生じた日の属する課税期間において行った資産の譲渡等に係るものとしているときは、これを認める。

(注) 令第36条の2第1項又は第2項《リース譲渡に係る資産の譲渡等の時期の特例》の規定の適用についても同様とする。

【平10課消2―9、平20課消1―8 改正】

解説 延払基準は、本来、当初の契約条件に基づき行われることを要件として適用されるものであるが、実際問題として、実務上は、その後に支払条件等について、その契約又は金額の改訂等が行われる場合がある。

このような場合に、条件変更があった対価の額についてその後も当初の契約条件により延払基準の方法を適用していくことは実情に合わないこともあることから、本通達において、基本通達9―3―4の規定により調整を行うことを明らかにしている。

もっとも、事業者の選択により、値増し、値引き等に係る金額をこれらの事実の生じた課税期間の資産の譲渡等に係るものとして、その課税期間の資産の譲渡等に係る対価の額に加算し、又は当該対価の額から減算し、延払基準の計算に影響させないこともできることとして、計算の弾力化が図られている。

本通達の注書は、延払基準の方法により経理することにより、長期割賦販売等に係る資産の譲渡等の時期の特例を受ける場合以外に、簡便法の適用を受ける場合にも資産の譲渡等の時期の特例が認められており、この適用を受ける場合も同様に取り扱うことを念のため明らかにしている。

（資産を下取りした場合の対価の額）

9－3－6　事業者が資産の長期割賦販売等を行うに当たり、頭金等として相手方の有する資産を下取りした場合において、当該資産の価額をその下取りをした時における価額を超える価額としているときは、その超える部分の金額については、当該下取りをした資産の譲受けに係る支払対価の額に含めないものとし、その長期割賦販売等をした資産につき、値引きをしたものとして取り扱う。

（注）　下取りに係る資産を有していた事業者におけるその下取りに係る資産の譲渡に係る対価の額は、当該頭金等とされた金額となる。

【平10課消2－9　改正】

解説　例えば、新車を割賦販売し、ユーザーが今まで使用していた車両を下取りするような場合には、新車の値くずれを防ぐために下取車両を時価よりも高く査定してその査定価額で引き取るような場合がある。

　このような場合の査定価額と時価との差額は、実質的には新車価額の値引きに当たるものといえる。

　本通達は、このような取引の実態に着目して、このような場合の引取った車両の取得価額は査定価額によるものではなく、実際の価額（時価）によるものとし、査定価額と時価との差額は長期割賦販売等した資産の値引きとして処理すべきものとしているのである。

　したがって、その長期割賦販売等をした事業者においては、値引後の価額がその長期割賦販売等に係る資産の対価の額であるとして消費税法第16条《長期割賦販売等に係る資産の譲渡等の時期の特例》を適用することとなる。

　なお、下取りに係る資産を有していた事業者におけるその下取りに係る資産の譲渡に係る対価の額は、当該頭金等とされた金額（契約書上の下取価額）

(履行期日前に受領した手形)

9―3―6の2　長期割賦販売等をした資産の譲渡等に係る賦払金のうち当該課税期間において履行期日が到来しないものについて事業者が手形を受領した場合には、その受領した手形の金額は、法第16条第1項かっこ書《長期割賦販売等に係る資産の譲渡等の時期の特例》に規定する当該課税期間において支払を受けたものには含まれない。

【平10課消2―9　追加】

解説　延払基準の適用上、賦払金を履行期日前に受け入れた場合には、その受け入れた日の属する課税期間においてこれに対応する資産の譲渡等を行ったものとすることとされている（法16①かっこ書）。

　ところで、長期割賦販売等をした場合には、その割賦未収金の取立てを簡便にするため、各履行期を支払期日とする手形を受け入れることがある。この割賦手形の受入れが上記の履行期日前の賦払金の入金に該当するかどうかという問題があるが、割賦手形は、通常の商業手形と異なり、借用証文的なものであるところから、その受入れをもって賦払金の入金があったとすることは実情に合わない。そこで、本通達は、この場合の割賦手形の受入れは、賦払金の入金に該当しないことを明らかにしたものである。

(債務不履行に伴う長期割賦販売等に係る資産の取戻し)

9―3―6の3　事業者が資産の長期割賦販売等をした後において、相手方の代金の支払遅延等の理由により契約を解除し、長期割賦期間

（所法第67条の２第１項《売買とされるリース取引》又は法法第64条の２第１項《売買とされるリース取引》に規定するリース取引（以下９―３―６の４及び11―３―２において「リース取引」という。）にあっては、リース期間）の中途において当該販売等をした資産を取り戻した場合には、その取戻しは、その取戻しをした時における当該資産の価額を支払対価とする課税仕入れを行ったことになるのであるから留意する。

（注）　当該相手方は、当該資産につき代物弁済による資産の譲渡を行ったことになる。

【平10課消２―９　追加、平20課消１―８　改正】

解説　割賦販売等の約款においては、その賦払金が完済されるまでは、その販売資産の所有権は売主にあるものとし、買主の支払遅延等による債務不履行があった場合には、契約を解除してその割賦販売債権を取り戻すこととされているものが多い。

　この場合、法律的には、契約の解除により従来有していた債権が消滅し、資産の返還を受け、これに伴う損害賠償の請求と既に受け入れた割賦金の返還等により清算されることになる。

　消費税法では、事業者が、資産を長期割賦販売等した後において、相手方の代金の支払遅延等を理由として契約を解除し、その販売した資産を取り戻した場合には、その取戻しをした時に、その相手方がその資産につき代物弁済による資産の譲渡を行ったことになり、その場合の課税標準は消費税法施行令第45条第２項第１号《課税資産の譲渡等に係る消費税の課税標準の額》の規定により「当該代物弁済により消滅する債務の額」が、「その取戻しをした時における当該資産の価額」となり、事業者は「その取戻しをした時における当該資産の価額」を支払対価とする課税仕入れを行ったこととなる。

　本通達は、このことを念のため明らかにしたものである。

（リース期間の終了に伴い返還を受けた資産）

9－3－6の4 リース期間の終了に伴い賃貸人が賃借人からそのリース取引の目的物であった資産の返還を受けた場合における当該資産の返還は、資産の譲渡等に該当しない。

　なお、この場合において、当該資産に係るリース契約の残価保証額の定めに基づき賃貸人が賃借人から収受する金銭は、その収受すべき金額が確定した日の属する課税期間における資産の譲渡等の対価の額に加算するものとする。

（注）　残価保証額とは、リース期間終了の時にリース資産（所法第67条の2第1項《売買とされるリース取引》又は法法第64条の2第1項《売買とされるリース取引》に規定するリース資産をいう。）の処分価額がリース取引に係る契約において定められている保証額に満たない場合にその満たない部分の金額を当該リース取引に係る賃借人がその賃貸人に支払うこととされている場合における当該保証額をいう。

【平20課消1－8　追加】

解説　平成19年度の税制改正において、リース取引についてはリース資産の引渡し時に売買があったものとされたことから、賃貸人はリース資産の引渡し時にリース資産を譲渡したことになる。しかしながら、契約上は賃貸借契約であることから、リース期間終了時にはリース資産を賃貸人に返還することとなる。この場合、返還に伴い金銭の授受は行われないのであるが、賃貸人は現実に資産を有することとなるから、その資産の譲渡等が行われたこととなるのかという疑問が生ずる。

　そこで、本通達においては、賃貸人が返還を受けた場合のその資産の返還は、資産の譲渡等に該当しないことを明らかにしている。

なお、リース契約において、リース期間終了の時にリース資産の処分価額がリース契約において定められている保証額に満たない場合には、その満たない部分の金額を賃借人がその賃貸人に支払うこととされている場合もある。この定めに基づき賃貸人が賃借人から収受する金銭は、リース料の修正と認められることから、その収受すべき金額が確定した日の属する課税期間において資産の譲渡等の対価の額に加算する必要があることを明らかにしている。

　一方、第三者保証の残価保証額の定めに基づき賃貸人が第三者から収受する金銭であって、第三者との保証契約に基づき保証料を支払った後に保証事由が発生することによって支払われるものは課税の対象とはならない。

（個人事業者が行う延払条件付譲渡の範囲）

9―3―7　法第16条第5項《個人事業者の山林所得又は譲渡所得の基因となる資産の延払条件付譲渡に係る資産の譲渡等の時期の特例》に規定する延払条件付譲渡に該当する資産の譲渡等には、個人事業者が行う所法令第79条《資産の譲渡とみなされる行為》に規定する行為が含まれるものとする。

【平10課消2―9　改正】

解説　本通達は、特定の借地権又は地役権の設定等、所得税法施行令第79条《資産の譲渡とみなされる行為》の規定により資産の譲渡があったものとみなされる行為に係る対価が延払条件付販売等に係るものである場合には、その延払条件付きで行われる借地権の設定等は、消費税法第16条第5項《個人事業者の山林所得又は譲渡所得の基因となる資産の延払条件付譲渡に係る資産の譲渡等の時期の特例》に規定する延払条件付譲渡に含まれることを明らかにしたものである。

第4節　工事の請負に係る資産の譲渡等の時期の特例

（工事の請負に係る特例の適用関係）

9—4—1　法第17条《工事の請負に係る資産の譲渡等の時期の特例》の規定は、工事の請負に係る譲渡等につき所法第66条《工事の請負に係る収入及び費用の帰属時期》又は法法第64条《工事の請負に係る収益及び費用の帰属事業年度》の規定の適用を受ける場合に限って適用することができるのであるが、これらの規定の適用を受ける場合であっても、工事の請負に係る資産の譲渡等の時期をその引渡しのあった日によることとすることは差し支えないことに留意する。

（注）　所得税又は法人税の所得金額の計算上、工事進行基準によらなければならない長期大規模工事の場合であっても、資産の譲渡等の時期をその引渡しのあった日によることとすることは差し支えない。

【平10課消2—9、平13課消1—5　改正】

解説　工事（製造を含む。）の請負により行う資産の譲渡等について、所得税法又は法人税法上の工事進行基準の方法により経理することとしているときは、これらの収入金額が計上された事業年度（個人事業者の場合には暦年）の終了の日の属する課税期間において、その部分の課税資産の譲渡等を行ったものとすることができることとされている（法17①、②）。

また、この適用を受ける目的物の引渡しを行った場合には、既に課税処理された部分に係る対価の額の合計額をその目的物に係る工事の請負に係る対価の額から控除することとされている（法17③）。

したがって、消費税法第17条の工事の請負に係る資産の譲渡等の時期の特

例を受けるためには、所得税又は法人税の所得金額の計算において、工事進行基準の方法により経理していることが前提条件となる。

　ただし、所得税又は法人税の所得金額の計算上、工事進行基準の方法により経理をしているとしても、消費税の資産の譲渡等の対価の額の計算に当たっては、同条を適用しないで、工事進行基準に係る資産の譲渡等の時期をその引渡し等のあった日によることとして、それぞれの課税期間の資産の譲渡等の対価の額を計算することは差し支えないのである。本通達は、このことを念のため明らかにしたものである。

　なお、所得税又は法人税の所得金額の計算上、工事進行基準によらなければならないこととされている長期大規模工事（工事期間が1年以上で、かつ、請負金額10億円以上の工事）の場合であっても、消費税の資産の譲渡等の対価の額の計算に当たっては、工事進行基準に係る資産の譲渡等の時期をその引渡し等のあった日によることとして、それぞれの課税期間の資産の譲渡等の対価の額を計算することは差し支えないことを注書きにおいて念のため規定している。

（損失が見込まれる場合の工事進行基準の適用）

9―4―2　所基通66―9《損失が見込まれる場合の工事進行基準の適用》又は法基通2―4―19《損失が見込まれる場合の工事進行基準の適用》により所法第66条第2項《工事の請負に係る収入及び費用の帰属時期》又は法法第64条第2項《工事の請負に係る収益及び費用の帰属事業年度》に定める「工事進行基準の方法により経理したとき」に該当しないとは取り扱わない工事については、法第17条第2項本文《工事の請負に係る資産の譲渡等の時期の特例》の規定を適用することができる。

【平21課消1—10　追加】

解説　平成20年度の税制改正において、従来、所得税法又は法人税法において、工事進行基準を適用できる工事の範囲から除外されていた、長期大規模工事以外の工事で「損失が生じると見込まれる」工事の請負について、工事進行基準を選択適用できることとされた（法法64②）。

ところで、工事進行基準は、工事の進行割合に応じて収益の額又は費用の額を計上することを求めるものであるが、企業会計においては、工事の損失の発生が高く、かつ、その金額を合理的に見積もることができる場合には、当該工事の契約に関して、今後見込まれる損失の額（工事契約全体から見込まれる工事損失から、当該工事契約に関して既に計上された損益の額を控除した残額）について、工事損失引当金を計上することとされた。このような工事損失引当金を会計基準に従って工事原価として計上している場合には、必ずしも工事の進行割合に応じた経理処理ではなくなる。

しかしながら、企業会計基準に従って工事損失引当金を計上したことのみをもって、工事進行基準の適用要件を満たさないと取り扱うことは企業実務にそぐわないと考えられる。また、その工事に係るその他の収益の額及び費用の額について工事の進行割合に応じて適正に計上している場合に工事進行基準を認めることは、特段の弊害も認められない。

このため、このような経理処理を行っている場合であっても、所得税法第66条第2項《工事の請負に係る収入及び費用の帰属時期》又は法人税法第64条第2項《工事の請負に係る収入及び費用の帰属事業年度》に定める「工事進行基準の方法により経理したとき」に該当しないとは取り扱わないことを、所得税基本通達66—9《損失が見込まれる場合の工事進行基準の適用》又は法人税基本通達2—4—19《損失が見込まれる場合の工事進行基準の適用》において明らかにしている。

これを受け、本通達では、このような経理処理を行っている工事も、工事

進行基準の方法により経理していると認められるものであり、消費税法第17条第2項の適用を受けることができることを念のため明らかにしている。

第5節　小規模事業者に係る資産の譲渡等の時期の特例

（小規模事業者に係る資産の譲渡等の時期等の特例の適用関係）
9―5―1　法第18条《小規模事業者に係る資産の譲渡等の時期等の特例》の規定は、その事業者が所法第67条《小規模事業者の収入及び費用の帰属時期》の規定の適用を受ける場合に限って適用することができるのであるが、同条の規定の適用を受ける場合であっても、当該事業者が全ての資産の譲渡等につきその譲渡等の時期をその実際の引渡しのあった日によることとすることは差し支えないのであるから留意する。

【平10課消2―9、平23課消1―35　改正】

解説　個人事業者で所得税法第67条《小規模事業者の収入及び費用の帰属時期》の規定により、現金主義による所得計算の特例の適用が認められている事業者は、資産の譲渡等及び課税仕入れの時期を資産の譲渡等の対価の額を収入した日及び課税仕入れに係る費用の額の支払をした日とすることができることとされている（法18）。

したがって、消費税法第18条の小規模事業者に係る資産の譲渡等の時期等の特例を受けるためには、所得税法第67条に規定する現金主義による所得計算の特例の適用を受けていることが、前提条件とされている。

ただし、所得税において、現金主義により所得計算を行っているとしても、消費税の計算は、消費税法第18条を適用しないで、すべての資産の譲渡等に

つきその譲渡等の時期をその実際の引渡し等のあった日によることとすることは差し支えないのであり、本通達は、このことを念のため明らかにしたものである。

なお、この場合の相手方である資産の引渡し等を受けた事業者の当該資産に係る課税仕入れを行った日は、引渡しを行う事業者が消費税法第18条の規定を適用しているかどうかにかかわりなく、その目的物について実際に引渡し等を受けた日によることとなる。

（手形又は小切手取引に係る資産の譲渡等及び課税仕入れの時期）

9―5―2　法第18条第1項《小規模事業者に係る資産の譲渡等の時期等の特例》の規定の適用を受けている小規模事業者が資産の譲渡等に係る対価の額及び課税仕入れに係る支払対価の額を手形又は小切手で受け取り、又は支払った場合における当該資産の譲渡等及び課税仕入れを行った時期は、次に掲げる区分に応じ、次によるものとする。

(1)　手形取引

　イ　受取手形にあっては、その手形の支払を受けたものについてはその支払を受けた時にその金額を対価とする資産の譲渡等を行ったものとし、割引したものについてはその割引した時にその手形金額を対価とする資産の譲渡等を行ったものとする。この場合において、当該割引した手形の不渡りにより、その割引に係る対価をそ求に応じて支払ったときは、その支払った時の属する課税期間の資産の譲渡等の対価の額からその支払った金額に相当する金額を減額する。

　ロ　支払手形にあっては、その手形の支払をした時にその金額に係る課税仕入れを行ったものとする。

(2) 小切手取引

　小切手取引にあっては、その受取り又は振出しの時にその小切手金額に係る資産の譲渡等又は課税仕入れを行ったものとする。この場合において、その小切手が不渡りとなったときは、その不渡りとなった時の属する課税期間の資産の譲渡等の対価の額又は課税仕入れに係る支払対価の額からその小切手金額に相当する金額を減額する。

解説　現金主義による場合には、原則として、現実に収入した金銭を資産の譲渡等の対価の額、現実に支出した金銭を仕入れに係る支払対価の額とするものであるが、手形取引や小切手取引については、税法上特段の規定は置かれていない。

　まず、小切手取引の場合には、小切手は振出人が支払人に一定の金額の支払を委託するという形式で振り出され、専ら現金の授受に代わる支払であることから、(2)では、企業会計の処理と同じく現金と同様に取り扱うこととしたものである。

　小切手の受取人はこれを裏書又は譲渡することができ、所持人はこれを支払人に呈示して支払を受ける。そしてその支払がないときは、所持人は振出人や裏書人にそ求することができる。手形は、この点で小切手と極めて類似し、また、為替手形は支払委託の形式をとる点で更に小切手に類似しているが、信用利用の手段である点において小切手とは異なるし、また、為替手形は、引受制度が存する点で小切手と本質的な差異がある。

　この点から(1)では、手形取引については、小切手取引と異なり、支払を受けた時や支払をした時に資産の譲渡等の対価の額や課税仕入れに係る支払対価の額にするという考え方をとったものである。

　なお、この取扱いは、所得税における収益計上時期の取扱いと同様である（所基通67―2）。

第6節 その他

(法人の設立期間中の資産の譲渡等及び課税仕入れの帰属)

9－6－1　法人の設立期間中に当該設立中の法人が行った資産の譲渡等及び課税仕入れは、当該法人のその設立後最初の課税期間における資産の譲渡等及び課税仕入れとすることができるものとする。ただし、設立期間がその設立に通常要する期間を超えて長期にわたる場合における当該設立期間中の資産の譲渡等及び課税仕入れ又は当該法人が個人事業を引き継いで設立されたものである場合における当該個人事業者が行った資産の譲渡等及び課税仕入れについては、この限りでない。
(注)　本文の取扱いによる場合であっても、当該法人の設立後最初の課税期間の開始の日は、当該法人の設立の日となるのであるから留意する。

解説

(1)　本通達は、法人の設立期間中に生じた資産の譲渡等及び課税仕入れについての取扱いを定めている。法人を設立するためには、①発起人が定款を作成し、②これについて公証人の認証を得、③株主を募集し、④払込期間内の株金の払込みが完了した段階で創立総会を開催し、⑤その上で設立登記を行う、という手順になる。そして、会社法上は、設立登記によって初めて法人が設立されたこととされ（会社法49)、消費税法上も、設立登記前においては、法人は存在していないという考え方がとられている。

　　　しかしながら、設立期間中といえども、その設立中の法人が事実としてその法人名で商取引を行うということもあり得るし、また種々の経費

の支出が行われるということも事実として否定しきれないところである。そこで、この法人の設立期間中に生じた資産の譲渡等及び課税仕入れ等について、課税上どのように取り扱われるのかという疑問が生ずる。

　この点については、設立中の法人を設立後の法人と切り離して一個の「人格のない社団又は財団」とみるのが通説のようであるが、両者を切断する考え方をそのまま課税関係に持ち込むとすれば、問題をいたずらに複雑にするだけであまり実際的でない。そこで、法人の設立期間中に生じた損益については、原則としてその設立後最初の課税期間、すなわち設立第1期の税額計算に含めて申告すれば足りることとして、ごく実際的な解決を図っているのである。

　なお、本通達の注書においては、この場合であっても、その法人の設立後最初の課税期間の開始の日は、その法人の設立の日となることを念のため明らかにしたものである。

(2)　上記の原則に対しては若干の例外がある。すなわち、その第1は、その設立期間がその設立に通常要する期間を超えて長期にわたる場合である。設立期間が長期にわたる理由には種々のものがあると思われるが、ときとして漫然と設立登記をせずに放置される場合等もあり得るし、いずれにしても設立期間が長期にわたる場合には、その設立期間中の資産の譲渡等及び課税仕入れ等に対する課税関係を設立第1期の申告まで放置しておくというわけにはいかない。このような場合には、人格のない社団等の資産の譲渡等又は課税仕入れとして別個に消費税の申告が必要になることが考えられる。

　次に、例外の第2としては、その法人の設立が、個人事業を引継いで行われる、いわゆる「法人成り」の場合である。法人成りによる法人設立については、その前から個人事業が継続しているという事情があるので、一般の設立期間中の資産の譲渡等及び課税仕入れ等とは異なり、法

人が設立されるまでの間の資産の譲渡等及び課税仕入れは、すべて原則として個人事業に帰属すると考えるのが税法上の建前である。したがって、このようないわゆる個人事業の法人成りの場合には、仮に設立期間が短い場合であっても、設立登記の前日までの資産の譲渡等及び課税仕入れ等は、すべて個人事業に係る資産の譲渡等及び課税仕入れ等として計算することとし、設立後の第1期に設立期間中の資産の譲渡等及び課税仕入れ等を含めるという考え方は採用できないことを明らかにしている。

なお、この取扱いは、法人税における収益計上時期の取扱いと同様である（法基通2－6－2）。

（資産の譲渡等の時期の別段の定め）
9－6－2　資産の譲渡等の時期について、所得税又は法人税の課税所得金額の計算における総収入金額又は益金の額に算入すべき時期に関し、別に定めがある場合には、それによることができるものとする。

解説　資産の譲渡等の時期の取扱いについて、基本通達9－1－1から9－6－1までにおいてその具体的な基準を定めているが、所得税又は法人税の課税所得金額の計算における総収入金額又は益金の額に算入すべき時期に関し、基本通達と別に定めがある場合には、それによることができる旨を本通達で明らかにしたものである。

したがって、消費税の資産の譲渡等の時期について、個人事業者にあっては、所得税の法令、通達等に定める総収入金額に算入すべき時期によることができ、また、法人にあっては、法人税の法令、通達等に定める益金の額に算入すべき時期によることができることとなるのであり、例えば、法人税基

本通達2－6－1《決算締切日》がこれに該当する。

第10章　課税標準及び税率

I　課税標準

1　国内取引
(1) 原　則

　　国内取引のうち、課税資産の譲渡等に係る消費税の課税標準は、課税資産の譲渡等の対価の額（対価として収受し、又は収受すべき一切の金銭又は金銭以外の物若しくは権利その他経済的な利益の額とし、課税資産の譲渡等につき課されるべき消費税及び地方消費税に相当する額を除く。）となり、特定課税仕入れに係る消費税の課税標準は、特定課税仕入れに係る支払対価の額（対価として支払い、又は支払うべき一切の金銭又は金銭以外の物若しくは権利その他経済的利益の額とする。）となる（法28①本文、②）。この場合の「金銭以外の物若しくは権利その他経済的な利益」とは、例えば、課税資産の譲渡等につき、物、権利又はサービスの供給を受け、若しくは債務の免除を受ける場合のように、実質的に資産の譲渡等の対価を受け取ったのと同様の経済的効果をもたらすものをいい、この経済的利益の評価は、時価によることとなる（令45①）。

　　なお、次に掲げる行為に該当するものの対価の額は、それぞれ次に掲げる金額となる（令45②）。

　イ　代物弁済による資産の譲渡　　代物弁済により消滅する債務の額（当該代物弁済により譲渡される資産の価額が当該債務の額を超える場合に、その超える額に相当する金額につき支払を受けるときは、当該支払を受ける金額を加算した金額）に相当する金額

ロ　負担付き贈与による資産の譲渡　　負担付き贈与に係る負担の価額に相当する金額

ハ　金銭以外の資産の出資　　出資により取得する株式（出資を含む。）の取得の時における価額に相当する金額

ニ　資産の交換　　交換により取得する資産の取得の時における価額（当該交換により譲渡する資産の価額と交換により取得する資産の価額との差額を補うための金銭を取得する場合は当該取得する金銭の額を加算した金額とし、当該差額を補うための金銭を支払う場合は当該支払う金銭の額を控除した金額とする。）に相当する金額

(2) 特　　例

イ　自家消費等

　　消費税の課税の対象は、事業者が事業として対価を得て行う資産の譲渡等であるが、個人事業者が棚卸資産又は棚卸資産以外の資産で事業の用に供していたものを家事のために消費し、又は使用した場合及び法人が資産をその役員に対して贈与した場合には、事業として対価を得て行う資産の譲渡等とみなして課税の対象とすることになっている（法4④）。この場合には、個人事業者の使用又は消費の時におけるその資産の価額（時価）に相当する金額及び法人がその役員へ贈与した時におけるその資産の価額（時価）に相当する金額が課税標準となる（法28③）。

　　また、法人が資産をその役員に対し著しく低い対価により譲渡した場合も、その譲渡の時におけるその資産の価額（時価）に相当する金額が課税標準となる（法28①ただし書）。

ロ　課税資産と非課税資産の一括譲渡

　　事業者が課税資産と課税資産以外の資産とを一括して譲渡した場合において、それぞれの資産の譲渡に係る対価の額について合理的に区

分しているときは、その区分した金額をそれぞれの譲渡の対価の額（課税標準）として取り扱うことが原則である。

しかし、合理的に区分されていない場合には、これらの資産の譲渡の対価の額をそれぞれの資産の譲渡の時における価額（時価）の比により区分することとされている（令45③）。

2 輸入取引

保税地域から引き取られる課税貨物についての課税標準は、関税課税価格（通常はCIF価格）、消費税以外の個別消費税（附帯税の額に相当する額を除く。）及び関税の額（関税法第2条第1項第4号の2に規定する附帯税の額に相当する額を除く。）に相当する金額の合計額によることとされている（法28④）。

なお、この場合の個別消費税とは、その課税貨物の保税地域からの引取りに係る酒税、たばこ税、揮発油税、地方揮発油税、石油ガス税及び石油石炭税をいう（通則法2）。

Ⅱ 税 率

税率については、6.3％の単一税率とされている（法29）。

また、消費税が課される取引には、合わせて地方消費税が課されることとされている。地方消費税は消費税額を課税標準とし、その税率は63分の17であるから、消費税と地方消費税を合わせた税率は8％となる。

なお、平成31年10月1日から消費税の税率は7.8％、地方消費税は、消費税額を課税標準とし、その税率は78分の22となり、消費税と地方消費税を合わせた税率は10％とされるとともに、消費税の軽減税率制度が実施され、税率は複数税率となる（飲食料品等の譲渡には、軽減税率として消費税と地方消費税を合わせた税率8％（消費税率6.24％、地方消費税は、消費税額を課税標準とし、その税率は78分の22）が適用される。）。

第1節　課税資産の譲渡等

（譲渡等の対価の額）

10—1—1　法第28条第1項本文《課税標準》に規定する「課税資産の譲渡等の対価の額」とは、課税資産の譲渡等に係る対価につき、対価として収受し、又は収受すべき一切の金銭又は金銭以外の物若しくは権利その他の経済的利益の額をいい、消費税額等を含まないのであるが、この場合の「収受すべき」とは、別に定めるものを除き、その課税資産の譲渡等を行った場合の当該課税資産等の価額をいうのではなく、その譲渡等に係る当事者間で授受することとした対価の額をいうのであるから留意する。

（注）　同条第1項ただし書又は第3項《資産のみなし譲渡》の規定により、法人が役員に対して著しく低い価額で資産の譲渡若しくは贈与を行った場合又は個人事業者が棚卸資産又は棚卸資産以外の資産で事業の用に供していたものを家事のために消費若しくは使用した場合には、当該譲渡等の時におけるその資産の価額により譲渡があったものとされる。

【平9課消2—5、平27課消1—17　改正】

解説　「課税資産の譲渡等の対価の額」とは、事業者が課税資産の譲渡等につき対価として収受し、又は収受すべき一切の金銭又は金銭以外の物若しくは権利その他経済的な利益の額をいい、課税資産の譲渡等について課されるべき消費税及び地方消費税に相当する額を含まないこととされている（法28①）。

この場合の「収受すべき」とは、原則として、その課税資産の譲渡等を行った場合のその課税資産等の価額（時価）をいうのではなく、その譲渡に係る当事者間で授受することとした対価の額をいうのである。本通達は、このことを念のため明らかにしたものである。
　なお、この特例として、①法人がその役員に対して著しく低い価額で資産を譲渡した場合、②個人事業者がその保有する棚卸資産又は事業用資産を家事消費又は家事使用した場合、及び③法人の保有する資産をその役員に贈与した場合があり、その時における資産の価額（時価）を課税標準として課税されることとなる。
　本通達の注書は、このことを念のため明らかにしている。

（著しく低い価額）

10－1－2　法第28条第１項ただし書《課税標準》に規定する「資産の価額に比し著しく低いとき」とは、法人のその役員に対する資産の譲渡金額が、当該譲渡の時における資産の価額に相当する金額のおおむね50％に相当する金額に満たない場合をいうものとする。
　なお、当該譲渡に係る資産が棚卸資産である場合において、その資産の譲渡金額が、次の要件のいずれをも満たすときは、「資産の価額に比し著しく低いとき」に該当しないものとして取り扱う。
(1)　当該資産の課税仕入れの金額以上であること。
(2)　通常他に販売する価額のおおむね50％に相当する金額以上であること。
　ただし、法人が資産を役員に対し著しく低い価額により譲渡した場合においても、当該資産の譲渡が、役員及び使用人の全部につき一律に又は勤続年数等に応ずる合理的な基準により普遍的に定められた値

引率に基づいて行われた場合は、この限りでない。

解説 法人が資産をその役員に対してその資産の価額に比し著しく低い対価の額により譲渡した場合には、その譲渡の時におけるその資産の価額（時価）に相当する金額が課税標準となる（法28①ただし書）が、実務上「著しく低いとき」とは、どの程度のことをいうのか明らかにする必要がある。そこで、本通達において、その資産の譲渡金額がその資産の通常の販売価額の50％相当額未満である場合に、「著しく低い価額による譲渡」があったものとすることを明らかにしたものである。

また、なお書は、その譲渡に係る資産が棚卸資産である場合には、その譲渡金額がその棚卸資産の課税仕入れの金額以上であり、かつ、通常の販売価額の50％以上であるときは、その譲渡は「著しく低いとき」には該当しないものとして取り扱うことを明らかにしている。これは、その資産が棚卸資産である場合には、「著しく低い」かどうかの判定を通常の販売価額だけで行うのではなくその棚卸資産の課税仕入れの金額も加味することとしたものである。これにより、法人がその役員に棚卸資産を贈与した場合において、その棚卸資産の課税仕入れの金額以上で、かつ、通常他に販売する価額のおおむね50％に相当する金額以上の金額を消費税法第28条第3項《みなし譲渡に係る対価の額》に規定する対価の額として確定申告しているときを除いて時価により課税することとしている基本通達10—1—18《自家消費等における対価》との均衡を図ったものである。すなわち、低廉譲渡の場合においても、販売価額が課税仕入れの金額以上であること、及び通常販売価額のおおむね50％に相当する金額以上の金額であることのいずれかの要件を満たさない場合には「著しく低い」価額での譲渡として、時価により課税することとしたものである。

しかし、著しく低い価額により譲渡した場合であっても、役員又は使用人

の全部について一律に合理的な基準で明示された値引率に従ってその譲渡が行われているときは、その譲渡が役員によるお手盛り等により恣意的に低額でなされたものとは認められないことから、時価ではなく、原則どおり、実際の対価の額を課税標準とするのであり、本通達のただし書は、このことを明らかにしている。

なお、譲渡金額が著しく低いかどうかは、税込金額で経理している場合には、(1)、(2)の要件とも税込金額で判定し、税抜金額で経理している場合には、いずれの要件とも税抜金額により判定するのであるから留意する必要がある。

> **(経済的利益)**
> 10―1―3 法第28条第1項かっこ書《課税標準》に規定する「金銭以外の物若しくは権利その他経済的な利益」とは、例えば、課税資産の譲渡等の対価として金銭以外の物若しくは権利の給付を受け、又は金銭を無償若しくは通常の利率よりも低い利率で借受けをした場合のように、実質的に資産の譲渡等の対価と同様の経済的効果をもたらすものをいう。

解説 課税資産の譲渡等の対価の額には、金銭以外の物若しくは権利その他の経済的な利益の額が含まれるのであるが、この場合の「金銭以外の物若しくは権利その他経済的利益」とは、実質的に資産の譲渡等の対価を収受するのと同様の経済的効果をもたらすものをいうのであり、本通達は、その具体的例示として次のものを挙げている。

(1) 課税資産の譲渡等の対価として金銭以外の物又は権利の給付を受けた場合

(2) 金銭を無償又は通常の利率よりも低い利率で借受けをした場合

なお、この他に課税資産の譲渡等の対価として役務の提供や債務の免除を受けた場合等を挙げることができる。

（印紙税等に充てられるため受け取る金銭等）

10―1―4　事業者が課税資産の譲渡等に関連して受け取る金銭等のうち、当該事業者が国又は地方公共団体に対して本来納付すべきものとされている印紙税、手数料等に相当する金額が含まれている場合であっても、当該印紙税、手数料等に相当する金額は、当該課税資産の譲渡等の金額から控除することはできないのであるから留意する。

（注）　課税資産の譲渡等を受ける者が本来納付すべきものとされている登録免許税、自動車重量税、自動車取得税、及び手数料等（以下10―1―4において「登録免許税等」という。）について登録免許税等として受け取ったことが明らかな場合は、課税資産の譲渡等の金額に含まれないのであるから留意する。

【平11課消2―8　改正】

解説　課税資産の譲渡等に係る消費税の課税標準は、課税資産の譲渡等の対価の額であり、その対価の額は対価として収受し、又は収受すべき一切の金銭の額又は金銭以外の物若しくは権利その他経済的な利益の額とされ、課税資産の譲渡等につき課されるべき消費税及び地方消費税に相当する額を含まないこととされている（法28①）。したがって、価額の中に消費税及び地方消費税に相当する金額以外の税金や手数料等に相当する額が含まれていたとしても、その価額の全体が消費税の課税標準となるのである。例えば、銀行が顧客から受け取る振込手数料について、その手数料の原価（又は価額）の一部として金銭の受領事実を証する振込金受取書等に課される印紙税に

相当する金額を含んでいる場合には、その印紙税に相当する金額を含めた手数料の総額が課税標準となるのである。この場合の印紙税の納税義務者は、課税資産の譲渡等を行う事業者（この場合は銀行）であり、顧客から受領する印紙税に相当する金額はあくまでも課税資産の譲渡等（金銭の振込み等の役務の提供）の対価の構成要素の一部であり、当然にその全体が消費税の課税標準となるということである。

このようなことから、本通達は、課税資産の譲渡等の対価の額に含まれる印紙税、手数料等に相当する金額の取扱いを念のため明らかにしたものである。

ただし、本来譲受者（購入者）が納付すべきものとされている税金等については、譲渡者が譲受者から預かって（又は立替えて）国等に納付するものであり、譲渡者が収受してしまうものではない。このことから、本通達の注書において、譲受者が本来納付すべき税金やいわゆる行政手数料等の額を請求書や領収書等の内訳で明示し、その事実が明らかな場合には、消費税の課税標準に含まれないことを明らかにしているのである。

なお、印紙税の記載金額等を判定する際の消費税及び地方消費税の額の取扱いについては、平成元年3月10日付間消3―2「消費税法の改正等に伴う印紙税の取扱いについて」通達により定められている。

（建物と土地等とを同一の者に対し同時に譲渡した場合の取扱い）

10―1―5　事業者が令第45条第3項《一括譲渡した場合の課税標準の計算の方法》に規定する課税資産の譲渡等に係る資産（以下「課税資産」という。）と同項に規定する課税資産の譲渡等以外の資産の譲渡等に係る資産（以下「非課税資産」という。）とを同一の者に対し同時に譲渡した場合には、それぞれの資産の譲渡の対価について合理的に区分しなければならないのであるが、建物、土地等を同一の者に対し同

時に譲渡した場合において、それぞれの対価につき、所得税又は法人税の土地の譲渡等に係る課税の特例の計算における取扱いにより区分しているときは、その区分したところによる。
(注) 合理的に区分されていない場合には、同項の規定により、それぞれの譲渡に係る通常の取引価額を基礎として区分することに留意する。

解説 事業者が課税資産と課税資産以外の資産とを同一の者に対して同時に譲渡した場合には、課税資産の譲渡の対価に相当する部分のみが課税対象となることから、それぞれの資産の譲渡に係る対価の額について合理的な基準(例えば、通常の取引価額や取得価額の比等)により区分しているときは、その区分した金額がそれぞれの譲渡の対価の額となるが、合理的に区分されていない場合には、これらの資産の譲渡の対価の額をそれぞれの資産の時価の比により区分することとされている(令45③)。

この合理的な基準は譲渡する目的物の内容によって異なってくるのであるが、本通達は、例えば、課税の対象となる建物等と非課税となる土地等を同一の者に対して同時に譲渡した場合のそれぞれの対価の額につき、不動産の譲渡者(例えば分譲業者等)が、次に掲げる所得税又は法人税の税額計算において、それらの税について次に掲げる規定により区分している場合には、消費税についてもその区分したところによるべきことを明らかにしているものである。

なお、これらの規定によらずに区分する場合であっても、契約当事者が作成した契約書において区分している金額が合理的な基準によったものであれば、その区分した金額によるべきことは当然である。また、契約書でこのような区分が行われていない場合には合理的に区分することとなるが、その区分しようとする取引における合理的な基準は、通常所得税又は法人税と消費税との間で異なるものではない。

イ 租税特別措置法関係通達(所得税編)28の4―31《建物、土地等を同時に譲渡した場合における土地等の対価の額の計算》から28の4―33《同時に取得した新築の建物と土地等を同時に譲渡した場合の対価の計算の特例》まで
ロ 租税特別措置法関係通達(法人税編)62の3(2)―3《建物、土地等を同時に譲渡した場合における土地等の対価の計算》から62の3(2)―5《同時に取得した新築の建物と土地等を同時に譲渡した場合の対価の計算》まで、63(2)―3《建物、土地等を同時に譲渡した場合における土地等の対価の計算》から63(2)―5《同時に取得した新築の建物等と土地等を同時に譲渡した場合の対価の計算》まで

> **参 考**

1 これらの通達では、土地等の譲渡対価の額とした金額が譲渡に係る契約書において明らかにされていることが、その適用の要件とされている。
2 所得税又は法人税の土地の譲渡等に係る課税の特例について規定している租税特別措置法第28条の4、第62条の3及び第63条は、平成10年1月1日から平成32年(2020年)3月31日までの間にした土地の譲渡等については適用しないこととされている(特措法28の4⑥、62の3⑭、63⑦)。

(未経過固定資産税等の取扱い)

10―1―6　固定資産税、自動車税等(以下10―1―6において「固定資産税等」という。)の課税の対象となる資産の譲渡に伴い、当該資産に対して課された固定資産税等について譲渡の時において未経過分がある場合で、その未経過分に相当する金額を当該資産の譲渡について収受する金額とは別に収受している場合であっても、当該未経過分に相当する金額は当該資産の譲渡の金額に含まれるのであるから留意する。
(注) 資産の譲渡を受けた者に対して課されるべき固定資産税等が、当該

資産の名義変更をしなかったこと等により当該資産の譲渡をした事業者に対して課された場合において、当該事業者が当該譲渡を受けた者から当該固定資産税等に相当する金額を収受するときには、当該金額は資産の譲渡等の対価に該当しないのであるから留意する。

解説 課税資産の譲渡等の対価の額は、対価として収受し、又は収受すべき一切の金銭又は金銭以外のもの若しくは権利その他経済的な利益の額とし、課税資産の譲渡等につき課されるべき消費税及び地方消費税に相当する額を含まないものとされている（法28①）。

不動産業者等は、前所有者が負担した固定資産税等の課税対象期間のうち未経過期間に対応する金額（通常は月割計算が行われる。）を前所有者に建物等の仕入代金とは別途に支払うこととし、新たな所有者に対して建物等の譲渡代金とは別途にこれを請求する場合がある。これは、固定資産税は1月1日現在の課税台帳に登録されている所有者に、また、自動車税は4月1日現在の所有者に対して毎年課されることとされていることから、中古の建物や自動車を年の中途で取得した者が、その者が固定資産税等の納税義務者として課税されるまでの間は実質的には前所有者の負担により固定資産等を所有し、又は使用することができるものである。

この固定資産税等の未経過期間に対応する金額については、その授受の根拠が税であることから、当該金額を課税資産の譲渡の対価の額に含めるのかどうか疑問の生ずるところである。しかしながら、固定資産税等はそれぞれの賦課期日における所有者に対して課す税であるから、建物等の譲受者は固定資産税等の未経過期間に対応する金額を税として課税権者である地方公共団体に対して支払うものではなく、未経過期間において、固定資産税等の負担なしに所有又は使用することができる建物等の購入代金の一部として支払うものといえる。そこで、本通達は、この点について固定資産税等の未経過

期間に対応する金額は建物等の課税資産の譲渡の対価の額に含まれることを明らかにしたものである。

なお、賦課期日における現実の所有者が建物等の譲受人である場合において、不動産業者等が所有名義変更手続きの遅れから、譲渡人に対して固定資産税等が課された場合に、当該譲受人等から当該譲渡人が収受する固定資産税等に相当する金額は、本来納税義務者となるべき譲受人に代わって譲渡人が納付した税について弁済を受けるものであることから、所有名義変更手続き等の対価として受領するものでないことが明らかなものは資産の譲渡等の対価に該当しない。注書はこのことを念のため明らかにしている。

（外貨建取引に係る対価）

10―1―7　外貨建ての取引に係る資産の譲渡等の対価の額は、所得税又は法人税の課税所得金額の計算において外貨建ての取引に係る売上金額その他の収入金額につき円換算して計上すべきこととされている金額によるものとする。

　（注）1　外貨建取引の円換算に係る法人税の取扱いについては、法基通13の2―1―1から13の2―2―18まで《外貨建取引の換算等》において定められている。

　　　　2　外貨建取引の円換算に係る所得税の取扱いについては、所基通57の3―1から57の3―7まで《外貨建取引の換算等》において定められている。

　　　　3　法法第61条の9第1項第1号《外貨建資産等の期末換算差益又は期末換算差損の益金又は損金算入等》に規定する外貨建債権、債務に係る為替換算差損益又は為替差損益は、資産の譲渡等の対価の額又は課税仕入れに係る支払対価の額に含まれないことに留意する。

【平9課消2―5、平13課消1―5、平18課消1―16、1―43 改正】

解説 外国通貨によって支払を受けることとされている外貨建ての取引の場合には、その外貨表示額を円換算して資産の譲渡等の対価の額を求めることとなるが、本通達において、この円換算については、所得税又は法人税の取扱いと一致させるものとし、具体的には所得税基本通達57の3―2《外貨建取引の円換算》等又は法人税基本通達13の2―1―2《外貨建取引及び発生時換算法の円換算》等の取扱いによることを明らかにしている。

なお、具体的な取扱いは次のとおりである。

1 譲渡等の対価についての円換算は、原則として事業者が資産の譲渡等を行った日の電信売買相場の仲値（T.T.M）によるものとされ、継続適用を条件としてその日の電信買相場（T.T.B）によることもできる。

(注) 1 この場合の電信買相場及び電信売買相場の仲値は、原則として、その法人の主たる取引金融機関のものによることとなる。ただし、法人が、同一の方法により入手等をした合理的なものを継続して使用している場合には、それによることができるとされている（法基通13の2―1―2（注）1）。

2 円換算に当たっては、継続適用を条件として、次のいずれかによることができるとされている（法基通13の2―1―2（注）2）。

(1) 取引日の属する月若しくは週の前月若しくは前週の末日又は当月若しくは当週の初日の電信買相場若しくは電信売相場又はこれらの仲値

(2) 取引日の属する月の前月又は前週の平均相場のように1月以内の一定期間における電信売買相場の仲値又は電信買相場の平均値

2 外貨建ての取引に係る資産の譲渡等の対価の額について円換算を行う場合に、当該資産の譲渡等に係る本邦通貨の額がその計上を行うべき日までに先物外国為替契約（外国通貨で表示される支払手段又は外貨債権の売買契約に基づく債権の発生、変更又は消滅に係る取引を当該売買契約の締結日後の一

定の時期に一定の外国為替の売買相場により実行する取引の契約をいう。）により確定している場合においては、事業者が、その資産の譲渡等の対価の額について、所得金額の計算上、法人税基本通達13の２―１―４《先物外国為替契約等がある場合の収益、費用等の換算等》の取扱いの適用を受けて、その確定している本邦通貨の額をもってその円換算額としているときは、消費税法上もその確定している本邦通貨の額を資産の譲渡等の対価の額とすることになる。

　なお、資産の譲渡等の対価の額が先物外国為替契約により確定しているかどうかについては、原則的には個々の取引ごとに判定するものとされているが、包括的に先物外国為替契約を締結している場合であっても、外貨建取引の決済約定の状況に応じその予約額の全部又は一部について個々の取引に比例配分するなど合理的に振り当てている場合にも、先物外国為替契約により確定しているものとして認められることとされている。

3　いわゆるメーカーズリスクの転嫁を予定した外貨建て円払いの取引による資産の譲渡等の対価の額の算定（メーカーズリスクの取扱い）については、法人税基本通達13の２―１―11《製造業者等が負担する為替損失相当額等》の取扱いによることとなる。

4　為替換算差損益（課税期間の末日における外貨建債権債務の円換算によって生じる為替差額）又は為替差損益（外貨建債権債務の決済（外国通貨の円転換を含む。）に伴って生じた損益）は、外貨建債権債務を有することによる為替相場の変動に伴う損益であることから、原則として、資産の譲渡等の対価の額又は課税仕入れの支払対価の額に含まれず、課税の対象外（不課税）とされることとなる。本通達の注書の３は、このことを念のため明らかにしている。

　（注）　外貨建ての課税仕入れに係る支払対価の額についても、所得税又は法人税の取扱いの例によることになり、原則として仕入れを行った日の電信売

買相場の仲値（T.T.M）によることになるが、継続適用を条件として電信売相場（T.T.S）によることもできる。

（交換資産の時価）

10―1―8 交換の当事者が交換に係る資産の価額を定め、相互に等価であるとして交換した場合において、その定めた価額が通常の取引価額と異なるときであっても、その交換がその交換をするに至った事情に照らし正常な取引条件に従って行われたものであると認められるときは、令第45条第2項第4号《交換の場合の対価の額》の規定の適用上、これらの資産の価額は当該当事者間において合意されたところによるものとする。

解説 資産の交換に係る対価の額は、その交換により取得する資産の取得の時における価額とされ、その交換により取得する資産の価額との差額を補うための金銭を取得する場合には、その取得する金銭の額を加算した金額とし、その差額を補うための金銭を支払う場合には、その支払う金銭の額を控除した金額とすることとされている（令45②四）。

しかしながら、その時価評価には困難を伴うこともあることから、本通達は、その交換取引が正常なものであると認められる場合には、当事者間において合意された金額を交換に係る資産の対価の額として取り扱うことを明らかにしたものである。

（物品切手等の評価）

10―1―9 次に掲げる資産を課税資産の譲渡等の対価として取得した

場合には、それぞれ次に掲げる金額が当該課税資産の譲渡等の金額となる。

(1) 物品切手等（法別表第一第4号に規定する物品切手等をいう。）
　券面金額（券面金額がない場合には、当該物品切手等により引換給付される物品又は役務について取得し、又は提供を受けるために通常要する金額）

(2) 定期金に関する権利又は信託の受益権　相続税法又は相続税評価通達に定めるところに準じて評価した価額

(3) 生命保険契約に関する権利　その取得した時においてその契約を解除したとした場合に支払われることとなる解約返戻金の額（解約返戻金のほかに支払われることとなる前納保険料の金額、剰余金の分配等がある場合には、これらの金額との合計額）

解説　課税資産の譲渡等の対価の額とされる金銭以外の物又は権利その他の経済的な利益の額は、当該物若しくは権利を取得し、又は当該利益を享受する時における価額とされる（令45①）が、本通達は、物品切手等、定期金に関する権利又は信託の受益権及び生命保険契約に関する権利の取得の時における価額を具体的に定めたものである。

（他の事業者の資産の専属的利用による経済的利益の額）

10―1―10　事業者が課税資産の譲渡等の対価として他の者の有する資産を専属的に利用する場合のその利用に係る法第28条第1項《課税標準》に規定する経済的な利益の額は、その資産の利用につき通常支払うべき使用料その他その利用の対価に相当する額（その利用者がその利用の対価として支出する金額があるときは、これを控除した額）とする。

第10章　課税標準及び税率　605

解説　課税資産の譲渡等の対価の額とされる経済的な利益の額は、その利益を享受する時における価額により評価することとなるが（令45①）、他の事業者の資産を専属的に利用することにより事業者が受ける経済的な利益は、その資産を無償又は低い対価により使用することにより生ずる利益ということになる。すなわち、他の事業者の資産を利用する場合には、通常使用料その他の利用の対価を支払うべきこととなるのであり、この通常支払うべき使用料その他その利用の対価として支払うべき金額に相当する額が、他の事業者の資産を専属的に利用することにより受ける経済的な利益の額ということになるのである。

　もっとも、その利用に伴って通常支払うべき使用料等の額のうち、利用者が利用の対価として支出する金額があるときは、その額を控除した金額が、その利用により享受する経済的な利益の額となる。

　本通達は、このことを念のため明らかにしたものである。

（個別消費税の取扱い）

10—1—11　法第28条第1項《課税標準》に規定する課税資産の譲渡等の対価の額には、酒税、たばこ税、揮発油税、石油石炭税、石油ガス税等が含まれるが、軽油引取税、ゴルフ場利用税及び入湯税は、利用者等が納税義務者となっているのであるから対価の額に含まれないことに留意する。ただし、その税額に相当する金額について明確に区分されていない場合は、対価の額に含むものとする。

【平12課消2—10、平15課消1—37　改正】

解説　課税資産の譲渡等の対価の額は、対価として収受し、又は収受すべき一切の金銭又は金銭以外の物若しくは権利その他経済的な利益の額とし、

課税資産の譲渡等につき課されるべき消費税及び地方消費税に相当する額を含まないものとされている（法28①）。

　ところで、酒税、たばこ税、揮発油税、地方揮発油税、石油石炭税、石油ガス税の個別消費税は、その課税物件の製造者等が課税物件を製造場等から移出等を行ったことに対し課税され、課税資産の価額の一部を構成するものであることから、消費税の課税標準に含まれることになる。

　一方、軽油引取税、ゴルフ場利用税及び入湯税は課税資産の譲渡等を受ける者が納税義務者となっている。このため、ゴルフ場等を経営する事業者は、いわゆる特別徴収義務者として納税義務者からこれらの税そのものを特別徴収し、地方公共団体に納付しているにすぎないことから、これらの税相当額は課税資産の譲渡等の対価に該当しないのである。したがって、これらの税相当額を請求書や領収証書等で相手方に明らかにし、預り金又は立替金等の科目で経理しているときには、課税標準に含まれないこととなる。本通達は、このことを念のために明らかにしたものである。

　なお、軽油引取税については、軽油引取税の特別徴収義務者である事業者（特約業者）が納税義務者、すなわち軽油を引き取る者から特別徴収する軽油引取税額は、当該軽油引取税額を区分している場合には資産の譲渡等の対価に含まれず、消費税の課税標準とはならないのであるが、特約業者でない事業者が販売する軽油については、当該事業者が特約業者から引き取る際に納税義務者として軽油引取税を負担することとなるから、当該事業者が販売する軽油の対価の額は、当該事業者が負担した軽油引取税額を含んだ金額となることに留意する必要がある。

　ただし、この場合において、特約業者とその者から軽油を引き取って販売する事業者との間に委託販売契約を締結し、それに基づき販売しているときは、その受託者である事業者の行う軽油の販売は、特別徴収義務者である事業者が行う資産の譲渡等に該当することから、その資産の譲渡等の対価の額

は、軽油引取税額を区分している限り当該金額を除いた金額となる。

(委託販売等に係る手数料)

10―1―12 委託販売その他業務代行等（以下10―1―12において「委託販売等」という。）に係る資産の譲渡等を行った場合の取扱いは、次による。

(1) 委託販売等に係る委託者については、受託者が委託商品を譲渡等したことに伴い収受した又は収受すべき金額が委託者における資産の譲渡等の金額となるのであるが、その課税期間中に行った委託販売等の全てについて、当該資産の譲渡等の金額から当該受託者に支払う委託販売手数料を控除した残額を委託者における資産の譲渡等の金額としているときは、これを認める。

(2) 委託販売等に係る受託者については、委託者から受ける委託販売手数料が役務の提供の対価となる。

　なお、委託者から課税資産の譲渡等のみを行うことを委託されている場合の委託販売等に係る受託者については、委託された商品の譲渡等に伴い収受した又は収受すべき金額を課税資産の譲渡等の金額とし、委託者に支払う金額を課税仕入れに係る金額としても差し支えないものとする。

【平12課消1―35　改正】

解説　委託者の計算において行う資産の譲渡等につき受託者が販売等を受託する委託販売等については、受託者が顧客から収受した又は収受すべき金額が委託者の資産の譲渡等の対価となり、受託者については、委託者から受け取る委託販売手数料が役務の提供の対価となるのが原則である。

ただし、受託者が行った資産の譲渡等に係る対価の額からその受託者に支払う委託販売手数料を控除した残額を委託者における資産の譲渡等に係る対価の額とする経理処理がまま見受けられるところから、本通達(1)において、このような処理をしているときは、これを認めることを明らかにしている。

なお、この取扱いを受けている場合には、委託者は、受託者が収受した又は収受すべき課税資産の譲渡等の金額から受託者に支払う委託販売手数料を控除した後の金額を基礎として計算した課税売上高により事業者免税点や簡易課税制度の適用要件の判定を行うことができることとなる。

また、委託者のために資産の譲渡等を行う受託者においても、その資産の譲渡等を自らの資産の譲渡等としてその金額を所得税又は法人税の所得計算において収入金額又は益金の額とし、委託者に支払う金額を必要経費又は損金の額としているケースも見受けられるところである。このような実態を踏まえ、その行う資産の譲渡等が課税資産の譲渡等のみである場合には、受託者において受託した商品の譲渡等に伴い収受した又は収受すべき金額を受託者の課税資産の譲渡等の金額とし、委託者に支払う金額を課税仕入れに係る金額とする処理も認めることとしたものである。本通達(2)なお書はこのことを明らかにしている。

(注) 委託販売に係る資産の譲渡等が非課税の対象とされるものである場合には、その委託販売手数料は課税の対象となるのであるから、(2)なお書が適用できないことはいうまでもない。

なお、委託販売等において受託者が委託者に対して行うものの本質は、役務の提供であることから、所得税又は法人税の所得金額の計算上(2)なお書の取扱いをしていたとしても、消費税においては当該役務の提供の対価である委託販売手数料を課税売上げとすることができることに留意する必要がある。

| 参　考 | 軽減税率制度実施後の委託販売手数料の取扱い |

消費税の軽減税率制度に関する取扱通達（抄）
（軽減対象資産の譲渡等に係る委託販売手数料）

16　委託販売その他業務代行等（以下「委託販売等」という。）において、受託者が行う委託販売手数料等を対価とする役務の提供は、当該委託販売等に係る課税資産の譲渡が軽減税率の適用対象となる場合であっても、標準税率の適用対象となることに留意する。

　なお、当該委託販売等に係る課税資産の譲渡が軽減税率の適用対象となる場合には、適用税率ごとに区分して、委託者及び受託者の課税資産の譲渡等の対価の額及び課税仕入れに係る支払対価の額の計算を行うこととなるから、消費税法基本通達10―1―12(1)及び(2)なお書《委託販売等に係る手数料》による取扱いの適用はない。

（源泉所得税がある場合の課税標準）

10―1―13　事業者が課税資産の譲渡等に際して収受する金額が、源泉所得税に相当する金額を控除した残額である場合であっても、源泉徴収前の金額によって消費税の課税関係を判定するのであるから留意する。

解説　課税資産の譲渡等に係る消費税の課税標準は、当該課税資産の譲渡等の対価の額とされている（法28①）。一方、源泉徴収に係る所得税は原則としてその対価の額に消費税に相当する金額を含めた金額から徴収することとされている。したがって、事業者が課税資産の譲渡等を行った場合において収受することとなる金額が源泉所得税に相当する金額を控除した後の金額であるときでも当該事業者の課税資産の譲渡等の対価の額は、当該源泉所得

税に相当する金額を控除する前の金額となるのである。本通達はこのことを明らかにしている。

なお、源泉所得税の課税標準等を算定する際の消費税及び地方消費税の額の取扱いについては、平成元年1月30日付直法6―1「消費税法等の施行に伴う源泉所得税の取扱いについて」通達により定められている。

（資産の貸付けに伴う共益費）
10―1―14　建物等の資産の貸付けに際し賃貸人がその賃借人から収受する電気、ガス、水道料等の実費に相当するいわゆる共益費は、建物等の資産の貸付けに係る対価に含まれる。

解説　いわゆる共益費は、貸付けに係る建物等の共用部分に必要な電気、ガス、水道料等を分担させるために入居者等から収受するものであり、建物等の資産の貸付けの対価の一部として収受するものであることから資産の譲渡等に係る対価に含まれるのである。本通達は、このことを念のため明らかにしたものである。

ただし、各貸付先にメーターを取り付ける等により実費精算されていると認められる共益費について、その対価の額を相手方に明示し、預り金又は立替金として処理している場合には、資産の貸付けに係る対価に含めることは要しないものとして取り扱うこととされている。

（返品、値引等の処理）
10―1―15　事業者が、その課税期間において行った課税資産の譲渡等につき、当該課税期間中に返品を受け、又は値引き若しくは割戻しを

した場合に、当該課税資産の譲渡等の金額から返品額又は値引額若しくは割戻額を控除する経理処理を継続しているときは、これを認める。
(注) この場合の返品額又は値引額若しくは割戻額については、法第38条第1項《売上げに係る対価の返還等をした場合の消費税額の控除》の規定の適用はないのであるが、同条第2項に規定する帳簿を保存する必要があることに留意する。

解説 課税資産の譲渡等を行った後、返品、値引き等があった場合には、返品等が行われた日の属する課税期間の課税標準額を調整するのではなく、その期間の課税標準額に対する消費税額を修正する形で調整を行うのが原則である（法38①）。しかし、一般的に、当初の売上額（その課税期間中の課税資産の譲渡等に係る課税標準である金額）から返品額、値引額又は割戻額を控除し、その控除後の金額を課税資産の譲渡等に係る対価の額とする経理処理が行われていることから、本通達においては、このような経理処理を継続して行っているときは、その処理を認めることとしている。この取扱いを適用することにより、消費税法第38条第1項《売上げに係る対価の返還等をした場合の消費税額の控除》の規定を適用してその課税期間中の納付すべき消費税額を計算するよりもより簡便な計算ができることとなる。

また、本通達の注書は、この場合の返品又は値引若しくは割戻しについては、消費税法第38条第1項の規定の適用はないことを念のために明らかにしたものであるが、本文の取扱いは、あくまでも同項の規定の適用がある売上げに係る対価の返還等の金額の控除についての簡便法を認めているものに過ぎないから、同項の適用要件である同条第2項に規定する売上げに係る対価の返還等をした金額の明細を記録した帳簿の保存をする必要はあることに留意する必要がある。

(別途収受する配送料等)

10―1―16　事業者が、課税資産の譲渡等に係る相手先から、他の者に委託する配送等に係る料金を課税資産の譲渡の対価の額と明確に区分して収受し、当該料金を預り金又は仮受金等として処理している場合の、当該料金は、当該事業者における課税資産の譲渡等の対価の額に含めないものとして差し支えない。

解説　事業者が資産の譲渡等に伴って別途収受する配送料等の料金は、配送という役務の提供の対価として当該事業者における資産の譲渡等の対価に該当するのであるが、当該事業者が自己において配送等の役務の提供を行うことを予定せず、他の者にその配送等を委託している場合には、当該事業者の行う資産の譲渡等の対価というよりは、顧客の便宜のため、顧客からその配送料等を単に預かり、配送業者等に代理支払をしているということができる。

また、一般的に、その委託配送料等を預り金又は仮受金等として明確に区分した経理処理が行われていることから、本通達において、このような経理処理を行っている場合には、その委託配送料等は、その事業者の行う取引の対価の額に含まないものとして取り扱うことを明らかにしたものである。

なお、同様の例としては、印刷業者や宿泊業者が顧客の便宜のために購入価額相当額を対価として行う郵便はがきやたばこの販売がある。

(下取り)

10―1―17　課税資産の譲渡等に際して資産の下取りを行った場合であっても当該課税資産の譲渡等の金額について、その下取りに係る資産

の価額を控除した後の金額とすることはできないのであるから留意する。

(注) 課税資産の下取りをした場合には、その下取りは課税仕入れに該当し、法第30条《仕入れに係る消費税額の控除》の規定を適用することとなる。

解説 納付すべき消費税額は、その課税期間中に国内において行った課税資産の譲渡等に係る課税標準である金額の合計額(課税標準額)に対する消費税額を算出し、その消費税額からその課税期間中の課税仕入れ等の税額の合計額を控除することにより計算される。

したがって、一連の取引において課税資産の譲渡等の対価の額と課税仕入れに係る支払対価の額がある場合には、各々別個にその合計額を求めることとされ、前者の額から後者の額を直接控除して課税標準額を計算することは予定されていないのである。

このため、課税資産の販売に際して課税資産の下取りを行った場合にも、販売額から下取額を直接控除した金額を課税資産の譲渡等の金額とするのではなく、各々が別の取引として、課税資産の譲渡等及び課税仕入れとなるのであり、これらに係る金額を課税資産の譲渡等の金額及び課税仕入れに係る支払対価の額とすることとなる。本通達は、このことを念のため明らかにしたものである。

(自家消費等における対価)

10―1―18 個人事業者が法第4条第5項第1号《個人事業者の家事消費等》に規定する家事消費を行った場合又は法人が同項第2号《役員に対するみなし譲渡》に規定する贈与を行った場合(棚卸資産につい

て家事消費又は贈与を行った場合に限る。）において、次の(1)及び(2)に掲げる金額以上の金額を法第28条第3項《みなし譲渡に係る対価の額》に規定する対価の額として法第45条《課税資産の譲渡等及び特定課税仕入れについての確定申告》に規定する確定申告書を提出したときは、これを認める。

(1) 当該棚卸資産の課税仕入れの金額
(2) 通常他に販売する価額のおおむね50％に相当する金額

【平27課消1-17 改正】

解説 個人事業者が棚卸資産又は棚卸資産以外の事業用資産を家事のために消費し、又は使用した場合、又は法人が資産をその役員に贈与した場合には、これらの家事消費等又は贈与は資産の譲渡とみなされ、その家事消費等又は贈与の時におけるその資産の価額を課税標準として消費税が課税される（法4⑤、28③）が、この場合の家事消費等又は贈与の時におけるその資産の価額は、原則として、その者の通常他に販売する価額となる。

しかしながら、対価を得て資産を譲渡した場合における消費税の課税標準は、その譲渡の対価の額、すなわち当事者間において授受されるべき金銭等の額（実際の取引価額）によることとなり、その対価の額（取引価額）が通常他に販売する価額に比し低額であってもその価額が課税標準とされる。また、所得税においては、棚卸資産を家事のために消費した場合等における総収入金額に算入すべき金額の計算について、その者の通常他に販売する価額によることを原則としつつ、その棚卸資産の取得価額以上の金額をもって総収入金額に算入しているときはこれを認めることとして取り扱われている（所基通39-1、39-2）。

本通達は、これらを勘案し、個人事業者が棚卸資産を家事のために消費し、又は使用した場合におけるその棚卸資産の対価の額について、その棚卸資産

の課税仕入れの金額（取得価額）以上の金額を課税資産の譲渡等の対価の額としているときは、所得税の取扱いと同様に、これを認めることを明らかにしている。

また、法人がその役員に棚卸資産を贈与した場合においても、通常他に販売する価額を課税資産の譲渡等の対価の額とすることが原則であるが、上記個人事業者が家事消費等をした場合の取扱いとの均衡を考慮し、これと同様に取り扱うこととしている。

ただ、こうした場合の課税資産の譲渡等の対価の額については、通常他に販売する価額によることが原則であることを考慮すると、当該棚卸資産の取得価額が通常他に販売する価額に比し著しく低額である場合についてまで同様の取扱いをすることは適当でなく、このような棚卸資産については、通常他に販売する価額のおおむね50％以上の金額を課税資産の譲渡等の対価の額としている場合に限り、これを認めることとしているのである。

（家事共用資産の譲渡）
10―1―19　個人事業者が、事業と家事の用途に共通して使用するものとして取得した資産を譲渡した場合には、その譲渡に係る金額を事業としての部分と家事使用に係る部分とに合理的に区分するものとする。この場合においては、当該事業としての部分に係る対価の額が資産の譲渡等の対価の額となる。

解説　消費税法上、資産の譲渡等に該当するのは、事業者が事業として対価を得て行う資産の譲渡及び貸付け並びに役務の提供であり（法2①八）、個人事業者の行う家事用資産の譲渡は資産の譲渡等には該当しないこととされている。したがって、事業者が事業と家事の両方の用途に共通して使用す

るものとして取得した資産を譲渡した場合には、その譲渡に係る金額のうち事業用部分の金額が資産の譲渡等の対価に該当することとなる。本通達はこのことを明らかにしている。

なお、家事共用資産を譲渡した場合には、その対価の額を事業用部分と家事使用部分とに合理的に区分することとなるが、この区分は、その譲渡のときの使用割合ではなく、原則として、当該資産を取得したときの区分（基通11―1―4に規定するその資産の使用の実態に基づく使用率、使用面積割合等の合理的な基準による区分）によることとなる。

（譲渡等に係る対価が確定していない場合の見積り）

10―1―20　事業者が資産の譲渡等を行った場合において、その資産の譲渡等をした日の属する課税期間の末日までにその対価の額が確定していないときは、同日の現況によりその金額を適正に見積もるものとする。この場合において、その後確定した対価の額が見積額と異なるときは、その差額は、その確定した日の属する課税期間における資産の譲渡等の対価の額に加算し、又は当該対価の額から減算するものとする。

解説　事業者が課税資産の譲渡等を行った場合には、その譲渡等に係る対価の額が消費税の課税標準となるのであるが、課税資産の譲渡等が行われている場合であっても、その譲渡等をした日の属する課税期間の末日までにその対価の額が最終的に確定しないことがある。

このような場合には、その譲渡等を行った日の属する課税期間の末日における現況により、その対価の額を適正に見積り、その金額を当該課税資産の譲渡等の対価の額とし、その課税期間の課税標準額を計算することとなる。

本通達は、このことを念のため明らかにしたものである。

　また、この場合に、その見積額と最終的に確定した額との間に差額が生じた場合には、その譲渡等を行った日の属する課税期間に遡って修正することなく、その差額を最終的に対価の額が確定した日の属する課税期間の課税資産の譲渡等の対価の額の合計額に加算し、又は当該合計額から減算することとなるのである。本通達の後段は、このことを併せて明らかにしたものである。

　なお、この取扱いは、所得税又は法人税における取扱い（所基通36・37共－1、法基通2－1－4）と同様である。

（別払運賃がある場合における課税標準に算入すべき運賃の計算の特例）

10－1－21　法第28条第4項《保税地域から引き取られる課税貨物に係る消費税の課税標準》に掲げる課税標準に含まれるべき運賃の一部に、運送の終了後相当の期間が経過しなければ確定しない部分（以下10－1－21において「別払運賃」という。）の発生が通常見込まれている場合において、課税貨物を保税地域から引き取る者が、その引き取ろうとする課税貨物の数量に相当する数値に別払運賃の平均額を乗じた額を別払運賃以外の運賃の額に加算し、当該加算後の金額を当該課税標準に算入しているときは、その者が次のいずれにも該当する場合に限り、当該金額を当該課税標準に算入すべき運賃の額として取り扱って差し支えない。

(1)　別払運賃の平均額を用いる運賃の計算方法を継続的に採用して納税申告する旨及び届出の日の属する月の翌月から3か月、6か月間又は1年間の納税申告において用いる別払運賃の平均額を納税地

を管轄する税関長(沖縄地区税関長を含む。以下10―1―21において同じ。)に届け出ること。
(2) 前号の届出の日から3か月、6か月又は1年を経過するごとにそれぞれその後3か月間、6か月間又は1年間の納税申告において用いる別払運賃の平均額を同号の税関長に届け出ること。
(3) (1)の届出の日から1年を経過するごとに、当該1年間における別払運賃の確定額を同号の税関長に報告すること。
(注)1 別払運賃の平均額とは、原則として、(1)又は(2)の届出の日の属する月の前月以前1年間における別払運賃の確定額を当該期間における課税貨物の運送数量に相当する数値で除して得た額をいうものとする。
2 現実に確定した運賃の額と別払運賃の平均額により計算した金額とが相当程度に相違することとなった場合には、修正申告書の提出又は更正により課税標準を是正することができるのであるから留意する。

【平27課消1―17 改正】

解説 保税地域から引き取られる課税貨物の課税標準は、関税定率法第4条から第4条の8《課税価格の計算方法》の規定に準じて算出した価格を基礎として算定される。

この場合において、当該価格には、課税貨物が輸入港に到着するまでの運送に要する運賃を加算することとなるが、当該課税貨物が原油等である場合にはその運賃はタンカー市況等により変動することから、運送後の精算払いによることとしている場合等には、運送の終了後相当の期間が経過しなければ確定しない現状にある。

このため、このような運賃のある課税貨物の引取手続を円滑化するため、

本通達において、運賃の一部に運送の終了後相当の期間が経過しなければ確定しない部分（以下「別払運賃」という。）の発生が通常見込まれる場合には、一定の手続のもとに、当該別払運賃の額を過去１年間における別払運賃の平均額を基にして計算し、これを向こう３か月間（関税の課税価格の計算において当該別払運賃の額を向こう６か月間又は１年間適用することとした場合には、その期間）にわたって適用することを認めることを明らかにしたものである。

　なお、この取扱いは、簡便計算であるから、現実に確定した運賃の額と別払運賃の平均額を基にして計算した金額とが相違することとなった場合には修正申告書の提出又は更正による課税標準の是正をすべきこととなるのであるが、この取扱いを設けた趣旨にかんがみて、本通達の注書の２において、相当程度に相違することとなった場合に修正申告書の提出又は更正を行うことによって是正することができることを明らかにしている。

第２節　特定課税仕入れ

（特定課税仕入れに係る支払対価の額）

10―2―1　法第28条第２項本文《特定課税仕入れに係る消費税の課税標準》に規定する「特定課税仕入れに係る支払対価の額」とは、特定課税仕入れに係る支払対価につき、対価として支払い、又は支払うべき一切の金銭又は金銭以外の物若しくは権利その他経済的な利益の額をいい、この場合の「支払うべき」とは、その特定課税仕入れを行った場合の当該特定課税仕入れの価額をいうのではなく、その特定課税仕入れに係る当事者間で授受することとした対価の額をいうのであるから留意する。

　また、法第28条第２項括弧書に規定する「金銭以外の物若しくは権

> 利その他経済的な利益」は、10—1—3と同様に、実質的に特定課税仕入れに係る支払対価と同様の経済的効果をもたらすものをいう。
>
> なお、特定課税仕入れが他の者から受けた特定役務の提供に係るものである場合に、事業者が支払う金額が、源泉所得税に相当する金額を控除した残額である場合であっても、特定課税仕入れに係る支払対価の額は、源泉徴収前の金額となるのであるから留意する。

【平27課消1—17　追加】

解説　「特定課税仕入れに係る支払対価の額」とは、事業者が特定課税仕入れにつき対価として支払い、又は支払うべき一切の金銭又は金銭以外の物若しくは権利その他の経済的利益の額をいい（法28②）、この場合の「支払うべき」とは、その特定課税仕入れを行った場合のその特定課税仕入れの価額をいうのではなく、その特定課税仕入れに係る当事者間で授受することとした対価の額をいうのである。

また、「課税資産の譲渡等の対価の額」と同様に、特定資産の譲渡等の対価として金銭以外の経済的利益を供与した場合も特定課税仕入れに係る支払対価の額に含まれる。

なお、特定課税仕入れが他の者から受けた特定役務の提供に係るものである場合に、支払対価の額から源泉所得税相当額を差し引いて支払っていたとしても、「特定課税仕入れに係る支払対価の額」は、源泉所得税相当額を差し引く前の金額となる。これは、基本通達10—1—13の考え方と同様である。

本通達は、これらのことについて念のために明らかにしたものである。

ところで、特定課税仕入れについては、国内取引として消費税の課税対象とされるのであるが、その納税義務は当該特定課税仕入れを行った事業者が負うこととなるため、特定課税仕入れを行った事業者が支払う対価には消費税及び地方消費税に相当する額は含まれていないこととなる。したがって、

「特定課税仕入れに係る支払対価の額」がそのまま（消費税相当額等を控除することなく）消費税の課税標準となる。

（外貨建取引に係る支払対価の額）
10−2−2　外貨建ての取引に係る特定課税仕入れに係る支払対価の額の取扱いについては、10−1−7に準ずるものとする。

【平27課消1−17　追加】

解説　これまでも、外貨建取引における資産の譲渡等の対価の額については、基本通達10−1−7で明らかにしているところであり、また、外貨建取引の課税仕入れの支払対価についてもこの考え方に基づいているところである（消基通11−4−4）。今般、新たに特定課税仕入れに係る課税標準額の規定が設けられたことから、本通達では、外貨建取引における特定課税仕入れに係る支払対価の額の取扱いについて、念のためその計算方法等を明らかにしている。

（国外事業者のために負担する旅費等）
10−2−3　特定役務の提供を受ける事業者が、当該役務の提供を行う者の当該役務の提供を行うために要する往復の旅費、国内滞在費等の費用を負担する場合のその費用は、特定課税仕入れに係る支払対価の額に含まれることに留意する。
　ただし、当該費用について、当該役務の提供を行う者に対して交付せずに、当該役務の提供を受ける事業者から航空会社、ホテル、旅館等に直接支払われている場合において、当該費用を除いた金額を特定

課税仕入れに係る支払対価の額としているときは、その処理を認める。

【平27課消1—17　追加】

解説　消費税法第2条第1項第8号の5《定義》に規定する特定役務の提供を受けた事業者が、当該役務の提供を行うために要する旅費、滞在費等として国外事業者に対して支払うものについては、それが役務の提供を行った国外事業者に帰属した上で、旅費等の支払いに充当されるものであるから、国外事業者から受けた特定役務の提供の対価として、支払った事業者における特定課税仕入れに係る支払対価の額に該当することとなる。

ただし、当該特定役務の提供を受ける事業者自らが国外事業者に対して移動手段、宿泊場所を提供することも考えられ、このような場合にまで、その移動等に係る費用を特定役務の提供の対価として、役務の提供を受けた事業者に納税義務を課すことは妥当ではないとも考えられる。また、このような費用を特定課税仕入れに係る支払対価の額から除くこととしても、課税資産の譲渡等の対価の額とは異なり、当該特定役務の提供を行う事業者及び役務の提供を受ける事業者の双方の基準期間の課税売上高等に影響するものではない。

このため、特定役務の提供を受ける事業者が直接、旅費等について航空会社、ホテル等に支払い、その支払った金額を特定課税仕入れに係る支払対価の額から除くこととしている場合には、その処理を認めることを明らかにしている。

この場合において、これらの支払いに係る取引が、国内における課税仕入れに該当する場合には、支払った事業者において同法第30条第7項《仕入れに係る消費税額の控除》に規定する帳簿及び請求書等の保存を要件として仕入税額控除の対象となる。

（芸能人の役務の提供の対価に含まれないもの）

10―2―4　事業者が特定役務の提供を受けた場合における法第28条第2項《特定課税仕入れに係る消費税額の課税標準》に規定する特定課税仕入れに係る支払対価の額には、例えば、芸能人の実演の録音、録画、放送又は有線放送につき著作隣接権の対価として支払われるもので、契約その他において明確に区分されているものは含まれないことに留意する。

　（注）　著作隣接権の対価は資産の譲渡又は貸付けの対価に該当する。

【平27課消1―17　追加】

解説　国内において、例えば、音楽家が演奏等の実演を行った場合にあっては、当該実演に係る対価が支払われるのであるが、当該実演に係る対価の支払いと併せて、その後に行われる当該実演の録音、録画の複製、放送等に関して著作隣接権に係る対価が支払われる場合がある。

　このように著作隣接権に係る対価が、国内における実演の対価が支払われるときに併せて支払われる場合であっても、それが著作隣接権の対価として契約その他において明確に区分されている場合においては、当該著作隣接権の対価は著作隣接権の譲渡又は貸付けに係る対価に該当することとなり、特定役務の提供の対価には該当しない。

　本通達は、このことを念のため明らかにしたものである。

　したがって、このような著作隣接権に係る対価については、当該対価を支払った事業者においてリバースチャージ方式による申告は必要ないこととなる。

　なお、当該著作隣接権の譲渡又は貸付けについては、消費税法施行令第6条第1項第7号により、その著作隣接権の譲渡又は貸付けを行う者の住所地により内外判定を行うこととなる。

第11章　仕入れに係る消費税額の控除

1　仕入れに係る消費税額の控除

　課税事業者は、その課税期間における課税標準額に対する消費税額から、課税仕入れ等の税額（その課税期間中に国内において行った課税仕入れ（特定課税仕入れに該当するものを含む。）に係る消費税額及びその課税期間中に保税地域から引き取った課税貨物につき課された又は課されるべき消費税額（附帯税の額を除く。）の合計額）を控除することとされている（法30①）。

(1)　対象となる事業者

　仕入れに係る消費税額を控除することができる者は、納税義務者となる課税事業者である。したがって、消費税法第9条第1項《小規模事業者に係る納税義務の免除》の規定に該当する小規模事業者（免税事業者）は納税義務が免除され、一方で、仕入れに係る消費税額を控除することができない。

　なお、免税事業者に該当する者であっても、同法第9条第4項《小規模事業者に係る納税義務の免除の特例》の規定により課税事業者を選択した場合には、仕入れに係る消費税額の控除ができることになる。

(2)　課税仕入れを行った日

　課税仕入れを行った日とは、課税仕入れに係る資産を譲り受け、若しくは借り受け、又は役務の提供を受けた日であるが、これは、原則として事業者が所得税又は法人税における所得金額の計算において計上することとされている資産の取得又は費用等の計上時期と同じとなる。

　また、課税貨物を引き取った日とは、関税法第67条《輸出又は輸入の許可》に規定する輸入の許可を受けた日となる。

(3)　仕入税額控除の対象

　仕入税額控除の対象は、その課税期間中に国内において行った課税仕入れ

（特定課税仕入れに該当するものを含む。）及びその課税期間中に保税地域から引き取った課税貨物に含まれる消費税額である。

　したがって、国内における資産の譲渡等のために必要な課税仕入れ等に限らず、国外において行う資産の譲渡（国外取引）のために国内において行った課税仕入れ等についても、仕入税額控除の対象となる。

　なお、国外事業者から受けた事業者向け電気通信利用役務の提供以外の電気通信利用役務の提供については、当分の間、仕入税額控除制度の適用対象外とされている（平成27年改正法附則38①本文）。

　ただし、登録国外事業者*から受けた事業者向け電気通信利用役務の提供以外の電気通信利用役務の提供については、仕入税額控除制度の適用を認めることとされている（平成27年改正法附則38①ただし書）。

※　所得税法等の一部を改正する法律（平成27年法律第9号）附則第39条第1項《国外事業者の登録等》に規定する国税庁長官の登録を受けた国外事業者をいう。

(4)　仕入税額控除の時期

　課税仕入れ等の税額の控除は、課税仕入れ等を行った課税期間において行うのであるから、課税仕入れ等に係る資産（課税資産）又は貨物（課税貨物）が減価償却資産又は創立費、開業費若しくは開発費等の繰延資産に該当する場合であっても、その課税資産又は課税貨物に係る課税仕入れ等の税額は、その課税資産又は課税貨物の課税仕入れ等を行った日の属する課税期間において一括して控除することとされている。

　また、割賦販売等の方法により課税資産の譲渡等を受けた場合であっても、その課税仕入れの時は、その課税資産の引渡し等を受けた時となるから、その課税資産の課税仕入れに係る消費税額は、その課税資産の引渡し等を受けた日の属する課税期間において一括して控除することができる。

2　仕入控除税額の計算

(1) 原　　則

　その課税期間中に行った資産の譲渡等が課税資産の譲渡等のみである場合には、課税仕入れ等の税額の全額が仕入税額控除の対象とされる（法30①）。

　また、課税資産の譲渡等とその他の資産の譲渡等がある場合には、本来課税資産の譲渡等に対応する課税仕入れ等の税額のみが仕入税額控除の対象とされるのであるが、その課税期間の課税売上高が5億円以下であり、かつ、課税売上割合が100分の95以上であるときは、課税資産の譲渡等のみを行っている場合と同様に、課税仕入れ等の税額の全額を控除できることとされている（法30①、②）。

　なお、その課税期間における課税売上割合が100分の95以上であるかどうかについては、「課税売上割合に準ずる割合」によって判定することはできない。

(2) 個別対応方式による仕入税額の控除

　その課税期間中に行った資産の譲渡等のうちに課税資産の譲渡等とその他の資産の譲渡等がある場合で、その課税期間の課税売上高が5億円を超えるとき、又は課税売上割合が100分の95に満たないときには、仕入税額控除の対象となるのは課税資産の譲渡等に対応する課税仕入れ等の税額についてのみであるが、課税仕入れ等について、①課税資産の譲渡等にのみ要するもの、②その他の資産の譲渡等にのみ要するもの、及び③これらに共通して要するものに明確に区分されている場合には、仕入控除税額の計算方法としていわゆる個別対応方式を採用することができる（法30②一）。

　個別対応方式においては、その課税期間中の課税仕入れ等の税額について、上記①から③の区分に応じて

　　イ　①に係る課税仕入れ等の税額

　　ロ　②に係る課税仕入れ等の税額

ハ ③に係る課税仕入れ等の税額

に区分し、その区分に基づき、次の算式により計算した金額が仕入控除税額となる。

(算　式)

イの課税仕入れ等の税額　＋　（ハの課税仕入れ等の税額×課税売上割合）

(3) 一括比例配分方式による仕入税額の控除

　その課税期間中に行った資産の譲渡等のうちに課税資産の譲渡等とその他の資産の譲渡等とがある場合で、その課税期間の課税売上高が5億円を超えるとき、又は課税売上割合が100分の95に満たないときには、仕入控除税額の計算方法として、個別対応方式とは別にいわゆる一括比例配分方式によることも認められている（法30②二）。

　一括比例配分方式の場合には、次の算式により計算した金額が仕入控除税額となる。

(算　式)

　　課税仕入れ等の税額　×　課税売上割合

(4) 課税売上割合

① 原　則

　課税売上割合とは、その課税期間中の国内における資産の譲渡等の対価の額の合計額に占めるその課税期間中の国内における課税資産の譲渡等の対価の額の合計額の割合をいう（法30⑥後段）。

　この場合、資産の譲渡等（特定資産の譲渡等に該当するものを除く。）の対価の額及び課税資産の譲渡等（特定資産の譲渡等に該当するものを除く。）の対価の額は、いずれも消費税及び地方消費税に相当する額を含まない金額であり、また、それぞれ売上げに係る対価の返還等の金額（輸出取引に係る対価の返還等の金額を含む。）を控除した金額による（令48①）。

課税売上割合は、その課税期間中の国内取引に係る資産の譲渡等に基づいて計算することとされているから、資産の譲渡等の対価の額又は課税資産の譲渡等の対価の額には、輸出取引に係る対価の額は含まれるが、国外取引に係る対価の額は含まれない。

　また、課税資産の譲渡等に係る輸出取引等とみなされる非課税資産の輸出取引等や海外支店等への社内間移動のための輸出がある場合には、課税売上割合の計算上、資産の譲渡等の対価の額及び課税資産の譲渡等の対価の額には、これらの輸出等に係る対価の額に相当する額も含むこととされている（法31、令51②、③）。

　なお、課税売上割合を計算する場合における資産の譲渡等及び課税資産の譲渡等には、特定資産の譲渡等に該当するものは除くこととされている（法5①）。

② 課税売上割合の計算上、資産の譲渡等に含まれないものの範囲

　次に掲げる資産の譲渡等の対価の額は、課税売上割合の計算上、資産の譲渡等の対価の額に含めないこととされている（令48②）。

　イ　通貨、小切手等の支払手段の譲渡については、本来、課税対象とすべきでないことから、これに係る対価の額は、課税売上割合の計算上、資産の譲渡等の対価の額に含めない。

　ロ　資産の譲渡等の対価として取得した金銭債権の譲渡等の対価の額については、課税資産の譲渡等に係る対価と非課税資産の譲渡に係る対価との二重カウントを排除するため、課税売上割合の計算上、資産の譲渡等の対価の額に含めない。

　ハ　国債、地方債及び社債並びに譲渡性預金証書等の条件付売買（現先取引）債券等をあらかじめ約定した期日に予め約定した価格で買い戻すことを約して譲渡し、かつ、その約定に基づきその現先取引債券等を買い戻す場合におけるその現先取引債券等の譲渡は、資産の借入れ

と同じ効果を持つものであるから、その譲渡に係る対価の額は、課税売上割合の計算上、資産の譲渡等の対価の額に含めない。

③　課税売上割合の計算上、一部分の金額を資産の譲渡等の対価の額とするものの範囲

　次に掲げる資産の譲渡等については、課税売上割合の計算上、その資産の譲渡等の対価の額の全額を資産の譲渡等の対価の額とするのではなく、それぞれの場合に応じ、それぞれに掲げる金額をその対価の額とすることとされている（令48③、⑤）。

イ　現先取引債券等を予め約定した期日に予め約定した価格で売り戻すことを約して購入し、かつ、その約定に基づき売り戻した場合　　その現先取引が利子を得る目的で行う金銭の貸付けと類似することから、売戻しに係る対価の額から購入に係る対価の額を控除した金額とする（令48③）。

ロ　非課税規定に該当する有価証券や登録国債等を譲渡した場合（イ又は②のハに該当する場合を除く。）又は金銭債権を譲渡した場合（②のロに該当する場合を除く。）　　その有価証券等又は金銭債権の譲渡の対価の額の5％に相当する金額とする（令48⑤）。

④　償還差損が生ずる国債等

　国債等について償還差損が生ずる場合には、課税売上割合の計算上、その償還差損額は、資産の譲渡等の対価の額から控除することとされている（令48⑥）。

⑤　非課税資産の輸出取引等の取扱い

　非課税資産の輸出取引等を行った場合又は自己使用のための資産の輸出を行った場合には、課税資産の輸出を行ったものとみなされる（法31①、②）。ただし、輸出される非課税資産が有価証券、支払手段、抵当証券及び金銭債権である場合には、この特例の適用はないことになって

いる（令51①）。

(注)1　消費税法第31条第1項又は第2項《非課税資産の輸出を行った場合の仕入れに係る消費税額の控除の特例》の規定により課税売上割合の計算上課税資産の譲渡等の対価の額とみなされる金額は、納税義務が免除されるかどうかの判定における課税売上高に算入しない。

2　消費税法第31条第2項《海外支店等で自己使用する資産の輸出等を行った場合の仕入れに係る消費税額の控除の特例》に規定する「国内以外の地域における自己の使用のため、資産を輸出した場合」とは、例えば、建設業者の国外の工事現場において使用するための建設機械等をその建設業者がその国外の工事現場あてに輸出する場合がこれに該当する。

(5) 課税売上割合に準ずる割合

　個別対応方式により仕入控除税額を計算する場合には、課税売上割合によるあん分に代えて税務署長の承認を受けたいわゆる課税売上割合に準ずる割合によることも認められている（法30③）。

　なお、その課税期間中の課税仕入れ等の税額の全額を控除することができるかどうかの判定、すなわち、その課税期間の課税売上高が5億円以下である場合に課税売上割合が100分の95以上であるかどうかは、個別対応方式により仕入控除税額の計算を行っている事業者であっても、課税売上割合に準ずる割合によって判定することはできない。

第1節　通　則

（課税仕入れ）

11―1―1　課税仕入れとは、事業者が、事業として資産を譲り受け、

若しくは借り受け、又は役務の提供を受けることをいうから、個人事業者が家事消費又は家事使用をするために資産を譲り受け、若しくは借り受け、又は役務の提供を受けることは、事業として行われるものではないから、課税仕入れに該当しないことに留意する。

(注) 課税仕入れには特定課税仕入れも含まれることに留意する。

【平27課消1－17　改正】

解説　課税仕入れとは、事業者が、事業として他の者から課税資産を譲り受け、若しくは借り受け、又は役務の提供（所得税法第28条第1項《給与所得》に規定する給与等を対価とする役務の提供を除く。）を受けること（その他の者が事業としてその資産を譲り渡し、若しくは貸し付け、又はその役務の提供をしたとした場合に課税資産の譲渡等に該当することとなるもので、輸出免税等の規定により消費税が免除されるもの以外のものに限る。）をいう（法2①十二）。

したがって、個人事業者が消費者の立場で行う家事消費又は家事使用のために資産等の譲り受け、若しくは借り受け、又は役務の提供を受けることは、事業として行われるものではないので、課税仕入れに該当しないこととなる。本通達は、このことを念のため明らかにしたものである。

ところで、課税仕入れに係る消費税額のうち、特定課税仕入れについては、その支払対価の額に100分の6.3を乗じて算出し、特定課税仕入れ以外の課税仕入れについては、その支払対価の額に108分の6.3を乗じて算出する必要がある。このようなことから、消費税法第30条及び第32条から第36条の規定の適用に当たっては、特定課税仕入れと特定課税仕入れ以外の課税仕入れとに区分して規定されている。

ただし、特定課税仕入れは、課税仕入れのうち特定仕入れに該当するものをいうこととされていることから、同法第2条第1項第12号《定義》に規定する課税仕入れには特定課税仕入れに該当するものも含まれることとなる。

本通達の注書は、このことを念のため明らかにしたものである。

参　考

所得税法（抄）

（家事関連費等の必要経費不算入等）

第45条　居住者が支出し又は納付する次に掲げるものの額は、その者の不動産所得の金額、事業所得の金額、山林所得の金額又は雑所得の金額の計算上、必要経費に算入しない。

一　家事上の経費及びこれに関連する経費で政令で定めるもの

二～十　省略

所得税法施行令（抄）

（家事関連費）

第96条　法第45条第１項第１号《必要経費とされない家事関連費》に規定する政令で定める経費は、次に掲げる経費以外の経費とする。

一　家事上の経費に関連する経費の主たる部分が不動産所得、事業所得、山林所得又は雑所得を生ずべき業務の遂行上必要であり、かつ、その必要である部分を明らかに区分することができる場合における当該部分に相当する経費

二　前号に掲げるもののほか、青色申告書を提出することにつき税務署長の承認を受けている居住者に係る家事上の経費に関連する経費のうち、取引の記録等に基づいて、不動産所得、事業所得又は山林所得を生ずべき業務の遂行上直接必要であったことが明らかにされる部分の金額に相当する経費

（給与等を対価とする役務の提供）

11―1―2　法第２条第１項第12号《課税仕入れの意義》の規定により、

課税仕入れの範囲から除かれる「給与等を対価とする役務の提供」とは、雇用契約又はこれに準ずる契約に基づき給与等を対価として労務を提供することをいうのであるが、この場合の給与等には俸給、給料、賃金、歳費、賞与及びこれらの性質を有する給与のほか、過去の労務の提供を給付原因とする退職金、年金等も該当することに留意する。

解説 消費税法第2条第1項第12号《課税仕入れの意義》の規定により、「給与等を対価とする役務の提供」は課税仕入れから除かれるが、この給与等を対価とする役務の提供とは、俸給、給料、賃金、歳費、賞与及びこれらの性質を有する給与を対価として、雇用契約又はこれに準ずる契約に基づき労務を提供することをいい、その労務の提供に係る対価には、過去の労務の提供に基づき支払われる退職金、年金等も含まれる。本通達は、このことを念のため明らかにしたものである。

したがって、外交員、集金人、電力量計等の検針人その他これらに類する者に対して支払う報酬又は料金のうち、所得税法第28条第1項《給与所得》に規定する給与所得に該当する部分については、課税仕入れには該当しないこととなる。

(注)1 同一の者に対して支給する対価に、給与に相当する分と報酬に相当する分が含まれている場合には、そのうち報酬分が課税仕入れに該当することになる。この場合の給与所得に該当する部分とその他の部分との区分は、所得税基本通達204―22《外交員又は集金人の業務に関する報酬又は料金》の例によることとされている（基通11―2―5）。

2 事業者の使用人が他の事業者に出向した場合において、その出向した使用人に対する給与を出向元事業者が支給することとしているため、出向先事業者が自己の負担すべき給与に相当する金額を出向元事業者に支給したときは、当該給与負担金の額は、当該出向先事業者における出向

者に対する給与として取り扱われる（基通5―5―10）。

また、出向先事業者が負担する退職給与の負担金についても、同様の取扱いとなる。

（課税仕入れの相手方の範囲）

11―1―3　法第2条第1項第12号《課税仕入れの意義》に規定する「他の者」には、課税事業者及び免税事業者のほか消費者が含まれる。
(注) 1　令第57条第6項《事業の種類》に規定する「他の者」についても同様である。
　　 2　所得税法等の一部を改正する法律（平成27年法律第9号）附則第38条第1項《国外事業者から受けた電気通信利用役務の提供に係る税額控除に関する経過措置》により、事業者向け電気通信利用役務の提供以外の電気通信利用役務の提供で、同法附則第39条第1項《国外事業者の登録等》に規定する国税庁長官の登録を受けた登録国外事業者以外の国外事業者から受けたものは、当分の間、消費税法第30条から第36条《仕入れに係る消費税額の控除等》までの規定は適用されない。

【平27課消1―17　改正】

解説　課税仕入れとは、事業者が、事業として他の者から資産を譲り受け、若しくは借り受け、又は役務の提供（給与等を対価とする役務の提供を除く。）を受けることとされているが、この場合の資産の譲受け等は、当該他の者が事業として当該資産を譲渡し、若しくは貸し付け、又は当該役務の提供をしたとした場合に課税資産の譲渡等に該当することとなるもので、消費税法第7条第1項各号《輸出免税等》に掲げる資産の譲渡等に該当するもの及び同

法第8条第1項《輸出物品販売場における輸出物品の譲渡に係る免税》その他の法律又は条約の規定により消費税が免除されるもの以外のものに限るとされている（法2①十二）。

　すなわち、事業者が、消費者から事業として資産を譲り受け、若しくは借り受け又は役務の提供を受けた場合であっても、当該消費者が事業として当該資産を譲り渡し、若しくは貸し付け、又は当該役務の提供をしたとした場合に課税資産の譲渡等に該当することとなるものであれば課税仕入れに該当し、仕入税額控除の対象となるのである。

　本通達は、このことを念のため明らかにしたものである。

　また、簡易課税制度の事業区分に関して消費税法施行令第57条第6項《卸売業及び小売業の意義》に規定する「他の者」についても、課税事業者及び免税事業者のほか消費者を含むものであることを注書1において併せて明らかにしている。

　なお、注書2では、課税仕入れの相手方が国外事業者であった場合における事業者向け電気通信利用役務の提供以外の電気通信利用役務の提供について、所得税法等の一部を改正する法律（平成27年法律第9号）附則第39条第1項《国外事業者の登録等》に規定する国税庁長官の登録を受けた国外事業者（以下「登録国外事業者」という。）から受けたもののみが仕入税額控除の対象とされ、登録国外事業者以外の国外事業者から提供を受けたものは仕入税額控除の対象とされないことを明らかにしている。

参考　平成30年2月6日現在の登録国外事業者名簿（抜粋）

登録国外事業者名簿
(Registered Foreign Businesses List)

平成30年2月6日現在
(As of Feburary 6, 2018)
国税庁
(National Tax Agency)

所得税法等の一部を改正する法律（平成27年法律第9号）附則第39条第4項の規定に基づき、登録国外事業者の登録番号等を以下のとおり公表します。
(National Tax Agency hereby publishes the Registered Foreign Businesses' Registration Number etc. under Paragraph 4 of Article 39 of the Act for Partial Revision of the Income Tax Acts and other Acts(Act No.9 of 2015).)

登録番号 Registration Number	登録状況 Registration Status	氏名又は名称（日本語） Name (In Japanese)	氏名又は名称（英語） Name (In English)	国外にある住所又は居所／本店又は主たる事務所の所在地 Address or Domicile / Location of the head office or principal office outside Japan	国内において行う電気通信利用役務の提供（事業者向け電気通信利用役務の提供以外のもの）に係る事務所等の所在地 Location of the office providing other than B2B electronic service in Japan	登録年月日 Registration Date (MM/DD/YY)	法人番号 Japan Corporate Number	備考 Notes
00001	有効 (Valid)	ザ・フィナンシャル・タイムズ・ジャパン リミテッド	The Financial Times Japan Ltd	Number One Southwark Bridge, London SE1 9HL, UNITED KINGDOM	東京都千代田区内幸町一丁目1番7号 NBF日比谷ビル21階	平成27年10月1日 10/01/2015	7700150000788	
00002	有効 (Valid)	アドビシステムズ ソフトウェア アイルランド リミテッド	Adobe Systems Software Ireland Limited	4－6 Riverwalk Citywest Business Campus Dublin 24 Ireland	該当なし(N/A)	平成27年10月1日 10/01/2015	3700150007215	
00003	有効 (Valid)	アマゾン サービス インターナショナル インク	Amazon Services International, Inc.	410 Terry Avenue North, Seattle, WA 98109－5210 U.S.A.	該当なし(N/A)	平成27年10月1日 10/01/2015	2700150006138	
00004	有効 (Valid)	アマゾン ウェブ サービス インク	Amazon Web Services, Inc.	410 Terry Avenue North, Seattle, WA 98109－5210 U.S.A.	該当なし(N/A)	平成27年10月1日 10/01/2015	―	
00005	有効 (Valid)	アマゾン サービス ヨーロッパ エス.エー.アール.エル.	Amazon Services Europe S.à r.l.	5 Rue Plaetis, L－2338, Luxembourg	該当なし(N/A)	平成27年10月1日 10/01/2015	1700150006139	
00006	有効 (Valid)	オーディブル インク	Audible, Inc.	1 Washington Park, 16th Floor, Newark, NJ, 07102, U.S.A.	該当なし(N/A)	平成27年10月1日 10/01/2015	9700150067818	
00007	有効 (Valid)	ライムライト・ネットワークス・インク	Limelight Networks, Inc.	222 South Mill Avenue Suite 800, Tempe, AZ 85281 U.S.A.	該当なし(N/A)	平成27年10月1日 10/01/2015	1700150067833	
00008	有効 (Valid)	ザ・フィナンシャル・タイムズ・リミテッド	The Financial Times Limited	Number One Southwark Bridge, London SE1 9HL, UNITED KINGDOM	該当なし(N/A)	平成27年10月1日 10/01/2015	8700150066952	
00009	有効 (Valid)	アマゾン デジタル サービス エルエルシー	Amazon Digital Services LLC	410 Terry Avenue North, Seattle, WA 98109－5210 U.S.A.	該当なし(N/A)	平成27年10月1日 10/01/2015	8700150067819	平成27年12月30日 Amazon Digital Services,Inc. から名称変更 (12/30/2015 Name changed)
00010	有効 (Valid)	アマゾンドットコムインターナショナルセールスインク	Amazon.com Int'l Sales, Inc.	410 Terry Avenue North, Seattle, WA 98109－5210 U.S.A.	該当なし(N/A)	平成27年10月1日 10/01/2015	9700150008012	

（家事共用資産の取得）

11―1―4 個人事業者が資産を事業と家事の用途に共通して消費し、又は使用するものとして取得した場合、その家事消費又は家事使用に係る部分は課税仕入れに該当しないことに留意する。この場合において、当該資産の取得に係る課税仕入れに係る支払対価の額は、当該資産の消費又は使用の実態に基づく使用率、使用面積割合等の合理的な基準により計算するものとする。

なお、個人事業者が、課税仕入れに係る資産を一時的に家事使用しても、当該家事使用について法第4条第5項第1号《みなし譲渡》の規定の適用はないのであるから留意する。

【平27課消1―17 改正】

解説 (1) 個人事業者が資産を購入した場合に、その資産のうちに家事消費又は家事使用に係る部分があるときは、当該部分は、個人事業者が事業として購入したものではなく、消費者の立場で購入したものであるので、課税仕入れに該当せず、個人事業者が事業として消費し、又は使用する部分のみが課税仕入れに該当することとなる。

そこで、本通達は、その資産を家事と事業の用途に共通して消費し、又は使用するときの課税仕入れに係る支払対価の額について、当該資産の消費又は使用の実態に基づく使用率、使用面積割合等の合理的な基準により計算することを明らかにしたものである。

例えば、個人事業者が店舗併設住宅を購入した場合には、店舗部分（事業用）のみが課税仕入れに該当し、仕入税額控除の対象となるのであり、この場合、次の計算方法により事業の用に供する部分を計算するときは、その方法は、合理的な基準といえる。

イ　事業の用に供する部分の面積 ＝ 当該家屋のうちその事業の用に専ら供する部分の床面積 A ＋ 当該家屋のうちその事業の用と事業の用以外の用とに併用される部分の床面積 B × $\dfrac{A}{当該家屋の床面積 - B}$

ロ　課税仕入れに係る支払対価 ＝ 家屋の購入対価 × $\dfrac{当該家屋の事業の用に供する部分の床面積（イの面積）}{当該家屋の床面積}$

(2)　賃借している店舗併用住宅の支払家賃のように事業上の費用と家事上の費用とが一体となって支出されるものについても、事業上の費用に係る部分と家事費に係る部分とに合理的に区分し、事業上の経費に係る部分のみが課税仕入れに該当するものとして仕入税額控除の対象となる。

(3)　なお、個人事業者が棚卸資産又は棚卸資産以外の資産で事業の用に供していたものを家事のために消費し、又は使用した場合は、資産の譲渡とみなして課税されることとされているが（法4⑤）、例えば、事業用に購入した自動車をたまたま家事用に使用したとしても、当該自動車を専ら家事の用に使用することとしたものではないから資産の譲渡とみなして課税されることはないことを本通達なお書において明らかにしている。

（水道光熱費等の取扱い）

11―1―5　個人事業者が支出する水道光熱費等の支払対価の額のうち課税仕入れに係る支払対価の額に該当するのは、所法令第96条各号《家事関連費》に掲げる経費に係る部分に限られるのであるから留意する。

解説　個人事業者においては、電気、ガス、水道等を事業のためだけでは

なく家事のためにも使用又は消費する場合が多い。このため、消費税の仕入控除税額の計算上、水道光熱費等として支払った金額のうちどこまでの部分を課税仕入れに係る支払対価の額とすべきかが問題となるところである。

この点について、所得税では、その税額計算上必要経費に算入しない家事関連費を所得税法施行令第96条《家事関連費》において、同条各号に掲げる経費以外の経費として規定しているところである。すなわち、同条各号に掲げる経費は、必要経費に算入することとされている。

個人事業者が事業として使用又は消費する電気、ガス、水道等については、消費税においても所得税の税額計算上必要経費に算入される金額に対応する部分と異なるものではないから、本通達においてその旨を明確にしたものである。

なお、所得税法施行令第96条第1号の規定では「主たる部分が業務の遂行上必要である」ことを家事関連費用から除かれて必要経費となる条件としているが、同条第2号では青色申告者に限って主たる部分が業務の遂行上必要といえない場合であっても業務の遂行上必要な部分を区分できるときはその部分を必要経費とすることを認めている。しかし、所得税基本通達45―2《業務の遂行上必要な部分》ただし書では、同条第1号の「主たる部分」の制約を外し、白色申告者についても青色申告者と同様の取扱いを認めているところであり、消費税においても本通達の適用に当たっては同様の取扱いをすることとなる。

(実質的な輸入者と輸入申告名義人が異なる場合の取扱い)

11―1―6　課税貨物について、関税定率法第9条の2《関税割当制度》の規定により割当てを受け又は関税暫定措置法の規定により関税の軽減若しくは免除を受ける場合には、当該割当てを受けた者又は軽

減若しくは免除を受けようとする者（当該課税貨物を使用又は消費する者）の名をもって輸入申告をしなければならないこととされている（いわゆる「限定申告」）が、当該輸入申告を行う者（以下「輸入申告者」という。）が単なる名義人であって当該課税貨物を実質的に輸入する者（以下「実質的な輸入者」という。）が別に存在する場合において、次の全てに該当するときは、実質的な輸入者が当該課税貨物を保税地域から引き取ったものとして法第30条から第36条《仕入れに係る消費税額の控除等》の規定を適用する。

(1) 実質的な輸入者が、輸入申告者が引き取ったものとされる当該課税貨物を輸入申告後において輸入申告者に有償で譲渡する。

(2) 実質的な輸入者が、当該課税貨物の引取りに係る消費税額及び地方消費税額を負担する。

(3) 実質的な輸入者が、輸入申告者名義の輸入許可書及び同名義の引取りに係る消費税等の領収証書の原本を保存する。

【平9課消2－5、平23課消1－35　改正】

解説　消費税の仕入税額控除の対象となるのは、国内において行った課税仕入れのほか保税地域からの課税貨物の引取りがある。

この保税地域から引き取った課税貨物に課された又は課されるべき消費税額について仕入税額控除を受けるべき事業者は、当然のことながら当該課税貨物を引き取った者、すなわち輸入申告を行う者である。

しかしながら、例えば、関税定率法第13条第1項《製造用原材料品の減税又は免税》の規定により飼料の製造のための原料品であるとうもろこし等の輸入については一定の条件の下に関税が免除されるが、その免除を受けるためには、同項に規定する税関長の承認を受けた製造者の名をもってしなければならない（限定申告）こととされている（関税定率法施行令7②）。このた

め、当該とうもろこし等の輸入取引を商社等が行う場合には、当該商社等（実質的な輸入者）は引取りに係る消費税額及び地方消費税額を負担しても、当該とうもろこし等を原料として使用する飼料の製造者名で輸入申告するため、消費税法第30条第7項《課税仕入れ等に係る帳簿等の保存》の規定との関係で仕入税額控除を受けられなくなるという問題が生ずる。また、当該製造者名で輸入申告することから引取りに係る消費税及び地方消費税を当該製造者（限定申告者）が納付することとした場合には、当該製造者は商社等から当該とうもろこしを買い取る際にもう一度消費税及び地方消費税を負担しなければならないこととなり、取引の実態と消費税及び地方消費税の負担とが一致せず不自然な形態となってくる。

そこで、こうした限定申告者と実質的な輸入者が異なる場合で、(1)から(3)までのすべての要件に該当するときは、実質的な輸入者が引取りに係る消費税について仕入税額控除を受け、限定申告者は実質的な輸入者からの買取りについての課税仕入れに係る消費税額を仕入税額控除の対象とすることを本通達において認めたものである。

なお、このような限定申告が必要となるものとしては、次のものがある。

限定申告に係る関係法令等一覧表

根　拠　法　令		区分	限定申告書
（関税定率法） 第9条の2《関税割当制度》	（関税割当制度に関する政令） 第2条第3項	減免	証明書の交付を受けた者
第13条第1項《製造用原料品の減税又は免税》 　第1号　飼料用原料品 　第2号　落花生	（関税定率法施行令）第7条第2項	免 免	製造者 製造者
第14条《無条件免税》 　第16号　身体障害者用器具等	第16条の2第2項	免	身体障害者又は社会福祉法人等
（注）　身体障害者用器具等については、他の用途に供されないことが明らかであるものは、この規定の適用は受けない。			
第15条《特定用途免税》 　第1号　標本、学術研究用品等 　第5号の2　博覧会等において使用される物品 　第8号　航空機発着用等安全機器等 　第10号　条約の規定による特定貨物	第19条第2項 第21条の2第2項 第24条第2項 第25条の3第2項	免 免 免 免	施設の管理者 出品者 使用する者 使用する者
第19条の2《課税原料品等による製品を輸出した場合の免税又は戻し税等》	第54条の3第2項	免	製造者
第20条の2《軽減税率適用貨物の用途外使用の制限等》	第58条第3項	減	使用する者
（関税暫定措置法） 第4条《航空機部分品等の免税》 第8条の5《暫定税率の適用を受ける物品に対する特殊関税制度の適用》 第9条《軽減税率等の適用手続》	（関税暫定措置法施行令） 第8条第2項 関税割当制度に関する政令等3条第2項 関税暫定措置法施行令第33条第3項	免 減免 減	使用する者 証明書の交付を受けた者 使用する者又は販売する者

（新規に開業をした事業者の仕入税額控除）

11−1−7　法第30条《仕入れに係る消費税額の控除》の規定の適用があるのは、課税事業者に限られるのであるが、新たに事業を開始した個人事業者又は新たに設立した法人は、法第9条の2《前年又は前事業年度等における課税売上高による納税義務の免除の特例》から法第12条の4《高額特定資産を取得した場合の納税義務の免除の特例》までの規定により納税義務が免除されない者を除き、法第9条第1項本文《小規模事業者に係る納税義務の免除》の規定により納税義務が免除されることとなるため、法第9条第4項《課税事業者の選択》の規定により課税事業者を選択しない限り、課税仕入れ等の税額を控除することはできないのであるから留意する。

【平9課消2−5、平13課消1−5、平22課消1−9、平23課消1−35、平25課消1−34、平28課消1−57　改正】

解説　消費税法第30条《仕入れに係る消費税額の控除》の規定により課税仕入れ等の税額の控除ができるのは、同条第1項の規定により課税事業者に限られているから、同法第9条第1項《小規模事業者に係る納税義務の免除》に規定する免税事業者は、納税義務が免除されると同時に仕入税額控除もできないこととなる。

　ところで、新たに事業を開始した個人事業者又は新たに設立した法人は、最初の2年間について、前年又は前事業年度等における課税売上高による納税義務の免除の特例規定に該当する場合、相続、合併若しくは分割等があった場合の特例規定に該当する場合、新設法人に係る事業者免税点制度の特例規定に該当する場合、特定新規設立法人に係る事業者免税点制度の特例規定に該当する場合又は高額特定資産を取得した場合の納税義務の免除の特例規

定に該当する場合を除き、その基準期間の課税売上高がないため免税事業者となる。したがって、開業当初で設備投資等が多い場合であっても、仕入控除税額の還付を受けることはできない。ただし、このような事業者であっても、同条第4項の規定に基づいて課税事業者を選択することにより、還付を受けるための申告書を提出することができることとなる。

本通達は、このことを念のため明らかにしたものである。

なお、開業後2年間について、課税資産の譲渡等がなく課税仕入れ等のみがある事業者は、仕入控除税額の計算について、同法第30条第2項第1号《個別対応方式による仕入税額控除》に規定する個別対応方式によらないと結果的に還付を受けられないことになる（基本通達12―3―2《課税売上割合が著しく増加した場合》に該当する場合を除く。）。

（相続等により課税事業者となった場合の仕入税額控除）

11―1―8　法第9条第1項本文《小規模事業者に係る納税義務の免除》の規定により消費税を納める義務が免除される事業者が、法第10条第1項《相続があった場合の納税義務の免除の特例》、第11条第1項《合併があった場合の納税義務の免除の特例》又は第12条第1項若しくは第5項《分割等があった場合の納税義務の免除の特例》の規定により、その課税期間の中途において法第9条第1項本文の規定の適用を受けないこととなった場合には、その適用を受けないこととなった日から同日の属する課税期間の末日までの期間について、法第30条《仕入れに係る消費税額の控除》及び第32条《仕入れに係る対価の返還等を受けた場合の仕入れに係る消費税額の控除の特例》の規定を適用することとなるのであるから留意する。

（注）　法第12条第1項の規定により、その課税期間の中途において法第9

条第1項本文の規定の適用を受けないこととなった場合とは、法第12条第7項第3号《分割等の意義》に該当する分割等による設立がこれに該当する。

【平13課消1－5　追加】

解説　免税事業者であった事業者が、相続、合併、分割等（事後設立又は吸収分割）により、その年、若しくは事業年度の基準期間に対応する期間の課税売上高等が1,000万円を超える被相続人等の事業を承継したときは、当該事業者の相続があった日の翌日からその年の12月31日まで、又は、合併、分割等があった日からその合併、分割等があった日の属する事業年度の末日までの間における課税資産の譲渡等については納税義務が免除されない（法10①、11①、12①、⑤）。このため、当該事業者の実質的な課税期間は、個人事業者の場合には、当該相続のあった日の翌日から、すなわち、課税事業者に該当することとなった日からその年の12月31日までの期間であるといえ、法人の場合には、当該、合併、分割等があった日、すなわち課税事業者に該当することとなった日から合併、分割等があった事業年度の末日までの期間であるといえる。

　したがって、当然のことながら、課税事業者に該当することとなった日からその年の12月31日若しくは事業年度の末日までの期間の課税資産の譲渡等を課税の対象とすることになるが、他方、この期間内の課税仕入れに限って仕入税額控除（法30）の対象とすることとなり、当該課税仕入れに係る対価の返還等に限って仕入れに係る消費税額の控除の特例（法32）を適用することになる。本通達は、このことを明らかにしたものである。

　なお、消費税法第12条第7項第3号《分割等の意義》に該当する分割等にあっては、分割等があった日が同号の契約に基づく金銭以外の資産の譲渡が行われた日とされている（基通1－5－9）ことから、当該譲渡が法人の設

立の日後に行われた場合には、他の分割等と異なり、法人の設立事業年度の途中から納税義務が免除されないこととなる。したがって、本通達の注書は、消費税法第12条第1項により納税義務が免除されないこととなる分割等による設立のうち同条第7項第3号に規定する分割等いわゆる事後設立について、本通達が適用されることを念のため明らかにしたものである。

第2節　課税仕入れの範囲

（出張旅費、宿泊費、日当等）

11—2—1　役員又は使用人（以下「使用人等」という。）が勤務する場所を離れてその職務を遂行するため旅行をし、若しくは転任に伴う転居のための旅行をした場合又は就職若しくは退職をした者若しくは死亡による退職をした者の遺族（以下11—2—1において「退職者等」という。）がこれらに伴う転居のための旅行をした場合に、事業者がその使用人等又はその退職者等に支給する出張旅費、宿泊費、日当等のうち、その旅行について通常必要であると認められる部分の金額は、課税仕入れに係る支払対価に該当するものとして取り扱う。

(注)1　「その旅行について通常必要であると認められる部分の金額」の範囲については、所基通9—3《非課税とされる旅費の範囲》の例により判定する。

2　海外出張のために支給する旅費、宿泊費及び日当等は、原則として課税仕入れに係る支払対価に該当しない。

解説　使用人等又は退職者等が次に掲げる旅行をした場合に、その旅行に必要な支出に充てるため事業者から支給される金品で、その旅行について通

第11章　仕入れに係る消費税額の控除　647

常必要であると認められるものは、当該事業者の業務上の必要に基づく支出の実費弁償であり、当該事業者が輸送機関等へ直接支出するのと同じであることから、本通達において、これに係る支払対価は、課税仕入れに係る支払対価に該当することを明らかにしたものである。

①　使用人等が勤務する場所を離れてその職務を遂行するために行う旅行
②　使用人等の転任に伴う転居のために行う旅行
③　就職若しくは退職した者又は死亡退職者の遺族のその就、退職に伴う転居のために行う旅行

したがって、当該事業者が使用人等又は退職者等に「旅費」として支給する金品であっても、その支給の基因となった個々の旅行との結び付きが明らかでないもの（例えば、旅行の実態に関係なく、年額又は月額によって一律に支給される旅費等）や、その旅行に通常必要であると認められる金額を超えて支給される部分の金額は、課税仕入れに該当しないことになる。

ところで、旅費等について実費弁償部分を課税仕入れとするという考え方を厳密に貫く場合には、個々の旅行についてすべて実費精算を行わなければならないことになるが、旅行に要する費用（特に、雑費のようなもの）は、その旅行の目的、目的地、旅行者の地位等によって一様でないところから、そのすべてについて実費精算を行うことは、実務上、困難な場合が少なくない。

特に、鉄道運賃や宿泊費等の主要な費用については、必ずしも精算ができないわけではないとしても、食事その他の雑費的な費用に充てられるものとして支給されるいわゆる「日当」のようなものについては、その個々の支出について、その旅行のための必要性を判定することは、実務的に困難といえよう。

本通達は、このような事情を考慮し、その支給する金品が、その旅行に通常必要とされる費用の支出に充てられると認められる範囲内であるかどうかは、所得税基本通達9―3《非課税とされる旅費の範囲》の例により判定することを注書の1において明らかにしている。すなわち、その旅行の目的地、

期間等の個別的事情のほか、その支給額が同業者等社会的にみて合理的と認められる支給基準によっているものであるかどうかを勘案して判定することとなるのである。

なお、本通達では出張旅費、宿泊費、日当を例示しているが、この他転任に伴う転居の場合に支給する移転料についても同様に取り扱うことになると解してよい。

また、海外出張の場合の航空運賃、宿泊費、食事その他の雑費は、その大部分が輸出免税等に該当する取引、あるいは国外取引に該当するため、課税仕入れに該当しない。したがって、当該事業者が使用人等の海外出張のために支給する旅費、日当はもともと原則として課税仕入れに該当しないのである。ただし、海外出張旅費等として一括支給する場合であっても、海外出張の際の国内鉄道運賃や国内での宿泊費、支度金のように輸出免税の対象とならない仕入れ、すなわち、消費税の課税仕入れ部分について、実費分として他の海外出張旅費と区分しているときは、その実費部分については、国内出張旅費等と同様に課税仕入れとして取り扱って差し支えない。

なお、船舶乗船中の船員が支給を受ける航海日当については、内国航海日当は課税仕入れに該当するが、外国航海日当は、課税仕入れに該当しないこととなる。

（通勤手当）

11—2—2　事業者が使用人等で通勤者である者に支給する通勤手当（定期券等の支給など現物による支給を含む。）のうち、当該通勤者がその通勤に必要な交通機関の利用又は交通用具の使用のために支出する費用に充てるものとした場合に、その通勤に通常必要であると認められる部分の金額は、課税仕入れに係る支払対価に該当するものとして

> 取り扱う。

解説 使用人等で通勤する者に支給する通勤手当のうち、当該通勤者がその通勤に必要な交通機関の利用又は交通用具の使用のために支出する費用に充てるものとした場合に、その通勤に通常必要であると認められる部分の金額は、事業者の業務上の必要に基づく支出の実費弁償であり、事業者が課税仕入れに該当する定期券等を購入して通勤者に交付するのと同じであることから、本通達では、このような通勤手当の支給は、課税仕入れに係る支払対価に該当することを明らかにしたものである。

したがって、「その通勤に通常必要であると認められる部分の金額」である限り、所得税法施行令第20条の2《非課税とされる通勤手当》に規定する非課税限度額を超えているかどうかを問わないこととなる。すなわち、当該通勤手当が非課税限度額を超えたためその一部が給与に該当する場合であっても、消費税の取扱いにおいては、当該通勤手当がその通勤に通常必要であると認められるものである限り、課税仕入れに係る支払対価に該当するのである。

なお、「その通勤に通常必要であると認められる部分の金額」とは、次の区分に応じ、おおむね次に掲げる金額をいうことになるが、事業者が支給する通勤手当が所得税法上非課税とされている場合には、その通勤手当は、課税仕入れに該当するものとして取り扱って差し支えないことになる。

① 通勤のため交通機関を利用し、かつ、その運賃を負担することを常例とする者が受ける通勤手当（これに類する手当を含む。以下同じ。）

その者の通勤に係る運賃、時間、距離等の事情に照らし最も経済的かつ合理的と認められる通常の通勤の経路及び方法による運賃の額

② 通勤のため自動車、バイクを使用すること又は有料の道路を利用し、かつその料金を負担することを常例とする者が受ける通勤手当　その

者の通勤に係る時間、距離等の事情に照らし最も経済的かつ合理的と認められる通勤の経路によった場合に、その者が負担することとなる交通用具の燃料代及び通行料等の額
③　通勤のため自転車を使用することを常例とする者が受ける通勤手当
　　所得税法施行令第20条の2第2号《非課税とされる通勤手当》に規定する非課税限度額の範囲内の額

（現物給付する資産の取得）

11—2—3　事業者が使用人等に金銭以外の資産を給付する場合の当該資産の取得が課税仕入れに該当するかどうかは、その取得が事業としての資産の譲受けであるかどうかを基礎として判定するのであり、その給付が使用人等の給与として所得税の課税の対象とされるかどうかにかかわらないのであるから留意する。

解説　事業者は、使用人等に対し金銭で支給する俸給、給与等のほか、食事の現物支給や商品の値引販売など次に掲げるような物又は権利その他の経済的利益を供与することがある。
①　物品その他の資産を無償又は低い価額により譲渡したことによる経済的利益
②　土地、家屋、金銭その他の資産を無償又は低い対価により貸し付けたことによる経済的利益
③　福利厚生施設の利用など②以外の用役を無償又は低い対価により供与したことによる経済的利益
④　個人的債務を免除又は負担したことによる経済的利益
これらの経済的利益は、一般に現物給与といわれ、所得税においては給与

所得とされるが、消費税では、この現物給与とされる現物による給付であっても、その現物の給付が給与の支払に代えて行われるものではなく、単に現物を給付することとする場合のその現物の給付は、消費税法第2条第1項第8号《資産の譲渡等の意義》に規定する「代物弁済による資産の譲渡」には該当しないものとされている（基通5－1－4）。すなわち、事業者が使用人等に金銭以外の資産を給付した場合には、その給付は原則として消費税の課税の対象とはならないのである。

しかし、現物の給付が課税資産の譲渡等に該当するかどうかということとその給付の対象となった資産の取得又は資産の借り受けが課税仕入れに該当するかどうかは、別な次元の事柄である。すなわち、その給付の対象となった資産の取得等が課税仕入れに該当するかどうかは、あくまでも消費税法第2条第1項第12号《課税仕入れの意義》に規定する課税仕入れに該当するかどうかによって判定することとなるのであり、その給付が給与とされるかどうかとは関係がないのである。本通達は、このことを念のため明らかにしたものである。

（使用人等の発明等に係る報償金等の支給）

11－2－4　事業者が、業務上有益な発明、考案等をした自己の使用人等に支給する報償金、表彰金、賞金等の金銭のうち次に掲げる金銭については、課税仕入れに係る支払対価に該当する。

(1)　業務上有益な発明、考案又は創作をした使用人等から当該発明、考案又は創作に係る特許を受ける権利、実用新案登録を受ける権利若しくは意匠登録を受ける権利又は特許権、実用新案権若しくは意匠権を承継したことにより支給するもの

(2)　特許権、実用新案権又は意匠権を取得した使用人等にこれらの権

利に係る実施権の対価として支給するもの
(3) 事務若しくは作業の合理化、製品の品質改良又は経費の節約等に寄与する工夫、考案等（特許又は実用新案登録若しくは意匠登録を受けるに至らないものに限り、その工夫、考案等がその者の通常の職務の範囲内の行為である場合を除く。）をした使用人等に支給するもの

解説 社内提案等の制度を実施している事業者にあっては、従業員が業務上有益な発明、考案等をした場合に、報償金、表彰金、賞金等の名目の金銭をその従業員に支給する場合がある。消費税における課税仕入れは、「事業者が、事業として他の者から資産を譲り受け、若しくは借り受け、又は役務の提供を受けること」をいうこととされているが、この役務の提供については、所得税法第28条第１項《給与所得》に規定する給与等を対価とする役務の提供が除かれている（法２①十二）。このため、業務上有益な発明、考案等をした従業員に支給する報償金等は、この給与等に該当するかどうかという点において消費税の課税関係に影響してくることとなる。

そこで、本通達において、従業員に対して支給する報償金等であっても、(1)から(3)に掲げるものについては、課税仕入れに係る支払対価に該当し、仕入税額控除の対象となることを明らかにしたものである。

すなわち、(1)に掲げるものは資産の譲受けの対価として、(2)に掲げるものは資産の借受けの対価として課税仕入れに係る支払対価に該当するのである。さらに、(3)に掲げるものは、一種のノウハウに類するものの開示であり、資産の譲受けの対価として課税仕入れに係る支払対価に該当する。ただし、それが通常の職務の範囲内において、工夫、考案等されたものである場合には、その工夫、考案等について支給する金銭は、給与等に該当することになるから、課税仕入れに係る支払対価に該当しないのであり、他方、当該工夫、考案等が特許等として登録を受ける程度のものである場合には、その工夫、考

案等について支給する金銭は、(1)又は(2)に該当することとなる。

なお、通常の職務の範囲内で業務上有益な発明、考案又は創作をした使用人等に記念品等を支給する場合には、当該記念品等の支給に課税関係は生じず、当該記念品等の購入は課税仕入れに該当することとなる。

(外交員等の報酬)

11―2―5　外交員、集金人、電力量計等の検針人その他これらに類する者に対して支払う報酬又は料金のうち、所法第28条第1項《給与所得》に規定する給与所得に該当する部分については、課税仕入れに係る支払対価には該当しないのであるから留意する。

(注)　この場合において、給与所得に該当する部分とその他の部分との区分は、所基通204―22《外交員又は集金人の業務に関する報酬又は料金》の例による。

解説　消費税法第2条第1項第12号《課税仕入れの意義》の規定により、「給与等を対価とする役務の提供」は課税仕入れから除かれるが、この給与等を対価とする役務の提供とは、雇用契約又はこれに準ずる契約に基づき給与等を対価として労務を提供することをいう（基通11―1―2）。

したがって、外交員、集金人、電力量計等の検針人その他これらに類する者に対する報酬又は料金であっても、その報酬又は料金のうち、所得税法第28条第1項《給与所得》に規定する給与所得に該当する部分については、課税仕入れには該当しないこととなる。本通達は、このことを念のため明らかにしたものである。なお、所得税法第204条第1項第4号《源泉徴収義務》に掲げる報酬又は料金に該当する部分は、給与所得とされるものではないことから、課税仕入れに該当する。

また、外交員、集金人、電力量計等の検針人その他これらに類する者に対して支払う報酬又は料金について、それを受領する者において給与所得又は事業所得（外交員又は集金人等の業務に関する報酬又は料金）のいずれに該当するかは、所得税基本通達204―22《外交員又は集金人の業務に関する報酬又は料金》の例によって判定することになる。本通達の注書は、このことを併せて明らかにしたものである。

(注) 外交員、集金人、電力量計等の検針人その他これらに類する者に対して支払われる旅費で所得税法第9条第1項第4号《非課税所得》に掲げる金品に該当するものは、課税仕入れに該当する。

（会費、組合費等）

11―2―6 事業者がその同業者団体、組合等に対して支払った会費又は組合費等（以下11―2―6において「会費等」という。）について、当該同業者団体、組合等において、5―5―3《会費、組合費等》により、団体としての通常の業務運営のために経常的に要する費用を賄い、それによって団体の存立を図るものとして資産の譲渡等の対価に該当しないとしているときは、当該会費等は課税仕入れに係る支払対価に該当しないのであるから留意する。

　5―5―4《入会金》に掲げる同業者団体、組合等に支払う入会金についても、同様とする。

解説 同業者団体、組合等がその構成員から受ける会費、組合費については、その同業者団体、組合等がその構成員に対して行う役務の提供等との間に明白な対価関係があるかどうかによって役務の提供に係る対価に該当するかどうかを判定することとされているのであるが、その判定が困難なものに

つき、その同業者団体、組合等の行う役務の提供に変化がない限り、継続して、同業者団体、組合等が資産の譲渡等に係る対価に該当しないものとし、かつ、その会費、組合費等を支払う事業者側が、その支払を課税仕入れに該当しないこととしている場合には、この処理を認めることとされている（基通5－5－3）。

(注) 同通達によりこの処理する場合には、同業者団体、組合等はその構成員に対してその旨を通知することとされている（基通5－5－3（注）3）。

また、その会費、組合費等のうち団体としての通常の業務運営のために経常的に要する費用を分担させ、その団体の存立を図るというような、いわゆる通常会費又は一般会費については、役務の提供に係る対価に該当しないものとして取り扱ってよいこととされている。この場合には、支払う事業者側は、その会費等については課税仕入れとすることはできないことになる。

本通達は、このような会費、組合費等に関する対価性の有無についての取扱いを踏まえ、同業者団体等が、会費、組合費等を課税資産の譲渡等に係る対価に該当しないとしているときは、当該会費等は課税仕入れに係る支払対価に該当しないこととなることを念のため明らかにしたものである。

(注) 名目が会費等とされている場合であっても、それが実質的に出版物の購読料、映画・演劇等の入場料、職員研修の受講料、施設の利用料又は情報等の提供料等と認められるときは、その会費等は、資産の譲渡等に係る対価に該当するから、課税仕入れに該当することになる。

なお、同業者団体、組合等が受ける入会金については、会費、組合費等の場合と同様に、その判定が困難なものにつき、その同業者団体、組合等が資産の譲渡等に係る対価に該当しないものとし、かつ、その入会金を支払う事業者側がその支払いを課税仕入れに該当しないこととしている場合には、この処理を認めることとされている（基通5－5－4）が、この場合の事業者が同業者団体等に支払う入会金についても同様の取扱いとなるのであり、本

通達の後段は、このことを併せて明らかにしたものである。

(注) 基本通達5―5―4を適用して同業者団体、組合等が入会金を資産の譲渡等に係る対価に該当しないものとし、その構成員である事業者が課税仕入れに該当しないものとして処理する場合には、同業者団体、組合等はその構成員に対してその旨を通知することとされている（基通5―5―4（注））。

（ゴルフクラブ等の入会金）

11―2―7 事業者が支払う入会金のうち、ゴルフクラブ、宿泊施設、体育施設、遊戯施設その他レジャー施設の利用又は一定の割引率で商品等を販売するなど会員に対する役務の提供を目的とする団体の会員資格を得るためのもので脱退等に際し返還されないものは、課税仕入れに係る支払対価に該当する。

解説 同業者団体、組合等がその構成員となる者から受ける入会金については、会費、組合費等と同様に、その同業者団体、組合等がその構成員に対して行う役務の提供等との間に明白な対価関係があるかどうかによって資産の譲渡等に係る対価であるかどうかを判定することとされているが、例えば、ゴルフクラブ、宿泊施設その他のレジャー施設を会員に利用させること又は一定の割引率で商品等を販売するなど会員に対する役務の提供を前提とする入会金（返還しないものに限る。）は、資産の譲渡等に係る対価に該当することになる（基通5―5―5）。したがって、このような消費税の課税の対象となる入会金を支払った場合には、その入会金は課税仕入れに係る支払対価に該当するのである。

本通達は、このことを念のため明らかにしたものである。

（公共的施設の負担金等）

11―2―8 国若しくは地方公共団体の有する公共的施設又は同業者団体等の有する共同的施設の設置又は改良のため、国若しくは地方公共団体又は同業者団体等がこれらの施設の利用者又は受益者から受ける負担金、賦課金等で、当該国若しくは地方公共団体又は同業者団体等において、資産の譲渡等の対価に該当しないこととしているものについては、当該負担金、賦課金等を支払う事業者においても、課税仕入れに係る支払対価に該当しないのであるから留意する。

（注） 負担金等が例えば専用側線利用権、電気ガス供給施設利用権、水道施設利用権、電気通信施設利用権等の権利の設定等に係る対価と認められる等の場合には、当該負担金等は、それを支払う事業者において課税仕入れに係る支払対価に該当する。

解説 特定の事業を実施する者がその事業への参加者又は事業に係る受益者から収受する負担金、賦課金等については、その事業の実施に伴う役務の提供との間に明白な対価関係があるかどうかによって資産の譲渡等に係る対価であるかどうかを判定することとなるのであるが、例えば、その判定が困難な国若しくは地方公共団体の有する公共的施設又は同業者団体等の有する共同的施設の設置又は改良のための負担金について、国、地方公共団体又は同業者団体等が資産の譲渡等に係る対価に該当しないとし、かつ、その負担金等を支払う事業者側において、その支払を課税仕入れに該当しないこととしている場合には、この処理を認めることとされている（基通5―5―6）。

（注） 同通達によりこの処理をする場合には、国、地方公共団体又は同業者団体等はその構成員に対してその旨を通知することとされている（基通5―5―6（注）2）。

本通達は、公共的施設の負担金等について国、地方公共団体又は同業者団体等が課税資産の譲渡等に係る対価に該当しないとしているときは、当該負担金、賦課金等を支払う事業者においても、課税仕入れに係る支払対価に該当しないこととなることを念のため明らかにしたものである。

なお、公共的施設の負担金等であっても、例えば専用側線利用権、電気ガス供給施設利用権、水道施設利用権、電気通信施設利用権等の権利の設定に係る対価と認められる場合等の、その負担金等は、資産の譲渡等に係る対価に該当し、消費税の課税の対象となり、したがって、それを支払う事業者においては、課税仕入れに係る支払対価に該当することとなる。本通達の注書は、このことを念のため明らかにしたものである。

(共同行事等に係る負担金)

11―2―9 同業者団体等の構成員が共同して行う宣伝、販売促進、会議等に要した費用を賄うために当該同業者団体等が構成員から受ける負担金等について、当該費用の全額について構成員ごとの負担割合が予め定められ、かつ、当該同業者団体等において当該宣伝等をその負担割合に応じて構成員が実施したものとして取り扱っている場合は、それを支払う構成員において当該負担金等の費途ごとに、法第2条第1項第12号《課税仕入れの意義》の規定を適用することとなる。

解説 同業者団体又は企業グループ等の構成員が共同して宣伝、販売促進、会議等の共同行事を行う場合には、その共同行事の主宰者は、その共同行事のために要する費用を賄うために、その構成員から負担金、賦課金等を収受するのが一般的である。このような場合の負担金、賦課金等については次のように取り扱うこととされている。すなわち、共同行事のために要した費用

の全額についてその共同行事への参加者ごとの負担割合が予め定められている場合において、その共同行事の主宰者が、その負担割合に応じて各構成員がその共同行事を実施したものとし、その構成員から収受した負担金、賦課金等につき仮勘定として経理したときは、この処理を認めることとされている。この場合には、その共同行事への参加者は、その負担した負担金、賦課金等についてその費途ごとに課税仕入れに該当するかどうかを判定し、課税仕入れに該当する部分について仕入税額控除の対象とすることになるのである。

　本通達は、このことを念のため明らかにしたものである。

事例　メーカー等に費用の一部を負担させた場合の取扱い

　2以上の事業者が共同して接待、供応、慰安、贈答、宣伝、販売促進、会議等を行い、その費用（以下「接待費等」という。）を分担した場合には、各事業者において各事業者ごとの負担額の接待費等の支出があったものとされる。したがって、各事業者の負担した額のうち課税仕入れに該当するものについては、仕入税額控除の対象とすることとなる。

　例えば、卸売業者が、得意先の小売店等を旅行、観劇等に招待するに際し、仕入先であるメーカーから招待に要する費用の負担金の交付を受けた場合には、卸売業者は現に負担した金額のうち課税仕入れに該当するものについて仕入税額控除の対象とすることとなる。

　しかし、この取扱いは、あらかじめ分担額についての取決めが明らかにされているなど、メーカーがその旅行等の協賛者となっていることがはっきりしており、いわばメーカーとの共同的な接待費等の支出であると認められる場合に適用される。したがって、卸売業者が全く独自の計画で旅行等を行い、事後的にメーカーに対して費用の一部負担を求めるような場合には、その受入金は、通常、役務の提供の対価として、その全額が課税資産の譲渡等の対

価の額に該当し、旅行費用の方はこれとは別個のものとしてその全額が卸売業者の費用となり、卸売業者はそのうち課税仕入れに該当するものについて仕入税額控除の対象とすることとなる。

（保険金等による資産の譲受け等）

11―2―10　法第2条第1項第12号《課税仕入れの意義》に規定する「他の者から資産を譲り受け、若しくは借り受け、又は役務の提供を受けること」（以下11―2―10において「資産の譲受け等」という。）が課税仕入れに該当するかどうかは、資産の譲受け等のために支出した金銭の源泉を問わないのであるから、保険金、補助金、損害賠償金等を資産の譲受け等に充てた場合であっても、その資産の譲受け等が課税仕入れに該当するときは、その課税仕入れにつき法第30条《仕入れに係る消費税額の控除》の規定が適用されるのであるから留意する。

解説　課税仕入れとは、事業者が、事業として他の者から課税資産を譲り受け、若しくは借り受け、又は役務の提供（所得税法第28条第1項に規定する給与等を対価とする役務の提供を除く。）を受けること（当該他の者が事業としてその資産を譲り渡し、若しくは貸し付け、又はその役務の提供をしたとした場合に課税資産の譲渡等に該当することとなるもので、輸出免税等の規定により消費税が免除されるもの以外のものに限る。）をいうこととされている（法2①十二）。

したがって、例えば、保険金、補助金、損害賠償金など消費税の課税の対象とならない収入を源泉として、他の者から資産を譲り受け、若しくは借り受け、又は役務の提供を受けたとしても、その資産の譲受け等が課税仕入れに該当するときは、その課税仕入れにつき消費税法第30条《仕入れに係る消費税額の控除》の規定が適用されることとなる。本通達は、このことを念の

ため明らかにしたものである。

　ところで、課税仕入れについて、同法第30条第２項第１号《個別対応方式による仕入税額控除》に規定する個別対応方式により仕入控除税額を計算する場合には、課税仕入れについて、①課税資産の譲渡等にのみ要するもの、②課税資産の譲渡等以外の資産の譲渡等にのみ要するもの、及び③課税資産の譲渡等とその他の資産の譲渡等に共通して要するものに区分することとされている。したがって、保険金、補助金、損害賠償金等を源泉として課税仕入れを行ったとしても、資産の譲受け等のために支出した金銭の源泉を問わず、その課税仕入れが前述の①から③のいずれに該当するかにより仕入控除税額を計算することとなる。

|事　例| ガス管の移設工事に要する費用の仕入税額控除

　都市ガス業者が下水道事業者又は地下鉄事業者等の求めに応じてガス管を移設する場合に受け取る補償金は課税の対象外であるが、ガス管を移設するために必要な課税仕入れについては、ガス供給のために必要な課税仕入れ、すなわち、課税資産の譲渡等にのみ要する課税仕入れに該当することとなる。

（減失等した資産に係る仕入税額控除）

11―2―11　課税仕入れ等に係る資産が事故等により減失し、若しくは亡失した場合又は盗難にあった場合などのように、結果的に資産の譲渡等を行うことができなくなった場合であっても、当該課税仕入れ等について法第30条《仕入れに係る消費税額の控除》の規定が適用されるのであるから留意する。

|解　説|　本通達は、課税仕入れに係る資産又は保税地域から引き取った課税貨物が事故等により減失若しくは亡失した場合又は盗難にあった場合などの

ように、結果的に当該課税仕入れ等に係る資産を資産の譲渡等に用いることができなくなった場合であっても、滅失等した資産のうちその課税期間中に仕入れたものについては、仕入税額控除の対象とすることができるのであり、また、滅失等があった課税期間前に仕入税額控除済みのものについては、当該仕入税額控除を調整する必要はないことを明らかにしたものである。

(注) 資産につき廃棄をし、又は盗難若しくは滅失があった場合のこれらの廃棄、盗難又は滅失は、資産の譲渡等に該当しない（基通5―2―13）。

（課税資産の譲渡等にのみ要するものの意義）

11―2―12 法30条第2項第1号《個別対応方式による仕入税額控除》に規定する課税資産の譲渡等にのみ要するもの（以下「課税資産の譲渡等にのみ要するもの」という。）とは、課税資産の譲渡等を行うためにのみ必要な課税仕入れ等をいい、例えば、次に掲げるものの課税仕入れ等がこれに該当する。

なお、当該課税仕入れ等を行った課税期間において当該課税仕入れ等に対応する課税資産の譲渡等があったかどうかは問わないことに留意する。

(1) そのまま他に譲渡される課税資産
(2) 課税資産の製造用にのみ消費し、又は使用される原材料、容器、包紙、機械及び装置、工具、器具、備品等
(3) 課税資産に係る倉庫料、運送費、広告宣伝費、支払手数料又は支払加工賃等

解説 その課税期間中に行った資産の譲渡等のうちに課税資産の譲渡とその他の資産の譲渡等がある場合には、仕入税額控除の対象となるのは課税資

産の譲渡等に対応する課税仕入れ等の税額についてのみであるが、課税仕入れ等について、①課税資産の譲渡等にのみ要するもの、②課税資産の譲渡等以外の資産の譲渡等にのみ要するもの、及び③課税資産の譲渡等とその他の資産の譲渡等に共通して要するものに明確に区分されている場合には、仕入控除税額の計算方法としていわゆる個別対応方式が採用できることとされている（法30②一）。

本通達は、①の課税資産の譲渡等にのみ要するものについて具体例を示したものである。

また、個別対応方式により仕入控除税額を計算する場合の課税資産の譲渡等にのみ要するものとは、文字どおり課税資産の譲渡等を行うためにのみ必要な課税仕入れ等であって、課税資産の譲渡等を行うために要したものではない。したがって、その課税期間中に課税資産の譲渡等が行われていないとしても、そのことをもって仕入税額控除が認められないというものではない。本通達のなお書は、このことを念のため明らかにしたものである。

(注) その課税仕入れ等が課税資産の譲渡等にのみ要するものに該当するかどうかは、課税仕入れ等を行った時に判定するのであるから、課税仕入れ等を行った時に課税資産の譲渡等にのみ要するものとした判定が合理的であれば、結果的に課税資産の譲渡等にのみ要するものでなくなったとしても、さかのぼって仕入控除税額を修正する必要はない。ただし、調整対象固定資産に係る課税仕入れ等については、調整を要する場合がある（法34、35）。

|事 例| 建設現場で支出する交際費

交際費に該当するような課税仕入れは、交際費の支出の目的や相手方との取引の内容（課税取引であるかどうか）に応じて判断することとなる。例えば、課税資産の譲渡等の相手先に対して贈与する中元や歳暮物の贈答品については、原則として課税資産の譲渡等にのみ要する課税仕入れとして仕入税額控

除をすることができることとなる。

　また、例えば、建設事業者が、交際費について、課税売上げである建設工事の工事現場において支出する交際費と販管費に該当する交際費とに明確に区分している場合には、少なくとも、消費税の課税の対象となる建築物の工事現場において支出する交際費は、課税資産の譲渡等にのみ要する課税仕入れとして計算することが認められる。

（国外取引に係る仕入税額控除）

11−2−13　国外において行う資産の譲渡等のための課税仕入れ等がある場合は、当該課税仕入れ等について法第30条《仕入れに係る消費税額の控除》の規定が適用されるのであるから留意する。

　この場合において、事業者が個別対応方式を適用するときは、当該課税仕入れ等は課税資産の譲渡等にのみ要するものに該当する。

解説　課税事業者は、その課税期間における課税標準額に対する消費税額から、その課税期間中に国内において行った課税仕入れに係る消費税額及びその課税期間中に保税地域から引き取った課税貨物につき課された又は課されるべき消費税額（課税仕入れ等の税額）の合計額を控除することとされている（法30①）。

　したがって、国内における資産の譲渡等のために必要な課税仕入れ等に限らず、国外において行う資産の譲渡等（国外取引）のために国内において行った課税仕入れ等についても、仕入税額控除の対象となる。本通達は、このことを念のため明らかにしたものである。

　ところで、消費税法第30条第2項第1号《個別対応方式による仕入税額控除》に規定する個別対応方式により仕入控除税額を計算する場合には、課税

仕入れ等について、①課税資産の譲渡等にのみ要するもの、②課税資産の譲渡等以外の資産の譲渡等にのみ要するもの、③課税資産の譲渡等とその他の資産の譲渡等に共通して要するものに区分することとされている。このため、国外において行う資産の譲渡等のために国内において行われた課税仕入れ等については、前述の①から③のいずれに該当するかが問題となる。この場合における課税資産の譲渡等とは、資産の譲渡等のうち消費税法第6条第1項《非課税》の規定により非課税とされているもの以外のものをいうこととされており（法2①九）、更に同項の規定では、国内において行われる資産の譲渡等のうち消費税法別表第一に掲げるものが非課税とされているから、国外において行う資産の譲渡等はすべて課税資産の譲渡等に該当することになる。したがって、国外において行う資産の譲渡等のために国内において行われた課税仕入れ等は、課税資産の譲渡等にのみ要するものに該当することとなり、本通達の後段は、このことを念のため明らかにしたものである。

(注) 事業者が、国外において資産の譲渡等を行うため又は自己の使用のため、資産を輸出した場合において、当該資産が輸出されたことにつき財務省令で定めるところにより証明がされたときは、当該資産の輸出のうち当該証明がされたものは、課税資産の譲渡等に係る輸出取引等に該当するものとみなして、消費税法第30条の規定を適用することとなるから（法31②）、この場合における同条第2項第1号の適用は、当該輸出資産の取得費用及び輸出のために必要な課税仕入れ等は課税資産の譲渡等にのみ要するものに該当することとなる。

（国内事業者の国外支店が受けた電気通信利用役務の提供）

11―2―13の2 電気通信利用役務の提供が国内において行われたかどうかについては、役務の提供を受けた者が法人である場合には、当該

法人の本店又は主たる事務所の所在地が国内にあるかどうかにより判定するのであるから、例えば、内国法人の国外事業所等において受けた電気通信利用役務の提供であっても、原則として国内において行った課税仕入れに該当することに留意する。
（注）　内国法人の国外事業所等で受けた事業者向け電気通信利用役務の提供に係る特定仕入れについては、法第4条第4項ただし書《課税の対象》の規定の適用があることに留意する。

【平27課消1―17　追加、平28課消1―57　改正】

解説　課税仕入れが国内において行われたかどうかは、役務の提供を受けた場合には、原則として、その役務の提供が行われた場所により判定するのであるが、その役務の提供が電気通信利用役務の提供に該当する場合には、その電気通信利用役務の提供を受けた者の住所等により判定することとされている（法4③三）。

　したがって、例えば、内国法人が国外に有する事務所等において電気通信利用役務の提供を受けた場合であっても、当該役務の提供は国内取引に該当するのであるから、当該役務の提供を受けた事業者においては、国内において行った課税仕入れに該当することとなる。

　本通達は、このことを念のため明らかにしたものである。

　ところで、平成28年度税制改正により、平成29年1月1日以後に国内事業者が国外事業所等（所得税法第95条第4項第1号又は法人税法第69条第4項第1号に規定する国外事業所等をいう。）で事業者向け電気通信利用役務の提供を受けた場合においては、当該事業者向け電気通信利用役務の提供に係る特定仕入れが国外において行う資産の譲渡等のみに要するものである場合には、その特定仕入れは国外において行われたものとすることとされた（法4④ただし書）。

したがって、内国法人が国外に有する事務所等において電気通信利用役務の提供を受けた場合であっても、それが事業者向け電気通信利用役務の提供である場合には、当該事業者向け電気通信利用役務の提供に係る特定仕入れについては、国外において行われたものに該当し、当該事業者向け電気通信利用役務の提供を受けた事業者の課税仕入れとならないこととなる。

本通達の注書は、このことを念のため明らかにしたものである。

なお、事業者向け電気通信利用役務の提供を受けた場合には、所得税法等の一部を改正する法律（平成27年法律第9号）附則第42条及び第44条第2項《特定課税仕入れに関する経過措置等》に規定する経過措置が適用される課税期間を除き、当該役務の提供を受けた内国法人において、特定課税仕入れとして消費税法第5条第1項《納税義務者》に規定する納税義務が生じるのであるが、同法第4条第4項ただし書《課税の対象》の規定により国外取引に該当することとなった特定仕入れについては、国内において行われた特定課税仕入れではないため、当該特定課税仕入れに係る納税義務も当然に生じないこととなる。

（国外事業者が行う特定資産の譲渡等のための仕入税額控除）

11―2―13の3 国外事業者が行った課税仕入れであっても法第30条《仕入れに係る消費税額の控除》の規定が適用されるのであるが、当該課税仕入れが特定資産の譲渡等（法第6条第1項《非課税》の規定により非課税とされるものを除く。）のための課税仕入れである場合に、国外事業者が個別対応方式を適用するときは、当該課税仕入れは課税資産の譲渡等にのみ要するものに該当する。

【平27課消1―17　追加】

解説 国外事業者であっても、課税仕入れ等がある場合には、その国外事業者が免税事業者である場合を除き、消費税法第30条《仕入れに係る消費税額の控除》の規定が適用されることはいうまでもない。

ところで、特定資産の譲渡等に係る消費税については、その納税義務が役務の提供を受けた事業者に課されることから、課税資産の譲渡等に係る消費税の納税義務に関する規定（法5①）や課税資産の譲渡等に関する消費税の納税義務の免除の特例に関する規定（法9）の適用においては、課税資産の譲渡等から特定資産の譲渡等に該当するものを除くこととされている。

一方で、同法第30条第2項及び第32条《仕入れに係る消費税額の控除等》の規定の適用に当たっては、これらの規定に規定する課税資産の譲渡等から特定資産の譲渡等に該当するものは除かれていない。

したがって、特定資産の譲渡等のために行う課税仕入れ等については、同法第6条第1項《非課税》の規定により非課税とされる特定資産の譲渡等のために行うものを除いて、課税資産の譲渡等にのみ要するものとして同法第30条第2項第1号及び第32条の規定を適用することとなる。

本通達は、このことを念のため明らかにしたものである。

（試供品、試作品等に係る仕入税額控除）

11-2-14 課税資産の譲渡等に係る販売促進等のために得意先等に配布される試供品、試作品等に係る課税仕入れ等は、課税資産の譲渡等にのみ要するものに該当する。

解説 消費税法第2条第1項第8号《資産の譲渡等の意義》に規定する「対価を得て行われる資産の譲渡及び貸付け並びに役務の提供」とは、資産の譲渡等に対して反対給付を受けることをいうから、無償による資産の譲渡

及び貸付け並びに役務の提供は、同号に規定する資産の譲渡等に該当しないこととされている（基通5―1―2）。

したがって、販売促進等のために得意先等に試供品、試作品等を無償で配布したとしても、それは資産の譲渡等に該当しないことになる。

ところで、得意先等に対する試供品、試作品等の配布は、試供品、試作品等の完成品に係る課税資産の譲渡等の販売促進等のためのものである。

したがって、事業者が、仕入控除税額の計算方法として消費税法第30条第2項第1号《個別対応方式による仕入税額控除》に規定する個別対応方式によることとしている場合には、当該試供品、試作品等に係る課税仕入れ等は、「課税資産の譲渡等にのみ要するもの」に該当することとなる。

本通達は、このことを明らかにしたものである。

（課税資産の譲渡等以外の資産の譲渡等にのみ要するものの意義）

11―2―15　法第30条第2項第1号《個別対応方式による仕入税額控除》に規定する課税資産の譲渡等以外の資産の譲渡等にのみ要するもの（以下「その他の資産の譲渡等にのみ要するもの」という。）とは、法第6条第1項《非課税》の規定により非課税となる資産の譲渡等（以下「非課税資産の譲渡等」という。）を行うためにのみ必要な課税仕入れ等をいい、例えば、販売用の土地の造成に係る課税仕入れ、賃貸用住宅の建築に係る課税仕入れがこれに該当する。

解説　本通達は、消費税法第30条第2項第1号《個別対応方式による仕入税額控除》に規定する「課税資産の譲渡等以外の資産の譲渡等にのみ要するもの」について、非課税資産の譲渡等を行うためにのみ必要な課税仕入れ等をいうものであることを明らかにするとともに、その典型例として、販売用

の土地の造成費用及び賃貸住宅の建築費用をあげている。

なお、その他の例としては、次のようなものがある。
(1) 販売用の土地の取得に係る仲介手数料
(2) 土地の譲渡に係る仲介手数料
(3) 有価証券の売買手数料（売却時・購入時とも）
(4) 住宅の賃貸に係る仲介手数料

|事例1| 個別対応方式における土地造成費等の取扱い

土地造成費及び土地売買仲介手数料に係る課税仕入れについては、消費税法第30条第2項第1号《個別対応方式による仕入税額控除》の適用上、その仕入れ時における土地の利用目的に応じて、次のように、課税用、非課税用及び共通用に区分することとなる。

仕入れ時の利用目的	課税用	非課税用	共通用
①自社ビルの建設をする土地			
イ　事業者が課税売上げのみの業務を行っている場合	○		
ロ　事業者が非課税売上げのみの業務を行っている場合		○	
ハ　事業者が課税、非課税売上げの双方の業務を行っている場合			○
②　貸しビルの建設をする場合	○		
③　分譲マンション（土地付）の建設をする土地			○

なお、課税仕入れを行った課税期間の末日までに、使用目的が定まっていないときは、共通用として取り扱うこととなる。

(注)　販売用の目的で取得し、一時的に自社の資材置場として使用しているときは、最終的な使用目的が販売用であるので非課税用となる。

第11章　仕入れに係る消費税額の控除　671

|事例2|　広告宣伝用のプリペイドカードの製作費用

　プリペイドカード（白カード）を購入し、印刷業者に依頼してこれに社名等を印刷の上、得意先や株主に配布することとした場合の取扱いは次のとおりである。

(1)　プリペイドカード（白カード）の購入費用

　プリペイドカード（白カード）は、役務の提供を受ける権利を表彰する証書として物品切手等に該当する（令11）から、その購入費用は非課税取引に係る対価であり、仕入税額控除の対象とはならない。

(2)　プリペイドカードに対する印刷の費用

　白カードに対する印刷に要した費用は、印刷という役務の提供の対価であるから、仕入税額控除の対象となる。

　また、この印刷費用は、社名の宣伝という会社の全事業に共通する費用であるから、仕入控除税額の計算において個別対応方式を採用している事業者の場合には、原則として、課税資産の譲渡等とその他の資産の譲渡等に共通して要する課税仕入れに該当することになる。

（不課税取引のために要する課税仕入れの取扱い）

11―2―16　法第30条第2項第1号《個別対応方式による仕入税額控除》に規定する課税資産の譲渡等とその他の資産の譲渡等に共通して要するもの（以下「課税資産の譲渡等とその他の資産の譲渡等に共通して要するもの」という。）とは、原則として課税資産の譲渡等と非課税資産の譲渡等に共通して要する課税仕入れ等をいうのであるが、例えば、株券の発行に当たって印刷業者へ支払う印刷費、証券会社へ支払う引受手数料等のように資産の譲渡等に該当しない取引に要する課税仕入れ等は、課税資産の譲渡等とその他の資産の譲渡等に共通して要する

ものに該当するものとして取り扱う。

解説　消費税の仕入控除税額の計算に当たって、その課税期間における課税売上高が５億円超又は課税売上割合が95％未満の場合に、消費税法第30条第２項第１号《個別対応方式による仕入税額控除》に規定する個別対応方式を採用するためには、同号の規定により、その課税期間中における課税仕入れ等を帳簿等において課税資産の譲渡等にのみ要するもの、課税資産の譲渡等以外の資産の譲渡等（その他の資産の譲渡等）にのみ要するもの及び課税資産の譲渡等とその他の資産の譲渡等に共通して要するものに区分しなければならないこととされている。

　ところで、この課税資産の譲渡等以外の資産の譲渡等とは、同法第２条第１項第８号《資産の譲渡等の意義》及び第９号《課税資産の譲渡等の意義》並びに第６条第１項《非課税》の規定に照らしてみれば、非課税となる資産の譲渡等であることは明らかであるから、課税資産の譲渡等とその他の資産の譲渡等に共通して要するものとは、本来課税資産の譲渡等と非課税資産の譲渡等に共通して要するものが該当することとなるのである。

　このことからすると、例えば、株券の印刷や、新株発行に伴って証券会社に支払う引受手数料のように直接的には資本取引という資産の譲渡等に該当しない取引（不課税取引）のために要する課税仕入れ等は、個別対応方式における用途区分のいずれにもあてはまらないこととなってくる。しかし、このような課税仕入れ等であっても、その課税期間における課税売上高が５億円以下かつ課税売上割合が95％以上の場合又は95％未満の場合でも一括比例配分方式による場合には仕入税額控除の対象となるのであるから、非課税の仕入れや免税の仕入れと同じく全く仕入税額控除の対象外とすることは適当でなく、また、直接的には不課税取引のために要するものといっても、その間接的効果を考えれば資産の譲渡等の全体に寄与することには違いないから、

非課税資産の譲渡等にのみ要するものともいえない。

そこで、このように不課税取引に要する課税仕入れ等は、課税資産の譲渡等とその他の資産の譲渡等に共通して要するものに該当するものとして取り扱うこととして本通達においてその旨を明らかにしたものである。

（金銭以外の資産の贈与）

11－2－17　事業者がした金銭による寄附は課税仕入れに該当しないが、金銭以外の資産を贈与した場合の当該資産の取得が課税仕入れ等に該当するときにおける個別対応方式の適用に当たっては、当該課税仕入れ等は、原則として課税資産の譲渡等とその他の資産の譲渡等に共通して要するものに該当するものとして取り扱う。

解説　事業者が寄附をした場合には、金銭を支出したとしても、その支出により反対給付、すなわち、資産を譲り受け、若しくは借り受け、又は役務の提供を受けるということはないから、事業者がした金銭による寄附は課税仕入れに該当しない。

また、事業者が資産を購入して贈与した場合には、そこには、仕入れという行為と贈与という行為があり、その事業者が行う寄附としての資産の贈与は、消費税法施行令第2条第1項第1号《負担付き贈与による資産の譲渡》に規定する負担付き贈与に該当しない限り、資産の譲渡等に該当しない。しかしながら、寄附のための資産の取得とはいっても、その資産の取得が課税仕入れ等に該当するときは、その資産の取得は、いうまでもなく、仕入税額控除の対象となるのである。例えば、災害用備蓄品を購入し、それを社会福祉事業団体へ寄附した場合は、当該社会福祉事業団体への災害用備蓄品の贈与は、資産の譲渡等に該当しないが、当該災害用備蓄品の購入は課税仕入れ

に該当するので、当該災害用備蓄品の取得に係る消費税額は仕入税額控除の対象となるということである。

ところで、課税仕入れ等に係る税額について、消費税法第30条第2項第1号《個別対応方式による仕入税額控除》に規定する個別対応方式により仕入控除税額を計算する場合には、課税仕入れについて、①課税資産の譲渡等にのみ要するもの、②課税資産の譲渡等以外の資産の譲渡等にのみ要するもの、及び③課税資産の譲渡等とその他の資産の譲渡等に共通して要するものに区分することとされている。このため、個別対応方式により仕入控除税額を計算することとしている事業者が寄附する目的で購入した課税資産について、その仕入れに係る区分をどのように行うのかという疑問が生ずる。もともと寄附に該当する資産の贈与については対価性がないのであるから、そのための課税仕入れについて課税資産の譲渡等にのみ要するものであるとかその他の資産の譲渡等にのみ要するものであるということはできないのであるし、また、消費税法第30条第2項第1号の規定の適用を受ける場合には、事業者における課税仕入れを3つの態様に区分することとされていることから、本通達において、贈与した資産の取得が課税仕入れに該当するときは、事業者におけるその課税仕入れを第3のバスケット、すなわち、課税資産の譲渡等とその他の資産の譲渡等に共通して要するものに該当するものとして取り扱うことを明らかにしたものである。

(個別対応方式の適用方法)

11—2—18　個別対応方式により仕入れに係る消費税額を計算する場合には、その課税期間中において行った個々の課税仕入れ等について、必ず、課税資産の譲渡等にのみ要するもの、その他の資産の譲渡等にのみ要するもの及び課税資産の譲渡等とその他の資産の譲渡等に共通

して要するものとに区分しなければならない。したがって、例えば、課税仕入れ等の中から課税資産の譲渡等にのみ要するものを抽出し、それ以外のものを全て課税資産の譲渡等とその他の資産の譲渡等に共通して要するものに該当するものとして区分することは認められないのであるから留意する。

【平23課消1－35　改正】

解説　その課税期間の課税売上高が5億円を超える場合、又は課税売上割合が95％未満である場合には、仕入税額控除の対象となるのは課税資産の譲渡等に対応する課税仕入れ等の税額についてのみであるが、課税仕入れ等について、①課税資産の譲渡等にのみ要するもの、②課税資産の譲渡等以外の資産の譲渡等にのみ要するもの、及び③課税資産の譲渡等とその他の資産の譲渡等に共通して要するものに明確に区分されている場合には、仕入控除税額の計算方法として個別対応方式が採用できることとされている（法30②一）。

また、課税仕入れ等について前記の①から③に明確に区分されていない場合には、一括比例配分方式により仕入控除税額を計算することとされている（法30②二）。

本通達は、事業者が仕入控除税額の計算方法として個別対応方式を採用しようとする場合には、その課税期間中のすべての課税仕入れ等について、前記①から③に合理的に区分を行うべきことを念のため明らかにしたものである。

したがって、例えば、課税仕入れ等の中から課税資産の譲渡等にのみ要するものを抽出し、それ以外のものをすべて課税資産の譲渡等とその他の資産の譲渡等に共通して要するものに該当するものとして仕入控除税額の計算をするというようなことは認められない。

> **(共通用の課税仕入れ等を合理的な基準により区分した場合)**
> 11―2―19 課税資産の譲渡等とその他の資産の譲渡等に共通して要するものに該当する課税仕入れ等であっても、例えば、原材料、包装材料、倉庫料、電力料等のように生産実績その他の合理的な基準により課税資産の譲渡等にのみ要するものとその他の資産の譲渡等にのみ要するものとに区分することが可能なものについて当該合理的な基準により区分している場合には、当該区分したところにより個別対応方式を適用することとして差し支えない。

解説 個別対応方式により仕入控除税額を計算する場合には、課税仕入れ等について、①課税資産の譲渡等にのみ要するもの、②課税資産の譲渡等以外の資産の譲渡等にのみ要するもの、③課税資産の譲渡等とその他の資産の譲渡等に共通して要するものに区分することとされている(法30②一)。

本通達は、課税資産の譲渡等とその他の資産の譲渡等に共通して要する課税仕入れであっても、合理的な基準により課税資産の譲渡等にのみ要するものとその他の資産の譲渡等にのみ要するものとに区分することができるものについては、その区分したところにより消費税法第30条第2項第1号《個別対応方式による仕入税額控除》の規定を適用することとして差し支えないことを明らかにしたものである。

事例 土地建物仲介手数料の仕入税額控除

土地と建物を一括して1億円で譲渡(土地の譲渡代金8,000万円、建物の譲渡代金2,000万円)し、仲介手数料を支払った場合には、この不動産業者に支払った土地と建物の仲介手数料は、課税資産の譲渡等とその他の資産の譲渡等に共通して要するものに該当することとなる。

一方、土地と建物を一括して譲渡した場合には、その譲渡代金を土地の部分と建物の部分とに合理的に区分することとされている（令45③）。

　したがって、土地と建物を一括して譲渡した場合において、その譲渡代金を土地の部分と建物の部分とに合理的に区分していれば、その譲渡代金の割合で不動産業者に支払った仲介手数料を課税資産の譲渡等にのみ要するものとその他の資産の譲渡等にのみ要するものとに区分したところにより消費税法第30条第2項第1号の規定を適用することとして差し支えないこととなる。

　つまり、土地の部分8,000万円と建物の部分2,000万円が譲渡代金1億円を合理的に区分したものであれば、その仲介手数料の総額の100分の80はその他の資産の譲渡等にのみ要するものとし、その100分の20は課税資産の譲渡等にのみ要するものとして取り扱うことができることとなる。

(注)　譲渡代金を土地の部分と建物の部分とに合理的に区分する方法として、例えば、次のような方法がある。

① 譲渡時における時価の比率により按分する方法
② 相続税評価額や固定資産税評価額を基にして計算する方法
③ 土地及び建物の原価（取得費、造成費、一般管理費・販売費、支払利子等を含む。）を基にして計算する方法
④ 租税特別措置法関係通達（所得税編）28の4―31から28の4―33又は同通達（法人税編）62の3⑵―3から62の3⑵―5、63⑵―3から63⑵―5に規定する取扱いにより区分する方法

　なお、譲渡代金が④の方法により区分されているときは、その方法により消費税の計算を行わなければならない（基通11―4―2）。

（課税仕入れ等の用途区分の判定時期）

11―2―20　個別対応方式により仕入れに係る消費税額を計算する場合

において、課税仕入れ及び保税地域から引き取った課税貨物を課税資産の譲渡等にのみ要するもの、その他の資産の譲渡等にのみ要するもの及び課税資産の譲渡等とその他の資産の譲渡等に共通して要するものに区分する場合の当該区分は、課税仕入れを行った日又は課税貨物を引き取った日の状況により行うこととなるのであるが、課税仕入れを行った日又は課税貨物を引き取った日において、当該区分が明らかにされていない場合で、その日の属する課税期間の末日までに、当該区分が明らかにされたときは、その明らかにされた区分によって法第30条第2項第1号《個別対応方式による仕入税額控除》の規定を適用することとして差し支えない。

解説 その課税期間における課税売上高が5億円超の場合又は課税売上割合が95％未満の場合における仕入控除税額の計算に当たって、個別対応方式を採用しようとする事業者は、その課税期間中に国内において行う課税仕入れ等について、次の用途のいずれかに区分しなければならない。

① 課税資産の譲渡等にのみ要するもの
② 課税資産の譲渡等以外の資産の譲渡等(その他の資産の譲渡等)にのみ要するもの
③ 課税資産の譲渡等とその他の資産の譲渡等に共通して要するもの

この課税仕入れ等についての用途区分は、その課税仕入れ等がこれらの用途のうちのいずれの用途に「要するもの」であるかを判定するものであり、また、消費税法第34条《課税業務用調整対象固定資産を非課税業務用に転用した場合の仕入れに係る消費税額の調整》及び第35条《非課税業務用調整対象固定資産を課税業務用に転用した場合の仕入れに係る消費税額の調整》が課税仕入れ等を行った課税期間中に用途変更した場合をもその適用の対象としていることからすれば、その課税仕入れ等を行った日の状況により行うこ

とが原則となるのであり、本通達の前段では、このことを明らかにしている。

しかしながら、課税仕入れ等の時においては、その用途区分が明らかでない場合もままあることである。一方、課税仕入れ等に係る用途区分が消費税の課税関係に影響するのは、仕入控除税額の計算の結果としての確定申告によってである。

こうしたことから、課税仕入れ等を行った日においてその用途区分が明らかにされていない場合であっても、その課税仕入れ等を行った日の属する課税期間の末日までにその区分が明らかにされた場合には、その区分されたところによって個別対応方式による仕入控除税額の計算を行っても差し支えないこととしたものであり、本通達の後段はこのことを明らかにしたものである。

（一括比例配分方式から個別対応方式への変更）

11－2－21　一括比例配分方式を適用した事業者は、法第30条第5項《仕入控除方式の変更》の規定により一括比例配分方式を2年間以上継続した後でなければ、個別対応方式に変更できないのであるが、一括比例配分方式を適用した課税期間の翌課税期間以後の課税期間における課税売上高が5億円以下、かつ、課税売上割合が95％以上となり、同条第1項《仕入れに係る消費税額の控除》の規定が適用される場合も、一括比例配分方式を継続適用したこととなるのであるから留意する。

【平24課消1－7　改正】

解説　その課税期間における課税売上高が5億円超の場合又は課税売上割合が95％未満の場合における仕入控除税額の計算方法には個別対応方式と一

括比例配分方式があり、一括比例配分方式を採用した事業者は、この方式を2年以上継続適用した後でなければ、個別対応方式に変更することはできないこととされている（法30⑤）。

このため、一括比例配分方式を採用した課税期間の翌課税期間の課税売上高が5億円以下かつ課税売上割合が95％以上となり、課税仕入れ等の税額の全額を控除できることとなった場合には、一括比例配分方式の継続適用期間がそこで中断してしまうのか、あるいはそのまま3年目の課税期間において個別対応方式に変更できるのかについては疑義のあるところである。

本来、課税仕入れ等の税額は、課税資産の譲渡等との対応関係にあるものを控除すべきものであるが、個別対応方式が課税資産の譲渡等との対応関係の整理に手間がかかること等に配慮して簡便法である一括比例配分方式を設けているのであるから、仕入控除税額の多寡のみによって恣意的に計算方式を変更することは制限するというのが、一括比例配分方式を最低2年間継続適用すべきこととした消費税法第30条第5項の趣旨である。

こうしたことから、一括比例配分方式を採用した課税期間の翌課税期間の課税売上高が5億円以下かつ課税売上割合が95％以上となった場合であっても、3年目の課税期間からは、個別対応方式に変更することは認められるのであり、本通達はこのことを明らかにしたものである。

【3月決算法人】

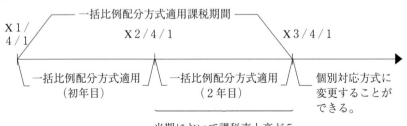

【3月決算法人】

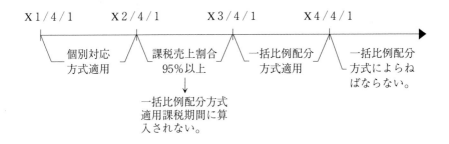

(災害その他やむを得ない事情の意義)

11―2―22　法第30条第7項ただし書《災害その他やむを得ない事情により帳簿等を保存しなかった場合》に規定する「災害その他やむを得ない事情」の意義については8―1―3による。

解説　消費税法第30条第1項《仕入れに係る消費税額の控除》の規定は、事業者がその課税期間の課税仕入れ等の税額の控除に係る帳簿及び請求書等を保存しない場合には、当該保存がない課税仕入れ又は課税貨物の引取りに係る消費税額については、適用しないことにされている。ただし、災害その他やむを得ない事情により、当該保存をすることができなかったことを当該事業者において証明した場合は、この限りでない（法30⑦）。

　本通達は、この場合の「災害その他やむを得ない事情」の意義について、基本通達8―1―3《災害その他やむを得ない事情の範囲》を準用する旨を明らかにしたものである。

　すなわち、「災害その他やむを得ない事情」とは、次のことをいうのである。

(1)　「災害」とは、震災、風水害、雪害、凍害、落雷、雪崩、がけ崩れ、地

滑り、火山の噴火等の天災又は火災その他の人為的災害で自己の責任によらないものに基因する災害をいう。

(2) 「やむを得ない事情」とは、(1)の災害に準ずるような状況又は当該事業者の責めに帰することができない状況にある事態をいう。

(費途不明の交際費等)

11—2—23　事業者が当該課税期間の課税仕入れ等の税額の控除に係る帳簿及び請求書等を保存しない場合（法第30条第7項ただし書《災害等により保存できなかった場合》に該当する場合を除く。）には、その保存がない課税仕入れ等の税額について法第30条第1項《仕入れに係る消費税額の控除》の規定を適用することができないのであるから、例えば、課税仕入れに関する記録がない場合のほか、事業者が交際費、機密費等の名義をもって支出した金額でその費途が明らかでないものについても同項の規定の適用を受けることができないのであるから留意する。

【平9課消2—5　改正】

解説　(1) 事業者が当該課税期間の課税仕入れ等の税額の控除に係る帳簿及び請求書等の両方を保存しない場合には、その保存がない課税仕入れ等の税額について消費税法第30条第1項《仕入れに係る消費税額の控除》の規定を適用することができない。

たとえ、その支出の性質上、相手方から領収証を徴し得ないものなどがある場合（支払対価の額の合計額が3万円以上である場合に限る。）であっても、仕入税額控除の適用を受けるためには、帳簿に消費税法第30条第8項第1号に規定する事項とともに消費税法施行令第49条第1項第2号に規定する請求

書等の交付を受けなかったことにつきやむを得ない理由及び課税仕入れの相手方の住所又は所在地を記載しておく必要がある。

　当然のことながら、事業者が交際費、機密費等の名義をもって支出した金額でその費途が明らかでないものについても同項の規定の適用を受けることができないことになる。

　本通達は、このことを念のため明らかにしたものである。

　(2)　法人が役員等に毎月一定額の機密費、接待費、交際費、旅費等の名義で金銭を支給した場合には、精算が行われた段階でその費途に応じた会計処理を行わなければならない。しかし、支給したままで精算されず費途が不明の場合又は精算はされたが法人の業務に関係がないと認められる支出がある場合には、支給された者が任意に処分等をしたものであるから、その精算されず費途が不明である部分の金額及び精算された金額のうち法人の業務に関係がない部分の金額は、給与に該当することになる（法基通9−2−9参照）。消費税においては、所得税法第28条第1項《給与所得》に規定する給与等を対価とする役務の提供は課税仕入れに該当しないこととされている（法2①十二）ので、このようなものは、いずれにしても課税仕入れには該当しないこととなる。

　(3)　なお、いわゆる「上様領収書」には、消費税法第30条第9項第1号ホに規定する「書類の交付を受ける当該事業者の氏名又は名称」が記載されていないが、小売業、飲食店業、写真業及び旅行業、一般乗用旅客自動車運送事業、駐車場業等に係る請求書等については、同号ホについては記載を要しないこととされているから（令49④）、いわゆる「上様領収書」であっても、消費税法第30条第7項に規定する請求書等に該当することになる。したがって、交際費とされる飲食代については、上様領収書であっても、その他の法定事項が記載されていれば、その保存が仕入税額控除の適用要件とされる請求書等に該当することに留意する必要がある。

第3節　課税仕入れ等の時期

（課税仕入れを行った日の意義）

11—3—1　法第30条第1項第1号《仕入れに係る消費税額の控除》に規定する「課税仕入れを行った日」及び同項第2号に規定する「特定課税仕入れを行った日」とは、課税仕入れに該当することとされる資産の譲受け若しくは借受けをした日又は役務の提供を受けた日をいうのであるが、これらの日がいつであるかについては、別に定めるものを除き、第9章《資産の譲渡等の時期》の取扱いに準ずる。

【平13課消1—5、平27課消1—17　改正】

解説　課税仕入れを行った日及び特定課税仕入れを行った日とは、課税仕入れに係る資産を譲り受け、借り受け、又は役務の提供を受けた日であるが、これらの日がいつであるかについては、原則として、第9章《資産の譲渡等の時期》の取扱いに準ずることを本通達で明らかにしたものである。したがって、原則として所得税又は法人税における所得金額の計算上の資産の取得の時期又は費用等の計上時期と同じとなる。

（割賦購入の方法等による課税仕入れを行った日）

11—3—2　割賦購入の方法又はリース取引による課税資産の譲り受けが課税仕入れに該当する場合には、その課税仕入れを行った日は、当該資産の引渡し等を受けた日となるのであるから、当該課税仕入れについては、当該資産の引渡し等を受けた日の属する課税期間において

法第30条第1項《仕入れに係る消費税額の控除》の規定を適用するのであるから留意する。

(注) リース取引において、賃借人が支払うべきリース料の額をその支払うべき日の属する課税期間の賃借料等として経理している場合であっても同様である。

【平20課消1－8　改正】

解説　割賦販売等の方法により課税資産の譲渡等を受けた場合であっても、その課税仕入れの時は、その課税資産の引渡し等を受けた時となるから、その課税資産の課税仕入れに係る消費税額は、その課税資産の引渡し等を受けた日の属する課税期間において、当該割賦販売等に係る支払対価の合計額を一括して控除するのである。本通達は、このことを念のため明らかにしたものである。

　なお、平成19年度の税制改正において、リース取引についてはリース資産の引渡し時に売買があったものとされた。これにより、従前、賃貸借取引としていたいわゆる所有権移転外ファイナンス・リース取引についても、すべて売買とされた。

　会計上は、そのリース取引に重要性が乏しいもの及び賃借人が中小企業である場合には、引き続き賃貸借処理が認められており、所得税、法人税法上は、所有権移転外リース取引に係る賃借人が取得したものとされる減価償却資産については、リース資産につきその賃借人が賃借料として損金経理をした金額は、償却費として損金経理をした金額に含まれるものとする措置が講じられている。

　しかしながら消費税法上、所有権移転外ファイナンス・リース取引を含むファイナンス・リース取引（セール・アンド・リースバック取引を除く。）は、リース資産の引渡しの日において賃貸人は譲渡を行い、賃借人は課税仕入れ

を行ったことになるので、賃借人においては、そのリース資産の引渡しを受けた日の属する課税期間において、そのリース期間中に支払うべきリース料の額の合計額を一括して控除することとなる。注書は、このことを念のため明らかにしたものである。

なお、割賦販売等に係る手数料が当該割賦販売等に係る契約において明示されているときは、当該手数料は、非課税とされているから（令10③九、十）、当該割賦販売等に係る支払対価の合計額から当該手数料を控除した額が課税仕入れに係る支払対価の額となる。

参　考

所有権移転外ファイナンス・リース取引につき、事業者（賃借人）が賃貸借処理（通常の賃貸借取引に係る方法に準じた会計処理）をしている場合で、そのリース料について支払うべき日の属する課税期間における課税仕入れ等として消費税の申告をしているときは、会計基準に基づいた経理処理を踏まえ、経理実務の簡便性という観点から、これによって差し支えないことと取り扱われている。

（減価償却資産に係る仕入税額控除）

11―3―3　課税仕入れ等に係る資産が減価償却資産に該当する場合であっても、当該課税仕入れ等については、当該資産の課税仕入れ等を行った日の属する課税期間において法第30条《仕入れに係る消費税額の控除》の規定が適用されるのであるから留意する。

解説　課税仕入れ等の税額の控除は、課税仕入れ等を行った課税期間において行うのであるから、課税仕入れ等を行った課税資産又は課税貨物が減価

償却資産に該当する場合であっても、その課税資産又は課税貨物に係る課税仕入れ等の税額は、その課税資産又は課税貨物の課税仕入れ等を行った日の属する課税期間において控除することとなる。本通達は、このことを念のため明らかにしたものである。

なお、課税仕入れ等を行った日の属する課税期間において当該減価償却資産を事業の用に供していないとしても当該課税期間において当該課税仕入れ等の税額を控除することとなる。また、書画骨とうのように、時の経過によりその価値が減少しない資産についても課税仕入れ等を行った日の属する課税期間において、当該課税仕入れ等の税額を控除することになる。

(繰延資産に係る課税仕入れ等の仕入税額控除)

11―3―4　創立費、開業費又は開発費等の繰延資産に係る課税仕入れ等については、その課税仕入れ等を行った日の属する課税期間において法第30条《仕入れに係る消費税額の控除》の規定が適用されるのであるから留意する。

【平19課消1―18　改正】

解説　課税仕入れ等の税額の控除は、課税仕入れ等を行った課税期間において行うのであるから、課税仕入れ等を行った課税資産又は課税貨物が創立費、開業費若しくは開発費等の繰延資産に該当する場合であっても、その課税資産又は課税貨物に係る課税仕入れ等の税額は、その課税資産又は課税貨物の課税仕入れ等を行った日の属する課税期間において一括して控除することとなる。

本通達は、このことを念のため明らかにしたものである。

| 参 考 | 繰延資産の仕入税額控除の可否 |

繰延資産の種類	控除の可否	摘　　　　　要
創立費	〔〇〕	登録免許税や人件費等の課税の対象とならない部分を除いた課税仕入れが、その課税仕入れを行った日の属する課税期間の仕入税額控除の対象となる（基通11―3―4）。
開業費	〔〇〕	
株式交付費	〔〇〕	
社債等発行費	〔〇〕	
開発費	〔〇〕	
その他の繰延資産 (公共的施設等の負担金)	〇〔×〕	明らかに対価性のあるものを除き、国、地方公共団体、同業者団体等との間で定めた対価性の有無による（基通11―2―8）。
(建物賃借のための権利金)	〇	基通5―4―3参照
(機器の賃借に伴って支出する費用)	〇	
(ノウハウの頭金)	〇	
(出版権の設定の対価)	〇	基通5―4―1参照
(同業者団体等の入会金)	〇〔×〕	加入金とその構成員が受ける役務の提供等の間に明白な対価関係があるかどうかにより判定する。 　その判定が困難な場合は、団体等との間で定めた対価性の有無による（基通5―5―4、11―2―6、11―2―7）。

（未成工事支出金）

11―3―5　事業者が、建設工事等に係る目的物の完成前に行った当該建設工事等のための課税仕入れ等の金額について未成工事支出金として経理した場合においても、当該課税仕入れ等については、その課税仕入れ等をした日の属する課税期間において法第30条《仕入れに係る

消費税額の控除》の規定が適用されるのであるが、当該未成工事支出金として経理した課税仕入れ等につき、当該目的物の引渡しをした日の属する課税期間における課税仕入れ等としているときは、継続適用を条件として、これを認める。

解説 建設工事等に係る目的物の完成前に行った当該建設工事等のための課税仕入れに係る支払対価の額について、所得税又は法人税における収益費用の対応の観点から未成工事支出金として経理する場合があるが、この場合においても、その課税仕入れの時期は、原則として、資産の引渡しを受けた時又は外注先又は下請先の役務の提供が完了した時となる。

したがって、例えば建設業を営む事業者は、その課税期間において未成工事支出金として経理した金額のうちからその課税期間における課税仕入れに係る支払対価を抽出して、仕入控除税額を計算することになるのである。

しかしながら、経理実務においては、未成工事支出金勘定は一種の仮勘定であり、工事が完成した時点で一括して完成工事原価に振り替えられ、その内容もその時点で精査されるというのが一般的である。このような実務面を考慮すると、継続適用を条件とする限り、未成工事支出金勘定から完成工事原価に振替処理を行う時、すなわち、建設工事等に係る目的物を完成して相手方に引渡した日に、未成工事支出金勘定として処理された課税仕入れにつき課税仕入れがあったものとして取り扱うこととしても課税上の弊害はないものと考えられる。

このようなことから、本通達において、事業者が当該目的物に係る未成工事支出金として経理した課税仕入れに係る支払対価の額につき、当該目的物の引渡しをした日の属する課税期間における課税仕入れに係る支払対価としているときは、継続適用を条件として、これを認めることを明らかにしたものである。

なお、未成工事支出金に係る課税仕入れの時期の原則的な取扱いは、次のとおりである。

(1)　下請けの提供する役務の内容が建設工事に係る人的役務のみである場合に、月単位でその出来高（給与に該当するものを除く。）を計上しているときは、その計上時に計上した出来高に係る部分の課税仕入れを行ったものとして差し支えない。

(2)　下請の提供する役務の内容が目的物の引渡しを要する請負契約に基づくものである場合の資産の譲渡等の時期は、目的物を引き渡した日となるから、役務の提供を受ける元請における課税仕入れの時期は、当該目的物の引渡しを受けた日となる（基通11―3―1、9―1―5）。

　したがって、発注から引渡しを受けるまでの間に支払ういわゆる出来高払は、単なる中間金にすぎず、課税仕入れには該当しないこととなる。

(3)　建設資材の課税仕入れを行った日は、その引渡しを受けた日となる（基通9―1―1）。

(4)　建設機械等の賃貸借契約に基づいて支払う使用料等の額を対価とする課税仕入れの時期は、当該契約又は慣習によりその支払をすべきこととされている日となる（基通9―1―20）。

　（注）　元請業者が下請業者に対し出来高検収に基づいて請負金額を支払っている場合の取扱いについては基本通達11―6―6参照。

（建設仮勘定）

11―3―6　事業者が、建設工事等に係る目的物の完成前に行った当該建設工事等のための課税仕入れ等の金額について建設仮勘定として経理した場合においても、当該課税仕入れ等については、その課税仕入れ等をした日の属する課税期間において法第30条《仕入れに係る消費

税額の控除》)の規定が適用されるのであるが、当該建設仮勘定として経理した課税仕入れ等につき、当該目的物の完成した日の属する課税期間における課税仕入れ等としているときは、これを認める。

解説 事務所、工場、倉庫、施設等の建設工事や機械装置等の製造に係る目的物の全部の完成前に支払った当該建設工事等に要する設計料、資材購入費等の課税仕入れに係る支払対価の額について建設仮勘定として経理した場合においても、当該設計料に係る役務の提供や資材の購入等の課税仕入れについては、その課税仕入れを行った日の属する課税期間において仕入税額控除を行うことになる。しかし、現実的には、建設仮勘定のなかには、単なる中間金の支払等もあり、建設仮勘定の中からその課税期間中の課税仕入れを抽出することは、実務上、困難を伴う場合もある。このようなことから、本通達において、事業者が建設仮勘定として経理した課税仕入れに係る支払対価の額につき、当該目的物の全部の引渡しを受けた日の属する課税期間における課税仕入れに係る支払対価の額としているときは、これを認めることを明らかにしたものである。

(郵便切手類又は物品切手等の引換給付に係る課税仕入れの時期)

11—3—7 法別表第一第4号イ又はハ《郵便切手類等の非課税》に規定する郵便切手類又は物品切手等は、購入時においては課税仕入れには該当せず、役務又は物品の引換給付を受けた時に当該引換給付を受けた事業者の課税仕入れとなるのであるが、郵便切手類又は物品切手等を購入した事業者が、当該購入した郵便切手類又は物品切手等のうち、自ら引換給付を受けるものにつき、継続して当該郵便切手類又は物品切手等の対価を支払った日の属する課税期間の課税仕入れとして

いる場合には、これを認める。

解説 本通達は、非課税とされる郵便切手類等又は物品切手等の課税仕入れの時期について定めている。

消費税法別表第一第４号イ又はハ《郵便切手類等の非課税》に規定する郵便切手類又は物品切手等は、本来購入時においては非課税とされ課税仕入れには該当せず、役務又は物品の引換給付を受けた時にはじめて当該引換給付を受けた事業者の課税仕入れとなる。したがって、その郵便切手類又は物品切手等を購入した場合には、その購入時に非課税資産に計上し、引換えの都度課税仕入れとして振替処理をするか又はその購入時にいったん課税仕入れとしたとしても、その課税期間中の引換え分に基づいてその課税仕入れを修正するというのが原則である。

しかし、郵便切手類等又は物品切手等の中には、毎期経常的におおむね一定額を購入し、かつ、購入した事業者が自ら役務又は物品の引換給付を受けるものが少なくない。このようなものについては、課税期間ごとの実際の引換給付分を課税仕入れとすることに代えて、購入ベースで課税仕入れを行ったものとしたとしても、その計算が継続する限り、毎課税期間の課税仕入れに係る控除税額がそれ程ゆがめられるとはいえない。

本通達は、このような考え方に立って、非課税とされる郵便切手類又は物品切手等のうち、購入した事業者が自ら役務又は物品の引換給付を受けることが明らかなものについては、継続適用を条件として、購入ベースで課税仕入れとすることを認めることとしたものである。

（短期前払費用）

11―3―8 前払費用（一定の契約に基づき継続的に役務の提供を受ける

ために支出した課税仕入れに係る支払対価のうち当該課税期間の末日においてまだ提供を受けていない役務に対応するものをいう。）につき所基通37─30の2又は法基通2─2─14《短期前払費用》の取扱いの適用を受けている場合は、当該前払費用に係る課税仕入れは、その支出した日の属する課税期間において行ったものとして取り扱う。

解説 課税仕入れに係る消費税額については、課税仕入れが行われた課税期間において仕入税額控除の対象とすることになる（法30）。そして、この場合の「課税仕入れが行われた課税期間」とは、資産の譲渡等の時期と同様に、現金主義が認められる小規模事業者の場合を除き、発生主義に基づくこととなるから、実際に、課税資産の譲り受け、若しくは借り受け、又は役務の提供を受けた課税期間をいうのである。例えば、課税資産の譲受けを約して、消費税及び地方消費税込みの対価を支払ったとしても、その資産の譲受けがなされない限りは課税仕入れが行われていないから、その支払った金銭は単なる前渡金又は仮払金であり、それを仕入税額控除の対象とすることはできない。このことは、継続的に資産の借り受け、又は役務の提供を受ける場合も同様であり、その支払った金銭については前払費用又は仮払金等として処理することになるのである。

したがって、同一の勘定科目の金額の中に、まだ課税仕入れが行われていない前払費用の額と実際に課税仕入れを行った支払対価とが混在する場合には、消費税法上の原則からすれば、前払費用に相当する金額以外の支払対価のみを仕入税額控除の対象とすることとなるのである。

しかしながら、所得税や法人税においては、費用の認識を発生主義によることを原則としつつも、企業会計上の重要性の原則の観点等から、一定の契約に基づき継続的に役務の提供（資産の借受けを含む。）を受けるために支出した短期の前払費用については、継続適用を条件として、その支出した年度

において必要経費又は損金の額に算入することが認められており、消費税において所得税等と同様の取扱いをしたとしてもさしたる課税上の弊害は生じないものと考えられる。また、消費税において原則に従って処理するということは実務的に煩雑になるだけであり実際的ではない。

そこで、本通達では、1年以内の短期前払費用について、所得税基本通達37-30の2又は法人税基本通達2-2-14《短期の前払費用》の取扱いの適用を受けていることを条件として、その支払時点で課税仕入れとすることを認めることを明らかにしたものである。

(課税貨物を引き取った日の意義)

11-3-9 法第30条第1項第2号《仕入れに係る消費税額の控除》に規定する「課税貨物を引き取った日」とは、関税法第67条《輸出又は輸入の許可》に規定する輸入の許可を受けた日をいう。

なお、関税法第73条第1項《輸入の許可前における貨物の引取り》に規定する承認を受けて課税貨物を引き取った場合における法第30条第1項の規定の適用は、実際に当該課税貨物を引き取った日の属する課税期間となるのであるが、令第46条第1項《輸入の許可前に引き取る課税貨物に係る消費税額の控除の時期の特例》の規定によることもできるのであるから留意する。また、関税法第77条第6項《郵便物の関税の納付等》の規定の適用を受ける郵便物を引き取った場合も同様である。

(注) 保税地域から引き取る課税貨物につき特例申告書(法第2条第1項第18号《定義》に規定する特例申告書をいう。以下11-3-9及び15-4-6において同じ。)を提出した場合には、当該特例申告書を提出した日の属する課税期間において法第30条《仕入れに係る消費税額の

控除》の規定が適用されるのであるから留意する。

【平13課消1-5　改正】

解説　事業者（免税事業者を除く。）が、保税地域から課税貨物を引き取った場合には、当該課税貨物を引き取った日の属する課税期間の課税標準額に対する消費税額から、当該課税期間中に保税地域から引き取った課税貨物（他の法律又は条約の規定により消費税が免除されるものを除く。以下この章において同じ。）につき課された又は課されるべき消費税額（附帯税の額に相当する額を除く。）を控除することとされている。本通達は、この場合の「引き取った日」とは、関税法第67条に規定する輸入の許可を受けた日によることを明らかにしたものである。

　なお、引取りに係る課税貨物の輸入申告を関税法第7条の2第2項に規定する特例申告により行う場合には、当該申告書の提出期限が課税貨物の引取りの日の属する月の翌月末日とされていることから、当該特例申告書を提出する場合には、提出した日の属する課税期間において消費税法第30条の規定が適用されることを、本通達の注書において明らかにしている。

参考　関税法（抄）

(輸出又は輸入の許可)

第67条　貨物を輸出し、又は輸入しようとする者は、政令で定めるところにより、当該貨物の品名並びに数量及び価格（輸入貨物（特例申告に係る指定貨物を除く。）については、課税標準となるべき数量及び価格）その他必要な事項を税関長に申告し、貨物につき必要な検査を経て、その許可を受けなければならない。

(輸入の許可前における貨物の引取り)

第73条　外国貨物（特例申告に係る指定貨物を除く。）を輸入申告の後輸入の許可前に引き取ろうとする者は、関税額（過少申告加算税及び第十二条の四第一項

（重加算税）の規定により課される重加算税に相当する額を除く。）に相当する担保を提供して税関長の承認を受けなければならない。

（郵便物の関税の納付等）
第77条第6項

　第1項の郵便物の名あて人は、政令で定めるところによりあらかじめ税関長の承認を受けた場合には、当該郵便物に係る関税の課税標準及び税額についての決定がされる前に当該郵便物を受け取ることができる。（後略）

（許可前引取りに係る見積消費税額の調整）

11—3—10　事業者が、関税法第73条第1項《輸入の許可前における貨物の引取り》に規定する税関長の承認を受けて輸入の許可前に課税貨物を引き取り、当該引取りに係る見積消費税額（輸入申告書の金額を基に計算する等の方法により合理的に見積もった課税貨物の引取りに係る消費税額をいう。以下11—3—10において同じ。）について当該課税貨物の引取りを行った日の属する課税期間において法第30条《仕入れに係る消費税額の控除》の規定の適用を受けた場合において、その後確定した引取りに係る消費税額が見積消費税額と異なるときは、その差額は、その確定した日の属する課税期間の課税仕入れ等の税額に加算し、又は課税仕入れ等の税額から控除するものとする。

　なお、関税法第77条第6項《郵便物の関税の納付等》の規定の適用を受ける郵便物を引き取った場合も同様とする。

解説　外国貨物を保税地域から引き取る（輸入）形態の一つとして関税法第73条第1項《輸入の許可前における貨物の引取り》の規定による許可前引

取りといわれるものがある。

　一般的に輸入は、税関に対する輸入申告、輸入審査、関税及び内国消費税の納付及び輸入の許可という一連の行為を経て行われるのであるが、例えば、関税の課税標準の確定又は適用税率の決定に相当の日時を要する場合には、その輸入しようとする貨物の関税及び内国消費税の額に相当する担保を提供して税関長の承認を受けることにより、輸入の許可前に引き取ることができることとされている（関税法73①、輸徴法9②）。

　この許可前引取りに係る関税及び内国消費税については、その額が確定した時に、納付通知書に基づき納付することとなるのであるが、これらの税額が許可前引取りを行った日の属する課税期間の末日までに確定しないときは、その課税期間の消費税の仕入控除税額の計算は、引取りにつき納付すべき消費税額を見積額によらざるを得ないことになる。

　このため、この見積消費税額が、確定した消費税額と異なる場合には、その差額を調整するのは当然のことであるが、その調整の方法として許可前引取りに係る消費税額が確定した課税期間において仕入控除税額の計算の基礎となる課税仕入れ等の税額に加算し、又は課税仕入れ等の税額から控除すべきことを本通達において明確にしたものである。

　なお、消費税法施行令第46条第1項又は第2項《輸入の許可前に引き取る課税貨物に係る消費税額の控除の時期の特例》の規定を適用して確定した消費税額を納付した日の属する課税期間において仕入税額控除を行った場合には、このような調整の必要がないことはいうまでもない。

（電子申告の場合の輸入の許可があったことを証する書類）

11―3―11　電子情報処理組織による輸出入等関連業務の処理等に関する法律第3条《情報通信技術利用法の適用》の規定に基づき、電子情

報処理組織を使用して輸入申告したものについて、輸入の許可があった場合における令第49条第5項第1号《課税仕入れ等の税額の控除に係る帳簿等の記載事項等》に規定する輸入の許可があったことを証する書類は、「輸入申告控」及び「輸入許可通知書」とする。

【平9課消2—5、平23課消1—35　改正】

解説　消費税法第30条第1項《仕入れに係る消費税額の控除》の規定は、事業者がその課税期間の課税仕入れ等の税額の控除に係る帳簿及び請求書等を保存しない場合には、当該保存がない課税貨物に係る課税仕入れ等の税額については、適用しないこととされている（法30⑦）。

この場合の請求書等とは、課税貨物を保税地域から引き取る事業者が保税地域の所在地を所轄する税関長から交付を受ける当該課税貨物の輸入の許可があったことを証する書類その他の政令で定める書類で次に掲げる事項が記載されているものをいうこととされている（法30⑨三）。

　イ　保税地域の所在地を所轄する税関長
　ロ　課税貨物を保税地域から引き取ることができることとなった年月日
　ハ　課税貨物の内容
　ニ　課税貨物に係る消費税の課税標準である金額及び引取りに係る消費税額及び地方消費税額
　ホ　書類の交付を受ける事業者の氏名又は名称

本通達は、電子情報処理組織による輸出入等関連業務の処理等に関する法律第3条《情報通信技術利用法の適用》の規定に基づき、電子情報処理組織を使用して輸入申告したものについて、輸入の許可があった場合のその許可があったことを証する書類は、「輸入申告控」及び「輸入許可通知書」とすることを明らかにしたものである。

第4節　課税仕入れに係る支払対価の額

（現物出資に係る資産の取得）

11―4―1　事業者が現物出資（令第2条第1項第2号《資産の譲渡等の範囲》に規定する金銭以外の資産の出資をいう。）により資産を取得した場合において、当該資産の取得が課税仕入れに該当するときにおけるその課税仕入れに係る支払対価の額は、現物出資を行った者との間で授受することとした株式（出資を含む。）の交付（持分を明らかにして株券等を交付しない場合を含む。）の時における当該株式の価額に相当する金額（課税資産に対応する部分に限る。）となる。

(注)　法第12条第7項第3号《分割等の意義》に該当する分割等により設立された新設分割子法人が、同号の契約に基づく金銭以外の資産の譲渡を受けた場合の課税仕入れに係る支払対価の額は、新設分割親法人との間で授受することとした金額のうち課税資産に対応する部分の金額となる。

【平13課消1―5　改正】

解説　事業者が金銭以外の資産の出資（いわゆる現物出資）を行った場合の対価の額は、当該出資により取得する株式（出資を含む。）の取得の時における価額に相当する金額とされている（令45②三）。したがって、現物出資に係る課税資産の譲渡等の対価の額は、当該現物出資により取得する株式の取得時における価額に相当する金額のうち、課税資産の譲渡等に該当する部分の金額となる。この場合に別途消費税及び地方消費税に相当する金額の授受がないときは、当該課税資産の譲渡等に該当する部分の金額は、消費税及

び地方消費税に相当する金額を含んだ金額となるのである。

　これに対応して、現物出資により金銭以外の資産を取得した事業者においては、現物出資をした事業者に交付した株式に当該交付の時における価額に相当する金額のうち、課税資産に対応する部分の金額が課税仕入れに係る支払対価の額となるのであり、本通達の本文はこのことを明確にしたものである。

　また、消費税法第12条第７項第３号《分割等の意義》に該当する分割等により設立された新設分割子法人が、同号の契約に基づく金銭以外の資産の譲渡を受けた場合、いわゆる事後設立は、基本通達５－１－６《金銭以外の資産の出資の範囲》において、金銭以外の資産の出資に含まれないこととし、当該事後設立に係る資産の譲渡等の対価の額は、現実に対価として収受し、又は収受すべき金額となることを明らかにしているが、これと対応して、当該事後設立により金銭以外の資産を取得した事業者においては、現実に対価として支払い、又は支払うべき金額のうち、課税資産に対応する部分の金額が課税仕入れに係る支払対価となる。本通達の注書は、このことを念のため明らかにしたものである。

（建物と土地等とを同一の者から同時に譲り受けた場合の取扱い）

11－４－２　事業者が、課税資産と非課税資産とを同一の者から同時に譲り受けた場合には、当該譲受けに係る支払対価の額を課税仕入れに係る支払対価の額とその他の仕入れに係る支払対価の額とに合理的に区分しなければならないのであるが、建物と土地等を同一の者から同時に譲り受けた場合において、その支払対価の額につき、所得税又は法人税の土地の譲渡等に係る課税の特例の計算における取扱いにより区分しているときは、その区分したところによる。

解説 事業者が課税資産と非課税資産とを同一の者に対して同時に譲渡した場合には、その譲渡に係る対価の額を課税資産の譲渡に係る部分と非課税資産の譲渡に係る部分とに合理的に区分することとされている（令45③）。

これに対応して、事業者が事業として課税資産と非課税資産を同一の者から同時に譲り受けた場合には、その譲受けに係る対価の額を課税仕入れに係る部分とその他の仕入れに係る部分とに区分することとなるのであり、本通達の前段はこのことを明らかにしたものである。

ところで、事業者が建物と土地等を同一の者に同時に譲渡した場合には、その譲渡に係る対価の額を課税資産である建物部分と非課税資産である土地等の部分とに合理的に区分することとなるのであるが、その合理的な区分の方法として、所得税又は法人税の土地重課制度における税額計算の特例（租税特別措置法関係通達（所得税編）28の4—31から28の4—33まで又は（法人税編）62の3⑵—3から62の3⑵—5まで若しくは63⑵—3から63⑵—5まで））を適用する場合には、建物の対価の額と土地等の対価の額を合理的に区分し、土地等の対価の額を譲渡に係る契約書において明らかにすることとされていることから、消費税においても基本通達10—1—5《建物と土地等とを同一の者に対し同時に譲渡した場合の取扱い》において区分した金額を基礎とすべきこととしているところである。

これを受けて、譲渡を行った事業者がこれらの特例を適用した場合には、譲渡に係る契約書において建物と土地等の金額が明らかに区分されているわけであるから、譲渡を受けた事業者においても必然的に当該契約書で明らかにされている建物に係る部分の金額（消費税及び地方消費税に相当する金額を別途授受することとしている場合には、その額を含めた金額）が課税仕入れに係る支払対価の額となる。本通達の後段はこのことを明らかにしたものである。

なお、これらの規定によらずに区分する場合であっても、契約当事者が作成した契約書において区分している金額が合理的な基準によったものであれ

ば、その区分した金額によるべきことは当然である。また、契約書でこのような区分が行われていない場合には合理的に区分することとなるが、その区分しようとする取引における合理的な基準は、通常所得税又は法人税と消費税との間で異なるものではない。

(注) 所得税又は法人税の土地の譲渡等に係る課税の特例について規定している租税特別措置法第28条の4、第62条の3及び第63条は、平成10年1月1日から平成32年（2020年）3月31日までの間にした土地の譲渡等については適用しないこととされている（特措法28の4⑥、62の3⑭、63⑦）。

（郵便切手類又は物品切手等の引換給付を受けた場合の課税仕入れに係る支払対価の額）

11―4―3　法別表第一第4号イ又はハ《郵便切手類等の非課税》に規定する郵便切手類又は物品切手等による引換給付として課税仕入れを行った場合の課税仕入れに係る支払対価の額は、事業者が当該郵便切手類又は物品切手等の取得に要した金額とする。

解説　事業者が事業として購入した郵便切手類又は物品切手等（以下「物品切手等」という。）については、原則として、これらにより物品の給付又は役務の提供を受けた時が、課税仕入れの時期となるのであるが、自ら引換給付を受けるものにつき、継続してその物品切手等を購入した日の属する課税期間の課税仕入れとしている場合には、基本通達11―3―7《郵便切手類又は物品切手等の引換給付に係る課税仕入れの時期》において、これを認めることとしている。

　ところで、このように事業者が事業として物品切手等を購入し、自ら引換給付を受ける場合に、課税仕入れに係る支払対価の額をどのように捉えるか

については、その対象となる物品切手等が鉄道・バスの回数券等であり、物品切手等の取得価額とその物品切手等により引換給付を受けることのできる通常の販売価額又は料金等とが異なることが多いため、仕入控除税額の計算をいずれの金額を基にして行うのかを明確にしておく必要があるところである。

　この点について、消費税法第30条第6項前段《課税仕入れに係る支払対価の額》では、「課税仕入れに係る支払対価の額とは、課税仕入れの対価の額（対価として支払い、又は支払うべき金銭……）をいう」こととされているから、現実にその引換給付の基となった物品切手等の取得に要した金額を課税仕入れに係る支払対価の額とみるのが相当である。したがって、例えば、鉄道の回数券であれば10回乗車分で11回分の乗車券が取得できるが、その取得金額である10回分の金額が課税仕入れに係る支払対価の額となるのである。

　本通達は、このことを明確にしたものである。

　なお、本通達の取扱いは、購入した物品切手等により現実に引換給付を受けた時に課税仕入れとしている場合であっても異なるものではない。

（課税資産の譲渡等に係る為替差損益の取扱い）

11－4－4　支払対価を外貨建てとする課税仕入れを行った場合において、課税仕入れを行った時の為替相場（外国為替の売買相場をいう。以下同じ。）と当該外貨建てに係る対価を決済した時の為替相場が異なることによって、為替差損益が生じたとしても、当該課税仕入れに係る支払対価の額は課税仕入れを行った時において当該課税仕入れの支払対価の額として計上した額となるのであるから留意する。

解説　外貨建ての取引に係る課税仕入れの支払対価の額は、所得税法又は

法人税法により認められている円換算の方法により換算することとなる。したがって、所得税法又は法人税法上認められている出荷日為替レート又は一定日の為替レート等（法基通13の２－１－２）で円換算をし、仕入金額を計上した場合は、その金額が課税仕入れに係る支払対価の額となるので、為替レートの変動により、仕入れの計上に当たって適用した為替レートと決済日における為替レートとの間に差が生じ、決済額に差額（為替差損益）が生じても、それに伴って当該課税仕入れに係る支払対価の額を変更する必要はない。本通達は、このことを念のため明らかにしたものである。

(注)1　取引価額は外国通貨で表示されているがその支払が本邦通貨により行われることとされている取引、取引価額は本邦通貨で表示されているが外国通貨による保証約款が付されている取引等は、ここでいう、外貨建てとする課税仕入れには該当しないので、原則として本通達の適用はなく、支払われた本邦通貨の額若しくは決済した時の為替相場により換算した額が課税仕入れに係る支払対価の額となるのである。しかしながら、事業者が、所得金額の計算上、法人税基本通達13の２－１－２(注)６の取扱いの適用を受け、継続してこれらの取引に係る仕入れについて外貨建ての取引に係る円換算の例に準じて見積っている場合において、その見積額と当該取引に係る債務の実際の決済額との間の差額の処理について継続して為替差損益としているときは、その見積額を課税仕入れに係る支払対価の額とすることができる。したがって、この場合には、その見積額と実際の決算額との間に差が生じても調整をする必要はないこととなる。

2　外貨建ての取引に係る課税仕入れに係る支払対価の額につき円換算を行う場合において、当該課税仕入れに係る本邦通貨の額がその計上を行うべき日までに先物外国為替契約（外国通貨で表示される支払手段又は外貨債権の売買契約に基づく債権の発生、変更又は消滅に係る取引を当該売買契約の締結日後の一定の時期に一定の外国為替の売買相場により実行する取

第11章　仕入れに係る消費税額の控除　705

引の契約をいう。）により確定しているときがある。この場合において、事業者が、その課税仕入れに係る支払対価の額について、所得金額の計算上、法人税基本通達13の2―1―4の取扱いの適用を受け、その確定している本邦通貨の額をもってその円換算額としている場合には、消費税法上もこれによることとなる。

3　事業者が、外貨建てで購入した原材料についての仕入金額の換算をいわゆる社内レートによって行う等法人税基本通達13の2―1―2及び13の2―1―4に定める方法以外の方法によっている場合には、法人税基本通達13の2―1―2又は13の2―1―4に定める方法によって換算した金額と当該事業者が計上した金額との差額については、課税仕入れに係る支払対価の額を調整することとなる。

4　製造業者が商社等を通じて輸入取引をする場合において、その取引に係る為替差損又は為替差益相当額の一部又は全部を製造業者に負担させ又は帰属させる契約を締結していることがある。この場合において、製造業者が負担することとなる差損益の処理について、所得税又は法人税において、法人税基本通達13の2―1―11の取扱いの適用を受け、為替差損益としている場合には、これによることとなるので、課税仕入れに係る支払対価の額を変更する必要はないこととなる。

（課税仕入れに係る支払対価の額が確定していない場合の見積り）

11―4―5　事業者が課税仕入れを行った場合において、当該課税仕入れを行った日の属する課税期間の末日までにその支払対価の額が確定していないときは、同日の現況によりその金額を適正に見積もるものとする。この場合において、その後確定した対価の額が見積額と異なるときは、その差額は、その確定した日の属する課税期間における課

税仕入れに係る支払対価の額に加算し、又は当該課税仕入れに係る支払対価の額から控除するものとする。

解説 事業者（免税事業者を除く。）が、国内において課税仕入れを行った場合には、当該課税仕入れを行った日の属する課税期間の課税標準額に対する消費税額から、当該課税期間中に国内において行った課税仕入れに係る消費税額を控除することとされている（法30①）。

ところで、課税仕入れを行った場合において、その課税仕入れを行った日の属する課税期間の末日までにその支払対価の額が確定していない場合には、課税仕入れに係る資産の譲渡等を行い、それについて消費税の課税の対象となるときであっても、課税仕入れに係る消費税額を計算することができないこととなる。

そこで、本通達は、その課税仕入れを行った日の属する課税期間の末日までにその課税仕入れに係る支払対価の額が確定していないときは、同日の現況によりその金額を適正に見積ることとしたものである。

また、翌課税期間以降に確定した対価の額が見積額と異なるときは、その差額は、その確定した日の属する課税期間における課税仕入れに係る支払対価の額に加算し、又は当該支払対価の額から控除することにより、当初の仕入控除税額を調整することを併せて明らかにしている。

(注) 法人税基本通達2－2－1《売上原価等が確定していない場合の見積り》では、すでに収益計上した売上高等に対応する売上原価、工事原価その他の原価の額について、その収益に計上した事業年度終了の日までにその額が確定していない場合には、同日の現況によりその金額を適正に見積るものとしている。

したがって、法人税においては、例えば、法人が据付工事を含めて機械設備等の販売契約を行った取引について、その据付工事が完了する前に、機械

設備等の搬入時点でその据付工事の対価を含めた全体の収益を計上した場合には、契約に基づいて行うべき据付工事に係る費用は、たとえその据付工事が未了であるとしても、適正にこれを見積って売上原価等として計上することができることとなる。

しかし、消費税における本通達の取扱いは、実際に課税仕入れを行った取引について、その課税仕入れを行った日の属する課税期間の末日までにその支払対価の額が確定していないときに、同日の現況により、その金額を適正に見積るものとしている。

したがって、前記の例の据付工事費用のように、法人税の取扱いにおいて収益費用の対応の見地から見積計上を認められる原価であっても、課税期間の終了の日までに工事が完了していないものについては、消費税法上、課税仕入れに該当しないこととなる。ただし、当該見積額のうち、既に引渡し等を受けているが、その対価の額が確定していないときなど、実際に課税仕入れを行っているものについては、本通達が適用されることになるということである。

(特定課税仕入れに係る消費税額)

11―4―6　特定課税仕入れについても法第30条《仕入れに係る消費税額の控除》の規定が適用されるのであるが、その場合における特定課税仕入れに係る消費税額は、当該特定課税仕入れに係る支払対価の額に100分の6.3を乗じて算出した金額であることに留意する。

(注)　簡易課税制度が適用されない課税期間において、当該課税期間の課税売上割合が100分の95以上の事業者は、特定課税仕入れを行ったとしても、当分の間、当該特定課税仕入れはなかったものとされるのであるから、当該特定課税仕入れについては、法第30条の規定は適用され

ないことに留意する。

【平27課消1―17　追加】

解説　国内において特定資産の譲渡等を受けた事業者は、消費税法第5条第1項《納税義務者》の規定により、その受けた特定資産の譲渡等に係る特定課税仕入れについて納税義務を負うこととなるとともに、当該特定課税仕入れに係る支払対価の額に係る消費税額は、仕入税額控除の対象となる（法30①）。

したがって、特定課税仕入れについては、特定課税仕入れを行った事業者において、その支払対価の額に100分の6.3を乗じた金額が課税標準に係る消費税額となり、その事業者が同法第30条《仕入れに係る消費税額の控除》の規定による仕入税額控除を行う場合の特定課税仕入れに係る消費税額も同様に、特定課税仕入れに係る支払対価の額に100分の6.3を乗じて計算した金額によることとなる。本通達は、このことを念のため明らかにしたものである。

なお、所得税法等の一部を改正する法律（平成27年法律第9号）附則第42条《特定課税仕入れに関する経過措置》により、簡易課税制度の適用がない課税期間において、課税売上割合が95％以上であれば、当分の間、特定課税仕入れはなかったものとされるので、この場合の特定課税仕入れについては、課税標準に係る消費税額として申告する必要がないとともに、当該特定課税仕入れについては仕入税額控除もできないこととなる。

本通達の注書は、このことを念のため明らかにしたものである。

第5節　課税売上割合の計算等

（課税売上割合の計算単位）

11−5−1　課税売上割合は、事業者が当該課税期間中に国内において行った資産の譲渡等の対価の額の合計額に占める課税資産の譲渡等の対価の額の合計額の割合をいうのであるから、課税売上割合の計算を事業所単位又は事業部単位等で行うことはできないことに留意する。

解説　課税売上割合とは、事業者がその課税期間中に国内において行った資産の譲渡等の対価の額の合計額に占める課税資産の譲渡等の対価の額の合計額の割合をいうこととされている（法30⑥）。

したがって、課税売上割合の計算を事業所単位又は事業部単位等で行うことはできないこととなる。本通達は、このことを念のため明らかにしたものである。

なお、消費税法第30条第3項《課税売上割合に準ずる割合》に規定する課税売上割合に準ずる割合を適用する場合には、当該事業者に係る事業場の単位ごとに区分して課税売上割合に準ずる割合を適用することもできることとされている（基通11−5−8）。

（免税事業者であった課税期間において行った資産の譲渡等に係る対価の返還等）

11−5−2　免税事業者であった課税期間において行った課税資産の譲渡等につき課税事業者となった課税期間において売上げに係る対価の

返還等を行った場合であっても、当該売上げに係る対価の返還等の金額については、課税売上割合の計算上、「資産の譲渡等の対価の額」及び「課税資産の譲渡等の対価の額」から控除するのであるから留意する。

　　なお、当該売上げに係る対価の返還等の金額には、消費税額等はないことから当該対価の返還等の金額の全額を控除することとなる。

【平9課消2－5　改正】

解説　仕入控除税額の計算に当たって、適用すべき条項の判定又は税額算出の基礎となるのが、課税売上割合である。この課税売上割合は、国内において行った資産の譲渡等の対価の額の合計額に占める国内において行った課税資産の譲渡等の対価の額の合計額の割合とされており（法30⑥後段）、それぞれの対価の額の合計額からは、売上げに係る対価の返還等の金額（消費税額及び地方消費税額を含まない金額）を控除することとされている（令48①）。

　この課税売上割合の計算においては、法令上売上げに係る課税期間と対価の返還等に係る課税期間の対応関係を求めているものではなく、また、対価の返還を行った事実があれば控除する規定となっていることから、当該課税期間中に売上げに係る対価の返還等を行えば当該対価の返還等の金額をその発生課税期間である当該課税期間の売上高から控除すればよいのであり、発生の基となる売上げがどの課税期間のものかあるいは免税事業者であった課税期間のものかどうかを問うものではない。本通達の本文は、この点を明確にしたものである。

　ただし、その売上げに係る対価の返還等の基となった課税売上げが免税事業者であった課税期間中のものである場合には、その課税売上げについては課税されるべき消費税額及び地方消費税額がないのであるから、その分まで税込みの金額として取り扱うことが認められるものではなく、その対価の返

還等に係る金額の全額を控除することとなる。本通達のなお書はこのことを明らかにしたものである。

（相続等により課税事業者となった場合の課税売上割合の計算）

11－5－3　法第10条第１項《相続があった場合の納税義務の免除の特例》、第11条第１項《合併があった場合の納税義務の免除の特例》、第12条第１項又は第５項《分割等があった場合の納税義務の免除の特例》の規定の適用により、課税期間の中途において法第９条第１項本文《小規模事業者に係る納税義務の免除》の規定の適用を受けないこととなった場合の相続人、合併法人、新設分割子法人又は分割承継法人の課税売上割合の計算については、次のとおり行うのであるから留意する。

⑴　相続があった日の属する課税期間における相続人の課税売上割合は、当該相続があった日の翌日から当該課税期間の末日までの間における資産の譲渡等の対価の額の合計額及び課税資産の譲渡等の対価の額の合計額を基礎として計算する。

⑵　吸収合併があった日の属する課税期間における合併法人の課税売上割合は、当該合併があった日から当該課税期間の末日までの間における資産の譲渡等の対価の額の合計額及び課税資産の譲渡等の対価の額の合計額を基礎として計算する。

⑶　法第12条第７項第３号《分割等の意義》に該当する分割等があった日の属する課税期間における新設分割子法人の課税売上割合は、同号の契約に基づく金銭以外の資産の譲渡が行われた日から当該課税期間の末日までの間における資産の譲渡等の対価の額の合計額及び課税資産の譲渡等の対価の額の合計額を基礎として計算する。

> (4) 吸収分割があった日の属する課税期間における分割承継法人の課税売上割合は、当該吸収分割があった日から当該課税期間の末日までの間における資産の譲渡等の対価の額の合計額及び課税資産の譲渡等の対価の額の合計額を基礎として計算する。

【平13課消1―5、平15課消1―37　改正】

解説　仕入控除税額の計算の基礎となる課税売上割合は、その計算しようとする仕入控除税額に係る課税期間中における国内において行った資産の譲渡等の対価の額の合計額及び国内において行った課税資産の譲渡等の対価の額の合計額に基づいて算出することとされている（法30⑥後段）。

　この課税売上割合の算出に当たって、課税期間の中途で課税事業者となった場合には、課税事業者となった後の資産の譲渡等の対価の額及び課税資産の譲渡等の対価の額により算出すればよいのか疑問のあるところである。課税期間の中途で免税事業者から課税事業者に転じるケースとしては、

　① 課税事業者である被相続人の事業を相続人が承継した場合（法10①）

　② 課税事業者である被合併法人の事業を合併法人が承継した場合（法11①）

　③ 課税事業者である新設分割親法人の事業を事後設立により設立された新設分割子法人が承継した場合（法12①）

　④ 課税事業者である分割法人の事業を吸収分割に係る分割承継法人が承継した場合（法12⑤）

がある。

　このようなケースであっても、その課税資産の譲渡等が課税され、また、課税仕入れ等が仕入税額控除の対象となるのは、課税事業者となった後の課税資産の譲渡等及び課税仕入れ等である。

（注）　課税仕入れ等については、消費税法第36条第1項《納税義務の免除を受け

ないこととなった場合等の棚卸資産に係る消費税額の調整》の調整規定がある。

このように、消費税の課税関係はすべて課税事業者となった後の取引について生ずるから、仕入控除税額の計算の基礎となる課税売上割合も当然にその取扱いに沿って算出すべきものであり、本通達はこの点を明確にしたものである。

なお、消費税法第11条第3項に規定する新設合併又は消費税法第12条第7項第1号に規定する新設分割若しくは同項第2号に規定する現物出資の場合には、合併又は分割等の日から新たに課税期間が開始するのであり、このような問題が生ずる余地はない。

（国内において行った資産の譲渡等の対価の額）

11―5―4　法第30条第6項後段《課税売上割合》に規定する「資産の譲渡等の対価の額」及び「課税資産の譲渡等の対価の額」とは、いずれも国内において行う取引に係る資産の譲渡等の対価の額をいうのであるから、法第7条《輸出免税等》に規定する輸出取引に係る対価の額は含まれるが、国外において行う取引に係る対価の額は含まれないのであるから留意する。

解説　課税売上割合とは、当該事業者が当該課税期間中に国内において行った資産の譲渡等の対価の額の合計額のうちに当該事業者が当該課税期間中に国内において行った課税資産の譲渡等の対価の額の合計額の占める割合をいう（法30⑥）。

ところで、消費税法第7条第1項《輸出免税等》に規定する輸出免税等の対象となるいわゆる輸出取引は、国内において行う課税資産の譲渡等につい

て、消費税を免税とするものであり、国内において行った課税資産の譲渡等に該当することに変りはない。したがって、輸出免税等の対象となる取引に係る対価の額は、課税売上割合の計算上、分母及び分子に含まれることとなる。

しかしながら、国外において行う取引に係る対価の額は、たとえ資産の譲渡等の対価の額であっても「国内において行った」ものではないから、課税売上割合の計算には関係させないこととなる。本通達は、このことを念のため明らかにしたものである。

（輸出取引に係る対価の返還等があった場合の取扱い）

11－5－5　課税売上割合の計算に当たって、その課税期間中に課税資産の輸出取引（法第31条第１項《非課税資産の輸出等を行った場合の仕入れに係る消費税額の控除の特例》の規定により、法第30条《仕入れに係る消費税額の控除》の規定が適用される輸出取引等を含む。）に係る対価の返還等を行った場合には、当該対価の返還等の金額は、課税売上割合の計算上、法第30条第６項後段《課税売上割合》に規定する「資産の譲渡等の対価の額の合計額」及び「課税資産の譲渡等の対価の額の合計額」から控除するのであるから留意する。

解説　事業者が、課税期間中に国内において行った資産の譲渡等に係る対価の返還等を行った金額又は国内において行った課税資産の譲渡等に係る対価の返還等を行った金額があるときは、その金額は、当該事業者が当該課税期間中に国内において行った資産の譲渡等の対価の額及び国内において行った課税資産の譲渡等の対価の額から控除し、その控除後の金額により課税売上割合を計算することとされている（令48①）。

この場合に、事業者が消費税法第7条第1項《輸出免税等》、同法第8条第1項《輸出物品販売場における輸出物品の譲渡に係る免税》その他の法律又は条約の規定により消費税が免除される課税資産の譲渡等につき、返品を受け、又は値引き若しくは割戻しをしたことにより、当該課税資産の譲渡等の対価の額の全部若しくは一部の返還又は当該課税資産の譲渡等の対価の額に係る売掛金その他の債権の額の全部若しくは一部の減額をした場合には、課税売上割合の計算に当たって、その返還等を行った対価の額は、資産の譲渡等に係る対価の額及び課税資産の譲渡に係る対価の額から控除して課税売上割合を計算することになる。

本通達は、このことを念のため明らかにしたものである。

（課税売上割合の端数計算）

11―5―6　課税売上割合については、原則として、端数処理は行わないのであるが、事業者がその生じた端数を切り捨てているときは、これを認める。

解説　課税売上割合は、次の算式で計算される（分母、分子いずれも税抜きの金額である。）。

$$課税売上割合 = \frac{当該課税期間中に国内において行った課税資産の譲渡等の対価の額の合計額 \left[売上げに係る対価の返還等の金額を控除した金額\right]}{当該課税期間中に国内において行った資産の譲渡等の対価の額の合計額 \left[売上げに係る対価の返還等の金額を控除した金額\right]}$$

本通達は、この課税売上割合については、その端数処理を行わないのであるが、任意の位以下の端数を切り捨てているときは、これを認めることを明らかにしたものである。

（課税売上割合に準ずる割合）

11 — 5 — 7 法第30条第3項《課税売上割合に準ずる割合》に規定する課税売上割合に準ずる割合（以下11—5—9までにおいて「課税売上割合に準ずる割合」という。）とは、使用人の数又は従事日数の割合、消費又は使用する資産の価額、使用数量、使用面積の割合その他課税資産の譲渡等とその他の資産の譲渡等に共通して要するものの性質に応ずる合理的な基準により算出した割合をいう。

解説 個別対応方式により仕入控除税額を計算する場合には、課税売上割合によるあん分に代えて税務署長の承認を受けたいわゆる課税売上割合に準ずる割合によることも認められている（法30③）。

この「課税売上割合に準ずる割合」は、事業者の営む事業の種類又は当該事業に係る販売費、一般管理費その他の費用の種類に応じ合理的に算定されるものでなければならない（法30③）。

したがって、どのような方法が合理性を担保するものであるかは一概にはいえないが、本通達は、使用人の数又は従事日数の割合、消費又は使用する資産の価額、使用数量、使用面積の割合その他課税資産の譲渡等とその他の資産の譲渡等に共通して要する課税仕入れの性質に応ずる合理的な基準により算出すべきことを明らかにしたものである。

なお、課税売上割合に準ずる割合の具体的な取扱いは次のとおりである。

1　課税売上割合に準ずる割合についての基本的な考え方

(1)　消費税法第30条第3項《仕入れに係る消費税額の控除》に規定する課税売上割合に準ずる割合（以下「準ずる割合」という。）は、同条第6項に規定する課税売上割合（以下「課税売上割合」という。）により計算した仕入控除税額がその事業者の事業の実態を適正に反映しないものにな

る等、課税売上割合により仕入控除税額を計算する場合に比して準ずる割合により仕入控除税額を計算する方がより合理的と認められる場合に適用されるものである。

(2) 準ずる割合は、当該事業者の営む事業の種類又は当該事業に係る販売費、一般管理費その他の費用の種類に応じて合理的に算定される割合である場合に承認されるものであり、この場合の「合理的に算定される割合」であるかどうかは、課税資産の譲渡等とその他の資産の譲渡等に共通して要する課税仕入れ（以下「共通用課税仕入れ」という。）の性質に応じて、事業内容等の実態に応じた合理的な配分基準といえるかどうかにより判定される。

(3) したがって、準ずる割合は、配分しようとする共通用課税仕入れごとに合理的な割合であることが原則となる。

2　承認の対象となる準ずる割合

1の基本的な考え方に基づき、準ずる割合として認められるものには、次のようなものが考えられる。

(1) 従業員割合

① 算定方法

$$従業員割合 = \frac{課税資産の譲渡等にのみ従事する従業員数}{課税資産の譲渡等にのみ従事する従業員数 + その他の資産の譲渡等にのみ従事する従業員数}$$

（留意事項）

イ　課税資産の譲渡等及びその他の資産の譲渡等の双方の業務に従事する従業員については、原則としてこの割合の計算上、分母、分子のいずれにも含めない。

　　ただし、事務日報等により課税資産の譲渡等及びその他の資産の

譲渡等の双方の業務に従事する従業員全員の従事日数が記録されていて、この記録により従業員ごとの従事日数の割合が計算できる場合には、当該従事日数の割合により当該従業員数を各業務にあん分することが認められる。

(注) その他の資産の譲渡等にのみ従事する従業員が皆無の場合であっても、課税資産の譲渡等及びその他の資産の譲渡等の双方の業務に従事する従業員全員についてただし書に規定する状況にあるときは、その従事日数の割合により、従業員割合の適用を認める。

ロ 従業員数を課税資産の譲渡等、その他の資産の譲渡等に係る業務ごとに区分できることが前提となるから、課税資産の譲渡等及びその他の資産の譲渡等の双方の業務に従事する従業員がある場合には、「課税資産の譲渡等にのみ従事する従業員数」を「総従業員数－その他の資産の譲渡等にのみ従事する従業員数」という方法で把握することは認められない。

ハ 計算の基礎となる従業員数は、原則として課税期間の末日の現況による。ただし、課税期間の末日における従業員数が課税期間における実態と異なるなど、事業の実態を反映しないものであるときは、課税期間中の各月末の平均数値等によることができる。

ニ 国外取引にのみ従事する従業員は、分母、分子ともに含まれない（課税売上割合の場合と同じ考え方による。）。

(例) 建設会社の海外工事部門の従業員

ホ 役員（非常勤役員を除く。）も従業員に含めて取り扱う。また、アルバイト等についても、従業員と同等の勤務状況にある場合には、従業員に含めて取り扱う。

② 適用対象となる共通用課税仕入れ

イ 共通用課税仕入れのうち、その額が従業員数に比例して支出され

ると認められるものについて適用される。したがって、原則として共通用課税仕入れのすべてについて従業員割合を適用することは認められない。

ただし、事業の種類によって共通用課税仕入れの大部分が従業員数に比例していると認められる場合には、その全体について適用することができる。

(注) 従業員割合を適用することが認められる共通用課税仕入れは、おおむね次のとおりである（製造原価に含まれるものを除く。）。

福利厚生費、水道光熱費、保健衛生費、旅費交通費、図書費

なお、これらの課税仕入れであっても、商品の生産・販売実績等の合理的な基準により課税資産の譲渡等にのみ要するものとその他の資産の譲渡等にのみ要するものとに区分することができるものについては、その区分したところによることができる。

ロ　本店・支店ごと又は事業部門ごとにそれぞれの従業員割合を適用することは認められる。

ハ　従業員割合の適用対象外の共通用課税仕入れについては、他の合理的な割合（課税売上割合の計算方法により算出した課税売上割合に準ずる割合その他の課税売上割合に準ずる割合）を適用することができる。

なお、準ずる割合に係る承認は、準ずる割合を用いた仕入控除税額の計算体系について全体として承認されるものであるから、例えば、特定の共通用課税仕入れについて適用しようとする準ずる割合は合理的であっても、その他の共通用課税仕入れについて適用しようとする準ずる割合が合理的でない場合や適用しようとする準ずる割合の計算方法が不明確である場合には、承認されることとならない。

(2) 事業部門ごとの課税売上割合に準ずる割合

① 算定方法

事業部門ごと（本店・支店ごとによる場合を含む。以下、この割合において同じ。）に、当該事業部門に係る課税資産の譲渡等の対価の額及び資産の譲渡等の対価の額を基礎として、課税売上割合と同様の方法により割合を求めて、その事業部門の共通用課税仕入れに係る税額をあん分する。

$$\text{事業部門ごとの課税売上割合に準ずる割合} = \frac{\text{事業部門ごとの課税売上高}}{\text{事業部門ごとの課税売上高} + \text{事業部門ごとの非課税売上高}}$$

② 適用範囲等

イ　この割合は、独立採算制の対象となっている事業部門や独立した会計単位となっている事業部門について適用が認められる。

ロ　総務・管理部門等の事業部門以外の部門については、この割合の適用が認められない。

ハ　事業部門の課税売上割合に準ずる割合が95％以上であっても、算出した割合により仕入控除税額の計算を行う。

なお、事業部門における課税売上割合に準ずる割合が本来の課税売上割合よりも低いこととなる場合であっても、その事業部門における課税売上割合に準ずる割合を使用する。

ニ　総務・管理部門の共通用課税仕入れのすべてを各事業部門の従業員数比率等適宜の比率により事業部門に振り分けた上で、事業部門ごとの課税売上割合に準ずる割合によりあん分する方法も認められる。

(3) 床面積割合

課税資産の譲渡等及びその他の資産の譲渡等に係る専用面積を基礎として、従業員割合に準じて計算する。

$$床面積割合 = \frac{課税資産の譲渡等に係る業務で使用する専用床面積}{課税資産の譲渡等に係る業務で使用する専用床面積 + 非課税資産の譲渡等に係る業務で使用する専用床面積}$$

(留意事項)

イ 床面積を課税資産の譲渡等と非課税資産の譲渡等に係る業務ごとに区分できることが前提となる。

(注) 課税資産の譲渡等及び非課税資産の譲渡等の双方の業務で使用する床面積がある場合には、「課税資産の譲渡等に係る業務で使用する専用床面積」を、「総床面積－非課税資産の譲渡等に係る業務で使用する専用床面積」という方法で把握することは認められない。

ロ 計算の基礎となる床面積は、原則として課税期間の末日の現況による。

(注) 課税期間の末日における床面積が課税期間における実態と異なるなど、事業の実態を反映しないものであるときは、課税期間中の各月末の平均数値等によることができる。

ハ 課税資産の譲渡等及び非課税資産の譲渡等の双方の業務で使用する専用床面積については、原則としてこの割合の計算上、分母、分子のいずれにも含めない。

ニ 本店・支店ごと又は事業部門ごとにそれぞれの床面積割合を適用することは認められる。

(注) 床面積割合を適用することが認められる共通用課税仕入れは、おおむね次のとおりである（製造原価に含まれるものを除く。)。

家賃、水道光熱費、建物及び付属設備の修繕費、保守料

(4) 取引件数割合

その取引について課税資産の譲渡等に係る件数とその他の資産の譲渡等に係る件数に区分され、かつ、その取引を行うために要する課税仕入

れが取引件数にほぼ比例する取引（例えば、短資会社におけるコールローン取引と無担保コールの仲介取引）を行う事業について、その取引件数を基礎として計算する。

$$取引件数割合 = \frac{課税資産の譲渡等に係る取引件数}{課税資産の譲渡等に係る取引件数 + 非課税資産の譲渡等に係る取引件数}$$

(注) 取引件数割合を適用することが認められる共通用課税仕入れは、おおむね次のとおりである（製造原価に含まれるものを除く。）。

　　車両費、事務機のリース料、会議費、通信費、消耗品費、交際費、広告宣伝費、委託計算費

（課税売上割合に準ずる割合の適用範囲）

11−5−8　課税売上割合に準ずる割合の適用に当たっては、その事業者が行う事業の全部について同一の割合を適用する必要はなく、例えば、次の方法によることもできるのであるから留意する。

ただし、この場合には、適用すべき課税売上割合に準ずる割合の全てについて税務署長の承認を受けなければならないのであるから留意する。

(1)　当該事業者の営む事業の種類の異なるごとにそれぞれ異なる課税売上割合に準ずる割合を適用する方法

(2)　当該事業者の事業に係る販売費、一般管理費その他の費用の種類の異なるごとにそれぞれ異なる課税売上割合に準ずる割合を適用する方法

(3)　当該事業者の事業に係る事業場の単位ごとにそれぞれ異なる課税売上割合に準ずる割合を適用する方法

【平23課消1—35　改正】

解説　事業者が、課税売上割合に準ずる割合を適用する場合には、その事業全体につき同一の割合しか適用できないということではなく、次のような区分ごとに課税売上割合に準ずる割合を適用して計算することができる。また、その場合には、適用すべき課税売上割合に準ずる割合の全てについて税務署長の承認を受ける必要がある。

本通達は、このことを明らかにしたものである。

　イ　事業の種類の異なるごとの区分
　ロ　事業に係る販売費、一般管理費その他の費用の種類の異なるごとの区分
　ハ　事業に係る事業場の単位ごとの区分

したがって、例えば、課税資産の譲渡等とその他の資産の譲渡等に共通して要する課税仕入れ等に該当するような総務、経理部門における費用について仕入控除税額の計算をする場合には、その費用を種類ごとに区分し、①電気料については床面積割合を適用し、②コンピューターリース料については本来の課税売上割合を課税売上割合に準ずる割合として適用し、③水道料その他については従業員割合を適用する等、それぞれの区分ごとに仕入控除税額を計算することができることとなる。

なお、課税売上割合に準ずる割合の具体的な取扱いについては、基本通達11—5—7の解説を参照。

（課税売上割合が95％未満であるかどうかの判定）

11—5—9　法第30条第2項本文《仕入控除税額の計算》に規定する「課税売上割合が100分の95に満たないとき」に該当するかどうかは、事業者が課税売上割合に準ずる割合につき税務署長の承認を受けているかどうかにかかわらず、課税売上割合によって判定することに留意

する。

解説 事業者が個別対応方式により仕入控除税額の計算を行う場合に、その課税期間中の課税仕入れ等の税額の全額を控除することができるかどうかの判定、すなわち、課税売上割合が95％以上であるかどうかの判定に当たっては、課税売上割合に準ずる割合につき税務署長の承認を受けているときであっても、本来の課税売上割合によって判定するのである。

本通達は、このことを念のため明らかにしたものである。

（課税期間における課税売上高が５億円を超えるかどうかの判定）
11─5─10　法第30条第２項本文《仕入控除税額の計算》に規定する「課税期間における課税売上高が５億円を超えるとき」に該当するかどうかは、課税期間における課税売上高（同条第６項《課税期間における課税売上高》に規定する課税期間における課税売上高をいう。以下11─5─10において同じ。）によって判定するのであるが、当該課税期間が１年に満たない場合には、当該課税期間における課税売上高を当該課税期間の月数（当該月数は、暦に従って計算し、１月に満たない端数を生じたときは、これを１月とする。）で除し、これに12を乗じて計算した金額となることに留意する。

なお、課税期間における課税売上高に含まれる範囲は、1─4─2《基準期間における課税売上高等に含まれる範囲》と同様である。

【平24課消1─7　追加】

解説　その課税期間における課税売上高が５億円を超える場合又は課税売上割合が95％未満の場合には、個別対応方式又は一括比例配分方式のいずれ

かの方法により、仕入控除税額を計算することとされている（法30②）。

　この場合において、課税期間における課税売上高が５億円を超えるかどうかの判定は、消費税法第30条第６項《課税期間における課税売上高》に規定する課税期間における課税売上高により行うのであるが、消費税課税期間特例選択・変更届出書を提出し、課税期間の特例の適用を受けている事業者や事業年度が６月である法人など、その課税期間が１年に満たない場合は、当該課税期間における課税売上高を１年間の課税売上高に換算した金額（当該課税期間の月数で除し、これに12を乗じて計算した金額）により行うこととされている（法30⑥）。これは、仮決算による中間申告書を提出する場合も同様である。

　なお、個人事業者にあっては、課税期間の特例の適用を受けている場合を除き、年の途中において事業を開始した場合や事業を廃止した場合等、その課税期間において事業を行った期間が１年に満たないときであっても、その課税期間における課税売上高そのもので５億円を超えるかどうかを判定することとなる。

　ところで、同条第６項に規定する「課税期間における課税売上高」とは、その課税期間中における消費税が課税される取引の売上金額（税抜き）と、輸出取引などの免税売上金額の合計額をいい、売上返品、売上値引や売上割戻し等に係る金額がある場合には、これらの合計額（税抜き）を控除した残額（法第28条第１項に規定する対価の額）となるのであるが、これは基本通達１—４—２の基準期間における課税売上高及び特定期間における課税売上高に含まれる範囲と同様である。

　本通達は、このことを念のため明らかにしたものである。

第6節　仕入税額の控除に係る帳簿及び請求書等の記載事項の特例

　課税事業者は、課税仕入れ等の税額の控除を受けるためには、課税仕入れ等の事実の帳簿への記録、保存及び課税仕入れ等の事実を証する請求書等を保存しなければならないこととなっている（法30⑦）。ただし、再生資源卸売業その他不特定多数の者から課税仕入れを行う事業で再生資源卸売業に準ずる事業に係る課税仕入れ、媒介又は取次ぎに係る事業を行う者を介して行われる課税仕入れについては、帳簿への記載事項の一部を省略する等の特例が設けられ、また、通常不特定多数の消費者や事業者を相手として取引を行っている事業者など一定の事業を行う者については、その交付する請求書等に相手先の氏名又は名称の記載を省略できる特例が定められている。

　ところで、消費税の仕入税額控除の適用を受けるためには、平成9年3月までは、課税仕入れ等の事実を記載した帳簿又は相手方から受領した請求書等のいずれかを保存することが要件とされていたところであるが、平成9年4月1日以後行う課税仕入れ等については、制度に対する信頼性を高める観点から、仕入税額控除の適用要件が、課税仕入れ等の事実を記載した帳簿及び請求書等のいずれも保存することに改められた（法30⑦）。

　この改正は、大部分の事業者間取引において、請求書等が交付され、保存されているという我が国の取引実態を尊重して行われたものである。

　この仕入税額控除制度の改正に当たっては、現実の取引実態を踏まえ、以下のような特例措置が講じられている。

イ　課税仕入れに係る支払対価の合計額が3万円未満である場合には、請求書等の保存は要せず、法定事項が記載された帳簿の保存のみで足りることとされている（法30⑦、令49①一）。

ロ　課税仕入れに係る支払対価の合計額が３万円以上で請求書等の交付を受けなかったことにつきやむを得ない理由がある場合において、法定事項を記載した帳簿に当該やむを得ない理由及び相手方の住所又は所在地を記載しているときは、適用要件を満たしているものとして取り扱われる（法30⑦、令49①二）。

　また、請求書等の交付を受けなかったことにつきやむを得ない理由がある場合においても、国税庁長官が指定する者については、その相手方の住所又は所在地の記載を省略することができることとされている（令49①二）。

ハ　卸売市場においてせり売又は入札の方法により行われる課税仕入れその他の媒介又は取次ぎに係る業務を行う者を介して行われる課税仕入れについては、当該媒介又は取次ぎに係る業務を行う者が、通常、取引内容を記載した書類を作成している実態にかんがみ、これらの者が作成した書類に法定事項が記載されている場合には、当該書類は、請求書等とすることとされている（法30⑨一）。

ニ　百貨店等の消化仕入れ等の場合には、仕入れを行った百貨店等が、仕入明細書等を作成している実態にかんがみ、課税仕入れを行った事業者が、当該課税仕入れにつき、法定事項を記載した書類を課税仕入れの相手方に交付し、その確認を受けている場合には、当該書類は、請求書等とすることとされている（法30⑨二）。

　また、平成９年３月以前の仕入税額控除方式の下では、帳簿又は請求書等のいずれかを保存すればよいこととされていたので、更正決定の期間との関係から、そのいずれかを７年間保存することとされていたが、平成９年４月１日以後行う課税仕入れ等については、そのいずれも保存しなければならないこととされたことから、その保存期間については原則７年間としつつも、帳簿を７年間保存することとしている場合には請求書等は５年間、請求書等を７年間保存することとしている場合には帳簿は５年間を超えて保存するこ

とは要しないこととされた（令50①、規則15の3）。

　この改正に伴う仕入税額控除の要件としての帳簿の具体的な記載方法については、国税当局は、事業者の事務負担を極力増加させないことを基本方針としていたところであり、日本税理士会連合会等から、課税仕入れの事実の詳細を帳簿に記載しなければならないとすると著しく事務負担が増加するとの照会に対し、平成8年9月5日付「仕入税額控除の要件における「帳簿」の記載方法等について」（巻末付録1参照）により具体的な帳簿の記載方法を質疑応答形式で回答している。

　その後、帳簿の記載方法については、日本税理士会連合会から平成9年3月4日付で「仕入税額控除の要件における「帳簿」・「請求書等」の記載内容に関する見解」（巻末付録2参照）が公表されている。これは、「仕入税額控除の要件における「帳簿」の記載方法等について」の内容に関して実務上疑義の生ずる点について日本税理士会連合会が見解を示したものである。この内容については、国税庁においても了解しているところであり、尊重すべきものである。

（仕入税額控除に係る帳簿及び請求書等の記載事項の特例）

11―6―1　法第30条第7項《仕入税額控除に係る帳簿及び請求書等の保存》に規定する課税仕入れ等の税額の控除に係る帳簿及び請求書等に関して同条第8項第1号《仕入税額控除に係る帳簿》及び同条第9項第1号《仕入税額控除に係る請求書等》に規定する記載事項については、次により取り扱って差し支えない。

(1)　法第30条第8項第1号及び第2号《仕入税額控除に係る帳簿》に規定する記載事項

　　イ　同項各号イに規定する課税仕入れの相手方の氏名又は名称

　　　　取引先コード等の記号、番号等による表示
　　ロ　同項各号ハに規定する課税仕入れに係る資産又は役務の内容　　当該仕入れが課税仕入れかどうかの判別が明らかである場合の商品コード等による表示
　（注）　帳簿とは、第１号イからニ及び第２号イからホに規定する記載事項を記録したものであればよいのであるから、商業帳簿のほか、所得税又は法人税の申告の基礎となる帳簿でも差し支えない。
(2)　法第30条第９項第１号《仕入税額控除に係る請求書等》に規定する記載事項
　　イ　同号イに規定する作成者の氏名又は名称及びホに規定する書類の交付を受ける当該事業者の氏名又は名称　　取引先コード等の記号、番号等による表示
　　ロ　同号ハに規定する課税資産の譲渡等に係る資産又は役務の内容　　当該資産の譲渡等が課税資産の譲渡等かどうかの判別が明らかである場合の商品コード等による表示
(3)　法第30条第９項第２号《仕入税額控除に係る請求書等》に規定する記載事項
　　イ　同号イに規定する作成者の氏名又は名称及びロに規定する課税仕入れの相手方の氏名又は名称　　取引先コード等の記号、番号等による表示
　　ロ　同号ニに規定する課税仕入れに係る資産又は役務の内容　　当該仕入れが課税仕入れかどうかの判別が明らかである場合の商品コード等による表示

【平９課消２－５、平27課消１－17　改正】

解説

(1) 課税仕入れ等の事実を帳簿へ記載する場合、消費税法施行令第49条第2項及び第3項《課税仕入れ等の税額の控除に係る帳簿の記載事項の特例》の規定により、課税仕入れの相手先の氏名又は名称の記載を省略する等の特例が認められているが、本通達の(1)は、この特例の他に電算処理の場合の取引先コード等の記号、番号等による表示の取扱い及び帳簿の意義等について明らかにしたものである。すなわち、電算処理による出力帳票を課税仕入れ等の税額に係る帳簿としている場合には、出力帳票に課税仕入れの相手先や課税仕入れに係る資産又は役務の内容を書き加える必要はなく、記号、番号等にコード化された取引先や資産又は役務の内容の表示によって差し支えないことを明らかにしたものである。

なお、注書は、商業帳簿、所得税又は法人税の申告の基礎となる帳簿であっても所定の記載事項を記録したものであれば、これらを備え付けていることにより、消費税の仕入税額控除を受けるために保存しなければならないこととされる帳簿の保存があるものとなるのであり、消費税の申告のためだけにこれらとは別の帳簿を記録、保存する必要はないことを念のため明らかにしたものである。

(2) 通常不特定多数の消費者や事業者を相手として取引を行っている事業者など一定の事業を行う者については、その交付する領収書（レシート）等には購入者の氏名又は名称を記載しないのが通例である。このことから、このような事業者から購入する者が課税仕入れ等の税額の控除を受けるため保存する領収書等については、消費税法第30条第9項第1号《課税仕入れ等の税額の控除に係る請求書等の記載事項》及び同令第49条第4項《請求書等の記載事項の特例を受ける事業》の規定により、購入者の氏名又は名称が記載されていない領収書等であっても差し支えないこととされている。本通達の(2)は、この特例の他に電算処理の出力

帳票による請求書等を保存する場合に、出力帳票に課税仕入れ等を行った者（請求書等の保存者）の氏名又は名称、課税仕入れに係る資産又は役務の内容の記載は、記号、番号等にコード化された取引先、資産又は役務の内容の表示によって差し支えないことを明らかにしたものである。

(3) 課税仕入れを行った事業者が自ら作成する仕入明細書、仕入計算書等の書類で一定事項が記載されており、かつ、当該記載事項につき課税仕入れの相手方の確認を受けているものについては、消費税法第30条第9項第2号《課税仕入れ等の税額の控除に係る請求書等の記載事項》の規定により請求書等に該当することとされている。本通達の(3)は、この特例の他に電算処理の出力帳票による請求書等を保存する場合に、出力帳票への課税仕入れを行った事業者（仕入明細書等の作成者）及び課税仕入れの相手方の氏名又は名称、課税仕入れに係る資産又は役務の内容の記載に当たっては、記号、番号等のコード化による表示であっても差し支えないことを明らかにしたものである。

(注) 仕入明細書等の課税仕入れの相手方の確認を受ける方法は、基本通達11－6－5《課税仕入れの相手方の確認を受ける方法》に規定している。

（支払対価の額の合計額が3万円未満の判定単位）

11－6－2　令第49条第1項第1号《課税仕入れ等の税額の控除に係る帳簿等の記載事項等》に規定する「課税仕入れに係る支払対価の額の合計額が3万円未満である場合」に該当するか否かは、一回の取引の課税仕入れに係る税込みの金額が3万円未満かどうかで判定するのであるから、課税仕入れに係る一商品ごとの税込金額等によるものではないことに留意する。

【平10課消2－9　追加】

解説 消費税法施行令第49条第1項第1号《課税仕入れ等の税額の控除に係る帳簿等の記載事項等》において、請求書等の保存の特例について規定しているが、当該規定中、「課税仕入れに係る支払対価の額」とは、消費税法第30条第1項《仕入れに係る消費税額の控除》に規定する課税仕入れに係る支払対価の額であるから、消費税及び地方消費税込みの支払金額となり、3万円未満の判定は、1回の取引に係る金額をいうのであるから、1商品ごとの金額、月まとめ等の金額にはならないこととなる。

(請求書等の交付を受けなかったことにつきやむを得ない理由があるときの範囲)

11—6—3　令第49条第1項第2号《課税仕入れ等の税額の控除に係る帳簿等の記載事項等》に規定する「請求書等の交付を受けなかったことにつきやむを得ない理由があるとき」は、次による。

　なお、請求書等の交付を受けなかったことについてやむを得ない理由があるときに該当する場合であっても、11—6—4に該当する取引でない限り、当該やむを得ない理由及び課税仕入れの相手方の住所又は所在地を帳簿に記載する必要があるから留意する。

(1)　自動販売機を利用して課税仕入れを行った場合

(2)　入場券、乗車券、搭乗券等のように課税仕入れに係る証明書類が資産の譲渡等を受ける時に資産の譲渡等を行う者により回収されることとなっている場合

(3)　課税仕入れを行った者が課税仕入れの相手方に請求書等の交付を請求したが、交付を受けられなかった場合

(4)　課税仕入れを行った場合において、その課税仕入れを行った課税期間の末日までにその支払対価の額が確定していない場合

なお、この場合には、その後支払対価の額が確定した時に課税仕入れの相手方から請求書等の交付を受け保存するものとする。
(5) その他、これらに準ずる理由により請求書等の交付を受けられなかった場合

【平10課消2－9　追加】

解説　課税仕入れに係る支払対価の額の合計額が３万円以上である場合において、請求書等の交付を受けなかったことにつきやむを得ない理由があるときは、帳簿の保存があれば仕入税額控除ができることとされている（法30⑦、令49①二）。

　ただし、この場合には、保存する帳簿に消費税法第30条第８項《仕入れに係る消費税額の控除》の記載事項に加えて当該やむを得ない理由と課税仕入れの相手方の住所又は所在地を記載する必要があることとされている。

　本通達は、この場合の請求書等の交付を受けなかったことにつきやむを得ない理由の例を具体的に示したものである。

　なお、本通達の(3)において請求の事実の確認ができるかどうか疑問もあろうが、消費税法施行令第49条第１項第２号の規定の適用を受けて仕入税額控除をするためには、課税仕入れの相手方の住所又は所在地を確認することが前提となることから、それにより課税仕入れの相手方の確認も容易にでき、請求時の状況等の詳細までをも敢えて証明する必要はない。

（課税仕入れの相手方の住所又は所在地を記載しなくてもよいものとして国税庁長官が指定する者の範囲）

11－6－4　令第49条第１項第２号《課税仕入れ等の税額の控除に係る帳簿等の記載事項等》に規定する「国税庁長官が指定する者」は次に

よる。
　(1)　汽車、電車、乗合自動車、船舶又は航空機に係る旅客運賃（料金を含む。）を支払って役務の提供を受けた場合の一般乗合旅客自動車運送事業者又は航空運送事業者
　(2)　郵便役務の提供を受けた場合の当該郵便役務の提供を行った者
　(3)　課税仕入れに該当する出張旅費、宿泊費、日当及び通勤手当（以下11―6―4において「出張旅費等」という。）を支払った場合の当該出張旅費等を受領した使用人等
　(4)　令第49条第2項《課税仕入れ等の税額の控除に係る帳簿等の記載事項等》の規定に該当する課税仕入れを行った場合の当該課税仕入れの相手方

【平10課消2―9　追加】

解説　仕入税額控除の適用に当たっては、課税仕入れに係る支払対価の額が3万円以上の場合で、請求書等の交付を受けなかったことにつきやむを得ない理由があるときは、保存する帳簿に消費税法第30条第8項《仕入税額控除に係る帳簿の記載事項》に規定する事項に加えて当該やむを得ない理由と課税仕入れの相手方の住所又は所在地を記載しておけば仕入税額控除ができることとしている（法30⑦、令49①二）。

　この場合において、国税庁長官が指定する者に係るものについては、上記要件のうち課税仕入れの相手方の住所又は所在地の記載は必要ないこととされている（令49①二）。

　本通達においては、消費税法施行令第49条第1項第2号《課税仕入れ等の税額の控除に係る帳簿の記載事項等》に規定する国税庁長官が指定する者として(1)から(4)までの者を指定しているものである。

(課税仕入れの相手方の確認を受ける方法)

11―6―5　法第30条第9項第2号《請求書等の範囲》に規定する「課税仕入れの相手方の確認を受けたもの」とは、保存する仕入明細書等に課税仕入れの相手方の確認の事実が明らかにされているもののほか、例えば、次のものがこれに該当する。

(1)　仕入明細書等への記載内容を通信回線等を通じて課税仕入れの相手方の端末機に出力し、確認の通信を受けた上で自己の端末機から出力したもの

(2)　仕入明細書等の写し等を課税仕入れの相手方に交付した後、一定期間内に誤りのある旨の連絡がない場合には記載内容のとおり確認があったものとする基本契約等を締結した場合における当該一定期間を経たもの

【平10課消2―9　追加】

解説　仕入税額控除の要件は、課税仕入れ等に係る帳簿及び請求書等の保存とされており、この場合の請求書等は課税仕入れの相手方が作成したものが原則となるが、課税仕入れを行った者が作成する仕入明細書、仕入計算書等の書類で一定事項が記載されており、かつ、当該記載事項につき課税仕入れの相手方の確認を受けているものについては、請求書等に該当することとされている（法30⑨二）。

本通達では、消費税法第30条第9項第2号《課税仕入れ等に係る請求書等》に規定する課税仕入れの相手方の確認を受ける方法を具体的に列挙したものである。

なお、本通達(2)では、「課税仕入れの相手方の確認を受けたもの」として、「仕入明細書等の写し等を課税仕入れの相手方に交付した後、一定期間内に

誤りのある旨の連絡がない場合には記載内容のとおり確認があったものとする基本契約書等を締結した場合における当該一定期間を経過したもの」を掲げているが、これは基本契約に限定する趣旨のものではない。

　したがって、①仕入明細書等に、「送付後一定期間内に誤りのある旨の連絡がない場合には記載内容のとおり確認があったものとする」旨の通知文書を添付して相手方に送付し了解を得る、②仕入明細書等に同様の文言を記載して相手方の了解を得る等、仕入明細書等の記載事項が課税仕入れの相手方に示され、その内容が確認されている実態にあることが明らかであれば、当該仕入明細書等は請求書等に該当するものとなる。

（元請業者が作成する出来高検収書の取扱い）

11—6—6　建設工事等を請け負った事業者（以下11—6—6において「元請業者」という。）が、建設工事等の全部又は一部を他の事業者（以下11—6—6において「下請業者」という。）に請け負わせる場合において、元請業者が下請業者の行った工事等の出来高について検収を行い、当該検収の内容及び出来高に応じた金額等を記載した書類（以下11—6—6において「出来高検収書」という。）を作成し、それに基づき請負金額を支払っているときは、当該出来高検収書は、法第30条第9項第2号《請求書等の範囲》に規定する書類に該当するものとして取り扱う（当該出来高検収書の記載事項が同号に規定する事項を記載しており、その内容について下請業者の確認を受けているものに限る。）。

　なお、元請業者は、当該出来高検収書を作成し下請業者に記載事項の確認を受けることにより、当該出来高検収書に記載された課税仕入れを行ったこととなり、法第30条第1項《仕入れに係る消費税額の控除》の規定が適用できるものとして取り扱う。

(注) この取扱いは下請業者の資産の譲渡等の計上時期により影響されるものではないことに留意する。

【平10課消2－9　追加】

解説

(1) 本通達の考え方

　消費税法第30条第9項第2号《請求書等の範囲》に規定する仕入明細書、仕入計算書等には、典型的なものとして消化仕入れの明細書等が挙げられるが、本通達では建設の元請業者が作成する出来高検収書も同号の書類に該当することを明らかにしている。

　建設業、造船業等の未成工事支出金の実態をみると、資材等の購入については資材等の引渡しを前提に支出することから、消費税の取扱いにおいても何ら問題は生じない。一方、元請業者が下請業者に工事等の一部を下請けさせる場合の工事代金の支払は、一般的に、元請業者が下請業者の工事等の出来高を検収し、その出来高に応じて支払うこととしており、これは、元請業者からすると部分完成引渡しを受けているのと実態的には変わらないものと言える。

　そこで、このような実態を踏まえ、建設工事等に伴う未成工事支出金のうち下請業者が行う工事等の出来高に応じて支出するもので、出来高検収書を作成しているものについては、当該出来高検収書を消費税法第30条第9項第2号に規定する書類に該当するものとして取り扱うこととしたものである。

　したがって、このような実態にあるものについては、元請業者が出来高検収書を下請業者に交付し、それに基づき下請業者が請求書を作成・交付する場合も同様に取り扱って差し支えないこととなる。

　なお、この取扱いは、下請業者がいわゆる孫請業者に下請けさせる場

合も同様に取り扱うものであり、また、建設仮勘定についても出来高を検収した上で出来高検収書を作成し、それに基づき代金を支払うこととしているときは本通達を準用できることとなる。

(注) 本通達を運用するに当たっては、出来高の検収が適正に行われていることが前提となることは当然のことである。

(2) 下請業者の資産の譲渡等の時期との関係

元請業者が本通達を適用して仕入税額控除を行った場合でも、下請業者は資産の譲渡等の時期を完成引渡しの時とすることも考えられるが、本通達注書では、下請業者が資産の譲渡等の時期をいつの時点としているかにかかわらず、元請業者が本通達の適用をしている場合には、それを認めることとしている。

(帳簿及び請求書等の保存期間)

11—6—7 法第30条第1項《仕入れに係る消費税額の控除》の規定の適用を受けようとする事業者は、令第50条第1項ただし書《課税仕入れ等の税額の控除に係る帳簿等の保存期間》、規則第15条の3《帳簿等の保存期間の特例》の規定により、帳簿及び請求書等の保存期間のうち6年目及び7年目は、法第30条第7項《仕入れに係る消費税額の控除に係る帳簿及び請求書等の保存》に規定する帳簿又は請求書等のいずれかを保存すればよいのであるから留意する。

【平10課消2—9 追加、平12課消2—10 改正】

解説 仕入税額控除をするためには、課税仕入れ等に係る帳簿及び請求書等を7年間保存する必要がある (法30⑦、令50①)。

この場合の帳簿及び請求書等の保存は、本来それらのいずれも7年間保存

する必要があるが（令50①本文）、帳簿又は請求書等のいずれかを 7 年間保存する場合には、帳簿又は請求書等のもう一方は 5 年間の保存でよいこととされている（令50①ただし書、規則15の 3 ）。

つまり、帳簿を 7 年間保存する場合には請求書等の保存は 5 年間でよく、請求書等を 7 年間保存する場合には帳簿の保存は 5 年間でよいこととなるのである。

第 7 節　非課税資産の輸出等を行った場合の仕入れに係る消費税額の控除の特例

（国内以外の地域における自己の使用のための資産の輸出等）

11―7―1　法第31条第 2 項《海外支店等で自己使用する資産の輸出等を行った場合の仕入れに係る消費税額の控除の特例》に規定する「国内以外の地域における……自己の使用のため、資産を輸出した場合」とは、例えば、事業者が国外にある支店において使用するための事務機器等を当該支店あてに輸出する場合がこれに該当する。

解説　国外における資産の譲渡等や自己の海外支店等における営業用として自己使用するために資産を輸出する場合には、そのために国内において行った課税仕入れに係る税額を輸出取引に係るものとして税負担の調整を図る必要があることから、資産の譲渡等として行われる輸出でなくとも消費税法第31条第 2 項《海外支店等で自己使用する資産の輸出等を行った場合の仕入れに係る消費税額の控除の特例》の規定によって、その仕入れに係る税額を控除することが認められている。この「自己の使用のため、資産を輸出した場合」とは、具体的には、海外支店において使用する事務機器等の資産を当

該支店あてに輸出する場合をいうのであり、本通達は、このことを念のため明らかにしたものである。

第12章　仕入れに係る消費税額の調整

第1節　仕入れに係る対価の返還等を受けた場合の控除の特例

(1) 課税事業者が、課税仕入れについて返品をし、又は値引き若しくは割戻しを受けたことにより仕入れに係る対価の返還等があった場合には、仕入控除税額の計算に当たっては、その対価の返還等を受けた日の属する課税期間における課税仕入れ等の税額の合計額から、その課税期間において仕入れに係る対価の返還等を受けた金額に係る消費税額の合計額を控除することとなる（法32①）。

　この計算方法は、次のとおりである。
イ　その課税期間における課税売上高が5億円以下かつ課税売上割合が95％以上の場合

　その課税期間の課税仕入れ等の税額の合計額から、その課税期間において仕入れに係る対価の返還等を受けた金額に係る消費税額の合計額を控除する。

ロ　その課税期間における課税売上高が5億円超又は課税売上割合が95％未満の場合で仕入控除税額を個別対応方式によって計算することとしている場合

　① 課税資産の譲渡等にのみ要する課税仕入れ等の税額の合計額から、課税資産の譲渡等にのみ要する課税仕入れについて、その課税期間において仕入れに係る対価の返還等を受けた金額に係る消費税額の合計額を控除する。

②　課税資産の譲渡等とその他の資産の譲渡等に共通して要する課税仕入れ等の税額の合計額に課税売上割合（課税売上割合に準ずる割合を含む。）を乗じて計算した金額から、課税資産の譲渡等とその他の資産の譲渡等に共通して要する課税仕入れについて、その課税期間において対価の返還等を受けた金額に係る消費税額の合計額に課税売上割合（課税売上割合に準ずる割合を含む。）を乗じて計算した金額を控除する。

ハ　その課税期間における課税売上高が5億円超又は課税売上割合が95％未満の場合で仕入控除税額を一括比例配分方式により計算することとしている場合

　課税仕入れ等の税額の合計額に課税売上割合を乗じて計算した金額から、その課税期間において仕入れに係る対価の返還等を受けた金額に係る消費税額の合計額に課税売上割合を乗じて計算した金額を控除する。

(注)1　仕入れに係る対価の返還等を受けた場合の計算方法は上記のとおりであるが、その課税期間の課税仕入れの金額からその課税期間において受けた仕入れに係る対価の返還等の金額を控除した後の金額の合計額をその課税期間の課税仕入れの支払対価の額の合計額として課税仕入れに係る消費税額を計算しているときは、継続適用を条件としてこれを認める。

2　課税売上割合が95％以上の課税期間（簡易課税制度の適用がない課税期間に限る。）及び簡易課税制度を選択する課税期間においては、当分の間、特定課税仕入れはなかったものとして消費税法が適用されることから（平成27年改正法附則42、44②）、これらの課税期間において行った特定課税仕入れに係る支払対価について、その後の課税期間に対価の返還等を受けた場合であっても、既になかったものとされた特定課税仕入れに係るものであることから、消費税法第32条《仕入れに

係る対価の返還等を受けた場合の仕入れに係る消費税額の控除の特例》、消費税法第38条の2第1項《特定課税仕入れに係る対価の返還等を受けた場合の消費税額の控除》の規定は適用されない。

(2) また、事業者が保税地域から引き取った課税貨物に係る消費税額の全部又は一部につき、他の法律の規定により、還付を受ける場合にもその課税期間における課税仕入れ等の税額の合計額から保税地域から引き取った課税貨物につきその課税期間において還付を受ける消費税額の合計額を控除することとなる（法32④）。

　この「他の法律により、還付を受ける場合」には、例えば、輸徴法第14条第1項《相殺関税等が還付される場合の消費税の還付》、第15条第2項《変質、損傷等の場合の軽減又は還付等》、第16条の3《輸入時と同一状態で再輸出される場合の還付》又は第17条《違約品等の再輸出又は廃棄の場合の還付等》の規定により消費税の還付を受ける場合が該当する。

　引取りに係る消費税額の全部又は一部につき、他の法律により還付を受ける場合の仕入控除税額の計算は、(1)の計算と同様の方法により行う。

(3) なお、課税仕入れ等の税額の合計額から仕入れに係る対価の返還等を受けた金額又は還付を受ける消費税額の合計額を控除した場合に、控除しきれない金額があるときは、その控除しきれない金額を課税標準額に対する消費税額に加算することとなる（法32②、⑤）。

(4) 相続により被相続人の事業を承継した相続人が、被相続人によって行われた課税仕入れにつき対価の返還等を受けた場合、又は被相続人によって保税地域から引き取られた課税貨物に係る消費税額の全部又は一部につき、他の法律により還付を受ける場合には、相続人が対価の返還を受けた又は還付を受けたものとみなして、仕入控除税額の計算を行うこととなる（法32⑥）。また、このことは、法人の合併があった場合の合併法人においても同様である（法32⑦）。

第1款　対価の返還等の範囲

　仕入れに係る対価の返還等を受けた場合とは、国内において行った課税仕入れについて、返品をし、又は値引き若しくは割戻しを受けたことにより、その課税仕入れに係る支払対価の額の全部又は一部の返還を受けた場合をいうが、この款においては、その支払の形態に応じた取扱いを定めている。

（事業者が収受する早出料）

12―1―1　事業者が海上運送事業を営む他の事業者から船舶による運送に関連して収受する早出料は、仕入れに係る対価の返還等に該当する。

解説　海上貨物運送契約において碇泊期間が限定されている場合で、約定の碇泊期間より早く荷役が完了したときに、その節約された期間に対して海上運送事業を営む者から支払われる船舶の早出料は、運賃の割戻しとして支払われるものであることから、仕入れに係る対価の返還等に該当することとなる。本通達は、このことを明らかにしたものである。

　なお、逆に約定の期間を超過して荷役がなされた場合に、海上運送事業を営む事業者が荷主から受ける滞船料は、資産の譲渡等の対価たる運賃に該当することとなる。

（事業者が収受する販売奨励金等）

12―1―2　事業者が販売促進の目的で販売奨励金等の対象とされる課税資産の販売数量、販売高等に応じて取引先（課税仕入れの相手方のほか、その課税資産の製造者、卸売業者等の取引関係者を含む。）から金

銭により支払を受ける販売奨励金等は、仕入れに係る対価の返還等に
　　該当する。

解説　事業者が販売数量や販売高に応じて取引先から支払を受ける販売奨励金等は、仕入代金の一部の返戻額であることから、本通達において、仕入れに係る対価の返還等に該当するものであることを明らかにしたものである。また、この場合の取引先には、課税仕入れの直接の相手方に限らず、例えば、商品等の卸売業者、製造業者等も含まれるのであり、それらの者から支払われるいわゆる飛越しリベート等も仕入れに係る対価の返還等に該当することとなる。

　なお、保険の取次店、代理店等が取次件数、成約件数等に応じて支払を受ける奨励金は、取次店、代理店等が精励して取扱件数を伸ばしたという役務の提供に対し支払われるものであるから、その支払を受けた事業者の課税売上げとなる。

（事業者が収受する事業分量配当金）

12―1―3　法法第60条の2第1項第1号《協同組合等の事業分量配当金の損金算入》に掲げる協同組合等から事業者が収受する事業分量配当金のうち課税仕入れの分量等に応じた部分の金額は、当該事業者の仕入れに係る対価の返還等に該当することに留意する。

【平18課消1―16　改正】

解説　事業分量配当金は、協同組合等が組合員等に対し、その事業の利用分量に応じてその剰余金を分配するものであり、その性格が組合員との取引の価格修正であることから、事業者が課税仕入れを対象として組合等から支

払を受ける事業分量配当金については、仕入れに係る対価の返還等に該当する。本通達は、このことを念のため明らかにしたものである。

（仕入割引）

12―1―4　課税仕入れに係る対価をその支払期日よりも前に支払ったこと等を基因として支払を受ける仕入割引は、仕入れに係る対価の返還等に該当する。

解説　仕入割引は仕入れに係る対価をその支払期日よりも前に支払ったこと等に基づいて支払を受けるものであり、その金額の計算は、一般に利息計算の方法によって行われることから企業会計上は営業外収益として受取利息と同様に取り扱われているが、たとえその金額の計算方法が利息計算に類似しているとしても、もともとその支払をする事業者が負債を負っていてこれについて利息を支払うものではなく、期限前に支払を受けたことによって得た利益を還元しているものであるから、消費税法上金銭の貸付けに係る利子と同様にみることはできない。また、仕入割引はそもそもが仕入代金の授受を直接の原因として受渡しされるものであり、仕入割戻しと同様に捉えられるのであることから仕入れに係る対価の返還等に該当するのである。

本通達は、このことを明らかにしたものである。

（輸入品に係る仕入割戻し）

12―1―5　保税地域からの引取りに係る課税貨物について、当該課税貨物の購入先から当該課税貨物の購入に係る割戻しを受けた場合の当該割戻しは、仕入れに係る対価の返還等に該当しない。

【平13課消1－5　改正】

解説　事業者が、保税地域から引き取った課税貨物に係る消費税額の全部又は一部につき、他の法律の規定により還付を受ける場合、例えば、輸徴法第14条第1項《相殺関税等が還付される場合の消費税の還付》、第15条第2項《変質、損傷等の場合の軽減又は還付等》、第16条の3《輸入時と同一状態で再輸出される場合の還付》又は第17条《違約品等の再輸出又は廃棄の場合の還付等》の規定により引取りに係る消費税額の還付を受ける場合には、その課税期間における課税仕入れ等の税額の合計額からその課税期間において還付を受ける消費税額の合計額を控除することとされている（法32④）。

また、国内において行った課税仕入れについて値引き又は割戻し等を受けた場合には、その割戻しの金額に係る消費税額を課税仕入れ等の税額の合計額から控除することとされている（法32①）。

保税地域から引き取った課税貨物について、その購入先から単に値引き又は割戻し等を受けただけでは、これらのいずれの規定の適用も受けるものではない。

したがって、保税地域からの引取りに係る課税貨物について、当該課税貨物の購入先から当該課税貨物の購入に係る値引き又は割戻し等を受けたとしても、納付した消費税額について還付を受けるものでない限りその値引き又は割戻し等の額について仕入れに係る対価の返還等があった場合の仕入れに係る消費税額の控除の調整計算を行う必要はないこととなる。

本通達は、このことを念のため明らかにしたものである。

なお、当該割戻しが関税定率法基本通達4－2の2《別払金等がある場合の現実支払価格の算出》の(1)に該当する返戻金は、その金額は関税の課税価格に含まれないこととされており、結果として消費税の課税標準にも含まれないこととなる。

(課税仕入れとそれ以外の取引を一括して対象とする仕入割戻し)

12―1―6　事業者が、一の取引先との間で課税仕入れに係る取引と課税仕入れに該当しない取引を行った場合において、これらの取引につき、一括して割戻しを受けたときは、割戻金額を課税仕入れに係る部分とそれ以外の取引に係る部分に合理的に区分したところにより法第32条《仕入れに係る対価の返還等を受けた場合の仕入れに係る消費税額の控除の特例》の規定を適用することとなるのであるから留意する。

解説　消費税法第32条《仕入れに係る対価の返還等を受けた場合の仕入れに係る消費税額の控除の特例》の規定は、あくまでも事業者が行った課税仕入れについて、返品をし、又は値引き若しくは割戻し等を受けた場合に適用されるものであるから、一の取引先との間で課税仕入れに係る取引と課税仕入れに該当しない取引を行った場合において、これらの取引について一括して割戻しを受けたときには、その割戻額を課税仕入れに係る金額とその他の取引に係る金額とに区分することになる。本通達は、このことを念のため明らかにしたものである。

　例えば、その割戻しが買掛金の支払高に応じて支払われるような場合には、当該事業者が当該買掛金をそれぞれ区分して管理している場合を除き、その支払がそれぞれの仕入れに係る支払前の買掛金残高の比により平均的に行われるものとして、買掛金残高の比によって課税仕入れに係る仕入割戻しの額を計算しても差し支えない。

(債務免除)

12―1―7　事業者が課税仕入れの相手方に対する買掛金その他の債務

の全部又は一部について債務免除を受けた場合における当該債務免除は、仕入れに係る対価の返還等に該当しないことに留意する。

解説 事業者が国内において行った課税仕入れについて、返品、値引き又は割戻し等の対価の返還等を受けた場合には、その返還等を受けた対価の額に含まれている消費税額を課税仕入れに係る消費税額から控除することとされている（法32）。

ところで、この場合の対価の返還等というのは、あくまでも、個々の取引に基づくその取引価格の修正を意味するものであり、取引先の支払能力、資産状態を考慮して行われる債務の免除は、これに含まれない。

したがって、事業者が債務免除を受けた場合には、その債務免除の額を「仕入れに係る対価の返還等」として仕入れに係る消費税額の調整を行う必要はないこととなる。本通達は、このような債務免除を受けた場合の取扱いについて念のため明らかにしたものである。

なお、本通達にいう「買掛金その他の債務の全部又は一部について債務免除を受けた場合」とは、個人事業者が資力喪失により債務免除を受けた場合に贈与税を課されないこととされる場合（相続税法8）、法人が会社更生法の規定による更生手続開始の決定や民事再生法の規定による再生手続の開始決定を受けたことにより債務免除が行われる場合（法法59）等が該当することとなる。

（免税事業者であった課税期間において行った課税仕入れについて対価の返還等を受けた場合）

12—1—8 免税事業者であった課税期間において行った課税仕入れについて、課税事業者となった課税期間において仕入れに係る対価の返

還等を受けた場合には、当該対価の返還等の金額について法第32条《仕入れに係る対価の返還等を受けた場合の仕入れに係る消費税額の控除の特例》の規定の適用はないことに留意する。

ただし、法第36条《納税義務の免除を受けないこととなった場合等の棚卸資産に係る消費税額の調整》の規定の適用を受けた棚卸資産の課税仕入れについてはこの限りではない。

解説 消費税法第32条《仕入れに係る対価の返還等を受けた場合の仕入れに係る消費税額の控除の特例》の規定は、同法第30条《仕入れに係る消費税額の控除》の規定により計算したその課税期間の仕入れに係る消費税額を調整するものであるから、同法第32条の適用があるのは、同法第30条の規定の適用を受ける事業者すなわち課税事業者に限られる。したがって、同条の規定の適用を受けない免税事業者であった課税期間中に行った課税仕入れについて、その課税期間において仕入れに係る対価の返還等を受けた場合はもちろん、その課税仕入れについてその後課税事業者となった課税期間において仕入れに係る対価の返還等を受けた場合であっても、同法第32条の規定の適用はないこととなる。本通達は、このことを念のため明らかにしたものである。

ただし、免税事業者が課税事業者になった場合には、同法第36条《納税義務の免除を受けないこととなった場合等の棚卸資産に係る消費税額の調整》の規定により、課税事業者となった課税期間の初日の前日すなわち免税事業者であった課税期間の末日において有している棚卸資産で、免税事業者であった課税期間中の課税仕入れに係るもの又は保税地域から引き取った課税貨物であるものを有しているときは、その課税仕入れに係るもの又はその課税貨物に係る消費税額を、課税事業者となった課税期間の仕入れに係る消費税額の計算の基礎となる課税仕入れ等の税額とみなすこととされており、この時点で同法第30条の規定の適用を受けることとなる。したがって、免税事業

者であった課税期間において行った課税仕入れについての仕入れに係る対価の返還等であっても、同法第36条の規定の適用を受けた棚卸資産に係るものについては、同法第32条の適用があることとなる。

本通達ただし書は、このことを明らかにしている。

> **（免税事業者等となった後の仕入れに係る対価の返還等）**
> 12―1―9　課税事業者が事業を廃止し、又は免税事業者となった後において、課税事業者であった課税期間における課税仕入れにつき仕入れに係る対価の返還等を受けた場合には、その返還等の金額に係る消費税額について、法第32条《仕入れに係る対価の返還等を受けた場合の仕入れに係る消費税額の控除の特例》の規定は適用されないのであるから留意する。

解説　課税仕入れにつき、仕入れに係る対価の返還等を受けた場合の消費税額の調整は、仕入れに係る対価の返還等を受けた日の属する課税期間において行うこととされている（法32①）。すなわち、事業者が行った課税仕入れについて仕入れに係る対価の返還等を受けた場合の消費税額の調整は、その課税仕入れを行った課税期間において行うのではなく、その仕入れに係る対価の返還等を受けた課税期間において行うこととなる。しかし、その仕入れに係る対価の返還等を受けた日が、その事業者が事業を廃止した後や免税事業者となった課税期間に属する場合には、その対価の返還等を受けた日において消費税額の調整を行おうにもその期間については、そもそも消費税法第32条《仕入れに係る対価の返還等を受けた場合の仕入れに係る消費税額の控除の特例》の規定の適用の前提となる同法第30条《仕入れに係る消費税額の控除》の規定の適用がないことから、当然に同法第32条の適用はないこと

となる。

本通達は、このことを念のため明らかにしたものである。

第2款　対価の返還等の時期

　仕入れに係る対価の返還等を受けた場合又は保税地域から引き取った課税貨物に係る消費税額の還付を受けた場合には、その事実が生じた日の属する課税期間において仕入控除税額を減額することとされているが、この款においては、その支払の形態に応じて、その対価の返還等を受けた時期に関する取扱いを定めている。

　なお、この取扱いは、所得税又は法人税における仕入割戻しの計上時期の取扱いと同様である。

（仕入割戻しを受けた日）

12—1—10　資産の譲渡等に係る仕入割戻しについては、次の区分に応じ、次に掲げる日に当該仕入割戻しを受けたものとする。

　(1)　その算定基準が購入価額又は購入数量によっており、かつ、その算定基準が契約その他の方法により明示されている仕入割戻し　資産の譲渡等を受けた日

　(2)　(1)に該当しない仕入割戻し　その仕入割戻しの金額の通知を受けた日

解説

(1)　契約その他の方法によって仕入割戻しの算定基準があらかじめ定められているような場合には、資産の譲渡等を受けたときにおいて仕入割戻しの額が計算できるのであるから、当該資産の譲渡等を受けた日の属す

る課税期間において対価の返還等を受けたものとして取り扱うこととなる。

　なお、売上割戻しについては、継続適用を条件として、売上割戻しの金額の通知又は支払をした日の属する課税期間に売上割戻しを行ったものとして取り扱うことができるが（基通14―1―9⑴）、この場合であっても、仕入割戻しについてはあくまでもこの通達の⑴の取扱いによることになる。

⑵　仕入割戻しの額があらかじめ定められた算定基準によって計算できない場合には、仕入割戻しの金額の通知を受け、その額が確定した日の属する課税期間において対価の返還等を受けたものとして取り扱うこととなる。

　なお、売上割戻しについては、売上割戻しを支払うこと及び売上割戻額の算定基準が各課税期間の終了の日までに内部的に定められている場合には、その基準により算出した金額を未払計上し、かつ、確定申告書の提出期限までに相手方に通知したときは、継続適用を条件としてその処理を認めることになっている（基通14―1―9⑵）。したがって、この場合には、売上先において、その未払計上した日の属する課税期間の売上割戻しとして処理することができるが、仕入割戻しについては、その支払の通知を受けるまで、その金額が確定しないのであるから、売上先が基本通達14―1―9⑵の取扱いにより未払計上したとしても、仕入れた事業者側においては、仕入割戻額について未収計上することは要しないことになる。

（一定期間支払を受けない仕入割戻しに係る仕入割戻しを受けた日）

12―1―11　事業者が仕入割戻しの金額につき相手方との契約等により

特約店契約の解約、災害の発生等特別の事実が生ずるときまで又は5年を超える一定の期間が経過するまで相手方に保証金等として預けることとしているため、当該仕入割戻しに係る利益の全部又は一部を実質的に享受することができないと認められる場合には、当該仕入割戻しの金額については、12—1—10にかかわらず、現実に支払（買掛金等への充当を含む。）を受けた日に仕入割戻しを受けたものとして取り扱う。

ただし、現実に支払を受ける日の前に実質的にその利益を享受することとなったと認められる次のような場合には、その享受することとなった日に仕入割戻しを受けたものとして取り扱う。

(1) 相手方との契約等に基づいてその仕入割戻しの金額に通常の金利を付けるとともに、その金利相当額については現実に支払を受けているか、又は相手方に請求すれば支払を受けることができることとされている場合

(2) 相手方との契約等に基づいて仕入割戻しを受ける事業者が保証金等に代えて有価証券その他の資産を提供することができることとされている場合

(3) 保証金等として預けている金額が仕入割戻しの金額の概ね50％以下である場合

(4) 相手方との契約等に基づいて仕入割戻しの金額が仕入割戻しを受ける事業者名義の預金若しくは貯金又は有価証券として相手方において保管されている場合

なお、事業者が課税仕入れを行った日又は相手方から通知を受けた日に仕入割戻しを受けたものとして処理している場合には、これを認める。

解説 仕入割戻しについては、たとえ現実に支払を受けない場合であっても、消費税法第32条《仕入れに係る対価の返還等を受けた場合の仕入れに係る消費税額の控除の特例》の規定による仕入れに係る消費税額の調整は、原則として基本通達12—1—10に定める日の属する課税期間において行うこととなる。

しかし、その割戻しについて、特約店契約の解約、災害の発生等特別の事実の発生又は一定期間の経過するまでその支払を受けることができない実態にある場合には、その割戻しを受ける事業者において未だその割戻しの実質的な効果を享受する状態になっていないというべきである。そこで、一定期間支払を受けない仕入割戻しについては、現実に支払を受けた日をもって仕入割戻しを受けた日とする取扱いを認めることとしたものである。

ただし、現実に支払を受ける日前に実質的にその利益を享受していると認められる場合には、そのような取扱いを認める必要性に乏しいことから、(1)～(4)に該当するような実態にあるものについては、その仕入割戻しの効果を実質的に享受することとなった日に仕入割戻しを受けたものとして取り扱うことを明確にしたものである。

なお、この取扱いは、事業者が、仕入割戻しに係る資産を購入した日の属する課税期間、又は仕入割戻しの通知を受けた日の属する課税期間の仕入割戻しとして処理している場合には、それを否定するものではなく、その処理によることとなる。

本通達は、このことを明らかにしたものである。

(仕入れに係る対価の返還等の処理)

12—1—12 事業者が、課税仕入れ（免税事業者であった課税期間において行ったものを除く。以下12—1—12において同じ。）につき返品をし、

又は値引き若しくは割戻しを受けた場合に、当該課税仕入れの金額から返品額又は値引額若しくは割戻額を控除する経理処理を継続しているときは、これを認める。

（注）　この場合の返品額又は値引額若しくは割戻額については、法第32条第１項《仕入れに係る対価の返還等を受けた場合の仕入れに係る消費税額の控除の特例》の規定の適用はないことに留意する。

解説　事業者が仕入れに係る対価の返還等を受けた場合には、その対価の返還等を受けた金額に係る消費税額を課税標準額に対する消費税額から控除する課税仕入れ等の税額の合計額から控除することとされている（法32）。すなわち、仕入れに係る対価の返還等の金額に含まれる消費税額については、税額控除の調整として規定されており、その仕入れに係る対価の返還等を受けた日の属する課税期間の課税仕入れ等の税額の合計額から控除するのが原則である。

しかしながら、経理実務上は、返品、値引き等があった場合において、仕入先別の仕入帳等にその事実を記録し、これらの金額を返品等があった日の属する課税期間における仕入高から控除する方法が採られているケースが一般的である。

そこで、このような経理処理が一般的に行われていることを踏まえ、本通達において、その課税期間の課税仕入れの金額からその課税期間において受けた仕入れに係る対価の返還等の金額を控除した後の金額の合計額をその課税期間の課税仕入れの支払対価の額の合計額として消費税法第30条《仕入れに係る消費税額の控除》の規定を継続して適用している場合には、これを認めることを明らかにしたものである。

なお、課税仕入れに係る支払対価の額から直接減額する仕入れに係る対価の返還等の金額がその返還等を受けた課税期間における課税仕入れに係るも

のか、前課税期間以前の課税仕入れに係るものかは、継続して課税事業者となっている限り本通達の適用関係に影響を及ぼすものではない。

また、この通達の適用を受けた仕入れに係る対価の返還等の金額について、消費税法第32条《仕入れに係る対価の返還等を受けた場合の仕入れに係る消費税額の控除の特例》の規定を再度適用すると誤りになることは当然である。

第3款　課税貨物に係る消費税額の還付

引取りに係る消費税額の全部又は一部につき、他の法律の規定により還付を受ける場合には、その課税期間における課税仕入れ等の税額の合計額から当該還付消費税額の合計額を控除することにより、すでに仕入税額控除の対象とした引取りに係る消費税額の還付税額に相当する部分を調整することとなる（法32④）。

（他の法律の規定により、還付を受ける場合の意義）

12—1—13　法第32条第4項《保税地域からの引取りに係る課税貨物に係る消費税額の還付を受ける場合の仕入れに係る消費税額の控除の特例》に規定する「他の法律の規定により、還付を受ける場合」には、例えば、輸徴法第14条第1項《相殺関税等が還付される場合の消費税の還付》、第15条第2項《変質、損傷等の場合の軽減又は還付》、第16条の3《輸入時と同一状態で再輸出される場合の還付》又は第17条《違約品等の再輸出又は廃棄の場合の還付》の規定により消費税の還付を受ける場合が該当する。

【平13課消1—5、平14課消1—12　改正】

解説　本通達は、引取りに係る消費税額が「他の法律の規定により、還付

を受ける場合」の具体例を例示したものである。

（還付を受ける日の意義）
12―1―14　法第32条第4項本文《保税地域からの引取りに係る課税貨物に係る消費税額の還付を受ける場合の仕入れに係る消費税額の控除の特例》に規定する「還付を受ける日」とは、還付を受けることができる事実が発生した後において、当該事実について還付を受ける消費税額が確定した日をいうものとする。

【平13課消1―5　改正】

解説　還付を受ける日とは、還付の申請等を行った日又は実際に支払を受けた日ではなく、還付すべき税額が確定した日、すなわち、還付税額の支払決定日である。本通達は、このことを明らかにしたものである。

第2節　調整対象固定資産の範囲

　仕入れに係る消費税額は、棚卸資産、固定資産を問わずその課税仕入れを行った課税期間において控除することとなる。しかし、固定資産等のように長期間にわたって使用されるものについて、その課税仕入れを行った課税期間の課税売上割合又は使用形態のみで税額控除を完結させることは、その後の課税期間において課税売上割合が著しく変動した場合又は使用形態を変更した場合等を考慮すると必ずしも適切な方法とはいえない。そこで、固定資産等のうち一定金額以上のもの、すなわち、調整対象固定資産については、一定の方法により、仕入れに係る消費税額を調整することとしている（法33〜35）。
　この節では、この仕入れに係る消費税額の調整の対象となる調整対象固定

資産の範囲について定めている。

　なお、課税事業者を選択した事業者の課税事業者となった課税期間の初日から２年を経過する日までの間に開始した各課税期間中、又は、資本金１千万円以上の法人を設立した場合の当該法人の基準期間がない事業年度に含まれる各課税期間中に、調整対象固定資産の課税仕入れを行い、かつ、その仕入れた日の属する課税期間の申告を一般課税により行った場合、その課税仕入れを行った日の属する課税期間の初日から原則として３年間は、免税事業者となることができないこととされている（法９⑦、12の２②等）。また、この間は、簡易課税制度を適用して申告することもできない（法37②）。これらの場合の調整対象固定資産の範囲も同様となる。

（調整対象固定資産に含まれるものの範囲）

12―２―１　令第５条第11号《調整対象固定資産の範囲》に掲げる「前各号に掲げる資産に準ずるもの」には、例えば、次に掲げるものが含まれる。

(1)　回路配置利用権

(2)　預託金方式のゴルフ会員権

(3)　課税資産を賃借するために支出する権利金等

(4)　令第６条第１項第７号《著作権等の所在地》に規定する著作権等

(5)　他の者からのソフトウエアの購入費用又は他の者に委託してソフトウエアを開発した場合におけるその開発費用

(6)　書画・骨とう

【平25課消１―34　改正】

解説　課税売上割合が著しく変動した場合等においては、調整対象固定資産について課税仕入れ等の税額を調整することとなる（法33①、34①、35）。

この「調整対象固定資産」とは、建物、構築物、機械及び装置、船舶、航空機、車両及び運搬具、工具、器具及び備品、鉱業権等の無形固定資産、牛馬、果樹等の生物その他の資産で一取引単位についての購入価額（税抜き）が100万円以上のものをいう（令5）。

　ところで、消費税法施行令第5条第11号《調整対象固定資産の範囲》においては、「前各号に掲げる資産に準ずるもの」も調整対象固定資産に含むこととしているところであるが、本通達は、その「準ずるもの」には、(1)回路配置利用権、(3)権利金等、(4)著作権等、(5)ソフトウエア購入又は開発費用（以上は同条第8号に規定する無形固定資産に準ずるもの）、(2)預託金方式のゴルフ会員権（同条第9号に規定するゴルフ場利用株式等に準ずるもの）、(6)書画・骨とう（同条第7号に規定する器具、備品に準ずるもの）等が該当することを例示したものである。

（調整対象固定資産の支払対価）

12—2—2　資産が調整対象固定資産に該当するかどうかを判定する場合における令第5条《調整対象固定資産の範囲》に規定する「課税仕入れに係る支払対価の額」とは、当該資産に係る支払対価の額をいい、当該資産の購入のために要する引取運賃、荷役費等又は当該資産を事業の用に供するために必要な課税仕入れに係る支払対価の額は含まれないのであるから留意する。

解説　調整対象固定資産とは、消費税法施行令第5条第1号から第11号まで《調整対象固定資産の範囲》に掲げる資産（棚卸資産に該当するものを除く。）で、当該資産に係る課税仕入れに係る支払対価の額の税抜金額又は保税地域から引き取られる当該資産の課税標準が一取引単位につき100万円以

上のものとされている。

　ところで、その資産が調整対象固定資産に該当するかどうかを判定する場合における「課税仕入れに係る支払対価の額」には、所得税法又は法人税法における減価償却資産の取得価額についての取扱い（所法令126①、法法令54①）がそうであるように、その資産の購入に付随する運送、荷役等の課税仕入れがある場合には、当該資産そのものについての支払対価の額のほかに、これらの引取運賃、荷役費等の課税仕入れに係る支払対価の額が含まれるのかという疑問が生ずる。

　この点、消費税法においては資産の譲受け、資産の借受け又は役務の提供を受けたごとに、それぞれ課税仕入れに該当するかどうかを判定することとなり、課税仕入れに該当する場合には、それぞれについて支払う金額がその課税仕入れに係る支払対価の額となる。したがって、運送、荷役等の課税仕入れが消費税法施行令第5条第1号から第11号に掲げる資産の購入に付随するものであっても、これらの費用が購入する資産の対価の額と区分して支払われる場合には、引取運賃、荷役費等のそれぞれが課税仕入れに係る支払対価の額となり、運送又は荷役等の目的となった資産に係る「課税仕入れに係る支払対価の額」には含まれない。本通達は、このことを念のため明らかにしたものである。

　なお、引取運賃、荷役費等以外にも付随費用として運送保険料、資産購入のための借入金利子等の非課税取引に係る支払があるが、これらは、非課税取引に係る対価であり、「課税仕入れに係る支払対価の額」に含まれないことは当然である。

（一の取引の判定単位）

12—2—3　令第5条《調整対象固定資産の範囲》に規定する「一の取

引の単位(通常一組又は一式をもって取引の単位とされるものにあっては一組又は一式とする。)」であるかどうかは、例えば、機械及び装置にあっては1台又は1基、工具、器具及び備品にあっては1個、1組又は1そろい、構築物のうち例えば枕木、電柱等単体では機能を発揮できないものにあっては社会通念上一の効果を有すると認められる単位ごとに判定する。

(注) この場合において、同条各号に規定する資産に係る課税仕入れであれば、課税仕入れを行った時において同号に掲げる資産として完成されているかどうかを問わないのであるから留意する。

解説 建物、機械及び装置、車両及び運搬具、工具、器具及び備品、鉱業権等消費税法施行令第5条第1号から第11号までに掲げる資産が、その購入価額(税抜き)が100万円以上であることにより調整対象固定資産に該当することになるかどうかは、通常1単位として取引される単位ごとに判定することとされているが、本通達は、その判定単位について明らかにしたものである。

すなわち、単体で機能を発揮できる機械及び装置については1台又は1基ごとに、また、工具、器具及び備品については通常の取引単位に応じて1個、1組又は1そろいごとに判定することとしている。一方、構築物としての枕木、電柱等は、単に1本1本がその用をなすものではなく、枕木の場合には相当区間の線路設備を構築してその用をなすものであり、また、電柱の場合にも、相当距離の送電設備等を構成してその用をなすものである。したがって、このような単体では機能を発揮できないものについては、社会通念上一の効果を有すると認められる単位ごと(例えば、一の工事等ごと)に判定することを明らかにしている。

（共有に係る調整対象固定資産）

12—2—4　事業者が他の者と共同で購入した共有物が調整対象固定資産に該当するかどうかを判定する場合において、令第5条《調整対象固定資産の範囲》に規定する金額が100万円以上であるかどうかは、当該事業者の共有物に係る持分割合に応じて判定する。

【平28課消1—57　改正】

解説　課税売上割合が著しく変動した場合等における調整対象固定資産に係る消費税額の調整は、事業者ごとに行うこととなるから、共同購入した共有物が調整対象固定資産に該当するかどうかの判定も共同所有に係る事業者ごとに判定することになる。この場合の判定基準としては当該資産の使用割合等も考えられる。しかしながら、もともと単独で購入した場合には、課税仕入れに係る支払対価の額を判定の基礎としていることから、本通達においては、各共同購入者における支払対価の額、すなわち、当該共有物に係る持分割合によって判定することを明らかにしたものである。

　なお、事業者が共有物に係る他の者の持分を取得する場合における、当該他の者の持分の取得は、単に自己の持分が増加するにすぎないとも考えられるが、消費税法施行令第5条第1号から第11号までに掲げる資産に係る資本的支出をした場合に、当該資本的支出により増加した価値自体を一の資産として取り扱うこととしている（基通12—2—5）こととのバランスからも、取得した当該他の者の持分自体を一の資産として取り扱うべきである。したがって、当該他の者の持分の取得に係る課税仕入れに係る支払対価の額の税抜金額が100万円以上であれば、取得した当該他の者の持分自体が一の調整対象固定資産に該当することとなる。

(資本的支出)

12―2―5 令第5条各号《調整対象固定資産の範囲》に規定する資産に係る資本的支出(事業の用に供されている資産の修理、改良等のために支出した金額のうち当該資産の価値を高め、又はその耐久性を増すこととなると認められる部分に対応する金額をいう。)は同条に規定する「課税仕入れに係る支払対価の額」に含まれるのであるから留意する。この場合において、その資本的支出とされる課税仕入れに係る支払対価の額の108分の100に相当する金額が100万円以上であるかどうかは、同条各号に掲げる資産で一のものについて行う修理、改良等(以下「一の修理、改良等」という。)のために要した課税仕入れに係る支払対価の額(その一の修理、改良等が2以上の課税期間にわたって行われるときは、課税期間ごとに要した課税仕入れに係る支払対価の額とする。)によって判定する。

(注) 土地の造成、改良のために要した課税仕入れに係る支払対価の額のように、同条各号に規定する資産に該当しない資産に係る資本的支出については、この取扱いの適用はないのであるから留意する。

【平9課消2―5、平25課消1―34 改正】

解説

(1) 所得税法又は法人税法においては、減価償却資産について支出した金額のうち、その減価償却資産の使用可能期間を延長させ、又は価額を増加させる部分に対応する金額(資本的支出)は、これを支出した日の属する年又は事業年度の所得の金額の計算上、必要経費又は損金の額に算入せず(所法令181、法法令132)、その減価償却資産の取得価額に加算することとされている(所法令127、法法令55)。

すなわち、所得税法又は法人税法上の資本的支出は、減価償却額の計算等を通じて各年の必要経費又は各事業年度の損金の額に算入されることとなる。

　一方、消費税法では、調整対象固定資産について、課税仕入れ等を行った日の属する課税期間後の課税期間において課税売上割合が著しく変動した場合等に仕入れに係る消費税額の調整を行うこととされているが、調整対象固定資産であっても、課税仕入れ等の税額は当該調整対象固定資産の課税仕入れ等を行った日の属する課税期間において即時に控除することとされている。消費税法施行令第5条各号《調整対象固定資産の範囲》に掲げる資産に係る資本的支出についても、それ自体は当該資産の価値の一部を構成するものであるが、それに係る課税仕入れ等の税額については各課税期間において控除するとともに、その額を当該資産の取得価額に加算せず、資本的支出自体で独立した一の資産として調整対象固定資産に該当するかどうかを判定することとなる。

　このことから、本通達において、同条各号に掲げる資産に係る資本的支出は、同条各号に掲げる資産そのものの課税仕入れに係る支払対価ではないが、同条に規定する「課税仕入れに係る支払対価の額」に含まれ、また、調整対象固定資産に該当するかどうかの判定は、一の修理、改良等ごとに行う旨を明らかにしたものである。

　なお、一の修理、改良等が2以上の課税期間にわたって行われる場合の取扱いについても、所得税法又は法人税法上の取扱いに準ずることとしたものである（所基通37—12《少額又は周期の短い費用の必要経費算入》、法基通7—8—3《少額又は周期の短い費用の損金算入》参照）。

(2)　ところで、消費税法施行令第5条各号に掲げる資産に係る資本的支出について、それ自体を独立した一の資産として取り扱うのは、仕入税額控除の仕組みに基因するものであり、それが当該資産の価値の一部を構

成するものであることに変わりはない。したがって、資本的支出であっても同条各号に掲げる資産以外の資産に係るものは、調整対象固定資産の課税仕入れに係る支払対価の額に該当しないことは当然である。本通達の注書は、このことを念のため明らかにしたものである。

第3節　課税売上割合が著しく変動した場合の調整

　課税事業者が、その購入価額（税抜き）が100万円以上である一定の固定資産（調整対象固定資産）に係る課税仕入れ等の税額につき比例配分法による計算を行った場合（消費税法第30条第1項の規定の適用がある場合を含む。）で、その取得した日の属する課税期間（仕入れ等の課税期間）の開始の日から3年を経過する日の属する課税期間（第三年度の課税期間）の末日において当該調整対象固定資産を有しており、かつ、その計算に用いた課税売上割合が仕入れ等の課税期間以後3年間の通算課税売上割合と比較して著しく異なることとなったときには、第三年度の課税期間において仕入れに係る消費税額の調整を行うこととされている。すなわち、その通算課税売上割合により再計算した金額と仕入れ等の課税期間において控除した金額との差額を第三年度の課税期間の課税仕入れ等の税額に加算し、又は課税仕入れ等の税額から控除することとなる（法33①）。

(1)　調整が必要な場合等

　この調整が必要となる場合及びその場合における調整税額は、次のとおりである。

　①　課税仕入れ等の税額に加算する場合（令53①）

$$\frac{\text{通算課税売上割合} - \text{仕入れ等の課税期間の課税売上割合}}{\text{仕入れ等の課税期間の課税売上割合}} \geq \frac{50}{100}$$

であり、かつ、

$$\text{通算課税売上割合} - \text{仕入れ等の課税期間の課税売上割合} \geqq \frac{5}{100}$$

である場合……次の金額を課税仕入れ等の税額に加算する。

$$\text{加算すべき税額} = \begin{pmatrix} \text{調整対象固定資産の課} \\ \text{税仕入れ等に係る税額} \end{pmatrix} \times \text{通算課税売上割合}$$
$$- \begin{pmatrix} \text{調整対象固定資産の課} \\ \text{税仕入れ等に係る税額} \end{pmatrix} \times \text{仕入れ等の課税期間における課税売上割合}$$

② 課税仕入れ等の税額から控除する場合（令53②）

$$\frac{\text{仕入れ等の課税期間の課税売上割合} - \text{通算課税売上割合}}{\text{仕入れ等の課税期間の課税売上割合}} \geqq \frac{50}{100}$$

であり、かつ、

$$\text{仕入れ等の課税期間の課税売上割合} - \text{通算課税売上割合} \geqq \frac{5}{100}$$

である場合……次の金額を課税仕入れ等の税額から控除する。

$$\text{控除すべき税額} = \begin{pmatrix} \text{調整対象固定資産の課} \\ \text{税仕入れ等に係る税額} \end{pmatrix} \times \begin{pmatrix} \text{仕入れ等の課税期間に} \\ \text{おける課税売上割合} \end{pmatrix}$$
$$- \begin{pmatrix} \text{調整対象固定資産の課} \\ \text{税仕入れ等に係る税額} \end{pmatrix} \times \text{通算課税売上割合}$$

(2) 通算課税売上割合の計算方法

通算課税売上割合とは、仕入れ等の課税期間から第三年度の課税期間までの各課税期間における資産の譲渡等の対価の額の合計額に占める同じ各課税期間における課税資産の譲渡等の対価の額の合計額の割合をいうものとされている（法32②、令53③）。

なお、次に掲げる場合には、それぞれ次に掲げる割合を通算課税売上割合とすることとなる。

イ　仕入れ等の課税期間から第三年度の課税期間まで継続して消費税法第

30条第3項本文《課税売上割合に準ずる割合による仕入税額控除》に規定する課税売上割合に準ずる割合を適用している場合　3年間の各課税期間における資産の譲渡等の対価の額の合計額等を基礎として、課税売上割合に準ずる割合を通算した割合（令53⑤）

ロ　仕入れ等の課税期間から第三年度の課税期間までのうち、いずれかの課税期間において、課税売上割合に準ずる割合を適用することとした場合又は適用しないこととした場合　それぞれの課税期間において適用した課税売上割合又は課税売上割合に準ずる割合を合計した割合を仕入れ等の課税期間から第三年度の課税期間までの課税期間の数で除した割合（令53⑥）

（通算課税売上割合の計算）

12－3－1　法第33条第1項《課税売上割合が著しく変動した場合の調整対象固定資産に関する仕入れに係る消費税額の調整》の規定は、同項に規定する仕入れ等の課税期間（以下12－3－2において「仕入れ等の課税期間」という。）と同条第2項《比例配分法の意義等》に規定する第三年度の課税期間（以下この節において「第三年度の課税期間」という。）との間に免税事業者となった課税期間及び簡易課税制度の適用を受けた課税期間が含まれている場合にも適用されるのであるから留意する。

（注）　免税事業者となった課税期間及び簡易課税制度の適用を受けた課税期間における資産の譲渡等の対価の額及び課税資産の譲渡等の対価の額は、同項に規定する通算課税売上割合の計算の基礎となる金額に含まれる。

解説 消費税法第33条《課税売上割合が著しく変動した場合の調整対象固定資産に関する仕入れに係る消費税額の調整》の規定は、調整対象固定資産の課税仕入れ等を行った事業者が、当該仕入れ等の課税期間及び第三年度の課税期間において課税事業者であり、かつ、消費税法第30条《仕入れに係る消費税額の控除》の規定の適用を受けている場合にのみ適用されるのであるから、これらの課税期間のうちいずれかの課税期間において免税事業者である場合又は簡易課税制度の適用を受けている場合には、同法第33条の規定は適用されないこととなる。これは、免税事業者の場合には課税資産の譲渡等に係る消費税の納税義務が免除される一方で、仕入れに係る消費税額の控除を受けることができないことによるものであり、簡易課税制度を適用している事業者の場合には、その課税期間の仕入れに係る消費税額を消費税法第30条から第36条までの規定によらず、その課税期間の課税標準額に対する消費税額に一定のみなし仕入率を乗じて計算することによるものである。

しかし、同法第33条の規定は、調整対象固定資産が長期間にわたって使用されるものであり、課税仕入れ時の状況のみで仕入税額控除を完結させることは必ずしも適切でないとの趣旨から、3年間の平均的な課税売上割合によって仕入れに係る消費税額の調整を図ろうとするものであるから、仕入れ等の課税期間及び第三年度の課税期間に課税事業者であり、かつ、これらのいずれの課税期間においても同法第30条の規定の適用を受けている限り、これらの課税期間の間に免税事業者となる課税期間又は簡易課税制度の適用を受けている課税期間が含まれている場合であっても、同法第33条の規定は適用されることとなる。

したがって、この場合、免税事業者となる課税期間又は簡易課税制度の適用を受ける課税期間における資産の譲渡等の対価の額及び課税資産の譲渡等の対価の額は、通算課税売上割合の計算の基礎となる金額に含まれることとなる。

本通達の本文及び注書は、このことを念のため明らかにしたものである。

> **（課税売上割合が著しく増加した場合）**
>
> **12―3―2** 令第53条第1項《課税売上割合が著しく増加した場合》の規定の適用に当たり、仕入れ等の課税期間においては課税資産の譲渡等の対価の額がなく、仕入れ等の課税期間の翌課税期間から第三年度の課税期間までの期間においては課税資産の譲渡等の対価の額がある場合には、当該通算課税売上割合が100分の5以上であるときは、法第33条第1項《課税売上割合が著しく変動した場合の調整対象固定資産に関する仕入れに係る消費税額の調整》に規定する課税売上割合が著しく増加した場合に該当するものとして取り扱う。

解説 課税事業者が、調整対象固定資産に係る課税仕入れ等の税額につき比例配分法による計算を行った場合、すなわち、個別対応方式を適用した事業者がその課税仕入れ等を課税資産の譲渡等とその他の資産の譲渡等に共通して要するものに区分して計算を行った場合又は一括比例配分方式を適用した場合若しくはその課税期間の課税仕入れ等の税額の全額を控除した場合で、その課税仕入れ等を行った日の属する課税期間（仕入れ等の課税期間）の開始の日から3年を経過する日の属する課税期間（第三年度の課税期間）の末日において当該調整対象固定資産を有しており、かつ、第三年度の課税期間における通算課税売上割合が仕入れ等の課税期間における課税売上割合に対して著しく変動した場合には、その変動に対応する仕入控除税額の調整を行うこととなる（法33①）。

この場合の課税売上割合が著しく変動した場合とは、次の場合をいうこととされている（令53①、②）。

① 課税仕入れ等の税額に加算する場合（令53①）

イ　$\dfrac{\text{通算課税売上割合} - \text{仕入れ等の課税期間の課税売上割合}}{\text{仕入れ等の課税期間の課税売上割合}} \geqq \dfrac{50}{100}$

であり、かつ、

ロ　通算課税売上割合 － 仕入れ等の課税期間の課税売上割合 $\geqq \dfrac{5}{100}$

である場合

② 課税仕入れ等の税額から控除する場合（令53②）

イ　$\dfrac{\text{仕入れ等の課税期間の課税売上割合} - \text{通算課税売上割合}}{\text{仕入れ等の課税期間の課税売上割合}} \geqq \dfrac{50}{100}$

であり、かつ、

ロ　仕入れ等の課税期間の課税売上割合 － 通算課税売上割合 $\geqq \dfrac{5}{100}$

である場合

　ところで、当該調整対象固定資産の課税仕入れ等を行った課税期間が事業を開始した課税期間である場合のように仕入れ等の課税期間において課税資産の譲渡等がないケースでは、上記計算式①のイによる割合は計算不能となる。

　このため、消費税法第33条第1項《課税売上割合が著しく変動した場合の調整対象固定資産に関する仕入れに係る消費税額の調整》の規定による仕入控除税額の増額調整ができないのではないかとの疑問の生じるところである。

　しかし、課税売上割合が激変した場合に仕入控除税額の調整を行い、通常の姿での仕入税額控除にするというのが同項の趣旨であるから、本通達により、このようなケースについては、上記①の要件のうちロの要件のみ満たされている場合、すなわち、通算課税売上割合が100分の5以上である場合には、同項の規定の適用があることとして取り扱うこととしたものである。

なお、この場合において、仕入れ等の課税期間が免税事業者となる場合には、法第33条の規定の適用はないのであるから、この取扱いの適用を受けるためには、あらかじめ課税事業者の選択をしておく必要があることになる。

（調整対象固定資産を中途で売却した場合等の不適用）
12—3—3　法第33条第１項《課税売上割合が著しく変動した場合の調整対象固定資産に関する仕入れに係る消費税額の調整》の規定は、調整対象固定資産を同項に規定する第三年度の課税期間の末日において有している場合に適用があるのであるから、当該調整対象固定資産について除却、廃棄、滅失又は譲渡があったため、当該第三年度の課税期間の末日において当該調整対象固定資産を有していない場合には、同項の規定の適用はないことに留意する。

解説　消費税法第33条第１項《課税売上割合が著しく変動した場合の調整対象固定資産に関する仕入れに係る消費税額の調整》の規定は、調整対象固定資産が長期間にわたって使用されるものであり、課税仕入れ等を行った日の属する課税期間の状況のみで税額控除を完結させることは必ずしも適切でないとの趣旨から、３年間の平均的な課税売上割合によって仕入れに係る消費税額の調整を図ろうとするものであるから、課税事業者が調整対象固定資産の課税仕入れ等を行い、かつ、第三年度の課税期間の末日に当該調整対象固定資産を有している場合にのみ適用されるものである。

　したがって、第三年度の課税期間の末日前に当該調整対象固定資産を譲渡した場合や、除却、廃棄した場合又は当該調整対象固定資産が災害等により滅失した場合には同項の規定は適用されない。

　本通達は、このことを念のため明らかにしたものである。

第4節　課税業務用から非課税業務用に転用した場合の調整

　課税事業者が、調整対象固定資産を課税業務用のみに要するものとして個別対応方式により仕入れに係る消費税額の計算を行った場合で、これを取得した日から3年以内に非課税業務用に転用したときは、その転用した日が次のいずれの期間であるかに応じ、それぞれ次に掲げる税額をその転用した日の属する課税期間における課税仕入れ等の税額から控除することとされている（法34①）。

① 取得の日から1年を経過する日までの期間に転用した場合　　控除済みの税額の全額
② ①の期間の末日の翌日から1年を経過する日までの期間（2年目）に転用した場合　　控除済みの税額の3分の2に相当する額
③ ②の期間の末日の翌日から1年を経過する日までの期間（3年目）に転用した場合　　控除済みの税額の3分の1に相当する額

（調整対象固定資産を一部非課税業務用に転用した場合等の調整）

12—4—1　法第34条《課税業務用調整対象固定資産を非課税業務用に転用した場合の仕入れに係る消費税額の調整》の規定は、課税業務用（法第30条第2項第1号《個別対応方式による課税仕入れ等の税額の控除》に規定する「課税資産の譲渡等にのみ要するもの」をいう。以下12—4—1及び12—5—1において同じ。）に該当する調整対象固定資産（以下12—4—1において「課税業務用調整対象固定資産」という。）を非課税業務用（法第30条第2項第1号《個別対応方式による課税仕入れ等の税額の控除》に規定する「その他の資産の譲渡等にのみ要するもの」をいう。以下12—4—1及び12—5—1において同じ。）に使用した場合に適用があ

るのであるから、次に掲げる場合には、同条の規定の適用はないことに留意する。

(1) 課税業務用調整対象固定資産を課税非課税共通用（法第30条第2項第1号《個別対応方式による課税仕入れ等の税額の控除》に規定する「課税資産の譲渡等とその他の資産の譲渡等に共通して要するもの」をいう。以下12―4―1及び12―5―1において同じ。）に供した場合

(2) 課税非課税共通用に該当する調整対象固定資産（以下12―4―1及び12―5―1において「課税非課税共通用調整対象固定資産」という。）を非課税業務用に供した場合

(注) 1 課税業務用調整対象固定資産をいったん課税非課税共通用に供した場合でも、その後非課税業務用に供したときは、法第34条が適用される。

2 個人事業者が課税業務用調整対象固定資産を家事のために使用した場合には、法第4条第5項第1号《棚卸資産等の自家消費等の場合の課税の特例》及び法第28条第3項第1号《棚卸資産等の自家消費等の場合の課税標準》の規定により、その使用の時における価額で譲渡があったものとみなされる。

【平27課消1―17　改正】

解説　調整対象固定資産は、長期間にわたって使用されるものであるから、それを取得した日の属する課税期間においては課税資産の譲渡等にのみ使用していた場合であっても、その後の課税期間において非課税資産の譲渡のために使用することがあり得る。このような場合、調整対象固定資産を取得した日の属する課税期間の状況のみで仕入税額控除を完結させることは適切な方法ではないが、一方においては納税事務の簡素化が要請されるところである。そこで、消費税法第34条《課税業務用調整対象固定資産を非課税業務用

に転用した場合の仕入れに係る消費税額の調整》においては、課税資産の譲渡等にのみ要するものとして仕入税額控除を行った調整対象固定資産について、取得の日から３年以内に非課税資産の譲渡等にのみ使用したという事実のみに着目し、その転用した日の属する課税期間において仕入れに係る消費税額の調整（減額）を行うこととしている。したがって、課税資産の譲渡等にのみ要するものを課税非課税共通用に供した場合及び課税非課税共通用のものを非課税資産の譲渡等のみに使用した場合には、同条の規定は適用されない。本通達は、このことを念のため明らかにしたものである。

(注)　課税非課税共通用調整対象固定資産について、課税仕入れ等の税額の調整が行われるのは、消費税法第33条第１項《課税売上割合が著しく変動した場合の調整対象固定資産に関する仕入れに係る消費税額の調整》の規定による課税売上割合が著しく変動した場合だけであり、課税業務用又は非課税業務用に転用しても調整は行われない。

　　また、消費税法第34条の規定は、課税資産の譲渡等にのみ要するものとして仕入税額控除を行った調整対象固定資産を非課税資産の譲渡等のみに使用したという事実のみに着目して適用するものであるから、この間に課税非課税共通用に供したことがあったかどうかは問わないのである。

　　なお、個人事業者が事業の用に供していた資産を家事のために消費し、又は使用した場合は、当該消費又は使用を消費税の課税の対象としていることから（法４⑤一）、課税資産の譲渡等にのみ要するものとして仕入税額控除を行った調整対象固定資産を家事のために使用した場合には、消費税法第４条第５項第１号《個人事業者の家事消費等》の規定が適用され、消費税法第34条の規定の適用はないこととなる。本通達の注書の２は、このことを念のため明らかにしたものである。

> **（免税事業者となった課税期間等が含まれている場合）**
>
> 12—4—2　法第34条《課税業務用調整対象固定資産を非課税業務用に転用した場合の仕入れに係る消費税額の調整》の規定は、課税仕入れ等を行った日の属する課税期間と同条第1項に規定する業務の用に供した日の属する課税期間との間に免税事業者となった課税期間及び簡易課税制度の適用を受けた課税期間が含まれている場合にも適用されるのであるから留意する。

解説　消費税法第34条《課税業務用調整対象固定資産を非課税業務用に転用した場合の仕入れに係る消費税額の調整》の規定は、課税資産の譲渡等にのみ要するものとして仕入税額控除を行った調整対象固定資産をその取得の日から3年以内に非課税資産の譲渡等にのみ使用するようになったという事実のみに着目して、仕入れに係る消費税額の調整を行うものである。したがって、同条の規定の適用に当たっては、当該調整対象固定資産を取得した日の属する課税期間と非課税資産の譲渡等にのみ供した日の属する課税期間との間に免税事業者となった課税期間及び簡易課税制度の適用を受けた課税期間があったかどうかは問わないこととなる。

　本通達は、このことを念のため明らかにしたものである。

第5節　非課税業務用から課税業務用に転用した場合の調整

　課税事業者が調整対象固定資産を非課税業務のみに要するものとして個別対応方式により仕入れに係る消費税額の計算を行った場合で、これを取得した日から3年以内に課税業務用に転用したときは、その転用した日が次のいずれの期間に属するかに応じ、それぞれ次に掲げる税額をその転用した日の

属する課税期間における課税仕入れ等の税額に加算することとされている（法35）。

① 取得の日から1年を経過する日までの期間に転用した場合　課税仕入れ等の税額の全額

② ①の期間の末日の翌日から1年を経過する日までの期間（2年目）に転用した場合　課税仕入れ等の税額の3分の2に相当する額

③ ②の期間の末日の翌日から1年を経過する日までの期間（3年目）に転用した場合　課税仕入れ等の税額の3分の1に相当する額

（調整対象固定資産を一部課税業務用に転用した場合等の調整）

12―5―1　法第35条《非課税業務用調整対象固定資産を課税業務用に転用した場合の仕入れに係る消費税額の調整》の規定は、非課税業務用に該当する調整対象固定資産（以下12―5―1において「非課税業務用調整対象固定資産」という。）を課税業務用に使用した場合に適用があるのであるから、次に掲げる場合には、同条の規定の適用はないことに留意する。

(1) 非課税業務用調整対象固定資産を課税非課税共通用に供した場合

(2) 課税非課税共通用調整対象固定資産を課税業務用に供した場合

(注) 非課税業務用調整対象固定資産を課税非課税共通用に転用した後に課税業務用に供した場合でも、同条が適用される。

解説　消費税法第34条《課税業務用調整対象固定資産を非課税業務用に転用した場合の仕入れに係る消費税額の調整》の規定は、課税資産の譲渡等にのみ要するものとして仕入税額控除を行った調整対象固定資産について、その取得の日から3年以内に非課税資産の譲渡等にのみ要するものに転用した

場合に、転用した日の属する課税期間において仕入れに係る消費税額の調整（減額）を行うこととしているものであるが、課税業務用から非課税業務用への転用の場合にだけ仕入れに係る消費税額の減額調整を行うのでは権衡を失することから、同法第35条《非課税業務用調整対象固定資産を課税業務用に転用した場合の仕入れに係る消費税額の調整》においては、全く逆の転用形態の場合に仕入れに係る消費税額の調整（増額）を行うこととしている。

すなわち、同法第35条の規定は、非課税業務用調整対象固定資産を課税業務用に転用した場合にのみ仕入れに係る消費税額の増額調整を行うものであり、非課税業務用調整対象固定資産を課税非課税共通用に供した場合及び課税非課税共通用調整対象固定資産を課税業務用に供した場合には、仕入れに係る消費税額の増額を行うことはできない。

また、同条の規定は非課税業務用調整対象固定資産を課税業務用に転用したという事実のみに着目して適用するものであるから、この間に課税非課税共通用に供したことがあったかどうかは問わないのである。

本通達は、このことを念のため明らかにしたものである。

（免税事業者となった課税期間等が含まれている場合）

12―5―2 法第35条《非課税業務用調整対象固定資産を課税業務用に転用した場合の仕入れに係る消費税額の調整》の規定は、課税仕入れ等を行った日の属する課税期間と同条第1項に規定する業務の用に供した日の属する課税期間との間に免税事業者となった課税期間及び簡易課税制度の適用を受けた課税期間が含まれている場合にも適用されるのであるから留意する。

解説 消費税法第35条《非課税業務用調整対象固定資産を課税業務用に転

用した場合の仕入れに係る消費税額の調整》の規定は、転用の形態として同法第34条《課税業務用調整対象固定資産を非課税業務用に転用した場合の仕入れに係る消費税額の調整》に規定する場合と全く逆の場合に、仕入れに係る消費税額の調整（増額）を行うものである。したがって、消費税法第35条の規定の適用に当たっては、調整対象固定資産を取得した日の属する課税期間と当該調整対象固定資産を非課税業務用に転用した日の属する課税期間との間に免税事業者となった課税期間及び簡易課税制度の適用を受けた課税期間があったかどうかを問わないことは、基本通達12―4―2《免税事業者となった課税期間等が含まれている場合》と同様である。

本通達は、このことを念のため明らかにしたものである。

第6節　納税義務の免除を受けないこととなった場合等の調整

免税事業者が新たに課税事業者となる場合、又は課税事業者が免税事業者となる場合には、棚卸資産に係る消費税額について、次により消費税額の調整を行うこととされている（法36）。

(1) 課税事業者となる場合

免税事業者が課税事業者となる日の前日において所有する棚卸資産のうち、納税義務が免除されていた期間中の課税仕入れ等に係るものがあるときは、その棚卸資産に係る消費税額は、課税事業者となった課税期間の課税仕入れ等の税額とみなして仕入税額控除の対象とする（法36①）。

また、課税事業者である相続人又は合併法人が免税事業者である被相続人又は被合併法人の所有する棚卸資産で納税義務が免除されている期間中の課税仕入れ等に係るものを承継した場合にも同様に消費税額の調整を行うこととされている（法36③）。

イ 棚卸資産の範囲

棚卸資産とは、商品、製品、半製品、仕掛品、原材料、消耗品で貯蔵中のもの等をいう（法2①十五、令4）。

ロ 書類の保存

この適用を受けるためには、その該当する棚卸資産の明細を記録した書類をその作成の日の属する課税期間の末日の翌日から2月を経過した日から7年間保存しなければならない（法36②、令54③〜⑤）。

なお、一定の要件を満たす場合には、5年経過後の期間については、マイクロフィルムにより保存することができることとされている（令54⑤、昭63.12.30大蔵省告示第187号）。

ハ 調整税額の計算

この場合の課税仕入れ等の税額とみなされる棚卸資産に係る消費税額は、次の算式により求めることとなる（法36①、令54）。

$$棚卸資産の取得に要した費用の額 \times \frac{6.3}{108}$$

ニ 棚卸資産の取得に要した費用の額

棚卸資産の取得に要した費用の額には、その棚卸資産に係る支払対価の額（課税貨物については消費税の課税標準及び消費税額並びに当該消費税額を課税標準として課される地方消費税額）のほか、課税仕入れに係る引取運賃、荷役費その他これを購入するために要した費用の額及びこれを消費し、又は販売の用に供するため直接要したすべての費用の額が含まれる。

また、棚卸資産を原材料として製作した棚卸資産がある場合には、原材料として使用した棚卸資産の取得に要した費用の額を基に課税仕入れ等の税額を計算することとされている。

ただし、次に掲げる費用について、その費用の額の合計額が少額であ

るものとして、その取得価額に算入しないこととしているときは、それによることとなる。

(イ) 買入事務、検収、選別、手入れ等に要した費用の額
(ロ) 販売所等から他の販売所等へ移管するために要した運賃、荷役費等の費用の額
(ハ) 特別の時期に販売するなどのため、長期間にわたって保管するために要した費用の額（令54①、基通12－6－2～12－6－3）

なお、棚卸資産の取得価額について、事業者が所得税法第47条《たな卸資産の売上原価等の計算及びその評価の方法》又は法人税法第29条《たな卸資産の売上原価等の計算及びその評価方法》の規定に基づく評価の方法（低価法を除く。）によって評価した金額によることとしているときは、その評価した金額によることも認められる（基通12－6－1）。

(2) **免税事業者となる場合**

課税事業者が、免税事業者となる課税期間の直前の課税期間において行った課税仕入れ等に係る棚卸資産をその直前の課税期間の末日において有しているときは、その有する棚卸資産についての課税仕入れ等の税額は、その直前の課税期間における仕入税額控除の対象にすることはできない（法36⑤）。

なお、この調整は、消費税法第37条《中小事業者の仕入れに係る消費税額の控除の特例》に規定する簡易課税制度の適用を受ける場合には適用されない（基通12－6－4）。

（課税事業者となった場合の棚卸資産の取得価額）

12－6－1　法第36条第1項《納税義務の免除を受けないこととなった場合等の棚卸資産に係る消費税額の調整》の規定により、課税事業者となった課税期間の課税仕入れ等の税額とみなされる消費税額は、当

該課税期間の初日の前日において有する棚卸資産（以下12―6―1において「期末棚卸資産」という。）のうち免税事業者であった課税期間において取得したものについて、令第54条第１項《納税義務の免除を受けないこととなった場合等の棚卸資産の取得価額》の規定により、個々の期末棚卸資産の課税仕入れに係る支払対価の額の合計額により算出する。この場合において、事業者が当該個々の期末棚卸資産の課税仕入れ（特定課税仕入れを除く。以下12―6―1において同じ。）に係る支払対価の額について、所法第47条又は法法第29条《棚卸資産の売上原価等の計算及びその評価の方法》の規定に基づく評価の方法（所法令第99条第１項第２号又は法法令第28条第１項第２号《低価法》に規定する低価法を除く。）により評価した金額としているときは、これを認める。

【平27課消１―17　改正】

解説　課税事業者は、課税資産の譲渡等について課税されるが、一方で課税仕入れ等の税額について控除することができる。免税事業者が課税事業者となった場合には、課税資産の譲渡等について課税されるが、当該課税資産の譲渡等に係る資産が免税事業者である課税期間において課税仕入れ等を行ったものである場合に、当該課税仕入れ等に係る消費税額について仕入税額控除ができないこととなると、継続して課税事業者である者との間で権衡を欠くこととなる。そこで、消費税法第36条第１項《納税義務の免除を受けないこととなった場合等の棚卸資産に係る消費税額の調整》において、課税事業者となった課税期間の初日の前日において有する棚卸資産（以下「調整対象棚卸資産」という。）のうち、免税事業者であった課税期間中に国内において行った課税仕入れ又は課税貨物の保税地域からの引取りについては、その資産に係る課税仕入れ等の税額をその課税事業者となった課税期間の課税仕

入れ等の税額とみなして仕入れに係る消費税額の調整を図ることとされている。

　この場合、調整対象棚卸資産の課税仕入れに係る支払対価の額は、個々の調整対象棚卸資産自体の課税仕入れに係る支払対価の額に引取費用、販売費用等を加算した金額となるのであるが（令54①）、同一種類の資産を異なる価額で仕入れている等、その個々の調整対象棚卸資産の課税仕入れに係る支払対価の額を特定することが困難な場合もある。このようなことから、本通達においてその事業者が所得税又は法人税の課税所得金額の計算において採用している棚卸資産の評価方法（所得税法第47条又は法人税法第29条《棚卸資産の売上原価等の計算及びその評価の方法》に規定する評価方法のうち原価法に限る。）により評価した金額としているときは、その取扱いを認めることとし、納税事務の簡素化を図ることとしたものである。

　なお、公共法人等で所得税又は法人税の納税義務者となっていない事業者についても継続して、所得税法施行令第99条第1項第1号又は法人税法施行令第28条第1項第1号《棚卸資産の評価の方法》に掲げる棚卸資産の評価方法のうちいずれかの方法により計算することが認められる。

（課税仕入れ等により取得した棚卸資産の取得価額）

12―6―2　令第54条第1項第1号又は第2号《棚卸資産の取得価額》に規定する国内で譲り受けた課税仕入れに係る棚卸資産又は保税地域から引き取った課税貨物に係る棚卸資産の取得価額の算出に当たり、当該課税仕入れ又は課税貨物の引取りに係る次に掲げる費用については、その費用の額が少額であるものとしてその取得価額に含めないこととしているときは、それによる。

(1)　買入事務、検収、整理、選別、手入れ等に要した費用の額

(2) 販売所等から販売所等へ移管するために要した運賃、荷造費等の費用の額

　(3) 特別の時期に販売するなどのため、長期にわたって保管するために要した費用の額

解説　課税事業者となった課税期間の初日の前日において免税事業者であった課税期間中に国内で譲り受けた課税仕入れに係る棚卸資産又は保税地域から引き取った課税貨物である棚卸資産（以下「調整対象棚卸資産」という。）を有している場合には、その棚卸資産について消費税法第36条第1項《納税義務の免除を受けないこととなった場合等の棚卸資産に係る消費税額の調整》の規定により仕入れに係る消費税額を調整することとなる。この場合の調整は、棚卸資産の取得価額をベースに行うのであるが、この取得価額には、その課税仕入れに係る支払対価の額又は課税貨物に係る課税標準額である金額とその課税貨物の引取りに係る消費税額及び地方消費税額との合計額のほか、その棚卸資産の課税仕入れ又は保税地域からの引取りに係る引取運賃、荷役費、購入手数料等その購入のために要した費用及びその棚卸資産を消費し、又は販売の用に供するために直接要したすべての費用が含まれることとなる（令54①、②）。

　しかしながら、調整対象棚卸資産の取得価額について、所得税法第47条又は法人税法第29条《たな卸資産の売上原価等の計算及びその評価の方法》の規定に基づく評価方法により評価した金額とすることを認めていることとの関係から、本通達において、(1)～(3)に掲げるいわゆる間接付随費用について、所得税基本通達47―17《棚卸資産の取得価額に算入する費用》又は法人税基本通達5―1―1《購入した棚卸資産の取得価額》に準じて、これらの費用が少額であるものとして取得価額に算入しないこととしているときは、その取扱いによることとしたものである。

また、(3)に掲げる費用は、「特別の」保管費用であるから、これに該当しない通常要する保管費用は当然のことながら取得価額に算入されない。

なお、本通達により、取得価額に算入しなかった少額の間接付随費用については、もともと、これらの費用に係る役務の提供を受けた日の属する課税期間における仕入れであるから、免税事業者から課税事業者となった課税期間における課税仕入れに係る支払対価とならないことはいうまでもない。

ところで、間接付随費用のうちには、運送保険料のように非課税取引に係る費用があり、所得税又は法人税における棚卸資産の取得価額には消費税が非課税とされる取引に係る費用の額も含むこととされているが、消費税法においては、非課税取引に係る費用の額は仕入税額控除の対象とされていないことから、調整対象棚卸資産に係る間接付随費用であっても非課税取引に係る費用の額は、調整対象棚卸資産の取得価額には含まれないこととなる。

(製作等に係る棚卸資産の取得価額)

12―6―3　令第54条第1項第3号《製作等に係る棚卸資産の取得価額》に規定する自己の製作等に係る棚卸資産の取得価額の算出に当たり、当該製作等のための課税仕入れ等に係る次に掲げる費用については、その費用の額が少額であるものとしてその取得価額に含めないこととしているときは、それによる。

(1)　製造等の後において要した検査、検定、整理、選別、手入れ等の費用の額

(2)　製造場等から販売所等へ移管するために要した運賃、荷造費等の費用の額

(3)　特別の時期に販売するなどのため、長期にわたって保管するために要した費用の額

解説 本通達は、免税事業者である課税期間中に課税仕入れを行った棚卸資産で課税事業者となった課税期間の初日の前日において有するもの（調整対象棚卸資産）が自己の製作等に係るものである場合における当該調整対象棚卸資産の取得価額の計算について明らかにしたものである。すなわち、当該調整対象棚卸資産に係る間接付随費用が少額であるものとして、その取得価額に算入しないこととしているときは、その取扱いによることとしたものであり、基本的には基本通達12―6―2と異なるところはない。

なお、課税仕入れ又は保税地域から引き取った課税貨物に係る原材料等の取得に伴う間接付随費用については、基本通達12―6―2により取り扱うこととなるが、その額が少額であるものとして原材料等の取得価額に算入しない場合でも、製作等のために要した経費の額に含めているときは、その取扱いは認められることとなる。

（免税事業者となる場合の棚卸資産に係る消費税額の調整規定の不適用の場合）

12―6―4　法第36条第5項《納税義務の免除を受けることとなった場合等の棚卸資産に係る消費税額の調整》の規定は、事業者が、免税事業者となる課税期間の前課税期間において、簡易課税制度の適用を受ける場合には適用されないことに留意する。

解説 簡易課税制度は、中小事業者の納税事務に係る負担の軽減を図るという趣旨のもとに創設された取扱いであり、この制度の適用を受ける事業者における仕入れに係る消費税額は、実際の課税仕入れに係る支払対価の額等にかかわらず課税標準額に対する消費税額に一定のみなし仕入率を乗じて計算した金額とされている。

したがって、課税事業者が免税事業者となる課税期間の直前の課税期間において簡易課税制度の適用を受けている場合には、当該直前の課税期間中に課税仕入れ等を行った棚卸資産の多寡にかかわらず、消費税法第36条第5項《納税義務の免除を受けることとなった場合等の棚卸資産に係る消費税額の調整》の規定の適用はないこととなる。

本通達は、このことを念のため明らかにしたものである。

（金銭出資により設立した法人が課税事業者となる場合の棚卸資産に係る消費税額の調整）

12－6－5　法第36条第1項《納税義務の免除を受けないこととなった場合等の棚卸資産に係る消費税額の調整》の規定は、法第12条第7項第3号《分割等の意義》に該当する分割等により設立された新設分割子法人が、同条第1項《分割等があった場合の納税義務の免除の特例》の規定により法第9条第1項本文《小規模事業者に係る納税義務の免除》の規定の適用を受けないこととなった日の前日において、消費税を納める義務が免除されていた期間中に国内において譲り受けた課税仕入れに係る棚卸資産又は当該期間における保税地域からの引取りに係る課税貨物で棚卸資産に該当するもの（これらの棚卸資産を原材料として製作され、又は建設された棚卸資産を含む。）を有している場合にも適用がある。

(注)　法第12条第7項第3号に該当する分割等により設立された新設分割子法人は、法第9条第4項《課税事業者の選択》の規定の適用を受ける場合又は法第12条の2第1項《新設法人の納税義務の免除の特例》若しくは第12条の3第1項《特定新規設立法人の納税義務の免除の特例》の規定の適用がある場合を除き、その設立の日から法第12条第7

項第3号の契約に基づく金銭以外の資産の譲渡が行われた日の前日までの間は、消費税の納税義務が免除される。

【平13課消1-5　追加、平22課消1-9、平25課消1-34　改正】

解説　消費税法第12条第7項第3号《分割等の意義》に該当する分割等により設立された新設分割子法人については、同号の契約に基づく金銭以外の資産の譲渡が行われる日の前日までは、設立事業年度の開始の日における当該法人の資本金の額又は出資の金額が1,000万円未満であれば、同法第12条の3第1項《特定新規設立法人の納税義務の免除の特例》に規定する特定新規設立法人に該当する場合を除き、納税義務が免除され、この場合、当該譲渡が行われた日以後は消費税法第12条第1項《分割等があった場合の納税義務の免除の特例》の規定により納税義務の判定を行うこととなるのであるが、同項の規定が適用される場合には、当該譲渡が行われた日以後の課税資産の譲渡等につき納税義務が免除されないこととなる。したがって、納税義務が免除されていた期間、すなわち設立から同法第12条第7項第3号の契約に基づく金銭以外の資産の譲渡が行われる日の前日までに行った棚卸資産に該当する課税仕入れについて、納税義務が免除されないこととなる日において有するものがある場合には、その棚卸資産が販売等された場合に当該課税資産の譲渡等について納税義務が免除されないこととの関係から、同法第36条第1項《納税義務の免除を受けないこととなった場合等の棚卸資産に係る消費税額の調整》の規定が適用されることとなる。

本通達はこのことを念のため明らかにしている。

第13章　簡易課税制度による仕入れに係る消費税額の控除

(1) 基準期間における課税売上高が5,000万円以下の事業者は、実際の仕入れに係る消費税額を計算することなく、その課税期間の課税標準額に対する消費税額（売上げに係る消費税額）から、その課税期間の売上げに係る対価の返還等の金額に係る消費税額の合計額を控除した残額に一定のみなし仕入率を乗じて計算した金額を仕入れに係る消費税額とみなして控除する方法（簡易課税制度）を選択することができる（法37①）。

(2) この簡易課税制度を選択しようとする場合には、その選択をしようとする課税期間の初日の前日までに「消費税簡易課税制度選択届出書」（様式通達第24号様式）を所轄税務署長に提出しなければならない。

なお、次の場合は、調整対象固定資産又は高額特定資産の仕入等の日の属する課税期間の初日から同日（自己建設高額特定資産である場合にあっては、建設等が完了した日の属する課税期間の初日）以後3年を経過する日の属する課税期間の初日の前日までの期間について「消費税簡易課税制度選択届出書」を提出することはできない（法37③）。

　イ　課税事業者を選択している事業者が、課税事業者となった課税期間の初日から2年を経過する日までの間に開始した各課税期間中に調整対象固定資産の仕入等を行った場合

　ロ　消費税法第12条の2の新設法人又は同法12条の3の特定新規設立法人が、その基準期間がない事業年度に含まれる各課税期間中に調整対象固定資産の仕入等を行った場合

　ハ　課税事業者が、簡易課税制度の適用を受けない課税期間中に高額特定資産の仕入等を行った場合

また、簡易課税制度を選択した場合に、その選択ををやめようとするとき又は事業を廃止したときは、「消費税簡易課税制度選択不適用届出書」（様式通達第25号様式）を所轄税務署長に提出しなければならないが、事業を廃止した場合を除き、その選択をした最初の課税期間の初日から2年を経過する日の属する課税期間（課税期間が1年の場合には翌課税期間）の初日以後でなければ、消費税簡易課税制度選択不適用届出書を提出することはできない（法37⑥）。

(3) 簡易課税制度の事業区分及びみなし仕入率は次表のとおりである。

事業区分	みなし仕入率	該 当 す る 事 業
第一種事業	90%	卸売業（他の者から購入した商品をその性質及び形状を変更しないで他の事業者に対して販売する事業）
第二種事業	80%	小売業（他の者から購入した商品をその性質及び形状を変更しないで販売する事業で第一種事業以外のもの）
第三種事業	70%	農業、林業、漁業、鉱業、建設業、製造業（製造小売業を含む。）、電気業、ガス業、熱供給業及び水道業（第一種事業又は第二種事業に該当するもの及び加工賃その他これに類する料金を対価とする役務の提供を除く。）
第四種事業	60%	第一種から第三種事業、第五種事業及び第六種事業以外の事業をいい、具体的には、飲食店等が第四種事業に該当することとなる。なお、第三種事業から除かれる加工賃その他これに類する料金を対価とする役務の提供を行う事業も第四種事業になる。
第五種事業	50%	運輸通信業、金融・保険業、サービス業（飲食店業に該当する事業を除く。）をいい、第一種事業から第三種事業に該当する事業を除く。
第六種事業	40%	不動産業（第一種から第三種事業及び第五種事業に該当する事業を除く。）

第13章　簡易課税制度による仕入れに係る消費税額の控除　791

[参考] 事業区分のフローチャート

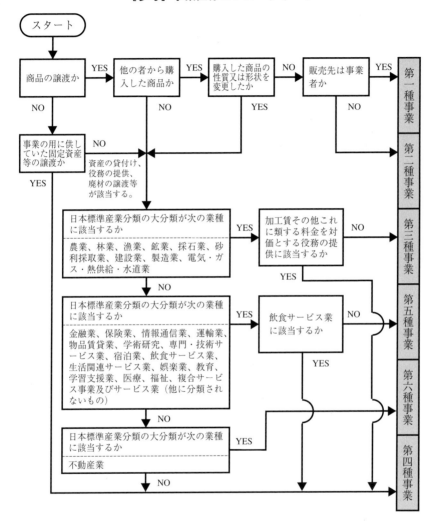

（フローチャートの使用に当たっての留意事項）

1　このフローチャートは、事業区分の判定に当たっての目安である。

2　事業区分は原則として資産の譲渡等ごと、すなわち取引単位ごとに判定し、それぞれ第一種事業から第六種事業のいずれかに区分することとなる。

したがって、それぞれの取引ごとにこのフローチャートにあてはめて判定する必要がある。

(注) 個々の判定は社会通念上の取引単位を基に行うが、資産の譲渡と役務の提供とが混合した取引で、それぞれの対価の額が区分されている場合には、区分されたところにより個々に事業の種類を判定することになる。

3 「商品の性質又は形状を変更したか」どうかの判定上、例えば、次のような行為は性質及び形状を変更しないものとして取り扱われる。
(1) 商標、ネーム等を添付又は表示
(2) 複数の商品（それ自体販売しているもの）の詰め合わせ
(3) 液状等の商品の販売用容器への収用
(4) ガラス、その他の商品の販売のために行う裁断

第1節 通　　則

13—1—1　削除（平13課消1—5）

(合併法人等が簡易課税制度を選択する場合の基準期間の課税売上高の判定)

13—1—2　吸収合併又は吸収分割があった場合において、当該吸収合併に係る合併法人又は当該吸収分割に係る分割承継法人の法第37条第1項《中小事業者の仕入れに係る消費税額の控除の特例》に規定する基準期間における課税売上高が5,000万円を超えるかどうかは、当該合併法人又は当該分割承継法人の基準期間における課税売上高のみによって判定するのであるから留意する。

【平13課消1—5、平15課消1—37　改正】

解説　消費税簡易課税制度選択届出書（様式通達第24号様式）を提出している事業者がその課税期間について簡易課税制度を適用できるかどうかは、基準期間における課税売上高が5,000万円以下であるかどうかによることとなる。

　ところで、簡易課税制度を適用しようとする事業者がいわゆる吸収合併に係る合併法人である場合又は吸収分割に係る分割承継法人である場合には、基準期間における課税売上高を当該合併法人の課税売上高だけで判定するのか被合併法人の課税売上高を合算したところで判定するのか又は当該分割承継法人の課税売上高だけで判定するのか分割法人の課税売上高を合算したところで判定するのかという点についてであるが、消費税法第37条第1項《中小事業者の仕入れに係る消費税額の控除の特例》では、分割等に係る特例は定めているものの、合併法人又は分割承継法人についてはこの取扱いについて特段の規定は設けられていない。したがって、簡易課税制度の適用の可否の判定については、同法第11条第1項《合併があった場合の納税義務の免除の特例》又は同第12条第5項《吸収分割があった場合の納税義務の免除の特例》の規定による合併があった場合の合併法人又は分割承継法人の納税義務の判定と異なり、合併法人又は分割承継法人の基準期間における課税売上高のみで判定することとなる。

　本通達は、このことを念のため明らかにしたものである。

（簡易課税制度選択届出書の効力）

13—1—3　法第37条第1項《中小事業者の仕入れに係る消費税額の控除の特例》の規定による届出書（以下「簡易課税制度選択届出書」という。）は、課税事業者の基準期間における課税売上高が5,000万円以下

の課税期間について簡易課税制度を選択するものであるから、当該届出書を提出した事業者のその課税期間の基準期間における課税売上高が5,000万円を超えることにより、その課税期間について同制度を適用することができなくなった場合又はその課税期間の基準期間における課税売上高が1,000万円以下となり免税事業者となった場合であっても、その後の課税期間において基準期間における課税売上高が1,000万円を超え5,000万円以下となったときには、当該課税期間の初日の前日までに同条第4項《簡易課税制度の選択不適用》に規定する届出書を提出している場合を除き、当該課税期間について再び簡易課税制度が適用されるのであるから留意する。

【平9課消2－5、平15課消1―37、平22課消1－9　改正】

解説　その課税期間の基準期間における課税売上高が5,000万円以下の事業者は、事前に消費税簡易課税制度選択届出書（様式通達第24号様式）を提出することにより、その課税期間の課税標準額に対する消費税額からその課税期間の売上げに係る対価の返還等の金額に係る消費税額の合計額を控除した残額に一定のみなし仕入率を掛けて計算した金額をその課税期間の仕入れに係る消費税額とすることができる（法37①）。

この場合、この届出書の効力は、これを提出した日の属する課税期間の翌課税期間（その届出書を提出した日の属する課税期間が課税資産の譲渡等に係る事業を開始した課税期間等である場合には、その課税期間）以後の課税期間でその基準期間における課税売上高が5,000万円以下である課税期間について生ずるのであり、基準期間における課税売上高が5,000万円を超える課税期間についてはその効力が生じないこととなる。

このため、この届出書の効力がいったん生じた課税期間の後の課税期間において、基準期間の課税売上高が5,000万円超となったため、簡易課税制度

を適用できなくなった場合及び基準期間の課税売上高が1,000万円以下となり免税事業者となった場合には、その後の課税期間においては、この届出書の効力が消滅しているから再度簡易課税制度を選択する場合には改めて届出書の提出が必要ではないかとの疑問を抱く向きもあった。

　本通達では、この様な場合であっても、消費税簡易課税制度選択不適用届出書（様式通達第25号様式）を提出していない限り消費税簡易課税制度選択届出書の効力は存続し、基準期間における課税売上高が1,000万円を超え5,000万円以下の課税期間については、簡易課税制度を適用してその課税期間の仕入れに係る消費税額を算出することとなることを念のため明らかにしたものである。

（相続があった場合の簡易課税制度選択届出書の効力等）

13―1―3の2　相続があった場合における法第37条第1項《中小事業者の仕入れに係る消費税額の控除の特例》の規定の適用は、次のようになるのであるから留意する。

(1)　被相続人が提出した簡易課税制度選択届出書の効力は、相続により当該被相続人の事業を承継した相続人には及ばない。したがって、当該相続人が法第37条第1項の規定の適用を受けようとするときは、新たに簡易課税制度選択届出書を提出しなければならない。

(2)　事業を営んでいない相続人が相続により被相続人の事業を承継した場合又は個人事業者である相続人が相続により法第37条第1項の規定の適用を受けていた被相続人の事業を承継した場合において、当該相続人が相続があった日の属する課税期間中に簡易課税制度選択届出書を提出したときは、当該課税期間は、令第56条第1項第1号《事業を開始した日の属する課税期間》又は第2号《相続があっ

た日の属する課税期間》に規定する課税期間に該当する。

　ただし、当該課税期間の基準期間における課税売上高が1,000万円を超え、課税事業者に該当する個人事業者が相続により法第37条第1項の規定の適用を受けていた被相続人の事業を承継した場合の当該課税期間は、令第56条第1項第2号に規定する課税期間には該当しない。

【平13課消1―5　追加、平15課消1―37、平22課消1―9　改正】

解説　個人が相続により被相続人の事業を承継した場合に、当該被相続人が提出した届出書の効力は、当該個人に及ばないから、相続人が簡易課税制度の適用を受けようとするときは、新たに消費税簡易課税制度選択届出書（様式通達第24号様式）を提出しなければならない。また、消費税簡易課税制度選択届出書の効力は、届出書を提出した日の属する課税期間の翌課税期間（例えば、既に課税事業者である個人事業者が平成29年中に消費税簡易課税制度選択届出書を提出した場合は平成30年分）から生ずることになるが、新たに事業を開始した場合及び相続、合併又は分割により事業を承継した場合の届出書の効力は、事業を開始した日、相続があった日、合併があった日及び分割があった日の属する課税期間から生ずることとされている（法37①、令56）。

　したがって、事業を営んでいない個人が相続により被相続人の事業を承継して新たに事業を開始した場合又は現に事業を営む個人が消費税法第37条第1項《中小事業者の仕入れに係る消費税額の控除の特例》の規定の適用を受けていた被相続人の事業を相続により承継した場合において、その事業を開始した日又は相続があった日を含む課税期間から簡易課税制度を選択しようとするときは、当該期間中に、所轄税務署長に消費税簡易課税制度選択届出書を提出することとなる。

　ただし、相続があった日の属する課税期間の基準期間における課税売上高

が、もともと1,000万円を超えている場合の当該課税期間は、消費税法施行令第56条第１項第２号《相続があった日の属する課税期間》に規定する課税期間に該当しないことから、当該課税期間中に消費税簡易課税制度選択届出書を提出した場合には、その翌課税期間から届出書の効力が生じることとなるのである。

本通達は、このことを念のため明らかにしたものである。

（合併があった場合の簡易課税制度選択届出書の効力等）

13―１―３の３　合併があった場合における法第37条第１項《中小事業者の仕入れに係る消費税額の控除の特例》の規定の適用は、次のようになるのであるから留意する。

(1) 被合併法人が提出した簡易課税制度選択届出書の効力は、吸収合併又は新設合併により当該被合併法人の事業を承継した合併法人には及ばない。したがって、当該合併法人が法第37条第１項の規定の適用を受けようとするときは、新たに簡易課税制度選択届出書を提出しなければならない。

(2) 法人が新設合併によりその事業を承継した場合又は吸収合併により法第37条第１項の規定の適用を受けていた被合併法人の事業を承継した場合において、当該法人が合併があった日の属する課税期間中に簡易課税制度選択届出書を提出したときは、当該課税期間は、令第56条第１項第１号《事業を開始した日の属する課税期間》又は第３号《合併があった日の属する課税期間》に規定する課税期間に該当する。

ただし、当該課税期間の基準期間における課税売上高が1,000万円を超え、課税事業者に該当する法人が吸収合併により法第37条第１項の規定の適用を受けていた被合併法人の事業を承継した場合の

当該課税期間は、令第56条第1項第3号に規定する課税期間には該当しない。

【平13課消1－5　追加、平15課消1－37、平22課消1－9　改正】

解説　法人が合併により消費税法第37条第1項《中小事業者の仕入れに係る消費税額の控除の特例》の規定の適用を受けていた被合併法人の事業を承継した場合の当該被合併法人が提出した届出書の効力及びその合併があった日の属する課税期間から簡易課税制度を選択しようとするときの取扱いは、個人事業者が相続により事業を承継した場合と同様であることから、これらの取扱いを本通達において念のため明らかにしたものである。

（分割があった場合の簡易課税制度選択届出書の効力等）

13－1－3の4　分割があった場合における法第37条第1項《中小事業者の仕入れに係る消費税額の控除の特例》の規定の適用は、次のようになるのであるから留意する。

(1)　分割法人が提出した簡易課税制度選択届出書の効力は、分割により当該分割法人の事業を承継した分割承継法人には及ばない。したがって、当該分割承継法人が法第37条第1項の規定の適用を受けようとするときは、新たに簡易課税制度選択届出書を提出しなければならない。

　　（注）　法第12条第7項第2号又は第3号《分割等の意義》に該当する分割等により新設分割親法人の事業を引き継いだ新設分割子法人についても同様である。

(2)　法人が、新設分割によりその事業を承継した場合又は吸収分割により法第37条第1項の規定の適用を受けていた分割法人の事業を承

継した場合において、当該法人が新設分割又は吸収分割があった日の属する課税期間中に簡易課税制度選択届出書を提出したときは、当該課税期間は、令第56条第1項第1号《事業を開始した日の属する課税期間》又は第4号《吸収分割があった日の属する課税期間》に規定する課税期間に該当する。

ただし、当該課税期間の基準期間における課税売上高が1,000万円を超え、課税事業者に該当する法人が吸収分割により法第37条第1項の規定の適用を受けていた分割法人の事業を承継した場合の当該課税期間は、令第56条第1項第4号に規定する課税期間には該当しない。

(注) (2)の本文の場合においては、当該課税期間から法第37条第1項の規定が適用されるのであるが、分割等に係る新設分割子法人については、簡易課税制度選択届出書を提出している場合であっても、当該課税期間が令第55条《仕入れに係る消費税額の控除の特例の適用がない分割等に係る課税期間》に規定するいずれかの課税期間に該当するときは、法第37条第1項の規定は適用されないのであるから留意する。

【平13課消1－5　追加、平15課消1－37、平22課消1－9　改正】

解説　法人が分割等（新設分割、吸収分割、現物出資又は事後設立）により消費税法第37条第1項《中小事業者の仕入れに係る消費税額の控除の特例》の規定の適用を受けていた分割法人の事業を承継した場合の当該分割法人が提出した消費税簡易課税制度選択届出書（様式通達第24号様式）の効力及び新設分割又は吸収分割があった日の属する課税期間から簡易課税制度を選択しようとするときの取扱いは、法人が合併により事業を承継した場合と同様である。

しかし、簡易課税制度は、基準期間における課税売上高が5,000万円以下である課税期間について適用が受けられるのであるが、分割等（新設分割、吸収分割、現物出資及び事後設立）があった場合の新設分割親法人又は新設分割子法人の消費税法施行令第55条《仕入れに係る消費税額の控除の特例の適用がない分割等に係る課税期間》に規定する課税期間は除かれることとされていることから、これに該当する課税期間については、当然に簡易課税制度の適用を受けることはできないこととなるのであり、本通達の(2)の注書は、このことを念のため明らかにしたものである。

なお、消費税法第12条第7項第2号又は第3号《分割等の意義》に該当する現物出資及び事後設立により新設分割親法人の事業を引き継いだ新設分割子法人が、設立の登記をした日の属する課税期間中に当該届出書を提出したときは、当該課税期間は、消費税法施行令第56条第1項第1号《事業を開始した日の属する期間等の範囲》に規定する課税期間に該当することは言うまでもない。

（簡易課税制度選択届出書を提出することができる事業者）

13―1―4 簡易課税制度を適用できる事業者は、簡易課税制度選択届出書を提出した事業者で、当該課税期間の基準期間における課税売上高が5,000万円以下である事業者に限られるのであるが、当該簡易課税制度選択届出書の提出は免税事業者であってもできるのであるから留意する。

【平9課消2―5、平15課消1―37　改正】

解説　課税事業者のうち、その課税期間の基準期間における課税売上高が5,000万円以下である者については、事前に消費税簡易課税制度選択届出書

（様式通達第24号様式）を提出している場合には、その課税期間について簡易課税制度を適用することとされている（法37①）。

　ところで、この消費税簡易課税制度選択届出書は、基準期間における課税売上高が1,000万円を超え5,000万円以下である課税期間について簡易課税制度を適用しようとする場合に提出するものであるが、その届出書の効力は提出した日の属する課税期間の翌課税期間から生ずることとされている。このため翌課税期間の基準期間における課税売上高が1,000万円を超え5,000万円以下であることが明らかな免税事業者が当該翌課税期間から簡易課税制度を適用しようとする場合には、当然のことながら今課税期間中に当該届出書を提出しなければならないこととされている。すなわち、消費税簡易課税制度選択届出書は、免税事業者でも提出できるものである。

　本通達は、このことを念のため明らかにしたものである。

（簡易課税制度選択届出書提出後に法第37条第3項各号に規定する場合に該当する場合の当該届出書の取扱い）

13―1―4の2　簡易課税制度選択届出書を提出した事業者が、当該届出書の提出日以後、その提出した日の属する課税期間中に調整対象固定資産の仕入れ等又は高額特定資産の仕入れ等を行ったことにより、法第37条第3項各号《調整対象固定資産又は高額特定資産の仕入れ等を行った場合の簡易課税制度選択届出書の提出制限》に規定する場合に該当することとなった場合には、同条第4項の規定により当該届出書の提出がなかったものとみなされることに留意する。

【平22課消1―9　追加、平28課消1―57　改正】

解説　簡易課税制度の適用を受けようとする事業者が、調整対象固定資産

の仕入れ等又は高額特定資産の仕入れ等を行ったことにより、消費税法第37条第3項各号に掲げる場合に該当するときは、当該各号に定める期間は消費税簡易課税制度選択届出書の提出が制限されることとされている。

　また、当該各号に規定する事業者が、当該各号に掲げる場合に該当することとなった場合において、調整対象固定資産の仕入れ等の日又は高額特定資産の仕入れ等の日の属する課税期間の初日から同項各号に掲げる場合に該当することとなった日までの間に消費税簡易課税制度選択届出書をその納税地を所轄する税務署長に提出しているときは、同条第4項の規定により、その提出がなかったものとみなされる。

　すなわち、消費税簡易課税制度選択届出書を提出した事業者が、当該届出書を提出後に、その提出した日を含む課税期間と同一の課税期間中に調整対象固定資産の仕入れ等又は高額特定資産の仕入れ等を行ったことにより、同条第3項各号に規定する場合に該当することとなったときは、当該届出書の提出がなかったものとみなされ、当該届出書を提出した課税期間の翌課税期間からの簡易課税制度の選択はできないこととなる（法37④）。

　本通達は、このことを念のため明らかにしたものである。

（調整対象固定資産又は高額特定資産を売却等した場合の法第37条第3項の適用関係）

13―1―4の3　法第37条第3項《調整対象固定資産の仕入れ等又は高額特定資産の仕入れ等を行った場合の簡易課税制度選択届出書の提出制限》の規定は、同項各号に規定する事業者が当該各号に規定する場合に該当するときに適用されるのであるから、当該事業者が調整対象固定資産の仕入れ等又は高額特定資産の仕入れ等を行った後に当該調整対象固定資産又は高額特定資産の仕入れ等を廃棄、売却等により処

分したとしても、法第37条第３項の規定は継続して適用されることに留意する。

【平22課消１－９　追加、平28課消１－57　改正】

解説　消費税法第37条第１項《中小事業者の仕入れに係る消費税額の控除の特例》の規定による届出書は、課税事業者の基準期間における課税売上高が5,000万円以下の課税期間について簡易課税制度を適用しようとする場合に提出するものであるが、消費税課税事業者選択届出書を提出した事業者又は同法第12条の２第１項に規定する新設法人が調整対象固定資産の仕入れ等又は高額特定資産の仕入れ等を行ったことにより、同法第37条第３項各号に掲げる場合に該当するときは、当該各号に定める期間は消費税簡易課税制度選択届出書の提出が制限されることとされている。

ところで、同法第33条第１項《課税売上割合が著しく変動した場合の調整対象固定資産に関する仕入れに係る消費税額の調整》の規定は、調整対象固定資産を同項に規定する第三年度の課税期間の末日において有している場合に適用される。このため、調整対象固定資産の仕入れ等の後にこれを売却等により処分した場合には、同項の適用対象外となるが、この場合には、同法第37条第３項の規定についても適用対象外となるのではないかとの疑義が生じる。

しかしながら、同項は、調整対象固定資産の仕入れ等又は高額特定資産の仕入れ等を行った事実があれば適用されるのであるから、事業者が売却等により当該調整対象固定資産又は高額特定資産を処分したかどうかは、同項の適用関係に何ら影響を及ぼすものではない。

本通達は、このことを明らかにしたものである。

(事業を開始した課税期間の翌課税期間からの簡易課税制度の選択)

13—1—5 事業者が簡易課税制度選択届出書を提出した場合には、当該簡易課税制度選択届出書を提出した日の属する課税期間の翌課税期間以後の課税期間（その基準期間における課税売上高が5,000万円を超える課税期間及び令第55条各号《仕入れに係る消費税額の控除の特例の適用がない分割に係る課税期間》に規定する課税期間を除く。以下13—1—5において同じ。）について、簡易課税制度を選択できるのであるから、当該簡易課税制度選択届出書を提出した日の属する課税期間が令56条第1項各号《事業を開始した日の属する課税期間等の範囲》に規定する課税期間に該当する場合であっても、当該課税期間の翌課税期間から簡易課税制度を選択することもできることに留意する。

（注）　この場合、事業者は、当該簡易課税制度選択届出書において適用開始課税期間の初日の年月日を明確にしなければならない。

【平9課消2—5、平13課消1—5、平15課消1—37、平22課消1—9　改正】

解説　消費税簡易課税制度選択届出書（様式通達第24号様式）の効力は、原則として、当該届出書を提出した日の属する課税期間の翌課税期間以後の課税期間から生ずることとなるが、当該届出書を提出した課税期間が事業を開始した課税期間等である場合には、その課税期間から効力が生ずることとされている（法37①、令56①一）。

このため、課税資産の譲渡等に係る事業を開始した課税期間等に当該届出書を提出した事業者については、当該届出書を提出した日の属する課税期間の翌課税期間から適用を受けることができないのではないかとの疑念を抱く向きもあった。

しかし、課税資産の譲渡等に係る事業を開始した課税期間の翌課税期間か

ら簡易課税制度の適用を受けようとする事業者は、消費税法第37条第1項《中小事業者の仕入れに係る消費税額の控除の特例》の規定からすると、その課税資産の譲渡等に係る事業を開始した課税期間の末日までに当該届出書を提出すれば適用を受けられると解釈すべきものである。

したがって、課税資産の譲渡等に係る事業を開始した課税期間等に当該届出書を提出した事業者が、消費税簡易課税制度選択届出書の効力発生時期、すなわち、当該届出書により簡易課税制度を適用しようとする課税期間を、その課税期間からとするか翌課税期間からとするかを選択することについては法のあらかじめ予定するところなのである。本通達は、念のためにこのことを明らかにしたものである。

なお、事業者がいずれの課税期間から簡易課税制度を適用しようとするのかについての明確な意思を確認できるようにするため、本通達注書きにおいて、当該届出書において簡易課税制度を適用しようとする課税期間の初日を明示することとしたものである。

(「やむを得ない事情」の範囲等)

13—1—5の2 法第37条第8項《届出書の提出時期に係る特例》に規定する「やむを得ない事情」の意義については、1—4—16による。

また、令第57条の2第3項《中小事業者の仕入れに係る消費税額の控除の特例の適用を受ける旨の届出等に関する特例》に規定する「当該事情がやんだ後相当の期間内」の意義については、1—4—17による。

【平10課消2—9　追加、平22課消1—9、平28課消1—57　改正】

解説 消費税簡易課税制度選択届出書及び消費税簡易課税制度選択不適用

届出書は、原則として、適用を受けようとする課税期間の前課税期間の末日までに提出する必要があるが、「やむを得ない事情」があるためこれらの届出書を適用を受け又は適用を受けることをやめようとする課税期間の末日までに提出できなかった場合の特例規定が設けられている（法37⑧）。

本通達は、ここでいう「やむを得ない事情」の範囲とその特例承認申請書の提出期限について、1－4－16及び1－4－17を準用する旨を明らかにしたものである。

すなわち、消費税法第37条第8項《届出書の提出時期の特例》に規定する「やむを得ない事情」とは、

(1) 震災、風水害、雪害、凍害、落雷、雪崩、がけ崩れ、地滑り、火山の噴火等の天災又は火災その他の人的災害で自己の責任によらないものに基因する災害が発生したことにより、「消費税簡易課税制度選択届出書」又は「消費税簡易課税制度選択不適用届出書」の提出ができない状態になったと認められる場合

(2) (1)に規定する災害に準ずるような状況又は当該事業者の責めに帰することができない状態にあることにより、「消費税簡易課税制度選択届出書」又は「消費税簡易課税制度選択不適用届出書」の提出ができない状態になったと認められる場合

(3) その課税期間の末日前おおむね1月以内に相続があったことにより、当該相続に係る相続人が新たに「消費税簡易課税制度選択届出書」を提出できる個人事業者となった場合

　この場合には、その課税期間の末日にやむを得ない事情がやんだものとして取り扱う。

(4) (1)～(3)までに準ずる事情がある場合で、税務署長がやむを得ないと認めた場合

が該当する。また消費税法施行令第57条の2第3項《中小事業者の仕入れに

係る消費税額の控除の特例の適用を受ける旨の届出等に関する特例）に規定する「当該事情がやんだ後相当の期間内」とは、「やむを得ない事情」がやんだ日から２月以内の期間内とされる。

（貸倒れがあった場合の適用関係）

13―1―6　簡易課税制度を適用している事業者の行った課税資産の譲渡等に係る売掛金等について法第39条第１項《貸倒れに係る消費税額の控除等》に規定する事実が生じたこと（以下「貸倒れ」という。）により同項の規定の適用がある場合又は同項の規定の適用を受けた貸倒れに係る売掛金等を回収した場合における消費税額の計算は、次によるのであるから留意する。

(1)　その貸倒れとなった売掛金等に係る消費税額（当該売掛金等の金額に108分の6.3を乗じて算出した金額をいう。以下13―1―6において同じ。）は、当該課税期間の課税標準額に対する消費税額から、法第37条第１項《中小事業者の仕入れに係る消費税額の控除の特例》の規定により当該課税期間における仕入控除税額とみなされる金額を控除した後の金額から控除する。

(2)　回収した売掛金等に係る消費税額は、その回収した日の属する課税期間における課税標準額に対する消費税額に加算され、加算後の金額を基に同項の規定により仕入控除税額を計算する。

【平９課消２―５、平25課消１―34　改正】

解説　課税資産の譲渡等に係る売掛金等について貸倒れが生じた場合には、課税標準額に対する消費税額からその貸倒れに係る消費税額を控除することとなる。ところで、簡易課税制度の適用を受ける場合の課税標準額に対する

消費税額から控除する仕入れに係る消費税額については、課税標準額に対する消費税額から売上げに係る対価の返還等の金額を控除し、この残額に一定のみなし仕入率を乗じて計算することとされている。これに対して、貸倒れに係る消費税額については、課税標準額に対する消費税額から、まず、仕入れに係る消費税額とみなされる金額を控除し、その残額から控除することとなる。すなわち、仕入れに係る消費税額を計算する際の課税標準額に対する消費税額は、貸倒れに係る消費税額を控除する前の金額によって計算することとなる。本通達の(1)は、この計算方法を明らかにしたものである。

また、後日、貸倒れに係る売掛金等の全部又は一部を回収した場合には、課税標準額に対する消費税額に回収した売掛金等に係る消費税額を加算した金額に基づいて消費税法第37条第1項《中小事業者の仕入れに係る消費税額の控除の特例》による仕入れに係る消費税額を計算することになる。本通達の(2)は、このことを明らかにしたものである。

（災害その他やむを得ない理由の範囲）

13−1−7　法第37条の2第1項又は第6項《災害等があった場合の中小事業者の仕入れに係る消費税額の控除の特例の届出に関する特例》に規定する「災害その他やむを得ない理由」とは、おおむね次に掲げるところによる。

(1)　地震、暴風、豪雨、豪雪、津波、落雷、地すべりその他の自然現象の異変による災害
(2)　火災、火薬類の爆発、ガス爆発、その他の人為による異常な災害
(3)　(1)又は(2)に掲げる災害に準ずる自己の責めに帰さないやむを得ない事実

【平18課消1―11　追加】

解説　消費税簡易課税制度選択届出書又は消費税簡易課税制度選択不適用届出書は、原則として、適用を受けようとする課税期間の前課税期間の末日までに提出する必要があるが、「災害その他やむを得ない理由」により簡易課税制度の適用につき変更の必要が生じた場合において、所轄税務署長の承認を受けたときは、被災した課税期間以後の課税期間からその適用の変更を認める特例規定が設けられている（法37の２）。

本通達は、当該特例に規定する「災害その他やむを得ない理由」の範囲を明らかにしたものであるが、単に届出書の提出の失念や税法の不知等は該当しないので注意する必要がある。

（災害等特例申請書の提出期限）

13―1―8　法第37条の２第２項《災害等があった場合の中小事業者の仕入れに係る消費税額の控除の特例の届出に関する特例》（同条第７項において準用する場合を含む。）に規定する申請書の提出期限は、災害その他やむを得ない理由のやんだ日（以下13―1―8及び13―1―9において「災害等のやんだ日」という。）から２月以内となるが、次に掲げる場合には、それぞれ次に掲げるとおりとなることに留意する。

(1)　災害等のやんだ日が法第37条の２第１項に規定する選択被災課税期間又は同条第６項に規定する不適用被災課税期間の末日の翌日（当該課税期間が課税事業者に該当する個人事業者のその年の12月31日を含む課税期間である場合は、当該末日の翌日から１月を経過した日）以後に到来する場合　法第45条第１項《課税資産の譲渡等及び特定課税仕入れについての確定申告》の規定による申告書の提出期限

(2) (1)の場合で、通則法第11条《災害等による期限の延長》の規定により当該申告書の提出期限が延長された場合　当該延長された申告書の提出期限

【平18課消1―11　追加、平27課消1―17　改正】

解説　「災害その他やむを得ない理由」が生じたことにより被害を受け、その被害を受けたことにより簡易課税制度の適用関係について変更する必要が生じた事業者は、その「災害その他やむを得ない理由」がやんだ日から2月以内に「災害等による消費税簡易課税制度選択（不適用）届出に係る特例承認申請書」を税務署長に提出し、その承認を受ける必要がある（法37の2②）。

　ただし、「災害その他やむを得ない理由」のやんだ日が、この特例の承認を受けようとする課税期間の末日の翌日（個人事業者の場合は翌年2月1日）以後に到来する場合には、その承認を受けようとする課税期間に係る確定申告書の提出期限が申請期限となる（法37の2②かっこ書）。

　ところで、国税通則法第11条《災害等による期限の延長》において、国税庁長官、国税不服審判所長、国税局長、税務署長又は税関長は、災害その他やむを得ない理由により、国税に関する法律に基づく申告、申請、請求、届出その他書類の提出、納付、又は徴収に関する期限までにこれらの行為をすることができないと認めるときは、その理由のやんだ日から2月以内に限り、当該期限を延長することができることとされている。

　災害その他やむを得ない理由が生じたことにより被害を受け、被害を受けたことにより簡易課税制度の適用関係について変更する必要が生じた事業者が同条の規定の適用を受けた場合に、この特例の申請期限がいつになるのか疑義が生ずるところである。

　そこで、本通達(2)において、同条の規定により、承認を受けようとする課

税期間に係る確定申告書の提出期限が延長された場合には、その延長後の確定申告書の提出期限が申請期限となることを念のために明らかにしたものである。

（簡易課税制度の不適用の特例申請ができる課税期間）

13―1―9　法第37条の２第６項《災害等があった場合の中小事業者の仕入れに係る消費税額の控除の特例の届出に関する特例》の規定により災害その他やむを得ない理由の生じた日（以下13―1―9において「災害等の生じた日」という。）の属する課税期間の翌課税期間以後の課税期間において簡易課税制度の適用を受けることをやめることができる課税期間は、令第57条の３第１項各号《災害等があった場合の簡易課税制度の届出等に関する特例》に規定する要件の全てに該当する課税期間のうち、いずれか一の課税期間に限られることに留意する。

（注）　災害等の生じた日の属する課税期間において法第37条の２第６項の承認を受けたときは、令第57条の３第１項第２号に規定する要件に該当しないことから、その災害等を理由とするこの特例の対象となる翌課税期間以後の課税期間はないこととなる。

【平18課消１―11　追加、平23課消１―35　改正】

解説　「災害その他やむを得ない理由」が生じたことにより被害を受けた事業者は、消費税法第37条の２第６項《災害等があった場合の中小事業者の仕入れに係る消費税額の控除の特例の届出に関する特例》の規定により、当該災害その他やむを得ない理由の生じた日の属する課税期間のみならず、その翌課税期間以後の課税期間についても簡易課税制度の適用を受けることをやめることができることとされている。

ただし、この場合には、その翌課税期間以後の課税期間のうち、次に掲げる要件のすべてに該当する課税期間のうちいずれか一の課税期間に限られている（令57の3①）。

① 災害等の生じた日からそのやんだ日までの間に開始した課税期間であること
② その災害等が生じた日の属する課税期間（この特例の承認を受けた課税期間に限る。）の翌課税期間以後の課税期間でないこと
③ 簡易課税制度の2年間継続適用の課税期間であること

すなわち、この特例の適用が受けられる「その翌課税期間以後の課税期間」には、その災害等が生じた日の属する課税期間についてこの特例の適用を受けていない場合の当該翌課税期間以後の課税期間で、①及び③の要件を満たす課税期間が該当することとなり、簡易課税制度の2年間強制適用の課税期間であっても、簡易課税制度の適用を受けることをやめることができることとなる。

例えば、災害等が発生してからそのやんだ日までの間に複数の課税期間が存在する場合において、災害等が生じた日の属する課税期間にこの特例の承認を受け、簡易課税制度の適用を受けることをやめた後、翌課税期間以後の課税期間に再び簡易課税制度を選択し、その翌課税期間以後の課税期間について、再度この特例の適用承認を受けて簡易課税制度の適用をやめることはできないこととなる。

なお、その適用を受けることをやめようとする課税期間が簡易課税制度の2年間強制適用の課税期間でない場合には、この特例ではなく、消費税法施行令第57条の2《中小事業者の仕入れに係る消費税額の控除の特例の適用を受ける旨の届出等に関する特例》の規定により承認を受け、簡易課税制度の適用を受けることをやめることが可能である。

第2節　事業区分の判定

（事業者が行う事業の区分）

13―2―1　事業者が行う事業が第一種事業（令第57条第5項第1号《事業の種類》に規定する第一種事業をいう。以下同じ。）、第二種事業（同項第2号に規定する第二種事業をいう。以下同じ。）、第三種事業（同項第3号に規定する第三種事業をいう。以下同じ。）、第四種事業（同項第6号に規定する第四種事業をいう。以下同じ。）、第五種事業（同項第4号に規定する第五種事業をいう。以下同じ。）又は第六種事業（同項第5号に規定する第六種事業をいう。以下同じ。）のいずれに該当するかの判定は、原則として、その事業者が行う課税資産の譲渡等ごとに行うのであるから留意する。

ただし、資産の譲渡に伴い通常役務の提供が併せて行われる取引の場合で、当該譲渡を行う事業者が当該役務の提供の対価を受領していないと認められるときには、当該取引の全体が資産の譲渡に係る事業に該当するものとして第一種事業から第六種事業までのいずれの事業に該当するかを判定して差し支えない。

【平9課消2―5、平10課消2―9、平26課消1―8　改正】

解説　本通達では、消費税法第37条第1項《中小事業者の仕入れに係る消費税額の控除の特例》の規定を適用する場合に、事業者が行う事業が第一種事業から第六種事業のいずれに該当するかを判定する場合には、個々の資産の譲渡等ごとに事業の種類を判定することを明らかにしている。

消費税法第37条第1項の規定の適用に当たっては、その課税期間の課税売

上高を第一種事業から第六種事業に区分した上で、それぞれ第一種事業から第六種事業の課税売上げに係る消費税額にそれぞれのみなし仕入率を乗じた金額を第一種事業から第六種事業の課税売上げに係る消費税額の合計額で除した率を課税標準額に対する消費税額に乗じて仕入れに係る消費税額を算出することとされており、第一種事業から第六種事業までの売上げに応じた加重平均の率により仕入れに係る消費税額を求めることとされているから、それぞれの資産の譲渡等ごとに事業の区分を行うことが重要となる。

この場合の資産の譲渡等は社会通念上の取引単位を基に判定することから、資産の譲渡と役務の提供とが混合した取引であれば、それぞれの対価の額を区分した上で個別に事業の種類を判定することになるが、第一種事業から第六種事業のいずれかに該当する資産の譲渡に伴って役務の提供を行ったときに当該役務の提供がサービスとして行われていると認められるような場合（役務の提供を無償で行っていると認められる場合）には、役務の提供が現実に行われている場合であってもその部分については対価がないものとして、当該取引において受領する対価の額の全額を資産の譲渡に係るものとして第一種事業から第六種事業のいずれに該当するかを判定して差し支えないこととしている。

この場合の役務の提供部分に係る対価が無償で行われているか否かの判定は、社会通念上サービスと認められる場合であるか否かで判定し、店頭に資産の譲渡の対価の額と役務の提供の対価の額とをそれぞれ表示し、資産の譲渡と役務の提供とを合わせて行っている場合に双方の対価の額を一括して資産の譲渡の対価の額としたとしてもただし書の適用はない。

（性質及び形状を変更しないことの意義）

13—2—2　令第57条第5項第1号に規定する第一種事業（卸売業）及

び同項第２号に規定する第二種事業（小売業）は、同条第６項の規定により「他の者から購入した商品をその性質及び形状を変更しないで販売する事業」をいうものとされているが、この場合の「性質及び形状を変更しないで販売する」とは、他の者から購入した商品をそのまま販売することをいう。

なお、商品に対して、例えば、次のような行為を施したうえでの販売であっても「性質及び形状を変更しないで販売する」場合に該当するものとして取り扱う。

(1) 他の者から購入した商品に、商標、ネーム等を貼付け又は表示する行為
(2) 運送の利便のために分解されている部品等を単に組み立てて販売する場合、例えば、組立て式の家具を組み立てて販売する場合のように仕入商品を組み立てる行為
(3) ２以上の仕入商品を箱詰めする等の方法により組み合わせて販売する場合の当該組合せ行為

【平23課消１－35　改正】

解説　簡易課税制度は、事業者が営む事業の課税売上げを第一種事業から第六種事業までに区分して各種事業ごとに定められた控除割合（みなし仕入率）を用いて仕入控除税額を計算するものである。

このうち、第一種事業の卸売業と第二種事業の小売業については、販売先が他の事業者かそれ以外の者かの違いはあるものの「他の者から購入した商品をその性質及び形状を変更しないで販売する事業」をいうこととされている（令57⑥）。

本通達の本文では、この「性質及び形状を変更しないで販売する」ことが、他の者から購入した商品をそのまま販売することをいうものであることを明

示している。

　ただし、「そのまま販売する」といっても、商品を仕入れて販売するに当たっては、販売業者がまったく何の行為も施さないというのはまれである。そこで、仕入れた商品を販売するために当該仕入商品に常識的な範囲で簡易な行為を施しても「性質及び形状を変更しないで販売する」ものとして取り扱うこととし、その具体的な事例をなお書において示したものである。

(食料品小売店舗において行う販売商品の加工等の取扱い)

13―2―3　事業者が他から購入した食料品を、その性質及び形状を変更しないで専ら消費者に販売する店舗において、当該販売に供される商品に軽微な加工をして販売する場合で、当該加工が当該加工前の食料品を販売している店舗において一般的に行われると認められるもので、当該加工後の商品が当該加工前の商品と同一の店舗において販売されるものであるときの当該加工後の商品の譲渡を行う事業は、第二種事業に該当するものとして取り扱って差し支えない。

解　説　食料品小売店舗における食料品の小売は一般的に仕入れた商品を販売しているものであり第二種事業に該当するのであるが、近年の食料品の販売形態が消費者の利便を図って本来消費者が購入した後に消費直前に行う加工行為を、販売店が消費者に代わって行った上で販売しているのと同様の実態にあると認められるケースが多々見受けられる。

　この加工の程度が仕入商品の性質及び形状を変更するようなものであれば本来第二種事業には該当しないこととなるのであるが、少しでも性質、形状の変更があったものについて、第三種事業とする社会通念とかけ離れた取扱いとなることも予想される。

そこで、惣菜店等とのバランス及び食料品小売店の実態等も踏まえて、食料品小売店舗において消費者が購入した後に行う軽微な加工を当該食料品を販売した小売業者が当該小売店舗で消費者に代わって行うのと同様の実態にあると認められるもので、当該加工の範囲が軽微なものである場合には性質及び形状の変更には該当しないものとして取り扱うこととしたものである。例えば、野菜を販売する店舗において野菜を刻んでサラダ用としてパック詰めし、又はぬか漬けして販売する場合、食肉を販売する店舗において、肉のミンチ（合挽きを含む。）、ハンバーグ用に成形した肉又はたれに漬けて味付け肉として販売する場合等「軽微な加工」を加えて販売する場合には「性質及び形状の変更がない」ものとして第二種事業として取り扱って差し支えないこととしたものである。

　この場合の「軽微な加工」とは、例えば、仕入商品を切る、刻む、つぶす、挽く、たれに漬け込む、混ぜ合わせる、こねる、乾かす行為等が含まれるが、原則として、加熱する行為は性質及び形状の変更に該当することとなる。

　なお、この取扱いは食料品小売を行う小売店舗がその店舗において販売する食料品に軽微な加工を加えて加工後の商品を同一の食料品小売店舗で販売する場合に限り認めるものであり、食料品小売と惣菜販売又は飲食店等を隣合わせの店舗で行っているような場合で、当該惣菜販売店又は飲食店で販売するものを食料品小売店舗で加工している場合における当該惣菜店又は飲食店における販売にはこの通達の適用はない。

（第三種事業、第五種事業及び第六種事業の範囲）

13－2－4　令第57条第5項第3号《事業の種類》の規定により第三種事業に該当することとされている農業、林業、漁業、鉱業、建設業、製造業（製造小売業（自己の製造した商品を直接消費者に販売する事業を

いう。以下13―2―6及び13―2―8の2において同じ。）を含む。）、電気業、ガス業、熱供給業及び水道業（以下「製造業等」という。）並びに同項第4号の規定により第五種事業に該当することとされている運輸通信業、金融業、保険業及びサービス業（以下「サービス業等」という。）並びに同項第5号の規定により第六種事業に該当することとされている不動産業の範囲は、おおむね日本標準産業分類（総務省）の大分類に掲げる分類を基礎として判定する。

　この場合において、サービス業等とは、日本標準産業分類の大分類に掲げる次の産業をいうものとし、また、不動産業とは、日本標準産業分類の大分類に掲げる「不動産業、物品賃貸業」のうち、不動産業に該当するものをいう。

(1)　情報通信業

(2)　運輸業、郵便業

(3)　金融業、保険業

(4)　不動産業、物品賃貸業（不動産業に該当するものを除く。）

(5)　学術研究、専門・技術サービス業

(6)　宿泊業、飲食サービス業（飲食サービス業に該当するものを除く。）

(7)　生活関連サービス業、娯楽業

(8)　教育、学習支援業

(9)　医療、福祉

(10)　複合サービス事業

(11)　サービス業（他に分類されないもの）

　なお、日本標準産業分類の大分類の区分では製造業等、サービス業等又は不動産業に該当することとなる事業であっても、他の者から購入した商品をその性質及び形状を変更しないで販売する事業は、第一種事業又は第二種事業に該当するのであるから留意する。

また、製造業等に該当する事業であっても、加工賃その他これに類する料金を対価とする役務の提供を行う事業は、第四種事業に該当するのであるから留意する。

(注)　例えば、建売住宅を販売する建売業のうち、自ら建築施工しないものは、日本標準産業分類の大分類では「不動産業、物品賃貸業」に該当するが、他の者が建築した住宅を購入してそのまま販売するものであるから、第一種事業又は第二種事業に該当し、また、自ら建築した住宅を販売するものは、第三種事業の建設業に該当することとなる。

【平10課消2―9、平14課消1―40、平20課消1―8、平26課消1―8　改正】

解説　本通達では、消費税法施行令第57条第5項第3号《事業の種類》の規定により第三種事業に該当することとされている農業、林業、漁業、鉱業、建設業、製造業（製造小売業を含む。）、電気業、ガス業、熱供給業及び水道業（以下「製造業等」という。）、同項第4号《事業の種類》の規定により第五種事業に該当することとされている運輸通信業、金融業、保険業及びサービス業（以下「サービス業等」という。）並びに同項第5号《事業の種類》の規定により第六種事業に該当することとされている不動産業の範囲は、おおむね日本標準産業分類（総務省）の大分類に掲げる分類を基礎として判定することを明らかにしている。

　また、日本標準産業分類上、製造業等、サービス業又は不動産業に該当する事業であっても、「他の者から購入した商品をその性質及び形状を変更しないで販売する事業」は、第一種事業又は第二種事業に該当するのであるから、第三種事業には含まれないことを念のため明らかにするとともに、日本標準産業分類上、製造業等に該当する事業であっても、「加工賃その他これに類する料金を対価とする役務の提供」を行う事業は、第四種事業に該当することも明らかにしている。

したがって、同産業分類の大分類が農業に該当する事業は、例えば「農業サービス業」のように加工賃等を対価とする役務の提供として第四種事業に該当するものはあっても、第五種事業に該当するものはないこととなる。

また、注書は、以上のような取扱いについて、建売住宅の販売という事業に当てはめて該当する事業区分を具体的に示したものである。すなわち、建売住宅の販売でも、例えば、他の事業者が建築施工（自らが施主となって請負契約により建築業者に施工させる場合を除く。）したものを購入してそのまま販売するケースは、販売先が他の事業者であるか又は一般消費者であるかの区分に応じ、第一種事業の卸売業又は第二種事業の小売業に該当するのであり、自ら建築施工（自らが施主となって請負契約により建設業者に施工させる場合を含む。）したものを販売するケースは第三種事業の建設業に該当することとなるのである。

（製造業等に含まれる範囲）

13―2―5　次の事業は、第三種事業に該当するものとして取り扱う。

(1)　自己の計算において原材料等を購入し、これをあらかじめ指示した条件に従って下請加工させて完成品として販売する、いわゆる製造問屋としての事業

　なお、顧客から特注品の製造を受注し、下請先（又は外注先）等に当該製品を製造させ顧客に引き渡す事業は、顧客から当該特注品の製造を請け負うものであるから、原則として第三種事業に該当する。

(2)　自己が請け負った建設工事（第三種事業に該当するものに限る。）の全部を下請に施工させる元請としての事業

(3)　天然水を採取して瓶詰等して人の飲用に販売する事業

> (4) 新聞、書籍等の発行、出版を行う事業

【平14課消1―40　改正】

解説　第三種事業の判定に当たっては、おおむね日本標準産業分類によるのであるが、①自己の計算において原材料等を購入し、これをあらかじめ指示した条件に従って下請加工させて完成品として販売する、いわゆる製造問屋、②自己が請け負った建設工事の全部を下請に施工させる建設工事の元請、③天然水を採取して瓶詰等して人の飲用に販売する事業、④新聞、書籍等の発行、出版を行う事業はいずれも日本標準産業分類の製造業や建設業に含まれない事業であるが、簡易課税制度の事業区分においては、他の事業とのバランス及び課税仕入れの実態等を考慮して第三種事業に該当するものとして取り扱うことを明らかにしたものである。

> **（製造小売業の取扱い）**
> 13―2―6　製造小売業は、日本標準産業分類において小売業に分類されているが、法第37条《中小事業者の仕入れに係る消費税額の控除の特例》の規定の適用上は、令第57条第5項第3号ヘ《事業の種類》の製造業に含まれ、第三種事業に該当するのであるから留意する。

解説　本通達では、製造した商品を直接消費者に販売するいわゆる製造小売業は、日本標準産業分類上は小売業に該当するが、簡易課税制度における事業の区分においては製造業と同様に第三種事業に該当することを念のため明らかにしている。

なお、製造小売業に含まれる事業には、例えば、次のような事業がある。

(1) 洋服の仕立小売業

(2) 菓子の製造小売業

(3) パンの製造小売業

(4) 豆腐・かまぼこ等加工食品製造小売業

(5) 家具製造小売業

(6) 建具製造小売業

(7) 畳製造小売業

（加工賃その他これに類する料金を対価とする役務の提供の意義）

13―2―7　令第57条第5項第3号《事業の種類》に規定する「加工賃その他これに類する料金を対価とする役務の提供」とは、13―2―4本文の規定により判定した結果、製造業等に該当することとなる事業に係るもののうち、対価たる料金の名称のいかんを問わず、他の者の原料若しくは材料又は製品等に加工等を施して、当該加工等の対価を受領する役務の提供又はこれに類する役務の提供をいう。

　なお、当該役務の提供を行う事業は第四種事業に該当することとなる。

（注）　13―2―4により判定した結果がサービス業等に該当することとなる事業に係るものは、加工賃その他これに類する料金を対価とする役務の提供を行う事業であっても第五種事業に該当するのであるから留意する。

【平10課消2―9　改正】

解説　日本標準産業分類上、農業、林業、漁業、鉱業、建設業、製造業（製造小売業を含む。）、電気業、ガス業、熱供給及び水道業に含まれる事業であっても、「加工賃その他これに類する料金を対価とする役務の提供を行う事

業」は第四種事業に該当するのであるが、この場合の加工賃その他これに類する料金を対価とする役務の提供とは、対価たる名称のいかんを問わず、他の者の原料若しくは材料又は製品等に加工を加えて、その加工等の対価を受領する役務の提供がこれに該当する。

　この加工賃等を対価とする役務の提供を行う事業の例をあげると、例えば、次のようになる。

(1)　農業事業者が行う他の農業事業者の田植え、稲刈り、草取り、害虫駆除等の手伝い、果物の選果・選別等が該当することとなるから、おおむね、日本標準産業分類の小分類「農業サービス業」に該当する事業がこれに該当する。

　　(注)　日本標準産業分類の大分類が農業に該当する事業は、第四種事業に該当するものはあっても、第五種事業に該当するものはない。

(2)　林業事業者が行う他の林業事業者の苗木の保育、保護を行うために雑草の下刈り、枝打ち等を行う場合や他の林業事業者の立木の伐採、運搬等を請け負う場合がこれに該当するから、おおむね、日本標準産業分類の小分類「林業サービス業」がこれに該当する。

　　(注)　日本標準産業分類の大分類が林業に該当する事業は、第四種事業に該当するものはあっても、第五種事業に該当するものはない。

(3)　建設業のうち、他の事業者の原材料を使用し、当該他の事業者の建設工事の一部を行う人的役務の提供がこれに該当する。

　　(注)　通常、受託者が自ら調達する補助的な建設資材(釘、針金、接着剤、道具又は建設機械等)を受託者が調達して行っても、他の主要な原材料の無償支給を受けて行う場合には、加工賃等を対価とする役務の提供に該当する。

(4)　製造業者が原材料の無償支給を受けて組立て、加工等を行う事業がこれに該当する。

（注）通常、受託者が自ら調達する加工資材（糸、針、釘、塗料・塗布材料（めっき剤を含む。）、包装資材等の補助原材料）を受託者が調達して行っても、他の主要な原材料の無償支給を受けて行う場合には、加工賃等を対価とする役務の提供に該当する。

この場合の具体的な例としては次のような事業がこれに該当する。

イ 食料品製造業者が原料となる食品の支給を受けて製品等に加工を行う事業（麦の支給を受けて行う製粉、果物の支給を受けて行う缶詰加工等）

ロ 食料品加工業者が貝、えびの支給を受けて行うむき身の製造

ハ 繊維製造業者が糸、生地の支給を受けて行う巻取り、染色、織物製造、裁断、刺しゅう又は縫製

ニ 木製品製造業者が木材の支給を受けて行う容器、家具等の製造・組立、彫刻又は塗装（漆塗りを含む。）

ホ 紙加工業者が紙の支給を受けて行う紙製品の製造・加工

ヘ 印刷業者が紙の支給を受けて行う印刷

ト 製本業者が印刷物の支給を受けて行う製本

チ なめし革製造業者が革の支給を受けて行うなめし、調整、塗装又は縫製

リ めっき業者が金属の支給を受けて行うめっき

ヌ 金属製品製造業者が金属の支給を受けて行う打ち抜き、プレス、旋盤加工又は彫刻

（注）金型の支給を受けるが、金属を自己が調達して打ち抜き、プレス等する場合には、第三種事業に該当する。

ル 機械等の製造業者が部品の支給を受けて行う組立

ヲ 指輪の支給を受けて行うサイズ直し又は宝石の支給を受けて行う切断、研磨、取付け

ところで、同産業分類の大分類を基礎として判定すれば第五種事業に該当することとなる事業のなかにも、例えば、クリーニング業、自動車修理業等のように、「加工賃その他これに類する料金を対価とする役務の提供を行う事業」ともいえるものが存在する。このため、同産業分類の大分類がサービス業等となるものであっても、第四種事業に該当するのではないかと考える向きもある。しかしながら、消費税法施行令第57条第5項第3号に規定する「加工賃その他これに類する料金を対価とする役務の提供を行う事業」とは、本来、同号イからトまでに掲げる事業、すなわち、同産業分類の大分類が製造業等に該当する事業に係るものが対象となるのである。本通達は、このことを明らかにしたものである。

また、同産業分類上の大分類がサービス業等に該当する事業に係るものは、加工賃その他これに類する料金を対価とする役務の提供を行う事業であっても、第四種事業となることはなく、第五種事業となるのであり、注書はこのことを念のため明らかにしたものである。

これは、消費税法施行令第57条第5項第4号が、同項第3号のように「加工賃その他これに類する料金を対価とする役務の提供を除く。」との規定となっていないことから当然のことであり、そもそも、サービス業等に該当することとなるクリーニング業、自動車修理業等は、「加工賃その他これに類する料金を対価とする役務の提供」であることがその事業の本質なのである。このような事業には、クリーニング業、自動車修理業のほか、写真現像・焼付業、衣類縫製修理業、精米賃加工業等が該当する。

（廃材（品）、加工くず等の売却収入の事業区分）

13—2—8　第三種事業に該当する建設業、製造業等に係る事業に伴い生じた加工くず、副産物等の譲渡を行う事業は、第三種事業に該当す

るのであるから留意する。

　　なお、第一種事業又は第二種事業から生じた段ボール等の不要物品等（当該事業者が事業の用に供していた固定資産等を除く。以下13－2－8において「不要物品等」という。）の譲渡を行う事業は、第四種事業に該当するのであるが、当該事業者が当該不要物品等が生じた事業区分に属するものとして処理しているときには、これを認める。

解説　建設業や製造業がその建設工事又は製造過程で生じた加工くず、副産物等を譲渡した場合は、当該建設や製造において付属的に生産等されたものであることから、当該建設や製造の事業の種類と同一の事業の種類と認められることから第三種事業に該当することとしたものであり、本通達ではこのことを明らかにしている。

　また、第一種事業に該当する卸売業や第二種事業に該当する小売業を営む事業者が販売用商品の梱包材であった段ボール等の不要物品等の譲渡を行う事業は、「他の者から購入した商品をその性質及び形状を変更しないで」販売する事業には該当しないことから、原則的には第四種事業に該当することとなるが、当該不要物品等が生じるにいたった事業と同一の事業に属するものとして取り扱っても、適用すべきみなし仕入率に影響することはまずないと考えられることから、その事業者がそのような事業の区分を行っている場合には、簡便な取扱いとしてその処理を認めることとしている。本通達なお書はこのことを明らかにしている。

（旅館等における飲食物の提供）

13－2－8の2　令第57条第5項第4号ハ《第五種事業の種類》の規定により、サービス業から除くこととされている「飲食店業に該当する

第13章　簡易課税制度による仕入れに係る消費税額の控除　827

もの」とは、例えば、旅館、ホテル等の宿泊施設を経営する事業者が、宿泊者に対して宿泊に係る役務の提供に併せて当該宿泊施設において飲食物の提供を行う場合又は宿泊者以外の者でも利用することができる当該宿泊施設内の宴会場、レストラン、バー等において飲食物の提供を行う場合において、請求書、領収書等により当該飲食物の提供に係る対価の額を宿泊に係る役務の提供に係る対価の額と明確に区分して領収することとしているときの当該飲食物の提供が該当する。

　なお、食堂、レストラン、喫茶店、そば店、バー、キャバレー、酒場等（以下13─2─8の2において「食堂等」という。）のように、飲食のための設備を設けて、主として客の注文に応じその場所で飲食させる事業（以下13─2─8の2において「食堂等としての事業」という。）は、日本標準産業分類の大分類の区分も飲食サービス業とされており、同号ハの規定の適用を待つまでもなく、第四種事業に該当する。

(注) 1　食堂等が行う飲食物（店舗において顧客に提供するものと同種の調理済みのものに限る。）の出前は食堂等としての事業であり、第四種事業に該当するが、食堂等が自己の製造した飲食物を持ち帰り用として販売する事業は、製造小売業として第三種事業に該当するのであるから留意する。
　　　 2　飲食のための設備を設けずに、自己の製造した飲食物を専ら宅配の方法により販売する事業は、製造小売業として第三種事業に該当することとなる。

【平10課消2─9　追加、平20課消1─8　改正】

解説　消費税法施行令第57条第5項第4号ハの規定により「飲食店業に該当するもの」はサービス業から除かれ、第四種事業に該当することとされている。この場合の「飲食店業に該当するもの」とは、例えば次のようなもの

をいうのであり、一般的な食堂、レストラン、そば店、バー等（以下「食堂等」という。）が行う飲食物の提供のように、日本標準産業分類の大分類が飲食サービス業に該当するものは、同号ハの規定の適用を待つまでもなく、第四種事業に該当するのである。本通達は、このことを明らかにしたものである。

① ホテル内にある宴会場、レストラン、バー等のように、そのホテルの宿泊者以外の者でも利用でき、その場で料金の精算をすることもできるようになっている施設での飲食物の提供（この場合、宿泊者が部屋掛けをしたときは、ホテルは宿泊料金の精算時に宿泊料金と区分して領収することとなる。）
② 宿泊者に対する飲食物の提供で、宿泊サービスとセットの夕食等の提供時に当該宿泊者の注文に応じて行う特別料理、飲料等の提供や客室内に冷蔵庫を設置して行う飲料等の提供のように、料金体系上も宿泊に係る料金と区分されており、料金の精算時に宿泊料と区分して領収されるもの

なお、例えば一泊二食付きで２万円というように、食事代込みで宿泊料金が定められている場合は、その料金の金額が第五種事業（旅館業はサービス業に該当する。）に係る課税売上げとなる。

また、食堂等が行う出前については、自ら調理した食品を小売りすることとは異なり、店舗内で顧客に飲食を提供することの延長線上にあるものであることから、第四種事業に該当するが、ピザ、すし等の宅配専門店が行う宅配については、自ら調理した食品を宅配という販売形態で小売りするものであることから、製造小売業として第三種事業に該当することとなる。注書はこのことを念のため明らかにしたものである。

（第四種事業に該当する事業）

13―2―8の3　令第57条第５項第６号《第四種事業の種類》に規定す

る第四種事業には、例えば、同項第3号《第三種事業の種類》の規定により第三種事業から除かれる加工賃その他これに類する料金を対価とする役務の提供を行う事業及び同項第4号《第五種事業の種類》の規定により第五種事業のサービス業から除かれる飲食店業に該当する事業が含まれることとなる。

【平10課消2－9　追加、平20課消1－8、平26課消1－8　改正】

解説　第四種事業とは、第一種事業、第二種事業、第三種事業、第五種事業及び第六種事業のいずれにも該当しない事業をいうこととされているが、本通達はこれに該当する事業を具体的に例示したものである。これは、第三種事業、第五種事業及び第六種事業の範囲については日本標準産業分類の大分類を基礎として判定することとしていることから（基通13－2－4）、同産業分類をベースに整理をすると、結果的に第四種事業には、基本通達13－2－8の2なお書のとおり同産業分類の大分類が飲食サービス業に区分される食堂等としての事業が該当することとなる。

（固定資産等の売却収入の事業区分）

13－2－9　事業者が自己において使用していた固定資産等の譲渡を行う事業は、第四種事業に該当するのであるから留意する。

解説　固定資産等の譲渡の事業区分を当該固定資産等を使用していた事業と同一の事業区分とすると、固定資産等の譲渡という同一の課税売上げについて、それを使用していた事業区分によりみなし仕入率が異なり不合理が生じることとなり、また、固定資産等の購入に係る課税仕入れは当該固定資産等の取得の時であることから、固定資産等を譲渡したとしてもそれに要する

直接の課税仕入れは生じていないことからすると、このようなものには仕入率はないのではないかとの考え方もあるが、簡易課税制度は、資産の譲渡等が行われればいずれかの事業に区分する必要がある。

そこで、事業者が自己において使用していた固定資産等の譲渡については、①使用することにより性質及び形状の変更が行われること、②非減価償却資産である場合であっても他から購入した「商品」ではないことから、当該固定資産等を売却しても第一種事業又は第二種事業には該当しないこと、③第三種事業に該当する事業により譲渡される資産は棚卸資産に限られることから、第一種から第三種事業のいずれにも該当せず、第四種事業として取り扱うこととしたものである。

なお、固定資産等には建物、建物付属設備、構築物、機械及び装置、船舶、航空機、車両及び運搬具、工具、器具及び備品、無形固定資産のほかゴルフ場利用株式等も含まれる。

（売上げに係る対価の返還等を行った場合の事業区分）

13—2—10　簡易課税制度を適用する事業者が、売上げに係る対価の返還等を行った場合において、当該対価の返還等に係る金額につき、第一種事業から第六種事業に係る事業の区分をしていない部分があるときは、当該区分していない部分については、当該事業者の課税売上げに係る帳簿等又は対価の返還等に係る帳簿等を基に合理的に区分するものとする。

【平9課消2―5、平26課消1―8　改正】

解説　本通達においては、売上げに係る対価の返還等を行った場合には、当該対価の返還等の事業の種類を記載することとされているが、仮に区分し

ていない場合には当該対価の返還等の基になる課税売上げに係る帳簿等で事業の種類を判定し、対価の返還等に係る事業の種類を区分した上で消費税法第37条《中小事業者の仕入れに係る消費税額の控除の特例》の規定を適用することとなることを明らかにしたものである。

なお、2種類以上の売上げについて一括して対価の返還等を行った場合には、当該対価の返還等の計算根拠となった課税売上げの割合等により合理的に当該売上げに係る対価の返還等の事業の種類を区分することとなる。

第3節　事業の区分及び区分記載の方法

（事業の種類が区分されているかどうかの判定）

13―3―1　第一種事業から第六種事業のうち二以上の種類の事業を行っている事業者は、令第57条第2項又は第3項《中小事業者の仕入れに係る消費税額の控除の特例》の規定の適用に当たって課税資産の譲渡等につきこれらの事業の種類ごとに区分しなければならないが、この場合の区分方法としては、当該事業者の帳簿に事業の種類を記帳する方法のほか、次の方法によることとしても差し支えない。

(1)　取引の原始帳票等である納品書、請求書、売上伝票又はレジペーパー等に事業の種類又は事業の種類が区分できる資産の譲渡等の内容を記載する方法

(2)　事業場ごとに一の種類の事業のみを行っている事業者にあっては、当該事業場ごとに区分する方法

【平9課消2―5、平26課消1―8　改正】

解説　消費税法第37条《中小事業者の仕入れに係る消費税額の控除の特

例》の規定の適用を受ける事業者については、資産の譲渡等の内容のほかに、課税売上げについて事業の種類を区分して記帳しなければならないこととされている（規則27①一ハ）。

そこで、本通達においては、事業の区分の方法を例示したものであり、事業の種類を区分している場合には仮に帳簿上では事業の種類が記帳されていない場合であっても、みなし仕入率の適用に当たってはその区分に従ってみなし仕入率を適用して仕入控除税額の計算ができることを明らかにしたものである。

なお、レシート等で区分する場合には、課税売上高が客観的にいずれの種類の売上げであるかが判断できる程度の記号や番号で、それぞれの事業の種類を区分することで差し支えない。

（事業の種類の判定方法）

13—3—2　第一種事業から第六種事業までのうちいずれの事業に係るものであるかの区分は、課税資産の譲渡等ごとに行うのであるが、第一種事業から第六種事業のうち二以上の種類の事業を行っている事業者が、当該二以上の種類の事業のうち一の種類の事業に係る課税売上げのみを区分していない場合には、当該課税期間における課税売上高（令第57条第3項第1号《中小事業者の仕入れに係る消費税額の控除の特例》に規定する当該課税期間における課税売上高をいう。以下13—4—2までにおいて同じ。）から事業の種類を区分している事業に係る課税売上高の合計額を控除した残額を、当該区分していない種類の事業に係る課税売上高として取り扱って差し支えない。

例えば、第一種事業、第二種事業及び第三種事業を行っている事業者が、帳簿上、第一種事業と第二種事業に係る課税売上げを区分して

いる場合には、区分していない残りの課税売上げは第三種事業として区分しているものとして取り扱うこととなる。

【平9課消2―5、平26課消1―8　改正】

解説　複数の事業を営む事業者が事業の区分を記帳する方法として、特定の一の事業についてその事業区分が表示されていない場合であっても、他の事業について事業の種類の区分があれば、残りの一の事業については実質的に区分しているのと同様の状況となることから、このような場合には、当該事業の種類を表示していない一の事業について事業の種類を区分したものとして取り扱うことを明らかにしたものである。

第4節　二以上の事業を営む場合のみなし仕入率の適用関係

（二以上の種類の事業がある場合の令第57条第2項及び第3項の適用関係）

13―4―1　事業者が第一種事業から第六種事業までのうち二以上の種類の事業を行っている場合において、当該事業者の当該課税期間における課税売上高に占める一の種類の事業に係る当該課税期間における課税売上高の割合又は二の種類の事業に係る当該課税期間における課税売上高の合計額の割合が100分の75以上である場合には、令第57条第2項又は第3項《中小事業者の仕入れに係る消費税額の控除の特例》のいずれかを選択して適用することができるのであるから留意する。

【平9課消2―5、平26課消1―8　改正】

解説　消費税法施行令第57条第3項各号《中小事業者の仕入れに係る消費

税額の控除の特例》）に規定する控除税額の計算の特例については、事業者の選択により適用することができることとされているものであるから、同項の複数の号に該当する場合には、事業者の選択により該当する号のうちから任意に選択でき、また、同項に該当する事業者であっても、同条第２項（原則計算）により仕入れに係る消費税額を計算することは差し支えないことを念のため明らかにしたものである。

（例）

　　課税売上高の割合が、第二種事業80％、第一種事業５％、第三種事業５％、第四種事業５％、第五種事業３％及び第六種事業２％である場合については、原則計算によるほか、次の方法から一つを選択して仕入れに係る消費税額を計算することができる。

① 　第二種事業の課税売上高の割合が75％以上であることから、課税売上高全体に対して第二種事業のみなし仕入率80％を適用することができる。

② 　第一種事業と第二種事業の課税売上高の合計の割合が75％以上であることから、第一種事業の課税売上高についてはみなし仕入率90％を適用し、その他の課税売上高についてはみなし仕入率80％を適用する。

③ 　第二種事業と第三種事業の課税売上高の合計の割合が75％以上であることから、第二種事業の課税売上高についてはみなし仕入率80％を適用し、その他の課税売上高についてはみなし仕入率70％を適用する。

④ 　第二種事業と第四種事業の課税売上高の合計の割合が75％以上であることから、第二種事業の課税売上高についてはみなし仕入率80％を適用し、その他の課税売上高についてはみなし仕入率60％を適用する。

⑤ 　第二種事業と第五種事業の課税売上高の合計の割合が75％以上であることから、第二種事業の課税売上高についてはみなし仕入率80％を適用し、その他の課税売上高についてはみなし仕入率50％を適用する。

⑥ 　第二種事業と第六種事業の課税売上高の合計の割合が75％以上である

ことから、第二種事業の課税売上高についてはみなし仕入率80％を適用し、その他の課税売上高についてはみなし仕入率40％を適用する。

（三以上の種類の事業がある場合の令第57条第３項の適用関係）

13－4－2　事業者が第一種事業から第六種事業までのうち三以上の種類の事業を行っている場合において、当該事業者の当該課税期間における課税売上高に占める一の種類の事業に係る当該課税期間における課税売上高の割合が100分の75以上である場合には、令第57条第３項第１号イからヘまで《中小事業者の仕入れに係る消費税額の控除の特例》のいずれかの規定に該当するとともに、同項第２号イからホまでのいずれかの規定にも該当することになるのであるが、この場合、事業者は該当する二以上の規定のうちいずれか一の規定を選択して適用することができるのであるから留意する。

　なお、当該課税期間における課税売上高に占める二の種類の事業に係る当該課税期間における課税売上高の合計額の割合が100分の75以上の場合で、同項第２号イからホまでの二以上の規定に該当する場合についても、同様である。

【平９課消２－５、平26課消１－８　改正】

解説　消費税法施行令第57条第３項第１号イからヘまで《中小事業者の仕入れに係る消費税額の控除の特例》のいずれかの規定に該当する事業者は、当然に同項第２号イからホまでの要件にも該当することとなるが、この場合においても、該当する特例計算規定のうちいずれの規定を適用するか又は同条第２項の原則計算を適用するかは、事業者が任意に選択できるものであり、本通達においては、この適用関係について明らかにしたものである。

第14章　課税標準額に対する消費税額の調整

第1節　売上げに係る対価の返還等をした場合の消費税額の控除

　課税事業者が、課税資産の譲渡等について返品を受け、又は値引き若しくは割戻しを行ったことにより、その課税資産の譲渡等の対価の額の全部又は一部の返還等を行った場合において、その事実を帳簿等で明らかにしているときは、売上げに係る対価の返還等をした日の属する課税期間において売上げに係る対価の返還等の金額に係る消費税額の合計額を課税標準額に対する消費税額から控除することができる。なお、この場合において、控除しきれない金額があるときは還付されることとなる（法38、令58）。

第1款　対価の返還等の範囲

　「売上げに係る対価の返還等を行った場合」とは、国内において行った課税資産の譲渡等について、返品を受け、又は値引き若しくは割戻しをしたことによりその課税資産の譲渡等の税込対価の額の全部又は一部の返還又はその課税資産の譲渡等の税込対価の額に係る売掛金その他の債権の額の全部又は一部を減額した場合をいう（法38）。

　なお、返還又は減額をした売上げに係る対価の返還等の金額は税込みとして取り扱われる。

(海上運送事業者が支払う船舶の早出料)

14―1―1 海上運送事業を営む事業者が船舶による運送に関連して支払う早出料は、売上げに係る対価の返還等に該当する。

解説 海上貨物運送契約において碇泊期間が限定されている場合で、約定の碇泊期間よりも早く荷役が完了したときに、その節約された期間に対して海上運送事業を営む者が荷主に対して支払う船舶の早出料は、運賃の割戻しとして支払うものであることから、売上げに係る対価の返還等に該当することとなる。本通達は、このことを明らかにしたものである。

(事業者が支払う販売奨励金等)

14―1―2 事業者が販売促進の目的で販売奨励金等の対象とされる課税資産の販売数量、販売高等に応じて取引先(課税資産の販売の直接の相手方としての卸売業者等のほかその販売先である小売業者等の取引関係者を含む。)に対して金銭により支払う販売奨励金等は、売上げに係る対価の返還等に該当する。

解説 事業者が販売数量や販売高に応じて取引先に支払う金銭は販売奨励金その他名称のいかんを問わずその本質は、売上代金の一部の返戻額であることに相違ないから、本通達において、売上げに係る対価の返還等に該当するものであることを明らかにしたものである。また、この場合の取引先には、課税売上げの直接の相手方である卸売業者等のほか、その販売先である小売業者等も含まれるのであり、それらの者に対して支払ういわゆる飛越しリベート等も売上げに係る対価の返還等に該当することを明らかにしている。

なお、割戻しを金銭による支払に代えて、得意先を観劇、旅行等に招待した場合や、観劇券や旅行券を交付した場合には、法人税法上も交際費等に該当するものであり、売上げに係る対価の返還等には該当しない。

(注)1 消費税においては、得意先を観劇や旅行等に招待した費用については、課税仕入れとなるが、観劇券や旅行券の購入する行為は非課税であることから、課税仕入れに該当しない。
　　2 売掛金の早期回収に伴って支払う売上割引は「割戻し」に該当する。

(協同組合等が支払う事業分量配当金)

14―1―3　法法第60条の2第1項第1号《協同組合等の事業分量配当金の損金算入》に掲げる協同組合等が組合員等に支払う事業分量配当金のうち課税資産の譲渡等の分量等に応じた部分の金額は、当該協同組合等の売上げに係る対価の返還等に該当することに留意する。

【平18課消1―16　改正】

解説　事業分量配当金は、協同組合等が組合員等に対し、その事業の利用分量に応じてその剰余金を分配するものであり、その性格が組合員との取引の価格修正であることから、協同組合等が組合員等に対して行った課税資産の譲渡等を対象として支払う事業分量配当金については、売上げに係る対価の返還等に該当する。本通達は、このことを念のため明らかにしたものである。

(売上割引)

14―1―4　課税資産の譲渡等に係る対価をその支払期日よりも前に支

払を受けたこと等を基因として支払う売上割引は、売上げに係る対価の返還等に該当する。

解説 売上割引は売上げに係る対価をその支払期日よりも前に支払を受けたこと等に基づいて支払うものであり、その金額の計算は、一般に利息計算の方法によって行われることから企業会計上は営業外費用として支払利息と同様に取り扱われているが、たとえその金額の計算方法が利息計算に類似しているとしても、もともとその支払をする事業者が負債を負っていてこれについて利息を支払うものではなく、期限前に支払を受けたことによって得た利益を還元しているものであるから、消費税法上金銭の貸付けに係る利子と同様にみることはできない。そもそもが売上代金の授受を直接の原因として受渡しされるものであり、売上割戻しと同様に捉えられる。したがって、売上割引は売上げに係る対価の返還等に該当することとなる。

本通達は、このことを明らかにしたものである。

（課税売上げと非課税売上げを一括して対象とする売上割戻し）
14—1—5　事業者が、一の取引先に対して課税資産の譲渡等とその他の資産の譲渡等を行った場合において、これらの資産の譲渡等の対価の額につき、一括して売上げに係る割戻しを行ったときは、それぞれの資産の譲渡等に係る部分の割戻金額を合理的に区分したところにより法第38条第1項《売上げに係る対価の返還等をした場合の消費税額の控除》の規定を適用することとなるのであるから留意する。

解説 消費税法第38条《売上げに係る対価の返還等をした場合の消費税額の控除》の規定は、あくまでも課税資産の譲渡等について返品等があった場

合に適用されるのであるから、一の取引先に対する売上割戻しのうちに、課税資産の譲渡等に係るものとその他の資産の譲渡等に係るものがある場合には、それぞれに係る売上割戻額を区分することになる。本通達は、このことを念のため明らかにしたものである。

例えば、その割戻しが売掛金の回収高に応じて支払われるような場合には、当該事業者が当該売掛金をそれぞれ区分して管理している場合を除き、その回収がそれぞれの資産の譲渡等に係る回収前の売掛金残高の比により平均的に行われるものとして、売掛金残高の比によって課税取引に係る売上割戻しの額を計算しても差し支えない。

（免税事業者であった課税期間において行った課税資産の譲渡等について対価の返還等をした場合）

14—1—6　免税事業者であった課税期間において行った課税資産の譲渡等について、課税事業者となった課税期間において売上げに係る対価の返還等を行った場合には、当該対価の返還等については法第38条第1項《売上げに係る対価の返還等をした場合の消費税額の控除》の規定の適用はないことに留意する。

なお、この場合の法第9条第2項第1号《小規模事業者に係る納税義務の免除》、令第48条第1項第2号《課税売上割合の計算方法》又は第53条第3項第2号《課税売上割合が著しく変動した場合等》の規定の適用に当たっては、これらの各号に規定する消費税額に63分の80を乗じて算出した金額はないことに留意する。

【平9課消2—5、平25課消1—34　改正】

解説　消費税法第38条第1項《売上げに係る対価の返還等をした場合の消

費税額の控除》の規定は、課税事業者が行った課税資産の譲渡等について、売上げに係る対価の返還等を行った場合に、その返還等の金額に見合う消費税額を当該課税事業者が過大に負担することとならないよう調整をするために設けられているものである。

　この売上げに係る対価の返還等は、継続して事業を行う限り恒常的に発生するものであるから、その事業者が継続して課税事業者であれば、その売上げに係る対価の返還等の基となる課税売上げがどの課税期間において行われたものかにかかわらず対価の返還等を行った課税期間において課税標準額に対する消費税額を調整することで問題はない。

　しかし、その売上げに係る対価の返還等の基となる課税資産の譲渡等が免税事業者であった課税期間中に行われたものである場合には、その課税売上げ自体に課されるべき消費税額及び地方消費税額がないから、課税事業者となった課税期間においてその課税資産の譲渡等に対応する対価の返還等を行ったとしても、返還等の金額のうちには、調整すべき消費税額は含まれておらず、同項の規定の適用の対象とはならない。本通達の本文はこのことを念のため明示したものである。

　また、本通達の本文に示す取扱いになるということは、同項の規定を準用して計算することとされている基準期間における課税売上高、課税売上割合及び通算課税売上割合についても、各割合の計算の基礎となる課税資産の譲渡等の対価の額の合計額から控除すべき売上げに係る対価の返還等の金額にも消費税額は含まれていないということであり、本通達のなお書はこのことを付言したものである。

（免税事業者等となった後の売上げに係る対価の返還等）

14―1―7　課税事業者が事業を廃止し、又は免税事業者となった後に

おいて、課税事業者であった課税期間における課税資産の譲渡等につき、売上げに係る対価の返還等を行った場合には、その返還等の金額に係る消費税額について、法第38条第1項《売上げに係る対価の返還等をした場合の消費税額の控除》の規定は適用されないのであるから留意する。

解説 課税事業者が事業を廃止した場合又は免税事業者となった場合には、その課税事業者であった課税期間における課税資産の譲渡等について、課税事業者でなくなった後に返品を受けたこと等により売上げに係る対価の返還等をしたときであっても、その返還等の金額に係る消費税額については、消費税法第38条第1項《売上げに係る対価の返還等をした場合の消費税額の控除》の規定の適用はないこととなる。本通達は、このことを念のため明らかにしたものである。

（売上げに係る対価の返還等の処理）

14—1—8 事業者が、売上げに係る対価の返還等（免税事業者であった課税期間において行った課税資産の譲渡等に係るものを除く。以下14—1—8において同じ。）を行った場合において、当該課税期間に国内において行った課税資産の譲渡等の金額から当該売上げに係る対価の返還等の金額を控除する経理処理を継続して行っているときは、これを認める。

(注) この場合、当該売上げに係る対価の返還等の金額については、別途法第38条第1項《売上げに係る対価の返還等をした場合の消費税額の控除》の規定の適用はないのであるが、同条第2項に規定する帳簿を保存する必要があることに留意する。

第14章　課税標準額に対する消費税額の調整　843

解説　事業者が売上げに係る対価の返還等を行った場合には、その対価の返還等をした金額に係る消費税額をその対価の返還等を行った日の属する課税期間の課税標準額に対する消費税額から控除することとされている（法38）。すなわち、売上げに係る対価の返還等の金額に含まれる消費税額については、課税標準額に対する消費税額からの税額控除として調整することとされている。

しかしながら、経理実務上は、一般に返品、値引き等があった場合には、得意先別の売上勘定帳にその事実を記録し、これらの金額を返品等があった日の属する課税期間における売上高から直接控除する処理も広く行われているところである。

そこで、このような経理処理が一般的に行われていることを踏まえ、本通達において、得意先別にその課税期間の課税資産の譲渡等の金額の合計額からその課税期間において行った売上げに係る対価の返還等の金額を控除した後の金額を基にその課税期間の課税標準額を計算する処理を継続して行っている場合には、これを認めることを明らかにしたものである。

なお、この通達の適用を受けた売上げに係る対価の返還等の金額について、消費税法第38条の規定を再度適用することはできないことは当然であるが、この取扱いが、同条の簡便適用を認めているものであることから、同条の適用要件であるその売上げに係る対価の返還等の金額の明細を記録した帳簿の保存が必要であることはいうまでもない。

（特定資産の譲渡等に係る対価の返還等）

14―1―8の2　特定資産の譲渡等は法第38条《売上げに係る対価の返還等をした場合の消費税額の控除》における「課税資産の譲渡等」に含まれないことから、特定資産の譲渡等に係る対価の返還等を行った

> としても、同条の規定の適用はないことに留意する。

【平27課消1—17　新設】

解説　特定資産の譲渡等については、特定資産の譲渡等を行った事業者ではなく、当該特定資産の譲渡等を受けた、すなわち特定課税仕入れを行った事業者が納税義務を負うこととされている。したがって、特定資産の譲渡等を行った事業者が収受する対価の額には消費税及び地方消費税に相当する額は含まれていないこととなり、特定資産の譲渡等を行った事業者が当該対価の返還等を行ったとしても同法第38条《売上げに係る対価の返還等をした場合の消費税額の控除》の規定の適用がないことはいうまでもない。

本通達は、このことを念のため明らかにしたものである。

第2款　対価の返還等を行った時期

　売上げに係る対価の返還等をした場合には、その事実が生じた日の属する課税期間において、その売上げに係る対価の返還等の金額に係る消費税額の合計額を課税標準額に対する消費税額から控除することができることになっているが、この款においては、売上割戻しの支払形態に応じ、対価の返還等を行った時期に関する取扱いを定めている。

　なお、この取扱いは所得税又は法人税における売上割戻しの計上時期と同様である。

> **（売上割戻しを行った日）**
>
> **14—1—9**　課税資産の譲渡等に係る売上割戻しについては、次に掲げる区分に応じ、次に掲げる日に当該売上割戻しを行ったものとする。
>
> ⑴　その算定基準が販売価額又は販売数量によっており、かつ、当該

算定基準が契約その他の方法により相手方に明示されている売上割戻し　課税資産の譲渡等をした日。ただし、事業者が継続して売上割戻しの金額の通知又は支払をした日に売上割戻しを行ったこととしている場合には、これを認める。

(2) (1)に該当しない売上割戻し　その売上割戻しの金額の通知又は支払をした日。ただし、各課税期間終了の日までに、その課税資産の譲渡等の対価の額について売上割戻しを支払うこと及びその売上割戻しの算定基準が内部的に決定されている場合において、事業者がその基準により計算した金額を当該課税期間において未払金として計上するとともに確定申告書の提出期限までに相手方に通知したときは、継続適用を条件に当該課税期間において行った売上割戻しとしてこれを認める。

解説　本通達は、売上割戻しの時期を明らかにしたものである。

(1) 契約その他の方法によって売上割戻しの算定基準があらかじめ定められているような場合には、資産の譲渡等を行ったときにおいて支払うべき割戻しに係る債務が確定するのであり、当該資産の譲渡等を行った日の属する課税期間において対価の返還等を行ったものとして取り扱うこととなる。

　ただし、継続適用を要件として売上割戻しの金額の通知又は支払いをした日の属する課税期間に割戻しを行ったものとして取り扱うことも認められる。

(2) 売上割戻しの額があらかじめ定められた算定基準によって計算できない場合には、売上割戻しの金額が確定した日、すなわち、売上割戻しの通知又は支払をした日の属する課税期間において対価の返還等を行ったものとして取り扱うこととなる。

ただし、その課税資産の譲渡等について売上割戻しを支払うこと及びその額の算定基準が各課税期間の終了の日までに内部的に定められているような場合には、その基準により算出した金額を未払計上し、かつ、確定申告書の提出期限までに相手方に通知したときには、継続適用を要件としてその処理は認められる。したがって、この場合には、その未払計上した日の属する課税期間の売上割戻しとして処理することができる。

（一定期間支払わない売上割戻しに係る売上割戻しを行った日）

14―1―10 事業者が売上割戻しの金額につき相手方との契約等により特約店契約の解約、災害の発生等の特別な事実が生ずるときまで又は５年を超える一定の期間が経過するまで当該相手方名義の保証金等として預かることとしているため、相手方がその利益の全部又は一部を実質的に享受することができないと認められる場合には、その売上割戻しの金額については、14―1―9にかかわらず、現実に支払（売掛金等への充当を含む。）を行った日における売上割戻しとして取り扱う。

ただし、相手方がその日の前に実質的にその利益を享受できることとなったと認められる次のような場合には、その享受できることとなった日に売上割戻しを行ったものとして取り扱う。

(1) 相手方との契約等に基づいてその売上割戻しの金額に通常の金利を付けるとともに、その金利相当額については現実に支払っているか、又は相手方からの請求があれば支払うこととしている場合

(2) 相手方との契約等に基づいて保証金等に代えて有価証券その他の財産を提供することができることとしている場合

(3) 保証金等として預っている金額が売上割戻しの金額の概ね50％以

下である場合

(4)　相手方との契約等に基づいて売上割戻しの金額を相手方名義の預金若しくは貯金又は有価証券として保管している場合

解説　課税資産の譲渡等に係る売上割戻しは、たとえそれが長期間未払金等とされている場合であっても基本通達14―1―9《売上割戻しを行った日》により、その基となる課税資産の譲渡等を行った日又は売上割戻しの金額を通知した日をもって売上げに係る対価の返還等を行ったものとされている。一方、その得意先は、基本通達12―1―10《仕入割戻しを受けた日》によりこれらの日に仕入れに係る対価の返還等を受けたものとされることとなる。

　しかし、課税資産の譲渡等を行った事業者が、特約店等に対する売上割戻しにつき通知だけをしてその支払を一定期間棚上げするようなことがある場合には、特約店等では、売上割戻しの支払による利益を享受することができないのに、仕入控除税額の減額調整を行わなければならないこととなり取扱いとしては適当とはいえない。そこで、本通達本文のように一定期間支払わない売上割戻しについては、これを現実に支払った日とする一方、特約店等においてはその日に仕入割戻しを受けたものとしたのである（基通14―1―9、12―1―10、12―1―11参照）。

　ただし、このように一定期間支払わない売上割戻しであっても、現実に支払を行う日より前に特約店等が実質的に利益を享受する場合がある。本通達のただし書は、このような場合を例示するとともにこのような場合の一定期間支払わない売上割戻しについては、現実に支払った日ではなく、特約店等がその利益を実質的に享受できることとなった日に売上割戻しを行ったものとして取り扱うことを明確にしたものである。

(取引が無効又は取消しとなった場合の資産の譲渡等の取扱い)

14—1—11　課税資産の譲渡等を行った後に、当該課税資産の譲渡等が無効であった場合又は取消しをされた場合には、当該課税資産の譲渡等はなかったものとする。

　なお、当該課税資産の譲渡等の時が当該無効であったことが判明した日又は取消しをされた日の属する課税期間前の課税期間である場合において、当該判明した日又は取消しをされた日に売上げに係る対価の返還等をしたものとして、法第38条第１項《売上げに係る対価の返還等をした場合の消費税額の控除》の規定を適用しているときは、これを認める。

解説　課税資産の譲渡等を行った場合において、その課税資産の譲渡等が無効であったことが判明した場合又は取り消された場合には、当初からその課税資産の譲渡等はなかったものとして処理することとなる。すなわち、その課税期間において行った課税資産の譲渡等についてその課税期間においてその取引が無効又は取消しとなった場合には、その資産の譲渡等自体がないものとなり、その資産の譲渡等を行った課税期間後の課税期間においてその取引が無効又は取消しとなった場合には、その資産の譲渡等を行った課税期間に遡って修正することとなる（通則法23②、通則法令６①二）。

　本通達の前段はこのことを明らかにしている。

　なお、その無効又は取消しとなった課税資産の譲渡等について、その無効又は取消しの事実が発生した日の属する課税期間において、対価の返還等として処理している事業者も多いことから、事業者が消費税法第38条第１項《売上げに係る対価の返還等をした場合の消費税額の控除》の規定を適用している場合には、その処理を認めることを明らかにしている。

第3款　特定課税仕入れに係る対価の返還等の範囲

「特定課税仕入れに係る対価の返還等を受けた場合」とは、国内において行った特定課税仕入れについて、値引き又は割戻しを受けたことにより、その特定課税仕入れに係る支払対価の額の全部若しくは一部の返還又はその特定課税仕入れに係る支払対価に係る買掛金その他の債務の額の全部若しくは一部の減額を受けた場合をいう（法38の2）。

（免税事業者であった課税期間において行った特定課税仕入れに係る対価の返還等）

14―1―12　免税事業者であった課税期間において行った特定課税仕入れにつき課税事業者となった課税期間において法第38条の2第1項《特定課税仕入れに係る対価の返還等を受けた場合の消費税額の控除》に規定する特定課税仕入れに係る対価の返還等（以下14―1―14までにおいて「特定課税仕入れに係る対価の返還等」という。）を受けた場合には、当該対価の返還等の金額について同項の規定の適用はないことに留意する。

（注）　課税売上割合が100分の95以上である課税期間（簡易課税制度の適用がない課税期間に限る。）及び簡易課税制度が適用される課税期間については、所得税法等の一部を改正する法律（平成27年法律第9号）附則第42条《特定課税仕入れに関する経過措置》及び第44条第2項《中小事業者の仕入れに係る消費税額の控除の特例に関する経過措置》の規定により、当分の間、特定課税仕入れはなかったものとされるので、これらの課税期間において行った特定課税仕入れに係る支払対価について、その後の課税期間に対価の返還等を受けた場合についても同様

である。

【平27課消 1 —17　新設】

解説　消費税法第38条の 2 《特定課税仕入れに係る対価の返還等を受けた場合の消費税額の控除の特例》の規定は、課税事業者が行った特定課税仕入れについて、特定課税仕入れに係る対価の返還等を受けた場合に、その返還等の金額に見合う消費税額を当該課税事業者が過大に負担することとならないよう調整するために設けられているものである。

　特定課税仕入れは、同法第 5 条第 1 項《納税義務者》等の規定により、特定課税仕入れを行った事業者が納税義務を負うこととされており、特定課税仕入れに係る支払対価の額には消費税及び地方消費税に相当する額が含まれていない。また、その特定課税仕入れに係る対価の返還等の基となる特定課税仕入れが免税事業者であった課税期間中に行われたものである場合には、その特定課税仕入れについて消費税の納税義務は免除されており、納めるべき消費税額及び地方消費税額も生じていないから、課税事業者となった課税期間においてその特定課税仕入れに対応する対価の返還等を受けたとしても、返還等の金額のうちには、調整すべき消費税額等は含まれておらず、同項の規定の適用の対象とはならない。本通達は、このことを念のため明らかにしたものである。

　なお、所得税法等の一部を改正する法律（平成27年法律第 9 号）附則第42条及び第44条第 2 項《特定課税仕入れに関する経過措置等》に規定された経過措置により、当分の間、簡易課税制度が適用されない課税期間で課税売上割合が95％以上の課税期間及び簡易課税制度が適用される課税期間に行った特定課税仕入れについてはなかったものとして消費税法の規定を適用することとしている。このため、特定課税仕入れを行った課税期間においてなかったものとして消費税法が適用される特定課税仕入れに係る支払対価について、

その課税期間以後の課税期間において、返還等を受けたとしても同法第38条の２第１項の規定の適用の対象とはならないのである。本通達の注書は、このことを念のため明らかにしたものである。

また、このような特定課税仕入れに係る対価の返還等については、同法第32条第１項《仕入れに係る対価の返還等を受けた場合の仕入れに係る消費税額の控除の特例》の適用がないことはいうまでもない（基通12―１―８参照）。

（免税事業者等となった後の特定課税仕入れに係る対価の返還等）

14―１―13　課税事業者が事業を廃止し、又は免税事業者となった後において、課税事業者であった課税期間における特定課税仕入れにつき特定課税仕入れに係る対価の返還等を受けた場合には、その返還等の金額については、法第38条の２第１項《特定課税仕入れに係る対価の返還等を受けた場合の消費税額の控除》の規定は適用されないのであるから留意する。

【平27課消１―17　新設】

解説　特定課税仕入れにつき、特定課税仕入れに係る対価の返還等を受けた場合の消費税額の調整は、特定課税仕入れに係る対価の返還等を受けた日の属する課税期間において行うこととされている（法38の２①）。すなわち、事業者が行った特定課税仕入れについて特定課税仕入れに係る対価の返還等を受けた場合の消費税額の調整は、その特定課税仕入れを行った課税期間において行うのではなく、その特定課税仕入れに係る対価の返還等を受けた課税期間において行うこととなる。

ところで、消費税法第38条の２第１項の規定の適用対象事業者は、事業者のうち消費税の納税義務が免除される事業者以外の事業者、すなわち課税事

業者に限られるのであるから、その特定課税仕入れに係る対価の返還等を受けた日が、その事業者が事業を廃止した後や免税事業者となった課税期間に属する場合には、同条の規定の適用はないこととなる。

本通達は、このことを念のため明らかにしたものである。

なお、このような特定課税仕入れに係る対価の返還等については、同法第32条第1項《仕入れに係る対価の返還等を受けた場合の仕入れに係る消費税額の控除の特例》の適用がないことはいうまでもない（基通12―1―9参照）。

（特定課税仕入れに係る対価の返還等の処理）

14―1―14　特定課税仕入れに係る対価の返還等の処理について、12―1―12により処理する場合には、特定課税仕入れに係る課税仕入れと特定課税仕入れ以外の課税仕入れとに区分して行う必要があることに留意する。

【平27課消1―17　新設】

解説　特定課税仕入れに係る支払対価の額については、その仕入れを行った事業者においては、課税標準であるとともに、課税仕入れに係る支払対価の額でもあるが、特定課税仕入れについては、他の課税仕入れと異なり、その支払対価の額に消費税等に相当する額を含んでいないので、課税標準に係る消費税額を計算する場合においても課税資産の譲渡等に係る課税標準と区分して計算することとされている（法28②、45①一、三八）。

このため、事業者において、特定課税仕入れに係る支払対価の額から当該対価の返還等の額を直接減額する場合においても、特定課税仕入れに係るものとそれ以外の課税仕入れに係るものとに区分しておくことが必要となる。

ところで、仕入れに係る対価の返還等の金額に含まれる消費税額又は特定

課税仕入れに係る対価の返還等を受けた金額に係る消費税額については、税額控除の調整として規定されており、その仕入れ等に係る対価の返還等を受けた日の属する課税期間の課税仕入れ等の税額の合計額から控除するのが原則である。また、消費税法第38条の２《特定課税仕入れに係る対価の返還等を受けた場合の消費税額の控除》の規定についても、特定課税仕入れに係る対価の返還等を受けた金額を特定課税仕入れに係る課税標準から直接減額するのではなく、特定課税仕入れに係る対価の返還等を受けた金額に係る消費税額を課税標準額に係る消費税額から控除するのが原則である。

したがって、当該課税期間において、特定課税仕入れに係る課税標準がなく、特定課税仕入れに係る対価の返還等のみがある場合などにあっては、当該通達により準用している基本通達12―１―12の方法によらず原則により計算しなければならない。

第２節　貸倒れに係る消費税額の控除

⑴　課税資産の譲渡等を行った場合において、その課税資産の譲渡等の相手先に対する売掛金等につき、会社更生法の更生計画の認可決定又は民事再生法の再生計画の認可決定により債権の切捨てがあったことその他の一定の事実が生じたため貸倒れとなったときは、その貸倒れとなった日の属する課税期間における課税標準額に対する消費税額から、その貸倒れに係る消費税額を控除することができる（法39①）。

⑵　貸倒れの範囲

　貸倒れに係る消費税額について課税標準額に対する消費税額から控除することができる売掛金等の貸倒れの範囲は、次のとおりである（法39①、令59、規則18）。

　イ　会社更生法の規定による更生計画認可の決定により債権の切捨てがあ

った場合
ロ 民事再生法の規定による再生計画認可の決定により債権の切捨てがあった場合
ハ 会社法の規定による特別清算に係る協定の認可により債権の切捨てがあった場合
ニ 金融機関等の更生手続の特例等に関する法律の規定による更生計画認可の決定により債権の切捨てがあった場合
ホ 債権に係る債務者の財産の状況、支払能力等からみてその債務者が債務の全額を弁済できないことが明らかである場合
ヘ 法令の規定による整理手続によらない関係者の協議決定で次に掲げるものにより債権の切捨てがあった場合
　(イ) 債権者集会の協議決定で合理的な基準により債務者の負債整理を定めているもの
　(ロ) 行政機関又は金融機関その他の第三者のあっせんによる当事者間の協議により締結された契約でその内容が(イ)に準ずるもの
ト 債務者の債務超過の状態が相当期間継続し、その債務を弁済できないと認められる場合において、その債務者に対し書面により債務の免除を行った場合
チ 債務者について次に掲げる事実が生じた場合において、その債務者に対して有する債権につき、事業者がその債権の額から備忘価額を控除した残額を貸倒れとして経理した場合
　(イ) 継続的な取引を行っていた債務者につきその資産の状況、支払能力等が悪化したことにより、その債務者との取引を停止した時(最後の弁済期又は最後の弁済の時がその取引を停止した時以後である場合には、これらのうち最も遅い時)以後1年以上経過した場合(その債権について担保物がある場合を除く。)

(ロ)　事業者が同一地域の債務者について有するその債権の総額がその取立てのために要する旅費その他の費用に満たない場合において、その債務者に対し支払を督促したにもかかわらず弁済がないとき

(3)　貸倒れ控除をした金額を後日回収した場合

　　貸倒れとなった売掛金等に係る消費税額について控除を受けている場合において、後日その貸倒れとなった売掛金等について回収したときには、その回収をした金額（税込みの金額）に係る消費税額を課税資産の譲渡等に係る消費税額とみなして、回収をした日の属する課税期間の課税標準額に対する消費税額に加算することとなる（法39③）。

(4)　貸倒れに係る消費税額の計算

　　貸倒れに係る消費税額は、税込みの貸倒額に108分の6.3を乗じて算出する。

(5)　書類の保存

　　貸倒れに係る消費税額の控除の適用を受けるためには、貸倒れのあった事実を証する書類を7年間保存しなければならない（法39②、規則19）。

（取引を停止した時の意義）

14―2―1　規則第18条第3号イ《貸倒れの範囲》に規定する「取引を停止した時」とは、継続的な取引を行っていた債務者につきその資産の状況、支払能力等が悪化したためその取引を停止するに至った時をいうのであるから、例えば、不動産取引のようにたまたま取引を行った債務者に対して有する当該取引に係る債権について同号に規定する経理を行ったとしても、法第39条第1項《貸倒れに係る消費税額の控除等》の規定は適用されない。

【平21課消1—10　改正】

解説　債務者につきその資産の状況、支払能力等が悪化したため、その債務者との取引を停止した時から1年以上経過した場合で、その債務者と継続的な取引関係にあった売掛金等の債権に係る貸倒れについては、貸倒れとして処理できる。したがって、継続的な取引関係になかった債務者について、その資産の状況、支払能力等が悪化したことにより、その取引に係る売掛債権を1年以上回収できなかったとしても、貸倒れとして処理することは認められない。

　本通達は、このことを明らかにしたものである。

14—2—2　削除（平10課消2—9）

（貸倒額の区分計算）

14—2—3　法第39条第1項《貸倒れに係る消費税額の控除等》の規定の適用に当たり、課税資産の譲渡等に係る売掛金等の債権とその他の資産の譲渡等に係る売掛金等の債権について貸倒れがあった場合において、これらを区分することが著しく困難であるときは、貸倒れとなったときにおけるそれぞれの債権の額の割合により課税資産の譲渡等に係る貸倒額を計算することができる。

（注）　当該区分計算をした貸倒額についてその全部又は一部を領収した場合には、当該区分計算した割合に基づき同条第3項《貸倒回収額に係る消費税額の調整》の規定を適用するものとする。

解説　消費税法第39条《貸倒れに係る消費税額の控除等》の規定は、課税資産の譲渡等に係る売掛金等につき貸倒れがあった場合に適用される。した

がって、貸倒れに係る売掛金等のうちに課税資産の譲渡等に係る部分とその他の資産の譲渡等に係る部分とが混在する場合には、これらを区分する必要があるが、その区分が困難なときには、その債務者に対して有する売掛金等の金額のうちに占める課税資産の譲渡等に係る売掛金等の金額の割合によって課税資産の譲渡等に係る貸倒額を計算することができる。本通達は、このことを明らかにしたものである。

（免税事業者であった課税期間における売掛金等の貸倒れ）

14―2―4　課税事業者が、免税事業者であった課税期間において行った課税資産の譲渡等に係る売掛金等につき貸倒れが生じ、当該課税資産の譲渡等の価額の全部又は一部の領収をすることができなくなった場合であっても、当該領収をすることができなくなった金額については法第39条第１項《貸倒れに係る消費税額の控除》の規定の適用はないのであるから留意する。

（注）　同項の規定の適用を受けない貸倒額については、当該貸倒額の全部又は一部の領収をした場合であっても法第39条第３項《貸倒回収に係る消費税額の調整》の規定の適用はない。

解説　免税事業者であった課税期間において行った課税資産の譲渡等に係る売掛金等につき、その免税事業者が課税事業者となった後において貸倒れが生じた場合には、その貸倒れとなった売掛金等について、消費税法第39条第１項《貸倒れに係る消費税の控除等》の規定の適用はない。本通達は、このことを念のため明らかにしたものである。

また、本通達本文に該当する貸倒額については、当然のことながら同条第３項《貸倒回収に係る消費税額の調整》の規定の適用はないこととなる。本

通達の注書は、このことを明確にしたものである。

> **（免税事業者等となった後における売掛金等の貸倒れ）**
> **14―2―5** 課税事業者が事業を廃止し、又は免税事業者となった後において、課税事業者であった課税期間において行った課税資産の譲渡等に係る売掛金等につき貸倒れが生じ、当該課税資産の譲渡等の税込価額の全部又は一部の領収をすることができなくなった場合であっても、当該領収をすることができなくなった金額については、法第39条第1項《貸倒れに係る消費税額の控除等》の規定の適用はないのであるから留意する。
> （注）　課税事業者が事業を廃止し、又は免税事業者となった後に、課税事業者であった課税期間において同項の規定の適用を受けた貸倒額についてその全部又は一部を領収した場合であっても法第39条第3項《貸倒回収額に係る消費税額の調整》の規定の適用はない。

解説　事業者が事業を廃止した場合又は免税事業者となった後に、課税事業者であった課税期間における課税資産の譲渡等に係る売掛金等について貸倒れが生じた場合であっても、これらの者はそもそも確定申告書を提出することもないのであるからその貸倒れとなった売掛金等について、消費税法第39条第1項《貸倒れに係る消費税額の控除等》の規定の適用はない。本通達は、このことを念のため明らかにしたものである。

第15章　申告、納付、還付等

第1節　中間申告

　課税事業者は、直前の課税期間の確定消費税額の年換算額が4,800万円を超える場合、400万円を超え4,800万円以下である場合、又は48万円を超え400万円以下である場合には、それぞれ次により中間申告を行い、その申告に係る消費税額を納付しなければならないこととされている（法42、43、48）。

　これによって納付される中間申告税額は、確定申告において清算されることとなる。

（注）　消費税の中間申告が必要とされる課税事業者は、消費税の中間申告に併せて地方消費税の中間申告を行わなければならない。

1　直前の課税期間の確定消費税額の年換算額が4,800万円を超える場合

　直前の課税期間の確定消費税額を当該直前の課税期間の月数で除して計算した金額が400万円（年税額にして4,800万円）を超える場合には、その課税期間開始の日以後1月ごとに区分した各期間（以下「1月中間申告対象期間」という。）について、その1月中間申告対象期間の末日の翌日（その1月中間申告対象期間がその課税期間の最初の期間である場合には、その課税期間開始の日から2月を経過した日）から2月以内に中間申告・納付を行うこととなる（課税期間が3月を超えない法人を除く。）（法42①）。

　この場合の「直前の課税期間の確定消費税額」とは、次に掲げる1月中間申告対象期間の区分に応じてそれぞれ次に定める日までに確定したものをいう。

(1)　その課税期間開始の日から同日以後2月を経過した日の前日までに終了

した１月中間申告対象期間　　その課税期間開始の日から２月を経過した日の前日

(2) (1)以外の１月中間申告対象期間　　その１月中間申告対象期間の末日

２　直前の課税期間の確定消費税額の年換算額が400万円を超え4,800万円以下である場合

　直前の課税期間の確定消費税額を当該直前の課税期間の月数で除し、これに３を乗じて計算した金額が100万円（年税額にして400万円）を超え1,200万円（年税額にして4,800万円）以下である場合には、その課税期間開始の日以後３月ごとに区分した各期間（以下「３月中間申告対象期間」という。）について、その３月中間申告対象期間の末日の翌日から２月以内に中間申告・納付を行うこととなる（課税期間が３月を超えない法人及び当該３月中間申告対象期間に１の中間申告を提出すべき１月中間申告対象期間が含まれている場合を除く。）（法42④）。

　この場合の「直前の課税期間の確定消費税額」とは、当該３月中間申告対象期間の末日までに確定したものをいう。

３　直前の課税期間の確定消費税額の年換算額が48万円を超え400万円以下である場合

　直前の課税期間の確定消費税額を当該直前の課税期間の月数で除し、これに６を乗じて計算した金額が24万円（年税額にして48万円）を超え200万円（年税額にして400万円）以下である場合には、その課税期間開始の日以後６月ごとに区分した各期間（以下「６月中間申告対象期間」という。）について、その６月中間申告対象期間の末日の翌日から２月以内に中間申告・納付を行うこととなる（課税期間が６月を超えない法人及び当該３月中間対象期間に１若しくは２の中間申告を提出すべき１月若しくは３月中間申告対象期間が含まれている

場合を除く。)(法42⑥)。

　この場合の「直前の課税期間の確定消費税額」とは、当該6月中間申告対象期間の末日までに確定したものをいう。

4　直前の課税期間の確定消費税額の年換算額が48万円以下で、「任意の中間申告書を提出する旨の届出書」を提出している場合

　直前の課税期間の確定消費税額を当該直前の課税期間の月数で除し、これに6を乗じて計算した金額が24万円（年税額にして48万円）以下の場合には、中間申告義務は課されないこととされている（法42⑥ただし書）が、直前の課税期間における確定消費税額の年税額が48万円以下であることにより中間申告義務が課されない事業者であっても、納税地の所轄税務署長に「任意の中間申告書を提出する旨の届出書（様式通達第26-(2)号様式）」を提出した場合には、当該提出をした日以後にその末日が最初に到来する六月中間申告対象期間以後の六月中間申告対象期間について、任意に六月中間申告書を提出できることとされている（法42⑧）。

　なお、「任意の中間申告書を提出する旨の届出書」を提出している事業者が、当該提出をした日以後にその末日が最初に到来する六月中間申告対象期間以後の六月中間申告対象期間に係る六月中間申告書をその提出期限までに中間申告を提出しなかった場合には、六月中間申告対象期間の末日に「任意の中間申告書を提出することの取りやめ届出書（様式通達第26-(3)号様式)」の提出があったものとみなされることとなる（法42⑪）。

（相続等があった場合の中間申告）

15―1―1　課税事業者である個人事業者（法第19条第1項第3号又は第3号の2《課税期間の特例》の規定による届出書を提出した個人事業者を除く。以下15―1―1において同じ。）が、相続により被相続人の事業を承継した場合であっても、当該個人事業者については、当該個人事業者の当該直前の課税期間に係る確定消費税額（法第42条第1項第1号、第4項第1号又は第6項第1号《課税資産の譲渡等及び特定課税仕入れについての中間申告》に規定する消費税額をいう。以下この節において同じ。）に基づき法第42条第1項、第4項又は第6項の規定が適用されるのであるから留意する。

（注）　分割があった場合の分割承継法人についても同様である。

【平13課消1―5、平15課消1―37、平27課消1―17　改正】

解説　吸収合併法人の中間申告すべき税額については、消費税法第42条第2項《法人が合併した場合の中間申告》に規定されているのに対し、相続人の消費税に係る中間申告については何も規定がない。したがって、個人事業者が他の個人事業者の事業を相続しても、相続人たる個人事業者の消費税に係る中間申告は、その相続人たる個人事業者の直前の課税期間に係る確定消費税額を基礎に算出した中間納付額でよいことになる。また、このことは、分割により分割法人の事業を承継した分割承継法人についても同様である。

本通達は、このことを念のため明らかにしたものである。

なお、個人事業者が課税期間の開始の日以後1月以上経過した後に死亡した場合において、当該個人事業者（被相続人）に中間申告義務があるときは、同法第59条《申告義務等の承継》の規定により、相続人は、被相続人に係る中間申告書を提出する義務があることとなる。

（前課税期間の確定消費税額がない場合の任意の中間申告）

15—1—1の2　法第42条第8項《任意の中間申告》に規定する「第6項第1号に掲げる金額が24万円以下であること」には、例えば、その課税期間の直前の課税期間において免税事業者であることにより法第45条第1項《課税資産の譲渡等及び特定課税仕入れについての確定申告》に規定する確定申告書を提出すべき義務がない場合や、法第46条第1項《還付を受けるための申告》に規定する申告書を提出している場合のように、法第42条第6項第1号《六月中間申告対象期間に係る申告義務》の規定により計算した消費税額がない場合が含まれることに留意する。

(注)　法第42条第6項第1号の規定により計算した消費税額がない場合の六月中間申告対象期間（同項に規定する「六月中間申告対象期間」をいう。以下15—1—9までにおいて同じ。）に係る同項の規定による中間申告書（以下15—1—7までにおいて「六月中間申告書」という。）の提出は、同項第1号により計算した消費税額を零円とする六月中間申告書又は法第43条《仮決算をした場合の中間申告書の記載事項等》の規定による中間申告書により行うこととなる。

　　なお、これらの中間申告書の提出がその提出期限までになかった場合には、法第42条第11項《任意の中間申告書の提出がない場合の特例》の規定により、当該六月中間申告対象期間の末日に同条第9項《任意の中間申告の取りやめ》に規定する届出書（以下この節において「任意の中間申告書を提出することの取りやめ届出書」という。）の提出があったものとみなされることに留意する。

【平25課消1—34、平27課消1—17　追加】

解説 事業者（免税事業者及び消費税法第19条第1項第3号から第4号の2まで《課税期間の特例》の規定の適用を受けている事業者を除く。）のうち、その課税期間（個人事業者にあっては事業を開始した日の属する課税期間、法人にあっては六月を超えない課税期間及び新たに設立された法人のうち合併により設立されたもの以外のものの設立の日の属する課税期間を除く。）の直前の課税期間における確定消費税額の年税額が48万円以下の場合には、中間申告義務は課されないこととされている（法42⑥ただし書）が、直前の課税期間における確定消費税額の年税額が48万円以下であることにより中間申告義務が課されない事業者であっても、納税地の所轄税務署長に「任意の中間申告書を提出する旨の届出書（様式通達第26－(2)号様式）」を提出した場合には、当該提出をした日以後にその末日が最初に到来する六月中間申告対象期間以後の六月中間申告対象期間について、任意に六月中間申告書を提出できることとされている（法42⑧）。

ここでいう、「直前の課税期間における確定消費税額の年税額が48万円以下の場合」には、免税事業者であることにより消費税法第45条第1項《課税資産の譲渡等及び特定課税仕入れについての確定申告》に規定する確定申告書を提出すべき義務がない場合や、同法第46条第1項《還付を受けるための申告》に規定する申告書を提出している場合のように、同法第42条第6項第1号《六月中間申告対象期間に係る申告義務》の規定により計算した消費税額がない場合も含まれるから、同号の規定により計算した消費税額がない場合であっても、任意に六月中間申告書又は同法第43条《仮決算をした場合の中間申告書の記載事項》の規定による中間申告書を提出することができることとなる。

本通達は、このことを明らかにしたものである。

なお、「任意の中間申告書を提出する旨の届出書」を提出している事業者が、当該提出をした日以後にその末日が最初に到来する六月中間申告対象期

間以後の六月中間申告対象期間に係る六月中間申告書をその提出期限までに中間申告書を提出しなかった場合には、同法第42条第11項《任意の中間申告書の提出がない場合の特例》の規定により、六月中間申告対象期間の末日に「任意の中間申告書を提出することの取りやめ届出書（様式通達第26−(3)号様式）」の提出があったものとみなされることとなるため、当該六月中間申告対象期間以後の六月中間申告対象期間について任意の中間申告書を提出する旨の届出書の効力を存続させるには、同条第６項第１号の規定により計算した消費税額がない場合であっても、消費税額を「０円」とする任意の六月中間申告書又は同法第43条《仮決算をした場合の中間申告書の記載事項等》の規定による中間申告書を提出する必要があることとなる。

　本通達の注書は、このことを念のため明らかにしたものである。

（任意の中間申告書を提出する旨の届出書の効力）

15―1―1の3　法第42条第８項《任意の中間申告》に規定する届出書（以下この節において「任意の中間申告書を提出する旨の届出書」という。）の効力は、任意の中間申告書を提出することの取りやめ届出書を提出（法第42条第11項《任意の中間申告書の提出がない場合の特例》により任意の中間申告書を提出することの取りやめ届出書を提出したとみなされる場合を含む。）しない限り存続する。

　したがって、例えば、任意の中間申告書を提出する旨の届出書を提出している事業者が、その課税期間の基準期間における課税売上高が1,000万円以下となり免税事業者となった場合であっても、その後の課税期間において基準期間における課税売上高が1,000万円を超え課税事業者となったときは、六月中間申告対象期間（法第42条第６項第１号《六月中間申告対象期間に係る申告義務》の規定により計算した消費

税額が24万円以下であるものに限る。）について、六月中間申告書を提出することができることに留意する。

（注）　免税事業者となった課税期間については、そもそも法第42条《課税資産の譲渡等及び特定課税仕入れについての中間申告》に規定する中間申告書や法第45条第１項《課税資産の譲渡等及び特定課税仕入れについての確定申告》に規定する確定申告書を提出する義務がないことから、六月中間申告書の提出がないとしても法第42条第11項の規定は適用されず、任意の中間申告書を提出することの取りやめ届出書を提出したものとみなされないことに留意する。

【平25課消１―34、平27課消１―17　追加】

解説　事業者のうち、その課税期間の直前の課税期間における確定消費税額の年税額が48万円以下の場合には、中間申告義務は課されないこととされている（法42⑥ただし書）が、中間申告義務が課されない事業者であっても、納税地の所轄税務署長に「任意の中間申告書を提出する旨の届出書（様式通達第26―⑵号様式）」を提出した場合には、当該提出をした日以後にその末日が最初に到来する六月中間申告対象期間以後の六月中間申告対象期間について任意に六月中間申告書を提出できることとされている（法42⑧）。

このため、この届出書の効力が一旦生じた六月中間申告対象期間以後の六月中間申告対象期間において、その課税期間の基準期間の課税売上高が1,000万円以下となり免税事業者となった場合や、その課税期間の直前の課税期間の確定消費税額の年税額が48万円超となったことにより本来の中間申告義務が課される場合には、その後の六月中間申告対象期間においては、この届出書の効力が消滅し、任意の中間申告書を提出しようとする場合には改めて届出書の提出が必要ではないかとの疑義が生じる。

本通達では、このような場合であっても、「任意の中間申告書を提出する

ことの取りやめ届出書（様式通達第26－(3)号様式）」の提出（消費税法第42条第11項《任意の中間申告書の提出がない場合の特例》により任意の中間申告書を提出することの取りやめ届出書を提出したとみなされる場合を含む。）がない限り、「任意の中間申告書を提出する旨の届出書」の効力は存続し、その課税期間の直前の課税期間の確定消費税額が48万円以下となる六月中間申告対象期間については、任意の六月中間申告書を提出することができることを念のため明らかにしたものである。

なお、免税事業者となった課税期間については、そもそも消費税法第42条《課税資産の譲渡等及び特定課税仕入れについての中間申告》に規定する中間申告書や同法第45条第1項《課税資産の譲渡等及び特定課税仕入れについての確定申告》に規定する確定申告書を提出する義務がないことから、六月中間申告書の提出がないとしても同法第42条第11項の規定は適用されず、任意の中間申告書を提出することの取りやめ届出書を提出したものとみなされない。

本通達の注書は、このことを念のため明らかにしたものである。

（相続、合併又は分割があった場合の任意の中間申告書を提出する旨の届出書の効力）

15―1―1の4　相続、合併又は分割があった場合の任意の中間申告書を提出する旨の届出書の効力は、次のようになるのであるから留意する。

(1)　被相続人が提出した任意の中間申告書を提出する旨の届出書の効力は、相続により当該被相続人の事業を承継した相続人には及ばない。したがって、当該相続人が法第42条第8項《任意の中間申告》の規定の適用を受けようとするときは、新たに任意の中間申告書を

提出する旨の届出書を提出しなければならない。
　(2)　被合併法人が提出した任意の中間申告書を提出する旨の届出書の効力は、吸収合併又は新設合併により当該被合併法人の事業を承継した合併法人には及ばない。したがって、当該合併法人が同項の規定の適用を受けようとするときは、新たに任意の中間申告書を提出する旨の届出書を提出しなければならない。
　(3)　分割法人が提出した任意の中間申告書を提出する旨の届出書の効力は、分割により当該分割法人の事業を承継した分割承継法人には及ばない。したがって、当該分割承継法人が同項の規定の適用を受けようとするときは、新たに任意の中間申告書を提出する旨の届出書を提出しなければならない。
　　(注)　法第12条第7項第2号又は第3号《分割等の意義》に該当する分割等により新設分割親法人の事業を引き継いだ新設分割子法人についても同様である。

【平25課消1—34　追加】

解説　個人が相続により被相続人の事業を承継した場合、当該被相続人が提出した届出書の効力は、相続人である当該個人には及ばないから、当該個人が任意の中間申告書を提出しようとするときは、新たに「任意の中間申告書を提出する旨の届出書（様式通達第26—(2)号様式）」を提出しなければならない。

　また、法人が合併により被合併法人の事業を承継した場合又は新設分割若しくは吸収分割により分割法人の事業を承継した場合も同様である。

　本通達は、このことを念のため明らかにしたものである。

　なお、相続のあった日の翌日又は合併（新設合併に限る。）若しくは分割があった日の属する課税期間においては、そもそも消費税の中間申告義務が課

されないのであるから、その課税期間を適用開始課税期間とする「任意の中間申告書を提出する旨の届出書」を提出することはできなことに留意する必要がある。

> **（中間申告における法第42条と第43条の併用）**
>
> 15－1－2　法第42条第1項又は第4項《課税資産の譲渡等及び特定課税仕入れについての中間申告》の規定により中間申告書を提出すべき事業者は、一月中間申告対象期間（同条第1項に規定する「一月中間申告対象期間」をいう。以下15－1－9までにおいて同じ。）又は三月中間申告対象期間（同条第4項に規定する「三月中間申告対象期間」をいう。以下15－1－11までにおいて同じ。）の末日の翌日（当該一月中間申告対象期間がその課税期間開始の日以後1月の期間である場合には、当該課税期間開始の日から2月を経過した日）から2月以内（令第76条第3項《国、地方公共団体等の申告期限の特例》又は租特法令第46条の4第1項《個人事業者に係る中間申告等の特例》の規定の適用がある場合には、その規定による期限内）に中間申告書を提出しなければならないのであるが、各中間申告対象期間について、それぞれ法第42条《課税資産の譲渡等及び特定課税仕入れについての中間申告》又は法第43条《仮決算をした場合の中間申告書の記載事項等》の規定のいずれかを適用して中間申告書を提出することができるのであるから留意する。

【平15課消1－37、平27課消1－17、平29課消2－5　改正】

解説　直前の課税期間の確定消費税額の年換算額が4,800万円を超える事業者は課税期間開始の日から1月ごとに年11回、また、400万円を超え4,800万円以下の事業者は、課税期間開始の日から3月を経過したごとに年3回の

中間申告を行わなければならないこととされている（法42①、④）。

　ところで、中間申告については、消費税法第42条第1項又は第4項《課税資産の譲渡等及び特定課税仕入れについての中間申告》に規定する金額を納付税額とする方法と中間申告対象期間を一課税期間とみなして仮決算を組み、実額により納付税額を計算する同法第43条第1項《仮決算をした場合の中間申告書の記載事項等》に規定する方法とがある。

　このため、年11回又は3回中間申告を行う事業者にあっては、例えば、第1回目の中間申告対象期間分について同法第42条第1項に規定する金額により中間申告をした場合でも、第2回目の中間申告対象期間分については、同法第43条第1項に規定する方法で中間申告をするというようにそれぞれの方法を同一課税期間中に併用することができるかどうか疑問を抱く向きもあった。

　この点については、同法第42条、第43条とも特段の制約は設けられておらず、中間申告対象期間ごとにいずれの方法により中間申告をするかは事業者の選択に委ねられている。

　本通達では、念のためこのことを明らかにしている。

　なお、例えば、第1回目の中間申告対象期間について同法第42条第1項の規定を適用し、第2回目の中間申告対象期間分においては、課税期間の開始の日から第2回目の中間申告対象期間の末日までの仮決算を行い、それに基づいて消費税額の計算をし、当該消費税額から第1回目の中間申告対象期間の中間申告額を控除した金額を第2回目の中間申告対象期間分の中間申告額とすることは認められないので注意する必要がある。

（中間申告における簡易課税制度の適用）

15—1—3　簡易課税制度を適用すべき事業者が法第43条第1項《仮決

算をした場合の中間申告書の記載事項等》）の規定により、同項に規定する中間申告対象期間について仮決算をして中間申告書を提出する場合には、簡易課税制度を適用して納付すべき消費税額を計算するのであるから留意する。

【平15課消1―37　改正】

解説　消費税法第43条第1項《仮決算をした場合の中間申告書の記載事項》の規定による仮決算に基づく中間申告は、同項に規定する中間申告対象期間を一課税期間とみなして中間申告税額を計算するのであるから、事業者の課税期間が1月、3月又は6月の場合と消費税法の適用関係は同じになる。

したがって、簡易課税制度を適用すべき事業者が基準期間における課税売上高が5,000万円以下である課税期間について仮決算による中間申告を行う場合には、当然に簡易課税制度を適用して税額計算をすべきことになる。

本通達は、このことを念のため明らかにしたものである。

（仮決算による申告額が400万円、100万円又は24万円以下である場合の中間申告の要否）

15―1―4　事業者が法第43条第1項《仮決算をした場合の中間申告書の記載事項等》の規定により中間申告を行う場合において、法第42条第1項第1号《一月中間申告対象期間に係る申告義務》の規定により計算した消費税額が400万円を超えるとき、同条第4項第1号《三月中間申告対象期間に係る申告義務》の規定により計算した消費税額が100万円を超えるとき又は同条第6項第1号《六月中間申告対象期間に係る申告義務》の規定により計算した消費税額が24万円を超えるときは、仮決算により計算した法第43条第1項に規定する中間申告対象

> 期間の同項第4号に規定する消費税額が400万円以下、100万円以下又は24万円以下となるときであっても中間申告書を提出しなければならないのであるから留意する。

【平9課消2—5、平15課消1—37　改正】

解説　消費税法第43条《仮決算をした場合の中間申告》の規定により仮決算に基づく中間申告ができるのは、「中間申告すべき事業者」すなわち、同法第42条第1項《課税資産の譲渡等及び特定課税仕入れについての中間申告》により計算した金額が400万円を超える事業者、第4項《課税資産の譲渡等及び特定課税仕入れについての中間申告》により計算した金額が100万円を超える事業者又は第6項《課税資産の譲渡等及び特定課税仕入れについての中間申告》により計算した金額が24万円を超える事業者であるから、当該事業者は仮決算をするかしないかにかかわらず中間申告をする義務がある。

すなわち、同法第43条第1項の規定は、中間申告をすべき事業者が中間申告対象期間を一課税期間とみなして仮決算をした場合には、前課税期間の確定税額から算出した消費税額ではなく、仮決算に基づく消費税額を中間申告税額として認めることとしているものであり、仮決算に基づく中間申告税額が同法第42条各項に規定する金額以下となったとしても中間申告義務までなくなるものではない。

本通達は、このことを念のため明らかにしたものである。

> **（申告期限が同一の日となる一月中間申告書の取扱い）**
> **15—1—4の2**　法第42条第1項《一月中間申告対象期間に係る申告義務》の規定により中間申告書（法第43条第1項《仮決算をした場合の中間申告書の記載事項等》の規定に基づく中間申告書を含む。以下15—1—

4の2において同じ。）を提出する場合において、その課税期間開始の日から2月を経過した日の前日までの間に終了した各一月中間申告対象期間に係る中間申告書の提出期限は同一の日となるのであるが、それぞれの一月中間申告対象期間ごとに中間申告書を提出しなければならないのであるから留意する。

【平15課消1－37　追加】

解説　直前の課税期間の確定消費税額の年換算額が4,800万円を超える事業者は、課税期間開始の日から1月ごとに年11回の中間申告を行わなければならないのであるが、この場合において、1月目と2月目の一月中間申告対象期間に係る中間申告書の提出期限は同一の日とされている（法42①）。このため、1月目と2月目の中間申告は、2月分を合わせて行うこととなるのではないかとの疑問を抱く向きもあった。

しかし、消費税法第42条第1項《一月中間申告対象期間に係る申告義務》の規定による中間申告については、それぞれの中間申告対象期間ごとに中間申告書を提出することとなるのであり、本通達はこのことを念のため明らかにしたものである。

また、一月中間申告対象期間を一課税期間とみなして仮決算を組み、実績により納付税額を計算する消費税法第43条第1項《仮決算をした場合の中間申告書の記載事項等》に規定する方法による場合においても同様である。

なお、国又は地方公共団体等及び個人事業者については、中間申告書の提出期限の特例があることから、例えば、課税期間開始の日から1月ごとに中間申告を行わなければならない個人事業者の場合には、1月目、2月目及び3月目の中間申告対象期間に係る中間申告書の提出期限は同一の日となるが、この場合においても、それぞれ中間申告対象期間ごとに中間申告書を提出することとなるのである。

(仮決算において控除不足額（還付額）が生じた場合）

15−1−5 事業者が法第43条第1項《仮決算をした場合の中間申告》の規定により仮決算をして中間申告書を提出する場合において、同項第2号《課税標準額に対する消費税額》に掲げる金額から同項第3号《控除されるべき消費税額》に掲げる金額を控除して控除不足額が生じるとしても、当該控除不足額につき還付を受けることはできないことに留意する。

（注）　控除不足額が生じた場合の中間納付額は、零円となる。

解説　消費税法第43条第1項各号《仮決算による中間申告》に規定する記載事項には、同法第45条第1項第5号《確定申告》の規定に相当する規定がなく、また、同法第52条第1項《仕入れに係る消費税額の控除不足額の還付》の規定により還付を受けられるのは同法第45条第1項又は第46条第1項《還付申告》の規定による申告書を提出した場合だけであって、同法第43条第1項の仮決算に基づく中間申告による還付の規定は設けられていない。

したがって、仮に、仮決算による中間申告額がマイナスとなっても還付は受けられないこととなる。

本通達は、このことを念のため明らかにしたものである。

（中間申告書の提出がない場合の特例）

15−1−6 法第42条第1項、第4項又は第6項《課税資産の譲渡等及び特定課税仕入れについての中間申告》の規定により中間申告書を提出すべき事業者が、その提出期限までに中間申告書又は法第43条第1項《仮決算をした場合の中間申告書の記載事項等》に規定する申告書

を提出しなかった場合には、その事業者については、それぞれの提出期限において中間申告書の提出があったものとして、法第42条第1項第1号、第4項第1号又は第6項第1号の規定により計算した消費税額が直ちに確定することになるのであるから留意する。

(注)　任意の中間申告書を提出する旨の届出書を提出している事業者が、当該提出をした日以後にその末日が最初に到来する六月中間申告対象期間以後の六月中間申告対象期間に係る六月中間申告書をその提出期限までに提出しなかった場合には、法第42条第11項《任意の中間申告書の提出がない場合の特例》の規定により、当該六月中間申告対象期間の末日に任意の中間申告書を提出することの取りやめ届出書の提出があったものとみなされ、法第44条《中間申告書の提出がない場合の特例》の規定により中間申告書の提出があったものとはみなされないことに留意する。

【平15課消1―37、平25課消1―34　改正】

解説　消費税法第44条《中間申告書の提出がない場合の特例》の規定は、「中間申告書を提出すべき事業者がその中間申告書をその提出期限までに提出しなかった場合」の特例を定めており、仮決算による中間申告をしようとする事業者も当然に中間申告書を提出すべき事業者には該当するのであるから、当該事業者が仮決算による中間申告書を期限内に提出しなかった場合にも同条の規定が適用になることもまた当然である。

中間申告書には期限後申告の概念はないのであり、中間申告すべき事業者が中間申告書を提出しない場合であっても中間申告書の提出があったものとして中間申告税額が確定し、租税債権の徴収手続は進められることになる。

ただし、任意の中間申告書を提出する旨の届出書を提出している事業者が、当該提出をした日以後にその末日が最初に到来する六月中間申告対象期間以

後の六月中間申告対象期間に係る六月中間申告書をその提出期限までに提出しなかった場合には、同法第42条第11項《任意の中間申告書の提出がない場合の特例》の規定により、当該六月中間申告対象期間の末日に「任意の中間申告書を提出することの取りやめ届出書」の提出があったものとみなされ、同法第44条《中間申告書の提出がない場合の特例》の規定により中間申告書の提出があったものとはみなされないことに留意する必要がある。

本通達は、このことを念のため明らかにしたものである。

なお、仮決算による中間申告書が期限後に提出された場合には、既に直前の課税期間の確定税額の1月相当分、3月相当分又は6月相当分が中間申告税額として確定した後に提出されたものであるから、その仮決算による中間申告書は当該事業者に返還されるべきものとなる。

（中間申告書を提出した者の意義）

15—1—7　法第45条第1項第6号《課税資産の譲渡等及び特定課税仕入れについての確定申告》、法第48条《課税資産の譲渡等及び特定課税仕入れについての中間申告による納付》、法第53条第1項《中間納付額の控除不足額の還付》及び法第55条第1項《確定申告書等に係る更正又は決定による中間納付額の控除不足額の還付》に規定する「中間申告書を提出した事業者」又は「中間申告書を提出した者」には、法第44条《中間申告書の提出がない場合の特例》の規定により中間申告書の提出があったものとみなされる事業者を含むのであるから留意する。

（注）　任意の中間申告書を提出する旨の届出書を提出している事業者が、当該提出をした日以後にその末日が最初に到来する六月中間申告対象期間以後の六月中間申告対象期間に係る六月中間申告書をその提出期

限までに提出しなかった場合には、法第42条第11項《任意の中間申告書の提出がない場合の特例》の規定により、当該六月中間申告対象期間の末日に任意の中間申告書を提出することの取りやめ届出書の提出があったものとみなされ、法第44条《中間申告書の提出がない場合の特例》の規定により中間申告書の提出があったものとはみなされないことに留意する。

【平25課消1―34、平27課消1―17　改正】

解説　消費税法第44条《中間申告書の提出がない場合の特例》では、中間申告書を提出すべき者がその中間申告書を提出期限までに提出しなかった場合には、その提出期限に中間申告書の提出があったものとみなされており、これによりその事業者が中間申告書を提出したのと同様の効果が生ずることとなる。

　したがって、同法第45条第1項第6号《課税資産の譲渡等及び特定課税仕入れについての確定申告》、第48条《課税資産の譲渡等及び特定課税仕入れについての中間申告による納付》、第53条第1項《中間納付額の控除不足額の還付》及び第55条第1項《確定申告書等に係る更正又は決定による中間納付額の控除不足額の還付》に規定する「中間申告書を提出した事業者」又は「中間申告書を提出した者」には同法第44条の規定により中間申告書を提出したものとみなされた事業者も含まれるのである。

　本通達は、このことを念のため明らかにしたものである。

　なお、任意の中間申告書を提出する旨の届出書を提出している事業者が、当該提出をした日以後にその末日が最初に到来する六月中間申告対象期間以後の六月中間申告対象期間に係る六月中間申告書をその提出期限までに提出しなかった場合には、同法第42条第11項《任意の中間申告書の提出がない場合の特例》の規定により、六月中間申告対象期間の末日に「任意の中間申告

書を提出することの取りやめ届出書」の提出があったものとみなされ、同法第44条《中間申告書の提出がない場合の特例》の規定により中間申告書の提出があったものとはみなされないのであるから、当該任意の中間申告書を提出しなかった事業者は、「中間申告書を提出した事業者」又は「中間申告書を提出した者」には含まれない。

本通達の注書は、このことを念のため明らかにしたものである。

（中間納付額の意義）

15―1―8　法第２条第１項第20号《中間納付額の意義》に規定する「中間納付額」とは、法第48条《課税資産の譲渡等及び特定課税仕入れについての中間申告による納付》の規定により納付すべき法第42条第１項第１号、第４項第１号及び第６項第１号《課税資産の譲渡等及び特定課税仕入れについての中間申告》に掲げる金額又は法第43条第１項第４号《仮決算をした場合の中間申告書の記載事項等》に掲げる残額に相当する消費税額をいい、事業者が納付した消費税額ではないことに留意する。

【平14課消１―12、平15課消１―37、平27課消１―17　改正】

解説　中間申告書を提出した事業者は、中間納付税額について、確定申告の際に清算されるのであるが、清算する場合にはいずれの場合にも「中間納付額」という用語が用いられている（法２①二十）。

消費税法第２条第１項第20号《定義》では中間納付額とは「法第48条の規定により納付すべき消費税の額」とされていることから、実際に納付した消費税額ではなく、中間申告書に記載した消費税額であることは明らかである。

本通達は、このことを念のため明らかにしたものである。

なお、中間申告書に記載した消費税額については全部又は一部が未納となっている場合には、確定申告において清算するのではなく、中間納付税額の滞納として手続が進められることとなる。

（中間申告書の提出義務）

15―1―9　法第42条第１項、第４項又は第６項《課税資産の譲渡等及び特定課税仕入れについての中間申告》の規定による中間申告書の提出義務は、前課税期間の確定消費税額の増減の有無にかかわらず、それぞれ次に掲げる区分に応じ、それぞれ次の場合に生ずることに留意する。

(1)　法第42条第１項《一月中間申告対象期間に係る申告義務》の規定による中間申告書　　一月中間申告対象期間の末日（当該一月中間申告対象期間がその課税期間開始の日以後１月の期間である場合には、当該課税期間開始の日から２月を経過した日の前日）までに確定した前課税期間の確定消費税額を前課税期間の月数で除した金額が400万円を超える場合

(2)　法第42条第４項《三月中間申告対象期間に係る申告義務》の規定による中間申告書　　三月中間申告対象期間の末日までに確定した前課税期間の確定消費税額を前課税期間の月数で除し、これに３を乗じて計算した金額が100万円を超える場合（(1)に該当する場合を除く。）

(3)　法第42条第６項《六月中間申告対象期間に係る申告義務》の規定による中間申告書
　　イ　六月中間申告対象期間の末日までに確定した前課税期間の確定消費税額を前課税期間の月数で除し、これに６を乗じて計算した

　　　　金額が24万円を超える場合（(1)又は(2)に該当する場合を除く。）
　　ロ　任意の中間申告書を提出する旨の届出書を提出している事業者で、六月申告対象期間の末日までに確定した前課税期間の確定消費税額を前課税期間の月数で除し、これに6を乗じて計算した金額が24万円以下の場合（(1)又は(2)に該当する場合を除く。）

【平9課消2—5、平15課消1—37、平25課消1—34、平27課消1—17　改正】

解説　消費税法第42条《課税資産の譲渡等及び特定課税仕入れについての中間申告》の規定による中間納付税額は、中間申告対象期間の末日までに確定した直前の課税期間の確定消費税額を直前の課税期間の月数で除し、これに1（又は3若しくは6）を乗じて計算した金額となるのであるから、課税期間の中途で直前の課税期間の確定消費税額が修正申告又は更正により変更された場合には変更後の金額を基に中間納付税額を計算することとなる。

　なお、各中間申告における中間納付税額は次のとおりとなる。

(1)　第42条第1項に規定する中間納付税額の計算

　　課税期間開始の日から1月ごとに区分した各期間（以下「一月中間申告対象期間」という。）の末日までに確定した直前の課税期間の確定消費税額を直前の課税期間の月数で除して計算した金額

　(注)　当該一月中間申告対象期間が、当該課税期間開始の日から2月を経過した日の前日までの間に終了したものである場合には、直前の課税期間の確定消費税額の確定日は、当該課税期間開始の日から2月を経過した日の前日（当該課税期間の直前の課税期間の確定申告書について国税通則法第10条第2項《期間の計算及び期限の特例》の規定の適用がある場合には、同項の規定により確定申告書の提出期限とみなされる日）となることに留意する。

(2) 第42条第4項に規定する中間納付税額の計算

　課税期間開始の日から3月ごとに区分した各期間（以下「三月中間申告対象期間」という。）の末日までに確定した直前の課税期間の確定消費税額を直前の課税期間の月数で除し、これに3を乗じて計算した金額

　なお、三月中間申告対象期間のいずれかの1月の期間において一月中間申告対象期間に係る中間申告書を提出している事業者が、当該三月中間申告対象期間の末日の前日までに直前の課税期間の確定消費税額が減額され400万円超4,800万円以下となった場合には、当該中間申告対象期間に係る一月又は三月中間申告のいずれも行う必要はない。

【例1：年1回12月末決算法人】

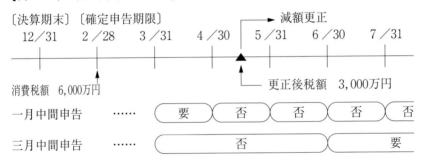

一月中間申告

① 1月分……中間申告の要否判定　⇒　要

　2月28日（末日）の直前の課税期間の確定消費税額

6,000万円＞4,800万円

　　　︙

② 4月分……中間申告の要否判定　⇒　要

　4月30日（末日）の直前の課税期間の確定消費税額

6,000万円＞4,800万円

③ 5月分……中間申告の要否判定 ⇒ 不要

　5月31日（末日）の直前の課税期間の確定消費税額

$$3,000万円 \leqq 4,800万円$$

④ 6月分……中間申告の要否判定 ⇒ 不要

　6月30日（末日）の直前の課税期間の確定消費税額

$$3,000万円 \leqq 4,800万円$$

⑤ 7月分……中間申告の要否判定 ⇒ 不要

　7月31日（末日）の直前の課税期間の確定消費税額

$$3,000万円 \leqq 4,800万円$$

︙

|三月中間申告|

① 1月1日～3月31日分……中間申告の要否判定 ⇒ 不要

　すべて一月中間申告要のため、判定不要

② 4月1日～6月30日分……中間申告の要否判定 ⇒ 不要

　6月30日（末日）の直前の課税期間の確定消費税額が、400万円＜3,000万円≦4,800万円となるが、当該期間に一月中間申告を行う期間（4月分）が含まれていることから、当該期間については、三月中間申告は不要となる。

③ 7月1日～9月30日分……中間申告の要否判定 ⇒ 要

　9月30日（末日）の直前の課税期間の確定消費税額

$$400万円 < 3,000万円 \leqq 4,800万円$$

(3) **第42条第6項に規定する中間納付税額の計算**

　課税期間開始の日から6月の期間（以下「六月中間申告対象期間」という。）の末日までに確定した直前の課税期間の確定消費税額を直前の課税期間の月数で除し、これに6を乗じて計算した金額

　なお、六月中間申告対象期間のいずれかの1月の期間において一月中間

申告対象期間に係る中間申告書を提出している事業者又は３月の期間において三月中間申告対象期間に係る中間申告書を提出している事業者が、当該六月中間申告対象期間の末日の前日までに直前の課税期間の確定消費税額が減額され48万円超400万円以下となった場合には、当該中間申告対象期間に係る一月、三月又は六月中間申告のいずれも行う必要はない。

（注）　六月中間申告対象期間のいずれかの１月の期間において一月中間申告対象期間に係る中間申告書を提出している事業者又は３月の期間において三月中間申告対象期間に係る中間申告書を提出している事業者が、六月中間申告対象期間の末日の前日までに直前の課税期間の確定消費税額が減額され48万円以下となった場合には、「任意の中間申告書を提出する旨の届出書」を提出している事業者であっても、一月、三月又は六月中間申告のいずれも行う必要はない。

【例２：年１回12月末決算法人】

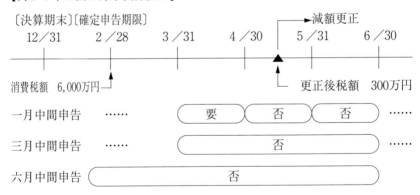

一月中間申告

①　１月分……中間申告の要否判定　⇒　要

　２月28日（末日）の直前の課税期間の確定消費税額

6,000万円＞4,800万円

　　　　︙
② 4月分……中間申告の要否判定　⇒　要
　　4月30日（末日）の直前の課税期間の確定消費税額
　　　　　　　　　　　　　　　　　　　　　6,000万円＞4,800万円
③ 5月分……中間申告の要否判定　⇒　不要
　　5月31日（末日）の直前の課税期間の確定消費税額
　　　　　　　　　　　　　　　　　　　　　300万円≦4,800万円
④ 6月分……中間申告の要否判定　⇒　不要
　　6月30日（末日）の直前の課税期間の確定消費税額
　　　　　　　　　　　　　　　　　　　　　300万円≦4,800万円
⑤ 7月分……中間申告の要否判定　⇒　不要
　　7月31日（末日）の直前の課税期間の確定消費税額
　　　　　　　　　　　　　　　　　　　　　300万円≦4,800万円
　　　　︙

三月中間申告

① 1月1日～3月31日分……中間申告の要否判定　⇒　不要
　　すべて一月中間申告要のため、判定不要
② 4月1日～6月30日分……中間申告の要否判定　⇒　不要
　　6月30日（末日）の直前の課税期間の確定消費税額
　　　　　　　　　　　　　　　　　　　　　300万円≦400万円
③ 7月1日～9月30日分……中間申告の要否判定　⇒　不要
　　9月30日（末日）の直前の課税期間の確定消費税額
　　　　　　　　　　　　　　　　　　　　　300万円≦400万円

六月中間申告

　　1月1日～6月30日分
　　6月30日（末日）の直前の課税期間の確定消費税額が、48万円＜300万円

≦400万円となるが、当該期間に一月中間申告を行う期間（1～4月分）が含まれていることから、当該期間については、六月中間申告は不要となる。

【例3：年1回12月末決算法人】

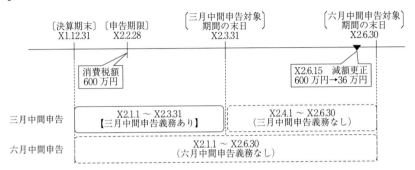

① X2年2月27日、X1年12月期の確定申告書を提出

確定消費税額（国税）600万円

② X2年5月29日、三月中間申告書（X2年1月から3月分）を提出

三月中間申告対象期間の末日（X2年3月31日）までに確定した金額

　＝　600万円　＞　400万円

　→　三月中間申告が必要

③ X2年6月15日、X1年12月期について減額更正

確定消費税額　600万円　⇒　36万円

六月中間申告対象期間の末日（X2年6月30日）までに確定した金額

　＝　36万円　≦　48万円

本事例において、X2年6月30日（六月中間申告対象期間の末日）までに「任意の中間申告書を提出する旨の届出書」を提出していたとしても、X2年1月1日から6月30日までの六月中間申告対象期間のうちに、消費税法第42条第4項の規定による申告書を提出すべき三月中間申告対象期間（X2年1月1日から3月31日）が含まれていることから、X2年1月1日から6月30日までの六月中間申告対象期間について、六月中間申告書を提出する義務は生じ

ない(任意に六月中間申告書を提出することはできない)。

> (災害等による期限の延長により中間申告書の提出を要しない場合の法第42条第11項の適用関係)
>
> 15—1—10 任意の中間申告書を提出する旨の届出書を提出している事業者が、法第42条の2《災害等による期限の延長により中間申告書の提出を要しない場合》の規定の適用を受ける場合には、法第42条《課税資産の譲渡等及び特定課税仕入れについての中間申告》の規定による中間申告書の提出を要しないことから、法第42条第11項《任意の中間申告書の提出がない場合の特例》の規定は適用されず、任意の中間申告書を提出することの取りやめ届出書を提出したものとはみなされないことに留意する。

【平29課消2—5　追加】

解説　事業者のうち、その課税期間の直前の課税期間における確定消費税額の年税額が48万円以下の場合には、中間申告義務は課されないこととされているが、中間申告義務が課されない事業者であっても、納税地の所轄税務署長に任意の中間申告書を提出する旨の届出書を提出した場合には、当該提出した日以後にその末日が最初に到来する六月中間申告対象期間(消費税法第42条第6項に規定する「六月中間申告対象期間」をいう。以下同じ。)以後の六月中間対象期間について任意に六月中間申告書(同項の規定による「六月中間申告書」をいう。以下同じ。)を提出できることとされている(法42⑥ただし書、⑧)。

また、当該届出書を提出した事業者が、当該提出をした日以後にその末日が到来する六月中間申告対象期間の六月中間申告書をその提出期限までに提

出しなかった場合には、任意の中間申告書を提出することの取りやめ届出書を納税地の所轄税務署長に提出したものとみなされ、既に提出した任意の中間申告書を提出する旨の届出書は、その効力を失うこととされている（法42⑪）。

ところで、国税通則法第11条《災害等による期限の延長》の規定により、六月中間申告書の提出期限と当該六月中間申告書に係る課税期間の確定申告書の提出期限とが同一の日となる場合は、当該六月中間申告書の提出は要しないこととされている（法42の２）。

このため、消費税法第42条の２の規定の適用を受けて当該六月中間申告書を提出しなかった場合には、任意の中間申告書を提出することの取りやめ届出書を提出したものとみなされ、既に提出した任意の中間申告書を提出する旨の届出書の効力が消滅するのではないかとの疑義が生じる。

この点、当該規定の適用を受ける場合においては、そもそも六月中間申告書の提出は要しないこととなることから、同法第42条第11項の規定は適用されず、任意の中間申告書を提出することの取りやめ届出書を提出したものとはみなされない。

したがって、同法第42条の２の規定の適用を受けて六月中間申告書を提出しなかったとしても、改めて任意の中間申告書を提出する旨の届出書の提出は要さず、引き続き任意の中間申告制度を適用することができることとなる。

本通達は、このことを念のため明らかにしたものである。

（中間申告書の提出期限のみが同一となった場合の取扱い）

15―1―11　法第42条の２《災害等による期限の延長により中間申告書の提出を要しない場合》の規定により、提出を要しないこととなる消費税の中間申告書とは、通則法第11条《災害等による期限の延長》の

規定に基づき申告等の期限が延長されたことにより、法第42条《課税資産の譲渡等及び特定課税仕入れについての中間申告》の規定による中間申告書の提出期限とその課税期間に係る法第45条《課税資産の譲渡等及び特定課税仕入れについての確定申告》の確定申告書の提出期限とが同一の日となる場合の当該中間申告書をいうのであるから、例えば、法第42条第4項の中間申告書で同一課税期間内の異なる三月中間申告対象期間の提出期限が同一の日となった場合のように、中間申告書の提出期限のみが同一の日となっても、法第42条の2の規定の適用はないのであるから留意する。

(注) 中間申告書の提出期限のみが同一となる場合には、それぞれの中間申告対象期間について、それぞれ申告書の提出が必要となる。これは、法第43条《仮決算をした場合の中間申告書の記載事項等》の規定に基づき、仮決算による中間申告書を提出する場合も同様である。

【平29課消2-5　追加】

解説　国税通則法第11条《災害等による期限の延長》の規定により申告等の期限の延長を受けた事業者においては、同一の課税期間分の中間申告書と確定申告書に係る延長後の申告期限が同一の日となる場合があり、このような場合には、消費税法第42条の2《災害等による期限の延長により中間申告書の提出を要しない場合》の規定に基づき、当該中間申告書の提出を要しないこととされている。

ところで、その課税期間の直前の課税期間における確定消費税額の年税額によっては、同一の課税期間に係る中間申告書を年3回又は年11回提出する必要があるが、このような事業者にあっては、国税通則法第11条の規定により、これらの中間申告書の提出期限のみが同一の日となる場合がある。

この場合には、消費税法第42条の2の規定は適用されない。

したがって、これらの中間申告書の提出期限のみが同一となる場合には、それぞれの中間申告対象期間に係る中間申告書の提出が必要となる。

本通達は、このことを念のため明らかとしたものである。

なお、これは、同法第43条《仮決算をした場合の中間申告書の記載事項》の規定に基づき、事業者が仮決算による中間申告書を提出しようとする場合も同様であるから、当該事業者は、国税通則法第11条の規定による延長後の提出期限までに、当該仮決算による中間申告書をそれぞれ提出する必要がある。

本通達の注書は、このことを明らかとしたものである。

第2節　確定申告

課税事業者は、原則として、課税期間の末日の翌日から2か月以内に確定申告書を提出し、その申告に係る消費税額を納付しなければならない（法45、49）。

ただし、課税資産の譲渡等がない場合、又は課税資産の譲渡等のすべてが免税の対象となる場合で、消費税法第45条第1項第4号《課税資産の譲渡等及び特定課税仕入れについての確定申告》に掲げる消費税額（納めるべき消費税額）がないときは、申告義務はない（法45①）。

確定申告書は、事業者単位で提出することとされ、事業部単位又は本支店等ごとに提出することは認められていない。また、その提出期限の延長及び納期限の延長の制度は設けられていない。

(注)1　消費税法第45条第1項第4号に掲げる消費税額が100円未満となることにより、国税通則法第119条第1項《国税の確定金額の端数計算等》の規定によりその全額が切り捨てられることとなる場合であっても、課税資産の譲渡等があるときは、確定申告書の提出義務があることとなる。

2　申告義務がないとされる場合であっても、課税事業者に課税仕入れ等の税額があり、還付を受けることができる場合には、還付のための申告書を提出し、還付を受けることができる（法46、52）。

　3　個人事業者の各年の課税期間に係る確定申告書の提出期限は、翌年3月末日とされている（租特法86の4）。

なお、確定申告書の記載事項は、次のとおりである。

イ　申告者の住所、氏名等
ロ　課税標準額
ハ　課税標準額に対する消費税額
ニ　ハに掲げる消費税額の合計額から控除されるべき消費税額（仕入れに係る消費税額、売上げに係る対価の返還等をした金額に係る消費税額、貸倒れに係る消費税額）の合計額
ホ　ハに掲げる消費税額からニに掲げる消費税額の合計額を控除した残額に相当する消費税額又は控除不足額
ヘ　中間申告を行っている場合は、ホに掲げる消費税額から中間納付額を控除した残額に相当する消費税額又は控除不足額
ト　ロ～ヘに掲げる金額の計算の基礎その他の事項

（注）　消費税の確定申告書を提出する義務がある課税事務者は、消費税の申告期限までに、消費税の申告書と併せて地方消費税の確定申告書を所轄税務署長に対して提出しなければならない（地方税法72の88①、地方税法附則9の5）。

（その他の法律等により消費税が免除されるものの範囲）

15—2—1　法第45条第1項第1号《課税資産の譲渡等及び特定課税仕入れについての確定申告》に規定する「その他の法律又は条約の規定により消費税が免除されるもの」には、例えば、次の規定が適用され

る課税資産の譲渡等が該当する。

(1) 租特法第85条《外航船等に積み込む物品の譲渡等に係る免税》
(2) 租特法第86条《外国公館等に対する課税資産の譲渡等に係る免税》
(3) 租特法第86条の2《海軍販売所等に対する物品の譲渡に係る免税》
(4) 日本国とアメリカ合衆国との間の相互協力及び安全保障条約第6条の規定に基づく施設及び区域並びに日本国における合衆国軍隊の地位に関する協定の実施に伴う所得税法等の臨時特例に関する法律第7条《消費税法の特例》
(5) 日本国とアメリカ合衆国との間の相互防衛援助協定第6条《内国消費税の免税》
(6) 日本国における国際連合の軍隊の地位に関する協定の実施に伴う所得税法等の臨時特例に関する法律第3条《所得税法等の特例》

【平27課消1―17　改正】

解説　本通達は、消費税法第45条第1項各号《課税資産の譲渡等及び特定課税仕入れについての確定申告》の規定により、確定申告書に記載すべき事項のうち、留意する必要のある事項を念のため明らかにしたものである。

15―2―2～15―2―4　削除（平16課消1―8）

(納付すべき税額がない場合の確定申告の要否)

15—2—5 法第45条第1項《課税資産の譲渡等及び特定課税仕入れについての確定申告》に規定する「第4号に掲げる消費税額がない課税期間」には、同項第4号《課税仕入れ等に係る消費税額の控除》に掲げる消費税額が100円未満となることにより、通則法第119条第1項《国税の確定金額の端数計算等》の規定によりその全額が切り捨てられることとなる課税期間が含まれるが、このような課税期間であっても課税資産の譲渡等又は特定課税仕入れがあるときは、確定申告書を提出しなければならないのであるから留意する。

【平27課消1—17 改正】

解説 消費税法第45条第1項本文《課税資産の譲渡等及び特定課税仕入れについての確定申告》においては、課税事業者は原則として確定申告書を提出する必要があることとされているが、同項ただし書において、課税事業者であっても、次のいずれにも該当する場合には確定申告書を提出する必要はないこととされている。

① 課税期間中において国内における課税資産の譲渡等及び特定課税仕入れがないこと。

② 課税標準額に対する消費税額から、仕入れに係る消費税額等の控除税額を控除した残額に相当する消費税額(消費税法第45条第1項第4号に掲げる消費税額)がないこと。

この場合において、課税標準額に対する消費税額から仕入れに係る消費税額等を控除した後の残額が100円未満となった場合は、国税通則法第119条第1項《国税の確定金額の端数計算等》の規定によりその全額が切り捨てられて零円となることから、上の②の要件に合致することとなるのである(ただ

し、①の要件も併せて満たさない限り確定申告の義務はあることとなる。）。

　本通達は、このことを念のため明らかにしたものである。

　なお、当該課税期間中において国内における課税資産の譲渡等及び特定課税仕入れがない場合であっても、消費税法第32条第5項《仕入れに係る対価の返還等を受けた場合》の金額及び同法第39条第3項《貸倒れとなった金額を後日領収した場合》の金額があること等により納付すべき税額が生ずる場合には、確定申告義務があるのであるから留意する必要がある。

（残余財産の確定）

15—2—6　法第45条第4項《清算中の法人の確定申告》に規定する「残余財産が確定した場合」とは、一切の資産、負債の額が具体的に確定したことをいうが、解散した法人の資産、負債の一切を当該法人の首脳者等が引継いで事業を承継し、実質的に事業の譲渡をしたと認められるような場合には、その引継があったときに残余財産が確定したものとして取り扱う。

【平18課消1—16　改正】

解説　残余財産の確定の時は、一般には、残務を結了し、債権の取立て、債務の弁済を終った時であるが、このようなことをしないで会社首脳者等が引き継いで事業を継続し、解散した会社が首脳者等に営業を譲渡したと認められるような場合には、その引継ぎのあったときに残余財産が確定したものとして消費税の課税関係を判定することになる。

　本通達は、このことを明らかにしたものである。

（個別対応方式と一括比例配分方式の適用関係）

15―2―7　法第43条第1項《仮決算をした場合の中間申告書の記載事項等》の規定により中間申告を行う事業者が当該中間申告において仕入控除税額の計算を個別対応方式又は一括比例配分方式によった場合の法第30条第5項《一括比例配分方式から個別対応方式への変更の期間制限》の規定の適用関係は、次のとおりとなる。

(1)　当該課税期間の前課税期間に個別対応方式を適用していた場合又は当該課税期間の前課税期間まで2年以上継続して一括比例配分方式を適用し、当該課税期間から個別対応方式を適用する場合において、当該課税期間に係る中間申告で一括比例配分方式を適用したときでも、当該課税期間分に係る確定申告については、個別対応方式を適用して差し支えない。

(2)　当該課税期間について法第30条第5項の規定の適用がある場合にも、当該課税期間に係る中間申告において個別対応方式を適用して差し支えない。ただし、当該課税期間に係る確定申告については、一括比例配分方式を適用しなければならないのであるから留意する。

(注)　事業者が既に提出している確定申告書において、個別対応方式又は一括比例配分方式のいずれかの計算方式により仕入控除税額を計算した場合には、当該申告について通則法第19条第3項《修正申告》に規定する修正申告書を提出するときにおいても、当該確定申告書で選択した計算方式により仕入控除税額を計算することとなるのであるから留意する。

解説　本通達は、中間申告を消費税法第43条第1項《仮決算をした場合の中間申告書の記載事項等》の規定により仮決算に基づいて行った場合に、同

法第30条第5項《一括比例配分方式から個別対応方式への変更の期間制限》に規定する仕入控除税額の計算方法としての一括比例配分方式との適用関係がどのようになるか明確にしたものである。

そもそも、一括比例配分方式を採用した場合には、同法第30条第5項の規定により最低2年間はこれを継続適用しなければならないこととされており、中間申告といえども同法第43条第1項の規定を適用し、仕入控除税額を一括比例配分方式により計算した場合には、その課税期間について同方式を採用することの意思表示がなされたわけであるから、確定申告においても同方式を適用するのが原則である。

しかし、中間申告による納付税額が、確定申告によって清算されるものであるという点に着目して中間申告において一括比例配分方式を採用した場合でも、その採用はなかったものとした場合に確定申告では個別対応方式が適用できるのであれば、確定申告において個別対応方式を適用することを認めることとしたのが(1)の取扱いである。

また、同法第30条第5項の規定により一括比例配分方式を継続適用しなければならない課税期間であっても、中間申告に限っては個別対応方式によることを認めることとしたのが(2)の取扱いである。

なお、注書は、修正申告において適用できる仕入控除税額の計算方法は確定申告において適用した方法となることを念のために付言したものである。

第3節　還付を受けるための申告

仕入れに係る消費税額の控除不足額がある場合には、申告に基づいて還付される（法52）。

また、消費税法第45条第1項ただし書《確定申告を要しない場合》の規定により確定申告書を提出すべき義務がない場合であっても、同項第5号又は

第7号《消費税額の控除不足額》の規定による控除不足額があるときは、その事業者（免税事業者を除く。）は、同法第46条《還付を受けるための申告》の規定により還付を受けるため、同法第45条第1項各号の事項を記載した申告書を提出することができる（法52）。

なお、還付金には、次に掲げる日から支払決定をする日までの期間について還付加算金が付されることとなる。

　イ　期限内申告書……その提出期限の翌日
　ロ　期限後申告書及び還付請求申告書……申告書が提出された日の属する月の末日（還付を受けるための申告書が課税期間終了後2か月を経過する日前に提出された場合は、2か月を経過する日）の翌日
　　（注）　消費税法第52条第1項の規定により消費税の還付を受ける事業者は、地方消費税の還付申告書を提出することができる（地方税法72の88②、地方税法附則9の7）。

（還付を受けるための申告書に係る更正の請求）

15―3―1　法第46条《還付を受けるための申告》に規定する申告書についても、通則法第23条《更正の請求》の規定の適用があることに留意する。この場合において、同条第1項に規定する「当該申告書に係る国税の法定申告期限」とあるのは、「当該申告書を提出した日」と読み替えるものとする。

【平27課消1―17、平28課消1―57　改正】

解説　消費税法第46条《還付を受けるための申告》に規定する還付請求申告書を提出した場合であっても、申告額が正しい金額となっていないケースも考えられる。

本通達では、還付申告の還付を受けるべき金額が過少であった場合には、国税通則法第23条《更正の請求》の適用があり、更正の請求を行うことにより還付金額の是正をすることができることを明らかにしたものである。

なお、消費税法第46条の規定による申告については、申告期限に関する規定がないため、更正の請求期限がいつまでなのか疑問の生じるところであるが、これについては、還付請求申告書を提出した日が更正請求の起算日となる。本通達の本文は、このことを明らかにしたものである。

第4節　引取りに係る課税貨物についての申告及び納期限

課税貨物を保税地域から引き取る者は、その引取りの時までに申告書を提出し、引取りに係る消費税額を納付しなければならない（法47、50）。この場合、担保を提供したときには、最長3か月間の納期限の延長が認められるが（法51①）、あらかじめ特定の月について包括的に納期限の延長の承認を受け、かつ、担保を提供している場合には、その月中に引き取る課税貨物についてその担保の額を限度としてその月の末日から3か月以内の期間の納期限の延長が認められる（法51②）。

なお、輸入取引の申告は、輸入申告書に付記する方法により行うこととなる。

(注)　課税貨物を保税地域から引き取る者は、地方消費税（貨物割）の申告書を消費税の申告と併せて税関長に提出し、その税額を納付しなければならないこととされている（地方税法72の101、72の103）。

（引取りに係る課税貨物についての申告）

15―4―1　法第47条第1項及び第2項《引取りに係る課税貨物についての申告等》に規定する引取りに係る課税貨物についての申告は、関税法第67条《輸出又は輸入の許可》に規定する輸入申告に併せて行う

ことになる。

　ただし、法第47条第1項に規定する者が、その引取りに係る課税貨物について関税法第7条の2第2項《特例申告》に規定する特例申告を行う場合には、法第47条第1項に規定する申告は、当該特例申告と併せて当該課税貨物の引取りの日の属する月の翌月末日までに行うことになる。

【平13課消1—5　改正】

解説

1　保税地域から課税貨物を引き取ろうとする者は、関税について申告納税方式が適用される場合には納税申告書を、関税について賦課課税方式が適用される場合にはいわゆる課税標準等申告書を、いずれも関税の輸入申告に併せて行うこととされている（輸徴法6①）。本通達の本文は、このことを念のため明らかにしたものである。

2　一方、簡易申告制度においては、関税につき申告納税方式が適用される貨物について輸入申告と納税申告を分離し、納税申告の前に課税貨物を引き取ることが可能である。

　この場合の納税申告書の提出期限は、課税貨物の引取りの日の属する月の翌月末日とされており（法47③）、このことをただし書において念のために明らかにしたものである。

第15章 申告、納付、還付等

輸入（納税）申告書
（内国消費税等課税標準数量等申告書兼用）

税関様式C第5020号

申告番号

申告年月日

IC	IS	IM	IA	BP
RE-IMP	ISW	IMW	IAC	IBP

あて先　　　　　　長殿　　船(取)卸港　　　　　　船(取)卸港符号

積載船(機)名　　　　　　船(機)籍符号

輸入者
住所氏名印　　㊞　　入港年月日　　　　　　貿易形態別符号

電話番号　　　　　　原　産　地　　　　　　原産国(地)符号
　　　　　　　　　　　　　　(都市)　　(国)

代理人
住所氏名印　　㊞　　積　出　地　　　　　　輸入者符号

電話番号　　　　　　船荷証券番号
　　　　　　　　　　(都道府県名)　　　　　※
　　　　　　　　　　蔵置場所　　　　　　　(調査用符号)

仕出人
住所氏名　　　　　　蔵入、移入又は総保入先

品名 番号 統計細分	単位	正味数量	申告価格（CIF） △内国消費税等課税標準額	税率 △種別・税率	関税額 △内国消費税等税額	減免税条項 適用区分
( ) 税表 細分			千　　　　円	基 協 特 暫	千　　　　円	符号 定率 暫定 条 項 号 別表 輸 条 項 号
		酒 石 消 地			減免税額	
		酒 石 消 地				輸 条 項 号
( ) 税表 細分			千　　　　円	基 協 特 暫	千　　　　円	符号 定率 暫定 条 項 号 別表 輸 条 項 号
		酒 石 消 地			減免税額	
		酒 石 消 地				輸 条 項 号

貨物の個数・記号・番号

関税法施行令第4条第1項第3号
又は第4条に係る事項　有　無

評価申告　評価申告書 I　II　個別　包括

包括申告受理番号

税額合計（欄数）枚欄

関税（　欄）
△税（　欄）
△税（　欄）
△消費税（　欄）
△地方消費税

添付書類（許可・承認・申請等）輸入承認又は契約書の番号　　　納期限の延長に係る事項　　延長しない税額　　※許可・承認印、許可・承認年月日

※税関記入欄

関税	包	(税額)	円 (特定月) 月
	個	(納期限)	年 月 日 円
消・地税	包	(税額)	円 (特定月) 月
	個	(納期限)	年 月 日 円

	(有)	税関 確認	輸入貿易管理令 別表第1・2号	※受理	※審査	※収納
仕入書			関税法70条関係許可・承認等			
仕入書に代わる他の書類			法令等			
原産地証明書			食品・植物・家畜・要事・化審			
本船扱・ふ中扱 輸入前申告扱						

通関士記名押印

（注）
1. ※印の欄は記入しないで下さい。
2. この申告による課税標準又は納付すべき税額に誤りがあることがわかったときは、修正申告又は更正の請求をすることができます。なお、輸入の許可後、税関長の調査により、この申告を更正することがあります。
3. この申告に基づく処分について不服があるときは、その処分があったことを知った日の翌日から起算して2月以内に税関長に対して異議申立てをすることができます。

> **(引取りに係る課税貨物についての課税標準額及び税額の申告等の特例)**
> 15―4―2　保税地域から引き取ろうとする課税貨物につき、1品目（関税率表の適用上の所属区分及び統計品目表の適用上の所属区分のいずれも同一である貨物を一つの物品として取りまとめたものをいう。）の価格（関税定率法第4条から第4条の8まで《課税価格の決定の原則》に規定する課税価格をいう。ただし、従量税率が適用される品目の場合には、これに準じて算出した価格とする。）が20万円以下となる品目が2以上ある場合において、申告書に係る品目の全部又は一部につき、当該品目数以下に取りまとめて申告した場合は、これを認めて差し支えない。この場合において輸入申告書の品名欄には、代表的な品目の品名に「等」を付して記載し、数量欄には、記載を要しないものとする。

解説　本通達は、輸入申告をする場合において、小口の貨物を輸入する場合の簡便な取扱いを認めることとしたものである。

　すなわち、関税法上の品目分類の同一品目の価格が20万円以下の品目を2種類以上輸入する場合には、品目別に輸入申告書に記載する必要はなく、代表的な品目で輸入申告をし、他の品目は「等」を付して申告することを認めるものである。

> **(郵便により外国貨物を受け取る場合の課税標準額等)**
> 15―4―3　郵便物として引き取ろうとする課税貨物について課税標準額及び税額の決定をする場合には、15―4―2に準じて取り扱って差し支えない。

解説 郵便により輸入する場合も、小口貨物については、簡便な輸入申告が認められることを明らかにしたものである。

（引取りに係る課税貨物についての納期限の延長）

15−4−4 法第51条第1項《納期限の延長》に規定する引取りに係る課税貨物の納期限の延長については、次によるのであるから留意する。

(1) 法第51条第1項の規定により引取りに係る課税貨物についての納期限を延長する期間は、当該課税貨物を保税地域から引き取った日の翌日から起算して計算する。

(2) 法第51条第1項の規定は、課税貨物を保税地域から引き取ろうとする者が、法第47条第1項《引取りに係る課税貨物についての申告等》の規定による申告書を同項の税関長に提出した場合において、その引取りの日までに納期限の延長を受けたい旨の申請書を当該税関長に提出し、かつ、当該申告書に記載した納付すべき消費税額の全部又は一部に相当する額の担保を提供したときに限り、当該提供された担保の額を超えない範囲内において適用される。

【平13課消1−5　改正】

解説 国内における資産の譲渡等に係る消費税の納付期限については、延長が認められていないのに対し、外国貨物を保税地域から引き取る場合の消費税の納付については、消費税法第51条《引取りに係る課税貨物についての納期限の延長》の規定により納期限の延長が認められている。

本通達は、同条第1項の適用関係を念のため明らかにしたものである。

(特定月において引き取る課税貨物の納期限の延長)

15―4―5　法第51条第2項《特定月において引き取る課税貨物の納期限の延長》に規定する特定月において引き取ろうとする課税貨物に係る消費税の納期限の延長については、次によるのであるから留意する。

(1)　同項の規定の適用を受ける場合には、特定月において引き取ろうとする課税貨物に係る消費税の納期限は、個々の取引に係る納期限を一括して、特定月の末日の翌日から3月以内の期間延長することができる。

(2)　同項の規定は、特定月において課税貨物を引き取ろうとする者が、特定月の前月末日までに納期限の延長についての申請書を同項の税関長に提出し、かつ、特定月において引き取ろうとする課税貨物に係る消費税額の合計額に相当する額の担保を提供した場合に、当該特定月において、引き取った課税貨物に係る法第47条第1項《引取りに係る課税貨物についての申告書》の規定による申告書に記載した消費税額の累計額について、その担保の額を限度として適用される。

解説　保税地域から引き取られる外国貨物に課せられる消費税については、納期限の延長制度があり、その延長の方式には個別延長方式と包括延長方式とがある。それらの延長の方式は次の図のとおりであるが、本通達の(1)は、包括延長方式についての延長期限を明らかにしたものである。

A　個別延長方式（延長期間：3か月）

　　　4／4 ───────── 7／4
　　　　○ ───────── ●

B　包括延長方式（延長期間：3か月）

第15章　申告、納付、還付等　903

特定月（4月）

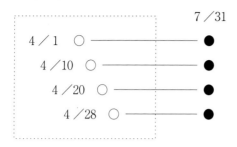

（注）1　○印は、輸入許可の日
　　　2　●は、延長後の納期限（法定納期限）

　次に本通達の(2)は、納期限の延長をするためには、担保の提供が必要なのであるが、納期限の延長が認められるのは、あくまでも特定月の保税地域からの課税貨物の引取りに係る消費税額の累計額が提供した担保の金額に達するまでの範囲内において認められることを明らかにしたものである。

（特例申告書を提出した場合の引取りに係る課税貨物についての納期限の延長）

15—4—6　法第51条第3項《特例申告書を提出する場合の納期限の延長》に規定する引取りに係る課税貨物の納期限の延長については、次によるのであるから留意する。

(1)　法第51条第3項の規定により引取りに係る課税貨物についての納期限を延長する期間は、当該課税貨物を保税地域から引き取った日の属する月の翌月末日の翌日から起算して計算する。

(2)　法第51条第3項の規定は、特例申告書をその提出期限までに法第47条第1項《引取りに係る課税貨物についての申告等》の税関長に提出した者が、当該特例申告書の提出期限までに納期限の延長を受

けたい旨の申請書を当該税関長に提出し、かつ、当該特例申告書に記載した納付すべき消費税額の全部又は一部に相当する額の担保を当該税関長に提供したときに限り、当該提供された担保の額を超えない範囲内において適用される。

【平13課消1－5　追加】

解説　保税地域から引き取られる外国貨物に課せられる消費税については、納期限の延長制度があり、関税法第7条の2第2項に規定する特例申告により申告を行う課税貨物については、その納期限を2ヶ月以内に限り延長することができることとされている（法51③）。

本通達の(1)では特例申告を行う場合の納期限の延長期限の起算日を明らかにしている。

また、本通達(2)は、納期限の延長をするためには、担保の提供が必要なのであるが、納期限の延長が認められるのは、あくまでも延長を受けようとする当該特例申告書に記載した納付すべき消費税額の全額又は一部が、提供した担保の金額に達するまでの範囲内において認められることを明らかにしたものである。

第5節　仕入控除不足額の還付

課税事業者は、その課税期間における課税標準額に対する消費税額からその課税期間における課税仕入れ等の税額の合計額を控除した金額を納付することとされているのであるが、課税仕入れ等の税額の合計額が、課税標準額に対する消費税額よりも多い場合には還付申告をすることにより消費税額が還付されることとなる。

（相続があった場合の還付申告に係る還付加算金）

15―5―1 被相続人の死亡した日の属する課税期間の消費税につき、法第52条第1項《仕入れに係る消費税額の還付》の規定による還付を受けるための確定申告書等が相続人から提出された場合における、当該還付金に係る還付加算金の計算の基礎となる期間は、次に掲げる場合の区分に応じ、それぞれ次に掲げる期限又は日の翌日から還付のための支払決定をした日までの期間となることに留意する。

(1) 当該確定申告書等が法第45条第1項《課税資産の譲渡等及び特定課税仕入れについての確定申告》に規定する申告書により還付を受ける場合で当該申告書が同条第2項又は第3項《相続があった場合の申告期限》に規定する提出期限内に提出された場合　当該申告書の提出期限

(2) 当該確定申告書等が法第46条第1項《還付を受けるための申告》に規定する申告書により還付を受ける場合で、当該申告書が、死亡の日の翌日から2月を経過する日の前日までに提出された場合　死亡の日の翌日から2月を経過する日

(3) (1)に掲げる申告書が(1)に掲げる提出期限の翌日以後に提出された場合又は(2)に掲げる申告書が(2)に掲げる日の翌日以後に提出された場合　これらの申告書が提出された日の属する月の末日

【平23課消1―35、平27課消1―17　改正】

解説　消費税法第45条《課税資産の譲渡等及び特定課税仕入れについての確定申告》又は同法第46条《還付を受けるための申告》の規定による申告が還付申告であり、消費税額の還付を受ける場合には、還付加算金が付される場合がある。個人事業者が死亡した場合において、相続人から還付申告書が

提出されたときには、申告期限について特例が設けられていることから、いつの時点から還付加算金が付されるのかについて疑問が生ずる。

そこで、本通達は、相続があった場合の還付申告に係る還付加算金の計算の起算日を明らかにしたものである。

第16章　国、地方公共団体等に対する特例

　消費税は、国内において資産の譲渡等を行う個人事業者及び法人を納税義務者としており、国、地方公共団体、公共法人、公益法人等も国内において資産の譲渡等を行う限りにおいては例外となるものではないが、これらの法人の事業活動は公共性の強いものであることから、法令上各種の制約を受け、あるいは国又は地方公共団体等の財政的な援助を受けるなど、一般の営利企業とは異なる面を有することも無視することはできない。

　このため、消費税法第60条《国、地方公共団体等に対する特例》では、国若しくは地方公共団体、同法別表第三に掲げる法人及び人格のない社団等に対する消費税法の適用の特例規定が設けられている。

1　事業単位についての特例

(1)　国又は普通地方公共団体の事業単位

　法人については、法人ごとに一の事業単位として消費税法が適用されるが、国又は地方公共団体の一般会計に係る業務として行う事業又は特別会計を設けて行う事業については、一般会計又は特別会計ごとに一の法人が行う事業とみなして消費税法が適用される。ただし、特別会計を設けて行う事業であっても、「専ら当該特別会計を設ける国又は地方公共団体の一般会計に対して資産の譲渡等を行う特別会計」については、一般会計に係る業務として行う事業とみなされている（法60①、令72①）。

　この「専ら当該特別会計を設ける国又は地方公共団体の一般会計に対して資産の譲渡等を行う特別会計」とは、経常的に一般会計に対して資産の譲渡等を行うために設けられた特別会計をいうこととされており、例えば次のような特別会計がこれに当たることとなる。

イ　専ら、一般会計の用に供する備品を調達して一般会計に引き渡すことを目的とする特別会計

　　(例) 物品調達特別会計、用品会計

ロ　専ら、庁用に使用する自動車を調達管理して一般会計の用に供することを目的とする特別会計

　　(例) 自動車管理事業特別会計、自動車集中管理特別会計

ハ　専ら、一般会計において必要とする印刷物を印刷して一般会計に引き渡すことを目的とする特別会計

　　(例) 印刷事業特別会計、印刷所特別会計

　したがって、一般会計に係る業務として行う事業とみなされる特別会計がその特別会計を設ける国又は地方公共団体の一般会計に対して行う資産の譲渡等は、その一般会計が行う事業とみなされることとなり、消費税法第2条第1項第8号《資産の譲渡等の意義》に規定する資産の譲渡等には該当しないこととなる。

(2)　一部事務組合の会計区分

　　地方自治法第284条第1項《地方公共団体の組合の種類》の規定により設けられる一部事務組合については、その行う事業の種類等により次のようになる。

イ　次の事業を行う一部事務組合は、特別会計を設けて行う事業とされる（令72②）。

　(イ)　地方財政法施行令第46条各号《公営企業》に掲げる事業その他法令においてその事業に係る収入及び支出を経理する特別会計を設けることが義務づけられている事業

　　(注) 1　地方財政法施行令第46条各号《公営企業》に掲げる事業とは、次の事業をいう。

　　　　　(1)水道事業、(2)工業用水道事業、(3)交通事業、(4)電気事業、(5)

ガス事業、(6)簡易水道事業、(7)港湾整備事業（埋立事業並びに荷役機械、上屋、倉庫、貯木場及び船舶の離着岸を補助するための船舶を使用させる事業に限る。）、(8)病院事業、(9)市場事業、(10)と畜場事業、(11)観光施設事業、(12)宅地造成事業、(13)公共下水道事業

　　2　「その他法令において……特別会計を設けることが義務付けられている事業」には、地方公営企業法第17条《特別会計》、高齢者の医療の確保に関する法律第49条《特別会計》、国民健康保険法第10条《特別会計》に係る事業がある。

　(ロ)　地方公営企業法第2条第3項《この法律の適用を受ける企業の範囲》の規定により同法の規定の全部又は一部を適用している同項の企業に係る事業

　(ハ)　対価を得て資産の譲渡又は貸付けを主として行う事業

　(ニ)　地方競馬、自転車競走、小型自動車競走及びモーターボート競走の事業

ロ　地方自治法第285条《相互に関連する事務の共同処理》の一部事務組合が特別会計を設けて上記イの(イ)から(ニ)までに掲げる事業以外の事業を行う場合において、その一部事務組合が、同法第287条の3第1項《第285条の一部事務組合に関する特則》に基づき、その規約においてその事業に係る事件の議決の方法について特別の規定を設けたときは、その事業については、一般会計に係る業務として行う事業とみなされている（令72②）。

ハ　上記イの(イ)から(ニ)までに掲げる事業以外の事業を一般会計により行う一部事務組合は、一般会計に係る業務として行う事業となる。

(3)　地方公共団体の組合の会計区分

　　地方自治法第1条の3第3項《地方公共団体の種類》に規定する地方公共団体の組合が一般会計を設けて行う、対価を得て資産の譲渡若しく

は貸付けを行う事業又は地方競馬、自転車競走、小型自動車競走若しくはモーターボート競走の事業については、特別会計を設けて行う事業とみなされる（令72③）。

2　資産の譲渡等の時期の特例

(1)　国又は地方公共団体の特例

　　国又は地方公共団体の会計は、予算決算及び会計令又は地方自治法施行令の規定によりその歳入及び歳出の所属会計年度が定められ、これらの規定では歳入は収納基準により、また、歳出は支払基準によることとされる等、一般の民間企業とは異なる会計処理が行われている。

　　このため、国又は地方公共団体が行った資産の譲渡等については、予算決算及び会計令第1条の2《歳入の会計年度所属区分》又は地方自治法施行令第142条《歳入の会計年度所属区分》等の規定によりその対価を収納すべきこととされる会計年度の末日において行われたものとして、また、課税仕入れ及び課税貨物の保税地域からの引取りについては、予算決算及び会計令第2条《歳出の会計年度所属区分》又は地方自治法施行令第143条《歳出の会計年度所属区分》等の規定によりその費用の支払をすべきこととされる会計年度の末日において行われたものとすることができることとされている（法60②、令73）。

(2)　国又は地方公共団体に準ずる法人の特例

　　消費税法別表第三に掲げる法人のうち、法令又はその法人の定款、寄附行為、規則若しくは規約（以下「定款等」という。）に定める会計の処理の方法が国又は地方公共団体の会計の処理の方法に準ずるものが、財務大臣の承認を受けた場合には、国又は地方公共団体と同様に、資産の譲渡等の時期について、特例規定が適用される。

　　すなわち、この承認を受けた法人が行った資産の譲渡等、課税仕入れ

及び課税貨物の保税地域からの引取りについては、その法人の会計の処理の方法に関する法令又は定款等の定めるところにより、その資産の譲渡等の対価を収納すべき課税期間並びにその課税仕入れ及び課税貨物の保税地域からの引取りの費用の支払をすべき課税期間の末日において行われたものとすることができることとされている（法60③、令74①、②）。

3 仕入税額控除についての特例

(1) 国若しくは地方公共団体の特別会計、消費税法別表第三に掲げる法人又は人格のない社団等の特例

　国若しくは地方公共団体の特別会計、消費税法別表第三に掲げる公共法人若しくは公益法人又は人格のない社団等について、資産の譲渡等の対価以外の収入（以下「特定収入」という。）がある課税期間については、その課税期間の課税標準額に対する消費税額から控除することができる課税仕入れ等の税額の合計額は、通常の計算により算出した課税仕入れ等の税額の合計額から、更に特定収入に係る課税仕入れ等の税額を控除した残額とする特例規定が設けられている（法60④）。

イ　仕入控除税額の調整が必要な場合

　　資産の譲渡等の対価の額の合計額に特定収入の合計額を加算した金額のうちに特定収入の合計額の占める割合が5％を超える場合には、仕入控除税額を調整することとされている（令75③）。

　　ただし、この割合が5％を超える場合であっても、国若しくは地方公共団体の特別会計、消費税法別表第三に掲げる公共法人若しくは公益法人又は人格のない社団等が、その課税期間の仕入れに係る消費税額の計算について簡易課税制度の適用を受けている場合には、このような仕入控除税額の調整はする必要がないこととされている（法60④）。

ロ　特定収入の意義

ここにいう特定収入とは、資産の譲渡等の対価としての収入以外の対価性のない収入をいうが、対価性のない収入であっても、次に掲げる収入は特定収入から除くこととされている（令75①）。

(イ)　借入金及び債券の発行に係る収入で、法令においてその返済又は償還のための補助金、負担金その他これらに類するものの交付を受けることが規定されているもの以外のもの（以下「借入金等」という。）

(ロ)　出資金

(ハ)　預金、貯金、及び預り金

(ニ)　貸付回収金

(ホ)　返還金及び還付金

(ヘ)　次に掲げる収入

　①　法令又は交付要綱等（国、地方公共団体又は特別の法律により設立された法人から資産の譲渡等の対価以外の収入を受ける際に、これらの者が作成した当該収入の使途を定めた文書をいう。）において、次に掲げる支出以外の支出（②において「特定支出」という。）のためにのみ使用することとされている収入

　　a　課税仕入れに係る支払対価の額に係る支出

　　b　課税貨物の引取価額に係る支出

　　c　借入金等の返済金又は償還金に係る支出

　②　国又は地方公共団体が、合理的な方法により資産の譲渡等の対価以外の収入の使途を明らかにした文書において、特定支出のためにみの使用することとされている収入

　　したがって、例えば、次の収入が特定収入に該当することとなる。

　　①租税、②補助金、③交付金、④負担金、⑤他会計（一般会計又は他の特別会計）からの繰入金、⑥寄附金、⑦出資に対する配

当金、⑧保険金、⑨損害賠償金、⑩資産の譲渡等の対価に該当しない会費等、⑪資産の譲渡等の対価に該当しない喜捨金等、⑫①から⑪までに掲げる収入以外の収入で資産の譲渡等の対価に該当しないもの、⑬借入金等に係る債務の全部又は一部の免除があった場合におけるその免除に係る債務の額

ハ 特定収入に係る課税仕入れ等の税額の計算方法

その課税期間の仕入れに係る消費税額の計算をいずれの方法により行うかの区分に応じ、次により計算することとなる。

(イ) 仕入れに係る消費税額の計算につき消費税法第30条第2項の適用がない場合（課税売上割合が95％以上である場合）（令75④）

$$\underbrace{\left\{\begin{array}{l}\text{課税仕入れ等に係る}\\\text{特定収入の合計額}\end{array}\right\} \times \frac{6.3}{108}}_{イ} + \left\{\left(\begin{array}{l}\text{課税仕入れ}\\\text{等の税額}\end{array} - \begin{array}{l}\text{イの}\\\text{金額}\end{array}\right) \times \begin{array}{l}\text{調整}\\\text{割合}\end{array}\right\}$$

(注) 1 「課税仕入れ等に係る特定収入」とは、その使途が課税仕入れ等に係る支出にのみ充てることとされている特定収入をいう。

2 「調整割合」とは、その課税期間における実績に基づき、次の計算式により算出した割合をいう。

$$\frac{\text{課税仕入れ等に係る特定収入以外の特定収入}}{\begin{array}{l}\text{資産の譲渡等の}\\\text{対価の額}\end{array} + \begin{array}{l}\text{課税仕入れ等に係る}\\\text{特定収入以外の特定収入}\end{array}}$$

(ロ) 仕入れに係る消費税額の計算を個別対応方式（法30②一）により行う場合（令75④二）

次の①から③までに掲げる金額の合計額

① $\left\{\begin{array}{l}\text{課税売上げにのみ要する課税仕入れ等に使途が}\\\text{特定されている部分に係る特定収入の合計額}\end{array}\right\} \times \frac{6.3}{108}$

② $\left\{\begin{array}{l}\text{課税・非課税共通用の課税仕入れ等に}\\\text{使途が特定されている部分に係る特定}\\\text{収入の合計額}\end{array}\right\} \times \frac{6.3}{108} \times \text{課税売上割合}$

(注) 課税・非課税共通用の課税仕入れ等の税額の配分について課税売上割合に準ずる割合の承認を受けているときは、その割合により計算する。

③ (課税仕入れ等の税額の合計額－①の金額－②の金額)×調整割合

なお、この場合、その課税期間の課税仕入れ等の税額の合計額から①の金額と②の金額との合計額を控除して控除しきれない金額があるときは、次により計算した金額となる。

(①の金額＋②の金額) － {(①の金額＋②の金額)－課税仕入れ等の税額の合計額}×調整割合

(ハ) 仕入れに係る消費税額の計算を一括比例配分方式 (法30②二) により行う場合 (令75④三)

次の①の金額と②の金額の合計額

① 課税仕入れ等に係る特定収入の合計額 $\times \dfrac{6.3}{108} \times$ 課税売上割合
② (課税仕入れ等の税額の合計額－①の金額)×調整割合

なお、この場合、課税仕入れ等の税額の合計額から①の金額を控除して控除しきれない金額があるときは、次により計算した金額となる。

①の金額－(①の金額－課税仕入れ等の税額の合計額)×調整割合

ニ 調整割合が著しく変動した場合の特定収入に係る課税仕入れ等の税額の調整

上記ハにより特定収入に係る課税仕入れ等の税額を計算する場合において、その課税期間の調整割合が通算調整割合 (注) に対して20％以上増加又は減少したとき (過去2年間においてこのニに掲げる通算調整割合による調整を行っているときを除く。) は、次により特定収入に係る課税仕入れ等の税額の調整を行うこととなる (令75⑤)。

(注) 「通算調整割合」とは、その課税期間を含む過去３年間における実績に基づき、次の計算式により算出した割合をいう。

$$\frac{\text{課税仕入れ等に係る特定収入以外の特定収入の合計額}}{\text{資産の譲渡等の対価の額の合計額}＋\text{課税仕入れ等に係る特定収入以外の特定収入の合計額}}$$

(イ) 次の①の金額が②の金額を超える場合

$$\left\{\begin{array}{l}\text{上記ハの計算（以下「原則計算」という。）}\\ \text{により算出した特定収入に係る課税仕入れ}\\ \text{等の税額}\end{array}\right\}－(\text{①の金額}－\text{②の金額})$$

① その課税期間について原則計算により算出した特定収入に係る課税仕入れ等の税額に、過去２年間に特定収入に係る課税仕入れ等の税額として各年において課税仕入れ等の税額から控除した金額の合計額を加算した金額

② その課税期間を含む過去３年間の実績合計に基づき、原則計算における調整割合に代えて通算調整割合を用いて計算した特定収入に係る課税仕入れ等の税額の合計額

(ロ) イの①の金額が②の金額に満たない場合

原則計算により計算した特定収入に係る課税仕入れ等の税額＋（②の金額－①の金額）

(2) 国又は地方公共団体の一般会計の特例

国又は地方公共団体の一般会計に係る業務として行う事業については、消費税法第60条第６項《国又は地方公共団体の一般会計に対する仕入れに係る消費税額の計算の特例》の規定により、その課税期間の課税標準額に対する消費税額から控除することができる消費税額の合計額は、当該課税標準額に対する消費税額と同額とみなすこととされている。

したがって、国又は地方公共団体の一般会計については、納付税額が発生することはないほか、実額計算による課税仕入れ等の税額の合計額

が課税標準額に対する消費税額を上回る場合であっても、その上回る金額についての還付は行われない。

なお、国又は地方公共団体の一般会計については、消費税法第9条《小規模事業者に係る納税義務の免除》、第42条《課税資産の譲渡等についての中間申告》、第45条《課税資産の譲渡等についての確定申告》、第57条《小規模事業者の納税義務の免除の規定が適用されなくなった場合等の届出》及び第58条《帳簿の備付け等》の規定は適用されない。

4　申告期限についての特例

国若しくは地方公共団体の特別会計又は消費税法別表第三に掲げる法人で税務署長の承認を受けたものの中間申告書及び確定申告書の提出期限については、消費税法第42条第1項及び同法第45条第1項の規定に「2月以内」とあるのは、次に掲げる期間内と読み替えてこれらの規定を適用することとされている（令76）。

(1)	国	5月以内
(2)	地方公共団体（(3)に掲げるものを除く。）	6月以内
(3)	地方公営企業法第30条第1項《決算》の規定の適用を受ける地方公共団体の経営する企業	3月以内
(4)	税務署長の承認を受けた法人	6月以内で税務署長が承認する期間

第1節　通　　則

（一般会計とみなされる特別会計の範囲）

16―1―1　令第72条第1項《一般会計とみなされる特別会計の範囲等》に規定する「専ら当該特別会計を設ける国又は地方公共団体の一般会計に対して資産の譲渡等を行う特別会計」とは、経常的に一般会計に対して資産の譲渡等を行うために設けられた特別会計をいい、例えば、次のような特別会計がこれに該当する。

(1)　専ら、一般会計の用に供する備品を調達して、一般会計に引き渡すことを目的とする特別会計

(2)　専ら、庁用に使用する自動車を調達管理して一般会計の用に供することを目的とする特別会計

(3)　専ら、一般会計において必要とする印刷物を印刷し、一般会計に引き渡すことを目的とする特別会計

解説　国又は地方公共団体については、一般会計又は特別会計ごとに一の法人が行う事業とみなして消費税法の規定が適用され、また、一般会計に係る業務として行う事業と特別会計を設けて行う事業とでは仕入控除税額の計算、納税申告等について異なる取扱いがされることになっている。

ところで、国又は地方公共団体が特別会計を設けて事業を行う場合には、一般的には一般会計に係る業務とは独立した事業を、一般会計とは別個の収支計算により行うこととなるが、特別会計の中には、一般会計に係る業務の一環として行われる事業の一部を特別会計により処理しているものもある。このような特別会計については、一般会計とは独立した事業主体としてとら

えるよりも、一般会計に含めて消費税法の規定を適用する方が、より合理的な結果が得られることになる。

そこで、消費税法施行令第72条第1項《一般会計とみなされる特別会計の範囲等》では、「専ら当該特別会計を設ける国又は地方公共団体の一般会計に対して資産の譲渡等を行う特別会計」で行う事業は一般会計に係る業務として行う事業とみなすこととしている。本通達は、これらの特別会計に該当するものの例を示したものである。

(令第72条第2項に規定する用語の意義等)

16—1—2　令第72条第2項《一部事務組合の一般会計・特別会計の区分》に規定する用語の意義等は、次のとおりである。

(1)　地方自治法第285条《相互に関連する事務の共同処理》の一部事務組合　市町村の一部事務組合で、市町村の事務又は市町村長若しくは市町村の委員会若しくは委員の権限に属する国、他の地方公共団体その他公共団体の事務に関し相互に関連するものを共同処理するために設けられた地方自治法第284条第1項《地方公共団体の組合の種類》に規定する一部事務組合をいう。

(2)　当該事業に係る事件の議決の方法について、特別の規定を設けたとき　地方自治法第287条の3第1項《285条の一部事務組合に関する特則》の規定により、その一部事務組合を組織する市町村の一部に係る事業に関して生じた事件等について、当該一部事務組合の議会において議決する場合における議決の方法を、他の事件に関する議決の方法と異なる方法によることについて、当該一部事務組合の規約において定めるときのことをいう。

(注) 1　地方自治法第285条においては市町村の一部事務組合については、

市町村の共同処理しようとする事務が他の市町村の共同処理しようとする事務と同一の種類のものでない場合であっても、当該事務が相互に関連するものである場合には、そのような一部事務組合を設けることができるとしている。したがって、例えば、一部事務組合の構成市町村が、A、B、C、Dであり、A、Bで消防事務を共同処理し、市町村CとDでごみ処理事務を共同処理する場合がある。

2 この場合の議決の方法としては、例えば、関係市町村の一部に係るものの事件については、当該事件に関係する市町村から選出されている議員の出席者の過半数の賛成を含む出席議員の過半数でこれを決する方法等がある。

(3) 地方財政法施行令第46条各号《公営企業》に掲げる事業

イ 水道事業

ロ 工業用水道事業

ハ 交通事業

ニ 電気事業

ホ ガス事業

ヘ 簡易水道事業

ト 港湾整備事業（埋立事業並びに荷役機械、上屋、倉庫、貯木場及び船舶の離着岸を補助するための船舶を使用させる事業に限る。）

チ 病院事業

リ 市場事業

ヌ と畜場事業

ル 観光施設事業

ヲ 宅地造成事業

ワ 公共下水道事業

(4)　その他法令において特別会計を設けることが義務付けられている事業

　　　地方公営企業法第17条《特別会計》、高齢者の医療の確保に関する法律第49条《特別会計》、国民健康保険法第10条《特別会計》に係る事業等が含まれる。

【平18課消1―11、平20課消1―8、平23課消1―35、平24課消1―7、平28課消1―57　改正】

解説　地方自治法第284条第1項《地方公共団体の組合の種類》の規定により設けられた一部事務組合は、原則としてその行う事業の区分ごとに特別の会計を設けて経理処理を行うことになり、一部事務組合が複数の事業を行う場合には、1つの事業は一般会計により、それ以外の事業は特別会計を設けて経理処理が行われることになる。

　一方、地方自治法第285条《相互に関連する事務の共同処理》においては、一部事務組合を構成する一部の市町村が共同処理しようとする事務が、他の市町村が共同処理しようとする事務と異なる種類のものであっても、これらを併せて1つの一部事務組合において処理することができることとされている。例えば、市町村A、Bの間で消防事務を共同処理し、市町村C、Dの間でごみ処理事務を共同処理するために、1つの一部事務組合を設立することができるのである。このため、地方自治法第285条の一部事務組合（いわゆる複合事務組合）においては、一般の市町村が一般会計において処理する事業も特別会計に係る事業として処理することになり、両者の間で消費税法上の取扱いに差が生ずることとなる。

　このため、消費税法施行令第72条第2項《一部事務組合の一般会計・特別会計の区分》では、地方自治法第285条の一部事務組合が特別会計を設けて行う事業で、消費税法施行令第72条第2項各号に掲げる事業以外の事業を行

う場合において、当該事業に係る事件の議決の方法について地方自治法第287条の3第1項の規定に基づき、当該一部事務組合の規約において特別の規定を設けたときは、当該事業については、一般会計に係る業務として行う事業とみなすこととされている。

　本通達は、この消費税法施行令第72条第2項に規定する用語の意義について、説明したものである。

(「国又は地方公共団体の会計の処理に準ずるもの」の範囲)

16−1−2の2　令第74条第1項《国又は地方公共団体に準ずる法人の資産の譲渡等の時期の特例》に規定する「会計の処理の方法が国又は地方公共団体の会計の処理の方法に準ずるもの」とは、国又は地方公共団体の会計の処理の方法に準じて、収入・支出の所属会計年度について発生主義以外の特別な会計処理により行うこととされている場合の当該会計の処理の方法をいう。

　(注)　社団法人、財団法人等のように発生主義により経理することとされている法人は、本特例の対象にはならないことに留意する。

【平10課消2−9　追加】

解説　国又は地方公共団体が行った資産の譲渡等の時期及び課税仕入れ等の時期は、国については予算決算及び会計令、地方公共団体については地方自治法施行令の規定により、当該資産の譲渡等の対価を収納すべき会計年度又は当該課税仕入れ等の費用の支払をすべき会計年度の末日に行われたものとすることができることとされている(法60②)。

　また、消費税法別表第三に掲げる法人のうち法令又はその法人の定款、寄附行為、規則若しくは規約に定める会計の処理の方法が国又は地方公共団体

の会計の処理の方法に準ずるもので、納税地の所轄税務署長の承認を受けたものは、当該法人の資産の譲渡等及び課税仕入れ等の時期についても国又は地方公共団体と同様とすることができることとされている（法60③、令74①、②）。

本通達は、この場合の「会計の処理の方法が国又は地方公共団体の会計の処理の方法に準ずるもの」の判断基準を示しているものであり、予算決算及び会計令又は地方自治法の規定に沿って会計処理を行っている法人が該当することとなる。

本通達の注書では、社団法人及び財団法人のように発生主義により会計処理を行うこととされている法人は、この特例の対象にならないことを念のため明らかにしている。

参　考　予算決算及び会計令（抄）

（歳入の会計年度所属区分）

第1条の2　歳入の会計年度所属は、次の区分による。

一　納期の一定している収入はその納期末日（民法（明治29年法律第89号）第142条、国税通則法（昭和37年法律第66号）第10条第2項又は行政機関の休日に関する法律（昭和63年法律第91号）第2条の規定の適用又は準用がないものとした場合の納期末日をいう。）の属する年度

二　随時の収入で納入告知書を発するものは納入告知書を発した日の属する年度

三　随時の収入で納入告知書を発しないものは領収した日の属する年度

②　前項第1号の収入で納入告知書を発すべきものについて、納期所属の会計年度において納入告知書を発しなかったときは、当該収入は納期告知書を発した日の属する会計年度の歳入に組み入れるものとする。

③　法令の規定により他の会計又は資金から繰り入れるべき収入及び印紙をも

ってする歳入金納付に関する法律（昭和23年法律第142号）第3条第3項の規定により納付される収入は、前2項の規定にかかわらず、その収入を計上した予算の属する会計年度の歳入に繰り入れるものとする。

（歳出の会計年度所属区分）
第2条 歳出の会計年度所属は、次の区分による。
　一　国債の元利、年金、恩給の類は支払期日の属する年度
　二　諸払戻金、欠損補填金、償還金の類はその決定をした日の属する年度
　三　給与（予備自衛官及び即応予備自衛官に対する給与を除く。）、旅費、手数料の類はその支給すべき事実の生じた時の属する年度
　四　使用料、保管料、電灯電力料の類はその支払の原因たる事実の存した期間の属する年度
　五　工事製造費、物件の購入代価、運賃の類及び補助費の類で相手方の行為の完了があった後交付するものはその支払をなすべき日の属する年度
　六　前各号に該当しない費用で繰替払をしたものはその繰替払をした日の属する年度、その他のものは小切手を振り出し又は国庫金振替書若しくは支払指図書を発した日の属する年度
② 　法令の規定により他の会計又は資金に繰り入れるべき経費は、前項の規定にかかわらず、その支出を計上した予算の属する会計年度の歳出として支出するものとする。

（特別の法律により設立された法人の範囲）
16―1―3 　令第75条第1項第6号《国、地方公共団体等の仕入れに係る消費税額の特例》に規定する「特別の法律により設立された法人」とは、総務省設置法第4条第9号《所掌事務》に規定する「法律によ

> り直接に設立される法人又は特別の法律により特別の設立行為をもっ
> て設立すべきものとされる法人」をいうものとする。

【平13課消1-5、平29課消2-5　改正】

解説　国若しくは地方公共団体、消費税法別表第三に掲げる法人又は人格のない社団等が、消費税法施行令第75条第1項第6号イ《国、地方公共団体等の仕入れに係る消費税額の特例》に規定する特別の法律により設立された法人から資産の譲渡等の対価以外の収入を受けた場合に、当該収入が特定支出のためにのみ使用することとさている収入に該当するか、特定収入に該当するかは法令又は当該法人が作成した交付要綱等により判定することとされている。

　ところで、この「特別の法律により設立された法人」の意義であるが、同号の規定が当該法人を国及び地方公共団体と同列に取り扱っているところからも、国又は地方公共団体に極めて近い法人で補助金、交付金、助成金等の交付を行うことがあるものということができる。

　こうした類型の法人としては、一般的には狭義の特殊法人が該当するものと考えられているところであり、当該狭義の特殊法人とは、その設立、目的の変更等について総務省が総務省設置法第4条第9号《所掌事務》の規定に基づいて審査を行うこととされている「法律により直接に設立される法人又は特別の法律により特別の設立行為をもって設立すべきものとされる法人」をいうものと解されているから、消費税法の適用に当たってもこれによることとしているものである。

第2節 特定収入の取扱い

（特定収入の意義）

16－2－1　法第60条第4項《国、地方公共団体等に対する仕入れに係る消費税額の計算の特例》に規定する「特定収入」とは、資産の譲渡等の対価に該当しない収入のうち、令第75条第1項各号《特定収入に該当しない収入》に掲げる収入以外の収入をいうのであるから、例えば、次の収入（令第75条第1項第6号《特定収入に該当しない収入》に規定する特定支出のためにのみ使用することとされているものを除く。）がこれに該当する。

(1) 租税
(2) 補助金
(3) 交付金
(4) 寄附金
(5) 出資に対する配当金
(6) 保険金
(7) 損害賠償金
(8) 資産の譲渡等の対価に該当しない負担金、他会計からの繰入金、会費等、喜捨金等

解説　国若しくは地方公共団体の特別会計、消費税法別表第三に掲げる法人又は人格のない社団等の仕入控除税額の計算をする場合において、その課税期間に一定額を超える資産の譲渡等の対価以外の収入、すなわち、特定収入があるときは、その課税期間の仕入控除税額の調整を行うこととなる（法

60④) が、この特定収入とは、資産の譲渡等の対価以外の収入で、消費税法施行令第75条第1項各号《特定収入に該当しない収入》に掲げる収入以外の収入をいうこととなる。

したがって、租税、補助金、交付金、負担金、寄附金等、資産の譲渡等の対価に該当しない収入が特定収入ということになるのであり、本通達は、これらの特定収入に該当する収入を例示したものである。

（国又は地方公共団体の特別会計が受け入れる補助金等の使途の特定方法）

16—2—2　国又は地方公共団体の特別会計において、資産の譲渡等の対価以外の収入がある場合における令第75条第1項第6号及び同条第4項《国、地方公共団体等の仕入れに係る消費税額の特例》の規定による使途の特定の方法は、次による。

　（注）「使途の特定」とは、同条第1項第6号及び同条第4項に規定する「……のためにのみ使用することとされている……」に該当することとなる場合をいう。

⑴　法令又は交付要綱等により補助金等の使途が明らかにされている場合

　　法令又は交付要綱等（令第75条第1項第6号イに規定する法令又は交付要綱等をいう。以下16—2—2において同じ。）に基づく補助金等（補助金、負担金、他会計からの繰入金その他これらに類するものをいう。以下16—2—2において同じ。）で当該法令又は交付要綱等において使途が明らかにされているもの　当該法令又は交付要綱等で明らかにされているところにより使途を特定する。

　　この場合の交付要綱等には、補助金等を交付する者が作成した補

助金等交付要綱、補助金等交付決定書のほか、これらの附属書類である補助金等の積算内訳書、実績報告書を含むものとする。

(注) 令第75条第1項第1号に規定する借入金等（以下16―2―2において「借入金等」という。）を財源として行った事業について、当該借入金等の返済又は償還のための補助金等が交付される場合において、当該補助金等の交付要綱等にその旨が記載されているときは、当該補助金等は当該事業に係る経費のみに使用される収入として使途を特定する。なお、免税事業者であった課税期間に行った事業の経費に使途が特定された当該補助金等は、特定収入（法第60条第4項《国、地方公共団体等に対する仕入れに係る消費税額の計算の特例》に規定する特定収入をいう。以下16―2―5までにおいて同じ。）に該当しないことに留意する。

(2) 国又は地方公共団体が合理的な方法により補助金等の使途を明らかにした文書において使途を特定する場合

(1)により使途が特定されない補助金等については、次に掲げる区分に応じ、それぞれ次に掲げる方法により使途を特定することができる。

イ　法令又は交付要綱等がある補助金等で当該法令又は交付要綱等においてその使途の細部は不明であるが、その使途の大要が判明するもの　　国（特別会計の所管大臣。以下16―2―2において同じ。）又は地方公共団体の長（地方公営企業法第7条の適用がある公営企業にあっては管理者。以下16―2―2において同じ。）が令第75条第1項第6号ロに規定する文書においてその使途の大要の範囲内で合理的計算に基づき細部の使途を特定する。

ロ　イにより使途が特定できない場合で、補助金等の使途が予算書若しくは予算関係書類又は決算書若しくは決算関係書類で明らか

なもの　国又は地方公共団体の長がこれらの書類で明らかにされるところにより、令第75条第1項第6号ロに規定する文書においてその使途を特定する。

ハ 「法令又は交付要綱等」又は「予算書、予算関係書類、決算書、決算関係書類」において、借入金等の返済費又は償還費のための補助金等とされているもの（(1)の注に該当するものを除く。）
　当該補助金等の額に、当該借入金等に係る事業が行われた課税期間における支出（(1)又はイ若しくはロにより使途が特定された補助金等の使途としての支出及び借入金等の返済費又は償還費を除く。）のうちの課税仕入れ等の支出の額とその他の支出の額の割合を乗じて、課税仕入れ等の支出に対応する額とその他の支出に対応する額とに按分する方法によりその使途を特定し、これらの計算過程を令第75条第1項第6号ロに規定する文書において明らかにする。

　なお、地方公営企業法第20条《計理の方法》の適用がある公営企業については、同法施行令第9条第3項《会計の原則》の損益的取引、資本的取引の区分ごとにこの計算を行うものとする。
　(注) 当該借入金等に係る事業が行われた課税期間が免税事業者であった場合の当該補助金等は、特定収入に該当しないことに留意する。

ニ イからハまでによっては使途が特定できない補助金等　当該補助金等の額に、当該課税期間における支出（(1)又はイ若しくはロにより使途が特定された補助金等の使途としての支出及び借入金等の返済費又は償還費のうちハにおいて処理済みの部分を除く。）のうちの課税仕入れ等の支出の額とその他の支出の額の割合を乗じて、課税仕入れ等の支出に対応する額とその他の支出に対応する額と

に按分する方法によりその使途を特定する。

　この場合、これらの計算過程を令第75条第1項第6号ロに規定する文書において明らかにする。

　また、この按分計算において、借入金等の返済費又は償還費でハにおいて処理済みの部分以外の部分に使途が特定されていることとなった補助金等の部分については、更にハの方法で当該借入金等に係る事業が行われた課税期間に遡って使途を特定する。

　なお、地方公営企業法第20条の適用がある公営企業については、同法施行令第9条第3項の損益的取引、資本的取引の区分ごとにこの計算を行うものとする。

【平14課消1―48、平20課消1―2、平23課消1―35　改正】

解説　国又は地方公共団体の特別会計において、その課税期間に資産の譲渡等の対価以外の収入がある場合には仕入控除税額の調整を行うことになるが、その対価以外の収入の使途が特定されているか否かにより調整の方法が異なることとなる。すなわち、その使途が、課税仕入れに係る支払対価の額に係る支出など消費税法施行令第75条第1項第6号イ(1)から(3)に掲げる支出のいずれにも該当しない支出（特定支出）のためにのみ使用することとされている収入は、特定収入に該当しないこととされ、また、特定収入に該当する収入についても、その使途が特定されているか否かにより仕入控除税額の計算方法が異なる。

　資産の譲渡等の対価以外の収入の使途が特定されているかどうかは、一般的には法令又は交付要綱等（国、地方公共団体又は特別の法律により設立された法人から資産の譲渡等の対価以外の収入を受ける際にこれらの者が作成した当該収入の使途を定めた文書をいう。）に定めたところによるのであるが（令75①六イ）、国又は地方公共団体の特別会計については、合理的な方法により使

途を明らかにすることができることとなっている（令75①六ロ）。本通達は、この使途の特定の方法を明らかにしたものである。

(1)では、法令又は交付要綱等により使途が明らかにされているものは、当該明らかにされているところによることとし、この場合には、交付要綱等の附属書類である補助金等の積算内訳書、実績報告書で明らかにされるものを含むこととしている。

(2)では、法令又は交付要綱等により使途が特定されない補助金等であっても、国又は地方公共団体が合理的な方法により補助金等の使途を明らかにした文書において使途を特定することができることとなっていることから、次に掲げる方法により使途を特定することができることを明らかにしている。

イ　法令又は交付要綱等において使途の細部が特定されていないものの、その使途の大要が判明する補助金等は、その補助金等の交付を受ける国の特別会計の所管大臣又は地方公共団体の長（公営企業にあっては公営企業の管理者）が使途の大要の範囲内で合理的計算に基づき細部を特定する。

ロ　イにより使途が特定できない場合であっても、予算書若しくは予算関係書類又は決算書若しくは決算関係書類で使途が明らかとなるものについては、これらにより使途を特定する。

ハ　法令、交付要綱等、予算書、予算関係書類、決算書、決算関係書類において、借入金等の返済費又は償還費のための補助金等とされているものは次の算式により特定収入（課税仕入れ等に係る特定収入）とその他の収入に使途を特定する。

　（注）　地方公営企業法第20条《計理の方法》の適用がある公営企業については、損益的取引、資本的取引の区分ごとにこの計算を行う。

○ 特定収入 ＝ 補助金等の額 × $\dfrac{\text{分母の課税期間における課税仕入れ等の支出の額}}{\text{借入金等に係る事業が行われた課税期間における支出}}$

○ その他の収入 ＝ 補助金等の額 × $\dfrac{\text{分母の課税期間におけるその他の支出の額}}{\text{借入金等に係る事業が行われた課税期間における支出}}$

(注) 借入金等に係る事業が行われた課税期間における支出には、(1)又はイ若しくはロにより使途が特定された補助金等の使途としての支出ならびに借入金等の返済費及び償還費は含まれない。

ニ　イからハまでによっては使途の特定ができない補助金等は次の算式により特定収入（課税仕入れ等に係る特定収入）とその他の収入に使途を特定する。

(注) 地方公営企業法第20条《計理の方法》の適用がある公営企業については、損益的取引、資本的取引の区分ごとにこの計算を行う。

○ 特定収入 ＝ 補助金等の額 × $\dfrac{\text{当課税期間における課税仕入れ等の支出の額}}{\text{当課税期間における支出}}$

○ その他の収入 ＝ 補助金等の額 × $\dfrac{\text{当課税期間におけるその他の支出の額}}{\text{当課税期間における支出}}$

(注) 当課税期間における支出には、(1)又はイ若しくはロにより使途が特定された補助金等の使途としての支出及び借入金等の返済費又は償還費のうちハにおいて処理済の部分は含まれない。

　以上(1)及び(2)の方法により補助金等の使途を特定することにより、国又は地方公共団体の特別会計における補助金等の収入はいずれかに使途が特定されることになる。

（課税仕入れ等に係る特定収入の意義）

16—2—3　令第75条第4項第1号《国、地方公共団体等の仕入れに係る消費税額の特例》に規定する「課税仕入れ等に係る特定収入」には、特定収入の金額が課税仕入れ等に係る支出のみに充てることとされているもののほか、特定収入のうちの一定金額が課税仕入れ等に係る支出に充てることとされている場合における当該一定金額もこれに該当するのであるから留意する。

解説　消費税法施行令第75条第4項第1号《国、地方公共団体等の仕入れに係る消費税額の特例》のイに規定する「課税仕入れ等に係る特定収入」は、特定収入のうち課税仕入れに係る支払対価の額又は課税貨物の引取価額に係る支出のためにのみ使用することとされている部分をいうのであり、補助金等の全額が課税仕入れ等に係る支出のみに充てることとされているものはもちろんのこと、補助金等のうちに課税仕入れ等に係る支出のみに充てることとされている部分があるときは、当該部分に係る金額は「課税仕入れ等に係る特定収入」となるのである。例えば、10億円の補助金等の交付を受ける場合において、6億円は設備投資（課税仕入れ）のために、残りの4億円は事務費のためにそれぞれ使途が特定されているときは、設備投資のために使途が特定されている6億円は「課税仕入れ等に係る特定収入」に該当することになるのである。本通達は、このことを念のため明らかにしたものである。

（地方公営企業の減価償却費に充てるための補助金の使途の特定）

16—2—4　地方公営企業法第20条《計理の方法》の規定の適用を受ける地方公共団体の経営する企業が一般会計等から減価償却費を対象と

する補助金を収受する場合の当該補助金は、令第75条《国、地方公共団体等の仕入れに係る消費税額の特例》に規定する特定支出のためにのみ使用することとされている収入に該当するものとして取り扱う。

解説　地方公営企業法第20条《計理の方法》の規定の適用を受ける地方公共団体の経営する企業（以下「地方公営企業」という。）は、その地方公営企業の属する地方公共団体の一般会計等から当該地方公営企業が有する機械、設備等に係る減価償却費に充てるための補助金（減価償却補助金）の交付を受ける場合がある。

当該減価償却補助金は、地方公営企業会計上の「支出」とされる減価償却費に充てるものとして交付されるものであること、また、国、地方公共団体の会計処理がそれぞれの法令によって特別な取扱いをすべきこととされていることを尊重し、消費税法上も資産の譲渡等及び課税仕入れ等の時期、申告期限等についてそうした特別な取扱いに沿った規定を設けていること等を勘案し、当該減価償却補助金についてもこの地方公営企業会計上の取扱いに従って、消費税法施行令第75条第1項第6号《国、地方公共団体等の仕入れに係る消費税額の特例》に規定する特定支出に該当するものとして取り扱うこととしたものである。

なお、消費税額の計算において当該減価償却補助金を特定支出として消費税法第60条第4項《国、地方公共団体等に対する特例》の規定による仕入控除税額の調整計算の対象外とするためには、消費税法施行令第75条第1項第6号及び基本通達16―2―2の規定に従ってその使途の特定が明確にされるべきことは他の特定支出と異なるものではない。

(基金に係る金銭の受入れ)

16－2－5 国、地方公共団体（特別会計を設けて事業を行う場合に限る。）、法別表第三に掲げる法人又は人格のない社団等（以下「公共法人等」という。）が、一定の事業の財源（以下「基金」という。）に充てるために他の者から受け入れる金銭が特定収入に該当するかどうかは、次に掲げる区分に応じ、それぞれ次による。

(1) 一定の事業目的のために設立された公共法人等の活動の原資となる金銭で当該法人等の解散の際には当該金銭の支出者に残余財産が帰属するなど、出資としての性格を有し、かつ、公共法人等の貸借対照表上資本勘定又は正味財産の部に計上される金銭 出資金としての性格を有するものであり、特定収入に該当しない。

(2) 基金として受け入れる金銭で、一定期間又は事業の終了により当該金銭の支出者に返済することとなり、借入金としての性格を有し、かつ、公共法人等の貸借対照表上負債勘定で計上される金銭 借入金としての性格を有するものであり、特定収入に該当しない。

(3) 基金として受け入れる金銭（(1)及び(2)に該当するものを除く。）で、法令において、事業は当該基金を運用した利益で行い、元本については取崩しができないこととされている金銭 公共法人等の解散等一定の事実の下に当該基金が取り崩される課税期間に当該取り崩し額の収入があったものとして取り扱い、当該取り崩す基金の使途により特定収入に該当するか否かの判定を行うものとする。

(4) 基金として受け入れる金銭のうち(1)、(2)及び(3)に該当しない金銭 当該基金を受け入れた課税期間において、特定収入となる。

解説 公共法人等が一定の事業の財源に充てるために受け入れる金銭は、

基金として当該公共法人等の他の財産と区分して管理することが一般に行われている。

ところで、この基金は、それを当該基金設定の目的である事業に直接充てるということはなく、当該基金の運用益を事業に充てるものであり、基金そのものは取崩しができないという場合が多い。

基金そのものの性格がこのようなものであることから、基金に組み入れるものとして収受する金銭については、その使途を明確に捉えにくい面がある。

そこで、本通達において、基金に組み入れるものとして収受する金銭について、特定収入に該当するかどうかの判定基準を示したものである。

すなわち、出資金又は借入金と同様の性格を有するものは特定収入に該当せず、また、それ以外の金銭で通常は元本の取崩しができないこととされているものは、解散等により取り崩した時の使途により判定することとし、これらのいずれにも該当しないものは特定収入に該当することとして、現実的な判定を可能としたものである。

第3節　申告関係

（国、地方公共団体の中間申告）

16—3—1　国又は地方公共団体が行った資産の譲渡等、課税仕入れ等については、令第73条《国又は地方公共団体が行った資産の譲渡等の時期の特例》の規定により、その対価を収納すべき、又はその費用の支払をすべき会計年度の末日においてそれぞれ行われたものとすることができるのであるが、中間申告書を提出すべき事業者である国又は地方公共団体が、法第43条《仮決算をした場合の中間申告書の記載事項等》に規定する中間申告書を提出する場合には、当該中間申告対象

期間を一会計年度として令第73条の規定を適用するのであるから留意する。

(注) 国又は地方公共団体が法第19条第１項第４号又は第４号の２《課税期間の特例の適用を受けた場合の課税期間》の規定の適用を受けて行う確定申告についても当該課税期間を一会計年度として令第73条の規定を適用することとなる。

【平15課消１―37　改正】

解説　中間申告は、直前の課税期間の確定消費税額を基礎として中間納付額を計算する消費税法第42条《課税資産の譲渡等及び特定課税仕入れについての中間申告》に規定する方法と中間申告対象期間を一課税期間とみなして仮決算を組み実額で計算する同法第43条《仮決算をした場合の中間申告書の記載事項等》に規定する方法とがある。

ところで、国又は地方公共団体は、消費税法施行令第73条《国又は地方公共団体が行った資産の譲渡等の時期の特例》の規定により、資産の譲渡等はその対価を収納すべき会計年度の末日において、また、課税仕入れ等はその費用の支払をすべき会計年度の末日において行われたものとすることができることとされている。

このため、国又は地方公共団体が仮決算による中間申告を行う場合で、当該国又は地方公共団体が同条を適用しているときは、中間申告対象期間の末日が会計年度の末日ではないから、その中間申告対象期間においては資産の譲渡等も課税仕入れ等もないことになるのではないかと誤解する向きもあった。

しかしながら、国又は地方公共団体は会計年度を事業年度とすることとされており（法２①十三、令３①）、その事業年度が課税期間とされている（法19①二）から、仮決算による中間申告を行う場合に中間申告対象期間を一課

税期間とみなすということは、同時にその期間を事業年度すなわち会計年度とみなすということになるのである。

したがって、仮決算による中間申告を行う場合には、中間申告対象期間を一会計年度とみなして消費税法施行令第73条の規定を適用することになる。本通達の本文はこのことを明確にしたものである。

なお、注書は、消費税法第19条第1項第4号又は第4号の2《課税期間の特例の適用を受けた場合の課税期間》に規定する特例課税期間により確定申告をする場合にも同様の考え方から当該特例課税期間を一会計年度として適用することを念のため付言したものである。

(国等に準ずる法人の中間申告)

16—3—2　令第74条第1項《国又は地方公共団体に準ずる法人の承認》の規定の適用を受ける法人が行った資産の譲渡等、課税仕入れ等については、同条第2項《国又は地方公共団体に準ずる法人の資産の譲渡等の時期の特例》の規定により、その対価を収納すべき、又はその費用の支払をすべき課税期間の末日においてそれぞれ行われたものとすることができるのであるが、中間申告書を提出すべき事業者である当該承認を受けた法人が、法第43条《仮決算をした場合の中間申告書の記載事項等》に規定する中間申告書を提出する場合には、当該中間申告対象期間を一課税期間として令第74条の規定を適用するのであるから留意する。

(注)　当該承認を受けた法人が法第19条第1項第4号又は第4号の2《課税期間の特例の適用を受けた場合の課税期間》の規定の適用を受けて行う確定申告についても当該課税期間を一課税期間として令第74条第2項の規定を適用することとなる。

【平15課消1―37　改正】

> **解説**　消費税法施行令第73条《国又は地方公共団体が行った資産の譲渡等の時期の特例》の規定は、国又は地方公共団体についての特例であるが、消費税法別表第三に掲げる法人（公共法人等）であっても同令第74条第1項《国又は地方公共団体に準ずる法人の承認》の承認を受けた場合は、同条第2項の規定により同令第73条と同様の取扱いをすることができることとされている。
> 　この承認を受けている公共法人等が、消費税法第43条《仮決算をした場合の中間申告書の記載事項等》の規定により仮決算による中間申告を行う場合には、同条の規定により中間申告対象期間を一課税期間とみなして納税計算をすることとされているから、消費税法施行令第74条第2項の適用に当たってもみなし課税期間の末日が資産の譲渡等の時期及び課税仕入れ等の時期となるのである。
> 　また、この取扱いは、消費税法第19条第1項第4号又は第4号の2《課税期間の特例の適用を受けた場合の課税期間》に規定する特例課税期間により確定申告を行う場合も同様である。

（「その他特別な事情があるもの」の範囲）

16―3―2の2　令第76条第1項《国、地方公共団体に準ずる法人の申告期限の特例》に規定する「その他特別な事情があるもの」とは、次の各号に掲げる場合とする。

(1)　法令によりその決算を完結する日が会計年度の末日の翌日から2月を経過する日と定められている場合

(2)　(1)以外の場合で、法令により事業年度終了の日の翌日から2月を経過した日以後に当該法人の決算について所管官庁の承認を受ける

こととされているもののうち、決算関係書類の所管官庁への提出期限が定められている場合
(注) 法令において単に、決算書等を所管官庁へ提出することが義務付けられている場合は含まれないのであるから留意する。
(3) (1)及び(2)以外で、令第74条第1項《国又は地方公共団体に準ずる法人の資産の譲渡等の時期の特例》に規定する「国又は地方公共団体に準ずる法人の資産の譲渡等の時期の特例」の承認を受けた法人
(注) (1)から(3)までに該当する場合においても次のイ又はロに該当するときは、特例の対象とはならないことに留意する。
　イ　法令又はその法人の定款、寄附行為、規則若しくは規約において財務諸表が事業年度終了後2月以内に作成されることが明らかな場合
　ロ　決算が総会等の議決に付されることとされており、かつ、その総会の期日又は期限が事業年度終了の日の翌日から2月以内と定められている場合

【平10課消2-9　追加】

解説　消費税法別表第三の法人のうち法令によりその決算を完結する日が会計年度の末日の翌日以後2月以上経過した日と定められていることその他特別な事情があるもので、確定申告書等の提出期限の特例を受けることにつき納税地所轄税務署長の承認を受けた場合には、確定申告書等の提出期限の特例が受けられることとなる（令76①、②）。

本通達は、この特例の適用を受けるための要件である課税期間終了後2月以内に確定申告書を提出できない事情を具体的に示したものである。

16-3-3　削除（平15課消1-37）

(国、地方公共団体等の申告期限の特例の承認が取り消された場合の中間申告の取扱い)

16―3―4　令第76条第1項《国、地方公共団体等の申告期限の特例》の規定により、法第42条第1項、第4項若しくは第6項《課税資産の譲渡等及び特定課税仕入れについての中間申告》又は第45条第1項《課税資産の譲渡等についての確定申告》に規定する申告書の提出期限の特例を受けることについて承認を受けている事業者が、令第76条第7項《申告期限の特例の取消し》の規定により当該承認を取り消された場合には、同条第9項の規定により、確定申告については当該事業者の当該取消しがあった日の属する課税期間に係るものから同条第1項及び第2項の規定の適用がなくなるのであるが、中間申告については当該取消しがあった日の属する課税期間の翌課税期間に係るものから同項の規定の適用がなくなるのであるから留意する。

【平15課消1―37、平27課消1―17　改正】

解説　消費税法施行令第76条第1項《国、地方公共団体等の申告期限の特例》の規定により、確定申告書の提出期限の特例を受けることについて税務署長の承認を受けている事業者が当該承認を取り消された場合には、当該取消しのあった日以後提出する中間申告から取消しの効果が生ずるのではなく、翌課税期間分からその効果が生ずるのである。

本通達は、このことを念のため明らかにしたものである。

(注)　平成7年改正前の消費税法施行令第74条第1項《国又は地方公共団体に準ずる法人の資産の譲渡等の時期の特例》又は第76条第1項及び第2項第4号《国、地方公共団体の申告期限の特例》の規定により大蔵大臣の承認を受けている法人は改正後の消費税法施行令第74条第1項又は第76条第1

項及び第2項第4号の規定により税務署長の承認を受けた法人とみなすこととされている（平成7年消費税法施行令改正附則14①②）。

（申告期限の特例を受けている事業者が仮決算による中間申告を行う場合の中間申告対象期間）

16—3—5　令第76条第1項及び第2項《国、地方公共団体等の申告期限の特例》の規定により、法第42条第1項、第4項若しくは第6項《課税資産の譲渡等及び特定課税仕入れについての中間申告》又は第45条第1項《課税資産の譲渡等及び特定課税仕入れについての確定申告》に規定する申告書の提出期限の特例を受けている事業者が、法第43条《仮決算をした場合の中間申告書の記載事項等》に規定する中間申告書を提出する場合において、前課税期間の確定申告書の提出期限が通則法第10条第2項《期間の計算及び期限の特例》の規定の適用を受ける場合であっても、中間申告対象期間（法第43条第1項に規定する中間申告対象期間をいう。）は、法第42条第1項、第4項若しくは第6項に規定する期間となるのであるから留意する。

【平15課消1—37、平27課消1—17　改正】

解説　国、地方公共団体等で消費税法施行令第76条第2項《国、地方公共団体等の申告期限の特例》の規定により確定申告期限が延長されている事業者が仮決算による中間申告書を提出する場合の申告義務の判定及び納期限については、直前の課税期間の確定申告書の提出期限が国税通則法第10条第2項《期間の計算及び期限の特例》の規定の適用を受ける場合には、当該規定により延長された日において判定することとなるのであるが、消費税法第43条第1項《仮決算をした場合の中間申告書の記載事項等》に規定する中間申

告対象期間はあくまでも当該課税期間開始の日以後1月又は3月若しくは6月の期間となり、直前の課税期間の確定申告書の提出期限が国税通則法第10条第2項の規定の適用を受ける場合であっても影響されないこととなる。

　本通達は、このことを念のため明らかにしたものである。

第17章　雑　　　則

第1節　納税義務の免除が適用されなくなった場合等の届出

　事業者は、次に掲げる場合に該当することとなったときは、納税地を所轄する税務署長に対してその事実を記載した届出書を速やかに提出しなければならないこととされている。その届出書は、次の表のとおりである（法57）。

区分	届出書を提出しなければならない場合	提出すべき者	届出書
1	基準期間における課税売上高が1,000万円を超えることとなった場合	その事業者	消費税課税事業者届出書（基準期間用）（様式通達第3－(1)号様式）
2	特定期間における課税売上高（注）が1,000万円を超えることとなった場合	その事業者	消費税課税事業者届出書（特定期間用）（様式通達第3－(2)号様式）
3	基準期間における課税売上高が1,000万円以下となった場合（課税事業者が免税事業者となった場合）	その事業者	消費税の納税義務者でなくなった旨の届出書（様式通達第5号様式）
4	高額特定資産の仕入れ等を行ったことにより消費税法第12条の4第1項の適用を受ける課税期間の基準期間における課税売上高が1,000万円以下となった場合	その事業者	高額特定資産の取得に係る課税事業者である旨の届出書（様式通達第5－(2)号様式）
5	課税事業者が事業を廃止した場合	その事業者	事業廃止届出書（様式通達第6号様式）

6	課税事業者が死亡した場合	その死亡した個人事業者の相続人	個人事業者の死亡届出書（様式通達第7号様式）
7	課税事業者である法人が合併により消滅した場合	その合併に係る合併法人	合併による法人の消滅届出書（様式通達第8号様式）
8	基準期間がない事業年度の開始の日における資本又は出資の金額が1,000万円以上である場合	その法人	消費税の新設法人に該当する旨の届出書（様式通達第10の(2)号様式）
9	上記8に該当しない場合で基準期間がない事業年度開始の日において一定の要件に該当する場合（特定新規設立法人）	その法人	消費税の特定新規設立法人に該当する旨の届出書（様式通達第10の(3)号様式）

（注）　特定期間における1,000万円の判定は、課税売上高に代えて、給与等支払額の合計額により判定することもできる。

（課税事業者選択届出書を提出している場合）

17―1―1　課税事業者選択届出書を提出している事業者は、当該届出書を提出した日の属する課税期間の翌課税期間以後の課税期間については、その基準期間における課税売上高が1,000万円を超えるかどうかにかかわらず課税事業者となるのであるから、法第57条第1項第1号《基準期間における課税売上高が1,000万円を超えることとなった場合の届出》に規定する届出書は提出しなくて差し支えない。

【平9課消2―5、平15課消1―37　改正】

解説　消費税法第9条第4項《課税事業者の選択》の規定は、事業者の基準期間における課税売上高が1,000万円以下の課税期間においても課税事業

者となることを選択するというものである。したがって、当該選択をした事業者は、基準期間における課税売上高が1,000万円を超えるか否かにかかわらず常に課税事業者となるのであるから、基準期間における課税売上高が1,000万円を超えたり、下回ったりした場合にそれらの事実を税務署長に届出をしても課税関係には影響しないこととなる。

このことから、本通達においては、消費税法第9条第4項の規定により課税事業者を選択した事業者は、同法第57条第1項第1号《基準期間における課税売上高が1,000万円を超えることとなった場合の届出》又は第2号《基準期間における課税売上高が1,000万円以下となった場合の届出》に規定する届出書は提出しなくても差し支えないことを明らかにしたものである。

なお、課税事業者を選択した事業者が課税事業者を選択することをやめようとする場合には、消費税課税事業者選択不適用届出書（様式通達第2号様式）を提出することとなる。

（事業を廃止した場合）

17―1―2　法第57条第1項第3号《事業を廃止した場合の届出》に規定する「事業を廃止した場合」には、事業の全部を相当期間休止した場合、事業の全部を譲渡した場合又は清算中法人の残余財産が確定した場合が含まれる。

【平9課消2―5、平18課消1―16　改正】

解説　消費税法第57条第1項第3号《事業を廃止した場合の届出》においては、事業を廃止した場合には、その旨の届出をしなければならないこととされているが、この場合の事業の廃止には、自己の意思に基づき事業活動を停止した場合や法人が解散した場合のほか、事業の全部を相当期間休止した

場合、事業の全部を譲渡した場合又は清算中の法人の残余財産が確定した場合も含まれる。本通達は、このことを念のため明らかにしたものである。

第2節　申告義務の承継

　相続があった場合には相続人は被相続人の、合併があった場合には合併法人は被合併法人の次の義務を、それぞれ承継することとされている（法59）。
　イ　中間申告又は確定申告の義務
　ロ　記帳及び帳簿保存の義務

　（相続人の申告義務）
17―2―1　法第59条《申告義務等の承継》に規定する相続人の申告義務の承継は、相続があったことにより生ずるものであるから、相続により相続人の事業を承継したかどうかは問わないことに留意する。

　解説　消費税法第59条《申告義務の承継》においては、相続人は事業者である被相続人の中間申告及び確定申告の義務並びに帳簿の保存義務を承継することとされているのであるが、この場合において、これらの義務を承継するのは、相続により被相続人の事業を承継したときはもちろんのこと、被相続人の事業を承継しないときであっても、相続があった場合には、被相続人の事業で相続原因の生ずるまでの期間の申告義務等は相続人にあることとなる。本通達は、このことを念のため明らかにしたものである。

（提出期限後に死亡した場合の相続人の申告）

17—2—2　法第45条第1項《課税資産の譲渡等及び特定課税仕入れについての確定申告》に規定する申告書を提出すべき個人事業者が、同項に規定する申告書を提出しないで当該確定申告書の提出期限後に死亡した場合には、法第45条第2項《確定申告書を提出すべき個人事業者が死亡した場合の確定申告》の規定の適用はなく、相続人が提出する当該申告書は、通則法第18条《期限後申告書》に規定する期限後申告書となることに留意する。

（注）　個人事業者につき災害その他やむを得ない理由があったため、通則法第11条《災害等による期限の延長》の規定により法第45条第1項に規定する申告書の提出期限が延長されていた場合において、当該個人事業者がその延長された提出期限までの間に死亡したときは、その相続人が法第45条第2項の規定により確定申告書を提出することとなる。

解説　個人事業者が死亡した場合には、相続人が申告義務を承継することになる。この場合、課税期間の中途で死亡した場合又は課税期間の末日の翌日から当該課税期間の提出期限までに死亡したときには、相続人が相続の開始があったことを知った日から4か月以内に確定申告書を提出しなければならないこととされている。しかし、被相続人が確定申告書の提出期限後に死亡した場合には、被相続人が本来の申告期限までに確定申告書を提出しなければならないのであるから、このような場合には、消費税法第45条第2項《確定申告書を提出すべき個人事業者が死亡した場合の確定申告》の規定は適用されない。本通達は、このことを念のため明らかにしたものである。

なお、被相続人が死亡前に国税通則法第11条《災害等による期限の延長》の規定の適用を受けている場合には、同条の規定による延長期限が到来する

までは確定申告書の提出期限内であるから、当該延長期限までに個人事業者が死亡した場合には、その申告について消費税法第45条第2項の規定の適用があることになる。

（被相続人又は被合併法人に係る還付を受けるための申告）

17—2—3　相続人又は合併法人は、法第59条《申告義務等の承継》の規定により被相続人又は被合併法人の申告義務等を承継するのであるから、被相続人の死亡した年分又は被合併法人の合併事業年度における消費税について法第46条第1項《還付を受けるための申告》の規定による還付請求申告書を提出することができることに留意する。

解説　相続があった場合又は法人が合併した場合には、消費税法第59条《申告義務の承継》の規定により、相続人は被相続人の申告義務を、合併法人は被合併法人の申告義務を承継するのであるが、この場合には、同法第45条《確定申告》の規定により申告が義務付けられているものだけでなく、申告の義務付けをしていない同法第46条第1項《還付を受けるための申告》に規定する還付を受けるための申告書についても相続人又は合併法人が提出できることになる。

本通達は、このことを念のため明らかにしたものである。

第3節　帳簿等

課税事業者は、帳簿を備え付けて、これに次の事項を整然と、かつ、明瞭に記録し、その帳簿を7年間、納税地又はその事業に係る事務所等の所在地に保存しなければならない（法58、令71）。

なお、一定の要件を満たす場合には、5年間経過後の期間について、マイクロフィルムにより保存することができることとされている（令71⑤、昭63．12．30大蔵省告示第187号）。

参　考

　コンピュータ作成の帳簿については、あらかじめ税務署長の承認を受けることにより、一定の要件の下に磁気テープや光ディスク等に記録した電磁的記録（電子データ）のままで保存することができる（電子計算機を使用して作成する国税関係帳簿書類の保存方法等の特例に関する法律）。

（保存すべき帳簿）

17―3―1　法第58条《帳簿の備付け等》に規定する帳簿は、規則第27条《帳簿の記載事項等》に規定する記載事項を記録した帳簿であればよいのであるから、商業帳簿のほか、所得税又は法人税の申告の基礎となる帳簿書類でも差し支えない。

解説　事業者（免税事業者を除く。）は、帳簿へ次の事項を整然と、かつ、明瞭に記録することとされている（令71①）。

1　備付帳簿に記録すべき事項（令71①）
　(1)　資産の譲渡等（特定資産の譲渡等を除く。）に関する事項（規則27①一）
　　イ　資産の譲渡等の相手方の氏名又は名称
　　ロ　資産の譲渡等を行った年月日
　　ハ　資産の譲渡に係る資産又は役務の内容
　　ニ　資産の譲渡等の対価の額（消費税額及び地方消費税額に相当する額を含む。）
　(2)　売上げに係る対価の返還等に関する事項（規則27①二）

イ　対価の返還等を受けた者の氏名又は名称

　　　ロ　対価の返還等をした年月日

　　　ハ　資産の譲渡等に係る対価の返還等の内容

　　　ニ　対価の返還等をした金額

　(3)　仕入れに係る対価の返還等に関する事項（規則27①三）

　　　イ　対価の返還等をした者の氏名又は名称

　　　ロ　対価の返還等を受けた年月日

　　　ハ　仕入れに係る対価の返還等の内容

　　　ニ　対価の返還等を受けた金額

　(4)　課税貨物に係る消費税額につき他の法律の規定により受けた還付に関する事項（規則27①四）

　　　イ　保税地域の所轄税関

　　　ロ　還付を受けた年月日

　　　ハ　課税貨物の内容

　　　ニ　還付を受けた消費税額

　(5)　貸倒れに関する事項（規則27①五）

　　　イ　貸倒れの相手方の氏名又は名称

　　　ロ　貸倒れがあった年月日

　　　ハ　貸倒れに係る課税資産の譲渡等に係る資産又は役務の内容

　　　ニ　貸倒れとなった金額

2　特　例

　記載事項については、次の特例が認められている。

　(1)　不特定かつ多数の者に資産の譲渡等を行う小売業、飲食業等については、1(1)イの資産の譲渡等の相手方及び1(2)イの対価の返還等を受けた者の氏名又は名称を省略できる（規則27②）。

　(2)　小売業その他これに準ずる事業で不特定かつ多数の者に資産の譲渡等

を行う事業者の現金売上げに係る資産の譲渡等については、1(1)の資産の譲渡等に関する事項に代えて、課税資産の譲渡等と課税資産の譲渡等以外の資産の譲渡等に区分した日々の現金売上げのそれぞれの総額によることができる（規則27③）。

(3) 簡易課税制度を適用している事業者は、1(3)の仕入れに係る対価の返還等に関する事項及び1(4)の課税貨物につきその他の法律の規定により受けた還付に関する事項については、帳簿への記載を省略できる（規則27④）。

本通達は、これらの事項が記録されている帳簿である限り消費税のための専用帳簿を設ける必要はなく、所得税又は法人税の帳簿と消費税の帳簿を兼用しても差し支えないことを念のため明らかにしたものである。

第18章　消費税と地方消費税との関係

　地方消費税は、地方税ではあるが、譲渡割の執行は国（税務署）が行うこととされており、地方消費税の申告、納付、調査、滞納処分、不服申立て等について消費税と併せて国が執行することとなる。
　地方消費税の概要は次のとおりである。
① 課税団体
　　事業者の住所地等の所在する都道府県
② 納税義務者
　　消費税と同じ
③ 課税標準
　　イ　国内取引（譲渡割）については、課税標準額に対する消費税額から課税仕入れ等に係る消費税額等を控除した後の消費税額
　　ロ　課税貨物の保税地域からの引取り（貨物割）については、保税地域から課税貨物の引取りにつき課される消費税額
④ 税　　率
　　消費税額の63分の17（消費税率換算で1.7％）
⑤ 申告・納付
　　消費税の確定申告書を提出する義務がある事業者は、消費税の申告期限までに、消費税の申告書と併せて税務署長に提出し、申告した地方消費税額を消費税額と併せて納付
　　課税貨物を保税地域から引き取る者は、一定の申告書を国の消費税の申告書と併せて税関長に提出し、申告した地方消費税額を消費税額と併せて納付
　　（注）　地方消費税は都道府県税であるが、納税者の事務負担等を勘案して、当

⑥　都道府県間の清算

　各都道府県に納付された地方消費税は、「各都道府県ごとの消費に相当する額」に応じて清算される。「各都道府県ごとの消費に相当する額」については、商業統計に基づく小売年間販売額など、一定の消費基準によることとされている。

⑦　市町村への交付

　都道府県間による清算後の金額の２分の１相当額が「人口・従業者数」等であん分して市（区）町村に交付される。

（消費税と地方消費税の申告の取扱い）

18―1―1　譲渡割（地方税法第72条の77第２号《地方消費税に関する用語の意義》に規定する「譲渡割」をいう。以下18―1―1において同じ。）の申告は、地方税法附則第９条の５《譲渡割の申告の特例》の規定により、消費税の申告と併せて、税務署長にしなければならないのであるから、譲渡割の納税義務者は、消費税の申告と同時に譲渡割の申告も納税地を所轄する税務署長にしなければならないのであるから留意する。

【平10課消２―９　追加】

　解説　地方消費税は、道府県税ではあるが、譲渡割の執行は当分の間国（税務署長）に委託されており、その申告も消費税と併せて税務署長にしなければならないこととされている（地方税法附則９の５）。

　本通達は、地方消費税の申告についての確認的規定であり、地方消費税の申告は消費税の申告と同時に納税地を所轄する税務署長に行うことを明らか

にしたものである。

　なお、地方消費税の申告書は、消費税の申告書と一体のものとなるが、その様式は消費税及び地方消費税の申告書として、様式通達27―(1)及び(2)において定めている。

（消費税と地方消費税の申告に係る税額の更正等の取扱い）

18―1―2　事業者が平成7年12月25日付課消2―26ほか4課共同「消費税関係申告書等の様式の制定について」通達の別紙様式27―(1)「消費税及び地方消費税の（確定、中間（仮決算）、還付、修正）申告書（一般用）」又は別紙様式27―(2)「消費税及び地方消費税の（確定、中間（仮決算）、還付、修正）申告書（簡易課税用）」を提出した場合において、消費税及び地方消費税の両税について記載すべきであるにもかかわらず、これらの税のうちいずれかの税について記載がないとき又は納付すべき税額が過少であるときにおける税額の是正に当たっては、記載がない又は納付税額が過少である税目に限らず納付税額に変動がない税目についても併せて修正申告（国税通則法第19条《修正申告》に規定する修正申告をいう。）又は更正（同法第24条《更正》に規定する更正をいう。）によることとなるのであるから留意する。

【平10課消2―9　追加】

解説　地方消費税の申告は、地方税法附則第9条の5《譲渡割の申告の特例》の規定により、当分の間、消費税の申告の例により、消費税の申告と併せて、税務署長にしなければならないこととされている。

　基本通達18―1―1に申告の方法は、消費税の申告と同時に納税地の所轄税務署長に行うことを明らかにしているが、本通達では、消費税又は地方消

費税のいずれか一方について是正する場合の方法を明らかにしている。

 すなわち、消費税の申告と地方消費税の申告は、国税と地方税であり、それぞれ別の税ではあるが、その申告は、両者同時にすべきものであり、その申告書も「消費税及び地方消費税の申告書」としており、両税の申告を併せて行うことにより適正に申告がなされたものとして処理することとしているものである。

 そうすると、仮にいずれか一方の税は正しい金額で申告され、他の一方の申告に誤りがある場合でも、全体として見れば申告内容に誤りがあることになるから、消費税及び地方消費税の申告内容に誤りがあるものとして、「消費税及び地方消費税の申告書」に係る修正申告又は更正をすべきものであることを明らかにしたものである。

第19章　特定非常災害の被災事業者からの届出等に関する特例

　近年災害が頻発していることを踏まえ、被災者の不安を早期に解消するとともに、復旧や復興の動きに税制が遅れをとることがないよう、これまで特定の災害に対応するために臨時的に講じていた措置について、平成29年度の税制改正において常設化することとされた。

　消費税においては、東日本大震災の際に臨時的に設けられた特例措置と同様の特例措置を常設化することとされた。この特例措置は事業者の記帳義務や消費税の転嫁に影響するほか、納税額の計算にも影響する極めて特例的な措置であることを踏まえ、その対象は「特定非常災害の被害者の権利利益の保全等を図るための特別措置に関する法律」（平成8年法律第85号）第2条第1項の規定により指定された特定非常災害の被災事業者とされた。

　主な特例措置は、以下のとおりである。

1　「消費税課税事業者選択届出書」等を提出する場合の特例

　被災日の属する課税期間以後の課税期間について、課税事業者を選択する（やめる）場合や簡易課税制度を選択する（やめる）場合には、指定日(注)までに「消費税課税事業者選択届出書」（様式通達第1号様式）等の各届出書を所轄税務署長へ提出することにより、選択等をしようとする（やめようとする）課税期間の初日以後であっても、課税事業者の選択等をすることができる。

（注）　ここでいう「指定日」とは、国税庁長官が特定非常災害の状況及び特定非常災害に係る国税通則法第11条《災害等による期限の延長》の規定による申告に関する期限の延長の状況を勘案して別に定める日をいう。

2　課税事業者を選択した場合等の継続適用要件の不適用

「消費税課税事業者選択届出書」(様式通達第1号様式) 又は「消費税簡易課税制度選択届出書」(様式通達第24号様式) を提出した事業者が被災事業者となった場合や、被災事業者が指定日までにこれらの届出書を提出した場合には、当該届出に係る課税事業者の選択又は簡易課税制度の選択に係る継続適用要件が適用されない。

3　新設法人又は特定新規設立法人が被災事業者となった場合

新設法人又は特定新規設立法人が被災事業者となった場合には、被災日の属する課税期間以後の課税期間については、これら新設法人等に係る納税義務の免除の特例及び簡易課税制度の適用に係る制限規定が適用されない。

なお、特定非常災害に係る国税通則法第11条《災害等による期限の延長》の規定の適用を受けていない者が当該特例規定を受ける場合には、「特定非常災害による消費税法第12条の2第2項 (第12条の3第3項) 不適用届出書」(様式通達第40号様式) を提出する必要がある。

4　被災事業者が高額特定資産を取得した場合等

被災事業者が高額特定資産の仕入れ等を行った場合に該当していた場合又は被災日から指定日以後2年を経過する日の属する課税期間の末日までの間に高額特定資産の仕入れ等を行った場合に該当することとなった場合には、被災日の属する課税期間以後の課税期間については、当該高額特定資産の仕入れ等に係る納税義務の免除の特例及び簡易課税制度の適用に係る制限規定が適用されない。

なお、特定非常災害に係る国税通則法第11条《災害等による期限の延長》の規定の適用を受けていない者が当該特例規定を受ける場合には、「特定非常災害による消費税法第12条の4第1項不適用届出書」(様式通達第41号様

式)の提出が必要である。

(被災事業者の意義)

19―1―1 租特法第86条の5第1項《納税義務の免除の規定の適用を受けない旨の届出等に関する特例》に規定する被災事業者とは、特定非常災害の被災者である事業者をいうのであるから、例えば、次に掲げる事業者は被災事業者に該当することとなる。

(1) その特定非常災害に係る通則法令第3条第1項又は第3項《災害等による期限の延長》の規定の適用を受けた事業者

(2) (1)に掲げる事業者以外の事業者で、その特定非常災害に係る通則法令第3条第1項に基づく国税庁長官の指定した地域(以下19―1―1において「指定地域」という。)以外の地域に納税地を有する事業者のうち、指定地域内に所在する支店等が当該特定非常災害により被災した事業者

【平29課消2―5　追加】

解説　租税特別措置法第86条の5《納税義務の免除の規定の適用を受けない旨の届出等に関する特例》に規定する消費税の特例は、特定非常災害の被害者の権利利益の保全等を図るための特別措置に関する法律の規定により、特定非常災害として指定された非常災害の被災者である事業者(被災事業者)に適用されることとなる。

具体的には、(1)では、国税通則法施行令第3条第1項又は第3項《災害等による期限の延長》の規定により、いわゆる地域指定又は個別指定を受けて申告・申請等の期限の延長措置を受けている事業者が、(2)では、同条第1項に基づく国税庁長官の指定した地域に消費税の納税地を有しておらずこれら

の規定の適用は受けていないものの、当該地域に所在する支店や営業所等が被害を受けた事業者が、被災事業者に該当することを明らかにしている。

本通達は、このように租税特別措置法第86条の５の適用対象となる被災事業者を具体的に例示したものである。

（指定日の意義）

19―1―2　租特法第86条の５第１項《納税義務の免除の規定の適用を受けない旨の届出等に関する特例》に規定する指定日（以下この章において「指定日」という。）とは、通則法令第３条第１項から第３項まで《災害等による期限の延長》の規定に基づき指定される期日とは別に、国税庁長官がその特定非常災害の状況及び当該特定非常災害に係る通則法第11条《災害等による期限の延長》の規定による申告に関する期限の延長の状況を勘案して定める日をいうのであるから留意する。

【平29課消２―５　追加】

解説　租税特別措置法第86条の５第１項《納税義務の免除の規定の適用を受けない旨の届出等に関する特例》に規定する「指定日」とは、その特定非常災害に係る国税通則法第11条《災害等による期限の延長》の規定による申告・申請等の延長期日とは別に、国税庁長官告示により定められるものをいう。

本通達は、このことを念のため明らかにしたものである。

（通則法第11条の規定の適用を受けない新設法人等に対する租特法第86条の５第４項及び第５項の適用）

19―1―3　通則法第11条《災害等による期限の延長》の規定の適用を

受けた者でない被災事業者が、租特法第86条の5第4項又は第5項《納税義務の免除の規定の適用を受けない旨の届出等に関する特例》の規定の適用を受けようとする場合には、次に掲げる場合の区分に応じ、次に掲げる日までに、それぞれ同条第4項括弧書又は第5項括弧書に規定する届出書を納税地を所轄する税務署長へ提出する必要があることに留意する。

(1) 新設法人(法第12条の2第1項《新設法人の納税義務の免除の特例》に規定する新設法人をいう。以下19―1―4において同じ。)又は特定新規設立法人(法第12条の3第1項《特定新規設立法人の納税義務の免除の特例》に規定する特定新規設立法人をいう。以下19―1―4において同じ。)が被災事業者となった場合　当該新設法人又は当該特定新規設立法人の基準期間がない事業年度のうち最後の事業年度終了の日と指定日とのいずれか遅い日

(2) 被災事業者が、被災日(事業者が被災事業者となった日をいう。)前又は被災日から指定日以後2年を経過する日の属する課税期間の末日までの間に、法第12条の4第1項《高額特定資産を取得した場合の納税義務の免除の特例》に規定する高額特定資産の仕入れ等を行った場合に該当していた又は該当することとなった場合　当該該当していた又は該当することとなった場合における高額特定資産の仕入れ等の日(同項各号に掲げる区分に応じ当該各号に定める日をいう。)の属する課税期間の末日と指定日とのいずれか遅い日

【平29課消2―5　追加】

解説　租税特別措置法第86条の5第4項又は第5項《納税義務の免除の規定の適用を受けない旨の届出等に関する特例》の規定は、指定地域に納税地を有する事業者及び個別指定を受けた事業者に対しては自ずと適用される。

一方で、国税通則法第11条の規定の適用を受けない被災事業者（指定地域に納税地を有しない事業者等）については、「特定非常災害による消費税法第12条の２第２項（第12条の３第３項）不適用届出書（第40号様式）」又は「特定非常災害による消費税法第12条の４第１項不適用届出書（第41号様式）」を提出することによって、租税特別措置法第86条の５第４項又は第５項の規定が適用されることとなる。

また、これらの届出書については、それぞれ次に掲げる日又は同条第１項に規定する指定日のいずれか遅い日までに所轄税務署に提出する必要がある。

(1) 特定非常災害による消費税法第12条の２第２項（第12条の３第３項）不適用届出書 … 新設法人又は特定新規設立法人の基準期間がない事業年度のうち最後の事業年度終了の日
(2) 特定非常災害による消費税法第12条の４第１項不適用届出書 … 高額特定資産の仕入れ等の日の属する課税期間の末日

本通達は、このことを念のため明らかにしたものである。

（調整対象固定資産の仕入れ等を行った新設法人等である被災事業者の納税義務の判定）

19―1―4 被災事業者のうち通則法第11条《災害等による期限の延長》の規定の適用を受けた新設法人若しくは特定新規設立法人又は租特法第86条の５第４項《納税義務の免除の規定の適用を受けない旨の届出等に関する特例》に規定する届出書を同項括弧書に規定する日までに提出した新設法人若しくは特定新規設立法人は、同項の規定により法第12条の２第２項《新設法人の納税義務の免除の特例》又は法第12条の３第３項《特定新規設立法人の納税義務の免除の特例》の規定が適用されないこととなる。

したがって、これら新設法人又は特定新規設立法人の基準期間ができた以後の課税期間における納税義務の有無の判定は、法第９条第１項《小規模事業者に係る納税義務の免除》又は法第９条の２第１項《前年又は前事業年度等における課税売上高による納税義務の免除の特例》の規定によることとなるのであるから留意する。
　（注）　当該新設法人又は当該特定新規設立法人が、合併又は分割等により設立された法人である場合には、基準期間ができた以後の課税期間における納税義務の有無の判定は、法第９条第１項又は法第９条の２第１項の規定によるほか法第11条《合併があった場合の納税義務の免除の特例》又は法第12条《分割等があった場合の納税義務の免除の特例》の規定によることとなる。

【平29課消２－５　追加】

解説　消費税法第12条の２第１項《新設法人の納税義務の免除の特例》に規定する新設法人又は同法第12条の３第１項《特定新規設立法人の納税義務の免除の特例》に規定する特定新規設立法人が、基準期間のない事業年度に含まれる各課税期間中に調整対象固定資産の仕入れ等を行った場合には、当該調整対象固定資産の仕入れ等の日の属する課税期間から当該課税期間の初日以後三年を経過する日の属する課税期間までの各課税期間については、同法第12条の２第２項又は第12条の３第３項の規定により、同法第９条第１項が適用されないこととされている。

　しかしながら、被災事業者である新設法人又は特定新規設立法人にあっては、租税特別措置法第86条の５第４項《納税義務の免除の規定の適用を受けない旨の届出等に関する特例》により、これら消費税法第12条の２第２項又は第12条の３第３項の規定が適用されないこととなる。

　したがって、基準期間がない事業年度に含まれる各課税期間については、

同法第12条の２第１項又は同法第12条の３第１項により課税事業者となるが、基準期間ができた以後の課税期間については、同法第９条第１項又は同法第９条の２第１項の規定により、その基準期間又は特定期間の課税売上高等が1,000万円を超える場合に課税事業者となる。

　本通達は、このことを念のため明らかにしたものである。

　なお、租税特別措置法第86条の５第４項の適用を受ける新設法人又は特定新規設立法人が、基準期間ができた以後の課税期間で、その基準期間又は特定期間の課税売上高等が1,000万円以下の場合には納税義務が免除されるから、当該課税期間について課税事業者を選択しようとするときは、当該課税期間の開始前までに「消費税課税事業者選択届出書（第１号様式）」を提出する必要があることはいうまでもない。

（届出書の記載事項等）

19－１－５　租特法第86条の５第１項、第３項、第８項及び第10項《納税義務の免除の規定の適用を受けない旨の届出等に関する特例》の規定の適用を受けようとする事業者に係るこれらの項に規定する届出書については、法第９条第４項《課税事業者の選択》及び法第37条第１項《中小事業者の仕入れに係る消費税額の控除の特例》の規定の適用を受け又は適用を受けることをやめようとする開始課税期間を所定の欄に明記するとともに、届出書の参考事項欄又は余白に「特定非常災害の被災事業者である」旨を記載するものとする。

【平29課消２－５　追加】

解説　特定非常災害の被災者である事業者（以下「被災事業者」という。）が、租税特別措置法第86条の５第１項《納税義務の免除の規定の適用を受け

ない旨の届出等に関する特例）に規定する指定日までに「消費税課税事業者選択（不適用）届出書（第1号（第2号）様式)」又は「消費税簡易課税制度選択（不適用）届出書（第24号（第25号）様式)」を提出した場合において、同項、同条第3項、第8項又は第10項の規定の適用を受けるものであるか否かによって、その適用開始課税期間が異なることとなる。

　そこで、本通達において、被災事業者が当該指定日までにこれらの届出書を提出する場合においては、その適用開始課税期間を所定の欄に明記することを改めて明らかとし、これにより、被災事業者と税務当局双方において、これらの届出書が同条第1項、第3項、第8項又は第10項の適用を受けようとするものであることを明確にすることとしている。

　なお、これらの届出書を提出した事業者が被災事業者であることの確認は、被災証明書等公的機関が証明した書類の提示等を受けることにより確認することも考えられるが、被災事業者の手続上の負担に配慮するなどの観点から、これらの届出書の参考事項欄又は余白に「特定非常災害の被災事業者である」旨を記載することとしているものである。

「事業者が消費者に対して価格を表示する場合の取扱い及び課税標準額に対する消費税額の計算に関する経過措置の取扱いについて」(法令解釈通達) 解説

課消 1 ― 8
課審 7 ― 4
課個 4 ― 9
課法 3 ― 7
徴管 2 ―15
査調 4 ― 2
平成16年 2 月19日
(一部改正) 課消 1 ― 5
平成26年 3 月31日

国 税 局 長　殿
沖縄国税事務所長

国 税 庁 長 官

事業者が消費者に対して価格を表示する場合の取扱い及び課税標準額に対する消費税額の計算に関する経過措置の取扱いについて（法令解釈通達）

　標題のことについては、下記のとおり定めたから、当分の間これにより取り扱われたい。
　なお、消費税法基本通達（平成 7 年12月25日付課消 2 ―25ほか 4 課共同「消費税法基本通達の制定について」通達の別冊）の15― 2 ― 2 から15― 2 ― 4 は平成16年 3 月31日限り削除する。
（理由）
　所得税法等の一部を改正する法律（平成15年法律第 8 号）第 6 条の規定による改正後の消費税法第63条《価格の表示》において、課税事業者が消費者に対してあらかじめ価格を表示する場合に、消費税額及び地方消費税額の合

計額に相当する額を含んだ価格を表示することが義務付けられ、平成16年4月1日から施行されることから、その暫定的な取扱い、及び当該表示が義務付けられることに伴い消費税法施行規則第22条第1項《消費税額及び地方消費税額相当額を区分領収している場合の申告税額の計算》が廃止され、新たに設けられた消費税法施行規則の一部を改正する省令(平成15年財務省令第92号)附則第2条《課税標準額に対する消費税額の計算に関する経過措置》の取扱いを定めたものである。

記

(用語の意義)

1 この通達において、次に掲げる用語の意義は、それぞれ次に定めるところによる。

(1) 法　　　　　　消費税法をいう。

(2) 規則　　　　　消費税法施行規則をいう。

(3) 改正省令　　　消費税法施行規則の一部を改正する省令(平成15年財務省令第92号)をいう。

(4) 課税資産の譲渡等　新消費税法第2条第1項第9号《定義》に規定する課税資産の譲渡等のうち、新消費税法第7条第1項、第8条第1項その他の法律又は条約の規定により消費税が免除される課税資産の譲渡等以外の課税資産の譲渡等をいう。

(5) 課税事業者　　事業者のうち法第9条第1項本文《小規模事業者に係る納税義務の免除》の規定により消費税を納める義務が免除される事業者以外の事業者をいう。

(6) 消費税額等　　課税資産の譲渡等につき課されるべき消費税額及び当該消費税額を課税標準として課されるべき地方消費税額に相当する額をいう。

(7) 総額表示　　法第63条《価格の表示》の規定による価格表示をいう。

(8) 税込価格　　課税資産の譲渡等につき課されるべき消費税額等を含んだ課税資産の譲渡等に係る資産又は役務の価格をいう。

(9) 税抜価格　　課税資産の譲渡等につき課されるべき消費税額等を含まない課税資産の譲渡等に係る資産又は役務の価格をいう。

【平26課消1－5　改正】

(総額表示の具体的な表示方法)

2　法第63条《価格の表示》の規定による価格表示（総額表示）とは、課税事業者が取引の相手方である消費者に課税資産の譲渡等を行う場合において、あらかじめその資産又は役務の取引価格を表示するときに、税込価格を表示することをいう。

　したがって、表示された価格が税込価格であれば「税込価格である」旨の表示は必要なく、また、税込価格に併せて「税抜価格」又は「消費税額等」が表示されていても差し支えないので、例えば、次に掲げるような表示がこれに該当する。

(1)　10,800円

(2)　10,800円（税込）

(3)　10,800円（税抜価格10,000円）

　(4)　10,800円（うち消費税額等800円）

　(5)　10,800円（税抜価格10,000円、消費税額等800円）

　なお、税込価格の設定を行う場合において、1円未満の端数が生じるときは、当該端数を四捨五入、切捨て又は切上げのいずれの方法により処理しても差し支えなく、また、当該端数処理を行わず、円未満の端数を表示する場合であっても、税込価格が表示されていれば、総額表示の義務付けに反するものではないことに留意する。

　また、「10,000円（税込10,800円）」とする表示については、総額表示の義務付けに反するものではないが、「税抜価格」をことさら強調することにより消費者に誤認を与える表示となる場合には、総額表示に当たらないことに留意する。

【平26課消1－5　改正】

解説　総額表示の義務付けは、「税抜価格」による価格表示では、消費者がいくら支払えばその商品やサービスが購入できるのか、レジで請求されるまでわかりにくく、また、同一の商品やサービスであっても「税抜表示」の店と「税込表示」の店が混在しているため価格の比較がしづらいといった、価格表示によって生じている消費者の煩わしさを解消し、国民の消費税に対する理解を深めてもらうことを目的とするもので、事前に「消費税額等を含む価格を一目で分かるようにする」というものである。

　総額表示とは、課税事業者が取引の相手方である消費者に商品の販売、役務の提供等の取引を行う場合において、あらかじめその取引価格を表示するときは、その商品や役務に係る消費税額等を含んだ価格（以下「税込価格」という。）を表示することをいうが、価格表示の方法については、商品やサービス、あるいは、事業者によって様々な方法があると考えられることから、

本通達では、その表示方法について例示したものである。

なお、本通達に示す表示方法はあくまでも例示であり、税込価格（本通達の例示の場合の10,800円）が明示されているか否かがポイントであるため、「10,000円（税抜）」、「税抜10,000円＋税」、「税抜10,000円（税800円）」といった表示は、税込価格が一目で分からないので、総額表示には該当しない。

いずれにせよ、価格表示の方法については、各事業者において、商品やサービスの種類等に応じて、更には消費者との関係を踏まえつつ決められるべきものであるが、消費者に誤認を与えたり、トラブルを招いたりする表示になれば、総額表示義務の観点から問題が生じ得ることに留意が必要である。

(注) 特に、「税抜価格（税込価格）」と表示する方法においては、文字の大きさや色合いなどを変えることにより、「税抜価格」をことさら強調し、消費者に誤認を与えたり、トラブルを招く表示となることが懸念されるところであるが、消費者に誤認を与えるような価格表示については、総額表示義務の観点からのみならず、場合によっては不当景品類及び不当表示防止法上の問題が生ずるおそれがあることに注意する必要がある。

（会員制の店舗等の取扱い）

3 会員のみが利用できる会員制の店舗等であっても、当該会員の募集が不特定かつ多数の者を対象として行われている場合には、法第63条《価格の表示》に規定する「不特定かつ多数の者に課税資産の譲渡等……を行う場合」に該当することに留意する。

【平26課消1－5　改正】

解説 総額表示の義務付けは、不特定かつ多数の者に対する（一般的には消費者取引における）値札や広告などにおいて、あらかじめ価格を表示する

場合を対象としているので、特定の取引先に限定することなく、広く多数の者を対象として課税資産の譲渡等を行う場合には、総額表示の義務付けの対象となる。

ところで、会員のみが利用できる会員制の店舗等（会員制のディスカウントストアー、レンタルビデオ・CD店、スポーツクラブ等）については、取引の相手方が「不特定」といえるかどうかについて疑義が生じることも考えられる。

しかしながら、会員資格とは、単に「取引を行うことができる資格」に過ぎないことから、たとえ会員しか利用できないとしても、その会員の募集が不特定かつ多数の者を対象として行われているのであれば総額表示が義務付けられるのである。

（専ら他の事業者に対して行われる場合の意義）

4　法第63条《価格の表示》に規定する「専ら他の事業者に課税資産の譲渡等を行う場合」とは、資産又は役務の内容若しくは性質から、およそ事業の用にしか供されないような資産又は役務の取引であることが客観的に明らかな場合をいい、例えば、次に掲げるような取引がこれに該当する。

(1)　建設機械の展示販売

(2)　事業用資産のメンテナンス

【平26課消1－5　改正】

解説　総額表示の義務付けは、消費者に対して資産の譲渡等を行う場合（いわゆる小売段階）の価格表示を対象としている。

しかし、実際に対消費者取引を行う業種（事業）は、小売業に限らず広範

な業種（事業）において行われていることから、総額表示義務の対象となる取引を業種（事業）で限定することは困難と考えられる。また、小売段階といえども、取引の相手方が最終消費者か、あるいは事業者としての顧客かを判断することや取引の相手方ごとに価格の表示方法に差異を設けることは事実上不可能と考えられる。

　そこで、取引の性格に着目し、特定の取引先に限定することなく、「不特定かつ多数の者」を対象として行う取引を総額表示義務の対象としている。

　ただし、不特定かつ多数の者に対する取引であっても事業者間取引は含まれ得るので、「専ら他の事業者に課税資産の譲渡等を行う場合」については総額表示義務の対象から除かれている。

　消費税法第63条《価格の表示》に規定する「専ら」の意義については、量的基準で示すことには馴染みにくいと考えられるため、不特定かつ多数の者に対する取引であっても、例えば、建設機械の展示販売、事業用資産のメンテナンスなどのように、その資産や役務の内容、性質から見て、およそ事業の用にしか使用されないような商品の販売等は、「専ら他の事業者に対して行われる場合」に該当して、総額表示の対象とはならないこととしている。したがって、このような商品の販売等であれば、結果として対事業者取引が100％でなかったとしても「総額表示義務」の対象となるものではない。

　なお、いわゆる現金問屋は、一般的には小売業者等事業者に対して現金で商品の販売を行うもの（事業者間取引）であるので、総額表示義務の対象とはならないのであるが、事業者、消費者を問わず商品の販売を行っているような場合には、総額表示義務の対象となることに留意する。

（単価、手数料率等の取扱い）

5　総額表示の対象となる価格表示には、資産又は役務の単価、手数料

率等を表示する場合など、最終的な取引価格そのものは表示されないが、事実上、価格を表示しているに等しい表示についても総額表示が義務付けられることに留意する。

解説 総額表示の義務付けは、対消費者取引における商品の販売、役務の提供等の取引価格の表示を対象とするものである。

本通達は、総額表示が義務付けられる価格には、商品やサービスの単価、あるいは手数料率を表示する場合など、最終的な取引価格そのものは表示されないが、事実上、価格を表示しているに等しい表示も含まれることを明らかにしたものである。

したがって、例えば、肉の量り売り、ガソリンなどのように一定単位での価格表示、不動産仲介手数料や有価証券の取引手数料など、取引金額の一定割合（○%）とされている表示がこれに当たる。

【総額表示が義務付けられる単価等の表示例】
- 《肉》100グラム210円　→　100グラム216円
- 《ガソリン、灯油》1リットル105円　→　1リットル108円
- 《旅館、レンタルビデオ》1泊2日10,500円　→　1泊2日10,800円
- 《不動産仲介手数料》売買価格の3.15%　→　売買価格の　3.24%

（注）取引金額の一定割合を手数料やサービス料として受け取る事業者にあっては、その基礎となる取引金額が「税込価格」となっていれば、手数料やサービス料の割合を変更する必要はないこととなる。

(希望小売価格の取扱い)

6 製造業者、卸売業者、輸入総代理店等の小売業者以外の者(以下この項において「製造業者等」という。)が、自己の供給する商品について、小売業者の価格設定の参考になるものとして設定している、いわゆる希望小売価格は、課税資産の譲渡等を行う課税事業者が、取引の相手方である消費者に対して行う価格表示ではないので、総額表示義務の対象とはならないが、小売業者において製造業者等が商品本体へ印字した希望小売価格等をそのまま消費者に対する販売価格とする場合には、当該価格が総額表示義務の対象となることに留意する。

なお、当該希望小売価格等が税抜価格である場合には、小売店において棚札などに税込価格を表示する必要がある。

解説 総額表示の義務付けは、消費者に対して資産の譲渡等を行う場合(いわゆる小売段階)の価格表示を対象としている。

ところで、製造業者、卸売業者、輸入総代理店等小売業者以外の者が、自己の供給する商品等について、小売業者の価格設定の参考として、いわゆる「希望小売価格」を設定している場合がある。

この「希望小売価格」は、小売業者の販売価格を拘束するものではなく、小売業者が取引の相手方である消費者に対して表示する価格ではないので、総額表示義務の対象とはならないのであるが、小売業者によっては、自己において値札等による価格表示を行わず、製造業者等が商品本体へ印字した価格等をそのまま自己の販売価格として販売する場合もある。本通達は、このような場合の商品本体に印字された価格等は、事実上、小売業者が取引の相手方である消費者に対して価格を表示しているものであることから、総額表示義務の対象となることを明らかにした。

したがって、当該希望小売価格が税抜価格で表示してある場合には、小売業者において別途棚札等において税込価格を表示しなければならないこととなる。

（タイムサービスの値引き表示の取扱い）

7　特定の商品を対象とした一定の営業時間に限った価格の引下げ又は生鮮食料品等について一定の営業時間経過後の価格の引下げ等（いわゆるタイムサービス）を行う場合の値引き表示（値引き前の価格に対する割引率又は割引額を示す表示をいう。）は、総額表示義務の対象となる価格表示には該当しないことに留意する。

　なお、値引き後の価格を表示するか否かは事業者の任意であるが、表示する場合には当該価格表示が総額表示義務の対象となることに留意する。

解説　総額表示の義務付けは、対消費者取引において商品の販売、役務の提供等を行う場合のその販売価格の表示を対象とするものである。

　ところで、特定の商品を対象として一定の営業時間に限り価格の引下げ又は生鮮食料品等について一定の営業時間経過後の価格の引下げ等を行ういわゆるタイムサービスのように、値引き後の価格が表示されずに、値引き前の価格に対する割引率又は割引額のみを表示している場合がある。このような場合の割引率又は割引額の表示自体は、新消費税法第63条の2《価格の表示》に規定する「課税資産の譲渡等に係る資産又は役務の価格を表示するとき」には該当しない。

　なお、値引き後の価格を表示するか否かは事業者の判断により行うこととなるが、値引き後の価格を表示する場合には、当該価格表示は「あらかじめ

……価格を表示するとき」に該当することから、総額表示義務の対象となる。

（総額表示の対象となる表示媒体）

8 法第63条《価格の表示》に規定する「表示するとき」とは、課税資産の譲渡等を行う課税事業者が、取引の相手方である消費者に対して行う価格表示であれば、それがどのような表示媒体により行われるかを問わないから、例えば、次に掲げるようなものがこれに該当する。

(1) 値札、商品陳列棚、店内表示などによる価格の表示

(2) 商品、容器又は包装による価格の表示及びこれらに添付した物による価格の表示

(3) チラシ、パンフレット、商品カタログ、説明書面その他これらに類する物による価格の表示（ダイレクトメール、ファクシミリ等によるものを含む。）

(4) ポスター、看板（プラカード及び建物、電車又は自動車等に記載されたものを含む。）、ネオン・サイン、アドバルーンその他これらに類する物による価格の表示

(5) 新聞、雑誌その他の出版物、放送、映写又は電光による価格の表示

(6) 情報処理の用に供する機器による価格の表示（インターネット、電子メール等によるものを含む。）

【平26課消1－5　改正】

解説　総額表示の義務付けは、対消費者取引において、あらかじめ商品の販売、役務の提供等の取引を行う場合を対象としている。事業者が取引の相手方である消費者に対して価格を表示する場面としては、商品等の選択時

（値札等）と代金の決済時（レシート、領収書、請求書等）があるが、総額表示の義務付けは、商品等の選択時の価格表示を対象とするものである。

したがって、商品等の選択時の価格として表示される媒体であれば、どのような表示媒体であるかにかかわらず総額表示義務の対象となるのであり、本通達は、それを具体的に例示したものである。

(注) 消費税法第63条は、あらかじめ価格を表示するときの義務規定であり、口頭によるもの（電話によるものを含む。）、見積書や契約書又は決済段階で作成される請求書や領収書は、総額表示義務の対象とはならない。

なお、値札や広告などにおいて税込価格のみを表示している場合には、その税込みの表示価格を基に見積書、契約書、請求書等が作成されるものと考えられる。

（価格表示をしていない場合）
9　総額表示の対象となるのは、あらかじめ課税資産の譲渡等に係る資産又は役務の価格を表示する場合であり、価格表示をしていない場合にまで表示を義務付けるものではないことに留意する。

解説　総額表示の義務付けは、消費者に対して商品の販売やサービスの提供を行う課税事業者が、値札やチラシなどにおいて、あらかじめその取引価格を表示する場合であり、店頭等に価格を表示していない場合など（「時価」としか表示していない場合を含む。）は、総額表示義務の対象とはならない。

すなわち、総額表示の義務付けは、これまで、価格を表示していなかった事業者（取引）に価格表示を強制するものではない。

本通達は、このことを念のために明らかにしたものである。

（決済上受領すべき金額の意義）

10　改正省令附則第2条第2項《総額表示義務の対象とならない取引で税抜価格を基礎とした代金決済を行う場合の課税標準額に対する消費税額の計算に関する経過措置》及び第4項《総額表示義務の対象となる取引で税抜価格を基礎とした代金決済を行う場合の課税標準額に対する消費税額の計算に関する経過措置》の規定により、改正省令による改正前の規則（以下「旧規則」という。）第22条第1項《消費税額及び地方消費税額相当額を区分領収している場合の申告税額の計算》の規定を適用する場合において、課税資産の譲渡等の対価の額と消費税額等とに区分して領収することとされている「課税資産の譲渡等に係る決済上受領すべき金額」とは、次の場合には、それぞれ次の金額をいう。

(1)　顧客に販売した複数の商品（課税資産に限る。）を一括して引き渡した場合　これらの商品の代金として当該顧客から一括して受領した場合における当該領収書（レシートその他代金の受領事実を証するものとして顧客に交付するものを含む。以下同じ。）に記載された金額の合計額

(2)　取引の都度掛売りをし、その掛売りの額について一定期間分をまとめて請求する場合　一の請求書に係る金額

(3)　電気、ガス、水道水等を継続的に供給し、又は提供するもので、その一定期間分の料金をまとめて請求する場合　一の請求書に係る金額

(4)　納品の都度請求書を発行する場合　納品の都度発行される請求書に係る金額

　　したがって、同項の規定による消費税額等の1円未満の端数の処理

は、(1)の場合には領収書ごとに行い、(2)から(4)の場合には交付する請求書ごとに行うことに留意する。

(注) 改正省令附則第2条第4項の規定により、なおその効力を有することとされる旧規則第22条第1項の規定については、平成26年4月1日以後に行う課税資産の譲渡等について適用されることに留意する。

なお、平成26年4月1日以後に事業者が課税資産の譲渡等に係る資産又は役務の価格の表示について、消費税の円滑かつ適正な転嫁の確保のための消費税の転嫁を阻害する行為の是正等に関する特別措置法（平成25年法律第41号）第10条第1項《総額表示義務に関する消費税法の特例》の規定の適用を受ける場合には、総額表示を行っているものとして、当該課税資産の譲渡等について、改正省令附則第2条第4項の規定が適用されることに留意する。

解説 改正前の消費税法施行規則（以下「旧規則」という。）第22条第1項《消費税相当額を区分領収している場合の申告税額の計算》の規定は、「税抜価格」を前提に、決済段階で別途計算して請求する消費税相当額の1円未満の端数処理に伴う事業者の負担等を考慮して、少額・大量の取引を行う小売業者等を念頭に設けられた特例制度である。

すなわち、消費税額及び地方消費税額は、その課税期間中の税込売上高の合計額を税抜にして算出した課税標準額を基に計算するのが原則であるが、前述のようないわゆる外税方式を採用する場合には、一領収単位（レシート）ごとに生じる1円未満の端数を処理した後の消費税額及び地方消費税額相当額を基に税額計算を行うことを認める特例として設けられたものである。

ところで、平成16年4月から対消費者取引について、「税込価格」を表示する「総額表示」が義務付けられることに伴い、旧規則第22条第1項は平成16年3月31日をもって廃止された。

しかしながら、これまで「税抜価格」を前提に値付け等を行ってきた事業者が多いこと、また、「税込価格」を基に計算するレジシステム等に変更する必要がある場合でも、レジシステム等の変更にはある程度時間を要する事業者もいることが考えられることから消費税法施行規則の一部を改正する省令（平成15年財務省令第92号）（以下「改正省令」という。）において課税標準額に対する消費税額の計算に関する経過措置が設けられた（改正省令附則2）。

　当該経過措置においては、①総額表示の義務付け（法第63条）の対象とならない事業者間取引等、②総額表示の義務付けの対象となる取引を行う場合で、総額表示は行っているがレジシステム等の変更が間に合わない等のやむを得ない事情により、「税込価格」を基礎とした代金決済ができない場合の対消費者取引等については、①については当分の間、②については平成26年4月1日以後旧規則第22条第1項の規定を適用することができることとされている（改正省令附則2②、④）。

　なお、平成26年4月1日以後に事業者が課税資産の譲渡等に係る資産又は役務の価格の表示について、消費税の円滑かつ適正な転嫁の確保のための消費税の転嫁を阻害する行為の是正等に関する特別措置法（平成25年法律第41号）第10条第1項《総額表示義務に関する消費税法の特例》の規定の適用を受ける場合には、総額表示を行っているものとして、当該課税資産の譲渡等について、改正省令附則第2条第4項の規定が適用される（改正省令附則2⑤）。

　旧規則第22条第1項の適用については、取引に伴う「決済上受領すべき金額」を課税資産の譲渡等の対価の額と当該課税資産の譲渡等につき課されるべき消費税額等に相当する額とに区分して領収することが要件とされているため、本通達は、この「決済上受領すべき金額」の意義を明らかにしたものである。

　この「決済上受領すべき金額」は、一の取引において一の商品の譲渡のみ

が行われ、その都度現金で決済される場合には、「決済上受領すべき金額」が特に問題となることはない。

この意義を巡って問題が生ずるのは、
(1) 顧客に複数の販売商品を一括して引き渡す場合、
(2) 継続的な取引関係にある顧客との取引について見られるように、一の取引ごとに代金を受領せず、月等を単位として、それまでの間の売上代金を一括して請求する場合、
(3) 電気、ガス、水道水等のように継続的に供給され、一定期間ごとに検針等により売上代金が確定する場合、
(4) 納品の都度請求書を発行するが、実際の代金受領は一定期間分をまとめて行う場合などである。

そこで、本通達では、(1)の場合には、一の領収書に記載された金額が決済上受領すべき金額となり、領収書単位で消費税額等に相当する額の1円未満の端数処理を行うこと、すなわち、商品一品ごとに消費税額等に相当する額を計算し、その1円未満の端数処理を行うものではないことを明確にした。

また、(2)及び(3)の場合には、一の請求書ごとに取り扱うこととなり、(4)についても代金を一定期間分まとめて受領するとしても、納品の都度、請求書を発行する場合にはそれらの請求書の請求金額の合計が決済上受領すべき金額となる。

参考　旧規則第22条第1項

事業者（法第9条第1項本文の規定により消費税を納める義務が免除される事業者を除く。）が、課税資産の譲渡等に係る決済上受領すべき金額を当該課税資産の譲渡等の対価の額（法第28条第1項に規定する対価の額をいう。）と当該課税資産の譲渡等につき課されるべき消費税額及び当該消費税額を課税標準として課されるべき地方消費税額の合計額（以下この項において「消費税額

等」という。）に相当する額とに区分して領収する場合において、当該消費税額等に相当する金額の１円未満の端数を処理したときは、法第43条第１項第２号又は法第45条第１項第２号に掲げる課税標準額に対する消費税額の計算については、当該端数を処理した後の消費税額等に相当する額を基礎として行うことができる。

（区分して領収するの意義）

11　旧規則第22条第１項《消費税額及び地方消費税額相当額を区分領収している場合の申告税額の計算》の規定の適用要件である、課税資産の譲渡等の対価の額と消費税額等とに「区分して領収する」とは、代金の決済に当たって課税資産の譲渡等の対価の額（以下「本体価額」という。）と１円未満の端数を処理した後の消費税額等とを領収書又は請求書等において区分して明示している場合をいう。

　この場合において、課税標準額に対する消費税額は、当該１円未満の端数を処理した後の消費税額等の合計額の80分の63に相当する金額となる。

【平26課消１－５　改正】

解説　旧規則第22条第１項《消費税及び地方消費税相当額を区分領収している場合の申告税額の計算》の規定の適用に当たっての、決済上受領すべき金額を課税資産の譲渡等の対価の額（新消費税法第28条第１項に規定する対価の額をいう。）と当該課税資産の譲渡等につき課されるべき消費税額等に相当する額とに「区分して領収する」とは、10に示した決済上受領すべき金額につき、いわゆる本体価額とそれに係る消費税額等とに区分して領収する場合をいうのであり、この場合の消費税額等とは１円未満の端数を処理（四捨五

入、切捨て又は切上げ）した後の金額である。

　また、区分の内訳については、領収する事業者だけが承知していればよいのではない。顧客に対しても区分の内訳を明示し、売手と買手の間に消費税額等として授受した金額についての一致した認識が形成されているという前提があってこそ、その金額を基礎として課税標準額に対する消費税額を計算することが認められているのであるから、当然に「領収書又は請求書等において区分して明示している」ことが要求されている。

　したがって、請求書等により相手方に消費税額等を明示しないで領収した金額について、領収した事業者が経理処理の段階で税抜処理を行い、本体価額と仮受消費税等に区分したとしても旧規則第22条第1項の規定は適用されないのであるから注意する必要がある。

　なお、旧規則第22条第1項においては、消費税と地方消費税のそれぞれについて1円未満の端数を処理するのではなく、消費税と地方消費税の合計額、すなわち、本体価額に8％を乗じた金額について1円未満の端数処理をして決済している場合に限って、その1円未満の端数を処理した後の金額を基に課税標準額に対する消費税額を計算できることに留意する必要がある。

　また、このときの課税標準額に対する消費税額は、1円未満の端数を処理した後の消費税額及び地方消費税額の合計額の80分の63に相当する金額である。

（税込価格を基礎として計算した決済上受領すべき金額の意義）

12　改正省令附則第2条第3項《税込価格を基礎とした代金決済を行う場合の課税標準額に対する消費税額の計算に関する経過措置》に規定する「課税資産の譲渡等に係る資産又は役務の税込価格を基礎として計算した決済上受領すべき金額」とは、一取引ごとに領収すべき金額

で、個々の資産又は役務の税込価格を基に計算した合計金額をいい、10の(1)から(4)に掲げる場合の区分に応じ当該(1)から(4)に定めるところによる。

解説 平成16年4月1日から対消費者取引について「税込価格」を表示する「総額表示」(法63)が義務付けられたことに伴い、代金決済等についても税抜価格を基礎とした代金決済から税込価格を基礎とした代金決済へ移行することが見込まれること等から、税込価格を基礎とした代金決済等を行う場合の課税標準額に対する消費税額の計算に関する経過措置が設けられた(改正省令附則2③)。

当該経過措置の適用に当たっては、「税込価格を基礎として計算した決済上受領すべき金額」に含まれる消費税額等に相当する金額を明示することが要件とされている。

本通達は、この「税込価格を基礎として計算した決済上受領すべき金額」の意義を明らかにしたものであるが、一の取引において一の商品の譲渡のみが行われ、その都度現金で決済される場合には、「税込価格を基礎として計算した決済上受領すべき金額」が特に問題となることはない。

この意義を巡って問題が生じるのは、

(1) 顧客に複数の商品を販売し一括して引き渡す場合、

(2) 継続的な取引関係にある顧客との取引に見られるように、一の取引ごとに代金を受領せず、月等を単位として、それまでの間の売上代金を一括して請求する場合、

(3) 電気、ガス、水道等のように継続的に供給され、一定期間ごとに検針等により売上代金が確定する場合、

(4) 納品の都度請求書を発行するが、実際の代金受領は一定期間分まとめて行う場合などである。

そこで本通達では、(1)の場合には、一の領収書に記載された金額が税込価格を基礎として計算した決済上受領すべき金額となり、領収書単位で消費税額等の１円未満の端数処理を行うこと、すなわち、商品１品ごとに消費税額等を計算し、その１円未満の端数処理を行うものではないことを明確にした。

したがって、例えば店頭表示等で税込価格のほかいわゆる本体価額と消費税額等を表示している場合に、その商品ごとの消費税額等を合計してもここでいう１円未満の端数を処理した後の金額には該当しない。

また、(2)及び(3)の場合には、一の請求書ごとに取り扱うこととなり、(4)については、代金を一定期間分まとめて受領するとしても、納品の都度、請求書を発行する場合には請求書の請求金額の合計が決済上受領すべき金額となるのであり、その金額が税込価格を基礎として計算されたものであるか否かが問題となる。

（消費税額等に相当する金額を明示したときの意義）

13　改正省令附則第２条第３項《税込価格を基礎とした代金決済を行う場合の課税標準額に対する消費税額の計算に関する経過措置》に規定する「その領収に際して当該金額に含まれる消費税額等に相当する額の一円未満の端数を処理した後の金額を明示したとき」とは、代金の決済に当たって同項の規定による消費税額等に相当する額の１円未満の端数を処理した後の金額を領収書又は請求書等において明示している場合をいう。

この場合において、課税標準額に対する消費税額は、当該１円未満の端数を処理した後の消費税額等の合計額の80分の63に相当する金額となる。

【平26課消1—5　改正】

解説　改正省令附則第2条第3項《税込価格を基礎とした代金決済を行う場合の課税標準額に対する消費税額の計算に関する経過措置》の規定の適用に当たって、「領収に際して消費税額等に相当する額の1円未満の端数を処理した後の金額を明示したとき」とは、課税資産の譲渡等に係る資産又は役務の税込価格を基礎として計算した決済上受領すべき金額に含まれる消費税額等の1円未満の端数を処理した後の金額を代金の領収時に発行される領収書に明示した場合又は本通達10の(2)、(3)の場合のように代金を領収するために発行する請求書等に明示した場合であることを念のため明らかにしたものである。

　領収書又は請求書等に記載された消費税額等の1円未満の端数を処理した後の金額を課税標準額に対する消費税額の計算の基礎とするためには、決済上受領すべき金額に含まれる消費税額等の1円未満の端数を処理した後の金額を、領収する事業者だけが承知していればよいのではない。顧客に対しても当該金額を明示し、売手と買手の間で消費税額等についての一致した認識が形成されるという前提があってこそ、その金額を基礎として課税標準額に対する消費税額を計算することが認められるのであるから当然に領収書又は請求書等において明示されていることが要求される。

　したがって、領収書又は請求書等により、決済上受領すべき金額に含まれる消費税額等の1円未満の端数を処理した後の金額を相手方に明示しないで領収した金額について、領収した事業者が経理処理の段階で税抜経理を行い、本体価額と仮受消費税等に区分したとしても改正省令附則第2条第3項《税込価格を基礎とした代金決済を行う場合の課税標準額に対する消費税額の計算に関する経過措置》の規定は適用されないのであるから留意する必要がある。

(課税仕入れに係る消費税額の計算)

14 法第30条第1項《仕入れに係る消費税額の控除》に規定する課税仕入れに係る消費税額は、原則として、当該課税期間中に国内において行った課税仕入れに係る支払対価の額の合計額に108分の6.3を乗じて計算した金額（当該金額に1円未満の端数があるときは、その端数を切り捨てる。）とする。

ただし、課税仕入れの都度課税仕入れに係る支払対価の額について、税抜経理方式（平成元年3月29日付直所3-8ほか1課共同「消費税法等の施行に伴う所得税の取扱いについて」通達の記1の(5)又は平成元年3月1日付直法2-1「消費税等の施行に伴う法人税の取扱いについて」通達の記1の(7)に規定する税抜経理方式をいう。）により経理処理を行う場合に、次の態様に応じ処理しているときは、その処理を認める。

(1) 課税仕入れの相手方が課税資産の譲渡等に係る決済上受領すべき金額を本体価額と1円未満の端数を処理した後の消費税額等とに区分して領収する場合に作成した領収書又は請求書等において別記されている当該消費税額等を仮払消費税等として経理し、その課税期間中における仮払消費税等の合計額の80分の63に相当する金額を課税仕入れに係る消費税額とする。

(2) 課税仕入れの相手方から交付を受けた領収書又は請求書等に明示された税込価格を基礎として計算した決済上受領すべき金額に含まれる消費税額等に相当する額（当該決済上受領すべき金額に108分の8を乗じて算出した金額）の1円未満の端数を処理した後の金額を仮払消費税等として経理し、その課税期間中における仮払消費税等の合計額の80分の63に相当する金額を課税仕入れに係る消費税額とする。

(3)　課税仕入れの相手方から交付を受けた領収書又は請求書等では課税資産の譲渡等に係る決済上受領すべき金額を本体価額と１円未満の端数を処理した後の消費税額等とに区分して記載されていない場合、あるいは課税仕入れの相手方から交付を受けた領収書又は請求書等では税込価格を基礎として計算した決済上受領すべき金額に含まれる消費税額等に相当する額（当該決済上受領すべき金額に108分の８を乗じて算出した金額）の１円未満の端数を処理した後の金額が明示されていない場合において、課税仕入れ等に係る帳簿等により課税仕入れに係る支払対価の額に108分の８を乗じた金額（１円未満の端数を切捨て又は四捨五入の方法により処理する場合に限る。）を仮払消費税等として経理する方法を継続的に行っているときには、その課税期間中における仮払消費税等の合計額の80分の63に相当する金額を課税仕入れに係る消費税額とする。

　(注)　(3)の方式は、(1)又は(2)が適用できない場合について認められることに留意する。

【平26課消１－５　改正】

解説　新消費税法第30条第１項《仕入れに係る消費税額の控除》に規定する課税仕入れに係る消費税額は、原則として、当該課税期間中に国内において行った課税仕入れに係る支払対価の額の合計額に108分の6.3を乗じて計算した金額（当該金額に１円未満の端数があるときは、その端数を切り捨てる。）となるのであるが、旧規則第22条第１項《消費税及び地方消費税相当額を区分領収している場合の申告税額の計算》において、課税標準額に対する消費税額については別計算した消費税額等を積み上げて計算した金額の80分の63とすることが認められていることとの対応関係から、課税仕入れに係る消費税額の計算についても、法令上は明文の規定はないものの、同項を適用でき

る事業者からの課税仕入れについては、一定の要件を付した上で、請求書等で別記された消費税額等の80分の63に相当する金額を課税仕入れに係る消費税額とする取扱い上の特例を認めているところである。

ところで、平成16年4月から対消費者取引について、「税込価格」を表示する「総額表示」が義務付けられたことに伴い、旧規則第22条第1項《消費税相当額を区分領収している場合の申告税額の計算》の規定は、平成16年3月31日をもって廃止することとされた。

同項は、「税抜価格」を前提に、決済段階で別途計算して請求する消費税相当額の1円未満の端数処理に伴う事業者の負担等を考慮して、少額・大量の取引を行う小売業者等を念頭に設けられた特例制度であることから、同項が廃止された後は、課税仕入れに係る消費税額の計算の特例が認められないのではないかとの疑念が持たれるところである。

しかしながら、改正省令附則において、総額表示の義務付けの対象とならない事業者間取引等又は総額表示の義務付けの対象となる取引を行う場合で、総額表示は行っているがレジシステム等の変更が間に合わない等のやむを得ない事情により「税込価格」を基礎とした代金決済ができない場合の対消費者取引等については、旧規則第22条第1項《消費税相当額を区分領収している場合の申告税額の計算》の規定を適用することができるとされるとともに、税込価格を基礎とした代金決済等を行う場合についても、課税標準額に対する消費税額の計算に関する経過措置が設けられた(改正省令附則2②、③、④)。

そこで、本通達では、改正省令附則第2条第2項《総額表示義務の対象とならない取引で税抜価格を基礎とした代金決済を行う場合の課税標準額に対する消費税額の計算に関する経過措置》若しくは第4項《総額表示義務の対象となる取引で税抜価格を基礎とした代金決済を行う場合の課税標準額に対する消費税額の計算に関する経過措置》の規定により旧規則第22条第1項《消費税及び地方消費税相当額を区分領収している場合の申告税額の計算》

の規定を適用できる事業者から課税仕入れを行った場合又は第3項《税込価格を基礎とした代金決済を行う場合の課税標準額に対する消費税額の計算に関する経過措置》の規定を適用できる事業者から課税仕入れを行った場合には、旧規則第22条第1項が廃止された後においても、従前の取扱いを踏襲し、課税仕入れに係る消費税額の計算の特例を認めることを明らかにしたものである。

すなわち、通達の本文で課税仕入れに係る消費税額の計算方法の原則を示すとともに、ただし書において、それぞれの態様に応じた取扱いを認めている。

ただし書の(1)においては、旧規則第22条第1項《消費税及び地方消費税相当額を区分領収している場合の申告税額の計算》を適用できる事業者からの課税仕入れについては、請求書等で別記された消費税額等の80分の63に相当する金額を課税仕入れに係る消費税額とすることを認めている。

また、ただし書の(2)では、改正省令附則第2条第3項《税込価格を基礎とした代金決済を行う場合の課税標準額に対する消費税額の計算に関する経過措置》を適用できる事業者からの課税仕入れについては、請求書等で明示されている消費税額等の80分の63に相当する金額を課税仕入れに係る消費税額とすることを認めている。

さらに、ただし書の(3)では、ただし書の(1)又は(2)の方法を適用することができない課税仕入れについても、請求の都度帳簿等において本体価格とこれに係る消費税額等とを区分する税抜経理処理を継続して行っているときは、その消費税額等の80分の63に相当する金額を課税仕入れに係る消費税額とすることを認めることとしたものである。

なお、この場合における消費税額等についての1円未満の端数処理については、この方法の適用により仕入控除税額が過大となることのないようにするため、切捨て、四捨五入の方法のみを認めることとしている。

「平成26年4月1日以後に行われる
資産の譲渡等に適用される消費税率等
に関する経過措置の取扱いについて」
（法令解釈通達）解説

課消 1 ― 9
課個 4 ― 1
課法 4 ― 3
課審 8 ― 7
査調 4 ― 1
平成25年3月25日

各 国 税 局 長
沖縄国税事務所長　殿

国 税 庁 長 官

平成26年4月1日以後に行われる資産の譲渡等に適用される
消費税率等に関する経過措置の取扱いについて（法令解釈通達）

　標題のことについては、下記のとおり定めたから、これにより取り扱われたい。
　なお、本通達に定めがない場合には、消費税法基本通達（平成7年12月25日付課消2―25ほか4課共同「消費税法基本通達の制定について」通達の別冊）の定めによる。

（理由）
　「社会保障の安定財源の確保等を図る税制の抜本的な改革を行うための消費税法の一部を改正する等の法律」（平成24年法律第68号、以下「改正法」という。）附則及び「消費税法施行令の一部を改正する政令」（平成25年政令第56号、以下「改正令」という。）附則に規定する平成26年4月1日以後に行われる資産の譲渡等に適用される税率等に関する経過措置の取扱いを定めるものである。

記

> (用語の意義)
> 1 この通達において、次に掲げる用語の意義は、それぞれ次に定めるところによる。
> (1) 新消費税法 改正法第2条《消費税法の一部改正》の規定による改正後の消費税法(昭和63年法律第108号)をいう。
> (2) 施行日 改正法附則第2条《消費税法の一部改正に伴う経過措置の原則》に規定する施行日(平成26年4月1日)をいう。
> (3) 指定日 改正法附則第5条第3項《工事の請負等の税率等に関する経過措置》に規定する指定日(平成25年10月1日)をいう。

解説 「平成26年4月1日以後に行われる資産の譲渡等に適用される消費税率等に関する経過措置の取扱いについて」(法令解釈通達)において使用されている用語の意義について定めているものである。

なお、定めのない用語の意義については、消費税法基本通達(平成7年12月25日付課消2―25ほか4課共同「消費税法基本通達の制定について」通達の別冊)の定めによることとなる。

> (施行日前の契約に基づく取引)
> 2 新消費税法は、施行日以後に行われる資産の譲渡等並びに課税仕入れ及び保税地域からの課税貨物の引取り(以下「課税仕入れ等」という。)について適用されるのであるから、施行日の前日までに締結した契約に基づき行われる資産の譲渡等及び課税仕入れ等であっても、これらが施行日以後に行われる場合には、別段の定めがある場合を除き、当

該資産の譲渡等及び課税仕入れ等について新消費税法が適用されることに留意する。

解説 新消費税法は、原則として、施行日以後に行われる資産の譲渡等及び課税仕入れ等について適用される（改正法附則2）。

資産の譲渡等は、目的物の引渡しを要するものにあってはその目的物を引き渡した時に、目的物の引渡しを要しないものにあってはその約した役務の提供を完了した時に行われたこととなり、課税仕入れ等は、目的物の引渡しを要するものにあっては目的物の引渡しを受けた時に、目的物の引渡しを要しないものにあってはその約した役務の全部の提供を受けた時に行われたこととなる。

したがって、施行日の前日（平成26年3月31日）までに締結した契約に基づき行われる資産の譲渡等又は課税仕入れ等であっても、これらが施行日以後に行われる場合には、旅客運賃等の税率等に関する経過措置のように別段の定めがある場合を除き、当該資産の譲渡等又は課税仕入れ等について、新消費税法が適用されることとなる。

本通達は、このことを念のため明らかにしたものである。

（施行日の前日までに購入した在庫品）

3　新消費税法は、施行日以後に行われる資産の譲渡等及び課税仕入れ等について適用されるのであるから、例えば、施行日の前日までに他から仕入れた資産を施行日以後に販売する場合には、別段の定めがある場合を除き、資産の譲渡等については新消費税法が、当該資産の課税仕入れ等については改正法第2条《消費税法の一部改正》の規定に

よる改正前の消費税法が適用されることに留意する。

解説 新消費税法は、原則として、施行日以後に行われる資産の譲渡等及び課税仕入れ等について適用される（改正法附則2）。

したがって、例えば、施行日の前日（平成26年3月31日）までに仕入れた在庫品を施行日以後に販売する場合には、当該販売については新消費税法が適用されるが、その在庫品の仕入れは、施行日の前日までに行われたものであるから、その仕入れについては改正法第2条による改正前の消費税法が適用されることとなる。

本通達は、このことを念のため明らかにしたものである。

（施行日前に「領収している場合」の意義）

4 改正法附則第5条第1項《旅客運賃等の税率等に関する経過措置》の規定は、施行日以後に行われる改正令附則第4条第1項各号《旅客運賃等の範囲等》に掲げる旅客運賃又は入場料金を対価とする役務の提供（いわゆる定期乗車券又は回数券等により、施行日の前後を通じて乗車、入場又は利用させる場合を含む。）について、当該旅客運賃又は入場料金を施行日前に領収している場合に適用されるが、具体的にはおおむね次のような場合がこれに該当する。

(1) 乗車、入場又は利用（以下この項において「乗車等」という。）をすることができる日が施行日以後の特定の日に指定されている乗車券、入場券又は利用券等（以下この項において「乗車券等」という。）を施行日前に販売した場合

(2) 乗車等の日が施行日以後の一定の期間又は施行日前から施行日以後にわたる一定の期間の任意の日とされている乗車券等を施行日前

に販売した場合
(3)　施行日の前後を通じて又は施行日以後の一定期間継続して乗車等することができる乗車券等（いわゆる定期乗車券等）を施行日前に販売した場合
(4)　スポーツ等を催す競技場等における年間予約席等について、施行日以後の一定期間継続して独占的に利用させるため、あらかじめ当該一定期間分の入場料金を一括して領収することを内容とする契約を施行日前に締結している場合

解説　施行日以後に行われる旅客運賃、映画又は演劇等を催す場所への入場料金を対価とする課税資産の譲渡等で、当該旅客運賃又は入場料金を施行日前に領収している場合には、当該資産の譲渡等については経過措置により旧税率が適用される（改正法附則5①、改正令附則4①）。

本通達は、この経過措置の適用範囲について例示したものであり、具体的には次のような場合に適用されることを明らかにしている。
(1)　乗車、入場又は利用（乗車等）をすることができる日が施行日以後の特定の日に指定されている乗車券等を施行日前に販売した場合（前売指定席券、前売入場券等）
(2)　乗車等の日が施行日以後の一定の期間又は施行日前から施行日以後にわたる一定の期間の任意の日とされている乗車券等を施行日前に販売した場合（回数券等）
(3)　施行日の前後を通じて又は施行日以後の一定期間継続して乗車等することができる乗車券等を施行日前に販売した場合（定期乗車券等）
(4)　スポーツ等を催す競技場等における年間予約席等について、施行日以後の一定期間継続して独占的に利用させるため、あらかじめ当該一定期間分の入場料金を一括して領収することを内容とする契約を施行日前に

締結している場合（プロ野球の年間予約席等）

（「継続的に供給等することを約する契約」の意義）
5　改正法附則第5条第2項《電気料金等の税率等に関する経過措置》に規定する「継続的に供給し、又は提供することを約する契約」とは、改正令附則第4条第2項各号《電気料金等の範囲》に掲げる課税資産の譲渡等を不特定多数の者に対して継続して行うために定められた供給規定、提供約款等に基づく条件により、長期間にわたって継続して供給し、又は提供することを約する契約をいい、プロパンガスの供給契約でボンベに取り付けられた内容量メーターにより使用量を把握し料金が確定される内容のものもこれに含まれる。

解説　事業者が継続して供給し、又は提供することを約する契約に基づき、施行日前から継続して供給し、又は提供される電気、ガス、水道水等で、施行日から平成26年4月30日までの間に料金の支払を受ける権利が確定するもの（平成26年4月30日後に初めて料金の支払を受ける権利が確定するものにあっては当該確定したもののうち一定部分に限る。）に係る課税資産の譲渡等については、経過措置により旧税率が適用される（改正法附則5②、改正令附則4②～④）。

ここでいう「継続的に供給し、又は提供することを約する契約」とは、改正令附則第4条第2項各号に掲げる課税資産の譲渡等を不特定多数の者に対して継続して行うために定められた供給規定、提供約款等に基づく条件により、長期間にわたって継続して供給し、又は提供することを約するものをいうのであり、これには、例えば、プロパンガスの供給契約でボンベに取り付けられた内容量メーターにより使用量を把握し料金が確定するものが含まれ

るのである。

本通達は、このことを明らかにしたものである。

(「支払を受ける権利の確定」の意義)
6　改正法附則第５条第２項《電気料金等の税率等に関する経過措置》に規定する「料金の支払を受ける権利が確定するもの」とは、電気・ガス等の使用量を計量するために設けられた電力量計その他の計量器を定期的に検針その他これに類する行為により確認する方法等により、一定期間における使用量を把握し、これに基づき料金が確定するものをいう。

解説　事業者が継続して供給又は提供することを約する契約に基づき、施行日前から継続して供給又は提供される電気、ガス、水道水等で、施行日から平成26年４月30日までの間に料金の支払を受ける権利が確定するもの（平成26年４月30日後に初めて料金の支払を受ける権利が確定するものにあっては当該確定したもののうち一定部分に限る。）に係る課税資産の譲渡等については、経過措置により旧税率が適用される（改正法附則５②、改正令附則４②〜④）。

ここでいう「料金の支払を受ける権利が確定するもの」とは、例えば、電気、ガス、水道水等の使用量を計量するために設けられた電力量計その他の計量器を定期的に検針その他これに類する行為により確認する方法により、一定期間における使用量を把握し、これに基づき料金が確定するものをいうのである。

本通達は、このことを明らかにしたものである。

(「電気通信役務」の範囲)

7 改正法附則第5条第2項《電気料金等の税率等に関する経過措置》の規定の適用を受ける電気通信役務は、事業者が継続して提供することを約する契約に基づき、施行日前から継続して提供し、かつ、施行日から平成26年4月30日までの間に、検針その他これに類する行為に基づきその役務の提供に係る料金の支払を受ける権利が確定するものであるから、同項に規定する電気通信役務であっても、その役務の提供に係る料金が一定期間の使用量に応じて変動しないものは、同項の規定の適用を受けることができないことに留意する。

(注) 同項に規定する電気通信役務とは、電気通信事業法(昭和59年法律第86号)第2条第3号《定義》に規定する電気通信役務をいい、例えば、電話、インターネット接続に係る役務などがこれに該当する。

解説 事業者が継続して提供することを約する契約に基づき、施行日前から継続して提供される電気通信役務で、施行日から平成26年4月30日までの間に、検針その他これに類する行為に基づき料金の支払を受ける権利が確定するもの(平成26年4月30日後に初めて料金の支払を受ける権利が確定するものにあっては当該確定したもののうち一定部分に限る。)については、経過措置により旧税率が適用される(改正法附則5②、改正令附則4②~④)。

したがって、電気通信役務であっても、その役務の提供に係る料金が月毎に固定されている場合など、一定期間の使用量等に応じて変動しない場合には、検針等により一定期間における使用量を把握し、これに基づき料金が確定するものではないことから、この経過措置の適用対象とならない。

本通達は、このことを念のため明らかにしたものである。

|参　考|　電気通信事業法（昭59法86）（抄）

（定義）

第二条　この法律において、次の各号に掲げる用語の意義は、当該各号に定めるところによる。

　三　電気通信役務　電気通信設備を用いて他人の通信を媒介し、その他電気通信設備を他人の通信の用に供することをいう。

（変更契約の取扱い）

8　改正法附則第5条第3項から第5項《工事の請負等の税率等に関する経過措置等》まで並びに改正令附則第5条第1項及び第4項《予約販売に係る書籍等の税率等に関する経過措置等》に規定する契約には、指定日の前日までに既存の契約を変更した場合における当該変更後の契約も含まれることに留意する。

|解説|　改正法附則第5条第3項から第5項《工事の請負等の税率等に関する経過措置等》まで並びに改正令附則第5条第1項及び第4項《予約販売に係る書籍等の税率等に関する経過措置等》の規定は、一定の要件を満たす契約を指定日の前日（平成25年9月30日）までに締結した場合に適用される。

　本通達は、これらの契約について、指定日の前日までにそれまでの契約内容を変更したときは、変更後の契約内容に沿って、これらの規定の適用の有無を判定できるものであることを念のため明らかにしたものである。

　したがって、例えば、事務所の賃貸借契約において、当初契約では対価の額の変更を求めることができることとしていたものを、指定日前の変更契約において対価の額の変更ができないこととした場合には、当該変更後の賃貸借契約については、改正法附則第5条第4項第2号の要件を満たすこととな

る。

(指定日の前日までに締結した工事の請負等の契約)

9　改正法附則第5条第3項《工事の請負等の税率等に関する経過措置》の規定は、指定日の前日までに工事の請負等に係る契約を締結し、施行日以後に当該契約に係る目的物の引渡し等が行われる工事の請負等について適用されるから、指定日以後に締結された契約に基づく工事の請負等には同項の規定は適用されないのであるから留意する。

(注)　指定日以後に締結された契約に基づき施行日以後に当該契約に係る目的物の引渡しが行われる工事の請負であっても、消費税法第17条第1項《工事の請負に係る資産の譲渡等の時期の特例》に規定する長期大規模工事又は同条第2項に規定する工事の請負に係る契約に基づき、施行日以後に当該契約に係る目的物の引渡しを行う場合において、当該長期大規模工事又は工事に係る対価の額についてこれらの規定の適用を受けるときは、改正法附則第7条《工事の請負に係る資産の譲渡等の時期の特例を受ける場合における税率等に関する経過措置》の規定を適用することとなるのであるから留意する。

解説　改正法附則第5条第3項《工事の請負等の税率等に関する経過措置》の規定は、平成8年10月1日から指定日の前日(平成25年9月30日)までの間に工事の請負等に関する契約を締結し、施行日以後にその契約に係る目的物の引渡し等が行われる工事の請負等について適用されるのであり、指定日以後に締結された契約に基づく工事の請負等については、この規定は適用されない。

ただし、指定日以後施行日の前日(平成26年3月31日)までに締結された

契約に基づき施行日以後に当該契約に係る目的物の引渡しが行われる工事の請負であっても、消費税法第17条第1項《工事の請負に係る資産の譲渡等の時期の特例》に規定する長期大規模工事又は同条第2項に規定する工事の請負に係る契約に基づき、施行日以後に当該契約に係る目的物の引渡しを行う場合において、当該長期大規模工事又は工事に係る対価の額についてこれらの規定の適用を受けるときは、改正法附則第7条《工事の請負に係る資産の譲渡等の時期の特例を受ける場合における税率等に関する経過措置》の規定を適用することとなる。

本通達は、このことを念のため明らかにしたものである。

(「工事の請負に係る契約」の範囲)
10　改正法附則第5条第3項《工事の請負等の税率等に関する経過措置》に規定する「工事の請負に係る契約」とは、日本標準産業分類(総務省)の大分類に掲げる建設業に係る工事につき、その工事の完成を約し、かつ、それに対する対価を支払うことを約する契約をいうものとする。

解説　平成8年10月1日以後指定日の前日(平成25年9月30日)までに締結された工事の請負に係る契約で、施行日以後引き渡されるものについては、経過措置により旧税率が適用される(改正法附則5③)。

本通達は、この経過措置の適用対象となる「工事の請負に係る契約」の具体的な範囲を明らかにしたものである。

すなわち、日本標準産業分類(総務省)において具体的な各種の工事を掲げて産業分類をしていることから、本通達においては、「工事の請負に係る契約」とは、日本標準産業分類の大分類の建設業(中分類の総合工事業、識別

工事業及び設備工事業）に分類される工事につき、その工事の完成を約し、かつ、それに対する対価を支払うことを約する契約をいうことを明らかにしている。

> **（「製造の請負に係る契約」の範囲）**
> 11　改正法附則第5条第3項《工事の請負等の税率等に関する経過措置》に規定する「製造の請負に係る契約」とは、日本標準産業分類（総務省）の大分類に掲げる製造業に係る製造につき、その製造に係る目的物の完成を約し、かつ、それに対する対価を支払うことを約する契約をいうものとする。
> （注）　製造物品であっても、その製造がいわゆる見込み生産によるものは、「製造の請負に係る契約」によって製造されたものにならないことに留意する。

解説　平成8年10月1日以後指定日の前日（平成25年9月30日）までに締結された製造の請負については、経過措置により旧税率が適用される（改正法附則5③）。

本通達は、この経過措置の適用対象となる「製造の請負に係る契約」の具体的な範囲を明らかにしたものである。

すなわち、日本標準産業分類（総務省）において具体的な各種の製造を掲げて産業分類をしていることから、本通達においては、「製造の請負に係る契約」とは、日本標準産業分類の大分類の製造業に分類される製造につき、その製造に係る目的物の完成を約し、かつ、それに対する対価を支払うことを約する契約をいうことを明らかにしている。

なお、改正法附則第5条第3項《工事の請負等の税率等に関する経過措置》

の規定により、施行日以後に行われる製造の請負で旧税率が適用されるのは、平成８年10月１日以後指定日の前日までに締結された「製造の請負に係る契約」に基づいて行われるものに限られるのであるから、指定日の前日までに締結された契約に基づき施行日以後に行われる製造物の引渡しであっても、同項に規定する「製造の請負に係る契約」に基づかないものは新税率の対象となるのである。

したがって、製造に係る物品であっても、その製造がいわゆる見込み生産によるものであるときは、その製造は「製造の請負に係る契約」によって製造されたものではないことから、同項の規定を適用する余地はないこととなる。

本通達の注書は、このことを念のため明らかにしたものである。

（機械設備等の販売に伴う据付工事）

12 改正法附則第５条第３項《工事の請負等の税率等に関する経過措置》の規定は、指定日の前日までに工事の請負等に係る契約を締結し、施行日以後に当該契約に係る目的物の引渡し等が行われる工事の請負等について適用されるのであるが、事業者が機械設備等の販売に伴いその据付工事を行う場合で、当該機械設備等の販売に係る契約において、当該据付工事の対価の額を合理的に区分しているときは、当該据付工事については、同項に規定する工事の請負に係る契約に基づく工事に該当するものとして同項の規定を適用する。

解説 改正法附則第５条第３項《工事の請負等の税率等に関する経過措置》の規定は、平成８年10月１日以後指定日の前日（平成25年９月30日）までに工事の請負等に係る契約を締結し、施行日以後に当該契約に係る目的物

の引渡し等が行われる工事の請負等について適用されるのであるが、機械設備等の販売契約の場合で、当該販売契約における一条項として据付工事に関する定めがあり、かつ、その据付工事に係る対価の額が合理的に区分されているときは、機械設備等の本体の販売契約とその据付工事に関する契約とに区分して同項の規定を適用することがその取引の実態に適合するものと考えられることから、当該契約に基づき行われる据付工事については、同項に規定する工事の請負に係る契約に基づく工事に該当するものとして同項の規定を適用する旨を本通達で明らかにしている。

　この取扱いは、据付工事部分を「工事の請負に係る契約」に基づくものとするものであるから、例えば、その機械設備等の販売契約が指定日以後に締結され、その据付工事が施行日以後に行われたときは、新税率によるということであり、また、その機械設備等の販売契約が指定日前に締結されたとしても、指定日以後に据付工事に係る対価の額が増額されたときは、その増額部分については新税率の対象となることはいうまでもない。

　なお、契約書の名称が「機械販売契約書」等となっていても、その契約内容が機械設備の製造を請け負うものであり、当該製造請負の対価が据付工事に係る対価を含んだところで契約されている場合、当該契約に基づき行われる機械の製造及び据付工事は、その全体について改正法附則第5条第3項の規定が適用されることとなる。

（譲渡を受ける者の注文に応じて建築される建物の範囲）

13　改正令附則第4条第5項《工事の請負等に係る契約に類するものの範囲》に規定する「建物の譲渡に係る契約で、当該建物の内装若しくは外装又は設備の設置若しくは構造についての当該建物の譲渡を受ける者の注文に応じて建築される建物に係るもの」には、譲渡契約に係

> る建物について、注文者が壁の色又はドアの形状等について特別の注文を付すことができることとなっているものも含まれるのであるから留意する。

解説　工事の請負に係る契約に類する契約の範囲には「建物の譲渡に係る契約で、当該建物の内装若しくは外装又は設備の設置若しくは構造についての当該建物の譲渡を受ける者の注文に応じて建築される建物に係るものを含む。」ものとされている（改正令附則4⑤）。

この場合の「注文」とは、例えば、次に掲げる区分に応じ、それぞれに掲げるものにつき付される注文をいうこととなる。

　イ　建物の内装……畳、ふすま、障子、戸、扉、壁面、床面、天井等

　ロ　建物の外装……玄関、外壁面、屋根等

　ハ　建物の設備……電気設備、給排水又は衛生設備及びガス設備、昇降機設備、冷房、暖房、通風又はボイラー設備等

　ニ　建物の構造……基礎、柱、壁、はり、階段、窓、床、間仕切り等

この場合において、付されている注文の内容、注文に係る規模の程度及び対価の額の多寡は問わないから、その注文が壁の色又はドアの形状等の建物の構造に直接影響を与えないものも改正令附則第4条第5項《工事の請負に係る契約に類するものの範囲》に規定する注文に該当することとなる。

本通達は、このことを明らかにしたものである。

なお、経過措置の対象となる「譲渡を受ける者の注文に応じて建築される建物」であることを明らかにする方法としては、次のような方法が考えられる。

　①　当該建物の譲渡に係る契約書等において明らかにする。

　②　取引の前提条件を示す申込約款等において、いわゆるオプションを受け付ける部分を明示して、どの部分のオプションを受けたのかを申込書

(工事の対価等に増額があった場合)

14　改正法附則第5条第3項《工事の請負等の税率等に関する経過措置》に規定する「工事(製造を含む。)の請負に係る契約」に係る対価が指定日以後に増額された場合には、その増額された対価の部分について同項の規定の適用を受けることができないのであるが、その増額された対価の部分については、その増額が工事(製造を含む。)に係る目的物の引渡し以前に確定した場合にはその引渡しの日を含む課税期間、引渡し後に確定した場合にはその確定をした日を含む課税期間における消費税の課税標準額に算入するのであるから留意する。

(注)　工事(製造を含む。)の請負契約において、当該契約に係る役務の提供の性質上、当該契約に係る目的物の対価の額をあらかじめ定めることができないものにつき、あらかじめ定めた単価の額(一の役務の提供を単位とする対価をいう。)にその目的物に係る役務の提供量を乗じた金額を当該目的物に係る対価の額とすることを定めている場合に、その単価の額に増額があったときは、その増額された部分の金額にその目的物に係る役務の提供量を乗じて計算した金額について、この取扱いを適用する。

解説　改正法附則第5条第3項《工事の請負等の税率等に関する経過措置》に規定する工事(製造を含む。)の請負に係る対価の額が指定日以後に増額された場合には、その増額された部分の対価の額については新税率が適用される(改正法附則5③かっこ書)。

ところで、工事等に係る値増金は種々の性格を有するが、契約面に着目す

ると、契約において資材の値上がり等に応じて値増金を授受すべきことが定められている場合とそれ以外の場合とがあり、契約において値増金に関する定めがない場合であっても、相互協議条項等に基づいて相手方との交渉によって値増金を授受するときがある。

このような値増金の性格に着目して、値増金に係る資産の譲渡等の時期について消費税法基本通達９－１－７《値増金に係る資産の譲渡等の時期》が定められている。

本通達は、消費税法基本通達９－１－７の取扱いを踏まえて、新税率が適用される値増金について、その増額が工事（製造を含む。）に係る目的物の引渡し以前に確定した場合にはその引渡しの日を含む課税期間、引渡し後に確定した場合にはその確定をした日を含む課税期間における消費税の課税標準額に算入する旨を明らかにしている。

なお、例えば、ソフトウエアの開発の場合に見られるように、その役務の提供の性質上、開発レベル若しくはステップ単位の対価（単価）は定めるものの、その目的物全体の対価の額を定めなかったときは、その仕事の完了時に、従事量に応じた対価の全部について増額があったものとするのかどうか疑義が生ずる。

そこで、本通達の注書では、工事（製造を含む。）の請負契約において、当該契約に係る役務の提供の性質上、当該契約に係る目的物の対価の額をあらかじめ定めることができないものにつき、あらかじめ定めた単価の額（一の役務の提供を単位とする対価の額をいう。）にその目的物に係る役務の提供量を乗じた金額を当該目的物に係る対価の額とすることを定めている場合に、その単価の額に増額があったときは、その増額された部分の金額にその目的物に係る役務の提供量を乗じて計算した金額について新税率が適用され、どの課税期間の課税標準額に算入するかについては本通達の本文の取扱いを適用する旨を明らかにしている。

(転貸の取扱い)

15　事業者が、資産の貸付けを行っている場合において、当該貸付けに係る資産が、当該事業者が他の者から借り受けているものであるときは、事業者が当該貸付けに係る資産を取得したものではないことから、改正令附則第4条第6項《資産の貸付けの税率等に関する経過措置の要件》に規定する要件に該当せず、改正法附則第5条第4項第3号《資産の貸付けの税率等に関する経過措置の要件》の規定に該当しないこととなる。

　したがって、他の者から資産を借り受け、当該資産の貸付けを行ういわゆる転貸について、同項の規定が適用されるのは、同項第1号及び第2号に掲げる要件に該当する場合に限られることに留意する。

解説　改正法附則第5条第4項《資産の貸付けの税率等に関する経過措置》の規定は、平成8年10月1日から指定日の前日(平成25年9月30日)までの間に締結した契約に基づき、施行日前から施行日以後引き続き行われる資産の貸付けのうち、当該契約の内容が同項第1号及び第2号又は第1号及び第3号に規定する要件を満たす場合に適用される。

　ところで、事業者が他の者から資産を借り受け、当該資産の貸付け(転貸)を行う場合には、当該転貸を行う者が資産を取得したものではないことから、改正令附則第4条第6項《資産の貸付けの税率等に関する経過措置の要件》に規定する要件に該当しない。

　したがって、転貸の場合において、改正法附則第5条第4項の規定が適用されるのは、同項第1号及び第2号に掲げる要件に該当する場合に限られることとなる。

　本通達は、このことを明らかにしたものである。

> **参　考**
>
> 　消費税法の適用にあたって、事業者が行うリース取引が、当該リース取引の目的となる資産の譲渡若しくは貸付け又は金銭の貸付けのいずれに該当するかは、所得税又は法人税の課税所得金額の計算における取扱いの例により判定するものとしている（基通5－1－9）。
>
> 　改正法附則第5条第4項第3号及び改正令附則第4条第6項では、経過措置の対象となる資産の貸付けの要件として、①当事者の一方又は双方がいつでも解約の申入れをすることができる旨の定めがないこと及び②対価に関する契約の内容として契約期間中に支払われる賃貸料の合計額がその契約に係る資産の取得価額及び付随費用（利子又は保険料を含む。）の額の90％以上を支弁することとなっていることを掲げているが、平成20年4月1日以後に契約を締結したリース取引のうち、この①及び②の要件を満たすものは、所得税法又は法人税法上、売買又は金銭の貸付けとして取り扱われるリース取引となるから、そもそも改正法附則第5条第4項の規定が適用されないこととなる。
>
> 　ただし、平成20年4月1日前に契約を締結したリース取引については、上記①及び②の要件を満たしたとしても、資産の貸付けとして取り扱われる場合があることから、同項の規定が適用される余地があることに留意する必要がある。

（資産の継続貸付け）

16　改正法附則第5条第4項《資産の貸付けの税率等に関する経過措置》に規定する「施行日前から施行日以後引き続き当該契約に係る資産の貸付けを行っている場合」とは、その貸付けに係る資産の賃借人への貸付けのための引渡しが施行日前に行われ、かつ、施行日以後も

> 引き続き貸付けを行っている場合をいうことに留意する。

解説 改正法附則第5条第4項《資産の貸付けの税率等に関する経過措置》の規定は、平成8年10月1日から指定日の前日(平成25年9月30日)までの間に締結した契約に基づき、施行日前から施行日以後引き続き行われる資産の貸付けのうち、当該契約の内容が同項第1号及び第2号又は第1号及び第3号に規定する要件を満たす場合に適用される。

ところで、この経過措置の適用対象となる貸付けの要件の一つである「施行日前から施行日以後引き続き当該契約に係る資産の貸付けを行っている場合」とはどのような状態をいうのかが必ずしも明らかではないが、資産の貸付けを行っているというのは、相手方に対して、当該資産の引渡しが行われ、相手方において当該資産を使用収益し得る状態になっているということを意味する。

そこで、本通達において、「施行日前から施行日以後引き続き当該契約に係る資産の貸付けを行っている場合」とは、まず、その貸付資産の引渡しの日をその資産の貸付けの始期としてとらえ、その貸付けのための資産の引渡しの日が施行日前であり、かつ、施行日以後も引き続き貸付けが継続している場合をいうことを明らかにしたものである。

> (「対価の額の変更を求めることができる旨の定め」の範囲)
> 17 資産の貸付けに係る契約において、資産を借り受けた者が支払うべき消費税相当分について「消費税率の改正があったときは改正後の税率による」旨を定めている場合の当該定めは、改正法附則第5条第4項第2号《資産の貸付けの税率等に関する経過措置の要件》に規定する「対価の額の変更を求めることができる旨の定め」に該当しないも

のとして取り扱う。

> (注)　「消費税率の改正があったときは改正後の税率による」旨の定めに基づき、指定日以後に賃貸料の額を変更した場合には、同項ただし書に該当することに留意する。

解説　改正法附則第5条第4項《資産の貸付けの税率等に関する経過措置》に規定する経過措置の適用を受けるための要件の一つとして、同項第2号において「事情の変更その他の理由により当該対価の額の変更をできる旨の定めがないこと」が掲げられている。

ところで、資産の貸付けに係る契約において、資産を借り受けた者が支払うべき消費税相当分について、「消費税率の改正があったときは改正後の税率による」旨の定めがあった場合、消費税率の改正があったときには新税率によることとしているのであるから、経過措置が適用されず、新税率を適用することとなるのか疑義が生ずる。

そこで、本通達では、「消費税率の改正があったときは改正後の税率による」旨の定めは、同項第2号に規定する「対価の額の変更を求めることができる旨の定め」に該当しないものとして取り扱うことを明らかにしている。

この取扱いによって、資産の貸付けに係る契約において「消費税率の改正があったときは改正後の税率による」旨の定めがあったとしても、当該契約の内容が同項第1号及び第2号又は第1号及び第3号に規定する要件を満たす場合には経過措置が適用され、新税率が適用されないこととなるから、結果として、当該契約に定める「消費税率の改正があったとき」には該当しないこととなる。

なお、経過措置の対象となる資産の貸付けについて、当該資産の貸付けに係る契約における「消費税率の改正があったときは改正後の税率による」旨の定めに基づき、指定日以後に賃貸料を変更した場合には、同項ただし書

該当し、変更後の資産の貸付けについては経過措置の対象とならなくなることを本通達の注書において明らかにしている。

> **(事情変更等による建物の貸付けに係る対価の変更)**
> 18　建物の賃貸借については借地借家法（平成3年法律第90号）が適用され、同法第32条《借賃増減請求権》の規定により、事情変更があった場合には賃料の増減請求をすることができるのであるが、建物の賃貸借に係る契約において、賃貸する者がその貸付けに係る対価につき増減することができる旨の定めがないときは、その契約は改正法附則第5条第4項第2号《資産の貸付けの税率等に関する経過措置の要件》に該当することに留意する。

解説　改正法附則第5条第4項《資産の貸付けの税率等に関する経過措置》に規定する経過措置の適用を受けるための要件の一つとして、同項第2号において「事情の変更その他の理由により当該対価の額の変更をできる旨の定めがないこと」が掲げられている。

ところで、建物の賃貸借については借地借家法（平成3年法律第90号）が適用され、同法第32条《借賃増減請求権》では、事情変更があった場合には、当事者間の契約の内容にかかわらず、賃料の増減請求をすることができることとされていることから、建物の賃貸借に係る契約においてその貸付けに係る対価につき増減することができる旨の定めがない場合にも、同条の規定に基づき、貸付けに係る対価の額を変更することができる。

このため、建物の賃貸借契約の場合には、改正法附則第5条第4項の規定を適用することができないのではないかという疑義が生ずる。

しかしながら、同項では、当事者間における貸付契約の内容として事情の

変更等の理由により対価の額の変更を求めることができる旨の定めがないことが要件とされ、あくまでも当事者間の契約の内容に基づく要件であることが明らかにされているところである。

　そこで、本通達において、建物の賃貸借について借地借家法が適用され、同法第32条の規定により、事情変更があった場合には賃料の増減請求をすることができるとしても、建物の賃貸借に係る契約において、賃貸する者がその貸付けに係る対価につき増減することができる旨の定めがないときは、その契約は改正法附則第5条第4項第2号に該当する旨を念のため明らかにしたものである。

参　考　借地借家法（平3法90）（抄）
（借賃増減請求権）
第32条　建物の借賃が、土地若しくは建物に対する租税その他の負担の増減により、土地若しくは建物の価格の上昇若しくは低下その他の経済事情の変動により、又は近傍同種の建物の借賃に比較して不相当となったときは、契約の条件にかかわらず、当事者は、将来に向かって建物の借賃の額の増減を請求することができる。ただし、一定の期間建物の借賃を増額しない旨の特約がある場合には、その定めに従う。

2　建物の借賃の増額について当事者間に協議が調わないときは、その請求を受けた者は、増額を正当とする裁判が確定するまでは、相当と認める額の建物の借賃を支払うことをもって足りる。ただし、その裁判が確定した場合において、既に支払った額に不足があるときは、その不足額に年1割の割合による支払期後の利息を付してこれを支払わなければならない。

3　建物の借賃の減額について当事者間に協議が調わないときは、その請求を受けた者は、減額を正当とする裁判が確定するまでは、相当と認める額の建物の借賃の支払を請求することができる。ただし、その裁判が確定し

た場合において、既に支払を受けた額が正当とされた建物の借賃の額を超えるときは、その超過額に年1割の割合による受領の時からの利息を付してこれを返還しなければならない。

（正当な理由による対価の増減）

19 資産の貸付けが改正法附則第5条第4項ただし書《対価の変更があった場合の経過措置の不適用》に該当することとなった場合には、対価を変更した後の資産の貸付けについて同項本文の規定を適用することができないのであるが、その対価の変更が、例えば、賃貸人が修繕義務を履行しないことにより行われたものであるなど正当な理由に基づくものである場合には、その対価の変更につき同項ただし書を適用しないものとする。

解説 改正法附則第5条第4項《資産の貸付けの税率等に関する経過措置》の規定は、平成8年10月1日から指定日の前日（平成25年9月30日）までの間に締結した契約に基づき、施行日前から施行日以後引き続き行われる資産の貸付けのうち、当該契約の内容が同項第1号及び第2号又は第1号及び第3号に規定する要件を満たす場合に適用されるが、指定日以後に資産の貸付けに係る対価の額が変更された場合には、その対価の額を変更した後の貸付けについて、同項本文の規定を適用することができないこととされている（改正法附則5④ただし書）。

これは、資産の貸付けに係る契約においてその対価の額について変更することができる旨の定めがないとしても、諸般の事情が生じたことにより、当該対価の額が変更された場合には、それにより、事実上、新たな貸付契約が締結されたと同視し得ることから、その変更後の貸付けに係る対価の額の全

額について新税率の対象とするというものである。

　この場合の対価の額の変更には、いうまでもなく、増額することのほか減額することも含まれるのであるが、その対価の額の変更が、例えば、賃貸人が修繕義務を履行しないことにより行われたものであるなど、正当な理由に基づくものである場合にまで、新たな貸付契約が締結されたと同視するのは適当でない。

　そこで、本通達は、その対価の額の変更が正当な理由に基づくものである場合には、その対価の額の変更につき改正法附則第5条第4項ただし書《対価の変更があった場合の経過措置の不適用》を適用しないものとすることを明らかにしたものである。

　なお、物価変動、租税公課等の増減を理由とする対価の額の変更は、正当な理由に基づくものには該当しない。

（指定役務の提供）

20　改正令附則第4条第7項《指定役務の提供》に規定する「指定役務の提供」とは、冠婚葬祭のための施設の提供その他の便宜の提供等に係る役務の提供をいい、資産の購入を前提にその購入対価を積み立てることとしているものは、これに含まれないことに留意する。

解説　改正法附則第5条第5項《役務の提供の税率等に関する経過措置》の規定は、平成8年10月1日から指定日の前日（平成25年9月30日）までの間に締結した一定の要件を満たす契約に基づき、施行日以後に行われる指定役務の提供に適用される（改正附則4⑦）。

　ここでいう「指定役務の提供」とは、割賦販売法（昭和36年法律第159号）第2条第6項《定義》に規定する前払式特定取引のうちの指定役務の提供を

いい、具体的には、割賦販売法施行令別表第2において、婚礼のための施設の提供や葬式のための祭壇の貸与等のみが指定されている。

そこで、本通達において、この経過措置の適用対象となる「指定役務の提供」とは、冠婚葬祭のための施設の提供その他の便宜の提供等に係る役務の提供をいうものであることを明らかにし、併せて、前払いで分割して掛金を積み立て、一定金額に達した時点で商品等の購入の対価に充当することとしているもの（例えば、デパートの積立会員制度を利用した商品等の購入）は、この経過措置の対象とならないことを念のため明らかにしたものである。

参考

割賦販売法（昭36法159）（抄）

（定義）

第2条

6 この法律において「前払式特定取引」とは、次の各号に掲げる取引で、当該各号に定める者に対する商品の引渡し又は政令で定める役務（以下「指定役務」という。）の提供に先立つてその者から当該商品の代金又は当該指定役務の対価の全部又は一部を2月以上の期間にわたり、かつ、3回以上に分割して受領するものをいう。

(1) 商品の売買の取次ぎ　購入者

(2) 指定役務の提供又は指定役務の提供をすること若しくは指定役務の提供を受けることの取次ぎ　当該指定役務の提供を受ける者

割賦販売法施行令（抄）

（指定商品等）

第1条

2 法第2条第6項の政令で定める役務は、別表第二に掲げる役務とする。

別表第2（第1条関係）

1　婚礼（結婚披露を含む。）のための施設の提供、衣服の貸与その他の便益の提供及びこれに附随する物品の給付
2　葬式のための祭壇の貸与その他の便益の提供及びこれに附随する物品の給付

（事情の変更等による対価の変更）
21　改正法附則第5条第5項ただし書《対価の変更があった場合の経過措置の不適用》に規定する「役務の提供の対価の額の変更」には、当該役務の提供に係る契約において定められた対価の額の変更のほか、当該契約において定められた役務の提供の内容の変更による対価の変更が含まれることに留意する。
(注)　同項ただし書に該当する場合には、その役務の提供を行った課税期間において、当該役務の提供について同項本文の規定は適用されない。

解説　改正法附則第5条第5項《役務の提供の税率等に関する経過措置》の規定は、平成8年10月1日から指定日の前日（平成25年9月30日）までの間に締結した一定の要件を満たす契約に基づき、施行日以後に行われる指定役務の提供に適用されるが、指定日以後に対価の額の変更が行われた場合には、その変更に係る指定役務の提供については新税率を適用することとされている（改正法附則5⑤ただし書）。

この場合の対価の額の変更には、その役務の提供に係る契約において定められた対価の額の変更はもとより、その契約において定められた役務の提供の内容の変更による実質的な対価の額の変更が含まれる。

本通達の本文は、このことを念のため明らかにしたものである。

また、対価の額の変更が行われた場合でも、その変更後に収受する分割払

の金銭については、その収受の時に消費税が課されるのではなく、契約に定められた役務の提供を行った時において、新税率により消費税が課されることになる。

本通達の注書は、このことを念のため明らかにしたものである。

（通知義務）

22　改正法附則第5条第8項《通知義務》の規定により、事業者が同条第3項又は第4項本文《工事の請負等の税率等に関する経過措置等》の規定の適用を受けた課税資産の譲渡等を行った場合は、その相手方に対し当該課税資産の譲渡等がこれらの規定の適用を受けたものであることについて書面により通知しなければならないのであるが、当該通知は、消費税法第30条第9項《請求書等の範囲》に規定する請求書等にその旨を表示することとして差し支えないものとする。

解説　事業者が、改正法附則第5条第3項又は第4項本文《工事の請負等の税率等に関する経過措置等》の規定の適用を受けた課税資産の譲渡等を行った場合には、その相手方に対し当該課税資産の譲渡等がこれらの規定の適用を受けたもの（旧税率が適用されたもの）であることについて書面により通知するものされている（改正法附則5⑧）。

ところで、消費税法第30条第7項《仕入税額控除に係る帳簿及び請求書等の保存》において、仕入税額控除の要件として「帳簿及び請求書等の保存」と定められており、この請求書等は課税資産の譲渡等を行った者が作成することが前提となっている。

そこで、本通達では、経過措置を適用した取引である旨の通知については、同条第9項《請求書等の範囲》に規定する請求書等に表示することにより行

っても差し支えない旨を明らかにしている。

なお、この通知の有無は、当該課税資産の譲渡等に対するこれらの経過措置の規定の適用関係に影響するものではない。

(リース延払基準の方法により経理した場合の長期割賦販売等に係る資産の譲渡等の時期の特例を受けないこととなった場合等における経過措置の取扱い)

23　改正令附則第6条第1項《リース延払基準の方法により経理した場合の長期割賦販売等に係る資産の譲渡等の時期の特例を受ける場合における税率等に関する経過措置》に規定する事業者が、施行日前に行った長期割賦販売等につき消費税法施行令第32条の2第1項《リース延払基準の方法により経理した場合の長期割賦販売等に係る資産の譲渡等の時期の特例》の規定の適用を受けた場合において、同条第2項の規定により施行日以後に資産の譲渡等を行ったものとみなされる同項に規定する「リース譲渡延払収益額に係る部分」があるときは、当該部分については、改正法第2条《消費税法の一部改正》の規定による改正前の消費税法第29条《税率》に規定する税率(以下この項及び次項において「旧税率」という。)が適用されるのであるから留意する。

(注)　消費税法施行令第32条の2第3項の規定により読み替えて適用する同令第32条《延払基準の方法により経理しなかった場合等の処理》及び第33条《納税義務の免除を受けることとなった場合等の処理》から第35条《合併等の場合の長期割賦販売等に係る資産の譲渡等の時期の特例》までの規定の適用がある場合であっても、当該部分については旧税率が適用されるのであるから留意する。

解説　リース譲渡（所得税法65条第2項《延払条件付販売等に係る収入及び費用の帰属時期》又は法人税法第63条第2項本文《長期割賦販売等に係る収益及び費用の帰属事業年度》に規定するリース譲渡をいう。以下同じ。）をした事業者が、リース延払基準の方法（所得税法施行令第188条第1項第2号《延払基準の方法》又は法人税法施行令第124条第1項第2号《延払基準の方法》に掲げる方法をいう。）により経理しているときは、リース譲渡をした日の属する課税期間において資産の譲渡等を行わなかったものとみなされた部分については、当該事業者が、当該課税期間の翌課税期間以降に資産の譲渡等を行ったものとして課税が繰り延べられ、各年又は各事業年度のリース譲渡延払収益額に係る部分についてそれぞれの年の12月31日の属する課税期間又はそれぞれの事業年度終了の日の属する課税期間において、資産の譲渡等を行ったものとみなされることとなる（令32の2②）。

改正令附則第6条第1項《リース延払基準の方法により経理した場合の長期割賦販売等に係る資産の譲渡等の時期の特例を受ける場合における税率等に関する経過措置》では、事業者が、施行日前に行ったリース譲渡について消費税法施行令第32条の2第1項《リース延払基準の方法により経理した場合の長期割賦販売等に係る資産の譲渡等の時期の特例》の規定の適用を受けた場合において、同条第2項の規定により施行日以後に資産の譲渡等を行ったものとみなされるリース譲渡延払収益額に係る部分があるときは、当該リース譲渡延払収益額に係る部分の課税資産の譲渡等には旧税率を適用することとしている。

本通達の本文は、このことを念のため明らかにしたものである。

ところで、消費税法第16条《長期割賦販売等に係る資産の譲渡等の時期の特例》の規定の適用を受けている事業者が、適用を受けた課税期間の翌課税期間以後の課税期間において同条の規定の適用を受けないこととした場合には、リース譲渡に係る対価の額のうち当該適用を受けないこととした課税期

間以後の各課税期間におけるリース譲渡延払収益額に係る部分は、適用を受けないこととした日の属する課税期間において資産の譲渡等を行ったものとみなされることとなる（令32③、32の2③）。

　この規定の適用がある場合であっても、改正令附則第6条第1項に規定する「施行日以後に資産の譲渡等を行ったものとみなされるリース譲渡延払収益額に係る部分」があることには変わりないから、当然に同条の規定が適用されることとなる。

　これは、消費税法施行令第32条第1項並びに第2項《延払基準の方法により経理しなかった場合等の処理》及び第33条《納税義務の免除を受けることとなった場合等の処理》から第35条《合併等の場合の長期割賦販売等に係る資産の譲渡等の時期の特例》までの規定の適用がある場合についても同様である。

　本通達の注書は、このことを念のため明らかにしたものである。

（リース譲渡に係る資産の譲渡等の時期の特例を受けないこととなった場合等における経過措置の取扱い）

24　改正令附則第8条第1項《リース譲渡に係る資産の譲渡等の時期の特例を受ける場合における税率等に関する経過措置》に規定する事業者が、施行日前に行ったリース譲渡につき消費税法施行令第36条の2第1項《リース譲渡に係る資産の譲渡等の時期の特例》の規定の適用を受けた場合において、同条第2項の規定により施行日以後に資産の譲渡等を行ったものとみなされる同項に規定する「リース譲渡収益額に係る部分」があるときは、当該部分については旧税率が適用されるのであるから留意する。

　（注）　同条第3項の規定又は同条第4項において準用する同令第32条《延

払基準の方法により経理しなかった場合等の処理》及び第33条《納税義務の免除を受けることとなった場合等の処理》から第35条《合併等の場合の長期割賦販売等に係る資産の譲渡等の時期の特例》までの規定の適用がある場合であっても、当該部分については旧税率が適用されるのであるから留意する。

解説 リース譲渡をした事業者が、所得税法第65条第２項《延払条件付販売等に係る収入及び費用の帰属時期》又は法人税法第63条第２項本文《長期割賦販売等に係る収益及び費用の帰属事業年度》の規定の適用を受けるときは、リース譲渡をした日の属する課税期間において資産の譲渡等を行わなかったものとみなされた部分については、当該事業者が、当該課税期間の翌課税期間以降に資産の譲渡等を行ったものとして課税が繰り延べられ、各年又は各事業年度のリース譲渡収益額に係る部分についてそれぞれの年の12月31日の属する課税期間又はそれぞれの事業年度終了の日の属する課税期間において、資産の譲渡等を行ったものとみなされることとなる（令36の２②）。

改正令附則第８条第１項《リース譲渡に係る資産の譲渡等の時期の特例を受ける場合における税率等に関する経過措置》では、事業者が、施行日前に行ったリース譲渡について消費税法施行令第36条の２第１項《リース譲渡に係る資産の譲渡等の時期の特例》の規定の適用を受けた場合において、同条第２項の規定により施行日以後に資産の譲渡等を行ったものとみなされるリース譲渡収益額に係る部分があるときは、当該リース譲渡収益額に係る部分の課税資産の譲渡等には旧税率を適用することとしている。

本通達の本文は、このことを念のため明らかにしたものである。

ところで、同項の規定の適用を受けている事業者が、適用を受けた課税期間の翌課税期間以後の課税期間において同項の規定の適用を受けないこととした場合には、リース譲渡に係る対価の額のうち当該適用を受けないこと

した課税期間以後の各課税期間におけるリース譲渡収益額に係る部分は、適用を受けないこととした日の属する課税期間において資産の譲渡等を行ったものとみなされることとなる（令32③、36の2④）。

　この規定の適用がある場合であっても、改正令附則第8条第1項に規定する「施行日以後に資産の譲渡等を行ったものとみなされるリース譲渡収益額に係る部分」があることには変わりないから、当然に同条の規定が適用されることとなる。

　これは、消費税法施行令第36条の2第3項の規定又は同条第4項の規定により準用される第33条《納税義務の免除を受けることとなった場合等の処理》から第35条《合併等の場合の長期割賦販売等に係る資産の譲渡等の時期の特例》までの規定の適用がある場合についても同様である。

　本通達の注書は、このことを念のため明らかにしたものである。

（「旧税率適用課税仕入れ等に係る借入金等の返済金若しくは償還金」の意義）

25　改正令附則第14条第1項《国、地方公共団体等の仕入れに係る消費税額の特例に関する経過措置》に規定する「旧税率適用課税仕入れ等に係る借入金等の返済金若しくは償還金」とは、消費税法施行令第75条第1項第1号《特定収入に該当しない収入》に規定する借入金等を財源として改正令附則第14条第1項に規定する旧税率適用課税仕入れ等を行った場合の当該借入金等の返済金若しくは償還金をいうのであるから留意する。

【解説】　国、地方公共団体等に特定収入がある場合には、仕入控除税額の計算に当たって、その特定収入に係る課税仕入れ等の税額を調整することとさ

れている（法60④、令75④）。

　改正令附則第14条第１項《国、地方公共団体等の仕入れに係る消費税額の特例に関する経過措置》では、施行日以後に受け入れる特定収入に係る仕入控除税額の調整計算については、原則として新税率を前提として調整（課税仕入れ等に係る特定収入に6.3／108を乗じて計算）し、法令若しくは交付要綱等又は国、地方公共団体が合理的な方法により補助金等の使途を明らかにした文書において、旧税率適用課税仕入れ等に係る支出等のためにのみ充てられることが明らかにされている収入については、なお従前の例（課税仕入れ等に係る特定収入に４／105を乗じて計算）によることとなる旨を規定している。

　ところで、法令において借入金等の返済又は償還のための補助金等が交付されることとなっていない借入金等（以下「借入金等」という。）を財源として課税仕入れを行い、後日、当該借入金等の返済等のための補助金等が交付された場合で、当該補助金等の交付要綱等に当該借入金等の返済等のための補助金等である旨が記載されているときは、当該補助金等は当該課税仕入れにのみ使用される収入として使途を特定することとなる（基通16—２—２(1)(注)）。

　そこで、本通達では、同項に規定する「旧税率適用課税仕入れ等に係る借入金等の返済金若しくは償還金」とは、消費税法施行令第75条第１項第１号《特定収入に該当しない収入》に規定する借入金等を財源として改正令附則第14条第１項に規定する旧税率適用課税仕入れ等を行った場合の当該借入金等の返済金若しくは償還金をいうことを明らかにしている。

　したがって、例えば、施行日前に借入金等を財源として課税仕入れを行い、当該借入金等の返済等のための補助金等（交付要綱等で使途が特定されているものに限る。）が施行日以後に交付された場合には、当該補助金等に係る仕入控除税額の調整計算は、従前の例（課税仕入れ等に係る特定収入に４／105を乗じて計算）によることとなる。

なお、平成元年4月1日から平成9年3月31日までの間（消費税率3％の期間）に借入金等を財源として課税仕入れを行い、当該借入金等の返済等のための補助金等を施行日（平成26年4月1日）以後に交付を受けた場合の当該補助金等に係る仕入控除税額の調整計算についても、従前の例（課税仕入れ等に係る特定収入に4／105を乗じて計算）によることとなる。

〔参考〕

課消 1 —35
課個 4 —42
課法 4 —52
課審 8 —26
査調 4 — 5
平成26年10月27日
（最終改正）課消 2 —85
平成28年12月13日

各 国 税 局 長　殿
沖縄国税事務所長

国 税 庁 長 官

平成31年10月1日以後に行われる資産の譲渡等に適用される消費税率等に関する経過措置の取扱いについて（法令解釈通達）

標題のことについては、下記のとおり定めたから、これにより取り扱われたい。

なお、本通達に定めがない場合には、消費税法基本通達（平成7年12月25日付課消2—25ほか4課共同「消費税法基本通達の制定について」通達の別冊）の定めによる。

（理由）

「社会保障の安定財源の確保等を図る税制の抜本的な改革を行うための消

費税法の一部を改正する等の法律」(平成24年法律第68号。以下「改正法」という。)附則第15条、第16条(同条において準用する各規定を含む。)及び第16条の2並びに「消費税法施行令の一部を改正する政令」(平成26年政令第317号。以下「26年改正令」という。)附則に規定する平成31年10月1日以後に行われる資産の譲渡等に適用される税率等に関する経過措置の取扱いを定めるものである。

記

(用語の意義)

1 この通達において、次に掲げる用語の意義は、それぞれ次に定めるところによる。

(1) 31年旧消費税法 改正法第3条《消費税法の一部改正》の規定による改正前の消費税法(昭和63年法律第108号)をいう。

(2) 施行日 改正法附則第2条《消費税法の一部改正に伴う経過措置の原則》に規定する施行日(平成26年4月1日)をいう。

(3) 指定日 改正法附則第5条第3項《工事の請負等の税率等に関する経過措置》に規定する指定日(平成25年10月1日)をいう。

(4) 31年新消費税法 改正法第3条《消費税法の一部改正》の規定による改正後の消費税法をいう。

(5) 一部施行日 改正法附則第15条《第3条の規定による消費税法の一部改正に伴う経過措置の原則》に規定する一部施行日(平成31年10月1日)をいう。

(6) 31年指定日 改正法附則第16条第1項《第3条の規定による消費税法の一部改正に伴う税率等に関する経過措置》において準用する改正法附

則第5条第3項《工事の請負等の税率等に関する経過措置》に規定する31年指定日（平成31年4月1日）をいう。
(7) 軽減対象資産の譲渡等　所得税法等の一部を改正する法律（平成28年法律第15号）附則第34条第1項《31年軽減対象資産の譲渡等に係る税率等に関する経過措置》に規定する31年軽減対象資産の譲渡等をいう。

（施行日から一部施行日の前日までの間の契約に基づく取引）
2　31年新消費税法は、一部施行日以後に行われる資産の譲渡等並びに課税仕入れ及び保税地域からの課税貨物の引取り（以下「課税仕入れ等」という。）について適用されるのであるから、例えば、施行日から一部施行日の前日までの間に締結した契約に基づき行われる資産の譲渡等及び課税仕入れ等であっても、これらが一部施行日以後に行われる場合には、別段の定めがある場合を除き、当該資産の譲渡等及び課税仕入れ等について31年新消費税法が適用されることに留意する。

（施行日から一部施行日の前日までの間に購入した在庫品）
3　31年新消費税法は、一部施行日以後に行われる資産の譲渡等及び課税仕入れ等について適用されるのであるから、例えば、施行日から一部施行日の前日までに他から仕入れた資産を一部施行日以後に販売する場合には、別段の定めがある場合を除き、資産の譲渡等については31年新消費税法が、当該資産の課税仕入れ等については31年旧消費税法が適用されることに留意する。

（施行日から一部施行日の前日までの間に「領収している場合」の意義）
4　改正法附則第16条第1項《第3条の規定による消費税法の一部改正に伴う税率等に関する経過措置》において準用する改正法附則第5条第1項

《旅客運賃等の税率等に関する経過措置》の規定は、一部施行日以後に行われる26年改正令附則第4条第1項各号《旅客運賃等の範囲等》に掲げる旅客運賃又は入場料金を対価とする役務の提供（いわゆる定期乗車券又は回数券等により、一部施行日の前後を通じて乗車、入場又は利用させる場合を含む。）について、当該旅客運賃又は入場料金を施行日から一部施行日の前日までの間に領収している場合に適用されるが、具体的にはおおむね次のような場合がこれに該当する。

(1) 乗車、入場又は利用（以下この項において「乗車等」という。）をすることができる日が一部施行日以後の特定の日に指定されている乗車券、入場券又は利用券等（以下この項において「乗車券等」という。）を施行日から一部施行日の前日までの間に販売した場合

(2) 乗車等の日が一部施行日以後の一定の期間又は一部施行日前から一部施行日以後にわたる一定の期間の任意の日とされている乗車券等を施行日から一部施行日の前日までの間に販売した場合

(3) 一部施行日の前後を通じて又は一部施行日以後の一定期間継続して乗車等することができる乗車券等（いわゆる定期乗車券等）を施行日から一部施行日の前日までの間に販売した場合

(4) スポーツ等を催す競技場等における年間予約席等について、一部施行日以後の一定期間継続して独占的に利用させるため、あらかじめ当該一定期間分の入場料金を一括して領収することを内容とする契約を施行日から一部施行日の前日までの間に締結している場合

(「継続的に供給等することを約する契約」の意義)

5 改正法附則第16条第1項《第3条の規定による消費税法の一部改正に伴う税率等に関する経過措置》において準用する改正法附則第5条第2項《電気料金等の税率等に関する経過措置》に規定する「継続的に供給し、

又は提供することを約する契約」とは、26年改正令附則第4条第2項各号《電気料金等の範囲》に掲げる課税資産の譲渡等を不特定多数の者に対して継続して行うために定められた供給規定、提供約款等に基づく条件により、長期間にわたって継続して供給し、又は提供することを約する契約をいい、プロパンガスの供給契約でボンベに取り付けられた内容量メーターにより使用量を把握し料金が確定される内容のものもこれに含まれる。

(「支払を受ける権利又は支払義務の確定」の意義)

6　改正法附則第16条第1項《第3条の規定による消費税法の一部改正に伴う税率等に関する経過措置》において準用する改正法附則第5条第2項《電気料金等の税率等に関する経過措置》に規定する「料金の支払を受ける権利又は支払義務が確定するもの」とは、電気・ガス・灯油等の使用量を計量するために設けられた電力量計その他の計量器を定期的に検針その他これに類する行為により確認する方法等により、一定期間における使用量を把握し、これに基づき料金が確定するものをいう。

(「電気通信役務」の範囲)

7　改正法附則第16条第1項《第3条の規定による消費税法の一部改正に伴う税率等に関する経過措置》において準用する改正法附則第5条第2項《電気料金等の税率等に関する経過措置》の規定の適用を受ける電気通信役務は、事業者が継続して提供することを約する契約に基づき、一部施行日前から継続して提供し、かつ、一部施行日から平成31年10月31日までの間に、検針その他これに類する行為に基づきその役務の提供に係る料金の支払を受ける権利又は支払義務が確定するものであるから、同項に規定する電気通信役務であっても、その役務の提供に係る料金が一定期間の使用量に応じて変動しないものは、同項の規定の適用を受けることができない

(注) 同項に規定する電気通信役務とは、電気通信事業法（昭和59年法律第86号）第2条第3号《定義》に規定する電気通信役務をいい、例えば、電話、インターネット接続に係る役務などがこれに該当する。

（変更契約の取扱い）

8 改正法附則第16条第1項《第3条の規定による消費税法の一部改正に伴う税率等に関する経過措置》において準用する改正法附則第5条第3項から第5項《工事の請負等の税率等に関する経過措置等》まで並びに26年改正令附則第5条第1項及び第4項《予約販売に係る書籍等の税率等に関する経過措置等》に規定する契約には、31年指定日の前日までに既存の契約を変更した場合における当該変更後の契約も含まれることに留意する。

（指定日から31年指定日の前日までの間に締結した工事の請負等の契約）

9 改正法附則第16条第1項《第3条の規定による消費税法の一部改正に伴う税率等に関する経過措置》において準用する改正法附則第5条第3項《工事の請負等の税率等に関する経過措置》の規定は、指定日から31年指定日の前日までの間に工事の請負等に係る契約を締結し、一部施行日以後に当該契約に係る目的物の引渡し等が行われる工事の請負等について適用されるから、31年指定日以後に締結された契約に基づく工事の請負等には同項の規定は適用されないのであるから留意する。

(注) 31年指定日以後に締結された契約に基づき一部施行日以後に当該契約に係る目的物の引渡しが行われる工事の請負であっても、消費税法第17条第1項《工事の請負に係る資産の譲渡等の時期の特例》に規定する長期大規模工事又は同条第2項に規定する工事の請負に係る契約に基づき、一部施行日以後に当該契約に係る目的物の引渡しを行う場合において、当該長期

大規模工事又は工事に係る対価の額についてこれらの規定の適用を受けるときは、改正法附則第16条第1項《第3条の規定による消費税法の一部改正に伴う税率等に関する経過措置》において準用する改正法附則第7条《工事の請負に係る資産の譲渡等の時期の特例を受ける場合における税率等に関する経過措置》の規定を適用することとなるのであるから留意する。

(「工事の請負に係る契約」の範囲)

10　改正法附則第16条第1項《第3条の規定による消費税法の一部改正に伴う税率等に関する経過措置》において準用する改正法附則第5条第3項《工事の請負等の税率等に関する経過措置》に規定する「工事の請負に係る契約」とは、日本標準産業分類(総務省)の大分類に掲げる建設業に係る工事につき、その工事の完成を約し、かつ、それに対する対価を支払うことを約する契約をいうものとする。

(「製造の請負に係る契約」の範囲)

11　改正法附則第16条第1項《第3条の規定による消費税法の一部改正に伴う税率等に関する経過措置》において準用する改正法附則第5条第3項《工事の請負等の税率等に関する経過措置》に規定する「製造の請負に係る契約」とは、日本標準産業分類(総務省)の大分類に掲げる製造業に係る製造につき、その製造に係る目的物の完成を約し、かつ、それに対する対価を支払うことを約する契約をいうものとする。

　(注)　製造物品であっても、その製造がいわゆる見込み生産によるものは、「製造の請負に係る契約」によって製造されたものにならないことに留意する。

(機械設備等の販売に伴う据付工事)

12　改正法附則第16条第1項《第3条の規定による消費税法の一部改正に伴

う税率等に関する経過措置》において準用する改正法附則第5条第3項
《工事の請負等の税率等に関する経過措置》の規定は、指定日から31年指
定日の前日までの間に工事の請負等に係る契約を締結し、一部施行日以後
に当該契約に係る目的物の引渡し等が行われる工事の請負等について適用
されるのであるが、事業者が機械設備等の販売に伴いその据付工事を行う
場合で、当該機械設備等の販売に係る契約において、当該据付工事の対価
の額を合理的に区分しているときは、当該据付工事については、同項に規
定する工事の請負に係る契約に基づく工事に該当するものとして同項の規
定を適用する。

(譲渡を受ける者の注文に応じて建築される建物の範囲)

13　26年改正令附則第4条第5項《工事の請負等に係る契約に類するものの範囲》に規定する「建物の譲渡に係る契約で、当該建物の内装若しくは外装又は設備の設置若しくは構造についての当該建物の譲渡を受ける者の注文に応じて建築される建物に係るもの」には、譲渡契約に係る建物について、注文者が壁の色又はドアの形状等について特別の注文を付すことができることとなっているものも含まれるのであるから留意する。

(工事の対価等に増額があった場合)

14　改正法附則第16条第1項《第3条の規定による消費税法の一部改正に伴う税率等に関する経過措置》において準用する改正法附則第5条第3項《工事の請負等の税率等に関する経過措置》に規定する「工事(製造を含む。)の請負に係る契約」に係る対価が31年指定日以後に増額された場合には、その増額された対価の部分について同項の規定の適用を受けることができないのであるが、その増額された対価の部分については、その増額が工事(製造を含む。)に係る目的物の引渡し以前に確定した場合にはその

引渡しの日を含む課税期間、引渡し後に確定した場合にはその確定した日を含む課税期間における消費税の課税標準額に算入するのであるから留意する。

(注) 工事（製造を含む。）の請負契約において、当該契約に係る役務の提供の性質上、当該契約に係る目的物の対価の額をあらかじめ定めることができないものにつき、あらかじめ定めた単価の額（一の役務の提供を単位とする対価をいう。）にその目的物に係る役務の提供量を乗じた金額を当該目的物に係る対価の額とすることを定めている場合に、その単価の額に増額があったときは、その増額された部分の金額にその目的物に係る役務の提供量を乗じて計算した金額について、この取扱いを適用する。

（転貸の取扱い）

15　事業者が、資産の貸付けを行っている場合において、当該貸付けに係る資産が、当該事業者が他の者から借り受けているものであるときは、事業者が当該貸付けに係る資産を取得したものではないことから、26年改正令附則第4条第6項《資産の貸付けの税率等に関する経過措置の要件》に規定する要件に該当せず、改正法附則第16条第1項《第3条の規定による消費税法の一部改正に伴う税率等に関する経過措置》において準用する改正法附則第5条第4項第3号《資産の貸付けの税率等に関する経過措置の要件》の規定に該当しないこととなる。

したがって、他の者から資産を借り受け、当該資産の貸付けを行ういわゆる転貸について、同項の規定が適用されるのは、同項第1号及び第2号に掲げる要件に該当する場合に限られることに留意する。

（資産の継続貸付け）

16　改正法附則第16条第1項《第3条の規定による消費税法の一部改正に伴

う税率等に関する経過措置)において準用する改正法附則第5条第4項《資産の貸付けの税率等に関する経過措置》に規定する「一部施行日前から一部施行日以後引き続き当該契約に係る資産の貸付けを行っている場合」とは、その貸付けに係る資産の賃借人への貸付けのための引渡しが施行日から一部施行日の前日までの間に行われ、かつ、一部施行日以後も引き続き貸付けを行っている場合をいうことに留意する。

(「対価の額の変更を求めることができる旨の定め」の範囲)

17　資産の貸付けに係る契約において、資産を借り受けた者が支払うべき消費税相当分について「消費税率の改正があったときは改正後の税率による」旨を定めている場合の当該定めは、改正法附則第16条第1項《第3条の規定による消費税法の一部改正に伴う税率等に関する経過措置》において準用する改正法附則第5条第4項第2号《資産の貸付けの税率等に関する経過措置の要件》に規定する「対価の額の変更を求めることができる旨の定め」に該当しないものとして取り扱う。

(注)　「消費税率の改正があったときは改正後の税率による」旨の定めに基づき、31年指定日以後に賃貸料の額を変更した場合には、同項ただし書に該当することに留意する。

(事情変更等による建物の貸付けに係る対価の変更)

18　建物の賃貸借については借地借家法(平成3年法律第90号)が適用され、同法第32条《借賃増減請求権》の規定により、事情変更があった場合には賃料の増減請求をすることができるのであるが、建物の賃貸借に係る契約において、賃貸する者がその貸付けに係る対価につき増減することができる旨の定めがないときは、その契約は改正法附則第16条第1項《第3条の規定による消費税法の一部改正に伴う税率等に関する経過措置》において

準用する改正法附則第5条第4項第2号《資産の貸付けの税率等に関する経過措置の要件》に該当することに留意する。

（正当な理由による対価の増減）

19　資産の貸付けが改正法附則第16条第1項《第3条の規定による消費税法の一部改正に伴う税率等に関する経過措置》において準用する改正法附則第5条第4項ただし書《対価の変更があった場合の経過措置の不適用》に該当することとなった場合には、対価を変更した後の資産の貸付けについて同項本文の規定を適用することができないのであるが、その対価の変更が、例えば、賃貸人が修繕義務を履行しないことにより行われたものであるなど正当な理由に基づくものである場合には、その対価の変更につき同項ただし書を適用しないものとする。

（指定役務の提供）

20　26年改正令附則第4条第7項《指定役務の提供》に規定する「指定役務の提供」とは、冠婚葬祭のための施設の提供その他の便益の提供等に係る役務の提供をいい、資産の購入を前提にその購入対価を積み立てることとしているものは、これに含まれないことに留意する。

（事情の変更等による対価の変更）

21　改正法附則第16条第1項《第3条の規定による消費税法の一部改正に伴う税率等に関する経過措置》において準用する改正法附則第5条第5項ただし書《対価の変更があった場合の経過措置の不適用》に規定する「役務の提供の対価の額の変更」には、当該役務の提供に係る契約において定められた対価の額の変更のほか、当該契約において定められた役務の提供の内容の変更による対価の変更が含まれることに留意する。

(注) 同項ただし書に該当する場合には、その役務の提供を行った課税期間において、当該役務の提供について同項本文の規定は適用されない。

(通知義務)

22　改正法附則第16条第2項《第3条の規定による消費税法の一部改正に伴う税率等に関する経過措置》において準用する改正法附則第5条第8項《通知義務》の規定により、事業者が改正法附則第16条第1項において準用する改正法附則第5条第3項又は第4項本文《工事の請負等の税率等に関する経過措置等》の規定の適用を受けた課税資産の譲渡等を行った場合は、その相手方に対し当該課税資産の譲渡等がこれらの規定の適用を受けたものであることについて書面により通知しなければならないのであるが、当該通知は、消費税法第30条第9項《請求書等の範囲》に規定する請求書等にその旨を表示することとして差し支えないものとする。

(軽減税率が適用される予約販売等の取扱い)

23　26年改正令附則第5条第1項本文、第2項又は第3項本文《予約販売に係る書籍等の税率等に関する経過措置》の規定は、消費税法施行令等の一部を改正する政令(平成28年政令第148号)附則第4条《予約販売等に係る31年軽減対象資産の譲渡等に係る税率に関する経過措置》の規定により、軽減対象資産の譲渡等に該当するものについては適用されないのであるから留意する。

(リース延払基準の方法により経理した場合の長期割賦販売等に係る資産の譲渡等の時期の特例を受けないこととなった場合等における経過措置の取扱い)

24　26年改正令附則第6条第1項《リース延払基準の方法により経理した場

合の長期割賦販売等に係る資産の譲渡等の時期の特例を受ける場合における税率等に関する経過措置》に規定する事業者が、施行日から一部施行日の前日までの間に行った長期割賦販売等につき消費税法施行令第32条の2第1項《リース延払基準の方法により経理した場合の長期割賦販売等に係る資産の譲渡等の時期の特例》の規定の適用を受けた場合において、同条第2項の規定により一部施行日以後に資産の譲渡等を行ったものとみなされる同項に規定する「リース譲渡延払収益額に係る部分」があるときは、当該部分については31年旧消費税法第29条《税率》に規定する税率（以下この項及び次項において「旧税率」という。）が適用されるのであるから留意する。

(注) 消費税法施行令第32条の2第3項の規定により読み替えて適用する同令第32条《延払基準の方法により経理しなかった場合等の処理》及び第33条《納税義務の免除を受けることとなった場合等の処理》から第35条《合併等の場合の長期割賦販売等に係る資産の譲渡等の時期の特例》までの規定の適用がある場合であっても、当該部分については旧税率が適用されるのであるから留意する。

(リース譲渡に係る資産の譲渡等の時期の特例を受けないこととなった場合等における経過措置の取扱い)

25　26年改正令附則第8条第1項《リース譲渡に係る資産の譲渡等の時期の特例を受ける場合における税率等に関する経過措置》に規定する事業者が、施行日から一部施行日の前日までの間に行ったリース譲渡につき消費税法施行令第36条の2第1項《リース譲渡に係る資産の譲渡等の時期の特例》の規定の適用を受けた場合において、同条第2項の規定により一部施行日以後に資産の譲渡等を行ったものとみなされる同項に規定する「リース譲渡収益額に係る部分」があるときは、当該部分については旧税率が適用さ

れるのであるから留意する。

(注) 同条第3項の規定又は同条第4項において準用する同令第32条《延払基準の方法により経理しなかった場合等の処理》及び第33条《納税義務の免除を受けることとなった場合等の処理》から第35条《合併等の場合の長期割賦販売等に係る資産の譲渡等の時期の特例》までの規定の適用がある場合であっても、当該部分については旧税率が適用されるのであるから留意する。

（「旧税率適用課税仕入れ等に係る借入金等の返済金若しくは償還金」の意義）

26　26年改正令附則第14条第1項《国、地方公共団体等の仕入れに係る消費税額の特例に関する経過措置》に規定する「旧税率適用課税仕入れ等に係る借入金等の返済金若しくは償還金」とは、消費税法施行令第75条第1項第1号《特定収入に該当しない収入》に規定する借入金等を財源として26年改正令附則第14条第1項に規定する旧税率適用課税仕入れ等を行った場合の当該借入金等の返済金若しくは償還金をいうのであるから留意する。

「消費税の軽減税率制度に関する取扱通達の制定について」(法令解釈通達) 解説

課軽2—1
課個2—10
課法4—8
課消1—61
課審8—13
査調5—8
平成28年4月12日
（最終改正）課軽2—11
平成28年12月13日

各国税局長
沖縄国税事務所長
各税関長　　　殿
沖縄地区税関長

国　税　庁　長　官

消費税の軽減税率制度に関する取扱通達の制定について（法令解釈通達）

　標題のことについては、別冊のとおり定めたから、平成31年10月1日以降これにより取り扱われたい。

　なお、本通達に定めがない場合には、消費税法基本通達（平成7年12月25日付課消2—25ほか4課共同「消費税法基本通達の制定について」（法令解釈通達）の別冊）の定めによる。

（理由）

　「所得税法等の一部を改正する法律」（平成28年法律第15号）附則、「消費税法施行令等の一部を改正する政令」（平成28年政令第148号）附則及び「消

費税法施行規則等の一部を改正する省令」（平成28年財務省令第20号）附則の規定により、平成31年10月1日から消費税の軽減税率制度が実施されることによる。

別　冊

消費税の軽減税率制度に関する取扱通達

(用語の意義)

1 この通達において、次に掲げる用語の意義は、それぞれ次に定めるところによる。

(1) 改正法　所得税法等の一部を改正する法律（平成28年法律第15号）

(2) 改正令　消費税法施行令等の一部を改正する政令（平成28年政令第148号）

(3) 改正省令　消費税法施行規則等の一部を改正する省令（平成28年財務省令第20号）

(4) 飲食料品　改正法附則第34条第1項第1号《31年軽減対象資産の譲渡等に係る税率等に関する経過措置》に規定する飲食料品をいう。

(5) 食品　改正法附則第34条第1項第1号に規定する食品をいう。

(6) 軽減対象資産の譲渡等　改正法附則第34条第1項に規定する31年軽減対象資産の譲渡等をいう。

(7) 軽減税率　100分の6.24をいう。

(8) 標準税率　100分の7.8をいう。

【平28課軽2－11　改正】

解説　本通達において使用されている用語の意義について定めているものであり、ここに定めのない用語の意義については、消費税法基本通達による。

(食品の範囲)

2 改正法附則第34条第1項第1号《31年軽減対象資産の譲渡等に係る税率等に関する経過措置》に規定する「食品（食品表示法（平成25年法律第70号）第2条第1項《定義》に規定する食品（酒税法（昭和28年法

律第6号）第2条第1項《酒類の定義及び種類》に規定する酒類を除く。）をいう。）」とは、人の飲用又は食用に供されるものをいうから、例えば、人の飲用又は食用以外の用途に供するものとして取引される次に掲げるようなものは、飲食が可能なものであっても「食品」に該当しないことに留意する。

(1) 工業用原材料として取引される塩

(2) 観賞用・栽培用として取引される植物及びその種子

(注) 人の飲用又は食用に供されるものとして譲渡した食品が、購入者により他の用途に供されたとしても、当該食品の譲渡は、改正法附則第34条第1項第1号に掲げる「飲食料品の譲渡」に該当する。

【平28課軽2―11　改正】

解説　国内において行う飲食料品の譲渡又は保税地域から引き取られる飲食料品は、消費税の軽減税率の適用対象となるのであるが、その目的物たる「飲食料品」の意義については、改正法附則第34条第1項第1号《31年軽減対象資産の譲渡等に係る税率等に関する経過措置》において、食品表示法第2条第1項《定義》に規定する食品で酒税法第2条第1項《酒類の定義及び種類》に規定する酒類以外のものをいい、一体資産（改正令附則第2条第1号《飲食料品に含まれる資産の範囲》に規定する一体資産をいう。）又は一体貨物（改正令附則第2条第2号に規定する一体貨物をいう。）のうち一定のものを含むこととされている。

この食品表示法第2条第1項に規定する食品とは、全ての飲食物をいい、「一般に、人の飲用又は食用に供されるもの」と解されているのであるから、人の飲用又は食用に供されないものが「食品」に該当しないことは明らかである。

ところで、一般に人の飲用又は食用に供することのできるものであっても、

その性質からそれ以外の用途にも供されるものがある。この点、食品表示法第2条第1項に規定する食品は、上述のとおり、「一般に、人の飲用又は食用に供されるもの」と解されているのであるから、例えば、工業製品製造用・融雪用として販売される塩、観賞用・栽培用として販売される植物及びその種子等は、購入者が結果として飲食したとしても、遡って軽減税率が適用される飲食料品の譲渡に該当することはない。

一方で、例えば、重曹等のように清掃用にも人の飲食用にも供することのできるものが、食品表示法上の表示がなされるなど、人の飲用又は食用に供されるものとして販売されているのであれば、購入者がその全てを清掃用に使用したとしても改正法附則第34条第1項第1号に規定する食品に該当し、軽減税率の適用対象となる。本通達は、このことを念のため明らかにしたものである。

なお、医薬品、医療機器等の品質、有効性及び安全性の確保等に関する法律（昭和35年法律第145号）第2条第2項《定義》に規定する医薬部外品は、薬局のほか、市中のコンビニエンスストアなどの飲食料品を取り扱う店舗でも広く販売されているところであるが、これらは、食品表示法において食品から除かれていることから、改正法附則第34条第1項第1号に規定する食品に該当しない。

参　考

食品表示法第2条第1項

　この法律において「食品」とは、全ての飲食物（医薬品、医療機器等の品質、有効性及び安全性の確保等に関する法律（昭和35年法律第145号）第2条第1項に規定する医薬品、同条第2項に規定する医薬部外品及び同条第9項に規定する再生医療等製品を除き、食品衛生法第4条第2項に規定する添加物（第4条第1項第1号及び第11条において単に「添加物」という。）を含む。）をいう。

食品衛生法第4条第2項

　この法律で添加物とは、食品の製造の過程において又は食品の加工若しくは保存の目的で、食品に添加、混和、浸潤その他の方法によって使用する物をいう。

|参　考| 取引時の用途による適用税率の判定

軽減税率 （人の飲用又は食用に供されるもの）	標準税率 （人の飲用又は食用以外に用途に供するもの）
・食用重曹 ・食用のかぼちゃの種 ・活きあじ ・食用アロエ ・食用トウモロコシ	・清掃用重曹 ・栽培用種子 ・観賞用熱帯魚 ・観賞用植物 ・飼料用トウモロコシ

（飲食料品の販売に係る包装材料等の取扱い）

3　飲食料品の販売に際し使用される包装材料及び容器（以下「包装材料等」という。）が、その販売に付帯して通常必要なものとして使用されるものであるときは、当該包装材料等も含め飲食料品の譲渡に該当することに留意する。

(注)1　贈答用の包装など、包装材料等につき別途対価を定めている場合の当該包装材料等の譲渡は、飲食料品の譲渡には該当しない。

　　2　例えば、陶磁器やガラス食器等の容器のように飲食の用に供された後において食器や装飾品等として利用できるものを包装材料等として使用している場合には、食品と当該容器をあらかじめ組み合わせて一の商品として価格を提示し販売しているものであるため、当該商品は改正令附則第2条第1号《飲食料品に含まれる資産の範

囲》に規定する一体資産に該当する。

解説 一般に、小売店等において飲食料品を販売する際には、例えば、飲み物であれば缶やペットボトルといった容器に入れて、生ものであれば容器に入れラップ等の包装が行われている。このような場合のこれらの包装材料や容器（以下「包装材料等」という。）は、飲食料品の販売に付帯するものであり、通常、飲食料品が費消され又は当該飲食料品と分離された場合に不要となるものである。

このように、飲食料品の販売に付帯して通常必要と認められる包装が行われていることや、衛生上の観点等から通常必要な容器に入れられていることをもって、これらの包装材料等を改正令附則第2条第1号《飲食料品に含まれる資産の範囲》に規定する「食品以外の資産」として当該規定を適用することは、通常の飲食料品の販売形態に対する一般的な認識とも乖離することとなり適切ではない。

このため、飲食料品を販売するために通常必要なものとして使用される包装材料等は、別途対価を定めている場合を除き、飲食料品の譲渡に含まれ、その全体が軽減税率の適用対象となる旨を本通達の本書きで明らかにしたものである。

なお、贈答用のラッピングなど包装材料等について別途対価を定めているような場合は、飲食料品と包装材料等の販売が個々に行われているものであるから、それぞれの資産の譲渡等として消費税法及び改正法附則の規定が適用されることとなる。本通達の注書の1は、このことを念のため明らかにしている。

また、包装材料等のうち通常必要とされないもの、例えば、食品を入れた陶磁器やガラス食器等の容器で、食品が費消された後に食器や装飾品等として利用されることが前提とされているようなものを包装材料等として使用し

ている場合には、食品と当該包装材料等をあらかじめ組み合わせて一つの商品として価格を提示し販売しているものと考えられる。したがって、このような場合の包装材料等は、同号の「食品以外の資産」に該当し、当該商品は、同号の「一体資産」に該当することとなる。本通達の注書の２は、このことを念のため明らかにしたものである。

|事　例|

　高級な果物などを桐の箱などに入れて販売することがあるが、このような容器にあっては、例えば当該果物の保護等を行うために必要で、かつ、「○○産△△リンゴ」、「○○産△△さくらんぼ」など商品名や産地等が当該容器に直接印刷等されているなど、当該果物の容器包装のみに用いるものであることが明らかなときは、通常必要な包装材料等に該当する。

|参　考|

　例えば、包装材料等の販売者が、飲料メーカーに販売する缶やペットボトル、また、スーパー等の小売店に販売するトレイは、包装材料等そのものの販売であることから、軽減税率の適用対象とならない。

（一の資産の価格のみが提示されているもの）
4　改正令附則第２条第１号《飲食料品に含まれる資産の範囲》に規定する一体資産は、食品と食品以外の資産があらかじめ一の資産を形成し、又は構成しているものであって、当該一の資産に係る価格のみが提示されているものに限られるから、例えば、次のような場合は、食品と食品以外の資産が一の資産を形成し、又は構成しているものであっても、一体資産に該当しないことに留意する。
(1)　食品と食品以外の資産を組み合わせた一の詰め合わせ商品について、当該詰め合わせ商品の価格とともに、これを構成する個々の商

品の価格を内訳として提示している場合
(2) それぞれの商品の価格を提示して販売しているか否かにかかわらず、食品と食品以外の資産を、例えば「よりどり3品△△円」との価格を提示し、顧客が自由に組み合わせることができるようにして販売している場合
(注) 1 上記(1)、(2)の場合は、個々の商品ごとに適用税率を判定することとなる。
2 上記(2)の場合に個々の商品に係る対価の額が明らかでないときは、改正令附則第6条《課税資産の譲渡等に係る消費税の課税標準の額に関する経過措置》の規定により、対価の額を合理的に区分することとなる。

解説 改正令附則第2条第1号《飲食料品に含まれる資産の範囲》に規定する一体資産とは、事業者が、改正法附則第34条第1項第1号《31年軽減対象資産の譲渡等に係る税率等に関する経過措置》に規定する食品(以下「食品」という。)と食品以外の資産をあらかじめ一つの商品として当該商品の価格のみを提示して販売しているものをいうのであるから、単に個々の資産を同時に譲渡してもその譲渡全体が一体資産の譲渡に該当するものではないことはいうまでもない。

また、一つの商品を形成し、又は構成している場合であっても、一体資産に該当しないものがあり、本通達はそのような場合を例示したものである。例えば、コーヒー豆とコーヒーカップのセット商品についてコーヒー豆○○円、コーヒーカップ××円と内訳を提示するなど食品と食品以外の資産についてそれぞれ価格が提示されている場合には、当該一の商品の価格のみが提示されているものではないため一体資産に該当せず、食品の部分についてのみ軽減税率の適用対象となる(本通達の(1))。

一方で、商品の販売方法として、それぞれ別々の商品として価格を設定して販売している場合に、一括で値引きを行って販売するような例（例えば、個々の商品は200円、よりどり３品500円として販売する場合）又は、個々の商品の価格を示すことなくその場で購入者が選択する複数の商品を組み合わせて販売するような例（例えば、このワゴンボックス内の商品は、よりどり３品500円として販売する場合）も見受けられる。このような組み合わせ販売において、選択可能な商品の中に食品と食品以外のものがあったとしても、いずれの場合も、食品と食品以外の資産があらかじめ一の資産を形成し、又は構成しているものではないため一体資産には該当しない（本通達の(2)）。

　これらは、別々の商品をそれぞれ値引き等して販売しているに過ぎないので、改正令附則第６条《課税資産の譲渡等に係る消費税の課税標準の額に関する経過措置》の規定に基づき、飲食料品に係る部分のみ軽減税率が適用されることとなる。

　なお、食品と食品以外の資産を組み合わせて販売し、一括して値引きを行った場合のそれぞれの資産の値引き後の対価の額は、それぞれの資産の値引き前の対価の額等によりあん分するなど合理的に計算して算出することとなる（軽減通達15）。

(注)　一の商品を形成し、又は構成している場合において、その商品の価格の内訳として食品と食品以外の資産についてそれぞれ価格の内訳を示している場合であっても、その金額が合理的なものでない場合には、改正令附則第６条の規定により区分することとなる。

（一体資産に含まれる食品に係る部分の割合として合理的な方法により計算した割合）

5　改正令附則第２条第１号《飲食料品に含まれる資産の範囲》に規定

する「一体資産の価額のうちに当該一体資産に含まれる食品に係る部分の価額の占める割合として合理的な方法により計算した割合」とは、事業者の販売する商品や販売実態等に応じ、例えば、次の割合など、事業者が合理的に計算した割合であればこれによって差し支えない。

(1) 当該一体資産の譲渡に係る売価のうち、合理的に計算した食品の売価の占める割合

(2) 当該一体資産の譲渡に係る原価のうち、合理的に計算した食品の原価の占める割合

(注)1 原価に占める割合により計算を行う場合において、当該原価が日々変動するなど、当該割合の計算が困難なときは、前課税期間における原価の実績等により合理的に計算されている場合はこれを認める。

2 売価又は原価と何ら関係のない、例えば、重量・表面積・容積等といった基準のみにより計算した割合は、当該一体資産に含まれる食品に係る部分の価額に占める割合として合理的な方法により計算した割合とは認められない。

解説 食品と食品以外の資産を組み合わせて一つの商品として価格を提示しているもの、例えば、コーヒー豆とコーヒーカップのセット商品などは、改正令附則第2条第1号《飲食料品に含まれる資産の範囲》に規定する一体資産に該当することとなる。この一体資産の適用税率は、原則として標準税率となるが、一定の少額のものについては、軽減税率が適用される。

具体的には、一体資産のうち、

(1) 一体資産の譲渡の対価の額（税抜価額）が1万円以下であること

(2) 当該一体資産の価額のうちに当該一体資産に含まれる食品に係る部分の価額の占める割合として合理的な方法により計算した割合が3分の2以上

のものであること

の２つの要件を満たす場合には、改正法附則第34条第１項第１号《31年軽減対象資産の譲渡等に係る税率等に関する経過措置》に規定する「飲食料品」に含まれることとなり、その譲渡は軽減税率の適用対象となる。

これらの要件のうち、(2)については、一体資産の主要部分が食品であること、すなわち、当該一体資産の価額に占める食品に係る部分の割合が３分の２以上であることを事業者が合理的な方法により判定する必要がある。本通達は、その「一体資産に含まれる食品に係る部分の価額に占める割合」の算定にあたり、売価による比率又は原価による比率を用いることは、「合理的な方法」に該当することを例示したものである。

この点、例えば、食品に係る部分の売価に占める割合として、一体資産の譲渡に係る売価のうち当該一体資産を構成する各資産をそれぞれ譲渡した場合の食品に係る部分の売価の占める割合や、一体資産の譲渡に係る原価のうち一般に公正妥当と認められる会計処理の基準に従って算出した食品に係る部分の原価の占める割合を用いることも、事業者の販売する商品や販売実態に応じた合理的な方法により算出されたものである限り、差し支えないものといえる。

また、原価により割合の計算を行う場合において、当該原価が日々変動するなど、当該割合の計算が困難な場合においては、前課税期間における原価の実績等により合理的に計算されている場合はこれを認めることとしている（本通達の注書の１）。

なお、販売する商品の重量・表面積・容積等のように売価又は原価と相関関係にない基準のみにより計算した割合は、当該一体資産に含まれる食品に係る部分の価額の占める割合として合理的な方法により計算した割合とは認められない（本通達の注書の２）。

> **事例**

　当社は、小売業を営んでおり、食玩を販売している。この食玩に含まれる食品に係る部分の価額に占める割合が不明であるが、仕入れの際に仕入先が適用した税率を適用して販売することも認められるか。

> **回答**

　小売業や卸売業等を営む事業者が、一体資産に該当する商品を仕入れて販売する場合において、販売する対価の額（税抜き）が１万円以下であれば、その課税仕入れのときに仕入先が適用した税率をそのまま適用して差し支えない。

（自動販売機による譲渡）

6　自動販売機により行われるジュース、パン、お菓子等の販売は、飲食料品を飲食させる役務の提供を行っているものではなく、単にこれらの飲食料品を販売するものであるから、軽減税率の適用対象となる飲食料品の譲渡に該当することに留意する。

解説　自動販売機は、屋内外を問わず様々な場所に設置され、また、販売される品目も様々である。このため、例えば、フードコート内に設置された自動販売機で、温かいカップコーヒーが販売される場合には、軽減税率の適用対象とならない食事の提供に該当するのか、といった疑問も生じうる。

　この点、軽減税率の適用対象とならない食事の提供は、飲食に用いられる設備のある場所において飲食料品を飲食させる役務の提供をいうのであるが、自動販売機がフードコートのような場所に設置されていたとしても、その自動販売機による飲食料品の販売は、顧客が購入した飲食料品をどの場所でも飲食できるような形態（持ち帰りの形態）で行われているのであり、一般的

には、自動販売機で飲食料品を販売する事業者は顧客に飲食させる役務の提供を行っているものではない。

本通達は、このように自動販売機により行われる飲食料品の販売は、その設置場所や販売する飲食料品の種類にかかわらず、単に飲食料品を販売するものにすぎないものとして、軽減税率の適用対象となる飲食料品の譲渡に該当することを念のため明らかにしたものである。

（飲食店業等の事業を営む者が行う食事の提供の意義）

7 改正法附則第34条第1項第1号イ《31年軽減対象資産の譲渡等に係る税率等に関する経過措置》に規定する食事の提供（以下この項において「食事の提供」という。）には、食品衛生法施行令第35条第1号《営業の指定》に規定する飲食店営業及び同条第2号に規定する喫茶店営業を行う者のみならず、飲食料品をその場で飲食させる事業を営む者が行う食事の提供の全てが該当することに留意する。

【平28課軽2—11　改正】

解説　改正法附則第34条第1項第1号イ《31年軽減対象資産の譲渡等に係る税率等に関する経過措置》に規定する食事の提供を行う事業者の範囲については、改正令附則第3条第1項《飲食料品の譲渡に含まれない食事の提供を行う事業の範囲等》に規定されており、当該事業者の範囲は、食事の提供を行う代表的な事業者である食品衛生法施行令（昭和25年政令第229号）第35条第1号《営業の指定》に規定する飲食店営業及び同条第2号に規定する喫茶店営業に該当する事業を行う者のみならず、その他の飲食料品をその場で飲食させる事業を行う者も含まれており、これは、飲食に用いられる設備のある場所において飲食料品を飲食させる役務の提供を行う全ての事業者が該

参考 食品衛生法施行令（抄）

(営業の指定)

第35条　法第51条の規定により都道府県が施設についての基準を定めるべき営業は、次のとおりとする。

一　飲食店営業（一般食堂、料理店、すし屋、そば屋、旅館、仕出し屋、弁当屋、レストラン、カフエー、バー、キヤバレーその他食品を調理し、又は設備を設けて客に飲食させる営業をいい、次号に該当する営業を除く。）

二　喫茶店営業（喫茶店、サロンその他設備を設けて酒類以外の飲物又は茶菓を客に飲食させる営業をいう。）

三～三十四　省略

（飲食に用いられる設備）

8　改正法附則第34条第1項第1号イ《31年軽減対象資産の譲渡等に係る税率等に関する経過措置》に規定する「テーブル、椅子、カウンターその他の飲食に用いられる設備」（以下この項において「飲食設備」という。）は、飲食料品の飲食に用いられる設備であれば、その規模や目的を問わないから、例えば、テーブルのみ、椅子のみ、カウンターのみ若しくはこれら以外の設備であっても、又は飲食目的以外の施設等に設置されたテーブル等であっても、これらの設備が飲食料品の飲食に用いられるのであれば、飲食設備に該当することに留意する。

【平28課軽2－11　改正】

解説　改正法附則第34条第1項第1号イ《31年軽減対象資産の譲渡等に係る税率等に関する経過措置》では、食事の提供を「テーブル、椅子、カウン

ターその他の飲食に用いられる設備のある場所において飲食料品を飲食させる役務の提供」と規定して、この食事の提供は飲食料品の譲渡に含まないものとされている。同号に規定する「テーブル、椅子、カウンターその他の飲食に用いられる設備」(以下「飲食設備」という。)は、飲食料品の飲食に用いられる設備であれば、その規模を問わないから、例えば、屋台や移動販売で用いられるようなテーブルのみ、椅子のみ若しくはカウンターのみの場合であっても、又はこれら以外の設備であっても、飲食に用いられるのであれば、飲食設備に該当することとなる。

　また、「飲食のための設備」と規定せず「テーブル、椅子、カウンターその他の飲食に用いられる設備」と規定しているのであるから、その目的は問わないため、いわゆる食堂等のテーブル、椅子、カウンターといった飲食のための専用の設備のみならずカラオケボックスやスポーツ観戦施設、鉄道等の乗り物など飲食目的以外の施設内のテーブル、椅子等の設備も飲食に用いられるのであれば飲食設備に該当することとなる。本通達は、これらのことを念のため明らかにしたものである。

　なお、このような飲食目的以外の施設内の飲食設備のある場所で行われる飲食料品の販売が、飲食料品の譲渡に該当し軽減税率の適用対象となるのか、食事の提供に該当し標準税率の適用対象となるのかは、その具体的な取引の態様により個々に判定する必要がある(軽減通達10)。

(飲食設備等の設置者が異なる場合)

9　飲食料品を提供する事業者とテーブルや椅子等の設備を設置し、又は管理している者とが異なる場合において、これらの者の間の合意等に基づき、当該設備を当該事業者の顧客に利用させることとしているときは、当該設備は、改正法附則第34条第1項第1号イ《31年軽減対

象資産の譲渡等に係る税率等に関する経過措置）に規定する「テーブル、椅子、カウンターその他の飲食に用いられる設備」（以下この項において「飲食設備」という。）に該当することに留意する。

（注）　飲食料品を提供する事業者と何ら関連のない公園のベンチ等の設備は、当該事業者から飲食料品を購入した顧客が飲食に利用した場合であっても、飲食設備には該当しない。

【平28課軽2―11　改正】

解説　外食サービスの形態には、飲食料品を提供する者とテーブル等の設備の設置者が同一である一般的な食堂のほか、例えば、ショッピングセンターのフードコートなどのように飲食料品を提供する事業者とテーブル、椅子等の設置者が異なるような形態により行われるものもある。こうした実態を踏まえ、改正法附則第34条第1項第1号イ《31年軽減対象資産の譲渡等に係る税率等に関する経過措置》では、当該設備の設置者は限定されていない。したがって、そのような形態であっても、事業者間の合意等に基づき設備を設置・管理する事業者が、当該設備を当該飲食料品を提供する事業者の顧客に利用させることとしているときは、飲食設備に該当することとなる。本通達は、その旨を明らかにしたものである。

他方、公園などのテーブル、ベンチ等（以下「ベンチ等」という。）は、不特定多数の者が休憩などの様々な目的のために使用する設備であり、特定の事業者が、自らの設備として顧客に飲食させるために利用可能な設備ではない。このため、公園等の近隣に所在する店舗等で飲食料品を購入した顧客が自身の判断でベンチ等を利用したとしても、そのベンチ等は、一般に事業者間の合意等に基づき顧客に利用させることとしているものではなく、不特定多数の者が利用するものであることから同号に規定するテーブル、椅子、カウンターその他の飲食に用いられる設備には該当しない。本通達の注書は、

このことを念のため明らかにしたものである。

(食事の提供の範囲)

10 改正法附則第34条第1項第1号イ《31年軽減対象資産の譲渡等に係る税率等に関する経過措置》に規定する食事の提供(以下この項において「食事の提供」という。)は、事業者がテーブル、椅子、カウンターその他の飲食に用いられる設備のある場所において、飲食料品を飲食させる役務の提供をいうのであるから、レストラン、喫茶店、食堂、フードコート等(以下「レストラン等」という。)のテーブルや椅子等の飲食に用いられる設備のある場所で、顧客に飲食させる飲食料品の提供のほか、飲食目的以外の施設等で行うものであっても、テーブル、椅子、カウンターその他の飲食に用いられる設備のある場所を顧客に飲食させる場所として特定して行う、例えば、次のようなものは、食事の提供に該当し、軽減税率の適用対象とならないことに留意する。

(1) ホテル等の宿泊施設内のレストラン等又は宴会場若しくは客室で顧客に飲食させるために行われる飲食料品の提供

(2) カラオケボックス等の客室又は施設内に設置されたテーブルや椅子等のある場所で顧客に飲食させるために行われる飲食料品の提供

(3) 小売店内に設置されたテーブルや椅子等のある場所で顧客に飲食させるために行われる飲食料品の提供

(4) 映画館、野球場等の施設内のレストラン等又は同施設内の売店等の設備として設置されたテーブルや椅子等のある場所で顧客に飲食させるために行われる飲食料品の提供

(5) 旅客列車などの食堂施設等において顧客に飲食させるために行われる飲食料品の提供

(注) 1　上記(1)から(5)の場合においても、持ち帰りのための飲食料品の譲渡（飲食料品を持ち帰りのための容器に入れ、又は包装を施して行った飲食料品の譲渡）は、軽減税率の適用対象となる。

　　　なお、持ち帰りのための飲食料品の譲渡か否かの判定は、本通達第11項による。

　　2　上記(4)、(5)の施設内に設置された売店や移動ワゴン等による弁当や飲み物等の販売は、例えば、当該施設内の座席等で飲食させるために提供していると認められる次のような飲食料品の提供を除き、同号に掲げる「飲食料品の譲渡」に該当し、軽減税率の適用対象となる。

　　　イ　座席等で飲食させるための飲食メニューを座席等に設置して、顧客の注文に応じて当該座席等で行う飲食料品の提供

　　　ロ　座席等で飲食させるため事前に予約を受けて行う飲食料品の提供

【平28課軽2―11　改正】

解説　改正法附則第34条第1項第1号イ《31年軽減対象資産の譲渡等に係る税率等に関する経過措置》に規定する食事の提供は、軽減税率の適用対象となる飲食料品の譲渡に含まないとされている。また、同号に規定する食事の提供とは、「テーブル、椅子、カウンターその他の飲食に用いられる設備のある場所において飲食料品を飲食させる役務の提供」をいうこととされているから、次の2つの要件のいずれも満たすものが、これに該当することとなる。

①　事業者が飲食設備のある場所において行うものであること（場所要件）

②　当該飲食設備のある場所において、顧客に飲食物を飲食させる役務の

提供であること（サービス要件）

　ところで、いわゆる外食サービスには、レストランのような飲食を目的とする施設で行われるもののほかにも、様々な取引形態がある。例えば、飲食目的以外の映画館、野球場等の施設では、売店での軽食（ポップコーン等）の販売や移動ワゴンによる弁当や飲み物の販売のほか、座席における各種の飲食料品の提供も行われているところである。

　そこで、本通達の本文では、飲食目的以外の施設で行われる飲食料品の提供のうち、上記２つの要件のいずれも満たして「食事の提供」に該当し、軽減税率の適用対象とならないものにつき、次の(1)から(5)を代表例として具体的に例示するものである。

(1)　ホテル等の宿泊施設内のレストラン等又は宴会場若しくは客室で顧客に飲食させるために行われる飲食料品の提供
(2)　カラオケボックス等の客室又は施設内に設置されたテーブルや椅子等のある場所で顧客に飲食させるために行われる飲食料品の提供
(3)　小売店内に設置されたテーブルや椅子等のある場所で顧客に飲食させるために行われる飲食料品の提供
(4)　映画館、野球場などの施設内のレストラン等又は同施設内の売店等の設備として設置されたテーブルや椅子等のある場所で、顧客に飲食させるために行われる飲食料品の提供
(5)　旅客列車などに設置された食堂施設等で顧客に飲食させるために行われる飲食料品の提供

　ただし、上記(1)から(5)の施設等で提供される飲食料品について、例えば、土産用として持ち帰りのために販売するとき（持ち帰りのための販売かどうかの判定については、本通達第11項により判定）は、そもそも食事の提供ではなく、飲食料品の譲渡に該当する（本通達の注書の１）。

　また、映画館、野球場、旅客列車等で行われている各種の飲食料品の提供

のうち、施設内のテーブルや椅子等の設備がない売店における販売や、野球場等の売り子による販売、乗り物内のワゴンサービス（移動販売）は、単に店頭で、又は顧客の座席等の周辺に移動しながら、飲食料品を譲渡しているにすぎない。したがって、これらの施設内に設置された座席等の周辺において顧客に飲食させる場所を座席等に特定しないで行われるこのような取引は、その場で、飲食させるサービスを伴うものとはいえず、改正法附則第34条第1項第1号イにいう食事の提供には該当しない。

　一方で、これら飲食目的以外の施設内の座席等であっても、その場で飲食させることを目的として、座席等に食事メニューを用意して、顧客の求めに応じてその場で飲食させるといった形態のサービスも見受けられる。このため、本通達の注書の2では、次のような形態のサービスは、これらの施設等の座席等において行われるものであっても顧客に飲食させる場所を座席等に特定して行われるものであるから食事の提供に該当するものとして、具体的に例示している。

イ　座席等で顧客に飲食させるための飲食メニューを座席等に設置して、顧客の注文に応じて当該座席等で行う飲食料品の提供

ロ　座席等で顧客に飲食させるため事前に予約を受けて行う飲食料品の提供

　なお、上記(1)から(5)の施設等に設置された自動販売機により行われる飲食料品の販売は、本通達第6項のとおり、単に飲食料品を販売するものであるから、「食事の提供」には該当しない。

| 参 考 | 食事の提供の具体例 |

軽減税率 （飲食料品の譲渡等）	標準税率 （食事の提供）
・ホテルの客室に設置された冷蔵庫内の飲料の販売 ・列車内のワゴン販売 ・映画館の売店での飲食料品の販売 　※　その売店に飲食設備がない場合又は持ち帰りの場合	・ホテルのルームサービス ・列車内の食堂施設での飲食 ・カラオケボックスの客室での飲食 ・映画館の売店での飲食料品の販売 　※　その売店が飲食設備を設置し、その飲食設備で飲食させる場合

（持ち帰りのための飲食料品の譲渡か否かの判定）

11　事業者が行う飲食料品の提供等に係る課税資産の譲渡等が、食事の提供（改正法附則第34条第1項第1号イ《31年軽減対象資産の譲渡等に係る税率等に関する経過措置》に規定する「食事の提供」をいう。以下この項において同じ。）に該当し標準税率の適用対象となるのか、又は持ち帰りのための容器に入れ、若しくは包装を施して行う飲食料品の譲渡に該当し軽減税率の適用対象となるのかは、当該飲食料品の提供等を行う時において、例えば、当該飲食料品について店内設備等を利用して飲食するのか又は持ち帰るのかを適宜の方法で相手方に意思確認するなどにより判定することとなる。

　なお、課税資産の譲渡等の相手方が、店内設備等を利用して食事の提供を受ける旨の意思表示を行っているにもかかわらず、事業者が「持ち帰り」の際に利用している容器に入れて提供したとしても、当該課税資産の譲渡等は飲食料品の譲渡に該当しないのであるから、軽減税率の適用対象とならないことに留意する。

【平28課軽2－11　改正】

解説 飲食店の中には、店内で飲食されるために提供している飲食料品を持ち帰り用に販売する際に、通常、店内で飲食させるときとは異なる容器に入れ、又は包装を施して販売するものがある。

　一方で、例えば、イートインスペースを有するコンビニエンスストアなど店内飲食と持ち帰りの両方を前提として営業している店舗にあっては、その飲食料品の性質、形状等により、店内飲食であっても持ち帰りであっても同様の容器、包装等で提供されるものがある。

　いずれの場合であっても、事業者が行う課税資産の譲渡等が、飲食に用いられる設備であるテーブルや椅子等を利用して顧客に飲食させる役務の提供（食事の提供）であれば標準税率の適用対象となり、持ち帰り用の販売（飲食料品の譲渡）であれば軽減税率の適用対象となるのであるから、当該課税資産の譲渡等を行う時（飲食料品の販売時）において、適宜の方法で顧客の意思を確認するなどにより、適用税率を判定することとなる。本通達はこのことを明らかにしている。

　なお、持ち帰り用として行う飲食料品の譲渡は食事の提供には該当しないのであるが、顧客が店内設備等の利用の意思を示しているにもかかわらず、事業者が持ち帰り用の容器に入れ、又は包装等を施して飲食料品を提供したとしても、当該飲食料品の提供は、食事の提供に該当することはいうまでもない。

　また、消費税の納税義務は、個々の課税資産の譲渡等をした時に成立する（通法15②七）ため、例えば、顧客の持ち帰るという求めに応じ、持ち帰り用の容器に入れ、又は包装等を施して譲渡した場合は、その課税資産の譲渡等が行われた時においては飲食料品の譲渡であるから、当該飲食料品の譲渡を受けた顧客がその後当該施設を無断で利用したとしても、そのことをもって、遡ってその課税資産の譲渡等が食事の提供に変更されるものではない。

　ただし、事業者が購入者と通謀して適用税率を偽って申告するなど、当該

事業者の責めに帰すべき事由がある場合にまで、その適用税率が認められるものではないことは当然である。

（給仕等の役務を伴う飲食料品の提供）

12　改正法附則第34条第1項第1号ロ《31年軽減対象資産の譲渡等に係る税率等に関する経過措置》に規定する「課税資産の譲渡等の相手方が指定した場所において行う加熱、調理又は給仕等の役務を伴う飲食料品の提供」は、飲食料品の譲渡に含まないものとされるため、軽減税率の適用対象とならないのであるが、同号ロに規定する「加熱、調理又は給仕等の役務を伴う」とは、課税資産の譲渡等を行う事業者が、相手方が指定した場所に食材等を持参して調理を行って提供する場合や、調理済みの食材を相手方が指定した場所で加熱して温かい状態等で提供する場合のほか、例えば、次の場合も該当するのであるから留意する。

　なお、相手方が指定した場所で加熱、調理又は給仕等の役務を一切伴わないいわゆる出前は、同号に掲げる「飲食料品の譲渡」に該当し、軽減税率の適用対象となる。

(1)　飲食料品の盛り付けを行う場合
(2)　飲食料品が入っている器を配膳する場合
(3)　飲食料品の提供とともに取り分け用の食器等を飲食に適する状態に配置等を行う場合

【平28課軽2―11　改正】

解説　課税資産の譲渡等の相手方が指定した場所において行う加熱、調理又は給仕等の役務を伴う飲食料品の提供は、改正法附則第34条第1項第1号

《31年軽減対象資産の譲渡等に係る税率等に関する経過措置》に規定する飲食料品の譲渡に該当しないとされており、いわゆるケータリングサービスがこれに該当するものであるが、一言でケータリングサービスといっても、折詰の弁当や皿に盛ったサンドウィッチ等を指定された場所に単に届けるといった、いわゆる出前と変わらないものから、相手方の指定した場所に赴き、その場に調理台等を備えたうえで調理を行って提供するものなど様々な形態がある。

「加熱、調理又は給仕等の役務」のうち、加熱、調理については比較的容易に判断できるとこであはあるが、給仕等の役務については、その判断に迷うことも考えられる。本通達では、給仕等の役務について具体的な役務を例示することでその内容を明らかにしたものである。

なお、宅配ピザや食堂等が行ういわゆる出前は、飲食に用いられる設備のある場所において飲食料品を飲食させるために行われるものではなく、また、顧客の注文に応じ顧客の指定した場所まで配達等を行うものではあるが、その場所において、加熱、調理又は給仕等の役務は伴わない。このため、これら出前については、飲食店等が行ったとしても、相手方が指定した場所で加熱、調理又は給仕等の役務が伴わない限り、同号に規定する飲食料品の譲渡に該当し、軽減税率が適用される。

また、同号ロ括弧書の規定により「課税資産の譲渡等の相手方が指定した場所において行う加熱、調理又は給仕等の役務を伴う飲食料品の提供」から除かれる、有料老人ホームにおける一定の食事や学校給食（注）などは軽減税率が適用される。

（注）　有料老人ホームで提供される食事や学校給食などは、通常のケータリングサービスと異なり、その都度自らの選択で受けるものではなく、日常生活や学校生活を営む場において他の形態で食事をとることが困難なことから、有料老人ホームや学校の設置者が提供する飲食料品を選択せざるを得ないとい

う面がある。こうした事情に鑑み、一定の給食等については、「課税資産の譲渡等の相手方が指定した場所において行う加熱、調理又は給仕等の役務を伴う飲食料品の提供」から除かれている。

参考 軽減税率の対象となる有料老人ホーム等の飲食料品の提供の範囲

施　設	飲食料品の提供の範囲
有料老人ホーム	有料老人ホームの設置者又は運営者が、入居者（※１）に対して行う飲食料品の提供
サービス付き高齢者向け住宅	サービス付き高齢者向け住宅の設置者又は運営者が入居者に対して行う飲食料品の提供
義務教育諸学校（※２）	義務教育諸学校の設置者が、その児童又は生徒の全て（※３）に対して学校給食として行う飲食料品の提供
夜間課程を置く高等学校	高等学校の設置者が、夜間課程で教育を受ける生徒の全て（※３）に対して学校給食に準じて行う飲食料品の提供
特別支援学校の幼稚部又は高等部の施設	特別支援学校の設置者が、その幼児又は生徒の全て（※３）に対して学校給食として行う飲食料品の提供
幼稚園の施設	幼稚園の設置者が、その施設で教育を受ける幼児の全て（※３）に対して学校給食に準じて行う飲食料品の提供
特別支援学校の寄宿舎	寄宿舎の設置者が、寄宿舎に寄宿する幼児、児童又は生徒に対して行う飲食料品の提供

（※１）　軽減税率の対象となる有料老人ホームの飲食料品の提供は、サービス付き高齢者向け住宅の入居者と同様、以下の入居者に対するものに限られる。
　①　60歳以上の者
　②　要介護認定又は要支援認定を受けている60歳未満の者
　③　①又は②に該当する者と同居している配偶者（婚姻の届出をしていないが事実上婚姻関係と同様の事情にある者を含む。）

（※２）　義務教育諸学校とは、学校教育法に規定する小学校、中学校、義務教育学校、中等教育学校の前期課程又は特別支援学校の小学部若しくは中学部をいう。

(※3) アレルギーなどの個別事情により全ての児童又は生徒に対して提供することができなかったとしても軽減税率の対象となる。

(有料老人ホーム等の飲食料品の提供に係る委託)
13 老人福祉法に規定する有料老人ホーム等を設置し、又は運営する者(以下「設置者等」という。)が、外部業者へ当該施設の入居者に対する飲食料品の提供に係る調理等を委託している場合において、受託者たる当該外部業者の行う調理等に係る役務の提供は、委託者たる当該設置者等に対する役務の提供であることから、軽減税率の適用対象とならないことに留意する。

解説 改正法附則第34条第１項第１号ロ《31年軽減対象資産の譲渡等に係る税率等に関する経過措置》の規定及び改正令附則第３条第２項第１号及び第２号《飲食料品の譲渡に含まれる飲食料品の提供》の規定により、老人福祉法に規定する有料老人ホーム等を設置し、又は運営する者(以下「設置者等」という。)が、当該施設の入居者に対して行う一定の飲食料品の提供は、標準税率の適用対象から除かれており、軽減税率の適用対象となる。

具体的には、老人福祉法第29条第１項《届出等》の規定による届出が行われている同項に規定する有料老人ホーム又は高齢者の居住の安定確保に関する法律第６条第１項《登録の申請》に規定する登録を受けた同法第５条第１項《サービス付き高齢者向け住宅事業の登録》に規定するサービス付き高齢者向け住宅の設置者等が、当該施設の入居者に対して行う一定の飲食料品の提供が該当する。

ところで、有料老人ホーム等が入居者に飲食料品の提供を行うに当たり、調理等を他の事業者に委託する例もある。この場合、他の事業者が、設置者

等から受託する調理等に係る業務自体は、設置者等に対して行われる役務の提供であることから、軽減税率の適用対象となる飲食料品の譲渡には該当しないことになる。本通達は、このことを念のため明らかにしたものである。

なお、設置者等が他の事業者に調理等を委託して、入居者に飲食料品を提供している場合であっても、設置者等が該当施設の入居者に対して行う一定の飲食料品の提供は、当然に軽減税率の適用対象となる。

参考　有料老人ホーム等における調理委託の課税関係

①：受託者が委託者に対して行う調理等役務の提供（標準税率の対象）
②：委託者が（受託者を通じて）入居者に対して行う一定の飲食料品の提供（軽減税率の対象）

（１週に２回以上発行する新聞の意義）

14　改正法附則第34条第１項第２号《31年軽減対象資産の譲渡等に係る税率等に関する経過措置》に規定する「１週に２回以上発行する新聞」とは、通常の発行予定日が週２回以上とされている新聞をいうのであるから、国民の祝日及び通常の頻度で設けられている新聞休刊日によって１週に１回以下となる週があっても「１週に２回以上発行する新聞」に該当する。

【平28課軽２―11　改正】

解説　改正法附則第34条第１項第２号《31年軽減対象資産の譲渡等に係る税率等に関する経過措置》に規定する「１週に２回以上発行する新聞」とは、

通常の発行予定日が週2回以上とされている新聞をいうのであるから、国民の祝日及び通常の頻度で設けられている新聞休刊日があることによって、1週に1回以下の発行となる場合があったとしても、当該新聞は「1週に2回以上発行する新聞」に該当することとなる。本通達は、このことを念のため明らかにしたものである。

参 考　電子版の新聞

　軽減税率の適用対象となる「新聞の譲渡」とは、一定の題号を用い、政治、経済、社会、文化等に関する一般社会的事実を掲載する新聞（1週に2回以上発行する新聞に限る。）の定期購読契約に基づく譲渡をいう（改正法附則34①二）。

　他方、インターネットを通じて通信する電子版の新聞は、電気通信回路を介して行われる役務の提供である「電気通信利用役務の提供」に該当し、「新聞の譲渡」に該当しないことから、軽減税率の適用対象とならない（法2①八の三）。

（軽減対象資産の譲渡等とそれ以外の資産の譲渡等を一括して対象とする値引販売）

15　事業者が、軽減対象資産の譲渡等とそれ以外の資産の譲渡等を同時に行った場合には、それぞれの資産の譲渡等ごとに適用税率を判定することとなるが、例えば、顧客が割引券等を利用したことにより、これら同時に行った資産の譲渡等を対象として一括して対価の額の値引きが行われており、当該資産の譲渡等に係る適用税率ごとの値引額又は値引額控除後の対価の額が明らかでないときは、割引券等による値引額を当該資産の譲渡等に係る価額の比率により按分し、適用税率ごとの値引額及び値引額控除後の対価の額を区分することとなることに

留意する。

　なお、当該資産の譲渡等に際して顧客へ交付する領収書等の書類により適用税率ごとの値引額又は値引額控除後の対価の額が確認できるときは、当該資産の譲渡等に係る値引額又は値引額控除後の対価の額が、適用税率ごとに合理的に区分されているものに該当する。

解説　飲食料品と飲食料品以外の資産を同時に譲渡した場合においては、それぞれの資産の譲渡等ごとに適用税率を判定することとなるが、これらの課税資産の譲渡等に係る適用税率ごとの対価の額が明らかでないときは、同時に譲渡される資産の価額により按分するなど合理的に区分することとなる（改正令附則6）。また、このような取引に係る返品、割戻等があったことにより、売上げに係る対価の返還等を行う場合には、同様に適用税率ごとに対価の返還等に係る金額を合理的に区分することになる（改正令附則8）。

　ところで、商品の売買取引においては、商品代金の精算の際に、顧客が事業者から交付を受けた割引券等を利用するなどにより、値引きが行われる場合がある。この点、飲食料品と飲食料品以外の資産を同時に譲渡する取引を対象として、一括して値引きが行われる場合、適用税率ごとに区分した値引き後の課税資産の譲渡等の対価の額に対してそれぞれ消費税が課されることから、割引券等による値引販売に係る値引額について、適用税率ごとの値引額が明らかでないときは、同時に譲渡した飲食料品と飲食料品以外の資産の価額の比により按分し、適用税率ごとに区分することとなる。他方、レシートや領収書等の取引の明細に割引券等による値引き後の適用税率別の対価の額や税額が記載されている場合には、値引額を含めた当事者間の価額の合意内容や適用税率別の対価の額や税額が明らかであることから、適用税率ごとに合理的に区分されているものに該当する。

　本通達は、これらのことを念のため明らかにしたものである。

（軽減対象資産の譲渡等に係る委託販売手数料）

16　委託販売その他業務代行等（以下「委託販売等」という。）において、受託者が行う委託販売手数料等を対価とする役務の提供は、当該委託販売等に係る課税資産の譲渡が軽減税率の適用対象となる場合であっても、標準税率の適用対象となることに留意する。

　なお、当該委託販売等に係る課税資産の譲渡が軽減税率の適用対象となる場合には、適用税率ごとに区分して、委託者及び受託者の課税資産の譲渡等の対価の額及び課税仕入れに係る支払対価の額の計算を行うこととなるから、消費税法基本通達10―1―12(1)及び(2)なお書《委託販売等に係る手数料》による取扱いの適用はない。

【平28課軽2―11　改正】

解説　委託者の計算において行う資産の譲渡等につき、受託者が販売等を受託する委託販売その他業務代行等（以下「委託販売等」という。）については、受託者が顧客から収受する金額が委託者の資産の譲渡等の対価となり、受託者は、委託者から受け取る委託手数料等が役務の提供の対価となる。

　このため、委託販売により取り扱う商品が飲食料品であったとしても、受託者が委託者に対して行う業務の本質は、商品を代行して販売するという役務の提供であるから、飲食料品の譲渡の委託販売等において、軽減対象資産の譲渡等を行うのは委託者であり、受託者の行う役務の提供は、標準税率の適用対象となる。

　なお、当該委託販売等に係る課税資産の譲渡が軽減税率の適用対象となる場合には、適用税率ごとに区分して、委託者及び受託者の課税資産の譲渡等の対価の額及び課税仕入れに係る支払対価の額の計算を行うこととなるから、基本通達10―1―12(1)及び(2)なお書《委託販売等に係る手数料》による取扱

いの適用はできない。本通達は、このことを明らかにしたものである。

事 例

【1 消基通10—1—12(1)による計算】

```
      販売代金精算書
○○御中
××年1月分

ニンジン※        20,000円
トマト※          30,000円
売上合計          50,000円
委託手数料         4,000円
清算合計          46,000円
 （消費税         3,680円）
                    △△㈱

※は軽減税率対象
```

課税標準額

50,000円－4,000円＝46,000円

課税標準に係る消費税額

（納付すべき消費税額）

46,000円×8％＝3,680円

※ 販売した商品は飲食料品であり軽減税率8％の適用対象となるが、委託手数料は役務提供の対価であり、標準税率10％の適用対象となることから、税率が異なるため、<u>委託手数料を控除して課税標準額を計算することはできない。</u>

【2 本通達による計算】

```
      販売代金精算書
○○御中
××年1月分

ニンジン※        20,000円
トマト※          30,000円
売上合計          50,000円
 （消費税         4,000円）
委託手数料         4,000円
 （消費税           400円）
清算合計          49,600円
                    △△㈱

※は軽減税率対象
```

課税標準に係る消費税額

50,000円×8％＝4,000円

控除税額

4,400円×10／110＝400円

（納付すべき消費税額）

4,000円－400円＝3,600円

※ 税率ごとに区分して、消費税額を計算しなければならない。

| 参　考 | 消費税法基本通達（抄）

（委託販売等に係る手数料）

10－1－12　委託販売その他業務代行等（以下10－1－12において「委託販売等」という。）に係る資産の譲渡等を行った場合の取扱いは、次による。

(1)　委託販売等に係る委託者については、受託者が委託商品を譲渡等したことに伴い収受した又は収受すべき金額が委託者における資産の譲渡等の金額となるのであるが、その課税期間中に行った委託販売等の全てについて、当該資産の譲渡等の金額から当該受託者に支払う委託販売手数料を控除した残額を委託者における資産の譲渡等の金額としているときは、これを認める。

(2)　委託販売等に係る受託者については、委託者から受ける委託販売手数料が役務の提供の対価となる。

　なお、委託者から課税資産の譲渡等のみを行うことを委託されている場合の委託販売等に係る受託者については、委託された商品の譲渡等に伴い収受した又は収受すべき金額を課税資産の譲渡等の金額とし、委託者に支払う金額を課税仕入れに係る金額としても差し支えないものとする。

（軽減対象資産の譲渡等に係る返品、値引等の処理）

17　事業者が、その課税期間において行った軽減対象資産の譲渡等とそれ以外の課税資産の譲渡等につき、当該課税期間中に返品を受け、又は値引き若しくは割戻しをした場合に、当該課税資産の譲渡等に係る返品額又は値引額若しくは割戻額につき税率の異なるごとに合理的に区分した金額を、当該課税資産の譲渡等の税率の異なるごとの金額からそれぞれ控除する経理処理を継続しているときは、これを認める。

　（注）　この場合の返品額又は値引額若しくは割戻額については、消費税法

第38条第１項《売上げに係る対価の返還等をした場合の消費税額の控除》の規定の適用はないのであるが、同条第２項に規定する帳簿を保存する必要があることに留意する。

解説 課税資産の譲渡等を行った後に返品、値引き等があった場合に、当該課税資産の譲渡等を行った課税期間中に、当初の課税資産の譲渡等の金額から返品額又は値引額若しくは割戻額を控除し、その控除後の金額を課税資産の譲渡等の対価の額とする経理処理を継続して行っているときは、その処理を認めることとしている（基通10―１―15）。

本通達は、課税資産の譲渡等のうちに、軽減税率の適用対象となるものがある場合においても同様の取扱いを認めることとするものであるが、控除する返品額又は値引額若しくは割戻額については、返品額の対象となる課税資産の譲渡等の内容に応じ、適用税額ごとに合理的に区分して、経理処理を行うこととなる旨を念のため明らかにしたものである。

また、本通達の取扱いは、あくまでも消費税法第38条第１項の規定の適用がある売上げに係る対価の返還等の金額についての簡便法を認めているものに過ぎないことから、一定の事項を記載した帳簿の保存をする必要がある。本通達の注書は、このことを念のため明らかにしている。

なお、この一定の事項については、「課税資産の譲渡等に係る資産又は役務の内容」に、「当該売上げに係る対価の返還等に係る課税資産の譲渡等が31年軽減対象資産の譲渡等である旨」を記載し、「当該売上げに係る対価の返還等の金額」の記載については、「税率の異なるごとに区分」して記載することとなる。

参　考 消費税法基本通達（抄）
（返品、値引等の処理）
10―１―15　事業者が、その課税期間において行った課税資産の譲渡等につ

き、当該課税期間中に返品を受け、又は値引き若しくは割戻しをした場合に、当該課税資産の譲渡等の金額から返品額又は値引額若しくは割戻額を控除する経理処理を継続しているときは、これを認める。

(注) この場合の返品額又は値引額若しくは割戻額については、消費税法第38条第1項《売上げに係る対価の返還等をした場合の消費税額の控除》の規定の適用はないのであるが、同条第2項に規定する帳簿を保存する必要があることに留意する。

(軽減対象資産の譲渡等に係るものである場合の請求書等の記載事項)

18 改正法附則第34条第2項前段《31年軽減対象資産の譲渡等に係る税率等に関する経過措置》の規定により読み替えられた消費税法第30条第9項第1号ハ《仕入税額控除に係る請求書等》に規定する「31年軽減対象資産の譲渡等である旨」及び同項第2号ニに規定する「31年軽減対象資産の譲渡等に係るものである旨」の記載については、軽減対象資産の譲渡等であることが客観的に明らかであるといえる程度の表示がされていればよく、個々の取引ごとに適用税率が記載されている場合のほか、例えば、次のような場合もこれに該当する。

(1) 軽減対象資産の譲渡等に係る請求書等（改正法附則第34条第2項前段の規定により読み替えられた消費税法第30条第9項に規定する請求書等をいう。以下この項において同じ。）と軽減対象資産の譲渡等以外のものに係る請求書等とが区分して作成され、当該区分された軽減対象資産の譲渡等に係る請求書等に、記載された取引内容が軽減対象資産の譲渡等であることが表示されている場合

(2) 同一の請求書等において、軽減対象資産の譲渡等に該当する取引

内容を区分し、当該区分して記載された軽減対象資産の譲渡等に該当する取引内容につき軽減対象資産の譲渡等であることが表示されている場合
(3) 同一の請求書等において、軽減対象資産の譲渡等に該当する取引内容ごとに軽減対象資産の譲渡等であることを示す記号、番号等を表示し、かつ、当該請求書等において当該記号、番号等の意義が軽減対象資産の譲渡等に係るものであることとして表示されている場合

【平28課軽2―11　改正】

解説　課税事業者が行った課税仕入れ等が他の者から受けた軽減対象資産の譲渡等に係るものである場合、当該課税事業者が仕入税額の控除を受けるためには、改正法附則第34条第2項前段《31年軽減対象資産の譲渡等に係る税率等に関する経過措置》の規定により読み替えられた消費税法第30条第8項第1号ハ《仕入税額控除に係る帳簿》の規定による「31年軽減対象資産の譲渡等に係るものである場合には、資産の内容及び31年軽減対象資産の譲渡等に係るものである旨」が記載された帳簿及び同条第9項第1号ハ《仕入額控除に係る請求書等》の規定による「31年軽減対象資産の譲渡等である場合には、資産の内容及び31年軽減対象資産の譲渡等である旨」が記載された請求書等又は同項第2号ニの規定による「31年軽減対象資産の譲渡等に係るものである場合には、資産の内容及び31年軽減対象資産の譲渡等に係るものである旨」が記載された仕入明細書等を保存する必要がある。

　本通達は、当該「31年軽減対象資産の譲渡等である旨」及び「31年軽減対象資産の譲渡等に係るものである旨」の表示に関して、具体的な記載方法を例示するものであるが、これらに限定されるものではなく、軽減対象資産の譲渡等であることが客観的に明らかであるといえる程度の表示がされているものであればよいことを明らかにしたものである。

| 参 考 | 請求書等の記載例

【記号・番号等を使用した場合の区分記載請求書等の記載例】

① 軽減税率対象品目には「※」などを記載
② 税率ごとに合計した課税資産の譲渡等の対価の額（税込み）を記載
③ 「※」が軽減税率対象品目であることを示すことを記載

【同一請求書内で、税率ごとに商品を区分して区分記載請求書等を発行する場合の記載例】

【税率ごとに区分記載請求書等を分けて発行する場合の記載例】

○ 軽減税率対象分　　　　　　○ 軽減税率対象分以外

```
       請求書
    (軽減税率対象)
㈱○○○○御中    ××年11月30日
11月分  32,400円(税込)
```

日付	品名	金額
11/1	トマト	4,320円
11/2	豚肉	5,400円
⋮	⋮	⋮
	合計	32,400円

　　　　　　　　△△△△㈱

```
       請求書

㈱○○○○御中    ××年11月30日
11月分  77,000円(税込)
```

日付	品名	金額
11/1	キッチンペーパー	2,200円
⋮	⋮	⋮
	合計	77,000円

　　　　　　　　△△△△㈱

（追記の範囲及び内容）

19　改正法附則第34条第2項前段《31年軽減対象資産の譲渡等に係る税率等に関する経過措置》の規定による読み替え前の消費税法第30条第9項第1号《仕入税額控除に係る請求書等》に掲げる書類（以下この項において「請求書等」という。）の交付を受けた事業者が、改正法附則第34条第3項の規定により、当該請求書等に記載された課税資産の譲渡等の事実に基づいて追記することができるのは、次の事項に限られることに留意する。

　なお、(1)に係る追記については、本通達第18項に準じて取り扱う。

(1)　当該請求書等に係る課税資産の譲渡等が、軽減対象資産の譲渡等である旨

(2)　税率の異なるごとに区分して合計した課税資産の譲渡等の対価の額（当該課税資産の譲渡等に係る消費税額及び地方消費税額に相当する

額がある場合には、当該相当する額を含む。)

【平28課軽2—11　改正】

解説　改正法附則第34条第2項前段《31年軽減対象資産の譲渡等に係る税率等に関する経過措置》の規定による読み替え前の消費税法第30条第9項第1号《仕入税額控除に係る請求書等》に掲げる書類(以下「請求書等」という。)の交付を受けた事業者が、改正法附則第34条第3項の規定により、当該請求書等に記載された当該課税資産の譲渡等の内容等に基づいて、追記することができるのは、次の(1)及び(2)の事項とされている。

(1)　当該請求書等に係る課税資産の譲渡等が、軽減対象資産の譲渡等である旨
(2)　税率の異なるごとに区分して合計した課税資産の譲渡等の対価の額(当該課税資産の譲渡等に係る消費税額及び地方消費税額に相当する額がある場合には、当該相当する額を含む。)

このため、例えば当該請求書等の記載事項である課税資産の譲渡等の対価の額やその内容についてまで追記できるとするものではない。本通達は、このことを念のため明らかにしたものである。

また、「当該請求書等に係る課税資産の譲渡等が、軽減対象資産の譲渡等である旨」の追記に当たり、具体的な記載方法は、本通達第18項に準じ、同通達の(1)から(3)による表示のほか、軽減対象資産の譲渡等であることが客観的に明らかであるといえる程度の表示がされているものであればよいことを本通達のなお書で明らかにしている。

(仕入れに係る対価の返還等の処理)
20　事業者が、課税仕入れ(免税事業者であった課税期間において行った

ものを除く。以下同じ。）につき返品をし、又は値引き若しくは割戻しを受けた場合に、当該課税仕入れに係る返品額又は値引額若しくは割戻額につき税率の異なるごとに合理的に区分した金額を、当該課税仕入れの税率の異なるごとの金額からそれぞれ控除する経理処理を継続しているときは、これを認める。

(注) この場合の返品額又は値引額若しくは割戻額については、消費税法第32条第1項《仕入れに係る対価の返還等を受けた場合の仕入れに係る消費税額の控除の特例》の規定の適用はないことに留意する。

解説 課税仕入れを行った後の返品、値引き等があった場合に、当該課税仕入れを行った課税期間中に、当初の支払対価の額から返品額又は値引額若しくは割戻額を控除し、その控除後の金額を課税仕入れに係る支払対価の額とする経理処理を継続して行っているときは、その処理を認めることとしている（基通12―1―12）。

本通達は、課税仕入れのうちに、軽減税率の適用対象となるものがある場合においても同様の取扱いを認めることとするものであるが、控除する返品額又は値引額若しくは割戻額については、返品等の対象となる課税仕入れの内容に応じ、適用税率ごとに合理的に区分して、経理処理を行うこととなる旨を念のため明らかにしたものである。

参 考 消費税法基本通達（抄）
（仕入れに係る対価の返還等の処理）

12―1―12 事業者が、課税仕入れ（免税事業者であった課税期間において行ったものを除く。以下12―1―12において同じ。）につき返品をし、又は値引き若しくは割戻しを受けた場合に、当該課税仕入れの金額から返品額又は値引額若しくは割戻額を控除する経理処理を継続しているときは、これを認める。

(注)　この場合の返品額又は値引額若しくは割戻額については、法第32条第1項《仕入れに係る対価の返還等を受けた場合の仕入れに係る消費税額の控除の特例》の規定の適用はないことに留意する。

(困難な事情があるときの意義)

21　改正法附則第38条第1項《31年軽減対象資産の譲渡等を行う中小事業者の課税標準の計算等に関する経過措置》に規定する「困難な事情があるとき」とは、例えば、事業者が同項に規定する適用対象期間中に国内において行った課税資産の譲渡等につき、税率の異なるごとの管理が行えないことなどにより、当該適用対象期間中の当該課税資産の譲渡等の税込価額を税率の異なるごとに区分して合計することが困難である場合をいい、そのような場合には、その困難の度合いを問わず、同項に規定する経過措置を適用することができることに留意する。

(注)1　改正法附則第38条第2項に規定する「困難な事情があるとき」において同様である。

　　2　改正法附則第39条第1項《課税仕入れ等を適用税率別に区分することが困難な小売業等を営む中小事業者に対する経過措置》に規定する「困難な事情があるとき」とは、例えば、事業者が同項に規定する適用対象期間中に国内において行った課税仕入れ又は当該適用対象期間中の課税貨物の保税地域から引取りにつき、税率の異なるごとの管理が行えないことなどにより、当該適用対象期間中の当該課税仕入れに係る支払対価の額又は当該適用対象期間中に保税地域から引き取った当該課税貨物に係る税込引取価額を税率の異なるごとに区分して合計することが困難である場合をいい、そのような場合には、その困難の度合いを問わず、同項に規定する経過措置を適

用することができる。

　なお、第40条第１項《課税仕入れ等を適用税率別に区分することが困難な中小事業者に対する経過措置》に規定する「困難な事情」において同様である。

【平28課軽２－11　改正】

解説　改正法附則第38条第１項《31年軽減対象資産の譲渡等を行う中小事業者の課税標準の計算等に関する経過措置》に規定する「困難な事情があるとき」とは、同項に規定する適用対象期間中に国内において行った課税資産の譲渡等の対価の額につき、税率の異なるごとの課税資産の譲渡等の対価の額の管理が行えなかった場合など困難な事情すべてをいうのであるから、事業者において、税率の異なるごとに区分することにつき困難な事情があれば、その度合いを問わず同項に規定する経過措置を適用することができることを明らかにしたものである。

　なお、他の売上税額の計算の特例（改正法附則38②）に規定する「困難な事情があるとき」につき同様である旨を本通達の注書の１において、また、仕入税額の計算の特例（改正法附則39①、40①）に規定する「困難な事情」の範囲につき、本通達の注書の２において明らかにしたものである。

参考　中小事業者が「困難な事情があるとき」に適用できる税額計算の特例

1　売上税額の計算の特例

　平成31年（2019年）10月１日から平成35年（2023年）９月30日までの期間、課税資産の譲渡等の税込価額に次の割合を乗じて計算した金額に108分の100を乗じて計算した金額を当該適用対象期間の31年軽減対象資産の譲渡等の対価の合計額とすることができる。

　なお、次の割合の計算が困難な事業者（主として31年軽減対象資産の譲渡等を行う事業者に限る。）は、100分の50を当該割合とみなすことができる（改正

特例	軽減売上割合の特例 (改正法附則38①)	小売等軽減仕入割合の特例 (改正法附則38②)
対象者	小売等軽減仕入割合の特例を適用しない中小事業者	卸売業・小売業を営む中小事業者
割合	軽減売上割合 = $\dfrac{\text{分母のうち、31年軽減対象資産の譲渡等に係る部分の金額}}{\text{適用対象期間における通常の連続する10営業日中に国内において行った課税資産の譲渡等の税込価額の合計額}}$	小売等軽減仕入割合 = $\dfrac{\text{分母のうち、31年軽減対象資産の譲渡等にのみ要するものの金額}}{\text{適用対象期間中に国内において行った課税仕入れ等に係る支払対価の額のうち、卸売業及び小売業にのみ要するものの金額の合計額}}$

2 仕入税額の計算の特例

① 卸売業・小売業を営む中小事業者は、平成31年(2019年)10月1日から平成32年(2020年)9月30日までの日の属する課税期間の末日までの期間において、課税仕入れ等に係る支払対価の額の合計額に小売等軽減売上割合を乗じて計算した金額(軽減対象税込課税仕入れ等の金額)に108分の6.24を乗じて計算した金額と、当該合計額から軽減対象税込課税仕入れ等の金額を控除した残額に110分の7.8を乗じて計算した金額の合計額を、適用対象期間おける卸売業・小売業に係る課税仕入れ等の税額の合計額とすることができる(改正法附則39①)。

なお、小売等軽減売上割合とは次の割合をいう。

小売等軽減売上割合 = $\dfrac{\text{分母のうち、31年軽減対象資産に係る部分の金額}}{\text{適用対象期間中に国内において行った卸売業及び小売業に係る課税資産の譲渡等の税込価額の合計額}}$

② 平成31年(2019年)10月1日から平成32年(2020年)9月30日までの日の属する課税期間において、簡易課税制度の適用を受けようとする課税期間中に、消費税簡易課税制度選択届出書を提出し、同制度を適用す

ることができる（改正法附則40①）。

（通常の事業を行う連続する10営業日の意義）

22 改正法附則第38条第1項《31年軽減対象資産の譲渡等を行う中小事業者の課税標準の計算等に関する経過措置》を適用する場合の「通常の事業を行う連続する10営業日」は、同項に規定する適用対象期間における通常の事業を行う連続する10営業日であればいつかを問わないのであるが、例えば、通常飲食料品と飲食料品以外の資産の譲渡等を行う事業者が、特別な営業により、ある10日間について飲食料品の譲渡のみを行うといった営業日は同項に規定する「通常の事業」を行う営業日に含まれないことに留意する。

なお、これら「通常の事業」でない営業日を含む連続する10営業日に基づき同項の規定を適用することはできないのであるが、このような「通常の事業」でない営業日を除いた前後の連続する期間の合計10営業日については、「通常の事業を行う連続する10営業日」として取り扱う。

【平28課軽2—11　改正】

解説　改正法附則第38条第1項《31年軽減対象資産の譲渡等を行う中小事業者の課税標準の計算等に関する経過措置》を適用する場合の「通常の事業を行う連続する10営業日」は、同項に規定する適用対象期間内の通常の事業を行う連続する10営業日であればいつかを問わないのであるが、例えば、通常飲食料品と飲食料品以外の資産の譲渡を行う事業者が、飲食料品のみを特売するなどの特別な営業により、ある10日間について飲食料品の譲渡のみを行うといった営業日は同項に規定する「通常の事業」を行う営業日に含まれないことを明らかにしたものである。

なお、「通常の事業」でない営業日を含む場合の連続する10営業日については、「通常の事業」でない営業日を除いた前後の連続する期間の合計10営業日を「通常の事業を行う連続する10営業日」として取り扱うことになる。

事例　軽減売上割合の特例（改正法附則38①）を適用する場合の計算例

「通常の事業を行う連続する10営業日」を6月21日から6月30日までの10日間として軽減売上割合を計算する場合の税率ごとの課税標準額

○売上帳（税込み）　　　　　　　　　　　　　　　　　　　　単位：円

月	日	内容	内訳	金額
4	・・・	・・・		2,000,000
5	・・・	・・・		3,000,000
6	1～20	・・・	1,500,000	2,500,000
	21～30	食品※	600,000	
		雑貨	400,000	
7	・・・	・・・		2,500,000
8	・・・	・・・		3,500,000
9	・・・	・・・		4,000,000
10	・・・	・・・		3,000,000
11	・・・	・・・		2,000,000
12	・・・	・・・		1,500,000
1	・・・	・・・		3,000,000
2	・・・	・・・		4,500,000
3	・・・	・・・		2,000,000
		売上合計		33,500,000

（※21～30の欄：連続する10営業日）

1　軽減売上割合の算出

　　軽減売上割合：600,000／（600,000＋400,000）＝0.6

2　軽減税率の対象となる課税売上げ（税込み）

33,500,000×0.6＝20,100,000

3　標準税率の対象となる課税売上げ（税込み）

33,500,000−20,100,000＝13,400,000

4　軽減税率の対象となる課税標準額

20,100,000×100／108＝18,611,111≒18,611,000（千円未満切捨て）

5　標準税率の対象となる課税標準額

13,400,000×100／110＝12,181,818≒12,181,000（千円未満切捨て）

（主として軽減対象資産の譲渡等を行う事業者）

23　改正法附則第38条第4項《31年軽減対象資産の譲渡等を行う中小事業者の課税標準の計算等に関する経過措置》に規定する「主として31年軽減対象資産の譲渡等を行う事業者」とは、同条第1項又は第2項に規定する適用対象期間中に国内において行った課税資産の譲渡等の対価の額のうち、軽減対象資産の譲渡等の対価の額の占める割合がおおむね50％以上である事業者をいうものであることに留意する。

【平28課軽2—11　改正】

解説　改正法附則第38条第4項《31年軽減対象資産の譲渡等を行う中小事業者の課税標準の計算等に関する経過措置》に規定する「主として31年軽減対象資産の譲渡等を行う事業者」とは、適用対象期間中に国内において行った課税資産の譲渡等の対価の額のうち、軽減対象資産の譲渡等の対価の額の

占める割合がおおむね50％以上である事業者をいうものであることを明らかにしたものである。

なお、本特例が売上げを税率ごとに区分することが困難な中小事業者に対するものであることを踏まえれば、当該割合については、厳密に算定を求めるものではないものと解される。

（著しく困難な事情があるときの意義）

24　改正法附則第40条第2項《課税仕入れ等を適用税率別に区分することが困難な中小事業者に対する経過措置》に規定する「著しく困難な事情があるとき」とは、同項に規定する適用対象期間中に国内において行った課税仕入れを税率の異なるごとに区分して合計することが著しく困難である場合をいうのであるから、例えば、当該適用対象期間中に軽減税率の対象となる課税仕入れとそれ以外の課税仕入れがある場合であっても、当該適用対象期間の軽減税率の対象となる課税仕入れがそれ以外の課税仕入れの回数に比し、著しく少ない場合などは、帳簿、保存書類等からこれらの課税仕入れを容易に区分することができるのであるから、他に考慮すべき事情があるときを除き、「著しく困難な事情があるとき」に該当しない。

(注)　建設業、不動産業その他の主として軽減税率の対象となる課税仕入れを行う事業者に該当しない事業者が、当該事業者の事務所、営業所等に自動販売機を設置した場合の清涼飲料水の仕入れや、福利厚生、贈答用として菓子等を仕入れた場合は、著しく困難な事情に当たらない。

【平28課軽2－11　改正】

解説 軽減税率制度の実施に伴い、区分経理等が困難な事業者に対しては、一定期間、その課税期間中であっても簡易課税制度の事後選択を認める特例が設けられている。

　ところで、消費税法第9条第7項《小規模事業者に係る納税義務の免除》等の規定により、一定の課税期間において、調整対象固定資産や高額特定資産等の課税仕入れ等を行った場合には、適正な課税を確保する観点からその後の課税期間について事業者免税点制度や簡易課税制度の適用を認めないこととされている。

　この点、これら調整対象固定資産等を購入したことにより、簡易課税制度等の適用を認めないこととされる課税期間について、容易に区分経理を行い得る事業者にまで、当該経過措置の適用を認めることは適正課税の観点から適切なものとはいえない。このため、これら簡易課税制度等の適用が制限される事業者においては、課税仕入れを区分することについて「著しく困難な事情」がある場合に限って当該経過措置の適用を認めることとされている。

　したがって、適用対象期間中に軽減対象資産の譲渡等に係る課税仕入れとそれ以外の課税仕入れがある場合であっても、例えば、不動産賃貸業を営む事業者が、その賃貸物件に設置している飲料の自動販売機に係る飲料の仕入れを行う場合や、当該適用対象期間の軽減対象資産の譲渡等に係る課税仕入れが適用対象期間中に数回であるなど当該適用対象期間の課税仕入れの回数に比し、著しく少ない場合などは、帳簿、保存書類等からこれらの課税仕入れを容易に区分することができるのであるから、他に考慮すべき事情があるときを除き、「著しく困難な事情があるとき」に該当しないことを明らかにしたものである。

| 参　考 | 調整対象固定資産の仕入れがあった場合の改正法附則第40条第2項の適用関係 |

【例】 3月決算の法人が、平成30年3月1日に「消費税課税事業者選択届出書」を提出し、平成30年8月1日に調整対象固定資産を購入した場合

```
       30年(2018年)    31年(2019年)    32年(2020年)    33年(2021年)
        4月1日          4月1日          4月1日          4月1日
┌──────────────┬──────────────┬──────────────┬──────────────┐
│  免税事業者   │  課税事業者   │  課税事業者   │  課税事業者   │
└──────────────┴──────────────┴──────────────┴──────────────┘
```

| 30年3月1日課税事業者選択届出書の提出 | 30年8月1日調整対象固定資産を購入 | 仕入れを税率ごとに区分することに著しく困難な事情があれば、32年3月31日までに「消費税簡易課税制度選択届出書」を提出した場合は、31年4月1日から32年3月31日までの課税期間から簡易課税制度の適用可 |

（課税標準額に対する消費税額の計算に関する経過措置等）

25　改正省令附則第12条《課税標準額に対する消費税額の計算に関する経過措置》の規定により読み替えて適用される消費税法施行規則の一部を改正する省令（平成15年財務省令第92号。以下「15年改正省令」という。）附則第2条第2項《総額表示義務の対象とならない取引で税抜価格を基礎とした代金決済を行う場合の課税標準額に対する消費税額の計算に関する経過措置》及び第4項《総額表示義務の対象となる取引で税抜価格を基礎とした代金決済を行う場合の課税標準額に対する消費税額の計算に関する経過措置》の規定によりなおその効力を有するものとされる15年改正省令による改正前の消費税法施行規則第22条第1項《消費税額及び地方消費税額相当額を区分領収している場合の申告税額の計算》の規定並びに15年改正省令附則第2条第3項《税

込価格を基礎とした代金決済を行う場合の課税標準額に対する消費税額の計算に関する経過措置》の規定は、当該課税資産の譲渡等につき課されるべき消費税額及び当該消費税額を課税標準として課されるべき地方消費税額の合計額（以下「消費税額等」という。）に相当する額を税率の異なるごとに区分している場合に適用できるのであるから、軽減対象資産の譲渡等とそれ以外の課税資産の譲渡等に係る取引の代金決済を一の領収書又は請求書等により行う場合には、消費税法第43条第1項第2号《仮決算をした場合の中間申告書の記載事項等》又は同法第45条第1項第2号《課税資産の譲渡等についての確定申告》に掲げる課税標準額に対する消費税額の計算については、消費税額等に相当する額について、一円未満の端数を税率の異なるごとに区分して処理した後の金額を基礎として行うことに留意する。

　また、消費税法第30条第1項《仕入れに係る消費税額の控除》に規定する課税仕入れに係る消費税額について、軽減対象資産の譲渡等とそれ以外の課税資産の譲渡等の取引の代金決済が一の領収書又は請求書等により行われた場合の平成16年2月19日付課消1─8ほか5課共同「事業者が消費者に対して価格を表示する場合の取扱い及び課税標準額に対する消費税額の計算に関する経過措置の取扱いについて（法令解釈通達）」第14項《課税仕入れに係る消費税額の計算》による処理は、税率の異なるごとに処理された後の消費税額等を仮払消費税等として経理し、同項の各態様に応じた要件を満たす処理が行われている場合にはその処理が認められる。

　なお、この場合に、軽減税率の対象となる課税仕入れに係る消費税額は、仮払消費税等として経理し、その課税期間中における仮払消費税等の合計額の80分の62.4に相当する金額とする。

【平28課軽2─11　改正】

解説　課税標準額に対する消費税額の計算の特例（消費税法施行規則の一部を改正する省令（平成15年財務省令第92号。以下「15年改正省令」という。）附則第2条第2項《総額表示義務の対象とならない取引で税抜価格を基礎とした代金決済を行う場合の課税標準額に対する消費税額の計算に関する経過措置》及び第4項《総額表示義務の対象となる取引で税抜価格を基礎とした代金決済を行う場合の課税標準額に対する消費税額の計算に関する経過措置》の規定によりなおその効力を有するものとされる15年改正省令による改正前の消費税法施行規則第22条第1項《消費税額及び地方消費税額相当額を区分領収している場合の申告税額の計算》の規定並びに15年改正省令附則第2条第3項《税込価格を基礎とした代金決済を行う場合の課税標準額に対する消費税額の計算に関する経過措置》の規定をいう。）については、税率の異なるごとに端数を処理するなど、改正省令附則第12条《課税標準額に対する消費税額の計算に関する経過措置》の規定に基づき行うこととなる。

　具体的には、当該課税資産の譲渡等につき課されるべき消費税額及び当該消費税額を課税標準として課されるべき地方消費税額の合計額（以下「消費税額等」という。）に相当する額を税率の異なるごとに区分している場合に適用できることとなるから、軽減対象資産の譲渡等とそれ以外の課税資産の譲渡等に係る取引の代金決済を一の領収書又は請求書等により行う場合の改正法附則第34条第2項前段《31年軽減対象資産の譲渡等に係る税率等に関する経過措置》の規定により読み替えられた消費税法第43条第1項第2号《仮決算をした場合の中間申告書の記載事項等》又は同法第45条第1項第2号《課税資産の譲渡等についての確定申告》に掲げる税率の異なるごとに区分した課税標準額に対する消費税額の計算については、消費税額等に相当する額について一円未満の端数を税率の異なるごとに区分して処理した後の金額を基礎として行うこととなる。

また、課税仕入れに係る消費税額の積上げ計算については、税率の異なるごとに区分して総額表示通達（「事業者が消費者に対して価格を表示する場合の取扱い及び課税標準額に対する消費税額の計算に関する経過措置の取扱いについて（法令解釈通達）（課消1－8ほか5課共同）」。以下同じ。）第14項《課税仕入れに係る消費税額の計算》による処理を行う場合には、これを認めることとなる。

具体的には、改正法附則第34条第2項前段の規定により読み替えられた消費税法第30条第1項《仕入に係る消費税額の控除》に規定する課税仕入れに係る消費税額について、軽減対象資産の譲渡等とそれ以外の課税資産の譲渡等の取引の代金決済が一の領収書又は請求書等により行われた場合において、税率の異なるごとに処理された後の消費税額等を仮払消費税等として経理し、総額表示通達第14項の各態様に応じた要件を満たす処理が行われている場合にはその処理が認められることとなる。

なお、この場合に、軽減対象資産の譲渡等に係る課税仕入れに係る消費税額は、仮払消費税等として経理し、その課税期間中における仮払消費税等の合計額の80分の62.4に相当する金額となる。

本通達は、これらのことを念のため明らかにしたものである。

|参　考| 税込価格を基礎として代金決済を行う場合のレシート

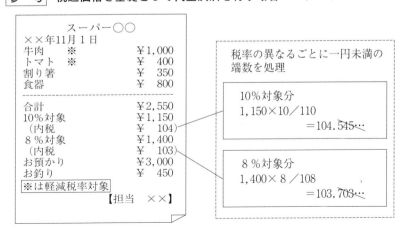

参考通達

1 消費税関係申告書等の様式の制定について …………1103
2 消費税の軽減税率制度に関する申告書等の様式の
  制定について（法令解釈通達）……………………………1194
3 消費税法等の施行に伴う所得税の取扱いについて………1219
4 消費税法等の施行に伴う法人税の取扱いについて………1227
5 消費税法等の施行に伴う源泉所得税の取扱いにつ
  いて（法令解釈通達）………………………………………1239
6 消費税法の改正等に伴う印紙税の取扱いについて………1242
7 外国公館等に対する課税資産の譲渡等に係る消費税の
  免除の取扱いについて ……………………………………1245
8 輸入品に対する内国消費税の徴収等に関する法律の
  取扱通達の全部改正について ……………………………1265

〔参考1〕

課消 2 ― 26（例規）
課所 6 ― 14
課法 3 ― 18
徴管 2 ― 71
査調 2 ― 13
平成 7 年12月25日

国 税 局 長
沖縄国税事務所長
税　関　長　　　　殿
沖縄地区税関長

　　　　　　　　　　　　　　　　　　　　　　国 税 庁 長 官

消費税関係申告書等の様式の制定について

　消費税に関する申告、申請、届出等の様式を別紙のとおり定めたから、平成 8 年 4 月 1 日以降これにより取り扱われたい。
　なお、平成 3 年 9 月 5 日付課消 2 ― 8 「消費税申告書様式の制定について」通達は、平成 8 年 3 月31日限り廃止する。
　おって、同通達及び昭和63年12月30日付間消 1 ― 63「消費税法取扱通達の制定について」通達に定める様式については、当分の間、これを使用して差し支えないものとする。
（理由）
　　消費税法基本通達の制定により消費税法取扱通達が廃止されることに
　伴い、消費税に関する申告、申請、届出等の様式を定めるものである。
（一部改正）

課消	2 ― 5 （平成 9 年 3 月24日）	課消	1 ― 11（平成18年 4 月 4 日）
課消	2 ― 9 （平成10年 3 月31日）	課消	1 ― 16（平成18年 4 月28日）
課消	2 ― 8 （平成11年 4 月12日）	課消	1 ― 18（平成19年 6 月22日）
課消	2 ― 35（平成12年12月14日）	課消	1 ― 8 （平成20年 3 月28日）
課消	1 ― 5 （平成13年 5 月 7 日）	課消	1 ― 9 （平成22年 4 月 1 日）
課消	1 ― 70（平成13年12月19日）	課消	1 ― 11（平成22年 5 月10日）
課消	1 ― 37（平成15年 6 月30日）	課消	1 ― 35（平成23年 9 月30日）
課消	1 ― 34（平成25年 7 月 1 日）	課消	1 ― 23（平成26年 6 月27日）
課消	1 ― 38（平成26年10月27日）	課消	1 ― 9 （平成27年 4 月 1 日）
課消	1 ― 17（平成27年 5 月26日）	課消	1 ― 57（平成28年 4 月12日）
課消	1 ― 87（平成28年 6 月24日）	課消	2 ― 5 （平成29年 3 月31日）

別　紙

1　納税義務者関係

(1)　消費税課税事業者選択届出書

　　消費税法（以下「法」という。）第9条第4項《課税事業者の選択》に規定する納税義務の免除規定の適用を受けない旨の届出書は、第1号様式の「消費税課税事業者選択届出書」により提出する。

(2)　消費税課税事業者選択不適用届出書

　　法第9条第5項《課税事業者の選択不適用》に規定する同条第4項の規定の適用を受けることをやめようとする旨の届出書又は事業を廃止した旨の届出書は、第2号様式の「消費税課税事業者選択不適用届出書」により提出する。

(3)　消費税課税事業者届出書

　　法第57条第1項第1号《基準期間における課税売上高が1,000万円を超えることとなった場合の届出》に規定する課税期間の基準期間における課税売上高が1,000万円を超えることとなった旨の届出書は、第3―(1)号様式の「消費税課税事業者届出書（基準期間用）」により提出する。

　　なお、法第9条の2第1項《前年又は前事業年度等における課税売上高による納税義務の免除の特例》による納税義務の免除の特例の規定の適用を受ける者が、同号に規定する届出書を提出する場合には、第3―(2)号様式の「消費税課税事業者届出書（特定期間用）」による。

(4)　相続・合併・分割等があったことにより課税事業者となる場合の付表

　　法第10条《相続があった場合の納税義務の免除の特例》、第11条《合併があった場合の納税義務の免除の特例》又は第12条《分割等があった場合の納税義務の免除の特例》の規定の適用を受ける者が法第57条第1項第1号の届出書を提出する場合には、併せて第4号様式の「相続・合

併・分割等があったことにより課税事業者となる場合の付表」を添付する。

(5) 消費税の納税義務者でなくなった旨の届出書

　　法第57条第1項第2号《基準期間における課税売上高が1,000万円以下となった場合の届出》に規定する課税期間の基準期間における課税売上高が1,000万円以下となった旨の届出書は、第5号様式の「消費税の納税義務者でなくなった旨の届出書」により提出する。

(6) 高額特定資産の取得に係る課税事業者である旨の届出書

　　法第57条第1項第2号の2《高額特定資産を取得した場合の納税義務の免除の特例の適用がある旨の届出》に規定する法第12条の4第1項《高額特定資産を取得した場合の納税義務の免除の特例》の規定の適用を受ける課税期間の基準期間における課税売上高が1,000万円以下となった場合の届出書は、第5―(2)号様式の「高額特定資産の取得に係る課税事業者である旨の届出書」により提出する。

(7) 事業廃止届出書

　　法第57条第1項第3号《事業を廃止した場合の届出》に規定する事業を廃止した旨の届出書は、第6号様式の「事業廃止届出書」により提出する。

(8) 個人事業者の死亡届出書

　　法第57条第1項第4号《個人事業者が死亡した場合の届出》に規定する個人事業者が死亡した旨の届出書は、第7号様式の「個人事業者の死亡届出書」により提出する。

(9) 合併による法人の消滅届出書

　　法第57条第1項第5号《法人が合併により消滅した場合の届出》に規定する法人が合併により消滅した旨の届出書は、第8号様式の「合併による法人の消滅届出書」により提出する。

(10) 消費税納税管理人届出書

　　国税通則法第117条第2項《納税管理人》に規定する納税管理人を定めた旨の届出は、第9号様式の「消費税納税管理人届出書」により行う。

(11) 消費税納税管理人解任届出書

　　国税通則法第117条第2項《納税管理人》に規定する納税管理人を解任した旨の届出は、第10号様式の「消費税納税管理人解任届出書」により行う。

(12) 消費税の新設法人に該当する旨の届出書

　　法第57条第2項《消費税の新設法人に該当する旨の届出》に規定する新設法人に該当することとなった旨の届出書は、第10―(2)号様式の「消費税の新設法人に該当する旨の届出書」により提出する。

(13) 消費税の特定新規設立法人に該当する旨の届出書

　　法第57条第2項《消費税の新設法人に該当する旨の届出》に規定する特定新規設立法人に該当することとなった旨の届出書は、第10―(3)号様式の「消費税の特定新規設立法人に該当する旨の届出書」により提出する。

2　納税地関係

消費税異動届出書

　法第25条《納税地の異動の届出》に規定する納税地の異動があった旨の届出は、第11号様式の「消費税異動届出書」により行う。

3　課税期間関係

(1) 消費税会計年度等届出書

　　消費税法施行令（以下「令」という。）第3条第2項《公共法人等の事業年度》に規定する公共法人等の会計年度等の届出は、第12号様式の

「消費税会計年度等届出書」により行う。

(2) 消費税課税期間特例選択・変更届出書

　　法第19条第1項第3号、第3号の2、第4号又は第4号の2《課税期間の特例》に規定する課税期間を短縮又は変更する旨の届出書は、第13号様式の「消費税課税期間特例選択・変更届出書」により提出する。

(3) 消費税課税期間特例選択不適用届出書

　　法第19条第3項《課税期間の特例不適用》に規定する課税期間を短縮することをやめようとする旨の届出書又は事業を廃止した旨の届出書は、第14号様式の「消費税課税期間特例選択不適用届出書」により提出する。

4　免税関係

(1) 郵便物輸出証明申請書

　　消費税法施行規則（以下「規則」という。）第5条第1項第1号《輸出取引等の証明》に規定する輸出として行われる資産の譲渡又は貸付けに係る資産が郵便物である場合の郵便局の所在地を所轄する税関長の証明は、第15号様式の「郵便物輸出証明申請書」により申請する。

(2) 海外旅行者が出国に際して携帯する物品の購入者誓約書

　　消費税法基本通達（以下「通達」という。）7－2－20《海外旅行者が出国に際して携帯する物品の輸出免税》の規定による海外旅行者等の誓約は、第16号様式の「海外旅行者が出国に際して携帯する物品の購入者誓約書」により行う。

(3) 輸出証明申請書

　　通達7－2－20《海外旅行者が出国に際して携帯する物品の輸出免税》に規定する輸出証明は、第17号様式の「輸出証明申請書」により申請する。

(4) 輸出物品販売場購入物品亡失証明・承認申請書

法第8条第3項《輸出物品販売場で購入した物品を輸出しない場合の消費税の即時徴収》に規定する輸出しないことについての税関長又は税務署長の承認は、次に掲げる区分に応じ、それぞれ次の様式により申請する。

イ　法第8条第3項本文の承認を受けようとする場合（ロに掲げる場合を除く。）

　　第18—(1)号様式の「輸出物品販売場購入物品亡失証明・承認申請書（非居住者用）」により申請する。

　　なお、当該承認申請に当たって規則第8条第1項《輸出物品販売場における輸出免税の特例》の規定により添付することとされている亡失証明書は、「輸出物品販売場購入物品亡失証明・承認申請書（非居住者用）」に同条第2項《亡失証明書の交付を受ける手続》に規定する税務署長の証明を受けたものとする。

ロ　令第18条第12項《国際第二種貨物利用運送事業者が輸出免税物品を輸出しない場合の消費税の即時徴収》の規定により読み替えられた法第8条第3項本文の承認を受けようとする場合

　　第18—(2)号様式の「輸出物品販売場購入物品亡失承認申請書（国際第二種貨物利用運送事業者用）」により申請する。

(5)　輸出物品販売場購入物品譲渡（譲受け）承認申請書

　　法第8条第4項ただし書《輸出免税物品の譲渡等の承認》に規定する免税物品の譲渡又は譲受けをするための承認は、第19号様式の「輸出物品販売場購入物品譲渡（譲受け）承認申請書」により申請する。

(6)　輸出物品販売場許可申請書

　　法第8条第6項《輸出物品販売場の定義》に規定する輸出物品販売場の許可は、次に掲げる輸出物品販売場の区分に応じ、それぞれ次の様式により申請する。

イ　令第18条の２第２項第１号《一般型輸出物品販売場の許可要件》に規定する一般型輸出物品販売場

　　第20―(1)号様式「輸出物品販売場許可申請書（一般型用）」

　ロ　令第18条の２第２項第２号《手続委託型輸出物品販売場の許可要件》に規定する手続委託型輸出物品販売場

　　第20―(2)号様式「輸出物品販売場許可申請書（手続委託型用）」

(7)　手続委託型輸出物品販売場移転届出書

　　令第18条の２第３項《特定商業施設内における手続委託型輸出物品販売場移転の届出》に規定する手続委託型輸出物品販売場の許可に係る特定商業施設内においてその販売場を移転する場合の届出書は、第20―(3)号様式の「手続委託型輸出物品販売場移転届出書」により提出する。

(8)　承認免税手続事業者承認申請書

　　令第18条の２第７項《承認免税手続事業者の定義》に規定する承認免税手続事業者の承認は、第20―(4)号様式の「承認免税手続事業者承認申請書」により申請する。

(9)　免税手続カウンター設置場所変更届出書

　　令第18条の２第14項《特定商業施設内における免税手続カウンター設置場所変更の届出》に規定する同条第６項《承認免税手続事業者の定義》の承認に係る特定商業施設内において免税手続カウンターを移転若しくは新たに設置する場合又は当該特定商業施設内に設置する免税手続カウンターを一部廃止する場合の届出書は、第20―(5)号様式の「免税手続カウンター設置場所変更届出書」により提出する。

(10)　事前承認港湾施設承認申請書

　　法第８条第９項《事前承認港湾施設の定義》に規定する事前承認港湾施設の承認は、第20―(6)号様式の「事前承認港湾施設承認申請書」により申請する。

⑾　事前承認港湾施設に係る臨時販売場設置届出書

　法第8条第8項《事前承認港湾施設に係る臨時販売場設置の届出》に規定する事前承認港湾施設内に臨時販売場を設置する場合の届出書は、第20―⑺号様式の「事前承認港湾施設に係る臨時販売場設置届出書」により提出する。

⑿　事前承認港湾施設に係る臨時販売場変更届出書

　令第18条の4第5項《事前承認港湾施設に係る臨時販売場の変更の届出》に規定する事前承認港湾施設に係る臨時販売場設置届出書の記載事項に変更があった場合の届出書は、第20―⑻号様式の「事前承認港湾施設に係る臨時販売場変更届出書」により提出する。

⒀　輸出物品販売場廃止届出書

　令第18条の2第16項《輸出物品販売場の廃止》に規定する輸出物品販売場において法第8条第1項《輸出物品販売場における輸出免税の特例》の規定の適用を受けることをやめようとする場合の届出書は、第21―⑴号様式の「輸出物品販売場廃止届出書」により提出する。

⒁　承認免税手続事業者不適用届出書

　令第18条の2第17項《承認免税手続事業者の承認の不適用》に規定する同条第6項《承認免税手続事業者の定義》の承認に係る特定商業施設内に設置する免税手続カウンターの全てを廃止しようとする場合の届出書は、第21―⑵号様式の「承認免税手続事業者不適用届出書」により提出する。

⒂　事前承認港湾施設不適用届出書

　令第18条の4第7項《事前承認港湾施設の承認の不適用》に規定する事前承認港湾施設につき法第8条第8項《事前承認港湾施設に係る臨時販売場設置の届出》の規定の適用を受けることをやめようとする場合の届出書は、第21―⑶号様式の「事前承認港湾施設不適用届出書」により

5 仕入税額控除関係

(1) 消費税課税売上割合に準ずる割合の適用承認申請書

　　法第30条第3項第2号《課税売上割合に準ずる割合の承認》に規定する課税売上割合に準ずる割合を用いて計算することについての承認は、第22号様式の「消費税課税売上割合に準ずる割合の適用承認申請書」により申請する。

(2) 消費税課税売上割合に準ずる割合の不適用届出書

　　法第30条第3項ただし書《課税売上割合に準ずる割合の不適用》に規定する課税売上割合に準ずる割合を用いて計算することをやめようとする旨の届出書は、第23号様式の「消費税課税売上割合に準ずる割合の不適用届出書」により提出する。

(3) 消費税簡易課税制度選択届出書

　　法第37条第1項《中小事業者の仕入れに係る消費税額の控除の特例》に規定する同項の仕入れに係る消費税額の控除の特例の規定（以下「簡易課税制度」という。）の適用を受ける旨の届出書は、第24号様式の「消費税簡易課税制度選択届出書」により提出する。

(4) 消費税簡易課税制度選択不適用届出書

　　法第37条第5項《中小事業者の仕入れに係る消費税額の控除の特例の選択不適用》に規定する簡易課税制度の適用を受けることをやめようとする旨の届出書又は事業を廃止した旨の届出書は、第25号様式の「消費税簡易課税制度選択不適用届出書」により提出する。

6 申告関係

(1) 消費税及び地方消費税の中間申告書

イ 法第42条《課税資産の譲渡等及び特定課税仕入れについての中間申告》及び地方税法（以下「地法」という。）附則第９条の５《譲渡割の申告の特例》に規定する申告書は、第26号様式の「消費税及び地方消費税の中間申告書」により提出する。

ロ 法第42条第８項《任意の中間申告》に規定する六月中間申告書の提出を要しない六月中間申告対象期間につき六月中間申告書を提出する旨の届出書は、第26―(2)号様式の「任意の中間申告書を提出する旨の届出書」により提出する。

ハ 法第42条第９項《任意の中間申告書の提出の取りやめ》に規定する六月中間申告書の提出を要しない六月中間申告対象期間につき六月中間申告書を提出することをやめようとする旨の届出書は、第26―(3)号様式の「任意の中間申告書を提出することの取りやめ届出書」により提出する。

(2) 消費税及び地方消費税の（確定、中間（仮決算）、還付、修正）申告書

　法第43条《仮決算をした場合の中間申告書の記載事項等》、第45条《課税資産の譲渡等及び特定課税仕入れについての確定申告》又は法第46条《還付を受けるための申告》並びに地法附則第９条の５《譲渡割の申告の特例》に規定する申告書は、次に掲げる区分に応じ、それぞれ次の様式により提出する。

　なお、法第５条第１項《納税義務者》に規定する特定課税仕入れ又は法第38条の２第１項《特定課税仕入れに係る対価の返還等を受けた場合の消費税額の控除》に規定する特定課税仕入れに係る対価の返還等がある場合には、第27―(3)号様式の「消費税及び地方消費税の（確定、中間（仮決算）、還付、修正）申告書別表［特定課税仕入れがある場合の課税標準額等の内訳書］」を併せて提出する。

イ 簡易課税制度の適用を受けない場合（第24号様式の「消費税簡易課税

制度選択届出書」を提出している事業者が基準期間における課税売上高が5,000万円を超えたことにより簡易課税制度の適用を受けない場合を含む。）

　　　　第27―(1)号様式の「消費税及び地方消費税の（確定、中間（仮決算）、還付、修正）申告書（一般用）」

　　ロ　簡易課税制度の適用を受ける場合

　　　　第27―(2)号様式の「消費税及び地方消費税の（確定、中間（仮決算）、還付、修正）申告書（簡易課税用）」

(3)　法第43条第3項、第45条第5項又は第46条第3項に規定する申告書に添付することとされている書類は、次に掲げる申告書の区分に応じ、それぞれ次の様式に記載して提出する。

　　イ　(2)のイの申告書

　　　　第28―(1)号様式の「付表2　課税売上割合・控除対象仕入税額等の計算表（一般用）」

　　ロ　(2)のロの申告書

　　　　第28―(2)号様式の「付表5　控除対象仕入税額の計算表（簡易用）」

　　(注)　申告に係る課税期間又は中間申告対象期間中に地方税法等の一部を改正する法律（平成6年法律第111号）附則第5条第2項に規定する「経過措置対象課税資産の譲渡等」若しくは同条第3項に規定する「経過措置対象課税仕入れ等」がある場合又は社会保障の安定財源の確保等を図る税制の抜本的な改革を行うための地方税法及び地方交付税法の一部を改正する法律（平成24年8月22日法律第69号）附則第4条第2項に規定する「経過措置対象課税資産の譲渡等」若しくは同条第3項に規定する「経過措置対象課税仕入れ等」がある場合には、次に掲げる申告書の区分に応じ、それぞれ次の様式に記載して提出する。

　　　(イ)　(2)のイの申告書

　　　　第28―(4)号様式の「付表１　旧・新税率別、消費税額計算表（一般用）（兼地方消費税の課税標準となる消費税額計算表）〔経過措置対象課税資産の譲渡等を含む課税期間用〕」及び第28―(5)号様式の「付表２―(2)　課税売上割合・控除対象仕入税額等の計算表（一般用）〔経過措置対象課税資産の譲渡等を含む課税期間用〕」
　　ロ　(2)のロの申告書
　　　　第28―(6)号様式の「付表４　旧・新税率別、消費税額計算表（簡易用）（兼地方消費税の課税標準となる消費税額計算表）〔経過措置対象課税資産の譲渡等を含む課税期間用〕」及び第28―(7)号様式の「付表５―(2)　控除対象仕入税額の計算表（簡易用）〔経過措置対象課税資産の譲渡等を含む課税期間用〕」
(4)　規則第22条第３項に規定する申告書に添付することとされている書類は、それぞれ次の事業者の区分に応じ、それぞれ次の様式に記載して提出する。
　　イ　個人事業者
　　　　第28―(8)号様式「消費税の還付申告に関する明細書（個人事業者用）」
　　ロ　法人
　　　　第28―(9)号様式「消費税の還付申告に関する明細書（法人用）」
(5)　死亡した事業者の消費税及び地方消費税の確定申告明細書
　　　令第63条第１項《死亡の場合の確定申告の特例》及び地方税法施行規則第７条の２の５第１項《死亡の場合の譲渡割の確定申告等の特例》の規定により相続人が申告書に法第45条第１項各号《課税資産の譲渡等及び特定課税仕入れについての確定申告書の記載事項》に掲げる事項のほかに併せて記載すべきこととされている事項（規則第23条第２項《死亡の場合の確定申告書の記載事項》の規定により準用する場合を含む。）及び

地法第72条の87第1項各号又は第2項各号《譲渡割の中間申告納付》に掲げる事項のほかに併せて記載すべきこととされている事項は、第28—(3)号様式の「付表6　死亡した事業者の消費税及び地方消費税の確定申告明細書」に記載して提出する。

(6)　消費税及び地方消費税の更正の請求書

　　国税通則法第23条《更正の請求》又は法第56条《前課税期間の消費税額等の更正等に伴う更正の請求の特例》並びに地方税法附則第9条の4《譲渡割の賦課徴収の特例等》の規定による更正の請求は、それぞれ次の事業者の区分に応じ、それぞれ次の様式に記載して提出する。

　(イ)　個人事業者

　　　第28—(10)号様式「消費税及び地方消費税の更正の請求書」

　(ロ)　法人

　　　第28—(11)号様式「消費税及び地方消費税の更正の請求書」

　　(注)　適用される税率の異なる資産の譲渡等がある場合には、第28—(4)号様式「付表1　旧・新税率別、消費税額計算表（一般用）（兼地方消費税の課税標準となる消費税額計算表）［経過措置対象課税資産の譲渡等を含む課税期間用］」、第28—(5)号様式「付表2—(2)課税売上割合・控除対象仕入税額等の計算表（一般用）［経過措置対象課税資産の譲渡等を含む課税期間用］」、第28—(6)号様式「付表4　旧・新税率別、消費税額計算表（簡易用）（兼地方消費税の課税標準となる消費税額計算表）［経過措置対象課税資産の譲渡等を含む課税期間用］及び第28—(7)号様式「付表5—(2)控除対象仕入税額の計算表（簡易用）［経過措置対象課税資産の譲渡等を含む課税期間用］」のうち、該当する様式を併せて提出する。

　　　　また、法第5条第1項《納税義務者》に規定する特定課税仕入れ又は法第38条の2第1項《特定課税仕入れに係る対価の返還等を受けた

場合の消費税額の控除》に規定する特定課税仕入れに係る対価の返還等がある場合には、第27─(3)号様式の「消費税及び地方消費税の（確定、中間（仮決算）、還付、修正）申告書別表［特定課税仕入れがある場合の課税標準額等の内訳書］」を併せて提出する。

7　公益法人等関係

(1)　消費税法別表第三に掲げる法人に係る資産の譲渡等の時期の特例の承認申請書

　令第74条第1項《国又は地方公共団体に準ずる法人の資産の譲渡等の時期の特例》に規定する法別表第三に掲げる法人に係る資産の譲渡等の時期の特例についての承認は、第29号様式の「消費税法別表第三に掲げる法人に係る資産の譲渡等の時期の特例の承認申請書」により申請する。

(2)　消費税法別表第三に掲げる法人に係る資産の譲渡等の時期の特例の不適用届出書

　令第74条第8項《国又は地方公共団体に準ずる法人に係る資産の譲渡等の時期の特例の不適用》に規定する法別表第三に掲げる法人に係る資産の譲渡等の時期の特例の適用をやめようとする旨の届出書は、第30号様式の「消費税法別表第三に掲げる法人に係る資産の譲渡等の時期の特例の不適用届出書」により提出する。

(3)　消費税法別表第三に掲げる法人に係る申告書の提出期限の特例の承認申請書

　令第76条第1項《国又は地方公共団体に準ずる法人等の申告期限の特例》に規定する法別表第三に掲げる法人に係る申告期限の特例についての承認は、第31─(1)号様式の「消費税法別表第三に掲げる法人に係る申告書の提出期限の特例の承認申請書（基準期間用）」又は第31─(2)号様式の「消費税法別表第三に掲げる法人に係る申告書の提出期限の特例の承

認申請書（特定期間用）」により申請する。

(4) 消費税法別表第三に掲げる法人に係る申告書の提出期限の特例の不適用届出書

　令第76条第10項《国又は地方公共団体に準ずる法人の申告期限の特例の不適用》に規定する法別表第三に掲げる法人に係る申告期限の特例の適用をやめようとする旨の届出書は、第32号様式の「消費税法別表第三に掲げる法人に係る申告書の提出期限の特例の不適用届出書」により提出する。

8 届出書の提出時期の特例関係

(1) 消費税課税事業者選択（不適用）届出に係る特例承認申請書

　令第20条の2第3項《納税義務の免除の規定の適用を受けない旨の届出等に関する特例》に規定する同条第1項又は第2項に規定する承認を受けようとする旨の申請書は、第33号様式の「消費税課税事業者選択（不適用）届出に係る特例承認申請書」により提出する。

(2) 消費税簡易課税制度選択（不適用）届出に係る特例承認申請書

　令第57条の2第3項《中小事業者の仕入れに係る消費税額の控除の適用を受ける旨の届出等に関する特例》に規定する同条第1項又は第2項に規定する承認を受けようとする旨の申請書は、第34号様式の「消費税簡易課税制度選択（不適用）届出に係る特例承認申請書」により提出する。

(3) 災害等による消費税簡易課税制度選択（不適用）届出に係る特例承認申請書

　法第37条の2第2項《災害等があった場合の中小事業者の仕入れに係る消費税額の控除の特例の届出に関する特例》（同条第7項において準用する場合を含む。）に規定する同条第1項又は第6項に規定する承認を受

けようとする旨の申請書は、第35号様式の「災害等による消費税簡易課税制度選択（不適用）届出に係る特例承認申請書」により提出する。

9　登録国外事業者関係

(1) 登録国外事業者の登録申請書

　　所得税法等の一部を改正する法律（平成27年法律第9号）（以下「平成27年改正法」という。）附則第39条第2項《国外事業者の登録等》に規定する国外事業者の登録についての申請書は、第36号様式「登録国外事業者の登録申請書」により提出する。

(2) 登録国外事業者の登録事項変更届出書

　　平成27年改正法附則第39条8項《登録国外事業者の登載事項の変更》に規定する国外事業者登録簿に登載された事項に変更があった場合の届出書は、第37号様式の「登録国外事業者の登録事項変更届出書」により提出する。

(3) 登録国外事業者の登録の取消しを求める旨の届出書

　　平成27年改正法附則第39条第11項《登録国外事業者の登録の取消し》に規定する登録国外事業者が登録の取消しを求める場合の届出書は、第38号様式「登録国外事業者の登録の取消しを求める旨の届出書」により提出する。

(4) 登録国外事業者の死亡届出書

　　平成27年改正法附則第40条第1項《登録国外事業者が死亡した場合の届出》に規定する登録国外事業者が死亡した場合の届出書は、第39号様式「登録国外事業者の死亡届出書」により提出する。

10　特定非常災害関係

(1) 特定非常災害による消費税法第12条の2第2項（第12条の3第3項）

不適用届出書

　租税特別措置法（以下「租特法」という。）第86条の5第4項括弧書《納税義務の免除の規定の適用を受けない旨の届出等に関する特例》に規定する同項の規定の適用を受けようとする旨の届出書は、第40号様式「特定非常災害による消費税法第12条の2第2項（第12条の3第3項）不適用届出書」により提出する。

(2)　特定非常災害による消費税法第12条の4第1項不適用届出書

　租特法第86条の5第5項括弧書《納税義務の免除の規定の適用を受けない旨の届出等に関する特例》に規定する同項の規定の適用を受けようとする旨の届出書は、第41号様式「特定非常災害による消費税法第12条の4第1項不適用届出書」により提出する。

1120

第1号様式

消費税課税事業者選択届出書

収受印

平成　年　月　日	届出者	(フリガナ)	
		納税地	(〒　　－　　) （電話番号　　－　　－　　）
		(フリガナ)	
		住所又は居所 （法人の場合） 本店又は 主たる事務所 の所在地	(〒　　－　　) （電話番号　　－　　－　　）
		(フリガナ)	
		名称（屋号）	
		個人番号 又は 法人番号	↓ 個人番号の記載に当たっては、左端を空欄とし、ここから記載してください。
		(フリガナ)	
		氏　名 （法人の場合） 代表者氏名	印
＿＿＿＿税務署長殿		(フリガナ)	
		（法人の場合） 代表者住所	（電話番号　　－　　－　　）

　下記のとおり、納税義務の免除の規定の適用を受けないことについて、消費税法第9条第4項の規定により届出します。

適用開始課税期間	自 平成　年　月　日　至 平成　年　月　日		
上記期間の 基準期間	自 平成　年　月　日	左記期間の 総売上高	円
	至 平成　年　月　日	左記期間の 課税売上高	円
事業内容等	生年月日（個人）又は設立年月日（法人）	1明治・2大正・3昭和・4平成　　年　月　日	法人のみ記載	事業年度	自　月　日 至　月　日
				資本金	円
	事業内容		届出区分	事業開始・設立・相続・合併・分割・特別会計・その他	
参考事項		税理士 署名 押印	印 （電話番号　　－　　－　　）

※税務署処理欄	整理番号		部門番号				
	届出年月日	年　月　日	入力処理	年　月　日	台帳整理	年　月　日
	通信日付印 年　月　日	確認印	番号確認	身元確認 □済 □未済	確認書類	個人番号カード／通知カード・運転免許証 その他（　　　　）

　注意　1．裏面の記載要領等に留意の上、記載してください。
　　　　2．税務署処理欄は、記載しないでください。

第2号様式

消費税課税事業者選択不適用届出書

平成　年　月　日	届出者	（フリガナ）	
		納税地	（〒　－　） （電話番号　－　－　）
		（フリガナ）	
		氏名又は 名称及び 代表者氏名	印
＿＿＿＿税務署長殿		個人番号 又は 法人番号	↓ 個人番号の記載に当たっては、左端を空欄とし、ここから記載してください。

下記のとおり、課税事業者を選択することをやめたいので、消費税法第9条第5項の規定により届出します。

①	この届出の適用開始課税期間	自平成　年　月　日　至平成　年　月　日
②	①の基準期間	自平成　年　月　日　至平成　年　月　日
③	②の課税売上高	円

※ この届出書を提出した場合であっても、特定期間（原則として、①の課税期間の前年の1月1日（法人の場合は前事業年度開始の日）から6か月間）の課税売上高が1千万円を超える場合には、①の課税期間の納税義務は免除されないこととなります。詳しくは、裏面をご覧ください。

課税事業者となった日	平成　年　月　日	
事業を廃止した場合の廃止した日	平成　年　月　日	
提出要件の確認	課税事業者となった日から2年を経過する日までの間に開始した各課税期間中に調整対象固定資産の課税仕入れ等を行っていない。	はい □
	※ この届出書を提出した課税期間が、課税事業者となった日から2年を経過する日までに開始した各課税期間である場合、この届出書提出後、届出を行った課税期間中に調整対象固定資産の課税仕入れ等を行うと、原則としてこの届出書の提出はなかったものとみなされます。詳しくは、裏面をご確認ください。	
参考事項		
税理士署名押印		印 （電話番号　－　－　）

※税務署処理欄	整理番号		部門番号					
	届出年月日	年　月　日	入力処理	年　月　日	台帳整理		年　月　日	
	通信日付印 年　月　日	確認	番号確認	身元確認	□ 済 □ 未済	確認書類	個人番号カード／通知カード・運転免許証 その他（　　）	

注意　1．裏面の記載要領等に留意の上、記載してください。
　　　2．税務署処理欄は、記載しないでください。

第3-(1)号様式

消費税課税事業者届出書

基準期間用

収受印

平成　年　月　日

届出者

（フリガナ）
納税地
（〒　－　）
（電話番号　－　－　）

（フリガナ）
住所又は居所
（法人の場合）
本店又は
主たる事務所
の所在地
（〒　－　）
（電話番号　－　－　）

（フリガナ）
名称（屋号）

個人番号
又は
法人番号

↓ 個人番号の記載に当たっては、左端を空欄とし、ここから記載してください。

（フリガナ）
氏名
（法人の場合）
代表者氏名
印

（フリガナ）
（法人の場合）
代表者住所
（電話番号　－　－　）

＿＿＿＿＿税務署長殿

下記のとおり、基準期間における課税売上高が1,000万円を超えることとなったので、消費税法第57条第1項第1号の規定により届出します。

適用開始課税期間	自 平成　年　月　日　至 平成　年　月　日		
上記期間の	自 平成　年　月　日	左記期間の総売上高	円
基準期間	至 平成　年　月　日	左記期間の課税売上高	円

事業内容等	生年月日（個人）又は設立年月日（法人）	1明治・2大正・3昭和・4平成　年　月　日	法人のみ記載	事業年度	自　月　日　至　月　日
				資本金	円
	事業内容			届出区分	相続・合併・分割等・その他

参考事項		税理士署名押印	印
			（電話番号　－　－　）

※税務署処理欄

整理番号		部門番号						
届出年月日	年　月　日	入力処理	年　月　日	台帳整理	年　月　日		
番号確認		身元確認	□済　□未済	確認書類	個人番号カード／通知カード・運転免許証　その他（　　）			

注意　1．裏面の記載要領等に留意の上、記載してください。
　　　2．税務署処理欄は、記載しないでください。

第3-(2)号様式

特定期間用

消費税課税事業者届出書

平成　年　月　日

届出者	（フリガナ）	
	納税地	（〒　－　） （電話番号　－　－　）
	（フリガナ）	
	住所又は居所 （法人の場合） 本店又は主たる事務所の所在地	（〒　－　） （電話番号　－　－　）
	（フリガナ）	
	名称（屋号）	
	個人番号又は法人番号	↓ 個人番号の記載に当たっては、左端を空欄とし、ここから記載してください。
	（フリガナ）	
	氏名 （法人の場合） 代表者氏名	印
	（フリガナ）	
	（法人の場合） 代表者住所	（電話番号　－　－　）

＿＿＿＿税務署長殿

下記のとおり、特定期間における課税売上高が1,000万円を超えることとなったので、消費税法第57条第1項第1号の規定により届出します。

適用開始課税期間	自 平成　年　月　日　至 平成　年　月　日		
上記期間の 特定期間	自 平成　年　月　日	左記期間の総売上高	円
		左記期間の課税売上高	円
	至 平成　年　月　日	左記期間の給与等支払額	円

事業内容等	生年月日（個人）又は設立年月日（法人）	1明治・2大正・3昭和・4平成　年　月　日	法人のみ記載	事業年度	自 月 日 至 月 日
				資本金	円
	事業内容				

参考事項		税理士署名押印	印 （電話番号　－　－　）

※税務署処理欄	整理番号		部門番号			
	届出年月日	年　月　日	入力処理	年　月　日	台帳整理	年　月　日
	番号確認	身元確認　□済　□未済	確認書類	個人番号カード／通知カード・運転免許証 その他（　　）		

注意　1．裏面の記載要領等に留意の上、記載してください。
　　　2．税務署処理欄は、記載しないでください。

第4号様式

相続・合併・分割等があったことにより課税事業者となる場合の付表

収受印

届出者	納　税　地	
	氏名又は名称	印

① 相続の場合　（分割相続　有・無）

被相続人の	納　税　地	所轄署（　　　）
	氏　　　名	
	事　業　内　容	

② 合併の場合　（設立合併・吸収合併）

i 被合併法人の	納　税　地	所轄署（　　　）
	名　　　称	
	事　業　内　容	
ii 被合併法人の	納　税　地	所轄署（　　　）
	名　　　称	
	事　業　内　容	

③ 分割等の場合　（新設合併・現物出資・事後設立・吸収分割）

i 分割親法人の	納　税　地	所轄署（　　　）
	名　　　称	
	事　業　内　容	
ii 分割親法人の	納　税　地	所轄署（　　　）
	名　　　称	
	事　業　内　容	

基準期間の課税売上高

課税事業者となる課税期間の基準期間	自 平成　年　月　日　　至 平成　年　月　日	
上記期間の	① 相続人 ② 合併法人　の課税売上高 ③ 分割子法人	円
	① 被相続人 ② 被合併法人　の課税売上高 ③ 分割親法人	円
	合　　　　計	円

注意　1　相続により事業場ごとに分割承継した場合は、自己の相続した事業場に係る部分の被相続人の課税売上高を記入してください。
　　　2　①、②及び③のかっこ書については該当する項目を○で囲ってください。
　　　3　「分割親法人」とは、分割等を行った法人をいい、「分割子法人」とは、新設分割、現物出資又は事後設立により設立された法人若しくは吸収分割により営業を承継した法人をいいます。

第5号様式

消費税の納税義務者でなくなった旨の届出書

平成　年　月　日 （収受印） ＿＿＿＿＿税務署長殿	届出者	（フリガナ） 納税地	（〒　－　） （電話番号　－　－　）
		（フリガナ） 氏名又は名称及び代表者氏名	印
		個人番号又は法人番号	↓ 個人番号の記載に当たっては、左端を空欄とし、ここから記載してください。

下記のとおり、納税義務がなくなりましたので、消費税法第57条第1項第2号の規定により届出します。

①	この届出の適用開始課税期間	自 平成　年　月　日　至 平成　年　月　日
②	①の基準期間	自 平成　年　月　日　至 平成　年　月　日
③	②の課税売上高	円

※1　この届出書を提出した場合であっても、特定期間（原則として、①の課税期間の前年の1月1日（法人の場合は前事業年度開始の日）から6か月間）の課税売上高が1千万円を超える場合には、①の課税期間の納税義務は免除されないこととなります。
　2　高額特定資産の仕入れ等を行った場合に、消費税法第12条の4第1項の適用がある課税期間については、当該課税期間の基準期間の課税売上高が1千万円以下となった場合であっても、その課税期間の納税義務は免除されないこととなります。
（詳しくは、裏面をご覧ください。）

納税義務者となった日	平成　年　月　日
参考事項	
税理士署名押印	印 （電話番号　－　－　）

※税務署処理欄	整理番号		部門番号				
	届出年月日	年　月　日	入力処理	年　月　日	台帳整理	年　月　日
	番号確認		身元確認	□ 済 □ 未済	確認書類	個人番号カード／通知カード・運転免許証 その他（　　）

注意　1．裏面の記載要領等に留意の上、記載してください。
　　　2．税務署処理欄は、記載しないでください。

第5-(2)号様式

高額特定資産の取得に係る課税事業者である旨の届出書

平成　年　月　日	届出者	（フリガナ）	
		納税地	（〒　－　） （電話番号　－　－　）
		（フリガナ）	
		氏名又は 名称及び 代表者氏名	印
＿＿＿＿税務署長殿		法人番号	

　下記のとおり、消費税法第12条の4第1項の規定の適用を受ける課税期間の基準期間の課税売上高が1,000万円以下となったので、消費税法第57条第1項第2号の2の規定により届出します。

届出者の行う事業の内容	
この届出の適用対象課税期間	※消費税法第12条の4第1項の規定が適用される課税期間で基準期間の課税売上高が1,000万円以下となった課税期間を記載してください。 自　平成　年　月　日　　至　平成　年　月　日
上記課税期間の基準期間	自　平成　年　月　日　　左記期間の 至　平成　年　月　日　　課税売上高　　　　　　　　円

該当する資産の 区　分　等 _{該当する資産の区分に応じて記載してください。}	□ ①高額特定資産 　（②に該当するものを除く）	高額特定資産の仕入れ等の日	高額特定資産の内容
		平成　年　月　日	
	□ ②自己建設高額特定資産	自己建設高額特定資産の仕入れ等を行った場合に該当することとなった日	
		平成　年　月　日	
		建設等の完了予定時期	自己建設高額特定資産の内容
		平成　年　月	

参　考　事　項	
税理士署名押印	印 （電話番号　－　－　）

※税務署処理欄	整理番号		部門番号		番号確認			
	届出年月日	年　月　日	入力処理	年　月　日	台帳整理	年　月　日

注意　1．裏面の記載要領等に留意の上、記載してください。
　　　2．税務署処理欄は、記載しないでください。

第6号様式

事 業 廃 止 届 出 書

	収受印			
平成　年　月　日		届出者	（フリガナ）	
			納税地	（〒　－　） （電話番号　－　－　）
			（フリガナ）	
			氏名又は 名称及び 代表者氏名	印
＿＿＿＿税務署長殿			個人番号 又は 法人番号	↓ 個人番号の記載に当たっては、左端を空欄とし、ここから記載してください。

下記のとおり、事業を廃止したので、消費税法第57条第1項第3号の規定により届出します。

事 業 廃 止 年 月 日	平成　　年　　月　　日
納税義務者と なった年月日	平成　　年　　月　　日
参 考 事 項	
税理士署名押印	印 （電話番号　－　－　）

※税務署処理欄	整理番号		部門番号		
	届出年月日	年　月　日	入力処理	年　月　日	台帳整理　年　月　日
	番号 確認	身元　□済 確認　□未済	確認 書類	個人番号カード／通知カード・運転免許証 その他（　　）	

注意　1．裏面の記載要領等に留意の上、記載してください。
　　　2．税務署処理欄は、記載しないでください。

第7号様式

個人事業者の死亡届出書

収受印 平成　年　月　日 ＿＿＿＿税務署長殿	届出者	（フリガナ） 住所又は居所	（〒　－　） （電話番号　－　－　）
		（フリガナ） 氏　　名	印
		個人番号	

下記のとおり、事業者が死亡したので、消費税法第57条第1項第4号の規定により届出します。

死亡年月日	平成　　年　　月　　日		
死亡した事業者	納　税　地		
	氏　　名		
届出人と死亡した事業者との関係			
参　考　事　項	事業承継の有無	有　・　無	
	事業承継者	住所又は居所	（電話番号　－　－　）
		氏　　名	
税理士署名押印		印 （電話番号　－　－　）	

※税務署処理欄	整理番号		部門番号				
	届出年月日	年　月　日	入力処理	年　月　日	台帳整理	年　月　日	
	番号確認	身元確認　□済　□未済	確認書類	個人番号カード／通知カード・運転免許証 その他（　　　）			

注意　1．裏面の記載要領等に留意の上、記載してください。
　　　2．税務署処理欄は、記載しないでください。

第8号様式

合併による法人の消滅届出書

収受印	届出者	（フリガナ）	
平成　年　月　日		納　税　地	（〒　　－　　） （電話番号　　－　　－　　）
		（フリガナ）	
＿＿＿＿＿税務署長殿		名称及び 代表者氏名	印
		法　人　番　号	

下記のとおり、合併により法人が消滅したので、消費税法第57条第1項第5号の規定により届出します。

合 併 年 月 日	平成　　年　　月　　日
被合併法人　納　税　地	
名　　　称	
代表者氏名	
合 併 の 形 態	設 立 合 併 ・ 吸 収 合 併
参 考 事 項	
税理士署名押印	印 （電話番号　　－　　－　　）

※税務署処理欄	整理番号		部門番号		番号確認		
	届出年月日	年　月　日	入力処理	年　月　日	台帳整理	年　月　日

注意　1．裏面の記載要領等に留意の上、記載してください。
　　　2．税務署処理欄は、記載しないでください。

1130

第9号様式

消費税納税管理人届出書

収受印

平成　年　月　日

届出者

＿＿＿＿税務署長殿

	（フリガナ）	
届出者	納税地	（〒　－　） （電話番号　－　－　）
	（フリガナ）	
	氏名又は名称及び代表者氏名	印
	個人番号又は法人番号	↓個人番号の記載に当たっては、左端を空欄とし、ここから記載してください。

下記のとおり、消費税の納税管理人を定めたので、届出します。

納税管理人	（フリガナ）	
	住所又は居所 （法人の場合） 本店又は主たる事務所の所在地	（〒　－　） （電話番号　－　－　）
	（フリガナ）	
	氏名又は名称及び代表者氏名	印
	届出者との続柄（関係）	
	職業又は事業内容	

法の施行地外における住所又は居所となるべき場所	

納税管理人を定めた理由	

参　考　事　項	

税理士署名押印	印 （電話番号　－　－　）

※税務署処理欄	整理番号		部門番号					
	届出年月日	年　月　日	入力処理	年　月　日	台帳整理	年　月　日		
	番号確認	身元確認 □済 □未済	確認書類	個人番号カード／通知カード・運転免許証 その他（　　　　　　　　　　　）				

注意　1.　この届出書は、納税義務者の納税地の所轄税務署長に提出してください。
　　　2.　「法の施行地外における住所又は居所となるべき場所」欄には、国内に住所又は居所を有しないこととなる場合に、国外における住所又は居所を書いてください。
　　　3.　個人事業者の方がこの届出書の控えを保管する場合においては、その控えには個人番号を記載しないなど、個人番号の取扱いには十分にご注意ください。
　　　4.　税務署処理欄は、記載しないでください。

第10号様式

消費税納税管理人解任届出書

収受印	平成　年　月　日	届出者	（フリガナ）	
			納税地	（〒　－　） （電話番号　－　－　）
			（フリガナ）	
	＿＿＿＿税務署長殿		氏名又は名称及び代表者氏名	印
			個人番号又は法人番号	↓個人番号の記載に当たっては、左端を空欄とし、ここから記載してください。

下記のとおり、平成　年　月　日に届出した納税管理人を解任したので、届出します。

解任した納税管理人	（フリガナ）	
	住所又は居所 （法人の場合） 本店又は主たる事務所の所在地	（〒　－　） （電話番号　－　－　）
	（フリガナ）	
	氏名又は名称及び代表者氏名	印
納税地	現在の納税地	
	選任していたときの納税地	
納税管理人を解任した理由		
参　考　事　項		
税理士署名押印		印 （電話番号　－　－　）

※税務署処理欄	整理番号		部門番号				
	届出年月日	年　月　日	入力処理	年　月　日	台帳整理	年　月　日
	番号確認		身元確認	□済 □未済	確認書類	個人番号カード／通知カード・運転免許証 その他

注意　1.　この届出書は、さきに選任していた納税管理人を解任した場合に提出するものです。
　　　2.　この届出書は、次により記載し次の税務署長に提出してください。「納税地」欄は、納税地が納税管理人を選任していたときの納税地と同一のときは、「現在の納税地」欄にその納税地を書いてその納税地の所轄税務署長に提出します。また、納税地が納税管理人を選任していたときの納税地と異なるときは、「選任していたときの納税地」欄及び「現在の納税地」欄にそれぞれの納税地を書いてそれぞれの納税地の所轄税務署長に提出します。この場合、「消費税異動届出書（第11号様式）」を提出する必要はありません。
　　　3.　個人事業者の方がこの届出書の控えを保管する場合においては、その控えには個人番号を記載しないなど、個人番号の取扱いには十分にご注意ください。
　　　4.　税務署処理欄は、記載しないでください。

第10-(2)号様式

消費税の新設法人に該当する旨の届出書

収受印

平成　年　月　日

届出者

(フリガナ)		
納税地	(〒　－　)	
		(電話番号　－　－　)
(フリガナ)		
本店又は主たる事務所の所在地	(〒　－　)	
		(電話番号　－　－　)
(フリガナ)		
名　称		
法人番号		
(フリガナ)		
代表者氏名		印
(フリガナ)		
代表者住所		
		(電話番号　－　－　)

＿＿＿＿税務署長殿

　下記のとおり、消費税法第12条の2第1項の規定による新設法人に該当することとなったので、消費税法第57条第2項の規定により届出します。

消費税の新設法人に該当することとなった事業年度開始の日	平成　年　月　日
上記の日における資本金の額又は出資の金額	

事業内容等	設立年月日	平成　年　月　日
	事業年度	自　月　日　至　月　日
	事業内容	

参考事項	「消費税課税期間特例選択・変更届出書」の提出の有無【有（　・　・　）・無】

税理士署名押印	印
	(電話番号　－　－　)

※税務署処理欄

整理番号		部門番号		番号確認	
届出年月日	年　月　日	入力処理	年　月　日	台帳整理	年　月　日

注意　1．裏面の記載要領等に留意の上、記載してください。
　　　2．税務署処理欄は、記載しないでください。

第10-(3)号様式

消費税の特定新規設立法人に該当する旨の届出書

収受印

平成　年　月　日	届出者	（フリガナ）	
		納　税　地	（〒　　－　　） （電話番号　　－　　－　　）
		（フリガナ）	
		名　称　及　び 代表者氏名	印 （電話番号　　－　　－　　）
＿＿＿＿税務署長殿		法　人　番　号	

下記のとおり、消費税法第12条の3第1項の規定による特定新規設立法人に該当することとなったので、消費税法第57条第2項の規定により届出します。

消費税の特定新規設立法人に該当することとなった事業年度開始の日	平成　　年　　月　　日

事業内容等	設立年月日	平成　　年　　月　　日
	事業年度	自　　月　　日　　至　　月　　日
	事業内容	

特定新規設立法人の判定	特定要件の判定	イ	①	特定要件の判定の基礎となった他の者	納税地等	
					氏名又は名称	
			保有割合	②	①の者が直接又は間接に保有する新規設立法人の発行済株式等の数又は金額	株（円）	③のうち、①の者が直接又は間接に保有する割合（②／③×100）	％
				③	新規設立法人の発行済株式等の総数又は総額	株（円）		
	基準期間に相当する期間の課税売上高	ロ		納税地等	
				氏名又は名称	
				基準期間に相当する期間	自　年　月　日　～　至　年　月　日
				基準期間に相当する期間の課税売上高	円

上記イ④の割合が50％を超え、かつ、ロの基準期間に相当する期間の課税売上高が5億円を超えている場合には、特定新規設立法人に該当しますので、この届出書の提出が必要となります。

参　考　事　項	
税理士署名押印	印 （電話番号　　－　　－　　）

税務署処理欄	整理番号		部門番号		番号確認		
	届出年月日	年　月　日	入力処理	年　月　日	台帳整理	年　月　日

注意　1．裏面の記載要領等に留意の上、記載してください。
　　　2．税務署処理欄は、記載しないでください。

1134

第11号様式

消費税異動届出書

（収受印）

平成　年　月　日	届出者	（フリガナ）	
		住所又は居所、本店又は主たる事務所の所在地	（〒　－　） （電話番号　－　－　）
		（フリガナ）	
		氏名又は名称及び代表者氏名	印
＿＿＿税務署長殿		個人番号又は法人番号	↓個人番号の記載に当たっては、左端を空欄とし、ここから記載してください。

下記のとおり、消費税の納税地等に異動がありましたので、届出します。

異動の内容	異動年月日	平成　年　月　日
	異動前の納税地	（〒　－　） （電話番号　－　－　）
	異動後の納税地	（〒　－　） （電話番号　－　－　）
	納税地以外の異動事項	異動事項
		異動前
		異動後
参　考　事　項		
税理士署名押印		印 （電話番号　－　－　）

※税務署処理欄	整理番号		部門番号					
	届出年月日	年　月　日	入力処理	年　月　日	台帳整理	年　月　日
	番号確認		身元確認	□済 □未済	確認書類	個人番号カード／通知カード・運転免許証 その他（　　）		

注意　1．この届出書は、納税地、住所又は居所、本店又は主たる事務所の所在地、名称又は屋号、代表者氏名、代表者の住所、事業年度、資本金に異動があったとき又は公共法人等が定款等に定める会計年度等を変更し、若しくは新たに会計年度等を定めたときに提出してください。
　　　2．納税地の異動の場合には、異動前の納税地の所轄税務署長に提出してください。
　　　3．個人事業者の方がこの届出書の控えを保管する場合においては、その控えには個人番号を記載しないなど、個人番号の取扱いには十分にご注意ください。
　　　4．税務署処理欄は、記載しないでください。

第12号様式

消費税会計年度等届出書

平成　年　月　日 　　　　　税務署長殿	届出書	（フリガナ） 納　税　地	（〒　　－　　） （電話番号　　－　　－　　）	
		（フリガナ） 名　称　及　び 代表者氏名		印
		法　人　番　号		

収受印

下記のとおり、会計年度等を定めたので、消費税法施行令第3条第2項の規定により届出します。

定めた会計年度等	自　月　日　　至　月　日
設　立　年　月　日	年　月　日
課税資産の譲渡 等を開始した日	平成　年　月　日
課　税　資　産　の 譲　渡　等　の　内　容	
参　考　事　項	
税理士署名押印	印 （電話番号　　－　　－　　）

※税務署処理欄	整理番号		部門番号		番号確認			
	届出年月日	年　月　日	入力処理	年　月　日	台帳整理	年　月　日		
	通信日付印	年　月　日	確認印					

注意　税務署処理欄は、記載しないでください。

第13号様式

消費税課税期間特例 選択/変更 届出書

平成　年　月　日	届出者	(フリガナ)	
		納税地	(〒　－　)　　　　　(電話番号　－　－　)
		(フリガナ)	
		氏名又は名称及び代表者氏名	印
＿＿＿＿税務署長殿		法人番号	

　下記のとおり、消費税法第19条第1項第3号、第3号の2、第4号又は第4号の2に規定する課税期間に短縮又は変更したいので、届出します。

事 業 年 度	自　　月　　日　　至　　月　　日		
適 用 開 始 日 又 は 変 更 日	平成　　年　　月　　日		
適用又は変更後の課 税 期 間	三月ごとの期間に短縮する場合		一月ごとの期間に短縮する場合
	月　日から　月　日まで		月　日から　月　日まで 月　日から　月　日まで 月　日から　月　日まで
	月　日から　月　日まで		月　日から　月　日まで 月　日から　月　日まで 月　日から　月　日まで
	月　日から　月　日まで		月　日から　月　日まで 月　日から　月　日まで 月　日から　月　日まで
	月　日から　月　日まで		月　日から　月　日まで 月　日から　月　日まで 月　日から　月　日まで
変更前の課税期間特例選択・変更届出書の提出日	平成　　年　　月　　日		
変更前の課税期間特例の適用開始日	平成　　年　　月　　日		
参 考 事 項			
税理士署名押印	(電話番号　－　－　)　　印		

※税務署処理欄	整理番号		部門番号		番号確認		
	届出年月日	年　月　日	入力処理	年　月　日	台帳整理	年　月　日	
	通信日付印	年　月　日	確認印				

注意　1．裏面の記載要領等に留意の上、記載してください。
　　　2．税務署処理欄は、記載しないでください。

第14号様式

消費税課税期間特例選択不適用届出書

		(フリガナ)		
平成　年　月　日	届出者	納税地	(〒　－　) （電話番号　－　－　）	
		(フリガナ)		
		氏名又は名称及び代表者氏名		印
＿＿＿＿税務署長殿		法人番号		

下記のとおり、課税期間の短縮の適用をやめたいので、消費税法第19条第3項の規定により届出します。

事　業　年　度	自　　月　　日　　至　　月　　日		
特例選択不適用の開始日	平成　　年　　月　　日		
短縮の適用を受けていた課税期間	三月ごとの期間に短縮していた場合	一月ごとの期間に短縮していた場合	
		月　日から　月　日まで	
	月　日から　月　日まで	月　日から　月　日まで	
		月　日から　月　日まで	
		月　日から　月　日まで	
	月　日から　月　日まで	月　日から　月　日まで	
		月　日から　月　日まで	
		月　日から　月　日まで	
	月　日から　月　日まで	月　日から　月　日まで	
		月　日から　月　日まで	
選択・変更届出書の提出日	平成　　年　　月　　日		
課税期間短縮・変更の適用開始日	平成　　年　　月　　日		
事業を廃止した場合の廃止した日	平成　　年　　月　　日		
	個人番号 ※事業を廃止した場合には記載してください。		
参　考　事　項			
税理士署名押印		（電話番号　－　－　）	印

※税務署処理欄	整理番号		部門番号					
	届出年月日	年　月　日	入力処理	年　月　日	台帳整理	年　月　日		
	通信日付印 年　月　日	確認印	番号確認	身元確認	□済 □未済	確認書類	個人番号カード／通知カード・運転免許証 その他（　　　　　）	

注意　1．裏面の記載要領等に留意の上、記載してください。
　　　2．税務署処理欄は、記載しないでください。

第15号様式

郵便物輸出証明申請書

収受印 平成　年　月　日　　　　税関長殿	申請書（差出人）	（フリガナ）住所等	（〒　－　）　　　　　　　　　　　　　　　　（電話番号　－　－　）
		（フリガナ）氏名又は名称及び代表者氏名	印

下記物品について、郵便物として輸出されたものであることの証明を受けたいので、申請します。

受取人	住所等	
	氏名又は名称	

郵便物の内容	品　名	数　量	価　額
			円
	合　計		
個数	個　差出年月日　　平成　年　月　日		
税関審査印	（輸出証明印）※	参考事項	

注意　1．この申請書は、2通提出してください。
　　　2．郵便物を同一受取人に2個以上に分けて差し出す場合には、その合計個数を「個数」欄に記載してください。
　　　3．※印欄は、記載しないでください。

第16号様式

海外旅行者が出国に際して携帯する物品の購入者誓約書

購入物品	品　　　名	規格・銘柄	数　量	購入単価	価　　額

販売場	納　税　地	
	所　在　地	
	氏名又は名称	

渡　航　年　月　日	平成　　　年　　　月　　　日
旅　券　番　号	
渡　航　先	
渡　航　目　的	
渡　航　方　法	
渡　航　期　間	平成　年　月　日　から　平成　年　月　日

贈答先	住所又は勤務先	
	氏名又は名称	

参　考　事　項	

今般海外旅行するに際して携帯する上記物品については、次のとおり使用することを誓約します。
① 上記贈答先に贈答し、帰国の際には携帯しない。
② 渡航先において2年以上使用（又は消費）する。

　　　　平成　　年　　月　　日　　　　　住所又は居所
　　　　　　　　　　　　　　　　　　　　電　話　番　号
　　　　　　　　　　　　　　　　　　　　職　　　　業
　　　　　　　　　　　　　　　　　　　　氏　　　　名　　　　　　印

注意　1　不要な文字は二重線で抹消してください。
　　　2　この誓約書は購入先に交付してください。
　　　3　「購入物品」欄に記載できない場合には、適宜の用紙に記載して添付してください。

第17号様式

輸 出 証 明 申 請 書

収受印

平成　年　月　日	申請者	（フリガナ）	
		住所又は居所	（〒　－　） （電話番号　－　－　）
＿＿＿＿税関長殿		（フリガナ）	
		氏　名	印

下記物品については、今般出国（海外渡航）するに際し携帯したものであることの証明を受けたいので、申請します。

携帯した物品	品　名	規格・銘柄	製品番号	数　量

購入先	住　所 （所在場所）	
	納　税　地	
	氏名又は名称	

渡航年月日	平成　　年　　月　　日
旅券番号	
渡航先	
渡航目的	

※
上記物品については、申請者が出国に際し携帯したことを証明します。
　　　＿＿＿＿＿第＿＿＿＿＿号
　　　平成＿＿年＿＿月＿＿日
　　　　　　　　　　　　　　　　＿＿＿＿税関長＿＿＿＿＿印

注意　1　この申請書は、2通提出してください。
　　　2　※印欄は、記載しないでください。
　　　3　税関長の証明を受けた輸出証明書は、上記物品の購入先の輸出物品販売場に交付してください。

第18-(1)号様式

輸出物品販売場購入物品 亡失証明承認申請書
（非居住者用）

収受印

平成　年　月　日	申請者	（フリガナ）			
		住所又は居所	（〒　－　） （電話番号　－　－　）		
＿＿＿＿税関長殿 （＿＿＿＿税務署長殿）		（フリガナ）			
		氏　名			印

下記のとおり、亡失したため輸出しないことにつき消費税法第8条第3項に規定する承認を受けたいので申請します。（下記の物品が亡失したことの証明を受けたいので、申請します。）

亡失物品	品　　名				合　計
	規格・銘柄				
	数　　量				
	単　　価	円	円	円	円
	価　　格	円	円	円	円
	税　　額	円	円	円	円

物品の購入年月日	平成　　年　　月　　日

購入先	輸出物品販売場の所在地	（電話番号　－　－　）
	納　税　地	
	販売業者名	

亡失の事情及びその場所	亡失年月日	平成　　年　　月　　日

※　上記の物品が亡失したことを証明します。
　　　　第　　　号
　平成　年　月　日　　　　　　　　＿＿＿＿税務署長＿＿＿＿　印

※　上記の申請について、消費税法第8条第3項の規定により承認します。
　　　　第　　　号
　平成　年　月　日　　　　　　　　＿＿＿＿税関長＿＿＿＿　印

注意　1．この申請書は、亡失場所の最寄りの税務署長に3通提出し、うち2通に亡失の証明を受けた後、その2通を出港地の所轄税関長に提出してください。
　　　2．※印欄は、記載しないでください。

第18-(2)号様式

輸出物品販売場購入物品亡失承認申請書
（国際第二種貨物利用運送事業者用）

申請者	収受印 平成　年　月　日 _____税務署長殿	納税地	（フリガナ） （〒　　－　　） （電話番号　　－　　－　　）
		氏名又は名称及び代表者氏名	（フリガナ） 　　　　　　　　　　　印
		個人番号又は法人番号	↓個人番号の記載に当たっては、左端を空欄とし、ここから記載してください。

下記のとおり、亡失したため輸出しないことにつき消費税法第8条第3項に規定する承認を受けたいので申請します。

亡失物品	品　　　名				合　計	
	規格・銘柄					
	数　　　量					
	単　　　価	円	円	円		円
	価　　　格	円	円	円		円
	税　　　額	円	円	円		円

物品に係る運送契約を締結した年月日	平成　　年　　月　　日

購入先	輸出物品販売場の所在地	
	納　税　地	
	販売業者名	

亡失の事情及びその場所	亡失年月日	平成　　年　　月　　日

※　上記の申請について、消費税法第8条第3項の規定により承認します。

　　　　第　　　　号
平成　　年　　月　　日　　　　　　　　　　　　　　税務署長　　　　　　　　印

※税務署処理欄	整理番号		部門番号				
	申請年月日	年　月　日	入力処理	年　月　日	台帳整理	年　月　日	
	番号確認	身元確認 □済 □未済	確認書類	個人番号カード／通知カード・運転免許証 その他（　　　　）			

注意　1．この申請書は、納税地の所轄税務署長に2通提出してください。
　　　2．※印欄は、記載しないでください。

第19号様式

輸出物品販売場購入物品譲渡（譲受け）承認申請書

平成　年　月　日	申請者	（フリガナ）住所等	（〒　－　） （電話番号　－　－　）
		（フリガナ）氏名又は名称及び代表者氏名	印
＿＿＿＿税務署長殿		個人番号又は法人番号	↓個人番号の記載に当たっては、左端を空欄とし、ここから記載してください。

下記のとおり、消費税法第8条第4項に規定する承認を受けたいので、申請します。

物品の所在場所の所在地及び名称			（電話番号　－　－　）	
譲渡（受）物品	品　名			合　計
	規格・銘柄			
	数　量			
	単　価	円	円	円	円
	価　格	円	円	円	円
	税　額	円	円	円	円

物品の購入年月日	平成　年　月　日
購入先	輸出物品販売場の所在地	（電話番号　－　－　）
	輸出物品販売場の納税地	（電話番号　－　－　）
	販売業者名	
譲受（渡）人	住所等	（電話番号　－　－　）
	氏名又は名称	
譲渡（受）年月日	平成　年　月　日
譲渡（受）の理由	

※　上記の申請について、消費税法第8条第4項の規定により承認します。
　　　　第　　　　　号
　平成　年　月　日　　　　　　　　　　　税務署長　　　　　　　印

※税務署処理欄	整理番号		部門番号				
	申請年月日	年　月　日	入力処理	年　月　日	台帳整理	年　月　日
	番号確認		身元確認	□済 □未済	確認書類	個人番号カード／通知カード・運転免許証 その他（　　）

注意　1．この申請書は、2通提出してください。
　　　2．※印欄は、記載しないでください。

第20-(1)号様式

輸出物品販売場許可申請書

一般型用

収受印

平成　年　月　日

申請者

税務署長殿

（フリガナ）	
納税地	（〒　－　） （電話番号　－　－　）
（フリガナ）	
氏名又は名称及び代表者氏名	印
法人番号	

下記のとおり、消費税法施行令第18条の2第2項第1号に規定する一般型輸出物品販売場として消費税法第8条第6項の許可を受けたいので、申請します。

販売場の所在地	（〒　－　）　　　　　　　（電話番号　－　－　）
販売場の名称	所轄税務署名　　　税務署
許可を受けようとする販売場は手続委託型輸出物品販売場の許可を受けている。 （注）手続委託型輸出物品販売場として許可を受けている販売場が一般型輸出物品販売場の許可を受けた場合、手続委託型輸出物品販売場の許可の効力は失われます。	□ はい □ いいえ
参考事項	
税理士署名押印	印 （電話番号　－　－　）

※　上記の申請について、平成　　年　　月　　日付で、消費税法施行令第18条の2第2項第1号に規定する一般型輸出物品販売場として消費税法第8条第6項の許可をします。

第　　　号
平成　　年　　月　　日　　　　　　　　　税務署長　　　　　　　　印

※税務署処理欄	整理番号			部門番号		番号確認		
	申請年月日	年　月　日	入力処理	年　月　日	台帳整理	年　月　日

注意　1．この申請書は、納税地の所轄税務署長に2通提出してください。
　　　2．※印欄は、記載しないで下さい。
　　　3．許可を受けようとする販売場が2以上ある場合には、販売場の所在地及び名称、所轄税務署名は適宜の様式に記載して添付してください。

第20-(2)号様式

手続委託型用

輸出物品販売場許可申請書

収受印

申請者	平成　年　月　日		
		(フリガナ)	
		納税地	(〒　－　)　　　　　　　　(電話番号　－　－　)
		(フリガナ)	
		氏名又は名称及び代表者氏名	印
	＿＿＿＿税務署長殿	法人番号	

　下記のとおり、消費税法施行令第18条の2第2項第2号に規定する手続委託型輸出物品販売場として消費税法第8条第6項の許可を受けたいので、申請します。

販売場の所在地	(〒　－　)　　　　　　　　　　　　　　　　(電話番号　－　－　)
販売場の名称	所轄税務署名　　　　税務署
特定商業施設の区分	□ 1 商店街振興組合法第2条第1項に規定する商店街振興組合の定款に定められた地区 □ 2 中小企業等協同組合法第3条第1号に規定する事業協同組合の定款に定められた地区に所在する事業者が近接して事業を営む地域でその大部分に一の商店街が形成されている地域 □ 3 大規模小売店舗立地法第2条第2項に規定する大規模小売店舗 □ 4 一棟の建物（上記3に該当するものを除く。） 　許可を受けようとする販売場は、上記特定商業施設の区分1「地区」又は2「地域」に所在する販売場とみなして消費税法施行令第18条の2第5項の規定の適用を受ける販売場である。　　　　　　　　　　　　　　□ はい 　許可を受けようとする販売場の所在する特定商業施設は、消費税法施行令第18条の2第6項の規定の適用を受ける特定商業施設である。　　　　　　　　□ はい
特定商業施設の所在地	
特定商業施設の名称	
承認免税手続事業者の氏名又は名称	
承認免税手続事業者の納税地	
許可を受けようとする販売場は一般型輸出物品販売場の許可を受けている。 (注) 一般型輸出物品販売場として許可を受けている販売場が手続委託型輸出物品販売場の許可を受けた場合、一般型輸出物品販売場の許可の効力は失われます。	□ はい □ いいえ
参考事項	税理士署名押印　　　　　　(電話番号　－　－　)　　　印

※　上記の申請について、平成＿＿年＿＿月＿＿日付で、消費税法施行令第18条の2第2項第2号に規定する手続委託型輸出物品販売場として消費税法第8条第6項の許可をします。

　　　　第　　　　号
　平成　年　月　日　　　　　　　　　　　　税務署長　　　　　　　　　　印

※税務署処理欄	整理番号		部門番号		番号確認		
	申請年月日	年　月　日	入力処理	年　月　日	台帳整理	年　月　日	

注意　1．この申請書は、納税地の所轄税務署長に2通提出してください。
　　　2．※印欄は、記載しないで下さい。
　　　3．許可を受けようとする販売場が2以上ある場合には、販売場の所在地及び名称、所轄税務署名は適宜の様式に記載して添付してください。

第20-(3)号様式

手続委託型輸出物品販売場移転届出書

収受印

平成　年　月　日

届出者

税務署長殿

	（フリガナ）	
納税地	（〒　　－　　）	（電話番号　－　－　）
（フリガナ）氏名又は名称及び代表者氏名		印
法人番号		

下記のとおり、許可を受けた手続委託型輸出物品販売場が当該許可に係る特定商業施設内で移転するので、消費税法施行令第18条の2第3項の規定により届出します。

特定商業施設の所在地	
特定商業施設の名称	
販売場の名称	
輸出物品販売場の許可を受けた年月日	平成　年　月　日

移転の内容	移転する日		平成　年　月　日
	販売場の所在地	移転前	
		移転後	

参　考　事　項	
添　付　書　類	□ 許可に係る特定商業施設の見取図 □ その他（　　　　　）
税理士署名押印	印（電話番号　－　－　）

※税務署処理欄

整理番号		部門番号		番号確認	
届出年月日	年　月　日	入力処理	年　月　日	台帳整理	年　月　日

注意　1．この届出書は、許可を受けた手続委託型輸出物品販売場が当該許可に係る特定商業施設内で移転する場合に、その移転する日の前日までに、納税地の所轄税務署長に提出してください。
　　　2．税務署処理欄は、記載しないで下さい。

第20-(4)号様式

承認免税手続事業者承認申請書

収受印

平成　年　月　日	申請者	（フリガナ）	
		納　税　地	（〒　－　） （電話番号　　－　　－　　）
		（フリガナ）	
		氏　名　又　は 名　称　及　び 代表者氏名	印
＿＿＿＿＿税務署長殿		法　人　番　号	

　下記のとおり、消費税法施行令第18条の2第7項に規定する承認免税手続事業者の承認を受けたいので、申請します。

設置しようとする免税手続カウンターの所在地	
特定商業施設の区分	□ 1　商店街振興組合法第2条第1項に規定する商店街振興組合の定款に定められた地区 □ 2　中小企業等協同組合法第3条第1号に規定する事業協同組合の定款に定められた地区に所在する事業者が近接して事業を営む地域でその大部分に一の商店街が形成されている地域 □ 3　大規模小売店舗立地法第2条第2項に規定する大規模小売店舗 □ 4　一棟の建物（上記3に該当するものを除く。）
	設置しようとする免税手続カウンターに係る上記特定商業施設の区分を、3「大規模小売店舗」から1「地区」又は2「地域」に変更するものである。　□ はい
	設置しようとする免税手続カウンターに係る特定商業施設は、消費税法施行令第18条の2第6項の規定の適用を受ける特定商業施設である。　□ はい
特定商業施設の所在地	
特定商業施設の名称	
参　考　事　項	
税理士署名押印	印 （電話番号　　－　　－　　）

※　上記の申請について、平成＿＿年＿＿月＿＿日付で、消費税法施行令第18条の2第7項に規定する承認免税手続事業者として承認します。

　　　第　　　号
平成　　年　　月　　日　　　　　　　　　　　　　　　　税務署長　　　　　　　　　印

※税務署処理欄	整理番号		部門番号		番号確認		
	申請年月日	年　月　日	入力処理	年　月　日	台帳整理	年　月　日	

注意　1．この申請書は、納税地の所轄税務署長に2通提出してください。
　　　2．※印欄は、記載しないで下さい。

第20-(5)号様式

免税手続カウンター設置場所変更届出書

平成 年 月 日 _____税務署長殿	届出者	(フリガナ) 納 税 地　(〒　 － 　) 　　　　　　　　　　　　（電話番号　 － － ） (フリガナ) 氏名又は 名称及び 代表者氏名　　　　　　　　　　　　　　　　　　印 法 人 番 号

収受印

　下記のとおり、承認免税手続事業者の承認に係る特定商業施設内で免税手続カウンターを移転若しくは新たに設置又は一部廃止するので、消費税法施行令第18条の2第14項の規定により届出します。

特 定 商 業 施 設 の 所 在 地	
特 定 商 業 施 設 の 名 称	
承認免税手続事業者の 承 認 を 受 け た 年 月 日	平成　　年　　月　　日
届 出 事 項	□ 移転　　□ 設置　　□ 一部廃止
免税手続カウンター の 所 在 地	変更前 変更後
移転する日、新たに設置する日 又 は 一 部 廃 止 す る 日	平成　　年　　月　　日
参 考 事 項	
添 付 書 類	□ 承認に係る特定商業施設の見取図 □ 移転後又は新たに設置する免税手続カウンターの見取図 □ その他（　　　　　　　　　　　　　　　　　　　　　）
税 理 士 署 名 押 印	印 （電話番号　 － － ）

※税務署処理欄	整理番号		部門番号		番号確認			
	申請年月日	年　月　日	入力処理	年　月　日	台帳整理	年　月　日

注意　1.　この届出書は、承認免税手続事業者の承認に係る特定商業施設内で免税手続カウンターを移転する場合若しくは新たに設置する場合、又は当該特定商業施設内に設置する免税手続カウンターの一部を廃止する場合に、その移転する日、新たに設置する日、又は一部廃止する日の前日までに、納税地の所轄税務署長に提出してください。
　　　2.　税務署処理欄は、記載しないで下さい。

第20-(6)号様式

事前承認港湾施設承認申請書

収受印

平成　年　月　日

申請者
- （フリガナ）
- 納税地　（〒　－　）　（電話番号　－　－　）
- （フリガナ）
- 氏名又は名称及び代表者氏名　㊞
- 法人番号

＿＿＿＿税務署長殿

下記のとおり、消費税法第8条第9項に規定する事前承認港湾施設の承認を受けたいので、申請します。

港湾施設の所在地	（〒　－　）	所轄税務署名	税務署
港湾施設の名称			
港湾施設の管理者の名称			
港湾施設の存する港湾の名称			
輸出物品販売場の許可を受けた年月日	（注）許可を受けた販売場が複数ある場合には直近の許可年月日を記載してください。平成　年　月　日		
参考事項			
税理士署名押印	㊞（電話番号　－　－　）		

※　上記の申請について、平成＿＿年＿＿月＿＿日付で、消費税法第8条第9項に規定する事前承認港湾施設として承認します。

＿＿＿＿第＿＿＿＿号
平成＿＿年＿＿月＿＿日　　　　　＿＿＿＿税務署長　　　　　㊞

※税務署処理欄	整理番号		部門番号		番号確認		
	申請年月日	年　月　日	入力処理	年　月　日	台帳整理	年　月　日

注意　1．この申請書は、納税地の所轄税務署長に2通提出してください。
　　　2．※印欄は、記載しないで下さい。

第20-(7)号様式

事前承認港湾施設に係る臨時販売場設置届出書

平成　年　月　日	届出者	（フリガナ）		
		納税地	（〒　－　） （電話番号　－　－　）	
		（フリガナ）		
		氏名又は名称及び代表者氏名		印
＿＿＿税務署長殿		法人番号		

下記のとおり、事前承認港湾施設内に臨時販売場を設置するので、消費税法第8条第8項の規定により届出します。

設置しようとする臨時販売場の所在地	
臨時販売場を設置しようとする期間	平成　年　月　日　から　平成　年　月　日　まで
事前承認港湾施設の所在地	（〒　－　）
事前承認港湾施設の名称	
事前承認港湾施設の承認を受けた年月日	平成　年　月　日
参　考　事　項	
添　付　書　類	□ 臨時販売場の付近見取図 □ 事前承認港湾施設の管理者その他の臨時販売場の設置を許可する権限を有する者から臨時販売場の設置を許可された旨を証する書類 　（港湾施設使用許可書の写しなど） □ その他（　　　　　　　　　　　　　　　　　　　　　　　）
税理士署名押印	印 （電話番号　－　－　）

※税務署処理欄	整理番号		部門番号		番号確認			
	届出年月日	年　月　日	入力処理	年　月　日	台帳整理	年　月　日		

注意　1．この届出書は、事前承認港湾施設内に臨時販売場を設置する日の前日までに納税地の所轄税務署長に提出してください。
　　　2．税務署処理欄は、記載しないで下さい。

第20-(8)号様式

事前承認港湾施設に係る臨時販売場変更届出書

収受印

平成　年　月　日

届出者

（フリガナ）
納税地　（〒　－　）
　　　　（電話番号　－　－　）

（フリガナ）
氏名又は名称及び代表者氏名　　　　　印

＿＿＿＿税務署長殿

法人番号

下記のとおり、既に提出した事前承認港湾施設に係る臨時販売場設置届出書の届出内容に変更がありましたので、消費税法施行令第18条の4第5項の規定により届出します。

事前承認港湾施設の所在地	（〒　－　）
事前承認港湾施設の名称	
事前承認港湾施設に係る臨時販売場設置届出書提出年月日	平成　年　月　日

変更の内容	変更事項	□ 臨時販売場の設置場所の所在地 □ 臨時販売場の設置期間 □ その他（　　　　　　　　　　）
	変更前	
	変更後	

参　考　事　項	

税理士署名押印	印 （電話番号　－　－　）

※税務署処理欄	整理番号		部門番号		番号確認	
	届出年月日	年　月　日	入力処理	年　月　日	台帳整理	年　月　日

注意　1．この届出書は、提出した「事前承認港湾施設に係る臨時販売場設置届出書」の届出内容に変更があった場合に、納税地の所轄税務署長に提出してください。
　　　2．税務署処理欄は、記載しないで下さい。

第21-(1)号様式

輸出物品販売場廃止届出書

収受印

平成　年　月　日

届出者

（フリガナ）
納税地　（〒　－　）
（電話番号　－　－　）

（フリガナ）
氏名又は名称及び代表者氏名　　印

＿＿＿＿＿税務署長殿

法人番号

下記のとおり、消費税法施行令第18条の2第16項の規定により届出します。

廃止する販売場	販売場の所在地	
	販売場の名称	
	許可の区分	□ 一般型輸出物品販売場　　□ 手続委託型輸出物品販売場
	許可を受けた年月日	平成　年　月　日
	廃止年月日	平成　年　月　日

参考事項

税理士署名押印　　　　　　　印
（電話番号　－　－　）

※税務署処理欄	整理番号		部門番号		番号確認		
	申請年月日	年　月　日	入力処理	年　月　日	台帳整理	年　月　日	

注意　1．この届出書は、許可を受けた輸出物品販売場について法第8条第1項の規定の適用を受ける必要がなくなったときに、納税地の所轄税務署長に提出してください。
　　　2．税務署処理欄は、記載しないでください。

第21-(2)号様式

承認免税手続事業者不適用届出書

収受印

平成　年　月　日

届出者

納税地	（フリガナ） （〒　－　） （電話番号　－　－　）
氏名又は名称及び代表者氏名	（フリガナ） 　　　　　　　　　　　　　　　　印
法人番号													

＿＿＿＿＿税務署長殿

下記のとおり、承認免税手続事業者の承認に係る特定商業施設内に設置する免税手続カウンターの全てを廃止するので、消費税法施行令第18条の2第17項の規定により届出します。

特定商業施設の所在地	
特定商業施設の名称	
承認免税手続事業者の承認を受けた年月日	平成　年　月　日
免税手続カウンターの全てを廃止する日	平成　年　月　日
参　考　事　項	
税理士署名押印	印 （電話番号　－　－　）

※税務署処理欄	整理番号		部門番号		番号確認		
	申請年月日	年　月　日	入力処理	年　月　日	台帳整理	年　月　日

注意　1．この届出書は、承認免税手続事業者の承認に係る特定商業施設内に設置する免税手続カウンターの全てを廃止するときに、納税地の所轄税務署長に提出してください。
　　　2．税務署処理欄は、記載しないでください。

第21-(3)号様式

事前承認港湾施設不適用届出書

収受印

平成 年 月 日

届出者

(フリガナ)
納税地
(〒　－　)
(電話番号　－　－　)

(フリガナ)
氏名又は名称及び代表者氏名
印

＿＿＿＿税務署長殿

法人番号

下記のとおり、承認を受けた事前承認港湾施設について、消費税法第8条第8項の規定の適用を受けることをやめたいので、消費税法施行令第18条の4第7項の規定により届出します。

事前承認港湾施設の所在地	
事前承認港湾施設の名称	
承認年月日	平成　年　月　日
適用を受けることをやめようとする日	平成　年　月　日
参 考 事 項	
税理士署名押印	印 (電話番号　－　－　)

※税務署処理欄	整理番号		部門番号		番号確認		
	届出年月日	年　月　日	入力処理	年　月　日	台帳整理	年　月　日	

注意　1．この届出書は、承認を受けた事前承認港湾施設について、消費税法第8条第8項の規定の適用を受けることをやめようとするときに、納税地の所轄税務署長に提出してください。
　　　2．税務署処理欄は、記載しないでください。

第22号様式

消費税課税売上割合に準ずる割合の適用承認申請書

収受印	平成　年　月　日	申請者	(フリガナ)	
			納税地	(〒　－　) (電話番号　－　－　)
			(フリガナ)	
			氏名又は名称及び代表者氏名	印
	＿＿＿＿税務署長殿		法人番号	

下記のとおり、消費税法第30条第3項第2号に規定する課税売上割合に準ずる割合の適用の承認を受けたいので、申請します。

採用しようとする計算方法	
その計算方法が合理的である理由	
本来の課税売上割合	課税資産の譲渡等の対価の額の合計額　　　円 資産の譲渡等の対価の額の合計額　　　円	左記の割合の算出期間	自　平成　年　月　日 至　平成　年　月　日
参考事項	
税理士署名押印	印　(電話番号　－　－　)

※　上記の計算方法につき消費税法第30条第3項第2号の規定により承認します。

＿＿＿第＿＿＿号

平成　年　月　日　　　　　　　　　税務署長　　印

※税務署処理欄	整理番号		部門番号		適用開始年月日	年　月　日	番号確認	
	申請年月日	年　月　日	入力処理	年　月　日	台帳整理	年　月　日		

注意　1．この申請書は、裏面の記載要領等に留意の上、2通提出してください。
　　　2．※印欄は、記載しないでください。

第23号様式

消費税課税売上割合に準ずる割合の不適用届出書

平成　年　月　日 収受印	届出者	（フリガナ）	
		納税地	（〒　－　） （電話番号　－　－　）
		（フリガナ）	
		氏名又は名称及び代表者氏名	印
＿＿＿＿税務署長殿		法人番号	

　下記のとおり、課税売上割合に準ずる割合の適用をやめたいので、消費税法第30条第3項の規定により届出します。

承認を受けている計算方法	
承認年月日	平成　年　月　日
この届出の適用開始日	平成　年　月　日
参考事項	
税理士署名押印	印 （電話番号　－　－　）

※税務署処理欄	整理番号		部門番号		番号確認		通信日付印 年　月　日	確認印
	申請年月日	年　月　日	入力処理	年　月　日		台帳整理	年　月　日	

注意　1．裏面の記載要領等に留意の上、記載してください。
　　　2．税務署処理欄は、記載しないでください。

第24号様式

消費税簡易課税制度選択届出書

収受印		(フリガナ)		
平成　年　月　日	届出者	納税地	(〒　－　)　　　　　　　　(電話番号　－　－　)	
		(フリガナ)		
		氏名又は名称及び代表者氏名		印
＿＿＿＿税務署長殿		法人番号		

下記のとおり、消費税法第37条第1項に規定する簡易課税制度の適用を受けたいので、届出します。

①	適用開始課税期間	自　平成　年　月　日　　至　平成　年　月　日
②	①の基準期間	自　平成　年　月　日　　至　平成　年　月　日
③	②の課税売上高	円

事業内容等	(事業の内容)	(事業区分) 第　種事業

提出要件の確認		次のイ、ロ又はハの場合に該当する (「はい」の場合のみ、イ、ロ又はハの項目を記載してください。)	はい □	いいえ □
	イ　消費税法第9条第4項の規定により課税事業者を選択している場合	課税事業者となった日	平成　年　月　日	
		課税事業者となった日から2年を経過する日までの間に開始した各課税期間中に調整対象固定資産の課税仕入れ等を行っていない		はい □
	ロ　消費税法第12条の2第1項に規定する「新設法人」又は同法第12条の3第1項に規定する「特定新規設立法人」に該当する(該当していた)場合	設立年月日	平成　年　月　日	
		基準期間がない事業年度に含まれる各課税期間中に調整対象固定資産の課税仕入れ等を行っていない		はい □
	ハ　消費税法第12条の4第1項に規定する「高額特定資産の仕入れ等」を行っている場合	A	仕入れ等を行った課税期間の初日	平成　年　月　日
			この届出による①の「適用開始課税期間」は、高額特定資産の仕入れ等を行った課税期間の初日から、同日以後3年を経過する日の属する課税期間までの各課税期間に該当しない	はい □
		B	仕入れ等を行った課税期間の初日	平成　年　月　日
			建設等が完了した課税期間の初日	平成　年　月　日
			この届出による①の「適用開始課税期間」は、自己建設高額特定資産の建設等に要した仕入れ等に係る支払対価の額の累計額が1千万円以上となった課税期間の初日から、自己建設高額特定資産の建設等が完了した課税期間の初日以後3年を経過する日の属する課税期間までの各課税期間に該当しない	はい □
	※　この届出書を提出した課税期間が、上記イ、ロ又はハに記載の各課税期間である場合、この届出書提出後、届出を行った課税期間中に調整対象固定資産の課税仕入れ等又は高額特定資産の仕入れ等を行うと、原則としてこの届出の提出はなかったものとみなされます。詳しくは、裏面をご確認ください。			

参考事項	
税理士署名押印	印　(電話番号　－　－　)

※税務署処理欄	整理番号		部門番号					
	届出年月日	年　月　日	入力処理	年　月　日	台帳整理	年　月　日		
	通信日付印 年　月　日	確認	番号確認					

注意　1. 裏面の記載要領等に留意の上、記載してください。
　　　2. 税務署処理欄は、記載しないでください。

第25号様式

消費税簡易課税制度選択不適用届出書

平成　年　月　日	届出者	（フリガナ）	
		納税地	（〒　－　） （電話番号　－　－　）
		（フリガナ）	
		氏名又は 名称及び 代表者氏名	印
＿＿＿＿税務署長殿		法人番号	

　下記のとおり、簡易課税制度をやめたいので、消費税法第37条第5項の規定により届出します。

①	この届出の適用開始課税期間	自平成　年　月　日　至平成　年　月　日
②	①の基準期間	自平成　年　月　日　至平成　年　月　日
③	②の課税売上高	円
簡易課税制度の適用開始日		平成　年　月　日
事業を廃止した場合の廃止した日	個人番号 ※事業を廃止した場合には記載してください。	平成　年　月　日
参　考　事　項		
税理士署名押印		印 （電話番号　－　－　）

※税務署処理欄	整理番号		部門番号					
	届出年月日	年　月　日	入力処理	年　月　日	台帳整理	年　月　日		
	通信日付印 年　月　日	確認印	番号確認	身元確認	□済 □未済	確認書類	個人番号カード／通知カード・運転免許証 その他（　　　　　）	

注意　1．裏面の記載要領等に留意の上、記載してください。
　　　2．税務署処理欄は、記載しないでください。

第26号様式

消費税及び地方消費税の中間申告書

（税務署提出用）

納税地	（電話番号　－　－　）
（フリガナ）	
名称又は屋号	
個人番号又は法人番号	↓個人番号の記載に当たっては、左端を空欄とし、ここから記載してください。
（フリガナ）	
代表者氏名又は氏名	㊞
税理士署名押印	㊞（電話番号　－　－　）

税務署受付印

平成　年　月　日

税務署長殿

平成　年　月　日
平成　年　月　日　課税期間分の中間申告書

税務署処理欄	通信日付印	確認印	番号確認
	年　月　日		
確認書類	個人番号カード／通知カード 運転免許証 その他（　）	身元確認	□済 □未済

この申告書が修正申告である場合の		百万	千	円
消費税	この申告前の税額			00
消費税	この申告により増加する税額			00
地方消費税	この申告前の税額			00
地方消費税	この申告により増加する税額			00
消費税及び地方消費税の合計納付税額				00

整理番号				
消費税	前課税期間	自平成　年　月　日 至平成　年　月　日		
消費税	修正・更正・決定の年月日	平成　年　月　日		
消費税	前課税期間の消費税額	百万	千	円 00
消費税	中間申告対象期間	自平成　年　月　日 至平成　年　月　日		
消費税	月数換算	前課税期間の消費税額 × ――		
消費税	納付すべき消費税額	百万	千	円 00
地方消費税	納付すべき地方消費税額			00
消費税及び地方消費税の合計納付税額				00

第26-(2)号様式

任意の中間申告書を提出する旨の届出書

収受印 平成　年　月　日 ＿＿＿＿税務署長殿	届 出 者	（フリガナ） 納　税　地	（〒　－　） （電話番号　－　－　）
		（フリガナ） 住所又は居所 (法人の場合) 本店又は 主たる事務所 の　所　在　地	（〒　－　） （電話番号　－　－　）
		（フリガナ） 名称（屋号）	
		法　人　番　号	
		（フリガナ） 氏　　　名 (法人の場合) 代表者氏名	印
		（フリガナ） (法人の場合) 代表者住所	（電話番号　－　－　）

　下記のとおり、中間申告書の提出を要しない中間申告対象期間につき、六月中間申告書を提出したいので、消費税法第42条第8項の規定により届出します。

①	適用開始中間 申告対象期間	自　平成　年　月　日　至　平成　年　月　日
②	①の中間申告対象期間 を含む課税期間	自　平成　年　月　日　至　平成　年　月　日
③	②の直前の 課税期間	自　平成　年　月　日 至　平成　年　月　日	④	③の課税期間 における 確定消費税額	円
⑤	月　数　按　分 （④×6／③の月数）	円
参考事項		税理士 署　名 押　印	印 （電話番号　－　－　）

※ 税 務 署 処 理 欄	整理番号		部門 番号		番号 確認		通信日付印 年　月　日	確認印
	申請年月日	年　月　日	入力処理	年　月　日		台帳整理	年　月　日	

注意　1．裏面の記載要領等に留意の上、記載してください。
　　　2．税務署処理欄は、記載しないでください。

第26-(3)号様式

任意の中間申告書を提出することの取りやめ届出書

平成　年　月　日	届出者	（フリガナ） 納　税　地	（〒　－　） （電話番号　－　－　）	
		（フリガナ） 住所又は居所 （法人の場合） 本店又は 主たる事務所 の所在地	（〒　－　） （電話番号　－　－　）	
		（フリガナ） 名称（屋号）		
		法人番号		
		（フリガナ） 氏　名 （法人の場合） 代表者氏名		印
＿＿＿＿税務署長殿		（フリガナ） （法人の場合） 代表者住所	（電話番号　－　－　）	

下記のとおり、消費税法第42条第8項の規定の適用を受けることを取りやめたいので、消費税法第42条第9項の規定により届出します。

①	この届出の適用開始 中間申告対象期間	自　平成　年　月　日　　至　平成　年　月　日
②	①の中間申告対象 期間を含む課税期間	自　平成　年　月　日　　至　平成　年　月　日
③	任意の中間申告書を提出する旨 の届出書の提出日	平成　年　月　日
④	③の届出書により適用 を受けることとした最初 の中間申告対象期間	自　平成　年　月　日　　至　平成　年　月　日

事業を廃止した日		平成　年　月　日
	個人番号 ※事業を廃止した場合には記載してください。	
参考事項	税理士 署　名 押　印	印 （電話番号　－　－　）

※税務署処理欄								
	整理番号			部門番号				
	届出年月日	年　月　日		入力処理	年　月　日	台帳整理	年　月　日	
	通信日付印 年　月　日		確認印	番号 確認	身元 確認	□済 □未済	確認 書類	個人番号カード／通知カード・運転免許証 その他（　）

注意　1. 裏面の記載要領等に留意の上、記載してください。
　　　2. 税務署処理欄は、記載しないでください。

第27－(1)号様式

平成　年　月　日	税務署長殿
収受印	
納税地	（電話番号　　－　　－　　）
（フリガナ）	
名称又は屋号	
個人番号又は法人番号	↓ 個人番号の記載に当たっては、左端を空欄とし、ここから記載してください。
（フリガナ）	
代表者氏名又は氏名	印

※税務署処理欄				
一連番号		翌年以降送付不要		
所管	要否	整理番号		
申告年月日	平成　年　月　日			
申告区分	指導等	庁指定	局指定	
通信日付印 年　月　日	確認印	確認書類 個人番号カード 通知カード・運転免許証 その他（　　）	身元確認	
指導年月日 平成	相談	区分1	区分2	区分3

平成二十七年十月一日以後終了課税期間分（一般用）

自 平成　年　月　日
至 平成　年　月　日

課税期間分の消費税及び地方消費税の（　　　　）申告書

（中間申告の場合の対象期間 自 平成　年　月　日 至 平成　年　月　日）

この申告書による消費税の税額の計算

項目		番号	金額（十兆千百十億千百十万千百十一円）	
課税標準額		①	000	03
消費税額		②		06
控除過大調整税額		③		07
控除税額	控除対象仕入税額	④		08
	返還等対価に係る税額	⑤		09
	貸倒れに係る税額	⑥		10
	控除税額小計（④＋⑤＋⑥）	⑦		
控除不足還付税額（⑦－②－③）		⑧		13
差引税額（②＋③－⑦）		⑨	00	15
中間納付税額		⑩	00	16
納付税額（⑨－⑩）		⑪	00	17
中間納付還付税額（⑩－⑨）		⑫	00	18
この申告書が修正申告である場合	既確定税額	⑬		19
	差引納付税額	⑭	00	20
課税売上割合	課税資産の譲渡等の対価の額	⑮		21
	資産の譲渡等の対価の額	⑯		22

この申告書による地方消費税の税額の計算

項目		番号	金額	
地方消費税の課税標準となる消費税額	控除不足還付税額	⑰		51
	差引税額	⑱	00	52
譲渡割額	還付額	⑲		53
	納税額	⑳	00	54
中間納付譲渡割額		㉑	00	55
納付譲渡割額（⑳－㉑）		㉒	00	56
中間納付還付譲渡割額（㉑－⑳）		㉓	00	57
この申告書が修正申告である場合	既確定譲渡割額	㉔		58
	差引納付譲渡割額	㉕	00	59
消費税及び地方消費税の合計（納付又は還付）税額		㉖		60

㉖＝（⑪＋㉒）－（⑧＋⑫＋⑲＋㉓）・修正申告の場合㉖＝⑭＋㉕
㉖が還付税額となる場合はマイナス「－」を付してください。

付記事項				
割賦基準の適用	有	無	31
延払基準等の適用	有	無	32
工事進行基準の適用	有	無	33
現金主義会計の適用	有	無	34

参考事項			
課税標準額に対する消費税額の計算の特例の適用	有	無	35
控除税額の計算方法：課税売上高5億円超又は課税売上割合95%未満	個別対応方式		41
	一括比例配分方式		
上記以外	全額控除		
特定課税仕入れに係る別表の提出有	基準期間の課税売上高	千円	

①及び②の内訳 区分	課税標準額	消費税額
3%分	千円	円
4%分	千円	円
6.3%分	千円	円

⑰又は⑱の内訳 区分	地方消費税の課税標準となる消費税額
4%分	円
6.3%分	円

還付を受けようとする金融機関等	
銀行・金庫・組合・農協・漁協	本店・支店・出張所・本所・支所
預金	口座番号
ゆうちょ銀行の貯金記号番号	－
郵便局名等	

※税務署整理欄

税理士署名押印	印（電話番号　　－　　－　　）

- 税理士法第30条の書面提出有
- 税理士法第33条の2の書面提出有

第27-(2)号様式

平成　年　月　日　　税務署長殿

納税地　（電話番号　－　－　）
（フリガナ）
名称又は屋号
個人番号又は法人番号
（フリガナ）
代表者氏名又は氏名

※税務署処理欄
一連番号
翌年以降送付不要
申告年月日　平成　年　月　日
申告区分　指導等　庁指定　局指定
通信日付印　確認印　個人番号カード／通知カード・運転免許証／その他　身元確認
指導　年　月　日　　相談　区分1　区分2　区分3
平成

自 平成　年　月　日
至 平成　年　月　日

課税期間分の消費税及び地方消費税の（　　）申告書

中間申告の場合の対象期間　自 平成　年　月　日　至 平成　年　月　日

平成二十六年四月一日以後終了課税期間分（簡易課税用）

この申告書による消費税の税額の計算

課税標準額 ①	000 03
消費税額 ②	06
貸倒回収に係る消費税額 ③	07
控除 控除対象仕入税額 ④	08
税 返還等対価に係る税額 ⑤	09
額 貸倒れに係る税額 ⑥	10
控除税額小計 ⑦ (④+⑤+⑥)	11
控除不足還付税額 ⑧ (⑦-②-③)	13
差引税額 ⑨ (②+③-⑦)	00 15
中間納付税額 ⑩	00 16
納付税額 ⑪ (⑨-⑩)	00 17
中間納付還付税額 ⑫ (⑩-⑨)	00 18
この申告書が修正申告である場合 既確定税額 ⑬	19
差引納付税額 ⑭	00 20
この課税期間の課税売上高 ⑮	21
基準期間の課税売上高 ⑯	

この申告書による地方消費税の税額の計算

地方消費税の課税標準となる消費税額 控除不足還付税額 ⑰	51
差引税額 ⑱	00 52
譲渡割額 還付額 ⑲	53
納税額 ⑳	00 54
中間納付譲渡割額 ㉑	00 55
納付譲渡割額 ㉒ (⑳-㉑)	00 56
中間納付還付譲渡割額 ㉓ (㉑-⑳)	00 57
この申告書が修正申告である場合 既確定譲渡割額 ㉔	58
差引納付譲渡割額 ㉕	00 59
消費税及び地方消費税の合計（納付又は還付）税額 ㉖	60

付記事項
割賦基準の適用　有・無 31
延払基準等の適用　有・無 32
工事進行基準の適用　有・無 33
現金主義会計の適用　有・無 34
課税標準額に対する消費税額の計算の特例の適用　有・無 35

参考事項
区分　課税売上高（免税売上高を除く）　売上割合%
第1種　千円　36
第2種　37
第3種　38
第4種　39
第5種　42
第6種　43
特例計算適用（令57③）　有・無 40

①及び②の内訳
区分　課税標準額　消費税額
3%分　千円　円
4%分　千円　円
6.3%分　千円　円

⑱及び⑲の内訳
区分　地方消費税の課税標準となる消費税額
4%分　円
6.3%分　円

還付を受けようとする金融機関等
銀行　本店・支店
金庫・組合　出張所
農協・漁協　本所・支所
預金　口座番号
ゆうちょ銀行の貯金記号番号
郵便局名等

※税務署整理欄

税理士署名押印　（電話番号　－　－　）
税理士法第30条の書面提出有
税理士法第33条の2の書面提出有

第27-(3)号様式

特定課税仕入れがある場合の課税標準額等の内訳書

納 税 地	（電話番号　－　－　）
（フリガナ）名　称又は屋号	
（フリガナ）代表者氏名又は氏名	

整理番号

自 平成　年　月　日
至 平成　年　月　日

課税期間分の消費税及び地方消費税の（　　）申告書

中間申告の場合の対象期間　自 平成　年　月　日　至 平成　年　月　日

別表　平成二十七年十月一日以後終了課税期間分

課税標準額	課　税　標　準　額（申告書①欄へ）	①	000
	課税標準額の内訳 課税資産の譲渡等の対価の額	②	
	特定課税仕入れに係る支払対価の額	③	
控除税額	返還等対価に係る税額（申告書⑤欄へ）	④	
	返還等対価に係る税額の内訳 売上げの返還等対価に係る税額	⑤	
	特定課税仕入れの返還等対価に係る税額	⑥	

②及び③の内訳	区　分	3％分	4％分	6.3％分
	課税資産の譲渡等の対価の額	円	円	円
	特定課税仕入れに係る支払対価の額			円
	合　計	千円	千円	千円

第28-(1)号様式
付表2　課税売上割合・控除対象仕入税額等の計算表

一般

| 課税期間 | ・・～・・ | 氏名又は名称 | |

項　目		金　額
課税売上額（税抜き）	①	円
免税売上額	②	
非課税資産の輸出等の金額、海外支店等へ移送した資産の価額	③	
課税資産の譲渡等の対価の額（①+②+③）	④	※申告書の⑮欄へ
課税資産の譲渡等の対価の額（④の金額）	⑤	
非課税売上額	⑥	
資産の譲渡等の対価の額（⑤＋⑥）	⑦	※申告書の⑯欄へ
課税売上割合（④／⑦）		〔　　　％〕※端数切捨て
課税仕入れに係る支払対価の額（税込み）	⑧	※注2参照
課税仕入れに係る消費税額（⑧×6.3／108）	⑨	※注3参照
特定課税仕入れに係る支払対価の額	⑩	※注2参照　※上記課税売上割合が95％未満、かつ、特定課税仕入れがある事業者のみ記載してください
特定課税仕入れに係る消費税額（⑩×6.3／100）	⑪	※注3参照
課税貨物に係る消費税額	⑫	
納税義務の免除を受けない(受ける)こととなった場合における消費税額の調整（加算又は減算）額	⑬	
課税仕入れ等の税額の合計額　（⑨＋⑪＋⑫±⑬）	⑭	
課税売上高が5億円以下、かつ、課税売上割合が95％以上の場合　（⑭の金額）	⑮	
課税売上高5億円超又は課税売上割合が95％未満の場合	個別対応方式	⑭のうち、課税売上げにのみ要するもの	⑯	
		⑭のうち、課税売上げと非課税売上げに共通して要するもの	⑰	
		個別対応方式により控除する課税仕入れの税額〔⑯＋(⑰×④／⑦)〕	⑱	
	一括比例配分方式により控除する課税仕入れの税額　（⑭×④／⑦）	⑲	
控除の税額調整	課税売上割合変動時の調整対象固定資産に係る消費税額の調整（加算又は減算）額	⑳	
	調整対象固定資産を課税業務用(非課税業務用)に転用した場合の調整（加算又は減算）	㉑	
差引	控除対象仕入税額〔(⑮、⑱又は⑲の金額)±⑳±㉑〕がプラスの時	㉒	※申告書の④欄へ
	控除過大調整税額〔(⑮、⑱又は⑲の金額)±⑳±㉑〕がマイナスの時	㉓	※申告書の③欄へ
貸倒回収に係る消費税額	㉔	※申告書の③欄へ

注意1　金額の計算においては、1円未満の端数を切り捨てる。
　　2　⑧及び⑩欄には、値引き、割戻し、割incurredきなど仕入対価の返還等の金額がある場合(仕入対価の返還等の金額を仕入金額から直接減額している場合を除く。)には、その金額を控除した後の金額を記入する。
　　3　上記2に該当する場合には、⑨又は⑪欄には次の算式により計算した金額を記入する。

課税仕入れに係る消費税額⑨＝〔課税仕入れに係る支払対価の額（仕入対価の返還等の金額を控除する前の税込金額）〕×$\frac{6.3}{108}$ －〔仕入対価の返還等の金額（税込み）〕×$\frac{6.3}{108}$

特定課税仕入れに係る消費税額⑪＝〔特定課税仕入れに係る支払対価の額（特定課税仕入れに係る対価の返還等の金額を控除する前の支払対価の額）〕×$\frac{6.3}{100}$ －〔特定課税仕入れに係る対価の返還等の金額〕×$\frac{6.3}{100}$

　　4　⑩及び⑪欄は、課税売上割合が95％未満、かつ、特定課税仕入れがある事業者のみが記載する。
　　　なお、課税売上割合が95％未満、かつ、特定課税仕入れがある事業者は、併せて別表を提出する。
　　5　㉓欄と㉔欄のいずれにも記載がある場合は、その合計金額を申告書③欄に記入する。

第28-(2)号様式

付表5　控除対象仕入税額の計算表

簡　易

| 課税期間 | ・　・　～　・　・ | 氏名又は名称 | |

項　目		金　額
課税標準額に対する消費税額（申告書②欄の金額）	①	円
貸倒回収に係る消費税額（申告書③欄の金額）	②	
売上対価の返還等に係る消費税額（申告書⑤欄の金額）	③	
控除対象仕入税額の計算の基礎となる消費税額（①＋②－③）	④	
1種類の事業の専業者の場合［控除対象仕入税額］ ④×みなし仕入率（90%・80%・70%・60%・50%・40%）	⑤	※申告書④欄へ

2種類以上の事業を営む事業者の場合

課税売上高に係る消費税額の計算

区　分		事業区分別の課税売上高（税抜き）		売上割合	左の課税売上高に係る消費税額
事業区分別の合計額	⑥	円		⑬ 円	
第一種事業（卸売業）	⑦	※申告書「事業区分」欄へ		% ⑭	
第二種事業（小売業）	⑧	※　〃		⑮	
第三種事業（製造業等）	⑨	※　〃		⑯	
第四種事業（その他）	⑩	※　〃		⑰	
第五種事業（サービス業等）	⑪	※　〃		⑱	
第六種事業（不動産業）	⑫	※　〃		⑲	

控除対象仕入税額の計算式区分

計算式区分		算　出　額
原則計算を適用する場合 ④×みなし仕入率［(⑭×90%＋⑮×80%＋⑯×70%＋⑰×60%＋⑱×50%＋⑲×40%)／⑬］	⑳	円

特例計算を適用する場合

1種類の事業で75%以上
(⑦／⑥・⑧／⑥・⑨／⑥・⑩／⑥・⑪／⑥・⑫／⑥)≧75%
④×みなし仕入率（90%・80%・70%・60%・50%・40%）　㉑

2種類の事業で75%以上

条件	式	
(⑦＋⑧)／⑥≧75%	④×[⑭×90%＋(⑬－⑭)×80%]／⑬	㉒
(⑦＋⑨)／⑥≧75%	④×[⑭×90%＋(⑬－⑭)×70%]／⑬	㉓
(⑦＋⑩)／⑥≧75%	④×[⑭×90%＋(⑬－⑭)×60%]／⑬	㉔
(⑦＋⑪)／⑥≧75%	④×[⑭×90%＋(⑬－⑭)×50%]／⑬	㉕
(⑦＋⑫)／⑥≧75%	④×[⑭×90%＋(⑬－⑭)×40%]／⑬	㉖
(⑧＋⑨)／⑥≧75%	④×[⑮×80%＋(⑬－⑮)×70%]／⑬	㉗
(⑧＋⑩)／⑥≧75%	④×[⑮×80%＋(⑬－⑮)×60%]／⑬	㉘
(⑧＋⑪)／⑥≧75%	④×[⑮×80%＋(⑬－⑮)×50%]／⑬	㉙
(⑧＋⑫)／⑥≧75%	④×[⑮×80%＋(⑬－⑮)×40%]／⑬	㉚
(⑨＋⑩)／⑥≧75%	④×[⑯×70%＋(⑬－⑯)×60%]／⑬	㉛
(⑨＋⑪)／⑥≧75%	④×[⑯×70%＋(⑬－⑯)×50%]／⑬	㉜
(⑨＋⑫)／⑥≧75%	④×[⑯×70%＋(⑬－⑯)×40%]／⑬	㉝
(⑩＋⑪)／⑥≧75%	④×[⑰×60%＋(⑬－⑰)×50%]／⑬	㉞
(⑩＋⑫)／⑥≧75%	④×[⑰×60%＋(⑬－⑰)×40%]／⑬	㉟
(⑪＋⑫)／⑥≧75%	④×[⑱×50%＋(⑬－⑱)×40%]／⑬	㊱

| 【控除対象仕入税額】
（選択可能な計算方式による⑳～㊱の内から選択した金額） | ㊲ | ※申告書④欄へ |

注意1　金額の計算においては、1円未満の端数を切り捨てる。
　　2　課税売上げにつき返品を受け又は値引き・割戻しをした金額（売上対価の返還等の金額）があり、売上（収入）金額から減算しない方法で経理して経費に含めている場合には、⑥から⑫までの欄にはその売上対価の返還等の金額（税抜き）を控除した後の金額を記入する。

第28—(3)号様式

付表6 死亡した事業者の消費税及び地方消費税の確定申告明細書
（自平成　年　月　日至平成　年　月　日の課税期間分）

整理番号

1 死亡した事業者の納税地・氏名等

納税地		氏名	フリガナ	死亡年月日	平成　年　月　日

2 相続人等の代表者の指定（代表者を指定するときは記入してください。）

相続人等の代表者の氏名

3 限定承認の有無（相続人等が限定承認しているときは、右の「限定承認」の文字を○で囲んでください。）

限定承認

4 死亡した事業者の消費税及び地方消費税の額

納める消費税及び地方消費税の合計額	①	円	還付される消費税及び地方消費税の合計額	④	円
①のうち消費税	②		④のうち消費税	⑤	
①のうち地方消費税	③		④のうち地方消費税	⑥	

5 相続人等の納める消費税及び地方消費税の額又は還付される消費税及び地方消費税の額
（相続を放棄した人は記入の必要はありません。）

相続人等に関する事項	住所又は居所					
	氏名 フリガナ	㊞	㊞	㊞	㊞
	個人番号				
	職業及び続柄	職業／続柄	職業／続柄	職業／続柄	職業／続柄
	生年月日	明・大・昭・平　年　月　日	明・大・昭・平　年　月　日	明・大・昭・平　年　月　日	明・大・昭・平　年　月　日
	電話番号	(　)	(　)	(　)	(　)
	相続分 ⑦	法定・指定	法定・指定	法定・指定	法定・指定
	相続財産の価額 ⑧				
納付（還付）税額の計算	各納付人税の額（注）	消費税〔②×⑦〕⑨				
		地方消費税〔③×⑦〕⑩				
		計〔⑨+⑩〕⑪				
	各還付人税の額（注）	消費税〔⑤の分割額〕⑫				
		地方消費税〔⑥の分割額〕⑬				
		計〔⑫+⑬〕⑭				
還付される税金の受取場所	銀行等の口座に振込みを希望する場合	銀行名等	銀行・金庫・組合・農協・漁協／本店・支店・本所・出張所・支所	銀行・金庫・組合・農協・漁協／本店・支店・本所・出張所・支所	銀行・金庫・組合・農協・漁協／本店・支店・本所・出張所・支所	銀行・金庫・組合・農協・漁協／本店・支店・本所・出張所・支所
		支店名等				
		預金の種類	預金	預金	預金	預金
		口座番号				
	ゆうちょ銀行の口座に振込みを希望する場合	記号番号	—	—	—	—
	郵便局窓口での受取りを希望する場合	郵便局名	郵便局	郵便局	郵便局	郵便局

※税務署処理欄	整理番号		番号確認		身元確認	

（注）⑨・⑩欄は、各人の100円未満の端数切捨て
　　　⑫・⑬欄は、各人の1円未満の端数切捨て

第28-(4)号様式

付表1 旧・新税率別、消費税額計算表
兼地方消費税の課税標準となる消費税額計算表

[経過措置対象課税資産の譲渡等を含む課税期間用] 一般

課税期間	・・〜・・	氏名又は名称	

区 分		税率3%適用分 A	税率4%適用分 B	税率6.3%適用分 C	合計 D (A+B+C)
課 税 標 準 額 ①		000	000	000	※申告書の①欄へ 000
①の内訳	課税資産の譲渡等の対価の額 ①-1	※①-1及び①-2欄は、課税売上割合が95%未満、かつ、特定課税仕入れがある事業者のみ記載してください。			
	特定課税仕入れに係る支払対価の額 ①-2				
消 費 税 額 ②					※申告書の②欄へ
控除過大調整税額 ③		(付表2-(2)の㉒・㉓A欄の合計金額)	(付表2-(2)の㉒・㉓B欄の合計金額)	(付表2-(2)の㉒・㉓C欄の合計金額)	※申告書の③欄へ
控除税額	控除対象仕入税額 ④	(付表2-(2)の㉔A欄の金額)	(付表2-(2)の㉔B欄の金額)	(付表2-(2)の㉔C欄の金額)	※申告書の④欄へ
	返還等対価に係る税額 ⑤				※申告書の⑤欄へ
	⑤の内訳 売上げの返還等対価に係る税額 ⑤-1	※⑤-1及び⑤-2欄は、課税売上割合が95%未満、かつ、特定課税仕入れがある事業者のみ記載してください。			
	特定課税仕入れの返還等対価に係る税額 ⑤-2				
	貸倒れに係る税額 ⑥				※申告書の⑥欄へ
	控除税額小計 (④+⑤+⑥) ⑦				※申告書の⑦欄へ
控除不足還付税額 (⑦-②-③) ⑧			※⑪B欄へ	※⑪C欄へ	
差 引 税 額 (②+③-⑦) ⑨			※⑫B欄へ	※⑫C欄へ	
合計差引税額 (⑨-⑧) ⑩					※マイナスの場合は申告書⑧欄へ ※プラスの場合は申告書⑨欄へ
地方消費税の課税標準となる消費税額	控除不足還付税額 ⑪		(⑧B欄の金額)	(⑧C欄の金額)	
	差 引 税 額 ⑫		(⑨B欄の金額)	(⑨C欄の金額)	
合計差引地方消費税の課税標準となる消費税額 (⑫-⑪) ⑬					※マイナスの場合は申告書⑱欄へ ※プラスの場合は申告書⑳欄へ
譲渡割額	還 付 額 ⑭		(⑪B欄×25/100)	(⑪C欄×17/63)	
	納 税 額 ⑮		(⑫B欄×25/100)	(⑫C欄×17/63)	
合計差引譲渡割額 (⑮-⑭) ⑯					※マイナスの場合は申告書⑲欄へ ※プラスの場合は申告書㉑欄へ

注意 ①-1及び①-2欄並びに⑤-1及び⑤-2欄は、課税売上割合が95%未満、かつ、特定課税仕入れがある事業者のみ記載する。
なお、課税売上割合が95%未満、かつ、特定課税仕入れがある事業者は、併せて別表を提出する。

第28-(5)号様式

付表2-(2) 課税売上割合・控除対象仕入税額等の計算表
[経過措置対象課税資産の譲渡等を含む課税期間用]

一般

課税期間	・・～・・	氏名又は名称	

項目		税率3%適用分 A	税率4%適用分 B	税率6.3%適用分 C	合計 D (A+B+C)
課税売上額（税抜き）	①	円	円	円	円
免税売上額	②				
非課税資産の輸出等の金額、海外支店等へ移送した資産の価額	③				
課税資産の譲渡等の対価の額（①+②+③）	④				※申告書の⑮欄へ
課税資産の譲渡等の対価の額（④の金額）	⑤				
非課税売上額	⑥				
資産の譲渡等の対価の額（⑤+⑥）	⑦				※申告書の⑯欄へ
課税売上割合（④／⑦）					[　　%] ※端数切捨て
課税仕入れに係る支払対価の額（税込み）	⑧				
課税仕入れに係る消費税額	⑨	(⑧A欄×3/103)	(⑧B欄×4/105)	(⑧C欄×6.3/108)	
特定課税仕入れに係る支払対価の額	⑩				※⑩及び⑪欄は、課税売上割合が95%未満、かつ、特定課税仕入れがある事業者のみ記載してください。
特定課税仕入れに係る消費税額	⑪			(⑩C欄×6.3/100)	
課税貨物に係る消費税額	⑫				
納税義務の免除を受けない（受ける）こととなった場合における消費税額の調整（加算又は減算）額	⑬				
課税仕入れ等の税額の合計額（⑨+⑪+⑫±⑬）	⑭				
課税売上高が5億円以下、かつ、課税売上割合が95%以上の場合	⑮ (⑭の金額)				
課税売上高が5億円超又は課税売上割合が95%未満の場合	個別対応方式	⑭のうち、課税売上げにのみ要するもの	⑯				
		⑭のうち、課税売上げと非課税売上げに共通して要するもの	⑰				
		個別対応方式により控除する課税仕入れ等の税額 [⑯+（⑰×④／⑦）]	⑱				
	一括比例配分方式により控除する課税仕入れ等の税額 （⑭×④／⑦）	⑲				
控除税額調整	課税売上割合変動時の調整対象固定資産に係る消費税額の調整（加算又は減算）額	⑳				
	調整対象固定資産を課税業務用（非課税業務用）に転用した場合の調整（加算又は減算）額	㉑				
差引	控除対象仕入税額 [（⑮、⑱又は⑲の金額）±⑳±㉑]がプラスの時	㉒	※付表1の④A欄へ	※付表1の④B欄へ	※付表1の④C欄へ	
	控除過大調整税額 [（⑮、⑱又は⑲の金額）±⑳±㉑]がマイナスの時	㉓	※付表1の③A欄へ	※付表1の③B欄へ	※付表1の③C欄へ	
貸倒回収に係る消費税額	㉔	※付表1の③A欄へ	※付表1の③B欄へ	※付表1の③C欄へ	

注意　1　金額の計算においては、1円未満の端数を切り捨てる。
　　　2　⑩及び⑪欄は、課税売上割合が95%未満、かつ、特定課税仕入れがある事業者のみ記載する。
　　　　　なお、課税売上割合が95%未満、かつ、特定課税仕入れがある事業者は、併せて別表を提出する。

第28-(6)号様式

付表4 旧・新税率別、消費税額計算表
兼地方消費税の課税標準となる消費税額計算表

（経過措置対象課税資産の譲渡等を含む課税期間用） 簡易

課税期間	・・～・・	氏名又は名称	

区分		税率3%適用分 A	税率4%適用分 B	税率6.3%適用分 C	合計 D (A+B+C)
課税標準額	①	円 000	円 000	円 000	※申告書の①欄へ 円 000
消費税額	②	※付表5-(2)の①A欄へ	※付表5-(2)の①B欄へ	※付表5-(2)の①C欄へ	※付表5-(2)の①D欄及び申告書の②欄へ
貸倒回収に係る消費税額	③	※付表5-(2)の②A欄へ	※付表5-(2)の②B欄へ	※付表5-(2)の②C欄へ	※付表5-(2)の②D欄及び申告書の③欄へ
控除税額	控除対象仕入税額	④	(付表5-(2)の⑤A欄又は㉑A欄の金額)	(付表5-(2)の⑤B欄又は㉒B欄の金額)	(付表5-(2)の⑤C欄又は㉒C欄の金額)	※付表5-(2)の⑤D欄又は㉒D欄の金額 ※申告書の④欄へ
	返還等対価に係る税額	⑤	※付表5-(2)の③A欄へ	※付表5-(2)の③B欄へ	※付表5-(2)の③C欄へ	※付表5-(2)の③D欄及び申告書の⑤欄へ
	貸倒れに係る税額	⑥				※申告書の⑥欄へ
	控除税額小計 (④+⑤+⑥)	⑦				※申告書の⑦欄へ
控除不足還付税額 (⑦-②-③)	⑧		※⑪B欄へ	※⑪C欄へ	
差引税額 (②+③-⑦)	⑨		※⑫B欄へ	※⑫C欄へ	
合計差引税額 (⑨-⑧)	⑩				※マイナスの場合は申告書の⑧欄へ ※プラスの場合は申告書の⑨欄へ
地方消費税の課税標準となる消費税額	控除不足還付税額	⑪		(⑧B欄の金額)	(⑧C欄の金額)	
	差引税額	⑫		(⑨B欄の金額)	(⑨C欄の金額)	
	合計差引税額 (⑫-⑪)	⑬				※マイナスの場合は申告書の⑰欄へ ※プラスの場合は申告書の⑱欄へ
譲渡割額	還付税額	⑭		(⑪B欄×25/100)	(⑪C欄×17/63)	
	納税額	⑮		(⑫B欄×25/100)	(⑫C欄×17/63)	
合計差引譲渡割額 (⑮-⑭)	⑯				※マイナスの場合は申告書の⑲欄へ ※プラスの場合は申告書の⑳欄へ

第28-(7)号様式

付表5-(2) 控除対象仕入税額等の計算表 〔経過措置対象課税資産の譲渡等を含む課税期間用〕　簡易

課税期間	・ ・ ～ ・ ・	氏名又は名称	

I　控除対象仕入税額の計算の基礎となる消費税額

項　目	税率3％適用分 A	税率4％適用分 B	税率6.3％適用分 C	合　計　D (A＋B＋C)
課税標準額に対する消費税額 ①	(付表4の②A欄)　　円	(付表4の②B欄)　　円	(付表4の②C欄)　　円	(付表4の②D欄)　　円
貸倒回収に係る消費税額 ②	(付表4の③A欄)	(付表4の③B欄)	(付表4の③C欄)	(付表4の③D欄)
売上対価の返還等に係る消費税額 ③	(付表4の⑤A欄)	(付表4の⑤B欄)	(付表4の⑤C欄)	(付表4の⑤D欄)
控除対象仕入税額の計算の基礎となる消費税額（①＋②－③） ④				

II　1種類の事業の専業者の場合の控除対象仕入税額

項　目	税率3％適用分 A	税率4％適用分 B	税率6.3％適用分 C	合　計　D (A＋B＋C)
④×みなし仕入率 (90%・80%・70%・60%・50%・40%) ⑤	※付表4の④A欄へ　円	※付表4の④B欄へ　円	※付表4の④C欄へ　円	※付表4の④D欄へ　円

III　2種類以上の事業を営む事業者の場合の控除対象仕入税額
(1) 事業区分別の課税売上高（税抜き）の明細

項　目	税率3％適用分 A	税率4％適用分 B	税率6.3％適用分 C	合　計　D (A＋B＋C)	売上割合
事業区分別の合計額 ⑥	円	円	円	円	
第一種事業 （卸売業） ⑦				※申告書「事業区分」欄へ	％
第二種事業 （小売業） ⑧				※　〃	
第三種事業 （製造業等） ⑨				※　〃	
第四種事業 （その他） ⑩				※　〃	
第五種事業 （サービス業等） ⑪				※　〃	
第六種事業 （不動産業） ⑫				※　〃	

(2) (1)の事業区分別の課税売上高に係る消費税額の明細

項　目	税率3％適用分 A	税率4％適用分 B	税率6.3％適用分 C	合　計　D (A＋B＋C)
事業区分別の合計額 ⑬	円	円	円	円
第一種事業 （卸売業） ⑭				
第二種事業 （小売業） ⑮				
第三種事業 （製造業等） ⑯				
第四種事業 （その他） ⑰				
第五種事業 （サービス業等） ⑱				
第六種事業 （不動産業） ⑲				

注意　1　金額の計算においては、1円未満の端数を切り捨てる。
　　　2　課税売上げにつき返品を受け又は値引き・割戻しをした金額（売上対価の返還等の金額）があり、売上（収入）金額から減算しない方法で経理して経費に含めている場合には、⑥から⑫の欄には売上対価の返還等の金額（税抜き）を控除した後の金額を記入する。

(1／2)　　　　　　　　　　　　　　　　　　　　　　　　　　(H27.4.1以後開始課税期間用)

(3) 控除対象仕入税額の計算式区分の明細

イ 原則計算を適用する場合

控除対象仕入税額の計算式区分	税率3％適用分 A	税率4％適用分 B	税率6.3％適用分 C	合 計 D (A＋B＋C)
④×みなし仕入率 (⑭×90％+⑮×80％+⑯×70％+⑰×60％+⑱×50％+⑲×40％)／⑬ ⑳	円	円	円	円

ロ 特例計算を適用する場合
(イ) 1種類の事業で75％以上

控除対象仕入税額の計算式区分	税率3％適用分 A	税率4％適用分 B	税率6.3％適用分 C	合 計 D (A＋B＋C)
(⑦D／⑥D・⑧D／⑥D・⑨D／⑥D・⑩D／⑥D・⑪D／⑥D・⑫D／⑥D)≧75％ ④×みなし仕入率（90％・80％・70％・60％・50％・40％） ㉑	円	円	円	円

(ロ) 2種類の事業で75％以上

控除対象仕入税額の計算式区分	税率3％適用分 A	税率4％適用分 B	税率6.3％適用分 C	合 計 D (A＋B＋C)
第一種及び第二種事業 (⑦D+⑧D)／⑥D≧75％ ④× (⑭×90％+(⑬-⑭)×80％)／⑬ ㉒	円	円	円	円
第一種及び第三種事業 (⑦D+⑨D)／⑥D≧75％ ④× (⑭×90％+(⑬-⑭)×70％)／⑬ ㉓				
第一種及び第四種事業 (⑦D+⑩D)／⑥D≧75％ ④× (⑭×90％+(⑬-⑭)×60％)／⑬ ㉔				
第一種及び第五種事業 (⑦D+⑪D)／⑥D≧75％ ④× (⑭×90％+(⑬-⑭)×50％)／⑬ ㉕				
第一種及び第六種事業 (⑦D+⑫D)／⑥D≧75％ ④× (⑭×90％+(⑬-⑭)×40％)／⑬ ㉖				
第二種及び第三種事業 (⑧D+⑨D)／⑥D≧75％ ④× (⑮×80％+(⑬-⑮)×70％)／⑬ ㉗				
第二種及び第四種事業 (⑧D+⑩D)／⑥D≧75％ ④× (⑮×80％+(⑬-⑮)×60％)／⑬ ㉘				
第二種及び第五種事業 (⑧D+⑪D)／⑥D≧75％ ④× (⑮×80％+(⑬-⑮)×50％)／⑬ ㉙				
第二種及び第六種事業 (⑧D+⑫D)／⑥D≧75％ ④× (⑮×80％+(⑬-⑮)×40％)／⑬ ㉚				
第三種及び第四種事業 (⑨D+⑩D)／⑥D≧75％ ④× (⑯×70％+(⑬-⑯)×60％)／⑬ ㉛				
第三種及び第五種事業 (⑨D+⑪D)／⑥D≧75％ ④× (⑯×70％+(⑬-⑯)×50％)／⑬ ㉜				
第三種及び第六種事業 (⑨D+⑫D)／⑥D≧75％ ④× (⑯×70％+(⑬-⑯)×40％)／⑬ ㉝				
第四種及び第五種事業 (⑩D+⑪D)／⑥D≧75％ ④× (⑰×60％+(⑬-⑰)×50％)／⑬ ㉞				
第四種及び第六種事業 (⑩D+⑫D)／⑥D≧75％ ④× (⑰×60％+(⑬-⑰)×40％)／⑬ ㉟				
第五種及び第六種事業 (⑪D+⑫D)／⑥D≧75％ ④× (⑱×50％+(⑬-⑱)×40％)／⑬ ㊱				

ハ 上記の計算式区分から選択した控除対象仕入税額

項 目	税率3％適用分 A	税率4％適用分 B	税率6.3％適用分 C	合 計 D (A＋B＋C)
選択可能な計算式区分 (⑳～㊱) の内から選択した金額 ㊲	※付表4の④A欄へ 円	※付表4の④B欄へ 円	※付表4の④C欄へ 円	※付表4の④D欄へ 円

注意 金額の計算においては、1円未満の端数を切り捨てる。

(H27.4.1以後開始課税期間用)

第28-(8)号様式

消費税の還付申告に関する明細書（個人事業者用）

課税期間	・・～・・	住　所	
		氏　名	

1　還付申告となった主な理由（該当する事項に〇印を付してください。）

輸出等の免税取引の割合が高い	その他	
設備投資（高額な固定資産の購入等）		

2　課税売上げ等に係る事項

(1)　主な課税資産の譲渡等（取引金額が100万円以上の取引先を上位5番目まで記載してください。）

資産の種類等	譲渡年月日等	取引金額等（税込・税抜）	取引先の氏名（名称）	取引先の住所（所在地）
	・・	円		
	・・			
	・・			
	・・			
	・・			

※　継続的な取引先については、当課税期間中の取引金額の合計額を記載し、譲渡年月日等欄には「継続」と記載してください。輸出取引等は(2)に記載してください。

(2)　主な輸出取引等の明細（取引金額総額の上位5番目まで記載してください。）

取引先の氏名（名称）	取引先の住所（所在地）	取引金額	主な取引商品等	所轄税関（支署）名
		円		

輸出取引等に利用する	主な金融機関	銀・行　金庫・組合　農協・漁協		本店・支店　出張所　本所・支所
		預金　口座番号		
	主な通関業者	氏名（名称）		
		住所（所在地）		

(1／2)

3 課税仕入れに係る事項

(1) 仕入金額等の明細

区　分			㋑ 決算額（税込・税抜）	㋺ 左のうち課税仕入れにならないもの	(㋑-㋺) 課税仕入高
事業所得	仕入金額（製品製造原価）	①	円	円	円
	必要経費	②			
	固定資産等の取得価額	③			
	小計（①+②+③）	④			
不動産所得	必要経費	⑤			
	固定資産等の取得価額	⑥			
	小計（⑤+⑥）	⑦			
所得	仕入金額	⑧			
	必要経費	⑨			
	固定資産等の取得価額	⑩			
	小計（⑧+⑨+⑩）	⑪			
課税仕入高の合計額		⑫	④、⑦、⑪の合計額を記載してください。		
課税仕入れ等の税額の合計額		⑬	⑫の金額に対する消費税額		

(2) 主な棚卸資産・原材料等の取得（取引金額が100万円以上の取引先を上位5番目まで記載してください。）

資産の種類等	取得年月日等	取引金額等（税込・税抜）	取引先の氏名（名称）	取引先の住所（所在地）
	・　・	円		
	・　・			
	・　・			
	・　・			
	・　・			

※ 継続的な取引先については、当課税期間中の取引金額の合計額を記載し、取得年月日等欄には「継続」と記載してください。

(3) 主な固定資産等の取得（1件当たりの取引金額が100万円以上の取引を上位5番目まで記載してください。）

資産の種類等	取得年月日等	取引金額等（税込・税抜）	取引先の氏名（名称）	取引先の住所（所在地）
	・　・	円		
	・　・			
	・　・			
	・　・			
	・　・			

4　平成　　年中の特殊事情（顕著な増減事項等及びその理由を記載してください。）

[　　　　　　　　　　　　　　　　　　　　　　　　　　　　　　　　　　]

第28-(9)号様式

消費税の還付申告に関する明細書 (法人用)

課税期間	・ ・ ～ ・ ・	所在地	
		名 称	

1 還付申告となった主な理由（該当する事項に〇印を付してください。）

	輸出等の免税取引の割合が高い	その他	
	設備投資（高額な固定資産の購入等）		

2 課税売上げ等に係る事項

(1) 主な課税資産の譲渡等（取引金額が100万円以上の取引を上位10番目まで記載してください。） 単位：千円

資産の種類等	譲渡年月日等	取引金額等（税込・税抜）	取引先の氏名（名称）	取引先の住所（所在地）
	・ ・			
	・ ・			
	・ ・			
	・ ・			
	・ ・			
	・ ・			
	・ ・			
	・ ・			
	・ ・			
	・ ・			

※ 継続的に課税資産の譲渡等を行っている取引先のものについては、当課税期間分をまとめて記載してください。
その場合、譲渡年月日等欄に「継続」と記載してください。輸出取引等は(2)に記載してください。

(2) 主な輸出取引等の明細（取引金額総額の上位10番目まで記載してください。） 単位：千円

取引先の氏名（名称）	取引先の住所（所在地）	取引金額	主な取引商品等	所轄税関（支署）名

輸出取引等に利用する	主な金融機関		銀 行 / 金庫・組合 / 農協・漁協	本店・支店 / 出張所 / 本所・支所
		預金 口座番号		
	主な通関業者	氏名（名称）		
		住所（所在地）		

(1／2)

3 課税仕入れに係る事項
(1) 仕入金額等の明細

単位：千円

区分		㋑ 決算額 (税込・税抜)	㋺ ㋑のうち課税仕入れにならないもの	(㋑－㋺) 課税仕入高
損益科目	商品仕入高等 ①			
	販売費・一般管理費 ②			
	営業外費用 ③			
	その他 ④			
	小計 ⑤			

区分		㋑ 資産の取得価額 (税込・税抜)	㋺ ㋑のうち課税仕入れにならないもの	(㋑－㋺) 課税仕入高
資産科目	固定資産 ⑥			
	繰延資産 ⑦			
	その他 ⑧			
	小計 ⑨			
課税仕入れ等の税額の合計額 ⑩		⑤＋⑨の金額に対する消費税額		

(2) 主な棚卸資産・原材料等の取得 (取引金額が100万円以上の取引を上位5番目まで記載してください。)

単位：千円

資産の種類等	取得年月日等	取引金額等 (税込・税抜)	取引先の氏名（名称）	取引先の住所（所在地）
	． ．			
	． ．			
	． ．			
	． ．			
	． ．			

※ 継続的に課税資産の取得を行っている取引先のものについては、当課税期間分をまとめて記載してください。その場合取得年月日等欄に「継続」と記載してください。

(3) 主な固定資産等の取得 (1件当たりの取引金額が100万円以上の取引を上位10番目まで記載してください。)

単位：千円

資産の種類等	取得年月日等	取引金額等 (税込・税抜)	取引先の氏名（名称）	取引先の住所（所在地）
	． ．			
	． ．			
	． ．			
	． ．			
	． ．			
	． ．			
	． ．			
	． ．			
	． ．			
	． ．			

4 当課税期間中の特殊事情 (顕著な増減事項等及びその理由を記載してください。)

第28-(10)号様式

消費税及び地方消費税の更正の請求書

※順　号
※整理番号

平成　年　月　日

税務署長

税務署受付印

納　税　地　（〒　－　）（電話　－　－　）
（フリガナ）
氏　名　　　　　　　　　　　　　　　㊞
個人番号

下記のとおり、国税通則法第23条（消費税法第56条）及び地方税法附則第9条の4の規定により更正の請求をします。

更正の請求の対象となる納税申告、更正、決定	平成　年　月　日から　平成　年　月　日までの課税期間 平成　年　月　日付	申告・更正・決定
更正の請求をする理由、請求をするに至った事情等		
修正申告書提出年月日又は更正決定通知書受理年月日	平成　年　月　日	

（請求額の明細）

	区　　　　　　分		確定額（　　額）	正当とする額
消費税の税額の計算	課　税　標　準　額	①		
	消　費　税　額	②		
	控　除　過　大　調　整　税　額	③		
	控除	控　除　対　象　仕　入　税　額	④		
	税額	返　還　等　対　価　に　係　る　税　額	⑤		
		貸　倒　れ　に　係　る　税　額	⑥		
		控　除　税　額　小　計　（④+⑤+⑥）	⑦		
	控　除　不　足　還　付　税　額　（⑦-②-③）	⑧		
	差　引　税　額　（②+③-⑦）	⑨		
	中　間　納　付　税　額	⑩		
	納　付　税　額　（⑨-⑩）	⑪		
	中　間　納　付　還　付　税　額　（⑩-⑨）	⑫		
地方消費税の税額の計算	地方消費税の課税標準となる消費税額	控　除　不　足　還　付　税　額	⑬		
		差　引　税　額	⑭		
	譲渡割額	還　付　額	⑮		
		納　税　額	⑯		
	中　間　納　付　譲　渡　割　額	⑰		
	納　付　譲　渡　割　額　（⑯-⑰）	⑱		
	中　間　納　付　還　付　譲　渡　割　額　（⑰-⑯）	⑲		

還付される税金の受取場所	イ　銀行等の預金口座に振込みを希望する場合 　　　銀行　　　　　　　　　本店・支店 　　　金庫・組合　　　　　　出張所 　　　漁協・農協　　　　　　本所・支所 　　　預金　口座番号	ロ　ゆうちょ銀行の貯金口座に振込みを希望する場合 　　貯金口座の記号番号 　　　－ ハ　郵便局等の窓口での受け取りを希望する場合 　　　郵便局名等

添付書類		税理士署名押印	㊞

※税務署処理欄	通信日付印　年　月　日	確認印	番号確認	身元確認　□済　□未済	確認書類　個人番号カード／通知カード・運転免許証　その他（　　　）	備考

第28-(11)号様式

消費税及び地方消費税の更正の請求書

※整理番号

税務署受付印

平成　年　月　日

納税地　〒
　　　　電話（　）　－

（フリガナ）
法人名

法人番号

（フリガナ）
代表者氏名　　　　　　　　印

税務署長殿

国税通則法第23条
消費税法第56条　及び地方税法附則第9条の4の規定に基づき　自 平成　年　月　日
　　　　　　　　　　　　　　　　　　　　　　　　　　　　至 平成　年　月　日　課税期間の
平成　年　月　日付　申告・更正・決定に係る課税標準等又は税額等について下記のとおり更正の請求をします。

記

区分		この請求前の金額	更正の請求金額
消費税の税額の計算	課税標準額 ①		
	消費税額 ②		
	控除過大調整税額 ③		
	控除 控除対象仕入税額 ④		
	税 返還等対価に係る税額 ⑤		
	額 貸倒れに係る税額 ⑥		
	控除税額小計（④+⑤+⑥）⑦		
	控除不足還付税額（⑦-②-③）⑧		
	差引税額（②+③-⑦）⑨		
	中間納付税額 ⑩		
	納付税額（⑨-⑩）⑪		
	中間納付還付税額（⑩-⑨）⑫		
地方消費税の税額の計算	地方消費税の課税標準となる消費税額 控除不足還付税額 ⑬		
	差引税額 ⑭		
	譲渡割額 還付額 ⑮		
	納税額 ⑯		
	中間納付譲渡割額 ⑰		
	納付譲渡割額（⑯-⑰）⑱		
	中間納付還付譲渡割額（⑰-⑯）⑲		

（更正の請求をする理由等）

修正申告書提出年月日　平成　年　月　日　添付書類
更正決定通知書受理年月日　平成　年　月　日

還付される税金の受取場所
イ　銀行等の預金口座に振込みを希望する場合
　　　　銀　行　　　　本店・支店
　　　　金庫・組合　　　出張所
　　　　漁協・農協　　　本所・支所
　　　　　　預金・口座番号

ロ　ゆうちょ銀行の貯金口座に振込みを希望する場合
　　　貯金口座の記号番号　　－

ハ　郵便局等の窓口受取りを希望する場合
　　　郵便局名等

税理士署名押印　　　　　　　　　　　　　　　印

※税務署処理欄　部門　決算期　業種番号　番号確認　整理簿　備考　通信日付印　年　月　日　確認印

第29号様式

消費税法別表第三に掲げる法人に係る資産の譲渡等の時期の特例の承認申請書

平成　年　月　日

収受印

申請者
- 納税地　（フリガナ）（〒　－　）（電話番号　－　－　）
- 名称及び代表者氏名　（フリガナ）　印
- 法人番号
- 根拠法律

＿＿＿＿税務署長殿

下記のとおり、消費税法第60条第3項並びに消費税法施行令第74条第1項及び第2項に規定する資産の譲渡等の時期の特例の承認を受けたいので申請します。

申請の理由	
会計処理の方法並びに根拠となる法令又は定款、寄附行為、規則若しくは規約	
特例の適用を受けようとする最初の課税期間	自　平成　年　月　日　至　平成　年　月　日
事業内容	
参考事項	税理士署名押印　（電話番号　－　－　）　印

※　上記の申請について、消費税法第60条第3項並びに消費税法施行令第74条第1項及び第2項の規定により、貴法人の行う資産の譲渡等、課税仕入れ及び課税貨物の引取りについては、法令又は定款等の定めるところにより資産の譲渡等の対価を収納すべき課税期間並びに課税仕入れ及び課税貨物の保税地域からの引取りの費用の支払いをすべき課税期間の末日に行われたものとすることを承認します。

＿＿＿＿第＿＿＿＿号
平成　年　月　日

税務署長　印

※税務署処理欄	整理番号		部門番号		番号確認		
	申請年月日	年　月　日	台帳整理	年　月　日			

注意
1. この申請書は、2通提出してください。
2. 定款等の写しを添付してください。
3. ※印欄は記載しないでください。
4. 申請内容に異動が生じた場合には、速やかに異動の内容を届け出てください。

第30号様式

消費税法別表第三に掲げる法人に係る資産の譲渡等の時期の特例の不適用届出書

平成　年　月　日 　　　　税務署長殿	届　出　者	納　税　地	（フリガナ） （〒　　－　　） （電話番号　　－　　－　　）
		名称及び 代表者氏名	（フリガナ） 　　　　　　　　　　　　　　印
		法人番号	
		根拠法律	

下記のとおり、資産の譲渡等の時期の特例の適用をやめたいので、消費税法施行令第74条第8項の規定により届出します。

法令又は定款等に定める会計処理の方法	
承　認　年　月　日	平成　　年　　月　　日
特例の適用をやめようとする課税期間	自　平成　年　月　日　至　平成　年　月　日
参　考　事　項	
税理士署名押印	印 （電話番号　　－　　－　　）

※税務署処理欄	整理番号		部門番号		番号確認	
	届出年月日	年　月　日	台帳整理	年　月　日		
	通信日付印	年　月　日	確認印			

注意　税務署処理欄は、記載しないでください。

第31−(1)号様式

消費税法別表第三に掲げる法人に係る申告書の提出期限の特例の承認申請書　[基準期間用]

収受印

平成　年　月　日

　　　　　税務署長殿

申請者

（フリガナ）	
納税地	（〒　　−　　） （電話番号　　−　　−　　）
（フリガナ）	
名称及び代表者氏名	印
法人番号	
根拠法律	

下記のとおり、消費税法第60条第8項並びに消費税法施行令第76条第1項及び第2項に規定する申告書の提出期限の特例の承認を受けたいので申請します。

申請の理由及び根拠となる法令	
承認を受けようとする期間	課税期間の末日の翌日から____か月
特例の適用を受けようとする最初の課税期間	自　平成　年　月　日　至　平成　年　月　日
特例の適用を受けようとする最初の課税期間の基準期間及びその課税売上高	（自　平成　年　月　日　至　平成　年　月　日）　　　　　円
事業内容	
参考事項	
税理士署名押印	印　（電話番号　　−　　−　　）

※　上記の申請について、消費税法第60条第8項並びに消費税法施行令第76条第1項及び第2項の規定により、承認します。

　　　　　第　　　　号

平成　年　月　日　　　　　税務署長　　　　印

※税務署処理欄	整理番号		部門番号		番号確認		延長特例月数	
	申請年月日	年　月　日	入力処理	年　月　日	台帳整理	年　月　日		

注意　1．この申請書は、2通提出してください。
　　　2．※印欄は、記載しないでください。
　　　3．申請内容に異動が生じた場合には、速やかに異動の内容を届け出てください。

第31-(2)号様式

消費税法別表第三に掲げる法人に係る申告書の提出期限の特例の承認申請書 〔特定期間用〕

収受印

平成　年　月　日	申請者	（フリガナ）	
		納税地	（〒　　－　　） （電話番号　－　－　）
		（フリガナ）	
		名称及び 代表者氏名	印
＿＿＿＿税務署長殿		法人番号	
		根拠法律	

　下記のとおり、消費税法第60条第8項並びに消費税法施行令第76条第1項及び第2項に規定する申告書の提出期限の特例の承認を受けたいので申請します。

申請の理由及び根拠となる法令	
承認を受けようとする期間	課税期間の末日の翌日から＿＿＿か月
特例の適用を受けようとする最初の課税期間	自　平成　年　月　日　至　平成　年　月　日
特例の適用を受けようとする最初の課税期間の	特定期間	自　平成　年　月　日　至　平成　年　月　日
	課税売上高	円
	給与等の金額	円
事業内容	
参考事項		税理士 署名押印	印 （電話番号　－　－　）

※　上記の申請について、消費税法第60条第8項並びに消費税法施行令第76条第1項及び第2項の規定により、承認します。

＿＿＿＿第＿＿＿＿号

平成　年　月　日　　　　　　　　　税務署長　　　　　印

※税務署処理欄	整理番号		部門番号		番号確認		延長特例月数	
	申請年月日	年　月　日	入力処理	年　月　日	台帳整理	年　月　日		

注意　1．この申請書は、2通提出してください。
　　　2．※印欄は、記載しないでください。
　　　3．申請内容に異動が生じた場合には、速やかに異動の内容を届け出てください。

第32号様式

消費税法別表第三に掲げる法人に係る申告書の提出期限の特例の不適用届出書

収受印 平成　年　月　日 ＿＿＿＿税務署長殿	届出者	（フリガナ）	
		納　税　地	（〒　　－　　） （電話番号　　－　　－　　）
		（フリガナ）	
		名　称　及　び 代表者氏名	印
		法　人　番　号	
		根　拠　法　律	

下記のとおり、申告書の提出期限の特例の適用をやめたいので、消費税法施行令第76条第10項の規定により届出します。

承認を受けた期間	課税期間の末日の翌日から　　か月
承認年月日	平成　　年　　月　　日
特例の適用をやめようとする課税期間	自 平成　年　月　日　至 平成　年　月　日
参　考　事　項	
税理士署名押印	印 （電話番号　　－　　－　　）

※税務署処理欄	整理番号		部門番号		番号確認		
	届出年月日	年　月　日	入力処理	年　月　日	台帳整理	年　月　日	
	通信日付印	年　月　日	確認印				

注意　税務署処理欄は、記載しないでください。

第33号様式

消費税課税事業者選択（不適用）届出に係る特例承認申請書

収受印

平成　年　月　日　　　　税務署長殿	申請者	納税地	（フリガナ） （〒　　－　　） （電話番号　　－　　－　　）
		氏名又は名称及び代表者氏名	（フリガナ） 　　　　　　　　　　　　印
		個人番号又は法人番号	↓個人番号の記載に当たっては、左端を空欄とし、ここから記載してください。

下記のとおり、消費税法施行令第20条の2第1項又は第2項に規定する届出に係る特例の承認を受けたいので申請します。

届出日の特例の承認を受けようとする届出書の種類	□ ① 消費税課税事業者選択届出書 □ ② 消費税課税事業者選択不適用届出書 【届出書提出年月日 : 平成　　年　　月　　日】
特例規定の適用を受けようとする（受けることをやめようとする）課税期間の初日及び末日	自 平成　　年　　月　　日 至 平成　　年　　月　　日 （②の届出の場合は初日のみ記載します。）
上記課税期間の基準期間における課税売上高	円
上記課税期間の初日の前日までに提出できなかった事情	

※ ②の届出書を提出した場合であっても、特定期間（原則として、上記課税期間の前年の1月1日（法人の場合は前事業年度開始の日）から6か月間）の課税売上高が1千万円を超える場合には、上記課税期間の納税義務は免除されないこととなります。詳しくは、裏面をご覧ください。

事　業　内　容　等		税理士署名押印	印 （電話番号　　－　　－　　）
参　考　事　項			

※ 上記の申請について、消費税法施行令第20条の2第1項又は第2項の規定により、上記の届出書が特例規定の適用を受けようとする（受けることをやめようとする）課税期間の初日の前日（平成　　年　　月　　日）に提出されたものとすることを承認します。

　　　　　第　　　　号
平成　　年　　月　　日　　　　　　　　　　税務署長　　　　　　　　印

※税務署処理欄	整理番号		部門番号		みなし届出年月日	年　月　日
	申請年月日	年　月　日	入力処理	年　月　日	台帳整理	年　月　日
	番号確認	身元確認 □済 □未済	確認書類	個人番号カード／通知カード・運転免許証 その他（　　　　）		

注意　1．この申請書は、2通提出してください。
　　　2．※印欄は、記載しないでください。

第34号様式

消費税簡易課税制度選択（不適用）届出に係る特例承認申請書

収受印 平成　年　月　日	申請者	（フリガナ）		
		納税地	（〒　－　） （電話番号　－　－　）	
		（フリガナ）		
		氏名又は名称及び代表者氏名		印
＿＿＿＿税務署長殿		法人番号		

　下記のとおり、消費税法施行令第57条の２第１項又は第２項に規定する届出に係る特例の承認を受けたいので申請します。

届出日の特例の承認を受けようとする届出書の種類	□　①　消費税簡易課税制度選択届出書 □　②　消費税簡易課税制度選択不適用届出書 【届出書提出年月日　：　平成　　年　　月　　日】
特例規定の適用を受けようとする（受けることをやめようとする）課税期間の初日及び末日	自　平成　　年　月　日　至　平成　　年　月　日 （②の届出の場合は初日のみ記載します。）
上記課税期間の基準期間における課税売上高	円
上記課税期間の初日の前日までに提出できなかった事情	
事業内容等	（①の届出の場合の営む事業の種類）	税理士署名押印	印
参考事項		（電話番号　－　－　）	

※　上記の申請について、消費税法施行令第57条の２第１項又は第２項の規定により、上記の届出書が特例規定の適用を受けようとする（受けることをやめようとする）課税期間の初日の前日（平成　　年　月　日）に提出されたものとすることを承認します。

　　＿＿＿＿第＿＿＿号
　　平成　年　月　日　　　　　税務署長　印

※税務署処理欄	整理番号		部門番号		みなし届出年月日	年　月　日	番号確認	
	申請年月日	年　月　日	入力処理	年　月　日	台帳整理	年　月　日		

注意　1．この申請書は、2通提出してください。
　　　2．※印欄は、記載しないでください。

第35号様式

災害等による消費税簡易課税制度選択（不適用）届出に係る特例承認申請書

〔災　害〕

平成　年　月　日 （収受印） 　　　　税務署長殿	申請者	（フリガナ） 納税地	（〒　－　） 　 （電話番号　－　－　）
		（フリガナ） 氏名又は名称及び代表者氏名	印
		法人番号	

下記のとおり、消費税法第37条の2第1項又は第6項に規定する災害等による届出に係る特例の承認を受けたいので申請します。

届出日の特例の承認を受けようとする届出書の種類	□ ① 消費税簡易課税制度選択届出書 □ ② 消費税簡易課税制度選択不適用届出書
選択被災課税期間又は不適用被災課税期間	自　平成　年　月　日　至　平成　年　月　日 （②の届出の場合は初日のみ記載します。）
上記課税期間の基準期間における課税売上高	円
イ　発生した災害その他やむを得ない理由	イ
ロ　被害の状況	ロ
ハ　被害を受けたことにより特例規定の適用を受けることが必要となった事情	ハ
ニ　災害等の生じた日及び災害等のやんだ日	ニ　（生じた日）　　　　　　　（やんだ日） 　　平成　年　月　日　　平成　年　月　日
事業内容等	（①の届出の場合の営む事業の種類）
参考事項	税理士署名押印　　　　　　　　　　印 （電話番号　－　－　）

※　上記の申請について、消費税法第37条の2第1項又は第6項の規定により、上記の届出書が特例規定の適用を受けようとする（受けることをやめようとする）課税期間の初日の前日（平成　年　月　日）に提出されたものとすることを承認します。

　　　第　　号
　平成　年　月　日　　　　　　　　　税務署長　　　　　印

※税務署処理欄	整理番号		部門番号		みなし届出年月日	年　月　日
	申請年月日	年　月　日	入力処理	年　月　日	台帳整理	年　月　日
	通信日付印 年　月　日	確認印				

注意　1．この申請書は、2通提出してください。
　　　2．※印欄は、記載しないでください。

第36号様式

登録国外事業者の登録申請書

収受印

平成　年　月　日

申請者

氏名又は名称	日本語表記	印
	英語表記	
	【参考】自国語表記	
法人番号		
代表者氏名	日本語表記	印
	英語表記	
納税地	（〒　－　） （電話番号　－　－　）	
国外に居住たる又はある事業所その他本店所事業所の所在地	日本語表記	
	英語表記 （電話番号　国番号＋　－　－　）	

税務署長経由
国税庁長官　殿

この申請書に記載した次の事項（※印欄）は国税庁ホームページで公表されます。
1　申請者の氏名又は名称（日本語表記及び英語表記）
2　国外の住所等（英語表記）
3　国内において行う電気通信利用役務の提供（事業者向け電気通信利用役務の提供を除きます。）に係る国内に有する事務所、事業所その他これらに準ずるもの（以下「事務所等」といいます。）の所在地

下記のとおり、登録国外事業者としての登録を受けたいので、所得税法等の一部を改正する法律（平成27年法律第9号）附則第39条第2項の規定により申請します。

事務所等又は税務代理人	□ 事務所等の所在地 又は □ 税務代理人の事務所の所在地	（〒　－　） （電話番号　－　－　）
	事務所等の責任者氏名 又は 税務代理人の氏名等	
連絡先	住所	（〒　－　） （電話番号　－　－　）
	（フリガナ） 氏名又は名称	
電気通信利用役務の提供の内容		
事業年度	自　　月　　日 至　　月　　日	
税理士署名押印		（電話番号　－　－　）印

※税務署処理欄

整理番号		部門番号		申請年月日	年　月　日
入力年月日	年　月　日	番号確認			

注意　1　記載要領等に留意の上、記載してください。
　　　2　税務署処理欄は、記載しないでください。
　　　3　この申請書を提出するときは、「登録国外事業者の登録申請書（次葉）」を併せて提出してください。

登録国外事業者の登録申請書(次葉)

氏名又は名称

登録要件の確認	課税事業者ですか。	□ はい　□ いいえ
	国外事業者に該当しますか。 (注) 国外事業者とは、非居住者(所得税法第2条第1項第5号)である個人事業者及び外国法人(法人税法第2条第4号)をいいます(消費税法第2条第1項第4号の2)。	□ はい　□ いいえ
	申請者が自国において納税者番号又は課税事業者番号がある場合にはその番号を記載してください。	納税者番号 (　　　　　) 課税事業者番号 (　　　　　)
	次の1又は2のいずれに該当しますか。 1　国内において行う電気通信利用役務の提供(事業者向け電気通信利用役務の提供を除く。)に係る事務所等を国内に有する。 2　消費税に関する税務代理の権限を有する税務代理人がいる。	□ 1に該当する □ 2に該当する
	納税管理人を定めていますか。 (注) 納税管理人を定めなければならない場合(国税通則法第117条第1項)に限ります。 納税管理人を定めなければならない場合 【個人】　国内に住所及び居所(事務所及び事業所を除く。)を有せず、又は有しないこととなる場合 【法人】　国内に本店又は主たる事務所を有しない法人で、国内にその事務所及び事業所を有せず、又は有しないこととなる場合	□ はい　□ いいえ □ 定める必要がない
	国税の滞納の有無	□ 有　□ 無
	登録国外事業者の登録を取り消されていますか。 (「はい」の場合は、以下の質問にも答えてください。)	□ はい　□ いいえ
	次の規定により、取り消されていますか。 (所得税法等の一部を改正する法律(平成27年法律第9号)附則第39条第6項第5号、第6号又は第7号) (「はい」の場合は、以下の質問にも答えてください。)	□ はい　□ いいえ
	その登録の取消しの日から1年を経過していますか。	□ はい　□ いいえ (登録を取り消された日) (平成　年　月　日)
添付する資料	添付する資料の□にレ印を付してください。 1【全申請者】 　□　氏名又は名称、国外の住所等、事業内容が確認できる資料 　　(例　定款の写し、登記簿謄本、会社案内、会社のホームページ等) 　□　国内において行う電気通信利用役務の提供の内容が分かる資料 　　(例　会社案内、会社のホームページ等) 2【国内において行う電気通信利用役務の提供(事業者向け電気通信利用役務の提供を除く。)に係る事務所等を国内に有する申請者】 　□　その事務所等の登記事項証明書又はこれに類する書類 　　(例　賃貸借契約書、会社案内等) 3【上記2に該当しない申請者】 　□　税務代理権限証書 4【その他参考資料】 　□　会社のホームページアドレス、メールアドレス 　　(　　　　　　　　　　　　　　　　　　　　　)	
参考事項	消費税納税管理人届出書、消費税課税事業者(選択)届出書、消費税の新設法人に該当する旨の届出書、消費税の特定新規設立法人に該当する旨の届出書を既に税務署に提出している場合は、提出をしている届出書の□にレ印を付し、その提出日を記載してください。 　□　消費税納税管理人届出書(提出日　平成　年　月　日) 　□　消費税課税事業者(選択)届出書(提出日　平成　年　月　日) 　□　消費税の新設法人に該当する旨の届出書(提出日　平成　年　月　日) 　□　消費税の特定新規設立法人に該当する旨の届出書(提出日　平成　年　月　日)	
	以下の欄は、消費税課税事業者(選択)届出書を既に提出している場合のみ記載してください。	
	(この申請書を提出する日の属する課税期間の基準期間又は特定期間) 自　平成　　年　　月　　日 至　平成　　年　　月　　日	(左記期間の課税売上高) 　　　　　　　円

第37号様式

登録国外事業者の登録事項変更届出書

平成　年　月　日 届出者	氏名又は名称	日本語表記	印
		英語表記	
		【参考】自国語表記	
	法人番号		
	代表者氏名	日本語表記	印
		英語表記	
	納税地	(〒　　－　　) （電話番号　－　－　）	
税務署長経由 国税庁長官　殿	国外にある住所又は居所若しくは本店若しくは主たる事務所の所在地	日本語表記	
		英語表記	国番号（電話番号 ＋　－　－　）
	登録番号		

　下記のとおり、国外事業者登録簿に登録された事項に変更がありましたので、所得税法等の一部を改正する法律（平成27年法律第９号）附則第39条第８項の規定により届出します。

変更の内容	変更年月日	平成　　年　　月　　日
	変更事項	□ 氏名又は名称 □ 住所若しくは居所又は本店若しくは主たる事務所の所在地 □ 国内において行う電気通信利用役務の提供に係る事務所、事業所その他これらに準ずるものの所在地
	変更前	
	変更後	

※ この届出書の「変更後」欄に記載した内容は国税庁ホームページで公表されます。

参考事項	
税理士署名押印	（電話番号　－　－　）印

※税務署処理欄	整理番号		部門番号		届出年月日	年　月　日
	入力年月日	年　月　日	番号確認			

注意　1　裏面の記載要領等に留意の上、記載してください。
　　　2　税務署処理欄は、記載しないでください。

第38号様式

登録国外事業者の登録の取消しを求める旨の届出書

平成　年　月　日	届出者	氏名又は名称	日本語表記	印
			英語表記	
			【参考】自国語表記	
		法人番号		
		代表者氏名	日本語表記	印
			英語表記	
税務署長経由 国税庁長官　殿		納税地	（〒　－　） （電話番号　－　－　）	
		国外にある事務所若しくは居所又は主たる事務所の所在地	日本語表記	
			英語表記	国番号 （電話番号　＋　－　－　－　）
		登録番号		

下記のとおり、登録国外事業者の登録の取消しを求めますので、所得税法等の一部を改正する法律（平成27年法律第９号）附則第39条第11項の規定により届出します。

登録の効力を失う日	平成　年　月　日

※　登録の効力を失う日は、この届出書を提出した日の属する課税期間の翌課税期間の初日となります。
　　ただし、この届出書を提出した日の属する課税期間の末日から起算して30日前の日から課税期間の末日までの間に提出した場合は、翌々課税期間の初日となります。

登録の取消しを求める理由	
登録国外事業者として登録を受けた日	平成　年　月　日
参考事項	事業を廃止した場合又は国内において電気通信利用役務の提供を行わなくなった場合はその日を記載してください。　　平成　年　月　日
税理士署名押印	印 （電話番号　－　－　）

※税務署処理欄	整理番号		部門番号		届出年月日	年　月　日	通信日付印	年　月　日	確認印	
	入力年月日	年　月　日		番号確認						

注意　1　記載要領等に留意の上、記載してください。
　　　2　税務署処理欄は、記載しないでください。

第39号様式

登録国外事業者の死亡届出書

平成　年　月　日　　税務署長経由　　国税庁長官　殿	届出者	（フリガナ）	
		住所又は居所	（電話番号　国番号　＋　－　－　）
		（フリガナ）	
		氏　名	印
		個人番号	

　下記のとおり、登録国外事業者が死亡したので、所得税法等の一部を改正する法律（平成27年法律第9号）附則第40条第1項の規定により届出します。

死亡年月日			平成　　年　　月　　日
死亡した登録国外事業者	国外にある住居所又は所	日本語表記	
		英語表記	（電話番号　国番号　＋　－　－　）
	納税地	（〒　－　）　　（電話番号　－　－　）	
	氏名	日本語表記	
		英語表記	
	登録番号		
届出人と死亡した登録国外事業者との関係			
参考事項	事業承継の有無		有　・　無
	事業承継者	国外にある住居所又は所	日本語表記
			英語表記
			（電話番号　国番号　＋　－　－　）
		氏名	日本語表記
			英語表記
税理士署名押印			印　（電話番号　－　－　）

※税務署処理欄	整理番号		部門番号		届出年月日	年　月　日
	入力年月日	年　月　日	番号確認	身元確認　□済　□未済	確認書類	個人番号カード／通知カード・運転免許証　その他（　　）

注意　1　裏面の記載要領等に留意の上、記載してください。
　　　2　税務署処理欄は、記載しないでください。

第40号様式

(特定非常災害)

特定非常災害による消費税法 第12条の2第2項 第12条の3第3項 不適用届出書

収受印	届出書	(フリガナ)	
平成　年　月　日		納　税　地	(〒　－　) （電話番号　－　－　）
		(フリガナ)	
		名　称　及　び 代表者氏名	印
＿＿＿＿税務署長殿		法　人　番　号	

下記のとおり、租税特別措置法第86条の5第4項の規定の適用を受けたいので届出します。

設　立　年　月　日	平成　年　月　日		
この届出の適用 対象課税期間	※ 租税特別措置法第86条の5第4項の規定の適用を受けることにより、消費税法第12条の2 第2項(第12条の3第3項)の適用を受けないこととなる最初の課税期間を記載します。 自　平成　年　月　日　至　平成　年　月　日		
上記課税期間の 基　準　期　間	自　平成　年　月　日 至　平成　年　月　日	左記期間の 課税売上高	円

※ 租税特別措置法第86条の5第4項の規定の適用を受け、消費税法第12条の2第2項(第12条の3第3項)の規定の
適用を受けないこととなった場合には、その課税期間の納税義務の判定については、基準期間の課税売上高又は特定
期間（原則として、前事業年度開始の日から6か月間）の課税売上高により判定することとなります。
（詳しくは、裏面をご覧ください。）

被　害　の　概　要	
参　考　事　項	調整対象固定資産の仕入れ等の日　【平成　年　月　日】
税理士署名押印	印 （電話番号　－　－　）

※税務署処理欄	整理番号		部門番号		番号確認		
	届出年月日	年　月　日	入力処理	年　月　日	台帳整理	年　月　日
	通信日付印	年　月　日	確認印			

注意　1．特定非常災害に係る国税通則法第11条の規定の適用を受け申告期限等が延長されている被災事業
　　　　者は、この届出書の提出を要しません。
　　　2．※印欄は、記載しないでください。

第41号様式

(特定非常災害)

特定非常災害による消費税法第12条の4第1項不適用届出書

収受印				
平成 年 月 日	届出書	（フリガナ）		
		納 税 地	（〒 － ） （電話番号 － － ）	
		（フリガナ）		
		氏 名 又 は 名 称 及 び 代 表 者 氏 名		印
＿＿＿＿税務署長殿		法 人 番 号		

　　　　下記のとおり、租税特別措置法第86条の5第5項の規定の適用を受けたいので届出します。

この届出の適用対象課税期間	※ 租税特別措置法第86条の5第5項の規定の適用を受けることにより、消費税法第12条の4第1項の適用を受けないこととなる最初の課税期間を記載します。 自 平成　年　月　日　至 平成　年　月　日
上記課税期間の 基 準 期 間	自 平成　年　月　日　　左記期間の 至 平成　年　月　日　　課税売上高　　　　　　　円

※ 租税特別措置法第86条の5第5項の規定の適用を受け、消費税法第12条の4第1項の規定の適用を受けないこととなった場合には、その課税期間の納税義務の判定については、基準期間の課税売上高又は特定期間（原則として、その課税期間の前年の1月1日（法人の場合は前事業年度開始の日）から6か月間）の課税売上高により判定することとなります。
（詳しくは、裏面をご覧ください。）

被 害 の 概 要	
参 考 事 項	高額特定資産の仕入れ等の日　【平成　年　月　日】
税 理 士 署 名 押 印	印 （電話番号　　－　　－　　）

※税務署処理欄	整理番号		部門番号		番号確認			
	届出年月日	年　月　日	入力処理	年　月　日	台帳整理	年　月　日		
	通信日付印	年　月　日	確認印					

注意　1．特定非常災害に係る国税通則法第11条の規定の適用を受け申告期限等が延長されている被災事業者は、この届出書の提出を要しません。
　　　2．※印欄は、記載しないでください。

〔参考２〕

```
                                        課軽 2 ― 5
                                        課個 3 ― 10
                                        課法 4 ― 11
                                        課消 1 ― 65
                                        課審 8 ― 16
                                        徴管 2 ― 22
                                        査調 2 ― 12
                                        平成28年 4 月25日
                         （最終改正）課軽 2 ― 13
                                        平成28年12月13日
```

各 国 税 局 長
沖縄国税事務所長 殿

国 税 庁 長 官

消費税の軽減税率制度に関する申告書等の様式の制定について（法令解釈通達）

　標題のことについては、別紙のとおり定めたから、平成31年10月１日以降は、これによられたい。

　ただし、第１号様式「消費税簡易課税制度選択届出書」の様式は平成31年７月１日からこれによる。

　なお、本通達に定めがない様式は、平成７年12月25日付課消２―26ほか４課共同「消費税関係申告書等の様式の制定について」（法令解釈通達）の別紙による。

（理由）

「所得税法等の一部を改正する法律」（平成28年法律第15号）附則、「消費税法施行令等の一部を改正する政令」（平成28年政令第148号）附則及び「消費税法施行規則等の一部を改正する省令」（平成28年財務省令第20号）附則の規定により、平成31年10月１日から消費税の軽減税率制度が実施されることに伴い、消費税に関する申告書等の様式を定めるものである。

別紙

１　仕入税額控除関係

消費税簡易課税制度選択届出書

　消費税法（以下「法」という。）第37条第１項《中小事業者の仕入れに係る消費税額の控除の特例》に規定する同項の仕入れに係る消費税額の控除の特例の規定（以下「簡易課税制度」という。）又は所得税法等の一部を改正する法律（平成28年法律第15号）（以下「改正法」という。）附則第40条第１項《課税仕入れ等を適用税率別に区分することが困難な中小事業者に対する経過措置》に規定する簡易課税制度の適用を受ける旨の届出書は、第１号様式の「消費税簡易課税制度選択届出書」により提出する。

２　申告関係

(1)　消費税及び地方消費税の（確定、中間（仮決算）、還付、修正）申告書

　　法第43条《仮決算をした場合の中間申告書の記載事項等》、第45条《課税資産の譲渡等及び特定課税仕入れについての確定申告》又は第46条《還付を受けるための申告》並びに地方税法附則第９条の５《譲渡割の申告の特例》に規定する申告書は、次に掲げる場合の区分に応じ、それぞれ次の様式により提出する。

イ　簡易課税制度の適用を受けない場合（第１号様式の「消費税簡易課税制度選択届出書」を提出している事業者が基準期間における課税売上高が5,000万円を超えたことにより簡易課税制度の適用を受けない場合を含む。）

　　第３―(1)号様式の「消費税及び地方消費税の（確定、中間（仮決算）、還付、修正）申告書第一表（一般用）」及び第３―(2)号様式の「消費税及び地方消費税の（確定、中間（仮決算）、還付、修正）申告書第二表［課税標準額等の内訳書］」

ロ　簡易課税制度の適用を受ける場合（改正法附則第40条第１項の規定により第１号様式の「消費税簡易課税制度選択届出書」を提出し、簡易課税制度の適用を受ける場合を含む。）

　　第３―(3)号様式の「消費税及び地方消費税の（確定、中間（仮決算）、還付、修正）申告書第一表（簡易課税用）」及び第３―(2)号様式の「消費税及び地方消費税の（確定、中間（仮決算）、還付、修正）申告書第二表［課税標準額等の内訳書］」

(2)　法第43条第３項、第45条第５項又は第46条第３項に規定する申告書に添付することとされている書類は、次に掲げる申告書の区分に応じ、それぞれ次の様式に記載して提出する。

イ　(1)のイの申告書

　　第４―(1)号様式の「付表１―１　税率別消費税額計算表兼地方消費税の課税標準となる消費税額計算表（一般用）」及び第４―(2)号様式の「付表２―１　課税売上割合・控除対象仕入税額等の計算表（一般用）」

ロ　(1)のロの申告書

　　第４―(3)号様式の「付表４―１　税率別消費税額計算表兼地方消費税の課税標準となる消費税額計算表（簡易用）」及び第４―(4)号様式

の「付表5―1　控除対象仕入税額等の計算表（簡易用）」

(注)　申告に係る課税期間又は中間申告対象期間中に地方税法等の一部を改正する法律（平成6年法律第111号）附則第5条第2項に規定する「経過措置対象課税資産の譲渡等」若しくは同条第3項に規定する「経過措置対象課税仕入れ等」がある場合、社会保障の安定財源の確保等を図る税制の抜本的な改革を行うための地方税法及び地方交付税法の一部を改正する法律（平成24年法律第69号）附則第4条第2項に規定する「経過措置対象課税資産の譲渡等」若しくは同条第3項に規定する「経過措置対象課税仕入れ等」がある場合又は同法附則第10条第2項に規定する「31年経過措置対象課税資産の譲渡等」若しくは同条第3項に規定する「31年経過措置対象課税仕入れ等」がある場合には、次に掲げる申告書の区分に応じ、それぞれ次の様式に記載して提出する。

(イ)　(1)のイの申告書

第4―(5)号様式の「付表1―2　税率別消費税額計算表兼地方消費税の課税標準となる消費税額計算表〔経過措置対象課税資産の譲渡等を含む課税期間用〕（一般用）」及び第4―(6)号様式の「付表2―2　課税売上割合・控除対象仕入税額等の計算表〔経過措置対象課税資産の譲渡等を含む課税期間用〕（一般用）」

(ロ)　(1)のロの申告書

第4―(7)号様式の「付表4―2　税率別消費税額計算表兼地方消費税の課税標準となる消費税額計算表〔経過措置対象課税資産の譲渡等を含む課税期間用〕（簡易用）」及び第4―(8)号様式の「付表5―2　控除対象仕入税額等の計算表〔経過措置対象課税資産の譲渡等を含む課税期間用〕（簡易用）」

(3)　消費税法施行令等の一部を改正する政令（平成28年政令第148号）附則

第16条第１項《課税標準の計算等に関する経過措置及び課税仕入れ等に関する経過措置の適用に関する手続》に規定する申告書に添付することとされている書類は、次に掲げる場合の区分に応じ、それぞれ次の様式に記載して提出する。

イ　改正法附則第38条第１項《31年軽減対象資産の譲渡等を行う中小事業者の課税標準の計算等に関する経過措置》の規定の適用を受ける場合

第５―(1)号様式の「課税資産の譲渡等の対価の額の計算表〔軽減売上割合（10営業日）を使用する課税期間用〕（売上区分用）」

ロ　改正法附則第38条第２項の規定の適用を受ける場合

第５―(2)号様式の「課税資産の譲渡等の対価の額の計算表〔小売等軽減仕入割合を使用する課税期間用〕（売上区分用）」

ハ　改正法附則第39条第１項《課税仕入れ等を適用税率別に区分することが困難な小売業等を営む中小事業者に対する経過措置》の規定の適用を受ける場合

第５―(3)号様式の「課税仕入れ等の税額の計算表〔小売等軽減売上割合を使用する課税期間用〕（仕入区分用）」

(4)　消費税及び地方消費税の更正の請求書

国税通則法第23条《更正の請求》、法第56条《前課税期間の消費税額等の更正等に伴う更正の請求の特例》又は地方税法附則第９条の４《譲渡割の賦課徴収の特例等》の規定による更正の請求は、それぞれ次の事業者の区分に応じ、それぞれ次の様式に記載して提出する。

イ　個人事業者

第６―(1)号様式「消費税及び地方消費税の更正の請求書」

ロ　法人

第６―(2)号様式「消費税及び地方消費税の更正の請求書」

ハ　イ及びロ共通

　第3—(2)号様式「消費税及び地方消費税の（確定、中間（仮決算）、還付、修正）申告書第二表［課税標準額等の内訳書］」、第4—(1)号様式「付表1—1　税率別消費税額計算表兼地方消費税の課税標準となる消費税額計算表（一般用）」、第4—(2)号様式「付表2—1　課税売上割合・控除対象仕入税額等の計算表（一般用）」、第4—(3)号様式「付表4—1　税率別消費税額計算表兼地方消費税の課税標準となる消費税額計算表（簡易用）」、第4—(4)号様式「付表5—1　控除対象仕入税額等の計算表（簡易用）」、第4—(5)号様式「付表1—2　税率別消費税額計算表兼地方消費税の課税標準となる消費税額計算表〔経過措置対象課税資産の譲渡等を含む課税期間用〕（一般用）」、第4—(6)号様式「付表2—2　課税売上割合・控除対象仕入税額等の計算表〔経過措置対象課税資産の譲渡等を含む課税期間用〕（一般用）」、第4—(7)号様式「付表4—2　税率別消費税額計算表兼地方消費税の課税標準となる消費税額計算表〔経過措置対象課税資産の譲渡等を含む課税期間用〕（簡易用）」、第4—(8)号様式「付表5—2　控除対象仕入税額等の計算表〔経過措置対象課税資産の譲渡等を含む課税期間用〕（簡易用）」、第5—(1)号様式「課税資産の譲渡等の対価の額の計算表〔軽減売上割合（10営業日）を使用する課税期間用〕（売上区分用）」、第5—(2)号様式「課税資産の譲渡等の対価の額の計算表〔小売等軽減仕入割合を使用する課税期間用〕（売上区分用）」及び第5—(3)号様式「課税仕入れ等の税額の計算表〔小売等軽減売上割合を使用する課税期間用〕（仕入区分用）」のうち、該当する様式を併せて提出する。

第1号様式

消費税簡易課税制度選択届出書

収受印

平成　年　月　日	届出者	（フリガナ） 納税地	（〒　－　） （電話番号　－　－　）
		（フリガナ） 氏名又は 名称及び 代表者氏名	印
＿＿＿＿＿税務署長殿		法人番号	

※ この届出書を所得税法等の一部を改正する法律（平成二十八年法律第十五号）附則第四十条第一項の規定により提出しようとする場合には、平成三十一年七月一日以後提出することができます。

下記のとおり、消費税法第37条第1項に規定する簡易課税制度の適用を受けたいので、届出します。

□ 所得税法等の一部を改正する法律（平成28年法律第15号）附則第40条第1項の規定により消費税法第37条第1項に規定する簡易課税制度の適用を受けたいので、届出します。

①	適用開始課税期間	自 平成　年　月　日　至 平成　年　月　日
②	①の基準期間	自 平成　年　月　日　至 平成　年　月　日
③	②の課税売上高	円

事業内容等	（事業の内容）	（事業区分）第　種事業

提出要件の確認	次のイ、ロ又はハの場合に該当する （「はい」の場合のみ、イ、ロ又はハの項目を記載してください。）	はい □　いいえ □	
	イ	消費税法第9条第4項の規定により課税事業者を選択している場合	課税事業者となった日　平成　年　月　日 課税事業者となった日から2年を経過する日までの間に開始した各課税期間中に調整対象固定資産の課税仕入れ等を行っていない　はい □
	ロ	消費税法第12条の2第1項に規定する「新設法人」又は同法第12条の3第1項に規定する「特定新規設立法人」に該当する（該当していた）場合	設立年月日　平成　年　月　日 基準期間がない事業年度に含まれる各課税期間中に調整対象固定資産の課税仕入れ等を行っていない　はい □
	ハ	消費税法第12条の4第1項に規定する「高額特定資産の仕入れ等」を行っている場合 （仕入れ等を行った資産が高額特定資産に該当する場合はAの欄を、自己建設高額特定資産に該当する場合は、Bの欄をそれぞれ記載してください。）	A 仕入れ等を行った課税期間の初日　平成　年　月　日 この届出による①の「適用開始課税期間」は、高額特定資産の仕入れ等を行った課税期間の初日から、同日以後3年を経過する日の属する課税期間までの各課税期間に該当しない　はい □ B 仕入れ等を行った課税期間の初日　平成　年　月　日 建設等が完了した課税期間の初日　平成　年　月　日 この届出による①の「適用開始課税期間」は、自己建設高額特定資産の建設等に要した仕入れ等に係る支払対価の額の累計額が1千万円以上となった課税期間の初日から、自己建設高額特定資産の建設等が完了した課税期間の初日以後3年を経過する日の属する課税期間までの各課税期間に該当しない　はい □
	※ この届出書を提出した課税期間が、上記イ、ロ又はハに記載の各課税期間である場合、この届出書提出後、届出を行った課税期間中に調整対象固定資産の課税仕入れ等又は高額特定資産の仕入れ等を行うと、原則としてこの届出書の提出はなかったものとみなされます。詳しくは、裏面をご確認ください。		

所得税法等の一部を改正する法律（平成28年法律第15号）（平成28年改正法）附則第40条第1項の規定による場合	次のニ又はホのうち、いずれか該当する項目を記載してください。	
	ニ 平成28年改正法附則第40条第1項に規定する「困難な事情のある事業者」に該当する （ただし、上記イ又はロに記載の各課税期間中に調整対象固定資産の課税仕入れ等を行っている場合又はロに記載の提出した日を含む課税期間がハに記載の各課税期間に該当する場合には、次の「ホ」により判定します。）	はい □
	ホ 平成28年改正法附則第40条第2項に規定する「著しく困難な事情があるとき」に該当する （該当する場合は、以下に「著しく困難な事情」を記載してください。）	はい □

参考事項	
税理士署名押印	印　（電話番号　－　－　）

※税務署処理欄

整理番号		部門番号	
届出年月日	年　月　日	入力処理	年　月　日	台帳整理	年　月　日
通信日付印 年　月　日	確認印	番号確認			

注意　1．裏面の記載要領等に留意の上、記載してください。
　　　2．税務署処理欄は、記載しないでください。

税務署長殿

第3-(1)号様式

平成　年　月　日

納税地
（電話番号　－　）

（フリガナ）
名　称
又は屋号

個人番号
又は法人番号

（フリガナ）
代表者氏名
又は氏名　㊞

自 平成　年　月　日
至 平成　年　月　日

課税期間分の消費税及び地方消費税の（　　）申告書

中間申告 自 平成　年　月　日
の場合の
対象期間 至 平成　年　月　日

第一表　平成三十一年十月一日以後終了課税期間分（一般用）

※税務署処理欄
一連番号
申告年月日　平成　年　月　日
申告区分　指導等　庁指定　局指定
通信日付印　確認印　個人番号カード　通知カード・運転免許証　その他（　）　身元確認
指導年月日　相談　区分1　区分2　区分3
平成　年　月　日

この申告書による消費税の税額の計算

課税標準額 ①	000
消費税額 ②	
控除過大調整税額 ③	
控除対象仕入税額 ④	
控除税額 返還等対価に係る税額 ⑤	
貸倒れに係る税額 ⑥	
控除税額小計（④＋⑤＋⑥） ⑦	
控除不足還付税額（⑦－②－③） ⑧	
差引税額（②＋③－⑦） ⑨	00
中間納付税額 ⑩	00
納付税額（⑨－⑩） ⑪	00
中間納付還付税額（⑩－⑨） ⑫	00
この申告書が修正申告である場合 既確定税額 ⑬	
差引納付税額 ⑭	00
課税売上割合 課税資産の譲渡等の対価の額 ⑮	
資産の譲渡等の対価の額 ⑯	

この申告書による地方消費税の税額の計算

地方消費税の課税標準となる消費税額 控除不足還付税額 ⑰	
差引税額 ⑱	00
譲渡割額 還付額 ⑲	
納税額 ⑳	00
中間納付譲渡割額 ㉑	00
納付譲渡割額（⑳－㉑） ㉒	00
中間納付還付譲渡割額（㉑－⑳） ㉓	00
この申告書が修正申告である場合 既確定譲渡割額 ㉔	
差引納付譲渡割額 ㉕	00
消費税及び地方消費税の合計（納付又は還付）税額 ㉖	

付記事項
割賦基準の適用　有・無
延払基準等の適用　有・無
工事進行基準の適用　有・無
現金主義会計の適用　有・無

参考事項
課税標準額に対する消費税額の計算の特例の適用　有・無
控除税額の計算の方法　課税売上高5億円超又は課税売上割合95％未満　個別対応方式・一括比例配分方式
上記以外　全額控除
基準期間の課税売上高　千円

還付を受けようとする金融機関等
銀行　本店・支店
金庫・組合　出張所
農協・漁協　本所・支所
預金　口座番号
ゆうちょ銀行の貯金記号番号
郵便局名等

※税務署整理欄

税理士署名押印　㊞
（電話番号　－　－　）

税理士法第30条の書面提出有
税理士法第33条の2の書面提出有

第3-(2)号様式

課税標準額等の内訳書

第二表 平成三十一年十月一日以後終了課税期間分

| 整理番号 | □□□□□□□□ |

納　税　地	（電話番号　　-　　-　　）
（フリガナ）	
名　　称又は屋号	
（フリガナ）	
代表者氏名又は氏名	

改正法附則による税額の特例計算
軽減売上割合（10営業日）	○	附則38①	51
小 売 等 軽 減 仕 入 割 合	○	附則38②	52
小 売 等 軽 減 売 上 割 合	○	附則39①	53

自 平成 □□年□□月□□日
至 平成 □□年□□月□□日

課税期間分の消費税及び地方消費税の（　　）申告書

中間申告の場合の対象期間
自 平成 □□年□□月□□日
至 平成 □□年□□月□□日

| 課　税　標　準　額 ※申告書（第一表）の①欄へ | ① | 十兆千百十億千百十万千百十一円　　　　　　　　　　　０ ０ ０ |

課税資産の譲渡等の対価の額の合計額	3 ％ 適用分	②		03
	4 ％ 適用分	③		04
	6.3 ％ 適用分	④		05
	6.24 ％ 適用分	⑤		06
	7.8 ％ 適用分	⑥		07
		⑦		

特定課税仕入れに係る支払対価の額の合計額 (注1)	6.3 ％ 適用分	⑧		
	7.8 ％ 適用分	⑨		
		⑩		12

| 消　費　税　額 ※申告書（第一表）の②欄へ | ⑪ | | 21 |

⑪の内訳	3 ％ 適用分	⑫		22
	4 ％ 適用分	⑬		23
	6.3 ％ 適用分	⑭		24
	6.24 ％ 適用分	⑮		25
	7.8 ％ 適用分	⑯		26

返還等対価に係る税額 ※申告書（第一表）の⑤欄へ	⑰		31
⑰の内訳	売上げの返還等対価に係る税額	⑱		32
	特定課税仕入れの返還等対価に係る税額 (注1)	⑲		33

地方消費税の課税標準となる消費税額 (注2)		⑳		41
	4 ％ 適用分	㉑		42
	6.3 ％ 適用分	㉒		43
	6.24％及び7.8％ 適用分	㉓		44

(注1) ⑧～⑩及び⑲欄は、一般課税により申告する場合で、課税売上割合が95％未満、かつ、特定課税仕入れがある事業者のみ記載します。
(注2) ⑳～㉓欄が還付税額となる場合はマイナス「－」を付してください。

第3-(3)号様式

平成　年　月　日　　　　　税務署長殿

納　税　地　　　　（電話番号　　-　　-　　）

(フリガナ)
名　　称
又は屋号

個人番号
又は法人番号

(フリガナ)
代表者氏名
又は氏名

自 平成　　年　　月　　日　　課税期間分の消費税及び地方
至 平成　　年　　月　　日　　消費税の（　　　）申告書

中間申告　自 平成　　年　　月　　日
の場合の
対象期間　至 平成　　年　　月　　日

第一表

平成三十一年十月一日以後終了課税期間分（一般課税用）

この申告書による消費税の税額の計算

課税標準額	①	000
消費税額	②	
貸倒回収に係る消費税額	③	
控除対象仕入税額	④	
控除 返還等対価に係る税額	⑤	
税額 貸倒れに係る税額	⑥	
控除税額小計(④+⑤+⑥)	⑦	
控除不足還付税額(⑦-②-③)	⑧	
差引税額(②+③-⑦)	⑨	00
中間納付税額	⑩	00
納付税額(⑨-⑩)	⑪	00
中間納付還付税額(⑩-⑨)	⑫	00
この申告書が修正申告である場合 既確定税額	⑬	
差引納付税額	⑭	00
この課税期間の課税売上高	⑮	
基準期間の課税売上高	⑯	

この申告書による地方消費税の税額の計算

地方消費税の課税標準となる消費税額 控除不足還付税額	⑰	
差引税額	⑱	00
譲渡割額 還付額	⑲	
納税額	⑳	00
中間納付譲渡割額	㉑	00
納付譲渡割額(⑳-㉑)	㉒	00
中間納付還付譲渡割額(㉑-⑳)	㉓	00
この申告書が修正申告である場合 既確定譲渡割額	㉔	
差引納付譲渡割額	㉕	00
消費税及び地方消費税の合計(納付又は還付)税額	㉖	

付記事項参考事項
割賦基準の適用	有 ○ 無 ○
延払基準等の適用	有 ○ 無 ○
工事進行基準の適用	有 ○ 無 ○
現金主義会計の適用	有 ○ 無 ○
課税標準額に対する消費税額の計算の特例の適用	有 ○ 無 ○

事業区分	課税売上高(免税売上高を除く)	売上割合 %
第1種		
第2種		
第3種		
第4種		
第5種		
第6種		

特例計算適用(令57③)　有 ○ 無 ○

還付を受けようとする金融機関等
銀　行　　　本店・支店
金庫・組合　出張所
農協・漁協　本所・支所
預金　口座番号
ゆうちょ銀行の貯金記号番号
郵便局名等

※税務署整理欄

税理士署名押印　　　　　（印）
（電話番号　　-　　-　　）

税理士法第30条の書面提出有 ○
税理士法第33条の2の書面提出有 ○

第4-(1)号様式

付表1-1　税率別消費税額計算表　兼　地方消費税の課税標準となる消費税額計算表　［一般］

課税期間	・ ・ ～ ・ ・	氏名又は名称	

区　分		旧税率分小計 X	税率6.24％適用分 D	税率7.8％適用分 E	合　計 F (X+D+E)
課税標準額 ①		(付表1-2の①X欄の金額) 円 000	円 000	円 000	※第二表の①欄へ 円 000
①の内訳	課税資産の譲渡等の対価の額 ①-1	(付表1-2の①-1X欄の金額)	※第二表の⑤欄へ	※第二表の⑥欄へ	※第二表の⑦欄へ
	特定課税仕入れに係る支払対価の額 ①-2	(付表1-2の①-2X欄の金額)	※①-2欄は、課税売上割合が95％未満、かつ、特定課税仕入れがある事業者のみ記載する。	※第二表の⑨欄へ	※第二表の⑩欄へ
消費税額 ②		(付表1-2の②X欄の金額)	※第二表の⑮欄へ	※第二表の⑯欄へ	※第二表の⑪欄へ
控除過大調整税額 ③		(付表1-2の③X欄の金額)	(付表2-1の②・㉓D欄の合計金額)	(付表2-1の②・㉓E欄の合計金額)	※第一表の③欄へ
控除税額	控除対象仕入税額 ④	(付表1-2の④X欄の金額)	(付表2-1の㉔D欄の金額)	(付表2-1の㉔E欄の金額)	※第一表の④欄へ
	返還等対価に係る税額 ⑤	(付表1-2の⑤X欄の金額)			※第二表の⑰欄へ
	⑤の内訳　売上げの返還等対価に係る税額 ⑤-1	(付表1-2の⑤-1X欄の金額)			※第二表の⑱欄へ
	特定課税仕入れの返還等対価に係る税額 ⑤-2	(付表1-2の⑤-2X欄の金額)	※⑤-2欄は、課税売上割合が95％未満、かつ、特定課税仕入れがある事業者のみ記載する。		※第二表の⑲欄へ
	貸倒れに係る税額 ⑥	(付表1-2の⑥X欄の金額)			※第一表の⑥欄へ
	控除税額小計 (④+⑤+⑥) ⑦	(付表1-2の⑦X欄の金額)			※第一表の⑦欄へ
控除不足還付税額 (⑦-②-③) ⑧		(付表1-2の⑧X欄の金額)	※⑪E欄へ	※⑪E欄へ	
差引税額 (②+③-⑦) ⑨		(付表1-2の⑨X欄の金額)	※⑫E欄へ	※⑫E欄へ	
合計差引税額 (⑨-⑧) ⑩					※マイナスの場合は第一表の⑧欄へ ※プラスの場合は第一表の⑨欄へ
地方消費税の課税標準となる消費税額	控除不足還付税額 ⑪	(付表1-2の⑪X欄の金額)		(⑧D欄と⑧E欄の合計金額)	
	差引税額 ⑫	(付表1-2の⑫X欄の金額)		(⑨D欄と⑨E欄の合計金額)	
合計差引地方消費税の課税標準となる消費税額 (⑫-⑪) ⑬		(付表1-2の⑬X欄の金額)	※第二表の㉑欄へ		※マイナスの場合は第一表の⑱欄へ ※プラスの場合は第一表の⑲欄へ ※第二表の㉒欄へ
譲渡割額	還付額 ⑭	(付表1-2の⑭X欄の金額)		(⑪E欄×22/78)	
	納税額 ⑮	(付表1-2の⑮X欄の金額)		(⑫E欄×22/78)	
合計差引譲渡割額 (⑮-⑭) ⑯					※マイナスの場合は第一表の㉑欄へ ※プラスの場合は第一表の㉒欄へ

注意　1　金額の計算においては、1円未満の端数を切り捨てる。
　　　2　旧税率が適用された取引がある場合は、付表1-2を作成してから当該付表を作成する。

(H31.10.1以後終了課税期間用)

第4-(2)号様式

付表2-1 課税売上割合・控除対象仕入税額等の計算表 　一般

課税期間	・・～・・	氏名又は名称	

項目	旧税率分小計 X	税率6.24％適用分 D	税率7.8％適用分 E	合計 F (X+D+E)
課税売上額（税抜き） ①	(付表2-2の①X欄の金額) 円	円	円	円
免税売上額 ②				
非課税資産の輸出等の金額、海外支店へ移送した資産の価額 ③				
課税資産の譲渡等の対価の額（①＋②＋③） ④				※申告書の⑮欄へ ※付表2-2の④X欄へ
課税資産の譲渡等の対価の額（④の金額） ⑤				
非課税売上額 ⑥				
資産の譲渡等の対価の額（⑤＋⑥） ⑦				※第一表の⑯欄へ ※付表2-2の⑦X欄へ
課税売上割合（④／⑦） ⑧				※付表2-2の⑧X欄へ [　　％] ※端数切捨て
課税仕入れに係る支払対価の額（税込み） ⑨	(付表2-2の⑨X欄の金額)			
課税仕入れに係る消費税額 ⑩	(付表2-2の⑩X欄の金額)	(⑨D欄×6.24/108)	(⑨E欄×7.8/110)	
特定課税仕入れに係る支払対価の額 ⑪	(付表2-2の⑪X欄の金額)	※⑪及び⑫欄は、課税売上割合が95％未満、かつ、特定課税仕入れがある事業者のみ記載する。		
特定課税仕入れに係る消費税額 ⑫	(付表2-2の⑫X欄の金額)		(⑪E欄×7.8/100)	
課税貨物に係る消費税額 ⑬	(付表2-2の⑬X欄の金額)			
納税義務の免除を受けない（受ける）こととなった場合における消費税額の調整（加算又は減算）額 ⑭	(付表2-2の⑭X欄の金額)			
課税仕入れ等の税額の合計額（⑩＋⑫＋⑬±⑭） ⑮	(付表2-2の⑮X欄の金額)			
課税売上高が5億円以下、かつ、課税売上割合が95％以上の場合（⑮の金額） ⑯	(付表2-2の⑯X欄の金額)			
課5課95 税億税売 売円売上 上未上割 高満割合 又合が 課個別対応方式 ⑮のうち、課税売上げにのみ要するもの ⑰	(付表2-2の⑰X欄の金額)			
は税 合の ⑮のうち、課税売上げと非課税売上げに共通して要するもの ⑱	(付表2-2の⑱X欄の金額)			
が場 合合 個別対応方式により控除する課税仕入れ等の税額〔⑰＋(⑱×④／⑦)〕 ⑲	(付表2-2の⑲X欄の金額)			
一括比例配分方式により控除する課税仕入れ等の税額（⑮×④／⑦） ⑳	(付表2-2の⑳X欄の金額)			
控の 除調 税整 額 課税売上割合変動時の調整対象固定資産に係る消費税額の調整（加算又は減算）額 ㉑	(付表2-2の㉑X欄の金額)			
調整対象固定資産を課税業務用（非課税業務用）に転用した場合の調整（加算又は減算）額 ㉒	(付表2-2の㉒X欄の金額)			
差 引 控除対象仕入税額〔(⑯、⑲又は⑳の金額)±㉑±㉒〕がプラスの時 ㉓	(付表2-2の㉓X欄の金額)	※付表1-1の④D欄へ	※付表1-1の④E欄へ	
控除過大調整税額〔(⑯、⑲又は⑳の金額)±㉑±㉒〕がマイナスの時 ㉔	(付表2-2の㉔X欄の金額)	※付表1-1の③D欄へ	※付表1-1の③E欄へ	
貸倒回収に係る消費税額 ㉕	(付表2-2の㉕X欄の金額)	※付表1-1の①D欄へ	※付表1-1の①E欄へ	

注意 1　金額の計算においては、1円未満の端数を切り捨てる。
　　 2　旧税率が適用された取引がある場合は、付表2-2を作成してから当該付表を作成する。
　　 3　⑨及び⑪欄には、値引き、割戻し、割引きなど仕入対価の返還等の金額がある場合（仕入対価の返還等の金額から直接減額している場合を除く。）には、その金額を控除した後の金額を記載する。

(H31.10.1以後終了課税期間用)

1206

第4-(3)号様式

付表4-1　税率別消費税額計算表　兼　地方消費税の課税標準となる消費税額計算表

簡易

課税期間	・　・　～　・　・	氏名又は名称	

区　分	旧税率分小計 X	税率6.24％適用分 D	税率7.8％適用分 E	合　計　F (X+D+E)
課税標準額 ①	(付表4-2の①X欄の金額) 円 000	円 000	円 000	※第二表の①欄へ 円 000
課税資産の譲渡等の対価の額 ①-1	(付表4-2の①-1X欄の金額)	※第二表の⑤欄へ	※第二表の⑥欄へ	※第二表の⑦欄へ
消費税額 ②	(付表4-2の②X欄の金額)	※付表5-1の①D欄へ ※第二表の⑮欄へ	※付表5-1の①E欄へ ※第二表の⑯欄へ	※付表5-1の①F欄へ ※第二表の⑪欄へ
貸倒回収に係る消費税額 ③	(付表4-2の③X欄の金額)	※付表5-1の②D欄へ	※付表5-1の②E欄へ	※付表5-1の②F欄へ ※第一表の③欄へ
控除税額 / 控除対象仕入税額 ④	(付表4-2の④X欄の金額)	(付表5-1の⑤D欄又は②D欄の金額)	(付表5-1の⑤E欄又は②E欄の金額)	(付表5-1の⑤F欄又は②F欄の金額) ※第一表の④欄へ
返還等対価に係る税額 ⑤	(付表4-2の⑤X欄の金額)	※付表5-1の③D欄へ	※付表5-1の③E欄へ	※付表5-1の③F欄へ ※第二表の⑰欄へ
貸倒れに係る税額 ⑥	(付表4-2の⑥X欄の金額)			※第一表の⑥欄へ
控除税額小計 (④+⑤+⑥) ⑦	(付表4-2の⑦X欄の金額)			※第一表の⑦欄へ
控除不足還付税額 (⑦-②-③) ⑧	(付表4-2の⑧X欄の金額)	※⑪E欄へ	※⑪E欄へ	
差引税額 (②+③-⑦) ⑨	(付表4-2の⑨X欄の金額)	※⑫E欄へ	※⑫E欄へ	
合計差引税額 (⑨-⑧) ⑩				※マイナスの場合は第一表の⑧欄へ ※プラスの場合は第一表の⑨欄へ
地方消費税の課税標準となる消費税額 / 控除不足還付税額 ⑪	(付表4-2の⑪X欄の金額)		(⑧D欄と⑧E欄の合計金額)	
差引税額 ⑫	(付表4-2の⑫X欄の金額)		(⑨D欄と⑨E欄の合計金額)	
合計差引地方消費税の課税標準となる消費税額 (⑫-⑪) ⑬	(付表4-2の⑬X欄の金額)		※第二表の㉑欄へ	※マイナスの場合は第一表の⑰欄へ ※プラスの場合は第一表の⑱欄へ ※第二表の㉒欄へ
譲渡割額 / 還付額 ⑭	(付表4-2の⑭X欄の金額)		(⑪E欄×22/78)	
納税額 ⑮	(付表4-2の⑮X欄の金額)		(⑫E欄×22/78)	
合計差引譲渡割額 (⑮-⑭) ⑯				※マイナスの場合は第一表の⑲欄へ ※プラスの場合は第一表の⑳欄へ

注意　1　金額の計算においては、1円未満の端数を切り捨てる。
　　　2　旧税率が適用された取引がある場合は、付表4-2を作成してから当該付表を作成する。

(H31.10.1以後終了課税期間用)

第4-(4)号様式

付表5−1　控除対象仕入税額等の計算表

簡 易

課税期間	・ ・ ～ ・ ・	氏名又は名称	

I　控除対象仕入税額の計算の基礎となる消費税額

項　目		旧税率分小計 X	税率6.24%適用分 D	税率7.8%適用分 E	合計 F (X+D+E)
課税標準額に対する消費税額	①	(付表5-2の①X欄の金額) 円	(付表4-1の②D欄の金額) 円	(付表4-1の②E欄の金額) 円	(付表4-1の②F欄の金額) 円
貸倒回収に係る消費税額	②	(付表5-2の②X欄の金額)	(付表4-1の③D欄の金額)	(付表4-1の③E欄の金額)	(付表4-1の③F欄の金額)
売上対価の返還等に係る消費税額	③	(付表5-2の③X欄の金額)	(付表4-1の⑤D欄の金額)	(付表4-1の⑤E欄の金額)	(付表4-1の⑤F欄の金額)
控除対象仕入税額の計算の基礎となる消費税額 (① + ② − ③)	④	(付表5-2の④X欄の金額)			

II　1種類の事業の専業者の場合の控除対象仕入税額

項　目		旧税率分小計 X	税率6.24%適用分 D	税率7.8%適用分 E	合計 F (X+D+E)
④ × みなし仕入率 (90%・80%・70%・60%・50%・40%)	⑤	(付表5-2の⑤X欄の金額) 円	当付表4-1のD欄へ	当付表4-1のE欄へ	当付表4-1のF欄へ 円

III　2種類以上の事業を営む事業者の場合の控除対象仕入税額

(1) 事業区分別の課税売上高(税抜き)の明細

項　目		旧税率分小計 X	税率6.24%適用分 D	税率7.8%適用分 E	合計 F (X+D+E)	売上割合
事業区分別の合計額	⑥	(付表5-2の⑥X欄の金額) 円	円	円	円	
第　一　種　事　業 （卸　売　業）	⑦	(付表5-2の⑦X欄の金額)				※第一表「事業区分」欄へ ％
第　二　種　事　業 （小　売　業）	⑧	(付表5-2の⑧X欄の金額)				※ 〃
第　三　種　事　業 （製　造　業　等）	⑨	(付表5-2の⑨X欄の金額)				※ 〃
第　四　種　事　業 （そ　の　他）	⑩	(付表5-2の⑩X欄の金額)				※ 〃
第　五　種　事　業 （サービス業等）	⑪	(付表5-2の⑪X欄の金額)				※ 〃
第　六　種　事　業 （不　動　産　業）	⑫	(付表5-2の⑫X欄の金額)				※ 〃

(2) (1)の事業区分別の課税売上高に係る消費税額の明細

項　目		旧税率分小計 X	税率6.24%適用分 D	税率7.8%適用分 E	合計 F (X+D+E)
事業区分別の合計額	⑬	(付表5-2の⑬X欄の金額) 円	円	円	円
第　一　種　事　業 （卸　売　業）	⑭	(付表5-2の⑭X欄の金額)			
第　二　種　事　業 （小　売　業）	⑮	(付表5-2の⑮X欄の金額)			
第　三　種　事　業 （製　造　業　等）	⑯	(付表5-2の⑯X欄の金額)			
第　四　種　事　業 （そ　の　他）	⑰	(付表5-2の⑰X欄の金額)			
第　五　種　事　業 （サービス業等）	⑱	(付表5-2の⑱X欄の金額)			
第　六　種　事　業 （不　動　産　業）	⑲	(付表5-2の⑲X欄の金額)			

注意　1　金額の計算においては、1円未満の端数を切り捨てる。
　　　2　旧税率が適用された取引がある場合は、付表5-2を作成してから当該付表を作成する。
　　　3　課税売上げにつき返品を受け又は値引き・割戻しをした金額(売上対価の返還等の金額)があり、売上(収入)金額から減算しない方法で経理して経費に含めている場合には、⑥から⑫欄には売上対価の返還等の金額(税抜き)を控除した後の金額を記載する。

(1／2)　　　　　　　　　　　　　　　　　　　　　　　　　　　(H31.10.1以後終了課税期間用)

(3) 控除対象仕入税額の計算式区分の明細

イ 原則計算を適用する場合

控除対象仕入税額の計算式区分		旧税率分小計 X	税率6.24%適用分 D	税率7.8%適用分 E	合計 F (X+D+E)
④ × みなし仕入率 $\dfrac{⑭×90\%+⑮×80\%+⑯×70\%+⑰×60\%+⑱×50\%+⑲×40\%}{⑬}$	⑳	(付表5-2の⑳X欄の金額) 円	円	円	円

ロ 特例計算を適用する場合

(イ) 1種類の事業で75%以上

控除対象仕入税額の計算式区分		旧税率分小計 X	税率6.24%適用分 D	税率7.8%適用分 E	合計 F (X+D+E)
(⑦F・⑧F・⑨F・⑩F・⑪F・⑫F)/④F ≧ 75% ④×みなし仕入率(90%・80%・70%・60%・50%・40%)	㉑	(付表5-2の㉑X欄の金額) 円	円	円	円

(ロ) 2種類の事業で75%以上

控除対象仕入税額の計算式区分		旧税率分小計 X	税率6.24%適用分 D	税率7.8%適用分 E	合計 F (X+D+E)
第一種事業及び第二種事業 (⑦F+⑧F)/④F ≧ 75%	④× $\dfrac{⑭×90\%+(⑬-⑭)×80\%}{⑬}$	㉒	(付表5-2の㉒X欄の金額) 円	円	円	円
第一種事業及び第三種事業 (⑦F+⑨F)/④F ≧ 75%	④× $\dfrac{⑭×90\%+(⑬-⑭)×70\%}{⑬}$	㉓	(付表5-2の㉓X欄の金額)			
第一種事業及び第四種事業 (⑦F+⑩F)/④F ≧ 75%	④× $\dfrac{⑭×90\%+(⑬-⑭)×60\%}{⑬}$	㉔	(付表5-2の㉔X欄の金額)			
第一種事業及び第五種事業 (⑦F+⑪F)/④F ≧ 75%	④× $\dfrac{⑭×90\%+(⑬-⑭)×50\%}{⑬}$	㉕	(付表5-2の㉕X欄の金額)			
第一種事業及び第六種事業 (⑦F+⑫F)/④F ≧ 75%	④× $\dfrac{⑭×90\%+(⑬-⑭)×40\%}{⑬}$	㉖	(付表5-2の㉖X欄の金額)			
第二種事業及び第三種事業 (⑧F+⑨F)/④F ≧ 75%	④× $\dfrac{⑮×80\%+(⑬-⑮)×70\%}{⑬}$	㉗	(付表5-2の㉗X欄の金額)			
第二種事業及び第四種事業 (⑧F+⑩F)/④F ≧ 75%	④× $\dfrac{⑮×80\%+(⑬-⑮)×60\%}{⑬}$	㉘	(付表5-2の㉘X欄の金額)			
第二種事業及び第五種事業 (⑧F+⑪F)/④F ≧ 75%	④× $\dfrac{⑮×80\%+(⑬-⑮)×50\%}{⑬}$	㉙	(付表5-2の㉙X欄の金額)			
第二種事業及び第六種事業 (⑧F+⑫F)/④F ≧ 75%	④× $\dfrac{⑮×80\%+(⑬-⑮)×40\%}{⑬}$	㉚	(付表5-2の㉚X欄の金額)			
第三種事業及び第四種事業 (⑨F+⑩F)/④F ≧ 75%	④× $\dfrac{⑯×70\%+(⑬-⑯)×60\%}{⑬}$	㉛	(付表5-2の㉛X欄の金額)			
第三種事業及び第五種事業 (⑨F+⑪F)/④F ≧ 75%	④× $\dfrac{⑯×70\%+(⑬-⑯)×50\%}{⑬}$	㉜	(付表5-2の㉜X欄の金額)			
第三種事業及び第六種事業 (⑨F+⑫F)/④F ≧ 75%	④× $\dfrac{⑯×70\%+(⑬-⑯)×40\%}{⑬}$	㉝	(付表5-2の㉝X欄の金額)			
第四種事業及び第五種事業 (⑩F+⑪F)/④F ≧ 75%	④× $\dfrac{⑰×60\%+(⑬-⑰)×50\%}{⑬}$	㉞	(付表5-2の㉞X欄の金額)			
第四種事業及び第六種事業 (⑩F+⑫F)/④F ≧ 75%	④× $\dfrac{⑰×60\%+(⑬-⑰)×40\%}{⑬}$	㉟	(付表5-2の㉟X欄の金額)			
第五種事業及び第六種事業 (⑪F+⑫F)/④F ≧ 75%	④× $\dfrac{⑱×50\%+(⑬-⑱)×40\%}{⑬}$	㊱	(付表5-2の㊱X欄の金額)			

ハ 上記の計算区分から選択した控除対象仕入税額

項目		旧税率分小計 X	税率6.24%適用分 D	税率7.8%適用分 E	合計 F (X+D+E)
選択可能な計算式区分(⑳～㊱)の内から選択した金額	㊲	(付表5-2の㊲X欄の金額) 円	※付表4-1の④D欄へ 円	※付表4-1の④E欄へ 円	※付表4-1の④F欄へ 円

注意 1 金額の計算においては、1円未満の端数を切り捨てる。
　　 2 旧税率が適用された取引がある場合は、付表5-2を作成してから当該付表を作成する。

(2/2)

(H31.10.1以後終了課税期間用)

第4-(5)号様式

付表1-2 税率別消費税額計算表 兼 地方消費税の課税標準となる消費税額計算表
〔経過措置対象課税資産の譲渡等を含む課税期間用〕　　一 般

課税期間	・・ ～ ・・	氏名又は名称	

区　　分		税率3％適用分 A	税率4％適用分 B	税率6.3％適用分 C	旧税率分小計 X (A+B+C)
課税標準額	①	円 000	円 000	円 000	※付表1-1の①X欄へ 円 000
①の内訳	課税資産の譲渡等の対価の額	①-1	※第二表の②欄へ	※第二表の③欄へ	※第二表の④欄へ	※付表1-1の①-1X欄へ
	特定課税仕入れに係る支払対価の額	①-2	※①-2欄は、課税売上割合が95％未満、かつ、特定課税仕入れがある事業者のみ記載する。		※第二表の⑧欄へ	※付表1-1の①-2X欄へ
消費税額	②	※第二表の⑫欄へ	※第二表の⑬欄へ	※第二表の⑭欄へ	※付表1-1の②X欄へ
控除過大調整税額	③	(付表2-2の㉔・㉕A欄の合計金額)	(付表2-2の㉔・㉕B欄の合計金額)	(付表2-2の㉔・㉕C欄の合計金額)	※付表1-1の③X欄へ
控除税額	控除対象仕入税額	④	(付表2-2の㉓A欄の金額)	(付表2-2の㉓B欄の金額)	(付表2-2の㉓C欄の金額)	※付表1-1の④X欄へ
	返還等対価に係る税額	⑤				※付表1-1の⑤X欄へ
⑤の内訳	売上げの返還等の対価に係る税額	⑤-1				※付表1-1の⑤-1X欄へ
	特定課税仕入れの返還等対価に係る税額	⑤-2	※⑤-2欄は、課税売上割合が95％未満、かつ、特定課税仕入れがある事業者のみ記載する。			※付表1-1の⑤-2X欄へ
	貸倒れに係る税額	⑥				※付表1-1の⑥X欄へ
	控除税額小計 (④+⑤+⑥)	⑦				※付表1-1の⑦X欄へ
控除不足還付税額 (⑦-②-③)	⑧		※⑪B欄へ	※⑪C欄へ	※付表1-1の⑧X欄へ
差引税額 (②+③-⑦)	⑨		※⑫B欄へ	※⑫C欄へ	※付表1-1の⑨X欄へ
合計差引税額 (⑨-⑧)	⑩				
地方消費税の課税標準となる消費税額	控除不足還付税額	⑪		(⑧B欄の金額)	(⑧C欄の金額)	※付表1-1の⑪X欄へ
	差引税額	⑫		(⑨B欄の金額)	(⑨C欄の金額)	※付表1-1の⑫X欄へ
合計差引地方消費税の課税標準となる消費税額 (⑫-⑪)	⑬		※第二表の㉑欄へ	※第二表の㉒欄へ	※付表1-1の⑬X欄へ
譲渡割額	還付額	⑭		(⑪B欄×25/100)	(⑪C欄×17/63)	※付表1-1の⑭X欄へ
	納税額	⑮		(⑫B欄×25/100)	(⑫C欄×17/63)	※付表1-1の⑮X欄へ
合計差引譲渡割額 (⑮-⑭)	⑯				

注意　1　金額の計算においては、1円未満の端数を切り捨てる。
　　　2　旧税率が適用された取引がある場合は、当該付表を作成してから付表1-1を作成する。

(H31.10.1以後終了課税期間用)

第4-(6)号様式

付表2-2 課税売上割合・控除対象仕入税額等の計算表
〔経過措置対象課税資産の譲渡等を含む課税期間用〕

一般

課税期間	・ ・ ～ ・ ・	氏名又は名称	

項目		税率3％適用分 A	税率4％適用分 B	税率6.3％適用分 C	旧税率分小計X (A+B+C)
課 税 売 上 額 （ 税 抜 き ）	①	円	円	円	※付表2-1の①X欄へ　円
免 税 売 上 額	②				
非課税資産の輸出等の金額、海外支店等へ移送した資産の価額	③				
課税資産の譲渡等の対価の額（①＋②＋③）	④				※付表2-1の④X欄の金額
課税資産の譲渡等の対価の額（④の金額）	⑤				
非 課 税 売 上 額	⑥				
資産の譲渡等の対価の額（⑤＋⑥）	⑦				※付表2-1の⑦X欄の金額
課 税 売 上 割 合 （ ④ ／ ⑦ ）	⑧				※付表2-1の⑧X欄の割合 [　　％] ※端数切捨て
課税仕入れに係る支払対価の額（税込み）	⑨				※付表2-1の⑨X欄へ
課税仕入れに係る消費税額	⑩	(⑨A欄×3/103)	(⑨B欄×4/105)	(⑨C欄×6.3/108)	※付表2-1の⑩X欄へ
特定課税仕入れに係る支払対価の額	⑪	※⑪及び⑫欄は、課税売上割合が95％未満、かつ、特定課税仕入れがある事業者のみ記載する。			※付表2-1の⑪X欄へ
特定課税仕入れに係る消費税額	⑫			(⑪C欄×6.3/100)	※付表2-1の⑫X欄へ
課税貨物に係る消費税額	⑬				※付表2-1の⑬X欄へ
納税義務の免除を受けない（受ける）こととなった場合における消費税額の調整（加算又は減算）額	⑭				※付表2-1の⑭X欄へ
課税仕入れ等の税額の合計額（⑩＋⑫＋⑬±⑭）	⑮				※付表2-1の⑮X欄へ
課税売上高が5億円以下、かつ、課税売上割合が95％以上の場合（⑮の金額）	⑯				※付表2-1の⑯X欄へ
課5課95 税億税％ 売円売未 上超上満 高又割 がは合	個別対応方式	⑮のうち、課税売上げにのみ要するもの	⑰			※付表2-1の⑰X欄へ
		⑮のうち、課税売上げと非課税売上げに共通して要するもの	⑱			※付表2-1の⑱X欄へ
		個別対応方式により控除する課税仕入れ等の税額（⑰＋（⑱×④／⑦））	⑲			※付表2-1の⑲X欄へ
控 除 税 額 の 調 整 額	一括比例配分方式により控除する課税仕入等の税額（⑮×④／⑦）	⑳				※付表2-1の⑳X欄へ
	課税売上割合変動時の調整対象固定資産に係る消費税額の調整（加算又は減算）額	㉑				※付表2-1の㉑X欄へ
	調整対象固定資産を課税業務用（非課税業務用）に転用した場合の調整（加算又は減算）額	㉒				※付表2-1の㉒X欄へ
差 引	控除対象仕入税額〔（⑯、⑲又は⑳の金額）±㉑±㉒〕がプラスの時	㉓	※付表1-2の④A欄へ	※付表1-2の④B欄へ	※付表1-2の④C欄へ	※付表2-1の㉓X欄へ
	控除過大調整税額〔（⑯、⑲又は⑳の金額）±㉑±㉒〕がマイナスの時	㉔	※付表1-2の③A欄へ	※付表1-2の③B欄へ	※付表1-2の③C欄へ	※付表2-1の㉔X欄へ
貸倒回収に係る消費税額	㉕	※付表1-2の⑤A欄へ	※付表1-2の⑤B欄へ	※付表1-2の⑤C欄へ	※付表2-1の㉕X欄へ

注意　1　金額の計算においては、1円未満の端数を切り捨てる。
　　　2　旧税率が適用された取引がある場合に、当該付表を作成してから付表2-1を作成する。
　　　3　④、⑦及び⑧欄のX欄は、付表2-1のX欄を上書しに記載する。
　　　4　⑨及び⑪欄には、値引き、割戻し、割引きなど仕入対価の返還等の金額がある場合（仕入対価の返還等の金額を仕入税額から直接減額している場合を除く。）には、その金額を控除した後の金額を記載する。

(H31.10.1以後終了課税期間用)

第4-(7)号様式

付表4-2 税率別消費税額計算表 兼 地方消費税の課税標準となる消費税額計算表
〔経過措置対象課税資産の譲渡等を含む課税期間用〕

簡 易

課税期間	・ ・ ～ ・ ・	氏名又は名称	

区 分		税率3％適用分 A	税率4％適用分 B	税率6.3％適用分 C	旧税率分小計 X (A+B+C)
課税標準額	①	円 000	円 000	円 000	※付表4-1の①X欄へ 円 000
課税資産の譲渡等の対価の額	①-1	※第二表の②欄へ	※第二表の③欄へ	※第二表の④欄へ	※付表4-1の①-1X欄へ
消費税額	②	※付表5-2の①A欄へ ※第二表の⑫欄へ	※付表5-2の①B欄へ ※第二表の⑬欄へ	※付表5-2の①C欄へ ※第二表の⑭欄へ	※付表4-1の②X欄へ
貸倒回収に係る消費税額	③	※付表5-2の②A欄へ	※付表5-2の②B欄へ	※付表5-2の②C欄へ	※付表4-1の③X欄へ
控除税額	控除対象仕入税額	④	(付表5-2の⑤A欄又は㉒A欄の金額)	(付表5-2の⑤B欄又は㉒B欄の金額)	(付表5-2の⑤C欄又は㉒C欄の金額)	※付表4-1の④X欄へ
	返還等対価に係る税額	⑤	※付表5-2の③A欄へ	※付表5-2の③B欄へ	※付表5-2の③C欄へ	※付表4-1の⑤X欄へ
	貸倒れに係る税額	⑥				※付表4-1の⑥X欄へ
	控除税額小計 (④+⑤+⑥)	⑦				※付表4-1の⑦X欄へ
控除不足還付税額 (⑦-②-③)	⑧		※⑪B欄へ	※⑪C欄へ	※付表4-1の⑧X欄へ
差引税額 (②+③-⑦)	⑨		※⑫B欄へ	※⑫C欄へ	※付表4-1の⑨X欄へ
合計差引税額 (⑨-⑧)	⑩				
地方消費税の課税標準となる消費税額	控除不足還付税額	⑪		(⑧B欄の金額)	(⑧C欄の金額)	※付表4-1の⑪X欄へ
	差引税額	⑫		(⑨B欄の金額)	(⑨C欄の金額)	※付表4-1の⑫X欄へ
合計差引地方消費税の課税標準となる消費税額 (⑫-⑪)	⑬		※第二表の㉑欄へ	※第二表の㉒欄へ	※付表4-1の⑬X欄へ
譲渡割額	還付額	⑭		(⑪B欄×25/100)	(⑪C欄×17/63)	※付表4-1の⑭X欄へ
	納税額	⑮		(⑫B欄×25/100)	(⑫C欄×17/63)	※付表4-1の⑮X欄へ
合計差引譲渡割額 (⑮-⑭)	⑯				

注意 1 金額の計算においては、1円未満の端数を切り捨てる。
　　 2 旧税率が適用された取引がある場合は、当該付表を作成してから付表4-1を作成する。

(H31.10.1以後終了課税期間用)

第4-(8)号様式

付表5-2　控除対象仕入税額等の計算表
〔経過措置対象課税資産の譲渡等を含む課税期間用〕

簡易

課税期間	・・～・・	氏名又は名称	

I　控除対象仕入税額の計算の基礎となる消費税額

項　目		税率3%適用分 A	税率4%適用分 B	税率6.3%適用分 C	旧税率分小計 X (A+B+C)
課税標準額に対する消費税額	①	(付表4-2の②A欄の金額) 円	(付表4-2の②B欄の金額) 円	(付表4-2の②C欄の金額) 円	※付表5-1の①X欄へ 円
貸倒回収に係る消費税額	②	(付表4-2の③A欄の金額)	(付表4-2の③B欄の金額)	(付表4-2の③C欄の金額)	※付表5-1の②X欄へ
売上対価の返還等に係る消費税額	③	(付表4-2の⑤A欄の金額)	(付表4-2の⑤B欄の金額)	(付表4-2の⑤C欄の金額)	※付表5-1の③X欄へ
控除対象仕入税額の計算の基礎となる消費税額 (① + ② - ③)	④				※付表5-1の④X欄へ

II　1種類の事業の専業者の場合の控除対象仕入税額

項　目		税率3%適用分 A	税率4%適用分 B	税率6.3%適用分 C	旧税率分小計 X (A+B+C)
④ × みなし仕入率 (90%・80%・70%・60%・50%・40%)	⑤	※付表4-2の①A欄へ 円	※付表4-2の①B欄へ 円	※付表4-2の①C欄へ 円	※付表5-1の⑤X欄へ 円

III　2種類以上の事業を営む事業者の場合の控除対象仕入税額

(1) 事業区分別の課税売上高(税抜き)の明細

項　目		税率3%適用分 A	税率4%適用分 B	税率6.3%適用分 C	旧税率分小計 X (A+B+C)
事業区分別の合計額	⑥	円	円	円	円
第一種事業 (卸売業)	⑦				※付表5-1の⑦X欄へ
第二種事業 (小売業)	⑧				※付表5-1の⑧X欄へ
第三種事業 (製造業等)	⑨				※付表5-1の⑨X欄へ
第四種事業 (その他)	⑩				※付表5-1の⑩X欄へ
第五種事業 (サービス業等)	⑪				※付表5-1の⑪X欄へ
第六種事業 (不動産業)	⑫				※付表5-1の⑫X欄へ

(2) (1)の事業区分別の課税売上高に係る消費税額の明細

項　目		税率3%適用分 A	税率4%適用分 B	税率6.3%適用分 C	旧税率分小計 X (A+B+C)
事業区分別の合計額	⑬	円	円	円	※付表5-1の⑬X欄へ 円
第一種事業 (卸売業)	⑭				※付表5-1の⑭X欄へ
第二種事業 (小売業)	⑮				※付表5-1の⑮X欄へ
第三種事業 (製造業等)	⑯				※付表5-1の⑯X欄へ
第四種事業 (その他)	⑰				※付表5-1の⑰X欄へ
第五種事業 (サービス業等)	⑱				※付表5-1の⑱X欄へ
第六種事業 (不動産業)	⑲				※付表5-1の⑲X欄へ

注意　1　金額の計算においては、1円未満の端数を切り捨てる。
　　　2　旧税率が適用されている取引がある場合には、当該付表を作成してから付表5-1を作成する。
　　　3　課税売上げにつき返品を受け又は値引き・割戻しをした金額(売上対価の返還等の金額)があり、売上(収入)金額から減算しない方法で経理して経費に含めている場合には、⑥から⑫欄には売上対価の返還等の金額(税抜き)を控除した後の金額を記載する。

(H31.10.1以後終了課税期間用)

1213

(3) 控除対象仕入税額の計算式区分の明細

イ 原則計算を適用する場合

控除対象仕入税額の計算式区分		税率3%適用分 A	税率4%適用分 B	税率6.3%適用分 C	旧税率分小計 X (A+B+C)
④ × みなし仕入率 $\frac{⑭×90\%+⑮×80\%+⑯×70\%+⑰×60\%+⑱×50\%+⑲×40\%}{⑬}$	⑳	円	円	円	※付表5-1の⑳X欄へ 円

ロ 特例計算を適用する場合

(イ) 1種類の事業で75%以上

控除対象仕入税額の計算式区分 (各項のF欄については付表5-1のF欄を参照のこと)		税率3%適用分 A	税率4%適用分 B	税率6.3%適用分 C	旧税率分小計 X (A+B+C)
(⑦F・⑧F・⑨F・⑩F・⑪F・⑫F)／⑥F ≧ 75% ④×みなし仕入率(90%・80%・70%・60%・50%・40%)	㉑	円	円	円	※付表5-1の㉑X欄へ 円

(ロ) 2種類の事業で75%以上

控除対象仕入税額の計算式区分 (各項のF欄については付表5-1のF欄を参照のこと)		税率3%適用分 A	税率4%適用分 B	税率6.3%適用分 C	旧税率分小計 X (A+B+C)
第一種事業及び第二種事業 (⑦F+⑧F)／⑥F ≧ 75%	④× $\frac{⑭×90\%+(⑬-⑭)×80\%}{⑬}$	㉒				※付表5-1の㉒X欄へ
第一種事業及び第三種事業 (⑦F+⑨F)／⑥F ≧ 75%	④× $\frac{⑭×90\%+(⑬-⑭)×70\%}{⑬}$	㉓				※付表5-1の㉓X欄へ
第一種事業及び第四種事業 (⑦F+⑩F)／⑥F ≧ 75%	④× $\frac{⑭×90\%+(⑬-⑭)×60\%}{⑬}$	㉔				※付表5-1の㉔X欄へ
第一種事業及び第五種事業 (⑦F+⑪F)／⑥F ≧ 75%	④× $\frac{⑭×90\%+(⑬-⑭)×50\%}{⑬}$	㉕				※付表5-1の㉕X欄へ
第一種事業及び第六種事業 (⑦F+⑫F)／⑥F ≧ 75%	④× $\frac{⑭×90\%+(⑬-⑭)×40\%}{⑬}$	㉖				※付表5-1の㉖X欄へ
第二種事業及び第三種事業 (⑧F+⑨F)／⑥F ≧ 75%	④× $\frac{⑮×80\%+(⑬-⑮)×70\%}{⑬}$	㉗				※付表5-1の㉗X欄へ
第二種事業及び第四種事業 (⑧F+⑩F)／⑥F ≧ 75%	④× $\frac{⑮×80\%+(⑬-⑮)×60\%}{⑬}$	㉘				※付表5-1の㉘X欄へ
第二種事業及び第五種事業 (⑧F+⑪F)／⑥F ≧ 75%	④× $\frac{⑮×80\%+(⑬-⑮)×50\%}{⑬}$	㉙				※付表5-1の㉙X欄へ
第二種事業及び第六種事業 (⑧F+⑫F)／⑥F ≧ 75%	④× $\frac{⑮×80\%+(⑬-⑮)×40\%}{⑬}$	㉚				※付表5-1の㉚X欄へ
第三種事業及び第四種事業 (⑨F+⑩F)／⑥F ≧ 75%	④× $\frac{⑯×70\%+(⑬-⑯)×60\%}{⑬}$	㉛				※付表5-1の㉛X欄へ
第三種事業及び第五種事業 (⑨F+⑪F)／⑥F ≧ 75%	④× $\frac{⑯×70\%+(⑬-⑯)×50\%}{⑬}$	㉜				※付表5-1の㉜X欄へ
第三種事業及び第六種事業 (⑨F+⑫F)／⑥F ≧ 75%	④× $\frac{⑯×70\%+(⑬-⑯)×40\%}{⑬}$	㉝				※付表5-1の㉝X欄へ
第四種事業及び第五種事業 (⑩F+⑪F)／⑥F ≧ 75%	④× $\frac{⑰×60\%+(⑬-⑰)×50\%}{⑬}$	㉞				※付表5-1の㉞X欄へ
第四種事業及び第六種事業 (⑩F+⑫F)／⑥F ≧ 75%	④× $\frac{⑰×60\%+(⑬-⑰)×40\%}{⑬}$	㉟				※付表5-1の㉟X欄へ
第五種事業及び第六種事業 (⑪F+⑫F)／⑥F ≧ 75%	④× $\frac{⑱×50\%+(⑬-⑱)×40\%}{⑬}$	㊱				※付表5-1の㊱X欄へ

ハ 上記の計算式区分から選択した控除対象仕入税額

項目		税率3%適用分 A	税率4%適用分 B	税率6.3%適用分 C	旧税率分小計 X (A+B+C)
選択可能な計算式区分(⑳～㊱)の内から選択した金額	㊲	※付表4-2の④A欄へ 円	※付表4-2の④B欄へ 円	※付表4-2の④C欄へ 円	※付表5-1の㊲X欄へ 円

注意 1 金額の計算においては、1円未満の端数を切り捨てる。
    2 旧税率が適用された取引がある場合は、当該付表を作成してから付表5-1を作成する。

(2／2)

(H31.10.1以後終了課税期間用)

第5-(1)号様式

課税資産の譲渡等の対価の額の計算表 〔軽減売上割合(10営業日)を使用する課税期間用〕 〔売上区分用〕

軽減対象資産の譲渡等(税率6.24％適用分)を行う事業者が、適用対象期間中に国内において行った課税資産の譲渡等(免税取引及び旧税率(6.3％等)が適用される取引は除く。)の税込価額を税率の異なるごとに区分して合計することにつき困難な事情があるときは、この計算表を使用して計算をすることができます(所得税法等の一部を改正する法律(平成28年法律第15号)附則38①)。
以下の①～⑪欄に、当該適用対象期間中に行った取引について記載してください。

課　税　期　間	・・～・・	氏名又は名称	
適 用 対 象 期 間	・・～・・		

			事 業 の 区 分 ご と の 計 算			合　計
			(　　　)	(　　　)	(　　　)	
税率ごとの区分が困難な事業における課税資産の譲渡等	課税資産の譲渡等の税込価額の合計額	①	円	円	円	
	通常の事業を行う連続する10営業日	②	年月日 (自)・・ (至)・・	年月日 (自)・・ (至)・・	年月日 (自)・・ (至)・・	
	②の期間中に行った課税資産の譲渡等の税込価額の合計額	③	円	円	円	
	③のうち、軽減対象資産の譲渡等(税率6.24％適用分)に係る部分の金額(税込み)	④				
	軽 減 売 上 割 合 (④／③) (※1)	⑤	[　　％] ※端数切捨て	[　　％] ※端数切捨て	[　　％] ※端数切捨て	
	軽減対象資産の譲渡等(税率6.24％適用分)の対価の額の合計額(税抜き) (①×④／③×100／108) (※1)	⑥	円	円	円	円
	軽減対象資産の譲渡等以外の課税資産の譲渡等(税率7.8％適用分)の対価の額の合計額(税抜き) ((①－(①×④／③))×100／110) (※1)	⑦				

(※1) 主として軽減対象資産の譲渡等(税率6.24％適用分)を行う事業者が、軽減売上割合の算出につき困難な事情があるときは、「50／100」を当該割合とみなして計算することができる。その場合は、②～④欄は記載せず、⑤欄に50と記載し、⑥及び⑦欄の金額の計算において、「④／③」を「50／100」として計算する。

税率ごとの区分が可能な事業における課税資産の譲渡等	軽減対象資産の譲渡等(税率6.24％適用分)の対価の額の合計額(税抜き)(※2)	⑧	円
	軽減対象資産の譲渡等以外の課税資産の譲渡等(税率7.8％適用分)の対価の額の合計額(税抜き)(※3)	⑨	

(※2) ⑧欄には、軽減対象資産の譲渡等(税率6.24％適用分)のみを行う事業における課税資産の譲渡等の対価の額を含む。
(※3) ⑨欄には、軽減対象資産の譲渡等以外の課税資産の譲渡等(税率7.8％適用分)のみを行う事業における課税資産の譲渡等の対価の額を含む。

全事業における課税資産の譲渡等	軽減対象資産の譲渡等(税率6.24％適用分)の対価の額の合計額(税抜き) (⑥合計＋⑧)	⑩	※付表1-1を使用する場合は、付表1-1の①-1D欄へ ※付表4-1を使用する場合は、付表4-1の①-1D欄へ	円
	軽減対象資産の譲渡等以外の課税資産の譲渡等(税率7.8％適用分)の対価の額の合計額(税抜き) (⑦合計＋⑨)	⑪	※付表1-1を使用する場合は、付表1-1の①-1E欄へ ※付表4-1を使用する場合は、付表4-1の①-1E欄へ	

注意　1　金額の計算においては、1円未満の端数を切り捨てる。
　　　2　事業の区分ごとの計算がこの計算表に記載しきれないときは、この計算表を複数枚使用し、事業の区分ごとに①～⑦欄を適宜計算した上で、いずれか1枚の計算表に⑥及び⑦欄の合計額を記載する。

第5-(2)号様式

課税資産の譲渡等の対価の額の計算表 〔小売等軽減仕入割合を使用する課税期間用〕　売上区分用

軽減対象資産の譲渡等(税率6.24%適用分)を行う事業者が、適用対象期間中に国内において行った卸売業及び小売業に係る課税資産の譲渡等(免税取引及び旧税率(6.3%等)が適用される取引は除く。)の税込価額を税率の異なるごとに区分して合計することにつき困難な事情があるときは、この計算表を使用して計算することができます(所得税法等の一部を改正する法律(平成28年法律第15号)附則38②)。
以下の①〜⑬欄に、当該適用対象期間中に行った取引について記載してください。

課　税　期　間	・・〜・・	氏名又は名称	
適　用　対　象　期　間	・・〜・・		

事業の区分ごとの計算　　合計
(　　)(　　)

卸売業及び小売業に係る課税取引

① 課税仕入れに係る支払対価の額(税込み)　　円　円

② 特定課税仕入れに係る支払対価の額×110／100
(経過措置により旧税率が適用される場合は×108／100)

③ 保税地域から引き取った課税貨物に係る税込引取価額

④ 課税仕入れに係る支払対価の額等の合計額
(①+②+③)

⑤ ④のうち、軽減対象資産の譲渡等(税率6.24%適用分)にのみ要するものの金額(税込み)

⑥ 小売等軽減仕入割合
(⑤／④)(※1)　　〔　　％〕〔　　％〕
※端数切捨て　※端数切捨て

⑦ 課税資産の譲渡等の税込価額の合計額　　円　円

⑧ 軽減対象資産の譲渡等(税率6.24%適用分)の対価の額の合計額(税抜き)
(⑦×⑤／④×100／108)(※1)　　　　　　　　　　　　円

⑨ 軽減対象資産の譲渡等以外の課税資産の譲渡等(税率7.8%適用分)の対価の額の合計額(税抜き)
((⑦-(⑦×⑤／④))×100／110)(※1)

(※1) 主として軽減対象資産の譲渡等(税率6.24%適用分)を行う事業者が、小売等軽減仕入割合の算出につき困難な事情があるときは、「50／100」を当該割合とみなして計算することができる。その場合は、①〜⑤欄は記載せず、⑥欄に50と記載し、⑧及び⑨欄の金額の計算において、「⑤／④」を「50／100」として計算する。

卸の売事業及びに小係売る業課以税外取引

⑩ 軽減対象資産の譲渡等(税率6.24%適用分)の対価の額の合計額(税抜き)　　円

⑪ 軽減対象資産の譲渡等以外の課税資産の譲渡等(税率7.8%適用分)の対価の額の合計額(税抜き)

全事業に係る課税取引

⑫ 軽減対象資産の譲渡等(税率6.24%適用分)の対価の額の合計額(税抜き)
(⑧合計+⑩)　　※付表1-1の①-1D欄へ　　円

⑬ 軽減対象資産の譲渡等以外の課税資産の譲渡等(税率7.8%適用分)の対価の額の合計額(税抜き)
(⑨合計+⑪)　　※付表1-1の①-1E欄へ

注意　1　金額の計算においては、1円未満の端数を切り捨てる。
　　　2　事業の区分ごとの計算がこの計算表に記載しきれないときは、この計算表を複数枚使用し、事業の区分ごとに①〜⑨欄を適宜計算した上で、いずれか1枚の計算表に⑧及び⑨欄の合計額を記載する。

第5-(3)号様式

課税仕入れ等の税額の計算表 〔小売等軽減売上割合を使用する課税期間用〕 [仕入区分用]

軽減対象資産の譲渡等(税率6.24%適用分)を行う事業者が、適用対象期間中に国内において行った卸売業及び小売業に係る課税仕入れに係る支払対価の額又は当該適用対象期間中に保税地域から引き取った課税貨物に係る税込引取価額を税率の異なるごとに区分して合計することにつき困難な事情があるときは、この計算表を使用して計算をすることができます(所得税法等の一部を改正する法律(平成28年法律第15号)附則39①)。
以下の①〜⑧欄、⑪〜⑮欄及び⑰〜⑳欄には、当該適用対象期間中に行った取引について記載してください。

課　税　期　間	・　・　～　・　・	氏名又は名称	
適 用 対 象 期 間	・　・　～　・　・		

			事業の区分ごとの計算		合　計
			(　　)	(　　)	
卸売業及び小売業に係る課税取引	課税資産の譲渡等(免税取引及び旧税率(6.3%等)が適用される取引は除く。)の税込価額の合計額	①	円	円	
	軽減対象資産の譲渡等(税率6.24%適用分)の税込価額の合計額	②			
	小 売 等 軽 減 売 上 割 合 (②／①)	③	[　　%]※端数切捨て	[　　%]※端数切捨て	
	課税仕入れに係る支払対価の額(税込み)	④	円	円	
	保税地域から引き取った課税貨物に係る税込引取価額	⑤			
	課税仕入れに係る支払対価の額等の合計額 (④+⑤)	⑥			
	軽減対象資産に係る課税仕入れ等(税率6.24%適用分)の税額(※1) (⑥×②／①×6.24／108)	⑦			円
	軽減対象資産に係る課税仕入れ等以外の課税仕入れ等(税率7.8%適用分)の税額(※1) ((⑥−(⑥×②／①))×7.8／110)	⑧			
	納税義務の免除を受けない(受ける)こととなった場合における消費税額の調整(加算又は減算)額	⑨	税率6.24%適用分 円	⑩	税率7.8%適用分 円

(※1) 値引き、割戻し、割引きなど仕入対価の返還等の金額がある場合には、裏面の3を参照する。

			税率6.24%適用分 イ	税率7.8%適用分 ロ
卸売業及び小売業以外に係る課税取引	課税仕入れに係る支払対価の額(税込み)(※2)	⑪	円	円
	課税仕入れに係る消費税額	⑫	(⑪イ欄×6.24／108)	(⑪ロ欄×7.8／110)
	特定課税仕入れに係る支払対価の額	⑬		※⑬及び⑭欄は、課税売上割合が95%未満、かつ、特定課税仕入れがある事業者のみ記載する。
	特定課税仕入れに係る消費税額	⑭		(⑬ロ欄×7.8／100)
	課税貨物に係る消費税額	⑮		
	納税義務の免除を受けない(受ける)こととなった場合における消費税額の調整(加算又は減算)額	⑯		
	課 税 仕 入 れ 等 の 税 額 の 合 計 額 (⑫+⑭+⑮±⑯)	⑰		⑱

(※2) 値引き、割戻し、割引きなど仕入対価の返還等の金額がある場合には、その金額を控除した後の金額を⑪欄に記載する。

全事業に係る課税取引	軽減対象資産に係る課税仕入れ等(税率6.24%適用分)の税額の合計額 (⑦合計±⑨+⑰)	⑲	※付表2-1の⑮D欄へ	円
	軽減対象資産に係る課税仕入れ等以外の課税仕入れ等(税率7.8%適用分)の税額の合計額 (⑧合計±⑩+⑱)	⑳	※付表2-1の⑮E欄へ	

注意 1 金額の計算においては、1円未満の端数を切り捨てる。
　　 2 事業の区分ごとの計算がこの計算表に記載しきれないときは、この計算表を複数枚使用し、事業の区分ごとに①〜⑧欄を適宜計算した上で、いずれか1枚の計算表に⑦及び⑧欄の合計額を記載する。

第6-(1)号様式

消費税及び地方消費税の更正の請求書

※順　号
※整理番号

平成　年　月　日

税務署長

税務署受付印

納税地　（〒　－　）（電話　－　－　）
（フリガナ）
氏　名　　　　　　　　　　　　　　　㊞
個人番号

下記のとおり、国税通則法第23条(消費税法第56条)及び地方税法附則第9条の4の規定により更正の請求をします。

更正の請求の対象となる納税申告、更正、決定	平成　年　月　日から　平成　年　月　日までの課税期間 平成　年　月　日付	申告・更正・決定
更正の請求をする理由、請求をするに至った事情等		
修正申告書提出年月日又は更正決定通知書受理年月日	平成　年　月　日	

(請求額の明細)

区	分		確定額（　　額）	正当とする額
消費税の税額の計算	課税標準額	①		
	消費税額	②		
	控除過大調整税額	③		
	控除 税額	控除対象仕入税額	④		
		返還等対価に係る税額	⑤		
		貸倒れに係る税額	⑥		
		控除税額小計（④+⑤+⑥）	⑦		
	控除不足還付税額（⑦-②-③）	⑧		
	差引税額（②+③-⑦）	⑨		
	中間納付税額	⑩		
	納付税額（⑨-⑩）	⑪		
	中間納付還付税額（⑩-⑨）	⑫		
地方消費税の税額の計算	地方消費税の課税標準となる消費税額	控除不足還付税額	⑬		
		差引税額	⑭		
	譲渡割額	還付額	⑮		
		納税額	⑯		
	中間納付譲渡割額	⑰		
	納付譲渡割額（⑯-⑰）	⑱		
	中間納付還付譲渡割額（⑰-⑯）	⑲		

還付される税金の受取場所	イ　銀行等の預金口座に振込みを希望する場合 　　銀行・組合　　　　　　　　　本店・支店 　　金庫・農協　　　　　　　　　出張所 　　漁協・農協　　　　　　　　　本所・支所 　　　　　　預金　口座番号	ロ　ゆうちょ銀行の貯金口座に振込みを希望する場合 　　貯金口座の記号番号 ハ　郵便局等の窓口での受け取りを希望する場合 　　郵便局名等

添付書類		税理士署名押印	㊞

※税務署処理欄	通信日付印	年　月　日	確認印	番号確認	身元確認	□済 □未済	確認書類	個人番号カード／通知カード・運転免許証 その他	備考

第6-(2)号様式

消費税及び地方消費税の更正の請求書

※整理番号

税務署受付印

平成　年　月　日

納税地　〒
電話（　）　－
（フリガナ）
法人名
法人番号
（フリガナ）
代表者氏名　　印

税務署長殿

国税通則法第23条
消費税法第56条　及び地方税法附則第9条の4の規定に基づき　自平成　年　月　日　至平成　年　月　日　課税期間の平成　年　月　日付　申告・更正・決定に係る課税標準等又は税額等について下記のとおり更正の請求をします。

記

区分			この請求前の金額	更正の請求金額
消費税の税額の計算	課税標準額	①		
	消費税額	②		
	控除過大調整税額	③		
	控除	控除対象仕入税額	④		
		返還等対価に係る税額	⑤		
		貸倒れに係る税額	⑥		
		控除税額小計 （④+⑤+⑥）	⑦		
	控除不足還付税額 （⑦-②-③）	⑧		
	差引税額 （②+③-⑦）	⑨		
	中間納付税額	⑩		
	納付税額 （⑨-⑩）	⑪		
	中間納付還付税額 （⑩-⑨）	⑫		
地方消費税の税額の計算	地方消費税の課税標準となる消費税額	控除不足還付税額	⑬		
		差引税額	⑭		
	譲渡割額	還付額	⑮		
		納税額	⑯		
	中間納付譲渡割額	⑰		
	納付譲渡割額 （⑯-⑰）	⑱		
	中間納付還付譲渡割額 （⑰-⑯）	⑲		

（更正の請求をする理由等）

修正申告書提出年月日　平成　年　月　日
更正決定通知書受理年月日　平成　年　月　日
添付書類

還付される税金の受取場所
イ　銀行等の預金口座に振込みを希望する場合
　銀行　本店・支店
　金庫・組合　出張所
　漁協・農協　本所・支所
　預金・口座番号

ロ　ゆうちょ銀行の貯金口座に振込みを希望する場合
　貯金口座の記号番号　　－
ハ　郵便局等の窓口受取りを希望する場合
　郵便局名等

税理士署名押印　　　　　　　　印

| ※税務署処理欄 | 部門 | 決算期 | 業種番号 | 番号確認 | 整理簿 | 備考 | 通信日付印 | 年　月　日 | 確認印 |

〔参考3〕

直所3―8（例規）
直資3―6
平成元年3月29日
（改正）課個2―3
平成26年3月13日
（改正）課所4―3
平成9年2月26日
（改正）課所4―1
平成1年1月21日

国　税　局　長
沖縄国税事務所長　殿

国　税　庁　長　官

消費税法等の施行に伴う所得税の取扱いについて

　標題のことについては、下記のとおり定めたから、これによられたい。
（趣旨）
　消費税法（昭和63年法律第108号）、所得税法及び消費税法の一部を改正する法律（平成6年法律第109号）、地方税法等の一部を改正する法律（平成6年法律第111号）、地方税法等の一部を改正する法律の一部の施行に伴う関係政令の整備等に関する政令（平成9年政令第17号）、社会保障の安定財源の確保等を図る税制の抜本的な改革を行うための消費税法の一部を改正する等の法律（平成24年法律第68号）及び社会保障の安定財源の確保等を図る税制の抜本的な改革を行うための地方税法及び地方交付税法の一部を改正する法律（平成24年法律第69号）の施行に伴い、所得税の課税所得金額の計算における

消費税及び地方消費税の取扱いを明らかにするものである。

記

（用語の意義）

1 この通達において、次に掲げる用語の意義は、それぞれ次に定めるところによる。

(1) 令　所得税法施行令（昭和40年政令第96号）をいう。

(2) 措置法　租税特別措置法（昭和32年法律第26号）をいう。

(3) 消費税等　消費税及び地方消費税をいう。

(4) 控除対象外消費税額等　消費税法第30条第1項《仕入れに係る消費税額の控除》の規定の適用を受ける場合で、同条第2項に規定する課税仕入れ等の税額及び当該課税仕入れ等の税額に係る地方消費税の額に相当する金額の合計額のうち同条第1項の規定による控除をすることができない金額及び当該控除をすることができない金額に係る地方消費税の額に相当する金額の合計額をいう。

(注)　課税仕入れ等の税額に係る地方消費税の額に相当する金額又は控除をすることができない金額に係る地方消費税の額に相当する金額とは、それぞれ地方消費税を税率が100分の1.7の消費税であると仮定して消費税法の規定の例により計算した場合における同法第30条第2項に規定する課税仕入れ等の税額に相当する金額又は同条第1項の規定による控除をすることができない金額に相当する金額をいう。

(5) 税抜経理方式　消費税等の額と当該消費税等に係る取引の対価の額とを区分して経理する方式をいう。

(6) 税込経理方式　消費税等の額と当該消費税等に係る取引の対価の額とを区分しないで経理する方式をいう。

(税抜経理方式と税込経理方式の選択適用)

2 所得税の課税所得金額の計算に当たり、消費税法第2条第1項第3号《定義》に規定する個人事業者(以下「個人事業者」という。)が行う取引に係る消費税等の経理処理(以下「経理処理」という。)については、税抜経理方式又は税込経理方式のいずれの方式によることとしても差し支えないが、個人事業者の選択した方式は当該個人事業者の行うすべての取引について適用するものとする。

(注)1 不動産所得、事業所得、山林所得又は雑所得(以下「事業所得等」という。)を生ずべき業務のうち2以上の所得を生ずべき業務を行う場合には、当該所得の種類を異にする業務ごとに上記の取扱いによることができるものとする。

2 譲渡所得の基因となる資産の譲渡で消費税が課されるものに係る経理処理については、当該資産をその用に供していた事業所得等を生ずべき業務と同一の方式によるものとする。

3 消費税と地方消費税は同一の方式によるものとする。

(固定資産等及び経費等の経理方式の選択適用)

3 個人事業者が売上げ等の収入に係る取引につき税抜経理方式を適用している場合には、2《税抜経理方式と税込経理方式の選択適用》にかかわらず、固定資産、繰延資産、棚卸資産及び山林(以下「固定資産等」という。)の取得に係る取引又は販売費、一般管理費等(山林の伐採費及び譲渡に要した費用を含む。以下「経費等」という。)の支出に係る取引のいずれか一方の取引について税込経理方式を適用できるほか、固定資産等のうち棚卸資産又は山林の取得に係る取引については、継続適用を条件として固定資産及び繰延資産と異なる方式を選択適用できるものとする。

(注)1 個々の固定資産等の取得に係る取引又は個々の経費等の支出に係る取

引ごとに異なる方式を適用することはできない。

2 売上げ等の収入に係る取引につき税込経理方式を適用している場合には、固定資産等の取得に係る取引及び経費等の支出に係る取引については税抜経理方式を適用することはできない。

(年末一括税抜経理方式)

4 税抜経理方式による経理処理は、原則として取引の都度行うのであるが、その経理処理をその年12月31日において一括して行うことができるものとする。

(免税事業者等の消費税等の処理)

5 所得税の課税所得金額の計算に当たり、消費税の納税義務が免除されている個人事業者については、その行う取引に係る消費税等の処理につき、2《税抜経理方式と税込経理方式の選択適用》にかかわらず、税込経理方式によるのであるから留意する。

(注) この取扱いは、消費税が課されないこととされている資産の譲渡等のみを行う個人事業者についても適用がある。

(特定課税仕入れに係る消費税等の額)

5の2 消費税法第5条第1項《納税義務者》に規定する特定課税仕入れ(以下「特定課税仕入れ」という。)の取引については、取引時において消費税等の額に相当する金銭の受払いがないのであるから、その取引の都度行う経理処理において当該特定課税仕入れの取引の対価の額と区分すべき消費税等の額はないことに留意する。

ただし、個人事業者が当該特定課税仕入れの取引の対価の額に対して消費税等が課せられるものとした場合の消費税等の額に相当する額を、例え

ば、仮受金及び仮払金等としてそれぞれ計上するなど仮勘定を用いて経理処理することとしても差し支えない。

(仮受消費税等及び仮払消費税等の清算)

6　個人事業者が税抜経理方式を適用している場合において、消費税法第37条第１項《中小事業者の仕入れに係る消費税額の控除の特例》の規定の適用を受けたこと等により、同法第19条第１項《課税期間》に規定する課税期間（以下「課税期間」という。）の終了の時における仮受消費税等の金額（特定課税仕入れの消費税等の経理金額を含む。）と仮払消費税等の金額（特定課税仕入れの消費税等の経理金額を含み、控除対象外消費税額等に相当する金額を除く。）との差額と当該課税期間に係る納付すべき消費税等の額又は還付されるべき消費税等の額（当該個人事業者が行う業務のうちに税込経理方式を適用しているものがある場合には、当該業務に係る取引がないものとして計算した納付すべき消費税等の額又は還付されるべき消費税等の額とする。）とに差額が生じたときは、当該差額については、当該課税期間を含む年の事業所得等の金額の計算上、総収入金額又は必要経費に算入するものとする。

(注)１　事業所得等を生ずべき業務のうち２以上の所得を生ずべき業務について税抜経理方式を適用している場合には、税抜経理方式を適用している業務のそれぞれについて、他の税抜経理方式を適用している業務に係る取引がないものとして上記の取扱いを適用するものとする。

　　２　特定課税仕入れの消費税等の経理金額とは、５の２《特定課税仕入れに係る消費税等の額》のただし書により、特定課税仕入れの取引に係る消費税等の額に相当する額として経理した金額をいう。

(消費税等の必要経費算入の時期)

7　所得税の課税所得金額の計算に当たり、税込経理方式を適用している個人事業者が納付すべき消費税等は、納税申告書に記載された税額については当該納税申告書が提出された日の属する年の事業所得等の金額の計算上、必要経費に算入し、更正又は決定に係る税額については当該更正又は決定があった日の属する年の事業所得等の金額の計算上、必要経費に算入する。ただし、当該個人事業者が申告期限未到来の当該納税申告書に記載すべき消費税等の額を未払金に計上したときの当該金額については、当該未払金に計上した年の事業所得等の金額の計算上、必要経費に算入することとして差し支えない。

(消費税等の総収入金額算入の時期)

8　所得税の課税所得金額の計算に当たり、税込経理方式を適用している個人事業者が還付を受ける消費税等は、納税申告書に記載された税額については当該納税申告書が提出された日の属する年の事業所得等の金額の計算上、総収入金額に算入し、更正に係る税額については当該更正があった日の属する年の事業所得等の金額の計算上、総収入金額に算入する。ただし、当該個人事業者が申告期限未到来の当該納税申告書に記載すべき消費税等の額を未収入金に計上したときの当該金額については、当該未収入金に計上した年の事業所得等の金額の計算上、総収入金額に算入することとして差し支えない。

(少額の減価償却資産の取得価額等の判定)

9　令第138条《少額の減価償却資産の取得価額の必要経費算入》、令第139条《一括償却資産の必要経費算入》又は令第139条の2《繰延資産となる費用のうち少額のものの必要経費算入》の規定を適用する場合において、

これらの規定における金額基準を満たしているかどうかは、個人事業者が適用している税抜経理方式又は税込経理方式に応じ、その適用している方式により算定した取得価額又は支出する金額により判定する。

措置法に規定する特別償却等において定められている金額基準についても、同様とする。

(資産に係る控除対象外消費税額等の処理)

10　令第182条の2第5項《資産に係る控除対象外消費税額等の必要経費算入》に規定する資産に係る控除対象外消費税額等(以下「資産に係る控除対象外消費税額等」という。)については、令第182条の2の規定の適用を受け、又は受けないことを選択することができるが、同条の規定の適用を受ける場合には、資産に係る控除対象外消費税額等が生じた年において、その全額について同条の規定を適用しなければならないことに留意する。

(注)　事業所得等を生ずべき業務のうち2以上の所得を生ずべき業務について税抜経理方式を適用している場合には、それぞれの業務に係る取引ごとに上記の取扱いを適用するものとする。

(資産の範囲)

11　令第182条の2第1項に規定する資産には、固定資産、棚卸資産、山林のほか繰延資産が含まれるが、前払費用(一定の契約に基づき継続的に役務の提供を受けるために支出した費用のうちその年12月31日においてまだ提供を受けていない役務に対応するものをいう。)は含まれないことに留意する。

(登録国外事業者以外の者との取引に係る仮払消費税等の金額)

11の2　税抜経理方式を適用している個人事業者が行う取引のうち、登録国外事業者以外の国外事業者から受けた事業者向け以外の電気通信利用役務

の提供の取引に係る仮払消費税等の額に相当する金額（以下「未登録国外事業者に対する仮払消費税等の金額」という。）は、全額が控除対象外消費税額等となり、令第182条の2の規定の適用を受けることができることに留意する。

(注) 1 登録国外事業者とは、所得税法等の一部を改正する法律（平成27年法律第9号）附則第39条第1項《国外事業者の登録等》の規定により登録を受けた事業者をいい、国外事業者とは、消費税法第2条第1項第4号の2に規定する国外事業者をいう。

2 事業者向け以外の電気通信利用役務の提供とは、同項第8号の3に規定する電気通信利用役務の提供のうち、同項第8号の4に規定する事業者向け電気通信利用役務の提供に該当するもの以外のものをいう。

（譲渡所得の基因となる資産の譲渡がある場合の処理）

12 譲渡所得の基因となる資産の譲渡で消費税が課されるものがある場合には、当該資産の譲渡を当該資産をその用に供していた事業所得等を生ずべき業務に係る取引に含めて、6《仮受消費税等及び仮払消費税等の清算》の取扱いを適用するものとする。

（山林所得の概算経費控除等の取扱い）

13 措置法第30条《山林所得の概算経費控除》及び第30条の2《山林所得に係る森林計画特別控除》の規定を適用する場合におけるこれらの規定に規定する「収入金額」及び「伐採費、運搬費その他の財務省令で定める費用」は、個人事業者が適用している税抜経理方式又は税込経理方式に応じ、その適用している方式により算定する。

措置法第31条の4《長期譲渡所得の概算取得費控除》の規定を適用する場合における同条に規定する「収入金額」についても同様とする。

〔参考4〕

直法2－1
平成元年3月1日

(改正) 課個2－3
平成6年3月16日

(改正) 課法2－1（例規）
平成6年3月16日

(改正) 課法2－1（例規）
平成9年2月26日

(改正) 課法2－7（例規）
平成10年6月23日

(改正) 課法2－10（法令解釈通達）
平成16年6月23日

(改正) 課法2－3、課審5－11（法令解釈通達）
平成19年3月13日

(改正) 課法2－7、課審5－33（法令解釈通達）
平成22年11月30日

(改正) 課法2－4、課審6－16（法令解釈通達）
平成25年6月27日

(改正) 課法2－1（法令解釈通達）
平成26年3月13日

(改正) 課法2－6、課審6－11（法令解釈通達）
平成26年6月27日

(改正) 課法2－8、課審6－3（法令解釈通達）
平成27年6月30日

(改正) 課法2－11、課審6－9（法令解釈通達）
平成28年6月28日

(改正) 課法2－17、課審6－6（法令解釈通達）
平成29年6月30日

国　税　局　長
沖縄国税事務所長　殿

国　税　庁　長　官

消費税法等の施行に伴う法人税の取扱いについて

　標題のことについては、下記のとおり定めたから、これによられたい。
（趣旨）
　消費税法（昭和63年法律第108号）、所得税法及び消費税法の一部を改正する法律（平成6年法律第109号）、地方税法等の一部を改正する法律（平成6年法律第111号）、地方税法等の一部を改正する法律の一部の施行に伴う関係政

令の整備等に関する政令（平成9年政令第17号）、社会保障の安定財源の確保等を図る税制の抜本的な改革を行うための消費税法の一部を改正する等の法律（平成24年法律第68号）及び社会保障の安定財源の確保等を図る税制の抜本的な改革を行うための地方税法及び地方交付税法の一部を改正する法律（平成24年法律第69号）の施行に伴い、法人税の課税所得金額の計算における消費税及び地方消費税の取扱いを明らかにするものである。

記

（用語の意義）

1 この通達において、次に掲げる用語の意義は、それぞれ次に定めるところによる。

(1) 法 法人税法（昭和40年法律第34号）をいう。

(2) 令 法人税法施行令（昭和40年政令第97号）をいう。

(3) 措置法 租税特別措置法（昭和32年法律第26号）をいう。

(4) 消費税等 消費税及び地方消費税をいう。

(5) 控除対象消費税額等 消費税法（昭和63年法律第108号）第30条第1項《仕入れに係る消費税額の控除》の規定の適用を受ける場合で、同条第2項に規定する課税仕入れ等の税額及び当該課税仕入れ等の税額に係る地方消費税の額に相当する金額の合計額のうち同条第1項の規定による控除をすることができる金額及び当該控除をすることができる金額に係る地方消費税の額に相当する金額の合計額をいう。

（注） 課税仕入れ等の税額に係る地方消費税の額に相当する金額又は控除をすることができる金額に係る地方消費税の額に相当する金額とは、それぞれ地方消費税を税率が100分の1．7の消費税であると仮定して消費税法の規定の例により計算した場合における同法第30条第2項に規定する課税仕入れ等の税額に相当する金額（以下(6)において同じ。）又は同条第

(6) 控除対象外消費税額等　消費税法第30条第1項の規定の適用を受ける場合で、同条第2項に規定する課税仕入れ等の税額及び当該課税仕入れ等の税額に係る地方消費税の額に相当する金額の合計額のうち同条第1項の規定による控除をすることができない金額及び当該控除をすることができない金額に係る地方消費税の額に相当する金額の合計額をいう。

(注)　控除をすることができない金額に係る地方消費税の額とは、課税仕入れ等の税額に係る地方消費税の額に相当する金額のうち同法第30条第1項の規定により控除をすることができない金額に相当する金額をいう。

(7) 税抜経理方式　消費税等の額と当該消費税等に係る取引の対価の額とを区分して経理する方式をいう。

(8) 税込経理方式　消費税等の額と当該消費税等に係る取引の対価の額とを区分しないで経理する方式をいう。

(消費税等に係る経理処理の原則)

2　法人税の課税所得金額の計算に当たり、法人が行う取引に係る消費税等の経理処理については、法若しくは措置法又はこの通達に別段の定めがあるものを除き、一般に公正妥当と認められる会計処理の基準に従って処理するものとする。

(税抜経理方式と税込経理方式の選択適用)

3　法人税の課税所得金額の計算に当たり、法人が行う取引に係る消費税等の経理処理については、税抜経理方式又は税込経理方式のいずれの方式によることとしても差し支えないが、法人の選択した方式は、当該法人の行うすべての取引について適用するものとする。ただし、法人が売上げ等の収益に係る取引につき税抜経理方式を適用している場合には、固定資産、

繰延資産及び棚卸資産（以下「固定資産等」という。）の取得に係る取引又は販売費、一般管理費等（以下「経費等」という。）の支出に係る取引のいずれかの取引について税込経理方式を選択適用できるほか、固定資産等のうち棚卸資産の取得に係る取引については、継続適用を条件として固定資産及び繰延資産と異なる方式を選択適用できるものとする。

(注)1 個々の固定資産等又は個々の経費等ごとに異なる方式を適用することはできない。

　　2 売上げ等の収益に係る取引につき税込経理方式を適用している場合には、固定資産等の取得に係る取引及び経費等に係る取引については税抜経理方式を適用することはできない。

　　3 消費税と地方消費税について異なる方式を適用することはできない。

（期末一括税抜経理方式）

4　税抜経理方式による経理処理は、原則として取引の都度行うのであるが、その経理処理を事業年度終了の時において一括して行うことができるものとする。

（免税事業者等の消費税等の処理）

5　法人税の課税所得金額の計算に当たり、消費税の納税義務が免除されている法人については、その行う取引に係る消費税等の処理につき、3《税抜経理方式と税込経理方式の選択適用》にかかわらず、税込経理方式によるのであるから留意する。

(注)1 この取扱いは、消費税が課されないこととされている資産の譲渡等のみを行う法人についても適用がある。

　　2 これらの法人が行う取引に係る消費税等の額は、益金の額若しくは損金の額又は資産の取得価額等に算入されることになる。

(特定課税仕入れに係る消費税等の額)

5の2　消費税法第5条第1項《納税義務者》に規定する特定課税仕入れ（以下「特定課税仕入れ」という。）の取引については、取引時において消費税等の額に相当する金銭の受払いがないのであるから、その取引の都度行う経理処理において当該特定課税仕入れの取引の対価の額と区分すべき消費税等の額はないことに留意する。

　ただし、法人が当該特定課税仕入れの取引の対価の額に対して消費税等が課せられるものとした場合の消費税等の額に相当する額を、例えば、仮受金及び仮払金等としてそれぞれ計上するなど仮勘定を用いて経理処理することとしても差し支えない。

(仮払消費税等及び仮受消費税等の清算)

6　法人が消費税等の経理処理について税抜経理方式を適用している場合において、消費税法第37条第1項《中小事業者の仕入れに係る消費税額の控除の特例》の規定の適用を受けたこと等により、同法第19条第1項《課税期間》に規定する課税期間の終了の時における仮受消費税等の金額（特定課税仕入れの消費税等の経理金額を含む。）から仮払消費税等の金額（特定課税仕入れの消費税等の経理金額を含み、控除対象外消費税額等に相当する金額を除く。）を控除した金額と当該課税期間に係る納付すべき消費税等の額又は還付を受ける消費税等の額とに差額が生じたときは、当該差額については、当該課税期間を含む事業年度において益金の額又は損金の額に算入するものとする。

(注)　特定課税仕入れの消費税等の経理金額とは、5の2《特定課税仕入れに係る消費税等の額》のただし書により、特定課税仕入れの取引に係る消費税等の額に相当する額として経理した金額をいう。

(消費税等の損金算入の時期)

7　法人税の課税所得金額の計算に当たり、税込経理方式を適用している法人が納付すべき消費税等は、納税申告書に記載された税額については当該納税申告書が提出された日の属する事業年度の損金の額に算入し、更正又は決定に係る税額については当該更正又は決定があった日の属する事業年度の損金の額に算入する。ただし、当該法人が申告期限未到来の当該納税申告書に記載すべき消費税等の額を損金経理により未払金に計上したときの当該金額については、当該損金経理をした事業年度の損金の額に算入する。

(消費税等の益金算入の時期)

8　法人税の課税所得金額の計算に当たり、税込経理方式を適用している法人が還付を受ける消費税等は、納税申告書に記載された税額については当該納税申告書が提出された日の属する事業年度の益金の額に算入し、更正に係る税額については当該更正があった日の属する事業年度の益金の額に算入する。ただし、当該法人が当該還付を受ける消費税等の額を収益の額として未収入金に計上したときの当該金額については、当該収益に計上した事業年度の益金の額に算入する。

(少額の減価償却資産の取得価額等の判定)

9　令第133条《少額の減価償却資産の取得価額の損金算入》、令第133条の2《一括償却資産の損金算入》又は令第134条《繰延資産となる費用のうち少額のものの損金算入》の規定を適用する場合において、これらの規定における金額基準を満たしているかどうかは、法人が適用している税抜経理方式又は税込経理方式に応じ、その適用している方式により算定した価額により判定する。

措置法に規定する特別償却等において定められている金額基準又は措置法第61条の4第4項第2号《交際費等の範囲から除かれる飲食等のために要する費用》に規定する金額基準についても、同様とする。

(資産の評価損益等に係る時価)

10 資産又は時価評価資産について、次に掲げる規定を適用する場合におけるそれぞれ次に定める価額は、当該資産又は当該時価評価資産につき法人が適用している税抜経理方式又は税込経理方式に応じ、その適用している方式による価額をいうものとする。

(1) 法第25条第3項《資産評定による評価益の益金算入》 令第24条の2第5項第1号《再生計画認可の決定等の事実が生じた場合の評価益の額》に規定する「当該再生計画認可の決定があった時の価額」

(2) 法第33条第2項《資産の評価換えによる評価損の損金算入》 同項に規定する「評価換えをした日の属する事業年度終了の時における当該資産の価額」

(3) 法第33条第4項《資産評定による評価損の損金算入》 令第68条の2第4項第1号《再生計画認可の決定等の事実が生じた場合の評価損の額》に規定する「当該再生計画認可の決定があった時の価額」

(4) 法第61条の11第1項又は第61条の12第1項《連結納税の開始等に伴う資産の時価評価損益》 法第61条の11第1項に規定する「時価評価資産」に係る「その時の価額」

(5) 法第62条の9第1項《非適格株式交換等に係る株式交換完全子法人等の有する資産の時価評価損益》 同項に規定する「時価評価資産」に係る「非適格株式交換等の直前の時の価額」又は「その時の価額」

   (注) 令第122条の12第1項第5号又は令第123条の11第1項第5号《時価評価資産から除かれる資産の範囲》に規定する「資産の価額」についても、

同様とする。

（寄附金に係る時価）

11　法第37条第7項及び第8項《寄付金の損金不算入》の規定を適用する場合における「資産のその贈与の時における価額」又は「資産のその譲渡の時における価額」は、当該資産につき法人が適用している税抜経理方式又は税込経理方式に応じ、その適用している方式による価額をいい、同項に規定する「経済的な利益のその供与の時における価額」については、当該法人が売上げ等の収益に係る取引につき適用している方式に応じ、その適用している方式による価額をいうものとする。

（交際費等に係る消費税等の額）

12　法人が支出した措置法第61の4条第4項《交際費等の損金不算入》に規定する交際費等に係る消費税等の額は、同項に規定する交際費等（以下「交際費等」という。）の額に含まれることに留意する。

　　ただし、法人が消費税等の経理処理について税抜経理方式を適用している場合には、当該交際費等に係る消費税等の額のうち控除対象消費税額等に相当する金額は交際費等の額に含めないものとする。

（注）1　税込経理方式を適用している場合には、交際費等に係る消費税等の額は、その全額が交際費等の額に含まれることになる。

　　　2　税抜経理方式を適用している場合における交際費等に係る消費税等の額のうち控除対象外消費税額等に相当する金額は、交際費等の額に含まれることになる。

　　　3　2により交際費等の額に含まれることとなる金額のうち、措置法第61条の4第4項に規定する飲食費に係る金額については、同項の飲食費の額に含まれる。

4 控除対象外消費税額等のうち特定課税仕入れ（その支払対価の額が交際費等の額に該当するものに限る。）に係る金額は、本文の「交際費等に係る消費税等の額」に含まれないことに留意する。

(資産に係る控除対象外消費税額等の処理)

13 令第139条の4第5項《資産に係る控除対象外消費税額等の損金算入》に規定する資産に係る控除対象外消費税額等の合計額（以下「資産に係る控除対象外消費税額等」という。）については、同条の規定の適用を受け、又は受けないことを選択することができるが、同条の規定の適用を受ける場合には、資産に係る控除対象外消費税額等の全額について同条の規定を適用しなければならないことに留意する。したがって、法人が資産に係る控除対象外消費税額等の一部について同条の規定の適用を受けなかった場合（資産に係る控除対象外消費税額等を資産の取得価額に算入した場合を含む。）には、その適用を受けなかった控除対象外消費税額等については、当該事業年度後の事業年度において同条第4項の規定を適用するのであるから留意する。

(注) 1 この取扱いの後段の適用を受ける場合には、資産の取得価額に算入した資産に係る控除対象外消費税額等は、資産の取得価額から減額することになる。

2 本文後段の取扱いは、当該事業年度が連結事業年度に該当する場合における当該連結事業年度後の事業年度にも適用する。

(資産の範囲)

14 令第139条の4第1項に規定する資産には、棚卸資産、固定資産のほか繰延資産が含まれるが、前払費用（一定の契約に基づき継続的に役務の提供を受けるために支出した費用のうち当該事業年度終了の時においてまだ提供を

受けていない役務に対応するものをいう。）は含まれないことに留意する。

（登録国外事業者以外の者との取引に係る仮払消費税等の金額）

14の2　税抜経理方式を適用している法人が行う取引のうち、登録国外事業者以外の国外事業者から受けた事業者向け以外の電気通信利用役務の提供の取引に係る仮払消費税等の金額（以下「未登録国外事業者に対する仮払消費税等の金額」という。）は、全額が控除対象外消費税額等となることに留意する。

この場合の当該仮払消費税等の金額の取扱いについては、それぞれ次のことに留意する。

(1)　未登録国外事業者に対する仮払消費税等の金額が当該法人の資産に係るものである場合には、令第139条の4の規定の適用を受けることができる。

(2)　未登録国外事業者に対する仮払消費税等の金額が当該法人が支出した交際費等に係るものである場合には、12《交際費等に係る消費税等の額》の注2の取扱いによる。

(注)1　登録国外事業者とは、所得税法等の一部を改正する法律（平成27年法律第9号）附則第39条第1項《国外事業者の登録等》の規定により登録を受けた事業者をいい、国外事業者とは、消費税法第2条第1項第4号の2《定義》に規定する国外事業者をいう。

2　事業者向け以外の電気通信利用役務の提供とは、同項第8号の3に規定する電気通信利用役務の提供のうち、同項第8号の4に規定する事業者向け電気通信利用役務の提供に該当するもの以外のものをいう。

（連結納税に係る取扱い）

15　連結法人が連結納税に係る申告を行う際の消費税等の取扱いについては、

2から14の2までの取扱いを準用する。この場合において、2から14の2までにおいて引用している法、令及び措置法の各条項の規定のうち、次に掲げる条項の規定はそれぞれ次のとおり読み替えるものとし、それ以外の条項の規定は連結法人が法第81条の3第1項《個別益金額又は個別損金額》の規定により同項の個別益金額又は個別損金額を計算する場合のこれらの条項の規定をいうことに留意する。

1　法第37条第7項及び第8項《寄附金の損金不算入》　法第81条の6第6項《連結事業年度における寄附金の損金不算入》の規定により準用して適用される法第37条第7項及び第8項

2　措置法第61条の4第4項《交際費等の損金不算入》　措置法第68条の66第4項《交際費等の損金不算入》

(注)　13の後段の取扱いは、当該事業年度が連結事業年度に該当しない場合における当該事業年度後の連結事業年度にも準用する。

附　則

(経過的取扱い(1)……改正前の消費税法等の適用がある場合)

　改正法令（所得税法及び消費税法の一部を改正する法律（平成6年法律第109号）、地方税法等の一部を改正する法律（平成6年法律第111号）及び地方税法等の一部を改正する法律の一部の施行に伴う関係政令の整備等に関する政令（平成9年政令第17号））による改正前の消費税法及び法人税法施行令の規定の適用を受ける場合の取扱いについては、この通達の改正前の取扱いの例による。

(経過的取扱い(2)……限界控除の適用がある場合)

　所得税法及び消費税法の一部を改正する法律（平成6年法律第109号）附則第20条《小規模事業者等に係る限界控除に関する経過措置》によりなお効力を有することとされる旧消費税法第40条《小規模事業者等に係る限界控除》

の適用がある場合の取扱いについては、改正前の6《仮払消費税及び仮受消費税の清算》の取扱いの例による。この場合において、改正前の6中「消費税」とあるのは「消費税等」と、「仮受消費税」とあるのは「仮受消費税等」と、「仮払消費税」とあるのは「仮払消費税等」と、「控除対象外消費税額」とあるのは「控除対象外消費税額等」とする。

(経過的取扱い)

　この法令解釈通達による改正後の取扱いは、平成26年4月1日以後に行う消費税法第2条第1項第12号に規定する課税仕入れ(社会保障の安定財源の確保等を図る税制の抜本的な改革を行うための地方税法及び地方交付税法の一部を改正する法律附則第4条第3項に規定する経過措置対象課税仕入れ等で同項第4号又は第5号に掲げるものに該当するもの(以下「経過措置対象課税仕入れ」という。)を除く。)及び同日以後に消費税法第2条第1項第2号に規定する保税地域から引き取る同項第11号に規定する課税貨物について適用し、同日前に行った同項第12号に規定する課税仕入れ(経過措置対象課税仕入れを含む。)及び同日前に同項第2号に規定する保税地域から引き取った同項第11号に規定する課税貨物については、なお従前の例による。

〔参考5〕

(改正) **直法6-1（例規）**
平成元年1月30日

(改正) **課法8-1（例規）**
平成9年2月26日

(改正) **課法9-1（法令解釈通達）**
平成26年3月5日

国 税 局 長
沖縄国税事務所長　殿

国 税 庁 長 官

消費税法等の施行に伴う源泉所得税の取扱いについて（法令解釈通達）

標題のことについては、下記によることとしたから、留意されたい。

（趣旨）

消費税法（昭和63年法律第108号）、所得税法及び消費税法の一部を改正する法律（平成6年法律第109号）、地方税法等の一部を改正する法律（平成6年法律第111号）、社会保障の安定財源の確保等を図る税制の抜本的な改革を行うための消費税法の一部を改正する等の法律（平成24年法律第68号）及び社会保障の安定財源の確保等を図る税制の抜本的な改革を行うための地方税法及び地方交付税法の一部を改正する法律（平成24年法律第69号）の施行に伴い、源泉所得税の課税標準額等について明らかにするものである。

記

1 **給与所得等に対する源泉徴収**

　所得税法第183条の規定が適用される給与等が物品又は用役などにより支払われる場合において、当該物品又は用役などの価額に消費税及び地方消費税の額が含まれているときは、当該消費税及び地方消費税の額を含めた金額が給与等の金額となる。

（注）　上記の取扱いは、所得税法第28条に規定する給与等以外の所得（下記「3」に該当するものを除く。）につき、所得税の源泉徴収が行われる場合にも適用する。

2 **非課税限度額の判定**

　所得税基本通達36—22《課税しない経済的利益……創業記念品等》、36—38の2《食事の支給による経済的利益はないものとする場合》に定める非課税限度額の適用に当たっては、当該経済的利益につき、所得税法等に定める所定の評価方法により評価を行った金額から、消費税及び地方消費税の額を除いた金額をもって、当該通達に定める非課税限度額を超えるかどうかの判定を行うこととする。

　また、昭和59年7月26日付直法6—5「深夜勤務に伴う夜食の現物支給に代えて支給する金銭に対する所得税の取扱いについて」通達に定める非課税限度額の適用についても、上記に準じて取り扱うこととする。

（注）　上記の「所得税法等に定める所定の評価方法により評価を行った金額から、消費税及び地方消費税の額を除いた金額」に10円未満の端数が生じた場合には、これを切り捨てるものとする。

3 報酬・料金等所得等に対する源泉徴収

　所得税法第204条第１項の規定が適用される報酬・料金等並びに同法第212条第１項又は第３項の規定が適用される国内源泉所得又は報酬若しくは料金等（以下「報酬・料金等」という。）が支払われる場合において、当該報酬・料金等が消費税法第28条に規定する消費税の課税標準たる課税資産の譲渡等の対価の額にも該当するときの源泉徴収の対象とする金額は、原則として、消費税及び地方消費税の額を含めた金額となる。ただし、報酬・料金等の支払を受ける者からの請求書等において報酬・料金等の額と消費税及び地方消費税の額が明確に区分されている場合には、当該報酬・料金等の額を源泉徴収の対象とする金額として差し支えない。

〔参考6〕

間消3—2
平成元年3月10日
（改正）課消3—5
改正平成16年
課審7—3
（改正）課消3—1
改正平成26年
課審8—2

国 税 局 長
沖縄国税事務所長　殿

国 税 庁 長 官

消費税法の改正等に伴う印紙税の取扱いについて

　標題のことについては、下記によることとしたから、留意されたい。
（理由）
　所得税法及び消費税法の一部を改正する法律（平成6年法律第109号）及び地方税法等の一部を改正する法律（平成6年法律第111号）の施行に伴い、消費税及び地方消費税の金額が区分記載されている場合の印紙税の記載金額等の取扱いを定めるものである。

記

1　契約書等の記載金額

　印紙税法（昭和42年法律第23号。以下「法」という。）別表第1の課税物件

表の課税物件欄に掲げる文書のうち、次の文書に消費税及び地方消費税の金額（以下「消費税額等」という。）が区分記載されている場合又は税込価格及び税抜価格が記載されていることにより、その取引に当たって課されるべき消費税額等が明らかである場合には、消費税額等は記載金額（法別表第1の課税物件表の適用に関する通則4に規定する記載金額をいう。以下同じ。）に含めないものとする。

(1) 第1号文書（不動産の譲渡等に関する契約書）
(2) 第2号文書（請負に関する契約書）
(3) 第17号文書（金銭又は有価証券の受取書）

　(注)1　「消費税額等が区分記載されている」とは、その取引に当たって課されるべき消費税額等が具体的に記載されていることをいい、次のいずれもこれに該当することに留意する。

　　　イ　請負金額1,080万円
　　　　　税抜価格1,000万円　消費税額等　80万円

　　　ロ　請負金額1,080万円
　　　　　うち消費税額等　80万円

　　　ハ　請負金額1,000万円
　　　　　消費税額等　80万円　計1,080万円

　　2　「税込価格及び税抜価格が記載されていることにより、その取引に当たって課されるべき消費税額等が明らかである」とは、その取引に係る消費税額等を含む金額と消費税額等を含まない金額の両方を具体的に記載していることにより、その取引に当たって課されるべき消費税額等が容易に計算できることをいい、次の場合がこれに該当することに留意する。

　　　　請負金額1,080万円
　　　　　税抜価格1,000万円

2 みなし作成の適用

　第19号文書（第1号、第2号、第14号又は第17号に掲げる文書により証されるべき事項を付け込んで証明する目的をもって作成する通帳）又は第20号文書（判取帳）について、法第4条第4項《課税文書の作成とみなす場合》の規定が適用されるかどうかについては、1《契約書等の記載金額》の規定が適用される場合には、消費税額等を含めない金額で判定するものとする。

　なお、消費税額等だけが付け込まれた場合は、同項の規定の適用はないものとする。

3 消費税額等のみが記載された金銭又は有価証券の受取書

　消費税額等のみを受領した際に交付する金銭又は有価証券の受取書については、記載金額のない第17号の2文書（売上代金以外の金銭又は有価証券の受取書）とする。

　ただし、当該消費税額等が5万円未満である場合は、非課税文書に該当するものとして取り扱う。

4 地方消費税が課されない取引

　1から3に規定する文書のうち、その取引に地方消費税が課されないものについては、なお従前の例による。

〔参考7〕

課消2―8（例規）
平成8年4月1日

国 税 局 長
沖縄国税事務所長　殿

国 税 庁 長 官

外国公館等に対する課税資産の譲渡等に係る
消費税の免除の取扱いについて

　租税特別措置法（昭和32年法律第26号）第86条《外国公館等に対する課税資産の譲渡等に係る免税》の規定に基づき、事業者が外国公館等に対して課税資産の譲渡等を行った場合の消費税の免除に関する取扱いを下記のとおり定めたから、平成8年4月1日以降これにより取り扱われたい。

（理由）
　消費税法基本通達の制定により消費税法取扱通達が廃止されることに伴い、外国公館等に対する課税資産の譲渡等に係る消費税の免除の取扱いについて定める必要があるからである。

記

1　大使館等の範囲

　租税特別措置法（昭和32年法律第26号）（以下「租特法」という。）第86条第1項《外国公館等に対する課税資産の譲渡等に係る免税》に規定する「大使館、公使館、領事館その他これらに準ずる機関」とは、大使館、公使館、総領事館、領事館（名誉（総）領事館を除く。）及び外国政府等代表部並び

にこれらに類する外国政府等の機関で大使館、公使館、総領事館又は領事館に準ずるものとして日本国政府が認める機関(以下「大使館等」という。)をいい、同項の規定により消費税が免除される大使館等は、相互条件に基づき消費税を免除すべきものとして租税特別措置法施行規則(昭和32年大蔵省令第15号)(以下「租特法規則」という。)第36条の2第1項《外国公館等であることの証明等》に規定する証明書(以下「証明書」という。)を外務省大臣官房儀典総括官(以下「外務省」という。)が交付した大使館等に限られるのであるから留意する。(平15課消1—15により改正)

2 大使等の範囲

租特法第86条第1項《外国公館等に対する課税資産の譲渡等に係る免税》に規定する「大使、公使、領事その他これらに準ずる者」(以下「大使等」という。)とは、次に掲げる者及びその家族をいい、同項の規定により消費税が免除される大使等は、相互条件に基づき消費税を免除すべきものとして外務省が証明書を交付した者に限られるのであるから留意する。

(1) 大使、公使、代理公使、臨時代理大(公)使及び大(公)使館員(参事官、書記官、外交官補、陸海空軍駐在官及びその他の外交職員並びに事務技術職員)

(2) 総領事、領事等の領事官(名誉総領事、名誉領事等の名誉領事官を除く。)及び(総)領事館の事務技術職員

(3) 外国政府等代表部員

(4) 大使館、公使館又は領事館に準ずるものとして日本国政府が認める外国政府等の機関の職員

3 大使館等に対して免税で課税資産の譲渡等ができる事業者の範囲

租特法第86条第1項《外国公館等に対する課税資産の譲渡等に係る免

税）の規定により外国の大使館等又は大使等に対して免税で課税資産の譲渡等ができる事業者は、租税特別措置法施行令（昭和32年政令第43号）（以下「租特法令」という。）第45条の４第１項《外国公館等に対する課税資産の譲渡等に係る免税方法等》の規定により、国税庁長官の指定を受けた者（以下「免税指定店舗」という。）に限られるのであるから、免税指定店舗以外の事業者が、外国の大使館等又は大使等から証明書の提出又は提示を受けても免税で課税資産の譲渡等を行うことはできないのであるから留意する。

4　免税店舗の指定手続

　租特法令第45条の４第１項《外国公館等に対する課税資産の譲渡等に係る免税方法等》の規定により国税庁長官の指定を受けようとする事業者は、別紙第１号様式「外国公館等に対する消費税免除指定店舗申請書」を指定を受けようとする店舗別に作成し、当該申請書を外務省に提出することにより、同省を通じて申請するものとする。

（注）　消費税法（昭和63年法律第108号）第９条第１項《小規模事業者に係る納税義務の免除》の規定により消費税の納税義務が免除される事業者は、当該指定を受けることはできないことに留意する。

5　外交、領事その他の任務を遂行するために必要なものの意義

　租特法第86条第１項《外国公館等に対する課税資産の譲渡等に係る免税》に規定する「大使館等又は大使等が、外交、領事その他の任務を遂行するために必要なもの」とは、外交等の任務の遂行のために大使館等又は大使等が必要とするものをいうのであるから留意する。

6　免税で課税資産の譲渡等を行う場合の手続

　外国の大使館等又は大使等に対して免税で課税資産の譲渡等を行う場合

の手続は、次に掲げる資産の譲渡等の区分に応じ、それぞれ次による。
(1) 揮発油の譲渡
　イ　揮発油の製造場が譲渡する場合
　　(イ)　大使館等又は大使等は、租特法規則第36条の2第1項《外国公館等であることの証明等》に規定する証明書として別紙第2号様式「外交官等用揮発油購入証明書」の交付申請を外務省に対して行い、当該証明書の交付を受ける。
　　(ロ)　大使館等又は大使等は、当該外交官等用揮発油購入証明書を免税指定店舗に提示するとともに、別紙第3号様式「外国公館等用免税購入表」に必要事項を記載して、当該外国公館等用免税購入表を当該免税指定店舗に租特法令第45条の4第1項《外国公館等に対する課税資産の譲渡等に係る免税方法等》に規定する書類として提出した上で、免税で揮発油を購入する。
　　(ハ)　免税指定店舗は、大使館等又は大使等から提出された当該外国公館等用免税購入表を受領し、これを保存する。
　ロ　租特法第90条の3第1項第3号《指定給油所》に規定する指定給油所が譲渡する場合
　　(イ)　大使館等又は大使等は、外務省に対して租特法規則第36条の2第1項《外国公館等であることの証明等》に規定する証明書として別紙第4号様式「外交官等用揮発油購入証明書」及び別紙第5号様式「外交官等用揮発油購入票」の交付申請を行い、当該証明書等の交付を受ける。
　　(ロ)　大使館等又は大使等は、当該外交官等用揮発油購入証明書を租特法第90条の3第1項第3号《指定給油所》に規定する指定給油所である免税指定店舗に提示するとともに、当該外交官等用揮発油購入票に必要事項を記載して、当該購入票を租特法令第45条の4第1項《外国公

館等に対する課税資産の譲渡等に係る免税方法等》に規定する書類として当該免税指定店舗に提出した上で、免税で揮発油を購入する。

(ハ) 免税指定店舗は、大使館等又は大使等から提出された外交官等用揮発油購入票を受領し、これを保存する。

(注) イ及びロに掲げる外交官等用揮発油購入証明書並びにロに掲げる外交官等用揮発油購入票については、揮発油税法（昭和32年法律第55号）及び地方揮発油税法（昭和30年法律第104号）についても同一の証明書等で免税購入手続を行うのであるから留意する。

(2) 自動車の譲渡

イ 大使館等又は大使等は、外務省に対して租特法規則第36条の2第1項《外国公館等であることの証明等》に規定する証明書として別紙第6号様式「外国公館等用消費税免除証明書」の交付申請を行い、当該証明書の交付を受ける。

ロ 大使館等又は大使等は、当該外国公館等用消費税免除証明書に必要事項を記載し、当該証明書を租特法令第45条の4第1項《外国公館等に対する課税資産の譲渡等に係る免税方法等》に規定する証明書兼書類として当該免税指定店舗に提出した上で、免税で自動車を購入する。

ハ 免税指定店舗は、大使館等又は大使等から提出された外国公館等用消費税免除証明書を受領し、当該証明書を租特法令第45条の4第1項《外国公館等に対する課税資産の譲渡等に係る免税方法等》に規定する証明書兼書類として保存する。

(3) 電気、ガス、水道水又は電気通信役務の供給又は提供

イ 大使館等又は大使等は外務省に対して、電気、ガス、水道水又は電気通信役務の供給又は提供に係る免税に関する申請を行う。

ロ 免税指定店舗は、外務省から租特法規則第36条の2第1項《外国公館等であることの証明等》に規定する証明書として別紙第7号様式「外国

公館等用免税(電気、ガス、電話、水道)申請表」の交付を受け、これを租特法令第45条の4第1項《外国公館等に対する課税資産の譲渡等に係る免税方法等》に規定する証明書の提出を受けたものとして保存する。

　ハ　大使館等又は大使等は、電気、ガス、水道水及び電気通信役務の供給又は提供につき免税による給付を受け、別紙第8号様式「外国公館等用免税購入表」に必要事項を記載して、当該外国公館等用免税購入表を租特法令第45条の4第1項《外国公館等に対する課税資産の譲渡等に係る免税方法等》に規定する書類として免税指定店舗に提出する。

　ニ　免税指定店舗は、大使館等又は大使等から提出された当該外国公館等用免税購入表を受領し、これを保存する。

(4)　その他の課税資産の譲渡等

　イ　大使館等又は大使等は、外務省に対して租特法規則第36条の2第1項《外国公館等であることの証明等》に規定する証明書として別紙第9号様式から別紙第14号様式までに定める「免税カード」(以下「免税カード」という。)の交付申請を行い、当該免税カードの交付を受ける。

　ロ　大使館又は大使等は、免税指定店舗に免税カードを提示するとともに、別紙第15号様式「外国公館等用免税購入表」に必要事項を記載して、当該購入表を租特法令第45条の4第1項《外国公館等に対する課税資産の譲渡等に係る免税方法等》に規定する書類として免税指定店舗に提出した上で、免税で課税資産の譲渡等を受ける。

　ハ　免税指定店舗は、大使館等又は大使等から提出された当該外国公館等用免税購入表を受領し、これを保存する。

　　(注)　大使館等又は大使等が免税で譲渡等を受けられる課税資産の譲渡等については、免税カードの種類により、課税資産の譲渡等の内容及び一回の取引につき免税の対象となる課税資産の譲渡等の最低金額に制限が加えられることに留意する。

別紙第1号様式 (表面)

外国公館等に対する消費税免除指定店舗申請書

平成　年　月　日	申請者	（フリガナ）納税地	（電話番号　－　－　）
		（フリガナ）住所又は居所（法人の場合）本店又は主たる事務所の所在地	（〒　－　） （電話番号　－　－　）
		（フリガナ）名称（屋号）	
		（フリガナ）氏名（法人の場合）代表者氏名	印

下記のとおり、外国公館等に対して消費税を免除して課税資産の譲渡等を行うことについて租税特別措置法施行令第45条の4第1項に規定する指定を受けたいので申請します。

指定を受ける店舗（事業所）	業種名	
	名称	
	アルファベット表示（英文又はローマ字）	
	（フリガナ）店舗等所在地	（〒　－　） （電話番号　－　－　）
	責任者役職名及び氏名	印
	主たる取扱物品又は役務の内容	
	連絡先・担当者（所属課等）	（電話番号　－　－　）

注意1　免税事業者については、この申請をすることはできません。
　　2　複数の店舗について指定を受けようとするときは、適宜の用紙に上記の内容を店舗ごとに記載してください。
　　3　裏面の記載要領に留意の上、記載してください。

〔参考〕　　　　　　　　　　　　　　　　　　　　　　　　　　　　　　　　　　　　（裏面）

外国公館等に対する消費税免除指定店舗申請書の記載要領

1　提出すべき場合
　　この申請書は、租税特別措置法施行令第45条の4第1項《外国公館等に対する課税資産の譲渡等に係る免税方法等》の規定により外国公館等に対して消費税を免除して課税資産の譲渡等を行うため、国税庁長官の指定を受けようとする事業者が提出します。
　　なお、この申請書は、指定を受けようとする店舗別に作成し、外務省（外務省大臣官房儀典官室）に（又は税務署を通じて外務省に）提出してください。同省を通じて申請が行われます。
　　（注）消費税法（昭和63年法律第108号）第9条第1項《小規模事業者に係る納税義務の免除》の規定により消費税の納税義務が免除される事業者は、当該申請をすることはできません。

2　記載要領
　(1)　申請者の欄
　　①　「納税地」欄には、消費税の納税地を記載します。
　　　○　個人事業者の場合の原則…国内の住所又は居所
　　　　　　　　　　　　　　　特例…所得税法第16条第1項又は第2項《納税地の特例》により居所地又は事業場等の所在地を納税地とする特例を受けている場合には、その居所地又は事業場等の所在地
　　　○　法人の場合の原則…その本店又は主たる事務所の所在地
　　　　　　　　　　　　特例…上記以外の事業所や事務所の所在地を所轄する税務署に法人税の申告をしている法人は、その事業所等の所在地
　　　○　納税地の指定を受けている場合には、その納税地
　　②　「住所又は居所〔（法人の場合）本店又は主たる事務所の所在地〕」欄には、個人事業者の場合にはその住所又は居所を、法人の場合は登記上の本店又は主たる事務所の所在地を記載します。
　　③　「名称（屋号）」欄には、法人の名称又は個人事業者の屋号を記載します。
　　④　「氏名〔（法人の場合）代表者氏名〕」欄には、個人事業者の場合にはその氏名を、法人の場合には代表者の役職名（代表取締役、理事長等）及び氏名を記載します。
　(2)　指定を受けたい店舗（事業所）の欄
　　①　「業種名」欄には、次の区分に応じ、その指定を受けたい店舗（事業所）において営む事業の種類を記載します。
　　　イ　公共サービス…電気、ガス、電話、水道、下水道の区分
　　　ロ　物品サービス…航空運送、ハイヤー、運送、小売、広告、報道、新聞、出版、百貨店・スーパー、病院、ホテル・レストラン、不動産、ガソリンスタンド、自動車販売・整備その他の区分
　　②　「名称」欄には、当該店舗等の名称を記載します。
　　　「アルファベット表示」欄には、店舗等の名称の英文表示がある場合には当該英文を、英文表示がない場合にはローマ字での表示を記載します。
　　③　「店舗等所在地」欄には、店舗等の所在地を記載します。
　　④　「責任者役職名及び氏名」欄には、当該店舗における責任者の役職名（支店長、営業所長、店長等）及び氏名を記載します。
　　⑤　「主たる取扱物品又は役務の内容」欄には、例えば、通信サービス、事務機器販売、自動車の販売、ガソリンスタンド、飲食の提供（レストラン）等外国公館等に対して行う販売物品の種類又は役務の内容を記載してください。
　　⑥　「連絡先・担当者（所属課等）」欄には、この申請を行う上で連絡先・担当者がある場合には、その所属課等を含めて記載してください。

別紙第2号様式

外交官等用揮発油購入証明書
Gasoline Purchase Certificate for Diplomats etc.

（表）

証明書番号 Certificate Number		登録車の詳細 Description of Registered Vehicles		
館名 Name of Mission		登録車両番号 Licence Plate Numbers	3カ月間の免税制限数量 Quarterly Limits of Tax-free Purchase	公用車、自用車の区別、その他 Classification (Official or Personal) etc.
免税揮発油購入数量の限度 Maximum Quantity of Tax-Free Purchase	ℓ			
免税揮発油についての責任者 Officer in Charge				
同上責任者の署名 Signature of the Above Officer				
証明書の有効期限 Term of Validity of Certificate				
上記及び右記の事項は、事実に相違ないことを証明します。 I hereby certify that all entries on this certificate are true and correct. Date: 平成　年　月　日 　　　　外務省大臣官房儀典総括官　　㊞ 　　　　Senior Deputy Chief of Protocol　（seal） 　　　　Ministry of Foreign Affairs				

備考 1. この証明書は、四半期ごとに1通交付します。
　　　　This certificate is renewed quarterly.
N.B. 2. この証明書は、使用後外務省に返納してください。返納しない場合には新しい証明書を交付しません。
　　　　This certificate should be returned to the Ministry of Foreign Affairs after its use otherwise a new certificate will not be issued.

(裏)

承　認　事　続
Record of Approvals

承認月日 Dates of Approval	承認数量 Quantities Approved	承認数量の累計 Approved Quantities Added	移出又は引取の場所 Places of Transshipment or Delivery	税務署長又は税関長の官印 Official Seals of the Chief of Tax Office or Custom House	適用 Remarks
	ℓ	ℓ			

備考　この欄は、免税の承認を与えた税務署長又は税関長が記載します。
N. B. To be entered by the Chief of the Tax Office or the Custom House who has approved tax exemption.

別紙第3号様式

| Certificate of Tax Exemption Purchase for Foreign Establishments |
| 外 国 公 館 等 用 免 税 購 入 表 |
| Gasoline to be Exempted from Consumption Tax |
| 消 費 税 免 税 揮 発 油 |

Date of Purchase 購入年月日	Year 年	Month 月	Day 日
Certificate Number 証明書番号			

Quantity 数　　　　量	Total Price 総　　　額

Seller etc.
販売業者等

Address 住　　　所
Name of Seller etc. 事　業　者　名

Purchaser
購　入　者

Name of Mission 公館名称
Name of Purchaser (in case of purchase by mission, the name of officer in charge) 購入者氏名　　　　　　　　　　Signature 　　　　　　　　　　　　　　　（署名）

（外務省大臣官房儀典官室発行）

注意 1. 本購入表は、揮発油税法基本通達第91条に基づき登録車の燃料用に供する揮発油を、製造場から直接購入する場合の揮発油税の免税手続を採った外交官等及び外国公館等が製造場から揮発油を直接購入する場合に消費税を免除するために使用する。
　　 2. 公館が購入する場合には、購入者氏名の欄に責任者氏名を記入する。
　　〔本購入表は7年間保存〕

別紙第4号様式

外 交 官 等 用 揮 発 油 購 入 証 明 書
Certificate of Purchase of Gasoline by Diplomats etc.

公　　館　　名 Name of Mission	
登　録　車　輌　番　号 Licence Plate Number	
この購入票で購入できる揮発油の数量 Quantity Purchasable on the Coupons	
この購入票の有効期限 Term of Validity of Coupons	年　　　月　　　日
購入票の発行年月日 Date of Issuance	年　　　月　　　日
購入票の発行責任者 Issuing Official	外務省大臣官房儀典総括官　㊞ Senior Deputy Chief of Protocol, Ministry of Foreign Affairs
署　　　　　名 Bearer's Signature	

別紙第5号様式

　年　月　日まで有効

外 交 官 等 用 揮 発 油 購 入 票
Gasoline Purchase Coupon for Diplomats etc.

購　入　年　月　日 Date of Purchase							
※購入数量・税抜価格 Quantity, Tax-Free Price					ℓ	※	円
登　録　車　輌　番　号 Licence Plate Number							
購　入　者　署　名 Purchaser's Signature							
※購　入　残　数　量 Remainder Purchasable					ℓ		
※販　　売　　店　　名 Seller's Name							

※　印欄は、指定小売店が記入します。
　　Sections marked ※ are to be entered by the designated retailer.

別紙第6号様式

証明書番号		儀消第	号

外国公館等用消費税免除証明書
Certificate of Consumption Tax Exemption for Foreign Establishments

販売業者	（住所・電話番号）
	（氏名又は名称）

年式・車種 Year & Make	型式 Body Type	数量 Quantity	税抜価格 Tax-Free Price

上記の物品は＿＿＿＿＿＿＿＿＿＿＿＿＿公館／構成員の使用のため購入するものであることに相違ないことを証明します。
This is to certify that the above-mentioned motor vehicle/cycle is purchased for the office/personnel use of ＿＿＿＿＿＿＿＿＿＿＿＿＿＿＿＿＿＿＿＿＿＿＿.
　　　　　　　　　　　　　(Name of Foreign Establishment)

年　月　日
Date

外務省大臣官房儀典総括官
Senior Deputy Chief of Protocol　　印
Ministry of Foreign Affairs

下記は購入者が購入時に記入
To be entered by purchaser upon purchase

所属公館名称 Name of Foreign Establishment	購入年月日 Date of Purchase

購入者氏名
Name of Purchaser(In the case of official vehicles,the name of an authorized officer)
　　　　　　　　　　　　　　　（署名）
　　　　　　　　　　　　　　　Signature

〔本証明書は7年間保存〕

別紙第7号様式
Application List of Exemption of Tax (Electricity/Gas/Telephone/Water) for Foreign Establishments.
外国公館等用免税(電気・ガス・電話・水道)申請表

Name of Foreign Establishment :＿＿＿＿＿＿＿＿＿＿＿＿＿＿＿＿＿＿＿＿＿＿

(公館名：　　　　　　　　　　　　　　　　　　　　　)

Effective Date (発効日)	Applicant (申請者)		Customer Number (顧客番号)	
(year) (month) (day) From 　より　．　． * Occupancy * Vacancy (Cross out unneccesary item *)	Name 氏　名		Electricity 電　気	
	Rank 官　職		Gas ガ　ス	
	Address 住　所		Telephone 電　話	
			Water 水　道	
(year) (month) (day) From 　より　．　． * Occupancy * Vacancy (Cross out unneccesary item *)	Name 氏　名		Electricity 電　気	
	Rank 官　職		Gas ガ　ス	
	Address 住　所		Telephone 電　話	
			Water 水　道	
(year) (month) (day) From 　より　．　． * Occupancy * Vacancy (Cross out unneccesary item *)	Name 氏　名		Electricity 電　気	
	Rank 官　職		Gas ガ　ス	
	Address 住　所		Telephone 電　話	
			Water 水　道	
(year) (month) (day) From 　より　．　． * Occupancy * Vacancy (Cross out unneccesary item *)	Name 氏　名		Electricity 電　気	
	Rank 官　職		Gas ガ　ス	
	Address 住　所		Telephone 電　話	
			Water 水　道	

Note: All entries to be made in Japanese or English

別紙第 8 号様式

| Customer Number |
| 顧客番号 |

Certificate of Tax Exemption Purchase for Foreign Establishments
外 国 公 館 等 用 免 税 購 入 表

Annual Details of Tax Exemption (Electricity/Gas/Telephone/Water)
年度別免税明細（電気、ガス、電話、水道）

Year Month 年　　月	Quantity 使　用　量	Price 料　　　金
年　　月		
年　　月		
年　　月		
年　　月		
年　　月		
年　　月		
年　　月		
年　　月		
年　　月		
年　　月		
年　　月		
Total during 19__ Business Year 事業年度分合計		

Purchaser
購　入　者

Name of Mission 公館名称		Official Seal of Foreign Establishment （公館印）
Name of Purchaser 購入者氏名	Signature （署名）	Valid only if official Seal is stamped 公館印なきものは無効

Seller etc.
販売業者等

| Address
住　　　所 |
| Name of Seller etc.
事 業 者 名 |

Note to Foreign Establishments: Please stamp the official seal at the above designated place upon confirming the content of the above annual details to be submitted by the Seller etc. for each purchaser at the end of Seller's business year.
注意　販売業者等は、上記購入者が、外務省発国税庁あて免税依頼書写に記載される本人であることにつき購入者が所属する外国公館による確認印を受けてください。

〔本購入表は 7 年間要保存〕

別紙第9号様式
(1) 物品・サービスすべて免税のケース

(表)

```
免　税　カ　ー　ド（　※注1　）第　－　－　号

　年間有効　　年　月　日まで
　　　　　　　　　　　　　　　　○ 物品
　（　公　館　名　）
　　　　　　　　　　　　　　　　○ サービス
　（　官　職　名　）
　（　氏　　　名　）
　　　　　　　　　　　　　　　　　　　　　　　写　真


　　　年　　月　　日　　外務省発行省印
```

※注1　外交官、領事官、事務技術職員、国際機関職員、大使館、
　　　　総領事館、領事館、国際機関事務局の区別を記入する。
※注2　規格等　材質：プラスチック、色：浅黄色

(裏)

```
〔備考〕
○ 揮発油、四輪自動車、二輪自動車（原動機付自転車を含む。）、電気、
　ガス、電話、水道を除く。
○ 帰国の際には本カードを必ず返却のこと。
　〔○ 本カードを拾得した方は外務省大臣官房儀典官室〕
　〔　東京都千代田区霞が関2-2-1）へ送付願います。　〕

〔追記欄〕
　┌─────────┬──────────────┐
　│　所 持 人 署 名　│　　　　　　　　　　　　　　│
　│　　Signature　　│　　　　　　　　　　　　　　│
　│　of the bearer 　│　　　　　　　　　　　　　　│
　└─────────┴──────────────┘
```

別紙第10号様式
(2) 物品・サービス共（足切り額5,000円）免税のケース

(表)

```
┌─────────────────────────────────────────────┐
│                                             │
│   免 税 カ ー ド （ ※注1 ） 第 － － 号      │
│                                             │
│    年間有効  年 月 日まで                   │
│                          ○ 物品             │
│   ( 公 館 名 )           ○ サービス         │
│   ( 官 職 名 )           ○ 免税対象額5千円以上 │
│   ( 氏   名 )                               │
│                                ┌─────────┐  │
│                                │ 写  真  │  │
│                                │         │  │
│        年  月  日  外務省発行 省印         │  │
│                                └─────────┘  │
└─────────────────────────────────────────────┘
```

※注1、注2及び裏面は(1)に同じ

別紙第11号様式
(3) 物品・サービス共（足切り額40,000円）免税のケース

(表)

```
┌─────────────────────────────────────────────┐
│                                             │
│   免 税 カ ー ド （ ※注1 ） 第 － － 号      │
│                                             │
│    年間有効  年 月 日まで                   │
│                          ○ 物品             │
│   ( 公 館 名 )           ○ サービス         │
│   ( 官 職 名 )           ○ 免税対象額4万円以上 │
│   ( 氏   名 )                               │
│                                ┌─────────┐  │
│                                │ 写  真  │  │
│                                │         │  │
│        年  月  日  外務省発行 省印         │  │
│                                └─────────┘  │
└─────────────────────────────────────────────┘
```

※注1、注2及び裏面は(1)に同じ

別紙第12号様式
(4) 物品のみ（足切り額なし）免税のケース

(表)

```
┌─────────────────────────────────────────────┐
│   免  税  カ  ー  ド  ( ※注１ ) 第 － － 号  │
│                                             │
│    年間有効  年 月 日まで                   │
│                          ○ 物 品            │
│   ( 公 館 名 )                               │
│   ( 官 職 名 )                               │
│   ( 氏   名 )                                │
│                              ┌─────────┐    │
│                              │  写 真  │    │
│                              └─────────┘    │
│      年  月  日  外務省発行省印             │
└─────────────────────────────────────────────┘
```

※注１　裏面は(1)に同じ
※注２　規格等　材質：プラスチック　色：淡クリーム色

別紙第13号様式
(5) 物品のみ（足切り額5,000円）免税のケース
(表)

```
┌─────────────────────────────────────────────┐
│   免  税  カ  ー  ド  ( ※注１ ) 第 － － 号  │
│                                             │
│    年間有効  年 月 日まで                   │
│                          ○ 物 品            │
│   ( 公 館 名 )          ○ 免税対象額５千円以上 │
│   ( 官 職 名 )                               │
│   ( 氏   名 )                                │
│                              ┌─────────┐    │
│                              │  写 真  │    │
│                              └─────────┘    │
│      年  月  日  外務省発行省印             │
└─────────────────────────────────────────────┘
```

※注１　裏面は(1)に同じ
※注２　(4)に同じ

別紙第14号様式
(6) 物品のみ（足切り額40,000円）免税のケース

(表)

```
┌─────────────────────────────────────────────────┐
│   免  税  カ  ー  ド  ( ※注1 ) 第 ― ― 号        │
│                                                 │
│   年間有効　年　月　日まで                       │
│                           ○ 物品                │
│   （ 公　館　名 ）         ○ サービス            │
│   （ 官　職　名 ）         ○ 免税対象額4万円以上 │
│   （ 氏　　　名 ）                               │
│                                    ┌────────┐  │
│                                    │ 写  真 │  │
│                                    └────────┘  │
│                                                 │
│      年　月　日　外務省発行省印                  │
└─────────────────────────────────────────────────┘
```

※注1　裏面は(1)に同じ
※注2　(4)に同じ

別紙第15号様式

Certificate of Tax Exemption Purchase for Foreign Establishments
外 国 公 館 等 用 免 税 購 入 表

Date of Purchase　　　Year Month Day
購入年月日　　　　　　年　　月　　日

Article/Service 品名・サービス	Quantity 数量	Total Price 総額

Seller etc.
販売業者等

Address
住　　所

Name of Seller etc.
事 業 者 名

購入者（購入者側にて記入）Purchaser(To be entered by the purchaser)

Name of Foreign Establishment
所属公館名称

Tax Exemption Card Number
免税カード番号

Name of Purchaser
購入者氏名

Signature
署　名

注意　1．販売業者等は、購入者に対し、外務省発行の身分証明票の提示を求め、写真その他記載事項を照合し購入者が大使館員等であることを確認してください。
　　　2．販売業者等は、本書式記載に際し、購入者等が所持する免税カードの呈示を求め、免税対象を含む記載事項を確認してください。
〔本購入表は7年間要保存〕

〔参考8〕

昭和41.10.21　間消1—132
間酒1—65

国税庁長官・国税局長
（沖縄国税事務所長）

税　関　長
（沖縄地区税関長）

輸入品に対する内国消費税の徴収等に関する
法律の取扱通達の全部改正について

改正　昭42間消1—64、平18課消1—1、平21課消3—32、平23課消1—35

　昭和30年11月5日付（間酒1—188／間消1—127）「輸入品に対する内国消費税の徴収等に関する法律の取扱いについて」通達の全部を別冊「輸入品に対する内国消費税の徴収等に関する法律取扱通達」のとおり改めたから、実施上遺憾のないようにされたい。

（理由）
　関税法等の一部を改正する法律の施行に伴う関係法律の整備等に関する法律（昭和41年法律第39号）の施行に伴い、輸入品に対する内国消費税の徴収等に関する法律について大幅な改正がおこなわれたことによる。

別冊1
　輸入品に対する内国消費税の徴収等に関する法律取扱通達（消費税及び間接諸税関係）
　この通達において用いる次に掲げる用語の意義は、別に定める場合を除き、

それぞれ次に定めるところによる。

法	輸入品に対する内国消費税の徴収等に関する法律（昭和30年法律第37号）をいう。
消費税法等	消費税法（昭和63年法律第108号）、たばこ税法（昭和59年法律第72号）、一般会計における債務の承継等に伴い必要な財源の確保に係る特別措置に関する法律（平成10年法律第137号。以下「たばこ特別税創設法」という。）、揮発油税法（昭和32年法律第55号）、地方揮発油税法（昭和30年法律第104号）、石油ガス税法（昭和40年法律第156号）、石油石炭税法（昭和53年法律第25号）、国税通則法（昭和37年法律第66号）、国税徴収法（昭和34年法律第147号）、租税特別措置法（昭和32年法律第26号）、災害被害者に対する租税の減免、徴収猶予等に関する法律（昭和22年法律第175号。以下「災害減免法」という。）又は日本国とアメリカ合衆国との間の相互協力及び安全保障条約第6条に基づく施設及び区域並びに日本国における合衆国軍隊の地位に関する協定の実施に伴う関税法等の臨時特例に関する法律（昭和27年法律第112号。以下「関税法等特例法」という。）をいう。
関税法	関税法（昭和29年法律第61号）をいう。
定率法	関税定率法（明治43年法律第54号）をいう。
関暫法	関税暫定措置法（昭和35年法律第36号）をいう。
内国消費税	消費税法等の規定により課される消費税、たばこ税、たばこ特別税、揮発油税、地方揮発油税、石油ガス税又は石油石炭税をいう。
課税物品	消費税法第2条第1項第11号《定義》に規定する課税貨物、たばこ税法第3条《課税物件》に規定する製造たばこ、揮発油税法第2条第1項《定義》に規定する揮発油（同法第6条《揮発油等とみなす場合》の規定により揮発油とみなされる物を含む。）、石油ガス税法第3条《課税物件》に規定する課税石油ガス又は石油石炭税法第3条《課税物件》に規定する原油、石油製品、ガス状炭化水素若しくは石炭をいう。
内国貨物	関税法第2条第1項第4号《定義》に規定する内国貨物をいう。
外国貨物	関税法第2条第1項第3号《定義》に規定する外国貨物をいう。
保税地域	法第2条第3号《定義》に規定する保税地域をいう。

| 保税工場 | 法第2条第4号《定義》に規定する保税工場をいう。 |
| 総合保税地域 | 法第2条第6号《定義》に規定する総合保税地域をいう。 |

第2条《定義》関係

(保税地域からの引取りの時)

2−1　法第2条第7号《定義》に規定する「輸入」とは、消費税法、たばこ税法、たばこ特別税創設法、揮発油税法、地方揮発油税法、石油ガス税法又は石油石炭税法に規定する保税地域からの引取りに該当するものであるが、具体的には次に掲げるような場合を除き、原則として、関税法第67条《輸出又は輸入の許可》の規定に基づく輸入の許可を受けた時に保税地域からの引取りがあったものとして取り扱う。(平18課消1−1改正)

(1)　法第15条第2項《変質、損傷等の場合の軽減又は還付等》の規定の適用がある場合

(2)　関税法第58条の2《保税作業による製品に係る納税申告等の特例》の規定の適用がある場合

(3)　関税法第63条第1項《保税運送》の規定の適用がある場合

(4)　関税法第73条《輸入の許可前における貨物の引取り》の規定により税関長の承認を受けて課税物品を引き取る場合

(課税済品の引取り等)

2−2　保税地域に搬入された内国消費税が課税済みの内国貨物である課税物品が、当該保税地域から搬出される場合(いわゆる場内消費に該当する場合を含む。)については、保税地域からの引取りには該当しないものとして取り扱う。(平18課消1−1改正)

(注)1　本文の取扱いを適用する場合で、その保税地域がその内国貨物に該当

する課税物品の製造場に該当するときは、その搬出は、その製造場からの移出に該当することに留意する。

2　消費税法第2条第1項第11号《定義》に規定する課税貨物とは、保税地域から引き取られる一定の外国貨物をいうから、消費税については内国貨物に該当する課税物品はないことに留意する。

第2条の2《関税の簡易税率適用物品に対する内国消費税の非課税》関係

（租税特別措置法の規定による消費税の非課税）

2の2－1　租税特別措置法第87条の5《入国者が輸入するウイスキー等に係る酒税の税率の特例》の規定の適用を受ける酒類（酒税法（昭和28年法律第6号）第2条第1項に規定する酒類をいう。）及び同法第88条の2《入国者が輸入する紙巻たばこのたばこ税の税率の特例》の規定の適用を受ける製造たばこについては、同法第86条の3《入国者が輸入するウイスキー等又は紙巻たばこの非課税》の規定により、保税地域からの引取りに係る消費税は課されないことに留意する。（平18課消1－1改正）

第3条《課税物品の確定の時期》関係

（課税物品の性質及び数量）

3－1　法第3条《課税物品の確定の時期》に規定する「性質」、「数量」又は「その他の法律」とは、次のものをいう。（平18課消1－1改正）

(1)　性質　課税物品の区分、品名等の判断の基礎となる広義の性質をいう。

(2)　数量　重量、容量又は個数等をいう。

(3)　その他の法律　関暫法及び関税法等特例法等をいう。

第5条《保税地域からの引取り等とみなす場合》関係

(保税地域以外の場所から輸入する場合)

5—1　法第5条第1項《保税地域からの引取り等とみなす場合》に規定する「保税地域以外の場所から輸入する場合」とは、例えば、次に掲げるものが該当する。(平18課消1—1改正)

(1)　保税地域を経由しないで密輸入する場合

(2)　関税法第30条第1項《外国貨物を置く場所の制限》各号に掲げる貨物を保税地域以外の場所から輸入する場合

(3)　関税法等特例法第12条第1項《免税物品の譲受の際の関税の徴収等》の規定に該当する場合

第6条《引取りに係る課税物品についての申告、納税等の特例》関係

(引取りに係る課税物品についての申告)

6—1　引取りに係る課税物品についての申告(消費税法第47条第1項及び第2項《引取りに係る課税貨物についての課税標準額及び税額の申告等》、たばこ税法第18条第1項及び第2項《引取りに係る製造たばこについての課税標準額及び税額の申告等》、揮発油税法第11条第1項及び第2項《引取りに係る揮発油についての課税標準額及び税額の申告等》、石油ガス税法第17条第1項及び第2項《引取りに係る課税石油ガスについての課税標準額及び税額の申告等》又は石油石炭税法第14条第1項及び第2項《引取りに係る原油等についての課税標準額及び税額の申告等》に規定する課税物品についての申告をいい、同法第15条第2項《引取りに係る原油等についての課税標準及び税額の申告等の特例》に規定する申告を除く。)は、関税法第67条《輸出又は輸入の許可》に規定する輸入申告に併せて行うこととなることに留意する。(平18課消1—1改正)

(引取りに係る課税物品についての特例申告)

6-2　消費税法等の申告納税規定（消費税法第47条第1項《引取りに係る課税貨物についての納税申告等》、たばこ税法第18条第1項《引取りに係る製造たばこについての納税申告等》、揮発油税法第11条第1項《引取りに係る揮発油についての納税申告等》、石油ガス税法第17条第1項《引取りに係る課税石油ガスについての納税申告等》及び石油石炭税法第15条第1項《引取りに係る原油等についての課税標準額及び税額の申告等》をいう。以下同じ。）に規定する者が、その引取りに係る課税物品について関税法第7条の2第2項《申告の特例》に規定する特例申告を行う場合には、当該申告納税規定に規定する申告は、当該特例申告と併せて当該課税物品の引取りの日の属する月の翌月末日までに行うこととなることに留意する。（平18課消1-1改正）

(携帯品を輸入する場合の口頭申告)

6-3　法第6条第3項《引取りに係る課税物品についての申告、納税等の特例》の規定に基づく口頭による課税標準の申告は、関税法上の輸入に関する申告を口頭で行う場合に適用する。（平18課消1-1改正）

第7条《郵便物の内国消費税の納付等》関係

(郵便物に係る内国消費税の納付)

7-1　法第7条《郵便物の内国消費税の納付等》による郵便物の内国消費税の取扱いについては、関税法上の郵便物に対する関税の取扱いの例によるものとする。（平18課消1-1改正）

(郵便物に係る保全担保)

7-2　法第7条第5項《郵便物の内国消費税の納付等》の規定による内国消費税の保全担保は、関税法第77条第7項《郵便物の関税の納付等》の規

定により関税の保全担保を提供させるときには、必ず提供させるものとする。(平18課消1―1改正)

第8条《公売又は売却等の場合における内国消費税の徴収》関係

(引取りにつき課された消費税とみなす場合の取扱い)

8―1 法第8条第1項《公売又は売却等の場合における内国消費税の徴収》等の規定の適用を受ける外国貨物に係る消費税は、法第5条第2項《保税地域からの引取りとみなす場合》により、外国貨物の保税地域からの引取りにつき課された消費税とみなされることから、消費税法第30条《仕入れに係る消費税額の控除》等の規定が適用されることに留意する。(平18課消1―1改正)

第9条《輸入の許可前における引取り》関係

(輸入の許可前における引取りの際の納期限延長)

9―1 関税法第73条第1項《輸入の許可前における貨物の引取り》の規定により税関長の承認を受けて引き取る課税物品に係る内国消費税については、納期限の延長はしないことに留意する。(平18課消1―1改正)

第10条《保税工場外等における保税作業》関係

(保全担保の提供)

10―1 法第10条第2項《保税工場外等における保税作業》の規定による内国消費税の保全担保は、関税法第61条第2項《保税工場外における保税作業》の規定により関税の保全担保を提供させるときには、必ず提供させるものとする。(平18課消1―1改正)

(徴収された消費税の取扱い)

10—2 法第10条第3項の規定の適用を受ける外国貨物に係る消費税は、法第5条第2項《保税地域からの引取りとみなす場合》により、外国貨物の保税地域からの引取りにつき課された消費税とみなされることから、消費税法第30条《仕入れに係る消費税額の控除》等の規定が適用されることに留意する。(平18課消1—1改正)

(保税工場外等における保税作業の取扱い)

10—3 法第10条第4項及び第5項の規定の適用がある場合には、税務署が所管することになるのであるから留意する。(平18課消1—1改正)

第11条《保税運送等の場合の免税》関係

(特例輸出貨物の意義)

11—1 法第11条第2項に規定する「特例輸出貨物」とは、関税法第67条の3第1項《輸出申告の特例》の規定による輸出申告が行われ、税関長の輸出の許可を受けた貨物をいうから、外国貨物に該当するものであるが、当該特例輸出貨物である課税物品は、11—2の場合を除き、法第11条第2項の規定により保税地域から引き取る際の内国消費税は免除されることに留意する。(平18課消1—1、平23課消1—35改正)

(特例輸出貨物に係る輸出免税の適用)

11—2 第11条第3項の規定は、特例輸出貨物である製造たばこ、揮発油又は石油ガス(以下この項において、「製造たばこ等」という。)を保税地域である製造場(たばこ税法第12条第6項《未納税移出》又は揮発油税法第14条第6項《未納税移出》等の規定により製造場とみなされる場所を含む。以下この項において「製造たばこの製造場等」という。)又は石油ガスの充てん場に移

入した後に、当該製造たばこ等又は当該石油ガスを自動車の石油ガス容器に充てんしたもの（課税石油ガス）を船積み等のために当該保税地域から引き取る場合に、当該保税地域を製造たばこの製造場等又は石油ガスの充てん場とみなして、当該保税地域からの引取りを製造場又は石油ガスの充てん場からの移出とみなすことにより、たばこ税法第14条《輸出免税》、揮発油税法第15条《輸出免税》又は石油ガス税法第11条《輸出免税》等の規定を適用する趣旨であるから留意する。（平18課消1－1、平23課消1－35改正）

(保全担保の提供)

11－3
(1) 法第11条第4項《保税運送等の場合の免税》の規定による内国消費税の保全担保は、関税法第63条第2項《保税運送》の規定により関税の保全担保を提供させるときには、必ず提供させるものとする。（平18課消1－1改正）

(2) 関税法第64条第1項《難破貨物等の運送》の規定の適用を受けた課税物品について、法第11条第1項の規定を適用する場合には、同条第4項の規定による保全担保の提供の必要はない。（平18課消1－1改正）

(徴収された消費税の取扱い)

11－4　法第11条第5項《保税運送等の場合の免税》本文の規定の適用を受ける外国貨物に係る消費税は、法第5条第2項《保税地域からの引取りとみなす場合》により、外国貨物の保税地域からの引取りにつき課された消費税とみなされることから、消費税法第30条《仕入れに係る消費税額の控除》等の規定が適用されることに留意する。（平18課消1－1改正）

(災害その他やむを得ない理由の範囲)

11―5　法第11条第5項ただし書《保税運送等の場合の免税》に規定する「災害その他やむを得ない理由により亡失した場合又はあらかじめ税関長の承認を受けて滅却した場合」の意義は、次の各号に掲げるところによる。(平18課消1―1改正)

　(1)　「災害」とは、震災、風水害、雪害、凍害、落雷、雪崩、がけ崩れ、地滑り、火山の噴火等の天災又は火災その他の人為的災害で自己の意志によらないもの等に基因する災害をいう。

　(2)　「やむを得ない理由」とは、おおむね上記(1)に規定する災害に準ずるような状況にある事態をいい、誤送、盗難等による亡失は含まない。

　(3)　「亡失」とは、原則として、課税物品が物理的に存在しなくなることをいうほか、その原形をある程度とどめている場合があっても、その課税物品の本来の性質及び商品価値を著しく失い、これを事故前の状態に戻すためには、新たに製造する場合と同程度の行為を要すると認められる状況にある場合を含むものとする。

　(4)　「滅却」とは、積極的に課税物品を上記(3)に規定する亡失に該当させることをいう。

(保税運送等の場合の免税手続の特例)

11―6　法第11条《保税運送等の場合の免税》の規定の運用を受ける場合において、関税法上の申請書又は申告書に記載すべき内国消費税の免除に関する付記事項については、その付記が極めて困難で、かつ、その付記事項を特に必要としないと認められるときは、これらの規定の適用を受けようとする旨の付記のみによらせても差し支えない。(平18課消1―1改正)

　(注)　本文の取扱いに該当する事例としては、例えば、引越家財道具等で多種類の物品を一括梱包したようなものがある。

第12条《船用品又は機用品の積込み等の場合の免税》関係

(本邦の船舶等の意義)

12-1 法第12条《船用品又は機用品の積込み等の場合の免税》に規定する「本邦の船舶又は航空機」とは、日本国籍を有する船舶又は航空機をいい、外国籍の船舶又は航空機であっても、日本人が船主との契約によって船体だけを賃借（いわゆる裸用船）し、日本人の船長又は乗組員を使用している場合等、実質的に日本国籍を有する船舶又は航空機と同様に使用されていると認められているものを含む。(平18課消1-1改正)

(船用品等に係る内国消費税の免除)

12-2 船用品又は機用品として本邦と外国との間を往来する本邦の船舶又は航空機に積み込むため課税物品を保税地域から引き取る場合には、法第12条第2項《船用品又は機用品の積込み等の場合の免税》、租特法第85条《外航船等に積み込む物品の譲渡等に係る免税》、同法第88条の3《外航船等に積み込む製造たばこの免税》及び揮発油税法第16条の4《引取りに係る航空機燃料用揮発油の免税》の規定により、次に掲げるものについて、それぞれ次に掲げる引取りに係る内国消費税が免除されることに留意する。(平18課消1-1改正)

(1) 製造たばこ（たばこ税法第2条《定義及び製造たばこの区分》に規定する製造たばこをいう。）消費税、たばこ税及びたばこ特別税

(2) 原油、石油製品、ガス状炭化水素又は石炭（それぞれ石油石炭税法第2条第1号から第4号《定義》までに規定する原油、石油製品、ガス状炭化水素又は石炭をいい、石油製品については(3)に掲げるものを除く。）消費税及び石油石炭税

(3) 揮発油（揮発油税法第2条第1項《定義》に規定する揮発油をいい、機用

品に限る。）消費税、揮発油税及び地方揮発油税並びに石油石炭税
(4) 燃料、飲食物その他の消耗品及び帆布、綱、じう器その他これらに類する貨物（(1)から(3)に掲げるものを除く。）消費税

(船用品又は機用品の積込み等の場合の免税手続の特例)

12—3　法第12条《船用品又は機用品の積込み等の場合の免税》の規定の適用を受ける場合の免税手続の特例については、11—6の規定を準用するものとする。(平18課消1—1改正)

(災害等の範囲)

12—4　法第12条第4項《船用品又は機用品の積込み等の場合の免税》に規定する「災害その他やむを得ない理由」、「亡失」及び「滅却」の意義については、11—5による。(平18課消1—1改正)

第13条《免税等》関係

(免税物品の取扱い)

13—1　法第13条第1項又は第3項《免税等》の規定により内国消費税を免除されることとなる課税物品の取扱いについては、定率法上の相応する規定を準用するものとする。(平18課消1—1改正)

(免税手続の特例)

13—2　法第13条《免税等》の規定の適用を受ける場合の免税手続の特例については、11—6の規定を準用するものとする。(平18課消1—1改正)

(保全担保の提供)

13—3　法第13条第4項《免税等》の規定による内国消費税の保全担保は、

定率法第17条第 2 項《再輸出免税》の規定により関税の保全担保を提供させるときには、必ず提供させるものとする。(平18課消 1 ― 1 改正)

(変質、損傷等の場合の軽減等の取扱い)

13― 4　法第13条第 5 項及び第 6 項《免税等》の規定は、原則として、定率法上のこれらの規定に相応する規定を適用する場合についてのみ適用するものとし、その取扱いについては、関税の取扱いの例による。(平18課消 1 ― 1 改正)

第15条《変質、損傷等の場合の軽減又は還付等》関係

(変質、損傷等の場合の軽減又は還付の適用範囲)

15― 1　法第15条第 1 項《変質、損傷等の場合の軽減又は還付等》の規定は、災害その他やむを得ない理由がない場合であっても、輸入される課税物品が変質し、又は損傷したときに適用され、同条第 2 項の規定は、災害その他やむを得ない理由により減失し、又は変質し、若しくは損傷した場合に限り適用されることに留意する。(平18課消 1 ― 1 改正)

(災害減免法の規定と適用事例が競合する場合)

15― 2　法第15条第 2 項《変質、損傷等の場合の軽減又は還付等》の規定の適用事例と災害減免法第 7 条《控除》の規定の適用事例とが競合する場合の取扱いについては、次による。(平18課消 1 ― 1 改正)
(1)　被災した課税物品の所持者とその物品に対する内国消費税の納税義務者とが同一人であるときは、その納税義務者の希望により、法第15条第 2 項の規定と災害減免法第 7 条の規定のいずれかを適用する。
(2)　被災した課税物品の所持者とその物品に対する内国消費税の納税義務者とが異なるときは、災害減免法第 7 条の規定を優先して適用する。

(災害等の範囲)

15―3　法第15条第2項《変質、損傷等の場合の軽減又は還付等》に規定する「災害その他やむを得ない理由」及び「滅失」の意義については、11―5による。(平18課消1―1改正)

(変質、損傷等の場合の軽減又は還付手続)

15―4　法第15条《変質、損傷等の場合の軽減又は還付等》の規定による軽減又は還付の手続については、定率法上の相応する規定を準用するものとする。(平18課消1―1改正)

第16条《保税工場等において保税作業をする場合等の内国消費税の特例》関係

(保税作業の場合における内国消費税の特例の取扱い)

16―1　法第16条各項の規定の趣旨又は取扱いは、次のとおりであるから留意する。(平18課消1―1改正)

(1)　法第16条第1項及び2項《保税工場等において保税作業をする場合等の内国消費税の特例》の規定は、保税工場等における保税作業による製品は原則として輸出されるものであり、国内における消費は予定されていないと考えられることから、いわゆる場内消費を適用しない趣旨である。

(2)　法第16条第3項から第6項の規定の取扱いについては、定率法上の相応する規定を準用するものとする。

(3)　法第16条第11項の規定の取扱いについては、関税法第34条の2又は同法第61条の3《記帳義務》の規定を準用するものとする。

第16条の２《保税展示場等における使用等の特例》関係

（保税展示場における使用等の特例の取扱い）

16の２―１　法第16条の２第１項《保税展示場等における使用等の特例》の規定は、16―1と同様の趣旨であることに留意する。また、法第16条の２第２項及び第３項の規定は、10―3と同様であることに留意する。（昭和42年間酒１―50、間消１―64、平18課消１―１改正）

（徴収された消費税の取扱い）

16の２―２　法第16条の２第３項の規定において準用する法第10条第３項の適用を受ける外国貨物に係る消費税は、法第５条第２項《保税地域からの引取りとみなす場合》により、外国貨物の保税地域からの引取りにつき課された消費税とみなされることから、消費税法第30条《仕入れに係る消費税額の控除》等の規定が適用されることに留意する。（平18課消１―１改正）

第16条の３《輸入時と同一状態で再輸出される場合の還付》関係

（輸入時と同一状態で再輸出される場合の還付）

16の３―１　法第16条の３《輸入時と同一状態で再輸出される場合の還付》の規定の取扱いについては、定率法上の相応する規定を準用するものとする。（平18課消１―１改正）

第18条《引取りに係る内国消費税の延滞税の免除》関係

（引取りに係る内国消費税の延滞税の免除の取扱い）

18―1　法第18条《引取りに係る内国消費税の延滞税の免除》の規定の取扱いについては、関税法第12条第６項《延滞税》の規定の取扱いの例による。

(平18課消1—1改正)

第22条《当該職員の権限》関係

(当該職員の意義)

22—1　法第22条《当該職員の権限》に規定する「当該職員」とは、内国消費税に関する検査又は調査を担当する税関の支署その他の税関官署の課係に所属する職員をいうものとする。(平18課消1—1改正)

付　録

1　仕入税額控除の要件における「帳簿」の記載内容について ……………………………1283

2　仕入税額控除の要件における「帳簿」・「請求書等」の記載内容に関する見解 ……………………………1292

〔付録1〕

仕入税額控除の要件における「帳簿」の記載内容について

(はじめに)

　平成6年秋の第131回国会で成立した「所得税法及び消費税法の一部を改正する法律」(平成6年法律第109号)により、消費税率の引上げ、仕入税額控除の適用要件の変更、簡易課税制度の適用上限の引下げ、限界控除制度の廃止等を内容とする消費税法の一部改正が行われ、平成9年4月1日から適用することとされました。

　この改正により、簡易課税制度を選択していない、いわゆる本則課税の事業者は、仕入税額控除を受けるための要件が、現在の課税仕入れ等の事実を記載した「帳簿又は請求書等の保存」から「帳簿及び請求書等の保存」とされ、平成9年4月1日以後の課税仕入れについては帳簿と請求書等のいずれかではなく、両方とも保存しなければならないこととされました。

　この仕入税額控除の適用要件の改正に関して、課税仕入れの詳細な事実が記載されている請求書等を保存している場合でも、その内容をそのまま帳簿にも記載しなければならないのかといった照会が寄せられておりますので、仕入税額控除の要件における「帳簿」の記載内容・方法について解説することとします。

　なお、簡易課税制度を選択・適用する場合には、課税標準額に対する消費税額、みなし仕入率により仕入控除税額を計算することになりますから、この「帳簿及び請求書等の保存」の規定は適用されないことは当然のことです。

1 改正の趣旨・背景

　現行の仕入税額控除制度は、仕入税額控除を受けるための要件が、課税仕入れ等の事実を記載した「帳簿又は請求書等の保存」とされているため、事業者自らの記帳に基づく帳簿の保存だけでも控除が認められています。このため、「仕入税額控除については、制度の信頼性や課税・非課税判定等の利便性、正確性の観点から、取引の実態を踏まえつつ、請求書、納品書、領収書その他取引の事実を証する書類（インボイス）のいずれかを保存することをその要件に加えることが適当である。」との税制調査会の答申（平成6年6月）を受け、仕入税額控除を行うための要件が「帳簿又は請求書等の保存」から「帳簿及び請求書等の保存」に改正されたものです。

　なお、改正後の方式は、現在、大部分の事業者間取引において、請求書等が交わされ保存されているという我が国の取引実態を尊重したもので、事業者に追加的事務負担がほとんど生じないことから、円滑な移行が可能である方式とされています（平成5年11月　税制調査会の答申）。

2　具体的な帳簿の記載方法

　仕入税額控除の要件として保存が求められている帳簿には、①課税仕入れの相手方の氏名又は名称、②課税仕入れを行った年月日、③課税仕入れに係る資産又は役務の内容及び④課税仕入れに係る対価の額を記載すべきこととされています（法30⑧一）。

　したがって、課税仕入れの事実が記載されている請求書等を保存している場合でも、帳簿にこれらの事項を記載しなければならないことになりますが、上記1の改正の趣旨・背景を踏まえれば、請求書等に記載されている個々の商品等について、詳細に帳簿にそのまま記載することまで求めているとは考えていません。

このような観点から、法令で定める上記①から④の事項を記載するに当たり、事業者の事務負担を極力増加させないとの基本方針の下、帳簿の具体的な記載の程度について問答形式で整理したところは、次のとおりです。

(仕入税額控除の要件の改正に対する基本的な考え方)

（問１）　仕入税額控除の要件が「帳簿又は請求書等の保存」から「帳簿及び請求書等の保存」に改正されたが、この改正に伴う帳簿の記載の程度についての基本的な考え方はどうか。

（答）１　仕入税額控除の要件を「帳簿及び請求書等の保存」に改正したのは、自己記帳に基づく帳簿の保存だけでも控除が認められている現行制度について、その信頼性を高める観点から、課税仕入れの事実を記載した帳簿とともに、請求書等の取引の事実を証する書類を保存すべきではないかとの指摘を踏まえたものである。
　　　また、この改正は、事業者に追加的事務負担をほとんど生じさせることのないよう、現行の大部分の事業者間取引において、請求書等が交付され、保存されているという我が国の取引実態を尊重して行われたものである。
　　２　このような改正の背景等を踏まえ、国税当局としては、帳簿の具体的な記載の程度についても、事業者の事務負担を極力増加させないことを基本方針としていたところであり、請求書等に記載されている個々の商品の内容を帳簿にそのまま記載するようなことまで求めることは考えていない。

(請求書等の記載内容と帳簿の記載内容の対応関係)

> (問2) 仕入税額控除の要件が「帳簿又は請求書等の保存」から「帳簿及び請求書等の保存」に改正されたが、請求書等に記載されている取引の内容（例えば、鮮魚店の仕入れであれば、あじ ○匹 ××円、さんま ○匹 ××円、……）をそのまま帳簿に記載しなければならないのか。

(答) 1　改正法の適用日以後の課税仕入れについて、保存すべきこととなる帳簿への記載は、請求書等に記載されている資産又は役務の内容（例えば、鮮魚店の課税仕入れであれば、あじ○匹、いわし○匹等）をそのまま記載することを求めているものとは考えていない。

2　したがって、商品の一般的な総称（注）でまとめて記載するなど、申告時に請求書等を個々に確認することなく帳簿に基づいて仕入控除税額を計算できる程度の記載で差し支えない。

　ただし、課税商品と非課税商品がある場合（例えば、ビールと贈答用ビール券）には区分して記載する必要がある。

(注)1　「課税仕入れに係る資産又は役務の内容」の記載例
　・　青果店………野菜、果実、青果又は食料品
　・　魚介類の卸売業者………魚類、乾物又は食料品
　2　経費に属する課税仕入れについては、問3参照。

(一取引で複数の種類の商品を購入した場合)

> (問3) 一回の取引において商品を2種類以上購入した場合（例えば、文房具と飲料）には、「文房具ほか」、「文房具等」の記載でもよいか。

(答)　複数の一般的な総称の商品を2種類以上購入した場合でも、経費に属する課税仕入れについては、そのとおり取り扱って差し支えない。

　　ただし、課税商品と非課税商品がある場合（例えば、ビールと贈答用ビール券）には区分して記載する必要がある。

　（参考）

　　経費に属する課税仕入れの具体的記載例

　　　・一般の事業者の文房具類の購入……文房具

　　　・郵便切手の購入……国内郵便料金、国際郵便料金

（一定期間分の取引のまとめ記載）

（問4）　課税仕入れに係る請求書等については、一定の期間分の取引をまとめて作成してもよいこととされているが、このような請求書等の交付を受けた場合、帳簿にもまとめて記載することでよいか。

(答)　請求書等を課税期間の範囲内で一定期間分の取引をまとめて作成する場合（例えば、電気、ガス、水道水等のように継続的に供給されるもので、一定期間ごとに供給量を検針し、その結果により料金を請求するという取引の場合）には、その請求書等に記載すべき課税仕入れの年月日についてはその一定期間でよいこととされている。

　　このような取引に係る請求書等に基づいて帳簿を作成する場合には、課税仕入れの年月日の記載も同様の記載で差し支えない。

　　また、例えば、同一の商品（一般的な総称による区分が同一となるもの）を一定期間内に複数回購入しているような場合で、その一定期間分の請求書等に一回ごとの取引の明細が記載又は添付されているときには、帳簿の記載に当たっても、課税仕入れの年月日をその一定期間とし、取引

金額もその請求書等の合計額による記載で差し支えない。

　ただし、課税商品と非課税商品がある場合（例えば、ビールと贈答用ビール券）には区分して記載する必要がある。

　なお、一定期間とは「○月分」という記載でも差し支えない。

（仕入税額控除の要件としての帳簿代用書類の保存の可否）

（問5）　法人税における帳簿代用書類を保存している場合は、消費税の仕入税額控除の適用に当たっても、この帳簿代用書類の保存をもって帳簿及び請求書等の保存に代えることが認められるか。

（答）　法人税における「帳簿代用書類」とは、法定事項を帳簿に記載することに代えて、それらの記載事項の全部又は一部が記載されている取引関係書類を整理・保存する場合の当該書類をいうものであり、当該書類は消費税法第30条第8項《仕入れに係る消費税額の控除》に掲げる帳簿として扱われるものではない。

　したがって、当該書類が保存されているとしても、帳簿の記載は全部又は一部が欠落しているものであり、このような場合について「帳簿及び請求書等の保存」があるとは認められない。

　ただ、当該書類のうち、課税仕入れの相手方から受け取ったものは通常「請求書等」に該当するものと考えられるので、申告時に当該書類を個々に確認することなく仕入控除税額を計算できる程度に課税仕入れに関する記載事項が帳簿に記載されていれば（具体的な記載の程度については問2から問4参照）、当該書類と帳簿を保存することで仕入税額控除の要件を満たすことになる。

（伝票会計の場合の帳簿の保存）

（問6）　伝票会計を採用している事業者においては、取引ごとに作成している伝票を勘定科目別に綴じ合わせたものを仕入先元帳等の帳簿に代えているが、このような伝票綴りを保存することで、帳簿の保存とすることは認められるか。

（答）　今回の改正は、帳簿は課税仕入れに係る取引の内容を課税仕入れを行った事業者が自ら記録したものであり、これに当該課税仕入れの相手方が発行した請求書等を併せて保存することで、仕入税額控除制度の信頼性を高めるという趣旨の下に行われたものである。

　いわゆる伝票会計における伝票で消費税法第30条第8項各号《仕入税額控除に係る帳簿の記載事項》に規定する事項を記載したものは課税仕入れを行った事業者が自らその事実を記録したものであることから、当該伝票を勘定科目別、日付別に整理し、これに日計表、月計表等を付加した伝票綴りは同項に規定する「帳簿」に該当するものといえる。

　したがって、当該伝票綴りを保存する場合は、仕入税額控除の要件の一つである「帳簿の保存」があるものとして取り扱って差し支えない（注）。

　ただし、別途課税仕入れの相手方から交付を受けた請求書等が保存されていることが仕入税額控除の要件となることは、本来の「帳簿」を保存している場合と異なるものではない。

　（注）　伝票の具体的な記載の程度については問2から問4参照。

（帳簿に記載すべき氏名又は名称）

（問7）　仕入税額控除の要件として保存すべき帳簿には、課税仕入れの相手方の氏名又は名称を記載すべきこととされているが、この場合の氏名又は名称の記載は、例えば、「姓」だけ、あるいは「屋号」による方法も認められるか。

（答）　帳簿の記載事項として法定されているのは、課税仕入れの相手方の「氏名又は名称」であるから、例えば、個人事業者であれば「田中一郎」と、また、法人であれば「株式会社鈴木商店」と記載することが原則である。

　ただし、課税仕入れの相手方について正式な氏名又は名称及びそれらの略称が記載されている取引先名簿等が備え付けられていること等により課税仕入れの相手方が特定できる場合には、例えば「田中」、「鈴木商店」のような記載であっても差し支えない。

　また、飲食店であれば「日比谷食堂」、フランチャイズのコンビニエンスストアであれば「ABチェーン霞が関店」のように屋号等による記載でも、電話番号が明らかであること等により課税仕入れの相手方が特定できる場合には、正式な氏名又は名称の記載でなくても差し支えない。

（参考）

消費税法基本通達11―6―1　（仕入税額控除に係る帳簿及び請求書等の記載事項の特例）

　法第30条第7項《仕入税額控除に係る帳簿又は請求書等の保存》に規定する課税仕入れ等の税額の控除に係る帳簿又は請求書等に関して同条第8項第1号《仕入税額控除に係る帳簿》及び同条第9項第1号《仕入

税額控除に係る請求書等》に規定する記載事項については、次により取り扱って差し支えない。
(1) 法第30条第8項第1号《仕入税額控除に係る帳簿》に規定する記載事項
　イ　同号イに規定する課税仕入れの相手方の氏名又は名称　　取引先コード等の記号、番号等による表示
　（以下省略）

〔付録2〕

仕入税額控除の要件における
「帳簿」・「請求書等」の記載内容に関する見解

平成9年3月／日本税理士会連合会調査研究部

　平成6年第131回国会で成立した「所得税法及び消費税法の一部を改正する法律」（平成6年法律第109号）により、仕入税額控除を受けるための要件が、現在の課税仕入れ等の事実を記載した「帳簿又は請求書等の保存」から「帳簿及び請求書等の保存」とされ、平成9年4月1日以後の課税仕入れについては帳簿と請求書等のいずれかではなく、両方とも保存しなければならないこととされた。

　この仕入税額控除の適用要件の改正に関して、国税庁は平成8年9月5日付で当連合会に、仕入税額控除の要件における「帳簿」の記載内容・方法について解説した取扱いを示したところである。この取扱いは課税仕入れの詳細な事実が記載されている請求書等を保存している場合でも、その内容をそのまま帳簿にも記載しなければならないのかといった照会に対応してなされたものであり、これを要約すれば次の通りである。

1　仕入税額控除を行うための要件が「帳簿又は請求書等の保存」から「帳簿及び請求書等の保存」に改正された背景は、制度の信頼性や課税・非課税判定等の利便性、正確性の観点からであること。
　なお、改正後の方式は、現在、大部分の事業者間取引において、請求書等が交わされ保存されているという我が国の取引実態を尊重したもので、事業者に追加的事務負担がほとんど生じないことから、円滑な移行が可能

な方式であること。

2　具体的な帳簿の記載方法としては、改正の趣旨・背景を踏まえ、請求書等に記載されている個々の商品等について、詳細に帳簿にそのまま記載することまで求めているとは考えておらず、基本方針として法令で定める事項を記載するに当たり、事業者の事務負担を極力増加させないこととしていること。(問1)

3　請求書等の記載内容と帳簿の記載内容の対応関係については、保存すべきこととなる帳簿への記載は、課税商品と非課税商品がある場合を除いて、商品の一般的な総称でまとめて記載するなど、申告時に請求書等を個々に確認することなく帳簿に基づいて仕入控除税額を計算できる程度の記載で差し支えないこと。(問2)

4　一取引で複数の一般的な総称の商品を2種類以上購入した場合、経費に属する課税仕入れについては、商品の一般的な総称の記載でもよいこと。(問3)

5　課税仕入れに係る請求書等については、一定期間分の取引のまとめ記載について、複数の商品を購入した場合でも、同一の商品(一般的な総称による区分が同一となるもの)を一定期間内に複数回購入しているような場合で、その一定期間分の請求書等に一回毎の取引の明細が記載又は添付されているときには、課税商品と非課税商品がある場合を除いて、帳簿の記載にあたっても、課税仕入れの年月日をその一定期間、「○月分」という記載とし、取引金額もその請求書等の合計額による記載で差し支えないこと。(問4)

6　帳簿代用書類の保存が、帳簿として仕入税額控除の要件となるものではないこと。ただし、当該書類は通常「請求書等」に該当するものと考えられるので、申告時に当該書類を個々に確認することなく、仕入控除税額を計算できる程度に課税仕入れに関する記載事項が帳簿に記載されていれば、

当該書類と帳簿を保存することで仕入税額控除の要件を満たすことになること。(問5)

7　帳簿は、課税仕入れに係る取引の内容を課税仕入れを行った事業者が自ら記録したものであり、これに当該課税仕入れの相手方が発行した請求書等を合わせて保存することによって、仕入税額控除制度の信頼性を高めるという趣旨があること。

　したがって、伝票会計に拠っている事業者については、当該伝票綴りを保存する場合は、別途課税仕入れの相手方から交付を受けた請求書等が保存されていることを条件に、仕入税額控除の要件の一つである「帳簿の保存」があるものとして取り扱って差し支えないこと。(問6)

8　帳簿に記載すべき氏名又は名称は、フルネームで記載するのが原則であるが、課税仕入れの相手方について正式な氏名又は名称及びそれらの略称が記載されている取引先名簿等が備え付けられていること等により課税仕入れの相手方が特定できる場合には、省略した氏名又は名称の記載であっても差し支えないこと。

　また、屋号等による記載でも、電話番号が明らかであること等により課税仕入れの相手方が特定できる場合には、正式な氏名又は名称の記載でなくても差し支えないこと。(問7)

　これらの取扱いは、いずれも「事業者に追加的事務負担がほとんど生じない」ことに配慮して、現在の事業者の行っている実務に適合させるためになされたものであり、その考え方は、記帳実務上の問題点を出来る限り解消すべきであるという認識のもとに、仕入税額控除の要件に「請求書等の保存」が義務付けられたことの認識を与えながらも、事業者に従来と全く異なった記帳をさせるためのものでないことを執行機関として明らかにしたものであると言えよう。これらの趣旨を十分に理解すれば、現行の記帳実務を尊重し

ていることは理解できるものである。

　しかし、税理士が通常行っている記帳実務と比較すれば、これだけでは細部については疑義の生じる箇所も見受けられることから、調査研究部においてこれらの疑義を解消し、税理士会会員が、日常行う記帳業務等を通じて行う消費税実務において、混乱することのないことを願って、「検討事例」に対する見解をまとめたものである。

　なお、この見解の内容については、国税庁消費税課の了解を得ているものである。

　（編注）　見解中に示されている通達の項目番号については、改正後の項目番号に修正してある。

1　帳簿の種類について

【検討事例】　帳簿代用書類は、帳簿ではないとの見解であるが、「帳簿」とはどのような要件を備えているものをいうのか。なお、帳簿の種類として、消費税法基本通達17—3—1では「商業帳簿は法人税や所得税の基礎となった帳簿書類でよい」とされているが、一つの帳簿（仕訳帳、仕入台帳、総勘定元帳等）では消費税法第30条第8項に規定する事項が欠けるが、これらを総合すれば要件を満たす場合には、これらの帳簿全体で同項の帳簿として取り扱ってよいのか。

【事例に対する見解】　帳簿とは、消費税法第30条第8項の事項を事業者自ら記録したものであることから、伝票会計における伝票を整理・集計し、綴り合わせたものも帳簿に該当する。

　商業帳簿には、営業日誌（作業日報）、仕訳帳、仕訳伝票、補助簿、補助

元帳(現金出納帳、預金出納帳、仕入帳、売上帳、経費帳等)、総勘定元帳等があるが、一つの帳簿では記載事項のすべてを満たしていないが、これらの各帳簿の間に関連付けがなされており、これらを総合すると、すべての記載事項を網羅している場合には、帳簿の記載要件を満たすことになる。

なお、相手方が作成した請求書等の保存は別途必要とされる。

【検討事例】 仕入計上と買掛金の計上をする場合に、「取引先名、前月残高、当月仕入、支払、当月残」を記載した買掛金集計表(「表1」参照)を、仕入先からの請求書等に基づいて月別に作成し、この一覧表の合計金額を基に、仕入、経費等の計上を一括の伝票によって起票をする場合

　　　(日付) 材料仕入／買掛金、金額
　　　(摘要) 4月分衣料品代

この仕訳により帳簿に記載した場合、当該帳簿は消費税法第30条第8項に規定する帳簿に該当するか。

(表1)

買掛金集計表　〇月分

相手先	繰越	発生	支払金額	残高	摘要
A商店					
B商店					
C商店					

【事例に対する見解】 買掛金集計表に課税仕入れの期間、資産又は役務の総称(ここでは「衣料品代」)、課税仕入れの相手先の名称が、課税仕入れの相手先からの請求ごとに、記載(「表1」参照)され、これを通常の帳簿といえ

る程度に整理・集計して編てつしていれば、消費税法第30条第8項の記載事項を満たす「帳簿」に該当する。したがって、この買掛金集計表綴りと別途相手方の発行した請求書等が保存されていれば、仕入税額控除が適用される。なお、当月発生分がその月の課税仕入れとなる。

(表1)

買掛金集計表　○月分

相手先	繰越	発生	支払金額	残高	摘要
A商店					衣料品代
B商店					衣料品代
C商店					衣料品代

【検討事例】　仕入れに関する補助簿の作成がなく、いわゆる期中現金発生主義により記帳している場合において、次のように帳簿に記帳をしているときは消費税法第30条第8項の要件を満たすことになるか。

　　仕入勘定

　　　　(日付)　9年4月30日

　　　　(相手科目)　当座預金

　　　　(摘要)　安藤商店生地代

　　　　(金額)　500,000円

請求書によると納品日は4月2日250,000円、4月15日250,000円であり、この記帳では課税仕入れを行った年月日の記帳がないことになる。すなわち、期中において、現金主義会計を採用している場合には、課税仕入れの月日と帳簿への記載日に差異が生じるが、決算時点において発生主義によっているときは、期中の処理は認められるのか。

【事例に対する見解】　事例のように、課税仕入れをした日とその対価の支払いの日が異なっており、帳簿には課税仕入れを行った日が記帳されていないが、記帳に当たって課税仕入れの一定期間を、例えば「安藤商店　生地代」の次に「〇月分」と記載することにより、消費税法第30条第8項の記載事項を満たす帳簿として取り扱われる。

【検討事例】　売上帳及び仕入帳に代えて売掛金・買掛金管理集計表を作成し、売掛金、買掛金の管理をしているが、この売掛金・買掛金管理集計表は、請求書等を確認、内容を検討してその金額によって作成している。納品書や請求書は得意先、仕入先毎に編てつし保存している。
　このとき、売掛金・買掛金管理集計表は、消費税法第30条第8項の要件を満たしていれば、仕入税額控除の適用要件とされる帳簿と認められるか。

【事例に対する見解】　買掛金管理集計表が消費税法第30条第8項の記載事項を満たすものであるときは、これを通常の帳簿といえる程度に整理・集計の上編てつしていれば、当該綴りは同項の要件を満たす帳簿として取り扱われる。

【検討事例】　旅費精算書は帳簿に該当するか。
　出張旅費等の精算は期間中の取引をまとめて仕訳することが一般的になされている。
　この場合、帳簿の記載は取引の相手方、取引年月日等の詳細はなく、その詳細は旅費精算書に基づいて処理される。

従業員の出張旅費等を精算する場合、社内で作成される従業員の出張費精算書を法定事項を記載した帳簿として代用できないか。
　　　また、出張旅費のほか、出張中において支出した、例えば電話料、弁当代、高速道路通行料等について、高速道路通行料等は支払事業者ごとに区分する必要があるのか。

【事例に対する見解】　実費精算が行われない出張費については、課税仕入れに該当するものとして取り扱われているところである（基通11－2－1）。この場合の課税仕入れの相手方は、実務上、当該出張旅費が支払われる従業員とされていることから、請求書等の交付を受けることができないことにつき、やむを得ない理由があるものに該当することになり、請求書等の保存は必要なく、しかも、保存すべき帳簿には、課税仕入れの相手方である従業員の住所の記載も要さないこととされている。

　したがって、帳簿に従業員に支給した出張旅費であること（やむを得ない理由）と、課税仕入れの相手方として当該従業員の氏名を記載しておくことで仕入税額控除の要件を満たすものとして取り扱われる（令49①、基通11－6－3）。

　一方、出張旅費について、従業員が記入して会社に提出する「精算書」に基づいて実費精算を行っており、当該「精算書」には、従業員名、旅行日、支払内容及び支払金額等が記載してあり、宿泊費に係る領収書等は当該「精算書」の裏に貼付しているような場合には、課税仕入れを行った事業者の従業員（実務上課税仕入れの相手方とされる者）が記入した「精算書」を保存しており、また、当該「精算書」には消費税法第30条第8項に規定する事項が記載されていることから、当該「精算書」を綴り合わせたものを、出張旅費の支出に関する内容を記載（数人分を支払った場合には、まとめて記載しても差し支えない。）した帳簿と保存することにより、仕入税額控除の適用要件を

満たす（請求書等の交付を受けなかったことについてやむを得ない理由がある場合に該当する。）ものとして取り扱われる。

なお、出張旅費以外の電話料、高速道路利用料等がある場合には、これらの支払いについては別途電話会社等の支払先ごとに記載する必要があるが、同一の事業者に対して支払った料金であれば、利用した者が異なっていても、1日分をまとめて記帳することで差し支えない。

なお、高速道路を回数券やプリペイドカードで利用している場合には、回数券等を購入した日に当該回数券等の購入金額分の課税仕入れがあったものとすることが認められる。

【検討事例】　建設業において、いわゆる1人親方に対する外注費の支払については出面により金額を計算し、その金額により支払い、領収書を受ける場合が多い。この領収書には、課税資産の譲渡等を行った年月日及び取引の内容（譲渡資産の明細）の記載がない。また、通常、このような場合、請求書等の交付は受けていない。これらの取引では、消費税法第30条第9項の要件を満たした請求書等の保存がないこととなり仕入税額控除は受けられないのか。

【事例に対する見解】　請求書等とは、消費税法第30条第9項に規定する書類をいい、同項第1号に掲げる事項が記載されているものであれば、領収書であってもこれに該当する。

したがって、領収書に「課税資産の譲渡等を行った年月日」、「取引内容」（例えば「〇月分外注費」）を記載することにより、仕入税額控除の適用要件として保存が必要とされる請求書等としても取り扱われる。

2 帳簿の様式について

【検討事例】 税務調査において請求書がない取引が判明した場合において、後日、取引の相手方に請求書等の再発行を受ければ仕入控除が認められるか。

【事例に対する見解】 請求書等は取引時点で入手することが原則であり、請求書等の保存の要件は、法定申告期限の翌日からの保存が必要とされている。

【検討事例】 決算期が20日締めの法人では、毎月の仕入れの計上は、前月の月末締めの仕入先の請求額や当月の20日締めの仕入れを同一の集計表において一括して集計し20日計上をしている。

なお、決算時には、それぞれ20日になるように、月末締めの仕入先からは1日から20日までの請求書を入手して、これに基づいて買掛金の計上をしている。

① 相手先ごとに締め日が異なる場合に、一括して仕入れに「＊＊月分」と記載してもよいか。

② 仕入期間が異なる仕入先の仕入を「＊＊月分」として記載してよいか（仕入期間の表示が必要か）

③ 仕入先の締め日（20日、15日、月末）のそれぞれにおいて、計上する必要があるか。これを、当社の締め日20日に計上してよいか。

【事例に対する見解】 締め日が取引先ごとに定まっているのであれば、当社の締め日である20日に「○月分」として仕入れを計上することで問題はない。

ただし、取引先ごとに記帳する必要がある。

3　帳簿の記載事項について

> 【検討事例】　課税仕入れの適用要件となる記載事項を、複数の帳簿にわたって記載してもよいのか。

【事例に対する見解】　取引の同一性が担保できる状態であれば、記載する帳簿が複数になっても問題はない。

> 【検討事例】　帳簿に「課税仕入れの内容」の記載はないが、請求書等により支払先の所在地、課税仕入れの内容等が確認できるとき、帳簿としての適用要件を満たしていることとなるか。

【事例に対する見解】　課税仕入れの内容を欠いているので、保存すべき帳簿の要件を満たさないことになる。

　なお、仕入帳等、仕入先ごとに別口座となっている帳簿を作成している場合で、各仕入先から仕入れる商品の一般的な総称が単一のときは、当該仕入帳等の各仕入先の最初のページに仕入先の名称及び仕入商品の総称を記載することにより、その後の仕入事績は、仕入年月日及び仕入金額だけ記載することで、消費税法第30条第8項の記載事項を満たす帳簿として取り扱われる。

　また、総勘定元帳の勘定名が課税仕入れの内容を示すもの（例えば、「電気料」、「税理士顧問料」等）である場合は、それだけで課税仕入れの内容が記載されていることになる。

【検討事例】　仕入れに関する補助簿の作成がなく、いわゆる期中現金主義によって記帳をしており、次のように帳簿に記帳をしている場合、仕入税額控除の適用は可能か。

　　仕入勘定（日付）9／4／30
　　　　　　（相手科目）買掛金
　　　　　　（摘要）安藤商店他10件生地代
　　　　　　（金額）2,500,000円

【事例に対する見解】　課税仕入れを行った相手先名称が「安藤商店」以外に記載されていないことから帳簿の記載要件を満たさない。

なお、「表1」のような買掛金集計表等を他に作成し、これを通常の帳簿といえる程度に整理・集計して編てつしていれば、消費税法第30条第8項の記載事項を満たす帳簿として取り扱われる。

また、事務処理の効率から、期末決算整理において買掛金、未払費用等を科目毎にまとめて仕訳する場合においても、同様である。

（表1）

　　買掛金集計表　○月分

相手先	繰越	発生	支払金額	残高	摘要
A商店					衣料品代
B商店					生地代
C商店					包装材料

【検討事例】　仕入れに関する補助簿の作成がなく、いわゆる期中現金主義によって記帳しており、次のような帳簿に記帳をしている場合、仕

入税額控除の適用は可能か。

　　　仕入勘定　　（日付）9／4／30
　　　　　　　　（相手科目）当座預金
　　　　　　　　（摘要）安藤商店
　　　　　　　　（金額）2,500,000円
　　　当座預金勘定（日付）9／4／30
　　　　　　　　（相手科目）仕入
　　　　　　　　（摘要）安藤商店
　　　　　　　　　　　　生地代4月分
　　　　　　　　（金額）2,500,000円

【事例に対する見解】　事例の場合、課税仕入れを行った年月日、内容が仕入勘定には記載されていないが、一連の仕訳の相手勘定である当座預金勘定には記載がされていることから、これらを総合的に判断して消費税法第30条第8項の記載事項を満たすことになる。

【検討事例】　帳簿への記入は、取引先名だけではいけないか。
　記帳実務としては、勘定科目（仕入科目）に名称、例えば「＊＊青果店、仕入」と記載されている場合は、「＊＊青果店より仕入れた○月の青果の仕入取引である」と理解されてきた。この会計慣行は認められないか。

【事例に対する見解】　「＊＊青果店○月分青果代」程度に記載すべきである。
　なお、仕入帳等、仕入先ごとに別口座となっている帳簿を作成している場合で、各仕入先から仕入れる商品の一般的な総称が単一のときは、当該仕入

帳等の各仕入先の最初のページに仕入先の名称及び仕入商品の総称を記載することにより、その後の仕入事績の記載は、仕入年月日及び仕入金額だけ記載することで、消費税法第30条第8項の記載事項を満たすことになる。

【検討事例】 仕入れに関する補助簿の作成がなく、いわゆる期中現金主義によって記帳しており、次のように帳簿に記帳をしている場合、仕入税額控除の要件を満たしているといえるか。
　事務用品費勘定
　　（日付）9／4／30
　　（相手科目）現金
　　（摘要）安藤商店
　　（金額）2,000円

【事例に対する見解】 事務用品費等の経費科目で経理している場合には、帳簿には、課税仕入れの内容の一般的な総称である「文房具」などと記載することが必要である。なお、経費科目に属するものであるので、一般的総称の異なるものを複数購入した場合には、「○○ほか」という記載でもよいこととされている。

【検討事例】 領収書に「品代」と記載され、内容が明らかでないときには、領収書の発行者の事業によりその「品」は推定できる状況にあるときでも、仕入税額控除は認められないのか。

【事例に対する見解】 請求書等に「品代」とのみ記載されている場合は、仕

入税額控除の適用要件である課税仕入れの内容の記載がないことから、仕入税額控除は、認められない。

　したがって、領収書等には一般的な品名を記載してもらうよう心掛ける必要がある。

　なお、経費科目に属するものは「○○ほか」の記載でもよいこととされている。

【検討事例】　複数の非課税商品と複数の課税商品とを一度の取引で購入した場合、課税商品については一括して「課税商品」、非課税商品については「非課税商品」と記載することでよいか。

【事例に対する見解】　商品の一般的な総称で記載を行い、それだけでは、課税商品か、非課税商品かの区分が判明しない場合には、その区分が明確になる程度に記載する必要がある。

【検討事例】　例えば、2月21日から3月20日の取引金額は、取引期間は一括して「3月分」と記載しているが、その取引は期間中常に取引が行われているとは限らない。そこで、「売掛金集計表」、「買掛金集計表」、「未払金集計表」を作成した上で、各月の発生額を合計金額のみで仕訳や帳簿（総勘定元帳）に記帳する場合、各取引先名や取引金額を帳簿に記載していないことから、法定の帳簿や記載事項に該当しないことになるのか。

【事例に対する見解】　「取引の相手先」、「取引の期間」、「取引金額」等は、

それぞれの集計表によって確認できるのであれば、これらの各月の「集計表」を整理し、綴り合わせたものと総勘定元帳等により、消費税法第30条第8項の記載事項を満たす帳簿が保存されているものとして取り扱われる。

なお、総勘定元帳には一定期間分の取引をまとめて記載することとして差し支えない。

【検討事例】 請求書等に一連番号を付し、総勘定元帳には「証第〇〇号」と請求書等に付した同じ証憑番号を記入したうえで、その摘要欄には「明細は証憑書のとおり」とした場合、総勘定元帳の記載は、法定の記載要件を満たしているといえるか？

【事例に対する見解】 帳簿の記載要件を満たしていることにはならない。

なお、仕入帳等、仕入先ごとに別口座となっている帳簿を作成している場合で、各仕入先から仕入れる商品の一般的な総称が単一のときは、当該仕入帳等の各仕入先の最初のページに仕入先の名称及び仕入商品の総称を記載することにより、その後の仕入事績は、仕入年月日及び仕入金額だけ記載することで、消費税法第30条第8項の記載事項を満たすことになる。

【検討事例】 帳簿の記載に際し、請求書を引用して次のように記載して「取引内容」を省略した場合、記載事項の要件を満たすことになるか？
　(例)「甲文具店　4／20付請求書分」、又は「乙興産　4月締め請求書分」

【事例に対する見解】 帳簿の記載要件を満たしていることにはならない。

なお、仕入帳等、仕入先ごとに別口座となっている帳簿を作成している場合で、各仕入先から仕入れる商品の一般的な総称が単一のときは、当該仕入帳等の各仕入先の最初のページに仕入先の名称及び仕入商品の総称を記載することにより、その後の仕入事績は、仕入年月日及び仕入金額だけ記載することで、消費税法第30条第8項の記載事項を満たすことになる。

【検討事例】　課税仕入れが、不特定多数の消費者からの買取りが大部分を占める古物商の場合、古物営業法では1件当たりの金額が1万円を超える買取りの場合は、免許証や健康保険証等により持ち込み人を確認し、買取台帳を作成することが求められている。

　経理は、これらの金額とそれ以外の少額の買取りを合計で「本日の現金仕入」として記帳しているが、

① 　一般の消費者からの課税仕入れである消費者からの請求書等がなく、仕入れるときの買取り台帳（自社で記帳したもの）しかない。この買取り台帳は仕入税額控除の適用要件として保存が必要とされる帳簿に該当するか。

② 　買取り台帳が帳簿に該当しない場合には、買取り伝票が請求書等になるか。

③ 　②の場合、請求書等の交付がない場合、「やむを得ないこと」として、その事由を1件毎に記載する必要があるか。

【事例に対する見解】　消費税法施行令第49条第1項により、税込金額が3万円未満の場合、また、3万円以上でも請求書等の交付を受けなかったことにつきやむを得ない理由があるときには請求書等の保存は仕入税額控除の要件とされていないが、再生資源卸売業のように不特定多数の者から仕入れる事

業については、請求書等の交付を受けなかったことにつきやむを得ない理由があるときに該当するものとされている。

したがって、消費者からの仕入れの場合、消費税法施行令第49条第2項により帳簿には、①課税仕入れを行った年月日、②課税仕入れに係る資産又は役務の内容、③課税仕入れに係る支払対価の額及び④消費者からの仕入れである旨を記載してあれば足り、課税仕入れの相手方の氏名及び住所を記載する必要はない。

このため、買取り台帳にこれらが記載されていれば、消費税法第30条第8項の記載事項を満たす帳簿として取り扱われる。

【検討事例】 青果商が生産農家から仕入れた場合又は事業者が個人から車両や空瓶等を購入したような場合、請求書、領収書等の入手が出来ない場合が多い。このとき、例えば「個人」等と帳簿に記載すれば請求書等がない場合でも仕入税額控除が可能か。

【事例に対する見解】 事例の場合には、請求書等取引の相手方の作成した書類のないことに問題がある。従来、法人税の取扱いにおいても仕入れの確認できる書類は求められてきていたと思われる。

例えば、生産農家の場合「判取帳」等でこれを説明資料としてきたものと思われる。この判取帳等の書類を補強のうえ、仕入明細書等の綴りに該当するものとし、判取帳から記載した帳簿が記載要件を満たせば仕入税額控除は受けられる。

【検討事例】 自動販売機で、課税資産を仕入れた場合帳簿の記載に当たっては、「自販機」等との記載でいいのか。

【事例に対する見解】 消費税法施行令第49条第1項第2号に規定する、「請求書等の交付を受けなかったことについてやむを得ない理由があるとき」の範囲には、「自動販売機で課税仕入れを行った場合」があり、このときやむを得ない理由と課税仕入れの相手方の所在地を記載することとされている。したがって、自動販売機での課税資産の仕入れについても、これが条件となるが、その取引の実態からして「○○市　自販機」等の記載でも仕入税額控除の適用要件に該当するものとする。

なお、1回の購入金額が3万円未満の場合には、住所の記載は必要とされない。

【検討事例】 公共料金等について、例えば「横浜市」を単に「市」と記載し、また、「東京電力―」への支払いを「電気料金」とする記帳は認められるのか？

【事例に対する見解】 事例の場合には、例えば、水道料金であれば、「横浜市」を「市」と記載した場合には略称が記載されているものとして課税資産の譲渡等の相手方の名称が記載されていることになる。しかし、「電気料金」のみの記載の場合、仕入れの内容だけで相手方の記載が無いことから、認められない。

また、総勘定元帳に、例えば、「電話料」（国内通信だけの場合）、「電気料」という経費科目がある場合は、最初のページに仕入先の名称を記載しておけ

ば、その後の仕入事績は、仕入年月日及び仕入金額だけ記載することで、消費税法第30条第8項の記載事項を満たす帳簿として取り扱われる（資産の譲渡等の内容は「電話料」、「電気料」がこれを表している。）

【検討事例】　帳簿や請求書に記載する名称は、現在商慣習として、特定の取引先間では通称名で取引されて、㈱や㈲、商店、工業を省略して記載される場合がある。
　　このとき、取引先と取引にかかる正式な契約がないまま取引していることもあることから、正式な名称が判明しない場合もある。このような場合、電話番号によって確認できること等によって、名称を省略できないか。

【事例に対する見解】　電話番号が明らかであること等によって、課税仕入れの相手方が特定できる場合であれば、屋号、省略した名称等による記載であっても差し支えない。
　なお、通常は、相手方の発行した領収書等に正式名称が記載されていると思われる。

4　請求書等の種類について

【検討事例】　銀行振込によって支払った場合、一般的に領収書の発行は省略されるが、この場合、銀行振込依頼書の控え（振込金受取書等）は、請求書等と認められるか。

【事例に対する見解】　銀行等の金融機関で口座振込みを行った場合は、振込金受取書又は振込金受付書等と称する書類がその金融機関から交付されるが、これらの書類は課税仕入れを行った事業者がその内容を記載して、銀行が振込みの事実を証明した書類であり、「課税仕入れに係る資産又は役務の内容」は記載されていないものの、その支払いの基となった契約書等とともに保存することで請求書等の記載事項が客観的に網羅されることとなる。また、これらの書類は課税仕入れの相手方の確認を受けたものではないが、その振込みの事実について金融機関が証明しているものである。

　このため、振込金受取書又は振込受付書等を、振込みに係る取引の契約書（振込みの方法で支払うこと及び具体的な振込先が記載されているもの）とともに保存することで仕入税額控除の要件を満たしているものとして取り扱われる。

【検討事例】　顧問料等のように、口頭の契約によって毎月定期的に支払われる費用で、元々契約書も請求書等も存在しない場合に、課税仕入れは、どのように取り扱われるのか。

【事例に対する見解】　毎月一定額の費用等については、請求書等の交付を受けることなく、預金口座から自動振替によって支払っている場合は、「請求書等の交付を受けなかったことにつきやむを得ない理由」がある場合に該当する。

　なお、この場合の帳簿への「やむを得ない理由」の記載は、「自動振替」と記載することで差し支えない。

　例えば、請求書等の交付を受けることなく、自動振替えにより税理士顧問料を支払っている場合は、帳簿の「顧問料」の項目の欄外に「支払先　○○

区○○　××税理士事務所（甲野太郎）、支払方法　自動振替」と記載しておけば、個々の引き落としの事績は、日付（月分）と金額だけ記載することで、帳簿の記載項目を満たすことになる。

　なお、「慰労金」と称される金銭が税理士に支払われる場合があるが、この慰労金が過去の業務報酬の追加払いのときは仕入税額控除は認められると思われる。また、単なる贈与である場合には、対価性がないことから課税仕入れに該当しない。

【検討事例】　小規模な商店では、レシートが計算書等の名称で発行者名の記載されていない場合がある。また、この場合には領収書の発行を依頼しているが、商品の詳細な名称の記載がされない場合も多い。
　　このようなレシートや商品の明細のない領収書はその保存が仕入税額控除の要件とされる請求書等に該当するか。

【事例に対する見解】　消費税法施行令第49条第1項第1号の規定から、課税仕入れが3万円未満の場合について、請求書等の保存義務はない。
　課税仕入れが3万円以上の場合で、事例のようなケースでは、仕入税額控除の適用要件に該当するとは認められないから、別途領収書等を徴しておく必要がある。
　なお、経費に属するものの品名は、「○○ほか」の記載でよい。

5　請求書等の様式について

【検討事例】　建築工事の請負業者（元請負業者）においては、工事の大

部分は更に下請に出し、その工事をする下請の職人に対して、各工事の現場の進捗状況によって全体の工事下請金額から算出した金額で支払いを行っている。この場合、下請から請求書は受け取らず、元請が発行する支払通知書を下請に送付している。

　この場合、元請が送付した支払通知書に、下請の押印を受け、請求書の名称を記載し返送を受けたものを保存することが必要か。

【事例に対する見解】　工事の進捗状況に応じた支払通知書に下請業者の確認を受けることを条件に、その支払通知書を請求書等とすることができる。

　この場合の確認は、確認印を受ける方法のほか、「○○日以内に誤りのある旨の連絡がない場合には、記載内容のとおり確認があったものとする」旨を支払通知書に記載する方法などがある。

【検討事例】　メッキ業の当社は、メッキの前行程である研磨を全て外注している。したがって、研磨加工済の製品が当社に納入されると、その品種と数量によって仕入金額が自動的に計算されるため、数量を確認しその数量に基づいて、月締めで外注費を支払っている。支払いは、当社の支払案内書により行っているが、支払案内書に記載している仕入数については月合計で記載を行い、日別の納入した数量は記載していない。

　このようなときに支払案内書は仕入税額控除の要件とされる請求書等に該当するか。

【事例に対する見解】　支払案内書に外注先の確認を受けることを条件に、その支払案内書を請求書等とすることができる。

1315

　この場合の確認は、確認印を受ける方法のほか、「○○日以内に誤りのある旨の連絡がない場合には、記載内容のとおり確認があったものとする。」旨を支払案内書に記載する方法などがある。

6　請求書等の記載事項について

【検討事例】　以下の飲食店からの請求書に基づく支払は仕入控除の対象となるか。

　　　　　　　　　請求書
　　　─　○○様　スナック＊＊
　　　　　月日　　概要　　金額
　　　　　5／1　　3名様　30,000円
　　　　　　7　　 5名様　45,000円
　　　　　　9　　 2名様　16,000円
　　　　　　　　合　計　91,000円

　（仕訳）
　　　9／6／10　交際費／現金　91,000円
　　　　　　　　（スナック＊＊　5月分）

　請求書には、資産、役務の取引の内容の記載がない。このように記載が不十分なものでも請求書等に該当するか。

【事例に対する見解】　事業者であるスナックが発行する取引の内容の記載のない請求書等は、その役務の内容は推定できるとしても、消費税法第30条第9項の記載事項を満たすことにならない。したがって、「○○月分　飲食

代」程度は記載された請求書等を入手する必要がある。もし、事例のような請求書等を入手した場合は、やむを得ないものとして、消費税法施行令第49条第1項第2号によるその理由等及び相手方の所在地を記載する必要がある。

なお、事例の場合には、金額のうちに特別地方消費税が含まれていると認められるから、各利用日ごとの金額に105／108を乗じた金額の合計額が課税仕入れに係る支払対価の額（税込み）となる。

【検討事例】 継続的な取引を行っている取引先から仕入れを行う場合や課税資産の譲渡等の内容が詳細に記載された納品明細書を受領している場合には、帳簿には一括して「青果」、「魚類」と記載することができるが、稀には安く商品を仕入れるために事業者であってもディスカウントショップやDIYショップから商品を購入する場合がある。

　このときディスカウントショップ等の発行するレシート等には、商品の種類が大分類で表示されており、課税資産の譲渡等の内容は詳細に記載されていない。この場合、別途、課税資産の譲渡等の内容を詳細に記載した納品明細書を請求し受領した以上、帳簿に記載する必要があるか。

【事例に対する見解】 仕入税額控除の適用は、帳簿と請求書等の保存が前提である。事例の場合、商品の大分類が一般的な名称に該当するのであれば、これに基づいて帳簿に記載できるので、必ずしも詳細に課税資産の譲渡等の内容が記載されている納品明細書を受領する必要はなく、これは仕入先が継続的に取引を行っている仕入先か臨時に取引を行った仕入先かで区別されるものではない。

　また、経費科目に属するものであれば、帳簿に記載する品名は「○○ほ

か」の記載で差し支えない。

　なお、一般的な名称と認められない程度の記載の場合は、課税資産の譲渡等の内容が詳細に記載されている納品明細書の入手によって仕入税額控除が可能になる。

【検討事例】　リース取引においては、リース料の支払期日の都度請求書及び領収書を作成する慣行はなく、リース契約の時点に「リース料金等支払予定表」と称するリース期間中の支払金額の予定表を作成して相手方に交付し、ユーザーはこの予定表を取引の証拠書類として保存している。
　この予定表には、①リース会社名、②リース開始日と終了日、③リース物件、④支払期日とそれぞれの支払金額及び⑤ユーザー名等が記載されていることから、この予定表を請求書等として取り扱うことができるか。

【事例に対する見解】　事例の「リース料金等支払予定表」のように、消費税法第30条第9項第1号に規定する記載事項が記載されている場合（課税資産の譲渡等の年月日については、「支払期日」による。）には、この予定表を請求書等として取扱い、最終支払期日に属する課税期間の末日の翌日から2月を経過した日から7年間保存することにより、取引のすべての課税仕入れについて仕入税額控除の要件を満たすものとして取り扱う。

【検討事例】　上様領収書による仕入税額控除は認められないのか。

【事例に対する見解】　消費税法第30条第9項第1号ホにより、請求書等の記載事項が「書類の交付を受ける当該事業者の氏名又は名称」としていることから、小売業その他消費税法施行令第49条第4項に規定する事業者からの仕入れを除き、「上様領収書」による仕入税額控除は認められない。これは、その領収書を受けた事業者が取引の当事者であると特定し得ないことによる。

7　その他の事項

【検討事例】　簡易課税の事業者の場合、帳簿、請求書等に係る取扱いは、どうなるのか？

【事例に対する見解】　仕入税額控除の要件としての帳簿及び請求書等の保存は、簡易課税を適用する事業者には適用されない。

【検討事例】　ファックスによる請求書及び感熱紙に記載された領収書等は、時間の経過に伴って記載文字等が薄れていき、判読困難になることが予想される。この場合、これらをコピーして添付しておけばよいか。

【事例に対する見解】　感熱紙に記載された領収書等で後日判読困難になることが予想される場合には、原紙と共にコピー等を添付して保存することが有効である。

【検討事例】 例えば、100単位の取引を行うに当たり、課税仕入れの支払いを数回に分割して行い、支払った金額に見合う単位の納品が行われる場合がある。この場合、物の引渡し前に支払った金額を仮払金・前渡金等として処理しておき、最終回（100単位の納品が終了した時）に仕入れに振り替えるとき、課税仕入れの年月日はどの時点で記載するのか。

また、取引の開始前に支払金額の全額を支払い、物の引渡しが数回にわたって行われるときは、課税仕入れの年月日はいつにするのか。

【事例に対する見解】 事例については、いずれの場合にも、課税資産の譲渡等を受けたときに仕入税額控除を行うことになる。したがって、実際に物の引渡しを受けたときの年月日を課税仕入れの日として記載することになる。

（編 者）
　濱　田　正　義（はまだ　まさよし）

（執筆者）
　濱　田　正　義
　池　永　晃　造
　合　田　洋　志
　林　　幸　斉
　松　浦　　学
　日　隠　直　樹
　小　松　孝　正
　佐　藤　智　裕

消費税法基本通達逐条解説

平成30年3月7日　初版印刷
平成30年3月26日　初版発行

不許複製

編者　濱　田　正　義
発行人　一般財団法人　大蔵財務協会理事長
　　　　木　村　幸　俊

発行所　一般財団法人　大蔵財務協会
〔郵便番号　130-8585〕
東京都墨田区東駒形1丁目14番1号
（販　売　部）TEL03(3829)4141・FAX03(3829)4001
（出版編集部）TEL03(3829)4142・FAX03(3829)4005
　　　　https://www.zaikyo.or.jp

乱丁、落丁の場合は、お取替えいたします。　　　印刷・恵友社
ISBN978-4-7547-2450-4